대한민국 법령 시리즈 18

법인세법

법령
시행령
시행규칙

해광출판사

머리말

이 책은 방대한 법전을 보지 않고 간편하게 해당되는 법령만 참고해서 볼 수 있도록 하였습니다. 공공기관이나 관련 종사자들이 쉽고 간편하게 해당 법령을 참조 할 수 있도록 하였습니다.

특히 해당법률은 물론 관련 시행령, 시행규칙을 함께 실어 관련법을 서로 참고할 수 있게 하였습니다.

법률이라는 것이 크든 작든 항상 변하는 관계로, 출간 이후의 정확하고 최신의 법률은 법제처 국가법령정보센터에서 확인이 가능하니 법률의 실제 적용 시 확인이 필요한 점 유의하기를 바랍니다.

편집부

* 수록 법률은 법제처 국가법령정보센터에서 확인 가능합니다.
* 발행일 기준 시행 법률이므로 최신 법령은 위 센터에서 볼 수 있습니다.
* 본 책자에 수록된 법률의 문구에 대하여 법적인 효력은 없으며,
  실제 적용 법률은 위 센터에서 최신의 법률로 확인하시기 바랍니다.
* 해당 법령과 함께 시행령, 시행규칙도 수록되어 있습니다.
* 발행일 기준으로 개정 예정 법률은 밑줄로 별도 표시되어 있으며,
  보다 정확한 것은 법제처에서 확인하기 바랍니다.

목차

법인세법

[시행 2025. 7. 1.] [법률 제20613호, 2024. 12. 31., 일부개정]

**개정 예정 법률 밑줄 별도 표시.

법인세법

[시행 2025. 7. 1.] [법률 제20613호, 2024. 12. 31., 일부개정]

제1장 총칙 〈개정 2010. 12. 30.〉

제1조(목적) 이 법은 법인세의 과세 요건과 절차를 규정함으로써 법인세를 공정하게 과세하고, 납세의무의 적절한 이행을 확보하며, 재정수입의 원활한 조달에 이바지함을 목적으로 한다.

[본조신설 2018. 12. 24.]

[종전 제1조는 제2조로 이동 〈2018. 12. 24.〉]

제2조(정의) 이 법에서 사용하는 용어의 뜻은 다음과 같다. 〈개정 2013. 1. 1., 2018. 12. 24., 2022. 12. 31.〉

1. "내국법인"이란 본점, 주사무소 또는 사업의 실질적 관리장소가 국내에 있는 법인을 말한다.

2. "비영리내국법인"이란 내국법인 중 다음 각 목의 어느 하나에 해당하는 법인을 말한다.

가. 「민법」 제32조에 따라 설립된 법인

나. 「사립학교법」이나 그 밖의 특별법에 따라 설립된 법인으로서 「민법」 제32조에 규정된 목적과 유사한 목적을 가진 법인(대통령령으로 정하는 조합법인 등이 아닌 법인으로서 그 주주(株主)·사원 또는 출자자(出資者)에게 이익을 배당할 수 있는 법인은 제외한다)

다. 「국세기본법」 제13조제4항에 따른 법인으로 보는 단체(이하 "법인으로 보는 단체"라 한다)

3. "외국법인"이란 본점 또는 주사무소가 외국에 있는 단체(사업의 실질적 관리장소가 국내에 있지 아니하는 경우만 해당한다)로서 대통령령으로 정하는 기준에 해당하는 법인을 말한다.

4. "비영리외국법인"이란 외국법인 중 외국의 정부·지방자치단체

및 영리를 목적으로 하지 아니하는 법인(법인으로 보는 단체를 포함한다)을 말한다.

5. "사업연도"란 법인의 소득을 계산하는 1회계기간을 말한다.

6. "연결납세방식"이란 둘 이상의 내국법인을 하나의 과세표준과 세액을 계산하는 단위로 하여 제2장의3에 따라 법인세를 신고·납부하는 방식을 말한다.

7. "연결법인"이란 연결납세방식을 적용받는 내국법인을 말한다.

8. "연결집단"이란 연결법인 전체를 말한다.

9. "연결모법인"(連結母法人)이란 연결집단 중 다른 연결법인을 연결지배하는 연결법인을 말한다.

10. "연결자법인"(連結子法人)이란 연결모법인의 연결지배를 받는 연결법인을 말한다.

10의2. "연결지배"란 내국법인이 다른 내국법인의 발행주식총수 또는 출자총액의 100분의 90 이상을 보유하고 있는 경우를 말한다. 이 경우 그 보유비율은 다음 각 목에서 정하는 바에 따라 계산한다.

가. 의결권 없는 주식 또는 출자지분을 포함할 것

나. 「상법」 또는 「자본시장과 금융투자업에 관한 법률」에 따라 보유하는 자기주식은 제외할 것

다. 「근로복지기본법」에 따른 우리사주조합을 통하여 근로자가 취득한 주식 및 그 밖에 대통령령으로 정하는 주식으로서 발행주식총수의 100분의 5 이내의 주식은 해당 법인이 보유한 것으로 볼 것

라. 다른 내국법인을 통하여 또 다른 내국법인의 주식 또는 출자지분을 간접적으로 보유하는 경우로서 대통령령으로 정하는 경우에는 대통령령으로 정하는 바에 따라 합산할 것

11. "연결사업연도"란 연결집단의 소득을 계산하는 1회계기간을 말한다.

12. "특수관계인"이란 법인과 경제적 연관관계 또는 경영지배관계 등 대통령령으로 정하는 관계에 있는 자를 말한다. 이 경우 본인도 그 특수관계인의 특수관계인으로 본다.

13. "합병법인"이란 합병에 따라 설립되거나 합병 후 존속하는 법인을 말한다.

14. "피합병법인"이란 합병에 따라 소멸하는 법인을 말한다.

15. "분할법인"이란 분할(분할합병을 포함한다. 이하 같다)에 따라

분할되는 법인을 말한다.

16. “분할신설법인”이란 분할에 따라 설립되는 법인을 말한다.

[전문개정 2010. 12. 30.]

[제1조에서 이동, 종전 제2조는 제3조로 이동 〈2018. 12. 24.〉]

제3조(납세의무자) ① 다음 각 호의 법인은 이 법에 따라 그 소득에 대한 법인세를 납부할 의무가 있다. 〈개정 2010. 12. 30.〉

1. 내국법인

2. 국내원천소득(國內源泉所得)이 있는 외국법인

② 내국법인 중 국가와 지방자치단체(지방자치단체조합을 포함한다. 이하 같다)는 그 소득에 대한 법인세를 납부할 의무가 없다. 〈개정 2018. 12. 24.〉

③ 연결법인은 제76조의14제1항에 따른 각 연결사업연도의 소득에 대한 법인세(각 연결법인의 제55조의2에 따른 토지등 양도소득에 대한 법인세 및 「조세특례제한법」 제100조의32에 따른 투자·상생협력 촉진을 위한 과세특례를 적용하여 계산한 법인세를 포함한다)를 연대하여 납부할 의무가 있다. 〈개정 2010. 12. 30., 2014. 12. 23., 2017. 12. 19., 2018. 12. 24.〉

④ 이 법에 따라 법인세를 원천징수하는 자는 해당 법인세를 납부할 의무가 있다. 〈개정 2018. 12. 24.〉

[제목개정 2018. 12. 24.]

[제2조에서 이동, 종전 제3조는 제4조로 이동 〈2018. 12. 24.〉]

제4조(과세소득의 범위) ① 내국법인에 법인세가 과세되는 소득은 다음 각 호의 소득으로 한다. 다만, 비영리내국법인의 경우에는 제1호와 제3호의 소득으로 한정한다.

1. 각 사업연도의 소득

2. 청산소득(淸算所得)

3. 제55조의2에 따른 토지등 양도소득

② 제1항제1호를 적용할 때 연결법인의 각 사업연도의 소득은 제76조의14제1항의 각 연결사업연도의 소득으로 한다.

③ 제1항제1호를 적용할 때 비영리내국법인의 각 사업연도의 소득은 다음 각 호의 사업 또는 수입(이하 “수익사업”이라 한다)에서 생기는 소득으로 한정한다.

1. 제조업, 건설업, 도매 및 소매업 등 「통계법」 제22조에 따라

통계청장이 작성·고시하는 한국표준산업분류에 따른 사업으로서 대통령령으로 정하는 것

2. 「소득세법」 제16조제1항에 따른 이자소득

3. 「소득세법」 제17조제1항에 따른 배당소득

4. 주식·신주인수권 또는 출자지분의 양도로 인한 수입

5. 유형자산 및 무형자산의 처분으로 인한 수입. 다만, 고유목적사업에 직접 사용하는 자산의 처분으로 인한 대통령령으로 정하는 수입은 제외한다.

6. 「소득세법」 제94조제1항제2호 및 제4호에 따른 자산의 양도로 인한 수입

7. 그 밖에 대가(對價)를 얻는 계속적 행위로 인한 수입으로서 대통령령으로 정하는 것

④ 외국법인에 법인세가 과세되는 소득은 다음 각 호의 소득으로 한다.

1. 각 사업연도의 국내원천소득

2. 제95조의2에 따른 토지등 양도소득

⑤ 제4항제1호를 적용할 때 비영리외국법인의 각 사업연도의 국내원천소득은 수익사업에서 생기는 소득으로 한정한다.

[전문개정 2018. 12. 24.]

[제3조에서 이동, 종전 제4조는 삭제

제5조(신탁소득) ① 신탁재산에 귀속되는 소득에 대해서는 그 신탁의 이익을 받을 수익자가 그 신탁재산을 가진 것으로 보고 이 법을 적용한다. 〈개정 2020. 12. 22.〉

② 제1항에도 불구하고 다음 각 호의 어느 하나에 해당하는 신탁으로서 대통령령으로 정하는 요건을 충족하는 신탁(「자본시장과 금융투자업에 관한 법률」 제9조제18항제1호에 따른 투자신탁 및 「소득세법」 제17조제1항제5호의3에 따른 수익증권이 발행된 신탁은 제외한다)의 경우에는 신탁재산에 귀속되는 소득에 대하여 그 신탁의 수탁자[내국법인 또는 「소득세법」에 따른 거주자(이하 "거주자"라 한다)인 경우에 한정한다]가 법인세를 납부할 의무가 있다. 이 경우 신탁재산별로 각각을 하나의 내국법인으로 본다. 〈신설 2020. 12. 22., 2023. 12. 31., 2024. 12. 31.〉

1. 「신탁법」 제3조제1항 각 호 외의 부분 단서에 따른 목적신탁

2. 「신탁법」 제78조제2항에 따른 수익증권발행신탁

3. 「신탁법」 제114조제1항에 따른 유한책임신탁

4. 그 밖에 제1호부터 제3호까지의 규정에 따른 신탁과 유사한 신탁으로서 대통령령으로 정하는 신탁

③ 제1항 및 제2항에도 불구하고 위탁자가 신탁재산을 실질적으로 통제하는 등 대통령령으로 정하는 요건을 충족하는 신탁의 경우에는 신탁재산에 귀속되는 소득에 대하여 그 신탁의 위탁자가 법인세를 납부할 의무가 있다. 〈신설 2020. 12. 22., 2023. 12. 31.〉

④ 「자본시장과 금융투자업에 관한 법률」의 적용을 받는 법인의 신탁재산(같은 법 제251조제1항에 따른 보험회사의 특별계정은 제외한다. 이하 같다)에 귀속되는 수입과 지출은 그 법인에 귀속되는 수입과 지출로 보지 아니한다. 〈개정 2020. 12. 22.〉

[전문개정 2010. 12. 30.]

제6조(사업연도) ① 사업연도는 법령이나 법인의 정관(定款) 등에서 정하는 1회계기간으로 한다. 다만, 그 기간은 1년을 초과하지 못한다.

② 법령이나 정관 등에 사업연도에 관한 규정이 없는 내국법인은 따로 사업연도를 정하여 제109조제1항에 따른 법인 설립신고 또는 제111조에 따른 사업자등록과 함께 납세지 관할 세무서장(제12조에 따른 세무서장을 말한다. 이하 같다)에게 사업연도를 신고하여야 한다.

③ 제94조에 따른 국내사업장(이하 "국내사업장"이라 한다)이 있는 외국법인으로서 법령이나 정관 등에 사업연도에 관한 규정이 없는 법인은 따로 사업연도를 정하여 제109조제2항에 따른 국내사업장 설치신고 또는 제111조에 따른 사업자등록과 함께 납세지 관할 세무서장에게 사업연도를 신고하여야 한다.

④ 국내사업장이 없는 외국법인으로서 제93조제3호 또는 제7호에 따른 소득이 있는 법인은 따로 사업연도를 정하여 그 소득이 최초로 발생하게 된 날부터 1개월 이내에 납세지 관할 세무서장에게 사업연도를 신고하여야 한다.

⑤ 제2항부터 제4항까지의 규정에 따른 신고를 하여야 할 법인이 그 신고를 하지 아니하는 경우에는 매년 1월 1일부터 12월 31일까지를 그 법인의 사업연도로 한다.

⑥ 제1항부터 제5항까지의 규정을 적용할 때 법인의 최초 사업연도의 개시일 등에 관하여 필요한 사항은 대통령령으로 정한다.

[전문개정 2010. 12. 30.]

제7조(사업연도의 변경) ① 사업연도를 변경하려는 법인은 그 법인의 직전 사업연도 종료일부터 3개월 이내에 대통령령으로 정하는 바에 따라 납세지 관할 세무서장에게 이를 신고하여야 한다.

② 법인이 제1항에 따른 신고를 기한까지 하지 아니한 경우에는 그 법인의 사업연도는 변경되지 아니한 것으로 본다. 다만, 법령에 따라 사업연도가 정하여지는 법인의 경우 관련 법령의 개정에 따라 사업연도가 변경된 경우에는 제1항에 따른 신고를 하지 아니한 경우에도 그 법령의 개정 내용과 같이 사업연도가 변경된 것으로 본다.

③ 제1항 및 제2항 단서에 따라 사업연도가 변경된 경우에는 종전의 사업연도 개시일부터 변경된 사업연도 개시일 전날까지의 기간을 1사업연도로 한다. 다만, 그 기간이 1개월 미만인 경우에는 변경된 사업연도에 그 기간을 포함한다.

[전문개정 2010. 12. 30.]

제8조(사업연도의 의제) ① 내국법인이 사업연도 중에 해산(합병 또는 분할에 따른 해산과 제78조 각 호에 따른 조직변경은 제외한다)한 경우에는 다음 각 호의 기간을 각각 1사업연도로 본다. 〈개정 2018. 12. 24.〉

1. 그 사업연도 개시일부터 해산등기일(파산으로 인하여 해산한 경우에는 파산등기일을 말하며, 법인으로 보는 단체의 경우에는 해산일을 말한다. 이하 같다)까지의 기간

2. 해산등기일 다음 날부터 그 사업연도 종료일까지의 기간

② 내국법인이 사업연도 중에 합병 또는 분할에 따라 해산한 경우에는 그 사업연도 개시일부터 합병등기일 또는 분할등기일까지의 기간을 그 해산한 법인의 1사업연도로 본다. 〈개정 2018. 12. 24.〉

③ 내국법인이 사업연도 중에 제78조 각 호에 따른 조직변경을 한 경우에는 조직변경 전의 사업연도가 계속되는 것으로 본다. 〈신설 2018. 12. 24.〉

④ 청산 중인 내국법인의 사업연도는 다음 각 호의 구분에 따른 기간을 각각 1사업연도로 본다. 〈개정 2018. 12. 24.〉

1. 잔여재산가액이 사업연도 중에 확정된 경우: 그 사업연도 개시일부터 잔여재산가액 확정일까지의 기간

2. 「상법」 제229조, 제285조, 제287조의40, 제519조 또는 제

610조에 따라 사업을 계속하는 경우: 다음 각 목의 기간

가. 그 사업연도 개시일부터 계속등기일(계속등기를 하지 아니한 경우에는 사실상의 사업 계속일을 말한다. 이하 같다)까지의 기간

나. 계속등기일 다음 날부터 그 사업연도 종료일까지의 기간

⑤ 내국법인이 사업연도 중에 연결납세방식을 적용받는 경우에는 그 사업연도 개시일부터 연결사업연도 개시일 전날까지의 기간을 1사업연도로 본다. 〈개정 2018. 12. 24.〉

⑥ 국내사업장이 있는 외국법인이 사업연도 중에 그 국내사업장을 가지지 아니하게 된 경우에는 그 사업연도 개시일부터 그 사업장을 가지지 아니하게 된 날까지의 기간을 1사업연도로 본다. 다만, 국내에 다른 사업장을 계속하여 가지고 있는 경우에는 그러하지 아니하다. 〈개정 2018. 12. 24.〉

⑦ 국내사업장이 없는 외국법인이 사업연도 중에 제93조제3호에 따른 국내원천 부동산소득 또는 같은 조 제7호에 따른 국내원천 부동산등양도소득이 발생하지 아니하게 되어 납세지 관할 세무서장에게 그 사실을 신고한 경우에는 그 사업연도 개시일부터 신고일까지의 기간을 1사업연도로 본다. 〈개정 2018. 12. 24.〉

[전문개정 2010. 12. 30.]

제9조(납세지) ① 내국법인의 법인세 납세지는 그 법인의 등기부에 따른 본점이나 주사무소의 소재지(국내에 본점 또는 주사무소가 있지 아니하는 경우에는 사업을 실질적으로 관리하는 장소의 소재지)로 한다. 다만, 법인으로 보는 단체의 경우에는 대통령령으로 정하는 장소로 한다.

② 외국법인의 법인세 납세지는 국내사업장의 소재지로 한다. 다만, 국내사업장이 없는 외국법인으로서 제93조제3호 또는 제7호에 따른 소득이 있는 외국법인의 경우에는 각각 그 자산의 소재지로 한다.

③ 제2항의 경우 둘 이상의 국내사업장이 있는 외국법인에 대하여는 대통령령으로 정하는 주된 사업장의 소재지를 납세지로 하고, 둘 이상의 자산이 있는 법인에 대하여는 대통령령으로 정하는 장소를 납세지로 한다.

④ 제73조, 제73조의2, 제98조, 제98조의3, 제98조의5, 제98조

의6 또는 제98조의8에 따라 원천징수한 법인세의 납세지는 대통령령으로 정하는 해당 원천징수의무자의 소재지로 한다. 다만, 제98조 및 제98조의3에 따른 원천징수의무자가 국내에 그 소재지를 가지지 아니하는 경우에는 대통령령으로 정하는 장소로 한다. 〈개정 2011. 12. 31., 2018. 12. 24., 2023. 12. 31.〉

[전문개정 2010. 12. 30.]

제10조(납세지의 지정) ① 관할지방국세청장(제12조에 따른 지방국세청장을 말한다. 이하 같다)이나 국세청장은 제9조에 따른 납세지가 그 법인의 납세지로 적당하지 아니하다고 인정되는 경우로서 대통령령으로 정하는 경우에는 같은 조에도 불구하고 그 납세지를 지정할 수 있다.

② 관할지방국세청장이나 국세청장은 제1항에 따라 납세지를 지정한 경우에는 대통령령으로 정하는 바에 따라 해당 법인에 이를 알려야 한다.

[전문개정 2010. 12. 30.]

제11조(납세지의 변경) ① 법인은 납세지가 변경된 경우에는 그 변경된 날부터 15일 이내에 대통령령으로 정하는 바에 따라 변경 후의 납세지 관할 세무서장에게 이를 신고하여야 한다. 이 경우 납세지가 변경된 법인이 「부가가치세법」 제8조에 따라 그 변경된 사실을 신고한 경우에는 납세지 변경신고를 한 것으로 본다. 〈개정 2013. 6. 7.〉

② 제1항에 따른 신고를 하지 아니한 경우에는 종전의 납세지를 그 법인의 납세지로 한다.

③ 외국법인이 제9조제2항에 해당하는 납세지를 국내에 가지지 아니하게 된 경우에는 그 사실을 납세지 관할 세무서장에게 신고하여야 한다.

[전문개정 2010. 12. 30.]

제12조(과세 관할) 법인세는 제9조부터 제11조까지의 규정에 따른 납세지를 관할하는 세무서장 또는 지방국세청장이 과세한다.

[전문개정 2010. 12. 30.]

제2장 내국법인의 각 사업연도의 소득에 대한 법인세 〈개정 2010. 12. 30.〉

제1절 과세표준과 그 계산 〈개정 2010. 12. 30.〉

제1관 통칙 〈개정 2010. 12. 30.〉

제13조(과세표준) ① 내국법인의 각 사업연도의 소득에 대한 법인세의 과세표준은 각 사업연도의 소득의 범위에서 다음 각 호의 금액과 소득을 차례로 공제한 금액으로 한다. 다만, 제1호의 금액에 대한 공제는 각 사업연도 소득의 100분의 80[「조세특례제한법」 제6조제1항에 따른 중소기업(이하 "중소기업"이라 한다)과 회생계획을 이행 중인 기업 등 대통령령으로 정하는 법인의 경우는 100분의 100]을 한도로 한다. 〈개정 2020. 12. 22., 2022. 12. 31.〉

1. 제14조제3항의 이월결손금 중 다음 각 목의 요건을 모두 갖춘 금액

가. 각 사업연도의 개시일 전 15년 이내에 개시한 사업연도에서 발생한 결손금일 것

나. 제60조에 따라 신고하거나 제66조에 따라 결정·경정되거나 「국세기본법」 제45조에 따라 수정신고한 과세표준에 포함된 결손금일 것

2. 이 법과 다른 법률에 따른 비과세소득

3. 이 법과 다른 법률에 따른 소득공제액

② 제1항의 과세표준을 계산할 때 다음 각 호의 금액은 해당 사업연도의 다음 사업연도 이후로 이월하여 공제할 수 없다.

1. 해당 사업연도의 과세표준을 계산할 때 공제되지 아니한 비과세소득 및 소득공제액

2. 「조세특례제한법」 제132조에 따른 최저한세의 적용으로 인하여 공제되지 아니한 소득공제액

[전문개정 2018. 12. 24.]

제14조(각 사업연도의 소득) ① 내국법인의 각 사업연도의 소득은 그 사업연도에 속하는 익금(益金)의 총액에서 그 사업연도에 속하는 손금(損金)의 총액을 뺀 금액으로 한다. 〈개정 2018. 12. 24.〉

② 내국법인의 각 사업연도의 결손금은 그 사업연도에 속하는 손금의 총액이 그 사업연도에 속하는 익금의 총액을 초과하는 경우에 그 초과하는 금액으로 한다.

③ 내국법인의 이월결손금은 각 사업연도의 개시일 전 발생한 각 사업연도의 결손금으로서 그 후의 각 사업연도의 과세표준을 계산할

때 공제되지 아니한 금액으로 한다. 〈신설 2018. 12. 24.〉
[전문개정 2010. 12. 30.]

제2관 익금의 계산 〈개정 2010. 12. 30.〉

제15조(익금의 범위) ① 익금은 자본 또는 출자의 납입 및 이 법에서 규정하는 것은 제외하고 해당 법인의 순자산(純資産)을 증가시키는 거래로 인하여 발생하는 이익 또는 수입[이하 "수익"(收益)이라 한다]의 금액으로 한다. 〈개정 2018. 12. 24.〉

② 다음 각 호의 금액은 익금으로 본다. 〈개정 2011. 12. 31., 2018. 12. 24., 2020. 12. 22.〉

1. 특수관계인인 개인으로부터 유가증권을 제52조제2항에 따른 시가보다 낮은 가액으로 매입하는 경우 시가와 그 매입가액의 차액에 상당하는 금액
2. 제57조제4항에 따른 외국법인세액으로서 대통령령으로 정하는 바에 따라 계산하여 같은 조 제1항에 따른 세액공제의 대상이 되는 금액
3. 「조세특례제한법」 제100조의18제1항에 따라 배분받은 소득금액

③ 수익의 범위 및 구분 등에 필요한 사항은 대통령령으로 정한다. 〈개정 2018. 12. 24.〉
[전문개정 2010. 12. 30.]

제16조(배당금 또는 분배금의 의제) ① 다음 각 호의 금액은 다른 법인의 주주 또는 출자자(이하 "주주등"이라 한다)인 내국법인의 각 사업연도의 소득금액을 계산할 때 그 다른 법인으로부터 이익을 배당받았거나 잉여금을 분배받은 금액으로 본다. 〈개정 2011. 12. 31., 2016. 12. 20., 2018. 12. 24.〉

1. 주식의 소각, 자본의 감소, 사원의 퇴사·탈퇴 또는 출자의 감소로 인하여 주주등인 내국법인이 취득하는 금전과 그 밖의 재산가액의 합계액이 해당 주식 또는 출자지분(이하 "주식등"이라 한다)을 취득하기 위하여 사용한 금액을 초과하는 금액
2. 법인의 잉여금의 전부 또는 일부를 자본이나 출자에 전입(轉入)함으로써 주주등인 내국법인이 취득하는 주식등의 가액. 다만, 다음 각 목의 어느 하나에 해당하는 금액을 자본에 전입하는 경우는

제외한다.

가. 「상법」 제459조제1항에 따른 자본준비금으로서 대통령령으로 정하는 것

나. 「자산재평가법」에 따른 재평가적립금(같은 법 제13조제1항제1호에 따른 토지의 재평가차액에 상당하는 금액은 제외한다)

3. 법인이 자기주식 또는 자기출자지분을 보유한 상태에서 제2호 각 목에 따른 자본전입을 함에 따라 그 법인 외의 주주등인 내국법인의 지분 비율이 증가한 경우 증가한 지분 비율에 상당하는 주식등의 가액

4. 해산한 법인의 주주등(법인으로 보는 단체의 구성원을 포함한다)인 내국법인이 법인의 해산으로 인한 잔여재산의 분배로서 취득하는 금전과 그 밖의 재산의 가액이 그 주식등을 취득하기 위하여 사용한 금액을 초과하는 금액

5. 피합병법인의 주주등인 내국법인이 취득하는 합병대가가 그 피합병법인의 주식등을 취득하기 위하여 사용한 금액을 초과하는 금액

6. 분할법인 또는 소멸한 분할합병의 상대방 법인의 주주인 내국법인이 취득하는 분할대가가 그 분할법인 또는 소멸한 분할합병의 상대방 법인의 주식(분할법인이 존속하는 경우에는 소각 등에 의하여 감소된 주식만 해당한다)을 취득하기 위하여 사용한 금액을 초과하는 금액

② 제1항제5호 및 제6호, 제44조 및 제46조에서 합병대가와 분할대가는 다음 각 호의 금액을 말한다. 〈신설 2018. 12. 24.〉

1. 합병대가: 합병법인으로부터 합병으로 인하여 취득하는 합병법인(합병등기일 현재 합병법인의 발행주식총수 또는 출자총액을 소유하고 있는 내국법인을 포함한다)의 주식등의 가액과 금전 또는 그 밖의 재산가액의 합계액

2. 분할대가: 분할신설법인 또는 분할합병의 상대방 법인으로부터 분할로 인하여 취득하는 분할신설법인 또는 분할합병의 상대방 법인(분할등기일 현재 분할합병의 상대방 법인의 발행주식총수 또는 출자총액을 소유하고 있는 내국법인을 포함한다)의 주식의 가액과 금전 또는 그 밖의 재산가액의 합계액

③ 제1항을 적용할 때 이익의 배당 또는 잉여금의 분배 시기, 주식등 재산가액의 평가 등에 필요한 사항은 대통령령으로 정한다.

〈개정 2018. 12. 24.〉

[전문개정 2010. 12. 30.]

제17조(자본거래로 인한 수익의 익금불산입) ① 다음 각 호의 금액은 내국법인의 각 사업연도의 소득금액을 계산할 때 익금에 산입(算入)하지 아니한다. 〈개정 2011. 12. 31., 2013. 1. 1., 2015. 12. 15., 2018. 12. 24.〉

1. 주식발행액면초과액: 액면금액 이상으로 주식을 발행한 경우 그 액면금액을 초과한 금액(무액면주식의 경우에는 발행가액 중 자본금으로 계상한 금액을 초과하는 금액을 말한다). 다만, 채무의 출자전환으로 주식등을 발행하는 경우에는 그 주식등의 제52조제2항에 따른 시가를 초과하여 발행된 금액은 제외한다.

2. 주식의 포괄적 교환차익: 「상법」 제360조의2에 따른 주식의 포괄적 교환을 한 경우로서 같은 법 제360조의7에 따른 자본금 증가의 한도액이 완전모회사의 증가한 자본금을 초과한 경우의 그 초과액

3. 주식의 포괄적 이전차익(移轉差益): 「상법」 제360조의15에 따른 주식의 포괄적 이전을 한 경우로서 같은 법 제360조의18에 따른 자본금의 한도액이 설립된 완전모회사의 자본금을 초과한 경우의 그 초과액

4. 감자차익(減資差益): 자본감소의 경우로서 그 감소액이 주식의 소각, 주금(株金)의 반환에 든 금액과 결손의 보전(補塡)에 충당한 금액을 초과한 경우의 그 초과금액

5. 합병차익: 「상법」 제174조에 따른 합병의 경우로서 소멸된 회사로부터 승계한 재산의 가액이 그 회사로부터 승계한 채무액, 그 회사의 주주에게 지급한 금액과 합병 후 존속하는 회사의 자본금증가액 또는 합병에 따라 설립된 회사의 자본금을 초과한 경우의 그 초과금액. 다만, 소멸된 회사로부터 승계한 재산가액이 그 회사로부터 승계한 채무액, 그 회사의 주주에게 지급한 금액과 주식가액을 초과하는 경우로서 이 법에서 익금으로 규정한 금액은 제외한다.

6. 분할차익: 「상법」 제530조의2에 따른 분할 또는 분할합병으로 설립된 회사 또는 존속하는 회사에 출자된 재산의 가액이 출자한 회사로부터 승계한 채무액, 출자한 회사의 주주에게 지급한 금액과 설립된 회사의 자본금 또는 존속하는 회사의 자본금증가액을 초과한

경우의 그 초과금액. 다만, 분할 또는 분할합병으로 설립된 회사 또는 존속하는 회사에 출자된 재산의 가액이 출자한 회사로부터 승계한 채무액, 출자한 회사의 주주에게 지급한 금액과 주식가액을 초과하는 경우로서 이 법에서 익금으로 규정한 금액은 제외한다.

② 제1항제1호 단서에 따른 초과금액 중 제18조제6호를 적용받지 아니한 대통령령으로 정하는 금액은 해당 사업연도의 익금에 산입하지 아니하고 그 이후의 각 사업연도에 발생한 결손금의 보전(補塡)에 충당할 수 있다.

[전문개정 2010. 12. 30.]

제18조(평가이익 등의 익금불산입) 다음 각 호의 금액은 내국법인의 각 사업연도의 소득금액을 계산할 때 익금에 산입하지 아니한다. 〈개정 2011. 12. 31., 2014. 1. 1., 2018. 12. 24., 2019. 12. 31., 2022. 12. 31., 2023. 12. 31.〉

1. 자산의 평가이익. 다만, 제42조제1항 각 호에 따른 평가로 인하여 발생하는 평가이익은 제외한다.

2. 각 사업연도의 소득으로 이미 과세된 소득(이 법과 다른 법률에 따라 비과세되거나 면제되는 소득을 포함한다)

3. 제21조제1호에 따라 손금에 산입하지 아니한 법인세 또는 법인지방소득세를 환급받았거나 환급받을 금액을 다른 세액에 충당한 금액

4. 국세 또는 지방세의 과오납금(過誤納金)의 환급금에 대한 이자

5. 부가가치세의 매출세액

6. 무상(無償)으로 받은 자산의 가액(제36조에 따른 국고보조금등은 제외한다)과 채무의 면제 또는 소멸로 인한 부채(負債)의 감소액 중 대통령령으로 정하는 이월결손금을 보전하는 데에 충당한 금액

7. 연결자법인 또는 연결모법인으로부터 제76조의19제2항 또는 제3항에 따라 지급받았거나 지급받을 금액

8. 「상법」 제461조의2에 따라 자본준비금을 감액하여 받는 배당금액(내국법인이 보유한 주식의 장부가액을 한도로 한다). 다만, 다음 각 목의 어느 하나에 해당하는 자본준비금을 감액하여 받는 배당금액은 제외한다.

가. 제16조제1항제2호가목에 해당하지 아니하는 자본준비금

나. 제44조제2항 또는 제3항의 적격합병에 따른 제17조제1항

제5호의 합병차익 중 피합병법인의 제16조제1항제2호나목에 따른 재평가적립금에 상당하는 금액(대통령령으로 정하는 금액을 한도로 한다)

다. 제46조제2항의 적격분할에 따른 제17조제1항제6호의 분할차익 중 분할법인의 제16조제1항제2호나목에 따른 재평가적립금에 상당하는 금액(대통령령으로 정하는 금액을 한도로 한다)

[전문개정 2010. 12. 30.]

제18조의2(내국법인 수입배당금액의 익금불산입) ① 내국법인(제29조에 따라 고유목적사업준비금을 손금에 산입하는 비영리내국법인은 제외한다. 이하 이 조에서 같다)이 해당 법인이 출자한 다른 내국법인(이하 이 조에서 "피출자법인"이라 한다)으로부터 받은 이익의 배당금 또는 잉여금의 분배금과 제16조에 따라 배당금 또는 분배금으로 보는 금액(이하 이 조 및 제76조의14에서 "수입배당금액"이라 한다) 중 제1호의 금액에서 제2호의 금액을 뺀 금액은 각 사업연도의 소득금액을 계산할 때 익금에 산입하지 아니한다. 이 경우 그 금액이 0보다 작은 경우에는 없는 것으로 본다. 〈개정 2019. 12. 31., 2022. 12. 31.〉

1. 피출자법인별로 수입배당금액에 다음 표의 구분에 따른 익금불산입률을 곱한 금액의 합계액

피출자법인에 대한 출자비율	익금불산입률
50퍼센트 이상	100퍼센트
20퍼센트 이상 50퍼센트 미만	80퍼센트
20퍼센트 미만	30퍼센트

2. 내국법인이 각 사업연도에 지급한 차입금의 이자가 있는 경우에는 차입금의 이자 중 제1호에 따른 익금불산입률 및 피출자법인에 출자한 금액이 내국법인의 자산총액에서 차지하는 비율 등을 고려하여 대통령령으로 정하는 바에 따라 계산한 금액

② 제1항은 다음 각 호의 어느 하나에 해당하는 수입배당금액에 대해서는 적용하지 아니한다. 〈개정 2020. 12. 22., 2023. 12. 31.〉

1. 배당기준일 전 3개월 이내에 취득한 주식등을 보유함으로써 발생하는 수입배당금액

2. 삭제 〈2022. 12. 31.〉

3. 제51조의2 또는 「조세특례제한법」 제104조의31에 따라 지급한 배당에 대하여 소득공제를 적용받는 법인으로부터 받은 수입배당금액

4. 이 법과 「조세특례제한법」에 따라 법인세를 비과세·면제·감면받는 법인(대통령령으로 정하는 법인으로 한정한다)으로부터 받은 수입배당금액

5. 제75조의14에 따라 지급한 배당에 대하여 소득공제를 적용받는 법인과세 신탁재산으로부터 받은 수입배당금액

6. 「자산재평가법」 제28조제2항을 위반하여 이 법 제16조제1항제2호나목에 따른 재평가적립금을 감액하여 지급받은 수입배당금액

7. 제18조제8호나목 및 다목에 해당하는 자본준비금을 감액하여 지급받은 수입배당금액

8. 자본의 감소로 주주등인 내국법인이 취득한 재산가액이 당초 주식등의 취득가액을 초과하는 금액 등 피출자법인의 소득에 법인세가 과세되지 아니한 수입배당금액으로서 대통령령으로 정하는 수입배당금액

③ 제1항과 제2항을 적용할 때 내국법인의 피출자법인에 대한 출자비율의 계산방법, 익금불산입액의 계산, 차입금 및 차입금 이자의 범위, 수입배당금액 명세서의 제출 등에 필요한 사항은 대통령령으로 정한다.

[전문개정 2018. 12. 24.]

[제18조의3에서 이동, 종전 제18조의2는 제18조의3으로 이동 〈2018. 12. 24.〉]

제18조의3 삭제 〈2022. 12. 31.〉

제18조의4(외국자회사 수입배당금액의 익금불산입) ① 내국법인(제57조의2제1항에 따른 간접투자회사등은 제외한다)이 해당 법인이 출자한 외국자회사[내국법인이 의결권 있는 발행주식총수 또는 출자총액의 100분의 10(「조세특례제한법」 제22조에 따른 해외자원개발사업을 하는 외국법인의 경우에는 100분의 5) 이상을 출자하고 있는 외국법인으로서 대통령령으로 정하는 요건을 갖춘 법인을 말한다. 이하 이 조 및 제41조에서 같다]로부터 받은 이익의 배당금 또는 잉여금의 분배금과 제16조에 따라 배당금 또는 분배금으로 보는

금액(이하 이 조에서 "수입배당금액"이라 한다)의 100분의 95에 해당하는 금액은 각 사업연도의 소득금액을 계산할 때 익금에 산입하지 아니한다.

② 내국법인이 해당 법인이 출자한 외국법인(외국자회사는 제외한다)으로부터 자본준비금을 감액하여 받는 배당으로서 제18조제8호에 따른 익금에 산입되지 아니하는 배당에 준하는 성격의 수입배당금액을 받는 경우 그 금액의 100분의 95에 해당하는 금액은 각 사업연도의 소득금액을 계산할 때 익금에 산입하지 아니한다.

③ 「국제조세조정에 관한 법률」 제27조제1항 및 제29조제1항·제2항에 따라 특정외국법인의 유보소득에 대하여 내국법인이 배당받은 것으로 보는 금액 및 해당 유보소득이 실제 배당된 경우의 수입배당금액에 대해서는 제1항을 적용하지 아니한다.

④ 제1항에도 불구하고 다음 각 호의 어느 하나에 해당하는 금액은 각 사업연도의 소득금액을 계산할 때 익금에 산입한다.

1. 「국제조세조정에 관한 법률」 제27조제1항 각 호의 요건을 모두 충족하는 특정외국법인으로부터 받은 수입배당금액으로서 대통령령으로 정하는 수입배당금액

2. 혼성금융상품(자본 및 부채의 성격을 동시에 가지고 있는 금융상품으로서 대통령령으로 정하는 금융상품을 말한다)의 거래에 따라 내국법인이 지급받는 수입배당금액

3. 제1호 및 제2호와 유사한 것으로서 대통령령으로 정하는 수입배당금액

⑤ 제1항을 적용받으려는 내국법인은 외국자회사 수입배당금액 명세서를 납세지 관할 세무서장에게 제출하여야 한다.

⑥ 제1항부터 제5항까지의 규정을 적용할 때 내국법인의 외국자회사에 대한 출자비율의 계산방법, 익금불산입액의 계산방법, 외국자회사 수입배당금액 명세서의 제출 등에 필요한 사항은 대통령령으로 정한다.

[본조신설 2022. 12. 31.]

제3관 손금의 계산 〈개정 2010. 12. 30.〉

제19조(손금의 범위) ① 손금은 자본 또는 출자의 환급, 잉여금의 처분 및 이 법에서 규정하는 것은 제외하고 해당 법인의 순자산을

감소시키는 거래로 인하여 발생하는 손실 또는 비용[이하 "손비"(損費)라 한다]의 금액으로 한다. 〈개정 2018. 12. 24.〉

② 손비는 이 법 및 다른 법률에서 달리 정하고 있는 것을 제외하고는 그 법인의 사업과 관련하여 발생하거나 지출된 손실 또는 비용으로서 일반적으로 인정되는 통상적인 것이거나 수익과 직접 관련된 것으로 한다. 〈개정 2018. 12. 24.〉

③ 「조세특례제한법」 제100조의18제1항에 따라 배분받은 결손금은 손금으로 본다. 〈개정 2018. 12. 24.〉

④ 손비의 범위 및 구분 등에 필요한 사항은 대통령령으로 정한다. 〈개정 2018. 12. 24.〉

[전문개정 2010. 12. 30.]

제19조의2(대손금의 손금불산입) ① 내국법인이 보유하고 있는 채권 중 채무자의 파산 등 대통령령으로 정하는 사유로 회수할 수 없는 채권의 금액[이하 "대손금"(貸損金)이라 한다]은 대통령령으로 정하는 사업연도의 소득금액을 계산할 때 손금에 산입한다. 〈개정 2018. 12. 24.〉

② 제1항은 다음 각 호의 어느 하나에 해당하는 채권에는 적용하지 아니한다. 〈개정 2018. 12. 24., 2020. 12. 22., 2020. 12. 29.〉

1. 채무보증(「독점규제 및 공정거래에 관한 법률」 제24조 각 호의 어느 하나에 해당하는 채무보증 등 대통령령으로 정하는 채무보증은 제외한다)으로 인하여 발생한 구상채권(求償債權)

2. 제28조제1항제4호나목에 해당하는 가지급금(假支給金) 등. 이 경우 특수관계인에 대한 판단은 대여시점을 기준으로 한다.

③ 제1항에 따라 손금에 산입한 대손금 중 회수한 금액은 그 회수한 날이 속하는 사업연도의 소득금액을 계산할 때 익금에 산입한다.

④ 제1항을 적용하려는 내국법인은 대통령령으로 정하는 바에 따라 대손금 명세서를 납세지 관할 세무서장에게 제출하여야 한다. 〈개정 2018. 12. 24.〉

⑤ 대손금의 범위와 처리 등에 필요한 사항은 대통령령으로 정한다. 〈개정 2018. 12. 24.〉

[전문개정 2010. 12. 30.]

제20조(자본거래 등으로 인한 손비의 손금불산입) 다음 각 호의 금액은 내국법인의 각 사업연도의 소득금액을 계산할 때 손금에 산입하지 아니한다. 〈개정 2017. 12. 19., 2018. 12. 24.〉

1. 결산을 확정할 때 잉여금의 처분을 손비로 계상한 금액

2. 주식할인발행차금: 「상법」 제417조에 따라 액면미달의 가액으로 신주를 발행하는 경우 그 미달하는 금액과 신주발행비의 합계액

[전문개정 2010. 12. 30.]

제21조(세금과 공과금의 손금불산입) 다음 각 호의 세금과 공과금은 내국법인의 각 사업연도의 소득금액을 계산할 때 손금에 산입하지 아니한다. 〈개정 2000. 12. 29., 2001. 12. 31., 2006. 12. 30., 2007. 12. 31., 2008. 12. 26., 2009. 1. 30., 2010. 1. 1., 2010. 12. 30., 2014. 1. 1., 2020. 12. 22., 2020. 12. 29., 2021. 12. 21., 2022. 12. 31., 2024. 12. 31.〉

1. 각 사업연도에 납부하였거나 납부할 법인세(제18조의4에 따른 익금불산입의 적용 대상이 되는 수입배당금액에 대하여 외국에 납부한 세액과 제57조에 따라 세액공제를 적용하는 경우의 외국법인세액을 포함한다) 또는 법인지방소득세와 각 세법에 규정된 의무 불이행으로 인하여 납부하였거나 납부할 세액(가산세를 포함한다) 및 부가가치세의 매입세액(부가가치세가 면제되거나 그 밖에 대통령령으로 정하는 경우의 세액은 제외한다)

2. 판매하지 아니한 제품에 대한 반출필의 개별소비세, 주세 또는 교통·에너지·환경세의 미납액. 다만, 제품가격에 그 세액상당액을 가산한 경우에는 예외로 한다.

3. 벌금, 과료(통고처분에 따른 벌금 또는 과료에 상당하는 금액을 포함한다), 과태료(과료와 과태금을 포함한다), 가산금 및 강제징수비

4. 법령에 따라 의무적으로 납부하는 것이 아닌 공과금

5. 법령에 따른 의무의 불이행 또는 금지·제한 등의 위반을 이유로 부과되는 공과금

6. 연결모법인 또는 연결자법인에 제76조의19제2항 또는 제3항에 따라 지급하였거나 지급할 금액

[제목개정 2010. 12. 30.]

제21조(세금과 공과금의 손금불산입) 다음 각 호의 세금과 공과금은 내국법인의 각 사업연도의 소득금액을 계산할 때 손금에 산입하지

아니한다. 〈개정 2000. 12. 29., 2001. 12. 31., 2006. 12. 30., 2007. 12. 31., 2008. 12. 26., 2009. 1. 30., 2010. 1. 1., 2010. 12. 30., 2014. 1. 1., 2020. 12. 22., 2020. 12. 29., 2021. 12. 21., 2022. 12. 31., 2024. 12. 31.〉

1. 각 사업연도에 납부하였거나 납부할 법인세(제18조의4에 따른 익금불산입의 적용 대상이 되는 수입배당금액에 대하여 외국에 납부한 세액과 제57조에 따라 세액공제를 적용하는 경우의 외국법인세액을 포함한다) 또는 법인지방소득세와 각 세법에 규정된 의무 불이행으로 인하여 납부하였거나 납부할 세액(가산세를 포함한다) 및 부가가치세의 매입세액(부가가치세가 면제되거나 그 밖에 대통령령으로 정하는 경우의 세액은 제외한다)

2. 반출하였으나 판매하지 아니한 제품에 대한 개별소비세 또는 주세(酒稅)의 미납액. 다만, 제품가격에 그 세액에 상당하는 금액을 가산한 경우에는 예외로 한다.

3. 벌금, 과료(통고처분에 따른 벌금 또는 과료에 상당하는 금액을 포함한다), 과태료(과료와 과태금을 포함한다), 가산금 및 강제징수비

4. 법령에 따라 의무적으로 납부하는 것이 아닌 공과금

5. 법령에 따른 의무의 불이행 또는 금지·제한 등의 위반을 이유로 부과되는 공과금

6. 연결모법인 또는 연결자법인에 제76조의19제2항 또는 제3항에 따라 지급하였거나 지급할 금액

[제목개정 2010. 12. 30.]

[시행일: 2028. 1. 1.] 제21조제2호

제21조의2(징벌적 목적의 손해배상금 등에 대한 손금불산입) 내국법인이 지급한 손해배상금 중 실제 발생한 손해를 초과하여 지급하는 금액으로서 대통령령으로 정하는 금액은 내국법인의 각 사업연도의 소득금액을 계산할 때 손금에 산입하지 아니한다.

[본조신설 2017. 12. 19.]

제22조(자산의 평가손실의 손금불산입) 내국법인이 보유하는 자산의 평가손실은 각 사업연도의 소득금액을 계산할 때 손금에 산입하지 아니한다. 다만, 제42조제2항 및 제3항에 따른 평가로 인하여 발생하는 평가손실은 손금에 산입한다. 〈개정 2018. 12. 24.〉

[전문개정 2010. 12. 30.]

제23조(감가상각비의 손금불산입) ① 내국법인이 각 사업연도의 결산을 확정할 때 토지를 제외한 건물, 기계 및 장치, 특허권 등 대통령령으로 정하는 유형자산 및 무형자산(이하 이 조에서 "감가상각자산"이라 한다)에 대한 감가상각비를 손비로 계상한 경우에는 대통령령으로 정하는 바에 따라 계산한 금액(이하 이 조에서 "상각범위액"이라 한다)의 범위에서 그 계상한 감가상각비를 해당 사업연도의 소득금액을 계산할 때 손금에 산입하고, 그 계상한 금액 중 상각범위액을 초과하는 금액은 손금에 산입하지 아니한다. 〈개정 2018. 12. 24.〉

② 제1항에도 불구하고 「주식회사 등의 외부감사에 관한 법률」 제5조제1항제1호에 따른 회계처리기준(이하 "한국채택국제회계기준"이라 한다)을 적용하는 내국법인이 보유한 감가상각자산 중 유형자산과 대통령령으로 정하는 무형자산의 감가상각비는 개별 자산별로 다음 각 호의 구분에 따른 금액이 제1항에 따라 손금에 산입한 금액보다 큰 경우 그 차액의 범위에서 추가로 손금에 산입할 수 있다. 〈개정 2017. 10. 31., 2018. 12. 24.〉

1. 2013년 12월 31일 이전 취득분: 한국채택국제회계기준을 적용하지 아니하고 종전의 방식에 따라 감가상각비를 손비로 계상한 경우 제1항에 따라 손금에 산입할 감가상각비 상당액(이하 이 조에서 "종전감가상각비"라 한다)

2. 2014년 1월 1일 이후 취득분: 기획재정부령으로 정하는 기준내용연수를 적용하여 계산한 감가상각비 상당액(이하 이 조에서 "기준감가상각비"라 한다)

③ 제1항에도 불구하고 내국법인이 이 법과 다른 법률에 따라 법인세를 면제받거나 감면받은 경우에는 해당 사업연도의 소득금액을 계산할 때 대통령령으로 정하는 바에 따라 감가상각비를 손금에 산입하여야 한다. 〈개정 2018. 12. 24.〉

④ 제1항을 적용할 때 내국법인이 다음 각 호의 어느 하나에 해당하는 금액을 손비로 계상한 경우에는 해당 사업연도의 소득금액을 계산할 때 감가상각비로 계상한 것으로 보아 상각범위액을 계산한다. 〈신설 2018. 12. 24.〉

1. 감가상각자산을 취득하기 위하여 지출한 금액

2. 감가상각자산에 대한 대통령령으로 정하는 자본적 지출에 해당하는 금액

⑤ 제1항에 따라 상각범위액을 초과하여 손금에 산입하지 아니한 금액은 그 후의 사업연도에 대통령령으로 정하는 방법에 따라 손금에 산입한다. 〈신설 2018. 12. 24.〉

⑥ 제1항부터 제5항까지의 규정에 따라 감가상각비를 손금에 산입한 내국법인은 대통령령으로 정하는 바에 따라 감가상각비에 관한 명세서를 납세지 관할 세무서장에게 제출하여야 한다. 〈개정 2018. 12. 24.〉

⑦ 제1항부터 제5항까지의 규정을 적용할 때 감가상각비의 손금산입방법, 한국채택국제회계기준 적용 시기의 결정, 종전감가상각비 및 기준감가상각비의 계산, 감가상각방법의 변경, 내용연수의 특례 및 변경, 중고자산 등의 상각범위액 계산특례, 즉시 상각할 수 있는 자산의 범위 등에 필요한 사항은 대통령령으로 정한다. 〈개정 2018. 12. 24.〉

[전문개정 2010. 12. 30.]

제24조(기부금의 손금불산입) ① 이 조에서 "기부금"이란 내국법인이 사업과 직접적인 관계없이 무상으로 지출하는 금액(대통령령으로 정하는 거래를 통하여 실질적으로 증여한 것으로 인정되는 금액을 포함한다)을 말한다. 〈개정 2018. 12. 24.〉

② 내국법인이 각 사업연도에 지출한 기부금 및 제5항에 따라 이월된 기부금 중 제1호에 따른 특례기부금은 제2호에 따라 산출한 손금산입한도액 내에서 해당 사업연도의 소득금액을 계산할 때 손금에 산입하되, 손금산입한도액을 초과하는 금액은 손금에 산입하지 아니한다. 〈개정 2020. 12. 22., 2021. 8. 17., 2021. 12. 21., 2022. 12. 31., 2024. 12. 31.〉

1. 특례기부금: 다음 각 목의 어느 하나에 해당하는 기부금

가. 국가나 지방자치단체에 무상으로 기증하는 금품의 가액. 다만, 「기부금품의 모집 및 사용에 관한 법률」의 적용을 받는 기부금품은 같은 법 제5조제2항에 따라 접수하는 것만 해당한다.

나. 국방헌금과 국군장병 위문금품의 가액

다. 천재지변으로 생기는 이재민을 위한 구호금품의 가액

라. 다음의 기관(병원은 제외한다)에 시설비 · 교육비 · 장학금 또는 연구비로 지출하는 기부금

1) 「사립학교법」에 따른 사립학교

2) 비영리 교육재단(국립 · 공립 · 사립학교의 시설비, 교육비, 장학금 또는 연구비 지급을 목적으로 설립된 비영리 재단법인으로 한정한다)

3) 「국민 평생 직업능력 개발법」에 따른 기능대학

4) 「평생교육법」에 따른 전공대학의 명칭을 사용할 수 있는 평생교육시설 및 원격대학 형태의 평생교육시설

5) 「경제자유구역 및 제주국제자유도시의 외국교육기관 설립 · 운영에 관한 특별법」에 따라 설립된 외국교육기관 및 「제주특별자치도 설치 및 국제자유도시 조성을 위한 특별법」에 따라 설립된 비영리법인이 운영하는 국제학교

6) 「산업교육진흥 및 산학연협력촉진에 관한 법률」에 따른 산학협력단

7) 「한국과학기술원법」에 따른 한국과학기술원, 「광주과학기술원법」에 따른 광주과학기술원, 「대구경북과학기술원법」에 따른 대구경북과학기술원, 「울산과학기술원법」에 따른 울산과학기술원 및 「한국에너지공과대학교법」에 따른 한국에너지공과대학교

8) 「국립대학법인 서울대학교 설립 · 운영에 관한 법률」에 따른 국립대학법인 서울대학교, 「국립대학법인 인천대학교 설립 · 운영에 관한 법률」에 따른 국립대학법인 인천대학교 및 이와 유사한 학교로서 대통령령으로 정하는 학교

9) 「재외국민의 교육지원 등에 관한 법률」에 따른 한국학교(대통령령으로 정하는 요건을 충족하는 학교만 해당한다)로서 대통령령으로 정하는 바에 따라 기획재정부장관이 지정 · 고시하는 학교

10) 「한국장학재단 설립 등에 관한 법률」에 따른 한국장학재단

마. 다음의 병원 등에 시설비 · 교육비 또는 연구비로 지출하는 기부금

1) 「국립대학병원 설치법」에 따른 국립대학병원

2) 「국립대학치과병원 설치법」에 따른 국립대학치과병원

3) 「서울대학교병원 설치법」에 따른 서울대학교병원

4) 「서울대학교치과병원 설치법」에 따른 서울대학교치과병원

5) 「사립학교법」에 따른 사립학교가 운영하는 병원

6) 「암관리법」에 따른 국립암센터

7) 「지방의료원의 설립 및 운영에 관한 법률」에 따른 지방의료원

8) 「국립중앙의료원의 설립 및 운영에 관한 법률」에 따른 국립중앙의료원

9) 「대한적십자사 조직법」에 따른 대한적십자사가 운영하는 병원

10) 「한국보훈복지의료공단법」에 따른 한국보훈복지의료공단이 운영하는 병원

11) 「방사선 및 방사성동위원소 이용진흥법」에 따른 한국원자력의학원

12) 「국민건강보험법」에 따른 국민건강보험공단이 운영하는 병원

13) 「산업재해보상보험법」 제43조제1항제1호에 따른 의료기관

14) 1)부터 13)까지의 병원이 설립한 「보건의료기술 진흥법」 제28조의2제1항에 따른 의료기술협력단

바. 사회복지사업, 그 밖의 사회복지활동의 지원에 필요한 재원을 모집·배분하는 것을 주된 목적으로 하는 비영리법인(대통령령으로 정하는 요건을 충족하는 법인만 해당한다)으로서 대통령령으로 정하는 바에 따라 기획재정부장관이 지정·고시하는 법인에 지출하는 기부금

2. 손금산입한도액: 다음 계산식에 따라 산출한 금액

[기준소득금액(제44조, 제46조 및 제46조의5에 따른 양도손익은 제외하고 제1호에 따른 특례기부금과 제3항제1호에 따른 일반기부금을 손금에 산입하기 전의 해당 사업연도의 소득금액을 말한다. 이하 이 조에서 같다) - 제13조제1항제1호에 따른 결손금(제13조제1항 각 호 외의 부분 단서에 따라 각 사업연도 소득의 80퍼센트를 한도로 이월결손금 공제를 적용받는 법인은 기준소득금액의 80퍼센트를 한도로 한다)] × 50퍼센트

③ 내국법인이 각 사업연도에 지출한 기부금 및 제5항에 따라 이월된 기부금 중 제1호에 따른 일반기부금은 제2호에 따라 산출한 손금산입한도액 내에서 해당 사업연도의 소득금액을 계산할 때 손금에 산입하되, 손금산입한도액을 초과하는 금액은 손금에 산입하지 아니한다. 〈개정 2020. 12. 22., 2022. 12. 31.〉

1. 일반기부금: 사회복지·문화·예술·교육·종교·자선·학술 등 공익성을 고려하여 대통령령으로 정하는 기부금(제2항제1호에 따른 기부금은 제외한다. 이하 이 조에서 같다)

2. 손금산입한도액: 다음 계산식에 따라 산출한 금액

[기준소득금액 - 제13조제1항제1호에 따른 결손금(제13조제1항 각 호 외의 부분 단서에 따라 각 사업연도 소득의 80퍼센트를 한도로 이월결손금 공제를 적용받는 법인은 기준소득금액의 80퍼센트를 한도로 한다) - 제2항에 따른 손금산입액(제5항에 따라 이월하여 손금에 산입한 금액을 포함한다)] × 10퍼센트(사업연도 종료일 현재 「사회적기업 육성법」 제2조제1호에 따른 사회적기업은 20퍼센트로 한다)

④ 제2항제1호 및 제3항제1호 외의 기부금은 해당 사업연도의 소득금액을 계산할 때 손금에 산입하지 아니한다. 〈개정 2020. 12. 22.〉

⑤ 내국법인이 각 사업연도에 지출하는 기부금 중 제2항 및 제3항에 따라 기부금의 손금산입한도액을 초과하여 손금에 산입하지 아니한 금액은 해당 사업연도의 다음 사업연도 개시일부터 10년 이내에 끝나는 각 사업연도로 이월하여 그 이월된 사업연도의 소득금액을 계산할 때 제2항제2호 및 제3항제2호에 따른 기부금 각각의 손금산입한도액의 범위에서 손금에 산입한다. 〈개정 2018. 12. 24., 2019. 12. 31., 2020. 12. 22.〉

⑥ 제2항 및 제3항에 따라 손금에 산입하는 경우에는 제5항에 따라 이월된 금액을 해당 사업연도에 지출한 기부금보다 먼저 손금에 산입한다. 이 경우 이월된 금액은 먼저 발생한 이월금액부터 손금에 산입한다. 〈신설 2019. 12. 31., 2020. 12. 22.〉

[전문개정 2010. 12. 30.]

제25조(기업업무추진비의 손금불산입) ① 이 조에서 “기업업무추진비”란 접대, 교제, 사례 또는 그 밖에 어떠한 명목이든 상관없이 이와 유사한 목적으로 지출한 비용으로서 내국법인이 직접 또는 간접적으로 업무와 관련이 있는 자와 업무를 원활하게 진행하기 위하여 지출한 금액을 말한다. 〈개정 2018. 12. 24., 2022. 12. 31.〉

② 내국법인이 한 차례의 접대에 지출한 기업업무추진비 중 대통령령으로 정하는 금액을 초과하는 기업업무추진비로서 다음 각 호의 어느 하나에 해당하지 아니하는 것은 각 사업연도의 소득금액을 계산할 때 손금에 산입하지 아니한다. 다만, 지출사실이 객관적으로 명백한 경우로서 다음 각 호의 어느 하나에 해당하는 기업업무추진비라는 증거자료를 구비하기 어려운 국외지역에서의 지출 및 농어민에 대한 지출 등 대통령령으로 정하는 지출은 그러하지 아니하다. 〈개정 2010. 12. 30., 2011. 12. 31., 2013. 6. 7., 2018. 12. 24., 2022. 12. 31.〉

1. 다음 각 목의 어느 하나에 해당하는 것(이하 "신용카드등"이라 한다)을 사용하여 지출하는 기업업무추진비

가. 「여신전문금융업법」에 따른 신용카드(신용카드와 유사한 것으로서 대통령령으로 정하는 것을 포함한다. 이하 제117조에서 같다)

나. 「조세특례제한법」 제126조의2제1항제2호에 따른 현금영수증(이하 "현금영수증"이라 한다)

2. 제121조 및 「소득세법」 제163조에 따른 계산서 또는 「부가가치세법」 제32조 및 제35조에 따른 세금계산서를 발급받아 지출하는 기업업무추진비

3. 제121조의2에 따른 매입자발행계산서 또는 「부가가치세법」 제34조의2제2항에 따른 매입자발행세금계산서를 발행하여 지출하는 기업업무추진비

4. 대통령령으로 정하는 원천징수영수증을 발행하여 지출하는 기업업무추진비

③ 제2항제1호를 적용할 때 재화 또는 용역을 공급하는 신용카드등의 가맹점이 아닌 다른 가맹점의 명의로 작성된 매출전표 등을 발급받은 경우 해당 지출금액은 같은 항 같은 호에 따른 기업업무추진비로 보지 아니한다. 〈개정 2010. 12. 30., 2018. 12. 24., 2022. 12. 31.〉

④ 내국법인이 각 사업연도에 지출한 기업업무추진비(제2항에 따라 손금에 산입하지 아니하는 금액은 제외한다)로서 다음 각 호의 금액의 합계액을 초과하는 금액은 해당 사업연도의 소득금액을 계산할 때 손금에 산입하지 아니한다. 〈개정 2018. 12. 24., 2019. 12. 31., 2022. 12. 31.〉

1. 기본한도: 다음 계산식에 따라 계산한 금액

$$기본한도금액 = A \times B \times \frac{1}{12}$$

A : 1천200만원(중소기업의 경우에는 3천600만원)

B : 해당 사업연도의 개월 수[이 경우 개월 수는 역(曆)에 따라 계산하되, 1개월 미만의 일수는 1개월로 한다]

2. 수입금액별 한도: 해당 사업연도의 수입금액(대통령령으로 정하는 수입금액만 해당한다)에 다음 표에 규정된 비율을 적용하여 산

출한 금액. 다만, 특수관계인과의 거래에서 발생한 수입금액에 대해서는 그 수입금액에 다음 표에 규정된 비율을 적용하여 산출한 금액의 100분의 10에 상당하는 금액으로 한다.

수입금액	비율
가. 100억원 이하	0.3퍼센트
나. 100억원 초과 500억원 이하	3천만원 + (수입금액 - 100억원) × 0.2퍼센트
다. 500억원 초과	1억1천만원 + (수입금액 - 500억원) × 0.03퍼센트

⑤ 제4항을 적용할 때 부동산임대업을 주된 사업으로 하는 등 대통령령으로 정하는 요건에 해당하는 내국법인의 경우에는 같은 항 각 호의 금액의 합계액의 100분의 50을 초과하는 금액은 해당 사업연도의 소득금액을 계산할 때 손금에 산입하지 아니한다. 〈신설 2018. 12. 24.〉

⑥ 기업업무추진비의 범위 및 가액의 계산, 지출증명 보관 등에 필요한 사항은 대통령령으로 정한다. 〈개정 2010. 12. 30., 2018. 12. 24., 2022. 12. 31.〉

[제목개정 2022. 12. 31.]

제26조(과다경비 등의 손금불산입) 다음 각 호의 손비 중 대통령령으로 정하는 바에 따라 과다하거나 부당하다고 인정하는 금액은 내국법인의 각 사업연도의 소득금액을 계산할 때 손금에 산입하지 아니한다.

1. 인건비
2. 복리후생비
3. 여비(旅費) 및 교육·훈련비
4. 법인이 그 법인 외의 자와 동일한 조직 또는 사업 등을 공동으로 운영하거나 경영함에 따라 발생되거나 지출된 손비
5. 제1호부터 제4호까지에 규정된 것 외에 법인의 업무와 직접 관련이 적다고 인정되는 경비로서 대통령령으로 정하는 것

[전문개정 2010. 12. 30.]

제27조(업무와 관련 없는 비용의 손금불산입) 내국법인이 지출한 비용 중 다음 각 호의 금액은 각 사업연도의 소득금액을 계산할 때 손금에 산입하지 아니한다. 〈개정 2018. 12. 24.〉

1. 해당 법인의 업무와 직접 관련이 없다고 인정되는 자산으로서

대통령령으로 정하는 자산을 취득·관리함으로써 생기는 비용 등 대통령령으로 정하는 금액

2. 제1호 외에 해당 법인의 업무와 직접 관련이 없다고 인정되는 지출금액으로서 대통령령으로 정하는 금액

[전문개정 2010. 12. 30.]

제27조의2(업무용승용차 관련비용의 손금불산입 등 특례) ① 「개별소비세법」 제1조제2항제3호에 해당하는 승용자동차(운수업, 자동차판매업 등에서 사업에 직접 사용하는 승용자동차로서 대통령령으로 정하는 것과 연구개발을 목적으로 사용하는 승용자동차로서 대통령령으로 정하는 것은 제외하며, 이하 이 조 및 제74조의2에서 "업무용승용차"라 한다)에 대한 감가상각비는 각 사업연도의 소득금액을 계산할 때 대통령령으로 정하는 바에 따라 손금에 산입하여야 한다. 〈개정 2018. 12. 24., 2019. 12. 31., 2021. 12. 21.〉

② 내국법인이 업무용승용차를 취득하거나 임차함에 따라 해당 사업연도에 발생하는 감가상각비, 임차료, 유류비 등 대통령령으로 정하는 비용(이하 이 조 및 제74조의2에서 "업무용승용차 관련비용"이라 한다) 중 대통령령으로 정하는 업무용 사용금액(이하 이 조에서 "업무사용금액"이라 한다)에 해당하지 아니하는 금액은 해당 사업연도의 소득금액을 계산할 때 손금에 산입하지 아니한다. 〈개정 2018. 12. 24., 2019. 12. 31., 2021. 12. 21.〉

③ 제2항을 적용할 때 업무사용금액 중 다음 각 호의 구분에 해당하는 비용이 해당 사업연도에 각각 800만원(해당 사업연도가 1년 미만인 경우 800만원에 해당 사업연도의 월수를 곱하고 이를 12로 나누어 산출한 금액을 말하고, 사업연도 중 일부 기간 동안 보유하거나 임차한 경우에는 800만원에 해당 보유기간 또는 임차기간 월수를 곱하고 이를 사업연도 월수로 나누어 산출한 금액을 말한다)을 초과하는 경우 그 초과하는 금액(이하 이 조에서 "감가상각비 한도초과액"이라 한다)은 해당 사업연도의 손금에 산입하지 아니하고 대통령령으로 정하는 방법에 따라 이월하여 손금에 산입한다. 〈개정 2017. 12. 19.〉

1. 업무용승용차별 감가상각비

2. 업무용승용차별 임차료 중 대통령령으로 정하는 감가상각비 상당액

④ 업무용승용차를 처분하여 발생하는 손실로서 업무용승용차별로 800만원(해당 사업연도가 1년 미만인 경우 800만원에 해당 사업연도의 월수를 곱하고 이를 12로 나누어 산출한 금액을 말한다)을 초과하는 금액은 대통령령으로 정하는 방법에 따라 이월하여 손금에 산입한다. 〈개정 2018. 12. 24.〉

⑤ 제3항과 제4항을 적용할 때 부동산임대업을 주된 사업으로 하는 등 대통령령으로 정하는 요건에 해당하는 내국법인의 경우에는 "800만원"을 각각 "400만원"으로 한다. 〈신설 2016. 12. 20.〉

⑥ 제1항부터 제5항까지에 따라 업무용승용차 관련비용 등을 손금에 산입한 법인은 대통령령으로 정하는 바에 따라 업무용승용차 관련비용 등에 관한 명세서를 납세지 관할 세무서장에게 제출하여야 한다. 〈개정 2016. 12. 20.〉

⑦ 업무사용금액의 계산방법, 감가상각비 한도초과액의 계산 및 이월방법과 그 밖에 필요한 사항은 대통령령으로 정한다. 〈개정 2016. 12. 20.〉

[본조신설 2015. 12. 15.]

제28조(지급이자의 손금불산입) ① 다음 각 호의 차입금의 이자는 내국법인의 각 사업연도의 소득금액을 계산할 때 손금에 산입하지 아니한다. 〈개정 2010. 12. 30., 2011. 12. 31., 2018. 12. 24.〉

1. 대통령령으로 정하는 채권자가 불분명한 사채의 이자

2. 「소득세법」 제16조제1항제1호·제2호·제5호 및 제8호에 따른 채권·증권의 이자·할인액 또는 차익 중 그 지급받은 자가 불분명한 것으로서 대통령령으로 정하는 것

3. 대통령령으로 정하는 건설자금에 충당한 차입금의 이자

4. 다음 각 목의 어느 하나에 해당하는 자산을 취득하거나 보유하고 있는 내국법인이 각 사업연도에 지급한 차입금의 이자 중 대통령령으로 정하는 바에 따라 계산한 금액(차입금 중 해당 자산가액에 상당하는 금액의 이자를 한도로 한다)

가. 제27조제1호에 해당하는 자산

나. 특수관계인에게 해당 법인의 업무와 관련 없이 지급한 가지급금 등으로서 대통령령으로 정하는 것

② 건설자금에 충당한 차입금의 이자에서 제1항제3호에 따른 이자를 뺀 금액으로서 대통령령으로 정하는 금액은 내국법인의 각 사

업연도의 소득금액을 계산할 때 손금에 산입하지 아니할 수 있다. 〈신설 2010. 12. 30., 2018. 12. 24.〉

③ 제1항 각 호에 따른 차입금의 이자의 손금불산입에 관한 규정이 동시에 적용되는 경우에는 대통령령으로 정하는 순위에 따라 적용한다. 〈개정 2010. 12. 30., 2018. 12. 24.〉

④ 제1항에 따른 차입금 및 차입금의 이자의 범위와 계산 등에 필요한 사항은 대통령령으로 정한다. 〈개정 2010. 12. 30., 2018. 12. 24.〉

[제목개정 2010. 12. 30.]

제4관 준비금 및 충당금의 손금산입 〈개정 2010. 12. 30.〉

제29조(비영리내국법인의 고유목적사업준비금의 손금산입) ① 비영리내국법인(법인으로 보는 단체의 경우에는 대통령령으로 정하는 단체만 해당한다. 이하 이 조에서 같다)이 각 사업연도의 결산을 확정할 때 그 법인의 고유목적사업이나 제24조제3항제1호에 따른 일반기부금(이하 이 조에서 "고유목적사업등"이라 한다)에 지출하기 위하여 고유목적사업준비금을 손비로 계상한 경우에는 다음 각 호의 구분에 따른 금액의 합계액(제2호에 따른 수익사업에서 결손금이 발생한 경우에는 제1호 각 목의 금액의 합계액에서 그 결손금 상당액을 차감한 금액을 말한다)의 범위에서 그 계상한 고유목적사업준비금을 해당 사업연도의 소득금액을 계산할 때 손금에 산입한다. 〈개정 2018. 12. 24., 2020. 12. 22., 2022. 12. 31.〉

1. 다음 각 목의 금액

가. 「소득세법」 제16조제1항 각 호(같은 항 제11호에 따른 비영업대금의 이익은 제외한다)에 따른 이자소득의 금액

나. 「소득세법」 제17조제1항 각 호에 따른 배당소득의 금액. 다만, 「상속세 및 증여세법」 제16조 또는 제48조에 따라 상속세 과세가액 또는 증여세 과세가액에 산입되거나 증여세가 부과되는 주식등으로부터 발생한 배당소득의 금액은 제외한다.

다. 특별법에 따라 설립된 비영리내국법인이 해당 법률에 따른 복지사업으로서 그 회원이나 조합원에게 대출한 융자금에서 발생한 이자금액

2. 그 밖의 수익사업에서 발생한 소득에 100분의 50(「공익법인의 설립·운영에 관한 법률」에 따라 설립된 법인으로서 고유목적사업등에 대한 지출액 중 100분의 50 이상의 금액을 장학금으로 지출하는 법인의 경우에는 100분의 80)을 곱하여 산출한 금액

② 제1항을 적용할 때 「주식회사 등의 외부감사에 관한 법률」 제2조제7호 및 제9조에 따른 감사인의 회계감사를 받는 비영리내국법인이 고유목적사업준비금을 제60조제2항제2호에 따른 세무조정계산서에 계상하고 그 금액 상당액을 해당 사업연도의 이익처분을 할 때 고유목적사업준비금으로 적립한 경우에는 그 금액을 결산을 확정할 때 손비로 계상한 것으로 본다. 〈신설 2018. 12. 24.〉

③ 제1항에 따라 고유목적사업준비금을 손금에 산입한 비영리내국법인이 고유목적사업등에 지출한 금액이 있는 경우에는 그 금액을 먼저 계상한 사업연도의 고유목적사업준비금부터 차례로 상계(相計)하여야 한다. 이 경우 고유목적사업등에 지출한 금액이 직전 사업연도 종료일 현재의 고유목적사업준비금의 잔액을 초과한 경우 초과하는 금액은 그 사업연도에 계상할 고유목적사업준비금에서 지출한 것으로 본다. 〈개정 2018. 12. 24.〉

④ 제1항에 따라 고유목적사업준비금을 손금에 산입한 비영리내국법인이 사업에 관한 모든 권리와 의무를 다른 비영리내국법인에 포괄적으로 양도하고 해산하는 경우에는 해산등기일 현재의 고유목적사업준비금 잔액은 그 다른 비영리내국법인이 승계할 수 있다. 〈개정 2018. 12. 24.〉

⑤ 제1항에 따라 손금에 산입한 고유목적사업준비금의 잔액이 있는 비영리내국법인이 다음 각 호의 어느 하나에 해당하게 된 경우 그 잔액(제5호의 경우에는 고유목적사업등이 아닌 용도에 사용한 금액을 말하며, 이하 이 조에서 같다)은 해당 사유가 발생한 날이 속하는 사업연도의 소득금액을 계산할 때 익금에 산입한다. 〈개정 2014. 1. 1., 2018. 12. 24., 2022. 12. 31.〉

1. 해산한 경우(제4항에 따라 고유목적사업준비금을 승계한 경우는 제외한다)

2. 고유목적사업을 전부 폐지한 경우

3. 법인으로 보는 단체가 「국세기본법」 제13조제3항에 따라 승인이 취소되거나 거주자로 변경된 경우

4. 고유목적사업준비금을 손금에 산입한 사업연도의 종료일 이후 5년이 되는 날까지 고유목적사업등에 사용하지 아니한 경우(5년 내에 사용하지 아니한 잔액으로 한정한다)

5. 고유목적사업준비금을 고유목적사업등이 아닌 용도에 사용한 경우

⑥ 제1항에 따라 손금에 산입한 고유목적사업준비금의 잔액이 있는 비영리내국법인은 고유목적사업준비금을 손금에 산입한 사업연도의 종료일 이후 5년 이내에 그 잔액 중 일부를 감소시켜 익금에 산입할 수 있다. 이 경우 먼저 손금에 산입한 사업연도의 잔액부터 차례로 감소시킨 것으로 본다. 〈신설 2018. 12. 24.〉

⑦ 제5항제4호·제5호 및 제6항에 따라 고유목적사업준비금의 잔액을 익금에 산입하는 경우에는 대통령령으로 정하는 바에 따라 계산한 이자상당액을 해당 사업연도의 법인세에 더하여 납부하여야 한다. 〈개정 2014. 1. 1., 2018. 12. 24., 2022. 12. 31.〉

⑧ 제1항은 이 법이나 다른 법률에 따라 감면 등을 적용받는 경우 등 대통령령으로 정하는 경우에는 적용하지 아니한다. 〈개정 2018. 12. 24.〉

⑨ 제1항을 적용하려는 비영리내국법인은 대통령령으로 정하는 바에 따라 해당 준비금의 계상 및 지출에 관한 명세서를 비치·보관하고 이를 납세지 관할 세무서장에게 제출하여야 한다. 〈개정 2018. 12. 24.〉

⑩ 제1항부터 제5항까지의 규정에 따른 고유목적사업의 범위 및 승계, 수익사업에서 발생한 소득의 계산 등에 필요한 사항은 대통령령으로 정한다. 〈개정 2018. 12. 24.〉

[전문개정 2010. 12. 30.]

[제목개정 2018. 12. 24.]

제30조(책임준비금의 손금산입) ① 보험사업을 하는 내국법인(「보험업법」에 따른 보험회사는 제외한다)이 각 사업연도의 결산을 확정할 때 「수산업협동조합법」 등 보험사업 관련 법률에 따른 책임준비금(이하 이 조에서 "책임준비금"이라 한다)을 손비로 계상한 경우에는 대통령령으로 정하는 바에 따라 계산한 금액의 범위에서 그 계상한 책임준비금을 해당 사업연도의 소득금액을 계산할 때 손금에 산입한다. 〈개정 2018. 12. 24., 2022. 12. 31.〉

② 제1항에 따라 손금에 산입한 책임준비금은 대통령령으로 정하는 바에 따라 다음 사업연도 또는 손금에 산입한 날이 속하는 사업연도의 종료일 이후 3년이 되는 날(3년이 되기 전에 해산 등 대통령령으로 정하는 사유가 발생하는 경우에는 해당 사유가 발생한 날)이 속하는 사업연도의 소득금액을 계산할 때 익금에 산입한다. 〈개정 2018. 12. 24.〉

③ 제2항에 따라 책임준비금을 손금에 산입한 날이 속하는 사업연도의 종료일 이후 3년이 되는 날이 속하는 사업연도에 책임준비금을 익금에 산입하는 경우 대통령령으로 정하는 바에 따라 계산한 이자상당액을 해당 사업연도의 법인세에 더하여 납부하여야 한다. 〈개정 2018. 12. 24.〉

④ 제1항을 적용하려는 내국법인은 대통령령으로 정하는 바에 따라 책임준비금에 관한 명세서를 납세지 관할 세무서장에게 제출하여야 한다. 〈개정 2018. 12. 24.〉

[전문개정 2010. 12. 30.]

[제목개정 2018. 12. 24.]

제31조(비상위험준비금의 손금산입) ① 보험사업을 하는 내국법인이 각 사업연도의 결산을 확정할 때 「보험업법」이나 그 밖의 법률에 따른 비상위험준비금(이하 이 조에서 "비상위험준비금"이라 한다)을 손비로 계상한 경우에는 대통령령으로 정하는 바에 따라 계산한 금액의 범위에서 그 계상한 비상위험준비금을 해당 사업연도의 소득금액을 계산할 때 손금에 산입한다.

② 제1항을 적용할 때 한국채택국제회계기준을 적용하는 내국법인이 비상위험준비금을 제60조제2항제2호에 따른 세무조정계산서에 계상하고 그 금액 상당액을 해당 사업연도의 이익처분을 할 때 비상위험준비금으로 적립한 경우에는 대통령령으로 정하는 바에 따라 계산한 금액의 범위에서 그 금액을 결산을 확정할 때 손비로 계상한 것으로 본다.

③ 제1항을 적용하려는 내국법인은 대통령령으로 정하는 바에 따라 비상위험준비금에 관한 명세서를 납세지 관할 세무서장에게 제출하여야 한다.

④ 제1항 및 제2항에 따른 비상위험준비금의 처리에 필요한 사항은 대통령령으로 정한다.

[본조신설 2018. 12. 24.]

제32조(해약환급금준비금의 손금산입) ① 「보험업법」에 따른 보험회사(이하 "보험회사"라 한다)가 해당 사업연도의 이익처분을 할 때 해약환급금준비금(보험회사가 보험계약의 해약 등에 대비하여 적립하는 금액으로서 대통령령으로 정하는 바에 따라 계산한 금액을 말한다. 이하 이 조에서 같다)을 적립하고, 그 적립한 금액의 범위에서 제60조제2항제2호에 따른 세무조정계산서에 계상을 한 경우에는 그 계상한 금액을 결산을 확정할 때 손비로 계상한 것으로 보아 해당 사업연도의 소득금액을 계산할 때 손금에 산입한다. 〈개정 2024. 12. 31.〉

② 제1항을 적용받으려는 보험회사는 대통령령으로 정하는 바에 따라 해약환급금준비금에 관한 명세서를 납세지 관할 세무서장에게 제출하여야 한다.

③ 제1항에 따른 해약환급금준비금의 손금산입 및 그 금액의 처리에 필요한 사항은 대통령령으로 정한다.

[본조신설 2022. 12. 31.]

제33조(퇴직급여충당금의 손금산입) ① 내국법인이 각 사업연도의 결산을 확정할 때 임원이나 직원의 퇴직급여에 충당하기 위하여 퇴직급여충당금을 손비로 계상한 경우에는 대통령령으로 정하는 바에 따라 계산한 금액의 범위에서 그 계상한 퇴직급여충당금을 해당 사업연도의 소득금액을 계산할 때 손금에 산입한다. 〈개정 2018. 12. 24.〉

② 제1항에 따라 퇴직급여충당금을 손금에 산입한 내국법인이 임원이나 직원에게 퇴직금을 지급하는 경우에는 그 퇴직급여충당금에서 먼저 지급한 것으로 본다. 〈개정 2018. 12. 24.〉

③ 제1항에 따라 퇴직급여충당금을 손금에 산입한 내국법인이 합병하거나 분할하는 경우 그 법인의 합병등기일 또는 분할등기일 현재의 해당 퇴직급여충당금 중 합병법인·분할신설법인 또는 분할합병의 상대방 법인(이하 "합병법인등"이라 한다)이 승계받은 금액은 그 합병법인등이 합병등기일 또는 분할등기일에 가지고 있는 퇴직급여충당금으로 본다. 〈개정 2018. 12. 24.〉

④ 사업자가 그 사업을 내국법인에게 포괄적으로 양도하는 경우에 관하여는 제3항을 준용한다.

⑤ 제1항을 적용하려는 내국법인은 대통령령으로 정하는 바에 따라 퇴직급여충당금에 관한 명세서를 납세지 관할 세무서장에게 제출하여야 한다. 〈개정 2018. 12. 24.〉

⑥ 제1항부터 제4항까지의 규정에 따른 퇴직급여충당금의 처리에 필요한 사항은 대통령령으로 정한다.

[전문개정 2010. 12. 30.]

제34조(대손충당금의 손금산입) ① 내국법인이 각 사업연도의 결산을 확정할 때 외상매출금, 대여금 및 그 밖에 이에 준하는 채권의 대손(貸損)에 충당하기 위하여 대손충당금을 손비로 계상한 경우에는 대통령령으로 정하는 바에 따라 계산한 금액의 범위에서 그 계상한 대손충당금을 해당 사업연도의 소득금액을 계산할 때 손금에 산입한다. 〈개정 2010. 12. 30., 2018. 12. 24.〉

② 제1항은 제19조의2제2항 각 호의 어느 하나에 해당하는 채권에는 적용하지 아니한다. 〈개정 2010. 12. 30., 2018. 12. 24.〉

③ 제1항에 따라 대손충당금을 손금에 산입한 내국법인은 대손금이 발생한 경우 그 대손금을 대손충당금과 먼저 상계하여야 하고, 상계하고 남은 대손충당금의 금액은 다음 사업연도의 소득금액을 계산할 때 익금에 산입한다. 〈개정 2010. 12. 30., 2018. 12. 24.〉

④ 제1항에 따라 대손충당금을 손금에 산입한 내국법인이 합병하거나 분할하는 경우 그 법인의 합병등기일 또는 분할등기일 현재의 해당 대손충당금 중 합병법인등이 승계(해당 대손충당금에 대응하는 채권이 함께 승계되는 경우만 해당한다)받은 금액은 그 합병법인등이 합병등기일 또는 분할등기일에 가지고 있는 대손충당금으로 본다. 〈개정 2010. 12. 30., 2018. 12. 24.〉

⑤ 제1항을 적용하려는 내국법인은 대통령령으로 정하는 바에 따라 대손충당금 명세서를 납세지 관할 세무서장에게 제출하여야 한다. 〈개정 2010. 12. 30., 2018. 12. 24.〉

⑥ 제1항에 따른 외상매출금, 대여금 및 그 밖에 이에 준하는 채권의 범위와 대손충당금 처리에 필요한 사항은 대통령령으로 정한다. 〈개정 2010. 12. 30., 2018. 12. 24.〉

[제목개정 2010. 12. 30.]

제35조(구상채권상각충당금의 손금산입) ① 법률에 따라 신용보증사업을 하는 내국법인 중 대통령령으로 정하는 법인이 각 사업연도의

결산을 확정할 때 구상채권상각충당금(求償債權償却充當金)을 손비로 계상한 경우에는 대통령령으로 정하는 바에 따라 계산한 금액의 범위에서 그 계상한 구상채권상각충당금을 해당 사업연도의 소득금액을 계산할 때 손금에 산입한다. 〈개정 2018. 12. 24.〉

② 제1항을 적용할 때 한국채택국제회계기준을 적용하는 법인 중 대통령령으로 정하는 법인이 구상채권상각충당금을 제60조제2항제2호에 따른 세무조정계산서에 계상하고 그 금액 상당액을 해당 사업연도의 이익처분을 할 때 구상채권상각충당금으로 적립한 경우에는 대통령령으로 정하는 바에 따라 계산한 금액의 범위에서 그 금액을 결산을 확정할 때 손비로 계상한 것으로 본다. 〈개정 2018. 12. 24.〉

③ 제1항에 따라 구상채권상각충당금을 손금에 산입한 내국법인은 신용보증사업으로 인하여 발생한 구상채권 중 대통령령으로 정하는 대손금이 발생한 경우 그 대손금을 구상채권상각충당금과 먼저 상계하고, 상계하고 남은 구상채권상각충당금의 금액은 다음 사업연도의 소득금액을 계산할 때 익금에 산입한다.

④ 제1항을 적용하려는 내국법인은 대통령령으로 정하는 바에 따라 구상채권상각충당금에 관한 명세서를 납세지 관할 세무서장에게 제출하여야 한다. 〈개정 2018. 12. 24.〉

⑤ 제1항에 따른 구상채권상각충당금의 처리에 필요한 사항은 대통령령으로 정한다.

[전문개정 2010. 12. 30.]

제36조(국고보조금등으로 취득한 사업용자산가액의 손금산입) ① 내국법인이 「보조금 관리에 관한 법률」, 「지방재정법」, 그 밖에 대통령령으로 정하는 법률에 따라 보조금 등(이하 이 조에서 "국고보조금등"이라 한다)을 지급받아 그 지급받은 날이 속하는 사업연도의 종료일까지 대통령령으로 정하는 사업용자산(이하 이 조에서 "사업용자산"이라 한다)을 취득하거나 개량하는 데에 사용한 경우 또는 사업용자산을 취득하거나 개량하고 이에 대한 국고보조금등을 사후에 지급받은 경우에는 해당 사업용자산의 가액 중 그 사업용자산의 취득 또는 개량에 사용된 국고보조금등 상당액을 대통령령으로 정하는 바에 따라 그 사업연도의 소득금액을 계산할 때 손금에 산입할 수 있다. 〈개정 2011. 7. 25., 2018. 12. 24.〉

② 국고보조금등을 지급받은 날이 속하는 사업연도의 종료일까지 사업용자산을 취득하거나 개량하지 아니한 내국법인이 그 사업연도의 다음 사업연도 개시일부터 1년 이내에 사업용자산을 취득하거나 개량하려는 경우에는 취득 또는 개량에 사용하려는 국고보조금등의 금액을 제1항을 준용하여 손금에 산입할 수 있다. 이 경우 허가 또는 인가의 지연 등 대통령령으로 정하는 사유로 국고보조금등을 기한 내에 사용하지 못한 경우에는 해당 사유가 끝나는 날이 속하는 사업연도의 종료일을 그 기한으로 본다.

③ 제2항에 따라 국고보조금등 상당액을 손금에 산입한 내국법인이 손금에 산입한 금액을 기한 내에 사업용자산의 취득 또는 개량에 사용하지 아니하거나 사용하기 전에 폐업 또는 해산하는 경우 그 사용하지 아니한 금액은 해당 사유가 발생한 날이 속하는 사업연도의 소득금액을 계산할 때 익금에 산입한다. 다만, 합병하거나 분할하는 경우로서 합병법인등이 그 금액을 승계한 경우는 제외하며, 이 경우 그 금액은 합병법인등이 제2항에 따라 손금에 산입한 것으로 본다.

④ 제1항을 적용할 때 내국법인이 국고보조금등을 금전 외의 자산으로 받아 사업에 사용한 경우에는 사업용자산의 취득 또는 개량에 사용된 것으로 본다.

⑤ 제1항과 제2항을 적용하려는 내국법인은 대통령령으로 정하는 바에 따라 국고보조금등과 국고보조금등으로 취득한 사업용자산의 명세서(제2항의 경우에는 국고보조금등의 사용계획서)를 납세지 관할 세무서장에게 제출하여야 한다. 〈개정 2018. 12. 24.〉

⑥ 제1항부터 제3항까지의 규정을 적용할 때 손금산입액 및 익금산입액의 계산과 그 산입방법 등에 관하여 필요한 사항은 대통령령으로 정한다.

[전문개정 2010. 12. 30.]

제37조(공사부담금으로 취득한 사업용자산가액의 손금산입) ① 다음 각 호의 어느 하나에 해당하는 사업을 하는 내국법인이 그 사업에 필요한 시설을 하기 위하여 해당 시설의 수요자 또는 편익을 받는 자로부터 그 시설을 구성하는 토지 등 유형자산 및 무형자산(이하 이 조에서 "사업용자산"이라 한다)을 제공받은 경우 또는 금전 등(이하 이 조에서 "공사부담금"이라 한다)을 제공받아 그 제공받은

날이 속하는 사업연도의 종료일까지 사업용자산의 취득에 사용하거나 사업용자산을 취득하고 이에 대한 공사부담금을 사후에 제공받은 경우에는 해당 사업용자산의 가액(공사부담금을 제공받은 경우에는 그 사업용자산의 취득에 사용된 공사부담금 상당액)을 대통령령으로 정하는 바에 따라 그 사업연도의 소득금액을 계산할 때 손금에 산입할 수 있다. 〈개정 2014. 1. 1., 2018. 12. 24.〉

1. 「전기사업법」에 따른 전기사업

2. 「도시가스사업법」에 따른 도시가스사업

3. 「액화석유가스의 안전관리 및 사업법」에 따른 액화석유가스 충전사업, 액화석유가스 집단공급사업 및 액화석유가스 판매사업

4. 「집단에너지사업법」 제2조제2호에 따른 집단에너지공급사업

5. 제1호부터 제4호까지의 사업과 유사한 사업으로서 대통령령으로 정하는 것

② 공사부담금으로 사업용자산을 취득하는 경우의 손금산입 등에 관하여는 제36조제2항 및 제3항을 준용한다. 〈개정 2018. 12. 24.〉

③ 제1항과 제2항을 적용하려는 내국법인은 대통령령으로 정하는 바에 따라 그 제공받은 사업용자산 및 공사부담금과 공사부담금으로 취득한 사업용자산의 명세서(제2항의 경우에는 공사부담금의 사용계획서)를 납세지 관할 세무서장에게 제출하여야 한다. 〈개정 2018. 12. 24.〉

④ 제1항과 제2항을 적용할 때 손금산입액 및 익금산입액의 계산과 그 산입방법 등에 관하여 필요한 사항은 대통령령으로 정한다.

[전문개정 2010. 12. 30.]

[제목개정 2018. 12. 24.]

제38조(보험차익으로 취득한 자산가액의 손금산입) ① 내국법인이 유형자산(이하 이 조에서 "보험대상자산"이라 한다)의 멸실(滅失)이나 손괴(損壞)로 인하여 보험금을 지급받아 그 지급받은 날이 속하는 사업연도의 종료일까지 멸실한 보험대상자산과 같은 종류의 자산을 대체 취득하거나 손괴된 보험대상자산을 개량(그 취득한 자산의 개량을 포함한다)하는 경우에는 해당 자산의 가액 중 그 자산의 취득 또는 개량에 사용된 보험차익 상당액을 대통령령으로 정하는 바에 따라 그 사업연도의 소득금액을 계산할 때 손금에 산입할 수 있다.

〈개정 2018. 12. 24.〉

② 보험차익으로 자산을 취득하거나 개량하는 경우의 손금산입 등에 관하여는 제36조제2항 및 제3항을 준용한다. 이 경우 제36조제2항 중 “1년”은 “2년”으로 본다. 〈개정 2018. 12. 24.〉

③ 제1항과 제2항을 적용하려는 내국법인은 대통령령으로 정하는 바에 따라 그 지급받은 보험금과 보험금으로 취득하거나 개량한 자산의 명세서(제2항의 경우에는 보험차익의 사용계획서)를 납세지 관할 세무서장에게 제출하여야 한다. 〈개정 2018. 12. 24.〉

④ 제1항과 제2항을 적용할 때 손금산입액 및 익금산입액의 계산과 그 산입방법 등에 관하여 필요한 사항은 대통령령으로 정한다.

[전문개정 2010. 12. 30.]

[제목개정 2018. 12. 24.]

제39조 삭제 〈2001. 12. 31.〉

제5관 손익의 귀속시기 등 〈개정 2010. 12. 30.〉

제40조(손익의 귀속사업연도) ① 내국법인의 각 사업연도의 익금과 손금의 귀속사업연도는 그 익금과 손금이 확정된 날이 속하는 사업연도로 한다.

② 제1항에 따른 익금과 손금의 귀속사업연도의 범위 등에 관하여 필요한 사항은 대통령령으로 정한다.

[전문개정 2010. 12. 30.]

제41조(자산의 취득가액) ① 내국법인이 매입·제작·교환 및 증여 등에 의하여 취득한 자산의 취득가액은 다음 각 호의 구분에 따른 금액으로 한다. 〈개정 2018. 12. 24., 2022. 12. 31.〉

1. 타인으로부터 매입한 자산(대통령령으로 정하는 금융자산은 제외한다): 매입가액에 부대비용을 더한 금액

1의2. 내국법인이 외국자회사를 인수하여 취득한 주식등으로서 대통령령으로 정하는 주식등: 제18조의4에 따라 익금불산입된 수입배당금액, 인수 시점의 외국자회사의 이익잉여금 등을 고려하여 대통령령으로 정하는 금액

2. 자기가 제조·생산 또는 건설하거나 그 밖에 이에 준하는 방법으로 취득한 자산: 제작원가(制作原價)에 부대비용을 더한 금액

3. 그 밖의 자산: 취득 당시의 대통령령으로 정하는 금액

② 제1항에 따른 매입가액 및 부대비용의 범위 등 자산의 취득가액의 계산에 필요한 사항은 대통령령으로 정한다.

[전문개정 2010. 12. 30.]

제42조(자산·부채의 평가) ① 내국법인이 보유하는 자산과 부채의 장부가액을 증액 또는 감액(감가상각은 제외하며, 이하 이 조에서 "평가"라 한다)한 경우에는 그 평가일이 속하는 사업연도와 그 후의 각 사업연도의 소득금액을 계산할 때 그 자산과 부채의 장부가액은 평가 전의 가액으로 한다. 다만, 다음 각 호의 어느 하나에 해당하는 경우에는 그러하지 아니하다. 〈개정 2018. 12. 24.〉

1. 「보험업법」이나 그 밖의 법률에 따른 유형자산 및 무형자산 등의 평가(장부가액을 증액한 경우만 해당한다)

2. 재고자산(在庫資産) 등 대통령령으로 정하는 자산과 부채의 평가

② 제1항제2호에 따른 자산과 부채는 그 자산 및 부채별로 대통령령으로 정하는 방법에 따라 평가하여야 한다.

③ 제1항과 제2항에도 불구하고 다음 각 호의 어느 하나에 해당하는 자산은 대통령령으로 정하는 방법에 따라 그 장부가액을 감액할 수 있다. 〈개정 2018. 12. 24.〉

1. 재고자산으로서 파손·부패 등의 사유로 정상가격으로 판매할 수 없는 것

2. 유형자산으로서 천재지변·화재 등 대통령령으로 정하는 사유로 파손되거나 멸실된 것

3. 대통령령으로 정하는 주식등으로서 해당 주식등의 발행법인이 다음 각 목의 어느 하나에 해당하는 것

가. 부도가 발생한 경우

나. 「채무자 회생 및 파산에 관한 법률」에 따른 회생계획인가의 결정을 받은 경우

다. 「기업구조조정 촉진법」에 따른 부실징후기업이 된 경우

라. 파산한 경우

4. 삭제 〈2018. 12. 24.〉

④ 제2항과 제3항에 따라 자산과 부채를 평가한 내국법인은 대통령령으로 정하는 바에 따라 그 자산과 부채의 평가에 관한 명세서를 납세지 관할 세무서장에게 제출하여야 한다. 〈개정 2018. 12. 24.〉

⑤ 제2항과 제3항에 따라 자산과 부채를 평가함에 따라 발생하는 평가이익이나 평가손실의 처리 등에 필요한 사항은 대통령령으로 정한다. 〈개정 2018. 12. 24.〉

[전문개정 2010. 12. 30.]

제42조의2(한국채택국제회계기준 적용 내국법인에 대한 재고자산평가차익 익금불산입) ① 내국법인이 한국채택국제회계기준을 최초로 적용하는 사업연도에 재고자산평가방법을 대통령령으로 정하는 후입선출법에서 대통령령으로 정하는 다른 재고자산평가방법으로 납세지 관할 세무서장에게 변경신고한 경우에는 해당 사업연도의 소득금액을 계산할 때 제1호의 금액에서 제2호의 금액을 뺀 금액(이하 이 조에서 "재고자산평가차익"이라 한다)을 익금에 산입하지 아니할 수 있다. 이 경우 재고자산평가차익은 한국채택국제회계기준을 최초로 적용하는 사업연도의 다음 사업연도 개시일부터 5년간 균등하게 나누어 익금에 산입한다. 〈개정 2018. 12. 24.〉

1. 한국채택국제회계기준을 최초로 적용하는 사업연도의 기초 재고자산 평가액

2. 한국채택국제회계기준을 최초로 적용하기 직전 사업연도의 기말 재고자산 평가액

② 제1항 각 호 외의 부분 전단에 따라 재고자산평가차익을 익금에 산입하지 아니한 내국법인이 해산(제44조제2항 및 제3항에 따른 적격합병 또는 제46조제2항에 따른 적격분할로 인한 해산은 제외한다)하는 경우에는 제1항 각 호 외의 부분 후단에 따라 익금에 산입하고 남은 금액을 해산등기일이 속하는 사업연도의 소득금액을 계산할 때 익금에 산입한다. 〈개정 2018. 12. 24.〉

③ 재고자산평가방법의 변경신고 절차, 익금불산입의 신청, 익금산입의 방법과 그 밖에 재고자산평가차익 익금불산입에 관한 사항은 대통령령으로 정한다. 〈개정 2018. 12. 24.〉

[본조신설 2011. 12. 31.]

[제목개정 2018. 12. 24.]

제42조의3(한국채택국제회계기준 적용 보험회사에 대한 소득금액 계산의 특례) ① 보험회사가 보험업에 대한 한국채택국제회계기준으로서 대통령령으로 정하는 회계기준(이하 이 조에서 "보험계약국제회계기준"이라 한다)을 최초로 적용하는 경우에는 보험계약국제회계

기준을 최초로 적용하는 사업연도(이하 이 조에서 "최초적용사업연도"라 한다)의 직전 사업연도에 손금에 산입한 책임준비금(「보험업법」에 따른 책임준비금을 말한다. 이하 이 조에서 같다)에 대통령령으로 정하는 계산식을 적용하여 산출한 금액을 최초적용사업연도의 소득금액을 계산할 때 익금에 산입한다.

② 보험회사는 최초적용사업연도의 개시일 현재 「보험업법」 제120조제3항의 회계처리기준에 따라 계상한 책임준비금에 대통령령으로 정하는 계산식을 적용하여 산출한 금액을 해당 사업연도의 소득금액을 계산할 때 손금에 산입한다.

③ 보험회사는 제1항에도 불구하고 제1항에 따른 금액에서 제2항에 따른 금액을 뺀 금액에 대통령령으로 정하는 계산식을 적용하여 산출한 금액(금액이 양수인 경우로 한정하며, 이하 이 조에서 "전환이익"이라 한다)을 최초적용사업연도와 그 다음 3개 사업연도의 소득금액을 계산할 때 익금에 산입하지 아니할 수 있다. 이 경우 전환이익은 최초적용사업연도의 다음 4번째 사업연도 개시일부터 3년간 균등하게 나누어 익금에 산입한다.

④ 보험회사가 제3항에 따른 기간 중에 해산(제44조제2항 및 제3항에 따른 적격합병 또는 제46조제2항에 따른 적격분할로 인한 해산은 제외한다)하는 경우 익금에 산입되지 아니한 전환이익이 있으면 이를 해산등기일이 속하는 사업연도의 소득금액을 계산할 때 익금에 산입한다.

⑤ 제3항을 적용받는 보험회사에 대해서는 같은 항에 따른 기간에 관계없이 제32조를 적용하지 아니한다.

⑥ 전환이익의 익금불산입 및 균등분할 익금 산입의 신청, 그 밖에 필요한 사항은 대통령령으로 정한다.

[본조신설 2022. 12. 31.]

제43조(기업회계기준과 관행의 적용) 내국법인의 각 사업연도의 소득금액을 계산할 때 그 법인이 익금과 손금의 귀속사업연도와 자산·부채의 취득 및 평가에 관하여 일반적으로 공정·타당하다고 인정되는 기업회계기준을 적용하거나 관행(慣行)을 계속 적용하여 온 경우에는 이 법 및 「조세특례제한법」에서 달리 규정하고 있는 경우를 제외하고는 그 기업회계기준 또는 관행에 따른다. 〈개정 2018. 12. 24.〉

[전문개정 2010. 12. 30.]

제6관 합병 및 분할 등에 관한 특례 〈개정 2010. 12. 30.〉

제44조(합병 시 피합병법인에 대한 과세) ① 피합병법인이 합병으로 해산하는 경우에는 그 법인의 자산을 합병법인에 양도한 것으로 본다. 이 경우 그 양도에 따라 발생하는 양도손익(제1호의 가액에서 제2호의 가액을 뺀 금액을 말한다. 이하 이 조 및 제44조의3에서 같다)은 피합병법인이 합병등기일이 속하는 사업연도의 소득금액을 계산할 때 익금 또는 손금에 산입한다.

1. 피합병법인이 합병법인으로부터 받은 양도가액
2. 피합병법인의 합병등기일 현재의 자산의 장부가액 총액에서 부채의 장부가액 총액을 뺀 가액(이하 이 관에서 "순자산 장부가액"이라 한다)

② 제1항을 적용할 때 다음 각 호의 요건을 모두 갖춘 합병(이하 "적격합병"이라 한다)의 경우에는 제1항제1호의 가액을 피합병법인의 합병등기일 현재의 순자산 장부가액으로 보아 양도손익이 없는 것으로 할 수 있다. 다만, 대통령령으로 정하는 부득이한 사유가 있는 경우에는 제2호·제3호 또는 제4호의 요건을 갖추지 못한 경우에도 적격합병으로 보아 대통령령으로 정하는 바에 따라 양도손익이 없는 것으로 할 수 있다. 〈개정 2011. 12. 31., 2017. 12. 19., 2018. 12. 24., 2021. 12. 21.〉

1. 합병등기일 현재 1년 이상 사업을 계속하던 내국법인 간의 합병일 것. 다만, 다른 법인과 합병하는 것을 유일한 목적으로 하는 법인으로서 대통령령으로 정하는 법인의 경우는 본문의 요건을 갖춘 것으로 본다.
2. 피합병법인의 주주등이 합병으로 인하여 받은 합병대가의 총합계액 중 합병법인의 주식등의 가액이 100분의 80 이상이거나 합병법인의 모회사(합병등기일 현재 합병법인의 발행주식총수 또는 출자총액을 소유하고 있는 내국법인을 말한다)의 주식등의 가액이 100분의 80 이상인 경우로서 그 주식등이 대통령령으로 정하는 바에 따라 배정되고, 대통령령으로 정하는 피합병법인의 주주등이 합병등기일이 속하는 사업연도의 종료일까지 그 주식등을 보유할 것

3. 합병법인이 합병등기일이 속하는 사업연도의 종료일까지 피합병법인으로부터 승계받은 사업을 계속할 것. 다만, 피합병법인이 다른 법인과 합병하는 것을 유일한 목적으로 하는 법인으로서 대통령령으로 정하는 법인인 경우에는 본문의 요건을 갖춘 것으로 본다.

4. 합병등기일 1개월 전 당시 피합병법인에 종사하는 대통령령으로 정하는 근로자 중 합병법인이 승계한 근로자의 비율이 100분의 80 이상이고, 합병등기일이 속하는 사업연도의 종료일까지 그 비율을 유지할 것

③ 다음 각 호의 어느 하나에 해당하는 경우에는 제2항에도 불구하고 적격합병으로 보아 양도손익이 없는 것으로 할 수 있다. 〈개정 2011. 12. 31., 2016. 12. 20., 2018. 12. 24.〉

1. 내국법인이 발행주식총수 또는 출자총액을 소유하고 있는 다른 법인을 합병하거나 그 다른 법인에 합병되는 경우

2. 동일한 내국법인이 발행주식총수 또는 출자총액을 소유하고 있는 서로 다른 법인 간에 합병하는 경우

④ 제1항부터 제3항까지의 규정에 따른 양도가액 및 순자산 장부가액의 계산, 합병대가의 총합계액의 계산, 승계받은 사업의 계속 여부에 관한 판정기준 등에 관하여 필요한 사항은 대통령령으로 정한다.

[전문개정 2010. 12. 30.]

제44조의2(합병 시 합병법인에 대한 과세) ① 합병법인이 합병으로 피합병법인의 자산을 승계한 경우에는 그 자산을 피합병법인으로부터 합병등기일 현재의 시가(제52조제2항에 따른 시가를 말한다. 이하 이 관에서 같다)로 양도받은 것으로 본다. 이 경우 피합병법인의 각 사업연도의 소득금액 및 과세표준을 계산할 때 익금 또는 손금에 산입하거나 산입하지 아니한 금액, 그 밖의 자산·부채 등은 대통령령으로 정하는 것만 합병법인이 승계할 수 있다.

② 합병법인은 제1항에 따라 피합병법인의 자산을 시가로 양도받은 것으로 보는 경우로서 피합병법인에 지급한 양도가액이 피합병법인의 합병등기일 현재의 자산총액에서 부채총액을 뺀 금액(이하 이 관에서 "순자산시가"라 한다)보다 적은 경우에는 그 차액을 제60조제2항제2호에 따른 세무조정계산서에 계상하고 합병등기일부터 5년간 균등하게 나누어 익금에 산입한다.

③ 합병법인은 제1항에 따라 피합병법인의 자산을 시가로 양도받

은 것으로 보는 경우에 피합병법인에 지급한 양도가액이 합병등기일 현재의 순자산시가를 초과하는 경우로서 대통령령으로 정하는 경우에는 그 차액을 제60조제2항제2호에 따른 세무조정계산서에 계상하고 합병등기일부터 5년간 균등하게 나누어 손금에 산입한다.

④ 제1항부터 제3항까지의 규정에 따른 익금산입액 및 손금산입액의 계산과 그 산입방법 등에 관하여 필요한 사항은 대통령령으로 정한다.

[전문개정 2010. 12. 30.]

[제목개정 2018. 12. 24.]

제44조의3(적격합병 시 합병법인에 대한 과세특례) ① 적격합병을 한 합병법인은 제44조의2에도 불구하고 피합병법인의 자산을 장부가액으로 양도받은 것으로 한다. 이 경우 장부가액과 제44조의2제1항에 따른 시가와의 차액을 대통령령으로 정하는 바에 따라 자산별로 계상하여야 한다. 〈개정 2018. 12. 24.〉

② 적격합병을 한 합병법인은 피합병법인의 합병등기일 현재의 제13조제1항제1호의 결손금과 피합병법인이 각 사업연도의 소득금액 및 과세표준을 계산할 때 익금 또는 손금에 산입하거나 산입하지 아니한 금액, 그 밖의 자산·부채 및 제59조에 따른 감면·세액공제 등을 대통령령으로 정하는 바에 따라 승계한다. 〈개정 2018. 12. 24.〉

③ 적격합병(제44조제3항에 따라 적격합병으로 보는 경우는 제외한다)을 한 합병법인은 3년 이내의 범위에서 대통령령으로 정하는 기간에 다음 각 호의 어느 하나에 해당하는 사유가 발생하는 경우에는 그 사유가 발생한 날이 속하는 사업연도의 소득금액을 계산할 때 양도받은 자산의 장부가액과 제44조의2제1항에 따른 시가와의 차액(시가가 장부가액보다 큰 경우만 해당한다. 이하 제4항에서 같다), 승계받은 결손금 중 공제한 금액 등을 대통령령으로 정하는 바에 따라 익금에 산입하고, 제2항에 따라 피합병법인으로부터 승계받아 공제한 감면·세액공제액 등을 대통령령으로 정하는 바에 따라 해당 사업연도의 법인세에 더하여 납부한 후 해당 사업연도부터 감면 또는 세액공제를 적용하지 아니한다. 다만, 대통령령으로 정하는 부득이한 사유가 있는 경우에는 그러하지 아니하다. 〈개정 2017. 12. 19., 2018. 12. 24.〉

1. 합병법인이 피합병법인으로부터 승계받은 사업을 폐지하는 경우

2. 대통령령으로 정하는 피합병법인의 주주등이 합병법인으로부터 받은 주식등을 처분하는 경우

3. 각 사업연도 종료일 현재 합병법인에 종사하는 대통령령으로 정하는 근로자(이하 이 호에서 "근로자"라 한다) 수가 합병등기일 1개월 전 당시 피합병법인과 합병법인에 각각 종사하는 근로자 수의 합의 100분의 80 미만으로 하락하는 경우

④ 제3항에 따라 양수한 자산의 장부가액과 제44조의2제1항에 따른 시가와의 차액 등을 익금에 산입한 합병법인은 피합병법인에 지급한 양도가액과 피합병법인의 합병등기일 현재의 순자산시가와의 차액을 제3항 각 호의 사유가 발생한 날부터 합병등기일 이후 5년이 되는 날까지 대통령령으로 정하는 바에 따라 익금 또는 손금에 산입한다. 〈개정 2018. 12. 24.〉

⑤ 제1항을 적용받는 합병법인은 대통령령으로 정하는 바에 따라 합병으로 양도받은 자산에 관한 명세서를 납세지 관할 세무서장에게 제출하여야 한다. 〈개정 2018. 12. 24.〉

⑥ 제1항부터 제4항까지의 규정에 따른 승계받은 사업의 폐지에 관한 판정기준, 익금산입액 및 손금산입액의 계산과 그 산입방법 등에 관하여 필요한 사항은 대통령령으로 정한다. 〈개정 2018. 12. 24.〉

[전문개정 2010. 12. 30.]

[제목개정 2018. 12. 24.]

제45조(합병 시 이월결손금 등 공제 제한) ① 합병법인의 합병등기일 현재 제13조제1항제1호에 따른 결손금 중 제44조의3제2항에 따라 합병법인이 승계한 결손금을 제외한 금액은 합병법인의 각 사업연도의 과세표준을 계산할 때 피합병법인으로부터 승계받은 사업에서 발생한 소득금액[제113조제3항 단서에 해당되어 회계를 구분하여 기록하지 아니한 경우에는 그 소득금액을 대통령령으로 정하는 자산가액 비율로 안분계산(按分計算)한 금액으로 한다. 이하 이 조에서 같다]의 범위에서는 공제하지 아니한다. 〈개정 2018. 12. 24., 2020. 12. 22.〉

② 제44조의3제2항에 따라 합병법인이 승계한 피합병법인의 결손금은 피합병법인으로부터 승계받은 사업에서 발생한 소득금액의 범위에서 합병법인의 각 사업연도의 과세표준을 계산할 때 공제한다.

③ 적격합병을 한 합병법인은 합병법인과 피합병법인이 합병 전

보유하던 자산의 처분손실(합병등기일 현재 해당 자산의 제52조제2항에 따른 시가가 장부가액보다 낮은 경우로서 그 차액을 한도로 하며, 합병등기일 이후 5년 이내에 끝나는 사업연도에 발생한 것만 해당한다)을 각각 합병 전 해당 법인의 사업에서 발생한 소득금액(해당 처분손실을 공제하기 전 소득금액을 말한다)의 범위에서 해당 사업연도의 소득금액을 계산할 때 손금에 산입한다. 이 경우 손금에 산입하지 아니한 처분손실은 자산 처분 시 각각 합병 전 해당 법인의 사업에서 발생한 결손금으로 보아 제1항 및 제2항을 적용한다. 〈개정 2011. 12. 31., 2016. 12. 20.〉

④ 제44조의3제2항에 따라 합병법인이 승계한 피합병법인의 감면 또는 세액공제는 피합병법인으로부터 승계받은 사업에서 발생한 소득금액 또는 이에 해당하는 법인세액의 범위에서 대통령령으로 정하는 바에 따라 이를 적용한다.

⑤ 제1항과 제2항에 따른 합병법인의 합병등기일 현재 결손금과 합병법인이 승계한 피합병법인의 결손금에 대한 공제는 제13조제1항 각 호 외의 부분 단서에도 불구하고 다음 각 호의 구분에 따른 소득금액의 100분의 80(중소기업과 회생계획을 이행 중인 기업 등 대통령령으로 정하는 법인의 경우는 100분의 100)을 한도로 한다. 〈신설 2019. 12. 31., 2022. 12. 31.〉

1. 합병법인의 합병등기일 현재 결손금의 경우: 합병법인의 소득금액에서 피합병법인으로부터 승계받은 사업에서 발생한 소득금액을 차감한 금액

2. 합병법인이 승계한 피합병법인의 결손금의 경우: 피합병법인으로부터 승계받은 사업에서 발생한 소득금액

⑥ 합병법인의 합병등기일 현재 제24조제2항제1호 및 제3항제1호에 따른 기부금 중 같은 조 제5항에 따라 이월된 금액으로서 그 후의 각 사업연도의 소득금액을 계산할 때 손금에 산입하지 아니한 금액(이하 이 조에서 "기부금한도초과액"이라 한다) 중 제44조의3제2항에 따라 합병법인이 승계한 기부금한도초과액을 제외한 금액은 합병법인의 각 사업연도의 소득금액을 계산할 때 합병 전 합병법인의 사업에서 발생한 소득금액을 기준으로 제24조제2항제2호 및 제3항제2호에 따른 기부금 각각의 손금산입한도액의 범위에서 손금에 산입한다. 〈신설 2020. 12. 22.〉

⑦ 피합병법인의 합병등기일 현재 기부금한도초과액으로서 제44조의3제2항에 따라 합병법인이 승계한 금액은 합병법인의 각 사업연도의 소득금액을 계산할 때 피합병법인으로부터 승계받은 사업에서 발생한 소득금액을 기준으로 제24조제2항제2호 및 제3항제2호에 따른 기부금 각각의 손금산입한도액의 범위에서 손금에 산입한다. 〈신설 2020. 12. 22.〉

⑧ 제1항부터 제7항까지의 규정에 따른 각 사업연도의 과세표준을 계산할 때 공제하는 결손금의 계산, 양도받은 자산의 처분손실 손금산입, 승계받은 기부금한도초과액 손금산입, 승계받은 사업에서 발생하는 소득금액에 해당하는 법인세액의 계산 등에 필요한 사항은 대통령령으로 정한다. 〈개정 2019. 12. 31., 2020. 12. 22.〉

[전문개정 2010. 12. 30.]

제46조(분할 시 분할법인등에 대한 과세) ① 내국법인이 분할로 해산하는 경우[물적분할(物的分割)은 제외한다. 이하 이 조 및 제46조의2부터 제46조의4까지에서 같다]에는 그 법인의 자산을 분할신설법인 또는 분할합병의 상대방 법인(이하 "분할신설법인등"이라 한다)에 양도한 것으로 본다. 이 경우 그 양도에 따라 발생하는 양도손익(제1호의 가액에서 제2호의 가액을 뺀 금액을 말한다. 이하 이 조 및 제46조의3에서 같다)은 분할법인 또는 소멸한 분할합병의 상대방 법인(이하 "분할법인등"이라 한다)이 분할등기일이 속하는 사업연도의 소득금액을 계산할 때 익금 또는 손금에 산입한다. 〈개정 2011. 12. 31.〉

1. 분할법인등이 분할신설법인등으로부터 받은 양도가액
2. 분할법인등의 분할등기일 현재의 순자산 장부가액

② 제1항을 적용할 때 다음 각 호의 요건을 모두 갖춘 분할(이하 "적격분할"이라 한다)의 경우에는 제1항제1호의 가액을 분할법인등의 분할등기일 현재의 순자산 장부가액으로 보아 양도손익이 없는 것으로 할 수 있다. 다만, 대통령령으로 정하는 부득이한 사유가 있는 경우에는 제2호·제3호 또는 제4호의 요건을 갖추지 못한 경우에도 적격분할로 보아 대통령령으로 정하는 바에 따라 양도손익이 없는 것으로 할 수 있다. 〈개정 2011. 12. 31., 2016. 12. 20., 2017. 12. 19., 2018. 12. 24., 2024. 12. 31.〉

1. 분할등기일 현재 5년 이상 사업을 계속하던 내국법인이 다음

각 목의 요건을 모두 갖추어 분할하는 경우일 것(분할합병의 경우에는 소멸한 분할합병의 상대방법인 및 분할합병의 상대방법인이 분할등기일 현재 1년 이상 사업을 계속하던 내국법인일 것)

가. 분리하여 사업이 가능한 독립된 사업부문을 분할하는 것일 것

나. 분할하는 사업부문의 자산 및 부채가 포괄적으로 승계될 것. 다만, 공동으로 사용하던 자산, 채무자의 변경이 불가능한 부채 등 분할하기 어려운 자산과 부채 등으로서 대통령령으로 정하는 것은 제외한다.

다. 분할법인등만의 출자에 의하여 분할하는 것일 것

2. 분할법인등의 주주가 분할신설법인등으로부터 받은 분할대가의 전액이 주식인 경우(분할합병의 경우에는 분할대가의 100분의 80 이상이 분할신설법인등의 주식인 경우 또는 분할대가의 100분의 80 이상이 분할합병의 상대방 법인의 발행주식총수 또는 출자총액을 소유하고 있는 내국법인의 주식인 경우를 말한다)로서 그 주식이 분할법인등의 주주가 소유하던 주식의 비율 등을 고려하여 대통령령으로 정하는 바에 따라 배정되고, 대통령령으로 정하는 분할법인등의 주주가 분할등기일이 속하는 사업연도의 종료일까지 그 주식을 보유할 것

3. 분할신설법인등이 분할등기일이 속하는 사업연도의 종료일까지 분할법인등으로부터 승계받은 사업을 계속할 것

4. 분할등기일 1개월 전 당시 분할하는 사업부문에 종사하는 대통령령으로 정하는 근로자 중 분할신설법인등이 승계한 근로자의 비율이 100분의 80 이상이고, 분할등기일이 속하는 사업연도의 종료일까지 그 비율을 유지할 것

③ 제2항에도 불구하고 부동산임대업을 주업으로 하는 사업부문 등 대통령령으로 정하는 사업부문을 분할하는 경우에는 적격분할로 보지 아니한다. 〈신설 2020. 12. 22.〉

④ 제1항과 제2항에 따른 양도가액 및 순자산 장부가액의 계산, 분리하여 사업이 가능한 독립된 사업부문 여부에 관한 판정기준, 분할대가의 계산, 승계받은 사업의 계속 여부에 관한 판정기준 등에 관하여 필요한 사항은 대통령령으로 정한다. 〈개정 2014. 1. 1., 2020. 12. 22.〉

[전문개정 2010. 12. 30.]

제46조의2(분할 시 분할신설법인등에 대한 과세) ① 분할신설법인등

이 분할로 분할법인등의 자산을 승계한 경우에는 그 자산을 분할법인등으로부터 분할등기일 현재의 시가로 양도받은 것으로 본다. 이 경우 분할법인등의 각 사업연도의 소득금액 및 과세표준을 계산할 때 익금 또는 손금에 산입하거나 산입하지 아니한 금액, 그 밖의 자산·부채 등은 대통령령으로 정하는 것만 분할신설법인등이 승계할 수 있다.

② 분할신설법인등은 제1항에 따라 분할법인등의 자산을 시가로 양도받은 것으로 보는 경우로서 분할법인등에 지급한 양도가액이 분할법인등의 분할등기일 현재의 순자산시가보다 적은 경우에는 그 차액을 제60조제2항제2호에 따른 세무조정계산서에 계상하고 분할등기일부터 5년간 균등하게 나누어 익금에 산입한다.

③ 분할신설법인등은 제1항에 따라 분할법인등의 자산을 시가로 양도받은 것으로 보는 경우에 분할법인등에 지급한 양도가액이 분할등기일 현재의 순자산시가를 초과하는 경우로서 대통령령으로 정하는 경우에는 그 차액을 제60조제2항제2호에 따른 세무조정계산서에 계상하고 분할등기일부터 5년간 균등하게 나누어 손금에 산입한다.

④ 제1항부터 제3항까지의 규정에 따른 익금산입액 및 손금산입액의 계산과 그 산입방법 등에 관하여 필요한 사항은 대통령령으로 정한다.

[전문개정 2010. 12. 30.]

[제목개정 2018. 12. 24.]

제46조의3(적격분할 시 분할신설법인등에 대한 과세특례) ① 적격분할을 한 분할신설법인등은 제46조의2에도 불구하고 분할법인등의 자산을 장부가액으로 양도받은 것으로 한다. 이 경우 장부가액과 제46조의2제1항에 따른 시가와의 차액을 대통령령으로 정하는 바에 따라 자산별로 계상하여야 한다. 〈개정 2018. 12. 24.〉

② 적격분할을 한 분할신설법인등은 분할법인등의 분할등기일 현재 제13조제1항제1호의 결손금과 분할법인등이 각 사업연도의 소득금액 및 과세표준을 계산할 때 익금 또는 손금에 산입하거나 산입하지 아니한 금액, 그 밖의 자산·부채 및 제59조에 따른 감면·세액공제 등을 대통령령으로 정하는 바에 따라 승계한다. 〈개정 2018. 12. 24.〉

③ 적격분할을 한 분할신설법인등은 3년 이내의 범위에서 대통령령

령으로 정하는 기간에 다음 각 호의 어느 하나에 해당하는 사유가 발생하는 경우에는 그 사유가 발생한 날이 속하는 사업연도의 소득금액을 계산할 때 양도받은 자산의 장부가액과 제46조의2제1항에 따른 시가와의 차액(시가가 장부가액보다 큰 경우만 해당한다. 이하 제4항에서 같다), 승계받은 결손금 중 공제한 금액 등을 대통령령으로 정하는 바에 따라 익금에 산입하고, 제2항에 따라 분할법인등으로부터 승계받아 공제한 감면·세액공제액 등을 대통령령으로 정하는 바에 따라 해당 사업연도의 법인세에 더하여 납부한 후 해당 사업연도부터 감면·세액공제를 적용하지 아니한다. 다만, 대통령령으로 정하는 부득이한 사유가 있는 경우에는 그러하지 아니하다. 〈개정 2017. 12. 19., 2018. 12. 24.〉

1. 분할신설법인등이 분할법인등으로부터 승계받은 사업을 폐지하는 경우

2. 대통령령으로 정하는 분할법인등의 주주가 분할신설법인등으로부터 받은 주식을 처분하는 경우

3. 각 사업연도 종료일 현재 분할신설법인에 종사하는 대통령령으로 정하는 근로자(이하 이 호에서 "근로자"라 한다) 수가 분할등기일 1개월 전 당시 분할하는 사업부문에 종사하는 근로자 수의 100분의 80 미만으로 하락하는 경우. 다만, 분할합병의 경우에는 다음 각 목의 어느 하나에 해당하는 경우를 말한다.

가. 각 사업연도 종료일 현재 분할합병의 상대방법인에 종사하는 근로자 수가 분할등기일 1개월 전 당시 분할하는 사업부문과 분할합병의 상대방법인에 각각 종사하는 근로자 수의 합의 100분의 80 미만으로 하락하는 경우

나. 각 사업연도 종료일 현재 분할신설법인에 종사하는 근로자 수가 분할등기일 1개월 전 당시 분할하는 사업부문과 소멸한 분할합병의 상대방법인에 각각 종사하는 근로자 수의 합의 100분의 80 미만으로 하락하는 경우

④ 분할신설법인등은 제3항에 따라 양도받은 자산의 장부가액과 제46조의2제1항에 따른 시가와의 차액 등을 익금에 산입한 경우에는 분할신설법인등이 분할법인등에 지급한 양도가액과 분할법인등의 분할등기일 현재의 순자산시가와의 차액을 제3항 각 호의 사유가 발생한 날부터 분할등기일 이후 5년이 되는 날까지 대통령령으로

정하는 바에 따라 익금 또는 손금에 산입한다.

⑤ 제1항을 적용받는 분할신설법인등은 대통령령으로 정하는 바에 따라 분할로 양도받은 자산에 관한 명세서를 납세지 관할 세무서장에게 제출하여야 한다.

⑥ 제1항부터 제4항까지의 규정에 따른 승계받은 사업의 폐지에 관한 판정기준, 익금산입액 및 손금산입액의 계산과 그 산입방법 등에 관하여 필요한 사항은 대통령령으로 정한다.

[전문개정 2010. 12. 30.]

[제목개정 2018. 12. 24.]

제46조의4(분할 시 이월결손금 등 공제 제한) ① 분할합병의 상대방법인의 분할등기일 현재 제13조제1항제1호의 결손금 중 제46조의3제2항에 따라 분할신설법인등이 승계한 결손금을 제외한 금액은 분할합병의 상대방법인의 각 사업연도의 과세표준을 계산할 때 분할법인으로부터 승계받은 사업에서 발생한 소득금액(제113조제4항 단서에 해당되어 회계를 구분하여 기록하지 아니한 경우에는 그 소득금액을 대통령령으로 정하는 자산가액 비율로 안분계산한 금액으로 한다. 이하 이 조에서 같다)의 범위에서는 공제하지 아니한다. 〈개정 2018. 12. 24., 2020. 12. 22.〉

② 제46조의3제2항에 따라 분할신설법인등이 승계한 분할법인등의 결손금은 분할법인등으로부터 승계받은 사업에서 발생한 소득금액의 범위에서 분할신설법인등의 각 사업연도의 과세표준을 계산할 때 공제한다.

③ 제46조제2항에 따라 양도손익이 없는 것으로 한 분할합병(이하 “적격분할합병”이라 한다)을 한 분할신설법인등은 분할법인과 분할합병의 상대방법인이 분할합병 전 보유하던 자산의 처분손실(분할등기일 현재 해당 자산의 제52조제2항에 따른 시가가 장부가액보다 낮은 경우로서 그 차액을 한도로 하며, 분할등기일 이후 5년 이내에 끝나는 사업연도에 발생한 것만 해당한다)을 각각 분할합병 전 해당 법인의 사업에서 발생한 소득금액(해당 처분손실을 공제하기 전 소득금액을 말한다)의 범위에서 해당 사업연도의 소득금액을 계산할 때 손금에 산입한다. 이 경우 손금에 산입하지 아니한 처분손실은 자산 처분 시 각각 분할합병 전 해당 법인의 사업에서 발생한 결손금으로 보아 제1항 및 제2항을 적용한다. 〈개정 2011. 12. 31.,

2016. 12. 20.〉

④ 제46조의3제2항에 따라 분할신설법인등이 승계한 분할법인등의 감면 또는 세액공제는 분할법인등으로부터 승계받은 사업에서 발생한 소득금액 또는 이에 해당하는 법인세액의 범위에서 대통령령으로 정하는 바에 따라 이를 적용한다.

⑤ 제1항과 제2항에 따른 분할합병의 상대방법인의 분할등기일 현재 결손금과 분할신설법인등이 승계한 분할법인등의 결손금에 대한 공제는 제13조제1항 각 호 외의 부분 단서에도 불구하고 다음 각 호의 구분에 따른 소득금액의 100분의 80(중소기업과 회생계획을 이행 중인 기업 등 대통령령으로 정하는 법인의 경우는 100분의 100)을 한도로 한다. 〈신설 2019. 12. 31., 2022. 12. 31.〉

1. 분할합병의 상대방법인의 분할등기일 현재 결손금의 경우: 분할합병의 상대방법인의 소득금액에서 분할법인으로부터 승계받은 사업에서 발생한 소득금액을 차감한 금액

2. 분할신설법인등이 승계한 분할법인등의 결손금의 경우: 분할법인등으로부터 승계받은 사업에서 발생한 소득금액

⑥ 분할합병의 상대방법인의 분할등기일 현재 제24조제2항제1호 및 제3항제1호에 따른 기부금 중 같은 조 제5항에 따라 이월된 금액으로서 그 후의 각 사업연도의 소득금액을 계산할 때 손금에 산입하지 아니한 금액(이하 이 조에서 "기부금한도초과액"이라 한다) 중 제46조의3제2항에 따라 분할신설법인등이 승계한 기부금한도초과액을 제외한 금액은 분할신설법인등의 각 사업연도의 소득금액을 계산할 때 분할합병 전 분할합병의 상대방법인의 사업에서 발생한 소득금액을 기준으로 제24조제2항제2호 및 제3항제2호에 따른 기부금 각각의 손금산입한도액의 범위에서 손금에 산입한다. 〈신설 2020. 12. 22.〉

⑦ 분할법인등의 분할등기일 현재 기부금한도초과액으로서 제46조의3제2항에 따라 분할신설법인등이 승계한 금액은 분할신설법인등의 각 사업연도의 소득금액을 계산할 때 분할법인등으로부터 승계받은 사업에서 발생한 소득금액을 기준으로 제24조제2항제2호 및 제3항제2호에 따른 기부금 각각의 손금산입한도액의 범위에서 손금에 산입한다. 〈신설 2020. 12. 22.〉

⑧ 제1항부터 제7항까지의 규정에 따른 각 사업연도의 과세표준

을 계산할 때 공제하는 결손금의 계산, 양도받은 자산의 처분손실 손금산입, 승계받은 기부금한도초과액 손금산입, 승계받은 사업에서 발생하는 소득금액에 해당하는 법인세액의 계산 등에 필요한 사항은 대통령령으로 정한다. 〈개정 2019. 12. 31., 2020. 12. 22.〉

[전문개정 2010. 12. 30.]

제46조의5(분할 후 분할법인이 존속하는 경우의 과세특례) ① 내국법인이 분할(물적분할은 제외한다)한 후 존속하는 경우 분할한 사업부문의 자산을 분할신설법인등에 양도함으로써 발생하는 양도손익(제1호의 가액에서 제2호의 가액을 뺀 금액을 말한다. 이하 이 조에서 같다)은 분할법인이 분할등기일이 속하는 사업연도의 소득금액을 계산할 때 익금 또는 손금에 산입한다.

1. 분할법인이 분할신설법인등으로부터 받은 양도가액

2. 분할법인의 분할한 사업부문의 분할등기일 현재의 순자산 장부가액

② 제1항에 따른 양도손익의 계산에 관하여는 제46조제2항부터 제4항까지의 규정을 준용한다. 〈개정 2020. 12. 22.〉

③ 분할신설법인등에 대한 과세에 관하여는 제46조의2, 제46조의3 및 제46조의4를 준용한다. 다만, 분할법인의 결손금은 승계하지 아니한다.

[전문개정 2010. 12. 30.]

제47조(물적분할 시 분할법인에 대한 과세특례) ① 분할법인이 물적분할에 의하여 분할신설법인의 주식등을 취득한 경우로서 제46조제2항 및 제3항에 따른 적격분할의 요건(같은 조 제2항제2호의 경우에는 분할대가의 전액이 주식등인 경우로 한정한다)을 갖춘 경우 그 주식등의 가액 중 물적분할로 인하여 발생한 자산의 양도차익에 상당하는 금액은 대통령령으로 정하는 바에 따라 분할등기일이 속하는 사업연도의 소득금액을 계산할 때 손금에 산입할 수 있다. 다만, 대통령령으로 정하는 부득이한 사유가 있는 경우에는 제46조제2항제2호·제3호 또는 제4호의 요건을 갖추지 못한 경우에도 자산의 양도차익에 상당하는 금액을 대통령령으로 정하는 바에 따라 손금에 산입할 수 있다. 〈개정 2011. 12. 31., 2017. 12. 19., 2022. 12. 31.〉

② 분할법인이 제1항에 따라 손금에 산입한 양도차익에 상당하는 금액은 다음 각 호의 어느 하나에 해당하는 사유가 발생하는 사업

연도에 해당 주식등과 자산의 처분비율을 고려하여 대통령령으로 정하는 금액만큼 익금에 산입한다. 다만, 분할신설법인이 적격합병되거나 적격분할하는 등 대통령령으로 정하는 부득이한 사유가 있는 경우에는 그러하지 아니하다. 〈개정 2011. 12. 31., 2013. 1. 1.〉

1. 분할법인이 분할신설법인으로부터 받은 주식등을 처분하는 경우

2. 분할신설법인이 분할법인으로부터 승계받은 대통령령으로 정하는 자산을 처분하는 경우. 이 경우 분할신설법인은 그 자산의 처분 사실을 처분일부터 1개월 이내에 분할법인에 알려야 한다.

③ 제1항에 따라 양도차익 상당액을 손금에 산입한 분할법인은 분할등기일부터 3년의 범위에서 대통령령으로 정하는 기간 이내에 다음 각 호의 어느 하나에 해당하는 사유가 발생하는 경우에는 제1항에 따라 손금에 산입한 금액 중 제2항에 따라 익금에 산입하고 남은 금액을 그 사유가 발생한 날이 속하는 사업연도의 소득금액을 계산할 때 익금에 산입한다. 다만, 대통령령으로 정하는 부득이한 사유가 있는 경우에는 그러하지 아니하다. 〈개정 2011. 12. 31., 2014. 1. 1., 2016. 12. 20., 2017. 12. 19.〉

1. 분할신설법인이 분할법인으로부터 승계받은 사업을 폐지하는 경우

2. 분할법인이 분할신설법인의 발행주식총수 또는 출자총액의 100분의 50 미만으로 주식등을 보유하게 되는 경우

3. 각 사업연도 종료일 현재 분할신설법인에 종사하는 대통령령으로 정하는 근로자(이하 이 호에서 "근로자"라 한다) 수가 분할등기일 1개월 전 당시 분할하는 사업부문에 종사하는 근로자 수의 100분의 80 미만으로 하락하는 경우

④ 분할법인은 제1항에 따라 양도차익에 상당하는 금액을 손금에 산입한 경우 분할법인이 각 사업연도의 소득금액 및 과세표준을 계산할 때 익금 또는 손금에 산입하거나 산입하지 아니한 금액, 그 밖의 자산·부채 및 제59조에 따른 감면·세액공제 등을 대통령령으로 정하는 바에 따라 분할신설법인에 승계한다. 〈신설 2011. 12. 31., 2017. 12. 19.〉

⑤ 제4항에 따라 분할신설법인이 승계한 분할법인의 감면·세액공제는 분할법인으로부터 승계받은 사업에서 발생한 소득금액 또는 이에 해당하는 법인세액의 범위에서 대통령령으로 정하는 바에 따라

이를 적용한다. 〈신설 2017. 12. 19.〉

⑥ 제1항을 적용받으려는 분할법인은 대통령령으로 정하는 바에 따라 분할로 인하여 발생한 자산의 양도차익에 관한 명세서를 납세지 관할 세무서장에게 제출하여야 한다. 〈개정 2011. 12. 31., 2017. 12. 19.〉

⑦ 제1항부터 제5항까지의 규정에 따른 양도차익의 계산, 승계받은 사업의 폐지에 관한 판정기준, 손금산입액 및 익금산입액의 계산과 그 산입방법 등에 관하여 필요한 사항은 대통령령으로 정한다. 〈개정 2011. 12. 31., 2017. 12. 19.〉

[전문개정 2010. 12. 30.]

제47조의2(현물출자 시 과세특례) ① 내국법인(이하 이 조에서 "출자법인"이라 한다)이 다음 각 호의 요건을 갖춘 현물출자를 하는 경우 그 현물출자로 취득한 현물출자를 받은 내국법인(이하 이 조에서 "피출자법인"이라 한다)의 주식가액 중 현물출자로 발생한 자산의 양도차익에 상당하는 금액은 대통령령으로 정하는 바에 따라 현물출자일이 속하는 사업연도의 소득금액을 계산할 때 손금에 산입할 수 있다. 다만, 대통령령으로 정하는 부득이한 사유가 있는 경우에는 제2호 또는 제4호의 요건을 갖추지 못한 경우에도 자산의 양도차익에 상당하는 금액을 대통령령으로 정하는 바에 따라 손금에 산입할 수 있다. 〈개정 2011. 12. 31., 2015. 12. 15., 2017. 12. 19., 2018. 12. 24.〉

1. 출자법인이 현물출자일 현재 5년 이상 사업을 계속한 법인일 것

2. 피출자법인이 그 현물출자일이 속하는 사업연도의 종료일까지 출자법인이 현물출자한 자산으로 영위하던 사업을 계속할 것

3. 다른 내국인 또는 외국인과 공동으로 출자하는 경우 공동으로 출자한 자가 출자법인의 특수관계인이 아닐 것

4. 출자법인 및 제3호에 따라 출자법인과 공동으로 출자한 자(이하 이 조에서 "출자법인등"이라 한다)가 현물출자일 다음 날 현재 피출자법인의 발행주식총수 또는 출자총액의 100분의 80 이상의 주식등을 보유하고, 현물출자일이 속하는 사업연도의 종료일까지 그 주식등을 보유할 것

5. 삭제 〈2017. 12. 19.〉

② 출자법인이 제1항에 따라 손금에 산입한 양도차익에 상당하는 금액은 다음 각 호의 어느 하나에 해당하는 사유가 발생하는 사업연도에 해당 주식등과 자산의 처분비율을 고려하여 대통령령으로 정하는 금액만큼 익금에 산입한다. 다만, 피출자법인이 적격합병되거나 적격분할하는 등 대통령령으로 정하는 부득이한 사유가 있는 경우에는 그러하지 아니하다. 〈개정 2011. 12. 31., 2013. 1. 1.〉

1. 출자법인이 피출자법인으로부터 받은 주식등을 처분하는 경우

2. 피출자법인이 출자법인등으로부터 승계받은 대통령령으로 정하는 자산을 처분하는 경우. 이 경우 피출자법인은 그 자산의 처분 사실을 처분일부터 1개월 이내에 출자법인에 알려야 한다.

③ 제1항에 따라 양도차익 상당액을 손금에 산입한 출자법인은 현물출자일부터 3년의 범위에서 대통령령으로 정하는 기간 이내에 다음 각 호의 어느 하나에 해당하는 사유가 발생하는 경우에는 제1항에 따라 손금에 산입한 금액 중 제2항에 따라 익금에 산입하고 남은 금액을 그 사유가 발생한 날이 속하는 사업연도의 소득금액을 계산할 때 익금에 산입한다. 다만, 대통령령으로 정하는 부득이한 사유가 있는 경우에는 그러하지 아니하다. 〈개정 2011. 12. 31., 2016. 12. 20., 2017. 12. 19.〉

1. 피출자법인이 출자법인이 현물출자한 자산으로 영위하던 사업을 폐지하는 경우

2. 출자법인등이 피출자법인의 발행주식총수 또는 출자총액의 100분의 50 미만으로 주식등을 보유하게 되는 경우

④ 제1항부터 제3항까지의 규정에 따른 손금산입 대상 양도차익의 계산, 출자법인이 현물출자한 자산으로 영위하던 사업의 계속 및 폐지에 관한 판정기준, 익금산입액의 계산 및 그 산입방법, 현물출자 명세서 제출 등에 관하여 필요한 사항은 대통령령으로 정한다. 〈개정 2015. 12. 15., 2017. 12. 19.〉

[전문개정 2010. 12. 30.]

제48조 삭제 〈2009. 12. 31.〉

제48조의2 삭제 〈2009. 12. 31.〉

제49조 삭제 〈2009. 12. 31.〉

제50조(교환으로 인한 자산양도차익 상당액의 손금산입) ① 대통령령으로 정하는 사업을 하는 내국법인이 2년 이상 그 사업에 직접

사용하던 자산으로서 대통령령으로 정하는 자산(이하 이 조에서 "사업용자산"이라 한다)을 특수관계인 외의 다른 내국법인이 2년 이상 그 사업에 직접 사용하던 동일한 종류의 사업용자산(이하 이 조에서 "교환취득자산"이라 한다)과 교환(대통령령으로 정하는 여러 법인 간의 교환을 포함한다)하는 경우 그 교환취득자산의 가액 중 교환으로 발생한 사업용자산의 양도차익 상당액은 대통령령으로 정하는 바에 따라 해당 사업연도의 소득금액을 계산할 때 손금에 산입할 수 있다. 〈개정 2018. 12. 24.〉

② 제1항은 내국법인이 교환취득자산을 교환일이 속하는 사업연도의 종료일까지 그 내국법인의 사업에 사용하는 경우에만 적용한다.

③ 제1항을 적용받으려는 내국법인은 대통령령으로 정하는 바에 따라 자산 교환에 관한 명세서를 납세지 관할 세무서장에게 제출하여야 한다.

④ 제1항을 적용할 때 손금산입액 및 그 금액의 익금산입 방법 등에 관하여 필요한 사항은 대통령령으로 정한다.

[전문개정 2010. 12. 30.]

제50조의2(사업양수 시 이월결손금 공제 제한) 내국법인이 다른 내국법인의 사업을 양수하는 경우로서 대통령령으로 정하는 경우에는 사업양수일 현재 제13조제1항제1호에 해당하는 결손금은 사업을 양수한 내국법인의 각 사업연도의 과세표준을 계산할 때 양수한 사업부문에서 발생한 소득금액(제113조제7항 단서에 해당되어 회계를 구분하여 기록하지 아니한 경우에는 그 소득금액을 대통령령으로 정하는 자산가액 비율로 안분계산한 금액으로 한다)의 범위에서는 공제하지 아니한다.

[본조신설 2021. 12. 21.]

제7관 비과세 및 소득공제 〈개정 1999. 12. 28., 2010. 12. 30.〉

제51조(비과세소득) 내국법인의 각 사업연도 소득 중 「공익신탁법」에 따른 공익신탁의 신탁재산에서 생기는 소득에 대하여는 각 사업연도의 소득에 대한 법인세를 과세하지 아니한다. 〈개정 2014. 3. 18.〉

[전문개정 2010. 12. 30.]

제51조의2(유동화전문회사 등에 대한 소득공제) ① 다음 각 호의 어

느 하나에 해당하는 내국법인이 대통령령으로 정하는 배당가능이익(이하 이 조에서 "배당가능이익"이라 한다)의 100분의 90 이상을 배당한 경우 그 금액(이하 이 조에서 "배당금액"이라 한다)은 해당 배당을 결의한 잉여금 처분의 대상이 되는 사업연도의 소득금액에서 공제한다. 〈개정 2014. 1. 1., 2015. 7. 24., 2015. 8. 28., 2020. 12. 22., 2021. 12. 21., 2022. 12. 31.〉

1. 「자산유동화에 관한 법률」에 따른 유동화전문회사

2. 「자본시장과 금융투자업에 관한 법률」에 따른 투자회사, 투자목적회사, 투자유한회사, 투자합자회사(같은 법 제9조제19항제1호의 기관전용 사모집합투자기구는 제외한다) 및 투자유한책임회사

3. 「기업구조조정투자회사법」에 따른 기업구조조정투자회사

4. 「부동산투자회사법」에 따른 기업구조조정 부동산투자회사 및 위탁관리 부동산투자회사

5. 「선박투자회사법」에 따른 선박투자회사

6. 「민간임대주택에 관한 특별법」 또는 「공공주택 특별법」에 따른 특수 목적 법인 등으로서 대통령령으로 정하는 법인

7. 「문화산업진흥 기본법」에 따른 문화산업전문회사

8. 「해외자원개발 사업법」에 따른 해외자원개발투자회사

9. 삭제 〈2020. 12. 22.〉

② 다음 각 호의 어느 하나에 해당하는 경우에는 제1항을 적용하지 아니한다. 〈개정 2023. 12. 31.〉

1. 배당을 받은 주주등에 대하여 이 법 또는 「조세특례제한법」에 따라 그 배당에 대한 소득세 또는 법인세가 비과세되는 경우. 다만, 배당을 받은 주주등이 「조세특례제한법」 제100조의15에 따라 동업기업과세특례를 적용받는 동업기업인 경우로서 그 동업자들(그 동업자들의 전부 또는 일부가 같은 조 제3항에 따른 상위 동업기업에 해당하는 경우에는 그 상위 동업기업에 출자한 동업자들을 말한다)에 대하여 같은 법 제100조의18에 따라 배분받은 배당에 해당하는 소득에 대한 소득세 또는 법인세가 전부 과세되는 경우는 제외한다.

2. 배당을 지급하는 내국법인이 주주등의 수 등을 고려하여 대통령령으로 정하는 기준에 해당하는 법인인 경우

③ 제1항을 적용받으려는 자는 대통령령으로 정하는 바에 따라 소득공제신청을 하여야 한다.

④ 제1항을 적용할 때 배당금액이 해당 사업연도의 소득금액에서 제13조제1항제1호에 따른 이월결손금(이하 이 조에서 “이월결손금”이라 한다)을 뺀 금액을 최초로 초과하는 경우에는 그 초과하는 금액을 해당 사업연도의 다음 사업연도 개시일부터 5년 이내에 끝나는 각 사업연도로 이월하여 그 이월된 사업연도의 소득금액에서 공제할 수 있다. 다만, 내국법인이 이월된 사업연도에 배당가능이익의 100분의 90 이상을 배당하지 아니하는 경우에는 그 이월된 금액을 공제하지 아니한다. 〈신설 2022. 12. 31., 2024. 12. 31.〉

⑤ 제4항 본문에 따라 최초로 이월된 사업연도 이후 사업연도의 배당금액이 해당 사업연도의 소득금액에서 이월결손금과 해당 사업연도로 이월된 금액을 순서대로 뺀 금액(해당 금액이 0보다 작은 경우에는 0으로 한다)을 초과하는 경우에는 그 초과하는 금액을 해당 사업연도의 다음 사업연도 개시일부터 5년 이내에 끝나는 각 사업연도로 이월하여 그 이월된 사업연도의 소득금액에서 공제할 수 있다. 다만, 내국법인이 이월된 사업연도에 배당가능이익의 100분의 90 이상을 배당하지 아니하는 경우에는 그 이월된 금액을 공제하지 아니한다. 〈신설 2024. 12. 31.〉

⑥ 제4항 본문 및 제5항 본문에 따라 이월된 금액(이하 이 조에서 “이월공제배당금액”이라 한다)을 해당 사업연도의 소득금액에서 공제하는 경우에는 다음 각 호의 방법에 따라 공제한다. 〈신설 2022. 12. 31., 2024. 12. 31.〉

1. 이월공제배당금액을 해당 사업연도의 배당금액보다 먼저 공제할 것

2. 이월공제배당금액이 둘 이상인 경우에는 먼저 발생한 이월공제배당금액부터 공제할 것

[전문개정 2010. 12. 30.]

제8관 소득금액 계산의 특례 〈개정 2010. 12. 30.〉

제52조(부당행위계산의 부인) ① 납세지 관할 세무서장 또는 관할지방국세청장은 내국법인의 행위 또는 소득금액의 계산이 특수관계인과의 거래로 인하여 그 법인의 소득에 대한 조세의 부담을 부당하게 감소시킨 것으로 인정되는 경우에는 그 법인의 행위 또는 소득금액의 계산(이하 “부당행위계산”이라 한다)과 관계없이 그 법인의

각 사업연도의 소득금액을 계산한다. 〈개정 2011. 12. 31., 2018. 12. 24.〉

② 제1항을 적용할 때에는 건전한 사회 통념 및 상거래 관행과 특수관계인이 아닌 자 간의 정상적인 거래에서 적용되거나 적용될 것으로 판단되는 가격(요율 · 이자율 · 임대료 및 교환 비율과 그 밖에 이에 준하는 것을 포함하며, 이하 "시가"라 한다)을 기준으로 한다. 〈개정 2011. 12. 31., 2018. 12. 24.〉

③ 내국법인은 대통령령으로 정하는 바에 따라 각 사업연도에 특수관계인과 거래한 내용에 관한 명세서를 납세지 관할 세무서장에게 제출하여야 한다. 〈개정 2011. 12. 31., 2018. 12. 24.〉

④ 제1항부터 제3항까지의 규정을 적용할 때 부당행위계산의 유형 및 시가의 산정 등에 필요한 사항은 대통령령으로 정한다. 〈개정 2018. 12. 24.〉

[전문개정 2010. 12. 30.]

제53조(외국법인 등과의 거래에 대한 소득금액 계산의 특례) ① 납세지 관할 세무서장 또는 관할지방국세청장은 우리나라가 조세의 이중과세 방지를 위하여 체결한 조약(이하 "조세조약"이라 한다)의 상대국과 그 조세조약의 상호합의 규정에 따라 내국법인이 국외에 있는 지점 · 비거주자 또는 외국법인과 한 거래의 거래금액에 대하여 권한이 있는 당국 간에 합의를 하는 경우에는 그 합의에 따라 그 법인의 각 사업연도의 소득금액을 조정하여 계산할 수 있다.

② 제1항을 적용할 때 내국법인의 소득금액 조정의 신청 및 그 절차 등 조정에 관하여 필요한 사항은 대통령령으로 정한다.

[전문개정 2010. 12. 30.]

제53조의2(기능통화 도입기업의 과세표준 계산특례) ① 기업회계기준에 따라 원화 외의 통화를 기능통화로 채택하여 재무제표를 작성하는 내국법인의 과세표준 계산은 다음 각 호의 구분에 따른 방법(이하 이 조에서 "과세표준계산방법"이라 한다) 중 납세지 관할 세무서장에게 신고한 방법에 따른다. 다만, 최초로 제2호 또는 제3호의 과세표준계산방법을 신고하여 적용하기 이전 사업연도의 소득에 대한 과세표준을 계산할 때에는 제1호의 과세표준계산방법을 적용하여야 하며, 같은 연결집단에 속하는 연결법인은 같은 과세표준계산방법을 신고하여 적용하여야 한다.

1. 원화 외의 기능통화를 채택하지 아니하였을 경우에 작성하여야 할 재무제표를 기준으로 과세표준을 계산하는 방법

2. 기능통화로 표시된 재무제표를 기준으로 과세표준을 계산한 후 이를 원화로 환산하는 방법

3. 재무상태표 항목은 사업연도종료일 현재의 환율, 포괄손익계산서(포괄손익계산서가 없는 경우에는 손익계산서를 말한다. 이하 같다) 항목은 해당 거래일 현재의 환율(대통령령으로 정하는 항목의 경우에는 해당 사업연도 평균환율로 한다)을 적용하여 원화로 환산한 재무제표를 기준으로 과세표준을 계산하는 방법

② 제1항제2호 또는 제3호에 해당하는 과세표준계산방법을 신고하여 적용하는 법인은 기능통화의 변경, 과세표준계산방법이 서로 다른 법인 간 합병 등 대통령령으로 정하는 사유가 발생한 경우 외에는 과세표준계산방법을 변경할 수 없다.

③ 제1항제2호 또는 제3호의 과세표준계산방법을 적용하는 법인이 기능통화를 변경하는 경우에는 기능통화를 변경하는 사업연도의 소득금액을 계산할 때 개별 자산·부채별로 제1호의 금액에서 제2호의 금액을 뺀 금액을 익금에 산입하고 그 상당액을 대통령령으로 정하는 바에 따라 일시상각충당금 또는 압축기장충당금으로 계상하여 손금에 산입한다.

1. 변경 후 기능통화로 표시된 해당 사업연도의 개시일 현재 해당 자산·부채의 장부가액

2. 변경 전 기능통화로 표시된 직전 사업연도의 종료일 현재 자산·부채의 장부가액에 해당 자산·부채의 취득일 또는 발생일의 환율을 적용하여 변경 후 기능통화로 표시한 금액

④ 법인이 제1항제2호 또는 제3호의 과세표준계산방법을 최초로 사용하는 경우에 관하여는 제3항을 준용한다. 이 경우 변경 전 기능통화는 원화로 본다.

⑤ 제1항부터 제4항까지의 규정을 적용할 때 환율의 적용, 과세표준계산방법의 신고 및 변경, 손금산입 금액의 처리, 각 과세표준계산방법을 선택한 법인의 과세표준 신고, 그 밖에 과세표준계산방법의 적용 등에 필요한 사항은 대통령령으로 정한다.

[본조신설 2010. 12. 30.]

제53조의3(해외사업장의 과세표준 계산특례) ① 내국법인의 해외사

업장의 과세표준 계산은 다음 각 호의 방법(이하 이 조에서 "과세표준계산방법"이라 한다) 중 납세지 관할 세무서장에게 신고한 방법에 따른다. 다만, 최초로 제2호 또는 제3호의 과세표준계산방법을 신고하여 적용하기 이전 사업연도의 소득에 대한 과세표준을 계산할 때에는 제1호의 과세표준계산방법을 적용하여야 한다.

1. 해외사업장 재무제표를 원화 외의 기능통화를 채택하지 아니하였을 경우에 작성하여야 할 재무제표로 재작성하여 본점의 재무제표와 합산한 후 합산한 재무제표를 기준으로 과세표준을 계산하는 방법

2. 해외사업장의 기능통화로 표시된 해외사업장 재무제표를 기준으로 과세표준을 계산한 후 이를 원화로 환산하여 본점의 과세표준과 합산하는 방법

3. 해외사업장의 재무제표에 대하여 재무상태표 항목은 사업연도 종료일 현재의 환율을, 포괄손익계산서 항목은 대통령령으로 정하는 환율을 각각 적용하여 원화로 환산하고 본점 재무제표와 합산한 후 합산한 재무제표를 기준으로 과세표준을 계산하는 방법

② 제1항제2호 또는 제3호에 해당하는 과세표준계산방법을 신고하여 적용하는 법인은 과세표준계산방법이 서로 다른 법인 간 합병 등 대통령령으로 정하는 사유가 발생한 경우 외에는 과세표준계산방법을 변경할 수 없다.

③ 제1항 및 제2항을 적용할 때 환율의 적용, 과세표준계산방법의 신고 및 변경, 각 과세표준계산방법을 선택한 법인의 과세표준 신고, 그 밖에 과세표준계산방법의 적용 등에 필요한 사항은 대통령령으로 정한다.

[본조신설 2010. 12. 30.]

제54조(소득금액 계산에 관한 세부 규정) 이 법에 규정된 것 외에 내국법인의 각 사업연도의 소득금액 계산에 필요한 사항은 대통령령으로 정한다.

[전문개정 2010. 12. 30.]

제2절 세액의 계산 〈개정 2010. 12. 30.〉

제55조(세율) ① 내국법인의 각 사업연도의 소득에 대한 법인세는 제13조에 따른 과세표준에 다음 각 호의 구분에 따른 세율을 적용하여 계산한 금액(제55조의2에 따른 토지등 양도소득에 대한 법인

세액 및 「조세특례제한법」 제100조의32에 따른 투자·상생협력 촉진을 위한 과세특례를 적용하여 계산한 법인세액이 있으면 이를 합한 금액으로 한다. 이하 "산출세액"이라 한다)을 그 세액으로 한다. 〈개정 2024. 12. 31.〉

1. 내국법인의 경우(제60조의2제1항제1호에 해당하는 내국법인의 경우는 제외한다)

과세표준	세율
2억원 이하	과세표준의 100분의 9
2억원 초과 200억원 이하	1천800만원 + (2억원을 초과하는 금액의 100분의 19)
200억원 초과 3천억원 이하	37억8천만원 + (200억원을 초과하는 금액의 100분의 21)
3천억원 초과	625억8천만원 + (3천억원을 초과하는 금액의 100분의 24)

2. 제60조의2제1항제1호에 해당하는 내국법인의 경우

과세표준	세율
200억원 이하	과세표준의 100분의 19
200억원 초과 3천억원 이하	38억원 + (200억원을 초과하는 금액의 100분의 21)
3천억원 초과	626억원 + (3천억원을 초과하는 금액의 100분의 24)

② 사업연도가 1년 미만인 내국법인의 각 사업연도의 소득에 대한 법인세는 그 사업연도의 제13조를 적용하여 계산한 금액을 그 사업연도의 월수로 나눈 금액에 12를 곱하여 산출한 금액을 그 사업연도의 과세표준으로 하여 제1항에 따라 계산한 세액에 그 사업연도의 월수를 12로 나눈 수를 곱하여 산출한 세액을 그 세액으로 한다. 이 경우 월수의 계산은 대통령령으로 정하는 방법으로 한다.

[전문개정 2010. 12. 30.]

제55조의2(토지등 양도소득에 대한 과세특례) ① 내국법인이 다음 각 호의 어느 하나에 해당하는 토지, 건물(건물에 부속된 시설물과 구축물을 포함한다), 주택을 취득하기 위한 권리로서 「소득세법」 제88조제9호에 따른 조합원입주권 및 같은 조 제10호에 따른 분양권(이하 이 조 및 제95조의2에서 "토지등"이라 한다)을 양도한 경우에는 해당 각 호에 따라 계산한 세액을 토지등 양도소득에 대한 법인

세로 하여 제13조에 따른 과세표준에 제55조에 따른 세율을 적용하여 계산한 법인세액에 추가하여 납부하여야 한다. 이 경우 하나의 자산이 다음 각 호의 규정 중 둘 이상에 해당할 때에는 그 중 가장 높은 세액을 적용한다. 〈개정 2014. 1. 1., 2014. 12. 23., 2020. 8. 18.〉

1. 다음 각 목의 어느 하나에 해당하는 부동산을 2012년 12월 31일까지 양도한 경우에는 그 양도소득에 100분의 10을 곱하여 산출한 세액

가. 「소득세법」 제104조의2제2항에 따른 지정지역에 있는 부동산으로서 제2호에 따른 주택(이에 부수되는 토지를 포함한다. 이하 이 항에서 같다)

나. 「소득세법」 제104조의2제2항에 따른 지정지역에 있는 부동산으로서 제3호에 따른 비사업용 토지

다. 그 밖에 부동산가격이 급등하거나 급등할 우려가 있어 부동산가격의 안정을 위하여 필요한 경우에 대통령령으로 정하는 부동산

2. 대통령령으로 정하는 주택(이에 부수되는 토지를 포함한다) 및 주거용 건축물로서 상시 주거용으로 사용하지 아니하고 휴양·피서·위락 등의 용도로 사용하는 건축물(이하 이 조에서 "별장"이라 한다)을 양도한 경우에는 토지등의 양도소득에 100분의 20(미등기 토지등의 양도소득에 대하여는 100분의 40)을 곱하여 산출한 세액. 다만, 「지방자치법」 제3조제3항 및 제4항에 따른 읍 또는 면에 있으면서 대통령령으로 정하는 범위 및 기준에 해당하는 농어촌주택(그 부속토지를 포함한다)은 제외한다.

3. 비사업용 토지를 양도한 경우에는 토지등의 양도소득에 100분의 10(미등기 토지등의 양도소득에 대하여는 100분의 40)을 곱하여 산출한 세액

4. 주택을 취득하기 위한 권리로서 「소득세법」 제88조제9호에 따른 조합원입주권 및 같은 조 제10호에 따른 분양권을 양도한 경우에는 토지등의 양도소득에 100분의 20을 곱하여 산출한 세액

② 제1항제3호에서 "비사업용 토지"란 토지를 소유하는 기간 중 대통령령으로 정하는 기간 동안 다음 각 호의 어느 하나에 해당하는 토지를 말한다. 〈개정 2013. 1. 1., 2014. 12. 23., 2015. 7. 24.〉

1. 논밭 및 과수원(이하 이 조에서 "농지"라 한다)으로서 다음 각

목의 어느 하나에 해당하는 것

가. 농업을 주된 사업으로 하지 아니하는 법인이 소유하는 토지. 다만, 「농지법」이나 그 밖의 법률에 따라 소유할 수 있는 농지로서 대통령령으로 정하는 농지는 제외한다.

나. 특별시, 광역시(광역시에 있는 군 지역은 제외한다. 이하 이 항에서 같다), 특별자치시(특별자치시에 있는 읍·면지역은 제외한다. 이하 이 항에서 같다), 특별자치도(「제주특별자치도 설치 및 국제자유도시 조성을 위한 특별법」 제10조제2항에 따라 설치된 행정시의 읍·면지역은 제외한다. 이하 이 항에서 같다) 및 시 지역[「지방자치법」 제3조제4항에 따른 도농(都農) 복합형태의 시의 읍·면 지역은 제외한다. 이하 이 항에서 같다] 중 「국토의 계획 및 이용에 관한 법률」 제6조제1호에 따른 도시지역(대통령령으로 정하는 지역은 제외한다. 이하 이 목에서 같다)에 있는 농지. 다만, 특별시, 광역시, 특별자치시, 특별자치도 및 시 지역의 도시지역에 편입된 날부터 대통령령으로 정하는 기간이 지나지 아니한 농지는 제외한다.

2. 임야. 다만, 다음 각 목의 어느 하나에 해당하는 것은 제외한다.

가. 「산림자원의 조성 및 관리에 관한 법률」에 따라 지정된 채종림(採種林)·시험림, 「산림보호법」 제7조에 따른 산림보호구역, 그 밖에 공익상 필요하거나 산림의 보호·육성을 위하여 필요한 임야로서 대통령령으로 정하는 것

나. 임업을 주된 사업으로 하는 법인이나 「산림자원의 조성 및 관리에 관한 법률」에 따른 독림가(篤林家)인 법인이 소유하는 임야로서 대통령령으로 정하는 것

다. 토지의 소유자·소재지·이용상황·보유기간 및 면적 등을 고려하여 법인의 업무와 직접 관련이 있다고 인정할 만한 상당한 이유가 있는 임야로서 대통령령으로 정하는 것

3. 다음 각 목의 어느 하나에 해당하는 목장용지. 다만, 토지의 소유자·소재지·이용상황·보유기간 및 면적 등을 고려하여 법인의 업무와 직접 관련이 있다고 인정할 만한 상당한 이유가 있는 목장용지로서 대통령령으로 정하는 것은 제외한다.

가. 축산업을 주된 사업으로 하는 법인이 소유하는 목장용지로서 대통령령으로 정하는 축산용 토지의 기준면적을 초과하거나 특별

시, 광역시, 특별자치시, 특별자치도 및 시 지역의 도시지역(대통령령으로 정하는 지역은 제외한다. 이하 이 목에서 같다)에 있는 목장용지(도시지역에 편입된 날부터 대통령령으로 정하는 기간이 지나지 아니한 경우는 제외한다)

나. 축산업을 주된 사업으로 하지 아니하는 법인이 소유하는 목장용지

4. 농지, 임야 및 목장용지 외의 토지 중 다음 각 목을 제외한 토지

가. 「지방세법」이나 관계 법률에 따라 재산세가 비과세되거나 면제되는 토지

나. 「지방세법」 제106조제1항제2호 및 제3호에 따른 재산세 별도합산과세대상 또는 분리과세대상이 되는 토지

다. 토지의 이용상황, 관계 법률의 의무이행 여부 및 수입금액 등을 고려하여 법인의 업무와 직접 관련이 있다고 인정할 만한 상당한 이유가 있는 토지로서 대통령령으로 정하는 것

5. 「지방세법」 제106조제2항에 따른 주택 부속토지 중 주택이 정착된 면적에 지역별로 대통령령으로 정하는 배율을 곱하여 산정한 면적을 초과하는 토지

6. 별장의 부속토지. 다만, 별장에 부속된 토지의 경계가 명확하지 아니한 경우에는 그 건축물 바닥면적의 10배에 해당하는 토지를 부속토지로 본다.

7. 그 밖에 제1호부터 제6호까지에 규정된 토지와 유사한 토지로서 법인의 업무와 직접 관련이 없다고 인정할 만한 상당한 이유가 있는 대통령령으로 정하는 토지

③ 제1항제3호를 적용할 때 토지를 취득한 후 법령에 따라 사용이 금지되거나 그 밖에 대통령령으로 정하는 부득이한 사유가 있어 비사업용 토지에 해당하는 경우에는 대통령령으로 정하는 바에 따라 비사업용 토지로 보지 아니할 수 있다.

④ 다음 각 호의 어느 하나에 해당하는 토지등 양도소득에 대하여는 제1항을 적용하지 아니한다. 다만, 미등기 토지등에 대한 토지등 양도소득에 대하여는 그러하지 아니하다.

1. 파산선고에 의한 토지등의 처분으로 인하여 발생하는 소득

2. 법인이 직접 경작하던 농지로서 대통령령으로 정하는 경우에

해당하는 농지의 교환 또는 분할·통합으로 인하여 발생하는 소득

3. 「도시 및 주거환경정비법」이나 그 밖의 법률에 따른 환지(換地) 처분 등 대통령령으로 정하는 사유로 발생하는 소득

⑤ 제1항 및 제4항에서 "미등기 토지등"이란 토지등을 취득한 법인이 그 취득에 관한 등기를 하지 아니하고 양도하는 토지등을 말한다. 다만, 장기할부 조건으로 취득한 토지등으로서 그 계약조건에 의하여 양도 당시 그 토지등의 취득등기가 불가능한 토지등이나 그 밖에 대통령령으로 정하는 토지등은 제외한다.

⑥ 토지등 양도소득은 토지등의 양도금액에서 양도 당시의 장부가액을 뺀 금액으로 한다. 다만, 비영리 내국법인이 1990년 12월 31일 이전에 취득한 토지등 양도소득은 양도금액에서 장부가액과 1991년 1월 1일 현재 「상속세 및 증여세법」 제60조와 같은 법 제61조제1항에 따라 평가한 가액 중 큰 가액을 뺀 금액으로 할 수 있다. 〈개정 2014. 12. 23.〉

⑦ 제1항부터 제6항까지의 규정을 적용할 때 농지·임야·목장용지의 범위, 주된 사업의 판정기준, 해당 사업연도에 토지등의 양도에 따른 손실이 있는 경우 등의 양도소득 계산방법, 토지등의 양도에 따른 손익의 귀속사업연도 등에 관하여 필요한 사항은 대통령령으로 정한다.

⑧ 토지등을 2012년 12월 31일까지 양도함으로써 발생하는 소득에 대하여는 제1항제2호 및 제3호를 적용하지 아니한다.

[전문개정 2010. 12. 30.]

제56조 삭제 〈2018. 12. 24.〉

제57조(외국 납부 세액공제 등) ①내국법인의 각 사업연도의 소득에 대한 과세표준에 국외원천소득이 포함되어 있는 경우로서 그 국외원천소득에 대하여 대통령령으로 정하는 외국법인세액(이하 이 조 및 제73조에서 "외국법인세액"이라 한다)을 납부하였거나 납부할 것이 있는 경우에는 다음 계산식에 따른 금액(이하 이 조에서 "공제한도금액"이라 한다) 내에서 외국법인세액을 해당 사업연도의 산출세액에서 공제할 수 있다. 〈개정 2020. 12. 22., 2021. 12. 21., 2022. 12. 31.〉

$$공제한도금액 = A \times \frac{B}{C}$$

A: 해당 사업연도의 산출세액(제55조의2에 따른 토지등 양도소득에 대한 법인세액 및 「조세특례제한법」 제100조의32에 따른 투자ㆍ상생협력 촉진을 위한 과세특례를 적용하여 계산한 법인세액은 제외한다)

B: 국외원천소득(「조세특례제한법」 이나 그 밖의 법률에 따라 세액감면 또는 면제를 적용받는 경우에는 세액감면 또는 면제 대상 국외원천소득에 세액감면 또는 면제 비율을 곱한 금액은 제외한다)

C: 해당 사업연도의 소득에 대한 과세표준

1. 삭제 〈2022. 12. 31.〉
2. 삭제 〈2022. 12. 31.〉
3. 삭제 〈2022. 12. 31.〉

② 제1항을 적용할 때 외국정부에 납부하였거나 납부할 외국법인세액이 해당 사업연도의 공제한도금액을 초과하는 경우 그 초과하는 금액은 해당 사업연도의 다음 사업연도 개시일부터 10년 이내에 끝나는 각 사업연도(이하 이 조에서 "이월공제기간"이라 한다)로 이월하여 그 이월된 사업연도의 공제한도금액 내에서 공제받을 수 있다. 다만, 외국정부에 납부하였거나 납부할 외국법인세액을 이월공제기간 내에 공제받지 못한 경우 그 공제받지 못한 외국법인세액은 제21조제1호에도 불구하고 이월공제기간의 종료일 다음 날이 속하는 사업연도의 소득금액을 계산할 때 손금에 산입할 수 있다. 〈개정 2018. 12. 24., 2019. 12. 31., 2020. 12. 22.〉

③ 국외원천소득이 있는 내국법인이 조세조약의 상대국에서 해당 국외원천소득에 대하여 법인세를 감면받은 세액 상당액은 그 조세조약으로 정하는 범위에서 제1항에 따른 세액공제의 대상이 되는 외국법인세액으로 본다. 〈개정 2020. 12. 22.〉

④ 내국법인의 각 사업연도의 소득금액에 외국자회사로부터 받는 이익의 배당이나 잉여금의 분배액(이하 이 조에서 "수입배당금액"이라 한다)이 포함되어 있는 경우 그 외국자회사의 소득에 대하여 부과된 외국법인세액 중 그 수입배당금액에 대응하는 것으로서 대통령령으로 정하는 바에 따라 계산한 금액은 제1항에 따른 세액공제되는 외국법인세액으로 본다. 〈개정 2011. 12. 31., 2020. 12. 22.〉

⑤ 제4항에서 "외국자회사"란 내국법인이 의결권 있는 발행주식총수 또는 출자총액의 100분의 10(「조세특례제한법」 제22조에 따른 해외자원개발사업을 하는 외국법인의 경우에는 100분의 5를 말한다) 이상을 출자하고 있는 외국법인으로서 대통령령으로 정하는 요건을 갖춘 법인을 말한다. 〈개정 2014. 12. 23., 2022. 12. 31.〉

⑥ 내국법인의 각 사업연도의 소득금액에 외국법인으로부터 받는 수입배당금액이 포함되어 있는 경우로서 그 외국법인의 소득에 대하여 해당 외국법인이 아니라 출자자인 내국법인이 직접 납세의무를 부담하는 등 대통령령으로 정하는 요건을 갖춘 경우에는 그 외국법인의 소득에 대하여 출자자인 내국법인에게 부과된 외국법인세액 중 해당 수입배당금액에 대응하는 것으로서 대통령령으로 정하는 바에 따라 계산한 금액은 제1항에 따른 세액공제의 대상이 되는 외국법인세액으로 본다. 〈개정 2020. 12. 22.〉

⑦ 제18조의4에 따른 익금불산입의 적용대상이 되는 수입배당금액에 대해서는 제1항부터 제6항까지의 규정을 적용하지 아니한다. 〈신설 2022. 12. 31.〉

⑧ 제1항부터 제6항까지의 규정에 따른 국외원천소득의 계산방법, 세액공제 또는 손금산입에 필요한 사항은 대통령령으로 정한다. 〈개정 2013. 1. 1., 2022. 12. 31.〉

[전문개정 2010. 12. 30.]

제57조의2(간접투자회사 등으로부터 지급받은 소득에 대한 외국 납부세액공제 특례) ① 내국법인의 각 사업연도의 과세표준에 다음 각 호의 요건을 갖춘 소득이 합산되어 있는 경우에는 제2항제2호에 따른 금액을 해당 사업연도의 산출세액에서 공제할 수 있다.

1. 다음 각 목의 어느 하나에 해당하는 것(이하 이 조에서 "간접투자회사등"이라 한다)으로부터 지급받은 소득일 것

가. 「자본시장과 금융투자업에 관한 법률」에 따른 투자회사, 투자목적회사, 투자유한회사, 투자합자회사(같은 법 제9조제19항제1호의 기관전용 사모집합투자기구는 제외한다), 투자유한책임회사, 투자신탁, 투자합자조합 및 투자익명조합

나. 「부동산투자회사법」에 따른 기업구조조정 부동산투자회사 및 위탁관리 부동산투자회사

다. 제5조제2항에 따라 내국법인으로 보는 신탁재산

2. 간접투자회사등이 내국법인에 지급한 소득에 대하여 제57조제1항 및 제6항에 따른 외국법인세액(간접투자회사등이 다른 간접투자회사등이 발행하는 증권을 취득하는 구조로 투자한 경우로서 그 다른 간접투자회사등이 납부한 같은 규정에 따른 외국법인세액이 있는 경우 해당 세액을 포함하며, 이하 이 조 및 제73조에서 "간접투자외국법인세액"이라 한다)을 납부하였을 것

② 제1항을 적용할 때 내국법인이 간접투자회사등으로부터 지급받은 소득과 해당 사업연도의 산출세액에서 공제하는 금액은 다음 각 호의 금액으로 한다.

1. 간접투자회사등으로부터 지급받은 소득: 「자본시장과 금융투자업에 관한 법률」 제238조제6항에 따른 기준가격(간접투자외국법인세액이 차감된 가격을 말하며, 이하 이 조 및 제73조에서 "세후기준가격"이라 한다)을 기준으로 계산된 금액. 다만, 증권시장에 상장된 간접투자회사등의 증권의 매도에 따라 간접투자회사등으로부터 지급받은 소득은 대통령령으로 정하는 바에 따라 계산한 금액으로 한다.

2. 산출세액에서 공제하는 금액: 간접투자외국법인세액을 세후기준가격을 고려하여 대통령령으로 정하는 바에 따라 계산한 금액

③ 제1항에 따라 산출세액에서 공제할 수 있는 금액은 다음 계산식에 따른 금액(이하 이 항에서 "공제한도금액"이라 한다)을 한도로 한다. 이 경우 제2항제2호의 금액이 해당 사업연도의 공제한도금액을 초과하는 경우 그 초과하는 금액은 해당 사업연도의 다음 사업연도 개시일부터 10년 이내에 끝나는 각 사업연도로 이월하여 그 이월된 사업연도의 공제한도금액 내에서 공제할 수 있다.

$$\text{공제한도금액} = A \times \frac{B}{C}$$

A: 해당 사업연도의 산출세액(제55조의2에 따른 토지등 양도소득에 대한 법인세액 및 「조세특례제한법」 제100조의32에 따른 투자·상생협력 촉진을 위한 과세특례를 적용하여 계산한 법인세액은 제외한다)

B: 간접투자회사등으로부터 지급받은 소득(해당 소득에 대하여 간접투자외국법인세액이 납부된 경우로 한정한다)의 합계액

C: 해당 사업연도의 소득에 대한 과세표준

④ 제1항부터 제3항까지의 규정에 따른 간접투자회사등으로부터 지급받은 소득의 계산방법, 그 밖에 세액공제에 필요한 사항은 대통

령령으로 정한다.

[본조신설 2022. 12. 31.]

제58조(재해손실에 대한 세액공제) ① 내국법인이 각 사업연도 중 천재지변이나 그 밖의 재해(이하 "재해"라 한다)로 인하여 대통령령으로 정하는 자산총액(이하 이 조에서 "자산총액"이라 한다)의 100분의 20 이상을 상실하여 납세가 곤란하다고 인정되는 경우에는 다음 각 호의 법인세액에 그 상실된 자산의 가액이 상실 전의 자산총액에서 차지하는 비율을 곱하여 계산한 금액(상실된 자산의 가액을 한도로 한다)을 그 세액에서 공제한다. 이 경우 자산의 가액에는 토지의 가액을 포함하지 아니한다. 〈개정 2020. 12. 22.〉

1. 재해 발생일 현재 부과되지 아니한 법인세와 부과된 법인세로서 미납된 법인세

2. 재해 발생일이 속하는 사업연도의 소득에 대한 법인세

② 제1항에 따른 세액공제를 받으려는 내국법인은 대통령령으로 정하는 바에 따라 납세지 관할 세무서장에게 신청하여야 한다.

③ 납세지 관할 세무서장은 제2항에 따라 제1항제1호의 법인세(신고기한이 지나지 아니한 것은 제외한다)에 대한 공제신청을 받으면 그 공제세액을 결정하여 해당 법인에 알려야 한다.

④ 제1항부터 제3항까지의 규정을 적용할 때 자산 상실 비율의 계산 등 재해손실 세액공제에 필요한 사항은 대통령령으로 정한다.

[전문개정 2010. 12. 30.]

제58조의2 삭제 〈2010. 1. 1.〉

제58조의3(사실과 다른 회계처리로 인한 경정에 따른 세액공제) ① 내국법인이 다음 각 호의 요건을 모두 충족하는 사실과 다른 회계처리를 하여 과세표준 및 세액을 과다하게 계상함으로써 「국세기본법」 제45조의2에 따라 경정을 청구하여 경정을 받은 경우에는 과다 납부한 세액을 환급하지 아니하고 그 경정일이 속하는 사업연도부터 각 사업연도의 법인세액에서 과다 납부한 세액을 공제한다. 이 경우 각 사업연도별로 공제하는 금액은 과다 납부한 세액의 100분의 20을 한도로 하고, 공제 후 남아 있는 과다 납부한 세액은 이후 사업연도에 이월하여 공제한다. 〈개정 2016. 12. 20., 2017. 10. 31.〉

1. 「자본시장과 금융투자업에 관한 법률」 제159조에 따른 사업보고서 및 「주식회사 등의 외부감사에 관한 법률」 제23조에 따른 감

사보고서를 제출할 때 수익 또는 자산을 과다 계상하거나 손비 또는 부채를 과소 계상할 것

2. 내국법인, 감사인 또는 그에 소속된 공인회계사가 대통령령으로 정하는 경고·주의 등의 조치를 받을 것

② 제1항을 적용할 때 내국법인이 해당 사실과 다른 회계처리와 관련하여 그 경정일이 속하는 사업연도 이전의 사업연도에 「국세기본법」 제45조에 따른 수정신고를 하여 납부할 세액이 있는 경우에는 그 납부할 세액에서 제1항에 따른 과다 납부한 세액을 과다 납부한 세액의 100분의 20을 한도로 먼저 공제하여야 한다. 〈개정 2016. 12. 20.〉

③ 제1항 및 제2항에 따라 과다 납부한 세액을 공제받은 내국법인으로서 과다 납부한 세액이 남아있는 내국법인이 해산하는 경우에는 다음 각 호에 따른다. 〈신설 2016. 12. 20.〉

1. 합병 또는 분할에 따라 해산하는 경우: 합병법인 또는 분할신설법인(분할합병의 상대방 법인을 포함한다)이 남아 있는 과다 납부한 세액을 승계하여 제1항에 따라 세액공제한다.

2. 제1호 외의 방법에 따라 해산하는 경우: 납세지 관할 세무서장 또는 관할지방국세청장은 남아 있는 과다 납부한 세액에서 제77조에 따른 청산소득에 대한 법인세 납부세액을 빼고 남은 금액을 즉시 환급하여야 한다.

④ 제1항부터 제3항까지의 규정에 따른 세액공제와 관련한 구체적인 방법, 절차 및 공제 후 남아 있는 과다 납부한 세액의 이월공제 방법 등은 대통령령으로 정한다. 〈개정 2016. 12. 20.〉

[전문개정 2010. 12. 30.]

제59조(감면 및 세액공제액의 계산) ① 이 법 및 다른 법률을 적용할 때 법인세의 감면에 관한 규정과 세액공제에 관한 규정이 동시에 적용되는 경우에 그 적용순위는 별도의 규정이 있는 경우 외에는 다음 각 호의 순서에 따른다. 이 경우 제1호와 제2호의 금액을 합한 금액이 법인이 납부할 법인세액(제55조의2에 따른 토지등 양도소득에 대한 법인세액, 「조세특례제한법」 제100조의32에 따른 투자·상생협력 촉진을 위한 과세특례를 적용하여 계산한 법인세액 및 가산세는 제외한다)을 초과하는 경우에는 그 초과하는 금액은 없는 것으로 본다. 〈개정 2014. 12. 23., 2017. 12. 19., 2018. 12. 24.〉

1. 각 사업연도의 소득에 대한 세액 감면(면제를 포함한다)

2. 이월공제(移越控除)가 인정되지 아니하는 세액공제

3. 이월공제가 인정되는 세액공제. 이 경우 해당 사업연도 중에 발생한 세액공제액과 이월된 미공제액이 함께 있을 때에는 이월된 미공제액을 먼저 공제한다.

4. 제58조의3에 따른 세액공제. 이 경우 해당 세액공제액과 이월된 미공제액이 함께 있을 때에는 이월된 미공제액을 먼저 공제한다.

② 제1항제1호에 따른 세액 감면 또는 면제를 하는 경우 그 감면 또는 면제되는 세액은 별도의 규정이 있는 경우를 제외하고는 산출세액(제55조의2에 따른 토지등 양도소득에 대한 법인세액 및 「조세특례제한법」 제100조의32에 따른 투자·상생협력 촉진을 위한 과세특례를 적용하여 계산한 법인세액은 제외한다)에 그 감면 또는 면제되는 소득이 제13조에 따른 과세표준에서 차지하는 비율(100분의 100을 초과하는 경우에는 100분의 100)을 곱하여 산출한 금액(감면의 경우에는 그 금액에 해당 감면율을 곱하여 산출한 금액)으로 한다. 〈개정 2014. 12. 23., 2017. 12. 19., 2018. 12. 24.〉

[전문개정 2010. 12. 30.]

제3절 신고 및 납부 〈개정 2010. 12. 30.〉

제60조(과세표준 등의 신고) ① 납세의무가 있는 내국법인은 각 사업연도의 종료일이 속하는 달의 말일부터 3개월(제60조의2제1항 본문에 따라 내국법인이 성실신고확인서를 제출하는 경우에는 4개월로 한다) 이내에 대통령령으로 정하는 바에 따라 그 사업연도의 소득에 대한 법인세의 과세표준과 세액을 납세지 관할 세무서장에게 신고하여야 한다. 〈개정 2018. 12. 24.〉

② 제1항에 따른 신고를 할 때에는 그 신고서에 다음 각 호의 서류를 첨부하여야 한다.

1. 기업회계기준을 준용하여 작성한 개별 내국법인의 재무상태표·포괄손익계산서 및 이익잉여금처분계산서(또는 결손금처리계산서)

2. 대통령령으로 정하는 바에 따라 작성한 세무조정계산서(이하 "세무조정계산서"라 한다)

3. 그 밖에 대통령령으로 정하는 서류

③ 제1항은 내국법인으로서 각 사업연도의 소득금액이 없거나 결

손금이 있는 법인의 경우에도 적용한다.

④ 내국법인이 합병 또는 분할로 해산하는 경우에 제1항에 따른 신고를 할 때에는 그 신고서에 다음 각 호의 서류를 첨부하여야 한다.

1. 합병등기일 또는 분할등기일 현재의 피합병법인·분할법인 또는 소멸한 분할합병의 상대방법인의 재무상태표와 합병법인등이 그 합병 또는 분할에 따라 승계한 자산 및 부채의 명세서

2. 그 밖에 대통령령으로 정하는 서류

⑤ 제1항에 따른 신고를 할 때 그 신고서에 제2항제1호 및 제2호의 서류를 첨부하지 아니하는 경우 이 법에 따른 신고로 보지 아니한다. 다만, 제4조제3항제1호 및 제7호에 따른 수익사업을 하지 아니하는 비영리내국법인은 그러하지 아니하다. 〈개정 2018. 12. 24.〉

⑥ 납세지 관할 세무서장 및 관할지방국세청장은 제1항과 제2항에 따라 제출된 신고서 또는 그 밖의 서류에 미비한 점이 있거나 오류가 있을 때에는 보정할 것을 요구할 수 있다.

⑦ 제1항에도 불구하고 「주식회사 등의 외부감사에 관한 법률」 제4조에 따라 감사인(監査人)에 의한 감사를 받아야 하는 내국법인이 해당 사업연도의 감사가 종결되지 아니하여 결산이 확정되지 아니하였다는 사유로 대통령령으로 정하는 바에 따라 신고기한의 연장을 신청한 경우에는 그 신고기한을 1개월의 범위에서 연장할 수 있다. 〈개정 2017. 10. 31.〉

⑧ 제7항에 따라 신고기한이 연장된 내국법인이 세액을 납부할 때에는 기한 연장일수에 금융회사 등의 이자율을 고려하여 대통령령으로 정하는 이자율을 적용하여 계산한 금액을 가산하여 납부하여야 한다. 이 경우 기한 연장일수는 제1항에 따른 신고기한의 다음 날부터 신고 및 납부가 이루어진 날(연장기한까지 신고납부가 이루어진 경우만 해당한다) 또는 연장된 날까지의 일수로 한다.

⑨ 기업회계와 세무회계의 정확한 조정 또는 성실한 납세를 위하여 필요하다고 인정하여 대통령령으로 정하는 내국법인의 경우 세무조정계산서는 다음 각 호의 어느 하나에 해당하는 자로서 대통령령으로 정하는 조정반에 소속된 자가 작성하여야 한다. 〈신설 2015. 12. 15., 2021. 11. 23.〉

1. 「세무사법」에 따른 세무사등록부에 등록한 세무사

2. 「세무사법」에 따른 세무사등록부 또는 공인회계사 세무대리업

무등록부에 등록한 공인회계사

3. 「세무사법」에 따른 세무사등록부 또는 변호사 세무대리업무등록부에 등록한 변호사

[전문개정 2010. 12. 30.]

[2021. 11. 23. 법률 제18521호에 의하여 2018. 4. 26. 헌법재판소에서 헌법불합치 결정된 이 조 제9항 제3호를 개정함.]

제60조의2(성실신고확인서 제출) ① 다음 각 호의 어느 하나에 해당하는 내국법인은 성실한 납세를 위하여 제60조에 따라 법인세의 과세표준과 세액을 신고할 때 같은 조 제2항 각 호의 서류에 더하여 제112조 및 제116조에 따라 비치·기록된 장부와 증명서류에 의하여 계산한 과세표준금액의 적정성을 세무사 등 대통령령으로 정하는 자가 대통령령으로 정하는 바에 따라 확인하고 작성한 확인서(이하 "성실신고확인서"라 한다)를 납세지 관할 세무서장에게 제출하여야 한다. 다만, 「주식회사 등의 외부감사에 관한 법률」 제4조에 따라 감사인에 의한 감사를 받은 내국법인은 이를 제출하지 아니할 수 있다. 〈개정 2018. 12. 24., 2021. 12. 21.〉

1. 부동산임대업을 주된 사업으로 하는 등 대통령령으로 정하는 요건에 해당하는 내국법인

2. 「소득세법」 제70조의2제1항에 따른 성실신고확인대상사업자가 사업용자산을 현물출자하는 등 대통령령으로 정하는 방법에 따라 내국법인으로 전환한 경우 그 내국법인(사업연도 종료일 현재 법인으로 전환한 후 3년 이내의 내국법인으로 한정한다)

3. 제2호에 따라 전환한 내국법인이 그 전환에 따라 경영하던 사업을 같은 호에서 정하는 방법으로 인수한 다른 내국법인(같은 호에 따른 전환일부터 3년 이내인 경우로서 그 다른 내국법인의 사업연도 종료일 현재 인수한 사업을 계속 경영하고 있는 경우로 한정한다)

② 납세지 관할 세무서장은 제1항에 따라 제출된 성실신고확인서에 미비한 사항 또는 오류가 있을 때에는 보정할 것을 요구할 수 있다. 〈개정 2018. 12. 24.〉

③ 제1항 및 제2항에서 정한 사항 외에 성실신고확인서의 제출 등에 필요한 사항은 대통령령으로 정한다. 〈개정 2018. 12. 24.〉

[본조신설 2017. 12. 19.]

제61조(준비금의 손금산입 특례) ① 내국법인이 「조세특례제한법」에 따른 준비금을 세무조정계산서에 계상하고 그 금액 상당액을 해당 사업연도의 이익처분을 할 때 그 준비금으로 적립한 경우에는 그 금액을 결산을 확정할 때 손비로 계상한 것으로 보아 해당 사업연도의 소득금액을 계산할 때 손금에 산입한다. 〈개정 2018. 12. 24.〉

② 제1항에 따른 준비금의 손금산입 및 그 금액의 처리에 필요한 사항은 대통령령으로 정한다. 〈개정 2018. 12. 24.〉

[전문개정 2010. 12. 30.]

[제목개정 2018. 12. 24.]

제62조(비영리내국법인의 이자소득에 대한 신고 특례) ① 비영리내국법인은 제4조제3항제2호에 따른 이자소득(「소득세법」 제16조제1항제11호의 비영업대금의 이익은 제외하고, 투자신탁의 이익을 포함하며, 이하 이 조에서 "이자소득"이라 한다)으로서 제73조 및 제73조의2에 따라 원천징수된 이자소득에 대하여는 제60조제1항에도 불구하고 과세표준 신고를 하지 아니할 수 있다. 이 경우 과세표준 신고를 하지 아니한 이자소득은 각 사업연도의 소득금액을 계산할 때 포함하지 아니한다. 〈개정 2018. 12. 24.〉

② 제1항에 따른 비영리내국법인의 이자소득에 대한 법인세의 과세표준 신고와 징수에 필요한 사항은 대통령령으로 정한다.

[전문개정 2010. 12. 30.]

[제목개정 2018. 12. 24.]

제62조의2(비영리내국법인의 자산양도소득에 대한 신고 특례) ① 비영리내국법인(제4조제3항제1호에 따른 수익사업을 하는 비영리내국법인은 제외한다. 이하 이 조에서 같다)이 제4조제3항제4호부터 제6호까지의 수입으로서 다음 각 호의 어느 하나에 해당하는 자산의 양도로 인하여 발생하는 소득(이하 이 조에서 "자산양도소득"이라 한다)이 있는 경우에는 제60조제1항에도 불구하고 과세표준 신고를 하지 아니할 수 있다. 이 경우 과세표준 신고를 하지 아니한 자산양도소득은 각 사업연도의 소득금액을 계산할 때 포함하지 아니한다. 〈개정 2018. 12. 24., 2021. 12. 21., 2024. 12. 31.〉

1. 「소득세법」 제94조제1항제3호에 따른 주식등과 대통령령으로 정하는 주식등

2. 토지 또는 건물(건물에 부속된 시설물과 구축물을 포함한다)
3. 「소득세법」 제94조제1항제2호 및 제4호의 자산

② 제1항에 따라 과세표준의 신고를 하지 아니한 자산양도소득에 대하여는 「소득세법」 제92조를 준용하여 계산한 과세표준에 같은 법 제104조제1항 각 호의 세율을 적용하여 계산한 금액을 법인세로 납부하여야 한다. 이 경우 같은 법 제104조제4항에 따라 가중된 세율을 적용하는 경우에는 제55조의2를 적용하지 아니한다.

③ 제2항을 적용할 때 「소득세법」 제92조를 준용하여 계산한 과세표준은 자산의 양도로 인하여 발생한 총수입금액(이하 이 조에서 "양도가액"이라 한다)에서 필요경비를 공제하고, 공제한 후의 금액(이하 "양도차익"이라 한다)에서 「소득세법」 제95조제2항 및 제103조에 따른 금액을 공제하여 계산한다.

④ 제3항에 따른 양도가액, 필요경비 및 양도차익의 계산에 관하여는 「소득세법」 제96조부터 제98조까지 및 제100조를 준용한다. 다만, 「상속세 및 증여세법」에 따라 상속세 과세가액 또는 증여세 과세가액에 산입되지 아니한 재산을 출연(出捐)받은 비영리내국법인이 대통령령으로 정하는 자산을 양도하는 경우에는 그 자산을 출연한 출연자의 취득가액을 그 법인의 취득가액으로 하며, 「국세기본법」 제13조제2항에 따른 법인으로 보는 단체의 경우에는 같은 항에 따라 승인을 받기 전의 당초 취득한 가액을 취득가액으로 한다.

⑤ 자산양도소득에 대한 과세표준의 계산에 관하여는 「소득세법」 제101조 및 제102조를 준용하고, 자산양도소득에 대한 세액계산에 관하여는 같은 법 제92조를 준용한다. 〈개정 2023. 12. 31.〉

⑥ 제2항에 따른 법인세의 과세표준에 대한 신고·납부·결정·경정 및 징수에 관하여는 자산 양도일이 속하는 각 사업연도의 소득에 대한 법인세의 과세표준의 신고·납부·결정·경정 및 징수에 관한 규정을 준용하되, 그 밖의 법인세액에 합산하여 신고·납부·결정·경정 및 징수한다. 이 경우 제75조의3을 준용한다. 〈개정 2018. 12. 24.〉

⑦ 제2항에 따라 계산한 법인세는 「소득세법」 제105조부터 제107조까지의 규정을 준용하여 양도소득과세표준 예정신고 및 자진납부를 하여야 한다. 이 경우 「소득세법」 제112조를 준용한다. 〈개정 2015. 12. 15.〉

⑧ 비영리내국법인이 제7항에 따른 양도소득과세표준 예정신고를 한 경우에는 제6항에 따른 과세표준에 대한 신고를 한 것으로 본다. 다만, 「소득세법」 제110조제4항 단서에 해당하는 경우에는 제6항에 따른 과세표준에 대한 신고를 하여야 한다.

⑨ 제1항부터 제8항까지의 규정에 따른 자산양도소득에 대한 특례의 적용방법 등에 관하여 필요한 사항은 대통령령으로 정한다.

[전문개정 2010. 12. 30.]

[제목개정 2018. 12. 24.]

제63조(중간예납 의무) ① 사업연도의 기간이 6개월을 초과하는 내국법인은 각 사업연도(합병이나 분할에 의하지 아니하고 새로 설립된 법인의 최초 사업연도는 제외한다) 중 중간예납기간(中間豫納期間)에 대한 법인세액(이하 "중간예납세액"이라 한다)을 납부할 의무가 있다. 다만, 다음 각 호의 어느 하나에 해당하는 법인은 중간예납세액을 납부할 의무가 없다. 〈개정 2020. 12. 22., 2022. 12. 31.〉

1. 다음 각 목의 어느 하나에 해당하는 법인

가. 「고등교육법」 제3조에 따른 사립학교를 경영하는 학교법인

나. 「국립대학법인 서울대학교 설립·운영에 관한 법률」에 따른 국립대학법인 서울대학교

다. 「국립대학법인 인천대학교 설립·운영에 관한 법률」에 따른 국립대학법인 인천대학교

라. 「산업교육진흥 및 산학연협력촉진에 관한 법률」에 따른 산학협력단

마. 「초·중등교육법」 제3조제3호에 따른 사립학교를 경영하는 학교법인

2. 직전 사업연도의 중소기업으로서 제63조의2제1항제1호의 계산식에 따라 계산한 금액이 50만원 미만인 내국법인

② 제1항의 중간예납기간은 해당 사업연도의 개시일부터 6개월이 되는 날까지로 한다.

③ 내국법인은 중간예납기간이 지난 날부터 2개월 이내에 중간예납세액을 대통령령으로 정하는 바에 따라 납세지 관할 세무서, 한국은행(그 대리점을 포함한다) 또는 체신관서(이하 "납세지 관할 세무서등"이라 한다)에 납부하여야 한다.

④ 내국법인이 납부할 중간예납세액이 1천만원을 초과하는 경우에는 제64조제2항을 준용하여 분납할 수 있다.

[전문개정 2018. 12. 24.]

제63조의2(중간예납세액의 계산) ① 중간예납세액은 다음 각 호의 어느 하나의 방법을 선택하여 계산한다. 다만, 직전 사업연도 종료일 현재 「독점규제 및 공정거래에 관한 법률」 제31조제1항에 따른 공시대상기업집단에 속하는 내국법인(업종별 매출액 등을 고려하여 대통령령으로 정하는 법인은 제외한다)은 제2호의 방법에 따라 중간예납세액을 계산한다. 〈개정 2019. 12. 31., 2024. 12. 31.〉

1. 직전 사업연도의 산출세액을 기준으로 하는 방법

$$\text{중간예납세액} = (A - B - C - D) \times \frac{6}{E}$$

A: 해당 사업연도의 직전 사업연도에 대한 법인세로서 확정된 산출세액(가산세를 포함하고, 제55조의2에 따른 토지등 양도소득에 대한 법인세액 및 「조세특례제한법」 제100조의32에 따른 투자·상생협력 촉진을 위한 과세특례를 적용하여 계산한 법인세액은 제외한다. 이하 이 조에서 같다)

B: 해당 사업연도의 직전 사업연도에 감면된 법인세액(소득에서 공제되는 금액은 제외한다)

C: 해당 사업연도의 직전 사업연도에 법인세로서 납부한 원천징수세액

D: 해당 사업연도의 직전 사업연도에 법인세로서 납부한 수시부과세액

E: 직전 사업연도 개월 수. 이 경우 개월 수는 역에 따라 계산하되, 1개월 미만의 일수는 1개월로 한다.

2. 해당 중간예납기간의 법인세액을 기준으로 하는 방법

$$\text{중간예납세액} = (A - B - C - D)$$

A: 해당 중간예납기간을 1사업연도로 보고 제2장제1절에 따라 계산한 과세표준에 제55조를 적용하여 산출한 법인세액

B: 해당 중간예납기간에 감면된 법인세액(소득에서 공제되는 금액은 제외한다)

C: 해당 중간예납기간에 법인세로서 납부한 원천징수세액

D: 해당 중간예납기간에 법인세로서 부과한 수시부과세액

② 제1항 본문에도 불구하고 다음 각 호의 어느 하나에 해당하는

경우에는 해당 각 호의 구분에 따라 중간예납세액을 계산한다. 〈개정 2019. 12. 31., 2020. 12. 22., 2024. 12. 31.〉

1. 제63조제3항에 따른 중간예납의 납부기한까지 중간예납세액을 납부하지 아니한 경우(제1항 각 호 외의 부분 단서 또는 이 항 제2호 각 목에 해당하는 경우는 제외한다): 제1항제1호에 따른 방법

2. 다음 각 목의 어느 하나에 해당하는 경우: 제1항제2호에 따른 방법

가. 직전 사업연도의 법인세로서 확정된 산출세액(가산세는 제외한다)이 없는 경우(제51조의2제1항 각 호 또는 「조세특례제한법」 제104조의31제1항의 법인의 경우는 제외한다)

나. 해당 중간예납기간 만료일까지 직전 사업연도의 법인세액이 확정되지 아니한 경우

다. 분할신설법인 또는 분할합병의 상대방 법인의 분할 후 최초의 사업연도인 경우

라. 합병법인 또는 피합병법인이 합병 당시 제1항 각 호 외의 부분 단서에 따른 내국법인에 해당하는 경우로서 해당 합병법인의 합병 후 최초의 사업연도인 경우

③ 합병법인이 합병 후 최초의 사업연도에 제1항제1호에 따라 중간예납세액을 납부하는 경우에는 다음 각 호의 구분에 따른 사업연도를 모두 제1항제1호에 따른 직전 사업연도로 본다.

1. 합병법인의 직전 사업연도

2. 각 피합병법인의 합병등기일이 속하는 사업연도의 직전 사업연도

④ 제76조의9, 제76조의10 및 제76조의12에 따라 연결납세방식을 적용하지 아니하게 된 법인이 연결납세방식을 적용하지 아니하는 최초의 사업연도에 제1항제1호에 따라 중간예납세액을 납부하는 경우에는 직전 연결사업연도의 제76조의15제4항에 따른 연결법인별 산출세액을 제1항제1호에 따른 계산식의 직전 사업연도에 대한 법인세로서 확정된 산출세액으로 본다.

⑤ 납세지 관할 세무서장은 중간예납기간 중 휴업 등의 사유로 수입금액이 없는 법인에 대하여 그 사실이 확인된 경우에는 해당 중간예납기간에 대한 법인세를 징수하지 아니한다.

[본조신설 2018. 12. 24.]

제64조(납부) ① 내국법인은 각 사업연도의 소득에 대한 법인세 산출

세액에서 다음 각 호의 법인세액(가산세는 제외한다)을 공제한 금액을 각 사업연도의 소득에 대한 법인세로서 제60조에 따른 신고기한까지 납세지 관할 세무서등에 납부하여야 한다. 〈개정 2018. 12. 24.〉

1. 해당 사업연도의 감면세액 · 세액공제액
2. 제63조의2에 따른 해당 사업연도의 중간예납세액
3. 제69조에 따른 해당 사업연도의 수시부과세액
4. 제73조 및 제73조의2에 따라 해당 사업연도에 원천징수된 세액

② 내국법인이 제1항에 따라 납부할 세액이 1천만원을 초과하는 경우에는 대통령령으로 정하는 바에 따라 납부할 세액의 일부를 납부기한이 지난 날부터 1개월(중소기업의 경우에는 2개월) 이내에 분납할 수 있다. 〈개정 2018. 12. 24.〉

[전문개정 2010. 12. 30.]

제65조 삭제 〈2015. 12. 15.〉

제4절 결정 · 경정 및 징수 〈개정 2010. 12. 30.〉

제1관 과세표준의 결정 및 경정 〈개정 2010. 12. 30.〉

제66조(결정 및 경정) ① 납세지 관할 세무서장 또는 관할지방국세청장은 내국법인이 제60조에 따른 신고를 하지 아니한 경우에는 그 법인의 각 사업연도의 소득에 대한 법인세의 과세표준과 세액을 결정한다.

② 납세지 관할 세무서장 또는 관할지방국세청장은 제60조에 따른 신고를 한 내국법인이 다음 각 호의 어느 하나에 해당하는 경우에는 그 법인의 각 사업연도의 소득에 대한 법인세의 과세표준과 세액을 경정한다. 〈개정 2013. 6. 7.〉

1. 신고 내용에 오류 또는 누락이 있는 경우
2. 제120조 또는 제120조의2에 따른 지급명세서, 제121조에 따른 매출 · 매입처별 계산서합계표의 전부 또는 일부를 제출하지 아니한 경우
3. 다음 각 목의 어느 하나에 해당하는 경우로서 시설 규모나 영업 현황으로 보아 신고 내용이 불성실하다고 판단되는 경우

가. 제117조제1항에 따른 신용카드가맹점 가입 요건에 해당하는 법인이 정당한 사유 없이 「여신전문금융업법」에 따른 신용카드가맹점(법인만 해당한다. 이하 "신용카드가맹점"이라 한다)으로 가입하

지 아니한 경우

나. 신용카드가맹점이 정당한 사유 없이 제117조제2항을 위반하여 신용카드에 의한 거래를 거부하거나 신용카드 매출전표를 사실과 다르게 발급한 경우

다. 제117조의2제1항에 따라 현금영수증가맹점으로 가입하여야 하는 법인 및 「부가가치세법」 제46조제4항에 따라 현금영수증가맹점 가입 대상자로 지정받은 법인이 정당한 사유 없이 「조세특례제한법」 제126조의3에 따른 현금영수증가맹점(이하 "현금영수증가맹점"이라 한다)으로 가입하지 아니한 경우

라. 현금영수증가맹점이 정당한 사유 없이 현금영수증 발급을 거부하거나 사실과 다르게 발급한 경우

4. 삭제 〈2016. 12. 20.〉

③ 납세지 관할 세무서장 또는 관할지방국세청장은 제1항과 제2항에 따라 법인세의 과세표준과 세액을 결정 또는 경정하는 경우에는 장부나 그 밖의 증명서류를 근거로 하여야 한다. 다만, 대통령령으로 정하는 사유로 장부나 그 밖의 증명서류에 의하여 소득금액을 계산할 수 없는 경우에는 대통령령으로 정하는 바에 따라 추계(推計)할 수 있다.

④ 납세지 관할 세무서장 또는 관할지방국세청장은 법인세의 과세표준과 세액을 결정 또는 경정한 후 그 결정 또는 경정에 오류나 누락이 있는 것을 발견한 경우에는 즉시 이를 다시 경정한다.

[전문개정 2010. 12. 30.]

제67조(소득처분) 다음 각 호의 법인세 과세표준의 신고·결정 또는 경정이 있는 때 익금에 산입하거나 손금에 산입하지 아니한 금액은 그 귀속자 등에게 상여(賞與)·배당·기타사외유출(其他社外流出)·사내유보(社內留保) 등 대통령령으로 정하는 바에 따라 처분한다.

1. 제60조에 따른 신고
2. 제66조 또는 제69조에 따른 결정 또는 경정
3. 「국세기본법」 제45조에 따른 수정신고

[전문개정 2018. 12. 24.]

제68조(추계에 의한 과세표준 및 세액계산의 특례) 제66조제3항 단서에 따라 법인세의 과세표준과 세액을 추계하는 경우에는 제13조제1항제1호, 제18조의4 및 제57조를 적용하지 아니한다. 다만, 천

재지변 등으로 장부나 그 밖의 증명서류가 멸실되어 대통령령으로 정하는 바에 따라 추계하는 경우에는 그러하지 아니하다. 〈개정 2018. 12. 24., 2023. 12. 31.〉

[전문개정 2010. 12. 30.]

제69조(수시부과 결정) ① 납세지 관할 세무서장 또는 관할지방국세청장은 내국법인이 그 사업연도 중에 대통령령으로 정하는 사유(이하 이 조에서 "수시부과사유"라 한다)로 법인세를 포탈(逋脫)할 우려가 있다고 인정되는 경우에는 수시로 그 법인에 대한 법인세를 부과(이하 "수시부과"라 한다)할 수 있다. 이 경우에도 각 사업연도의 소득에 대하여 제60조에 따른 신고를 하여야 한다.

② 제1항은 그 사업연도 개시일부터 수시부과사유가 발생한 날까지를 수시부과기간으로 하여 적용한다. 다만, 직전 사업연도에 대한 제60조에 따른 과세표준 등의 신고기한 이전에 수시부과사유가 발생한 경우(직전 사업연도에 대한 과세표준신고를 한 경우는 제외한다)에는 직전 사업연도 개시일부터 수시부과사유가 발생한 날까지를 수시부과기간으로 한다.

③ 제1항에 따른 수시부과에 필요한 사항은 대통령령으로 정한다.

[전문개정 2010. 12. 30.]

제70조(과세표준과 세액의 통지) 납세지 관할 세무서장 또는 관할지방국세청장은 제53조 또는 제66조에 따라 내국법인의 각 사업연도의 소득에 대한 법인세의 과세표준과 세액을 결정 또는 경정한 경우에는 대통령령으로 정하는 바에 따라 이를 그 내국법인에 알려야 한다.

[전문개정 2010. 12. 30.]

제2관 세액의 징수 및 환급 등 〈개정 2010. 12. 30.〉

제71조(징수 및 환급) ① 납세지 관할 세무서장은 내국법인이 제64조에 따라 각 사업연도의 소득에 대한 법인세로서 납부하여야 할 세액의 전부 또는 일부를 납부하지 아니하면 그 미납된 법인세액을 「국세징수법」에 따라 징수하여야 한다. 〈개정 2013. 1. 1.〉

② 납세지 관할 세무서장은 내국법인이 제63조 및 제63조의2에 따라 납부하여야 할 중간예납세액의 전부 또는 일부를 납부하지 아니하면 그 미납된 중간예납세액을 「국세징수법」에 따라 징수하여야

한다. 다만, 중간예납세액을 납부하지 아니한 법인이 제63조의2제2항제2호에 해당하는 경우에는 중간예납세액을 결정하여 「국세징수법」에 따라 징수하여야 한다. 〈개정 2013. 1. 1., 2018. 12. 24.〉

③ 납세지 관할 세무서장은 제73조 및 제73조의2에 따른 원천징수의무자가 그 징수하여야 할 세액을 징수하지 아니하였거나 징수한 세액을 기한까지 납부하지 아니하면 지체 없이 원천징수의무자로부터 그 원천징수의무자가 원천징수하여 납부하여야 할 세액에 상당하는 금액에 「국세기본법」 제47조의5제1항에 따른 가산세액을 더한 금액을 법인세로서 징수하여야 한다. 다만, 원천징수의무자가 원천징수를 하지 아니한 경우로서 납세의무자가 그 법인세액을 이미 납부한 경우에는 원천징수의무자에게 그 가산세만 징수한다. 〈개정 2011. 12. 31., 2018. 12. 24.〉

④ 납세지 관할 세무서장은 제63조, 제63조의2, 제69조, 제73조 또는 제73조의2에 따라 중간예납·수시부과 또는 원천징수한 법인세액이 각 사업연도의 소득에 대한 법인세액(가산세를 포함한다)을 초과하는 경우 그 초과하는 금액은 「국세기본법」 제51조에 따라 환급하거나 다른 국세 및 강제징수비에 충당하여야 한다. 〈개정 2018. 12. 24., 2020. 12. 22.〉

[전문개정 2010. 12. 30.]

제72조(중소기업의 결손금 소급공제에 따른 환급) ① 중소기업에 해당하는 내국법인은 각 사업연도에 결손금이 발생한 경우 대통령령으로 정하는 직전 사업연도의 법인세액(이하 이 조에서 "직전 사업연도의 법인세액"이라 한다)을 한도로 제1호의 금액에서 제2호의 금액을 차감한 금액을 환급 신청할 수 있다. 〈개정 2018. 12. 24.〉

1. 직전 사업연도의 법인세 산출세액(제55조의2에 따른 토지등 양도소득에 대한 법인세액은 제외한다)

2. 직전 사업연도의 과세표준에서 소급공제를 받으려는 해당 사업연도의 결손금 상당액을 차감한 금액에 직전 사업연도의 제55조제1항에 따른 세율을 적용하여 계산한 금액

② 제1항에 따라 법인세액을 환급받으려는 내국법인은 제60조에 따른 신고기한까지 대통령령으로 정하는 바에 따라 납세지 관할 세무서장에게 신청하여야 한다.

③ 납세지 관할 세무서장은 제2항에 따른 신청을 받으면 지체 없

이 환급세액을 결정하여 「국세기본법」 제51조 및 제52조에 따라 환급하여야 한다.

④ 제1항부터 제3항까지의 규정은 해당 내국법인이 제60조에 따른 신고기한 내에 결손금이 발생한 사업연도와 그 직전 사업연도의 소득에 대한 법인세의 과세표준 및 세액을 각각 신고한 경우에만 적용한다.

⑤ 납세지 관할 세무서장은 다음 각 호의 어느 하나에 해당되는 경우에는 환급세액(제1호 및 제2호의 경우에는 과다하게 환급한 세액 상당액)에 대통령령으로 정하는 바에 따라 계산한 이자상당액을 더한 금액을 해당 결손금이 발생한 사업연도의 법인세로서 징수한다. 〈개정 2013. 1. 1., 2018. 12. 24.〉

1. 제3항에 따라 법인세를 환급한 후 결손금이 발생한 사업연도에 대한 법인세 과세표준과 세액을 제66조에 따라 경정함으로써 결손금이 감소된 경우

2. 결손금이 발생한 사업연도의 직전 사업연도에 대한 법인세 과세표준과 세액을 제66조에 따라 경정함으로써 환급세액이 감소된 경우

3. 중소기업에 해당하지 아니하는 내국법인이 법인세를 환급받은 경우

⑥ 납세지 관할 세무서장은 제3항에 따른 환급세액(이하 이 항에서 "당초 환급세액"이라 한다)을 결정한 후 당초 환급세액 계산의 기초가 된 직전 사업연도의 법인세액 또는 과세표준이 달라진 경우에는 즉시 당초 환급세액을 경정하여 추가로 환급하거나 과다하게 환급한 세액 상당액을 징수하여야 한다. 〈신설 2018. 12. 24.〉

⑦ 제1항부터 제6항까지의 규정을 적용할 때 결손금 소급공제에 따른 환급세액의 계산 등에 필요한 사항은 대통령령으로 정한다. 〈개정 2018. 12. 24.〉

[전문개정 2010. 12. 30.]

[제목개정 2018. 12. 24.]

제72조의2 삭제 〈2016. 12. 20.〉

제73조(내국법인의 이자소득 등에 대한 원천징수) ① 내국법인(대통령령으로 정하는 금융회사 등의 대통령령으로 정하는 소득은 제외한다)에 다음 각 호의 금액을 지급하는 자(이하 이 조에서 "원천징수

의무자"라 한다)는 그 지급하는 금액에 100분의 14의 세율을 적용하여 계산한 금액에 상당하는 법인세(1천원 이상인 경우만 해당한다)를 원천징수하여 그 징수일이 속하는 달의 다음 달 10일까지 납세지 관할 세무서등에 납부하여야 한다. 다만, 「소득세법」 제16조제1항제11호의 비영업대금의 이익에 대해서는 100분의 25의 세율을 적용하되, 「온라인투자연계금융업 및 이용자 보호에 관한 법률」에 따라 금융위원회에 등록한 온라인투자연계금융업자를 통하여 지급받는 이자소득에 대해서는 100분의 14의 세율을 적용한다. 〈개정 2018. 12. 24., 2019. 12. 31., 2021. 12. 21., 2022. 12. 31.〉

1. 「소득세법」 제16조제1항에 따른 이자소득의 금액(금융보험업을 하는 법인의 수입금액을 포함한다)

2. 「소득세법」 제17조제1항제5호에 따른 집합투자기구로부터의 이익 중 「자본시장과 금융투자업에 관한 법률」에 따른 투자신탁의 이익(이하 "투자신탁이익"이라 한다)의 금액

② 제1항을 적용할 때 투자신탁이익에 대하여 간접투자외국법인세액이 납부되어 있는 경우에는 제1호의 금액을 한도로 제1호의 금액에서 제2호의 금액을 뺀 금액을 원천징수한다. 〈신설 2022. 12. 31.〉

1. 투자신탁이익(세후기준가격을 기준으로 계산된 금액을 말한다)에 대한 원천징수세액

2. 간접투자외국법인세액을 세후기준가격을 고려하여 대통령령으로 정하는 바에 따라 계산한 금액

③ 제2항을 적용할 때 같은 항 제2호의 금액이 같은 항 제1호의 금액을 초과하는 경우에는 해당 간접투자외국법인세액의 납부일부터 10년이 지난 날이 속하는 연도의 12월 31일까지의 기간 중에 투자신탁이익을 지급받는 때에 해당 투자신탁이익에 대한 원천징수세액을 한도로 공제할 수 있다. 〈신설 2022. 12. 31.〉

④ 제1항 또는 제2항에도 불구하고 법인세가 부과되지 아니하거나 면제되는 소득 등 대통령령으로 정하는 소득에 대해서는 법인세를 원천징수하지 아니한다. 〈신설 2018. 12. 24., 2022. 12. 31.〉

⑤ 제1항 또는 제2항을 적용할 때 같은 항 각 호의 소득금액이 「자본시장과 금융투자업에 관한 법률」에 따른 투자신탁재산에 귀속되는 시점에는 해당 소득금액이 지급되지 아니한 것으로 보아 원천징수하지 아니한다. 〈개정 2010. 12. 30., 2018. 12. 24., 2022.

12. 31.〉

⑥ 제1항 또는 제2항을 적용할 때 원천징수의무자를 대리하거나 그 위임을 받은 자의 행위는 수권(授權) 또는 위임의 범위에서 본인 또는 위임인의 행위로 본다. 〈개정 2010. 12. 30., 2018. 12. 24., 2022. 12. 31.〉

⑦ 제1항 또는 제2항을 적용할 때 대통령령으로 정하는 금융회사 등이 내국법인(거주자를 포함한다. 이하 이 항에서 같다)이 발행한 어음이나 채무증서를 인수·매매·중개 또는 대리하는 경우에는 금융회사 등과 그 내국법인 간에 대리 또는 위임의 관계가 있는 것으로 본다. 〈개정 2010. 12. 30., 2018. 12. 24., 2022. 12. 31.〉

⑧ 제1항 또는 제2항을 적용할 때 외국법인이 발행한 채권 또는 증권에서 발생하는 제1항 각 호의 소득을 내국법인에 지급하는 경우에는 국내에서 그 지급을 대리하거나 그 지급권한을 위임받거나 위탁받은 자가 그 소득에 대한 법인세를 원천징수하여야 한다. 〈신설 2013. 1. 1., 2018. 12. 24., 2022. 12. 31.〉

⑨ 상시 고용인원수 및 업종 등을 고려하여 대통령령으로 정하는 원천징수의무자는 제1항 및 제2항에도 불구하고 원천징수한 법인세를 대통령령으로 정하는 바에 따라 그 징수일이 속하는 반기(半期)의 마지막 달의 다음 달 10일까지 납부할 수 있다. 〈개정 2010. 12. 30., 2022. 12. 31.〉

⑩ 제1항부터 제9항까지의 규정을 적용할 때 이자소득의 지급시기, 법인세 원천징수대상소득의 범위 및 금액의 계산, 원천징수세액의 계산 및 납부와 원천징수의무자의 범위 등에 관하여 필요한 사항은 대통령령으로 정한다. 〈개정 2010. 12. 30., 2013. 1. 1., 2018. 12. 24., 2022. 12. 31.〉

[제목개정 2018. 12. 24.]

제73조의2(내국법인의 채권등의 보유기간 이자상당액에 대한 원천징수) ① 내국법인이 「소득세법」 제46조제1항에 따른 채권등 또는 투자신탁의 수익증권(이하 "원천징수대상채권등"이라 한다)을 타인에게 매도(중개·알선과 그 밖에 대통령령으로 정하는 경우를 포함하되, 환매조건부 채권매매 등 대통령령으로 정하는 경우는 제외한다. 이하 이 조, 제74조 및 제75조의18에서 같다)하는 경우 그 내국법인은 대통령령으로 정하는 바에 따라 계산한 해당 원천징수대상채권

등의 보유기간에 따른 이자, 할인액 및 투자신탁이익(이하 이 조 및 제98조의3에서 "이자등"이라 한다)의 금액에 100분의 14의 세율을 적용하여 계산한 금액에 상당하는 법인세(1천원 이상인 경우만 해당한다)를 원천징수하여 그 징수일이 속하는 달의 다음 달 10일까지 납세지 관할 세무서등에 납부하여야 한다. 이 경우 해당 내국법인을 원천징수의무자로 보아 이 법을 적용한다. 〈개정 2020. 12. 22., 2021. 12. 21.〉

② 제1항에도 불구하고 법인세가 부과되지 아니하거나 면제되는 소득 등 대통령령으로 정하는 소득에 대해서는 법인세를 원천징수하지 아니한다.

③ 제1항을 적용할 때 다음 각 호의 법인에 원천징수대상채권등을 매도하는 경우로서 당사자 간의 약정이 있을 때에는 그 약정에 따라 원천징수의무자를 대리하거나 그 위임을 받은 자의 행위는 수권 또는 위임의 범위에서 본인 또는 위임인의 행위로 본다.

1. 대통령령으로 정하는 금융회사 등
2. 「자본시장과 금융투자업에 관한 법률」에 따른 집합투자업자

④ 제1항을 적용할 때 「자본시장과 금융투자업에 관한 법률」에 따른 신탁재산에 속한 원천징수대상채권등을 매도하는 경우 같은 법에 따른 신탁업자와 다음 각 호의 구분에 따른 자 간에 대리 또는 위임의 관계가 있는 것으로 본다. 〈개정 2020. 12. 22.〉

1. 제5조제1항에 따른 신탁재산: 해당 신탁재산의 수익자
2. 제5조제3항에 따른 신탁재산: 해당 신탁재산의 위탁자

⑤ 원천징수의무의 위임·대리 및 납부에 관하여는 제73조제4항부터 제7항까지의 규정을 준용한다.

⑥ 제1항부터 제4항까지의 규정을 적용할 때 원천징수대상채권등의 보유기간의 계산 등에 필요한 사항은 대통령령으로 정한다.

[본조신설 2018. 12. 24.]

제74조(원천징수영수증의 발급) ① 제73조 및 제73조의2에 따라 원천징수의무자가 납세의무자로부터 법인세를 원천징수한 경우에는 그 납세의무자에게 대통령령으로 정하는 바에 따라 원천징수영수증을 발급하여야 한다. 〈개정 2018. 12. 24.〉

② 제1항을 적용할 때 제73조의2에 따라 원천징수대상채권등의 매도에 따른 이자상당액에 대한 원천징수의무자가 납세의무자로서

납부한 법인세액에 대하여는 해당 법인을 납세의무자로 본다. 〈개정 2018. 12. 24.〉

③ 제1항에 따른 원천징수영수증 발급에 필요한 사항은 대통령령으로 정한다.

[전문개정 2010. 12. 30.]

제74조의2(업무용승용차 관련비용 명세서 제출 불성실 가산세) ① 제27조의2제1항부터 제5항까지의 규정에 따라 업무용승용차 관련비용 등을 손금에 산입한 내국법인이 같은 조 제6항에 따른 업무용승용차 관련비용 등에 관한 명세서(이하 이 항에서 "명세서"라 한다)를 제출하지 아니하거나 사실과 다르게 제출한 경우에는 다음 각 호의 구분에 따른 금액을 가산세로 해당 사업연도의 법인세액에 더하여 납부하여야 한다.

1. 명세서를 제출하지 아니한 경우: 해당 내국법인이 제60조에 따른 신고를 할 때 업무용승용차 관련비용 등으로 손금에 산입한 금액의 100분의 1

2. 명세서를 사실과 다르게 제출한 경우: 해당 내국법인이 제60조에 따른 신고를 할 때 업무용승용차 관련비용 등으로 손금에 산입한 금액 중 해당 명세서에 사실과 다르게 적은 금액의 100분의 1

② 제1항에 따른 가산세는 산출세액이 없는 경우에도 적용한다.

[본조신설 2021. 12. 21.]

제75조(성실신고확인서 제출 불성실 가산세) ① 제60조의2제1항에 따른 성실신고 확인대상인 내국법인이 각 사업연도의 종료일이 속하는 달의 말일부터 4개월 이내에 성실신고확인서를 납세지 관할 세무서장에게 제출하지 아니한 경우에는 다음 각 호의 금액 중 큰 금액을 가산세로 해당 사업연도의 법인세액에 더하여 납부하여야 한다. 〈개정 2021. 12. 21.〉

1. 법인세 산출세액(제55조의2에 따른 토지등 양도소득에 대한 법인세액 및 「조세특례제한법」 제100조의32에 따른 투자·상생협력 촉진을 위한 과세특례를 적용하여 계산한 법인세액은 제외한다. 이하 이 조, 제75조의2부터 제75조의9까지의 규정에서 같다)의 100분의 5

2. 수입금액의 1만분의 2

② 제1항을 적용할 때 제66조에 따른 경정으로 산출세액이 0보다

크게 된 경우에는 경정된 산출세액을 기준으로 가산세를 계산한다.

③ 제1항에 따른 가산세는 산출세액이 없는 경우에도 적용한다. 〈신설 2021. 12. 21.〉

[전문개정 2018. 12. 24.]

제75조의2(주주등의 명세서 등 제출 불성실 가산세) ① 제109조제1항 또는 제111조제1항 후단에 따라 주주등의 명세서(이하 이 항에서 "명세서"라 한다)를 제출하여야 하는 내국법인이 다음 각 호의 어느 하나에 해당하는 경우에는 해당 주주등이 보유한 주식등의 액면금액(무액면주식인 경우에는 그 주식을 발행한 법인의 자본금을 발행주식 총수로 나누어 계산한 금액을 말한다. 이하 이 조에서 같다) 또는 출자가액의 1천분의 5를 가산세로 설립일이 속하는 사업연도의 법인세액에 더하여 납부하여야 한다.

1. 명세서를 제출하지 아니한 경우

2. 명세서에 주주등의 명세의 전부 또는 일부를 누락하여 제출한 경우

3. 제출한 명세서가 대통령령으로 정하는 불분명한 경우에 해당하는 경우

② 제119조에 따라 주식등변동상황명세서(이하 이 항에서 "명세서"라 한다)를 제출하여야 하는 내국법인이 다음 각 호의 어느 하나에 해당하는 경우에는 그 주식등의 액면금액 또는 출자가액의 100분의 1을 가산세로 해당 사업연도의 법인세액에 더하여 납부하여야 한다.

1. 명세서를 제출하지 아니한 경우

2. 명세서에 주식등의 변동사항을 누락하여 제출한 경우

3. 제출한 명세서가 대통령령으로 정하는 불분명한 경우에 해당하는 경우

③ 제1항 및 제2항에 따른 가산세는 산출세액이 없는 경우에도 적용한다.

[본조신설 2018. 12. 24.]

제75조의3(장부의 기록·보관 불성실 가산세) ① 내국법인(비영리내국법인과 이 법 또는 다른 법률에 따라 법인세가 비과세되거나 전액 면제되는 소득만 있는 법인은 제외한다)이 제112조에 따른 장부의 비치·기장 의무를 이행하지 아니한 경우에는 다음 각 호의 금액

중 큰 금액을 가산세로 해당 사업연도의 법인세액에 더하여 납부하여야 한다.

1. 산출세액의 100분의 20

2. 수입금액의 1만분의 7

② 제1항에 따른 가산세는 산출세액이 없는 경우에도 적용한다.

[본조신설 2018. 12. 24.]

제75조의4(기부금영수증 발급·작성·보관 불성실 가산세) ① 기부금영수증을 발급하는 내국법인이 다음 각 호의 어느 하나에 해당하는 경우에는 다음 각 호의 구분에 따른 금액을 가산세로 해당 사업연도의 법인세액에 더하여 납부하여야 한다. 〈개정 2019. 12. 31.〉

1. 기부금영수증을 사실과 다르게 적어 발급(기부금액 또는 기부자의 인적사항 등 주요사항을 적지 아니하고 발급하는 경우를 포함한다. 이하 이 조에서 같다)한 경우

가. 기부금액을 사실과 다르게 적어 발급한 경우: 사실과 다르게 발급된 금액[영수증에 실제 적힌 금액(영수증에 금액이 적혀 있지 아니한 경우에는 기부금영수증을 발급받은 자가 기부금을 손금 또는 필요경비에 산입하거나 기부금세액공제를 받은 해당 금액으로 한다)과 건별로 발급하여야 할 금액과의 차액을 말한다]의 100분의 5

나. 기부자의 인적사항 등을 사실과 다르게 적어 발급하는 등 가목 외의 경우: 영수증에 적힌 금액의 100분의 5

2. 기부자별 발급명세를 제112조의2제1항에 따라 작성·보관하지 아니한 경우: 작성·보관하지 아니한 금액의 1천분의 2

② 제1항 및 제112조의2에서 "기부금영수증"이란 다음 각 호의 어느 하나에 해당하는 영수증을 말하며, 대통령령으로 정하는 전자적 방법으로 발급한 기부금영수증(이하 "전자기부금영수증"이라 한다)을 포함한다. 〈개정 2020. 12. 22.〉

1. 제24조에 따라 기부금을 손금에 산입하기 위하여 필요한 영수증

2. 「소득세법」 제34조 및 제59조의4제4항에 따라 기부금을 필요경비에 산입하거나 기부금세액공제를 받기 위하여 필요한 영수증

③ 「상속세 및 증여세법」 제78조제3항에 따라 보고서 제출의무를 이행하지 아니하거나 같은 조 제5항에 따라 출연받은 재산에 대한 장부의 작성·비치 의무를 이행하지 아니하여 가산세가 부과되는 경우에는 제1항제2호의 가산세를 적용하지 아니한다.

④ 제1항에 따른 가산세는 산출세액이 없는 경우에도 적용한다.

[본조신설 2018. 12. 24.]

제75조의5(증명서류 수취 불성실 가산세) ① 내국법인(대통령령으로 정하는 법인은 제외한다)이 사업과 관련하여 대통령령으로 정하는 사업자로부터 재화 또는 용역을 공급받고 제116조제2항 각 호의 어느 하나에 따른 증명서류를 받지 아니하거나 사실과 다른 증명서류를 받은 경우에는 그 받지 아니하거나 사실과 다르게 받은 금액으로 손금에 산입하는 것이 인정되는 금액(건별로 받아야 할 금액과의 차액을 말한다)의 100분의 2를 가산세로 해당 사업연도의 법인세액에 더하여 납부하여야 한다. 〈개정 2019. 12. 31.〉

② 다음 각 호의 어느 하나에 해당하는 경우는 제1항의 가산세를 적용하지 아니한다. 〈개정 2022. 12. 31.〉

1. 제25조제2항에 따른 기업업무추진비로서 손금불산입된 경우
2. 제116조제2항 각 호 외의 부분 단서에 해당하는 경우

③ 제1항에 따른 가산세는 산출세액이 없는 경우에도 적용한다.

[본조신설 2018. 12. 24.]

제75조의6(신용카드 및 현금영수증 발급 불성실 가산세) ① 제117조에 따른 신용카드가맹점으로 가입한 내국법인이 신용카드에 의한 거래를 거부하거나 신용카드 매출전표를 사실과 다르게 발급하여 같은 조 제4항 후단에 따라 납세지 관할 세무서장으로부터 통보받은 경우에는 통보받은 건별 거부 금액 또는 신용카드 매출전표를 사실과 다르게 발급한 금액(건별로 발급하여야 할 금액과의 차액을 말한다)의 100분의 5(건별로 계산한 금액이 5천원 미만이면 5천원으로 한다)를 가산세로 해당 사업연도의 법인세액에 더하여 납부하여야 한다.

② 내국법인이 다음 각 호의 어느 하나에 해당하는 경우에는 다음 각 호의 구분에 따른 금액을 가산세로 해당 사업연도의 법인세액에 더하여 납부하여야 한다. 〈개정 2021. 12. 21.〉

1. 제117조의2제1항을 위반하여 현금영수증가맹점으로 가입하지 아니하거나 그 가입기한이 지나서 가입한 경우: 가입하지 아니한 사업연도의 수입금액(둘 이상의 업종을 하는 법인인 경우에는 대통령령으로 정하는 업종에서 발생한 수입금액만 해당하며, 세금계산서 발급분 등 대통령령으로 정하는 수입금액은 제외한다)의 100분의 1에 가입하지 아니한 기간을 고려하여 대통령령으로 정하는 바에 따

라 계산한 비율을 곱한 금액

2. 제117조의2제3항을 위반하여 현금영수증 발급을 거부하거나 사실과 다르게 발급하여 같은 조 제6항 후단에 따라 납세지 관할 세무서장으로부터 통보받은 경우(현금영수증의 발급대상 금액이 건당 5천원 이상인 경우만 해당하며, 제3호에 해당하는 경우는 제외한다): 통보받은 건별 발급 거부 금액 또는 사실과 다르게 발급한 금액(건별로 발급하여야 할 금액과의 차액을 말한다)의 100분의 5(건별로 계산한 금액이 5천원 미만이면 5천원으로 한다)

3. 제117조의2제4항을 위반하여 현금영수증을 발급하지 아니한 경우(「국민건강보험법」에 따른 보험급여의 대상인 경우 등 대통령령으로 정하는 경우는 제외한다): 미발급금액의 100분의 20(착오나 누락으로 인하여 거래대금을 받은 날부터 10일 이내에 관할 세무서에 자진 신고하거나 현금영수증을 자진 발급한 경우에는 100분의 10으로 한다)

③ 제1항 및 제2항에 따른 가산세는 산출세액이 없는 경우에도 적용한다.

[본조신설 2018. 12. 24.]

제75조의7(지급명세서 등 제출 불성실 가산세) ① 제120조, 제120조의2 또는 「소득세법」 제164조, 제164조의2에 따른 지급명세서(이하 이 조에서 "지급명세서"라 한다)나 같은 법 제164조의3에 따른 간이지급명세서(이하 이 조에서 "간이지급명세서"라 한다)를 제출하여야 할 자가 다음 각 호의 어느 하나에 해당하는 경우에는 각 호에서 정하는 금액을 가산세로 해당 사업연도의 법인세액에 더하여 납부하여야 한다. 〈개정 2020. 12. 22., 2021. 3. 16., 2022. 12. 31.〉

1. 지급명세서 또는 간이지급명세서(이하 이 조에서 "지급명세서등"이라 한다)를 기한까지 제출하지 아니한 경우: 다음 각 목의 구분에 따른 금액

가. 지급명세서의 경우: 제출하지 아니한 분의 지급금액의 100분의 1(제출기한이 지난 후 3개월 이내에 제출하는 경우에는 지급금액의 1천분의 5로 한다). 다만, 「소득세법」 제164조제1항 각 호 외의 부분 단서에 따른 일용근로자의 근로소득(이하 이 조에서 "일용근로소득"이라 한다)에 대한 지급명세서의 경우에는 제출하지 아

니한 분의 지급금액의 1만분의 25(제출기한이 지난 후 1개월 이내에 제출하는 경우에는 지급금액의 10만분의 125)로 한다.

나. 간이지급명세서의 경우: 제출하지 아니한 분의 지급금액의 1만분의 25(제출기한이 지난 후 1개월 이내에 제출하는 경우에는 지급금액의 10만분의 125로 한다)

2. 제출된 지급명세서등이 대통령령으로 정하는 불분명한 경우에 해당하거나 제출된 지급명세서등에 기재된 지급금액이 사실과 다른 경우: 다음 각 목의 구분에 따른 금액

가. 지급명세서의 경우: 불분명하거나 사실과 다른 분의 지급금액의 100분의 1. 다만, 일용근로소득에 대한 지급명세서의 경우에는 불분명하거나 사실과 다른 분의 지급금액의 1만분의 25로 한다.

나. 간이지급명세서의 경우: 불분명하거나 사실과 다른 분의 지급금액의 1만분의 25

② 제1항제1호에도 불구하고 「소득세법」 제128조제2항에 따라 원천징수세액을 반기별로 납부하는 원천징수의무자가 2021년 7월 1일부터 2022년 6월 30일까지 일용근로소득 또는 같은 법 제164조의3제1항제2호의 소득을 지급하는 경우로서 다음 각 호의 어느 하나에 해당하는 경우에는 제1항제1호의 가산세는 부과하지 아니한다. 〈신설 2021. 3. 16.〉

1. 일용근로소득에 대한 지급명세서를 그 소득 지급일(「소득세법」 제135조를 적용받는 소득에 대해서는 해당 소득에 대한 과세기간 종료일을 말한다)이 속하는 분기의 마지막 달의 다음 달 말일(휴업, 폐업 또는 해산한 경우에는 휴업일, 폐업일 또는 해산일이 속하는 분기의 마지막 달의 다음 달 말일)까지 제출하는 경우

2. 「소득세법」 제164조의3제1항제2호의 소득에 대한 간이지급명세서를 그 소득 지급일(같은 법 제144조의5를 적용받는 소득에 대해서는 해당 소득에 대한 과세기간 종료일을 말한다)이 속하는 반기의 마지막 달의 다음 달 말일(휴업, 폐업 또는 해산한 경우에는 휴업일, 폐업일 또는 해산일이 속하는 반기의 마지막 달의 다음 달 말일)까지 제출하는 경우

③ 제1항제1호나목에도 불구하고 다음 각 호에 해당하는 경우에는 제1항제1호나목의 가산세는 부과하지 아니한다. 〈신설 2022. 12. 31., 2023. 12. 31.〉

1. 2026년 1월 1일부터 2026년 12월 31일(「소득세법」 제128조제2항에 따라 원천징수세액을 반기별로 납부하는 원천징수의무자의 경우에는 2027년 12월 31일)까지 「소득세법」 제164조의3제1항제1호의 소득을 지급하는 경우로서 해당 소득에 대한 간이지급명세서를 그 소득 지급일(「소득세법」 제135조를 적용받는 소득에 대해서는 해당 소득에 대한 과세기간 종료일을 말한다)이 속하는 반기의 마지막 달의 다음 달 말일(휴업, 폐업 또는 해산한 경우에는 휴업일, 폐업일 또는 해산일이 속하는 반기의 마지막 달의 다음 달 말일)까지 제출하는 경우

2. 2024년 1월 1일부터 2024년 12월 31일까지 「소득세법」 제164조의3제1항제3호의 소득을 지급하는 경우로서 해당 소득에 대한 지급명세서를 그 소득 지급일이 속하는 과세연도의 다음 연도 2월 말일(휴업, 폐업 또는 해산한 경우에는 휴업일, 폐업일 또는 해산일이 속하는 달의 다음다음 달 말일)까지 제출하는 경우

④ 제1항제2호에도 불구하고 일용근로소득 또는 「소득세법」 제164조의3제1항 각 호의 소득에 대하여 제출한 지급명세서등이 제1항제2호 각 목 외의 부분에 해당하는 경우로서 지급명세서등에 기재된 각각의 총지급금액에서 제1항제2호 각 목 외의 부분에 해당하는 분의 지급금액이 차지하는 비율이 대통령령으로 정하는 비율 이하인 경우에는 제1항제2호의 가산세는 부과하지 아니한다. 〈신설 2021. 3. 16., 2022. 12. 31.〉

⑤ 제1항을 적용할 때 「소득세법」 제164조의3제1항제2호(같은 법 제73조제1항제4호에 따라 대통령령으로 정하는 사업소득은 제외한다) 또는 제3호의 소득에 대한 지급명세서등의 제출의무가 있는 자에 대하여 제1항제1호가목의 가산세가 부과되는 부분에 대해서는 같은 호 나목의 가산세를 부과하지 아니하고, 같은 항 제2호가목의 가산세가 부과되는 부분에 대해서는 같은 호 나목의 가산세를 부과하지 아니한다. 〈신설 2022. 12. 31.〉

⑥ 제1항에 따른 가산세는 산출세액이 없는 경우에도 적용한다. 〈개정 2021. 3. 16., 2022. 12. 31.〉

⑦ 제1항을 적용할 때 법인이 합병·분할 또는 해산하는 경우 지급금액에 관하여 필요한 사항은 대통령령으로 정한다. 〈개정 2021. 3. 16., 2022. 12. 31.〉

[본조신설 2018. 12. 24.]
[제목개정 2021. 3. 16.]
[시행일: 2024. 1. 1.] 제75조의7제1항(「소득세법」 제164조의3제1항제1호의 소득에 대한 간이지급명세서를 제출하지 아니한 경우는 제외한다), 제75조의7제3항제2호, 제75조의7제4항(「소득세법」 제164조의3제1항제1호의 소득에 관한 부분은 제외한다), 제75조의7제5항의 개정규정 중 "제3호의 소득"을 개정하는 부분
[시행일: 2026. 1. 1.] 제75조의7제1항(「소득세법」 제164조의3제1항제1호의 소득에 대한 간이지급명세서를 제출하지 아니한 경우로 한정한다), 제75조의7제3항제1호, 제75조의7제4항(「소득세법」 제164조의3제1항제1호의 소득에 관한 부분으로 한정한다)

제75조의8(계산서 등 제출 불성실 가산세) ① 내국법인(대통령령으로 정하는 법인은 제외한다)이 다음 각 호의 어느 하나에 해당하는 경우에는 다음 각 호의 구분에 따른 금액을 가산세로 해당 사업연도의 법인세액에 더하여 납부하여야 한다. 〈개정 2019. 12. 31.〉

1. 제120조의3제1항에 따라 매입처별 세금계산서합계표를 같은 조에 따른 기한까지 제출하지 아니한 경우 또는 제출하였더라도 그 매입처별 세금계산서합계표에 대통령령으로 정하는 적어야 할 사항의 전부 또는 일부를 적지 아니하거나 사실과 다르게 적은 경우(제4호가 적용되는 분은 제외한다): 공급가액의 1천분의 5
2. 제121조제1항 또는 제2항에 따라 발급한 계산서에 대통령령으로 정하는 적어야 할 사항의 전부 또는 일부를 적지 아니하거나 사실과 다르게 적은 경우(제3호가 적용되는 분은 제외한다): 공급가액의 100분의 1
3. 제121조제5항에 따라 매출·매입처별 계산서합계표를 같은 조에 따른 기한까지 제출하지 아니한 경우 또는 제출하였더라도 그 합계표에 대통령령으로 정하는 적어야 할 사항의 전부 또는 일부를 적지 아니하거나 사실과 다르게 적은 경우(제4호가 적용되는 분은 제외한다): 공급가액의 1천분의 5
4. 다음 각 목의 어느 하나에 해당하는 경우: 공급가액의 100분의 2(가목을 적용할 때 제121조제1항 후단에 따른 전자계산서를 발급하지 아니하였으나 전자계산서 외의 계산서를 발급한 경우와 같은 조 제8항에 따른 계산서의 발급시기가 지난 후 해당 재화 또는 용역

의 공급시기가 속하는 사업연도 말의 다음 달 25일까지 같은 조 제1항 또는 제2항에 따른 계산서를 발급한 경우는 100분의 1로 한다)

가. 재화 또는 용역을 공급한 자가 제121조제1항 또는 제2항에 따른 계산서를 같은 조 제8항에 따른 발급시기에 발급하지 아니한 경우

나. 재화 또는 용역을 공급하지 아니하고 제116조제2항제1호에 따른 신용카드 매출전표, 같은 항 제2호에 따른 현금영수증 및 제121조제1항 또는 제2항에 따른 계산서(이하 이 호에서 "계산서등"이라 한다)를 발급한 경우

다. 재화 또는 용역을 공급받지 아니하고 계산서등을 발급받은 경우

라. 재화 또는 용역을 공급하고 실제로 재화 또는 용역을 공급하는 법인이 아닌 법인의 명의로 계산서등을 발급한 경우

마. 재화 또는 용역을 공급받고 실제로 재화 또는 용역을 공급하는 자가 아닌 자의 명의로 계산서등을 발급받은 경우

5. 제121조제7항에 따른 기한이 지난 후 재화 또는 용역의 공급시기가 속하는 사업연도 말의 다음 달 25일까지 국세청장에게 전자계산서 발급명세를 전송하는 경우(제4호가 적용되는 분은 제외한다): 공급가액의 1천분의 3(2016년 12월 31일 이전에 재화 또는 용역을 공급한 분에 대해서는 1천분의 1)

6. 제121조제7항에 따른 기한이 지난 후 재화 또는 용역의 공급시기가 속하는 사업연도 말의 다음 달 25일까지 국세청장에게 전자계산서 발급명세를 전송하지 아니한 경우(제4호가 적용되는 분은 제외한다): 공급가액의 1천분의 5(2016년 12월 31일 이전에 재화 또는 용역을 공급한 분에 대해서는 1천분의 3)

② 제75조의5 또는 「부가가치세법」 제60조제2항·제3항 및 제5항부터 제7항까지의 규정에 따른 가산세를 적용받는 부분은 제1항 각 호의 가산세를 적용하지 아니한다.

③ 제1항에 따른 가산세는 산출세액이 없는 경우에도 적용한다.

[본조신설 2018. 12. 24.]

제75조의9(특정외국법인의 유보소득 계산 명세서 제출 불성실 가산세) ① 「국제조세조정에 관한 법률」 제34조제3호에 따른 특정외국법인의 유보소득 계산 명세서(이하 이 항에서 "명세서"라 한다)를

같은 조에 따라 제출하여야 하는 내국법인이 다음 각 호의 어느 하나에 해당하는 경우에는 해당 특정외국법인의 배당 가능한 유보소득 금액의 1천분의 5를 가산세로 해당 사업연도의 법인세액에 더하여 납부하여야 한다. 〈개정 2020. 12. 22.〉

1. 제출기한까지 명세서를 제출하지 아니한 경우

2. 제출한 명세서의 전부 또는 일부를 적지 아니하는 등 제출한 명세서가 대통령령으로 정하는 불분명한 경우에 해당하는 경우

② 제1항에 따른 가산세는 산출세액이 없는 경우에도 적용한다.

[본조신설 2018. 12. 24.]

제2장의2 법인과세 신탁재산의 각 사업연도의 소득에 대한 법인세 과세특례 〈신설 2020. 12. 22.〉

제1절 통칙 〈신설 2020. 12. 22.〉

제75조의10(적용 관계) 제5조제2항에 따라 내국법인으로 보는 신탁재산(이하 "법인과세 신탁재산"이라 한다) 및 이에 귀속되는 소득에 대하여 법인세를 납부하는 신탁의 수탁자(이하 "법인과세 수탁자"라 한다)에 대해서는 이 장의 규정을 제1장 및 제2장의 규정에 우선하여 적용한다.

[본조신설 2020. 12. 22.]

제75조의11(신탁재산에 대한 법인세 과세방식의 적용) ① 법인과세 수탁자는 법인과세 신탁재산에 귀속되는 소득에 대하여 그 밖의 소득과 구분하여 법인세를 납부하여야 한다.

② 재산의 처분 등에 따라 법인과세 수탁자가 법인과세 신탁재산의 재산으로 그 법인과세 신탁재산에 부과되거나 그 법인과세 신탁재산이 납부할 법인세 및 강제징수비를 충당하여도 부족한 경우에는 그 신탁의 수익자(「신탁법」 제101조에 따라 신탁이 종료되어 신탁재산이 귀속되는 자를 포함한다)는 분배받은 재산가액 및 이익을 한도로 그 부족한 금액에 대하여 제2차 납세의무를 진다.

③ 법인과세 신탁재산이 그 이익을 수익자에게 분배하는 경우에는 배당으로 본다.

④ 신탁계약의 변경 등으로 법인과세 신탁재산이 제5조제2항에 따른 신탁에 해당하지 아니하게 되는 경우에는 그 사유가 발생한 날이 속하는 사업연도분부터 제5조제2항을 적용하지 아니한다.

⑤ 제1항부터 제4항까지의 규정에 따른 신탁재산의 법인세 과세 방식의 적용 등에 필요한 사항은 대통령령으로 정한다.

[본조신설 2020. 12. 22.]

제75조의12(법인과세 신탁재산의 설립 및 해산 등) ① 법인과세 신탁재산은 「신탁법」 제3조에 따라 그 신탁이 설정된 날에 설립된 것으로 본다.

② 법인과세 신탁재산은 「신탁법」 제98조부터 제100조까지의 규정에 따라 그 신탁이 종료된 날(신탁이 종료된 날이 분명하지 아니한 경우에는 「부가가치세법」 제5조제3항에 따른 폐업일을 말한다)에 해산된 것으로 본다.

③ 법인과세 수탁자는 법인과세 신탁재산에 대한 사업연도를 따로 정하여 제109조에 따른 법인 설립신고 또는 제111조에 따른 사업자등록과 함께 납세지 관할 세무서장에게 사업연도를 신고하여야 한다. 이 경우 사업연도의 기간은 1년을 초과하지 못한다.

④ 법인과세 신탁재산의 법인세 납세지는 그 법인과세 수탁자의 납세지로 한다.

⑤ 제1항부터 제4항까지의 규정을 적용할 때 법인과세 신탁재산의 최초 사업연도의 개시일, 납세지의 지정과 그 밖에 필요한 사항은 대통령령으로 정한다.

[본조신설 2020. 12. 22.]

제75조의13(공동수탁자가 있는 법인과세 신탁재산에 대한 적용) ① 하나의 법인과세 신탁재산에 「신탁법」 제50조에 따라 둘 이상의 수탁자가 있는 경우에는 제109조 또는 제109조의2에 따라 수탁자 중 신탁사무를 주로 처리하는 수탁자(이하 "대표수탁자"라 한다)로 신고한 자가 법인과세 신탁재산에 귀속되는 소득에 대하여 법인세를 납부하여야 한다.

② 제1항에 따른 대표수탁자 외의 수탁자는 법인과세 신탁재산에 관계되는 법인세에 대하여 연대하여 납부할 의무가 있다.

[본조신설 2020. 12. 22.]

제2절 과세표준과 그 계산 〈신설 2020. 12. 22.〉

제75조의14(법인과세 신탁재산에 대한 소득공제) ① 법인과세 신탁재산이 수익자에게 배당한 경우에는 그 금액을 해당 배당을 결의한

잉여금 처분의 대상이 되는 사업연도의 소득금액에서 공제한다.

② 배당을 받은 법인과세 신탁재산의 수익자에 대하여 이 법 또는 「조세특례제한법」에 따라 그 배당에 대한 소득세 또는 법인세가 비과세되는 경우에는 제1항을 적용하지 아니한다. 다만, 배당을 받은 수익자가 「조세특례제한법」 제100조의15에 따라 동업기업과세특례를 적용받는 동업기업인 경우로서 그 동업자들(그 동업자들의 전부 또는 일부가 같은 조 제3항에 따른 상위 동업기업에 해당하는 경우에는 그 상위 동업기업에 출자한 동업자들을 말한다)에 대하여 같은 법 제100조의18에 따라 배분받은 배당에 해당하는 소득에 대한 소득세 또는 법인세가 전부 과세되는 경우에는 제1항을 적용한다. 〈개정 2023. 12. 31.〉

③ 제1항을 적용받으려는 법인과세 신탁재산의 수탁자는 대통령령으로 정하는 바에 따라 소득공제 신청을 하여야 한다.

[본조신설 2020. 12. 22.]

제75조의15(신탁의 합병 및 분할) ① 법인과세 신탁재산에 대한 「신탁법」 제90조에 따른 신탁의 합병은 법인의 합병으로 보아 이 법을 적용한다. 이 경우 신탁이 합병되기 전의 법인과세 신탁재산은 피합병법인으로 보고, 신탁이 합병된 후의 법인과세 신탁재산은 합병법인으로 본다.

② 법인과세 신탁재산에 대한 「신탁법」 제94조에 따른 신탁의 분할(분할합병을 포함한다)은 법인의 분할로 보아 이 법을 적용한다. 이 경우 신탁의 분할에 따라 새로운 신탁으로 이전하는 법인과세 신탁재산은 분할법인등으로 보고, 신탁의 분할에 따라 그 법인과세 신탁재산을 이전받은 법인과세 신탁재산은 분할신설법인등으로 본다.

③ 제1항 및 제2항에 따른 신탁의 합병 및 분할과 관련하여 필요한 사항은 대통령령으로 정한다.

[본조신설 2020. 12. 22.]

제75조의16(법인과세 신탁재산의 소득금액 계산) ① 수탁자의 변경에 따라 법인과세 신탁재산의 수탁자가 그 법인과세 신탁재산에 대한 자산과 부채를 변경되는 수탁자에게 이전하는 경우 그 자산과 부채의 이전가액을 수탁자 변경일 현재의 장부가액으로 보아 이전에 따른 손익은 없는 것으로 한다.

② 제1항에 따른 수탁자의 변경이 있는 경우 변경된 수탁자의 각 사

업연도의 소득금액의 계산 등에 필요한 사항은 대통령령으로 정한다.
[본조신설 2020. 12. 22.]

제3절 신고ㆍ납부 및 징수 〈신설 2020. 12. 22.〉

제75조의17(법인과세 신탁재산의 신고 및 납부) 법인과세 신탁재산에 대해서는 제60조의2 및 제63조를 적용하지 아니한다.
[본조신설 2020. 12. 22.]

제75조의18(법인과세 신탁재산의 원천징수) ① 제73조제1항에도 불구하고 법인과세 신탁재산이 대통령령으로 정하는 소득을 지급받고, 법인과세 신탁재산의 수탁자가 대통령령으로 정하는 금융회사 등에 해당하는 경우에는 원천징수하지 아니한다.

② 제73조의2제1항을 적용하는 경우에는 법인과세 신탁재산에 속한 원천징수대상채권등을 매도하는 경우 법인과세 수탁자를 원천징수의무자로 본다.
[본조신설 2020. 12. 22.]

제76조 삭제 〈2018. 12. 24.〉
제76조의2 삭제 〈2010. 12. 30.〉
제76조의3 삭제 〈2010. 12. 30.〉
제76조의4 삭제 〈2010. 12. 30.〉
제76조의5 삭제 〈2010. 12. 30.〉
제76조의6 삭제 〈2010. 12. 30.〉
제76조의7 삭제 〈2010. 12. 30.〉

제2장의3 각 연결사업연도의 소득에 대한 법인세 〈신설 2008. 12. 26.〉

제1절 통칙

제76조의8(연결납세방식의 적용 등) ① 다른 내국법인을 연결지배하는 내국법인[비영리법인 등 대통령령으로 정하는 법인은 제외하며, 이하 이 항에서 "연결가능모법인"이라 한다]과 그 다른 내국법인[청산 중인 법인 등 대통령령으로 정하는 법인은 제외한다. 이하 이 장에서 "연결가능자법인"이라 한다]은 대통령령으로 정하는 바에 따라 연결가능모법인의 납세지 관할지방국세청장의 승인을 받아 연결납세방식을 적용할 수 있다. 이 경우 연결가능자법인이 둘 이상일 때에

는 해당 법인 모두가 연결납세방식을 적용하여야 한다. 〈개정 2013. 1. 1., 2022. 12. 31.〉

② 제1항에 따라 연결납세방식을 적용받는 각 연결법인의 사업연도는 연결사업연도와 일치하여야 한다. 이 경우 연결사업연도의 기간은 1년을 초과하지 못하며, 연결사업연도의 변경에 관하여는 제7조를 준용한다.

③ 제2항을 적용할 때 사업연도(이하 제76조의9 및 제76조의10에서 “본래사업연도”라 한다)가 법령 등에 규정되어 연결사업연도와 일치시킬 수 없는 연결가능자법인으로서 대통령령으로 정하는 요건을 갖춘 내국법인인 경우에는 연결사업연도를 해당 내국법인의 사업연도로 보아 연결납세방식을 적용할 수 있다. 〈개정 2022. 12. 31.〉

④ 연결법인의 납세지는 제9조제1항에도 불구하고 연결모법인의 납세지로 한다.

⑤ 삭제 〈2022. 12. 31.〉

⑥ 다음 각 호의 어느 하나에 해당하는 합병, 분할 또는 주식의 포괄적 교환ㆍ이전의 경우에는 그 합병일, 분할일 또는 교환ㆍ이전일이 속하는 연결사업연도에 한정하여 제2항, 제76조의11제1항 및 제76조의12제1항에도 불구하고 대통령령으로 정하는 바에 따라 연결납세방식을 적용할 수 있다. 〈개정 2011. 12. 31.〉

1. 제1항에 따라 연결납세방식을 적용받는 연결모법인 간의 적격합병

2. 제1항에 따라 연결납세방식을 적용받는 연결모법인 간의 주식의 포괄적 교환ㆍ이전(「조세특례제한법」 제38조에 따라 과세이연을 받는 경우만 해당한다)

3. 제1항에 따라 연결납세방식을 적용받는 연결모법인의 적격분할

[전문개정 2010. 12. 30.]

제76조의9(연결납세방식의 취소) ① 연결모법인의 납세지 관할지방국세청장은 다음 각 호의 어느 하나에 해당하는 경우에는 대통령령으로 정하는 바에 따라 연결납세방식의 적용 승인을 취소할 수 있다. 〈개정 2013. 1. 1., 2015. 12. 15., 2022. 12. 31.〉

1. 연결법인의 사업연도가 연결사업연도와 일치하지 아니하는 경우

2. 연결모법인이 연결지배하지 아니하는 내국법인에 대하여 연결납세방식을 적용하는 경우

3. 연결모법인의 연결가능자법인에 대하여 연결납세방식을 적용하지 아니하는 경우

4. 제66조제3항 단서에 따른 사유로 장부나 그 밖의 증명서류에 의하여 연결법인의 소득금액을 계산할 수 없는 경우

5. 연결법인에 제69조제1항에 따른 수시부과사유가 있는 경우

6. 연결모법인이 다른 내국법인(비영리내국법인은 제외한다)의 연결지배를 받는 경우

② 연결납세방식을 적용받은 각 연결법인은 연결납세방식을 적용받은 연결사업연도와 그 다음 연결사업연도의 개시일부터 4년 이내에 끝나는 연결사업연도 중에 제1항에 따라 연결납세방식의 적용 승인이 취소된 경우 다음 각 호의 구분에 따라 소득금액이나 결손금을 연결납세방식의 적용 승인이 취소된 사업연도의 익금 또는 손금에 각각 산입하여야 한다. 다만, 대통령령으로 정하는 부득이한 사유가 있는 경우에는 그러하지 아니하다. 〈신설 2015. 12. 15.〉

1. 연결사업연도 동안 제76조의14제1항에 따라 다른 연결법인의 결손금과 합한 해당 법인의 소득금액: 익금에 산입

2. 연결사업연도 동안 제76조의14제1항에 따라 다른 연결법인의 소득금액과 합한 해당 법인의 결손금: 손금에 산입

③ 제1항에 따라 연결납세방식의 적용 승인이 취소된 연결법인은 취소된 날이 속하는 사업연도와 그 다음 사업연도의 개시일부터 4년 이내에 끝나는 사업연도까지는 연결납세방식의 적용 당시와 동일한 법인을 연결모법인으로 하여 연결납세방식을 적용받을 수 없다. 〈개정 2015. 12. 15.〉

④ 제1항에 따라 연결납세방식의 적용 승인이 취소된 경우 제76조의13제1항제1호의 금액 중 각 연결법인에 귀속하는 금액으로서 대통령령으로 정하는 금액은 해당 연결법인의 제13조제1항제1호의 결손금으로 본다. 〈개정 2015. 12. 15., 2018. 12. 24.〉

⑤ 제1항에 따라 연결납세방식의 적용 승인이 취소된 경우 제76조의18에 따라 납부한 연결중간예납세액 중 같은 조 제4항의 연결법인별 중간예납세액은 제64조제1항을 적용할 때에 같은 항 제2호의 중간예납세액으로 본다. 〈개정 2015. 12. 15.〉

⑥ 제76조의8제3항에 따라 연결납세방식을 적용받은 연결법인이 제1항에 따라 연결납세방식의 적용 승인이 취소된 경우 취소된 날이 속하는 연결사업연도의 개시일부터 그 연결사업연도의 종료일까지의 기간과 취소된 날이 속하는 연결사업연도 종료일의 다음 날부터 본래사업연도 개시일 전날까지의 기간을 각각 1사업연도로 본다. 〈개정 2015. 12. 15.〉

[전문개정 2010. 12. 30.]

제76조의10(연결납세방식의 포기) ① 연결납세방식의 적용을 포기하려는 연결법인은 연결납세방식을 적용하지 아니하려는 사업연도 개시일 전 3개월이 되는 날까지 대통령령으로 정하는 바에 따라 연결모법인의 납세지 관할지방국세청장에게 신고하여야 한다. 다만, 연결납세방식을 최초로 적용받은 연결사업연도와 그 다음 연결사업연도의 개시일부터 4년 이내에 끝나는 연결사업연도까지는 연결납세방식의 적용을 포기할 수 없다. 〈개정 2013. 1. 1.〉

② 제1항에 따라 연결납세방식의 적용을 포기하는 경우에는 제76조의9제3항 및 제4항을 준용한다. 이 경우 제76조의9제3항 중 "취소된 날이 속하는 사업연도"는 "연결납세방식이 적용되지 아니하는 최초의 사업연도"로 본다. 〈개정 2015. 12. 15.〉

③ 제76조의8제3항에 따라 연결납세방식을 적용받은 연결법인이 제1항에 따라 연결납세방식의 적용을 포기하는 경우 제1항에 따라 연결모법인의 납세지 관할지방국세청장에게 신고한 날이 속하는 연결사업연도의 종료일 다음 날부터 본래사업연도 개시일 전날까지의 기간을 1사업연도로 본다. 〈개정 2013. 1. 1.〉

[전문개정 2010. 12. 30.]

제76조의11(연결자법인의 추가) ① 연결모법인이 새로 다른 내국법인을 연결지배하게 된 경우에는 연결지배가 성립한 날이 속하는 연결사업연도의 다음 연결사업연도부터 해당 내국법인은 연결납세방식을 적용하여야 한다. 〈개정 2022. 12. 31.〉

② 법인의 설립등기일부터 연결모법인이 연결지배하는 내국법인은 제1항에도 불구하고 설립등기일이 속하는 사업연도부터 연결납세방식을 적용하여야 한다. 〈개정 2022. 12. 31.〉

③ 연결모법인은 제1항 및 제2항에 따라 연결자법인이 변경된 경우에는 변경일 이후 중간예납기간 종료일과 사업연도 종료일 중 먼

저 도래하는 날부터 1개월 이내에 대통령령으로 정하는 바에 따라 납세지 관할지방국세청장에게 신고하여야 한다. 〈개정 2013. 1. 1., 2014. 1. 1.〉

[전문개정 2010. 12. 30.]

제76조의12(연결자법인의 배제) ① 연결모법인의 연결지배를 받지 아니하게 되거나 해산한 연결자법인은 해당 사유가 발생한 날이 속하는 연결사업연도의 개시일부터 연결납세방식을 적용하지 아니한다. 다만, 연결자법인이 다른 연결법인에 흡수합병되어 해산하는 경우에는 해산등기일이 속하는 연결사업연도에 연결납세방식을 적용할 수 있다. 〈개정 2011. 12. 31., 2022. 12. 31.〉

② 연결납세방식을 적용받은 연결사업연도와 그 다음 연결사업연도의 개시일부터 4년 이내에 끝나는 연결사업연도 중에 제1항 본문에 따라 연결납세방식을 적용하지 아니하는 경우 다음 각 호의 구분에 따라 소득금액 또는 결손금을 해당 사유가 발생한 날이 속하는 사업연도의 익금 또는 손금에 각각 산입하여야 한다. 다만, 대통령령으로 정하는 부득이한 사유가 있는 경우에는 그러하지 아니하다. 〈개정 2015. 12. 15.〉

1. 연결사업연도 동안 제76조의14제1항에 따라 다른 연결법인의 결손금과 합한 연결배제법인(제1항 본문에 따라 연결납세방식을 적용하지 아니하게 된 개별법인을 말한다. 이하 이 조에서 같다)의 소득금액: 연결배제법인의 익금에 산입

2. 연결사업연도 동안 제76조의14제1항에 따라 다른 연결법인의 소득금액과 합한 연결배제법인의 결손금: 연결배제법인의 손금에 산입

3. 연결사업연도 동안 제76조의14제1항에 따라 연결배제법인의 결손금과 합한 해당 법인의 소득금액: 해당 법인의 익금에 산입

4. 연결사업연도 동안 제76조의14제1항에 따라 연결배제법인의 소득금액과 합한 해당 법인의 결손금: 해당 법인의 손금에 산입

③ 제1항 본문에 따라 연결납세방식을 적용하지 아니하는 경우에는 제76조의9제3항부터 제6항까지의 규정을 준용한다. 〈신설 2015. 12. 15.〉

④ 제1항에 따라 연결자법인이 변경된 경우 그 변경사유가 발생한 날부터 1개월 이내에 대통령령으로 정하는 바에 따라 납세지 관

할지방국세청장에게 신고하여야 한다. 〈신설 2011. 12. 31., 2015. 12. 15., 2023. 12. 31.〉

[전문개정 2010. 12. 30.]

제2절 과세표준과 그 계산 〈신설 2008. 12. 26.〉

제76조의13(연결과세표준) ① 각 연결사업연도의 소득에 대한 과세표준은 각 연결사업연도 소득의 범위에서 다음 각 호에 따른 금액을 차례로 공제한 금액으로 한다. 다만, 제1호의 금액에 대한 공제는 제3항제1호에 따른 연결소득 개별귀속액의 100분의 80(중소기업과 회생계획을 이행 중인 기업 등 대통령령으로 정하는 연결법인의 경우는 100분의 100)을 한도로 한다. 〈개정 2010. 12. 30., 2015. 12. 15., 2018. 12. 24., 2020. 12. 22., 2022. 12. 31.〉

1. 각 연결사업연도의 개시일 전 15년 이내에 개시한 연결사업연도의 결손금(연결법인의 연결납세방식의 적용 전에 발생한 결손금을 포함한다)으로서 그 후의 각 연결사업연도(사업연도를 포함한다)의 과세표준을 계산할 때 공제되지 아니한 금액

2. 이 법과 「조세특례제한법」에 따른 각 연결법인의 비과세소득의 합계액

3. 이 법과 「조세특례제한법」에 따른 각 연결법인의 소득공제액의 합계액

② 제1항제1호에서 "연결사업연도의 결손금"이란 제76조의14제1항에 따른 각 연결사업연도의 소득이 0보다 적은 경우 해당 금액으로서 제60조에 따라 신고하거나 제66조에 따라 결정·경정되거나, 「국세기본법」 제45조에 따라 수정신고한 과세표준에 포함된 결손금과 제76조의14제2항 각 호 외의 부분 후단에 따라 해당 연결사업연도의 소득금액을 계산할 때 손금에 산입하지 아니하는 처분손실을 말한다. 〈개정 2010. 12. 30.〉

③ 제1항제1호에 따라 결손금을 공제하는 경우 다음 각 호의 결손금은 해당 각 호의 금액을 한도로 공제한다. 〈개정 2010. 12. 30., 2011. 12. 31., 2018. 12. 24.〉

1. 연결법인의 연결납세방식의 적용 전에 발생한 결손금: 각 연결사업연도의 소득 중 해당 연결법인에 귀속되는 소득으로서 대통령령으로 정하는 소득금액(이하 이 조에서 "연결소득 개별귀속액"이라

한다)

2. 연결모법인이 적격합병에 따라 피합병법인의 자산을 양도받는 경우 합병등기일 현재 피합병법인(합병등기일 현재 연결법인이 아닌 법인만 해당한다)의 제13조제1항제1호의 결손금: 연결모법인의 연결소득 개별귀속액 중 피합병법인으로부터 승계받은 사업에서 발생한 소득

3. 연결모법인이 적격분할합병에 따라 소멸한 분할법인의 자산을 양도받는 경우 분할등기일 현재 소멸한 분할법인의 제13조제1항제1호의 결손금 중 연결모법인이 승계받은 사업에 귀속하는 금액: 연결모법인의 연결소득 개별귀속액 중 소멸한 분할법인으로부터 승계받은 사업에서 발생한 소득

④ 제1항에 따른 결손금, 비과세소득, 소득공제액의 공제 등에 필요한 사항은 대통령령으로 정한다. 〈개정 2010. 12. 30., 2018. 12. 24.〉

[본조신설 2008. 12. 26.]

[제목개정 2018. 12. 24.]

제76조의14(각 연결사업연도의 소득) ① 각 연결사업연도의 소득은 각 연결법인별로 다음 각 호의 순서에 따라 계산한 소득 또는 결손금을 합한 금액으로 한다. 〈개정 2011. 12. 31., 2018. 12. 24., 2022. 12. 31.〉

1. 연결법인별 각 사업연도의 소득의 계산: 제14조에 따라 각 연결법인의 각 사업연도의 소득 또는 결손금을 계산

2. 다음 각 목에 따른 연결법인별 연결 조정항목의 제거

가. 수입배당금액의 익금불산입 조정: 제18조의2에 따라 익금에 산입하지 아니한 각 연결법인의 수입배당금액 상당액을 익금에 산입

나. 기부금과 기업업무추진비의 손금불산입 조정: 제24조 및 제25조에 따라 손금산입한도를 초과하여 손금에 산입하지 아니한 기부금 및 기업업무추진비 상당액을 손금에 산입

3. 다음 각 목에 따른 연결법인 간 거래손익의 조정

가. 수입배당금액의 조정: 다른 연결법인으로부터 받은 수입배당금액 상당액을 익금에 불산입

나. 기업업무추진비의 조정: 다른 연결법인에 지급한 기업업무

추진비 상당액을 손금에 불산입

다. 대손충당금의 조정: 다른 연결법인에 대한 채권에 대하여 설정한 제34조에 따른 대손충당금 상당액을 손금에 불산입

라. 자산양도손익의 조정: 유형자산 및 무형자산 등 대통령령으로 정하는 자산을 다른 연결법인에 양도함에 따라 발생하는 손익을 대통령령으로 정하는 바에 따라 익금 또는 손금에 불산입

4. 연결 조정항목의 연결법인별 배분: 연결집단을 하나의 내국법인으로 보아 제18조의2, 제24조 및 제25조를 준용하여 익금 또는 손금에 산입하지 아니하는 금액을 계산한 후 해당 금액 중 대통령령으로 정하는 바에 따라 계산한 금액을 각 연결법인별로 익금 또는 손금에 불산입

② 다음 각 호의 어느 하나에 해당하는 처분손실은 해당 호에 따른 금액을 한도로 해당 연결사업연도의 소득금액을 계산할 때 손금에 산입한다. 이 경우 한도를 초과하여 손금에 산입하지 아니한 처분손실은 제76조의13제1항제1호의 결손금으로 보고 해당 호에 따른 금액을 한도로 이후 연결사업연도의 과세표준에서 공제한다. 〈개정 2011. 12. 31., 2015. 12. 15., 2018. 12. 24., 2022. 12. 31.〉

1. 내국법인이 다른 내국법인의 연결가능자법인이 된(설립등기일부터 연결가능자법인이 된 경우는 제외한다) 이후 연결납세방식을 적용한 경우 연결납세방식을 적용한 사업연도와 그 다음 사업연도의 개시일부터 4년 이내에 끝나는 연결사업연도에 발생한 자산(연결납세방식을 적용하기 전 취득한 자산으로 한정한다)의 처분손실: 다음 각 목의 구분에 따른 금액(해당 처분손실을 공제하기 전 귀속액을 말하되, 이 항 각 호 외의 부분 후단을 적용할 때에는 그러하지 아니하다)

가. 연결모법인의 자산처분 손실의 경우 해당 연결모법인의 연결소득개별귀속액

나. 연결자법인의 자산처분 손실의 경우 해당 연결자법인의 연결소득개별귀속액

2. 연결모법인이 다른 내국법인(합병등기일 현재 연결법인이 아닌 법인으로 한정한다)을 적격합병(연결모법인을 분할합병의 상대방 법인으로 하여 적격분할합병하는 경우를 포함한다)하는 경우 합병등기일 이후 5년 이내에 끝나는 연결사업연도에 발생한 합병 전 연결모

법인 및 연결자법인(이하 이 항에서 "기존연결법인"이라 한다)과 피합병법인(분할법인을 포함한다. 이하 이 조에서 같다)이 합병 전 각각 보유하던 자산의 처분손실(합병등기일 현재 해당 자산의 시가가 장부가액보다 낮은 경우로서 그 차액을 한도로 한다): 다음 각 목의 구분에 따른 소득금액(해당 처분손실을 공제하기 전 소득금액을 말하되, 이 항 각 호 외의 부분 후단을 적용할 때에는 그러하지 아니하다)

가. 기존연결법인의 자산처분 손실의 경우 기존연결법인의 소득금액(연결모법인의 연결소득개별귀속액 중 합병 전 연결모법인의 사업에서 발생한 소득금액 및 연결자법인의 연결소득개별귀속액을 말한다)

나. 피합병법인이 합병 전 보유하던 자산의 처분손실의 경우 연결모법인의 연결소득개별귀속액 중 피합병법인으로부터 승계받은 사업에서 발생한 소득금액

③ 제1항에 따른 각 연결사업연도의 결손금 중 각 연결법인별 배분액, 연결집단을 하나의 내국법인으로 보아 제18조의2 및 제25조를 준용하여 익금이나 손금에 산입하지 아니하는 금액의 계산 및 제2항에 따른 처분손실의 손금산입 등에 필요한 사항은 대통령령으로 정한다. 〈개정 2018. 12. 24.〉

[전문개정 2010. 12. 30.]

제3절 세액의 계산 〈신설 2008. 12. 26.〉

제76조의15(연결산출세액) ① 각 연결사업연도의 소득에 대한 법인세는 제76조의13에 따른 과세표준에 제55조제1항의 세율을 적용하여 계산한 금액(이하 이 장에서 "연결산출세액"이라 한다)으로 한다.

② 연결법인이 제55조의2의 토지등을 양도한 경우(해당 토지등을 다른 연결법인이 양수하여 제76조의14제1항제3호가 적용되는 경우를 포함한다) 또는 「조세특례제한법」 제100조의32제2항에 따른 미환류소득(제76조의14에 따른 연결법인 간 거래손익의 조정 등을 하지 아니하고 계산한 소득으로서 대통령령으로 정하는 금액을 말한다)이 있는 경우에는 제55조의2에 따른 토지등 양도소득에 대한 법인세액 및 「조세특례제한법」 제100조의32에 따른 투자·상생협력 촉진을 위한 과세특례를 적용하여 계산한 법인세액을 제1항에 따라

계산한 금액에 합산한 금액을 연결산출세액으로 한다. 〈개정 2014. 12. 23., 2017. 12. 19., 2018. 12. 24.〉

③ 각 연결사업연도의 소득에 대한 법인세를 계산하는 경우에는 제55조제2항을 준용한다.

④ 연결산출세액 중 각 연결법인에 귀속되는 금액(이하 이 장에서 "연결법인별 산출세액"이라 한다)의 계산방법은 대통령령으로 정한다.

[전문개정 2010. 12. 30.]

제76조의16(연결법인의 세액감면 및 세액공제 등) ① 연결산출세액에서 공제하는 연결법인의 감면세액과 세액공제액은 각 연결법인별로 계산한 감면세액과 세액공제액의 합계액으로 한다. 〈개정 2018. 12. 24.〉

② 제1항을 적용할 때 각 연결법인의 감면세액과 세액공제액은 각 연결법인별 산출세액을 제55조의 산출세액으로 보아 이 법 및 「조세특례제한법」에 따른 세액감면과 세액공제를 적용하여 계산한 금액으로 하며, 연결집단을 하나의 내국법인으로 보아 「조세특례제한법」 제132조제1항을 적용한다. 〈개정 2015. 12. 15., 2018. 12. 24.〉

③ 세액감면과 세액공제의 적용순서는 제59조제1항을 준용하며, 연결법인의 적격합병과 적격분할에 따른 세액감면과 세액공제의 승계는 제44조의3제2항, 제46조의3제2항 및 제59조제1항을 준용한다. 〈신설 2018. 12. 24.〉

④ 각 연결법인의 감면세액을 계산할 때 세액을 감면 또는 면제하는 경우 감면 또는 면제되는 세액의 계산 등에 필요한 사항은 대통령령으로 정한다. 〈개정 2018. 12. 24.〉

[전문개정 2010. 12. 30.]

[제목개정 2018. 12. 24.]

제4절 신고 및 납부 〈신설 2008. 12. 26.〉

제76조의17(연결과세표준 등의 신고) ① 연결모법인은 각 연결사업연도의 종료일이 속하는 달의 말일부터 4개월 이내에 대통령령으로 정하는 바에 따라 해당 연결사업연도의 소득에 대한 법인세의 과세표준과 세액을 납세지 관할 세무서장에게 신고하여야 한다. 다만,

「주식회사 등의 외부감사에 관한 법률」 제4조에 따라 감사인에 의한 감사를 받아야 하는 연결모법인 또는 연결자법인이 해당 사업연도의 감사가 종결되지 아니하여 결산이 확정되지 아니하였다는 사유로 대통령령으로 정하는 바에 따라 신고기한의 연장을 신청한 경우에는 그 신고기한을 1개월의 범위에서 연장할 수 있다. 〈개정 2017. 10. 31.〉

② 제1항에 따라 신고를 할 때에는 그 신고서에 다음 각 호의 서류를 첨부하여야 한다.

1. 대통령령으로 정하는 바에 따라 작성한 연결소득금액 조정명세서
2. 각 연결법인의 제60조제2항제1호부터 제3호까지의 서류
3. 연결법인 간 출자 현황 및 거래명세 등 대통령령으로 정하는 서류

③ 제1항에 따른 신고를 할 때 제2항제1호 및 제2호의 서류를 첨부하지 아니하면 이 법에 따른 신고로 보지 아니한다.

④ 연결모법인의 과세표준 등의 신고에 관하여는 제60조제3항, 제6항, 제8항 및 제9항을 준용한다. 〈개정 2015. 12. 15.〉

⑤ 연결모법인은 제119조제1항에도 불구하고 제1항에 따른 신고기한까지 제119조제1항에 따른 주식등변동상황명세서(연결자법인의 주식등의 변동사항을 포함한다)를 제출할 수 있다.

[전문개정 2010. 12. 30.]

제76조의18(연결중간예납) ① 연결사업연도가 6개월을 초과하는 연결모법인은 각 연결사업연도 개시일부터 6개월이 되는 날까지를 중간예납기간으로 하여 다음 각 호의 어느 하나에 해당하는 방법을 선택하여 계산한 금액(이하 이 장에서 "연결중간예납세액"이라 한다)을 중간예납기간이 지난 날부터 2개월 이내에 납세지 관할 세무서등에 납부하여야 한다. 다만, 연결모법인 또는 연결자법인이 직전 연결사업연도 종료일 현재 「독점규제 및 공정거래에 관한 법률」 제31조제1항에 따른 공시대상기업집단에 속하는 내국법인(업종별 매출액 등을 고려하여 대통령령으로 정하는 법인은 제외한다)에 해당하는 경우에는 제2호의 방법에 따라 계산한 연결중간예납세액을 납세지 관할 세무서등에 납부하여야 한다. 〈개정 2018. 12. 24., 2024. 12. 31.〉

1. 직전 연결사업연도의 산출세액을 기준으로 하는 방법

$$\text{연결중간예납세액} = (A - B - C) \times \frac{6}{D}$$

A: 해당 연결사업연도의 직전 연결사업연도에 대한 법인세로서 확정된 연결산출세액(가산세를 포함하고, 제55조의2에 따른 토지등 양도소득에 대한 법인세액 및 「조세특례제한법」 제100조의32에 따른 투자·상생협력 촉진을 위한 과세특례를 적용하여 계산한 법인세액은 제외한다)

B: 해당 연결사업연도의 직전 연결사업연도에 감면된 법인세액(소득에서 공제되는 금액은 제외한다)

C: 해당 연결사업연도의 직전 연결사업연도에 각 연결법인이 법인세로서 납부한 원천징수세액의 합계액

D: 직전 연결사업연도의 개월 수. 이 경우 개월 수는 역에 따라 계산하되, 1개월 미만의 일수는 1개월로 한다.

2. 해당 중간예납기간의 법인세액을 기준으로 하는 방법

$$\text{연결중간예납세액} = (A - B - C)$$

A: 해당 중간예납기간을 1연결사업연도로 보고 제76조의15를 적용하여 산출한 법인세액

B: 해당 중간예납기간에 감면된 법인세액(소득에서 공제되는 금액은 제외한다)

C: 해당 중간예납기간에 각 연결법인이 법인세로서 납부한 원천징수세액의 합계액

② 제1항 본문에도 불구하고 다음 각 호의 어느 하나에 해당하는 경우에는 해당 각 호의 구분에 따라 연결중간예납세액을 계산한다. 〈개정 2024. 12. 31.〉

1. 제1항 각 호 외의 부분 본문에 따른 연결중간예납의 납부기한까지 연결중간예납세액을 납부하지 아니한 경우(제1항 각 호 외의 부분 단서 또는 이 항 제2호 각 목에 해당하는 경우는 제외한다): 제1항제1호에 따른 방법

2. 다음 각 목의 어느 하나에 해당하는 경우: 제1항제2호에 따른 방법

가. 직전 연결사업연도의 법인세로서 확정된 연결산출세액(가산세는 제외한다)이 없는 경우

나. 해당 중간예납기간 만료일까지 직전 연결사업연도의 연결산출세액이 확정되지 아니한 경우

③ 제1항 및 제2항을 적용할 때 연결납세방식을 처음으로 적용하는 경우에는 각 연결법인의 제63조의2에 따른 중간예납세액의 합계액을 연결중간예납세액으로 하고, 제76조의11제1항에 따라 연결법

인이 추가된 경우에는 제1항 및 제2항에 따른 연결중간예납세액과 추가된 연결법인의 제63조의2에 따른 중간예납세액의 합계액을 연결중간예납세액으로 한다. 〈개정 2018. 12. 24.〉

④ 제1항 및 제2항을 적용할 때 연결법인이 중간예납기간이 지나기 전에 연결가능자법인에 해당하지 아니하게 되거나 해산(제76조의12제1항 단서에 따라 연결납세방식을 적용하는 경우는 제외한다)한 경우 연결모법인은 해당 연결법인의 중간예납세액 귀속분으로서 대통령령으로 정하는 금액(이하 이 장에서 "연결법인별 중간예납세액"이라 한다)을 빼고 납부할 수 있다. 〈개정 2011. 12. 31., 2018. 12. 24., 2022. 12. 31.〉

⑤ 연결중간예납세액의 납부에 관하여는 제63조의2제5항 및 제64조제2항을 준용한다. 〈개정 2018. 12. 24.〉

[전문개정 2010. 12. 30.]

제76조의19(연결법인세액의 납부 및 정산) ① 연결모법인은 연결산출세액에서 다음 각 호의 법인세액(가산세는 제외한다)을 공제한 금액을 각 연결사업연도의 소득에 대한 법인세로서 제76조의17제1항의 신고기한까지 납세지 관할 세무서등에 납부하여야 한다. 〈개정 2018. 12. 24.〉

1. 해당 연결사업연도의 감면세액·세액공제액

2. 제76조의18에 따른 해당 연결사업연도의 연결중간예납세액

3. 제73조 및 제73조의2에 따라 해당 연결사업연도의 각 연결법인의 원천징수된 세액의 합계액

② 연결자법인은 제1항의 기한까지 연결법인별 산출세액에서 다음 각 호의 금액을 뺀 금액에 제75조 및 제75조의2부터 제75조의9까지의 규정을 준용하여 계산한 금액을 가산하여 연결모법인에 지급하여야 한다. 〈개정 2018. 12. 24.〉

1. 해당 연결사업연도의 해당 법인의 감면세액

2. 해당 연결사업연도의 연결법인별 중간예납세액

3. 제73조 및 제73조의2에 따라 해당 연결사업연도의 해당 법인의 원천징수된 세액

③ 제2항에 따라 계산한 금액이 음의 수인 경우 연결모법인은 음의 부호를 뗀 금액을 제1항의 기한까지 연결자법인에 지급하여야 한다. 〈신설 2022. 12. 31.〉

④ 제1항을 적용하는 경우에는 제64조제2항을 준용한다. 〈개정 2015. 12. 15., 2022. 12. 31.〉

⑤ 연결산출세액이 없는 경우로서 다음 각 호에 해당하는 경우에는 결손금 이전에 따른 손익을 정산한 금액(이하 이 항에서 "정산금"이라 한다)을 해당 호에서 정하는 바에 따라 연결법인별로 배분하여야 한다. 〈신설 2023. 12. 31.〉

1. 다음 각 목의 어느 하나에 해당하는 연결자법인이 있는 경우: 해당 연결자법인이 대통령령으로 정하는 바에 따라 계산한 정산금을 제1항의 기한까지 연결모법인에 지급

가. 연결자법인의 해당 연결사업연도 소득금액에 제76조의14제1항에 따라 다른 연결법인의 결손금이 합하여진 경우

나. 연결자법인의 연결소득 개별귀속액에서 다른 연결법인의 제76조의13제1항제1호에 따른 결손금이 공제된 경우

2. 다음 각 목의 어느 하나에 해당하는 연결자법인이 있는 경우: 연결모법인이 대통령령으로 정하는 바에 따라 계산한 정산금을 제1항의 기한까지 해당 연결자법인에 지급

가. 연결자법인의 해당 연결사업연도 결손금이 제76조의14제1항에 따라 다른 연결법인의 소득금액에 합하여진 경우

나. 연결자법인의 제76조의13제1항제1호에 따른 결손금이 다른 연결법인의 연결소득 개별귀속액에서 공제된 경우

[전문개정 2010. 12. 30.]

[제목개정 2023. 12. 31.]

제5절 결정 · 경정 및 징수 등 〈신설 2008. 12. 26.〉

제76조의20(연결법인세액의 결정 · 경정 및 징수 등) 각 연결사업연도의 소득에 대한 법인세의 결정 · 경정 · 징수 및 환급에 관하여는 제66조(제3항 단서는 제외한다), 제67조, 제70조, 제71조, 제73조, 제73조의2 및 제74조를 준용한다. 〈개정 2016. 12. 20., 2018. 12. 24.〉

[전문개정 2010. 12. 30.]

[제목개정 2018. 12. 24.]

제76조의21(연결법인의 가산세) 연결모법인은 각 연결법인별로 제75조 및 제75조의2부터 제75조의9까지의 규정을 준용하여 계산한

금액의 합계액을 각 연결사업연도의 소득에 대한 법인세액에 더하여 납부하여야 한다. 〈개정 2018. 12. 24.〉

[전문개정 2010. 12. 30.]

[제목개정 2018. 12. 24.]

제76조의22(연결법인에 대한 중소기업 등 관련 규정의 적용) ① 각 연결사업연도의 소득에 대한 법인세액을 계산할 때 연결집단을 하나의 내국법인으로 보아 그 연결집단이 이 법 및 「조세특례제한법」에 따른 중소기업 또는 중견기업에 해당하는 경우에는 다음 각 호의 구분에 따라 이 법 및 「조세특례제한법」에 따른 중소기업 또는 중견기업에 관한 규정을 적용한다.

1. 연결집단이 중소기업에 해당하는 경우: 다음 각 목의 구분에 따른 규정을 적용

가. 중소기업에 해당하는 연결법인: 중소기업에 관한 규정을 적용

나. 중견기업에 해당하는 연결법인: 중견기업에 관한 규정을 적용

2. 연결집단이 중견기업에 해당하는 경우: 중소기업에 해당하는 연결법인과 중견기업에 해당하는 연결법인에 각각 중견기업에 관한 규정을 적용

② 연결납세방식을 적용하는 최초의 연결사업연도의 직전 사업연도 당시 중소기업에 해당하는 법인이 연결납세방식을 적용함에 따라 중소기업에 관한 규정을 적용받지 못하게 되는 경우에는 제1항에도 불구하고 연결납세방식을 적용하는 최초의 연결사업연도와 그 다음 연결사업연도의 개시일부터 5년 이내에 끝나는 연결사업연도까지는 중소기업에 관한 규정을 적용한다.

[전문개정 2024. 12. 31.]

제3장 내국법인의 청산소득에 대한 법인세 〈개정 2010. 12. 30.〉

제1절 과세표준과 그 계산 〈개정 2010. 12. 30.〉

제77조(과세표준) 내국법인의 청산소득에 대한 법인세의 과세표준은 제79조에 따른 청산소득 금액으로 한다.

[전문개정 2010. 12. 30.]

제78조(법인의 조직변경으로 인한 청산소득에 대한 과세특례) 내국법인이 다음 각 호의 어느 하나에 해당하면 청산소득에 대한 법인

세를 과세하지 아니한다.

1. 「상법」의 규정에 따라 조직변경하는 경우

2. 특별법에 따라 설립된 법인이 그 특별법의 개정이나 폐지로 인하여 「상법」에 따른 회사로 조직변경하는 경우

3. 그 밖의 법률에 따라 내국법인이 조직변경하는 경우로서 대통령령으로 정하는 경우

[전문개정 2010. 12. 30.]

제79조(해산에 의한 청산소득 금액의 계산) ① 내국법인이 해산(합병이나 분할에 의한 해산은 제외한다)한 경우 그 청산소득(이하 "해산에 의한 청산소득"이라 한다)의 금액은 그 법인의 해산에 의한 잔여재산의 가액에서 해산등기일 현재의 자본금 또는 출자금과 잉여금의 합계액(이하 "자기자본의 총액"이라 한다)을 공제한 금액으로 한다.

② 해산으로 인하여 청산 중인 내국법인이 그 해산에 의한 잔여재산의 일부를 주주등에게 분배한 후 「상법」 제229조, 제285조, 제287조의40, 제519조 또는 제610조에 따라 사업을 계속하는 경우에는 그 해산등기일부터 계속등기일까지의 사이에 분배한 잔여재산의 분배액의 총합계액에서 해산등기일 현재의 자기자본의 총액을 공제한 금액을 그 법인의 해산에 의한 청산소득의 금액으로 한다. 〈개정 2015. 12. 15.〉

③ 내국법인의 해산에 의한 청산소득의 금액을 계산할 때 그 청산기간에 「국세기본법」에 따라 환급되는 법인세액이 있는 경우 이에 상당하는 금액은 그 법인의 해산등기일 현재의 자기자본의 총액에 가산한다.

④ 내국법인의 해산에 의한 청산소득 금액을 계산할 때 해산등기일 현재 그 내국법인에 대통령령으로 정하는 이월결손금이 있는 경우에는 그 이월결손금은 그날 현재의 그 법인의 자기자본의 총액에서 그에 상당하는 금액과 상계하여야 한다. 다만, 상계하는 이월결손금의 금액은 자기자본의 총액 중 잉여금의 금액을 초과하지 못하며, 초과하는 이월결손금이 있는 경우에는 그 이월결손금은 없는 것으로 본다.

⑤ 제4항에 따라 청산소득 금액을 계산할 때 해산등기일 전 2년 이내에 자본금 또는 출자금에 전입한 잉여금이 있는 경우에는 해당

금액을 자본금 또는 출자금에 전입하지 아니한 것으로 보아 같은 항을 적용한다. 〈신설 2011. 12. 31.〉

⑥ 내국법인의 해산에 의한 청산소득의 금액을 계산할 때 그 청산기간에 생기는 각 사업연도의 소득금액이 있는 경우에는 그 법인의 해당 각 사업연도의 소득금액에 산입한다. 〈개정 2011. 12. 31.〉

⑦ 제1항에 따른 청산소득의 금액과 제6항에 따른 청산기간에 생기는 각 사업연도의 소득금액을 계산할 때에는 제1항부터 제6항까지에서 규정하는 것을 제외하고는 제14조부터 제18조까지, 제18조의2, 제18조의4, 제19조, 제19조의2, 제20조부터 제31조까지, 제33조부터 제38조까지, 제40조부터 제42조까지, 제42조의2, 제43조, 제44조, 제44조의2, 제44조의3, 제45조, 제46조, 제46조의2부터 제46조의5까지, 제47조, 제47조의2, 제50조, 제51조, 제51조의2, 제52조, 제53조, 제53조의2, 제53조의3, 제54조 및 「조세특례제한법」 제104조의31을 준용한다. 〈개정 2011. 12. 31., 2019. 12. 31., 2020. 12. 22., 2022. 12. 31.〉

⑧ 제1항부터 제7항까지의 규정을 적용할 때 잔여재산가액의 계산 등에 필요한 사항은 대통령령으로 정한다. 〈개정 2011. 12. 31.〉

[전문개정 2010. 12. 30.]

제80조 삭제 〈2009. 12. 31.〉

제81조 삭제 〈2009. 12. 31.〉

제82조(청산소득 금액의 계산에 관한 세부 규정) 이 법에 규정된 것 외에 내국법인의 청산소득 금액의 계산에 필요한 사항은 대통령령으로 정한다.

[전문개정 2010. 12. 30.]

제2절 세액의 계산 〈개정 2010. 12. 30.〉

제83조(세율) 내국법인의 청산소득에 대한 법인세는 제77조에 따른 과세표준에 제55조제1항에 따른 세율을 적용하여 계산한 금액을 그 세액으로 한다.

[전문개정 2010. 12. 30.]

제3절 신고 및 납부 〈개정 2010. 12. 30.〉

제84조(확정신고) ① 청산소득에 대한 법인세의 납부의무가 있는 내

국법인은 대통령령으로 정하는 바에 따라 다음 각 호의 기한까지 청산소득에 대한 법인세의 과세표준과 세액을 납세지 관할 세무서장에게 신고하여야 한다.

1. 제79조제1항에 해당하는 경우: 대통령령으로 정하는 잔여재산가액확정일이 속하는 달의 말일부터 3개월 이내

2. 제79조제2항에 해당하는 경우: 계속등기일이 속하는 달의 말일부터 3개월 이내

② 제1항에 따른 신고를 할 때에는 그 신고서에 다음 각 호의 서류를 첨부하여야 한다.

1. 제1항제1호 및 제2호의 경우에는 잔여재산가액 확정일 또는 계속등기일 현재의 그 해산한 법인의 재무상태표

2. 그 밖에 대통령령으로 정하는 서류

③ 제1항과 제2항은 청산소득의 금액이 없는 경우에도 적용한다.

[전문개정 2010. 12. 30.]

제85조(중간신고) ① 내국법인(제51조의2제1항 각 호 또는 「조세특례제한법」 제104조의31제1항의 법인은 제외한다)이 다음 각 호의 어느 하나에 해당하면 그 각 호에서 정한 날이 속하는 달의 말일부터 1개월 이내에 대통령령으로 정하는 바에 따라 이를 납세지 관할 세무서장에게 신고하여야 한다. 다만, 「국유재산법」 제80조에 규정된 청산절차에 따라 청산하는 법인의 경우에는 제2호는 적용하지 아니한다. 〈개정 2011. 12. 31., 2020. 12. 22.〉

1. 해산에 의한 잔여재산가액이 확정되기 전에 그 일부를 주주등에게 분배한 경우: 그 분배한 날

2. 해산등기일부터 1년이 되는 날까지 잔여재산가액이 확정되지 아니한 경우: 그 1년이 되는 날

② 제1항에 따른 신고를 할 때에는 그 신고서에 해산등기일 및 그 분배한 날 또는 해산등기일부터 1년이 되는 날 현재의 재무상태표와 그 밖에 대통령령으로 정하는 서류를 각각 첨부하여야 한다.

[전문개정 2010. 12. 30.]

제86조(납부) ① 제79조제1항 또는 제2항에 해당하는 내국법인으로서 제84조에 따른 확정신고를 한 법인은 그 해산으로 인한 청산소득의 금액에 제83조를 적용하여 계산한 세액에서 제3항 또는 제4항에 따라 납부한 세액의 합계액을 공제한 금액을 법인세로서 신고기

한까지 납세지 관할 세무서등에 납부하여야 한다. 〈개정 2010. 12. 30.〉

② 삭제 〈2009. 12. 31.〉

③ 제85조제1항제1호에 따른 신고의무가 있는 내국법인으로서 그 분배하는 잔여재산의 가액(전에 분배한 잔여재산의 가액이 있을 때에는 그 합계액)이 그 해산등기일 현재의 자기자본의 총액을 초과하는 경우에는 그 초과하는 금액에 제83조를 적용하여 계산한 세액(전에 잔여재산의 일부를 분배함으로써 납부한 법인세액이 있는 경우에는 그 세액의 합계액을 공제한 금액)을 그 신고기한까지 납세지 관할 세무서등에 납부하여야 한다. 〈개정 2010. 12. 30.〉

④ 제85조제1항제2호에 따른 신고의무가 있는 내국법인으로서 해산등기일부터 1년이 되는 날 현재 대통령령으로 정하는 잔여재산가액 예정액이 그 해산등기일 현재의 자기자본의 총액을 초과하는 경우에는 그 초과하는 금액에 제83조를 적용하여 계산한 세액을 그 신고기한까지 납세지 관할 세무서등에 납부하여야 한다. 〈개정 2010. 12. 30.〉

[제목개정 2010. 12. 30.]

제4절 결정 · 경정 및 징수 〈개정 2010. 12. 30.〉

제87조(결정 및 경정) ① 납세지 관할 세무서장 또는 관할지방국세청장은 내국법인이 제84조 및 제85조에 따른 신고를 하지 아니한 경우에는 그 법인의 청산소득에 대한 법인세의 과세표준과 세액을 결정한다.

② 납세지 관할 세무서장 또는 관할지방국세청장은 제84조 및 제85조에 따른 신고를 한 내국법인이 그 신고한 내용에 오류 또는 누락이 있는 경우에는 그 법인의 청산소득에 대한 법인세의 과세표준과 세액을 경정한다.

③ 납세지 관할 세무서장 또는 관할지방국세청장은 청산소득에 대한 법인세의 과세표준과 세액을 결정하거나 경정한 후 그 결정이나 경정에 오류 또는 탈루가 있는 것을 발견한 경우에는 즉시 이를 다시 경정한다.

④ 제1항과 제2항에 따른 결정이나 경정의 경우에는 제66조제3항을 준용한다.

[전문개정 2010. 12. 30.]

제88조(과세표준과 세액의 통지) 납세지 관할 세무서장 또는 관할지방국세청장은 제87조에 따라 내국법인의 청산소득에 대한 법인세의 과세표준과 세액을 결정하거나 경정한 경우에는 이를 그 법인이나 청산인에게 알려야 한다. 다만, 그 법인이나 청산인에게 알릴 수 없는 경우에는 공시(公示)로써 이를 갈음할 수 있다.

[전문개정 2010. 12. 30.]

제89조(징수) ① 납세지 관할 세무서장은 내국법인이 제86조에 따라 납부하여야 할 청산소득에 대한 법인세의 전부 또는 일부를 납부하지 아니하면 그 미납된 법인세액을 「국세징수법」에 따라 징수하여야 한다. 〈개정 2013. 1. 1.〉

② 납세지 관할 세무서장은 제86조에 따라 납부하였거나 제1항에 따라 징수한 법인세액이 제87조에 따라 납세지 관할 세무서장 또는 관할지방국세청장이 결정하거나 경정한 법인세액보다 적으면 그 부족한 금액에 상당하는 법인세를 징수하여야 한다.

[전문개정 2010. 12. 30.]

제90조(청산소득에 대한 납부지연가산세의 적용 제외) 청산소득에 대한 법인세를 징수할 때에는 「국세기본법」 제47조의4제1항제1호(납부고지서에 따른 납부기한의 다음 날부터 부과되는 분에 한정한다) 및 제3호와 같은 조 제7항을 적용하지 아니한다. 〈개정 2011. 12. 31., 2020. 12. 22.〉

[전문개정 2010. 12. 30.]

[제목개정 2020. 12. 22.]

제4장 외국법인의 각 사업연도의 소득에 대한 법인세 〈개정 2010. 12. 30.〉

제1절 외국법인의 과세에 관한 통칙 〈개정 2018. 12. 24.〉

제91조(과세표준) ① 국내사업장을 가진 외국법인과 제93조제3호에 따른 국내원천 부동산소득이 있는 외국법인의 각 사업연도의 소득에 대한 법인세의 과세표준은 국내원천소득의 총합계액(제98조제1항, 제98조의3, 제98조의5 또는 제98조의6에 따라 원천징수되는 국내원천소득 금액은 제외한다)에서 다음 각 호에 따른 금액을 차례로 공제한 금액으로 한다. 다만, 제1호의 금액에 대한 공제는 각 사업

연도 소득의 100분의 80을 한도로 한다. 〈개정 2011. 12. 31., 2016. 12. 20., 2018. 12. 24., 2019. 12. 31., 2022. 12. 31.〉

1. 제13조제1항제1호에 해당하는 결손금(국내에서 발생한 결손금만 해당한다)

2. 이 법과 다른 법률에 따른 비과세소득

3. 선박이나 항공기의 외국 항행(航行)으로 인하여 발생하는 소득. 다만, 그 외국법인의 본점 또는 주사무소가 있는 해당 국가가 우리나라의 법인이 운용하는 선박이나 항공기에 대하여 동일한 면제를 하는 경우만 해당한다.

② 제1항에 해당하지 아니하는 외국법인의 경우에는 제93조 각 호의 구분에 따른 각 국내원천소득의 금액을 그 법인의 각 사업연도의 소득에 대한 법인세의 과세표준으로 한다.

③ 제1항에 해당하는 외국법인의 국내원천소득으로서 제98조제1항, 제98조의3, 제98조의5 또는 제98조의6에 따라 원천징수되는 소득에 대한 법인세의 과세표준은 제93조 각 호의 구분에 따른 각 국내원천소득의 금액으로 한다. 〈개정 2011. 12. 31.〉

④ 제1항제3호는 국내사업장을 가지고 있지 아니하는 외국법인에 대하여도 적용한다.

⑤ 제1항의 과세표준을 계산할 때 같은 항 제1호에 따른 이월결손금은 먼저 발생한 사업연도의 결손금부터 차례로 공제하고, 해당 사업연도에 공제되지 아니한 비과세소득은 해당 사업연도의 다음 사업연도 이후로 이월하여 공제할 수 없다. 〈신설 2018. 12. 24.〉

[전문개정 2010. 12. 30.]

제92조(국내원천소득 금액의 계산) ① 제91조제1항에 해당하는 외국법인의 각 사업연도의 국내원천소득의 총합계액은 해당 사업연도에 속하는 익금의 총액에서 해당 사업연도에 속하는 손금의 총액을 뺀 금액으로 하며, 각 사업연도의 소득금액의 계산에 관하여는 대통령령으로 정하는 바에 따라 제14조부터 제18조까지, 제18조의2, 제19조, 제19조의2, 제20조부터 제31조까지, 제33조부터 제38조까지, 제40조부터 제42조까지, 제42조의2, 제43조, 제44조, 제44조의2, 제44조의3, 제45조, 제46조, 제46조의2부터 제46조의5까지, 제47조, 제47조의2, 제50조, 제51조, 제52조, 제53조, 제53조의2 및 제54조와 「조세특례제한법」 제138조를 준용한다. 다만, 제44조

의3, 제45조, 제46조의3 및 제46조의4를 준용할 때 합병법인 및 분할신설법인등은 피합병법인 및 분할법인등의 결손금을 승계하지 아니하는 것으로 보아 각각의 규정을 준용한다. 〈개정 2011. 12. 31., 2013. 1. 1., 2018. 12. 24., 2019. 12. 31.〉

② 제91조제2항 및 제3항에 따른 외국법인의 각 사업연도의 국내원천소득(제93조제7호에 따른 국내원천 부동산등양도소득은 제외한다)의 금액은 다음 각 호의 금액으로 한다. 〈개정 2011. 12. 31., 2018. 12. 24.〉

1. 제93조제1호부터 제6호까지 및 제8호부터 제10호까지의 국내원천소득의 경우에는 같은 조 각 호(제7호는 제외한다)의 소득별 수입금액으로 한다. 다만, 제93조제9호에 따른 국내원천소득의 경우에는 그 수입금액에서 대통령령으로 정하는 바에 따라 확인된 해당 유가증권의 취득가액 및 양도비용을 공제하여 계산한 금액으로 할 수 있다.

2. 국내사업장이 없는 외국법인으로서 제93조제9호에 따른 국내원천 유가증권양도소득이 다음 각 목의 요건을 모두 갖춘 경우에는 제1호에도 불구하고 대통령령으로 정하는 정상가격(이하 이 호에서 "정상가격" 이라 한다)을 해당 수입금액으로 한다.

가. 국내사업장이 없는 외국법인과 대통령령으로 정하는 특수관계가 있는 외국법인(비거주자를 포함한다) 간의 거래일 것

나. 가목의 거래에 의한 거래가격이 정상가격보다 낮은 경우로서 대통령령으로 정하는 경우일 것

③ 제91조제2항에 따른 외국법인의 각 사업연도의 국내원천소득의 금액 중 제93조제7호에 따른 국내원천 부동산등양도소득 금액은 그 소득을 발생시키는 자산(이하 이 조에서 "토지등"이라 한다)의 양도가액에서 다음 각 호의 금액을 뺀 금액으로 한다. 〈개정 2018. 12. 24.〉

1. 취득가액. 다만, 「상속세 및 증여세법」에 따라 상속세 과세가액 또는 증여세 과세가액에 산입되지 아니한 재산을 출연받은 외국법인이 대통령령으로 정하는 토지등을 양도하는 경우에는 그 토지등을 출연한 출연자의 취득가액을 그 외국법인의 취득가액으로 한다.

2. 토지등을 양도하기 위하여 직접 지출한 비용

④ 제3항을 적용할 때 취득가액과 양도가액은 실지 거래가액으로

하되, 실지 거래가액이 불분명한 경우에는 「소득세법」 제99조 · 제100조 및 제114조제7항을 준용하여 계산한 가액으로 한다. 〈개정 2018. 12. 24.〉

⑤ 제3항을 적용할 때 해당 자산의 양도시기 및 취득시기에 관하여는 「소득세법」 제98조를 준용한다.

⑥ 제3항에 따른 국내원천 부동산등양도소득의 부당행위계산에 관하여는 「소득세법」 제101조를 준용한다. 이 경우 "특수관계인"은 "「법인세법」 제2조제12호에 따른 특수관계인"으로 본다. 〈개정 2011. 12. 31., 2018. 12. 24.〉

⑦ 외국법인의 국내사업장과 관련된 각 사업연도의 소득금액을 계산할 때 국외의 본점 및 다른 지점의 손비 배분 등에 필요한 사항은 대통령령으로 정한다. 〈신설 2018. 12. 24.〉

[전문개정 2010. 12. 30.]

제92조(국내원천소득 금액의 계산) ① 제91조제1항에 해당하는 외국법인의 각 사업연도의 국내원천소득의 총합계액은 해당 사업연도에 속하는 익금의 총액에서 해당 사업연도에 속하는 손금의 총액을 뺀 금액으로 하며, 각 사업연도의 소득금액의 계산에 관하여는 대통령령으로 정하는 바에 따라 제14조부터 제18조까지, 제18조의2, 제19조, 제19조의2, 제20조부터 제31조까지, 제33조부터 제38조까지, 제40조부터 제42조까지, 제42조의2, 제43조, 제44조, 제44조의2, 제44조의3, 제45조, 제46조, 제46조의2부터 제46조의5까지, 제47조, 제47조의2, 제50조, 제51조, 제52조, 제53조, 제53조의2 및 제54조와 「조세특례제한법」 제138조를 준용한다. 다만, 제44조의3, 제45조, 제46조의3 및 제46조의4를 준용할 때 합병법인 및 분할신설법인등은 피합병법인 및 분할법인등의 결손금을 승계하지 아니하는 것으로 보아 각각의 규정을 준용한다. 〈개정 2011. 12. 31., 2013. 1. 1., 2018. 12. 24., 2019. 12. 31.〉

② 제91조제2항 및 제3항에 따른 외국법인의 각 사업연도의 국내원천소득(제93조제7호에 따른 국내원천 부동산등양도소득은 제외한다)의 금액은 다음 각 호의 금액으로 한다. 〈개정 2011. 12. 31., 2018. 12. 24., 2020. 12. 22.〉

1. 제93조제1호부터 제6호까지 및 제8호부터 제10호까지의 국내원천소득의 경우에는 같은 조 각 호(제7호는 제외한다)의 소득별 수

입금액으로 한다. 다만, 다음 각 목의 구분에 따른 국내원천소득의 경우에는 다음 각 목에서 정하는 바에 따라 계산한 금액으로 할 수 있다.

가. 제93조제9호에 따른 국내원천 유가증권양도소득: 수입금액에서 대통령령으로 정하는 바에 따라 확인된 해당 유가증권의 취득가액 및 양도비용을 공제하여 계산한 금액

나. 제93조제10호카목에 따른 가상자산소득: 수입금액[외국법인이 「특정 금융거래정보의 보고 및 이용 등에 관한 법률」 제2조제1호하목에 따른 가상자산사업자 또는 이와 유사한 사업자(이하 "가상자산사업자등"이라 한다)가 보관·관리하는 같은 법 제2조제3호에 따른 가상자산(이하 "가상자산"이라 한다)을 인출하는 경우에는 인출시점의 가상자산 시가로서 대통령령으로 정하는 금액을 말한다]에서 대통령령으로 정하는 취득가액 등을 공제하여 계산한 금액

2. 국내사업장이 없는 외국법인으로서 제93조제9호에 따른 국내원천 유가증권양도소득이 다음 각 목의 요건을 모두 갖춘 경우에는 제1호가목에도 불구하고 대통령령으로 정하는 정상가격(이하 이 호에서 "정상가격" 이라 한다)을 해당 수입금액으로 한다.

가. 국내사업장이 없는 외국법인과 대통령령으로 정하는 특수관계가 있는 외국법인(비거주자를 포함한다) 간의 거래일 것

나. 가목의 거래에 의한 거래가격이 정상가격보다 낮은 경우로서 대통령령으로 정하는 경우일 것

③ 제91조제2항에 따른 외국법인의 각 사업연도의 국내원천소득의 금액 중 제93조제7호에 따른 국내원천 부동산등양도소득 금액은 그 소득을 발생시키는 자산(이하 이 조에서 "토지등"이라 한다)의 양도가액에서 다음 각 호의 금액을 뺀 금액으로 한다. 〈개정 2018. 12. 24.〉

1. 취득가액. 다만, 「상속세 및 증여세법」에 따라 상속세 과세가액 또는 증여세 과세가액에 산입되지 아니한 재산을 출연받은 외국법인이 대통령령으로 정하는 토지등을 양도하는 경우에는 그 토지등을 출연한 출연자의 취득가액을 그 외국법인의 취득가액으로 한다.

2. 토지등을 양도하기 위하여 직접 지출한 비용

④ 제3항을 적용할 때 취득가액과 양도가액은 실지 거래가액으로 하되, 실지 거래가액이 불분명한 경우에는 「소득세법」 제99조·제

100조 및 제114조제7항을 준용하여 계산한 가액으로 한다. 〈개정 2018. 12. 24.〉

⑤ 제3항을 적용할 때 해당 자산의 양도시기 및 취득시기에 관하여는 「소득세법」 제98조를 준용한다.

⑥ 제3항에 따른 국내원천 부동산등양도소득의 부당행위계산에 관하여는 「소득세법」 제101조를 준용한다. 이 경우 "특수관계인"은 "「법인세법」 제2조제12호에 따른 특수관계인"으로 본다. 〈개정 2011. 12. 31., 2018. 12. 24.〉

⑦ 외국법인의 국내사업장과 관련된 각 사업연도의 소득금액을 계산할 때 국외의 본점 및 다른 지점의 손비 배분 등에 필요한 사항은 대통령령으로 정한다. 〈신설 2018. 12. 24.〉

[전문개정 2010. 12. 30.]

[시행일: 2027. 1. 1.] 제92조제2항

제93조(외국법인의 국내원천소득) 외국법인의 국내원천소득은 다음 각 호와 같이 구분한다. 〈개정 2011. 12. 31., 2015. 12. 15., 2016. 12. 20., 2018. 12. 24., 2019. 12. 31., 2020. 12. 22., 2022. 12. 31., 2024. 12. 31.〉

1. 국내원천 이자소득: 다음 각 목의 어느 하나에 해당하는 소득으로서 「소득세법」 제16조제1항에 따른 이자소득(같은 항 제7호의 소득은 제외한다)과 그 밖의 대금의 이자 및 신탁의 이익. 다만, 거주자 또는 내국법인의 국외사업장을 위하여 그 국외사업장이 직접 차용한 차입금의 이자는 제외한다.

가. 국가, 지방자치단체, 거주자, 내국법인 또는 외국법인의 국내사업장이나 「소득세법」 제120조에 따른 비거주자의 국내사업장으로부터 지급받는 소득

나. 외국법인 또는 비거주자로부터 지급받는 소득으로서 그 소득을 지급하는 외국법인 또는 비거주자의 국내사업장과 실질적으로 관련하여 그 국내사업장의 소득금액을 계산할 때 필요경비 또는 손금에 산입되는 것

2. 국내원천 배당소득: 내국법인 또는 법인으로 보는 단체나 그 밖에 국내에 소재하는 자로부터 지급받는 다음 각 목의 소득

가. 삭제 〈2024. 12. 31.〉

나. 「소득세법」 제17조제1항에 따른 배당소득(같은 항 제6호에

따른 소득은 제외한다)

다. 삭제 〈2024. 12. 31.〉

라. 삭제 〈2024. 12. 31.〉

마. 「국제조세조정에 관한 법률」 제13조 또는 제22조에 따라 배당으로 처분된 금액

3. 국내원천 부동산소득: 국내에 있는 부동산 또는 부동산상의 권리와 국내에서 취득한 광업권, 조광권(租鑛權), 흙·모래·돌의 채취에 관한 권리 또는 지하수의 개발·이용권의 양도·임대 또는 그 밖의 운영으로 인하여 발생하는 소득. 다만, 제7호에 따른 양도소득은 제외한다.

4. 국내원천 선박등임대소득: 거주자, 내국법인 또는 외국법인의 국내사업장이나 「소득세법」 제120조에 따른 비거주자의 국내사업장에 선박, 항공기, 등록된 자동차나 건설기계 또는 산업상·상업상·과학상의 기계·설비·장치, 그 밖에 대통령령으로 정하는 용구(用具)를 임대함으로써 발생하는 소득

5. 국내원천 사업소득: 외국법인이 경영하는 사업에서 발생하는 소득(조세조약에 따라 국내원천사업소득으로 과세할 수 있는 소득을 포함한다)으로서 대통령령으로 정하는 소득. 다만, 제6호에 따른 국내원천 인적용역(人的用役)소득은 제외한다.

6. 국내원천 인적용역소득: 국내에서 대통령령으로 정하는 인적용역을 제공함으로써 발생하는 소득(국외에서 제공하는 인적용역 중 대통령령으로 정하는 인적용역을 제공함으로써 발생하는 소득이 조세조약에 따라 국내에서 발생하는 것으로 간주되는 소득을 포함한다). 이 경우 그 인적용역을 제공받는 자가 인적용역의 제공과 관련하여 항공료 등 대통령령으로 정하는 비용을 부담하는 경우에는 그 비용을 제외한 금액을 말한다.

7. 국내원천 부동산등양도소득: 국내에 있는 다음 각 목의 어느 하나에 해당하는 자산·권리를 양도함으로써 발생하는 소득

가. 「소득세법」 제94조제1항제1호·제2호 및 제4호가목·나목에 따른 자산·권리

나. 내국법인의 주식등(주식등을 기초로 하여 발행한 예탁증서 및 신주인수권을 포함한다. 이하 이 장에서 같다) 중 양도일이 속하는 사업연도 개시일 현재의 그 법인의 자산총액 중 다음의 가액의

합계액이 100분의 50 이상인 법인의 주식등(이하 이 조에서 "부동산주식등"이라 한다)으로서 「자본시장과 금융투자업에 관한 법률」에 따른 증권시장에 상장되지 아니한 주식등. 이 경우 조세조약의 해석·적용과 관련하여 그 조세조약 상대국과 상호합의에 따라 우리나라에 과세권한이 있는 것으로 인정되는 부동산주식등도 전단의 부동산주식등에 포함한다.

1) 「소득세법」 제94조제1항제1호 및 제2호의 자산가액

2) 내국법인이 보유한 다른 부동산 과다보유 법인의 주식가액에 그 다른 법인의 부동산 보유비율을 곱하여 산출한 가액. 이 경우 부동산 과다보유 법인의 판정 및 부동산 보유비율의 계산방법은 대통령령으로 정한다.

8. 국내원천 사용료소득: 다음 각 목의 어느 하나에 해당하는 권리·자산 또는 정보(이하 이 호에서 "권리등"이라 한다)를 국내에서 사용하거나 그 대가를 국내에서 지급하는 경우 그 대가 및 그 권리등을 양도함으로써 발생하는 소득. 이 경우 제4호에 따른 산업상·상업상·과학상의 기계·설비·장치 등을 임대함으로써 발생하는 소득을 조세조약에서 사용료소득으로 구분하는 경우 그 사용대가를 포함한다.

가. 학술 또는 예술상의 저작물(영화필름을 포함한다)의 저작권, 특허권, 상표권, 디자인, 모형, 도면, 비밀스러운 공식 또는 공정(工程), 라디오·텔레비전방송용 필름 및 테이프, 그 밖에 이와 유사한 자산이나 권리

나. 산업상·상업상·과학상의 지식·경험에 관한 정보 또는 노하우

다. 사용지(使用地)를 기준으로 국내원천소득 해당 여부를 규정하는 조세조약(이하 이 조에서 "사용지 기준 조세조약"이라 한다)에서 사용료의 정의에 포함되는 그 밖에 이와 유사한 재산 또는 권리[특허권, 실용신안권, 상표권, 디자인권 등 그 행사에 등록이 필요한 권리(이하 이 조에서 "특허권등"이라 한다)가 국내에서 등록되지 아니하였으나 그에 포함된 제조방법·기술·정보 등이 국내에서의 제조·생산과 관련되는 등 국내에서 사실상 실시되거나 사용되는 것을 말한다]

9. 국내원천 유가증권양도소득: 다음 각 목의 어느 하나에 해당하는 주식등(「자본시장과 금융투자업에 관한 법률」에 따른 증권시장에

상장된 부동산주식등을 포함한다) 또는 그 밖의 유가증권(「자본시장과 금융투자업에 관한 법률」 제4조에 따른 증권을 포함한다. 이하 같다)을 양도함으로써 발생하는 소득으로서 대통령령으로 정하는 소득

가. 내국법인이 발행한 주식등과 그 밖의 유가증권

나. 외국법인이 발행한 주식등(「자본시장과 금융투자업에 관한 법률」에 따른 증권시장에 상장된 것으로 한정한다)

다. 외국법인의 국내사업장이 발행한 그 밖의 유가증권

10. 국내원천 기타소득: 제1호부터 제9호까지의 규정에 따른 소득 외의 소득으로서 다음 각 목의 어느 하나에 해당하는 소득

가. 국내에 있는 부동산 및 그 밖의 자산이나 국내에서 경영하는 사업과 관련하여 받은 보험금 · 보상금 또는 손해배상금

나. 국내에서 지급하는 위약금이나 배상금으로서 대통령령으로 정하는 소득

다. 국내에 있는 자산을 증여받아 생기는 소득

라. 국내에서 지급하는 상금 · 현상금 · 포상금, 그 밖에 이에 준하는 소득

마. 국내에서 발견된 매장물로 인한 소득

바. 국내법에 따른 면허 · 허가, 그 밖에 이와 유사한 처분에 의하여 설정된 권리와 부동산 외의 국내자산을 양도함으로써 생기는 소득

사. 국내에서 발행된 복권 · 경품권, 그 밖의 추첨권에 의하여 받는 당첨금품과 승마투표권 · 승자투표권 · 소싸움경기투표권 · 체육진흥투표권의 구매자가 받는 환급금

아. 제67조에 따라 기타소득으로 처분된 금액

자. 대통령령으로 정하는 특수관계인(이하 제98조에서 "국외특수관계인"이라 한다)이 보유하고 있는 내국법인의 주식등이 대통령령으로 정하는 자본거래로 인하여 그 가치가 증가함으로써 발생하는 소득

차. 사용지 기준 조세조약 상대국의 법인이 소유한 특허권등으로서 국내에서 등록되지 아니하고 국외에서 등록된 특허권등을 침해하여 발생하는 손해에 대하여 국내에서 지급하는 손해배상금 · 보상금 · 화해금 · 일실이익 또는 그 밖에 이와 유사한 소득. 이 경우 해

당 특허권등에 포함된 제조방법·기술·정보 등이 국내에서의 제조·생산과 관련되는 등 국내에서 사실상 실시되거나 사용되는 것과 관련되어 지급하는 소득으로 한정한다.

카. 가목부터 차목까지의 소득 외에 국내에서 하는 사업이나 국내에서 제공하는 인적용역 또는 국내에 있는 자산과 관련하여 제공받은 경제적 이익으로 생긴 소득(국가 또는 특별법에 따라 설립된 금융회사 등이 발행한 외화표시채권을 상환함으로써 받은 금액이 그 외화표시채권의 발행가액을 초과하는 경우에는 그 차액을 포함하지 아니한다) 또는 이와 유사한 소득으로서 대통령령으로 정하는 소득

[전문개정 2010. 12. 30.]

[제목개정 2015. 12. 15.]

제93조(외국법인의 국내원천소득) 외국법인의 국내원천소득은 다음 각 호와 같이 구분한다. 〈개정 2011. 12. 31., 2015. 12. 15., 2016. 12. 20., 2018. 12. 24., 2019. 12. 31., 2020. 12. 22., 2022. 12. 31., 2024. 12. 31.〉

1. 국내원천 이자소득: 다음 각 목의 어느 하나에 해당하는 소득으로서 「소득세법」 제16조제1항에 따른 이자소득(같은 항 제7호의 소득은 제외한다)과 그 밖의 대금의 이자 및 신탁의 이익. 다만, 거주자 또는 내국법인의 국외사업장을 위하여 그 국외사업장이 직접 차용한 차입금의 이자는 제외한다.

가. 국가, 지방자치단체, 거주자, 내국법인 또는 외국법인의 국내사업장이나 「소득세법」 제120조에 따른 비거주자의 국내사업장으로부터 지급받는 소득

나. 외국법인 또는 비거주자로부터 지급받는 소득으로서 그 소득을 지급하는 외국법인 또는 비거주자의 국내사업장과 실질적으로 관련하여 그 국내사업장의 소득금액을 계산할 때 필요경비 또는 손금에 산입되는 것

2. 국내원천 배당소득: 내국법인 또는 법인으로 보는 단체나 그 밖에 국내에 소재하는 자로부터 지급받는 다음 각 목의 소득

가. 삭제 〈2024. 12. 31.〉

나. 「소득세법」 제17조제1항에 따른 배당소득(같은 항 제6호에 따른 소득은 제외한다)

다. 삭제 〈2024. 12. 31.〉

라. 삭제 〈2024. 12. 31.〉

마. 「국제조세조정에 관한 법률」 제13조 또는 제22조에 따라 배당으로 처분된 금액

3. 국내원천 부동산소득: 국내에 있는 부동산 또는 부동산상의 권리와 국내에서 취득한 광업권, 조광권(租鑛權), 흙 · 모래 · 돌의 채취에 관한 권리 또는 지하수의 개발 · 이용권의 양도 · 임대 또는 그 밖의 운영으로 인하여 발생하는 소득. 다만, 제7호에 따른 양도소득은 제외한다.

4. 국내원천 선박등임대소득: 거주자, 내국법인 또는 외국법인의 국내사업장이나 「소득세법」 제120조에 따른 비거주자의 국내사업장에 선박, 항공기, 등록된 자동차나 건설기계 또는 산업상 · 상업상 · 과학상의 기계 · 설비 · 장치, 그 밖에 대통령령으로 정하는 용구(用具)를 임대함으로써 발생하는 소득

5. 국내원천 사업소득: 외국법인이 경영하는 사업에서 발생하는 소득(조세조약에 따라 국내원천사업소득으로 과세할 수 있는 소득을 포함한다)으로서 대통령령으로 정하는 소득. 다만, 제6호에 따른 국내원천 인적용역(人的用役)소득은 제외한다.

6. 국내원천 인적용역소득: 국내에서 대통령령으로 정하는 인적용역을 제공함으로써 발생하는 소득(국외에서 제공하는 인적용역 중 대통령령으로 정하는 인적용역을 제공함으로써 발생하는 소득이 조세조약에 따라 국내에서 발생하는 것으로 간주되는 소득을 포함한다). 이 경우 그 인적용역을 제공받는 자가 인적용역의 제공과 관련하여 항공료 등 대통령령으로 정하는 비용을 부담하는 경우에는 그 비용을 제외한 금액을 말한다.

7. 국내원천 부동산등양도소득: 국내에 있는 다음 각 목의 어느 하나에 해당하는 자산 · 권리를 양도함으로써 발생하는 소득

가. 「소득세법」 제94조제1항제1호 · 제2호 및 제4호가목 · 나목에 따른 자산 · 권리

나. 내국법인의 주식등(주식등을 기초로 하여 발행한 예탁증서 및 신주인수권을 포함한다. 이하 이 장에서 같다) 중 양도일이 속하는 사업연도 개시일 현재의 그 법인의 자산총액 중 다음의 가액의 합계액이 100분의 50 이상인 법인의 주식등(이하 이 조에서 "부동산주식등"이라 한다)으로서 「자본시장과 금융투자업에 관한 법률」에

따른 증권시장에 상장되지 아니한 주식등. 이 경우 조세조약의 해석·적용과 관련하여 그 조세조약 상대국과 상호합의에 따라 우리나라에 과세권한이 있는 것으로 인정되는 부동산주식등도 전단의 부동산주식등에 포함한다.

1) 「소득세법」 제94조제1항제1호 및 제2호의 자산가액

2) 내국법인이 보유한 다른 부동산 과다보유 법인의 주식가액에 그 다른 법인의 부동산 보유비율을 곱하여 산출한 가액. 이 경우 부동산 과다보유 법인의 판정 및 부동산 보유비율의 계산방법은 대통령령으로 정한다.

8. 국내원천 사용료소득: 다음 각 목의 어느 하나에 해당하는 권리·자산 또는 정보(이하 이 호에서 "권리등"이라 한다)를 국내에서 사용하거나 그 대가를 국내에서 지급하는 경우 그 대가 및 그 권리등을 양도함으로써 발생하는 소득. 이 경우 제4호에 따른 산업상·상업상·과학상의 기계·설비·장치 등을 임대함으로써 발생하는 소득을 조세조약에서 사용료소득으로 구분하는 경우 그 사용대가를 포함한다.

가. 학술 또는 예술상의 저작물(영화필름을 포함한다)의 저작권, 특허권, 상표권, 디자인, 모형, 도면, 비밀스러운 공식 또는 공정(工程), 라디오·텔레비전방송용 필름 및 테이프, 그 밖에 이와 유사한 자산이나 권리

나. 산업상·상업상·과학상의 지식·경험에 관한 정보 또는 노하우

다. 사용지(使用地)를 기준으로 국내원천소득 해당 여부를 규정하는 조세조약(이하 이 조에서 "사용지 기준 조세조약"이라 한다)에서 사용료의 정의에 포함되는 그 밖에 이와 유사한 재산 또는 권리[특허권, 실용신안권, 상표권, 디자인권 등 그 행사에 등록이 필요한 권리(이하 이 조에서 "특허권등"이라 한다)가 국내에서 등록되지 아니하였으나 그에 포함된 제조방법·기술·정보 등이 국내에서의 제조·생산과 관련되는 등 국내에서 사실상 실시되거나 사용되는 것을 말한다]

9. 국내원천 유가증권양도소득: 다음 각 목의 어느 하나에 해당하는 주식등(「자본시장과 금융투자업에 관한 법률」에 따른 증권시장에 상장된 부동산주식등을 포함한다) 또는 그 밖의 유가증권(「자본시장과

금융투자업에 관한 법률」 제4조에 따른 증권을 포함한다. 이하 같다)을 양도함으로써 발생하는 소득으로서 대통령령으로 정하는 소득

가. 내국법인이 발행한 주식등과 그 밖의 유가증권

나. 외국법인이 발행한 주식등(「자본시장과 금융투자업에 관한 법률」에 따른 증권시장에 상장된 것으로 한정한다)

다. 외국법인의 국내사업장이 발행한 그 밖의 유가증권

10. 국내원천 기타소득: 제1호부터 제9호까지의 규정에 따른 소득 외의 소득으로서 다음 각 목의 어느 하나에 해당하는 소득

가. 국내에 있는 부동산 및 그 밖의 자산이나 국내에서 경영하는 사업과 관련하여 받은 보험금 · 보상금 또는 손해배상금

나. 국내에서 지급하는 위약금이나 배상금으로서 대통령령으로 정하는 소득

다. 국내에 있는 자산을 증여받아 생기는 소득

라. 국내에서 지급하는 상금 · 현상금 · 포상금, 그 밖에 이에 준하는 소득

마. 국내에서 발견된 매장물로 인한 소득

바. 국내법에 따른 면허 · 허가, 그 밖에 이와 유사한 처분에 의하여 설정된 권리와 부동산 외의 국내자산을 양도함으로써 생기는 소득

사. 국내에서 발행된 복권 · 경품권, 그 밖의 추첨권에 의하여 받는 당첨금품과 승마투표권 · 승자투표권 · 소싸움경기투표권 · 체육진흥투표권의 구매자가 받는 환급금

아. 제67조에 따라 기타소득으로 처분된 금액

자. 대통령령으로 정하는 특수관계인(이하 제98조에서 "국외특수관계인"이라 한다)이 보유하고 있는 내국법인의 주식등이 대통령령으로 정하는 자본거래로 인하여 그 가치가 증가함으로써 발생하는 소득

차. 사용지 기준 조세조약 상대국의 법인이 소유한 특허권등으로서 국내에서 등록되지 아니하고 국외에서 등록된 특허권등을 침해하여 발생하는 손해에 대하여 국내에서 지급하는 손해배상금 · 보상금 · 화해금 · 일실이익 또는 그 밖에 이와 유사한 소득. 이 경우 해당 특허권등에 포함된 제조방법 · 기술 · 정보 등이 국내에서의 제조 · 생산과 관련되는 등 국내에서 사실상 실시되거나 사용되는 것과 관련되어 지급하는 소득으로 한정한다.

카. 「소득세법」 제21조제1항제27호에 따른 가상자산소득(외국법인이 가상자산사업자등이 보관·관리하는 가상자산을 인출하는 경우 인출시점을 양도시점으로 보아 대통령령으로 정하는 바에 따라 계산한 금액을 포함한다)

타. 가목부터 카목까지의 소득 외에 국내에서 하는 사업이나 국내에서 제공하는 인적용역 또는 국내에 있는 자산과 관련하여 제공받은 경제적 이익으로 생긴 소득(국가 또는 특별법에 따라 설립된 금융회사 등이 발행한 외화표시채권을 상환함으로써 받은 금액이 그 외화표시채권의 발행가액을 초과하는 경우에는 그 차액을 포함하지 아니한다) 또는 이와 유사한 소득으로서 대통령령으로 정하는 소득

[전문개정 2010. 12. 30.]

[제목개정 2015. 12. 15.]

[시행일: 2027. 1. 1.] 제93조제10호카목, 제93조제10호타목

제93조의2(국외투자기구에 대한 실질귀속자 특례) ① 외국법인이 국외투자기구(투자권유를 하여 모은 금전 등을 재산적 가치가 있는 투자대상자산의 취득, 처분 또는 그 밖의 방법으로 운용하고 그 결과를 투자자에게 배분하여 귀속시키는 투자행위를 하는 기구로서 국외에서 설립된 기구를 말한다. 이하 같다)를 통하여 제93조에 따른 국내원천소득을 지급받는 경우에는 그 외국법인을 국내원천소득의 실질귀속자(그 국내원천소득과 관련하여 법적 또는 경제적 위험을 부담하고 그 소득을 처분할 수 있는 권리를 가지는 등 그 소득에 대한 소유권을 실질적으로 보유하고 있는 자를 말한다. 이하 같다)로 본다. 다만, 국외투자기구가 다음 각 호의 어느 하나에 해당하는 경우(「소득세법」 제2조제3항에 따른 법인으로 보는 단체 외의 법인 아닌 단체인 국외투자기구는 이 항 제2호 및 제3호에 해당하는 경우로 한정한다)에는 그 국외투자기구를 국내원천소득의 실질귀속자로 본다. 〈개정 2021. 12. 21.〉

1. 다음 각 목의 요건을 모두 갖추고 있는 경우

가. 조세조약에 따라 그 설립된 국가에서 납세의무를 부담하는 자에 해당할 것

나. 국내원천소득에 대하여 조세조약이 정하는 비과세·면제 또는 제한세율(조세조약에 따라 체약상대국의 거주자 또는 법인에 과세할 수 있는 최고세율을 말한다. 이하 같다)을 적용받을 수 있는

요건을 갖추고 있을 것

2. 제1호에 해당하지 아니하는 국외투자기구가 조세조약에서 국내원천소득의 수익적 소유자로 취급되는 것으로 규정되고 국내원천소득에 대하여 조세조약이 정하는 비과세 · 면제 또는 제한세율을 적용받을 수 있는 요건을 갖추고 있는 경우

3. 제1호 및 제2호에 해당하지 아니하는 국외투자기구가 그 국외투자기구에 투자한 투자자를 입증하지 못하는 경우(투자자가 둘 이상인 경우로서 투자자 중 일부만 입증하는 경우에는 입증하지 못하는 부분으로 한정한다)

② 제1항제3호에 해당하여 국외투자기구를 국내원천소득의 실질귀속자로 보는 경우에는 그 국외투자기구에 대하여 조세조약에 따른 비과세 · 면제 및 제한세율을 적용하지 아니한다. 〈개정 2020. 12. 22., 2021. 12. 21.〉

[본조신설 2018. 12. 24.]

제93조의3(외국법인의 국채등 이자 · 양도소득에 대한 과세특례 등) ① 제98조제1항에 따른 원천징수의 대상이 되는 외국법인의 소득 중 다음 각 호의 소득에 대해서는 제3조제1항제2호에도 불구하고 법인세를 과세하지 아니한다.

1. 제93조제1호의 국내원천 이자소득 중 「국채법」 제5조제1항에 따라 발행하는 국채, 「한국은행 통화안정증권법」에 따른 통화안정증권 및 대통령령으로 정하는 채권(이하 이 조에서 "국채등"이라 한다)에서 발생하는 소득

2. 제93조제9호의 국내원천 유가증권양도소득 중 국채등의 양도로 발생하는 소득

② 제1항에 따라 법인세를 과세하지 아니하는 국채등에는 대통령령으로 정하는 요건을 갖추어 국세청장의 승인을 받은 외국금융회사등(이하 "적격외국금융회사등"이라 한다)을 통하여 취득 · 보유 · 양도하는 국채등을 포함한다. 이 경우 적격외국금융회사등의 준수사항, 승인 및 승인 취소의 기준 · 절차 등에 관하여 필요한 사항은 대통령령으로 정한다.

③ 외국법인이 국외투자기구를 통하여 제1항 각 호의 소득을 지급받는 경우에는 제93조의2제1항에도 불구하고 해당 국외투자기구를 제1항 각 호의 소득의 실질귀속자로 본다. 〈신설 2024. 12. 31.〉

④ 제1항에 따른 비과세를 적용받으려는 외국법인(제3항에 따라 실질귀속자로 보는 국외투자기구를 포함한다. 이하 이 조에서 같다) 또는 적격외국금융회사등은 대통령령으로 정하는 바에 따라 납세지 관할 세무서장에게 비과세 적용 신청을 하여야 한다. 〈개정 2024. 12. 31.〉

⑤ 내국법인이 국외투자기구를 통하여 지급받는 제1항 각 호의 소득에 대해서는 제73조 및 제73조의2를 적용하지 아니하며, 해당 내국법인이 대통령령으로 정하는 바에 따라 직접 신고·납부하여야 한다. 〈개정 2024. 12. 31.〉

1. 삭제 〈2024. 12. 31.〉
2. 삭제 〈2024. 12. 31.〉

⑥ 제1항에 따른 비과세를 적용받지 못한 외국법인 또는 적격외국금융회사등이 비과세 적용을 받으려는 경우에는 외국법인, 적격외국금융회사등 또는 제1항 각 호의 소득을 지급하는 자가 납세지 관할 세무서장에게 경정을 청구할 수 있다. 〈신설 2024. 12. 31.〉

⑦ 제6항에 따른 경정청구의 기한 및 방법·절차 등에 관하여는 제98조의4제5항부터 제7항까지를 준용한다. 이 경우 제98조의4제5항 본문 중 "제3항에 따라 비과세 또는 면제"는 "제93조의3제1항에 따라 비과세"로, "실질귀속자가 비과세 또는 면제"는 "외국법인 또는 적격외국금융회사등이 비과세"로, "실질귀속자 또는 소득지급자가 제3항"은 "외국법인, 적격외국금융회사등 또는 제1항 각 호의 소득을 지급하는 자가 제98조제1항"으로 본다. 〈신설 2024. 12. 31.〉

[본조신설 2022. 12. 31.]

제94조(외국법인의 국내사업장) ① 외국법인이 국내에 사업의 전부 또는 일부를 수행하는 고정된 장소를 가지고 있는 경우에는 국내사업장이 있는 것으로 한다.

② 제1항에 따른 국내사업장에는 다음 각 호의 어느 하나에 해당하는 장소를 포함하는 것으로 한다.

1. 지점, 사무소 또는 영업소
2. 상점, 그 밖의 고정된 판매장소
3. 작업장, 공장 또는 창고
4. 6개월을 초과하여 존속하는 건축 장소, 건설·조립·설치공사의 현장 또는 이와 관련되는 감독 활동을 수행하는 장소

5. 고용인을 통하여 용역을 제공하는 경우로서 다음 각 목의 어느 하나에 해당되는 장소

가. 용역의 제공이 계속되는 12개월 중 총 6개월을 초과하는 기간 동안 용역이 수행되는 장소

나. 용역의 제공이 계속되는 12개월 중 총 6개월을 초과하지 아니하는 경우로서 유사한 종류의 용역이 2년 이상 계속적·반복적으로 수행되는 장소

6. 광산·채석장 또는 해저천연자원이나 그 밖의 천연자원의 탐사 및 채취 장소[국제법에 따라 우리나라가 영해 밖에서 주권을 행사하는 지역으로서 우리나라의 연안에 인접한 해저지역의 해상(海床)과 하층토(下層土)에 있는 것을 포함한다]

③ 외국법인이 제1항에 따른 고정된 장소를 가지고 있지 아니한 경우에도 다음 각 호의 어느 하나에 해당하는 자 또는 이에 준하는 자로서 대통령령으로 정하는 자를 두고 사업을 경영하는 경우에는 그 자의 사업장 소재지(사업장이 없는 경우에는 주소지로 하고, 주소지가 없는 경우에는 거소지로 한다)에 국내사업장을 둔 것으로 본다. 〈개정 2018. 12. 24.〉

1. 국내에서 그 외국법인을 위하여 다음 각 목의 어느 하나에 해당하는 계약(이하 이 항에서 "외국법인 명의 계약등"이라 한다)을 체결할 권한을 가지고 그 권한을 반복적으로 행사하는 자

가. 외국법인 명의의 계약

나. 외국법인이 소유하는 자산의 소유권 이전 또는 소유권이나 사용권을 갖는 자산의 사용권 허락을 위한 계약

다. 외국법인의 용역제공을 위한 계약

2. 국내에서 그 외국법인을 위하여 외국법인 명의 계약등을 체결할 권한을 가지고 있지 아니하더라도 계약을 체결하는 과정에서 중요한 역할(외국법인이 계약의 중요사항을 변경하지 아니하고 계약을 체결하는 경우로 한정한다)을 반복적으로 수행하는 자

④ 다음 각 호의 장소(이하 이 조에서 "특정 활동 장소"라 한다)가 외국법인의 사업 수행상 예비적 또는 보조적인 성격을 가진 활동을 하기 위하여 사용되는 경우에는 제1항에 따른 국내사업장에 포함되지 아니한다. 〈개정 2018. 12. 24., 2019. 12. 31.〉

1. 외국법인이 자산의 단순한 구입만을 위하여 사용하는 일정한

장소

2. 외국법인이 판매를 목적으로 하지 아니하는 자산의 저장이나 보관만을 위하여 사용하는 일정한 장소

3. 외국법인이 광고, 선전, 정보의 수집 및 제공, 시장조사, 그 밖에 이와 유사한 활동만을 위하여 사용하는 일정한 장소

4. 외국법인이 자기의 자산을 타인으로 하여금 가공하게 할 목적으로만 사용하는 일정한 장소

⑤ 제4항에도 불구하고 특정 활동 장소가 다음 각 호의 어느 하나에 해당하는 경우에는 제1항에 따른 국내사업장에 포함한다. 〈신설 2018. 12. 24., 2019. 12. 31.〉

1. 외국법인 또는 대통령령으로 정하는 특수관계가 있는 외국법인(비거주자를 포함한다. 이하 이 항에서 "특수관계가 있는 자"라 한다)이 특정 활동 장소와 같은 장소 또는 국내의 다른 장소에서 사업을 수행하고 다음 각 목의 요건을 모두 충족하는 경우

가. 특정 활동 장소와 같은 장소 또는 국내의 다른 장소에 해당 외국법인 또는 특수관계가 있는 자의 국내사업장이 존재할 것

나. 특정 활동 장소에서 수행하는 활동과 가목의 국내사업장에서 수행하는 활동이 상호 보완적일 것

2. 외국법인 또는 특수관계가 있는 자가 특정 활동 장소와 같은 장소 또는 국내의 다른 장소에서 상호 보완적인 활동을 수행하고 각각의 활동을 결합한 전체적인 활동이 외국법인 또는 특수관계가 있는 자의 사업 활동에 비추어 예비적 또는 보조적인 성격을 가진 활동에 해당하지 아니하는 경우

[전문개정 2010. 12. 30.]

제94조의2(외국법인연락사무소 자료 제출) ① 외국법인이 국내에서 수익을 발생시키는 영업활동을 영위하지 아니하고 업무연락, 시장조사 등 대통령령으로 정하는 비영업적 기능만을 수행하는 사무소(제94조에 따른 국내사업장에 해당하지 아니하는 것을 말하며, 이하 이 조에서 "외국법인연락사무소"라 한다)를 국내에 두고 있는 경우에는 대통령령으로 정하는 현황 자료를 그 다음 연도 2월 10일까지 대통령령으로 정하는 바에 따라 외국법인연락사무소 소재지 관할 세무서장에게 제출하여야 한다. 〈개정 2022. 12. 31.〉

② 외국법인연락사무소는 제121조제5항 본문에 따라 발급받은 계

산서의 매입처별합계표를 외국법인연락사무소 소재지 관할 세무서장에게 제출하여야 한다. 〈신설 2022. 12. 31.〉

③ 제2항에 따른 계산서의 매입처별합계표 제출에 관하여는 제121조제5항, 제6항 및 제8항을 준용한다. 〈신설 2022. 12. 31.〉

[본조신설 2021. 12. 21.]

[제목개정 2022. 12. 31.]

제2절 세액의 계산 〈개정 2010. 12. 30.〉

제95조(세율) 제91조제1항에 따른 외국법인과 같은 조 제2항 및 제3항에 따른 외국법인으로서 제93조제7호에 따른 국내원천 부동산등 양도소득이 있는 외국법인의 각 사업연도의 소득에 대한 법인세는 제91조에 따른 과세표준의 금액에 제55조를 적용하여 계산한 금액(제95조의2에 따른 토지등의 양도소득에 대한 법인세액이 있는 경우에는 이를 합한 금액으로 한다)으로 한다. 〈개정 2018. 12. 24.〉

[전문개정 2010. 12. 30.]

제95조의2(외국법인의 토지등 양도소득에 대한 과세특례) 제91조제1항에 따른 외국법인 및 같은 조 제2항에 따른 외국법인의 토지등의 양도소득에 대한 법인세의 납부에 관하여는 제55조의2를 준용한다. 이 경우 제91조제2항에 따른 외국법인의 토지등 양도소득은 제92조제3항을 준용하여 계산한 금액으로 한다.

[전문개정 2010. 12. 30.]

제96조(외국법인의 국내사업장에 대한 과세특례) ① 외국법인(비영리외국법인은 제외한다)의 국내사업장은 우리나라와 그 외국법인의 본점 또는 주사무소가 있는 해당 국가(이하 이 조에서 "거주지국"이라 한다)와 체결한 조세조약에 따라 제2항에 따른 과세대상 소득금액(우리나라와 그 외국법인의 거주지국과 체결한 조세조약에서 이윤의 송금액에 대하여 과세할 수 있도록 규정하고 있는 경우에는 대통령령으로 정하는 송금액으로 한다)에 제3항에 따른 세율을 적용하여 계산한 세액을 제95조에 따른 법인세에 추가하여 납부하여야 한다. 다만, 그 외국법인의 거주지국이 그 국가에 있는 우리나라의 법인의 국외사업장에 대하여 추가하여 과세하지 아니하는 경우에는 그러하지 아니하다.

② 제1항의 과세대상 소득금액은 해당 국내사업장의 각 사업연도

의 소득금액에서 다음 각 호의 금액을 뺀 금액으로 한다. 〈개정 2011. 12. 31., 2014. 1. 1., 2018. 12. 24., 2020. 12. 22.〉

1. 제95조에 따른 법인세에 가목의 금액을 빼고 나목의 금액을 더한 금액

가. 제97조제1항에 따라 준용되는 제57조제1항에 따른 외국납부세액공제, 제58조에 따른 재해손실에 대한 세액공제와 다른 법률에 따른 감면세액 · 세액공제액

나. 제75조, 제75조의2부터 제75조의9까지 및 「국세기본법」 제47조의2부터 제47조의5까지의 규정에 따른 가산세와 이 법 또는 「조세특례제한법」에 따른 추가 납부세액

2. 법인지방소득세

3. 해당 국내사업장이 사업을 위하여 재투자할 것으로 인정되는 금액 등 대통령령으로 정하는 금액

4. 「국제조세조정에 관한 법률」 제22조에 따라 손금에 산입되지 아니한 금액

③ 제1항에서 적용되는 세율은 제98조제1항제2호에 따른 세율로 하되, 우리나라와 해당 외국법인의 거주지국이 체결한 조세조약으로 세율을 따로 정하는 경우에는 그 조약에 따른다. 〈개정 2018. 12. 24.〉

[전문개정 2010. 12. 30.]

제3절 신고 · 납부 · 결정 · 경정 및 징수 〈개정 2010. 12. 30.〉

제97조(신고 · 납부 · 결정 · 경정 및 징수) ① 제91조제1항에 해당하는 외국법인과 같은 조 제2항 및 제3항에 해당하는 외국법인으로서 제93조제7호에 따른 국내원천 부동산등양도소득이 있는 외국법인(이하 이 항에서 "외국법인등"이라 한다)의 각 사업연도의 소득에 대한 법인세의 신고 · 납부 · 결정 · 경정 및 징수에 대하여는 이 절에서 규정하는 것을 제외하고는 다음 각 호의 구분에 따른 규정을 준용한다. 이 경우 제64조를 준용할 때 외국법인등의 각 사업연도 소득에 대한 법인세 과세표준에 제98조제1항제5호 또는 같은 조 제8항에 따라 원천징수된 소득이 포함되어 있는 경우에는 그 원천징수세액을 제64조제1항제4호에 따라 공제되는 세액으로 본다. 〈개정

2013. 1. 1., 2016. 12. 20., 2018. 12. 24., 2020. 12. 22.〉

1. 세액공제와 세액감면의 경우: 제57조제1항ㆍ제2항, 제58조, 제58조의3 및 제59조

2. 신고와 납부의 경우: 제60조(같은 조 제2항제1호에 따른 이익잉여금처분계산서 또는 결손금처리계산서는 제외한다), 제62조 및 제64조

3. 중간예납의 경우: 제63조 및 제63조의2

4. 과세표준의 결정과 경정의 경우: 제66조부터 제70조까지

5. 세액의 징수와 환급의 경우: 제71조

6. 원천징수의 경우: 제73조, 제73조의2 및 제74조

7. 가산세의 경우: 제75조 및 제75조의2부터 제75조의9까지

② 제1항에 따라 각 사업연도의 소득에 대한 법인세의 과세표준을 신고하여야 할 외국법인이 대통령령으로 정하는 사유로 그 신고기한까지 신고서를 제출할 수 없는 경우에는 제1항에도 불구하고 대통령령으로 정하는 바에 따라 납세지 관할 세무서장 또는 관할지방국세청장의 승인을 받아 그 신고기한을 연장할 수 있다.

③ 제2항에 따라 신고기한의 연장승인을 받은 외국법인이 신고세액을 납부할 때에는 기한 연장일수에 금융회사 등의 이자율을 고려하여 대통령령으로 정하는 이율을 적용하여 계산한 금액을 가산하여 납부하여야 한다.

④ 제3항에 따라 가산할 금액을 계산할 때의 기한 연장일수는 제60조에 따른 신고기한의 다음 날부터 연장승인을 받은 날까지의 일수로 한다. 다만, 연장승인 기한에 신고 및 납부가 이루어진 경우에는 그 날까지의 일수로 한다.

⑤ 제98조, 제98조의3, 제98조의5 또는 제98조의6에 따른 원천징수세액이 1천원 미만인 경우에는 해당 법인세를 징수하지 아니한다. 〈신설 2013. 1. 1.〉

[전문개정 2010. 12. 30.]

제98조(외국법인에 대한 원천징수 또는 징수의 특례) ① 외국법인에 대하여 제93조제1호ㆍ제2호 및 제4호부터 제10호까지의 규정에 따른 국내원천소득으로서 국내사업장과 실질적으로 관련되지 아니하거나 그 국내사업장에 귀속되지 아니하는 소득의 금액(국내사업장이 없는 외국법인에 지급하는 금액을 포함한다)을 지급하는 자(제93조

제7호에 따른 국내원천 부동산등양도소득의 금액을 지급하는 거주자 및 비거주자는 제외한다)는 제97조에도 불구하고 그 지급을 할 때에 다음 각 호의 구분에 따른 금액을 해당 법인의 각 사업연도의 소득에 대한 법인세로서 원천징수하여 그 원천징수한 날이 속하는 달의 다음 달 10일까지 대통령령으로 정하는 바에 따라 납세지 관할 세무서등에 납부하여야 한다. 〈개정 2013. 1. 1., 2016. 12. 20., 2018. 12. 24., 2019. 12. 31.〉

1. 제93조제1호에 따른 국내원천 이자소득: 다음 각 목의 구분에 따른 금액

가. 국가 · 지방자치단체 및 내국법인이 발행하는 채권에서 발생하는 이자소득: 지급금액의 100분의 14

나. 가목 외의 이자소득: 지급금액의 100분의 20

2. 제93조제2호에 따른 국내원천 배당소득: 지급금액의 100분의 20

3. 제93조제4호에 따른 국내원천 선박등임대소득 및 같은 조 제5호에 따른 국내원천 사업소득(조세조약에 따라 국내원천 사업소득으로 과세할 수 있는 소득은 제외한다): 지급금액의 100분의 2

4. 제93조제6호에 따른 국내원천 인적용역소득: 지급금액의 100분의 20. 다만, 국외에서 제공하는 인적용역 중 대통령령으로 정하는 인적용역을 제공함으로써 발생하는 소득이 조세조약에 따라 국내에서 발생하는 것으로 보는 소득에 대해서는 그 지급금액의 100분의 3으로 한다.

5. 제93조제7호에 따른 국내원천 부동산등양도소득: 지급금액의 100분의 10. 다만, 양도한 자산의 취득가액 및 양도비용이 확인되는 경우에는 그 지급금액의 100분의 10에 상당하는 금액과 그 자산의 양도차익의 100분의 20에 상당하는 금액 중 적은 금액으로 한다.

6. 제93조제8호에 따른 국내원천 사용료소득: 지급금액의 100분의 20

7. 제93조제9호에 따른 국내원천 유가증권양도소득: 지급금액(제92조제2항제2호에 해당하는 경우에는 같은 호의 "정상가격"을 말한다. 이하 이 호에서 같다)의 100분의 10. 다만, 제92조제2항제1호 단서에 따라 해당 유가증권의 취득가액 및 양도비용이 확인되는 경

우에는 그 지급금액의 100분의 10에 상당하는 금액과 같은 호 단서에 따라 계산한 금액의 100분의 20에 상당하는 금액 중 적은 금액으로 한다.

8. 제93조제10호에 따른 국내원천 기타소득: 지급금액(같은 호 다목의 소득에 대해서는 대통령령으로 정하는 금액)의 100분의 20. 다만, 제93조제10호차목의 소득에 대해서는 그 지급금액의 100분의 15로 한다.

② 삭제 〈2022. 12. 31.〉

③ 삭제 〈2011. 12. 31.〉

④ 납세지 관할 세무서장은 원천징수의무자가 제1항 및 제5항부터 제12항까지의 규정에 따라 외국법인의 각 사업연도의 소득에 대한 법인세로서 원천징수하여야 할 금액을 원천징수하지 아니하였거나 원천징수한 금액을 제1항에 따른 기한까지 납부하지 아니하면 지체 없이 국세징수의 예에 따라 원천징수의무자로부터 그 징수하는 금액에 「국세기본법」 제47조의5제1항에 따른 금액을 가산하여 법인세로 징수하여야 한다. 〈개정 2011. 12. 31.〉

⑤ 국내사업장을 가지고 있지 아니한 외국법인에 외국 차관자금으로서 제93조제1호 · 제5호 · 제6호 및 제8호에 따른 국내원천소득의 금액을 지급하는 자는 해당 계약조건에 따라 그 소득금액을 자기가 직접 지급하지 아니하는 경우에도 그 계약상의 지급조건에 따라 그 소득금액이 지급될 때마다 제1항에 따른 원천징수를 하여야 한다.

⑥ 외국을 항행하는 선박이나 항공기를 운영하는 외국법인의 국내대리점으로서 제94조제3항에 해당하지 아니하는 자가 그 외국법인에 외국을 항행하는 선박이나 항공기의 항행에서 생기는 소득을 지급할 때에는 제1항에 따라 그 외국법인의 국내원천소득 금액에 대하여 원천징수하여야 한다.

⑦ 제93조제9호에 따른 유가증권을 「자본시장과 금융투자업에 관한 법률」에 따른 투자매매업자 또는 투자중개업자를 통하여 양도하는 경우에는 그 투자매매업자 또는 투자중개업자가 제1항에 따라 원천징수를 하여야 한다. 다만, 「자본시장과 금융투자업에 관한 법률」에 따라 주식을 상장하는 경우로서 이미 발행된 주식을 양도하는 경우에는 그 주식을 발행한 법인이 원천징수하여야 한다.

⑧ 외국법인에 건축, 건설, 기계장치 등의 설치 · 조립, 그 밖의 작

업이나 그 작업의 지휘·감독 등에 관한 용역을 제공함으로써 발생하는 국내원천소득 또는 제93조제6호에 따라 인적용역을 제공함에 따른 국내원천소득(조세조약에서 사업소득으로 구분하는 경우를 포함한다)의 금액을 지급하는 자는 그 소득이 국내사업장에 귀속되는 경우에도 제1항에 따른 원천징수를 하여야 한다. 다만, 그 국내사업장이 제111조에 따라 사업자등록을 한 경우는 제외한다. 〈개정 2014. 1. 1.〉

⑨ 제1항에 따른 국내원천소득이 국외에서 지급되는 경우 그 지급자가 국내에 주소, 거소, 본점, 주사무소 또는 국내사업장(「소득세법」 제120조에 따른 국내사업장을 포함한다)을 둔 경우에는 그 지급자가 그 국내원천소득 금액을 국내에서 지급하는 것으로 보아 제1항을 적용한다.

⑩ 외국법인이 「민사집행법」에 따른 경매 또는 「국세징수법」에 따른 공매로 인하여 제93조에 따른 국내원천소득을 지급받는 경우에는 해당 경매대금을 배당하거나 공매대금을 배분하는 자가 해당 외국법인에 실제로 지급하는 금액의 범위에서 제1항에 따라 원천징수를 하여야 한다. 〈개정 2014. 1. 1.〉

⑪ 제1항 및 제5항부터 제10항까지의 규정에 따른 원천징수의무자를 대리하거나 그 위임을 받은 자의 행위는 수권 또는 위임의 범위에서 본인 또는 위임인의 행위로 보아 제1항 및 제5항부터 제10항까지의 규정을 적용한다.

⑫ 금융회사 등이 내국인이 발행한 어음이나 채무증서를 인수·매매·중개 또는 대리하는 경우에는 그 금융회사 등과 해당 내국인 간에 대리 또는 위임의 관계가 있는 것으로 보아 제11항을 적용한다.

⑬ 원천징수의무자가 제1항 및 제5항부터 제12항까지의 규정에 따라 법인세를 원천징수할 때에는 대통령령으로 정하는 바에 따라 그 지급금액과 그 밖에 필요한 사항을 적은 원천징수영수증을 그 지급받는 자에게 발급하여야 한다.

⑭ 제93조제10호자목에 따른 국내원천소득은 주식등을 발행한 내국법인이 그 주식등을 보유하고 있는 국외특수관계인으로부터 대통령령으로 정하는 시기에 원천징수하여야 한다. 〈개정 2011. 12. 31.〉

⑮ 제14항에 따른 원천징수의 구체적인 방법은 대통령령으로 정한다.

[전문개정 2010. 12. 30.]

제98조(외국법인에 대한 원천징수 또는 징수의 특례) ① 외국법인에 대하여 제93조제1호·제2호 및 제4호부터 제10호까지의 규정에 따른 국내원천소득으로서 국내사업장과 실질적으로 관련되지 아니하거나 그 국내사업장에 귀속되지 아니하는 소득의 금액(국내사업장이 없는 외국법인에 지급하는 금액을 포함한다)을 지급하는 자(제93조제7호에 따른 국내원천 부동산등양도소득의 금액을 지급하는 거주자 및 비거주자는 제외한다)는 제97조에도 불구하고 그 지급을 할 때에 다음 각 호의 구분에 따른 금액을 해당 법인의 각 사업연도의 소득에 대한 법인세로서 원천징수하여 그 원천징수한 날이 속하는 달의 다음 달 10일까지 대통령령으로 정하는 바에 따라 납세지 관할 세무서등에 납부하여야 한다. 〈개정 2013. 1. 1., 2016. 12. 20., 2018. 12. 24., 2019. 12. 31., 2020. 12. 22.〉

1. 제93조제1호에 따른 국내원천 이자소득: 다음 각 목의 구분에 따른 금액

가. 국가·지방자치단체 및 내국법인이 발행하는 채권에서 발생하는 이자소득: 지급금액의 100분의 14

나. 가목 외의 이자소득: 지급금액의 100분의 20

2. 제93조제2호에 따른 국내원천 배당소득: 지급금액의 100분의 20

3. 제93조제4호에 따른 국내원천 선박등임대소득 및 같은 조 제5호에 따른 국내원천 사업소득(조세조약에 따라 국내원천 사업소득으로 과세할 수 있는 소득은 제외한다): 지급금액의 100분의 2

4. 제93조제6호에 따른 국내원천 인적용역소득: 지급금액의 100분의 20. 다만, 국외에서 제공하는 인적용역 중 대통령령으로 정하는 인적용역을 제공함으로써 발생하는 소득이 조세조약에 따라 국내에서 발생하는 것으로 보는 소득에 대해서는 그 지급금액의 100분의 3으로 한다.

5. 제93조제7호에 따른 국내원천 부동산등양도소득: 지급금액의 100분의 10. 다만, 양도한 자산의 취득가액 및 양도비용이 확인되는 경우에는 그 지급금액의 100분의 10에 상당하는 금액과 그 자산의 양도차익의 100분의 20에 상당하는 금액 중 적은 금액으로 한다.

6. 제93조제8호에 따른 국내원천 사용료소득: 지급금액의 100분의 20

7. 제93조제9호에 따른 국내원천 유가증권양도소득: 지급금액(제92조제2항제2호에 해당하는 경우에는 같은 호의 "정상가격"을 말한다. 이하 이 호에서 같다)의 100분의 10. 다만, 제92조제2항제1호 가목에 따라 해당 유가증권의 취득가액 및 양도비용이 확인되는 경우에는 그 지급금액의 100분의 10에 상당하는 금액과 같은 호 단서에 따라 계산한 금액의 100분의 20에 상당하는 금액 중 적은 금액으로 한다.

8. 제93조제10호에 따른 국내원천 기타소득: 다음 각 목의 구분에 따른 금액

가. 제93조제10호차목의 소득: 지급금액의 100분의 15

나. 제93조제10호카목의 소득: 다음의 구분에 따른 금액. 다만, 가상자산을 교환하거나 인출하는 경우에는 다음의 구분에 상당하는 금액으로서 가상자산 단위로 표시한 대통령령으로 정하는 금액으로 한다.

1) 제92조제2항제1호나목에 따라 가상자산의 취득가액 등이 확인되는 경우: 지급금액의 100분의 10에 해당하는 금액과 같은 목에 따라 계산한 금액의 100분의 20에 해당하는 금액 중 적은 금액

2) 제92조제2항제1호나목에 따른 가상자산의 취득가액 등이 확인되지 아니한 경우: 지급금액의 100분의 10

다. 가목 및 나목 외의 기타소득: 지급금액(제93조제10호다목의 소득에 대해서는 대통령령으로 정하는 금액)의 100분의 20

② 삭제 〈2022. 12. 31.〉

③ 삭제 〈2011. 12. 31.〉

④ 납세지 관할 세무서장은 원천징수의무자가 제1항 및 제5항부터 제12항까지의 규정에 따라 외국법인의 각 사업연도의 소득에 대한 법인세로서 원천징수하여야 할 금액을 원천징수하지 아니하였거나 원천징수한 금액을 제1항에 따른 기한까지 납부하지 아니하면 지체 없이 국세징수의 예에 따라 원천징수의무자로부터 그 징수하는 금액에 「국세기본법」 제47조의5제1항에 따른 금액을 가산하여 법인세로 징수하여야 한다. 〈개정 2011. 12. 31.〉

⑤ 국내사업장을 가지고 있지 아니한 외국법인에 외국 차관자금으로서 제93조제1호·제5호·제6호 및 제8호에 따른 국내원천소득의 금액을 지급하는 자는 해당 계약조건에 따라 그 소득금액을 자기가 직접 지급하지 아니하는 경우에도 그 계약상의 지급조건에 따라 그

소득금액이 지급될 때마다 제1항에 따른 원천징수를 하여야 한다.

⑥ 외국을 항행하는 선박이나 항공기를 운영하는 외국법인의 국내대리점으로서 제94조제3항에 해당하지 아니하는 자가 그 외국법인에 외국을 항행하는 선박이나 항공기의 항행에서 생기는 소득을 지급할 때에는 제1항에 따라 그 외국법인의 국내원천소득 금액에 대하여 원천징수하여야 한다.

⑦ 제93조제9호에 따른 유가증권을 「자본시장과 금융투자업에 관한 법률」에 따른 투자매매업자 또는 투자중개업자를 통하여 양도하는 경우에는 그 투자매매업자 또는 투자중개업자가 제1항에 따라 원천징수를 하여야 한다. 다만, 「자본시장과 금융투자업에 관한 법률」에 따라 주식을 상장하는 경우로서 이미 발행된 주식을 양도하는 경우에는 그 주식을 발행한 법인이 원천징수하여야 한다.

⑧ 외국법인에 건축, 건설, 기계장치 등의 설치·조립, 그 밖의 작업이나 그 작업의 지휘·감독 등에 관한 용역을 제공함으로써 발생하는 국내원천소득 또는 제93조제6호에 따라 인적용역을 제공함에 따른 국내원천소득(조세조약에서 사업소득으로 구분하는 경우를 포함한다)의 금액을 지급하는 자는 그 소득이 국내사업장에 귀속되는 경우에도 제1항에 따른 원천징수를 하여야 한다. 다만, 그 국내사업장이 제111조에 따라 사업자등록을 한 경우는 제외한다. 〈개정 2014. 1. 1.〉

⑨ 제1항에 따른 국내원천소득이 국외에서 지급되는 경우 그 지급자가 국내에 주소, 거소, 본점, 주사무소 또는 국내사업장(「소득세법」 제120조에 따른 국내사업장을 포함한다)을 둔 경우에는 그 지급자가 그 국내원천소득 금액을 국내에서 지급하는 것으로 보아 제1항을 적용한다.

⑩ 외국법인이 「민사집행법」에 따른 경매 또는 「국세징수법」에 따른 공매로 인하여 제93조에 따른 국내원천소득을 지급받는 경우에는 해당 경매대금을 배당하거나 공매대금을 배분하는 자가 해당 외국법인에 실제로 지급하는 금액의 범위에서 제1항에 따라 원천징수를 하여야 한다. 〈개정 2014. 1. 1.〉

⑪ 제1항 및 제5항부터 제10항까지의 규정에 따른 원천징수의무자를 대리하거나 그 위임을 받은 자의 행위는 수권 또는 위임의 범위에서 본인 또는 위임인의 행위로 보아 제1항 및 제5항부터 제10

항까지의 규정을 적용한다.

⑫ 금융회사 등이 내국인이 발행한 어음이나 채무증서를 인수·매매·중개 또는 대리하는 경우에는 그 금융회사 등과 해당 내국인 간에 대리 또는 위임의 관계가 있는 것으로 보아 제11항을 적용한다.

⑬ 원천징수의무자가 제1항, 제5항부터 제12항까지 및 제16항에 따라 법인세를 원천징수할 때에는 대통령령으로 정하는 바에 따라 그 지급금액과 그 밖에 필요한 사항을 적은 원천징수영수증을 그 지급받는 자에게 발급하여야 한다. 〈개정 2020. 12. 22.〉

⑭ 제93조제10호자목에 따른 국내원천소득은 주식등을 발행한 내국법인이 그 주식등을 보유하고 있는 국외특수관계인으로부터 대통령령으로 정하는 시기에 원천징수하여야 한다. 〈개정 2011. 12. 31.〉

⑮ 제14항에 따른 원천징수의 구체적인 방법은 대통령령으로 정한다.

⑯ 제1항에도 불구하고 가상자산사업자등을 통하여 발생하는 제93조제10호카목에 따른 외국법인의 국내원천 기타소득은 가상자산사업자등이 제1항제8호나목에 따른 금액을 원천징수하여 가상자산 또는 현금을 인출하는 달의 다음 달 10일(매년 1월 1일부터 12월 31일까지 인출하지 아니한 경우 그 다음연도 1월 10일)까지 대통령령으로 정하는 바에 따라 납세지 관할 세무서등에 납부하여야 한다. 〈신설 2020. 12. 22.〉

⑰ 제16항을 적용할 때 가상자산을 양도·대여·인출하는 자가 제1항제8호나목의 원천징수 대상에 해당하는지 여부에 대하여 가상자산사업자등이 확인하는 방법은 대통령령으로 정한다. 〈신설 2020. 12. 22.〉

[전문개정 2010. 12. 30.]

[시행일: 2027. 1. 1.] 제98조

제98조의2(외국법인의 유가증권 양도소득 등에 대한 신고·납부 등의 특례) ① 국내사업장이 없는 외국법인은 동일한 내국법인의 주식 또는 출자증권을 동일한 사업연도(그 주식 또는 출자증권을 발행한 내국법인의 사업연도를 말한다. 이하 이 조에서 같다)에 2회 이상 양도함으로써 조세조약에서 정한 과세기준을 충족하게 된 경우에는 양도 당시 원천징수되지 아니한 소득(이하 이 조에서 "소득"이라 한다)에 대한 원천징수세액 상당액을 양도일이 속하는 사업연도의 종

료일부터 3개월 이내에 대통령령으로 정하는 바에 따라 납세지 관할 세무서장에게 신고·납부하여야 한다.

② 제1항은 국내사업장이 있는 외국법인의 소득으로서 그 국내사업장과 실질적으로 관련되지 아니하거나 그 국내사업장에 귀속되지 아니한 소득에 대하여도 준용한다.

③ 국내사업장이 없는 외국법인은 주식·출자증권 또는 그 밖의 유가증권(이하 이 항에서 "주식등"이라 한다)을 국내사업장이 없는 비거주자나 외국법인에 양도하는 경우로서 대통령령으로 정하는 경우에는 그 양도로 인하여 발생하는 소득에 대하여 제98조제1항제7호에 따른 비율을 곱하여 산출한 금액을 지급받은 날이 속하는 달의 다음다음 달 10일까지 대통령령으로 정하는 바에 따라 납세지 관할 세무서장에게 신고·납부하여야 한다. 다만, 주식등의 양도에 따른 소득의 금액을 지급하는 자가 제98조에 따라 해당 주식등의 양도로 발생한 국내원천소득에 대한 법인세를 원천징수하여 납부한 경우에는 그러하지 아니하다. 〈개정 2018. 12. 24.〉

④ 국내사업장이 없는 외국법인이 국내에 있는 자산을 국내사업장이 없는 비거주자나 외국법인으로부터 증여받아 제93조제10호다목에 따른 소득이 발생하는 경우에는 제98조제1항제8호에 따른 금액을 증여받는 날이 속하는 달의 말일부터 3개월 이내에 대통령령으로 정하는 바에 따라 납세지 관할 세무서장에게 신고·납부하여야 한다. 다만, 국내에 있는 자산을 증여하는 자가 제98조에 따라 국내원천소득에 대한 법인세를 원천징수하여 납부한 경우에는 그러하지 아니하다. 〈신설 2011. 12. 31., 2018. 12. 24.〉

⑤ 납세지 관할 세무서장은 외국법인이 제1항부터 제4항까지의 규정에 따른 신고·납부를 하지 아니하거나 신고하여야 할 과세표준보다 낮게 신고한 경우 또는 납부하여야 할 세액보다 적게 납부한 경우에는 제66조를 준용하여 징수하여야 한다. 〈개정 2011. 12. 31.〉

[전문개정 2010. 12. 30.]

[제목개정 2011. 12. 31.]

제98조의3(외국법인의 원천징수대상채권등에 대한 원천징수의 특례) ① 외국법인(제98조제1항을 적용받는 외국법인을 말한다. 이하 이 조에서 같다)에게 원천징수대상채권등의 이자등을 지급하는 자 또는 원천징수대상채권등의 이자등을 지급받기 전에 외국법인으로부터 원

천징수대상채권등을 매수(중개·알선, 그 밖에 대통령령으로 정하는 경우를 포함하되, 환매조건부 채권매매 거래 등 대통령령으로 정하는 경우는 제외한다. 이하 이 조에서 같다)하는 자는 그 외국법인의 보유기간을 고려하여 대통령령으로 정하는 바에 따라 원천징수하여야 한다. 〈개정 2010. 12. 30.〉

② 삭제 〈2004. 12. 31.〉

③ 제1항에 따른 원천징수를 하여야 할 자를 대리하거나 그 위임을 받는 자의 행위는 수권 또는 위임의 범위에서 본인이나 위임인의 행위로 보아 제1항을 적용한다. 〈개정 2010. 12. 30.〉

④ 금융회사 등이 내국인이나 외국법인이 발행한 원천징수대상채권등을 인수·매매·중개 또는 대리하는 경우에는 그 금융회사 등과 제1항의 원천징수의무자 및 원천징수대상채권등을 매도하는 외국법인 간에 대리 또는 위임의 관계가 있는 것으로 보아 제3항을 적용한다. 〈개정 2010. 12. 30.〉

⑤ 제1항부터 제4항까지의 규정을 적용할 때 원천징수세액의 납부기한, 가산세의 납부 및 징수에 관하여는 제98조제1항부터 제3항까지의 규정을 준용한다. 〈개정 2010. 12. 30.〉

⑥ 제1항을 적용할 때 이자소득의 지급시기, 원천징수대상채권등의 보유기간의 계산, 원천징수세액의 계산 및 납부와 원천징수의무자의 범위, 원천징수영수증의 발급 등에 관하여 필요한 사항은 대통령령으로 정한다. 〈개정 2010. 12. 30.〉

[본조신설 2000. 12. 29.]

[제목개정 2010. 12. 30.]

제98조의4(외국법인에 대한 조세조약상 비과세 또는 면제 적용 신청) ① 제93조에 따른 국내원천소득(같은 조 제5호에 따른 국내원천사업소득 및 같은 조 제6호에 따른 국내원천 인적용역소득은 제외한다)의 실질귀속자인 외국법인이 조세조약에 따라 비과세 또는 면제를 적용받으려는 경우에는 대통령령으로 정하는 바에 따라 비과세·면제신청서 및 국내원천소득의 실질귀속자임을 증명하는 서류(이하 이 조에서 "신청서등"이라 한다)를 국내원천소득을 지급하는 자(이하 이 조에서 "소득지급자"라 한다)에게 제출하고 해당 소득지급자는 그 신청서등을 납세지 관할 세무서장에게 제출하여야 한다. 이 경우 제93조의2제1항제1호에 해당하여 국외투자기구를 국내원천소

득의 실질귀속자로 보는 경우에는 그 국외투자기구에 투자한 투자자의 국가별 현황 등이 포함된 국외투자기구 신고서를 함께 제출하여야 한다. 〈개정 2018. 12. 24., 2022. 12. 31.〉

② 제1항을 적용할 때 해당 국내원천소득이 국외투자기구를 통하여 지급되는 경우에는 그 국외투자기구가 대통령령으로 정하는 바에 따라 실질귀속자로부터 신청서등을 제출받아 이를 그 명세가 포함된 국외투자기구 신고서와 함께 소득지급자에게 제출하고 해당 소득지급자는 그 신고서와 신청서등을 납세지 관할 세무서장에게 제출하여야 한다. 〈개정 2018. 12. 24., 2022. 12. 31.〉

③ 제1항 또는 제2항에 따라 실질귀속자 또는 국외투자기구로부터 신청서등을 제출받은 소득지급자는 제출된 신청서등에 누락된 사항이나 미비한 사항이 있으면 보완을 요구할 수 있으며, 실질귀속자 또는 국외투자기구로부터 신청서등 또는 국외투자기구 신고서를 제출받지 못하거나 제출된 서류를 통해서는 실질귀속자를 파악할 수 없는 등 대통령령으로 정하는 사유에 해당하는 경우에는 비과세 또는 면제를 적용하지 아니하고 제98조제1항 각 호의 금액을 원천징수하여야 한다. 〈개정 2022. 12. 31.〉

④ 제1항 또는 제2항에 따라 신청서등을 제출받은 납세지 관할 세무서장은 비과세 또는 면제요건 충족 여부를 검토한 결과 비과세·면제 요건이 충족되지 아니하거나 해당 신청서의 내용이 사실과 다르다고 인정되는 경우에는 제98조제4항에 따라 같은 항에 따른 세액을 소득지급자로부터 징수하여야 한다. 이 경우 신청서등에 기재된 내용만으로는 비과세·면제 요건의 충족 여부를 판단할 수 없는 경우에는 상당한 기한을 정하여 소득지급자에게 관련 서류의 보완을 요구할 수 있다. 〈신설 2022. 12. 31.〉

⑤ 제3항에 따라 비과세 또는 면제를 적용받지 못한 실질귀속자가 비과세 또는 면제를 적용받으려는 경우에는 실질귀속자 또는 소득지급자가 제3항에 따라 세액이 원천징수된 날이 속하는 달의 다음 달 11일부터 5년 이내에 대통령령으로 정하는 바에 따라 소득지급자의 납세지 관할 세무서장에게 경정을 청구할 수 있다. 다만, 「국세기본법」 제45조의2제2항 각 호의 어느 하나에 해당하는 사유가 발생하였을 때에는 본문에도 불구하고 그 사유가 발생한 것을 안 날부터 3개월 이내에 경정을 청구할 수 있다. 〈개정 2016. 12.

20., 2019. 12. 31., 2022. 12. 31., 2023. 12. 31.〉

⑥ 제5항에 따라 경정을 청구받은 세무서장은 청구를 받은 날부터 6개월 이내에 과세표준과 세액을 경정하거나 경정하여야 할 이유가 없다는 뜻을 청구인에게 알려야 한다. 〈개정 2022. 12. 31.〉

⑦ 제1항부터 제6항까지에서 규정된 사항 외에 신청서등 및 국외투자기구 신고서 등 관련 서류의 제출 방법·절차, 제출된 서류의 보관의무, 경정청구의 방법·절차 등 비과세 또는 면제의 적용에 필요한 사항은 대통령령으로 정한다. 〈개정 2022. 12. 31.〉

[전문개정 2014. 1. 1.]

제98조의4(외국법인에 대한 조세조약상 비과세 또는 면제 적용 신청) ① 제93조에 따른 국내원천소득(같은 조 제5호에 따른 국내원천 사업소득은 제외한다)의 실질귀속자인 외국법인이 조세조약에 따라 비과세 또는 면제를 적용받으려는 경우에는 대통령령으로 정하는 바에 따라 비과세·면제신청서 및 국내원천소득의 실질귀속자임을 증명하는 서류(이하 이 조에서 "신청서등"이라 한다)를 국내원천소득을 지급하는 자(이하 이 조에서 "소득지급자"라 한다)에게 제출하고 해당 소득지급자는 그 신청서등을 납세지 관할 세무서장에게 제출하여야 한다. 이 경우 제93조의2제1항제1호에 해당하여 국외투자기구를 국내원천소득의 실질귀속자로 보는 경우에는 그 국외투자기구에 투자한 투자자의 국가별 현황 등이 포함된 국외투자기구 신고서를 함께 제출하여야 한다. 〈개정 2018. 12. 24., 2022. 12. 31., 2024. 12. 31.〉

② 제1항을 적용할 때 해당 국내원천소득이 국외투자기구를 통하여 지급되는 경우에는 그 국외투자기구가 대통령령으로 정하는 바에 따라 실질귀속자로부터 신청서등을 제출받아 이를 그 명세가 포함된 국외투자기구 신고서와 함께 소득지급자에게 제출하고 해당 소득지급자는 그 신고서와 신청서등을 납세지 관할 세무서장에게 제출하여야 한다. 〈개정 2018. 12. 24., 2022. 12. 31.〉

③ 제1항 또는 제2항에 따라 실질귀속자 또는 국외투자기구로부터 신청서등을 제출받은 소득지급자는 제출된 신청서등에 누락된 사항이나 미비한 사항이 있으면 보완을 요구할 수 있으며, 실질귀속자 또는 국외투자기구로부터 신청서등 또는 국외투자기구 신고서를 제출받지 못하거나 제출된 서류를 통해서는 실질귀속자를 파악할 수

없는 등 대통령령으로 정하는 사유에 해당하는 경우에는 비과세 또는 면제를 적용하지 아니하고 제98조제1항 각 호의 금액을 원천징수하여야 한다. 〈개정 2022. 12. 31.〉

④ 제1항 또는 제2항에 따라 신청서등을 제출받은 납세지 관할 세무서장은 비과세 또는 면제요건 충족 여부를 검토한 결과 비과세·면제 요건이 충족되지 아니하거나 해당 신청서의 내용이 사실과 다르다고 인정되는 경우에는 제98조제4항에 따라 같은 항에 따른 세액을 소득지급자로부터 징수하여야 한다. 이 경우 신청서등에 기재된 내용만으로는 비과세·면제 요건의 충족 여부를 판단할 수 없는 경우에는 상당한 기한을 정하여 소득지급자에게 관련 서류의 보완을 요구할 수 있다. 〈신설 2022. 12. 31.〉

⑤ 제3항에 따라 비과세 또는 면제를 적용받지 못한 실질귀속자가 비과세 또는 면제를 적용받으려는 경우에는 실질귀속자 또는 소득지급자가 제3항에 따라 세액이 원천징수된 날이 속하는 달의 다음 달 11일부터 5년 이내에 대통령령으로 정하는 바에 따라 소득지급자의 납세지 관할 세무서장에게 경정을 청구할 수 있다. 다만, 「국세기본법」 제45조의2제2항 각 호의 어느 하나에 해당하는 사유가 발생하였을 때에는 본문에도 불구하고 그 사유가 발생한 것을 안 날부터 3개월 이내에 경정을 청구할 수 있다. 〈개정 2016. 12. 20., 2019. 12. 31., 2022. 12. 31., 2023. 12. 31.〉

⑥ 제5항에 따라 경정을 청구받은 세무서장은 청구를 받은 날부터 6개월 이내에 과세표준과 세액을 경정하거나 경정하여야 할 이유가 없다는 뜻을 청구인에게 알려야 한다. 〈개정 2022. 12. 31.〉

⑦ 제1항부터 제6항까지에서 규정된 사항 외에 신청서등 및 국외투자기구 신고서 등 관련 서류의 제출 방법·절차, 제출된 서류의 보관의무, 경정청구의 방법·절차 등 비과세 또는 면제의 적용에 필요한 사항은 대통령령으로 정한다. 〈개정 2022. 12. 31.〉

[전문개정 2014. 1. 1.]

[시행일: 2026. 1. 1.] 제98조의4제1항 전단

제98조의5(특정지역 외국법인에 대한 원천징수절차 특례) ① 제98조, 제98조의2부터 제98조의4까지 및 제98조의6에 따른 원천징수의무자는 기획재정부장관이 고시하는 국가나 지역에 있는 외국법인의 국내원천소득 중 제93조제1호, 제2호, 같은 조 제7호나목, 같은

조 제8호 또는 제9호에 따른 소득에 대하여 각 사업연도의 소득에 대한 법인세로서 원천징수하는 경우에는 제98조의4 및 조세조약에 따른 비과세·면제 또는 제한세율 규정에도 불구하고 제98조제1항 각 호에서 규정하는 세율을 우선 적용하여 원천징수하여야 한다. 다만, 대통령령으로 정하는 바에 따라 조세조약에 따른 비과세·면제 또는 제한세율을 적용받을 수 있음을 국세청장이 미리 승인한 경우에는 그러하지 아니하다. 〈개정 2011. 12. 31.〉

② 제1항에 따른 국내원천소득을 실질적으로 귀속받는 법인(그 대리인 또는 「국세기본법」 제82조에 따른 납세관리인을 포함한다)이 그 소득에 대하여 조세조약에 따른 비과세·면제 또는 제한세율의 적용을 받으려는 경우에는 제1항에 따라 세액이 원천징수된 날이 속하는 달의 다음 달 11일부터 5년 이내에 대통령령으로 정하는 바에 따라 원천징수의무자의 납세지 관할 세무서장에게 경정을 청구할 수 있다. 다만, 「국세기본법」 제45조의2제2항 각 호의 어느 하나에 해당하는 사유가 발생하였을 때에는 본문에도 불구하고 그 사유가 발생한 것을 안 날부터 3개월 이내에 경정을 청구할 수 있다. 〈개정 2016. 12. 20., 2019. 12. 31., 2023. 12. 31.〉

③ 제2항에 따라 경정을 청구받은 세무서장은 그 청구를 받은 날부터 6개월 이내에 과세표준과 세액을 경정하거나 경정하여야 할 이유가 없다는 뜻을 그 청구를 한 자에게 알려야 한다.

[전문개정 2010. 12. 30.]

[제목개정 2018. 12. 24.]

제98조의6(외국법인에 대한 조세조약상 제한세율 적용을 위한 원천징수 절차 특례) ① 제93조에 따른 국내원천소득의 실질귀속자인 외국법인이 조세조약에 따른 제한세율을 적용받으려는 경우에는 대통령령으로 정하는 바에 따라 제한세율 적용신청서 및 국내원천소득의 실질귀속자임을 증명하는 서류(이하 이 조에서 "신청서등"이라 한다)를 제98조제1항에 따른 원천징수의무자(이하 이 조에서 "원천징수의무자"라 한다)에게 제출하여야 한다. 이 경우 제93조의2제1항제1호에 해당하여 국외투자기구를 국내원천소득의 실질귀속자로 보는 경우에는 그 국외투자기구에 투자한 투자자의 국가별 현황 등이 포함된 국외투자기구 신고서를 함께 제출하여야 한다. 〈개정 2018. 12. 24., 2020. 12. 22., 2022. 12. 31.〉

② 제1항을 적용할 때 해당 국내원천소득이 국외투자기구를 통하여 지급되는 경우에는 그 국외투자기구가 대통령령으로 정하는 바에 따라 실질귀속자로부터 신청서등을 제출받아 이를 그 명세가 포함된 국외투자기구 신고서와 함께 원천징수의무자에게 제출하여야 한다. 〈개정 2018. 12. 24., 2022. 12. 31.〉

③ 제1항 또는 제2항에 따라 실질귀속자 또는 국외투자기구로부터 신청서등을 제출받은 원천징수의무자는 제출된 신청서등에 누락된 사항이나 미비한 사항이 있으면 보완을 요구할 수 있으며, 실질귀속자 또는 국외투자기구로부터 신청서등 또는 국외투자기구 신고서를 제출받지 못하거나 제출된 서류를 통해서는 실질귀속자를 파악할 수 없는 등 대통령령으로 정하는 사유에 해당하는 경우에는 제한세율을 적용하지 아니하고 제98조제1항 각 호의 금액을 원천징수하여야 한다. 〈개정 2022. 12. 31.〉

④ 제1항 및 제2항에 따라 적용받은 제한세율에 오류가 있거나 제3항에 따라 제한세율을 적용받지 못한 실질귀속자가 제한세율을 적용받으려는 경우에는 실질귀속자 또는 원천징수의무자가 제3항에 따라 세액이 원천징수된 날이 속하는 달의 다음 달 11일부터 5년 이내에 대통령령으로 정하는 바에 따라 원천징수의무자의 납세지 관할 세무서장에게 경정을 청구할 수 있다. 다만, 「국세기본법」 제45조의2제2항 각 호의 어느 하나에 해당하는 사유가 발생하였을 때에는 본문에도 불구하고 그 사유가 발생한 것을 안 날부터 3개월 이내에 경정을 청구할 수 있다. 〈개정 2014. 1. 1., 2016. 12. 20., 2019. 12. 31., 2023. 12. 31.〉

⑤ 제4항에 따라 경정을 청구받은 세무서장은 청구를 받은 날부터 6개월 이내에 과세표준과 세액을 경정하거나 경정하여야 할 이유가 없다는 뜻을 청구인에게 알려야 한다.

⑥ 제1항부터 제5항까지에서 규정된 사항 외에 신청서등 및 국외투자기구 신고서 등 관련 서류의 제출 방법·절차, 제출된 서류의 보관의무, 경정청구 방법·절차 등 제한세율 적용에 필요한 사항은 대통령령으로 정한다. 〈개정 2022. 12. 31.〉

[본조신설 2011. 12. 31.]

제98조의7(이자·배당 및 사용료에 대한 세율의 적용 특례) ① 조세조약의 규정상 외국법인의 국내원천소득 중 이자, 배당 또는 사용료

소득에 대해서는 제한세율과 다음 각 호의 어느 하나에 규정된 세율 중 낮은 세율을 적용한다.

1. 조세조약의 대상 조세에 지방소득세가 포함되지 아니하는 경우: 제98조제1항제1호, 제2호 및 제6호에서 규정하는 세율

2. 조세조약의 대상 조세에 지방소득세가 포함되는 경우: 제98조제1항제1호, 제2호 및 제6호에서 규정하는 세율에 「지방세법」 제103조의52제1항의 원천징수하는 법인세의 100분의 10을 반영한 세율

② 제1항에도 불구하고 제98조의5제1항에 해당하는 경우에는 같은 항에 따라 원천징수한다. 이 경우 같은 조 제3항에 따라 과세표준과 세액을 경정하는 경우에는 제한세율과 제1항 각 호에서 규정한 세율 중 낮은 세율을 적용한다.

[본조신설 2020. 12. 22.]

제98조의8(외국인 통합계좌를 통하여 지급받는 국내원천소득에 대한 원천징수 특례) ① 외국법인 또는 국외투자기구가 외국인 통합계좌(「자본시장과 금융투자업에 관한 법률」 제12조제2항제1호나목에 따른 외국 금융투자업자가 다른 외국 투자자의 주식 매매거래를 일괄하여 주문·결제하기 위하여 자기 명의로 개설한 계좌를 말한다. 이하 같다)를 통하여 제93조에 따른 국내원천소득을 지급받는 경우 해당 국내원천소득을 외국인 통합계좌를 통하여 지급하는 자는 외국인 통합계좌의 명의인에게 그 소득금액을 지급할 때 제98조제1항 각 호의 구분에 따른 금액을 법인세로 원천징수하여야 한다.

② 제1항에 따라 소득을 지급받은 외국법인 또는 국외투자기구는 조세조약상 비과세·면제 또는 제한세율을 적용받으려는 경우에는 납세지 관할 세무서장에게 경정을 청구할 수 있다.

③ 외국법인 또는 국외투자기구가 제2항에 따라 경정을 청구하는 경우 경정청구의 기한 및 방법·절차 등에 관하여는 제98조의4제5항부터 제7항까지 및 제98조의6제4항부터 제6항까지를 준용한다. 이 경우 제98조의4제5항 본문 중 "실질귀속자가" 및 "실질귀속자 또는 소득지급자가"와 제98조의6제4항 본문 중 "실질귀속자가" 및 "실질귀속자 또는 원천징수의무자가"는 각각 "외국법인 또는 국외투자기구가"로 본다.

[본조신설 2023. 12. 31.]

제99조(외국법인의 국내원천 인적용역소득에 대한 신고·납부 특례) ① 제93조제6호에 따른 국내원천 인적용역소득이 제98조제1항제4호의 세율로 원천징수되는 외국법인은 국내용역 제공기간(용역 제공기간이 불분명할 때에는 입국일부터 출국일까지의 기간)에 발생한 제93조제6호에 따른 국내원천 인적용역소득에서 그 소득과 관련되는 것으로 입증된 비용을 뺀 금액(이하 이 조에서 "과세표준"이라 한다)을 용역 제공기간 종료일부터 3개월 이내에 대통령령으로 정하는 바에 따라 원천징수의무자의 납세지 관할 세무서장에게 신고·납부할 수 있다. 〈개정 2018. 12. 24.〉

② 제1항을 적용할 때 과세표준에 제98조제1항제4호에 따라 원천징수된 소득이 포함되어 있으면 원천징수세액은 이미 납부한 세액으로 공제한다. 〈개정 2018. 12. 24.〉

③ 제1항에 따라 신고·납부하는 경우 세액의 계산방법·세율·신고·납부·결정·경정 및 징수방법에 관하여는 제95조 및 제97조를 준용한다.

[전문개정 2010. 12. 30.]

[제목개정 2018. 12. 24.]

제5장 삭제 〈2001. 12. 31.〉

제1절 삭제 〈2001. 12. 31.〉

제100조 삭제 〈2001. 12. 31.〉

제2절 삭제 〈2001. 12. 31.〉

제101조 삭제 〈2001. 12. 31.〉

제3절 삭제 〈2001. 12. 31.〉

제102조 삭제 〈2001. 12. 31.〉

제103조 삭제 〈2001. 12. 31.〉

제104조 삭제 〈2001. 12. 31.〉

제4절 삭제 〈2001. 12. 31.〉

제105조 삭제 〈2001. 12. 31.〉

제106조 삭제 〈2001. 12. 31.〉

제107조 삭제 〈2001. 12. 31.〉
제108조 삭제 〈2001. 12. 31.〉

제6장 보칙 〈개정 2010. 12. 30.〉

제109조(법인의 설립 또는 설치신고) ① 내국법인은 그 설립등기일(사업의 실질적 관리장소를 두게 되는 경우에는 그 실질적 관리장소를 두게 된 날을 말하며, 법인과세 신탁재산의 경우에는 설립일을 말한다)부터 2개월 이내에 다음 각 호의 사항을 적은 법인 설립신고서에 대통령령으로 정하는 주주등의 명세서와 사업자등록 서류 등을 첨부하여 납세지 관할 세무서장에게 신고하여야 한다. 이 경우 제111조에 따른 사업자등록을 한 때에는 법인 설립신고를 한 것으로 본다. 〈개정 2011. 12. 31., 2013. 1. 1., 2020. 12. 22.〉

1. 법인의 명칭과 대표자의 성명[법인과세 신탁재산의 경우에는 법인과세 수탁자(둘 이상의 수탁자가 있는 경우 대표수탁자 및 그 외의 모든 수탁자를 말한다)의 명칭과 대표자의 성명을 말한다]
2. 본점이나 주사무소 또는 사업의 실질적 관리장소의 소재지(법인과세 신탁재산의 경우 법인과세 수탁자의 본점이나 주사무소 또는 사업의 실질적 관리장소의 소재지를 말한다)
3. 사업 목적
4. 설립일

② 외국법인이 국내사업장을 가지게 되었을 때에는 그 날부터 2개월 이내에 다음 각 호의 사항을 적은 국내사업장 설치신고서에 국내사업장을 가지게 된 날 현재의 재무상태표와 그 밖에 대통령령으로 정하는 서류를 첨부하여 납세지 관할 세무서장에게 신고하여야 한다. 이 경우 제94조제3항에 따른 사업장을 가지게 된 외국법인은 국내사업장 설치신고서만 제출할 수 있다.

1. 법인의 명칭과 대표자의 성명
2. 본점 또는 주사무소의 소재지
3. 국내에서 수행하는 사업이나 국내에 있는 자산의 경영 또는 관리책임자의 성명
4. 국내사업의 목적 및 종류와 국내자산의 종류 및 소재지
5. 국내사업을 시작하거나 국내자산을 가지게 된 날

③ 내국법인과 외국법인은 제1항과 제2항에 따라 신고한 신고서

및 그 첨부서류의 내용이 변경된 경우에는 그 변경사항이 발생한 날부터 15일 이내에 그 변경된 사항을 납세지 관할 세무서장에게 신고하여야 한다.

④ 제93조제3호에 따른 국내원천 부동산소득이 있는 외국법인의 신고에 관하여는 제2항을 준용한다. 〈개정 2018. 12. 24.〉

[전문개정 2010. 12. 30.]

제109조의2(법인과세 신탁재산의 수탁자 변경신고) ① 법인과세 신탁재산에 새로운 수탁자(이하 "신수탁자"라 한다)가 선임된 경우 신수탁자는 선임일 이후 2개월 이내에 다음 각 호의 사항을 적은 신고서에 신수탁자로 선임된 사실을 증명하는 서류 등을 첨부하여 납세지 관할 세무서장에게 신고하여야 한다.

1. 신수탁자의 명칭과 대표자의 성명
2. 법인과세 신탁재산의 명칭
3. 신수탁자의 본점이나 주사무소 또는 사업의 실질적 관리장소의 소재지
4. 신수탁자에게 신탁사무를 승계한 새로운 수탁자가 선임되기 전의 수탁자(이하 "전수탁자"라 한다)의 명칭
5. 신수탁자 선임일
6. 신수탁자 선임사유

② 법인과세 신탁재산에 대하여 전수탁자의 임무가 종료된 경우 그 임무의 종료에 따라 신탁사무를 승계한 신수탁자는 승계일 이후 2개월 이내에 다음 각 호의 사항을 적은 신고서에 전수탁자의 임무가 종료된 사실을 증명하는 서류 등을 첨부하여 납세지 관할 세무서장에게 신고하여야 한다.

1. 전수탁자의 명칭과 대표자의 성명
2. 법인과세 신탁재산의 명칭
3. 전수탁자의 본점이나 주사무소 또는 사업의 실질적 관리장소의 소재지
4. 신탁사무를 승계받은 신수탁자의 명칭
5. 신탁사무 승계일
6. 전수탁자 종료사유

③ 둘 이상의 수탁자가 있는 법인과세 신탁재산의 대표수탁자가 변경되는 경우 그 변경 전의 대표수탁자와 변경 후의 대표수탁자는

각각 변경일 이후 2개월 이내에 다음 각 호의 사항을 적은 신고서에 변경사실을 증명하는 서류 등을 첨부하여 납세지 관할 세무서장에게 신고하여야 한다.

1. 변경 전 또는 변경 후의 대표수탁자의 명칭과 대표자의 성명
2. 법인과세 신탁재산의 명칭
3. 변경 전 또는 변경 후의 대표수탁자의 본점이나 주사무소 또는 사업의 실질적 관리장소의 소재지
4. 대표수탁자 변경일
5. 대표수탁자 변경사유

[본조신설 2020. 12. 22.]

제110조(비영리법인의 수익사업 개시신고) 비영리내국법인과 비영리외국법인(국내사업장을 가지고 있는 외국법인만 해당한다)이 새로 수익사업(제4조제3항제1호 및 제7호에 따른 수익사업만 해당한다)을 시작한 경우에는 그 개시일부터 2개월 이내에 다음 각 호의 사항을 적은 신고서에 그 사업개시일 현재의 그 수익사업과 관련된 재무상태표와 그 밖에 대통령령으로 정하는 서류를 첨부하여 납세지 관할 세무서장에게 신고하여야 한다. 〈개정 2018. 12. 24.〉

1. 법인의 명칭
2. 본점이나 주사무소 또는 사업의 실질적 관리장소의 소재지
3. 대표자의 성명과 경영 또는 관리책임자의 성명
4. 고유목적사업
5. 수익사업의 종류
6. 수익사업 개시일
7. 수익사업의 사업장

[전문개정 2010. 12. 30.]

제111조(사업자등록) ① 신규로 사업을 시작하는 법인은 대통령령으로 정하는 바에 따라 납세지 관할 세무서장에게 등록하여야 한다. 이 경우 내국법인이 제109조제1항에 따른 법인 설립신고를 하기 전에 등록하는 때에는 같은 항에 따른 주주등의 명세서를 제출하여야 한다. 〈개정 2013. 1. 1.〉

② 「부가가치세법」에 따라 사업자등록을 한 사업자는 그 사업에 관하여 제1항에 따른 등록을 한 것으로 본다.

③ 「부가가치세법」에 따라 법인과세 수탁자로서 사업자등록을 한

경우에는 그 법인과세 신탁재산에 관하여 제1항에 따른 등록을 한 것으로 본다. 〈신설 2020. 12. 22.〉

④ 이 법에 따라 사업자등록을 하는 법인에 관하여는 「부가가치세법」 제8조를 준용한다. 〈개정 2013. 6. 7., 2020. 12. 22.〉

⑤ 제109조에 따른 법인 설립신고를 한 경우에는 사업자등록신청을 한 것으로 본다. 〈개정 2020. 12. 22.〉

[전문개정 2010. 12. 30.]

제112조(장부의 비치ㆍ기장) 납세의무가 있는 법인은 장부를 갖추어 두고 복식부기 방식으로 장부를 기장하여야 하며, 장부와 관계있는 중요한 증명서류를 비치ㆍ보존하여야 한다. 다만, 비영리법인은 제4조제3항제1호 및 제7호의 수익사업(비영리외국법인의 경우 해당 수익사업 중 국내원천소득이 발생하는 경우만 해당한다)을 하는 경우로 한정한다. 〈개정 2013. 1. 1., 2018. 12. 24.〉

[전문개정 2010. 12. 30.]

제112조의2(기부금영수증 발급명세의 작성ㆍ보관 의무 등) ① 기부금영수증을 발급하는 법인은 대통령령으로 정하는 기부자별 발급명세를 작성하여 발급한 날부터 5년간 보관하여야 한다. 다만, 전자기부금영수증을 발급한 경우에는 그러하지 아니하다. 〈개정 2014. 1. 1., 2020. 12. 22.〉

② 기부금영수증을 발급하는 법인은 제1항에 따라 보관하고 있는 기부자별 발급명세를 국세청장, 지방국세청장 또는 납세지 관할 세무서장이 요청하는 경우 이를 제출하여야 한다. 다만, 전자기부금영수증을 발급한 경우에는 그러하지 아니하다. 〈개정 2014. 1. 1., 2020. 12. 22.〉

③ 기부금영수증을 발급하는 법인은 해당 사업연도의 기부금영수증 총 발급 건수 및 금액 등이 적힌 기획재정부령으로 정하는 기부금영수증 발급합계표를 해당 사업연도의 종료일이 속하는 달의 말일부터 6개월 이내에 관할 세무서장에게 제출하여야 한다. 다만, 전자기부금영수증을 발급한 경우에는 그러하지 아니하다. 〈개정 2014. 1. 1., 2020. 12. 22., 2021. 12. 21.〉

④ 기부금영수증을 발급하는 법인은 해당 사업연도의 직전 사업연도에 받은 기부금에 대하여 발급한 기부금영수증 금액의 총합계액이 3억원 이상의 금액으로서 대통령령으로 정하는 금액을 초과하는 경

우에는 해당 사업연도에 받은 기부금에 대하여 그 기부금을 받은 날이 속하는 연도의 다음 연도 1월 10일까지 전자기부금영수증을 발급하여야 한다. 〈신설 2024. 12. 31.〉

[전문개정 2010. 12. 30.]

제113조(구분경리) ① 비영리법인이 수익사업을 하는 경우에는 자산·부채 및 손익을 그 수익사업에 속하는 것과 수익사업이 아닌 그 밖의 사업에 속하는 것을 각각 다른 회계로 구분하여 기록하여야 한다.

② 「자본시장과 금융투자업에 관한 법률」의 적용을 받는 법인은 각 사업연도의 소득금액을 계산할 때 신탁재산에 귀속되는 소득과 그 밖의 소득을 각각 다른 회계로 구분하여 기록하여야 한다.

③ 다른 내국법인을 합병하는 법인은 다음 각 호의 구분에 따른 기간 동안 자산·부채 및 손익을 피합병법인으로부터 승계받은 사업에 속하는 것과 그 밖의 사업에 속하는 것을 각각 다른 회계로 구분하여 기록하여야 한다. 다만, 중소기업 간 또는 동일사업을 하는 법인 간에 합병하는 경우에는 회계를 구분하여 기록하지 아니할 수 있다. 〈개정 2011. 12. 31., 2013. 1. 1., 2018. 12. 24.〉

1. 합병등기일 현재 제13조제1항제1호의 결손금이 있는 경우 또는 제45조제2항에 따라 피합병법인의 이월결손금을 공제받으려는 경우: 그 결손금 또는 이월결손금을 공제받는 기간

2. 그 밖의 경우: 합병 후 5년간

④ 내국법인이 분할합병하는 경우 분할신설법인등은 다음 각 호의 구분에 따른 기간 동안 자산·부채 및 손익을 분할법인등으로부터 승계받은 사업에 속하는 것과 그 밖의 사업에 속하는 것을 각각 별개의 회계로 구분하여 기록하여야 한다. 다만, 중소기업 간 또는 동일사업을 하는 법인 간에 분할합병하는 경우에는 회계를 구분하여 기록하지 아니할 수 있다. 〈개정 2011. 12. 31., 2013. 1. 1., 2018. 12. 24.〉

1. 제46조의4제2항에 따라 분할법인등의 이월결손금을 공제받으려는 경우: 그 이월결손금을 공제받는 기간

2. 그 밖의 경우: 분할 후 5년간

⑤ 연결모법인이 다른 내국법인(합병등기일 현재 연결법인이 아닌 경우만 해당한다)을 합병(연결모법인을 분할합병의 상대방 법인으로 하는 분할합병을 포함한다. 이하 이 항에서 같다)한 경우에는 다음

각 호의 구분에 따른 기간 동안 자산·부채 및 손익을 피합병법인(분할법인을 포함한다)으로부터 승계받은 사업에 속하는 것과 그 밖의 사업에 속하는 것을 각각 별개의 회계로 구분하여 기록하여야 한다. 다만, 중소기업 간 또는 동일사업을 하는 법인 간에 합병하는 경우에는 회계를 구분하여 기록하지 아니할 수 있다. 〈개정 2011. 12. 31., 2013. 1. 1., 2023. 12. 31.〉

1. 합병등기일 현재 제76조의13제1항제1호의 결손금이 있는 경우 또는 제76조의13제3항제2호에 따라 피합병법인의 이월결손금을 공제받으려는 경우: 그 결손금 또는 이월결손금을 공제받는 기간

2. 그 밖의 경우: 합병 후 5년간

⑥ 법인과세 수탁자는 법인과세 신탁재산별로 신탁재산에 귀속되는 소득을 각각 다른 회계로 구분하여 기록하여야 한다. 〈신설 2020. 12. 22.〉

⑦ 제50조의2에 해당하는 다른 내국법인의 사업을 양수하는 내국법인은 사업양수일 현재 제13조제1항제1호에 해당하는 결손금이 있는 경우 그 결손금을 공제받는 기간 동안 자산·부채 및 손익을 양도법인으로부터 양수한 사업에 속하는 것과 그 밖의 사업에 속하는 것을 각각 다른 회계로 구분하여 기록하여야 한다. 다만, 중소기업 간 또는 동일사업을 하는 법인 간에 사업을 양수하는 경우에는 회계를 구분하여 기록하지 아니할 수 있다. 〈신설 2021. 12. 21.〉

⑧ 제1항부터 제7항까지의 규정에 따른 구분경리의 방법, 동일사업을 하는 법인의 판정, 그 밖에 필요한 사항은 대통령령으로 정한다. 〈개정 2020. 12. 22., 2021. 12. 21.〉

[전문개정 2010. 12. 30.]

제114조 삭제 〈2001. 12. 31.〉

제115조 삭제 〈2008. 12. 26.〉

제116조(지출증명서류의 수취 및 보관) ① 법인은 각 사업연도에 그 사업과 관련된 모든 거래에 관한 증명서류를 작성하거나 받아서 제60조에 따른 신고기한이 지난 날부터 5년간 보관하여야 한다. 다만, 제13조제1항제1호에 따라 각 사업연도 개시일 전 5년이 되는 날 이전에 개시한 사업연도에서 발생한 결손금을 각 사업연도의 소득에서 공제하려는 법인은 해당 결손금이 발생한 사업연도의 증명서류를 공제되는 소득의 귀속사업연도의 제60조에 따른 신고기한부터 1년

이 되는 날까지 보관하여야 한다. 〈개정 2018. 12. 24.〉

② 제1항의 경우에 법인이 대통령령으로 정하는 사업자로부터 재화나 용역을 공급받고 그 대가를 지급하는 경우에는 다음 각 호의 어느 하나에 해당하는 증명서류를 받아 보관하여야 한다. 다만, 대통령령으로 정하는 경우에는 그러하지 아니하다. 〈개정 2013. 6. 7.〉

1. 「여신전문금융업법」에 따른 신용카드 매출전표(신용카드와 유사한 것으로서 대통령령으로 정하는 것을 사용하여 거래하는 경우에는 그 증명서류를 포함한다. 이하 제117조에서 같다)
2. 현금영수증
3. 「부가가치세법」 제32조에 따른 세금계산서
4. 제121조 및 「소득세법」 제163조에 따른 계산서

③ 제2항을 적용할 때 법인이 다음 각 호의 어느 하나에 해당하는 경우에는 제2항에 따른 증명서류의 수취·보관 의무를 이행한 것으로 본다. 〈개정 2022. 12. 31.〉

1. 제2항제3호의 세금계산서를 발급받지 못하여 「부가가치세법」 제34조의2제2항에 따른 매입자발행세금계산서를 발행하여 보관한 경우
2. 제2항제4호의 계산서를 발급받지 못하여 제121조의2에 따른 매입자발행계산서를 발행하여 보관한 경우

④ 제1항부터 제3항까지의 규정을 적용할 때 증명서류의 수취·보관 등에 필요한 사항은 대통령령으로 정한다.

[전문개정 2010. 12. 30.]

제117조(신용카드가맹점 가입·발급 의무 등) ① 국세청장은 주로 사업자가 아닌 소비자에게 재화나 용역을 공급하는 법인으로서 업종 등을 고려하여 대통령령으로 정하는 요건에 해당하는 법인에 대하여 납세관리를 위하여 필요하다고 인정되면 신용카드가맹점으로 가입하도록 지도할 수 있다.

② 신용카드가맹점(제1항에 따른 요건에 해당하여 가맹한 사업자를 말하며, 이하 이 조, 제66조제2항제3호 및 제75조의6에서 같다)은 사업과 관련하여 신용카드에 의한 거래를 이유로 재화나 용역을 공급하고 그 사실과 다르게 신용카드 매출전표를 발급하여서는 아니 된다. 다만, 대규모점포 등 대통령령으로 정하는 사업자가 판매시점 정보관리시스템을 설치·운영하는 등 대통령령으로 정하는 방법으로

다른 사업자의 매출과 합산하여 신용카드 매출전표를 발급하는 경우에는 사실과 다르게 발급한 것으로 보지 아니한다. 〈개정 2018. 12. 24.〉

③ 신용카드가맹점으로부터 신용카드에 의한 거래가 거부되거나 신용카드 매출전표를 사실과 다르게 발급받은 자는 그 거래 내용을 국세청장, 지방국세청장 또는 세무서장에게 신고할 수 있다.

④ 제3항에 따라 신고를 받은 자는 신용카드가맹점의 납세지 관할 세무서장에게 이를 통보하여야 한다. 이 경우 납세지 관할 세무서장은 해당 사업연도의 신고금액을 해당 신용카드가맹점에 통보하여야 한다.

⑤ 국세청장은 신용카드에 의한 거래를 거부하거나 신용카드 매출전표를 사실과 다르게 발급한 신용카드가맹점에 대하여 그 시정에 필요한 명령을 할 수 있다. 〈개정 2018. 12. 24.〉

⑥ 신용카드가맹점 가입을 위한 행정지도, 신용카드에 의한 거래의 거부 및 사실과 다른 신용카드 매출전표 발급의 신고·통보방법, 그 밖에 필요한 사항은 대통령령으로 정한다.

[전문개정 2010. 12. 30.]

제117조의2(현금영수증가맹점 가입·발급 의무 등) ① 주로 사업자가 아닌 소비자에게 재화나 용역을 공급하는 사업자로서 업종 등을 고려하여 대통령령으로 정하는 요건에 해당하는 법인은 그 요건에 해당하는 날이 속하는 달의 말일부터 3개월 이내에 현금영수증가맹점으로 가입하여야 한다. 〈개정 2015. 12. 15.〉

② 제1항에 따라 현금영수증가맹점으로 가입한 법인은 국세청장이 정하는 바에 따라 현금영수증가맹점을 나타내는 표지를 게시하여야 한다.

③ 현금영수증가맹점은 사업과 관련하여 재화나 용역을 공급하고, 그 상대방이 대금을 현금으로 지급한 후 현금영수증 발급을 요청하는 경우에는 이를 거부하거나 사실과 다르게 발급하여서는 아니 된다. 다만, 현금영수증 발급이 곤란한 경우로서 대통령령으로 정하는 사유에 해당하는 경우에는 현금영수증을 발급하지 아니할 수 있고, 대규모점포 등 대통령령으로 정하는 사업자가 판매시점 정보관리시스템을 설치·운영하는 등 대통령령으로 정하는 방법으로 다른 사업자의 매출과 합산하여 현금영수증을 발급하는 경우에는 사실과 다르

게 발급한 것으로 보지 아니한다. 〈개정 2011. 12. 31.〉

④ 대통령령으로 정하는 업종을 경영하는 내국법인이 건당 거래금액(부가가치세액을 포함한다)이 10만원 이상인 재화 또는 용역을 공급하고 그 대금을 현금으로 받은 경우에는 제3항에도 불구하고 상대방이 현금영수증 발급을 요청하지 아니하더라도 대통령령으로 정하는 바에 따라 현금영수증을 발급하여야 한다. 다만, 제111조, 「소득세법」 제168조 또는 「부가가치세법」 제8조에 따라 사업자등록을 한 자에게 재화나 용역을 공급하고 제121조, 「소득세법」 제163조 또는 「부가가치세법」 제32조에 따라 계산서 · 세금계산서를 발급한 경우에는 현금영수증을 발급하지 아니할 수 있다. 〈개정 2013. 6. 7., 2014. 1. 1.〉

⑤ 현금영수증가맹점 또는 제4항에 따라 현금영수증을 발급하여야 하는 내국법인이 제3항 또는 제4항을 위반하여 현금영수증을 발급하지 아니하거나 사실과 다른 현금영수증을 발급한 경우에는 그 상대방은 그 현금거래 내용을 국세청장, 지방국세청장 또는 세무서장에게 신고할 수 있다. 〈개정 2018. 12. 24.〉

⑥ 제5항에 따라 신고를 받은 자는 현금영수증가맹점의 납세지 관할 세무서장에게 이를 통보하여야 한다. 이 경우 납세지 관할 세무서장은 해당 사업연도의 신고금액을 해당 현금영수증가맹점에 통보하여야 한다.

⑦ 현금영수증가맹점으로 가입한 법인은 그로부터 재화 또는 용역을 공급받은 상대방이 현금영수증의 발급을 요청하지 아니하는 경우에도 대통령령으로 정하는 바에 따라 현금영수증을 발급할 수 있다. 〈신설 2011. 12. 31.〉

⑧ 국세청장은 현금영수증가맹점으로 가입한 법인에게 현금영수증 발급 요령, 현금영수증가맹점 표지 게시방법 등 현금영수증가맹점으로 가입한 법인이 준수하여야 할 사항과 관련하여 필요한 명령을 할 수 있다. 〈개정 2011. 12. 31.〉

⑨ 현금영수증가맹점 가입 및 탈퇴, 발급대상 금액, 현금영수증의 발급거부 및 사실과 다른 발급의 신고 · 통보방법, 그 밖에 필요한 사항은 대통령령으로 정한다. 〈개정 2011. 12. 31.〉

[전문개정 2010. 12. 30.]

제118조(주주명부 등의 작성 · 비치) 내국법인(비영리내국법인은 제

외한다)은 주주나 사원(유한회사의 사원을 말한다. 이하 이 조에서 같다)의 성명·주소 및 주민등록번호(법인인 주주나 사원은 법인명과 법인 본점 소재지 및 사업자등록번호) 등 대통령령으로 정하는 사항이 적힌 주주명부나 사원명부를 작성하여 갖추어 두어야 한다.

[전문개정 2010. 12. 30.]

제119조(주식등변동상황명세서의 제출) ① 사업연도 중에 주식등의 변동사항이 있는 법인(대통령령으로 정하는 조합법인 등은 제외한다)은 제60조에 따른 신고기한까지 대통령령으로 정하는 바에 따라 주식등변동상황명세서를 납세지 관할 세무서장에게 제출하여야 한다.

② 다음 각 호의 어느 하나에 해당하는 주식등에 대하여는 제1항을 적용하지 아니한다. 〈개정 2011. 12. 31.〉

1. 주권상장법인으로서 대통령령으로 정하는 법인: 지배주주(그 특수관계인을 포함한다) 외의 주주등이 소유하는 주식등

2. 제1호 외의 법인: 해당 법인의 소액주주가 소유하는 주식등

③ 제2항에 따른 지배주주 및 소액주주의 범위, 그 밖에 필요한 사항은 대통령령으로 정한다.

[전문개정 2010. 12. 30.]

제120조(지급명세서의 제출의무) ① 내국법인에 「소득세법」 제127조제1항제1호 또는 제2호의 소득을 지급하는 자(제73조제4항부터 제6항까지 및 제73조의2에 따라 원천징수를 하여야 하는 자를 포함한다)는 대통령령으로 정하는 바에 따라 납세지 관할 세무서장에게 지급명세서를 제출하여야 한다. 이 경우 「자본시장과 금융투자업에 관한 법률」의 적용을 받는 법인의 신탁재산에 귀속되는 소득은 제5조제4항에도 불구하고 그 법인에 소득이 지급된 것으로 보아 해당 소득을 지급하는 자는 지급명세서를 제출하여야 한다. 〈개정 2011. 12. 31., 2013. 1. 1., 2018. 12. 24., 2020. 12. 22.〉

② 제1항에 따른 지급명세서의 제출에 관하여는 「소득세법」 제164조를 준용한다.

[전문개정 2010. 12. 30.]

제120조의2(외국법인의 국내원천소득 등에 대한 지급명세서 제출의무의 특례) ① 제93조에 따른 국내원천소득을 외국법인에 지급하는 자(「자본시장과 금융투자업에 관한 법률」에 따라 주식을 상장하는 경우로서 상장 전 이미 발행된 주식을 양도하는 경우에는 그 주식

을 발행한 법인을 말한다)는 지급명세서를 납세지 관할 세무서장에게 그 지급일이 속하는 연도의 다음 연도 2월 말일(휴업하거나 폐업한 경우에는 휴업일 또는 폐업일이 속하는 달의 다음다음 달 말일)까지 제출하여야 한다. 다만, 제98조의4에 따라 비과세 또는 면제대상임이 확인되는 소득 등 대통령령으로 정하는 소득을 지급하는 경우에는 그러하지 아니하다. 〈개정 2020. 12. 22.〉

② 제1항에 따른 지급명세서의 제출에 관하여는 「소득세법」 제164조를 준용한다.

[전문개정 2010. 12. 30.]

제120조의3(매입처별 세금계산서합계표의 제출) ① 「부가가치세법」 및 「조세특례제한법」에 따라 부가가치세가 면제되는 사업을 하는 법인은 재화나 용역을 공급받고 「부가가치세법」 제32조제1항 · 제7항 및 제35조제1항에 따라 세금계산서를 발급받은 경우에는 대통령령으로 정하는 기한까지 매입처별 세금계산서합계표(「부가가치세법」 제54조에 따른 매입처별 세금계산서합계표를 말한다. 이하 같다)를 납세지 관할 세무서장에게 제출하여야 한다. 다만, 「부가가치세법」 제54조제5항에 따라 제출한 경우에는 그러하지 아니하다. 〈개정 2013. 6. 7.〉

② 매입처별 세금계산서합계표의 제출 등에 필요한 사항은 대통령령으로 정한다.

[전문개정 2010. 12. 30.]

제120조의4(가상자산 거래내역 등의 제출) 「가상자산 이용자 보호 등에 관한 법률」에 따른 가상자산사업자는 가상자산 거래내역 등 법인세 부과에 필요한 자료를 대통령령으로 정하는 바에 따라 거래가 발생한 날이 속하는 분기 또는 연도의 종료일의 다음다음 달 말일까지 납세지 관할 세무서장, 지방국세청장 또는 국세청장에게 제출하여야 한다. 〈개정 2023. 12. 31., 2024. 12. 31.〉

[본조신설 2022. 12. 31.]

제120조의4(가상자산 거래내역 등의 제출) ① 「가상자산 이용자 보호 등에 관한 법률」에 따른 가상자산사업자는 가상자산 거래내역 등 법인세 부과에 필요한 자료를 대통령령으로 정하는 바에 따라 거래가 발생한 날이 속하는 분기 또는 연도의 종료일의 다음다음 달 말일까지 납세지 관할 세무서장, 지방국세청장 또는 국세청장에게 제

출하여야 한다. 〈개정 2023. 12. 31., 2024. 12. 31.〉

② 국세청장은 제1항에 따른 가상자산사업자가 가상자산 거래내역 등 법인세 부과에 필요한 자료를 제출하지 아니한 경우에는 그 시정에 필요한 명령을 할 수 있다. 〈신설 2024. 12. 31.〉

[본조신설 2022. 12. 31.]

[시행일: 2026. 1. 1.] 제120조의4제2항

제121조(계산서의 작성·발급 등) ① 법인이 재화나 용역을 공급하면 대통령령으로 정하는 바에 따라 계산서나 영수증(이하 "계산서등"이라 한다)을 작성하여 공급받는 자에게 발급하여야 한다. 이 경우 계산서는 대통령령으로 정하는 전자적 방법으로 작성한 계산서(이하 "전자계산서"라 한다)를 발급하여야 한다. 〈개정 2014. 12. 23.〉

② 「부가가치세법」 제26조제1항제1호에 따라 부가가치세가 면제되는 농산물·축산물·수산물과 임산물의 위탁판매 또는 대리인에 의한 판매의 경우에는 수탁자(受託者)나 대리인이 재화를 공급한 것으로 보아 계산서등을 작성하여 그 재화를 공급받는 자에게 발급하여야 한다. 다만, 제1항에 따라 대통령령으로 정하는 바에 따라 계산서등을 발급하는 경우에는 그러하지 아니하다. 〈개정 2013. 6. 7.〉

③ 세관장은 수입되는 재화에 대하여 재화를 수입하는 법인에 대통령령으로 정하는 바에 따라 계산서를 발급하여야 한다.

④ 부동산을 매각하는 경우 등 계산서등을 발급하는 것이 적합하지 아니하다고 인정되어 대통령령으로 정하는 경우에는 제1항부터 제3항까지의 규정을 적용하지 아니한다.

⑤ 법인은 제1항부터 제3항까지의 규정에 따라 발급하였거나 발급받은 계산서의 매출·매입처별합계표(이하 "매출·매입처별 계산서합계표"라 한다)를 대통령령으로 정하는 기한까지 납세지 관할 세무서장에게 제출하여야 한다. 다만, 다음 각 호의 어느 하나에 해당하는 계산서의 합계표는 제출하지 아니할 수 있다. 〈개정 2014. 12. 23.〉

1. 제3항에 따라 계산서를 발급받은 법인은 그 계산서의 매입처별 합계표

2. 제1항 후단에 따라 전자계산서를 발급하거나 발급받고 제7항에 따라 전자계산서 발급명세를 국세청장에게 전송한 경우에는 매출·매입처별 계산서합계표

⑥ 「부가가치세법」에 따라 세금계산서 또는 영수증을 작성·발급하였거나 매출·매입처별 세금계산서합계표를 제출한 분(分)에 대하여는 제1항부터 제3항까지 및 제5항에 따라 계산서등을 작성·발급하였거나 매출·매입처별 계산서합계표를 제출한 것으로 본다.

⑦ 제1항 후단에 따라 전자계산서를 발급하였을 때에는 대통령령으로 정하는 기한까지 대통령령으로 정하는 전자계산서 발급명세를 국세청장에게 전송하여야 한다. 〈신설 2014. 12. 23.〉

⑧ 계산서등의 작성·발급 및 매출·매입처별 계산서합계표의 제출에 필요한 사항은 대통령령으로 정한다. 〈개정 2014. 12. 23.〉

[전문개정 2010. 12. 30.]

제121조의2(매입자발행계산서) ① 제121조 또는 「소득세법」 제163조에도 불구하고 사업과 관련하여 법인 또는 「소득세법」 제168조에 따라 사업자등록을 한 사업자(이하 이 항에서 "사업자"라 한다)로부터 재화 또는 용역을 공급받은 법인이 재화 또는 용역을 공급한 법인 또는 사업자의 부도·폐업, 공급 계약의 해제·변경 또는 그 밖에 대통령령으로 정하는 사유로 계산서를 발급받지 못한 경우에는 납세지 관할 세무서장의 확인을 받아 계산서(이하 "매입자발행계산서"라 한다)를 발행할 수 있다.

② 매입자발행계산서의 발급 대상·방법, 그 밖에 필요한 사항은 대통령령으로 정한다.

[본조신설 2022. 12. 31.]

제121조의3 삭제 〈2018. 12. 24.〉

제121조의4 삭제 〈2020. 12. 22.〉

제122조(질문·조사) 법인세에 관한 사무에 종사하는 공무원은 그 직무수행에 필요한 경우에는 다음 각 호의 어느 하나에 해당하는 자에 대하여 질문하거나 해당 장부·서류 또는 그 밖의 물건을 조사하거나 그 제출을 명할 수 있다. 이 경우 직무상 필요한 범위 외에 다른 목적 등을 위하여 그 권한을 남용해서는 아니 된다. 〈개정 2018. 12. 24.〉

1. 납세의무자 또는 납세의무가 있다고 인정되는 자
2. 원천징수의무자
3. 지급명세서 제출의무자 및 매출·매입처별 계산서합계표 제출의무자

4. 제109조제2항제3호에 따른 경영 또는 관리책임자
5. 제1호에 해당하는 자와 거래가 있다고 인정되는 자
6. 납세의무자가 조직한 동업조합과 이에 준하는 단체
7. 기부금영수증을 발급한 법인
[전문개정 2010. 12. 30.]

제122조의2(등록전산정보자료의 요청) 국세청장은 특수관계인 및 대통령령으로 정하는 지배주주등의 판단을 위하여 필요한 경우에는 법원행정처장에게 「가족관계의 등록 등에 관한 법률」 제11조제4항에 따른 등록전산정보자료를 요청할 수 있다. 이 경우 요청을 받은 법원행정처장은 특별한 사유가 없으면 이에 협조하여야 한다.
[본조신설 2018. 12. 24.]

제7장 벌칙 〈신설 2018. 12. 24.〉

제123조 삭제 〈2020. 12. 22.〉

제124조(명령사항위반에 대한 과태료) 납세지 관할 세무서장은 다음 각 호의 어느 하나에 해당하는 명령사항을 위반한 법인에 2천만원 이하의 과태료를 부과·징수한다.
1. 제117조제5항에 따른 신용카드가맹점에 대한 명령
2. 제117조의2제8항에 따른 현금영수증가맹점에 대한 명령
[본조신설 2018. 12. 24.]

제124조(명령사항위반에 대한 과태료) 납세지 관할 세무서장은 다음 각 호의 어느 하나에 해당하는 명령사항을 위반한 법인에 2천만원 이하의 과태료를 부과·징수한다. 〈개정 2024. 12. 31.〉
1. 제117조제5항에 따른 신용카드가맹점에 대한 명령
2. 제117조의2제8항에 따른 현금영수증가맹점에 대한 명령
3. 제120조의4제2항에 따른 가상자산사업자에 대한 명령
[본조신설 2018. 12. 24.]
[시행일: 2026. 1. 1.] 제124조제3호

부칙 〈제5581호, 1998. 12. 28.〉

제1조 (시행일) 이 법은 1999년 1월 1일부터 시행한다. 다만, 제8조, 제16조, 제17조, 제33조, 제34조, 제36조, 제46조 내지 제49조, 제59조, 제63조, 제79조, 제81조, 제84조, 제86조 및 제99조

제11항의 개정규정(분할에 관한 부분에 한한다) 및 제29조제1항의 개정규정은 공포한 날부터, 제28조제2항 내지 제4항 및 제76조제5항의 개정규정은 2000년 1월 1일부터, 제76조제9항제1호 및 제121조제2항의 개정규정은 1999년 7월 1일부터 시행한다.

제2조 (일반적 적용례) 이 법은 이 법 시행후 최초로 개시하는 사업연도분부터 적용한다. 다만, 청산소득에 대한 법인세에 관한 개정규정은 이 법 시행후 최초로 해산 또는 합병하거나 이 법 시행일이 속하는 사업연도에 분할하는 분부터 적용하고, 특별부가세에 관한 개정규정은 이 법 시행후 최초로 양도하는 분부터 적용한다.

제3조 (합병 및 분할에 관한 특례에 관한 적용례) 제8조, 제17조제3호·제4호, 제44조 내지 제49조, 제59조제3항, 제99조제11항(분할에 관한 부분에 한한다) 및 제113조제3항의 개정규정은 이 법 시행후 최초로 합병하거나 이 법 시행일이 속하는 사업연도에 분할하는 분부터 적용한다.

제4조 (신고·납부등에 관한 적용례) ①제6조, 제7조, 제62조 및 제109조 내지 제111조의 개정규정은 이 법 시행후 최초로 신고·등록기한이 도래하는 분부터 적용한다.

②제60조 및 제63조 내지 제65조의 개정규정은 이 법 시행후 최초로 개시하는 사업연도에 대한 법인세를 신고 또는 납부하는 분부터 적용한다. 다만, 제63조제1항의 개정규정은 이 법 시행후 최초로 중간예납하는 분부터 적용한다.

③제66조 내지 제70조의 개정규정은 이 법 시행후 최초로 신고·결정 또는 경정하는 분부터 적용한다.

④제71조 및 제89조의 개정규정은 이 법 시행후 최초로 법인세의 납부기한이 도래하는 분부터 적용한다.

⑤제73조 내지 제75조의 개정규정은 이 법 시행후 최초로 지급하는 분부터 적용한다.

제5조 (배당금 또는 분배금의 의제에 관한 적용례) 제16조의 개정규정은 이 법 시행후 최초로 주식의 소각등 또는 자본등에 전입하거나 해산하는 분부터 적용한다. 다만, 제16조제1항제2호 가목(합병평가차익등 및 분할평가차익등에 한한다)의 개정규정은 이 법 시행후 최초로 합병하거나 이 법 시행일이 속하는 사업연도에 분할함에 따라 발생한 것을 자본등에 전입하는 분부터 적용하며, 동항제6호의

개정규정은 이 법 시행일이 속하는 사업연도에 분할하는 분부터 적용한다.

第6조 (손금의 계산등에 관한 적용례) ①제28조제2항 내지 제4항의 개정규정은 2000년 1월 1일이후 최초로 개시하는 사업연도분부터 적용한다.

②제29조 (제1항을 제외한다) 내지 제34조(제3항을 제외한다), 제36조 내지 제38조 및 제61조의 개정규정은 이 법 시행후 최초로 개시하는 사업연도에 손금산입하는 분부터 적용한다. 다만, 제29조제1항의 개정규정은 이 법 시행일이 속하는 사업연도에 손금산입하는 분부터 적용하고, 제31조제4항, 제32조제4항, 제33조제3항, 제34조제6항 및 제36조제3항(제37조제2항 및 제38조제2항의 개정규정에 의하여 준용하는 경우를 포함한다)의 개정규정은 이 법 시행후 최초로 해산하거나 이 법 시행일이 속하는 사업연도에 분할하는 분부터 적용한다.

③제34조제3항의 개정규정은 이 법 시행후 최초로 채무보증(이 법 시행전에 채무보증한 것으로서 그 기한을 연장하는 것을 포함한다)하거나 지급하는 분부터 적용한다. 다만, 제34조제3항제1호의 경우 종전의 제14조제1항의 규정을 적용받던 법인에 있어서는 1998년 1월 1일이후 최초로 채무보증(1997년 12월 31일이전에 채무보증한 것으로서 그 기한을 연장하는 것을 포함한다)하는 분부터 적용한다.

④제52조의 개정규정은 이 법 시행후 최초로 거래하는 분부터 적용한다.

⑤제92조제2항제3호 및 제98조제1항제4호의 개정규정은 이 법 시행후 최초로 양도하는 분부터 적용한다.

第7조 (가산세등에 관한 적용례) ①제76조제1항의 개정규정은 이 법 시행후 최초로 개시하는 사업연도에 대한 법인세를 징수하는 분부터 적용한다.

②제76조제4항 및 제115조의 개정규정은 이 법 시행후 최초로 개시하는 사업연도에 대한 결합재무제표등을 제출하는 분부터 적용한다. 이 경우 이 법 시행일 부터 1999년 12월 31일이내에 개시하는 사업연도분에 대한 제출기한은 제115조의 개정규정에 불구하고 그 사업연도 종료후 7월이내로 한다.

③제76조제5항의 개정규정은 2000년 1월 1일이후 최초로 재화

또는 용역을 공급받는 분부터 적용하고, 제116조의 개정규정은 이 법 시행후 최초로 재화 또는 용역을 공급받는 분부터 적용한다.

④제76조제6항의 개정규정은 이 법 시행후 최초로 개시하는 사업연도에 대한 명세서를 제출하는 분부터 적용하고, 제119조제1항(신고기한에 관한 부분을 제외한다)의 개정규정은 이 법 시행후 최초로 제출하는 분부터 적용한다.

⑤제76조제8항의 개정규정은 이 법 시행후 최초로 제출기한이 도래하는 분부터 적용한다.

⑥제76조제9항제1호 및 제121조제2항의 개정규정은 1999년 7월 1일이후 최초로 공급하는 분부터 적용한다.

⑦제114조의 개정규정은 이 법 시행후 최초로 공고기한이 도래하는 분부터 적용한다.

제8조 (수익사업소득계산에 관한 특례) ①제3조제2항제4호의 개정규정을 적용함에 있어서 1988년 12월 31일이전에 취득한 주식 또는 출자지분의 취득가액은 장부가액과 다음 각호의 금액중 높은 금액으로 할 수 있다.

1. 증권거래소에 상장된 주식이나 출자지분의 경우에는 1988년 12월 31일의 증권거래소 최종시세가액(거래실적의 유무를 불문한다)과 1988년 12월 중 공표된 매일의 증권거래소 최종시세가액의 평균액중 높은 금액

2. 증권거래소에 상장되지 아니한 주식이나 출자지분의 경우에는 1989년 1월 1일 현재 상속세및증여세법 제60조 및 동법 제63조제1항제1호 나목 및 다목의 가액으로 평가한 가액

②제3조제2항제5호의 개정규정을 적용함에 있어서 1990년 12월 31일이전에 취득한 토지 및 건물(부속시설물과 구축물을 포함한다)의 취득가액은 장부가액과 1991년 1월 1일 현재 「상속세 및 증여세법」 제60조 및 같은 법 제61조제1항 내지 제3항의 가액으로 평가한 가액 중 큰 금액으로 할 수 있다. 〈개정 2005. 12. 31.〉

제9조 (접대비의 손금불산입의 적용에 관한 특례) ①제25조제1항제2호의 개정규정을 적용함에 있어서 이 법 시행일부터 1999년 12월 31일이내에 개시하는 사업연도의 경우에는 동호 표의 개정규정에 불구하고 그 적용율을 다음과 같이 한다.

수입금액	적 용 율
100억원이하	1만분의 30
100억원초과 500억원이하	3천만원 + 100억원을 초과하는 금액의 1만분의 15
500억원초과	9천만원 + 500억원을 초과하는 금액의 1만분의 4

②제25조제2항 및 제4항의 개정규정을 적용함에 있어서 이 법 시행일부터 1999년 12월 31일이내에 개시하는 사업연도의 경우에는 종전의 제18조의2제3항 단서의 규정에 의한 기밀비중 제25조제1항 각호의 금액을 합한 금액의 100분의 10에 상당하는 금액의 범위안의 금액은 이를 업무와 관련하여 지출한 접대비로 보며, 제25조제2항의 개정규정을 적용하지 아니한다.

제10조 (토지등의 취득시기에 관한 특례) 제99조의 개정규정을 적용함에 있어서 1984년 12월 31일이전에 취득한 토지등은 1985년 1월 1일에 취득한 것으로 본다.

제11조 (일반적 경과조치) 이 법 시행전에 종전의 규정에 의하여 과세하였거나 과세하여야 할 법인세에 관하여는 종전의 규정에 의한다.

제12조 (이자소득 비과세에 관한 경과조치) 다음 각호의 1의 채권 또는 저축에서 발생하는 소득에 대하여는 법인세를 과세하지 아니한다.

1. 1982년 1월 1일전에 종전의 한국주택은행법에 의한 한국주택은행이 주택건설촉진법에 의하여 발행한 국민주택채권

2. 1983년 1월 1일전에 발행한 다음 각목의 1에 해당하는 채권

가. 종전의 산업부흥채권법에 의하여 국가가 발행한 산업부흥국채

나. 징발재산정리에관한특별조치법에 의하여 국가가 발행한 징발보상채권

다. 종전의 통신시설확장에따른감시조치법에 의하여 국가가 발행한 전신·전화채권

라. 주택건설촉진법에 의하여 국가가 발행한 국민주택채권

마. 지방재정법에 의하여 지방자치단체가 발행한 지하철공채·도로공채 및 상수도공채

바. 한국토지공사가 한국토지공사법에 의하여 발행한 토지개발

채권

3. 1990년 12월 31일이전에 발생된 국민저축조합 저축의 이자

제13조 (준비금등의 익금산입등에 관한 경과조치) ①이 법 시행전에 종전의 제12조제3항의 규정에 의하여 손금에 산입한 준비금등의 익금산입등에 관하여는 종전의 규정에 의한다.

②이 법 시행당시 종전의 제17조의 규정을 적용받던 거래등의 손익귀속시기등에 관하여는 종전의 규정에 의한다.

③1998년 9월 30일이전에 발행된 종전의 제39조제6항의 규정에 의한 채권등의 이자소득에 대한 원천징수세율은 제73조제1항제1호의 개정규정에 불구하고 100분의 20으로 한다.

제14조 (다른 법률의 개정) ①자산재평가법중 다음과 같이 개정한다.

제2조제2항중 "법인세법 제14조의2 · 제14조의3 · 제14조의4 · 제14조의5"를 "법인세법 제36조 · 제37조 · 제38조 · 제44조 · 제46조 · 제50조"로 한다.

②국제조세조정에관한법률중 다음과 같이 개정한다.

제2조제1항제6호중 "법인세법 제56조"를 "법인세법 제94조"로 하고, 제9조중 "법인세법 제32조제5항"을 "법인세법 제67조"로 하며, 제11조제1항중 "법인세법 제26조제1항"을 "법인세법 제60조제1항"으로 하고, 제13조중 "법인세법 제41조"를 "법인세법 제76조"로 하며, 제14조제1항중 "법인세법 제32조제5항"을 "법인세법 제67조"로 하고, 제16조중 "법인세법 제16조제11호 및 제18조의3"을 "법인세법 제28조 및 조세특례제한법 제135조"로 하며, 제20조중 "법인세법 제19조 각호"를 "법인세법 제16조"로, "법인세법 제15조제1항제4호"를 "법인세법 제18조제2호"로 하고, 제28조중 "법인세법 제55조제1항"을 "법인세법 제93조"로 하며, 제29조제1항제1호 및 제2호중 "법인세법제59조"를 각각 "법인세법 제98조"로 한다.

③교육세법중 다음과 같이 개정한다.

제7조중 "법인세법 제17조"를 "법인세법 제40조 및 제43조"로 한다.

④농어촌특별세법중 다음과 같이 개정한다.

제3조제2호중 "법인세법 제22조제1항 또는 제57조"를 "법인세법 제55조제1항 또는 제95조"로 하고, 제5조제2항제1호중 "법인세법

제22조제1항”을 “법인세법 제55조제1항”으로 한다.
제15조 (다른 법령과의 관계) 이 법 시행당시 다른 법령에서 종전의 법인세법의 규정을 인용한 경우 이 법중 그에 해당하는 규정이 있는 때에는 종전의 규정에 갈음하여 이 법의 해당 규정을 인용한 것으로 본다.

부칙 〈제6047호, 1999. 12. 28.〉
제1조 (시행일) 이 법은 2000년 1월 1일부터 시행한다.
제2조 (적용례) ①제18조의2의 개정규정은 이 법 시행후 최초로 자회사로부터 배당을 받는 분부터 적용한다.
②제36조의 개정규정은 이 법 시행후 최초로 교부받은 보조금으로 사업용자산을 취득·개량하는 분부터 적용한다.
③제73조제1항 및 제5항의 개정규정은 이 법 시행후 최초로 발생한 이자소득을 지급하는 분부터 적용한다.

부칙 〈제6259호, 2000. 2. 3.〉
①(시행일) 이 법은 공포한 날부터 시행한다.
②(일반적 적용례〈개정 2000. 12. 29.〉) 이 법은 이 법 시행후 최초로 특별부가세의 과세표준을 신고하거나 특별부가세를 결정 또는 경정하는 분부터 적용한다.
③(특별부가세의 쟁송사건에 대한 적용례) 이 법은 종전의 법인세법(법률 제5581호로 개정되기 전의 법률을 말한다) 제59조의2제1항의 규정을 적용하여 행하여진 처분(이의신청·심사청구·심판청구 또는 행정소송이 제기된 것에 한한다)에 관하여 이를 적용한다.〈신설 2000. 12. 29.〉

부칙 〈제6293호, 2000. 12. 29.〉
제1조 (시행일) 이 법은 2001년 1월 1일부터 시행한다. 다만, 제25조제2항 및 제98조의2의 개정규정은 공포한 날부터, 제73조제1항·제6항·제8항 및 제9항·제74조제2항 및 제98조의3의 개정규정은 2001년 7월 1일부터, 제28조제2항 본문의 개정규정은 2002년 1월 1일부터, 제66조제2항·제76조제7항 및 제8항과 제120조의2의 개정규정은 2002년 7월 1일부터 각각 시행한다. 〈개정 2001. 12. 31.〉

제2조 (일반적 적용례) 이 법은 이 법 시행후 최초로 개시하는 사업연도분부터 적용한다.
제3조 (수입배당금액의 익금불산입에 관한 적용례) 제18조의2제1항 및 제3항과 제18조의3의 개정규정은 이 법 시행후 최초로 수입배당금액을 받는 분부터 적용한다.
제4조 (접대비의 손금불산입에 관한 적용례) 제25조제2항의 개정규정은 이 법 공포일이 속하는 사업연도에 손금산입하는 분부터 적용한다.
제5조 (지급이자의 손금불산입에 관한 적용례) 제28조제2항 본문의 개정규정은 2002년 1월 1일 이후 최초로 개시하는 사업연도분부터 적용한다.
제6조 (계약자배당준비금의 손금산입에 관한 적용례) 제31조제4항의 개정규정은 이 법 시행일이 속하는 사업연도에 손금산입하는 분부터 적용한다.
제7조 (증권거래준비금에 관한 적용례) 제32조의 개정규정은 이 법 시행일이 속하는 사업연도분부터 적용한다.
제8조 (증권투자회사 등의 소득공제에 관한 적용례) 제51조의2제1항제2호 및 제3호의 개정규정은 이 법 시행후 최초로 배당하는 분부터 적용한다.
제9조 (중간예납에 관한 적용례) 제63조제1항 단서의 개정규정은 이 법 시행후 최초로 중간예납하는 분부터 적용한다.
제10조 (원천징수에 관한 적용례) ①제73조제1항의 개정규정은 2001년 7월 1일 이후 최초로 발생한 이자소득금액 및 증권투자신탁수익의 분배금을 지급하는 분부터 적용한다.
②제73조제6항·제8항, 제74조제2항 및 제98조의3의 개정규정은 2001년 7월 1일 이후 최초로 채권등을 매도하거나 이자등을 지급받는 분부터 적용한다.
③2001년 7월 1일전에 발행한 채권등으로서 이자등의 계산기간이 2001년 7월 1일전과 2001년 7월 1일 이후의 기간에 걸치는 경우 2001년 7월 1일 이후 당해 채권등의 이자등의 최초 지급일까지 종전의 제73조제6항 및 제74조제2항의 규정을 적용한다.
제11조 (외국법인의 국내원천소득에 대한 적용례) ①제92조제2항제2호 단서, 제93조제7호·제10호 및 제98조제1항제4호 단서의 개정규정은 이 법 시행후 최초로 양도하는 분부터 적용한다.

②제93조제11호의 개정규정은 이 법 시행후 최초로 발생하는 소득분부터 적용한다.
제12조 (외국법인의 유가증권양도소득 신고 등의 특례에 관한 적용례) 제98조의2의 개정규정은 이 법 공포일 이후 최초로 조세조약에서 정한 과세기준을 충족하는 분부터 적용한다.
제13조 (외국법인의 지급조서제출에 관한 적용례) 제66조제2항제2호, 제76조제7항 및 제8항과 제120조의2의 개정규정은 2002년 7월 1일 이후 최초로 지급하는 분부터 적용한다. 〈개정 2001. 12. 31.〉
제14조 (특별부가세에 관한 적용례) 제99조 · 제102조 및 제104조의 개정규정은 이 법 시행후 최초로 양도하는 분부터 적용한다.
제15조 (증권거래준비금의 익금산입에 관한 경과조치) 이 법 시행전에 종전의 제32조의 규정에 의하여 손금에 산입한 증권거래준비금의 익금산입 등에 관하여는 종전의 규정에 의한다.

부칙 〈제6558호, 2001. 12. 31.〉
제1조 (시행일) 이 법은 2002년 1월 1일부터 시행한다. 다만, 제45조제1항, 제61조제1항, 제76조제3항 · 제5항 및 제114조의 개정규정은 공포한 날부터, 제98조의4 및 제120조의2제1항의 개정규정은 2002년 7월 1일부터 각각 시행한다.
제2조 (일반적 적용례) 이 법은 이 법 시행후 최초로 개시하는 사업연도분부터 적용한다.
제3조 (배당금 또는 분배금의 의제에 관한 적용례) 제16조제1항제2호의 개정규정은 이 법 시행후 최초로 자기주식 또는 출자지분을 소각하는 분부터 적용한다.
제4조 (수입배당금액의 익금불산입에 관한 적용례) 제18조의2제1항제4호 및 제18조의3제2항의 개정규정은 이 법 시행후 최초로 배당받는 분부터 적용한다.
제5조 (국고보조금등으로 취득한 사업용자산가액의 손금산입에 관한 적용례) 제36조제1항 및 제4항의 개정규정은 이 법 시행후 최초로 국고보조금등을 지급받는 분부터 적용한다.
제6조 (합병시 이월결손금의 승계에 관한 적용례) 제45조제1항제1호의 개정규정은 이 법 공포일이 속하는 사업연도에 합병하는 분부터 적용한다.

제7조 (물적분할로 인한 자산양도차익상당액의 손금산입에 관한 적용례) 제47조의 개정규정은 이 법 시행후 최초로 분할하거나 합병하는 분부터 적용한다.
제8조 (기업구조조정부동산투자회사의 소득공제에 관한 적용례) 제51조의2제1항제4호의 개정규정은 이 법 시행후 최초로 배당하는 분부터 적용한다.
제9조 (토지등 양도소득에 대한 과세특례 등에 관한 적용례) 제2조제2항 · 제55조 · 제55조의2 · 제57조 · 제59조 · 제63조제1항 · 제76조제1항제1호 · 제92조제2항 내지 제6항 · 제95조 및 제95조의2의 개정규정은 이 법 시행후 최초로 양도하는 분부터 적용한다.
제10조 (준비금의 손금계상 특례에 관한 적용례) 제61조제1항의 개정규정은 이 법 공포일이 속하는 사업연도의 세무조정계산서에 계상하는 분부터 적용한다.
제11조 (비영리내국법인의 자산양도소득 과세특례에 관한 적용례) 제62조의2의 개정규정은 이 법 시행후 최초로 양도하는 분부터 적용한다.
제12조 (가산세에 관한 적용례) ①제76조제1항제3호의 개정규정은 이 법 시행후 최초로 납부기한이 도래하는 분부터 적용한다.
②제76조제5항의 개정규정은 이 법 공포일이 속하는 사업연도에 재화 또는 용역을 공급받는 분부터 적용한다.
제13조 (외국법인의 국내원천소득에 관한 적용례) 제93조제2호 및 제11호의 개정규정은 이 법 시행후 최초로 배당으로 처분되거나 기타소득으로 처분되는 분부터 적용한다.
제14조 (외국법인의 채권등에 대한 원천징수에 관한 적용례) 제98조의3의 개정규정은 이 법 시행후 최초로 이자등을 지급하거나 채권등을 매도하는 분부터 적용한다.
제15조 (외국법인의 국내원천소득 비과세 등의 신청에 관한 적용례) 제98조의4의 개정규정은 2002년 7월 1일 이후 최초로 비과세되거나 면제되는 분부터 적용한다.
제16조 (대차대조표의 공고의무 등에 관한 적용례) 제76조제3항 및 제114조의 개정규정은 이 법 공포일이 속하는 사업연도분부터 적용한다.
제17조 (외국법인의 국내원천소득에 대한 지급조서 제출에 관한 적

용례) 제120조의2제1항의 개정규정은 2002년 7월 1일 이후 최초로 지급하는 분부터 적용한다.

제18조 (계산서의 작성·교부 등에 관한 적용례) 제121조의 개정규정은 이 법 시행후 최초로 재화 또는 용역을 공급하거나 수입하는 분부터 적용한다.

제19조 (대규모기업집단소속 법인의 수입배당금액 익금불산입에 관한 경과조치) 이 법 시행 당시 대규모기업집단에 속하는 내국법인이 계열회사로부터 받은 수입배당금액의 익금불산입에 관하여는 제18조의3제2항의 개정규정에 불구하고 종전의 규정에 의한다.

제20조 (비업무용토지에 대한 취득세에 관한 경과조치) 종전의 지방세법(법률 제6312호 지방세법중개정법률로 개정되기 전의 법률을 말한다) 제112조제2항의 규정에 의한 법인의 비업무용토지에 대한 취득세(동법 동조제1항의 규정에 의한 세액을 초과하는 금액에 한한다) 및 그 환급액의 손금불산입 및 익금불산입에 관하여는 종전의 제18조제7호 및 제21조제3호의 규정에 의한다.

제21조 (토지의 재평가차액상당액의 손금산입에 관한 경과조치) 이 법 시행 당시 종전의 제39조의 규정에 의하여 손금에 산입한 금액의 익금산입 등에 관하여는 종전의 규정에 의한다.

제22조 (적정유보초과소득에 대한 법인세에 관한 경과조치) 이 법 시행 당시 종전의 제56조의 규정에 의하여 적립한 기업발전적립금의 처분과 용도외의 처분에 따른 법인세의 납부 등에 관하여는 종전의 규정에 의한다.

제23조 (특별부가세의 폐지에 따른 경과조치) 이 법 시행 당시 종전의 규정에 의하여 과세하였거나 과세할 특별부가세에 관하여는 종전의 규정에 의한다.

제24조 (다른 법률의 개정) 개발이익환수에관한법률중 다음과 같이 개정한다.

제12조제1항중 "양도소득세 또는 특별부가세"를 "양도소득세"로 한다.

제25조 (다른 법률의 개정에 따른 경과조치) 이 법 시행전에 토지 또는 사업의 양도등으로 인하여 발생한 소득에 대하여 특별부가세가 부과된 경우 당해 세액의 개발비용인정에 관하여는 부칙 제24조의 개정규정에 불구하고 종전의 규정에 의한다.

부칙 〈제6852호, 2002. 12. 30.〉 (도시및주거환경정비법)

제1조 (시행일) 이 법은 공포 후 6월이 경과한 날부터 시행한다.

제2조 내지 제17조 생략

제18조 (다른 법률의 개정) ①내지 ⑪생략

⑫법인세법중 다음과 같이 개정한다.

제55조의2제2항제3호중 "도시재개발법"을 "도시및주거환경정비법"으로 한다.

⑬및 ⑭생략

부칙 〈제7005호, 2003. 12. 30.〉

제1조 (시행일) 이 법은 2004년 1월 1일부터 시행한다. 다만, 제5조제2항, 제29조제1항제2호, 제51조의2제1항제2호, 제62조제1항, 제73조제1항 내지 제3항, 제113조제2항의 개정규정은 2004년 1월 5일부터, 제55조제1항의 개정규정은 2005년 1월 1일부터 시행한다.

제2조 (일반적 적용례) 이 법은 이 법 시행후 개시하는 사업연도분부터 적용한다.

제3조 (지주회사의 수입배당금액에 대한 익금불산입에 관한 적용례) 제18조의2제1항제4호의 개정규정은 이 법 시행후 자회사로부터 배당받는 수입배당금분부터 적용한다.

제4조 (선박투자회사의 배당금액에 대한 소득공제에 관한 적용례) 제51조의2제1항제5호의 개정규정은 이 법 시행후 배당하는 분부터 적용한다.

제5조 (부동산의 양도에 따른 과세특례의 적용례) 제55조의2제1항의 개정규정은 이 법 시행후 양도하는 분부터 적용한다.

제6조 (사실과 다른 회계처리에 기인한 법인세액의 경정 등에 관한 적용례) 제58조의3 · 제59조제1항제4호 · 제66조제2항제4호 및 제72조의2의 개정규정은 이 법 시행후 사실과 다른 회계처리를 하여 경고 또는 주의 등의 조치를 받는 분부터 적용한다.

제7조 (원천징수불이행시 원천징수세액 징수면제에 관한 적용례) 제71조제3항 단서의 개정규정은 이 법 시행후 결정 또는 경정하여 납부하는 분부터 적용한다.

제8조 (국내원천소득의 범위에 대한 적용례) ①제93조제4호의 개정규정은 이 법 시행후 임대하는 분부터 적용한다.

②제93조제6호의 개정규정은 이 법 시행후 용역을 제공하는 분부터 적용한다.

③제93조제11호 자목 및 제98조제10항 · 제11항의 개정규정은 이 법 시행후 자본거래를 하는 분부터 적용한다.

제9조 (외국법인의 법인세 신고 등에 관한 적용례) 제97조제1항 전단의 개정규정은 이 법 시행후 과세표준 및 세액을 신고하는 분부터 적용한다.

제10조 (양도소득에 대한 원천징수에 관한 적용례) 제98조제1항의 개정규정은 이 법 시행후 양도하는 분부터 적용한다.

제11조 (외국법인의 국내원천소득 등에 대한 지급조서제출의무의 특례에 관한 적용례) 제120조의2제1항 본문의 개정규정은 이 법 시행후 국내원천소득을 지급하는 분부터 적용한다.

제12조 (중간예납에 관한 특례) 2005년 1월 1일 이후 개시하는 중간예납기간에 대한 중간예납세액을 계산함에 있어서 제63조제1항에 규정하는 당해 사업연도의 직전사업연도의 법인세로서 확정된 산출세액은 직전사업연도의 과세표준금액에 제55조제1항의 개정규정을 적용하여 계산한다.

제13조 (투자자산 및 투자회사등에 관한 적용례) 간접투자자산운용업법의 시행에 따라 개정되는 투자자산 및 투자회사등에 관한 규정은 동법 시행일 이후 최초로 설정 또는 설립되는 분부터 적용하고, 동법 시행일 이전에 설정 또는 설립된 분에 대하여는 종전의 규정에 의한다.

제14조 (주택양도소득에 대한 경과조치) 이 법 시행 당시 제55조의2제1항제2호에 해당하는 주택을 소유하고 있는 법인이 2004년 12월 31일 이전에 당해 주택을 양도하는 경우에는 제55조의2제1항제2호의 개정규정을 적용하지 아니한다. 다만, 당해 법인이 2004년 1월 1일 이후 다른 주택을 새로이 취득한 경우에는 그러하지 아니하다.

제15조 (산업상 · 상업상 또는 과학상의 기계 · 설비 · 장치 등의 국내원천소득의 범위에 대한 경과조치) 이 법 시행 당시 산업상 · 상업상 또는 과학상의 기계 · 설비 · 장치 등을 국내에서 사용하거나 그 대가를 국내에서 지급한 경우의 당해 대가와 그 양도로 인하여 발생한 소득분에 대하여는 제93조제4호의 개정규정에 불구하고 종전의 제93조제9호 다목의 규정에 의한 대가 및 양도로 인하여 발생한 소득

으로 본다.

부칙 <제7117호, 2004. 1. 29.>

①(시행일) 이 법은 공포한 날부터 시행한다. 다만, 제29조제1항의 개정규정은 2005년 1월 1일부터 시행한다.

②(일반적 적용례) 이 법은 이 법 시행후 개시하는 사업연도분부터 적용한다.

부칙 <제7289호, 2004. 12. 31.> (디자인보호법)

제1조 (시행일) 이 법은 공포후 6월이 경과한 날부터 시행한다.

제2조 내지 제4조 생략

제5조 (다른 법률의 개정) ①내지 ③생략

④법인세법중 다음과 같이 개정한다.

제93조제9호 가목중 "의장"을 "디자인"으로 한다.

⑤내지 ⑰생략

부칙 <제7317호, 2004. 12. 31.>

제1조 (시행일) 이 법은 2005년 1월 1일부터 시행한다. 다만, 제73조제8항, 제74조제2항, 제98조의3제1항 내지 제3항 및 제6항의 개정규정은 2005년 7월 1일부터 시행하고, 제51조의2제1항제4호의 개정규정은 2005년 4월 23일부터 시행한다.

제2조 (배당금 또는 분배금의 의제에 관한 적용례) 제16조제1항제2호 가목의 개정규정은 이 법 시행후 최초로 채무를 출자전환하는 분부터 적용한다.

제3조 (수입배당금액의 익금불산입에 관한 적용례) 제18조의2제1항제3호 및 제18조의3제1항제1호 단서 · 제3호의 개정규정은 이 법 시행후 최초로 수입배당금액을 받는 분부터 적용한다.

제4조 (경영참여형 사모집합투자기구 등에 대한 소득공제에 관한 적용례) 제51조의2제1항제2호의 개정규정은 이 법 시행후 최초로 배당하는 분부터 적용한다.

[제목개정 2015. 7. 24.]

제5조 (위탁관리부동산투자회사에 대한 소득공제에 관한 적용례) 제51조의2제1항제4호의 개정규정은 2005년 4월 23일 이후 최초로

배당하는 분부터 적용한다.

제6조 (재해손실에 대한 세액공제에 관한 적용례) 제58조제1항의 개정규정은 이 법 시행후 최초로 자산을 상실하는 분부터 적용한다.

제7조 (결정 및 경정에 관한 적용례) 제66조제2항제3호의 개정규정은 이 법 시행후 최초로 개시하는 사업연도분에 대하여 결정 또는 경정하는 분부터 적용한다.

제8조 (원천징수에 관한 적용례) 제73조제1항제1호 및 제2호의 개정규정은 이 법 시행후 최초로 발생한 이자소득금액 및 투자신탁수익의 분배금을 지급하는 분부터 적용하고, 제73조제8항 및 제74조제2항의 개정규정은 2005년 7월 1일 이후 최초로 원천징수하는 분부터 적용한다.

제9조 (원천징수납부불성실가산세에 관한 적용례) 제76조제2항의 개정규정은 이 법 시행 후 최초로 이자소득금액 및 투자신탁수익의 분배금을 지급하는 분부터 적용한다.

제10조 (국내원천소득에 관한 적용례) 제93조제10호의 개정규정은 이 법 시행후 최초로 양도하는 분부터 적용한다.

제11조 (외국납부세액의 이월공제에 관한 적용례) 제97조제1항의 개정규정은 이 법 시행후 최초로 신고하는 분부터 적용한다.

제12조 (외국법인의 채권등에 대한 원천징수의 특례에 관한 적용례) 제98조의3제1항 내지 제3항 및 제6항의 개정규정은 2005년 7월 1일 이후 최초로 원천징수하는 분부터 적용한다.

제13조 (법인의 설립 또는 설치신고에 관한 적용례) 제109조제3항의 개정규정은 이 법 시행후 최초로 설립 또는 설치신고사항에 변경이 있는 분부터 적용한다.

제14조 (일반적 적용례) 이 법은 이 법 시행후 최초로 개시하는 사업연도분부터 적용한다.

부칙 〈제7838호, 2005. 12. 31.〉

제1조 (시행일) 이 법은 2006년 1월 1일부터 시행한다. 다만, 제26조 및 법률 제5581호 법인세법개정법률 부칙 제8조제2항의 개정규정은 공포한 날부터 시행하고, 제98조의5의 개정규정은 2006년 7월 1일부터 시행하며, 제55조의2의 개정규정은 2007년 1월 1일부터 시행한다.

제2조 (일반적 적용례) 이 법은 이 법 시행 후 최초로 개시하는 사업연도분부터 적용한다.
제3조 (배당금 또는 분배금의 의제 등에 관한 적용례) 제16조제1항제2호 가목, 제17조제1항제1호 단서 및 동조제2항의 개정규정은 이 법 시행 후 최초로 출자전환하는 분부터 적용한다.
제4조 (지주회사의 수입배당금액의 익금불산입 등에 관한 적용례) 제18조의2 및 제18조의3의 개정규정은 이 법 시행 후 최초로 배당받는 분부터 적용한다.
제5조 (기부금의 손금불산입에 관한 적용례 및 적용특례) ①제24조제2항 및 제3항의 개정규정은 이 법 시행 후 최초로 개시하는 사업연도에 지출하는 분부터 적용한다.
②제24조제2항의 개정규정을 적용함에 있어서 이 법 시행 후 최초로 개시하는 사업연도부터 3년 이내에 종료하는 사업연도까지 지출하는 분에 대하여는 동조동항 각 호 외의 부분 단서의 개정규정에 불구하고 동항 각 호 외의 부분 단서에서 규정하고 있는 "100분의 50"을 "100분의 75"로 한다.
제6조 (접대비의 손금불산입에 관한 적용례) 제25조제2항 각 호 외의 부분 단서의 개정규정은 이 법 시행 후 최초로 지출하는 분부터 적용한다.
제7조 (과다경비등의 손금불산입에 관한 적용례) 제26조의 개정규정은 이 법 시행일이 속하는 사업연도에 지출하는 분부터 적용한다.
제8조 (고유목적사업준비금의 손금산입에 관한 적용례) 제29조의 개정규정은 이 법 시행 후 최초로 개시하는 사업연도에 손금산입하는 분부터 적용한다.
제9조 (공사부담금으로 취득한 고정자산가액의 손금산입에 관한 적용례) 제37조제2항의 개정규정은 이 법 시행 후 최초로 공사부담금을 제공받는 분부터 적용한다.
제10조 (자산·부채의 평가에 관한 적용례) 제42조제3항의 개정규정은 이 법 시행 후 최초로 개시하는 사업연도에 평가하는 분부터 적용한다.
제11조 (합병 및 분할시 이월결손금의 승계에 관한 적용례) 제45조 및 제48조의2의 개정규정은 이 법 시행 후 최초로 합병하거나 분할하는 분부터 적용한다.

제12조 (교환으로 인한 자산양도차익상당액의 손금산입에 관한 적용례) 제50조의 개정규정은 이 법 시행 후 최초로 자산을 교환하는 분부터 적용한다.
제13조 (유동화전문회사등에 대한 소득공제에 관한 적용례) 제51조의2의 개정규정은 이 법 시행 후 최초로 배당하는 분부터 적용한다. 다만, 「선박투자회사법」에 의한 선박투자회사의 경우에는 2009년 1월 1일 이후 최초로 배당하는 분부터 적용한다.
제14조 (토지등 양도소득에 대한 과세특례에 관한 적용례) 제55조의2의 개정규정은 2007년 1월 1일 이후 최초로 양도하는 분부터 적용한다.
제15조 (간접투자회사등의 외국납부세액공제 특례에 관한 적용례) 제57조의2의 개정규정은 이 법 시행 후 최초로 발생하는 소득분부터 적용한다.
제16조 (중간예납에 관한 적용례) 제63조의 개정규정은 이 법 시행 후 최초로 중간예납하는 분부터 적용한다.
제17조 (가산세에 관한 적용례) ①제76조제1항제3호의 개정규정은 이 법 시행 후 최초로 법인세를 납부하거나 징수하는 분부터 적용한다.
②제76조제6항·제7항 및 제9항의 개정규정은 이 법 시행 후 최초로 제출기한이 도래하는 분부터 적용한다.
③제76조제10항의 개정규정은 이 법 시행 후 최초로 기부받는 분부터 적용한다.
제18조 (외국법인의 국내원천소득에 관한 적용례) ①제93조제2호의 개정규정은 이 법 시행 후 최초로 배당으로 처분되는 분부터 적용한다.
②제93조제6호의 개정규정은 이 법 시행 후 최초로 발생하는 소득분부터 적용한다.
제19조 (외국법인에 대한 원천징수 절차 특례에 관한 적용례) 제98조의5의 개정규정은 2006년 7월 1일 이후 최초로 원천징수하는 분부터 적용한다.
제20조 (기부금영수증 발급내역의 작성·보관의무 등에 관한 적용례) 제112조의2의 개정규정은 이 법 시행 후 최초로 기부받는 분부터 적용한다.
제21조 (수익사업소득계산의 과세특례에 관한 적용례) 법률 제5581

호 법인세법개정법률 부칙 제8조제2항의 개정규정은 이 법 시행일이 속하는 사업연도에 최초로 양도하는 분부터 적용한다.
제22조 (제42조제3항의 개정규정 중 「채무자 회생 및 파산에 관한 법률」에 의한 회생계획인가결정 등에 관한 경과조치) ①2006년 3월 31일 이전에 받은 종전의 「회사정리법」에 의한 정리계획인가의 결정, 종전의 「화의법」에 의한 화의인가의 결정, 종전의 「파산법」에 의한 강제화의인가의 결정은 제42조제3항의 개정규정에 따른 「채무자 회생 및 파산에 관한 법률」에 의한 회생계획인가의 결정으로 본다.
②제42조제3항의 개정규정 중 「채무자 회생 및 파산에 관한 법률」에 의한 회생계획인가의 결정은 2006년 3월 31일까지 「회사정리법」에 의한 정리계획인가의 결정, 「화의법」에 의한 화의인가의 결정, 「파산법」에 의한 강제화의인가의 결정으로 본다.

부칙 〈제7908호, 2006. 3. 24.〉 (기부금품의 모집 및 사용에 관한 법률)
제1조 (시행일) 이 법은 공포 후 6개월이 경과한 날부터 시행한다.
제2조 및 제3조 생략
제4조 (다른 법률의 개정) ①내지 ④생략
⑤법인세법 일부를 다음과 같이 개정한다.
제24조제2항제1호 단서중 "기부금품모집규제법"을 "「기부금품의 모집 및 사용에 관한 법률」"로 한다.
⑥내지 ⑩생략
제5조 생략

부칙 〈제8141호, 2006. 12. 30.〉
제1조 (시행일) 이 법은 2007년 1월 1일부터 시행한다. 다만, 제18조의2제1항제1호의 개정규정은 2009년 1월 1일부터 시행하고, 제25조제2항제2호, 제66조제2항제3호, 제76조제11항 · 제12항, 제116조제3항 · 제4항, 제117조 및 제117조의2의 개정규정은 2007년 7월 1일부터 시행한다.
제2조 (일반적 적용례) 이 법은 이 법 시행 후 최초로 개시하는 사업연도분부터 적용한다.
제3조 (지주회사 수입배당금액의 익금불산입에 관한 적용례) ①제18

조의2제1항제1호의 개정규정은 2009년 1월 1일 이후 최초로 배당받는 분부터 적용한다.

②제18조의2제1항제2호의 개정규정은 이 법 시행 후 최초로 배당받는 분부터 적용한다.

제4조 (수입배당금액의 익금불산입에 관한 적용례) 제18조의3제2항의 개정규정은 이 법 시행 후 최초로 배당받는 분부터 적용한다.

제5조 (접대비의 손금불산입에 관한 적용례) 제25조제2항제2호의 개정규정은 2007년 7월 1일 이후 최초로 재화 또는 용역을 공급받고 발행하는 분부터 적용한다.

제6조 (투자신탁의 이익에 관한 적용례) 제29조제1항제1호·제57조의2제3항·제62조제1항 및 제73조제1항의 개정규정은 이 법 시행 후 최초로 설정되는 투자신탁분부터 적용한다.

제7조 (유동화전문회사 등에 대한 소득공제에 관한 적용례) 제51조의2제1항제5호의3·제5호의4 및 제6호의 개정규정은 이 법 시행 후 최초로 배당하는 분부터 적용한다.

제8조 (외국납부세액공제 등에 관한 적용례) 제57조제5항의 개정규정은 이 법 시행 후 최초로 받는 수입배당금액부터 적용한다.

제9조 (간접투자회사 등의 외국납부세액공제 특례에 관한 적용례) 제57조의2제1항의 개정규정은 이 법 시행 후 최초로 발생하는 소득분부터 적용한다.

제10조 (경정 및 결정에 관한 적용례) 제66조제2항제3호의 개정규정은 2007년 7월 1일 이후 해당사유가 발생하여 경정하는 분부터 적용한다.

제11조 (가산세 등에 관한 적용례) ①제76조제9항제3호 및 제120조의3의 개정규정은 이 법 시행 후 최초로 세금계산서를 교부받는 분부터 적용한다.

②제76조제11항 및 제12항의 개정규정은 2007년 7월 1일 이후 최초로 재화 또는 용역을 공급하는 분 또는 가입의무를 이행하지 아니하는 현금영수증가맹점가입대상자부터 적용한다.

제12조 (국내원천소득에 관한 적용례) 제93조제11호 사목의 개정규정은 이 법 시행 후 최초로 발생하는 소득분부터 적용한다.

제13조 (외국법인에 대한 원천징수 또는 징수의 특례에 관한 적용례) ①제98조제1항 각 호 외의 부분 본문의 개정규정은 이 법 시행

후 최초로 양도하는 분부터 적용한다.

②제98조제1항제3호 단서의 개정규정은 이 법 시행 후 최초로 발생하는 이자소득분부터 적용한다.

제14조 (지출증빙서류의 수취 및 보관에 관한 적용례) 제116조제3항 및 제4항의 개정규정은 2007년 7월 1일 이후 최초로 재화 또는 용역을 공급받고 발행하는 분부터 적용한다.

제15조 (신용카드가맹점 가입 및 신용카드매출전표 발급의무 등에 관한 적용례) 제117조의 개정규정은 2007년 7월 1일 이후 최초로 재화 또는 용역을 공급하는 분부터 적용한다.

제16조 (현금영수증가맹점 가입 및 현금영수증 발급의무 등에 관한 적용례) 제117조의2의 개정규정은 2007년 7월 1일 이후 최초로 재화 또는 용역을 공급하는 분부터 적용한다.

제17조 (현금영수증가맹점 가입에 관한 특례) 이 법 시행일부터 2007년 3월 31일까지 현금영수증가맹점의 가입요건에 해당하게 된 법인은 제117조의2제1항의 개정규정에 불구하고 이 법 시행일부터 2007년 6월 30일까지 현금영수증가맹점으로 가입할 수 있다.

제18조 (평가차익 등의 익금불산입에 관한 경과조치) 이 법 시행 전에 받은 배당소득금액에 대하여는 제18조제6호의 개정규정에 불구하고 종전의 규정에 따른다.

제19조 (가산세에 관한 경과조치) 이 법 시행 전에 종전의 제76조제1항 및 제90조제1항의 규정에 따라 부과하였거나 부과하여야 할 가산세에 관하여는 제76조제1항 및 제90조제1항의 개정규정에 불구하고 종전의 규정에 따른다.

부칙 〈제8519호, 2007. 7. 19.〉

①(시행일) 이 법은 2008년 1월 1일부터 시행한다.

②(성실중소법인의 각 사업연도의 소득에 대한 법인세 적용례) 제2장의2의 개정규정은 이 법 시행일이 속하는 사업연도 분부터 적용한다.

부칙 〈제8631호, 2007. 8. 3.〉 (독점규제 및 공정거래에 관한 법률)

제1조 (시행일) 이 법은 공포 후 3개월이 경과한 날부터 시행한다.

〈단서 생략〉
제2조 부터 제6조까지 생략
제7조 (다른 법률의 개정) 법인세법 일부를 다음과 같이 개정한다.
제18조의2제1항제4호가목중 "사업관련손자회사"를 "손자회사"로 한다.

부칙 〈제8831호, 2007. 12. 31.〉
제1조 (시행일) 이 법은 2008년 1월 1일부터 시행한다. 다만, 제76조제12항의 개정규정은 2008년 7월 1일부터 시행한다.
제2조 (일반적 적용례) 이 법은 이 법 시행 후 최초로 개시하는 사업연도 분부터 적용한다.
제3조 (수입배당금액의 익금불산입에 관한 적용례) 제18조의3제1항 각 호 외의 부분 및 같은 항 제4호의 개정규정은 이 법 시행 후 최초로 수입배당금액을 받는 분부터 적용한다.
제4조 (국고보조금등으로 취득한 사업용자산가액의 손금산입에 관한 적용례) 제36조제2항의 개정규정은 이 법 시행 후 최초로 국고보조금등을 지급받는 분부터 적용한다.
제5조 (외국납부세액공제 등에 관한 적용례) 제57조제5항의 개정규정은 이 법 시행 후 최초로 수입배당금액을 받는 분부터 적용한다.
제6조 (결정 및 경정에 관한 적용례) 제66조제2항제3호가목의 개정규정은 이 법 시행 후 최초로 개시하는 사업연도분에 대하여 결정 또는 경정하는 분부터 적용한다.
제7조 (수시부과결정에 관한 적용례) 제69조제2항의 개정규정은 이 법 시행 후 최초로 수시부과사유가 발생하는 분부터 적용한다.
제8조 (가산세에 관한 적용례) ① 제76조제10항의 개정규정은 이 법 시행 후 최초로 사실과 다르게 기부금영수증을 작성하거나, 기부법인별 발급명세를 작성·보관하지 아니한 분부터 적용한다.
② 제76조제12항의 개정규정은 2008년 7월 1일 이후 최초로 재화 또는 용역을 공급하는 분부터 적용한다.
제9조 (국내원천소득에 관한 적용례) 제93조제10호의 개정규정은 이 법 시행 후 최초로 양도하는 분부터 적용한다.
제10조 (외국법인의 유가증권 양도소득에 대한 신고·납부 등의 특례에 관한 적용례) 제98조의2제3항 및 제4항의 개정규정은 이 법

시행 후 최초로 양도하는 분부터 적용한다.
제11조 (기부금영수증 발급명세의 작성·보관의무에 관한 적용례) 제112조의2제1항의 개정규정은 이 법 시행 후 최초로 기부받는 분부터 적용한다.
제12조 (신용카드가맹점 가입 및 신용카드매출전표 발급의무 등에 관한 적용례) 제117조제2항의 개정규정은 이 법 시행 후 최초로 재화 또는 용역을 공급하는 분부터 적용한다.
제13조 (주식등변동상황명세서의 제출에 관한 적용례) 제119조제2항의 개정규정은 이 법 시행 후 최초로 제출하는 분부터 적용한다.

부칙 〈제8852호, 2008. 2. 29.〉 (정부조직법)
제1조(시행일) 이 법은 공포한 날부터 시행한다. 다만, ···〈생략〉···, 부칙 제6조에 따라 개정되는 법률 중 이 법의 시행 전에 공포되었으나 시행일이 도래하지 아니한 법률을 개정한 부분은 각각 해당 법률의 시행일부터 시행한다.
제2조 부터 제5조까지 생략
제6조(다른 법률의 개정) ① 부터 ㉛ 까지 생략
㉜ 법인세법 일부를 다음과 같이 개정한다.
제55조의2제1항제1호 중 "건설교통부장관"을 "국토해양부장관"으로 한다.
제98조의5제1항 중 "재정경제부장관"을 "기획재정부장관"으로 한다.
제112조의2제3항 중 "재정경제부령"을 "기획재정부령"으로 한다.
㉝ 부터 〈760〉 까지 생략
제7조 생략

부칙 〈제9267호, 2008. 12. 26.〉
제1조(시행일) 이 법은 2009년 1월 1일부터 시행한다. 다만, 제55조제1항, 제76조제4항, 제115조 및 제117조제2항 단서의 개정규정은 공포한 날부터 시행하고, 제5조제2항, 제18조의2제1항제1호, 제18조의3제1항제1호, 제51조의2제1항제2호(경영참여형 사모집합투자기구에 관한 규정은 제외한다), 제57조의2제1항·제5항, 제66조제2항제4호, 제73조제1항제2호, 제98조제6항, 제113조제2항 및 제119조제2항의 개정규정은 2009년 2월 4일부터 시행하며, 제1조제

6호부터 제10호까지, 제2조제4항·제5항, 제3조제2항, 제8조제4항부터 제6항까지, 제18조제9호, 제18조의2제1항 각 호 외의 부분 중 제76조의14 관련 규정, 제21조제7호, 제63조제4항, 제2장의3(제76조의8부터 제76조의22까지) 및 제113조제5항의 개정규정은 2010년 1월 1일부터 시행한다. 〈개정 2015. 7. 24.〉

제2조(일반적 적용례) 이 법은 이 법 시행 후 최초로 개시하는 사업연도 분부터 적용한다.

제3조(이월결손금 공제에 관한 적용례) 제13조제1호 및 제91조제1항제1호의 개정규정은 이 법 시행 후 최초로 개시하는 사업연도에 발생하는 결손금부터 적용한다.

제4조(수입배당금액의 익금불산입에 관한 적용례) 제18조의2제1항 및 제18조의3제1항의 개정규정은 이 법 시행 후 최초로 배당받는 분부터 적용한다.

제5조(합병에 따른 이월결손금의 승계에 관한 적용례) 제45조의 개정규정은 이 법 시행 후 최초로 합병하는 분부터 적용한다.

제6조(현물출자로 인한 자산양도차익상당액의 손금산입에 관한 적용례) 제47조의2의 개정규정은 이 법 시행 후 최초로 현물출자하는 분부터 적용한다.

제7조(재해손실에 대한 세액공제에 관한 적용례) 제58조제1항의 개정규정은 이 법 시행 후 최초로 재해손실에 대한 세액공제를 신청하는 분부터 적용한다.

제8조(분납에 관한 적용례) 제64조제2항의 개정규정은 이 법 시행 후 최초로 납부하는 분부터 적용한다.

제9조(결손금 소급공제에 의한 환급에 관한 적용례) 제72조제5항의 개정규정은 이 법 시행 후 최초로 환급하는 분부터 적용한다. 〈개정 2014. 12. 23.〉

[단순위헌, 2012헌바105, 2014. 7. 24. 법인세법 부칙(2008. 12. 26. 법률 제9267호) 제9조는 헌법에 위반된다.]

제10조(결합재무제표 제출의무에 관한 적용례) 제76조제4항 및 제115조의 개정규정은 이 법 시행일이 속하는 사업연도분부터 적용한다.

제11조(외국법인의 국내원천소득에 관한 적용례) ① 제93조제7호 및 제10호의 개정규정은 이 법 시행 후 최초로 양도하는 분부터 적용한다.

② 제93조제9호의 개정규정은 이 법 시행 후 최초로 소득이 발생하는 분부터 적용한다.

제12조(외국법인의 국내원천소득에 대한 원천징수에 관한 적용례) 제98조제1항의 개정규정은 이 법 시행 후 최초로 지급하는 분부터 적용한다.

제13조(외국법인의 인적용역소득에 대한 신고·납부 특례에 관한 적용례) 제99조의 개정규정은 이 법 시행 후 최초로 인적용역을 제공하는 분부터 적용한다.

제14조(신용카드매출전표 발급에 관한 적용례) 제117조제2항 단서의 개정규정은 이 법 시행일이 속하는 사업연도에 최초로 재화와 용역을 공급하는 분부터 적용한다.

제15조(세율에 관한 특례) 이 법 시행일이 속하는 사업연도의 세율은 제55조제1항의 개정규정에도 불구하고 다음 표에 따른다.

과세표준	세율
2억원 이하	과세표준의 100분의 11
2억원 초과	2천200만원 + (2억원을 초과하는 금액의 100분의 25)

제16조(중간예납에 관한 특례) ① 2009년 1월 1일 이후 개시하는 사업연도의 중간예납기간에 대한 중간예납세액을 계산할 때 제63조제1항에서 규정하는 해당 사업연도의 직전 사업연도의 법인세로서 확정된 산출세액은 직전 사업연도의 과세표준에 제55조제1항제1호의 개정규정을 적용하여 계산한다.

② 2010년 1월 1일 이후 개시하는 사업연도의 중간예납기간에 대한 중간예납세액을 계산할 때 제63조제1항에서 규정하는 해당 사업연도의 직전 사업연도의 법인세로서 확정된 산출세액은 직전 사업연도의 과세표준에 제55조제1항제2호의 개정규정을 적용하여 계산한다.

제17조(연결납세방식의 과세표준에 관한 특례) 2009년 1월 1일 전에 개시한 사업연도에 발생한 연결법인의 결손금에 대하여는 제76조의13제1항제1호의 개정규정을 적용할 때 10년을 5년으로 본다.

제18조(「자본시장과 금융투자업에 관한 법률」의 시행일에 관한 특례) ① 제73조제2항의 개정규정 중 "「자본시장과 금융투자업에 관한

법률」에 따른 투자신탁재산"은 2009년 2월 3일까지는 "「간접투자자산운용업법」에 따른 투자신탁재산"으로 본다.

② 제93조제7호나목, 같은 조 제10호 각 목 외의 부분 및 같은 호 나목의 개정규정 중 "「자본시장과 금융투자업에 관한 법률」에 따른 증권시장"은 2009년 2월 3일까지는 "「증권거래법」에 따른 유가증권시장 또는 코스닥시장"으로 본다.

제19조(일반적 경과조치) 이 법 시행 당시 종전의 규정에 따라 부과하였거나 부과할 법인세(가산세를 포함한다)에 관하여는 종전의 규정에 따른다.

제20조(경영참여형 사모집합투자기구 등에 대한 소득공제에 관한 경과조치) ① 이 법 시행 전에 「간접투자자산 운용업법」 제144조의6에 따라 금융위원회에 등록한 경영참여형 사모집합투자기구 및 해외자원개발투자전문회사가 이 법 시행 후 최초로 개시하는 사업연도의 개시일부터 1개월 이내에 「조세특례제한법」 제100조의17에 따라 동업기업과세특례의 적용을 신청하지 아니하는 경우에는 제51조의2 제1항제2호 및 제5호의4의 개정규정에도 불구하고 해당 법인의 해산등기일이 속하는 사업연도까지 종전의 규정을 적용한다. 이 경우 해당 법인은 그 해산등기일이 속하는 사업연도까지 「조세특례제한법」 제10절의3을 적용받을 수 없다. 〈개정 2015. 7. 24.〉

② 이 법 시행 전에 「간접투자자산 운용업법」 제144조의6에 따라 금융위원회에 등록한 경영참여형 사모집합투자기구 및 해외자원개발투자전문회사가 이 법 시행 후 최초로 개시하는 사업연도의 개시일부터 1개월 이내에 「조세특례제한법」 제100조의17에 따라 동업기업과세특례의 적용을 신청한 경우 이 법 시행 전에 개시하는 사업연도의 소득에 대한 법인세를 계산할 때 해당 사업연도의 배당에 관하여는 제51조의2의 개정규정에도 불구하고 종전의 규정에 따른다. 〈개정 2015. 7. 24.〉

[제목개정 2015. 7. 24.]

제21조(신탁재산에 귀속되는 소득의 원천징수 폐지에 관한 경과조치) 신탁재산이 2005년 6월 30일 이전에 취득한 채권등을 2009년 1월 1일 이후 최초로 매도하거나 이자등을 지급하는 경우(2005년 7월 1일 이후부터 2008년 12월 31일까지 이자등을 지급하지 아니한 경우에 한정한다)에는 제73조의 개정규정에도 불구하고 종전의

규정에 따른다.

부칙 〈제9346호, 2009. 1. 30.〉 (교통 · 에너지 · 환경세법)
제1조(시행일) 이 법은 2025년 1월 1일부터 시행한다. 〈개정 2009. 12. 31., 2013. 1. 1., 2015. 12. 15., 2018. 12. 31., 2021. 12. 21.〉
제2조 생략
제3조(다른 법률의 개정) ① 부터 ④ 까지 생략
⑤ 삭제 〈2021. 12. 21.〉
⑥ 부터 ⑪ 까지 생략

부칙 〈제9401호, 2009. 1. 30.〉 (국유재산법)
제1조(시행일) 이 법은 공포 후 6개월이 경과한 날부터 시행한다. 〈단서 생략〉
제2조 부터 제9조까지 생략
제10조(다른 법률의 개정) ① 부터 ㉞ 까지 생략
㉟ 법인세법 일부를 다음과 같이 개정한다.
제85조제1항 각 호 외의 부분 단서 중 "「국유재산법」 제55조"를 "「국유재산법」 제80조"로 한다.
㊱ 부터 〈86〉 까지 생략
제11조 생략

부칙 〈제9673호, 2009. 5. 21.〉
제1조(시행일) 이 법은 공포한 날부터 시행한다.
제2조(토지등 양도소득에 대한 과세특례에 관한 적용례) 제55조의2의 개정규정은 2009년 3월 16일 이후 최초로 양도하는 분부터 적용한다.
제3조(외국법인의 국채등 이자 · 양도소득에 대한 과세특례에 관한 적용례) 제93조의2의 개정규정은 이 법 시행 후 최초로 지급 또는 양도하는 분부터 적용한다.
제4조(토지등 양도소득에 대한 과세특례에 관한 특례) 2009년 3월 16일부터 2012년 12월 31일까지 취득한 자산을 양도함으로써 발생하는 소득에 대하여는 제55조의2제1항제2호 및 제3호를 적용하

지 아니한다. 〈개정 2010. 12. 30.〉

부칙 〈제9763호, 2009. 6. 9.〉 (산림보호법)

제1조(시행일) 이 법은 공포 후 9개월이 경과한 날부터 시행한다. 〈단서 생략〉

제2조 부터 제6조까지 생략

제7조(다른 법률의 개정) ① 부터 ⑳ 까지 생략

㉑ 법인세법 일부를 다음과 같이 개정한다.

제55조의2제2항제2호가목 중 "「산림자원의 조성 및 관리에 관한 법률」에 의하여 지정된 산림유전자원보호림·보안림·채종림·시험림"을 "「산림자원의 조성 및 관리에 관한 법률」에 따라 지정된 채종림·시험림, 「산림보호법」제7조에 따른 산림보호구역,"으로 한다.

㉒ 부터 〈61〉 까지 생략

제8조 생략

부칙 〈제9898호, 2009. 12. 31.〉

제1조(시행일) 이 법은 2010년 1월 1일부터 시행한다. 다만, 제51조의2제2항의 개정규정은 공포한 날부터 시행하고, 제117조의2제4항의 개정규정은 2010년 4월 1일부터 시행하며, 제16조제1항, 제17조제1항, 제24조제1항, 제44조, 제44조의2, 제44조의3, 제45조, 제46조, 제46조의2부터 제46조의5까지, 제47조, 제47조의2, 제48조, 제48조의2, 제49조, 제60조제4항, 제77조, 제80조, 제81조, 제84조, 제86조제2항 및 제113조제3항 및 제4항의 개정규정은 2010년 7월 1일부터 시행한다.

제2조(일반적 적용례) 이 법은 이 법 시행 후 최초로 개시하는 사업연도 분부터 적용한다.

제3조(과세소득의 범위에 관한 적용례) 제3조제3항의 개정규정은 이 법 시행 후 최초로 양도하는 분부터 적용한다.

제4조(과세표준에 관한 적용례) 제13조, 제76조의13제2항 및 제91조제1항의 개정규정은 이 법 시행 후 최초로 과세표준을 신고하거나 경정·결정하는 분부터 적용한다. 다만, 신고하거나 경정·결정한 과세표준에 포함되지 아니한 결손금이 공제되도록 2009년 12월 31일 이전에 과세표준을 신고하거나 경정·결정한 경우에는 종전의 규

정에 따른다.

제5조(기부금의 손금불산입에 관한 적용례) 제24조제3항의 개정규정은 이 법 시행 후 최초로 기부하는 분부터 적용한다.

제6조(합병·분할 등에 대한 과세에 관한 적용례) 제16조제1항, 제17조제1항, 제24조제1항, 제44조, 제44조의2, 제44조의3, 제45조, 제46조, 제46조의2부터 제46조의5까지, 제47조, 제48조, 제48조의2, 제49조, 제60조제4항, 제77조, 제80조, 제81조, 제84조, 제86조제2항 및 제113조제3항 및 제4항의 개정규정은 부칙 제1조 단서에 따른 같은 규정의 시행 후 최초로 합병, 분할 또는 현물출자하는 분부터 적용한다.

제7조(연결납세방식의 과세표준에 관한 적용례) 제76조의13의 개정규정은 2010년 1월 1일 이후 최초로 연결납세방식을 적용하는 분부터 적용한다.

제8조(현물출자 시 과세특례에 관한 적용례) 제47조의2의 개정규정은 부칙 제1조 단서에 따른 같은 규정의 시행 후 최초로 현물출자하는 분부터 적용한다.

제9조(유동화전문회사 등에 대한 소득공제에 관한 적용례) 제51조의2제2항의 개정규정은 부칙 제1조 단서에 따른 같은 규정의 시행일이 속하는 사업연도 분부터 적용한다.

제10조(외국납부세액 공제 등에 관한 적용례) 제57조제5항의 개정규정은 이 법 시행 후 최초로 배당이나 분배를 받는 분부터 적용한다.

제11조(원천징수에 관한 적용례) 제73조제1항의 개정규정은 이 법 시행 후 최초로 발생하는 소득부터 적용한다.

제12조(가산세에 관한 적용례) ① 제76조제5항의 개정규정은 이 법 시행 후 최초로 재화 또는 용역을 공급받는 분부터 적용한다.

② 제76조제10항의 개정규정은 이 법 시행 후 최초로 기부받는 분부터 적용한다.

제13조(외국법인의 국채등 이자·양도소득에 대한 과세특례에 관한 적용례) 제93조의2제4항의 개정규정은 이 법 시행 후 최초로 원천징수하는 분부터 적용한다.

제14조(외국법인의 채권 등에 대한 원천징수의 특례에 관한 적용례) 제98조의3제1항의 개정규정은 이 법 시행 후 최초로 매수하는 분부터 적용한다.

제15조(현금영수증 발급의무에 관한 적용례) 제117조의2제4항의 개정규정은 부칙 제1조 단서에 따른 같은 규정의 시행 후 재화 또는 용역을 공급하는 분부터 적용한다.

부칙 〈제9924호, 2010. 1. 1.〉 (지방세법)

제1조(시행일) 이 법은 2010년 1월 1일부터 시행한다.

제2조 부터 제6조까지 생략

제7조(다른 법률의 개정) ① 부터 ③ 까지 생략

④ 법인세법 일부를 다음과 같이 개정한다.

제18조제3호 중 "소득할주민세를"을 "지방소득세 소득분을"로 한다.

제21조제1호 중 "소득할주민세와"를 "지방소득세 소득분과"로한다.

제58조의2를 삭제한다.

제96조제2항제1호의2 중 "소득할주민세"를 "지방소득세 소득분"으로 한다.

⑤ 부터 ⑨ 까지 생략

부칙 〈제10221호, 2010. 3. 31.〉 (지방세법)

제1조(시행일) 이 법은 2011년 1월 1일부터 시행한다.

제2조 부터 제6조까지 생략

제7조(다른 법률의 개정) ① 부터 ⑥ 까지 생략

⑦ 법인세법 일부를 다음과 같이 개정한다.

제55조의2제2항제4호나목 중 "「지방세법」 제182조제1항제2호 및 제3호의 규정에 의한"을 "「지방세법」 제106조제1항제2호 및 제3호에 따른"으로 하고, 같은 항 제5호 중 "「지방세법」 제182조제2항의 규정에 의한"을 "「지방세법」 제106조제2항에 따른"으로 한다.

⑧ 부터 ㉓ 까지 생략

제8조 생략

부칙 〈제10337호, 2010. 5. 31.〉 (근로자직업능력 개발법)

제1조(시행일) 이 법은 공포 후 3개월이 경과한 날부터 시행한다. 〈단서 생략〉

제2조 부터 제6조까지 생략

제7조(다른 법률의 개정) ① 부터 ⑤ 까지 생략

⑥ 법인세법 일부를 다음과 같이 개정한다.
제24조제2항제4호다목 중 "「기능대학법」에 의한"을 "「근로자직업능력 개발법」에 따른"으로 한다.
⑦ 부터 ⑫ 까지 생략
제8조 생략

부칙 〈제10361호, 2010. 6. 8.〉 (근로복지기본법)
제1조(시행일) 이 법은 공포 후 6개월이 경과한 날부터 시행한다. 〈단서 생략〉
제2조 부터 제10조까지 생략
제11조(다른 법률의 개정) ① 부터 ③ 까지 생략
④ 법인세법 일부를 다음과 같이 개정한다.
제76조의8제5항 중 "「근로자복지기본법」"을 "「근로복지기본법」"으로 한다.
⑤ 부터 ⑪ 까지 생략
제12조 생략

부칙 〈제10423호, 2010. 12. 30.〉
제1조(시행일) 이 법은 2011년 1월 1일부터 시행한다. 다만, 제23조(제1항은 제외한다), 제28조제2항, 제41조제1항제1호, 제53조의2, 제53조의3, 제60조제2항 · 제4항 및 제96조제1항 단서의 개정규정은 공포한 날부터 시행하고, 제73조제1항제2호, 같은 조 제8항 · 제9항, 제74조제2항 및 제98조의3제1항 · 제4항 · 제6항의 개정규정은 2011년 4월 1일부터 시행하며, 제24조제2항 · 제3항 및 제112조의2제1항의 개정규정은 2011년 7월 1일부터 시행하고, 제21조제2호의 개정규정은 2028년 1월 1일부터 시행한다. 〈개정 2013. 1. 1., 2015. 12. 15., 2018. 12. 31., 2021. 12. 21., 2024. 12. 31.〉
제2조(일반적 적용례) 이 법은 이 법 시행 후 최초로 개시하는 사업연도 분부터 적용한다.
제3조(감가상각비의 손금불산입에 관한 적용례) 제23조(제1항은 제외한다)의 개정규정은 부칙 제1조 단서에 따른 제23조(제1항은 제외한다)의 개정규정의 시행일이 속하는 사업연도 분부터 적용한다.

제4조(지정기부금 소득공제 한도 확대에 관한 적용례) 제24조제1항의 개정규정은 이 법 시행 후 최초로 지출하는 기부금부터 적용한다.
제5조(법정기부금 대상 정비에 관한 적용례) 제24조제2항 · 제3항 및 제112조의2제1항의 개정규정은 부칙 제1조 단서에 따른 제24조제2항 · 제3항 및 제112조의2제1항의 개정규정 시행 후 최초로 지출하는 기부금부터 적용한다.
제6조(지급이자의 손금불산입에 관한 적용례) 제28조제2항의 개정규정은 부칙 제1조 단서에 따른 제28조제2항의 개정규정의 시행일이 속하는 사업연도 분부터 적용한다.
제7조(고유목적사업준비금에 관한 적용례) 제29조제3항 · 제4항 · 제8항의 개정규정은 이 법 시행 후 최초로 해산등기하는 분부터 적용한다.
제8조(국고보조금등에 관한 적용례) 제36조제1항의 개정규정은 이 법 시행 후 자산을 취득하거나 개량하는 분부터 적용한다.
제9조(자산의 취득가액에 관한 적용례) 제41조제1항제1호의 개정규정은 이 법 시행 당시 국제회계기준을 적용하는 법인의 경우에는 부칙 제1조 단서에 따른 제41조제1항제1호의 개정규정의 시행일이 속하는 사업연도 분부터 적용하고, 그 밖의 법인의 경우에는 2011년 1월 1일 이후 최초로 개시하는 사업연도 분부터 적용한다.
제10조(기업인수목적회사가 합병 시 과세특례 요건 완화에 관한 적용례) 제44조제2항제1호 단서의 개정규정은 이 법 시행 후 최초로 합병하는 분부터 적용한다.
제11조(기능통화 도입기업의 과세표준 계산 특례에 관한 적용례) 제53조의2의 개정규정은 부칙 제1조 단서에 따른 제53조의2의 개정규정의 시행일이 속하는 사업연도 분부터 적용한다.
제12조(해외사업장의 과세표준 계산 특례에 관한 적용례) 제53조의3의 개정규정은 이 법 시행 당시 국제회계기준을 적용하는 법인의 경우에는 부칙 제1조 단서에 따른 제53조의3의 개정규정의 시행일이 속하는 사업연도 분부터 적용하고, 그 밖의 법인의 경우에는 2011년 1월 1일 이후 최초로 개시하는 사업연도 분부터 적용한다.
제13조(토지등 양도소득에 대한 과세특례에 관한 적용례) 제55조의2제1항제1호 및 제8항의 개정규정은 2011년 1월 1일 이후 최초로

양도하는 분부터 적용한다.

제14조(과세표준 등의 신고에 관한 적용례) 제60조제2항 · 제4항의 개정규정은 부칙 제1조 단서에 따른 제60조제2항 · 제4항의 개정규정의 시행일이 속하는 사업연도 분부터 적용한다.

제15조(채권등의 중도매도 시 원천징수에 관한 적용례) 제73조제1항제2호, 같은 조 제8항 · 제9항, 제74조제2항 및 제98조의3제1항 · 제4항 · 제6항의 개정규정은 부칙 제1조 단서에 따른 제73조제1항제2호, 같은 조 제8항 · 제9항, 제74조제2항 및 제98조의3제1항 · 제4항 · 제6항의 개정규정 시행 후 최초로 매도하는 분부터 적용한다.

제16조(연결과세표준 신고 시 첨부서류에 관한 적용례) 제76조의17제2항의 개정규정은 이 법 시행 후 최초로 신고하는 분부터 적용한다.

제17조(청산소득 확정신고 및 중간신고에대한 적용례) 제84조제1항 및 제85조제1항의 개정규정은 이 법 시행 후 최초로 해산등기하는 분부터 적용한다.

제18조(외국법인의 국내사업장에 관한 적용례) 제96조제1항 단서의 개정규정은 부칙 제1조 단서에 따른 제96조제1항 단서의 개정규정의 시행일이 속하는 사업연도 분부터 적용한다

제19조(외국법인에 대한 원천징수 또는 징수의 특례에 관한 적용례) 제98조제10항의 개정규정은 이 법 시행 후 최초로 자산을 양도하는 분부터 적용한다.

제20조(외국법인의 국채등 이자 · 양도소득에 대한 과세특례 등에 관한 적용례 및 경과조치) ① 제93조의2 및 제98조제2항의 개정규정은 이 법 시행 후 최초로 소득이 발생하는 분부터 적용한다.

② 2010년 11월 12일 이전에 취득한 국채등에서 발생하는 소득에 관하여는 제93조의2 및 제98조제2항의 개정규정에도 불구하고 종전의 규정에 따른다.

제21조(성실중소법인의 각 사업연도의 소득에 대한 법인세에 관한 경과조치) 이 법 시행 전에 종전의 제76조의2제2항에 따라 성실중소법인으로 승인받은 법인의 경우에는 2013년 12월 31일이 속하는 사업연도까지 각 사업연도 소득에 대한 법인세의 과세표준 및 세액을 종전의 제76조의2부터 제76조의7까지의 규정에 따른 성실납세방식으로 계산하여 신고 · 납부할 수 있다.

부칙 〈제10898호, 2011. 7. 25.〉 (보조금 관리에 관한 법률)

제1조(시행일) 이 법은 공포 후 3개월이 경과한 날부터 시행한다.

제2조 및 제3조 생략

제4조(다른 법률의 개정) ①부터 ④까지 생략

⑤ 법인세법 일부를 다음과 같이 개정한다.

제36조제1항 중 "「보조금의 예산 및 관리에 관한 법률」"을 "「보조금 관리에 관한 법률」"로 한다.

⑥부터 ⑮까지 생략

제5조 생략

부칙 〈제10907호, 2011. 7. 25.〉 (산업교육진흥 및 산학연협력촉진에 관한 법률)

제1조(시행일) 이 법은 공포 후 6개월이 경과한 날부터 시행한다.

제2조(다른 법률의 개정) ① 생략

② 법인세법 일부를 다음과 같이 개정한다.

제18조의2제1항 각 호 외의 부분 중 "「산업교육진흥 및 산학협력촉진에 관한 법률」"을 "「산업교육진흥 및 산학연협력촉진에 관한 법률」"로, "산학협력기술지주회사"를 "산학연협력기술지주회사"로 한다.

제24조제2항제4호바목 중 "「산업교육진흥 및 산학협력촉진에 관한 법률」"을 "「산업교육진흥 및 산학연협력촉진에 관한 법률」"로 한다.

③부터 ⑦까지 생략

제3조 생략

부칙 〈제11128호, 2011. 12. 31.〉

제1조(시행일) 이 법은 2012년 1월 1일부터 시행한다. 다만, 제42조의2, 제47조제2항부터 제4항까지, 제47조의2제2항 · 제3항, 제57조제4항, 제76조의14제1항제4호 및 제96조제2항제1호나목의 개정규정은 공포한 날부터 시행하고, 제16조제1항제5호, 제17조제1항제1호, 제18조제8호, 제20조제2호, 제44조제2항제2호의 개정규정 및 제76조제3항의 개정규정 중 무액면주식에 관한 개정부분은 2012년 4월 15일부터 시행하며, 제9조제4항, 제75조, 제91조제1항 각 호 외의 부분 본문, 같은 조 제3항, 제98조의5제1항 본문("제98조, 제98조의2부터 제98조의4까지 및 제98조의6"의 개정부분만 해당한

다) 및 제98조의6의 개정규정은 2012년 7월 1일부터 시행한다.

제2조(일반적 적용례) 이 법은 이 법 시행 후 최초로 개시하는 사업연도 분부터 적용한다.

제3조(합병대가에 관한 적용례) 제16조제1항제5호 및 제44조제2항제2호의 개정규정은 2012년 4월 15일 이후 최초로 합병하는 분부터 적용한다.

제4조(자본거래로 인한 수익의 익금불산입에 관한 적용례) 제17조제1항제1호의 개정규정은 2012년 4월 15일 이후 최초로 발행하는 무액면주식부터 적용한다.

제5조(평가이익 등의 익금불산입에 관한 적용례) 제18조제8호의 개정규정은 2012년 4월 15일 이후 최초로 자본준비금을 감액하여 받는 배당부터 적용한다.

제6조(기부금의 손금불산입에 관한 적용례) 제24조제2항제4호나목·아목 및 같은 조 제4항의 개정규정은 2012년 1월 1일 이후 최초로 지출하는 기부금부터 적용한다.

제7조(접대비의 손금불산입에 관한 적용례) 제25조제2항 단서의 개정규정은 2012년 1월 1일 이후 최초로 지출하는 접대비부터 적용한다.

제8조(국제회계기준 적용 내국법인에 대한 재고자산평가차익 익금불산입에 관한 적용례) 제42조의2의 개정규정은 이 법 공포일이 속하는 사업연도 분부터 적용한다.

제9조(모자법인 간 합병 시 과세특례에 관한 적용례) 제44조제3항의 개정규정은 2012년 1월 1일 이후 최초로 합병하는 분부터 적용한다.

제10조(합병 또는 분할합병 시 자산처분손실 공제 제한에 관한 적용례) 제45조제3항 및 제46조의4제3항의 개정규정은 2012년 1월 1일 이후 최초로 합병하거나 분할합병하는 분부터 적용한다.

제11조(물적분할 시 과세특례 적용에 관한 적용례) ① 제47조제2항부터 제4항까지의 개정규정은 이 법 공포일이 속하는 사업연도에 같은 조 제1항에 따라 물적분할하는 분부터 적용한다.

② 이 법 공포일 전에 종전의 제47조제2항에 따라 분할신설법인이 분할법인의 자산을 장부가액으로 양도받은 후 제60조제1항에 따른 과세표준을 신고한 경우 분할법인과 분할신설법인은 이 법 시행

후 최초로 제60조제1항에 따른 과세표준을 신고할 때 제47조제2항부터 제4항까지의 개정규정을 적용할 수 있다.

제12조(현물출자 시 과세특례 적용에 관한 적용례) ① 제47조의2제2항 및 제3항의 개정규정은 이 법 공포일이 속하는 사업연도에 같은 조 제1항에 따라 현물출자하는 분부터 적용한다.

② 이 법 공포일 전에 종전의 제47조의2제2항에 따라 피출자법인이 출자법인의 자산을 장부가액으로 양도받은 후 제60조제1항에 따른 과세표준을 신고한 경우 출자법인과 피출자법인은 이 법 시행후 최초로 제60조제1항에 따른 과세표준을 신고할 때 제47조의2제2항 및 제3항의 개정규정을 적용할 수 있다.

제13조(외국납부세액공제 등에 관한 적용례) 제57조제4항의 개정규정은 이 법 공포일이 속하는 사업연도 분부터 적용한다.

제14조(가산세에 관한 적용례) ① 제76조제3항의 개정규정(무액면주식에 관한 개정부분은 제외한다)은 2012년 1월 1일 이후 최초로 설립신고하는 내국법인부터 적용한다.

② 제76조제9항의 개정규정은 2012년 1월 1일 이후 최초로 발급하지 아니한 계산서 또는 발급하거나 발급받은 계산서부터 적용한다.

제15조(연결자법인의 배제 및 연결중간예납에 관한 적용례) 제76조의12제1항 단서 및 제76조의18제4항의 개정규정은 2012년 1월 1일 이후 최초로 흡수합병되는 연결자법인부터 적용한다.

제16조(각 연결사업연도의 소득금액 계산에 관한 적용례) ① 제76조의14제1항제4호의 개정규정은 이 법 공포일이 속하는 사업연도 분부터 적용한다.

② 제76조의14제2항제2호의 개정규정은 2012년 1월 1일 이후 최초로 처분하는 자산부터 적용한다.

제17조(해산에 의한 청산소득 금액의 계산에 관한 적용례) 제79조제5항의 개정규정은 2012년 1월 1일 이후 최초로 해산하는 법인부터 적용한다.

제18조(중간신고에 관한 적용례) 제85조제1항 각 호 외의 부분 본문의 개정규정은 2012년 1월 1일 현재 중간신고기한이 끝나지 아니한 법인에 대해서도 적용한다.

제19조(국내원천소득 금액의 계산에 관한 적용례) 제92조제2항제2

호나목의 개정규정은 2012년 1월 1일 이후 최초로 양도하는 주식 등 또는 그 밖의 유가증권부터 적용한다.

제20조(외국법인의 국내사업장에 대한 과세특례에 관한 적용례) 제96조제2항나목의 개정규정은 이 법 공포일이 속하는 사업연도 분부터 적용한다.

제21조(외국법인의 유가증권 양도소득 등에 대한 신고·납부 등의 특례에 관한 적용례) 제98조의2제4항의 개정규정은 2012년 1월 1일 이후 최초로 증여받는 자산부터 적용한다.

제22조(외국법인에 대한 원천징수 절차 특례에 관한 적용례) 제98조의5제1항 본문의 개정규정("제93조제1호, 제2호, 같은 조 제7호나목, 같은 조 제8호"의 개정부분만 해당한다)은 2012년 1월 1일 이후 최초로 원천징수하는 국내원천소득부터 적용한다.

제23조(외국법인에 대한 조세조약상 제한세율 적용을 위한 원천징수 절차 특례에 관한 적용례) 제98조의6의 개정규정은 2012년 7월 1일 이후 최초로 원천징수하는 국내원천소득부터 적용한다.

제24조(주주등의 명세서의 제출에 관한 적용례) 제109조제1항의 개정규정은 2012년 1월 1일 이후 최초로 하는 설립신고부터 적용한다.

제25조(지급명세서의 제출에 관한 적용례) 제120조의 개정규정은 2012년 1월 1일 이후 최초로 지급하는 소득부터 적용한다.

제26조(법인세 세율 변경에 따른 중간예납에 관한 특례) 2012년 1월 1일 이후 개시하는 사업연도의 중간예납기간에 대한 중간예납세액을 계산할 때 제63조제1항에 따른 직전 사업연도의 법인세로서 확정된 산출세액은 직전 사업연도의 과세표준금액에 제55조제1항의 개정규정을 적용하여 계산한다.

제27조(건설이자의 배당금에 관한 경과조치) 2012년 4월 15일 전에 발생한 건설이자의 배당금에 대해서는 제20조제2호의 개정규정에도 불구하고 종전의 규정에 따른다.

제28조(법정기부금의 이월 손금산입기간에 관한 경과조치) 2012년 1월 1일 전에 지출한 법정기부금에 대해서는 제24조제4항의 개정규정에도 불구하고 종전의 규정에 따른다.

제29조(다른 법령의 인용에 따른 경과조치) 제63조제1항 각 호 외의 부분 본문의 개정규정 중 "「산업교육진흥 및 산학연협력촉진에 관한 법률」에 따른 산학협력단"은 2012년 1월 25일까지는 "「산업교육진

흥 및 산학협력촉진에 관한 법률」에 따른 산학협력단"으로 본다.
제30조(원천징수 납부불성실가산세에 관한 경과조치) 2012년 1월 1일 전에 법인세를 징수하여 납부할 의무가 발생한 분에 대해서는 제71조제3항, 제76조제2항, 제98조제3항 및 같은 조 제4항 본문의 개정규정에도 불구하고 종전의 규정에 따른다.

부칙 〈제11603호, 2013. 1. 1.〉 (교통·에너지·환경세법)
제1조(시행일) 이 법은 2013년 1월 1일부터 시행한다.
제2조 생략
제3조(다른 법률의 개정) ① 및 ② 생략
③ 법률 제10423호 법인세법 일부를 다음과 같이 개정한다.
부칙 제1조 단서 중 "2013년 1월 1일"을 "2016년 1월 1일"로 한다.
④ 및 ⑤ 생략

부칙 〈제11607호, 2013. 1. 1.〉
제1조(시행일) 이 법은 2013년 1월 1일부터 시행한다.
제2조(일반적 적용례) 이 법은 이 법 시행 후 개시하는 사업연도분부터 적용한다.
제3조(기부금의 손금불산입에 관한 적용례) 제24조제2항제4호라목의 개정규정은 이 법 시행 후 지출하는 분부터 적용한다.
제4조(물적분할 시 분할법인에 대한 과세특례에 관한 적용례) 제47조제2항의 개정규정은 이 법 시행 후 분할법인이 주식등을 처분하거나 분할신설법인이 자산을 처분하는 분부터 적용한다.
제5조(현물출자 시 과세특례에 관한 적용례) 제47조의2제2항의 개정규정은 이 법 시행 후 출자법인이 주식등을 처분하거나 피출자법인이 자산을 처분하는 분부터 적용한다.
제6조(토지등 양도소득에 대한 과세특례에 관한 적용례) 제55조의2의 개정규정은 이 법 시행 후 양도하는 분부터 적용한다.
제7조(원천징수에 관한 적용례) 제73조제6항의 개정규정은 이 법 시행 후 지급하는 소득분부터 적용한다.
제8조(가산세에 관한 적용례) ① 제76조제3항의 개정규정은 이 법 시행 후 법인설립신고 또는 사업자등록을 하는 분부터 적용한다.

② 제76조제9항의 개정규정은 이 법 시행 후 과세표준 및 세액을 신고하거나 결정 또는 경정하는 분부터 적용한다.

③ 제76조제10항의 개정규정은 이 법 시행 후 기부금영수증을 발급하는 분부터 적용한다.

제9조(연결납세방식의 적용 등에 관한 적용례) 제76조의8부터 제76조의11까지의 개정규정은 이 법 시행 후 연결납세방식의 적용을 승인·취소·포기하거나 연결자법인의 변경을 신고하는 분부터 적용한다.

제10조(외국법인에 대한 원천징수 또는 징수의 특례에 관한 적용례) 제98조제1항제3호의 개정규정은 이 법 시행 후 지급하는 소득분부터 적용한다.

제11조(법인설립신고 및 사업자등록에 관한 적용례) 제109조제1항 및 제111조제1항의 개정규정은 이 법 시행 후 법인설립신고 또는 사업자등록을 하는 경우부터 적용한다.

제12조(구분경리에 관한 적용례) 제113조제3항부터 제5항까지의 개정규정은 이 법 시행 후 합병하거나 분할합병하는 분부터 적용한다.

제13조(지급명세서의 제출의무에 관한 적용례) 제120조제1항의 개정규정은 이 법 시행 후 소득을 지급하는 분부터 적용한다.

제14조(연결납세방식의 적용 등에 관한 경과조치) 이 법 시행 당시 종전의 제76조의8제1항에 따라 연결납세방식의 적용에 관하여 국세청장의 승인을 받은 경우에는 제76조의8제1항의 개정규정에 따라 해당 완전모법인의 납세지 관할지방국세청장의 승인을 받은 것으로 본다.

부칙 〈제11873호, 2013. 6. 7.〉 (부가가치세법)

제1조(시행일) 이 법은 2013년 7월 1일부터 시행한다.

제2조 부터 제17조까지 생략

제18조(다른 법률의 개정) ① 및 ② 생략

③ 법인세법 일부를 다음과 같이 개정한다.

제11조제1항 후단 중 "「부가가치세법」 제5조"를 "「부가가치세법」 제8조"로 한다.

제25조제2항제2호 중 "「부가가치세법」 제16조"를 "「부가가치세법」 제32조"로 한다.

제66조제2항제3호다목 중 "「부가가치세법」 제32조의2"를 "「부가

가치세법」 제46조제4항"으로 한다.

제76조제9항 각 호 외의 부분 후단 중 "「부가가치세법」 제22조제2항부터 제5항까지"를 "「부가가치세법」 제60조제2항 · 제3항 · 제5항부터 제7항까지"로 한다.

제111조제3항 중 "「부가가치세법」 제5조"를 "「부가가치세법」 제8조"로 한다.

제116조제2항제3호 중 "「부가가치세법」 제16조"를 "「부가가치세법」 제32조"로 한다.

제117조의2제4항 단서 중 "「부가가치세법」 제5조"를 "「부가가치세법」 제8조"로, "「부가가치세법」 제16조"를 "「부가가치세법」 제32조"로 한다.

제120조의3제1항 본문 중 "「부가가치세법」 제16조제1항 및 제5항"을 "「부가가치세법」 제32조제1항 · 제7항 및 제35조제1항"으로, "「부가가치세법」 제20조"를 "「부가가치세법」 제54조"로 하고, 같은 항 단서 중 "「부가가치세법」 제20조제4항"을 "「부가가치세법」 제54조제5항"으로 한다.

제121조제2항 본문 중 "「부가가치세법」 제12조제1항제1호"를 "「부가가치세법」 제26조제1항제1호"로 한다.

④부터 ⑭까지 생략

제19조 생략

부칙 〈제12153호, 2014. 1. 1.〉 (지방세법)

제1조(시행일) 이 법은 2014년 1월 1일부터 시행한다. 〈단서 생략〉

제2조 부터 제18조까지 생략

제19조(다른 법률의 개정) ① 생략

② 법인세법 일부를 다음과 같이 개정한다.

제18조제3호, 제21조제1호 및 제96조제2항제2호 중 "지방소득세 소득분"을 각각 "법인지방소득세"로 한다.

③부터 ⑨까지 생략

부칙 〈제12166호, 2014. 1. 1.〉

제1조(시행일) 이 법은 2014년 1월 1일부터 시행한다. 다만, 제117조의2의 개정규정은 2014년 7월 1일부터 시행한다.

제2조(일반적 적용례) 이 법은 이 법 시행 후 개시하는 사업연도분부터 적용한다.
제3조(법정기부금 단체에 국립대학법인 인천대학교 추가에 관한 적용례) 제24조제2항제4호아목의 개정규정은 이 법 시행 후 신고하는 분부터 적용한다.
제4조(법정기부금의 손금산입한도액 초과금액의 이월공제기간 연장에 관한 적용례) 제24조제4항의 개정규정은 이 법 시행 후 개시하는 사업연도에 기부하는 분부터 적용한다.
제5조(고정자산 취득 후 제공받은 공사부담금의 손금산입에 관한 적용례) 제37조제1항의 개정규정은 이 법 시행 후 고정자산을 취득하는 분부터 적용한다.
제6조(독립된 사업부문 여부의 판정기준에 관한 적용례) 제46조제3항의 개정규정은 이 법 시행 후 분할하는 분부터 적용한다.
제7조(물적분할 시 적격분할한 법인의 주식처분 관련 사후관리 요건에 관한 적용례) 제47조제3항제2호의 개정규정은 이 법 시행 후 분할법인이 분할신설법인의 발행주식총수 또는 출자총액의 100분의 50 이상에서 100분의 50 미만으로 주식등을 보유하게 되는 분부터 적용한다.
제8조(토지등 양도소득에 대한 과세특례에 관한 적용례) 제55조의2의 개정규정은 이 법 시행 후 최초로 양도하는 분부터 적용한다. 다만, 제25조제1항제1호에 따른 중소기업이 주택 또는 비사업용 토지(미등기 토지등은 제외한다)를 2015년 12월 31일까지 양도하는 경우에는 제55조의2제1항을 적용하지 아니한다. 〈개정 2014. 12. 23.〉
제9조(간접투자회사 등이 납부한 외국법인세액의 공제 특례에 관한 적용례) 제57조의2제1항의 개정규정은 이 법 시행일이 속하는 사업연도분부터 적용한다.
제10조(기부금영수증 발급명세의 작성·보관 의무와 가산세에 관한 적용례) 제76조제10항 및 제112조의2의 개정규정은 이 법 시행 후 기부하는 분부터 적용한다.
제11조(연결자법인의 추가 등에 따른 변경신고 기한의 조정에 관한 적용례) 제76조의11의 개정규정은 이 법 시행 후 연결자법인이 변경된 분부터 적용한다.
제12조(외국법인에 대한 원천징수 또는 징수의 특례에 관한 적용례)

① 제98조제8항의 개정규정은 이 법 시행 후 지급하는 소득분부터 적용한다.

② 제98조제10항의 개정규정은 이 법 시행 후 배당하거나 배분하는 소득분부터 적용한다.

제13조(외국법인에 대한 조세조약상 비과세 또는 면제의 적용 신청에 관한 적용례) 제98조의4의 개정규정은 이 법 시행 후 지급하는 국내원천소득분부터 적용한다.

제14조(외국법인에 대한 조세조약상 제한세율의 적용을 위한 경정청구에 관한 적용례) 제98조의6제4항의 개정규정은 이 법 시행 후 경정을 청구하는 분부터 적용한다.

제15조(현금영수증 의무발급 기준금액에 관한 적용례) 제117조의2제4항 본문의 개정규정은 2014년 7월 1일 이후 재화 또는 용역을 공급하는 분부터 적용한다.

제16조(물적분할 시 적격분할한 법인의 주식처분 관련 사후관리 요건에 관한 경과조치) 이 법 시행 당시 분할법인이 분할신설법인의 발행주식총수 또는 출자총액의 100분의 50 미만으로 주식등을 보유하고 있는 경우에는 제47조제3항제2호의 개정규정에도 불구하고 종전의 규정에 따른다.

제17조(간접투자회사 등이 납부한 외국법인세액의 공제특례에 관한 경과조치) 「자본시장과 금융투자업에 관한 법률」 제9조제19항제1호에 따른 경영참여형 사모집합투자기구가 법률 제9267호 법인세법 일부개정법률 부칙 제20조제1항에 따라 「조세특례제한법」 제100조의17에 따른 동업기업과세특례의 적용을 신청하지 아니한 경우에는 제57조의2제1항의 개정규정에도 불구하고 해당 법인의 해산등기일이 속하는 사업연도까지 종전의 규정을 적용한다. 〈개정 2015. 7. 24.〉

[본조신설 2014. 12. 23.]

부칙 〈제12420호, 2014. 3. 18.〉 (공익신탁법)

제1조(시행일) 이 법은 공포 후 1년이 경과한 날부터 시행한다.

제2조 생략

제3조(다른 법률의 개정) ① 생략

② 법인세법 일부를 다음과 같이 개정한다.

제51조 중 “공익신탁”을 “「공익신탁법」에 따른 공익신탁”으로 한다.

③부터 ⑥까지 생략
제4조 생략

부칙 〈제12850호, 2014. 12. 23.〉
제1조(시행일) 이 법은 2015년 1월 1일부터 시행한다. 다만, 제121조제1항, 제5항 및 제7항의 개정규정은 2015년 7월 1일부터 시행하고, 제76조제9항의 개정규정은 2016년 1월 1일부터 시행한다.
제2조(일반적 적용례) 이 법은 이 법 시행 이후 개시하는 사업연도분부터 적용한다.
제3조(토지 등 양도소득에 대한 과세특례에 관한 적용례) 제55조의2제1항제2호, 같은 조 제2항제6호 및 같은 조 제6항의 개정규정은 이 법 시행 이후 양도하는 분부터 적용한다.
제4조(가산세에 관한 적용례) ① 제76조제7항의 개정규정은 이 법 시행 이후 지급명세서 제출기한이 도래하는 분부터 적용한다.
② 제76조제9항의 개정규정은 이 법 시행 이후 재화 또는 용역을 공급하는 분부터 적용한다.
제5조(계산서의 작성·발급 등에 관한 적용례) 제121조제1항, 제5항 및 제7항의 개정규정은 이 법 시행 이후 재화 또는 용역을 공급하는 분부터 적용한다.

부칙 〈제13230호, 2015. 3. 27.〉 (울산과학기술원법)
제1조(시행일) 이 법은 공포 후 6개월이 경과한 날부터 시행한다.
제2조 부터 제6조까지 생략
제7조(다른 법률의 개정) ① 생략
② 법인세법 일부를 다음과 같이 개정한다.
제24조제2항제4호사목 중 "광주과학기술원 및 「대구경북과학기술원법」에 따른 대구경북과학기술원"을 "광주과학기술원, 「대구경북과학기술원법」에 따른 대구경북과학기술원 및 「울산과학기술원법」에 따른 울산과학기술원"으로 하고, 같은 호 아목 중 "서울대학교, 「국립대학법인 울산과학기술대학교 설립·운영에 관한 법률」에 따른 국립대학법인 울산과학기술대학교, 「국립대학법인 인천대학교 설립·운영에 관한 법률」"을 "서울대학교, 「국립대학법인 인천대학교 설립·운영에 관한 법률」"로 한다.

제63조제1항 각 호 외의 부분 본문 중 "서울대학교, 「국립대학법인 울산과학기술대학교 설립ㆍ운영에 관한 법률」에 따른 국립대학법인 울산과학기술대학교"를 "서울대학교"로 한다.
③ 및 ④ 생략

부칙 〈제13426호, 2015. 7. 24.〉 (제주특별자치도 설치 및 국제자유도시 조성을 위한 특별법)
제1조(시행일) 이 법은 공포 후 6개월이 경과한 날부터 시행한다. 〈단서 생략〉
제2조 부터 제37조까지 생략
제38조(다른 법률의 개정) ①부터 ⑳까지 생략
㉑ 법인세법 일부를 다음과 같이 개정한다.
제55조의2제2항제1호나목 본문 중 "「제주특별자치도 설치 및 국제자유도시 조성을 위한 특별법」 제15조제2항"을 "「제주특별자치도 설치 및 국제자유도시 조성을 위한 특별법」 제10조제2항"으로 한다.
㉒부터 ㊺까지 생략
제39조 생략

부칙 〈제13448호, 2015. 7. 24.〉 (자본시장과 금융투자업에 관한 법률)
제1조(시행일) 이 법은 공포 후 3개월이 경과한 날부터 시행한다. 〈단서 생략〉
제2조 부터 제18조까지 생략
제19조(다른 법률의 개정) ①부터 ⑤까지 생략
⑥ 법인세법 일부를 다음과 같이 개정한다.
제51조의2제1항제2호 중 "같은 법 제9조제18항제7호의 사모투자전문회사"를 "같은 법 제9조제19항제1호의 경영참여형 사모집합투자기구"로 한다.
제57조의2제1항 중 "같은 법 제9조제18항제7호의 사모투자전문회사"를 "같은 법 제9조제19항제1호의 경영참여형 사모집합투자기구"로 한다.
법률 제7317호 법인세법중개정법률 부칙 제4조의 제목 중 "사모투자전문회사"를 "경영참여형 사모집합투자기구"로 한다.

법률 제9267호 법인세법 일부개정법률 부칙 제1조 단서, 제20조의 제목, 같은 조 제1항 전단 및 같은 조 제2항 중 "사모투자전문회사"를 각각 "경영참여형 사모집합투자기구"로 한다.
법률 제12166호 법인세법 일부개정법률 부칙 제17조 중 "「자본시장과 금융투자업에 관한 법률」 제9조제18항제7호에 따른 사모투자전문회사"를 "「자본시장과 금융투자업에 관한 법률」 제9조제19항제1호에 따른 경영참여형 사모집합투자기구"로 한다.
⑦부터 ⑳까지 생략
제20조 생략

부칙 〈제13499호, 2015. 8. 28.〉 (민간임대주택에 관한 특별법)
제1조(시행일) 이 법은 공포 후 4개월이 경과한 날부터 시행한다.
제2조 부터 제14조까지 생략
제15조(다른 법률의 개정) ①부터 ⑩까지 생략
⑪ 법인세법 일부를 다음과 같이 개정한다.
제51조의2제1항제6호 중 "「임대주택법」"을 "「민간임대주택에 관한 특별법」 또는 「공공주택 특별법」"으로 한다.
⑫부터 ㉕까지 생략
제16조 생략

부칙 〈제13550호, 2015. 12. 15.〉 (교통 · 에너지 · 환경세법)
제1조(시행일) 이 법은 2015년 12월 31일부터 시행한다.
제2조(다른 법률의 개정) ① 및 ② 생략
③ 법률 제10423호 법인세법 일부개정법률(법률 제11603호 교통 · 에너지 · 환경세법 일부개정법률에 따라 개정된 내용을 포함한다) 일부를 다음과 같이 개정한다.
부칙 제1조 단서 중 "2016년 1월 1일"을 "2019년 1월 1일"로 한다.
④ 생략

부칙 〈제13555호, 2015. 12. 15.〉
제1조(시행일) 이 법은 2016년 1월 1일부터 시행한다.

제2조(일반적 적용례) 이 법은 이 법 시행 이후 개시하는 사업연도 분부터 적용한다.
제3조(업무용승용차 관련비용의 손금불산입 등 특례에 관한 적용례) ① 제27조의2제1항의 개정규정은 이 법 시행 이후 개시하는 사업연도에 취득하는 승용자동차부터 적용한다.

② 제27조의2제2항 및 제3항의 개정규정은 이 법 시행 이후 개시하는 사업연도에 손금에 산입하거나 지출하는 분부터 적용한다.

③ 제27조의2제4항의 개정규정은 이 법 시행 이후 개시하는 사업연도에 발생하는 분부터 적용한다.

제4조(고유목적사업준비금의 손금산입 범위에 관한 적용례) 제29조제1항의 개정규정은 이 법 시행 이후 개시하는 사업연도에 고유목적사업준비금을 손금에 산입하는 분부터 적용한다. 다만, 특별법에 의하여 설립된 법인으로서 공제사업을 영위하는 비영리내국법인의 경우에는 2017년 1월 1일 이후 개시하는 사업연도에 고유목적사업준비금을 손금에 산입하는 분부터 적용한다.

제5조(현물출자 시 과세특례에 관한 적용례) 제47조의2의 개정규정은 이 법 시행 이후 현물출자하는 경우부터 적용한다. 다만, 특별법에 의하여 설립된 법인이 이 법 시행 전 설립근거법률에 규정된 사업이관(구조개편) 규정에 따라 현물출자하는 경우에는 종전의 규정을 적용한다. 〈개정 2016. 12. 20.〉

제6조(세무조정계산서 제출에 관한 적용례) 제60조제9항 및 제76조의17제4항의 개정규정은 이 법 시행 이후 과세표준 및 연결과세표준을 신고하는 분부터 적용한다.

제7조(연결납세방식의 취소에 관한 적용례) 제76조의9제2항의 개정규정은 이 법 시행 이후 연결납세방식의 적용 승인이 취소되는 경우부터 적용한다.

제8조(연결자법인의 배제에 관한 적용례) 제76조의12제2항의 개정규정은 이 법 시행 이후 연결납세방식이 적용되지 아니하는 경우부터 적용한다.

제9조(각 연결사업연도의 소득에 관한 적용례) 제76조의14제2항의 개정규정은 합병 전 기존 연결집단이 보유하던 자산을 이 법 시행 이후 처분하거나 연결모법인이 연결납세방식을 적용하기 전에 취득한 자산을 이 법 시행 이후 처분하는 경우부터 적용한다.

제10조(국내원천소득에 관한 적용례) 제93조제7호나목의 개정규정은 이 법 시행 이후 양도하는 자산분부터 적용한다.
제11조(현금영수증 가맹점 가입시기에 관한 적용례) 제117조의2의 개정규정은 이 법 시행 전에 현금영수증가맹점 가입요건에 해당하여 이 법 시행 이후 가입하는 경우부터 적용한다.
제12조(해외현지법인 등에 대한 자료제출 의무에 관한 적용례) 제121조의2제1항의 개정규정은 이 법 시행 이후 연결납세법인의 신고기한이 속하는 사업연도의 직전 사업연도에 대한 같은 항 각 호의 서류를 제출하는 분부터 적용한다.
제13조(물납제도 폐지에 따른 경과조치) 이 법 시행 전에 양도되거나 수용된 토지등에 대해서는 제62조의2제7항 및 제65조의 개정규정에도 불구하고 종전의 규정에 따른다.

부칙 〈제14386호, 2016. 12. 20.〉
제1조(시행일) 이 법은 2017년 1월 1일부터 시행한다. 다만, 제76조제6항·제7항 및 제9항의 개정규정은 2018년 1월 1일부터 시행한다.
제2조(일반적 적용례) 이 법은 이 법 시행 이후 개시하는 사업연도분부터 적용한다.
제3조(합병 시 이월결손금 등 공제 제한에 관한 적용례) 제45조제3항의 개정규정은 이 법 시행 이후 과세표준을 신고하는 분부터 적용한다.
제4조(분할 시 이월결손금 등 공제 제한에 관한 적용례) 제46조의4제3항의 개정규정은 이 법 시행 이후 과세표준을 신고하는 분부터 적용한다.
제5조(사실과 다른 회계처리로 인한 경정에 따른 세액공제에 관한 적용례) 제58조의3의 개정규정은 이 법 시행 이후 경정하는 분부터 적용한다.
제6조(가산세에 관한 적용례) 제76조제6항·제7항 및 제9항의 개정규정은 2018년 1월 1일 이후 주식등변동상황명세서, 지급명세서, 매출·매입처별 계산서합계표 또는 매입처별 세금계산서합계표의 제출기한이 도래하는 분부터 적용한다.
제7조(외국법인에 대한 조세조약상 비과세 또는 면제 등 적용 신청

에 관한 적용례) 제98조의4제4항, 제98조의5제2항 및 제98조의6제4항의 개정규정은 이 법 시행 당시 종전의 경정청구기간이 경과되지 아니한 경우에도 적용한다.

제8조(배당금 또는 분배금의 의제에 관한 경과조치) 이 법 시행 전에 분할합병한 내국법인에 대해서는 제16조제1항제6호의 개정규정에도 불구하고 종전의 규정에 따른다.

제9조(합병 시 피합병법인에 대한 과세 등에 관한 경과조치) 이 법 시행 전에 합병한 내국법인에 대해서는 제44조제3항의 개정규정에도 불구하고 종전의 규정에 따른다.

제10조(분할 시 분할법인등에 대한 과세 등에 관한 경과조치) 이 법 시행 전에 분할합병한 내국법인에 대해서는 제46조제2항제2호의 개정규정에도 불구하고 종전의 규정에 따른다.

제11조(조세조약에 따른 국내원천 인적용역소득에 관한 경과조치) 이 법 시행 전에 국외에서 인적용역을 제공한 경우에는 제93조제6호 및 제98조제1항제2호 단서의 개정규정에도 불구하고 종전의 규정에 따른다.

부칙 〈제15022호, 2017. 10. 31.〉 (주식회사 등의 외부감사에 관한 법률)

제1조(시행일) 이 법은 공포 후 1년이 경과한 날부터 시행한다.

제2조 부터 제13조까지 생략

제14조(다른 법률의 개정) ①부터 ⑩까지 생략

⑪ 법인세법 일부를 다음과 같이 개정한다.

제23조제2항 각 호 외의 부분 중 "「주식회사의 외부감사에 관한 법률」 제13조제1항제1호"를 "「주식회사 등의 외부감사에 관한 법률」 제5조제1항제1호"로 한다.

제58조의3제1항제1호 중 "「주식회사의 외부감사에 관한 법률」 제8조"를 "「주식회사 등의 외부감사에 관한 법률」 제23조"로 한다.

제60조제7항 중 "「주식회사의 외부감사에 관한 법률」 제2조"를 "「주식회사 등의 외부감사에 관한 법률」 제4조"로 한다.

제61조제1항 중 "「주식회사의 외부감사에 관한 법률」 제3조"를 "「주식회사 등의 외부감사에 관한 법률」 제2조제7호 및 제9조"로 한다.

제76조의17제1항 단서 중 "「주식회사의 외부감사에 관한 법률」 제2조"를 "「주식회사 등의 외부감사에 관한 법률」 제4조"로 한다.

⑫부터 ㊲까지 생략

제15조 생략

부칙 〈제15222호, 2017. 12. 19.〉

제1조(시행일) 이 법은 2018년 1월 1일부터 시행한다.

제2조(일반적 적용례) 이 법은 이 법 시행 이후 개시하는 사업연도분부터 적용한다.

제3조(기부금의 손금불산입에 관한 적용례) 제24조제2항의 개정규정은 이 법 시행일 이후 최초로 지출하는 기부금부터 적용한다.

제4조(업무용승용차 관련비용의 손금불산입 등 특례에 관한 적용례) 제27조의2제3항의 개정규정은 이 법 시행 이후 과세표준을 신고하는 분부터 적용한다.

제5조(합병·분할 시 고용승계 요건 추가에 관한 적용례) 제44조제2항, 제44조의3제3항제3호, 제46조제2항, 제46조의3제3항제3호, 제47조제1항 및 같은 조 제3항제3호의 개정규정은 이 법 시행 이후 합병 또는 분할하는 분부터 적용한다.

제6조(적격물적분할 시 감면·세액공제 승계에 관한 적용례) 제47조제4항 및 제5항의 개정규정은 이 법 시행 이후 물적분할하는 분부터 적용한다.

제7조(적격현물출자 요건에서 독립된 사업부문 승계 요건 폐지에 관한 적용례) 제47조의2제1항제5호의 개정규정은 이 법 시행 이후 현물출자하는 분부터 적용한다.

제8조(가산세에 관한 적용례) 제76조제9항제4호의 개정규정은 이 법 시행 이후 공급하는 재화 또는 용역에 대하여 계산서를 발급하는 경우부터 적용한다.

제9조(기부금의 손금불산입에 관한 경과조치) 제24조제2항제7호 및 같은 조 제3항의 개정규정에도 불구하고 이 법 시행일 이전에 종전의 규정에 따라 지정된 기관에 지출하는 기부금에 대해서는 제24조제2항제7호 및 같은 조 제3항에 따른 지정기간까지는 법정기부금으로 본다.

제10조(다른 법률의 개정) 세무사법 일부를 다음과 같이 개정한다.

제2조제8호 중 “「소득세법」”을 “「소득세법」 또는 「법인세법」”으로 한다.

부칙 〈제16008호, 2018. 12. 24.〉

제1조(시행일) 이 법은 2019년 1월 1일부터 시행한다. 다만, 제93조의2, 제98조의4제1항 후단, 제98조의4제2항, 제98조의6제1항 후단, 제98조의6제2항, 제121조의3제2항 · 제3항(같은 조 제2항 관련 부분만 해당한다) 및 제123조제2항의 개정규정은 2020년 1월 1일부터 시행한다.

제2조(일반적 적용례) 이 법은 이 법 시행 이후 개시하는 사업연도 분부터 적용한다.

제3조(지주회사 수입배당금액의 익금불산입 특례에 관한 적용례) 제18조의3제1항의 개정규정은 이 법 시행 이후 배당받는 분부터 적용한다.

제4조(기부금의 손금불산입에 관한 적용례) ① 제24조제2항 및 같은 조 제3항제4호마목의 개정규정은 이 법 시행 이후 과세표준을 신고하는 분부터 적용한다.

② 제24조제5항의 개정규정은 이 법 시행 이후 과세표준을 신고하는 분부터 적용하되, 2013년 1월 1일 이후 개시한 사업연도에 지출한 기부금에 대해서도 적용한다.

제5조(성실신고확인서 제출 불성실 가산세에 관한 적용례) 제75조제1항의 개정규정은 이 법 시행 이후 성실신고확인서의 제출기한이 도래하는 분부터 적용한다.

제6조(현금영수증 발급 불성실 가산세에 관한 적용례) ① 제75조의6제2항제1호의 개정규정은 이 법 시행 이후 제117조의2제1항의 요건에 해당하게 된 경우부터 적용한다.

② 제75조의6제2항제2호 및 제3호의 개정규정은 이 법 시행 이후 현금영수증 발급의무를 위반하는 분부터 적용한다.

제7조(근로소득간이지급명세서 제출 불성실 가산세에 관한 적용례) 제75조의7제1항제1호나목 및 같은 항 제2호나목의 개정규정은 이 법 시행 이후 「소득세법」 제164조의3에 따라 근로소득간이지급명세서를 제출하여야 하거나 제출하는 분부터 적용한다.

제8조(계산서 등 제출 불성실 가산세에 관한 적용례) ① 제75조의8

제1항제2호, 같은 항 제4호가목, 같은 항 제5호 및 제6호의 개정규정은 이 법 시행 이후 재화 또는 용역을 공급하는 분부터 적용한다.

② 제75조의8제1항제4호나목부터 마목까지의 개정규정은 이 법 시행 이후 신용카드 매출전표, 현금영수증 또는 계산서를 발급 또는 수취하는 분부터 적용한다.

제9조(연결모법인의 합병 및 분할 시 이월결손금 등 공제 제한에 관한 적용례) 제76조의14제2항제2호의 개정규정은 이 법 시행 이후 과세표준을 신고하는 분부터 적용한다.

제10조(해외현지법인 등에 대한 자료제출 의무 등에 관한 적용례) ① 제121조의2제1항 및 제4항의 개정규정은 2019년 1월 1일 이후 개시하는 사업연도에 대한 자료를 제출하는 분부터 적용한다.

② 제121조의4의 개정규정은 2019년 1월 1일 이후 해외부동산등 또는 해외직접투자를 받은 외국법인의 주식등을 취득한 경우로서 2019년 1월 1일 이후 개시하는 사업연도에 대한 자료제출 의무를 불이행하는 분부터 적용한다.

③ 제123조제1항 및 제3항의 개정규정은 2019년 1월 1일 이후 개시하는 사업연도에 대한 자료제출 의무 불이행 분부터 적용한다.

④ 제123조제2항의 개정규정은 2020년 1월 1일 이후 개시하는 사업연도에 대한 자료제출 의무 불이행 분부터 적용한다.

제11조(해외부동산등에 대한 자료제출 의무 불이행 과태료에 관한 특례) 제121조의2제1항의 개정규정(해외부동산등의 물건별 처분가액이 2억원 이상인 내국법인에 대한 자료제출 의무를 부여한 부분으로 한정한다)에도 불구하고 2019년 1월 1일부터 2019년 12월 31일까지의 기간 동안 해외부동산등을 처분한 내국법인에 대해서는 제121조의3제2항(법률 제16008호로 개정되기 전의 것을 말한다)에 따른 과태료를 부과하지 아니한다. 〈개정 2019. 12. 31.〉

제12조(기업의 미환류소득에 대한 법인세에 관한 경과조치) 종전의 제56조에 따라 차기환류적립금을 적립하거나 미환류소득 또는 초과환류액을 산정할 때 자산에 대한 투자 합계액을 공제하고 그 자산을 처분한 내국법인 등에 관하여는 종전의 제56조에 따른다.

제13조(현금영수증 발급 불성실 가산세에 관한 경과조치) 이 법 시행 전에 제117조의2제1항의 요건에 해당하게 된 법인에 대해서는 제75조의6제2항제1호의 개정규정에도 불구하고 종전의 규정에 따른다.

제14조(해외부동산등에 대한 자료제출 의무 및 과태료에 관한 경과조치) 제121조의2제1항 및 제123조제2항의 개정규정에도 불구하고 2019년 1월 1일 이후 개시하는 사업연도 전의 사업연도(이하 이 조에서 "종전사업연도"라 한다)에 취득한 해외부동산등에 대해서는 종전의 제121조의2제1항 및 종전의 제121조의3제2항에 따른다. 이 경우 종전의 제121조의2제1항에 따라 제출하여야 하는 자료는 종전사업연도 분에 해당하는 자료로 한정한다.

제15조(다른 법률의 개정) ① 교육세법 일부를 다음과 같이 개정한다.

제6조제2항 중 "「법인세법」 제1조제6호"를 "「법인세법」 제2조제6호"로 한다.

제8조제1항 각 호 외의 부분 단서 중 "「법인세법」 제7조 및 제8조제1항부터 제3항까지"를 "「법인세법」 제7조 및 제8조제1항부터 제4항까지"로 한다.

② 농어촌특별세법 일부를 다음과 같이 개정한다.

제7조제2항 후단 중 "「법인세법」 제2조제4항"을 "「법인세법」 제3조제3항"으로 한다.

③ 부가가치세법 일부를 다음과 같이 개정한다.

제2조제9호 중 "「법인세법」 제1조제3호"를 "「법인세법」 제2조제3호"로 한다.

제25조제1항 중 "「법인세법」 제1조제1호"를 "「법인세법」 제2조제1호"로 한다.

④ 중소기업창업 지원법 일부를 다음과 같이 개정한다.

제39조의4 각 호 외의 부분 중 "「법인세법」 제1조제1호"를 "「법인세법」 제2조제1호"로 한다.

⑤ 지방세법 일부를 다음과 같이 개정한다.

제85조제1항제2호 중 "「법인세법」 제3조"를 "「법인세법」 제4조"로 한다.

제87조제3항 각 호 외의 부분 중 "「법인세법」 제3조"를 "「법인세법」 제4조"로 하고, 같은 항 제4호를 다음과 같이 한다.

4. 「조세특례제한법」 제100조의32에 따른 미환류소득

제103조의21제1항 중 "「법인세법」 제56조에 따른 미환류소득에 대한 법인지방소득세 세액 및 「조세특례제한법」 제100조의32에"를 "「조세특례제한법」 제100조의32에"로 한다.

제103조의22제1항 후단 중 "「법인세법」 제56조 및 「조세특례제한법」 제100조의32제2항"을 "「조세특례제한법」 제100조의32제2항"으로 한다.

제103조의23제6항 단서 중 "「법인세법」 제3조제3항제1호 및 제7호"를 "「법인세법」 제4조제3항제1호 및 제7호"로 한다.

제103조의29제1항 중 "「법인세법」 제73조"를 "「법인세법」 제73조 및 제73조의2"로 한다.

제103조의30제1항 본문 중 "「법인세법」 제76조"를 "「법인세법」 제75조, 제75조의2부터 제75조의9까지의 규정"으로 하고, 같은 항 단서 중 "「법인세법」 제76조제1항"을 "「법인세법」 제75조의3"으로 한다.

제103조의31제5항 중 "「법인세법」 제56조 및 「조세특례제한법」 제100조의32제2항"을 "「조세특례제한법」 제100조의32제2항"으로 한다.

제103조의32제1항 전단 중 "「법인세법」 제3조제3항제2호"를 "「법인세법」 제4조제3항제2호"로 한다.

⑥ 지방세특례제한법 일부를 다음과 같이 개정한다.

제2조제1항제2호 중 "「법인세법」 제3조제3항"을 "「법인세법」 제4조제3항"으로 한다.

부칙 〈제16096호, 2018. 12. 31.〉 (교통 · 에너지 · 환경세법)

제1조(시행일) 이 법은 2019년 1월 1일부터 시행한다.

제2조(다른 법률의 개정) ① 및 ② 생략

③ 법률 제10423호 법인세법 일부개정법률(법률 제11603호 교통 · 에너지 · 환경세법 일부개정법률 및 법률 제13550호 교통 · 에너지 · 환경세법 일부개정법률에 따라 각각 개정된 내용을 포함한다) 일부를 다음과 같이 개정한다.

부칙 제1조 단서 중 "2019년 1월 1일"을 "2022년 1월 1일"로 한다.

④ 생략

부칙 〈제16833호, 2019. 12. 31.〉

제1조(시행일) 이 법은 2020년 1월 1일부터 시행한다.

제2조(일반적 적용례) 이 법은 이 법 시행 이후 개시하는 사업연도 분부터 적용한다.
제3조(수입배당금액의 익금불산입에 관한 적용례) 제18조의2제1항 제1호 및 제18조의3제1항제1호의 개정규정은 이 법 시행 이후 배당받는 분부터 적용한다.
제4조(기부금의 손금불산입에 관한 적용례) 제24조제2항·제5항 및 제6항의 개정규정은 이 법 시행 이후 과세표준을 신고하는 분부터 적용하되, 과세표준 신고 시 이월공제가 가능한 기부금에 대해서도 적용한다.
제5조(업무용승용차 관련비용의 손금불산입 등 특례에 관한 적용례) 제27조의2제2항의 개정규정은 이 법 시행 이후 과세표준을 신고하는 분부터 적용한다.
제6조(계산서 등 제출 불성실 가산세에 관한 적용례) 제75조의8제1항제5호 및 제6호의 개정규정은 이 법 시행일이 속하는 사업연도의 직전 사업연도(이하 "이전 사업연도"라 한다)에 재화 또는 용역을 공급하고 제121조제7항에 따라 전자계산서 발급명세를 국세청장에게 전송하여야 하는 경우로서 이 법 시행 당시 이전 사업연도 말의 다음 달 11일이 경과하지 아니한 경우에도 적용한다.
제7조(국내원천소득 금액의 계산에 관한 적용례) 제92조제1항의 개정규정은 이 법 시행 이후 과세표준을 신고하는 분부터 적용한다.
제8조(외국법인의 국내원천소득에 관한 적용례) 제93조제8호 및 같은 조 제10호차목·카목의 개정규정은 이 법 시행 이후 지급하는 소득분부터 적용한다.
제9조(외국법인에 대한 원천징수 또는 징수의 특례에 관한 적용례) 제98조제1항제8호의 개정규정은 이 법 시행 이후 지급하는 소득분부터 적용한다.
제10조(원천징수대상 외국법인의 경정청구에 관한 적용례) 제98조의4제4항, 제98조의5제2항 및 제98조의6제4항의 개정규정은 이 법 시행 이후 지급하는 소득분부터 적용한다.
제11조(평가이익 등의 익금불산입에 관한 경과조치) 2010년 1월 1일 전에 개시한 사업연도에서 발생한 결손금에 대해서는 제18조제6호의 개정규정에도 불구하고 종전의 규정에 따른다.
제12조(기부금영수증 발급·작성·보관 불성실 가산세에 관한 경과

조치) 이 법 시행 전에 기부금영수증을 발급한 분에 대해서는 제75조의4제1항제1호가목 및 나목의 개정규정에도 불구하고 종전의 규정에 따른다.
제13조(계산서 등 제출 불성실 가산세에 관한 경과조치) 이 법 시행 전에 재화 또는 용역을 공급하여 제121조제7항에 따라 전자계산서 발급명세를 국세청장에게 전송하여야 하는 경우(부칙 제6조에 해당하는 경우는 제외한다)에는 제75조의8제1항제5호 및 제6호의 개정규정에도 불구하고 종전의 규정에 따른다.
제14조(외국법인의 국내원천소득에 관한 경과조치) 이 법 시행 전에 지급한 소득분에 대해서는 제93조제8호 및 같은 조 제10호차목·카목의 개정규정에도 불구하고 종전의 규정에 따른다.

부칙 〈제17476호, 2020. 8. 18.〉
제1조(시행일) 이 법은 2021년 1월 1일부터 시행한다.
제2조(토지등 양도소득에 대한 과세특례에 관한 적용례) 제55조의2제1항의 개정규정은 이 법 시행 이후 양도하는 분부터 적용한다.

부칙 〈제17652호, 2020. 12. 22.〉
제1조(시행일) 이 법은 2021년 1월 1일부터 시행한다. 다만, 제75조의4제2항 및 제112조의2의 개정규정은 2021년 7월 1일부터 시행하고, 제92조제2항, 제93조제10호카목·타목 및 제98조의 개정규정은 2027년 1월 1일부터 시행하며, 제93조제1호 및 같은 조 제2호가목·다목·라목의 개정규정은 2025년 1월 1일부터 시행한다. 〈개정 2021. 12. 21., 2022. 12. 31., 2024. 12. 31.〉
제2조(일반적 적용례) 이 법은 이 법 시행 이후 개시하는 사업연도분부터 적용한다.
제3조(법인과세 신탁재산 소득의 법인세 과세 등에 관한 적용례) ① 제5조제2항·제3항, 제18조의2제2항제5호, 제18조의3제2항제4호, 제57조의2제1항, 제73조의2제4항, 제75조의10부터 제75조의14까지, 제75조의16부터 제75조의18까지, 제109조제1항, 제109조의2, 제111조제3항 및 제113조제6항·제7항의 개정규정은 이 법 시행 이후 신탁계약을 체결하는 분부터 적용한다.
② 제75조의15의 개정규정은 이 법 시행 이후 신탁을 합병 또는

분할하는 분부터 적용한다.

제4조(이월결손금 공제에 관한 적용례) 제13조제1항제1호가목 및 제76조의13제1항제1호의 개정규정은 2020년 1월 1일 이후 개시하는 사업연도에 발생한 결손금부터 적용한다.

제5조(대손금의 손금불산입에 관한 적용례) 제19조의2제2항제2호의 개정규정은 이 법 시행 이후 대여하는 분부터 적용한다.

제6조(기부금의 손금불산입에 관한 적용례) 제24조제2항제2호 및 제3항제2호의 개정규정은 이 법 시행 이후 개시하는 사업연도에 기부금을 지출하는 분부터 적용한다.

제7조(합병·분할 시 이월결손금 등 공제 제한에 관한 적용례) 제45조제6항부터 제8항까지 및 제46조의4제6항부터 제8항까지의 개정규정은 이 법 시행 이후 합병 또는 분할하는 분부터 적용한다.

제8조(외국 납부 세액공제 등에 관한 적용례) 외국정부에 납부하였거나 납부할 외국법인세액이 공제한도를 초과하여 이 법 시행 이후 개시하는 사업연도의 직전 사업연도까지 공제되지 아니하고 남아있는 금액에 대해서는 이 법 시행 이후 개시하는 사업연도에 대한 과세표준 및 세액을 계산할 때 제57조제2항의 개정규정을 적용한다.

제9조(기부금영수증 발급명세의 작성·보관 의무 등에 관한 적용례) 제75의4제2항 및 제112조의2의 개정규정은 2021년 7월 1일 이후 전자기부금영수증을 발급하는 분부터 적용한다.

제10조(지급명세서 제출 불성실 가산세에 관한 적용례) ① 제75조의7제1항 각 호 외의 부분의 개정규정은 이 법 시행 이후 지급명세서 제출의무가 발생하는 분부터 적용한다.

② 제75조의7제1항제1호나목 및 제2호나목의 개정규정은 이 법 시행 이후 신고, 결정 또는 경정하는 분부터 적용한다.

제11조(외국법인의 국내원천소득에 관한 적용례) ① 제92조제2항제1호나목 및 제93조제10호카목의 개정규정은 2027년 1월 1일 이후 가상자산을 양도·대여·인출하는 분부터 적용한다. 〈개정 2021. 12. 21., 2022. 12. 31., 2024. 12. 31.〉

② 제93조제1호 및 같은 조 제2호가목·다목·라목의 개정규정은 2025년 1월 1일 이후 발생하는 소득분부터 적용한다. 〈개정 2022. 12. 31.〉

제12조(이자·배당 및 사용에 대한 세율의 적용 특례에 관한 적용

례) 제93조제8호 각 목 외의 부분 후단 및 제98조의7의 개정규정(산업상·상업상·과학상의 기계·설비·장치 등을 임대함으로써 발생하는 소득이 조세조약에서 사용료소득으로 구분되어 그 사용대가가 사용료소득에 포함되는 것에 관한 부분에 한정한다)은 2013년 1월 1일 이후 지급하는 소득분부터 적용한다.

제13조(외국법인의 국내원천소득에 대한 원천징수의 특례에 관한 적용례) 제98조제1항제8호나목 및 같은 조 제13항·제16항·제17항의 개정규정은 2027년 1월 1일 이후 발생하는 가상자산소득분부터 적용한다. 〈개정 2021. 12. 31., 2022. 12. 31., 2024. 12. 31.〉

제14조(외국법인의 국내원천소득에 대한 지급명세서 제출의무에 관한 적용례) 제120조의2제1항의 개정규정은 이 법 시행 이후 양도대가를 지급하는 분부터 적용한다.

제15조(이월결손금 공제에 관한 경과조치) 2020년 1월 1일 전에 개시한 사업연도에 발생한 결손금에 대해서는 제13조제1항제1호가목 및 제76조의13제1항제1호의 개정규정에도 불구하고 종전의 규정에 따른다.

제16조(기부금 손금불산입에 관한 경과조치) 이 법 시행 전에 개시한 사업연도에 기부금을 지출한 분에 대해서는 제24조제2항제2호 및 제3항제2호의 개정규정에도 불구하고 종전의 규정에 따른다.

제17조(합병·분할 시 이월결손금 등 공제 제한에 관한 경과조치) 이 법 시행 전에 합병 또는 분할한 분에 대해서는 제45조제6항부터 제8항까지 및 제46조의4제6항부터 제8항까지의 개정규정에도 불구하고 종전의 규정에 따른다.

제18조(유동화전문회사 등에 대한 소득공제에 관한 경과조치) 이 법 시행 전에 개시한 사업연도분에 대해서는 제51조의2제1항제9호의 개정규정에도 불구하고 종전의 규정에 따른다.

제19조(외국 납부 세액공제 등에 관한 경과조치) 이 법 시행 전의 사업연도분에 대해서는 제57조의 개정규정(손금산입방법을 삭제하는 것과 관련된 부분에 한정한다)에도 불구하고 종전의 규정에 따른다.

제20조(재해손실에 대한 세액공제 등에 관한 경과조치) 2020년 1월 1일 전에 납세의무가 성립된 분에 대해서는 제58조제1항제1호 및 제71조제4항의 개정규정에도 불구하고 종전의 규정에 따른다.

제21조(해외현지법인 등의 자료제출 의무 불이행 등에 대한 과태료

에 관한 경과조치) 이 법 시행 전 의무를 위반한 행위에 대하여 과태료 규정을 적용할 때에는 제123조의 개정규정에도 불구하고 종전의 규정에 따른다.

부칙 〈제17758호, 2020. 12. 29.〉 (국세징수법)
제1조(시행일) 이 법은 2021년 1월 1일부터 시행한다.
제2조 부터 제23조까지 생략
제24조(다른 법률의 개정) ①부터 ⑩까지 생략
⑪ 법인세법 일부를 다음과 같이 개정한다.
제21조제3호 중 “체납처분비”를 “강제징수비”로 한다.
⑫부터 ㉒까지 생략
제25조 및 제26조 생략

부칙 〈제17799호, 2020. 12. 29.〉 (독점규제 및 공정거래에 관한 법률)
제1조(시행일) 이 법은 공포 후 1년이 경과한 날부터 시행한다. 〈단서 생략〉
제2조 부터 제24조까지 생략
제25조(다른 법률의 개정) ①부터 ㉗까지 생략
㉘ 법인세법 일부를 다음과 같이 개정한다.
제19조의2제2항제1호 중 “「독점규제 및 공정거래에 관한 법률」 제10조의2”를 “「독점규제 및 공정거래에 관한 법률」 제24조”로 한다.
㉙부터 〈82〉까지 생략
제26조 생략

부칙 〈제17924호, 2021. 3. 16.〉
제1조(시행일) 이 법은 2021년 7월 1일부터 시행한다.
제2조(지급명세서 등 제출불성실 가산세에 관한 적용례) 제75조의7제1항부터 제3항까지의 개정규정은 이 법 시행 이후 지급하는 소득분에 대하여 「소득세법」 제164조제1항 각 호 외의 부분 단서 또는 제164조의3제1항제2호에 따라 지급명세서 또는 간이지급명세서를 제출하여야 하거나 제출하는 경우부터 적용한다.

제3조(지급명세서 등 제출불성실 가산세에 관한 경과조치) 이 법 시행 전에 종전의 제75조의7제1항에 따라 부과하였거나 부과하여야 할 가산세에 대해서는 제75조의7제1항의 개정규정에도 불구하고 종전의 규정에 따른다.

부칙 〈제18425호, 2021. 8. 17.〉 (국민 평생 직업능력 개발법)
제1조(시행일) 이 법은 공포 후 6개월이 경과한 날부터 시행한다.
제2조(다른 법률의 개정) ①부터 ⑬까지 생략
⑭ 법인세법 일부를 다음과 같이 개정한다.
제24조제2항제1호라목3) 중 "「근로자직업능력 개발법」"을 "「국민 평생 직업능력 개발법」"으로 한다.
⑮부터 ㊸까지 생략
제3조 생략

부칙 〈제18521호, 2021. 11. 23.〉 (세무사법)
제1조(시행일) 이 법은 공포한 날부터 시행한다. 〈단서 생략〉
제2조 및 제3조 생략
제4조(다른 법률의 개정) ① 생략
② 법인세법 일부를 다음과 같이 개정한다.
제60조제9항제2호 및 제3호를 각각 다음과 같이 한다.
2. 「세무사법」에 따른 세무사등록부 또는 공인회계사 세무대리업무등록부에 등록한 공인회계사
3. 「세무사법」에 따른 세무사등록부 또는 변호사 세무대리업무등록부에 등록한 변호사
③부터 ⑤까지 생략

부칙 〈제18584호, 2021. 12. 21.〉 (교통 · 에너지 · 환경세법)
제1조(시행일) 이 법은 2022년 1월 1일부터 시행한다.
제2조(다른 법률의 개정) ① 및 ② 생략
③ 법률 제10423호 법인세법 일부개정법률(법률 제11603호 교통 · 에너지 · 환경세법 일부개정법률, 법률 제13550호 교통 · 에너지 · 환경세법 일부개정법률 및 법률 제16096호 교통 · 에너지 · 환경세법 일부개정법률에 따라 각각 개정된 내용을 포함한다) 일부를 다음과

같이 개정한다.

부칙 제1조 단서 중 "2022년 1월 1일"을 "2025년 1월 1일"로 한다.

④ 생략

부칙 〈제18590호, 2021. 12. 21.〉

제1조(시행일) 이 법은 2022년 1월 1일부터 시행한다. 다만, 제57조제1항, 제57조의2, 제62조의2제1항제1호 및 제73조제1항의 개정규정은 2025년 1월 1일부터 시행한다. 〈개정 2022. 12. 31.〉

제2조(기부금의 손금불산입에 관한 적용례) 제24조제2항제1호라목 7)의 개정규정은 2021년 5월 2일 이후 지출한 기부금에 대해서도 적용한다.

제3조(적격합병 요건에 관한 적용례) 제44조제2항제3호의 개정규정은 이 법 시행 이후 합병하는 경우부터 적용한다.

제4조(사업양수 시 이월결손금 공제 제한 등에 관한 적용례) 제50조의2 및 제113조제7항의 개정규정은 이 법 시행 이후 사업 양도·양수 계약을 체결하는 경우부터 적용한다.

제5조(배당소득금액 공제 대상에서 제외되는 기관전용 사모집합투자기구에 관한 적용례 등) ① 제51조의2제1항제2호의 개정규정은 이 법 시행 이후 과세표준을 신고하는 경우부터 적용한다.

② 이 법 시행 당시 법률 제18128호 자본시장과 금융투자업에 관한 법률 일부개정법률 부칙 제8조제1항부터 제4항까지에 따라 기관전용 사모집합투자기구, 기업재무안정 사모집합투자기구 및 창업·벤처전문 사모집합투자기구로 보아 존속하는 종전의 경영참여형 사모집합투자기구에 대해서는 제51조의2제1항제2호의 개정규정에도 불구하고 종전의 규정에 따른다.

제6조(외국납부세액 공제 및 환급 특례 등에 관한 적용례 등) ① 제57조제1항 후단 및 제73조제1항 각 호 외의 부분 후단의 개정규정은 2025년 1월 1일 이후 발생하는 소득분에 대하여 외국법인세액을 공제하거나 원천징수하는 경우부터 적용한다. 〈개정 2022. 12. 31.〉

② 2025년 1월 1일 전에 발생한 소득분에 대하여 그 소득이 발생한 사업연도의 과세표준을 신고하는 경우 외국납부세액 공제 및

환급에 관하여는 제57조의2의 개정규정에도 불구하고 종전의 규정에 따른다. 〈개정 2022. 12. 31.〉

③ 제2항에 따라 2021년 10월 21일부터 2022년 12월 31일까지의 기간 동안 발생한 소득분에 대하여 종전의 제57조의2를 적용하는 경우 같은 조 제1항 중 "경영참여형 사모집합투자기구"는 "기관전용 사모집합투자기구 또는 법률 제18128호 자본시장과 금융투자업에 관한 법률 일부개정법률 부칙 제8조제1항부터 제4항까지에 따라 기관전용 사모집합투자기구, 기업재무안정 사모집합투자기구, 창업·벤처전문 사모집합투자기구로 보는 사모집합투자기구"로 본다.

제7조(성실신고확인서 제출에 관한 적용례) 제60조의2제1항제3호의 개정규정은 이 법 시행 이후 사업을 인수하는 경우부터 적용한다.

제8조(업무용승용차 관련비용 명세서 제출 불성실 가산세에 관한 적용례) 제74조의2의 개정규정은 이 법 시행 이후 개시하는 사업연도에 업무용승용차 관련비용 등을 손금에 산입하는 경우부터 적용한다.

제9조(외국법인연락사무소 현황 자료 제출에 관한 적용례) 제94조의2의 개정규정은 이 법 시행 이후 개시하는 사업연도에 대한 현황자료를 제출하는 경우부터 적용한다.

제10조(비영리내국법인의 자산양도소득에 대한 신고 특례에 관한 경과조치) 2025년 1월 1일 전에 주식등을 양도하는 경우에는 제62조의2제1항제1호의 개정규정에도 불구하고 종전의 규정에 따른다. 〈개정 2022. 12. 31.〉

제11조(성실신고확인서 제출 불성실 가산세에 관한 경과조치) 이 법 시행 전에 개시한 사업연도에 대하여 이 법 시행 이후에 납부하는 성실신고확인서 제출 불성실 가산세에 관하여는 제75조제1항 및 제3항의 개정규정에도 불구하고 종전의 규정에 따른다.

제12조(현금영수증 발급 불성실 가산세에 관한 경과조치) 이 법 시행 전에 세무서에 자진 신고하거나 현금영수증을 자진 발급한 경우에 대해서는 제75조의6제2항제3호의 개정규정에도 불구하고 종전의 규정에 따른다.

제13조(실질귀속자로 보는 국외투자기구의 요건 변경에 따른 경과조치) 이 법 시행 전에 지급받은 국내원천소득에 대한 실질귀속자 판단에 관하여는 제93조의2제1항제1호 및 제2호의 개정규정에도 불구하고 종전의 규정에 따른다.

부칙 〈제19193호, 2022. 12. 31.〉

제1조(시행일) 이 법은 2023년 1월 1일부터 시행한다. 다만, 다음 각 호의 개정규정은 해당 호에서 정하는 날부터 시행한다. 〈개정 2023. 12. 31.〉

1. 제2조제9호ㆍ제10호ㆍ제10호의2, 제18조제7호, 제21조제6호, 제25조(같은 조 제2항제3호 중 "매입자발행계산서"의 개정부분은 제외한다), 제75조의5제2항제1호, 제75조의7제1항(「소득세법」 제164조의3제1항제1호의 소득에 대한 간이지급명세서를 제출하지 아니한 경우는 제외한다), 같은 조 제3항제2호, 같은 조 제4항(「소득세법」 제164조의3제1항제1호의 소득에 관한 부분은 제외한다)의 개정규정, 같은 조 제5항의 개정규정 중 "제3호의 소득"을 개정하는 부분, 제76조의8, 제76조의9, 제76조의11, 제76조의12, 제76조의14(같은 조 제1항제2호가목 및 같은 항 제4호는 제외한다), 제76조의18 및 제76조의19의 개정규정: 2024년 1월 1일

2. 법률 제17652호 법인세법 일부개정법률 제93조제2호다목의 개정규정, 법률 제18590호 법인세법 일부개정법률 제57조제1항 후단 및 같은 항 제1호부터 제3호까지, 제57조의2, 제73조제1항 각 호 외의 부분 후단의 개정규정 및 제73조제2항부터 제10항까지의 개정규정: 2025년 1월 1일

3. 제25조제2항제3호의 개정규정 중 "매입자발행계산서"의 개정부분, 제116조제3항 및 제121조의2의 개정규정: 2023년 7월 1일

4. 제75조의7제1항(「소득세법」 제164조의3제1항제1호의 소득에 대한 간이지급명세서를 제출하지 아니한 경우로 한정한다), 같은 조 제3항제1호, 같은 조 제4항(「소득세법」 제164조의3제1항제1호의 소득에 관한 부분으로 한정한다)의 개정규정: 2026년 1월 1일

제2조(일반적 적용례) 이 법은 이 법 시행 이후 개시하는 사업연도부터 적용한다.

제3조(자본준비금의 배당금액에 대한 익금불산입에 관한 적용례) 제18조제8호 본문의 개정규정은 이 법 시행 이후 받는 배당금액부터 적용한다.

제4조(외국자회사 수입배당금액에 관한 적용례) 제18조의4(제79조의 개정규정에 따라 준용되는 경우를 포함한다), 제21조제1호 및 제57조제5항ㆍ제7항의 개정규정은 이 법 시행 이후 외국자회사로부터

수입배당금액을 받는 경우부터 적용한다.

제5조(매입자발행계산서 발급 등에 관한 적용례) 제25조제2항제3호(매입자발행계산서에 관한 부분으로 한정한다) 및 제121조의2의 개정규정은 2023년 7월 1일 이후 재화 또는 용역을 공급하거나 공급받는 경우부터 적용한다.

제6조(해약환급금준비금 손금산입 등 보험회사 과세에 대한 적용시기 특례) 보험회사가 2022년 12월 31일이 속하는 사업연도에 제42조의3제1항에 따른 보험계약국제회계기준을 적용하고 제32조의 해약환급금준비금을 적립한 경우 해당 보험회사에 대해서는 제30조제1항, 제32조 및 제42조의3의 개정규정은 이 법 시행일 이후 신고하는 분부터 적용한다.

제7조(자산의 취득가액에 관한 적용례) 제41조제1항제1호의2의 개정규정은 이 법 시행 이후 외국자회사를 인수하는 경우부터 적용한다.

제8조(유동화전문회사 등에 대한 소득공제에 관한 적용례) 제51조의2의 개정규정은 이 법 시행 이후 배당을 결의하는 경우부터 적용한다.

제9조(간접투자회사등의 외국납부세액공제 특례 등에 관한 적용례 등) ① 법률 제18590호 법인세법 일부개정법률 제57조제1항 후단, 같은 항 제1호부터 제3호까지, 제57조의2, 제73조제1항 각 호 외의 부분 후단의 개정규정 및 제73조제2항·제3항의 개정규정은 2025년 1월 1일 이후 지급받는 소득에 대하여 외국법인세액을 공제하거나 원천징수하는 경우부터 적용한다.

② 2025년 1월 1일 전에 발생한 소득에 대한 해당 사업연도의 과세표준을 신고하는 경우 외국납부세액 공제 및 환급에 관하여는 법률 제18590호 법인세법 일부개정법률 제57조의2의 개정규정에도 불구하고 종전의 규정(법률 제18590호 법인세법 일부개정법률로 개정되기 전의 것을 말한다)에 따른다.

제10조(이자소득의 원천징수세율에 관한 적용례) 제73조제1항의 개정규정은 이 법 시행 이후 온라인투자연계금융업자를 통하여 지급받는 이자소득부터 적용한다.

제11조(지급명세서 등 제출 불성실 가산세에 관한 적용례 등) ① 제75조의7제1항(「소득세법」 제164조의3제1항제1호의 소득에 대한 간이지급명세서를 제출하지 아니한 경우는 제외한다), 같은 조 제3항제2호, 같은 조 제4항(「소득세법」 제164조의3제1항제1호의 소득에

관한 부분은 제외한다) 및 같은 조 제5항(「소득세법」 제164조의3제1항제3호의 소득에 관한 부분으로 한정한다)의 개정규정은 2024년 1월 1일 이후 지급하는 소득에 대하여 지급명세서등을 제출하여야 하거나 제출하는 경우부터 적용한다. 〈개정 2023. 12. 31.〉

② 제75조의7제1항제1호(「소득세법」 제164조의3제1항제1호의 소득에 대한 간이지급명세서를 제출하지 아니한 경우로 한정한다), 같은 조 제3항제1호, 같은 조 제4항(「소득세법」 제164조의3제1항제1호의 소득에 관한 부분으로 한정한다)의 개정규정은 2026년 1월 1일 이후 지급하는 소득에 대하여 지급명세서등을 제출하여야 하거나 제출하는 경우부터 적용한다. 〈신설 2023. 12. 31.〉

③ 제75조의7제5항(「소득세법」 제164조의3제1항제2호의 소득에 관한 부분으로 한정한다)의 개정규정은 2023년 1월 1일 이후 지급하는 소득에 대하여 지급명세서등을 제출하여야 하거나 제출하는 경우부터 적용한다. 〈개정 2023. 12. 31.〉

④ 2026년 1월 1일 전에 지급한 「소득세법」 제164조의3제1항제1호의 소득에 대한 간이지급명세서의 지연 제출에 따른 가산세에 관하여는 제75조의7제1항제1호나목 및 같은 조 제4항의 개정규정에도 불구하고 종전의 규정에 따른다. 〈개정 2023. 12. 31.〉

제12조(외국법인의 국채등 이자·양도소득에 대한 과세특례에 관한 적용례) 제93조의3의 개정규정은 이 법 시행 이후 이자를 지급하거나 국채등을 양도하는 경우부터 적용한다.

제13조(외국법인연락사무소 자료 제출에 관한 적용례) 제94조의2제2항 및 제3항의 개정규정은 이 법 시행 이후 재화 또는 용역을 공급받는 경우부터 적용한다.

제14조(외국법인의 국내원천소득 비과세 또는 면제 등의 적용 신청에 관한 적용례) 제98조의4 및 제98조의6의 개정규정은 이 법 시행 이후 조세조약에 따른 비과세, 면제 또는 제한세율의 적용을 신청하는 경우부터 적용한다.

제15조(가상자산 거래내역 등의 제출 의무에 관한 적용례) 제120조의4의 개정규정은 2023년 1월 1일 이후 가상자산을 양도·대여하는 경우부터 적용한다.

제15조의2(연결납세방식의 포기 등에 관한 특례) ① 2024년 1월 1일 당시 종전의 제2조제10호에 따른 연결자법인 외에 다른 내국법

인을 제2조제10호의2의 개정규정에 따라 연결지배하고 있는 연결모법인이 2024년 1월 1일 이후 개시하는 사업연도부터 연결납세방식을 적용하지 아니하려는 경우에는 제76조의10제1항 본문을 적용할 때 "사업연도 개시일 전 3개월이 되는 날"을 "2024년 1월 1일 이후 개시하는 사업연도 개시일 이후 2개월이 되는 날"로 보며, 같은 항 단서는 적용하지 아니한다.

② 제1항에 따른 연결모법인이 같은 항에 따른 신고기한 내에 연결납세방식 적용 포기 신고를 하지 아니한 경우에는 제76조의11제1항 및 제2항의 개정규정에도 불구하고 2024년 1월 1일이 속하는 사업연도부터 연결납세방식을 적용하여야 한다. 이 경우 제76조의11제3항을 적용할 때 "변경일"은 "2024년 1월 1일 이후 개시하는 사업연도 개시일 이후 2개월이 되는 날"로 본다.

[본조신설 2023. 12. 31.]

제16조(내국법인 수입배당금액의 익금불산입률에 관한 경과조치) ① 내국법인의 사업연도가 이 법 시행 전에 개시하여 이 법 시행 이후 종료하는 경우 이 법 시행 전에 받은 수입배당금액의 익금불산입률에 관하여는 제18조의2 및 제18조의3의 개정규정에도 불구하고 종전의 규정에 따르고, 이 법 시행 이후 받는 수입배당금액의 익금불산입률에 관하여는 제18조의2의 개정규정에 따른다.

② 내국법인이 2026년 12월 31일까지 받는 수입배당금액에 대해서는 제18조의3의 개정규정에도 불구하고 종전의 규정에 따른 익금불산입률을 적용할 수 있다. 〈개정 2025. 3. 14.〉

제17조(접대비 명칭의 변경에 관한 경과조치) 2024년 1월 1일 전에 지출한 접대비는 제25조의 개정규정에 따른 기업업무추진비로 본다.

제18조(세율에 관한 경과조치) 이 법 시행 전에 개시한 사업연도의 소득에 대한 법인세의 세율은 제55조제1항의 개정규정에도 불구하고 종전의 규정에 따른다.

제19조(외국 납부 세액 공제에 관한 경과조치) 이 법 시행 전에 외국자회사로부터 받은 수입배당금액에 대한 외국법인세액(제57조제2항에 따라 이월된 금액을 포함한다)의 공제에 관하여는 제57조제5항 및 제7항의 개정규정에도 불구하고 종전의 규정에 따른다.

제20조(외국법인에 대한 원천징수 또는 징수의 특례에 관한 경과조

치) 이 법 시행 전에 이자를 지급하거나 국채등을 양도한 경우에는 제98조제2항의 개정규정에도 불구하고 종전의 규정에 따른다.

부칙 〈제19930호, 2023. 12. 31.〉

제1조(시행일) 이 법은 2024년 1월 1일부터 시행한다.

제2조(자본준비금 감액 배당금액의 익금산입에 관한 적용례) 제18조제8호의 개정규정은 이 법 시행 이후 자본준비금을 감액하여 받는 배당금액부터 적용한다.

제3조(내국법인 수입배당금액의 익금산입에 관한 적용례) 제18조의2제2항제6호부터 제8호까지의 개정규정은 이 법 시행 이후 다른 내국법인으로부터 받는 수입배당금액부터 적용한다.

제4조(유동화전문회사 등에 대한 소득공제에 관한 적용례) 제51조의2제2항제1호 단서 및 제75조의14제2항 단서의 개정규정은 2023년 12월 31일이 속하는 사업연도부터 적용한다.

제5조(추계에 의한 과세표준 및 세액계산의 특례에 관한 적용례) 제68조 본문의 개정규정은 이 법 시행 이후 개시하는 사업연도의 과세표준 및 세액을 추계하는 경우부터 적용한다.

제6조(연결법인별 배분금액의 정산에 관한 적용례) 제76조의19제5항의 개정규정은 이 법 시행 이후 개시하는 사업연도부터 적용한다.

제7조(조세조약상 비과세·면제 또는 제한세율의 적용을 위한 경정청구기간에 관한 적용례) 제98조의4제5항 본문, 제98조의5제2항 본문 및 제98조의6제4항 본문의 개정규정은 이 법 시행 당시 각각 같은 개정규정에 따른 경정청구기간이 만료되지 아니한 경우에도 적용한다.

제8조(외국인 통합계좌 원천징수 특례에 관한 적용례) 제98조의8의 개정규정은 이 법 시행 이후 외국인 통합계좌의 명의인에게 국내원천소득을 지급하는 경우부터 적용한다.

제9조(신탁소득에 대한 법인세 과세에 관한 경과조치) 이 법 시행 전에 신탁재산에 귀속된 소득에 대해서는 제5조제2항 및 제3항의 개정규정에도 불구하고 종전의 규정에 따른다.

제10조(연결자법인 변경신고기간에 관한 경과조치) 이 법 시행 전에 연결자법인 변경 사유가 발생한 경우의 신고기간에 관하여는 제76조의12제4항의 개정규정에도 불구하고 종전의 규정에 따른다.

부칙 〈제20609호, 2024. 12. 31.〉 (교통·에너지·환경세법)

제1조(시행일) 이 법은 2025년 1월 1일부터 시행한다.

제2조 생략

제3조(다른 법률의 개정) ① 및 ② 생략

③ 법률 제10423호 법인세법 일부개정법률(법률 제11603호 교통·에너지·환경세법 일부개정법률, 법률 제13550호 교통·에너지·환경세법 일부개정법률, 법률 제16096호 교통·에너지·환경세법 일부개정법률 및 법률 제18584호 교통·에너지·환경세법 일부개정법률에 따라 각각 개정된 내용을 포함한다) 일부를 다음과 같이 개정한다.

부칙 제1조 단서 중 "2025년 1월 1일"을 "2028년 1월 1일"로 한다.

④ 생략

부칙 〈제20613호, 2024. 12. 31.〉

제1조(시행일) 이 법은 2025년 1월 1일부터 시행한다. 다만, 다음 각 호의 개정규정은 해당 호에서 정하는 날부터 시행한다.

1. 제98조의4제1항 전단, 제120조의4제2항 및 제124조제3호의 개정규정: 2026년 1월 1일

2. 제5조제2항 각 호 외의 부분 전단의 개정규정: 2025년 7월 1일

제2조(신탁소득에 대한 법인세 과세에 관한 적용례) 제5조제2항 각 호 외의 부분 전단의 개정규정은 2025년 7월 1일이 속하는 사업연도에 신탁재산에 귀속되는 소득부터 적용한다.

제3조(기부금의 손금불산입에 관한 적용례) 제24조제2항제1호마목의 개정규정은 이 법 시행 이후 과세표준을 신고하는 경우부터 적용한다.

제4조(분할 시 분할법인등에 대한 과세에 관한 적용례) 제46조제2항제2호의 개정규정은 이 법 시행 이후 내국법인이 분할하는 경우부터 적용한다.

제5조(세율에 관한 적용례) 제55조제1항의 개정규정은 이 법 시행 이후 개시하는 사업연도의 소득에 대한 법인세액을 계산하는 경우부터 적용한다.

제6조(중간예납세액 및 연결중간예납세액의 계산에 관한 적용례) 제63조의2제1항 각 호 외의 부분 단서, 같은 조 제2항, 제76조의18제1항 각 호 외의 부분 단서 및 같은 조 제2항의 개정규정은 이 법 시행 이후 개시하는 사업연도 또는 연결사업연도의 소득에 대한 중간예납세액 또는 연결중간예납세액을 계산하는 경우부터 적용한다.
제7조(연결법인에 대한 중소기업 관련 규정 등의 적용에 관한 적용례) 제76조의22의 개정규정은 이 법 시행 이후 개시하는 연결사업연도의 소득에 대한 법인세액을 계산하는 경우부터 적용한다.
제8조(외국법인의 국채등 이자·양도소득 과세특례에 관한 적용례) ① 제93조의3제3항부터 제5항까지의 개정규정은 이 법 시행 이후 소득을 지급받는 경우부터 적용한다.
② 제93조의3제6항 및 제7항의 개정규정은 이 법 시행 이후 경정을 청구하는 경우부터 적용한다.
제9조(전자기부금영수증 발급의무에 관한 적용례) 제112조의2제4항의 개정규정은 이 법 시행 이후 기부금을 받는 경우부터 적용한다.
제10조(외국법인에 대한 조세조약상 비과세 또는 면제 적용 신청에 관한 경과조치) 제98조의4제1항 전단의 개정규정에 따른 시행 전에 발생한 국내원천 인적용역소득에 관하여는 같은 개정규정에도 불구하고 종전의 규정에 따른다.
제11조(가상자산 거래내역 제출에 관한 경과조치 등) ① 이 법 시행 전에 발생한 가상자산의 거래에 관하여는 제120조의4제1항의 개정규정에도 불구하고 종전의 규정에 따른다.
② 제120조의4제2항의 개정규정은 2026년 1월 1일 이후 발생하는 거래에 관하여 가상자산사업자가 자료를 제출하지 아니하는 경우부터 적용한다.

부칙 〈제20775호, 2025. 3. 14.〉
제1조(시행일) 이 법은 공포한 날부터 시행한다.
제2조(내국법인 수입배당금액의 익금불산입률에 관한 적용례) 법률 제19193호 법인세법 일부개정법률 부칙 제16조제2항의 개정규정은 이 법 시행 이후 과세표준을 신고하는 경우부터 적용한다.

법인세법 시행령

[시행 2025. 6. 4.] [대통령령 제35350호, 2025. 2. 28., 일부개정]

제20조삭　제
제21조(의무불이행의 범위)
제22조(부가가치세 매입세액의 손금산입 등)
제23조(징벌적 목적의 손해배상금 등의 범위)
제24조(감가상각자산의 범위)
제25조(감가상각비의 손비계상방법)
제26조(상각범위액의 계산)
제26조의2(종전감가상각비의 계산 등)
제26조의3(기준감가상각비의 계산)
제27조(감가상각방법의 변경)
제28조(내용연수와 상각률)
제29조(내용연수의 특례 및 변경)
제29조의2(중고자산 등의 상각범위액)
제30조(감가상각의 의제)
제31조(즉시상각의 의제)
제32조(상각부인액 등의 처리)
제33조(감가상각비에 관한 명세서)
제34조(감가상각비에 관한 세칙)
제35조(기부금의 범위)
제36조(기부금의 가액 등)
제37조(기부금의 손금산입 범위 등)
제38조(한국학교 등의 요건 등)
제39조(공익성을 고려하여 정하는 기부금의 범위 등)
제40조(기업업무추진비의 범위)
제41조(기업업무추진비의 신용카드등의 사용)
제42조(기업업무추진비의 수입금액계산기준 등)
제42조의2삭　제
제43조(상여금 등의 손금불산입)
제44조(퇴직급여의 손금불산입)
제44조의2(퇴직보험료 등의 손금불산입)
제45조(복리후생비의 손금불산입)
제46조(여비 등의 손금불산입)
제47조삭　제
제48조(공동경비의 손금불산입)
제49조(업무와 관련이 없는 자산의 범위 등)
제50조(업무와 관련이 없는 지출)

**개정 예정 법률 밑줄 별도 표시.

법인세법 시행령

[시행 2025. 6. 4.] [대통령령 제35350호, 2025. 2. 28., 일부개정]

제1장 총칙

제1조(목적) 이 영은 「법인세법」에서 위임된 사항과 그 시행에 필요한 사항을 규정함을 목적으로 한다.

[본조신설 2019. 2. 12.]

[종전 제1조는 제2조로 이동 〈2019. 2. 12.〉]

제2조(정의) ①「법인세법」(이하 "법"이라 한다) 제2조제2호나목에서 "대통령령으로 정하는 조합법인 등"이란 다음 각 호의 법인을 말한다. 〈개정 1999. 12. 31., 2001. 12. 31., 2005. 2. 19., 2006. 2. 9., 2011. 6. 3., 2013. 2. 15., 2017. 2. 3., 2019. 2. 12., 2024. 2. 29.〉

1. 「농업협동조합법」에 따라 설립된 조합(조합공동사업법인을 포함한다)과 그 중앙회

2. 「소비자생활협동조합법」에 따라 설립된 조합과 그 연합회 및 전국연합회

3. 「수산업협동조합법」에 따라 설립된 조합(어촌계 및 조합공동사업법인을 포함한다)과 그 중앙회

4. 「산림조합법」에 따라 설립된 산림조합(산림계를 포함한다)과 그 중앙회

5. 「엽연초생산협동조합법」에 따라 설립된 엽연초생산협동조합과 그 중앙회

6. 삭제 〈1999. 12. 31.〉

7. 삭제 〈1999. 12. 31.〉

8. 「중소기업협동조합법」에 따라 설립된 조합과 그 연합회 및 중

앙회

9. 「신용협동조합법」에 따라 설립된 신용협동조합과 그 연합회 및 중앙회

10. 「새마을금고법」에 따라 설립된 새마을금고와 그 중앙회

11. 「염업조합법」에 따라 설립된 대한염업조합

② 법 제2조제3호에서 "대통령령으로 정하는 기준에 해당하는 법인"이란 다음 각 호의 어느 하나에 해당하는 단체를 말한다. 〈신설 2013. 2. 15., 2019. 2. 12.〉

1. 설립된 국가의 법에 따라 법인격이 부여된 단체

2. 구성원이 유한책임사원으로만 구성된 단체

3. 삭제 〈2019. 2. 12.〉

4. 그 밖에 해당 외국단체와 동종 또는 유사한 국내의 단체가 「상법」 등 국내의 법률에 따른 법인인 경우의 그 외국단체

③ 국세청장은 제2항 각 호에 따른 외국법인의 유형별 목록을 고시할 수 있다. 〈신설 2013. 2. 15.〉

④ 제2항 각 호에 따른 외국법인 기준의 적용은 조세조약 적용대상의 판정에 영향을 미치지 아니한다. 〈신설 2013. 2. 15.〉

⑤ 법 제2조제10호의2다목에서 "대통령령으로 정하는 주식"이란 다음 각 호의 어느 하나에 해당하는 주식을 말한다. 〈신설 2023. 2. 28.〉

1. 「근로복지기본법」에 따른 우리사주조합(이하 "우리사주조합"이라 한다)이 보유한 주식

2. 제19조제19호의2 각 목 외의 부분 본문에 따른 주식매수선택권의 행사에 따라 발행되거나 양도된 주식(주식매수선택권을 행사한 자가 제3자에게 양도한 주식을 포함한다)

⑥ 법 제2조제10호의2라목에서 "대통령령으로 정하는 경우"란 법 제76조의8제1항에 따른 연결가능모법인(이하 "연결가능모법인"이라 한다)이 같은 항에 따른 연결가능자법인(이하 "연결가능자법인"이라 한다)을 통해 또 다른 내국법인의 주식 또는 출자지분을 보유하는 경우를 말한다. 〈신설 2023. 2. 28.〉

⑦ 법 제2조제10호의2라목에 따라 연결가능모법인이 연결가능자법인을 통해 보유하고 있는 또 다른 내국법인에 대한 주식 또는 출자지분의 보유비율은 다음 계산식에 따라 계산한다. 이 경우 연결가

능자법인이 둘 이상인 경우에는 각 연결가능자법인별로 다음 계산식에 따라 계산한 비율을 합산한다. 〈신설 2023. 2. 28.〉

연결가능모법인의 연결가능자법인에 대한 주식 또는 출자지분 보유비율	×	연결가능자법인의 또 다른 내국법인에 대한 주식 또는 출자지분 보유비율

⑧ 법 제2조제12호에서 "경제적 연관관계 또는 경영지배관계 등 대통령령으로 정하는 관계에 있는 자"란 다음 각 호의 어느 하나에 해당하는 관계에 있는 자를 말한다. 〈신설 2019. 2. 12., 2023. 2. 28., 2025. 2. 28.〉

1. 임원(제40조제1항에 따른 임원을 말한다. 이하 이 항, 제10조, 제11조, 제19조, 제38조 및 제39조에서 같다)의 임면권의 행사, 사업방침의 결정 등 해당 법인의 경영에 대해 사실상 영향력을 행사하고 있다고 인정되는 자(「상법」 제401조의2제1항에 따라 이사로 보는 자를 포함한다)와 그 친족(「국세기본법 시행령」 제1조의2제1항에 따른 자를 말한다. 이하 같다)

2. 제50조제2항에 따른 소액주주등이 아닌 주주 또는 출자자(이하 "비소액주주등"이라 한다)와 그 친족

3. 다음 각 목의 어느 하나에 해당하는 자 및 이들과 생계를 함께하는 친족

가. 법인의 임원·직원 또는 비소액주주등의 직원(비소액주주등이 영리법인인 경우에는 그 임원을, 비영리법인인 경우에는 그 이사 및 설립자를 말한다)

나. 법인 또는 비소액주주등의 금전이나 그 밖의 자산에 의해 생계를 유지하는 자

4. 해당 법인이 직접 또는 그와 제1호부터 제3호까지의 관계에 있는 자를 통해 어느 법인의 경영에 대해 「국세기본법 시행령」 제1조의2제4항에 따른 지배적인 영향력을 행사하고 있는 경우 그 법인

5. 해당 법인이 직접 또는 그와 제1호부터 제4호까지의 관계에 있는 자를 통해 어느 법인의 경영에 대해 「국세기본법 시행령」 제1조의2제4항에 따른 지배적인 영향력을 행사하고 있는 경우 그 법인

6. 해당 법인에 100분의 30 이상을 출자하고 있는 법인에 100분의 30 이상을 출자하고 있는 법인이나 개인

7. 해당 법인이 「독점규제 및 공정거래에 관한 법률」에 따른 기업

집단에 속하는 법인인 경우에는 그 기업집단에 소속된 다른 계열회사 및 그 계열회사의 임원

[제1조에서 이동, 종전 제2조는 제3조로 이동 〈2019. 2. 12.〉]

제3조(수익사업의 범위) ① 법 제4조제3항제1호에서 "대통령령으로 정하는 것"이란 다음 각 호의 어느 하나에 해당하는 사업을 제외한 각 사업 중 수입이 발생하는 것을 말한다. 〈개정 1999. 12. 31., 2001. 12. 31., 2002. 12. 30., 2003. 12. 30., 2005. 2. 19., 2006. 2. 9., 2007. 2. 28., 2008. 2. 22., 2008. 2. 29., 2008. 6. 5., 2009. 2. 4., 2010. 2. 18., 2010. 12. 30., 2011. 12. 8., 2012. 2. 2., 2012. 8. 3., 2013. 2. 15., 2013. 6. 28., 2014. 3. 24., 2017. 5. 29., 2018. 2. 13., 2019. 2. 12., 2021. 2. 17., 2022. 2. 15., 2022. 2. 17., 2023. 2. 28., 2024. 2. 29., 2025. 2. 28.〉

1. 축산업(축산 관련 서비스업을 포함한다) 외의 농업

2. 연구개발업(계약 등에 의하여 그 대가를 받고 연구 및 개발용역을 제공하는 사업을 제외한다)

2의2. 선급검사(船級檢査) 용역을 공급하는 사업

3. 다음 각 목의 어느 하나에 해당하는 교육시설에서 해당 법률에 따른 교육과정에 따라 제공하는 교육서비스업

가. 「유아교육법」에 따른 유치원

나. 「초·중등교육법」 및 「고등교육법」에 따른 학교

다. 「경제자유구역 및 제주국제자유도시의 외국교육기관 설립·운영에 관한 특별법」에 따라 설립된 외국교육기관(정관 등에 따라 잉여금을 국외 본교로 송금할 수 있거나 실제로 송금하는 경우는 제외한다)

라. 「제주특별자치도 설치 및 국제자유도시 조성을 위한 특별법」에 따라 설립된 비영리법인이 운영하는 국제학교

마. 「평생교육법」 제31조제4항에 따른 전공대학 형태의 평생교육시설 및 같은 법 제33조제3항에 따른 원격대학 형태의 평생교육시설

4. 보건업 및 사회복지 서비스업 중 다음 각 목의 어느 하나에 해당하는 사회복지시설에서 제공하는 사회복지사업

가. 「사회복지사업법」 제34조에 따른 사회복지시설 중 사회복지관, 부랑인·노숙인 시설 및 결핵·한센인 시설

나. 「국민기초생활보장법」 제15조의2제1항 및 제16조제1항에 따른 중앙자활센터 및 지역자활센터

다. 「아동복지법」 제52조제1항에 따른 아동복지시설

라. 「노인복지법」 제31조에 따른 노인복지시설(노인전문병원은 제외한다)

마. 「노인장기요양보험법」 제2조제4호에 따른 장기요양기관

바. 「장애인복지법」 제58조제1항에 따른 장애인복지시설 및 같은 법 제63조제1항에 따른 장애인복지단체가 운영하는 「중증장애인생산품 우선구매 특별법」 제2조제2항에 따른 중증장애인생산품 생산시설

사. 「한부모가족지원법」 제19조제1항에 따른 한부모가족복지시설

아. 「영유아보육법」 제10조에 따른 어린이집

자. 「성매매방지 및 피해자보호 등에 관한 법률」 제9조제1항에 따른 지원시설, 제15조제2항에 따른 자활지원센터 및 제17조제2항에 따른 성매매피해상담소

차. 「정신건강증진 및 정신질환자 복지서비스 지원에 관한 법률」 제3조제6호 및 제7호에 따른 정신요양시설 및 정신재활시설

카. 「성폭력방지 및 피해자보호 등에 관한 법률」 제10조제2항 및 제12조제2항에 따른 성폭력피해상담소 및 성폭력피해자보호시설

타. 「입양특례법」 제20조제1항에 따른 입양기관

파. 「가정폭력방지 및 피해자보호 등에 관한 법률」 제5조제2항 및 제7조제2항에 따른 가정폭력 관련 상담소 및 보호시설

하. 「다문화가족지원법」 제12조제1항에 따른 다문화가족지원센터

거. 「건강가정기본법」 제35조제1항에 따른 건강가정지원센터

5. 연금업 및 공제업 중 다음 각 목의 어느 하나에 해당하는 사업

가. 「국민연금법」에 의한 국민연금사업

나. 특별법에 의하거나 정부로부터 인가 또는 허가를 받아 설립된 단체가 영위하는 사업(기금조성 및 급여사업에 한한다)

다. 「근로자퇴직급여보장법」에 따른 중소기업퇴직연금기금을 운용하는 사업

6. 사회보장보험업중 「국민건강보험법」에 의한 건강보험사업과 「산업재해보상보험법」에 의한 산업재해보상보험사업

7. 주무관청에 등록된 종교단체(그 소속단체를 포함한다)가 공급하는 용역중 「부가가치세법」 제26조제1항제18호에 따라 부가가치세가 면제되는 용역을 공급하는 사업

8. 금융 및 보험 관련서비스업중 다음 각 목의 어느 하나에 해당하는 사업

가. 「예금자보호법」에 의한 예금보험기금 및 예금보험기금채권상환기금을 통한 예금보험 및 이와 관련된 자금지원·채무정리 등 예금보험제도를 운영하는 사업

나. 「농업협동조합의 구조개선에 관한 법률」 및 「수산업협동조합법」에 의한 상호금융예금자보호기금을 통한 예금보험 및 자금지원 등 예금보험제도를 운영하는 사업

다. 「새마을금고법」에 의한 예금자보호준비금을 통한 예금보험 및 자금지원 등 예금보험제도를 운영하는 사업

라. 「한국자산관리공사 설립 등에 관한 법률」 제43조의2에 따른 구조조정기금을 통한 부실자산 등의 인수 및 정리와 관련한 사업

마. 「신용협동조합법」에 의한 신용협동조합예금자보호기금을 통한 예금보험 및 자금지원 등 예금보험제도를 운영하는 사업

바. 「산림조합법」에 의한 상호금융예금자보호기금을 통한 예금보험 및 자금지원 등 예금보험제도를 운영하는 사업

9. 「혈액관리법」 제6조제3항에 따라 보건복지부장관으로부터 혈액원 개설 허가를 받은 자가 행하는 혈액사업

10. 「한국주택금융공사법」에 따른 주택담보노후연금보증계정을 통하여 주택담보노후연금보증제도를 운영하는 사업(보증사업과 주택담보노후연금을 지급하는 사업에 한한다)

11. 「국민기초생활 보장법」 제2조에 따른 수급권자·차상위계층 등 기획재정부령으로 정하는 자에게 창업비 등의 용도로 대출하는 사업으로서 기획재정부령으로 정하는 요건을 갖춘 사업

12. 비영리법인(사립학교의 신축·증축, 시설확충, 그 밖에 교육환경 개선을 목적으로 설립된 법인에 한한다)이 외국인학교의 운영자에게 학교시설을 제공하는 사업

13. 「국민체육진흥법」 제33조에 따른 대한체육회에 가맹한 경기

단체 및 「태권도 진흥 및 태권도공원조성에 관한 법률」에 따른 국기원의 승단 · 승급 · 승품 심사사업

14. 「수도권매립지관리공사의 설립 및 운영 등에 관한 법률」에 따른 수도권매립지관리공사가 행하는 폐기물처리와 관련한 사업

15. 「한국장학재단 설립 등에 관한 법률」에 따른 한국장학재단이 같은 법 제24조의2에 따른 학자금대출계정을 통하여 운영하는 학자금 대출사업

16. 제1호, 제2호, 제2호의2, 제3호부터 제15호까지의 규정과 비슷한 사업으로서 기획재정부령으로 정하는 사업

② 법 제4조제3항제5호 단서에서 "대통령령으로 정하는 수입"이란 법령 또는 정관에 규정된 고유목적사업(제1항에 따른 수익사업은 제외한다. 이하 이 항에서 같다)에 직접 사용한 유형자산 및 무형자산의 처분으로 인하여 생기는 다음 각 호의 구분에 따른 수입을 말하며, 제1호와 제2호에 모두 해당하는 경우에는 해당 각 호에 따른 수입 중 큰 수입을 말한다. 이 경우 해당 자산의 유지 · 관리 등을 위한 관람료 · 입장료수입 등 부수수익이 있는 경우에도 이를 고유목적사업에 직접 사용한 자산으로 본다. 〈개정 2025. 2. 28.〉

1. 유형자산 및 무형자산의 처분일(「지방자치분권 및 지역균형발전에 관한 특별법」 제25조에 따라 이전하는 공공기관의 경우에는 공공기관 이전일을 말한다. 이하 이 항에서 같다) 현재 3년 이상 계속하여 고유목적사업에 직접 사용한 경우: 해당 자산의 처분으로 인하여 생기는 수입. 이 경우 비영리내국법인이 수익사업에 속하는 자산을 고유목적사업에 전입한 후 처분하는 경우에는 전입 당시의 시가로 평가한 가액을 그 자산의 취득가액으로 한다.

2. 유형자산 및 무형자산을 10년 이상 고유목적사업에 직접 사용한 경우(처분일 현재 고유목적사업에 직접 사용하고 있지 않는 경우를 포함한다): 다음 계산식에 따라 계산한 수입. 이 경우 비영리내국법인이 해당 자산을 최초로 고유목적사업에 전입한 당시의 시가로 평가한 가액을 그 자산의 취득가액으로 한다.

$$\text{해당 자산의 처분으로 인하여 생기는 수입} \times \frac{\text{해당 자산을 고유목적사업에 직접 사용한 일수}}{\text{해당 자산을 보유한 일수}}$$

③법 제4조제3항제7호에서 "대통령령으로 정하는 것"이란 「소득

세법」 제46조제1항에 따른 채권등(그 이자소득에 대하여 법인세가 비과세되는 것은 제외한다)을 매도함에 따른 매매익(채권등의 매각익에서 채권등의 매각손을 차감한 금액을 말한다)을 말한다. 다만, 제1항제8호에 따른 사업에 귀속되는 채권등의 매매익을 제외한다. 〈개정 2002. 12. 30., 2005. 2. 19., 2009. 2. 4., 2010. 2. 18., 2010. 6. 8., 2019. 2. 12.〉

[제2조에서 이동, 종전 제3조는 제4조로 이동 〈2019. 2. 12.〉]

제3조의2(신탁소득) ① 법 제5조제2항 각 호 외의 부분 전단에서 "대통령령으로 정하는 요건을 충족하는 신탁"이란 제2항 각 호의 요건 모두에 해당하지 않는 신탁을 말한다. 〈개정 2023. 2. 28., 2024. 2. 29.〉

1. 삭제 〈2024. 2. 29.〉
2. 삭제 〈2024. 2. 29.〉

② 법 제5조제3항에서 "대통령령으로 정하는 요건을 충족하는 신탁"이란 다음 각 호의 어느 하나에 해당하는 신탁을 말한다. 〈개정 2023. 2. 28.〉

1. 위탁자가 신탁을 해지할 수 있는 권리, 수익자를 지정하거나 변경할 수 있는 권리, 신탁 종료 후 잔여재산을 귀속 받을 권리를 보유하는 등 신탁재산을 실질적으로 지배·통제할 것
2. 신탁재산 원본을 받을 권리에 대한 수익자는 위탁자로, 수익을 받을 권리에 대한 수익자는 위탁자의 제43조제7항에 따른 지배주주등의 배우자 또는 같은 주소 또는 거소에서 생계를 같이 하는 직계존비속(배우자의 직계존비속을 포함한다)으로 설정했을 것

[본조신설 2021. 2. 17.]

제4조(사업연도의 개시일) ①법인의 최초사업연도의 개시일은 다음 각 호의 날로 한다. 〈개정 2005. 2. 19., 2013. 2. 15., 2019. 2. 12.〉

1. 내국법인의 경우에는 설립등기일. 다만, 법 제2조제2호다목에 따른 법인으로 보는 단체(이하 "법인으로 보는 단체"라 한다)의 경우에는 다음 각 목의 날로 한다.

가. 법령에 의하여 설립된 단체에 있어서 당해 법령에 설립일이 정하여진 경우에는 그 설립일

나. 설립에 관하여 주무관청의 허가 또는 인가를 요하는 단체와 법령에 의하여 주무관청에 등록한 단체의 경우에는 그 허가일·인가

일 또는 등록일

다. 공익을 목적으로 출연된 기본재산이 있는 재단으로서 등기되지 아니한 단체에 있어서는 그 기본재산의 출연을 받은 날

라. 「국세기본법」 제13조제2항의 규정에 의하여 납세지 관할세무서장의 승인을 얻은 단체의 경우에는 그 승인일

2. 외국법인의 경우에는 법 제94조에 따른 국내사업장(이하 "국내사업장"이라 한다)을 가지게 된 날(국내사업장이 없는 경우에는 법 제6조제4항의 규정에 의한 소득이 최초로 발생한 날)

②제1항의 규정을 적용함에 있어서 최초사업연도의 개시일전에 생긴 손익을 사실상 그 법인에 귀속시킨 것이 있는 경우 조세포탈의 우려가 없을 때에는 최초사업연도의 기간이 1년을 초과하지 아니하는 범위내에서 이를 당해 법인의 최초사업연도의 손익에 산입할 수 있다. 이 경우 최초사업연도의 개시일은 당해 법인에 귀속시킨 손익이 최초로 발생한 날로 한다.

[제3조에서 이동, 종전 제4조는 제5조로 이동 〈2019. 2. 12.〉]

제5조(사업연도의 변경신고) 법 제7조제1항의 규정에 의하여 사업연도의 변경신고를 하고자 하는 법인은 그 신고기한내에 기획재정부령이 정하는 사업연도변경신고서를 납세지 관할세무서장에게 제출(국세정보통신망에 의한 제출을 포함한다)하여야 한다. 〈개정 2004. 3. 17., 2008. 2. 29.〉

[제4조에서 이동, 종전 제5조는 제6조로 이동 〈2019. 2. 12.〉]

제6조(합병등기일 등의 범위) ①법 및 이 영에서 "합병등기일"이란 다음 각 호의 구분에 따른 날을 말한다. 〈개정 2019. 2. 12.〉

1. 합병 후 존속하는 법인: 변경등기일
2. 합병으로 설립되는 법인: 설립등기일

②법 및 이 영에서 "분할등기일"이란 다음 각 호의 구분에 따른 날을 말한다. 〈개정 2019. 2. 12.〉

1. 분할 후 존속하는 법인: 변경등기일
2. 분할로 설립되는 법인: 설립등기일

[제5조에서 이동, 종전 제6조는 제7조로 이동 〈2019. 2. 12.〉]

제7조(납세지의 범위) ①법 제9조제1항 단서에서 "대통령령으로 정하는 장소"란 당해 단체의 사업장소재지를 말하되, 주된 소득이 부동산임대소득인 단체의 경우에는 그 부동산의 소재지를 말한다. 이

경우 2 이상의 사업장 또는 부동산을 가지고 있는 단체의 경우에는 주된 사업장 또는 주된 부동산의 소재지를 말하며, 사업장이 없는 단체의 경우에는 당해 단체의 정관 등에 기재된 주사무소의 소재지(정관 등에 주사무소에 관한 규정이 없는 단체의 경우에는 그 대표자 또는 관리인의 주소를 말한다)를 말한다. 〈개정 2011. 6. 3.〉

②제1항에서 "주된 사업장 또는 주된 부동산의 소재지"라 함은 직전 사업연도의 제11조제1호의 규정에 의한 사업수입금액(이하 "사업수입금액"이라 한다)이 가장 많은 사업장 또는 부동산의 소재지를 말한다.

③법 제9조제3항에서 "대통령령으로 정하는 주된 사업장의 소재지"란 제2항의 규정을 준용하여 판정한 소재지를 말한다. 다만, 주된 사업장 소재지의 판정은 최초로 납세지를 정하는 경우에만 적용한다. 〈개정 2002. 12. 30., 2011. 6. 3.〉

④법 제9조제3항에서 "대통령령으로 정하는 장소"란 국내원천소득이 발생하는 장소중 당해 외국법인이 납세지로 신고하는 장소를 말한다. 이 경우 그 신고는 2 이상의 국내원천소득이 발생하게 된 날부터 1월 이내에 기획재정부령이 정하는 납세지신고서에 의하여 납세지 관할세무서장에게 하여야 한다. 〈개정 2008. 2. 29., 2011. 6. 3.〉

⑤ 건설업 등을 영위하는 외국법인의 국내사업장이 영해에 소재하는 이유 등으로 국내사업장을 납세지로 하는 것이 곤란한 경우에는 국내의 등기부상 소재지를 납세지로 한다. 다만, 등기부상 소재지가 없으면 국내에서 그 사업에 관한 업무를 총괄하는 장소를 납세지로 한다. 〈신설 2009. 2. 4.〉

⑥ 법 제9조제4항 본문에서 "대통령령으로 정하는 해당 원천징수의무자의 소재지"란 다음 각 호의 구분에 따른 장소를 말한다. 〈신설 2019. 2. 12.〉

1. 원천징수의무자가 개인인 경우: 「소득세법」 제7조제1항제1호 및 제2호에 따른 소재지

2. 원천징수의무자가 법인인 경우: 다음 각 목의 장소

가. 해당 법인의 본점·주사무소 또는 국내에 본점이나 주사무소가 소재하지 않는 경우에는 사업의 실질적 관리장소(이하 "본점등"이라 한다)의 소재지(법인으로 보는 단체의 경우에는 제1항에 따

른 소재지로, 외국법인의 경우에는 해당 법인의 주된 국내사업장의 소재지로 한다)

나. 가목에도 불구하고 법인의 지점·영업소 또는 그 밖의 사업장이 독립채산제에 의해 독자적으로 회계사무를 처리하는 경우에는 그 사업장의 소재지(그 사업장의 소재지가 국외에 있는 경우는 제외한다). 다만, 법인이 지점·영업소 또는 그 밖의 사업장에서 지급하는 소득에 대한 원천징수세액을 본점등에서 전자계산조직 등에 의해 일괄계산하는 경우로서 본점등의 관할 세무서장에게 신고하거나 「부가가치세법」 제8조제3항 및 제4항에 따라 사업자단위로 관할 세무서장에게 등록한 경우에는 해당 법인의 본점등의 소재지로 한다.

⑦ 법 제9조제4항 단서에서 "대통령령으로 정하는 장소"란 다음 각 호의 구분에 따른 장소를 말한다. 〈신설 2019. 2. 12.〉

1. 법 제93조제7호나목에 따른 국내원천 부동산등양도소득 및 이 영 제132조제8항 각 호의 어느 하나에 해당하는 소득이 있는 경우: 해당 유가증권을 발행한 내국법인 또는 외국법인의 국내사업장의 소재지

2. 제1호 외의 경우: 국세청장이 지정하는 장소

⑧ 제6항제2호나목 단서에 따라 일괄계산하여 신고하는 절차에 관하여 필요한 사항은 기획재정부령으로 정한다. 〈신설 2019. 2. 12.〉

[제6조에서 이동 〈2019. 2. 12.〉]

제8조(납세지의 지정 및 통지) ①법 제10조제1항에서 "대통령령으로 정하는 경우"란 다음 각 호의 어느 하나에 해당하는 경우를 말한다. 〈개정 2011. 6. 3., 2019. 2. 12.〉

1. 내국법인의 본점등의 소재지가 등기된 주소와 동일하지 아니한 경우

2. 내국법인의 본점등의 소재지가 자산 또는 사업장과 분리되어 있어 조세포탈의 우려가 있다고 인정되는 경우

3. 둘 이상의 국내사업장을 가지고 있는 외국법인의 경우로서 제7조제3항에 따라 주된 사업장의 소재지를 판정할 수 없는 경우

4. 법 제9조제2항 단서에 따른 둘 이상의 자산이 있는 외국법인의 경우로서 제7조제4항에 따른 신고를 하지 않은 경우

②제1항 각호의 1에 해당하는 경우 관할지방국세청장은 법 제10조제1항의 규정에 의하여 납세지를 지정할 수 있다. 이 경우 새로이 지정될 납세지가 그 관할을 달리하는 경우에는 국세청장이 그 납세

지를 지정할 수 있다.

③법 제10조제2항의 규정에 의한 납세지의 지정통지는 그 법인의 당해 사업연도종료일부터 45일 이내에 이를 하여야 한다.

④제3항의 규정에 의한 통지를 기한내에 하지 아니한 경우에는 종전의 납세지를 그 법인의 납세지로 한다.

제9조(납세지의 변경신고) ①법인이 법 제11조제1항의 규정에 의하여 납세지의 변경을 신고하는 경우에는 기획재정부령이 정하는 납세지변경신고서를 변경후의 납세지 관할세무서장에게 제출(국세정보통신망에 의한 제출을 포함한다)하여야 한나. 〈개정 2002. 12. 30., 2004. 3. 17., 2008. 2. 29.〉

②법 제11조제1항의 규정에 의하여 납세지의 변경신고를 받은 세무서장은 그 신고받은 내용을 변경전의 납세지 관할세무서장에게 통보하여야 한다.

③법인이 사업연도 중에 합병 또는 분할로 인하여 소멸한 경우 피합병법인·분할법인 또는 소멸한 분할합병의 상대방법인(이하 "피합병법인등"이라 한다)의 각 사업연도의 소득(합병 또는 분할에 따른 양도손익을 포함한다)에 대한 법인세 납세지는 합병법인·분할신설법인 또는 분할합병의 상대방법인(이하 "합병법인등"이라 한다)의 납세지(분할의 경우에는 승계한 자산가액이 가장 많은 법인의 납세지를 말한다)로 할 수 있다. 이 경우 법 제11조제1항의 규정에 의하여 납세지의 변경을 신고하여야 한다. 〈개정 2001. 12. 31., 2010. 6. 8.〉

제2장 내국법인의 각 사업연도의 소득에 대한 법인세

제1절 과세표준과 그 계산

제1관 통칙

제10조(결손금공제) ① 법 제13조제1항 각 호 외의 부분 단서, 법 제45조제5항 각 호 외의 부분 및 법 제46조의4제5항 각 호 외의 부분에서 "회생계획을 이행 중인 기업 등 대통령령으로 정하는 법인"이란 각각 다음 각 호의 어느 하나에 해당하는 법인을 말한다. 〈신설 2016. 2. 12., 2016. 4. 29., 2017. 2. 3., 2019. 2. 12., 2020. 2. 11., 2021. 2. 17., 2024. 2. 29.〉

1. 「채무자 회생 및 파산에 관한 법률」 제245조에 따라 법원이

인가결정한 회생계획을 이행 중인 법인

2. 「기업구조조정 촉진법」 제14조제1항에 따라 기업개선계획의 이행을 위한 약정을 체결하고 기업개선계획을 이행 중인 법인

3. 해당 법인의 채권을 보유하고 있는 「금융실명거래 및 비밀보장에 관한 법률」 제2조제1호에 따른 금융회사등이나 그 밖의 법률에 따라 금융업무 또는 기업 구조조정 업무를 하는 「공공기관의 운영에 관한 법률」에 따른 공공기관으로서 기획재정부령으로 정하는 기관과 경영정상화계획의 이행을 위한 협약을 체결하고 경영정상화계획을 이행 중인 법인

4. 채권, 부동산 또는 그 밖의 재산권(이하 이 항에서 "유동화자산"이라 한다)을 기초로 「자본시장과 금융투자업에 관한 법률」에 따른 증권을 발행하거나 자금을 차입(이하 이 항에서 "유동화거래"라 한다)할 목적으로 설립된 법인으로서 다음 각 목의 요건을 모두 갖춘 법인

가. 「상법」 또는 그 밖의 법률에 따른 주식회사 또는 유한회사일 것

나. 한시적으로 설립된 법인으로서 상근하는 임원 또는 직원을 두지 아니할 것

다. 정관 등에서 법인의 업무를 유동화거래에 필요한 업무로 한정하고 유동화거래에서 예정하지 아니한 합병, 청산 또는 해산이 금지될 것

라. 유동화거래를 위한 회사의 자산 관리 및 운영을 위하여 업무위탁계약 및 자산관리위탁계약이 체결될 것

마. 2015년 12월 31일까지 유동화자산의 취득을 완료하였을 것

5. 법 제51조의2제1항 각 호의 어느 하나에 해당하는 내국법인이나 「조세특례제한법」 제104조의31제1항에 따른 내국법인

6. 「기업 활력 제고를 위한 특별법」 제10조에 따른 사업재편계획 승인을 받은 법인

7. 「조세특례제한법」 제74조제1항(제4호부터 제6호까지는 제외한다) 또는 제4항에 따라 법인의 수익사업에서 발생한 소득을 고유목적사업준비금으로 손금에 산입할 수 있는 비영리내국법인

②법 제13조제1항제1호에 따라 결손금을 공제할 때에는 먼저 발생한 사업연도의 결손금부터 차례대로 공제한다. 〈개정 2016. 2.

12., 2019. 2. 12.〉

③법 제13조제1항제1호를 적용할 때 다음 각 호의 어느 하나에 해당하는 결손금은 각 사업연도의 과세표준을 계산할 때 공제된 것으로 본다. 〈개정 2006. 2. 9., 2011. 3. 31., 2016. 2. 12., 2019. 2. 12., 2022. 2. 15.〉

1. 법 제17조제2항의 규정에 따라 충당된 결손금

2. 법 제18조제6호에 따라 무상으로 받은 자산의 가액 및 채무의 면제 또는 소멸로 인한 부채의 감소액으로 충당된 이월결손금

3. 법 제72조제1항 및 「조세특례제한법」 제8조의4에 따라 공제받은 결손금

④ 법 제13조제1항제1호에 따른 결손금에는 제81조제2항 및 제83조제2항에 따른 승계결손금의 범위액을 포함한다. 〈개정 2010. 6. 8., 2016. 2. 12., 2019. 2. 12.〉

⑤ 「조세특례제한법 시행령」 제100조의18제3항에 따른 배분한도 초과결손금을 추가로 배분받아 손금에 산입한 해당 법인의 사업연도에 결손금이 발생한 경우 추가로 배분받은 결손금과 해당 사업연도의 결손금 중 작은 것에 상당하는 금액은 배분한도 초과결손금이 발생한 동업기업의 사업연도의 종료일이 속하는 사업연도에 발생한 결손금으로 보아 제2항을 적용한다. 〈신설 2009. 2. 4., 2016. 2. 12., 2024. 2. 29.〉

제2관 익금의 계산

제11조(수익의 범위) 법 제15조제1항에 따른 이익 또는 수입[이하 "수익"(收益)이라 한다]은 법 및 이 영에서 달리 정하는 것을 제외하고는 다음 각 호의 것을 포함한다. 〈개정 2000. 12. 29., 2006. 2. 9., 2007. 2. 28., 2008. 2. 22., 2008. 2. 29., 2009. 2. 4., 2010. 2. 18., 2012. 2. 2., 2019. 2. 12., 2023. 2. 28., 2024. 2. 29., 2025. 2. 28.〉

1. 「통계법」 제22조에 따라 통계청장이 작성·고시하는 한국표준산업분류(이하 "한국표준산업분류"라 한다)에 따른 각 사업에서 생기는 사업수입금액[기업회계기준(제79조 각 호의 어느 하나에 해당하는 회계기준을 말한다. 이하 같다)에 따른 매출에누리금액 및 매출할인금액은 제외하고, 내국법인이 생산·공급하는 재화 또는 용역을

해당 내국법인의 임원 또는 직원에게 시가보다 낮은 가액으로 판매 또는 제공하는 경우에는 그 판매 또는 제공가액과 시가와의 차액은 사업수입금액에 포함한다. 이하 같다]. 다만, 법 제66조제3항 단서에 따라 추계하는 경우 부동산임대에 의한 전세금 또는 임대보증금에 대한 사업수입금액은 금융회사 등의 정기예금이자율을 고려하여 기획재정부령으로 정하는 이자율(이하 "정기예금이자율"이라 한다)을 적용하여 계산한 금액으로 한다.

2. 자산의 양도금액

2의2. 자기주식(합병법인이 합병에 따라 피합병법인이 보유하던 합병법인의 주식을 취득하게 된 경우를 포함한다)의 양도금액. 이 경우 제19조제19호의2 각 목 외의 부분 본문에 따른 주식매수선택권의 행사에 따라 주식을 양도하는 경우에는 주식매수선택권 행사 당시의 시가로 계산한 금액으로 한다.

3. 자산의 임대료

4. 자산의 평가차익

5. 무상으로 받은 자산의 가액

6. 채무의 면제 또는 소멸로 인하여 생기는 부채의 감소액(법 제17조제1항제1호 단서의 규정에 따른 금액을 포함한다)

7. 손금에 산입한 금액중 환입된 금액

8. 제88조제1항제8호 각 목의 어느 하나 및 같은 항 제8호의2에 따른 자본거래로 인하여 특수관계인으로부터 분여받은 이익

9. 법 제28조제1항제4호나목에 따른 가지급금 및 그 이자(이하 이 조에서 "가지급금등"이라 한다)로서 다음 각 목의 어느 하나에 해당하는 금액. 다만, 채권·채무에 대한 쟁송으로 회수가 불가능한 경우 등 기획재정부령으로 정하는 정당한 사유가 있는 경우는 제외한다.

가. 제2조제8항의 특수관계가 소멸되는 날까지 회수하지 아니한 가지급금등(나목에 따라 익금에 산입한 이자는 제외한다)

나. 제2조제8항의 특수관계가 소멸되지 아니한 경우로서 법 제28조제1항제4호나목에 따른 가지급금의 이자를 이자발생일이 속하는 사업연도 종료일부터 1년이 되는 날까지 회수하지 아니한 경우 그 이자

10. 「보험업법」에 따른 보험회사(이하 "보험회사"라 한다)가 같은

법 제120조에 따라 적립한 책임준비금의 감소액(할인율의 변동에 따른 책임준비금 평가액의 감소분은 제외한다)으로서 같은 조 제3항의 회계처리기준(이하 "보험감독회계기준"이라 한다)에 따라 수익으로 계상된 금액

10의2. 「주택도시기금법」에 따른 주택도시보증공사가 같은 법 시행령 제24조에 따라 적립한 책임준비금의 감소액(할인율의 변동에 따른 책임준비금 평가액의 감소분은 제외한다)으로서 보험감독회계기준에 따라 수익으로 계상된 금액

11. 그 밖의 수익으로서 그 법인에 귀속되었거나 귀속될 금액

제12조(자본전입 시 과세되지 아니하는 잉여금의 범위 등) ① 법 제16조제1항제2호가목에서 "대통령령으로 정하는 것"이란 법 제17조제1항 각 호의 금액에 해당하는 금액을 말한다. 다만, 다음 각 호의 어느 하나에 해당하는 금액은 제외한다. 〈개정 2012. 4. 13., 2013. 2. 15., 2019. 2. 12., 2024. 2. 29.〉

1. 법 제17조제1항제1호 단서에 따른 초과금액

2. 자기주식 또는 자기출자지분을 소각하여 생긴 이익(소각 당시 법 제52조제2항에 따른 시가가 취득가액을 초과하지 아니하는 경우로서 소각일부터 2년이 지난 후 자본에 전입하는 금액은 제외한다)

3. 법 제44조제2항에 따른 적격합병(같은 조 제3항에 따라 적격합병으로 보는 경우를 포함하며, 이하 "적격합병"이라 한다)을 한 경우 다음 각 목의 금액(주식회사 외의 법인인 경우에는 이를 준용하여 계산한 금액을 말한다)의 합계액. 이 경우 법 제17조제1항제5호에 따른 금액(이하 이 조에서 "합병차익"이라 한다)을 한도로 한다.

가. 합병등기일 현재 합병법인이 승계한 재산의 가액이 그 재산의 피합병법인 장부가액(제85조제1호에 따른 세무조정사항이 있는 경우에는 그 세무조정사항 중 익금불산입액은 더하고 손금불산입액은 뺀 가액으로 한다. 이하 이 항에서 같다)을 초과하는 경우 그 초과하는 금액

나. 피합병법인의 기획재정부령으로 정하는 자본잉여금 중 법 제16조제1항제2호 각 목 외의 부분 본문에 따른 잉여금(이하 이 조 및 제17조에서 "의제배당대상 자본잉여금"이라 한다)에 상당하는 금액

다. 피합병법인의 이익잉여금에 상당하는 금액

4. 법 제46조제2항에 따른 적격분할(이하 "적격분할"이라 한다)을

한 경우 다음 각 목의 금액(주식회사 외의 법인인 경우에는 이를 준용하여 계산한 금액을 말한다)의 합계액. 이 경우 법 제17조제1항제6호에 따른 금액(이하 이 조에서 "분할차익"이라 한다)을 한도로 한다.

가. 분할등기일 현재 분할신설법인등(법 제46조제1항 각 호 외의 부분 전단에 따른 분할신설법인등을 말한다. 이하 같다)이 승계한 재산의 가액이 그 재산의 분할법인 장부가액을 초과하는 경우 그 초과하는 금액

나. 분할에 따른 분할법인의 자본금 및 기획재정부령으로 정하는 자본잉여금 중 의제배당대상 자본잉여금 외의 잉여금의 감소액이 분할한 사업부문의 분할등기일 현재 순자산 장부가액에 미달하는 경우 그 미달하는 금액. 이 경우 분할법인의 분할등기일 현재의 분할 전 이익잉여금과 의제배당대상 자본잉여금에 상당하는 금액의 합계액을 한도로 한다.

다. 삭제 〈2019. 2. 12.〉

라. 삭제 〈2019. 2. 12.〉

5. 「상법」 제345조제1항에 따른 주식의 상환에 관한 종류주식의 법 제17조제1항제1호 본문에 따른 초과금액 중 이익잉여금으로 상환된 금액

② 제1항제3호 및 제4호를 적용할 때 합병차익 또는 분할차익의 일부를 자본 또는 출자에 전입하는 경우에는 각각 해당 호 외의 금액을 먼저 전입하는 것으로 한다. 〈개정 2019. 2. 12.〉

③ 제1항제3호 및 제4호를 적용할 때 「상법」 제459조제2항에 따른 준비금의 승계가 있는 경우에도 그 승계가 없는 것으로 보아 이를 계산한다.

④ 법 제16조제1항제2호나목에 따른 재평가적립금의 일부를 자본 또는 출자에 전입하는 경우에는 「자산재평가법」 제13조제1항제1호를 적용받은 금액과 그 밖의 금액의 비율에 따라 각각 전입한 것으로 한다.

[전문개정 2012. 2. 2.]

제13조(배당 또는 분배의제의 시기) 법 제16조제1항에 따라 이익을 배당받았거나 잉여금을 분배받은 날은 다음 각 호의 구분에 따른 날로 한다. 〈개정 2005. 2. 19., 2018. 2. 13., 2019. 2. 12.〉

1. 법 제16조제1항제1호부터 제3호까지의 경우: 그 주주총회·사원총회 또는 이사회에서 주식의 소각, 자본 또는 출자의 감소, 잉여금의 자본 또는 출자에의 전입을 결의한 날(이사회의 결의에 의하는 경우에는 「상법」 제461조제3항에 따라 정한 날을 말한다. 다만, 주식의 소각, 자본 또는 출자의 감소를 결의한 날의 주주와 「상법」 제354조에 따른 기준일의 주주가 다른 경우에는 같은 조에 따른 기준일을 말한다) 또는 사원이 퇴사·탈퇴한 날

2. 법 제16조제1항제4호의 경우: 해당 법인의 잔여재산의 가액이 확정된 날

3. 법 제16조제1항제5호의 경우: 해당 법인의 합병등기일

4. 법 제16조제1항제6호의 경우: 해당 법인의 분할등기일

제14조(재산가액의 평가 등) ①법 제16조제1항 각 호에 따라 취득한 재산 중 금전 외의 재산의 가액은 다음 각 호에 따른다. 〈개정 2000. 12. 29., 2001. 12. 31., 2003. 12. 30., 2005. 2. 19., 2009. 2. 4., 2010. 6. 8., 2012. 2. 2., 2016. 2. 12., 2017. 2. 3., 2018. 2. 13., 2019. 2. 12., 2022. 2. 15.〉

1. 취득한 재산이 주식 또는 출자지분(이하 "주식등"이라 한다)인 경우에는 다음 각 목의 금액

가. 법 제16조제1항제2호 및 제3호에 따른 주식등의 경우: 액면가액 또는 출자금액. 다만, 법 제51조의2제1항제2호의 법인(이하 이 조, 제70조, 제75조 및 제86조의3에서 "투자회사등"이라 한다)이 취득하는 주식등의 경우에는 영으로 한다.

나. 법 제16조제2항제1호 및 제2호에 따른 주식등의 경우: 법 제44조제2항제1호 및 제2호(주식등의 보유와 관련된 부분은 제외한다) 또는 법 제46조제2항제1호 및 제2호(주식등의 보유와 관련된 부분은 제외한다)의 요건을 모두 갖추거나 법 제44조제3항에 해당하는 경우에는 종전의 장부가액(법 제16조제2항제1호에 따른 합병대가 또는 같은 항 제2호에 따른 분할대가 중 일부를 금전이나 그 밖의 재산으로 받은 경우로서 합병 또는 분할로 취득한 주식등을 시가로 평가한 가액이 종전의 장부가액보다 작은 경우에는 시가를 말한다). 다만, 투자회사등이 취득하는 주식등의 경우에는 영으로 한다.

다. 「상법」 제462조의2에 따른 주식배당의 경우: 발행금액(투자

회사등이 받는 주식배당의 경우에는 영으로 한다)

라. 그 밖의 경우: 취득 당시 법 제52조에 따른 시가(이하 "시가"라 한다). 다만, 제88조제1항제8호에 따른 특수관계인으로부터 분여받은 이익이 있는 경우에는 그 금액을 차감한 금액으로 한다.

1의2. 취득한 재산이 다음 각 목의 요건을 모두 갖추어 취득한 주식등인 경우에는 종전의 장부가액(법 제16조제2항제1호에 따른 합병대가 중 일부를 금전이나 그 밖의 재산으로 받는 경우로서 합병으로 취득한 주식등을 시가로 평가한 가액이 종전의 장부가액보다 작은 경우에는 시가를 말한다)

가. 외국법인이 다른 외국법인의 발행주식총수 또는 출자총액을 소유하고 있는 경우로서 그 다른 외국법인에 합병되거나 내국법인이 서로 다른 외국법인의 발행주식총수 또는 출자총액을 소유하고 있는 경우로서 그 서로 다른 외국법인 간 합병될 것(내국법인과 그 내국법인이 발행주식총수 또는 출자총액을 소유한 외국법인이 각각 보유하고 있는 다른 외국법인의 주식등의 합계가 그 다른 외국법인의 발행주식총수 또는 출자총액인 경우로서 그 서로 다른 외국법인 간 합병하는 것을 포함한다)

나. 합병법인과 피합병법인이 우리나라와 조세조약이 체결된 동일 국가의 법인일 것

다. 나목에 따른 해당 국가에서 피합병법인의 주주인 내국법인에 합병에 따른 법인세를 과세하지 아니하거나 과세이연할 것

라. 가목부터 다목까지의 사항을 확인할 수 있는 서류를 납세지 관할 세무서장에게 제출할 것

2. 취득한 재산이 주식등 외의 것인 경우에는 그 재산의 취득 당시의 시가

②법 제16조제1항제2호 단서의 규정에 의하여 주식등을 취득하는 경우 신·구주식등의 1주 또는 1좌당 장부가액은 다음에 의한다.

$$1주\ 또는\ 1좌당\ 장부가액 = \frac{구주식등\ 1주\ 또는\ 1좌당\ 장부가액}{1+구주식등\ 1주\ 또는\ 1좌당\ 신주식등\ 배정수}$$

③법 제16조제1항제1호를 적용할 때 주식등의 소각(자본 또는 출자의 감소를 포함한다. 이하 이 항에서 같다)전 2년 이내에 같은 항 제2호 각 목 외의 부분 단서에 따른 주식등의 취득이 있는 경우에

는 그 주식등을 먼저 소각한 것으로 보며, 그 주식등의 당초 취득가액은 제2항에도 불구하고 이를 "0"으로 한다. 이 경우 그 기간 중에 주식등의 일부를 처분한 경우에는 해당 주식등과 다른 주식등을 그 주식등의 수에 비례하여 처분한 것으로 보며, 그 주식등의 소각 후 1주 또는 1좌당 장부가액은 제2항에도 불구하고 소각 후 장부가액의 합계액을 소각 후 주식등의 총수로 나누어 계산한 금액으로 한다. 〈개정 2019. 2. 12.〉

④제1항제1호가목의 경우 무액면주식의 가액은 제13조 각 호의 어느 하나에 해당하는 날에 자본금에 전입한 금액을 자본금 전입에 따라 신규로 발행한 주식 수로 나누어 계산한 금액에 의한다. 〈개정 2014. 2. 21.〉

제15조(주식발행액면초과액 등) ①법 제17조제2항에서 "대통령령으로 정하는 금액"이란 다음 각 호의 금액을 말한다. 〈신설 2006. 2. 9., 2011. 6. 3., 2016. 4. 29., 2017. 2. 3., 2019. 2. 12.〉

1. 「채무자 회생 및 파산에 관한 법률」에 따라 채무를 출자로 전환하는 내용이 포함된 회생계획인가의 결정을 받은 법인이 채무를 출자전환하는 경우로서 해당 주식등의 시가(시가가 액면가액에 미달하는 경우에는 액면가액)를 초과하여 발행된 금액

2. 「기업구조조정 촉진법」에 따라 채무를 출자로 전환하는 내용이 포함된 기업개선계획의 이행을 위한 약정을 체결한 부실징후기업이 채무를 출자전환하는 경우로서 해당 주식등의 시가(시가가 액면가액에 미달하는 경우에는 액면가액)를 초과하는 금액

3. 해당 법인에 대하여 채권을 보유하고 있는 「금융실명거래 및 비밀보장에 관한 법률」 제2조제1호에 따른 금융회사등과 채무를 출자로 전환하는 내용이 포함된 경영정상화계획의 이행을 위한 협약을 체결한 법인이 채무를 출자로 전환하는 경우로서 해당 주식등의 시가(시가가 액면가액에 미달하는 경우에는 액면가액)를 초과하는 금액

4. 「기업 활력 제고를 위한 특별법」 제10조에 따른 사업재편계획 승인을 받은 법인이 채무를 출자전환하는 경우로서 해당 주식등의 시가(시가가 액면가액에 미달하는 경우에는 액면가액을 말한다)를 초과하는 금액

②법 제17조제2항의 규정에 따라 내국법인이 익금에 산입하지 아니한 금액 전액을 결손금의 보전에 충당하기 전에 사업을 폐지하거

나 해산하는 경우에는 그 사유가 발생한 날이 속하는 사업연도의 소득금액계산에 있어서 결손금의 보전에 충당하지 아니한 금액 전액을 익금에 산입한다. 〈신설 2006. 2. 9., 2019. 2. 12.〉

제16조(이월결손금) ①법 제18조제6호에서 "대통령령으로 정하는 이월결손금"이란 다음 각 호의 어느 하나에 해당하는 것을 말한다. 〈개정 2000. 12. 29., 2003. 12. 30., 2005. 2. 19., 2006. 2. 9., 2006. 3. 29., 2010. 6. 8., 2011. 3. 31., 2016. 4. 29., 2019. 2. 12.〉

1. 법 제14조제2항에 따른 결손금(법 제44조의3제2항 및 제46조의3제2항에 따라 승계받은 결손금은 제외한다)으로서 법 제13조제1항제1호에 따라 그 후의 각 사업연도의 과세표준을 계산할 때 공제되지 아니한 금액

2. 법 제60조에 따라 신고된 각 사업연도의 과세표준에 포함되지 아니하였으나 다음 각 목의 어느 하나에 해당하는 결손금중 법 제14조제2항에 따른 결손금에 해당하는 것

가. 「채무자 회생 및 파산에 관한 법률」에 따른 회생계획인가의 결정을 받은 법인의 결손금으로서 법원이 확인한 것

나. 「기업구조조정 촉진법」에 의한 기업개선계획의 이행을 위한 약정이 체결된 법인으로서 금융채권자협의회가 의결한 결손금

② 제1항에 따른 이월결손금의 계산에 관해서는 제10조제2항 및 제3항을 준용한다. 〈개정 2019. 2. 12.〉

[제18조에서 이동, 종전 제16조는 삭제

제17조(합병차익 중 재평가적립금 상당액의 감액배당 한도 등) ① 법 제18조제8호나목에서 "대통령령으로 정하는 금액"이란 다음 계산식에 따라 계산한 금액을 말한다.

A - (B - C)
A: 합병차익
B: 피합병법인의 자본금과 의제배당대상 자본잉여금 외의 자본잉여금(법 제16조제1항제2호 나목에 따른 재평가적립금은 제외한다)을 합산한 금액
C: 합병법인의 자본금 증가액

② 법 제18조제8호다목에서 "대통령령으로 정하는 금액"이란 다음 계산식에 따라 계산한 금액을 말한다.

A - (B - C)

A: 분할차익

B: 분할법인의 자본금 감소액과 의제배당대상 자본잉여금 외의 자본잉여금(법 제16조제1항제2호나목에 따른 재평가적립금은 제외한다) 감소액을 합산한 금액

C: 분할신설법인의 자본금

③ 제1항 및 제2항을 적용할 때 합병법인 또는 분할신설법인이 다음 각 호에 해당하는 경우에는 해당 호에서 정하는 바에 따라 계산한다.

1. 「상법」 제459조제2항에 따라 승계한 준비금이 있는 경우: 그 승계가 없는 것으로 보아 계산

2. 합병차익 또는 분할차익의 일부를 자본 또는 출자에 전입하는 경우: 피합병법인 또는 분할법인의 법 제16조제1항제2호나목에 따른 재평가적립금에 상당하는 금액이 먼저 자본 또는 출자에 전입된 것으로 보아 그 전입 후 남은 금액만 합병차익 또는 분할차익에 포함하여 계산

④ 합병법인 또는 분할신설법인이 합병차익 또는 분할차익의 일부를 감액배당하는 경우에는 다음 각 호의 순서에 따라 해당 금액을 배당한 것으로 본다.

1. 법 제18조제8호나목 또는 다목의 금액

2. 피합병법인 또는 분할법인의 이익잉여금 및 의제배당대상 자본잉여금에 상당하는 금액

3. 피합병법인 또는 분할법인의 의제배당대상 자본잉여금 외의 자본잉여금에 상당하는 금액

[본조신설 2024. 2. 29.]

제17조의2(내국법인 수입배당금액의 익금불산입) ① 법 제18조의2제1항제1호를 적용할 때 내국법인이 출자한 다른 내국법인(이하 이 조에서 "피출자법인"이라 한다)에 대한 출자비율은 피출자법인의 배당기준일 현재 3개월 이상 계속해서 보유하고 있는 주식등을 기준으로 계산한다. 이 경우 보유 주식등의 수를 계산할 때 같은 종목의 주식등의 일부를 양도한 경우에는 먼저 취득한 주식등을 먼저 양도한 것으로 본다. 〈개정 2019. 2. 12.〉

② 법 제18조의2제1항제2호를 적용할 때 제55조에 따라 이미 손금불산입된 금액은 차입금 및 그 차입금의 이자에서 제외한다. 〈개정 2019. 2. 12.〉

③ 법 제18조의2제1항제2호에 따라 계산한 금액은 다음 계산식에 따라 계산한 차감금액의 합계액으로 한다. 〈개정 2019. 2. 12.〉

$$\text{차감금액} = A \times \frac{B}{C} \times D$$

A: 내국법인의 차입금 이자

B: 해당 피출자법인의 주식등(국가 및 지방자치단체로부터 현물출자받은 주식등은 제외한다)의 장부가액 적수(積數: 일별 잔액의 합계액을 말한다. 이하 같다)

C: 내국법인의 사업연도종료일 현재 재무상태표상 자산총액의 적수

D: 법 제18조의2제1항제1호의 구분에 따른 익금불산입률

④ 법 제18조의2제2항제4호에서 "대통령령으로 정하는 법인"이란 다음 각 호의 어느 하나에 해당하는 법인을 말한다. 〈개정 2019. 2. 12., 2024. 2. 29.〉

1. 「조세특례제한법」 제63조의2, 제121조의8 및 제121조의9를 적용받는 법인(감면율이 100분의 100인 사업연도에 한정한다)

2. 「조세특례제한법」 제100조의15에 따라 동업기업과세특례를 적용받는 법인

⑤ 법 제18조의2제2항제8호에서 "대통령령으로 정하는 수입배당금액"이란 다음 각 호의 금액을 말한다. 〈신설 2024. 2. 29.〉

1. 법 제16조제1항제1호(자본의 감소로 인한 경우로 한정한다)의 금액

2. 법 제16조제1항제3호의 금액

⑥법 제18조의2제1항을 적용하려는 법인은 법 제60조에 따른 신고와 함께 기획재정부령으로 정하는 수입배당금액명세서를 첨부하여 납세지 관할 세무서장에게 제출하여야 한다. 〈개정 2008. 2. 29., 2019. 2. 12., 2024. 2. 29.〉

[본조신설 2000. 12. 29.]

[제목개정 2019. 2. 12.]

[제17조의3에서 이동, 종전 제17조의2는 제17조의3으로 이동 〈2019. 2. 12.〉]

제17조의3 삭제 〈2023. 2. 28.〉

제18조(외국자회사 수입배당금액의 익금불산입) ① 법 제18조의4제1항에서 "대통령령으로 정하는 요건을 갖춘 법인"이란 내국법인이 직접 외국법인의 의결권 있는 발행주식총수 또는 출자총액의 100분의 10(「조세특례제한법」 제22조에 따른 해외자원개발사업을 하는 외국법인의 경우에는 100분의 5) 이상을 그 외국법인의 배당기준일 현재 6개월 이상 계속하여 보유(내국법인이 적격합병, 적격분할, 적격물적분할, 적격현물출자에 따라 다른 내국법인이 보유하고 있던 외국자회사의 주식등을 승계받은 때에는 그 승계 전 다른 내국법인이 외국자회사의 주식등을 취득한 때부터 해당 주식등을 보유한 것으로 본다)하고 있는 법인을 말한다.

② 법 제18조의4제4항제1호에서 "대통령령으로 정하는 수입배당금액"이란 「국제조세조정에 관한 법률」 제27조제1항이 적용되는 특정외국법인 중 같은 항 제1호에 따른 실제부담세액이 실제발생소득의 15퍼센트 이하인 특정외국법인의 해당 사업연도에 대한 다음 각 호의 금액을 말한다. 다만, 「해외자원개발 사업법」에 따른 해외자원개발사업자(이하 제19조의2에서 "해외자원개발사업자"라 한다)가 같은 법에 따른 해외자원개발(이하 제19조의2에서 "해외자원개발"이라 한다)을 위해 「조세특례제한법」 제104조의15제1항제2호에 따라 외국법인에 출자하거나 같은 항 제3호에 따라 외국자회사에 투자를 하는 경우에는 그 외국법인 또는 외국자회사의 해당 사업연도에 대한 다음 각 호의 금액은 제외한다. 〈개정 2025. 2. 28.〉

1. 이익잉여금 처분액 중 이익의 배당금(해당 사업연도 중에 있었던 이익잉여금 처분에 의한 중간배당을 포함한다) 또는 잉여금의 분배금

2. 법 제16조에 따라 배당금 또는 분배금으로 보는 금액

③ 법 제18조의4제4항제2호에서 "대통령령으로 정하는 금융상품"이란 다음 각 호의 구분에 따른 요건을 모두 갖춘 금융상품을 말한다.

1. 우리나라의 경우: 우리나라의 세법에 따라 해당 금융상품을 자본으로 보아 내국법인이 해당 금융상품의 거래에 따라 거래상대방인 외국자회사로부터 지급받는 이자 및 할인료를 배당소득으로 취급할 것

2. 외국자회사가 소재한 국가의 경우: 그 국가의 세법에 따라 해당 금융상품을 부채로 보아 외국자회사가 해당 금융상품의 거래에 따라 거래상대방인 내국법인에 지급하는 이자 및 할인료를 이자비용으로 취급할 것

④ 법 제18조의4제1항을 적용받으려는 내국법인은 법 제60조에 따른 과세표준 신고를 할 때 기획재정부령으로 정하는 외국자회사 수입배당금액 명세서를 첨부하여 납세지 관할 세무서장에게 제출해야 한다.

[본조신설 2023. 2. 28.]

제3관 손금의 계산

제19조(손비의 범위) 법 제19조제1항에 따른 손실 또는 비용[이하 "손비"(損費)라 한다]은 법 및 이 영에서 달리 정하는 것을 제외하고는 다음 각 호의 것을 포함한다. 〈개정 2000. 12. 29., 2001. 12. 31., 2002. 12. 30., 2005. 2. 19., 2006. 2. 9., 2007. 2. 28., 2008. 2. 22., 2008. 2. 29., 2009. 2. 4., 2010. 2. 18., 2010. 3. 15., 2010. 12. 7., 2012. 1. 25., 2012. 2. 2., 2013. 6. 11., 2013. 6. 28., 2014. 2. 21., 2015. 2. 3., 2017. 2. 3., 2018. 2. 13., 2019. 2. 12., 2020. 2. 11., 2020. 3. 31., 2021. 2. 17., 2022. 2. 15., 2023. 2. 28., 2023. 12. 5., 2024. 2. 29., 2024. 7. 2., 2025. 2. 28.〉

1. 판매한 상품 또는 제품에 대한 원료의 매입가액(기업회계기준에 따른 매입에누리금액 및 매입할인금액을 제외한다)과 그 부대비용

1의2. 판매한 상품 또는 제품의 보관료, 포장비, 운반비, 판매장려금 및 판매수당 등 판매와 관련된 부대비용(판매장려금 및 판매수당의 경우 사전약정 없이 지급하는 경우를 포함한다)

2. 양도한 자산의 양도당시의 장부가액

3. 인건비[내국법인이 발행주식총수 또는 출자지분의 100분의 100을 직접 또는 간접 출자한 해외현지법인에 파견된 임원 또는 직원의 인건비로서 「소득세법」 제127조제1항에 따라 근로소득세가 원천징수된 인건비(해당 내국법인이 지급한 인건비가 해당 내국법인 및 해외출자법인이 지급한 인건비 합계의 100분의 50 미만인 경우로 한정한다)를 포함한다]

3의2. 임원 또는 직원의 출산 또는 양육 지원을 위해 해당 임원 또는 직원에게 공통적으로 적용되는 지급기준에 따라 지급하는 금액

3의3. 「소득세법」 제20조제1항제6호 및 같은 법 시행령 제38조제3항 각 호에 따른 지원을 함으로써 해당 임원 또는 직원이 얻는 이익에 상당하는 금액

4. 유형자산의 수선비

5. 유형자산 및 무형자산에 대한 감가상각비

5의2. 특수관계인으로부터 자산 양수를 하면서 기업회계기준에 따라 장부에 계상한 자산의 가액이 시가에 미달하는 경우 다음 각 목의 금액에 대하여 제24조부터 제26조까지, 제26조의2, 제26조의3, 제27조부터 제29조까지, 제29조의2 및 제30조부터 제34조까지의 규정을 준용하여 계산한 감가상각비 상당액

가. 실제 취득가액이 시가를 초과하는 경우에는 시가와 장부에 계상한 가액과의 차이

나. 실제 취득가액이 시가에 미달하는 경우에는 실제 취득가액과 장부에 계상한 가액과의 차이

6. 자산의 임차료

7. 차입금이자

8. 회수할 수 없는 부가가치세 매출세액미수금(「부가가치세법」 제45조에 따라 대손세액공제를 받지 아니한 것에 한정한다)

9. 자산의 평가차손

10. 제세공과금(법 제18조의4에 따른 익금불산입과 법 제57조제1항에 따른 세액공제를 모두 적용하지 않는 경우의 외국법인세액을 포함한다)

11. 영업자가 조직한 단체로서 법인이거나 주무관청에 등록된 조합 또는 협회에 지급한 회비

12. 광업의 탐광비(탐광을 위한 개발비를 포함한다)

13. 보건복지부장관이 정하는 무료진료권 또는 새마을진료권에 의하여 행한 무료진료의 가액

13의2. 「식품등 기부 활성화에 관한 법률」 제2조제1호 및 제1호의2에 따른 식품 및 생활용품(이하 이 호에서 "식품등"이라 한다)의 제조업·도매업 또는 소매업을 영위하는 내국법인이 해당 사업에서 발생한 잉여 식품등을 같은 법 제2조제4호에 따른 제공자 또는 제공자가 지정하는 자에게 무상으로 기증하는 경우 기증한 잉여 식품등의 장부가액(이 경우 그 금액은 법 제24조제1항에 따른 기부금에 포함하지 아니한다)

14. 업무와 관련있는 해외시찰·훈련비

15. 다음 각 목의 어느 하나에 해당하는 운영비 또는 수당

가. 「초·중등교육법」에 설치된 근로청소년을 위한 특별학급 또는 산업체부설중·고등학교의 운영비

나. 「산업교육진흥 및 산학연협력촉진에 관한 법률」 제8조의 규정에 따라 교육기관이 당해 법인과의 계약에 의하여 채용을 조건으로 설치·운영하는 직업교육훈련과정·학과 등의 운영비

다. 「직업교육훈련 촉진법」 제7조의 규정에 따른 현장실습에 참여하는 학생들에게 지급하는 수당

라. 「고등교육법」 제22조의 규정에 따른 현장실습수업에 참여하는 학생들에게 지급하는 수당

16. 우리사주조합에 출연하는 자사주의 장부가액 또는 금품

17. 장식·환경미화 등의 목적으로 사무실·복도 등 여러 사람이 볼 수 있는 공간에 항상 전시하는 미술품의 취득가액을 그 취득한 날이 속하는 사업연도의 손비로 계상한 경우에는 그 취득가액(취득가액이 거래단위별로 1천만원 이하인 것으로 한정한다)

18. 광고선전 목적으로 기증한 물품의 구입비용[특정인에게 기증한 물품(개당 3만원 이하의 물품은 제외한다)의 경우에는 연간 5만원 이내의 금액으로 한정한다]

19. 임직원이 다음 각 목의 어느 하나에 해당하는 주식매수선택권 또는 주식이나 주식가치에 상당하는 금전으로 지급받는 상여금으로서 기획재정부령으로 정하는 것(이하 "주식기준보상"이라 한다)을 행사하거나 지급받는 경우 해당 주식매수선택권 또는 주식기준보상(이하 "주식매수선택권등"이라 한다)을 부여하거나 지급한 법인에 그 행사 또는 지급비용으로서 보전하는 금액

가. 「금융지주회사법」에 따른 금융지주회사로부터 부여받거나 지급받은 주식매수선택권등(주식매수선택권은 「상법」 제542조의3에 따라 부여받은 경우만 해당한다)

나. 기획재정부령으로 정하는 해외모법인으로부터 부여받거나 지급받은 주식매수선택권등으로서 기획재정부령으로 정하는 것

19의2. 「상법」 제340조의2·제542조의3, 「벤처기업육성에 관한 특별법」 제16조의3 또는 「소재·부품·장비산업 경쟁력 강화 및 공급망 안정화를 위한 특별조치법」 제56조에 따른 주식매수선택권(「상법」 제542조의3에 따른 주식매수선택권은 해당 법인의 임직원에게 부여하는 것으로 한정하며, 이하 이 호에서 "주식매수선택권"이라 한

다), 「근로복지기본법」 제39조에 따른 우리사주매수선택권(이하 이 호에서 "우리사주매수선택권"이라 한다)이나 금전을 부여받거나 지급받은 자에 대한 다음 각 목의 금액. 다만, 해당 법인의 발행주식총수의 100분의 10 범위에서 부여하거나 지급한 경우로 한정한다.

가. 주식매수선택권 또는 우리사주매수선택권을 부여받은 경우로서 다음의 어느 하나에 해당하는 경우 해당 금액

1) 약정된 주식매수시기에 약정된 주식의 매수가액과 시가의 차액을 금전 또는 해당 법인의 주식으로 지급하는 경우의 해당 금액

2) 약정된 주식매수시기에 주식매수선택권 또는 우리사주매수선택권 행사에 따라 주식을 시가보다 낮게 발행하는 경우 그 주식의 실제 매수가액과 시가의 차액

나. 주식기준보상으로 금전을 지급하는 경우 해당 금액

20. 「중소기업기본법」 제2조제1항에 따른 중소기업 및 「조세특례제한법 시행령」 제6조의4제1항에 따른 중견기업이 「중소기업 인력지원 특별법」 제35조의3제1항제1호에 따라 부담하는 기여금

21. 임원 또는 직원(제43조제7항에 따른 지배주주등인 자는 제외한다)의 사망 이후 유족에게 학자금 등으로 일시적으로 지급하는 금액으로서 기획재정부령으로 정하는 요건을 충족하는 것

22. 다음 각 목의 기금에 출연하는 금품

가. 해당 내국법인이 설립한 「근로복지기본법」 제50조에 따른 사내근로복지기금

나. 해당 내국법인과 다른 내국법인 간에 공동으로 설립한 「근로복지기본법」 제86조의2에 따른 공동근로복지기금

다. 해당 내국법인의 「조세특례제한법」 제8조의3제1항제1호에 따른 협력중소기업이 설립한 「근로복지기본법」 제50조에 따른 사내근로복지기금

라. 해당 내국법인의 「조세특례제한법」 제8조의3제1항제1호에 따른 협력중소기업 간에 공동으로 설립한 「근로복지기본법」 제86조의2에 따른 공동근로복지기금

23. 보험회사가 「보험업법」 제120조에 따라 적립한 책임준비금의 증가액(할인율의 변동에 따른 책임준비금 평가액의 증가분은 제외한다)으로서 보험감독회계기준에 따라 비용으로 계상된 금액

23의2. 「주택도시기금법」에 따른 주택도시보증공사가 같은 법 시

행령 제24조에 따라 적립한 책임준비금의 증가액(할인율의 변동에 따른 책임준비금 평가액의 증가분은 제외한다)으로서 보험감독회계기준에 따라 비용으로 계상된 금액

24. 그 밖의 손비로서 그 법인에 귀속되었거나 귀속될 금액

제19조의2(대손금의 손금불산입) ① 법 제19조의2제1항에서 "채무자의 파산 등 대통령령으로 정하는 사유로 회수할 수 없는 채권"이란 다음 각 호의 어느 하나에 해당하는 것을 말한다. 〈개정 2010. 2. 18., 2010. 12. 30., 2013. 2. 15., 2017. 7. 26., 2019. 2. 12., 2019. 7. 1., 2020. 2. 11., 2020. 8. 11., 2021. 2. 17., 2023. 12. 19.〉

1. 「상법」에 따른 소멸시효가 완성된 외상매출금 및 미수금

2. 「어음법」에 따른 소멸시효가 완성된 어음

3. 「수표법」에 따른 소멸시효가 완성된 수표

4. 「민법」에 따른 소멸시효가 완성된 대여금 및 선급금

5. 「채무자 회생 및 파산에 관한 법률」에 따른 회생계획인가의 결정 또는 법원의 면책결정에 따라 회수불능으로 확정된 채권

5의2. 「서민의 금융생활 지원에 관한 법률」에 따른 채무조정을 받아 같은 법 제75조의 신용회복지원협약에 따라 면책으로 확정된 채권

6. 「민사집행법」 제102조에 따라 채무자의 재산에 대한 경매가 취소된 압류채권

7. 물품의 수출 또는 외국에서의 용역제공으로 발생한 채권으로서 기획재정부령으로 정하는 사유에 해당하여 무역에 관한 법령에 따라 「무역보험법」 제37조에 따른 한국무역보험공사로부터 회수불능으로 확인된 채권

8. 채무자의 파산, 강제집행, 형의 집행, 사업의 폐지, 사망, 실종 또는 행방불명으로 회수할 수 없는 채권

9. 부도발생일부터 6개월 이상 지난 수표 또는 어음상의 채권 및 외상매출금[중소기업의 외상매출금으로서 부도발생일 이전의 것에 한정한다]. 다만, 해당 법인이 채무자의 재산에 대하여 저당권을 설정하고 있는 경우는 제외한다.

9의2. 중소기업의 외상매출금 및 미수금(이하 이 호에서 "외상매출금등"이라 한다)으로서 회수기일이 2년 이상 지난 외상매출금등. 다

만, 특수관계인과의 거래로 인하여 발생한 외상매출금등은 제외한다.

10. 재판상 화해 등 확정판결과 같은 효력을 가지는 것으로서 기획재정부령으로 정하는 것에 따라 회수불능으로 확정된 채권

11. 회수기일이 6개월 이상 지난 채권 중 채권가액이 30만원 이하(채무자별 채권가액의 합계액을 기준으로 한다)인 채권

12. 제61조제2항 각 호 외의 부분 단서에 따른 금융회사 등의 채권(같은 항 제13호에 따른 여신전문금융회사인 신기술사업금융업자의 경우에는 신기술사업자에 대한 것에 한정한다) 중 다음 각 목의 채권

가. 금융감독원장이 기획재정부장관과 협의하여 정한 대손처리기준에 따라 금융회사 등이 금융감독원장으로부터 대손금으로 승인받은 것

나. 금융감독원장이 가목의 기준에 해당한다고 인정하여 대손처리를 요구한 채권으로 금융회사 등이 대손금으로 계상한 것

13. 「벤처투자 촉진에 관한 법률」 제2조제10호에 따른 벤처투자회사의 창업자에 대한 채권으로서 중소벤처기업부장관이 기획재정부장관과 협의하여 정한 기준에 해당한다고 인정한 것

② 제1항제9호에 따른 부도발생일은 소지하고 있는 부도수표나 부도어음의 지급기일(지급기일 전에 해당 수표나 어음을 제시하여 금융회사 등으로부터 부도확인을 받은 경우에는 그 부도확인일을 말한다)로 한다. 이 경우 대손금으로 손비에 계상할 수 있는 금액은 사업연도 종료일 현재 회수되지 아니한 해당 채권의 금액에서 1천원을 뺀 금액으로 한다. 〈개정 2010. 2. 18., 2019. 2. 12.〉

③ 법 제19조의2제1항에서 "대통령령으로 정하는 사업연도"란 다음 각 호의 어느 하나의 날이 속하는 사업연도를 말한다. 〈개정 2019. 2. 12., 2019. 7. 1.〉

1. 제1항제1호부터 제5호까지, 제5호의2 및 제6호에 해당하는 경우에는 해당 사유가 발생한 날

2. 제1호 외의 경우에는 해당 사유가 발생하여 손비로 계상한 날

④ 제3항제2호에도 불구하고 법인이 다른 법인과 합병하거나 분할하는 경우로서 제1항제8호부터 제13호까지의 규정에 해당하는 대손금을 합병등기일 또는 분할등기일이 속하는 사업연도까지 손비로 계상하지 아니한 경우 그 대손금은 해당 법인의 합병등기일 또는 분할등기일이 속하는 사업연도의 손비로 한다. 〈개정 2019. 2. 12.〉

⑤ 내국법인이 기업회계기준에 따른 채권의 재조정에 따라 채권의 장부가액과 현재가치의 차액을 대손금으로 계상한 경우에는 이를 손금에 산입하며, 손금에 산입한 금액은 기업회계기준의 환입방법에 따라 익금에 산입한다.

⑥ 법 제19조의2제2항제1호에서 "「독점규제 및 공정거래에 관한 법률」 제24조 각 호의 어느 하나에 해당하는 채무보증 등 대통령령으로 정하는 채무보증"이란 다음 각 호의 어느 하나에 해당하는 채무보증을 말한다. 〈개정 2010. 2. 18., 2010. 7. 21., 2017. 2. 3., 2018. 2. 13., 2019. 2. 12., 2021. 12. 28., 2023. 2. 28., 2025. 2. 28.〉

1. 「독점규제 및 공정거래에 관한 법률」 제24조 각 호의 어느 하나에 해당하는 채무보증

2. 제61조제2항 각 호의 어느 하나에 해당하는 금융회사 등이 행한 채무보증

3. 법률에 따라 신용보증사업을 영위하는 법인이 행한 채무보증

4. 「대ㆍ중소기업 상생협력 촉진에 관한 법률」에 따른 위탁기업이 수탁기업협의회의 구성원인 수탁기업에 대하여 행한 채무보증

5. 건설업 및 전기 통신업을 영위하는 내국법인이 건설사업(미분양주택을 기초로 하는 제10조제1항제4호 각 목 외의 부분에 따른 유동화거래를 포함한다)과 직접 관련하여 특수관계인에 해당하지 아니하는 자에 대한 채무보증. 다만, 「사회기반시설에 대한 민간투자법」 제2조제7호의 사업시행자 등 기획재정부령으로 정하는 자에 대한 채무보증은 특수관계인에 대한 채무보증을 포함한다.

6. 해외자원개발사업자가 해외자원개발사업과 직접 관련하여 해외에서 설립된 법인에 대하여 행한 채무보증

7. 「해외건설 촉진법」에 따른 해외건설사업자가 해외자원개발을 위한 해외건설업과 직접 관련하여 해외에서 설립된 법인에 대해 행한 채무보증

⑦ 삭제 〈2024. 2. 29.〉

⑧ 법 제19조의2제1항을 적용받으려는 내국법인은 법 제60조에 따른 신고와 함께 기획재정부령으로 정하는 대손충당금및대손금조정명세서를 납세지 관할세무서장에게 제출하여야 한다. 〈개정 2010. 12. 30., 2019. 2. 12.〉

[본조신설 2009. 2. 4.]
제20조 삭제 〈2019. 2. 12.〉
제21조(의무불이행의 범위) 법 제21조제1호의 규정에 의한 의무불이행에는 간접국세의 징수불이행·납부불이행과 기타의 의무불이행의 경우를 포함한다.
제22조(부가가치세 매입세액의 손금산입 등) ①법 제21조제1호에서 "대통령령으로 정하는 경우의 세액"이란 다음 각 호의 어느 하나에 해당하는 것을 말한다. 〈개정 2005. 2. 19., 2008. 2. 29., 2010. 6. 8., 2011. 6. 3., 2013. 2. 15., 2013. 6. 28., 2019. 2. 12.〉
1. 「부가가치세법」 제39조제1항제5호에 따른 매입세액
2. 「부가가치세법」 제39조제1항제6호에 따른 매입세액
3. 그 밖에 해당 법인이 부담한 사실이 확인되는 매입세액으로서 기획재정부령으로 정하는 것
②「부가가치세법」 제42조에 따라 공제받는 의제매입세액과 「조세특례제한법」 제108조에 따라 공제받는 매입세액은 해당 법인의 각 사업연도의 소득금액계산을 할 때 해당 원재료의 매입가액에서 이를 공제한다. 〈개정 2005. 2. 19., 2013. 6. 28., 2019. 2. 12.〉
제23조(징벌적 목적의 손해배상금 등의 범위) ① 법 제21조의2에서 "대통령령으로 정하는 금액"이란 다음 각 호의 어느 하나에 해당하는 금액(이하 이 조에서 "손금불산입 대상 손해배상금"이라 한다)을 말한다. 〈개정 2024. 2. 29.〉
1. 별표 1 각 호의 어느 하나에 해당하는 법률의 규정에 따라 지급한 손해배상액 중 실제 발생한 손해액을 초과하는 금액
2. 외국의 법령에 따라 지급한 손해배상액 중 실제 발생한 손해액을 초과하여 손해배상금을 지급하는 경우 실제 발생한 손해액을 초과하는 금액
② 제1항을 적용할 때 실제 발생한 손해액이 분명하지 않은 경우에는 다음 계산식에 따라 계산한 금액을 손금불산입 대상 손해배상금으로 한다. 〈개정 2024. 2. 29.〉

손금불산입 대상 손해배상금 = A × $\frac{B-1}{B}$
A: 제1항제1호의 법률 또는 같은 항 제2호의 외국 법령에 따라 지급한 손해배상액 B: 제1항제1호의 법률 또는 같은 항 제2호의 외국 법령에서 정한 손해배상액의 상한이 되는 배수

[본조신설 2018. 2. 13.]

제24조(감가상각자산의 범위) ①법 제23조제1항에서 "건물, 기계 및 장치, 특허권 등 대통령령으로 정하는 유형자산 및 무형자산"이란 다음 각 호의 유형자산 및 무형자산(제3항의 자산은 제외하며, 이하 "감가상각자산"이라 한다)을 말한다. 〈개정 2001. 12. 31., 2002. 12. 30., 2005. 2. 19., 2005. 6. 30., 2010. 6. 8., 2010. 12. 30., 2012. 2. 2., 2017. 3. 29., 2018. 2. 13., 2019. 2. 12., 2020. 7. 28., 2020. 8. 26., 2021. 2. 17., 2025. 2. 28.〉

1. 다음 각 목의 어느 하나에 해당하는 유형자산

가. 건물(부속설비를 포함한다) 및 구축물(이하 "건축물"이라 한다)

나. 차량 및 운반구, 공구, 기구 및 비품

다. 선박 및 항공기

라. 기계 및 장치

마. 동물 및 식물

바. 그 밖에 가목부터 마목까지의 자산과 유사한 유형자산

2. 다음 각 목의 어느 하나에 해당하는 무형자산

가. 영업권(합병 또는 분할로 인하여 합병법인등이 계상한 영업권은 제외한다), 디자인권, 실용신안권, 상표권

나. 특허권, 어업권, 양식업권, 「해저광물자원 개발법」에 의한 채취권, 유료도로관리권, 철도시설관리권, 수리권, 전기가스공급시설이용권, 공업용수도시설이용권, 수도시설이용권, 열공급시설이용권

다. 광업권, 전신전화전용시설이용권, 전용측선이용권, 하수종말처리장시설관리권, 수도시설관리권

라. 댐사용권

마. 삭제 〈2002. 12. 30.〉

바. 개발비: 상업적인 생산 또는 사용 전에 재료·장치·제품·공정·시스템 또는 용역을 창출하거나 현저히 개선하기 위한 계획

또는 설계를 위하여 연구결과 또는 관련지식을 적용하는데 발생하는 비용으로서 기업회계기준에 따른 개발비 요건을 갖춘 것(「산업기술연구조합 육성법」에 따른 산업기술연구조합의 조합원이 해당 조합에 연구개발 및 연구시설 취득 등을 위하여 지출하는 금액을 포함한다)

사. 사용수익기부자산가액: 금전 외의 자산을 국가 또는 지방자치단체, 법 제24조제2항제1호라목부터 바목까지의 규정에 따른 법인 또는 이 영 제39조제1항제1호에 따른 법인에게 기부한 후 그 자산을 사용하거나 그 자산으로부터 수익을 얻는 경우 해당 자산의 장부가액

아. 「전파법」 제14조의 규정에 의한 주파수이용권 및 「공항시설법」 제26조의 규정에 의한 공항시설관리권

자. 「항만법」 제24조에 따른 항만시설관리권

차. 그 밖에 가목부터 자목까지의 자산과 유사한 무형자산

② 법 제23조제2항 각 호 외의 부분에서 “대통령령으로 정하는 무형자산”이란 제1항제2호 각 목의 어느 하나에 해당하는 무형자산 중에서 다음 각 호의 어느 하나에 해당하는 것을 말한다. 〈신설 2010. 12. 30., 2012. 2. 2., 2019. 2. 12.〉

1. 감가상각비를 손비로 계상할 때 적용하는 내용연수(이하 “결산내용연수”라 한다)를 확정할 수 없는 것으로서 기획재정부령으로 정하는 요건을 모두 갖춘 무형자산

2. 「주식회사 등의 외부감사에 관한 법률」 제5조제1항제1호에 따른 회계처리기준(이하 “한국채택국제회계기준”이라 한다)을 최초로 적용하는 사업연도 전에 취득한 제24조제1항제2호가목에 따른 영업권

③감가상각자산은 다음 각호의 자산을 포함하지 아니하는 것으로 한다. 〈개정 2010. 12. 30.〉

1. 사업에 사용하지 아니하는 것(유휴설비를 제외한다)

2. 건설 중인 것

3. 시간의 경과에 따라 그 가치가 감소되지 아니하는 것

④제68조제4항에 따른 장기할부조건 등으로 매입한 감가상각자산의 경우 법인이 해당 자산의 가액 전액을 자산으로 계상하고 사업에 사용하는 경우에는 그 대금의 청산 또는 소유권의 이전여부에 관계없이 이를 감가상각자산에 포함한다. 〈개정 2010. 12. 30., 2019. 2. 12.〉

⑤제1항을 적용할 때 자산을 시설대여하는 자(이하 이 항에서 "리스회사"라 한다)가 대여하는 해당 자산(이하 이 항에서 "리스자산"이라 한다) 중 기업회계기준에 따른 금융리스(이하 이 항에서 "금융리스"라 한다)의 자산은 리스이용자의 감가상각자산으로, 금융리스외의 리스자산은 리스회사의 감가상각자산으로 한다. 〈개정 2005. 2. 19., 2007. 2. 28., 2008. 2. 29., 2010. 12. 30.〉

⑥제5항의 규정을 적용함에 있어서 「자산유동화에 관한 법률」에 의한 유동화전문회사가 동법에 의한 자산유동화계획에 따라 금융리스의 자산을 양수한 경우 당해 자산에 대하여는 리스이용자의 감가상각자산으로 한다. 〈신설 2000. 12. 29., 2005. 2. 19.〉

제25조(감가상각비의 손비계상방법) ①법인이 각 사업연도에 법 제23조제1항에 따라 감가상각자산의 감가상각비를 손비로 계상하거나 같은 조 제2항에 따라 손금에 산입하는 경우에는 해당 감가상각자산의 장부가액을 직접 감액하는 방법 또는 장부가액을 감액하지 아니하고 감가상각누계액으로 계상하는 방법 중 선택하여야 한다. 〈개정 2010. 12. 30., 2019. 2. 12.〉

②법인이 감가상각비를 감가상각누계액으로 계상하는 경우에는 개별 자산별로 계상하되, 제33조의 규정에 의하여 개별자산별로 구분하여 작성된 감가상각비조정명세서를 보관하고 있는 경우에는 감가상각비 총액을 일괄하여 감가상각누계액으로 계상할 수 있다.

[제목개정 2019. 2. 12.]

제26조(상각범위액의 계산) ①법 제23조제1항에서 "대통령령으로 정하는 바에 따라 계산한 금액"이란 개별 감가상각자산별로 다음 각 호의 구분에 따른 상각방법 중 법인이 납세지 관할세무서장에게 신고한 방법에 의하여 계산한 금액(이하 "상각범위액"이라 한다)을 말한다. 〈개정 2001. 12. 31., 2002. 12. 30., 2005. 2. 19., 2009. 2. 4., 2012. 2. 2., 2015. 2. 3., 2017. 3. 29., 2019. 2. 12., 2020. 7. 28., 2025. 2. 28.〉

1. 건축물과 무형자산(제3호 및 제6호부터 제9호까지의 자산은 제외한다): 정액법

2. 건축물 외의 유형자산(제4호의 광업용 유형자산은 제외한다): 정률법 또는 정액법

3. 광업권(「해저광물자원 개발법」에 의한 채취권을 포함한다) 또

는 폐기물매립시설(「폐기물관리법 시행령」 별표 3 제2호가목의 매립시설을 말한다): 생산량비례법 또는 정액법

4. 광업용 유형자산: 생산량비례법 · 정률법 또는 정액법

5. 삭제 〈2002. 12. 30.〉

6. 개발비: 관련 제품의 판매 또는 사용이 가능한 시점부터 20년의 범위에서 연단위로 신고한 내용연수에 따라 매 사업연도별 경과월수에 비례하여 상각하는 방법

7. 사용수익기부자산가액: 해당 자산의 사용수익기간(그 기간에 관한 특약이 없는 경우 신고내용연수를 말한다)에 따라 균등하게 안분한 금액(그 기간 중에 해당 기부자산이 멸실되거나 계약이 해지된 경우 그 잔액을 말한다)을 상각하는 방법

8. 「전파법」 제14조에 따른 주파수이용권, 「공항시설법」 제26조에 따른 공항시설관리권 및 「항만법」 제24조에 따른 항만시설관리권:주무관청에서 고시하거나 주무관청에 등록한 기간내에서 사용기간에 따라 균등액을 상각하는 방법

9. 제24조제1항제2호차목의 무형자산: 연 단위로 신고한 내용연수(기업회계기준에 따른 내용연수를 말한다)에 따라 매 사업연도별 경과월수에 비례하여 상각하는 방법

②제1항 각 호에 따른 상각방법은 다음과 같다. 〈개정 2010. 12. 30., 2015. 2. 3., 2016. 2. 12.〉

1. 정액법 : 당해 감가상각자산의 취득가액(제72조의 규정에 의한 취득가액을 말한다. 이하 이 조에서 같다)에 당해 자산의 내용연수에 따른 상각률을 곱하여 계산한 각 사업연도의 상각범위액이 매년 균등하게 되는 상각방법

2. 정률법: 해당 감가상각자산의 취득가액에서 이미 감가상각비로 손금에 산입한 금액[법 제27조의2제1항에 따른 업무용승용차(이하 "업무용승용차"라 한다)의 경우에는 같은 조 제2항 및 제3항에 따라 손금에 산입하지 아니한 금액을 포함한다]을 공제한 잔액(이하 "미상각잔액"이라 한다)에 해당 자산의 내용연수에 따른 상각률을 곱하여 계산한 각 사업연도의 상각범위액이 매년 체감되는 상각방법

3. 생산량비례법: 다음 각 목의 어느 하나에 해당하는 금액을 각 사업연도의 상각범위액으로 하는 상각방법

가. 해당 감가상각자산의 취득가액을 그 자산이 속하는 광구의

총채굴예정량으로 나누어 계산한 금액에 해당 사업연도의 기간 중 그 광구에서 채굴한 양을 곱하여 계산한 금액

나. 해당 감가상각자산의 취득가액을 그 자산인 폐기물매립시설의 매립예정량으로 나누어 계산한 금액에 해당 사업연도의 기간 중 그 폐기물매립시설에서 매립한 양을 곱하여 계산한 금액

③법인이 제1항에 따라 상각방법을 신고하려는 때에는 같은 항 각 호의 구분에 따른 자산별로 하나의 방법을 선택하여 기획재정부령으로 정하는 감가상각방법신고서를 다음 각 호에 따른 날이 속하는 사업연도의 법인세 과세표준의 신고기한까지 납세지 관할세무서장에게 제출(국세정보통신망에 의한 제출을 포함한다)하여야 한다. 〈개정 2004. 3. 17., 2008. 2. 29., 2019. 2. 12.〉

1. 신설법인과 새로 수익사업을 개시한 비영리법인은 그 영업을 개시한 날

2. 제1호 외의 법인이 제1항 각 호의 구분에 따른 감가상각자산을 새로 취득한 경우에는 그 취득한 날

④법인이 제3항에 따라 상각방법의 신고를 하지 아니한 경우 해당 감가상각자산에 대한 상각범위액은 다음 각 호의 구분에 따른 상각방법에 의하여 계산한다. 〈개정 2001. 12. 31., 2002. 12. 30., 2019. 2. 12., 2025. 2. 28.〉

1. 제1항제1호의 자산: 정액법

2. 제1항제2호의 자산: 정률법

3. 제1항제3호 및 제4호의 자산: 생산량비례법

4. 제1항제6호의 자산: 관련 제품의 판매 또는 사용이 가능한 시점부터 5년동안 매년 균등액을 상각하는 방법

5. 제1항제7호 및 제8호의 자산: 같은 호에 따른 방법

6. 제1항제9호의 자산: 5년 동안 매년 균등액을 상각하는 방법

⑤법인이 제3항에 따라 신고한 상각방법(상각방법을 신고하지 아니한 경우에는 제4항 각 호에 따른 상각방법)은 그 후의 사업연도에도 계속하여 그 상각방법을 적용하여야 한다. 〈개정 2019. 2. 12.〉

⑥상각범위액을 계산함에 있어서 감가상각자산의 잔존가액은 "0"으로 한다. 다만, 정률법에 의하여 상각범위액을 계산하는 경우에는 취득가액의 100분의 5에 상당하는 금액으로 하되, 그 금액은 당해 감가상각자산에 대한 미상각잔액이 최초로 취득가액의 100분의 5

이하가 되는 사업연도의 상각범위액에 가산한다.

⑦법인은 감가상각이 종료되는 감가상각자산에 대하여는 제6항의 규정에 불구하고 취득가액의 100분의 5와 1천원중 적은 금액을 당해 감가상각자산의 장부가액으로 하고, 동 금액에 대하여는 이를 손금에 산입하지 아니한다.

⑧제1항의 규정을 적용함에 있어서 법 제7조 및 법 제8조의 규정에 의한 사업연도가 1년 미만인 경우에는 상각범위액에 당해 사업연도의 월수를 곱한 금액을 12로 나누어 계산한 금액을 그 상각범위액으로 한다. 이 경우 월수는 역에 따라 계산하되 1월 미만의 일수는 1월로 한다.

⑨제1항의 규정을 적용함에 있어서 사업연도 중에 취득하여 사업에 사용한 감가상각자산에 대한 상각범위액은 사업에 사용한 날부터 당해 사업연도종료일까지의 월수에 따라 계산한다. 이 경우 월수는 역에 따라 계산하되 1월 미만의 일수는 1월로 한다. 〈개정 2001. 12. 31.〉

제26조의2(종전감가상각비의 계산 등) ① 법 제23조제2항제1호에 따른 자산은 법인이 2013년 12월 31일 이전에 취득한 감가상각자산으로서 한국채택국제회계기준을 최초로 적용한 사업연도의 직전 사업연도(이하 이 조와 제26조의3에서 "기준연도"라 한다) 이전에 취득한 감가상각자산(이하 이 조와 제26조의3에서 "기존보유자산"이라 한다) 및 기존보유자산과 동일한 종류(기획재정부령으로 정하는 감가상각자산 구분에 따른다. 이하 이 조와 제26조의3에서 같다)의 자산으로서 기존보유자산과 동일한 업종(기획재정부령으로 정하는 업종 구분에 따르며, 해당 법인이 해당 업종을 한국채택국제회계기준 도입 이후에도 계속하여 영위하는 경우로 한정한다. 이하 이 조와 제26조의3에서 같다)에 사용되는 것(이하 이 조와 제26조의3에서 "동종자산"이라 한다)을 말한다. 〈개정 2014. 2. 21., 2018. 10. 30., 2019. 2. 12.〉

② 법 제23조제2항제1호에 따른 감가상각자산에 대한 감가상각비는 제1호에 따른 금액의 범위에서 개별 자산에 대하여 법 제23조제2항에 따라 추가로 손금에 산입한 감가상각비를 동종자산별로 합한 금액이 제2호에 따른 금액을 초과하지 아니하는 범위(이하 이 조에서 "손금산입한도"라 한다)에서 손금에 산입한다. 〈개정 2014. 2.

21., 2019. 2. 12.〉

1. 개별 자산의 감가상각비 한도: 다음 각 목의 금액

가. 한국채택국제회계기준을 최초로 적용한 사업연도의 직전 사업연도에 해당 자산의 동종자산에 대하여 감가상각비를 손비로 계상할 때 적용한 상각방법(이하 "결산상각방법"이라 한다)이 정액법인 경우: 감가상각자산의 취득가액에 한국채택국제회계기준 도입 이전 상각률(이하 이 조와 제26조의3에서 "기준상각률"이라 한다)을 곱하여 계산한 금액

나. 기준연도의 해당 자산의 동종자산에 대한 결산상각방법이 정률법인 경우: 미상각잔액에 기준상각률을 곱하여 계산한 금액. 이 경우 상각범위액의 계산에 관하여는 제26조제6항 단서를 준용한다.

2. 동종자산의 감가상각비 한도: 다음 각 목의 금액(0보다 작은 경우에는 0으로 본다)

가. 제1호가목의 경우: 다음 계산식에 따라 계산한 금액

한도액 = (A × B) - C A: 해당 사업연도에 법 제23조제1항에 따라 감가상각비를 손금에 산입한 동종자산의 취득가액 합계액 B: 기준상각률 C: 해당 사업연도에 동종자산에 대하여 법 제23조제1항에 따라 손금에 산입한 감가상각비 합계액

나. 제1호나목의 경우: 다음 계산식에 따라 계산한 금액

한도액 = (A × B) - C A: 해당 사업연도에 제23조제1항에 따라 감가상각비를 손금에 산입한 동종자산의 미상각잔액 합계액 B: 기준상각률 C: 해당 사업연도에 동종자산에 대하여 제23조제1항에 따라 손금에 산입한 감가상각비 합계액

③ 제2항 각 호를 적용할 때 기준연도에 해당 자산의 동종자산에 대하여 감가상각비를 손비로 계상하지 아니한 경우에는 기준연도 이전 마지막으로 해당 자산의 동종자산에 대하여 감가상각비를 손비로

계상한 사업연도의 결산상각방법을 기준연도의 결산상각방법으로 한다. 〈개정 2019. 2. 12.〉

④ 제2항 각 호를 적용할 때 기준상각률은 기준연도 및 그 이전 2개 사업연도에 대하여 각 사업연도별로 다음 각 호에 따른 비율을 구하고 이를 평균하여 계산한다. 이 경우 기준연도 및 그 이전 2개 사업연도 중에 법인이 신규 설립된 경우, 합병 또는 분할한 경우, 제27조에 따라 상각방법을 변경한 경우 또는 제29조에 따라 내용연수범위와 달리 내용연수를 적용하거나 적용하던 내용연수를 변경한 경우에는 그 사유가 발생하기 전에 종료한 사업연도는 제외하고 계산한다.

1. 제2항제1호가목의 경우: 동종자산의 감가상각비 손금산입액 합계액이 동종자산의 취득가액 합계액에서 차지하는 비율

2. 제2항제1호나목의 경우: 동종자산의 감가상각비 손금산입액 합계액이 동종자산의 미상각잔액 합계액에서 차지하는 비율

⑤ 법 제23조제2항, 이 조 제1항부터 제4항까지의 규정을 적용할 때 내국법인이 한국채택국제회계기준을 최초로 적용한 사업연도의 직전 사업연도에 한국채택국제회계기준을 준용하여 비교재무제표를 작성하고 비교재무제표를 작성할 때 사용한 상각방법 및 내용연수와 동일하게 해당 사업연도의 결산상각방법 및 결산내용연수를 변경한 경우에는 해당 사업연도에 한국채택국제회계기준을 최초로 적용한 것으로 본다. 〈개정 2019. 2. 12.〉

⑥ 법인이 한국채택국제회계기준을 적용한 사업연도 및 그 후 사업연도에 적격합병, 적격분할 및 적격물적분할에 의하여 취득한 자산으로서 제1항에 해당하는 자산(이하 이 조에서 "적격합병등취득자산"이라 한다)의 감가상각비는 다음 각 호의 방법에 따라 손금에 산입할 수 있다. 〈개정 2012. 2. 2., 2018. 2. 13., 2019. 2. 12.〉

1. 동종자산을 보유한 법인 간 적격합병(적격분할에 해당하는 분할합병을 포함한다. 이하 이 조에서 같다)한 경우: 합병등기일이 속하는 사업연도의 직전 사업연도를 기준연도로 하여 제4항에 따라 해당 동종자산의 기준상각률을 재계산한 후 그 기준상각률을 적용하여 제2항에 따라 손금에 산입하는 방법. 이 경우 제4항 각 호를 적용할 때 동종자산의 감가상각비 손금산입액 합계액은 적격합병등취득자산을 양도한 법인(이하 이 조에서 "양도법인"이라 한다)과 양수

한 법인(이하 이 조에서 "양수법인"이라 한다)이 해당 동종자산에 대하여 손금에 산입한 감가상각비를 더한 금액으로 하고, 동종자산의 취득가액 합계액은 양도법인과 양수법인이 계상한 해당 동종자산의 취득가액을 더한 금액으로 하며, 동종자산의 미상각잔액 합계액은 양도법인 및 양수법인이 계상한 해당 동종자산의 미상각잔액을 더한 금액으로 한다.

2. 동종자산을 보유하지 아니한 법인 간 적격합병한 경우, 적격분할 또는 적격물적분할에 의하여 신설된 법인이 적격분할 또는 적격물적분할에 의하여 취득한 자산의 경우: 다음 각 목의 방법

가. 양도법인이 합병등기일 또는 분할등기일(이하 이 조에서 "합병등기일등"이라 한다)이 속하는 사업연도 이전에 한국채택국제회계기준을 적용하여 법 제23조제2항에 따라 해당 자산에 대한 감가상각비를 손금에 산입한 경우: 해당 자산에 대하여 양도법인이 이미 계산한 기준상각률을 적용하여 제2항에 따라 손금에 산입하는 방법

나. 가목 외의 경우: 합병등기일등이 속하는 사업연도의 직전 사업연도를 기준연도로 하고 적격합병등취득자산을 양수법인이 보유한 다른 자산과 구분하여 업종 및 종류별로 제4항에 따라 기준상각률을 새로 계산한 후 그 기준상각률을 적용하여 제2항에 따라 손금에 산입하는 방법. 이 경우 제4항 각 호를 적용할 때 동종자산의 감가상각비 손금산입액은 양도법인이 적격합병등취득자산에 대하여 손금에 산입한 감가상각비로 하고, 취득가액 및 미상각잔액은 각각 양도법인이 계상한 적격합병등취득자산의 취득가액 및 미상각잔액으로 한다

⑦ 제6항에 따라 적격합병등취득자산의 감가상각비를 손금에 산입하는 경우 제1항을 적용할 때 양도법인이 취득한 날을 적격합병등취득자산의 취득일로 보되, 양도법인이 합병등기일등이 속하는 사업연도 이전에 국제회계기준을 적용한 경우에는 양도법인의 기존보유자산과 동종자산이 아닌 자산에 대해서는 제6항을 적용하지 아니한다.

⑧ 제6항에 따라 적격합병등취득자산의 감가상각비를 손금에 산입하는 경우 제2항 각 호를 적용할 때 적격합병등취득자산의 취득가액은 양도법인의 취득가액으로 하고, 미상각잔액은 양도법인의 양

도 당시의 장부가액(양도 당시의 시가에서 제80조의4제1항 또는 제82조의4제1항에 따른 자산조정계정을 뺀 금액을 말한다)에서 양수법인이 이미 감가상각비로 손금에 산입한 금액을 공제한 잔액으로 한다. 〈개정 2018. 2. 13.〉

⑨ 제6항제1호 및 제2호에 따라 적격합병등취득자산의 기준상각률 및 손금산입한도를 계산할 때 양도법인 또는 양수법인의 결산상각방법이 한국채택국제회계기준을 최초로 적용한 사업연도 이후에 변경된 경우에는 변경되기 전 결산상각방법을 기준연도의 결산상각방법으로 하여 제2항 및 제4항을 적용하며, 제6항제1호를 적용할 때 법인 간 결산상각방법이 서로 다른 경우의 기준상각률 및 손금산입한도 계산방법은 기획재정부령으로 정한다. 〈개정 2019. 2. 12.〉

⑩ 제6항에 따라 적격합병등취득자산의 감가상각비를 손금에 산입한 법인이 적격합병의 경우 법 제44조의3제3항, 적격분할의 경우 법 제46조의3제3항, 적격물적분할의 경우 법 제47조제2항(이하 이 조 및 제29조의2에서 "적격요건위반사유"라 한다)에 각각 해당하는 경우에는 해당 사유가 발생한 날이 속하는 사업연도 이후의 소득금액을 계산할 때 제6항을 최초로 적용한 사업연도 및 그 이후의 사업연도에 제6항을 적용하지 아니한 것으로 보고 감가상각비 손금산입액을 계산하며, 제1호의 금액에서 제2호의 금액을 뺀 금액을 적격요건위반사유가 발생한 날이 속하는 사업연도의 소득금액을 계산할 때 익금에 산입한다. 〈개정 2018. 2. 13.〉

1. 제6항을 최초로 적용한 사업연도부터 해당 사업연도의 직전 사업연도까지 손금에 산입한 감가상각비 총액

2. 제6항을 최초로 적용한 사업연도부터 해당 사업연도의 직전 사업연도까지 제6항을 적용하지 아니한 것으로 보고 재계산한 감가상각비 총액

⑪ 제1항부터 제10항까지에서 규정한 사항 외에 기준상각률 및 손금산입한도의 계산에 필요한 사항은 기획재정부령으로 정한다.

[본조신설 2010. 12. 30.]

제26조의3(기준감가상각비의 계산) ① 법 제23조제2항제2호에 따른 자산은 법인이 2014년 1월 1일 이후에 취득한 감가상각자산으로서 기존보유자산 및 동종자산을 말한다.

② 제1항에 따른 감가상각자산에 대한 감가상각비는 제1호에 따

른 금액의 범위에서 개별 자산에 대하여 법 제23조제2항에 따라 추가로 손금에 산입하는 감가상각비를 동종자산별로 합한 금액이 제2호에 따른 금액과 제3호에 따른 금액 중 작은 금액을 초과하지 아니하는 범위에서 손금에 산입한다. 〈개정 2016. 2. 12., 2019. 2. 12.〉

1. 개별 자산의 기준감가상각비: 해당 사업연도의 결산상각방법과 기획재정부령으로 정하는 기준내용연수(이하 "기준내용연수"라 한다)를 적용하여 계산한 금액

2. 기준감가상각비를 고려한 동종자산의 감가상각비 한도(0보다 작은 경우에는 0으로 본다): 해당 사업연도에 동종자산에 대하여 해당 사업연도의 결산상각방법과 기준내용연수를 적용하여 계산한 감가상각비 합계액 - 해당 사업연도에 동종자산에 대하여 법 제23조제1항에 따라 손금에 산입한 감가상각비 합계액

3. 종전감가상각비를 고려한 동종자산의 감가상각비 한도: 다음 각 목의 구분에 따른 금액(0보다 작은 경우에는 0으로 본다)

가. 기준연도의 결산상각방법이 정액법인 경우: 다음 계산식에 따라 계산한 금액

한도액 = (A × B) - C

A: 해당 사업연도에 법 제23조제1항에 따라 감가상각비를 손금에 산입한 동종자산의 취득가액 합계액
B: 기준상각률
C: 해당 사업연도에 동종자산에 대하여 법 제23조제1항에 따라 손금에 산입한 감가상각비 합계액

나. 기준연도의 결산상각방법이 정률법인 경우: 다음 계산식에 따라 계산한 금액

한도액 = (A × B) - C

A: 해당 사업연도에 법 제23조제1항에 따라 감가상각비를 손금에 산입한 동종자산의 미상각잔액 합계액
B: 기준상각률

C: 해당 사업연도에 동종자산에 대하여 법 제23조제1항에 따라 손금에 산입한 감가상각비 합계액

③ 제2항에도 불구하고 제2항제3호에 따른 금액의 100분의 25에 해당하는 금액이 제2항제2호의 금액보다 큰 경우에는 개별 자산에 대하여 법 제23조제2항에 따라 추가로 손금에 산입하는 감가상각비를 동종자산별로 합한 금액이 제2항제3호에 따른 금액의 100분의 25에 해당하는 금액을 초과하지 아니하는 범위에서 추가로 손금에 산입할 수 있다.

④ 제2항과 제3항에 따른 감가상각비의 계산에 관하여는 제26조의2제3항부터 제10항까지를 준용한다.

[전문개정 2014. 2. 21.]

제27조(감가상각방법의 변경) ①법인이 다음 각호의 1에 해당하는 경우에는 제26조제5항의 규정에 불구하고 납세지 관할세무서장의 승인을 얻어 그 상각방법을 변경할 수 있다. 〈개정 2005. 2. 19., 2010. 12. 30.〉

1. 상각방법이 서로 다른 법인이 합병(분할합병을 포함한다)한 경우
2. 상각방법이 서로 다른 사업자의 사업을 인수 또는 승계한 경우
3. 「외국인투자촉진법」에 의하여 외국투자자가 내국법인의 주식등을 100분의 20 이상 인수 또는 보유하게 된 경우
4. 해외시장의 경기변동 또는 경제적 여건의 변동으로 인하여 종전의 상각방법을 변경할 필요가 있는 경우
5. 기획재정부령으로 정하는 회계정책의 변경에 따라 결산상각방법이 변경된 경우(변경한 결산상각방법과 같은 방법으로 변경하는 경우만 해당한다)

②제1항에 따라 상각방법의 변경승인을 얻고자 하는 법인은 그 변경할 상각방법을 적용하고자 하는 최초사업연도의 종료일까지 기획재정부령으로 정하는 감가상각방법변경신청서를 납세지 관할세무서장에게 제출(국세정보통신망에 의한 제출을 포함한다)하여야 한다. 〈개정 2004. 3. 17., 2008. 2. 29., 2010. 12. 30.〉

③제2항에 따른 신청서를 접수한 납세지 관할세무서장은 신청서의 접수일이 속하는 사업연도 종료일부터 1개월 이내에 그 승인여부를 결정하여 통지하여야 한다. 〈개정 2010. 12. 30.〉

④납세지 관할세무서장이 제1항제4호에 해당하는 사유로 인하여 상각방법의 변경을 승인하고자 할 때에는 국세청장이 정하는 기준에 따라야 한다.

⑤법인이 제1항의 규정에 의한 변경승인을 얻지 아니하고 상각방법을 변경한 경우 상각범위액은 변경하기 전의 상각방법에 의하여 계산한다.

⑥제1항에 따라 상각방법을 변경하는 경우 상각범위액의 계산은 다음 각 호의 계산식에 따른다. 이 경우 제3호의 계산식 중 총채굴예정량은 「한국광해광업공단법」에 따른 한국광해광업공단이 인정하는 총채굴량을 말하고, 총매립예정량은 「폐기물관리법」 제25조제3항에 따라 환경부장관 또는 시·도지사가 폐기물처리업을 허가할 때 인정한 총매립량을 말한다. 〈개정 1999. 12. 31., 2005. 2. 19., 2009. 6. 26., 2013. 11. 5., 2015. 2. 3., 2021. 8. 31.〉

1. 정률법 또는 생산량비례법을 정액법으로 변경하는 경우

상각범위액=(감가상각누계액을 공제한 장부가액+전기이월상각한도초과액)×제28조제1항제2호 본문 및 제6항에 따른 신고내용연수(같은 조 제1항제2호 단서에 해당하는 경우에는 기준내용연수)의 정액법에 의한 상각률

2. 정액법 또는 생산량비례법을 정률법으로 변경하는 경우

상각범위액=(감가상각누계액을 공제한 장부가액+전기이월상각한도초과액)×제28조제1항제2호 본문 및 제6항에 따른 신고내용연수(같은 조 제1항제2호 단서에 해당하는 경우에는 기준내용연수)의 정률법에 의한 상각률

3. 정률법 또는 정액법을 생산량비례법으로 변경하는 경우

$$\text{상각범위액} = \left(\text{감가상각누계액을 공제한 장부가액} + \text{전기이월상각한도초과액}\right) \times \frac{\text{해당 사업연도의 채굴량 또는 매립량}}{\text{총채굴예정량 또는 총매립예정량} - \text{변경전 사업연도까지의 총채굴량 또는 총매립량}}$$

제28조(내용연수와 상각률) ①감가상각자산의 내용연수와 해당 내용연수에 따른 상각률은 다음 각 호의 구분에 따른다. 〈개정 2001. 12. 31., 2002. 12. 30., 2008. 2. 29., 2010. 12. 30., 2016. 2. 12., 2019. 2. 12., 2025. 2. 28.〉

1. 기획재정부령으로 정하는 시험연구용자산과 제24조제1항제2호 가목부터 라목까지의 규정에 따른 무형자산: 기획재정부령으로 정하는 내용연수와 그에 따른 기획재정부령으로 정하는 상각방법별 상각률(이하 "상각률"이라 한다)

2. 제1호 외의 감가상각자산(제24조제1항제2호바목부터 차목까지의 규정에 따른 무형자산은 제외한다): 구조 또는 자산별 · 업종별로 기준내용연수에 그 기준내용연수의 100분의 25를 가감하여 기획재정부령으로 정하는 내용연수범위(이하 "내용연수범위"라 한다) 안에서 법인이 선택하여 납세지 관할 세무서장에게 신고한 내용연수(이하 "신고내용연수"라 한다)와 그에 따른 상각률. 다만, 제3항 각 호의 신고기한 내에 신고를 하지 않은 경우에는 기준내용연수와 그에 따른 상각률로 한다.

② 제1항을 적용할 때 법 제6조에 따른 사업연도가 1년 미만이면 다음 계산식에 따라 계산한 내용연수와 그에 따른 상각률에 따른다. 이 경우 개월 수는 태양력에 따라 계산하되, 1개월 미만의 일수는 1개월로 한다. 〈개정 2019. 2. 12.〉

$$\text{환산내용연수} = (\text{A 또는 B}) \times \frac{12}{C}$$

A: 제1항제1호에 따른 내용연수

B: 제1항제2호에 따른 신고내용연수 또는 기준내용연수

C: 사업연도의 개월 수

③법인이 제1항제2호 및 제6항에 따라 내용연수를 신고할 때에는 기획재정부령으로 정하는 내용연수신고서를 다음 각 호의 날이 속하는 사업연도의 법인세 과세표준의 신고기한까지 납세지 관할세무서장에게 제출(국세정보통신망에 의한 제출을 포함한다)하여야 한다. 〈개정 2004. 3. 17., 2008. 2. 29., 2013. 11. 5., 2019. 2. 12.〉

1. 신설법인과 새로 수익사업을 개시한 비영리내국법인의 경우에는 그 영업을 개시한 날

2. 제1호 외의 법인이 자산별 · 업종별 구분에 따라 기준내용연수가 다른 감가상각자산을 새로 취득하거나 새로운 업종의 사업을 개

시한 경우에는 그 취득한 날 또는 개시한 날

④법인이 제1항제2호에 따라 자산별·업종별로 적용한 신고내용연수 또는 기준내용연수는 그 후의 사업연도에 있어서도 계속하여 그 내용연수를 적용하여야 한다. 〈개정 2013. 11. 5., 2025. 2. 28.〉

⑤제1항제2호 및 제3항에 따른 내용연수의 신고는 연단위로 하여야 한다. 〈개정 2013. 11. 5., 2025. 2. 28.〉

⑥ 삭제 〈2019. 2. 12.〉

⑦ 삭제 〈2019. 2. 12.〉

제29조(내용연수의 특례 및 변경) ①법인은 다음 각 호의 어느 하나에 해당하는 경우에는 제28조제1항제2호 및 같은 조 제4항에도 불구하고 기준내용연수에 기준내용연수의 100분의 50(제5호 및 제6호에 해당하는 경우에는 100분의 25)을 가감하는 범위에서 사업장별로 납세지 관할지방국세청장의 승인을 받아 내용연수범위와 달리 내용연수를 적용하거나 적용하던 내용연수를 변경할 수 있다. 〈개정 2008. 2. 29., 2010. 12. 30., 2014. 2. 21., 2019. 2. 12.〉

1. 사업장의 특성으로 자산의 부식·마모 및 훼손의 정도가 현저한 경우

2. 영업개시후 3년이 경과한 법인으로서 당해 사업연도의 생산설비(건축물을 제외하며, 이하 "생산설비"라 한다)의 기획재정부령이 정하는 가동률(이하 이 항에서 "가동률"이라 한다)이 직전 3개 사업연도의 평균가동률보다 현저히 증가한 경우

3. 새로운 생산기술 및 신제품의 개발·보급 등으로 기존 생산설비의 가속상각이 필요한 경우

4. 경제적 여건의 변동으로 조업을 중단하거나 생산설비의 가동률이 감소한 경우

5. 제28조제1항제2호에 해당하는 감가상각자산에 대하여 한국채택국제회계기준을 최초로 적용하는 사업연도에 결산내용연수를 변경한 경우(결산내용연수가 연장된 경우 내용연수를 연장하고 결산내용연수가 단축된 경우 내용연수를 단축하는 경우만 해당하되 내용연수를 단축하는 경우에는 결산내용연수보다 짧은 내용연수로 변경할 수 없다)

6. 제28조제1항제2호에 해당하는 감가상각자산에 대한 기준내용연수가 변경된 경우. 다만, 내용연수를 단축하는 경우로서 결산내용연수가 변경된 기준내용연수의 100분의 25를 가감한 범위 내에 포함되는

경우에는 결산내용연수보다 짧은 내용연수로 변경할 수 없다.

②법인이 제1항에 따라 내용연수의 승인 또는 변경승인을 얻고자 할 때에는 제28조제3항 각 호의 날부터 3월 또는 그 변경할 내용연수를 적용하고자 하는 최초 사업연도의 종료일까지 기획재정부령으로 정하는 내용연수승인(변경승인)신청서를 납세지 관할 세무서장을 거쳐 관할 지방국세청장에게 제출(국세정보통신망에 의한 제출을 포함한다)하여야 한다. 이 경우 내용연수의 승인·변경승인의 신청은 연단위로 하여야 한다. 〈개정 2004. 3. 17., 2006. 2. 9., 2008. 2. 29., 2010. 12. 30.〉

③제2항에 따른 신청서를 접수한 납세지 관할세무서장은 신청서의 접수일이 속하는 사업연도 종료일부터 1개월 이내에 관할 지방국세청장으로부터 통보받은 승인 여부에 관한 사항을 통지하여야 한다. 〈개정 2006. 2. 9., 2010. 12. 30.〉

④ 삭제 〈2010. 12. 30.〉

⑤제1항의 규정에 의하여 감가상각자산의 내용연수를 변경(재변경을 포함한다)한 법인이 당해 자산의 내용연수를 다시 변경하고자 하는 경우에는 변경한 내용연수를 최초로 적용한 사업연도종료일부터 3년이 경과하여야 한다.

제29조의2(중고자산 등의 상각범위액) ①내국법인이 기준내용연수(해당 내국법인에게 적용되는 기준내용연수를 말한다)의 100분의 50 이상이 경과된 자산(이하 이 조에서 "중고자산"이라 한다)을 다른 법인 또는 「소득세법」 제1조의2제1항제5호에 따른 사업자로부터 취득(합병·분할에 의하여 자산을 승계한 경우를 포함한다)한 경우에는 그 자산의 기준내용연수의 100분의 50에 상당하는 연수와 기준내용연수의 범위에서 선택하여 납세지 관할세무서장에게 신고한 연수(이하 이 조에서 "수정내용연수"라 한다)를 내용연수로 할 수 있다. 이 경우 수정내용연수를 계산할 때 1년 미만은 없는 것으로 한다. 〈개정 2001. 12. 31., 2005. 2. 19., 2010. 2. 18., 2010. 12. 30., 2020. 2. 11.〉

② 적격합병, 적격분할, 적격물적분할 또는 적격현물출자(법 제47조의2제1항 각 호의 요건을 모두 갖추어 양도차익에 해당하는 금액을 손금에 산입하는 현물출자를 말한다. 이하 같다)(이하 이 조에서 "적격합병등"이라 한다)에 의하여 취득한 자산의 상각범위액을 정할

때 제26조제2항 각 호 및 같은 조 제6항에 따른 취득가액은 적격합병등에 의하여 자산을 양도한 법인(이하 이 조에서 "양도법인"이라 한다)의 취득가액으로 하고, 미상각잔액은 양도법인의 양도 당시의 장부가액에서 적격합병등에 의하여 자산을 양수한 법인(이하 이 조에서 "양수법인"이라 한다)이 이미 감가상각비로 손금에 산입한 금액을 공제한 잔액으로 하며, 해당 자산의 상각범위액은 다음 각 호의 어느 하나에 해당하는 방법으로 정할 수 있다. 이 경우 선택한 방법은 그 후 사업연도에도 계속 적용한다. 〈신설 2010. 12. 30., 2011. 3. 31., 2012. 2. 2., 2014. 2. 21., 2018. 2. 13., 2019. 2. 12.〉

1. 양도법인의 상각범위액을 승계하는 방법. 이 경우 상각범위액은 법 및 이 영에 따라 양도법인이 적용하던 상각방법 및 내용연수에 의하여 계산한 금액으로 한다.

2. 양수법인의 상각범위액을 적용하는 방법. 이 경우 상각범위액은 법 및 이 영에 따라 양수법인이 적용하던 상각방법 및 내용연수에 의하여 계산한 금액으로 한다.

③ 적격물적분할 또는 적격현물출자를 하여 제2항을 적용하는 경우로서 상각범위액이 해당 자산의 장부가액을 초과하는 경우에는 그 초과하는 금액을 손금에 산입할 수 있다. 이 경우 그 자산을 처분하면 전단에 따라 손금에 산입한 금액의 합계액을 그 자산을 처분한 날이 속하는 사업연도에 익금산입한다. 〈신설 2019. 2. 12.〉

④ 제2항 및 제3항을 적용받은 법인이 적격요건위반사유에 해당하는 경우 해당 사유가 발생한 날이 속하는 사업연도 및 그 후 사업연도의 소득금액 계산 및 감가상각비 손금산입액 계산에 관하여는 제26조의2제10항을 준용한다. 이 경우 제26조의2제10항제1호의 금액(제3항 전단에 따라 손금에 산입한 금액을 포함한다)에서 같은 항 제2호의 금액을 뺀 금액이 0보다 작은 경우에는 0으로 보며, 해당 사유가 발생한 날이 속하는 사업연도의 법 제60조에 따른 신고와 함께 제1항에 따라 적격합병등으로 취득한 자산 중 중고자산에 대한 수정내용연수를 신고하되, 신고하지 아니하는 경우에는 양수법인이 해당자산에 대하여 제28조제1항에 따라 정한 내용연수로 신고한 것으로 본다. 〈신설 2010. 12. 30., 2019. 2. 12.〉

⑤제1항의 규정은 내국법인이 다음 각호에 규정하는 기한내에 기

획재정부령이 정하는 내용연수변경신고서를 제출한 경우에 한하여 적용한다. 〈개정 2001. 12. 31., 2008. 2. 29., 2010. 12. 30., 2019. 2. 12.〉

1. 중고자산을 취득한 경우에는 그 취득일이 속하는 사업연도의 법인세 과세표준 신고기한

2. 합병·분할로 승계한 자산의 경우에는 합병·분할등기일이 속하는 사업연도의 법인세 과세표준 신고기한

[본조신설 2000. 12. 29.]

[제목개정 2010. 12. 30.]

제30조(감가상각의 의제) ① 각 사업연도의 소득에 대하여 법과 다른 법률에 따라 법인세를 면제받거나 감면받은 경우에는 개별 자산에 대한 감가상각비가 법 제23조제1항에 따른 상각범위액이 되도록 감가상각비를 손금에 산입하여야 한다. 다만, 한국채택국제회계기준을 적용하는 법인은 법 제23조제2항에 따라 개별 자산에 대한 감가상각비를 추가로 손금에 산입할 수 있다. 〈개정 2018. 2. 13., 2019. 2. 12.〉

② 법 제66조제3항 단서에 따른 추계결정 또는 경정을 하는 경우에는 감가상각자산에 대한 감가상각비를 손금에 산입한 것으로 본다. 〈신설 2018. 2. 13.〉

[전문개정 2014. 2. 21.]

제31조(즉시상각의 의제) ① 삭제 〈2019. 2. 12.〉

②법 제23조제4항제2호에서 "대통령령으로 정하는 자본적 지출"이란 법인이 소유하는 감가상각자산의 내용연수를 연장시키거나 해당 자산의 가치를 현실적으로 증가시키기 위하여 지출한 수선비를 말하며, 다음 각 호의 어느 하나에 해당하는 것에 대한 지출을 포함한다. 〈개정 2019. 2. 12.〉

1. 본래의 용도를 변경하기 위한 개조

2. 엘리베이터 또는 냉난방장치의 설치

3. 빌딩 등에 있어서 피난시설 등의 설치

4. 재해 등으로 인하여 멸실 또는 훼손되어 본래의 용도에 이용할 가치가 없는 건축물·기계·설비 등의 복구

5. 그 밖에 개량·확장·증설 등 제1호부터 제4호까지의 지출과 유사한 성질의 것

③법인이 각 사업연도에 지출한 수선비가 다음 각 호의 어느 하나에 해당하는 경우로서 그 수선비를 해당 사업연도의 손비로 계상한 경우에는 제2항에도 불구하고 자본적 지출에 포함하지 않는다. 〈개정 2010. 12. 30., 2019. 2. 12., 2020. 2. 11.〉

1. 개별자산별로 수선비로 지출한 금액이 600만원 미만인 경우

2. 개별자산별로 수선비로 지출한 금액이 직전 사업연도종료일 현재 재무상태표상의 자산가액(취득가액에서 감가상각누계액상당액을 차감한 금액을 말한다)의 100분의 5에 미달하는 경우

3. 3년 미만의 기간마다 주기적인 수선을 위하여 지출하는 경우

④ 취득가액이 거래단위별로 100만원 이하인 감가상각자산(다음 각 호의 어느 하나에 해당하는 자산은 제외한다)에 대해서는 그 사업에 사용한 날이 속하는 사업연도의 손비로 계상한 것에 한정하여 손금에 산입한다. 〈개정 2019. 2. 12.〉

1. 그 고유업무의 성질상 대량으로 보유하는 자산

2. 그 사업의 개시 또는 확장을 위하여 취득한 자산

⑤제4항에서 "거래단위"라 함은 이를 취득한 법인이 그 취득한 자산을 독립적으로 사업에 직접 사용할 수 있는 것을 말한다.

⑥제4항에도 불구하고 다음 각 호의 자산에 대해서는 이를 그 사업에 사용한 날이 속하는 사업연도의 손비로 계상한 것에 한정하여 손금에 산입한다. 〈개정 1999. 12. 31., 2010. 12. 30., 2019. 2. 12., 2020. 2. 11.〉

1. 어업에 사용되는 어구(어선용구를 포함한다)

2. 영화필름, 공구, 가구, 전기기구, 가스기기, 가정용 기구 · 비품, 시계, 시험기기, 측정기기 및 간판

3. 대여사업용 비디오테이프 및 음악용 콤팩트디스크로서 개별자산의 취득가액이 30만원 미만인 것

4. 전화기(휴대용 전화기를 포함한다) 및 개인용 컴퓨터(그 주변기기를 포함한다)

⑦다음 각 호의 어느 하나에 해당하는 경우에는 해당 자산의 장부가액에서 1천원을 공제한 금액을 폐기일이 속하는 사업연도의 손금에 산입할 수 있다. 〈개정 2021. 2. 17.〉

1. 시설의 개체 또는 기술의 낙후로 인하여 생산설비의 일부를 폐기한 경우

2. 사업의 폐지 또는 사업장의 이전으로 임대차계약에 따라 임차한 사업장의 원상회복을 위하여 시설물을 철거하는 경우

⑧ 감가상각자산이 진부화, 물리적 손상 등에 따라 시장가치가 급격히 하락하여 법인이 기업회계기준에 따라 손상차손을 계상한 경우(법 제42조제3항제2호에 해당하는 경우는 제외한다)에는 해당 금액을 감가상각비로서 손비로 계상한 것으로 보아 법 제23조제1항을 적용한다. 〈신설 2010. 12. 30., 2019. 2. 12.〉

제32조(상각부인액 등의 처리) ① 법 제23조제5항에 따라 법인이 상각범위액을 초과해 손금에 산입하지 않는 금액(이하 이 조에서 "상각부인액"이라 한다)은 그 후의 사업연도에 해당 법인이 손비로 계상한 감가상각비가 상각범위액에 미달하는 경우에 그 미달하는 금액(이하 이 조에서 "시인부족액"이라 한다)을 한도로 손금에 산입한다. 이 경우 법인이 감가상각비를 손비로 계상하지 않은 경우에도 상각범위액을 한도로 그 상각부인액을 손금에 산입한다. 〈개정 2019. 2. 12.〉

②시인부족액은 그 후 사업연도의 상각부인액에 이를 충당하지 못한다.

③법인이 법 제42조제1항제1호에 따라 감가상각자산의 장부가액을 증액(이하 이 조에서 "평가증"이라 한다)한 경우 해당 감가상각자산의 상각부인액은 평가증의 한도까지 익금에 산입된 것으로 보아 손금에 산입하고, 평가증의 한도를 초과하는 금액은 이를 그 후의 사업연도에 이월할 상각부인액으로 한다. 이 경우 시인부족액은 소멸하는 것으로 한다. 〈개정 2010. 12. 30., 2019. 2. 12.〉

④법인이 감가상각자산에 대하여 감가상각과 평가증을 병행한 경우에는 먼저 감가상각을 한 후 평가증을 한 것으로 보아 상각범위액을 계산한다.

⑤감가상각자산을 양도한 경우 당해 자산의 상각부인액은 양도일이 속하는 사업연도의 손금에 이를 산입한다.

⑥제5항의 규정을 적용함에 있어서 감가상각자산의 일부를 양도한 경우 당해 양도자산에 대한 감가상각누계액 및 상각부인액 또는 시인부족액은 당해 감가상각자산 전체의 감가상각누계액 및 상각부인액 또는 시인부족액에 양도부분의 가액이 당해 감가상각자산의 전체가액에서 차지하는 비율을 곱하여 계산한 금액으로 한다. 이 경우

그 가액은 취득당시의 장부가액에 의한다.

제33조(감가상각비에 관한 명세서) 법인이 각 사업연도에 법 제23조제1항에 따라 감가상각비를 손비로 계상하거나 같은 조 제2항에 따라 감가상각비를 손금에 산입한 경우에는 개별자산별로 구분하여 기획재정부령으로 정하는 감가상각비조정명세서를 작성·보관하고, 법 제60조에 따른 신고와 함께 기획재정부령으로 정하는 감가상각비조정명세서합계표와 감가상각비시부인명세서 및 취득·양도자산의 감가상각비조정명세서를 납세지 관할 세무서장에게 제출하여야 한다. 〈개정 2008. 2. 29., 2010. 12. 30., 2019. 2. 12.〉

제34조(감가상각비에 관한 세칙) 감가상각자산의 감가상각비계산에 관하여 기타 필요한 사항은 기획재정부령으로 정한다. 〈개정 2008. 2. 29.〉

제35조(기부금의 범위) 법 제24조제1항에서 “대통령령으로 정하는 거래”란 특수관계인 외의 자에게 정당한 사유 없이 자산을 정상가액보다 낮은 가액으로 양도하거나 특수관계인 외의 자로부터 정상가액보다 높은 가액으로 매입하는 것을 말한다. 이 경우 정상가액은 시가에 시가의 100분의 30을 더하거나 뺀 범위의 가액으로 한다.

[전문개정 2019. 2. 12.]

제36조(기부금의 가액 등) ① 법인이 법 제24조에 따른 기부금을 금전 외의 자산으로 제공한 경우 해당 자산의 가액은 다음 각 호의 구분에 따라 산정한다. 〈개정 2019. 2. 12., 2021. 2. 17.〉

1. 법 제24조제2항제1호에 따른 기부금의 경우: 기부했을 때의 장부가액

2. 특수관계인이 아닌 자에게 기부한 법 제24조제3항제1호에 따른 기부금의 경우: 기부했을 때의 장부가액

3. 제1호 및 제2호 외의 경우: 기부했을 때의 장부가액과 시가 중 큰 금액

②법인이 법 제24조의 규정에 의한 기부금을 가지급금 등으로 이연계상한 경우에는 이를 그 지출한 사업연도의 기부금으로 하고, 그 후의 사업연도에 있어서는 이를 기부금으로 보지 아니한다.

③법인이 법 제24조의 규정에 의한 기부금을 미지급금으로 계상한 경우 실제로 이를 지출할 때까지는 당해 사업연도의 소득금액계산에 있어서 이를 기부금으로 보지 아니한다.

[제37조에서 이동, 종전 제36조는 제39조로 이동 〈2019. 2. 12.〉]

제37조(기부금의 손금산입 범위 등) ①법 제24조제2항제1호가목에 따라 국가 또는 지방자치단체에 무상으로 기증하는 금품의 가액에는 법인이 개인 또는 다른 법인에게 자산을 기증하고 이를 기증받은 자가 지체없이 다시 국가 또는 지방자치단체에 기증한 금품의 가액과 「한국은행법」에 따른 한국은행이 「국제금융기구에의 가입조치에 관한 법률」 제2조제2항에 따라 출연한 금품의 가액을 포함한다. 〈개정 2005. 2. 19., 2019. 2. 12., 2021. 2. 17.〉

②법 제24조제2항제1호나목의 국방헌금에는 「예비군법」에 따라 설치된 예비군에 직접 지출하거나 국방부장관의 승인을 받은 기관 또는 단체를 통하여 지출하는 기부금을 포함한다. 〈개정 2005. 2. 19., 2011. 3. 2., 2016. 11. 29., 2019. 2. 12., 2021. 2. 17.〉

③ 법 제24조제2항제1호다목의 천재지변에는 「재난 및 안전관리 기본법」 제60조에 따라 특별재난지역으로 선포된 경우 그 선포의 사유가 된 재난을 포함한다. 〈신설 2024. 2. 29.〉

④법인이 법 제24조에 따라 기부금을 지출한 때에는 법 제24조제2항제1호에 따른 기부금과 같은 조 제3항제1호에 따른 기부금을 구분하여 작성한 기획재정부령으로 정하는 기부금명세서를 법 제60조에 따른 신고와 함께 납세지 관할세무서장에게 제출해야 한다. 〈개정 2001. 12. 31., 2005. 2. 19., 2008. 2. 29., 2010. 12. 30., 2019. 2. 12., 2021. 2. 17., 2024. 2. 29.〉

[제38조에서 이동, 종전 제37조는 제36조로 이동 〈2019. 2. 12.〉]

제38조(한국학교 등의 요건 등) ① 삭제 〈2024. 2. 29.〉

② 법 제24조제2항제1호라목8)에서 "대통령령으로 정하는 학교"란 다음 각 호의 어느 하나에 해당하는 것을 말한다. 〈신설 2012. 2. 2., 2019. 2. 12., 2021. 2. 17.〉

1. 「정부출연연구기관 등의 설립·운영 및 육성에 관한 법률」에 따라 설립된 한국개발연구원에 설치된 국제대학원

2. 「한국학중앙연구원 육성법」에 따라 설립된 한국학중앙연구원에 설치된 대학원

3. 「과학기술분야 정부출연연구기관 등의 설립·운영 및 육성에

관한 법률」 제33조에 따라 설립된 대학원대학

③ 법 제24조제2항제1호라목9)에서 "대통령령으로 정하는 요건을 충족하는 학교"란 다음 각 호의 요건을 모두 갖춘 학교를 말한다. 〈개정 2011. 3. 31., 2012. 2. 2., 2014. 2. 21., 2019. 2. 12., 2021. 2. 17.〉

1. 기부금 모금액 및 그 활용 실적을 공개할 수 있는 인터넷 홈페이지가 개설되어 있을 것

2. 제14항에 따라 지정이 취소된 경우에는 그 취소된 날부터 3년, 같은 항에 따라 재지정을 받지 못하게 된 경우에는 그 지정기간의 종료일부터 3년이 지났을 것

④ 법 제24조제2항제1호바목에서 "대통령령으로 정하는 요건을 충족하는 법인"이란 다음 각 호의 요건을 모두 갖춘 법인을 말한다. 〈개정 2011. 3. 31., 2012. 2. 2., 2014. 2. 21., 2016. 2. 12., 2018. 2. 13., 2018. 10. 30., 2019. 2. 12., 2021. 2. 17.〉

1. 기부금 모금액 및 그 활용 실적을 공개할 수 있는 인터넷 홈페이지가 개설되어 있을 것

2. 「주식회사 등의 외부감사에 관한 법률」 제2조제7호에 따른 감사인에게 회계감사를 받을 것

3. 「상속세 및 증여세법」 제50조의3제1항제1호부터 제4호까지의 규정에 해당하는 서류 등을 해당 비영리법인 및 국세청의 인터넷 홈페이지를 통하여 공시할 것

4. 「상속세 및 증여세법」 제50조의2에 따른 전용계좌를 개설하여 사용할 것

5. 제6항에 따른 신청일 직전 5개 사업연도[설립일부터 신청일 직전 사업연도 종료일까지의 기간이 5년 미만인 경우에는 해당 법인의 설립일부터 신청일이 속하는 달의 직전 달의 종료일까지의 기간(1년 이상인 경우만 해당한다)을 말한다. 이하 제6호에서 같다] 평균 기부금 배분 지출액이 총 지출금액의 100분의 80 이상이고 기부금의 모집·배분 및 법인의 관리·운영에 사용한 비용이 기부금 수입금액의 100분의 10 이하일 것. 이 경우 총 지출금액, 배분지출액 등의 계산에 관하여는 기획재정부령으로 정한다.

6. 신청일 직전 5개 사업연도 평균 개별 법인(단체를 포함한다. 이하 이 호에서 같다)별 기부금 배분지출액이 전체 배분지출액의

100분의 25 이하이고, 「상속세 및 증여세법 시행령」 제38조제10항에 따른 출연자 및 같은 영 제2조의2제1항에 따른 출연자의 특수관계인으로서 같은 항 제4호·제5호 또는 제8호에 해당하는 비영리법인에 대해서는 기부금 배분지출액이 없을 것

7. 제14항에 따라 지정이 취소된 경우에는 그 취소된 날부터 3년, 같은 항에 따라 재지정을 받지 못하게 된 경우에는 그 지정기간의 종료일부터 3년이 지났을 것

⑤ 삭제 〈2018. 2. 13.〉

⑥ 제3항 또는 제4항의 학교 또는 법인(이하 "학교등"이라 한다)에 대해서는 해당 학교등의 신청을 받아 주무관청이 매 분기 종료일부터 1개월 전이 되는 날까지 기획재정부령으로 정하는 서류를 갖추어 기획재정부장관에게 추천을 하고, 기획재정부장관은 매 분기 말일까지 지정하여 고시한다. 〈개정 2011. 3. 31., 2012. 2. 2., 2014. 2. 21., 2018. 2. 13.〉

⑦ 제6항에 따라 기획재정부장관이 고시한 학교등에 지출하는 기부금은 제6항에 따른 고시를 한 날이 속하는 연도의 1월 1일부터 6년간(이하 이 조에서 "지정기간"이라 한다) 법 제24조제2항제1호에 따른 기부금으로 손금에 산입한다. 〈개정 2011. 3. 31., 2012. 2. 2., 2018. 2. 13., 2019. 2. 12., 2021. 2. 17.〉

⑧ 학교등은 지정기간 동안 다음 각 호의 의무를 이행해야 한다. 〈신설 2011. 3. 31., 2012. 2. 2., 2014. 2. 21., 2018. 2. 13., 2021. 2. 17.〉

1. 연간 기부금 모금액 및 그 활용 실적을 사업연도 종료일부터 4개월 이내에 기획재정부령으로 정하는 기부금 모금액 및 활용실적 명세서에 따라 해당 학교등 및 국세청의 인터넷 홈페이지에 각각 공개할 것. 다만, 「상속세 및 증여세법」 제50조의3제1항제2호에 따른 사항을 같은 법 시행령 제43조의3제4항에 따른 표준서식에 따라 공시하는 경우에는 기부금 모금액 및 활용 실적을 공개한 것으로 본다.

2. 삭제 〈2018. 2. 13.〉

3. 해당 사업연도의 수익사업의 지출을 제외한 지출액의 100분의 80 이상을 직접 고유목적사업에 지출할 것

⑨ 학교등은 제3항 또는 제4항에 따른 요건의 충족 여부 및 제8항

에 따른 의무의 이행 여부(이하 이 조에서 "요건 충족여부등"이라 한다)를 기획재정부령으로 정하는 바에 따라 주무관청에 보고하여야 한다. 이 경우 해당 법인 또는 기관이 요건 충족여부등을 보고하지 아니하면 주무관청이 기획재정부령으로 정하는 바에 따라 보고하도록 요구하여야 한다. 〈신설 2011. 3. 31., 2012. 2. 2., 2018. 2. 13.〉

⑩ 주무관청은 제9항에 따라 보고받은 내용을 점검한 후 그 점검결과(해당 법인이 제9항 후단에 따른 요구에도 불구하고 요건 충족여부등을 보고하지 아니한 경우에는 그 사실을 포함한다)를 기획재정부령으로 정하는 바에 따라 국세청장에게 통보하여야 한다. 〈신설 2011. 3. 31., 2012. 2. 2., 2014. 2. 21.〉

⑪ 국세청장은 학교등이 다음 각 호의 어느 하나에 해당하는 경우에는 그 지정의 취소를 기획재정부령으로 정하는 바에 따라 기획재정부장관에게 요청해야 한다. 〈신설 2011. 3. 31., 2012. 2. 2., 2014. 2. 21., 2017. 2. 3., 2018. 2. 13., 2019. 2. 12., 2021. 2. 17., 2024. 7. 23.〉

1. 학교등이 「상속세 및 증여세법」 제48조제2항, 제3항, 제8항부터 제11항까지, 제78조제5항제3호, 같은 조 제10항 및 제11항에 따라 기획재정부령으로 정하는 금액 이상의 상속세(그 가산세를 포함한다) 또는 증여세(그 가산세를 포함한다)를 추징당한 경우

2. 학교등이 목적 외의 사업을 하거나 설립허가의 조건을 위반하는 등 공익목적을 위반한 사실, 제3항 및 제4항제1호 및 제5호부터 제7호까지에 따른 요건 및 제8항에 따른 의무를 위반한 사실 또는 제9항 후단에 따른 요구에도 불구하고 요건 충족여부등을 보고하지 않은 사실이 있는 경우

3. 「국세기본법」 제85조의5에 따라 불성실기부금수령단체로 명단이 공개된 경우

4. 법인의 대표자, 임원, 대리인, 직원 또는 그 밖의 종업원이 「기부금품의 모집·사용 및 기부문화 활성화에 관한 법률」을 위반하여 같은 법 제16조에 따라 법인 또는 개인에게 징역 또는 벌금형이 확정된 경우

5. 학교등이 해산한 경우

⑫ 주무관청은 제11항제2호·제4호 또는 제5호에 해당하는 학교등이 있는 경우에는 해당 학교등의 명칭과 그 내용을 국세청장에게

즉시 알려야 한다. 〈개정 2014. 2. 21.〉

⑬ 국세청장은 학교등의 지정기간이 끝난 후에 그 학교등의 지정기간 중 제11항 각 호의 어느 하나에 해당하는 사실이 있었음을 알게 된 경우에는 그 학교등에 대하여 재지정하지 아니하거나 이미 재지정된 경우에는 그 지정을 취소할 것을 기획재정부령으로 정하는 바에 따라 기획재정부장관에게 요청하여야 한다. 〈신설 2011. 3. 31., 2012. 2. 2., 2014. 2. 21., 2017. 2. 3.〉

⑭ 기획재정부장관은 제11항 또는 제13항에 따른 요청을 받은 경우 그 학교등에 대하여 지정을 취소하거나 재지정하지 아니할 수 있다. 〈신설 2014. 2. 21.〉

⑮ 기획재정부장관이 제14항에 따라 학교등의 지정을 취소하는 경우에는 그 학교등의 명칭과 해당 사실 및 학교등 지정적용 배제기간(제3항제2호, 제4항제7호에 따른 지정취소일부터 지나야 하는 기간을 말한다)을 지정취소일이 속하는 연도의 12월 31일(지정취소일이 속하는 달이 12월인 경우에는 다음 연도 1월 31일을 말한다)까지 관보에 공고해야 한다. 〈신설 2014. 2. 21., 2018. 2. 13., 2021. 2. 17.〉

[본조신설 2010. 12. 30.]

[제목개정 2021. 2. 17.]

[제36조의2에서 이동, 종전 제38조는 제37조로 이동 〈2019. 2. 12.〉]

제39조(공익성을 고려하여 정하는 기부금의 범위 등) ①법 제24조제3항제1호에서 "대통령령으로 정하는 기부금"이란 다음 각 호의 어느 하나에 해당하는 것을 말한다. 〈개정 2000. 12. 29., 2001. 12. 31., 2005. 2. 19., 2006. 2. 9., 2007. 2. 28., 2008. 2. 22., 2008. 2. 29., 2009. 2. 4., 2010. 2. 18., 2010. 8. 25., 2010. 12. 30., 2011. 3. 31., 2012. 2. 2., 2012. 8. 3., 2013. 2. 15., 2014. 2. 21., 2016. 2. 12., 2017. 2. 3., 2017. 5. 29., 2018. 2. 13., 2019. 2. 12., 2020. 2. 11., 2021. 2. 17., 2022. 2. 15., 2022. 2. 17., 2025. 2. 28.〉

1. 다음 각 목의 비영리법인(단체 및 비영리외국법인을 포함하며, 이하 이 조에서 "공익법인등"이라 한다)에 대하여 해당 공익법인등의 고유목적사업비로 지출하는 기부금. 다만, 바목에 따라 지정ㆍ고

시된 법인에 지출하는 기부금은 지정일이 속하는 연도의 1월 1일부터 3년간(지정받은 기간이 끝난 후 2년 이내에 재지정되는 경우에는 재지정일이 속하는 사업연도의 1월 1일부터 6년간으로 한다. 이하 이 조에서 "지정기간"이라 한다) 지출하는 기부금으로 한정한다.

가. 「사회복지사업법」에 따른 사회복지법인

나. 「영유아보육법」에 따른 어린이집

다. 「유아교육법」에 따른 유치원, 「초·중등교육법」 및 「고등교육법」에 따른 학교, 「국민 평생 직업능력 개발법」에 따른 기능대학, 「평생교육법」 제31조제4항에 따른 전공대학 형태의 평생교육시설 및 같은 법 제33조제3항에 따른 원격대학 형태의 평생교육시설

라. 「의료법」에 따른 의료법인 및 「보건의료기술 진흥법」 제28조의2제1항에 따른 의료기술협력단[법 제24조제2항제1호마목14)에 해당하는 의료기술협력단은 제외한다]

마. 종교의 보급, 그 밖에 교화를 목적으로 「민법」 제32조에 따라 문화체육관광부장관 또는 지방자치단체의 장의 허가를 받아 설립한 비영리법인(그 소속 단체를 포함한다)

바. 「민법」 제32조에 따라 주무관청의 허가를 받아 설립된 비영리법인(이하 이 조에서 "「민법」상 비영리법인"이라 한다), 비영리외국법인, 「협동조합 기본법」 제85조에 따라 설립된 사회적협동조합(이하 이 조에서 "사회적협동조합"이라 한다), 「공공기관의 운영에 관한 법률」 제4조에 따른 공공기관(같은 법 제5조제4항제1호에 따른 공기업은 제외한다. 이하 이 조에서 "공공기관"이라 한다) 또는 법률에 따라 직접 설립 또는 등록된 기관 중 다음의 요건을 모두 충족한 것으로서 국세청장(주사무소 및 본점소재지 관할 세무서장을 포함한다. 이하 이 조에서 같다)의 추천을 받아 기획재정부장관이 지정하여 고시한 법인. 이 경우 국세청장은 해당 법인의 신청을 받아 기획재정부장관에게 추천해야 한다.

1) 다음의 구분에 따른 요건

가) 「민법」상 비영리법인 또는 비영리외국법인의 경우: 정관의 내용상 수입을 회원의 이익이 아닌 공익을 위하여 사용하고 사업의 직접 수혜자가 불특정 다수일 것(비영리외국법인의 경우 추가적으로 「재외동포의 출입국과 법적 지위에 관한 법률」 제2조에 따른 재외동포의 협력·지원, 한국의 홍보 또는 국제교류·협력을 목적으로

하는 것일 것). 다만, 「상속세 및 증여세법 시행령」 제38조제8항제2호 각 목 외의 부분 단서에 해당하는 경우에는 해당 요건을 갖춘 것으로 본다.

나) 사회적협동조합의 경우: 정관의 내용상 「협동조합 기본법」 제93조제1항제1호부터 제3호까지의 사업 중 어느 하나의 사업을 수행하는 것일 것

다) 공공기관 또는 법률에 따라 직접 설립 또는 등록된 기관의 경우: 설립목적이 사회복지·자선·문화·예술·교육·학술·장학 등 공익목적 활동을 수행하는 것일 것

2) 해산하는 경우 잔여재산을 국가·지방자치단체 또는 유사한 목적을 가진 다른 비영리법인에 귀속하도록 한다는 내용이 정관에 포함되어 있을 것

3) 인터넷 홈페이지가 개설되어 있고, 인터넷 홈페이지를 통해 연간 기부금 모금액 및 활용실적을 공개한다는 내용이 정관에 포함되어 있으며, 법인의 공익위반 사항을 국민권익위원회, 국세청 또는 주무관청 등 공익위반사항을 관리·감독할 수 있는 기관(이하 "공익위반사항 관리·감독 기관"이라 한다) 중 1개 이상의 곳에 제보가 가능하도록 공익위반사항 관리·감독기관이 개설한 인터넷 홈페이지와 해당 법인이 개설한 홈페이지가 연결되어 있을 것

4) 비영리법인으로 지정·고시된 날이 속하는 연도와 그 직전 연도에 해당 비영리법인의 명의 또는 그 대표자의 명의로 특정 정당 또는 특정인에 대한 「공직선거법」 제58조제1항에 따른 선거운동을 한 사실이 없을 것

5) 제12항에 따라 지정이 취소된 경우에는 그 취소된 날부터 3년, 제9항에 따라 추천을 받지 않은 경우에는 그 지정기간의 종료일부터 3년이 지났을 것. 다만, 제5항제1호에 따른 의무를 위반한 사유만으로 지정이 취소되거나 추천을 받지 못한 경우에는 그렇지 않다.

2. 다음 각 목의 기부금

가. 「유아교육법」에 따른 유치원의 장·「초·중등교육법」 및 「고등교육법」에 의한 학교의 장, 「국민 평생 직업능력 개발법」에 의한 기능대학의 장, 「평생교육법」 제31조제4항에 따른 전공대학 형태의 평생교육시설 및 같은 법 제33조제3항에 따른 원격대학 형태의 평생교육시설의 장이 추천하는 개인에게 교육비·연구비 또는 장

학금으로 지출하는 기부금

나. 「상속세 및 증여세법 시행령」 제14조제1항 각 호의 요건을 갖춘 공익신탁으로 신탁하는 기부금

다. 사회복지·문화·예술·교육·종교·자선·학술 등 공익목적으로 지출하는 기부금으로서 기획재정부장관이 지정하여 고시하는 기부금

3. 삭제 〈2018. 2. 13.〉

4. 다음 각 목의 어느 하나에 해당하는 사회복지시설 또는 기관 중 무료 또는 실비로 이용할 수 있는 시설 또는 기관에 기부하는 금품의 가액. 다만, 나목1)에 따른 노인주거복지시설 중 양로시설을 설치한 자가 해당 시설의 설치·운영에 필요한 비용을 부담하는 경우 그 부담금 중 해당 시설의 운영으로 발생한 손실금(기업회계기준에 따라 계산한 해당 과세기간의 결손금을 말한다)이 있는 경우에는 그 금액을 포함한다.

가. 「아동복지법」 제52조제1항에 따른 아동복지시설

나. 「노인복지법」 제31조에 따른 노인복지시설 중 다음의 시설을 제외한 시설

1) 「노인복지법」 제32조제1항에 따른 노인주거복지시설 중 입소자 본인이 입소비용의 전부를 부담하는 양로시설·노인공동생활가정 및 노인복지주택

2) 「노인복지법」 제34조제1항에 따른 노인의료복지시설 중 입소자 본인이 입소비용의 전부를 부담하는 노인요양시설·노인요양공동생활가정 및 노인전문병원

3) 「노인복지법」 제38조에 따른 재가노인복지시설 중 이용자 본인이 재가복지서비스에 대한 이용대가를 전부 부담하는 시설

다. 「장애인복지법」 제58조제1항에 따른 장애인복지시설. 다만, 다음 각 목의 시설은 제외한다.

1) 비영리법인(「사회복지사업법」 제16조제1항에 따라 설립된 사회복지법인을 포함한다) 외의 자가 운영하는 장애인 공동생활가정

2) 「장애인복지법 시행령」 제36조에 따른 장애인생산품 판매시설

3) 장애인 유료복지시설

라. 「한부모가족지원법」 제19조제1항에 따른 한부모가족복지시설

마. 「정신건강증진 및 정신질환자 복지서비스 지원에 관한 법

률」 제3조제6호 및 제7호에 따른 정신요양시설 및 정신재활시설

바. 「성매매방지 및 피해자보호 등에 관한 법률」 제6조제2항 및 제10조제2항에 따른 지원시설 및 성매매피해상담소

사. 「가정폭력방지 및 피해자보호 등에 관한 법률」 제5조제2항 및 제7조제2항에 따른 가정폭력 관련 상담소 및 보호시설

아. 「성폭력방지 및 피해자보호 등에 관한 법률」 제10조제2항 및 제12조제2항에 따른 성폭력피해상담소 및 성폭력피해자보호시설

자. 「사회복지사업법」 제34조에 따른 사회복지시설 중 사회복지관과 부랑인·노숙인 시설

차. 「노인장기요양보험법」 제32조에 따른 재가장기요양기관

카. 「다문화가족지원법」 제12조에 따른 다문화가족지원센터

타. 「건강가정기본법」 제35조제1항에 따른 건강가정지원센터

파. 「청소년복지 지원법」 제31조에 따른 청소년복지시설

5. 삭제 〈2018. 2. 13.〉

6. 다음 각 목의 요건을 모두 갖춘 국제기구로서 기획재정부장관이 지정하여 고시하는 국제기구에 지출하는 기부금

가. 사회복지, 문화, 예술, 교육, 종교, 자선, 학술 등 공익을 위한 사업을 수행할 것

나. 우리나라가 회원국으로 가입하였을 것

②법인으로 보는 단체 중 제56조제1항 각 호에 따른 단체를 제외한 단체의 수익사업에서 발생한 소득을 고유목적사업비로 지출하는 금액은 법 제24조제3항제1호에 따른 기부금으로 본다. 〈개정 2001. 12. 31., 2003. 12. 30., 2005. 2. 19., 2019. 2. 12., 2021. 2. 17.〉

③제1항제1호 본문 및 제2항에서 "고유목적사업비"란 해당 비영리법인 또는 단체에 관한 법령 또는 정관에 규정된 설립목적을 수행하는 사업으로서 제3조제1항에 해당하는 수익사업(보건업 및 사회복지 서비스업 중 보건업은 제외한다)외의 사업에 사용하기 위한 금액을 말한다. 〈개정 2001. 12. 31., 2018. 2. 13., 2019. 2. 12.〉

④법 제24조의 규정에 의하여 기부금을 지출한 법인이 손금산입을 하고자 하는 경우에는 기획재정부령이 정하는 기부금영수증을 받아서 보관하여야 한다. 〈신설 2003. 12. 30., 2008. 2. 29.〉

⑤ 제1항제1호 각 목(마목은 제외한다)의 공익법인등은 다음 각

호의 의무를 이행해야 한다. 이 경우 같은 호 바목의 공익법인등은 지정기간(제4호의 경우에는 지정일이 속하는 연도의 직전 연도를 포함한다) 동안 해당 의무를 이행해야 한다. 〈신설 2014. 2. 21., 2016. 2. 12., 2018. 2. 13., 2018. 10. 30., 2020. 2. 11., 2021. 2. 17., 2022. 2. 15., 2023. 2. 28.〉

1. 제1항제1호바목1)부터 3)까지의 요건을 모두 충족할 것(제1항제1호바목에 따른 법인만 해당한다)

2. 다음 각 목의 구분에 따른 의무를 이행할 것

가. 「민법」상 비영리법인 또는 비영리외국법인의 경우: 수입을 회원의 이익이 아닌 공익을 위하여 사용하고 사업의 직접 수혜자가 불특정 다수일 것(비영리외국법인의 경우 추가적으로 「재외동포의 출입국과 법적 지위에 관한 법률」 제2조에 따른 재외동포의 협력·지원, 한국의 홍보 또는 국제교류·협력을 목적으로 하는 사업을 수행할 것). 다만, 「상속세 및 증여세법 시행령」 제38조제8항제2호 각 목 외의 부분 단서에 해당하는 경우에는 해당 의무를 이행한 것으로 본다.

나. 사회적협동조합의 경우: 「협동조합 기본법」 제93조제1항제1호부터 제3호까지의 사업 중 어느 하나의 사업을 수행할 것

다. 공공기관 또는 법률에 따라 직접 설립 또는 등록된 기관의 경우: 사회복지·자선·문화·예술·교육·학술·장학 등 공익목적 활동을 수행할 것

3. 기부금 모금액 및 활용실적을 매년 사업연도 종료일부터 4개월 이내에 다음 각 목에 따라 공개할 것. 다만, 「상속세 및 증여세법」 제50조의3제1항제2호에 따른 사항을 같은 법 시행령 제43조의5제4항에 따른 표준서식에 따라 공시하는 경우에는 다음 각 목의 공개를 모두 한 것으로 본다.

가. 해당 공익법인등의 인터넷 홈페이지에 공개할 것

나. 국세청의 인터넷 홈페이지에 공개할 것. 이 경우 기획재정부령으로 정하는 기부금 모금액 및 활용실적 명세서에 따라 공개해야 한다.

4. 해당 공익법인등의 명의 또는 그 대표자의 명의로 특정 정당 또는 특정인에 대한 「공직선거법」 제58조제1항에 따른 선거운동을 한 것으로 권한 있는 기관이 확인한 사실이 없을 것

5. 각 사업연도의 수익사업의 지출을 제외한 지출액의 100분의 80 이상을 직접 고유목적사업에 지출할 것

5의2. 사업연도 종료일을 기준으로 최근 2년 동안 고유목적사업의 지출내역이 있을 것

6. 「상속세 및 증여세법」 제50조의2제1항에 따른 전용계좌를 개설하여 사용할 것

7. 「상속세 및 증여세법」 제50조의3제1항제1호부터 제4호까지의 서류 등을 사업연도 종료일부터 4개월 이내에 해당 공익법인등과 국세청의 인터넷 홈페이지를 통하여 공시할 것. 다만, 「상속세 및 증여세법 시행령」 제43조의5제2항에 따른 공익법인등은 제외한다.

8. 「상속세 및 증여세법」 제50조의4에 따른 공익법인등에 적용되는 회계기준에 따라 「주식회사 등의 외부감사에 관한 법률」 제2조제7호에 따른 감사인에게 회계감사를 받을 것. 다만, 「상속세 및 증여세법 시행령」 제43조제3항 및 제4항에 따른 공익법인등은 제외한다.

⑥ 제1항제1호 각 목에 따른 공익법인등(다음 각 호에 해당하는 공익법인등은 제외한다)은 각 사업연도의 제5항에 따른 의무의 이행 여부(이하 이 조에서 "의무이행 여부"라 한다)를 기획재정부령으로 정하는 바에 따라 국세청장에게 보고해야 한다. 이 경우 해당 공익법인등이 의무이행 여부를 보고하지 않으면 국세청장은 기획재정부령으로 정하는 바에 따라 보고하도록 요구해야 한다. 〈신설 2010. 2. 18., 2011. 3. 31., 2014. 2. 21., 2018. 2. 13., 2020. 2. 11., 2021. 2. 17., 2023. 2. 28.〉

1. 제1항제1호나목 및 다목(유치원만 해당한다)에 따른 공익법인등(해당 사업연도에 기부금 모금액이 없는 경우로 한정한다)

2. 제1항제1호마목에 따른 공익법인등

⑦ 국세청장은 제6항에 따라 보고받은 내용을 점검해야 하며, 그 점검결과 제5항제3호에 따른 기부금 모금액 및 활용실적을 공개하지 않거나 그 공개 내용에 오류가 있는 경우에는 기부금 지출 내역에 대한 세부내용을 제출할 것을 해당 공익법인등에 요구할 수 있다. 이 경우 공익법인등은 해당 요구를 받은 날부터 1개월 이내에 기부금 지출 내역에 대한 세부내용을 제출해야 한다. 〈개정 2020. 2. 11., 2021. 2. 17.〉

⑧국세청장은 제1항제1호바목에 따른 법인이 다음 각 호의 어느 하나에 해당하는 경우에는 그 지정의 취소를 기획재정부장관에게 요청해야 한다. 〈신설 2007. 2. 28., 2008. 2. 22., 2008. 2. 29., 2010. 2. 18., 2011. 3. 31., 2012. 2. 2., 2014. 2. 21., 2017. 2. 3., 2018. 2. 13., 2019. 2. 12., 2021. 2. 17., 2024. 7. 23.〉

1. 법인이 「상속세 및 증여세법」 제48조제2항, 제3항, 제8항부터 제11항까지, 제78조제5항제3호, 같은 조 제10항 및 제11항에 따라 기획재정부령으로 정하는 금액 이상의 상속세(그 가산세를 포함한다) 또는 증여세(그 가산세를 포함한다)를 추징당한 경우

2. 공익법인등이 목적 외 사업을 하거나 설립허가의 조건에 위반하는 등 공익목적을 위반한 사실, 제5항제1호부터 제5호까지 및 제5호의2의 의무를 위반한 사실 또는 제6항 후단에 따른 요구에도 불구하고 의무이행 여부를 보고하지 않은 사실이 있는 경우

3. 「국세기본법」 제85조의5에 따라 불성실기부금수령단체로 명단이 공개된 경우

4. 공익법인등의 대표자, 임원, 대리인, 직원 또는 그 밖의 종업원이 「기부금품의 모집·사용 및 기부문화 활성화에 관한 법률」을 위반하여 같은 법 제16조에 따라 공익법인등 또는 개인에게 징역 또는 벌금형이 확정된 경우

5. 공익법인등이 해산한 경우

⑨ 국세청장은 제1항제1호바목에 따른 공익법인등의 지정기간이 끝난 후에 그 공익법인등의 지정기간 중 제8항 각 호의 어느 하나에 해당하는 사실이 있었음을 알게 된 경우에는 지정기간 종료 후 3년간 공익법인등에 대한 추천을 하지 않아야 하며, 이미 재지정된 경우에는 그 지정을 취소할 것을 기획재정부장관에게 요청해야 한다. 〈신설 2010. 2. 18., 2014. 2. 21., 2017. 2. 3., 2018. 2. 13., 2020. 2. 11., 2021. 2. 17.〉

⑩ 국세청장은 제8항 및 제9항에 따라 기획재정부장관에게 취소를 요청하기 전에 해당 공익법인등에 지정취소 대상에 해당한다는 사실, 그 사유 및 법적근거 등을 통지해야 한다. 〈신설 2016. 2. 12., 2018. 2. 13., 2020. 2. 11., 2021. 2. 17.〉

⑪ 제10항에 따른 통지를 받은 공익법인등은 그 통지 내용에 이의가 있는 경우 통지를 받은 날부터 1개월 이내에 국세청장에게 의

견을 제출할 수 있다. 〈신설 2020. 2. 11., 2021. 2. 17.〉

⑫ 제8항 및 제9항에 따른 요청을 받은 기획재정부장관은 해당 공익법인등의 지정을 취소할 수 있다. 〈개정 2020. 2. 11., 2021. 2. 17.〉

⑬ 국세청장은 제1항제1호바목에 따른 공익법인등이 지정되거나 지정이 취소된 경우에는 주무관청에 그 사실을 통지해야 하며, 주무관청은 같은 목에 따른 공익법인등이 목적 외 사업을 하거나 설립허가의 조건을 위반하는 등 제8항 각 호의 어느 하나에 해당하는 사실이 있는 경우에는 그 사실을 국세청장에게 통지해야 한다. 〈개정 2020. 2. 11., 2021. 2. 17.〉

⑭ 기획재정부장관은 제16항에도 불구하고 종전의 「법인세법 시행령」(대통령령 제28640호로 개정되기 전의 것을 말한다) 제36조제1항제1호다목·라목 또는 아목에 따른 지정기부금단체등이 2021년 1월 1일부터 10월 12일까지 제1항제1호바목 후단에 따른 신청을 하지 않은 경우에도 기획재정부장관이 정하여 고시하는 바에 따라 해당 지정기부금단체등의 추천 신청을 받아 2023년 12월 31일까지 제1항제1호바목에 따른 지정·고시를 할 수 있다. 〈신설 2022. 2. 15., 2023. 9. 26.〉

⑮ 제1항제1호 각 목 외의 부분 단서에도 불구하고 제14항에 따라 지정·고시된 지정기부금단체등에 2021년 1월 1일부터 3년간(지정받은 기간이 끝난 후 2년 이내에 재지정되는 경우에는 재지정일이 속하는 사업연도의 1월 1일부터 5년간) 지출했거나 지출하는 기부금은 법 제24조제3항제1호에 따른 기부금으로 본다. 〈신설 2022. 2. 15.〉

⑯제1항제1호바목에 따른 공익법인등의 신청 및 추천방법, 지정절차, 지정요건의 확인방법 및 제출서류와 지정 취소 절차 등에 필요한 사항은 기획재정부령으로 정한다. 〈신설 2007. 2. 28., 2008. 2. 29., 2010. 2. 18., 2010. 12. 30., 2013. 2. 15., 2014. 2. 21., 2016. 2. 12., 2018. 2. 13., 2020. 2. 11., 2021. 2. 17., 2022. 2. 15.〉

[제목개정 2021. 2. 17.]

[제36조에서 이동, 종전 제39조는 제42조로 이동 〈2019. 2. 12.〉]

제40조(기업업무추진비의 범위) ①주주 또는 출자자(이하 "주주등"이라 한다)나 다음 각 호의 어느 하나에 해당하는 직무에 종사하는 자(이하 "임원"이라 한다) 또는 직원이 부담하여야 할 성질의 기업업무추진비를 법인이 지출한 것은 이를 기업업무추진비로 보지 아니한다. 〈개정 2008. 2. 22., 2018. 2. 13., 2019. 2. 12., 2023. 2. 28.〉

1. 법인의 회장, 사장, 부사장, 이사장, 대표이사, 전무이사 및 상무이사 등 이사회의 구성원 전원과 청산인

2. 합명회사, 합자회사 및 유한회사의 업무집행사원 또는 이사

3. 유한책임회사의 업무집행자

4. 감사

5. 그 밖에 제1호부터 제4호까지의 규정에 준하는 직무에 종사하는 자

②법인이 그 직원이 조직한 조합 또는 단체에 복리시설비를 지출한 경우 해당 조합이나 단체가 법인인 때에는 이를 기업업무추진비로 보며, 해당 조합이나 단체가 법인이 아닌 때에는 그 법인의 경리의 일부로 본다. 〈개정 2019. 2. 12., 2023. 2. 28.〉

③ 삭제 〈2008. 2. 22.〉

④ 삭제 〈2009. 2. 4.〉

⑤ 삭제 〈2009. 2. 4.〉

[제목개정 2023. 2. 28.]

[제42조에서 이동, 종전 제40조는 삭제

제41조(기업업무추진비의 신용카드등의 사용) ①법 제25조제2항 각 호 외의 부분 본문에서 "대통령령으로 정하는 금액"이란 다음 각 호의 구분에 따른 금액을 말한다. 〈개정 2006. 2. 9., 2007. 2. 28., 2009. 2. 4., 2011. 6. 3., 2021. 2. 17.〉

1. 경조금의 경우:20만원

2. 제1호 외의 경우: 3만원

② 법 제25조제2항 각 호 외의 부분 단서에서 "국외지역에서의 지출 및 농어민에 대한 지출 등 대통령령으로 정하는 지출"이란 다음 각 호의 지출을 말한다. 〈개정 2012. 2. 2., 2019. 2. 12., 2023. 2. 28.〉

1. 기업업무추진비가 지출된 국외지역의 장소(해당 장소가 소재한 인근 지역 안의 유사한 장소를 포함한다)에서 현금 외에 다른 지출

수단이 없어 법 제25조제2항 각 호의 증거자료를 구비하기 어려운 경우의 해당 국외지역에서의 지출

2. 농·어민(한국표준산업분류에 따른 농업 중 작물재배업·축산업·복합농업, 임업 또는 어업에 종사하는 자를 말하며, 법인은 제외한다)으로부터 직접 재화를 공급받는 경우의 지출로서 그 대가를 「금융실명거래 및 비밀보장에 관한 법률」 제2조제1호에 따른 금융회사등을 통하여 지급한 지출(해당 법인이 법 제60조에 따른 과세표준 신고를 할 때 과세표준 신고서에 송금사실을 적은 송금명세서를 첨부하여 납세지 관할 세무서장에게 제출한 경우에 한정한다)

③ 법 제25조제2항제1호가목에서 "대통령령으로 정하는 것"이란 다음 각 호의 어느 하나에 해당하는 것을 말한다. 〈개정 2019. 2. 12.〉

1. 「여신전문금융업법」에 따른 직불카드

2. 외국에서 발행된 신용카드

3. 「조세특례제한법」 제126조의2제1항제4호에 따른 기명식선불카드, 직불전자지급수단, 기명식선불전자지급수단 또는 기명식전자화폐

④ 법 제25조제2항제4호에서 "대통령령으로 정하는 원천징수영수증"이란 「소득세법」 제168조에 따라 사업자등록을 하지 아니한 자로부터 용역을 제공받고 같은 법 제144조 및 제145조에 따라 발급하는 원천징수영수증을 말한다. 〈신설 2009. 2. 4., 2019. 2. 12.〉

⑤법 제25조제3항을 적용할 때 재화 또는 용역을 공급하는 신용카드등의 가맹점이 아닌 다른 가맹점의 명의로 작성된 매출전표 등을 발급받은 경우는 매출전표 등에 기재된 상호 및 사업장소재지가 재화 또는 용역을 공급하는 신용카드등의 가맹점의 상호 및 사업장소재지와 다른 경우로 한다. 〈신설 2000. 12. 29., 2019. 2. 12.〉

⑥ 제1항부터 제3항까지 및 제5항을 적용할 때 법 제25조제2항제1호에 따른 신용카드등은 해당 법인의 명의로 발급받은 신용카드등으로 한다. 〈신설 2019. 2. 12.〉

[제목개정 2023. 2. 28.]

제42조(기업업무추진비의 수입금액계산기준 등) ① 법 제25조제4항제2호 본문에서 "대통령령으로 정하는 수입금액"이란 기업회계기준에 따라 계산한 매출액[사업연도 중에 중단된 사업부문의 매출액을 포함하며, 「자본시장과 금융투자업에 관한 법률」 제4조제7항에 따른

파생결합증권 및 같은 법 제5조제1항에 따른 파생상품 거래의 경우 해당 거래의 손익을 통산(通算)한 순이익(0보다 작은 경우 0으로 한다)을 말한다. 이하 "매출액"이라 한다]을 말한다. 다만, 다음 각 호의 법인에 대해서는 다음 계산식에 따라 계산한 금액으로 한다. 〈개정 2019. 2. 12., 2022. 2. 17., 2024. 2. 29.〉

1. 「자본시장과 금융투자업에 관한 법률」에 따른 투자매매업자 또는 투자중개업자: 매출액 + 「자본시장과 금융투자업에 관한 법률」 제6조제1항제2호의 영업과 관련한 보수 및 수수료의 9배에 상당하는 금액

2. 「자본시장과 금융투자업에 관한 법률」에 따른 집합투자업자: 매출액 + 「자본시장과 금융투자업에 관한 법률」 제9조제20항에 따른 집합투자재산의 운용과 관련한 보수 및 수수료의 9배에 상당하는 금액

3. 「한국투자공사법」에 따른 한국투자공사: 매출액 + 「한국투자공사법」 제34조제2항에 따른 운용수수료의 6배에 상당하는 금액

4. 「한국수출입은행법」에 따른 한국수출입은행: 매출액 + 수입보증료의 6배에 상당하는 금액

5. 「한국자산관리공사 설립 등에 관한 법률」에 따른 한국자산관리공사: 매출액 + 같은 법 제31조제1항의 업무수행에 따른 수수료의 6배에 상당하는 금액

5의2. 「주택도시기금법」에 따른 주택도시보증공사: 매출액 + 수입보증료의 6배에 상당하는 금액

6. 제63조제1항 각 호의 법인: 매출액 + 수입보증료의 6배에 상당하는 금액

② 법 제25조제5항 및 법 제27조의2제5항에서 "대통령령으로 정하는 요건에 해당하는 내국법인"이란 각각 다음 각 호의 요건을 모두 갖춘 내국법인을 말한다. 〈신설 2017. 2. 3., 2019. 2. 12., 2020. 2. 11., 2022. 2. 15.〉

1. 해당 사업연도 종료일 현재 내국법인의 제43조제7항에 따른 지배주주등이 보유한 주식등의 합계가 해당 내국법인의 발행주식총수 또는 출자총액의 100분의 50을 초과할 것

2. 해당 사업연도에 부동산 임대업을 주된 사업으로 하거나 다음 각 목의 금액 합계가 기업회계기준에 따라 계산한 매출액(가목부터

다목까지에서 정하는 금액이 포함되지 않은 경우에는 이를 포함하여 계산한다)의 100분의 50 이상일 것

가. 부동산 또는 부동산상의 권리의 대여로 인하여 발생하는 수입금액(「조세특례제한법」 제138조제1항에 따라 익금에 가산할 금액을 포함한다)

나. 「소득세법」 제16조제1항에 따른 이자소득의 금액

다. 「소득세법」 제17조제1항에 따른 배당소득의 금액

3. 해당 사업연도의 상시근로자 수가 5명 미만일 것

③ 제2항제2호를 적용할 때 내국법인이 둘 이상의 서로 다른 사업을 영위하는 경우에는 사업별 사업수입금액이 큰 사업을 주된 사업으로 본다. 〈신설 2017. 2. 3., 2019. 2. 12.〉

④제2항제3호를 적용할 때 상시근로자는 「근로기준법」에 따라 근로계약을 체결한 내국인 근로자로 한다. 다만, 다음 각 호의 어느 하나에 해당하는 근로자는 제외한다. 〈신설 2017. 2. 3., 2019. 2. 12.〉

1. 해당 법인의 최대주주 또는 최대출자자와 그와 「국세기본법 시행령」 제1조의2제1항에 따른 친족관계인 근로자

2. 「소득세법 시행령」 제196조제1항에 따른 근로소득원천징수부에 의하여 근로소득세를 원천징수한 사실이 확인되지 아니하는 근로자

3. 근로계약기간이 1년 미만인 근로자. 다만, 근로계약의 연속된 갱신으로 인하여 그 근로계약의 총기간이 1년 이상인 근로자는 제외한다.

4. 「근로기준법」 제2조제1항제8호에 따른 단시간근로자

⑤ 제2항제3호를 적용할 때 상시근로자 수의 계산방법은 「조세특례제한법 시행령」 제26조의4제3항을 준용한다. 〈신설 2017. 2. 3., 2019. 2. 12.〉

⑥ 기업업무추진비 가액의 계산에 관해서는 제36조제1항제3호를 준용한다. 〈신설 2019. 2. 12., 2023. 2. 28.〉

[제목개정 2023. 2. 28.]

[제39조에서 이동, 종전 제42조는 제40조로 이동 〈2019. 2. 12.〉]

제42조의2 삭제 〈2009. 2. 4.〉

제43조(상여금 등의 손금불산입) ①법인이 그 임원 또는 직원에게 이익처분에 의하여 지급하는 상여금은 이를 손금에 산입하지 아니한다. 이 경우 합명회사 또는 합자회사의 노무출자사원에게 지급하는 보수는 이익처분에 의한 상여로 본다. 〈개정 2018. 2. 13., 2019. 2. 12.〉

②법인이 임원에게 지급하는 상여금중 정관·주주총회·사원총회 또는 이사회의 결의에 의하여 결정된 급여지급기준에 의하여 지급하는 금액을 초과하여 지급한 경우 그 초과금액은 이를 손금에 산입하지 아니한다.

③법인이 지배주주등(특수관계에 있는 자를 포함한다. 이하 이 항에서 같다)인 임원 또는 직원에게 정당한 사유없이 동일직위에 있는 지배주주등 외의 임원 또는 직원에게 지급하는 금액을 초과하여 보수를 지급한 경우 그 초과금액은 이를 손금에 산입하지 아니한다. 〈개정 2008. 2. 22., 2019. 2. 12.〉

④상근이 아닌 법인의 임원에게 지급하는 보수는 법 제52조에 해당하는 경우를 제외하고 이를 손금에 산입한다.

⑤법인의 해산에 의하여 퇴직하는 임원 또는 직원에게 지급하는 해산수당 또는 퇴직위로금 등은 최종사업연도의 손금으로 한다. 〈개정 2019. 2. 12.〉

⑥ 삭제 〈2009. 2. 4.〉

⑦ 제3항에서 “지배주주등”이란 법인의 발행주식총수 또는 출자총액의 100분의 1 이상의 주식 또는 출자지분을 소유한 주주등으로서 그와 특수관계에 있는 자와의 소유 주식 또는 출자지분의 합계가 해당 법인의 주주등 중 가장 많은 경우의 해당 주주등(이하 “지배주주등”이라 한다)을 말한다. 〈신설 2008. 2. 22.〉

⑧ 제3항 및 제7항에서 “특수관계에 있는 자”란 해당 주주등과 다음 각 호의 어느 하나에 해당하는 관계에 있는 자를 말한다. 〈신설 2008. 2. 22., 2009. 2. 4., 2012. 2. 2., 2019. 2. 12., 2023. 2. 28.〉

1. 해당 주주등이 개인인 경우에는 다음 각 목의 어느 하나에 해당하는 관계에 있는 자

가. 친족(「국세기본법 시행령」 제1조의2제1항에 해당하는 자를 말한다. 이하 같다)

나. 제2조제8항제1호의 관계에 있는 법인

다. 해당 주주등과 가목 및 나목에 해당하는 자가 발행주식총수 또는 출자총액의 100분의 30 이상을 출자하고 있는 법인

라. 해당 주주등과 그 친족이 이사의 과반수를 차지하거나 출연금(설립을 위한 출연금에 한한다)의 100분의 30 이상을 출연하고 그 중 1명이 설립자로 되어 있는 비영리법인

마. 다목 및 라목에 해당하는 법인이 발행주식총수 또는 출자총액의 100분의 30 이상을 출자하고 있는 법인

2. 해당 주주등이 법인인 경우에는 제2조제8항 각 호(제3호는 제외한다)의 어느 하나에 해당하는 관계에 있는 자

제44조(퇴직급여의 손금불산입) ①법인이 임원 또는 직원에게 지급하는 퇴직급여(「근로자퇴직급여 보장법」 제2조제5호에 따른 급여를 말한다. 이하 같다)는 임원 또는 직원이 현실적으로 퇴직(이하 이 조에서 "현실적인 퇴직"이라 한다)하는 경우에 지급하는 것에 한하여 이를 손금에 산입한다. 〈개정 2006. 2. 9., 2019. 2. 12.〉

②현실적인 퇴직은 법인이 퇴직급여를 실제로 지급한 경우로서 다음 각 호의 어느 하나에 해당하는 경우를 포함하는 것으로 한다. 〈개정 2005. 2. 19., 2005. 8. 19., 2006. 2. 9., 2009. 2. 4., 2010. 2. 18., 2019. 2. 12., 2022. 2. 15.〉

1. 법인의 직원이 해당 법인의 임원으로 취임한 때

2. 법인의 임원 또는 직원이 그 법인의 조직변경·합병·분할 또는 사업양도에 의하여 퇴직한 때

3. 「근로자퇴직급여 보장법」 제8조제2항에 따라 퇴직급여를 중간정산(종전에 퇴직급여를 중간정산하여 지급한 적이 있는 경우에는 직전 중간정산 대상기간이 종료한 다음 날부터 기산하여 퇴직급여를 중간정산한 것을 말한다. 이하 제5호에서 같다)하여 지급한 때

4. 삭제 〈2015. 2. 3.〉

5. 정관 또는 정관에서 위임된 퇴직급여지급규정에 따라 장기 요양 등 기획재정부령으로 정하는 사유로 그 때까지의 퇴직급여를 중간정산하여 임원에게 지급한 때

③ 법인이 임원(지배주주등 및 지배주주등과 제43조제8항에 따른 특수관계에 있는 자는 제외한다) 또는 직원에게 해당 법인과 특수관계인인 법인에 근무한 기간을 합산하여 퇴직급여를 지급하는 경우

기획재정부령으로 정하는 바에 따라 해당 퇴직급여상당액을 각 법인별로 안분하여 손금에 산입한다. 이 경우 해당 임원 또는 직원이 마지막으로 근무한 법인은 해당 퇴직급여에 대한 「소득세법」에 따른 원천징수 및 지급명세서의 제출을 일괄하여 이행할 수 있다. 〈신설 2009. 2. 4., 2012. 2. 2., 2013. 2. 15., 2019. 2. 12.〉

④법인이 임원에게 지급한 퇴직급여 중 다음 각 호의 어느 하나에 해당하는 금액을 초과하는 금액은 손금에 산입하지 아니한다. 〈개정 2000. 12. 29., 2005. 2. 19., 2006. 2. 9., 2008. 2. 29., 2009. 2. 4., 2011. 3. 31., 2019. 2. 12.〉

1. 정관에 퇴직급여(퇴직위로금 등을 포함한다)로 지급할 금액이 정하여진 경우에는 정관에 정하여진 금액

2. 제1호 외의 경우에는 그 임원이 퇴직하는 날부터 소급하여 1년 동안 해당 임원에게 지급한 총급여액[「소득세법」 제20조제1항제1호 및 제2호에 따른 금액(같은 법 제12조에 따른 비과세소득은 제외한다)으로 하되, 제43조에 따라 손금에 산입하지 아니하는 금액은 제외한다]의 10분의 1에 상당하는 금액에 기획재정부령으로 정하는 방법에 의하여 계산한 근속연수를 곱한 금액. 이 경우 해당 임원이 직원에서 임원으로 된 때에 퇴직금을 지급하지 아니한 경우에는 직원으로 근무한 기간을 근속연수에 합산할 수 있다.

⑤제4항제1호는 정관에 임원의 퇴직급여를 계산할 수 있는 기준이 기재된 경우를 포함하며, 정관에서 위임된 퇴직급여지급규정이 따로 있는 경우에는 해당 규정에 의한 금액에 의한다. 〈개정 2006. 2. 9., 2009. 2. 4.〉

⑥ 제3항에 따라 지배주주등과 제43조제8항에 따른 특수관계의 유무를 판단할 때 지배주주등과 제2조제8항제7호의 관계에 있는 임원의 경우에는 특수관계에 있는 것으로 보지 아니한다. 〈신설 2010. 2. 18., 2019. 2. 12., 2023. 2. 28.〉

[제목개정 2006. 2. 9.]

제44조의2(퇴직보험료 등의 손금불산입) ①내국법인이 임원 또는 직원의 퇴직급여를 지급하기 위하여 납입하거나 부담하는 보험료·부금 또는 부담금(이하 이 조에서 "보험료등"이라 한다) 중 제2항부터 제4항까지의 규정에 따라 손금에 산입하는 것 외의 보험료등은 이를 손금에 산입하지 아니한다. 〈개정 2006. 2. 9., 2010. 2. 18.,

2015. 2. 3., 2019. 2. 12.〉

②내국법인이 임원 또는 직원의 퇴직을 퇴직급여의 지급사유로 하고 임원 또는 직원을 수급자로 하는 연금으로서 기획재정부령으로 정하는 것(이하 이 조에서 "퇴직연금등"이라 한다)의 부담금으로서 지출하는 금액은 해당 사업연도의 소득금액계산에 있어서 이를 손금에 산입한다. 〈개정 2006. 2. 9., 2008. 2. 29., 2010. 12. 30., 2019. 2. 12.〉

③ 제2항에 따라 지출하는 금액 중 확정기여형 퇴직연금등(「근로자퇴직급여 보장법」 제19조에 따른 확정기여형퇴직연금, 같은 법 제23조의6에 따른 중소기업퇴직연금기금제도, 같은 법 제24조에 따른 개인형퇴직연금제도 및 「과학기술인공제회법」에 따른 퇴직연금 중 확정기여형 퇴직연금에 해당하는 것을 말한다. 이하 같다)의 부담금은 전액 손금에 산입한다. 다만, 임원에 대한 부담금은 법인이 퇴직시까지 부담한 부담금의 합계액을 퇴직급여로 보아 제44조제4항을 적용하되, 손금산입한도 초과금액이 있는 경우에는 퇴직일이 속하는 사업연도의 부담금 중 손금산입 한도 초과금액 상당액을 손금에 산입하지 아니하고, 손금산입 한도 초과금액이 퇴직일이 속하는 사업연도의 부담금을 초과하는 경우 그 초과금액은 퇴직일이 속하는 사업연도의 익금에 산입한다. 〈개정 2010. 2. 18., 2010. 12. 30., 2012. 4. 13., 2016. 2. 12., 2022. 2. 15.〉

④ 제2항에 따라 지출하는 금액 중 확정기여형 퇴직연금등의 부담금을 제외한 금액은 제1호 및 제1호의2의 금액 중 큰 금액에서 제2호의 금액을 뺀 금액을 한도로 손금에 산입하며, 둘 이상의 부담금이 있는 경우에는 먼저 계약이 체결된 퇴직연금등의 부담금부터 손금에 산입한다. 〈신설 2010. 2. 18., 2010. 12. 30., 2012. 4. 13., 2014. 2. 21., 2016. 2. 12., 2019. 2. 12.〉

1. 해당 사업연도종료일 현재 재직하는 임원 또는 직원의 전원이 퇴직할 경우에 퇴직급여로 지급되어야 할 금액의 추계액(제44조에 따라 손금에 산입하지 아니하는 금액과 제3항 본문에 따라 손금에 산입하는 금액은 제외한다)에서 해당 사업연도종료일 현재의 퇴직급여충당금을 공제한 금액에 상당하는 연금에 대한 부담금

1의2. 다음 각 목의 금액을 더한 금액(제44조에 따라 손금에 산입하지 아니하는 금액과 제3항 본문에 따라 손금에 산입하는 금액

은 제외한다)에서 해당 사업연도 종료일 현재의 퇴직급여충당금을 공제한 금액에 상당하는 연금에 대한 부담금

가. 「근로자퇴직급여 보장법」 제16조제1항제1호에 따른 금액

나. 해당 사업연도종료일 현재 재직하는 임원 또는 직원 중 「근로자퇴직급여 보장법」 제2조제8호에 따른 확정급여형퇴직연금제도에 가입하지 아니한 사람 전원이 퇴직할 경우에 퇴직급여로 지급되어야 할 금액의 추계액과 확정급여형퇴직연금제도에 가입한 사람으로서 그 재직기간 중 가입하지 아니한 기간이 있는 사람 전원이 퇴직할 경우에 그 가입하지 아니한 기간에 대하여 퇴직급여로 지급되어야 할 금액의 추계액을 더한 금액

2. 직전 사업연도종료일까지 지급한 부담금

⑤제2항에 따라 부담금을 손금에 산입한 법인은 법 제60조에 따른 신고와 함께 기획재정부령으로 정하는 퇴직연금부담금조정명세서를 첨부하여 납세지 관할 세무서장에게 제출하여야 한다. 〈개정 2008. 2. 29., 2010. 2. 18., 2010. 12. 30.〉

[본조신설 2000. 12. 29.]

제45조(복리후생비의 손금불산입) ①법인이 그 임원 또는 직원을 위하여 지출한 복리후생비중 다음 각 호의 어느 하나에 해당하는 비용 외의 비용은 손금에 산입하지 아니한다. 이 경우 직원은 「파견근로자보호 등에 관한 법률」 제2조에 따른 파견근로자를 포함한다. 〈개정 2000. 2. 7., 2001. 12. 31., 2005. 2. 19., 2009. 2. 4., 2011. 12. 8., 2013. 2. 15., 2017. 2. 3., 2019. 2. 12.〉

1. 직장체육비

2. 직장문화비

2의2. 직장회식비

3. 우리사주조합의 운영비

4. 삭제 〈2000. 12. 29.〉

5. 「국민건강보험법」 및 「노인장기요양보험법」에 따라 사용자로서 부담하는 보험료 및 부담금

6. 「영유아보육법」에 의하여 설치된 직장어린이집의 운영비

7. 「고용보험법」에 의하여 사용자로서 부담하는 보험료

8. 그 밖에 임원 또는 직원에게 사회통념상 타당하다고 인정되는 범위에서 지급하는 경조사비 등 제1호부터 제7호까지의 비용과 유

사한 비용

② 삭제 〈2000. 12. 29.〉

③ 삭제 〈2000. 12. 29.〉

④ 삭제 〈2000. 12. 29.〉

제46조(여비 등의 손금불산입) 법인이 임원 또는 직원이 아닌 지배주주등(제43조제8항에 따른 특수관계에 있는 자를 포함한다)에게 지급한 여비 또는 교육훈련비는 해당 사업연도의 소득금액을 계산할 때 손금에 산입하지 아니한다. 〈개정 2008. 2. 22., 2019. 2. 12.〉

제47조 삭제 〈2006. 2. 9.〉

제48조(공동경비의 손금불산입) ①법인이 해당 법인 외의 자와 동일한 조직, 자산, 사업 등을 공동으로 운영하거나 영위함에 따라 발생되거나 지출된 손비 중 다음 각 호의 기준에 따른 분담금액을 초과하는 금액은 해당 법인의 소득금액을 계산할 때 손금에 산입하지 아니한다. 〈개정 2000. 12. 29., 2007. 2. 28., 2008. 2. 22., 2008. 2. 29., 2010. 2. 18., 2016. 2. 12., 2019. 2. 12., 2023. 2. 28., 2025. 2. 28.〉

1. 출자에 의하여 특정사업을 공동으로 영위하는 경우에는 출자총액중 당해 법인이 출자한 금액의 비율

2. 제1호 외의 경우로서 해당 조직, 자산, 사업 등에 관련되는 모든 법인 등(이하 이 항에서 "비출자공동사업자"라 한다)이 지출하는 비용에 대하여는 다음 각 목에 따른 기준

가. 비출자공동사업자 사이에 제2조제8항 각 호의 어느 하나의 관계가 있는 경우 : 직전 사업연도 또는 해당 사업연도의 매출액 총액과 총자산가액(한 공동사업자가 다른 공동사업자의 지분을 보유하고 있는 경우 그 주식의 장부가액은 제외한다. 이하 이 조에서 같다) 총액 중 법인이 선택하는 금액(선택하지 아니한 경우에는 직전 사업연도의 매출액 총액을 선택한 것으로 보며, 선택한 사업연도부터 연속하여 5개 사업연도 동안 적용하여야 한다)에서 해당 법인의 매출액(총자산가액 총액을 선택한 경우에는 총자산가액을 말한다)이 차지하는 비율. 다만, 공동행사비, 공동구매비, 자산의 공동경비 등 기획재정부령으로 정하는 손비에 대하여는 참석인원 수, 구매금액, 해당 자산의 소유지분·사용횟수 등 기획재정부령으로 정하는 기준에 따를 수 있다.

나. 가목 외의 경우 : 비출자공동사업자 사이의 약정에 따른 분담비율. 다만, 해당 비율이 없는 경우에는 가목의 비율에 따른다.

3. 삭제 <2008. 2. 22.>

② 제1항제2호가목 본문을 적용할 때 비출자공동사업자 전부 또는 일부가 직전 사업연도 매출액이 없는 경우에는 해당 사업연도의 매출액 총액 또는 총자산가액 총액 중 해당 법인이 선택해야 하며, 선택하지 않으면 해당 사업연도의 매출액 총액을 선택한 것으로 본다. <신설 2025. 2. 28.>

③제1항의 규정을 적용함에 있어서 매출액의 범위 등 분담금액의 계산에 관하여 필요한 사항은 기획재정부령으로 정한다. <개정 2008. 2. 29., 2025. 2. 28.>

제49조(업무와 관련이 없는 자산의 범위 등) ①법 제27조제1호에서 "대통령령으로 정하는 자산"이란 다음 각호의 자산을 말한다. <개정 1999. 12. 31., 2000. 12. 29., 2005. 2. 19., 2008. 2. 29., 2011. 6. 3.>

1. 다음 각목의 1에 해당하는 부동산. 다만, 법령에 의하여 사용이 금지되거나 제한된 부동산, 「자산유동화에 관한 법률」에 의한 유동화전문회사가 동법 제3조의 규정에 의하여 등록한 자산유동화계획에 따라 양도하는 부동산 등 기획재정부령이 정하는 부득이한 사유가 있는 부동산을 제외한다.

가. 법인의 업무에 직접 사용하지 아니하는 부동산. 다만, 기획재정부령이 정하는 기간(이하 이 조에서 "유예기간"이라 한다)이 경과하기 전까지의 기간 중에 있는 부동산을 제외한다.

나. 유예기간 중에 당해 법인의 업무에 직접 사용하지 아니하고 양도하는 부동산. 다만, 기획재정부령이 정하는 부동산매매업을 주업으로 영위하는 법인의 경우를 제외한다.

2. 다음 각목의 1에 해당하는 동산

가. 서화 및 골동품. 다만, 장식·환경미화 등의 목적으로 사무실·복도 등 여러 사람이 볼 수 있는 공간에 상시 비치하는 것을 제외한다.

나. 업무에 직접 사용하지 아니하는 자동차·선박 및 항공기. 다만, 저당권의 실행 기타 채권을 변제받기 위하여 취득한 선박으로서 3년이 경과되지 아니한 선박 등 기획재정부령이 정하는 부득이

한 사유가 있는 자동차·선박 및 항공기를 제외한다.

다. 기타 가목 및 나목의 자산과 유사한 자산으로서 당해 법인의 업무에 직접 사용하지 아니하는 자산

②제1항제1호의 규정에 해당하는 부동산인지 여부의 판정 등에 관하여 필요한 사항은 기획재정부령으로 정한다. 〈개정 2008. 2. 29.〉

③법 제27조제1호에서 "대통령령으로 정하는 금액"이란 제1항 각 호의 자산을 취득·관리함으로써 생기는 비용, 유지비, 수선비 및 이와 관련되는 비용을 말한다. 〈개정 2011. 6. 3.〉

제50조(업무와 관련이 없는 지출) ① 법 제27조제2호에서 "대통령령으로 정하는 금액"이란 다음 각 호의 어느 하나에 해당하는 지출금액을 말한다. 〈개정 2009. 2. 4., 2010. 12. 30., 2019. 2. 12.〉

1. 해당 법인이 직접 사용하지 아니하고 다른 사람(주주등이 아닌 임원과 소액주주등인 임원 및 직원은 제외한다)이 주로 사용하고 있는 장소·건축물·물건 등의 유지비·관리비·사용료와 이와 관련되는 지출금. 다만, 법인이 「대·중소기업 상생협력 촉진에 관한 법률」 제35조에 따른 사업을 중소기업(제조업을 영위하는 자에 한한다)에 이양하기 위하여 무상으로 해당 중소기업에 대여하는 생산설비와 관련된 지출금 등은 제외한다.

2. 해당 법인의 주주등(소액주주등은 제외한다)이거나 출연자인 임원 또는 그 친족이 사용하고 있는 사택의 유지비·관리비·사용료와 이와 관련되는 지출금

3. 제49조제1항 각 호의 어느 하나에 해당하는 자산을 취득하기 위하여 지출한 자금의 차입과 관련되는 비용

4. 해당 법인이 공여한 「형법」 또는 「국제상거래에 있어서 외국공무원에 대한 뇌물방지법」에 따른 뇌물에 해당하는 금전 및 금전 외의 자산과 경제적 이익의 합계액

5. 「노동조합 및 노동관계조정법」 제24조제2항 및 제4항을 위반하여 지급하는 급여

② 제1항제1호 및 제2호에서 "소액주주등"이란 발행주식총수 또는 출자총액의 100분의 1에 미달하는 주식등을 소유한 주주등(해당 법인의 국가, 지방자치단체가 아닌 지배주주등의 특수관계인인 자는 제외하며, 이하 "소액주주등"이라 한다)을 말한다. 〈개정 2012. 2.

2., 2019. 2. 12.〉

③ 법 제19조의2제2항 각 호의 어느 하나에 해당하는 채권의 처분손실은 손금에 산입하지 않는다. 〈신설 2019. 2. 12.〉

[전문개정 2008. 2. 22.]

제50조의2(업무용승용차 관련비용 등의 손금불산입 특례) ① 법 제27조의2제1항에서 "운수업, 자동차판매업 등에서 사업에 직접 사용하는 승용자동차로서 대통령령으로 정하는 것과 연구개발을 목적으로 사용하는 승용자동차로서 대통령령으로 정하는 것"이란 다음 각 호의 어느 하나에 해당하는 승용자동차를 말한다. 〈개정 2020. 2. 11.〉

1. 「부가가치세법 시행령」 제19조 각 호에 해당하는 업종 또는 「여신전문금융업법」 제2조제9호에 따른 시설대여업에서 사업상 수익을 얻기 위하여 직접 사용하는 승용자동차

2. 제1호와 유사한 승용자동차로서 기획재정부령으로 정하는 승용자동차

3. 「자동차관리법」 제27조제1항 단서에 따라 국토교통부장관의 임시운행허가를 받은 자율주행자동차

② 법 제27조의2제2항에서 "대통령령으로 정하는 비용"이란 업무용승용차에 대한 감가상각비, 임차료, 유류비, 보험료, 수선비, 자동차세, 통행료 및 금융리스부채에 대한 이자비용 등 업무용승용차의 취득·유지를 위하여 지출한 비용(이하 이 조에서 "업무용승용차 관련비용"이라 한다)을 말한다.

③ 업무용승용차는 제26조제1항제2호 및 제28조제1항제2호에도 불구하고 정액법을 상각방법으로 하고 내용연수를 5년으로 하여 계산한 금액을 감가상각비로 하여 손금에 산입하여야 한다.

④ 법 제27조의2제2항에서 "대통령령으로 정하는 업무용 사용금액"이란 다음 각 호의 구분에 따른 금액을 말한다. 다만, 해당 업무용승용차에 기획재정부령으로 정하는 자동차등록번호판을 부착하지 않은 경우에는 영(0)원으로 한다. 〈개정 2018. 2. 13., 2019. 2. 12., 2024. 2. 29.〉

1. 해당 사업연도 전체 기간(임차한 승용차의 경우 해당 사업연도 중에 임차한 기간을 말한다) 동안 다음 각 목의 어느 하나에 해당하는 사람이 운전하는 경우만 보상하는 자동차보험(이하 "업무전용자동차보험"이라 한다)에 가입한 경우: 업무용승용차 관련비용에 업무

사용비율을 곱한 금액

가. 해당 법인의 임원 또는 직원

나. 계약에 따라 해당 법인의 업무를 위하여 운전하는 사람

다. 해당 법인의 업무를 위하여 필요하다고 인정되는 경우로서 기획재정부령으로 정하는 사람

2. 업무전용자동차보험에 가입하지 아니한 경우: 영(0)원

⑤ 제4항제1호에서 업무사용비율은 기획재정부령으로 정하는 운행기록 등(이하 이 조에서 "운행기록등"이라 한다)에 따라 확인되는 총 주행거리 중 업무용 사용거리가 차지하는 비율로 한다.

⑥ 제4항제1호를 적용받으려는 내국법인은 업무용승용차별로 운행기록등을 작성·비치하여야 하며, 납세지 관할 세무서장이 요구할 경우 이를 즉시 제출하여야 한다.

⑦ 제4항제1호를 적용할 때 운행기록등을 작성·비치하지 않은 경우 해당 업무용승용차의 업무사용비율은 제5항에도 불구하고 다음 각 호의 구분에 따른 비율로 한다. 〈개정 2018. 2. 13., 2020. 2. 11.〉

1. 해당 사업연도의 업무용승용차 관련비용이 1천5백만원(해당 사업연도가 1년 미만인 경우에는 1천5백만원에 해당 사업연도의 월수를 곱하고 이를 12로 나누어 산출한 금액을 말하고, 사업연도 중 일부기간 동안 보유하거나 임차한 경우에는 1천5백만원에 해당 보유기간 또는 임차기간 월수를 곱하고 이를 사업연도 월수로 나누어 산출한 금액을 말한다. 이하 이 조에서 같다) 이하인 경우: 100분의 100

2. 해당 사업연도의 업무용승용차 관련비용이 1천5백만원을 초과하는 경우: 1천5백만원을 업무용승용차 관련비용으로 나눈 비율

⑧ 제4항제1호를 적용할 때 기획재정부령으로 정하는 임차 승용차로서 다음 각 호의 어느 하나에 해당하는 사람을 운전자로 한정하는 임대차 특약을 체결한 경우에는 업무전용자동차보험에 가입한 것으로 본다. 〈신설 2017. 2. 3., 2019. 2. 12.〉

1. 해당 법인의 임원 또는 직원

2. 계약에 따라 해당 법인의 업무를 위하여 운전하는 사람

⑨제4항제2호에도 불구하고 해당 사업연도 전체기간(임차한 승용차의 경우 해당 사업연도 중에 임차한 기간을 말한다) 중 일부기간만 업무전용자동차보험에 가입한 경우 법 제27조의2제2항에 따른

업무사용금액은 다음의 계산식에 따라 산정한 금액으로 한다. 〈신설 2017. 2. 3., 2018. 2. 13.〉

업무용승용차 관련비용 × 업무사용비율 × (해당 사업연도에 실제로 업무전용자동차보험에 가입한 일수 ÷ 해당 사업연도에 업무전용자동차보험에 의무적으로 가입하여야 할 일수)

⑩ 법 제27조의2제3항 각 호 외의 부분의 감가상각비 한도초과액은 같은 항 각 호의 금액에 업무사용비율을 곱하여 산출한 금액에서 800만원(해당 사업연도가 1년 미만인 경우 800만원에 해당 사업연도의 월수를 곱하고 이를 12로 나누어 산출한 금액을 말하고, 사업연도 중 일부 기간 동안 보유하거나 임차한 경우에는 800만원에 해당 보유기간 또는 임차기간 월수를 곱하고 이를 사업연도 월수로 나누어 산출한 금액을 말한다)을 차감하여 계산한다. 〈개정 2017. 2. 3., 2018. 2. 13.〉

⑪ 법 제27조의2제3항 각 호 외의 부분에서 "대통령령으로 정하는 방법"이란 다음 각 호의 구분에 따른 방법에 따라 산정된 금액을 한도로 이월하여 손금에 산입하는 방법을 말한다. 〈개정 2017. 2. 3., 2019. 2. 12., 2020. 2. 11.〉

1. 업무용승용차별 감가상각비 이월액: 해당 사업연도의 다음 사업연도부터 해당 업무용승용차의 업무사용금액 중 감가상각비가 800만원에 미달하는 경우 그 미달하는 금액을 한도로 하여 손금으로 추인한다.

2. 업무용승용차별 임차료 중 제12항에 따른 감가상각비 상당액 이월액: 해당 사업연도의 다음 사업연도부터 해당 업무용승용차의 업무사용금액 중 감가상각비 상당액이 800만원에 미달하는 경우 그 미달하는 금액을 한도로 손금에 산입한다.

⑫ 법 제27조의2제3항제2호에서 "대통령령으로 정하는 감가상각비 상당액"이란 업무용승용차의 임차료 중 보험료와 자동차세 등을 제외한 금액으로서 기획재정부령으로 정하는 금액을 말한다. 〈개정 2017. 2. 3.〉

⑬ 법 제27조의2제4항에서 "대통령령으로 정하는 방법"이란 해당 사업연도의 다음 사업연도부터 800만원을 균등하게 손금에 산입하되, 남은 금액이 800만원 미만인 사업연도에는 남은 금액을 모두 손금에 산입하는 방법을 말한다. 〈개정 2017. 2. 3., 2020. 2.

11.〉

⑭ 업무용승용차 관련비용 또는 처분손실을 손금에 산입한 법인은 법 제60조에 따른 신고를 할 때 기획재정부령으로 정하는 업무용승용차 관련비용 명세서를 첨부하여 납세지 관할 세무서장에게 제출하여야 한다. 〈개정 2017. 2. 3.〉

⑮ 제42조제2항 각 호의 요건을 모두 갖춘 내국법인의 경우에는 제7항, 제10항, 제11항 또는 제13항을 적용할 때 "1천5백만원"은 각각 "500만원"으로, "800만원"은 각각 "400만원"으로 한다. 〈신설 2017. 2. 3., 2019. 2. 12., 2020. 2. 11.〉

⑯ 해당 사업연도가 1년 미만이거나 사업연도 중 일부 기간 동안 보유하거나 임차한 경우의 월수의 계산은 역에 따라 계산하되, 1개월 미만의 일수는 1개월로 한다. 〈신설 2018. 2. 13.〉

⑰ 제1항부터 제16항까지에서 규정한 사항 외에 업무용 사용의 범위 및 그 밖에 필요한 사항은 기획재정부령으로 정한다. 〈개정 2017. 2. 3., 2018. 2. 13.〉

[본조신설 2016. 2. 12.]

제51조(채권자가 불분명한 사채이자등의 범위) ①법 제28조제1항제1호에서 "대통령령으로 정하는 채권자가 불분명한 사채의 이자"란 다음 각 호의 어느 하나에 해당하는 차입금의 이자(알선수수료·사례금등 명목여하에 불구하고 사채를 차입하고 지급하는 금품을 포함한다)를 말한다. 다만, 거래일 현재 주민등록표에 의하여 그 거주사실 등이 확인된 채권자가 차입금을 변제받은 후 소재불명이 된 경우의 차입금에 대한 이자를 제외한다. 〈개정 2019. 2. 12.〉

1. 채권자의 주소 및 성명을 확인할 수 없는 차입금

2. 채권자의 능력 및 자산상태로 보아 금전을 대여한 것으로 인정할 수 없는 차입금

3. 채권자와의 금전거래사실 및 거래내용이 불분명한 차입금

②법 제28조제1항제2호에서 "대통령령으로 정하는 것"이란 채권 또는 증권의 이자·할인액 또는 차익을 당해 채권 또는 증권의 발행법인이 직접 지급하는 경우 그 지급사실이 객관적으로 인정되지 아니하는 이자·할인액 또는 차익을 말한다. 〈개정 2011. 6. 3.〉

제52조(건설자금에 충당한 차입금의 이자의 범위) ①법 제28조제1항제3호에서 "대통령령으로 정하는 건설자금에 충당한 차입금의 이

자”란 그 명목여하에 불구하고 사업용 유형자산 및 무형자산의 매입·제작 또는 건설(이하 이 조에서 “건설등”이라 한다)에 소요되는 차입금(자산의 건설등에 소요된지의 여부가 분명하지 아니한 차입금은 제외한다. 이하 이 조에서 “특정차입금”이라 한다)에 대한 지급이자 또는 이와 유사한 성질의 지출금(이하 이 조에서 “지급이자등”이라 한다)을 말한다. 〈개정 2010. 12. 30., 2019. 2. 12.〉

②특정차입금에 대한 지급이자등은 건설등이 준공된 날까지 이를 자본적 지출로 하여 그 원본에 가산한다. 다만, 특정차입금의 일시예금에서 생기는 수입이자는 원본에 가산하는 자본적 지출금액에서 차감한다. 〈개정 2010. 12. 30.〉

③특정차입금의 일부를 운영자금에 전용한 경우에는 그 부분에 상당하는 지급이자는 이를 손금으로 한다. 〈개정 2010. 12. 30.〉

④특정차입금의 연체로 인하여 생긴 이자를 원본에 가산한 경우 그 가산한 금액은 이를 해당 사업연도의 자본적 지출로 하고, 그 원본에 가산한 금액에 대한 지급이자는 이를 손금으로 한다. 〈개정 2010. 12. 30.〉

⑤특정차입금 중 해당 건설등이 준공된 후에 남은 차입금에 대한 이자는 각 사업연도의 손금으로 한다. 이 경우 건설등의 준공일은 당해 건설등의 목적물이 전부 준공된 날로 한다. 〈개정 2010. 12. 30.〉

⑥제2항 본문 및 제5항 후단에서 “준공된 날”이라 함은 다음 각 호의 어느 하나에 해당하는 날로 한다. 〈개정 2005. 2. 19., 2019. 2. 12.〉

1. 토지를 매입하는 경우에는 그 대금을 청산한 날. 다만, 그 대금을 청산하기 전에 당해 토지를 사업에 사용하는 경우에는 그 사업에 사용되기 시작한 날

2. 건축물의 경우에는 「소득세법 시행령」 제162조의 규정에 의한 취득일 또는 당해 건설의 목적물이 그 목적에 실제로 사용되기 시작한 날(이하 이 항에서 “사용개시일”이라 한다)중 빠른 날

3. 그 밖의 사업용 유형자산 및 무형자산의 경우에는 사용개시일

⑦ 법 제28조제2항에서 “대통령령으로 정하는 금액”이란 해당 사업연도의 개별 사업용 유형자산 및 무형자산의 건설등에 대하여 제2호의 금액과 제3호의 비율을 곱한 금액과 제1호의 금액 중 적은 금액을 말한다. 〈신설 2010. 12. 30., 2019. 2. 12.〉

1. 해당 사업연도 중 건설등에 소요된 기간에 실제로 발생한 일반차입금(해당 사업연도에 상환하거나 상환하지 아니한 차입금 중 특정차입금을 제외한 금액을 말한다. 이하 이 조에서 같다)의 지급이자등의 합계

2. 다음 산식에 따라 계산한 금액

$$\frac{\text{해당 건설등에 대하여 해당 사업연도에 지출한 금액의 적수}}{\text{해당 사업연도 일수}} - \frac{\text{해당 사업연도의 특정차입금의 적수}}{\text{해당 사업연도 일수}}$$

3. 다음 산식에 따라 계산한 비율

$$\text{일반 차입금에서 발생한 지급이자등의 합계액} \div \frac{\text{해당 사업연도의 일반차입금의 적수}}{\text{해당 사업연도 일수}}$$

제53조(업무무관자산등에 대한 지급이자의 손금불산입) ①법 제28조제1항제4호나목에서 "대통령령으로 정하는 것"이란 명칭여하에 불구하고 당해 법인의 업무와 관련이 없는 자금의 대여액(제61조제2항각호의 1에 해당하는 금융회사 등의 경우 주된 수익사업으로 볼 수 없는 자금의 대여액을 포함한다)을 말한다. 다만, 기획재정부령이 정하는 금액을 제외한다. 〈개정 2008. 2. 29., 2010. 2. 18., 2011. 6. 3.〉

②법 제28조제1항제4호 각 목 외의 부분에서 "대통령령으로 정하는 바에 따라 계산한 금액"이란 다음 산식에 의하여 계산한 금액을 말한다. 〈개정 2011. 6. 3.〉

$$\text{지급이자} \times \frac{\text{제1항 및 제49조제1항의 규정에 의한 자산가액의 합계액(총차입금을 한도로 한다)}}{\text{총차입금}}$$

③제2항의 규정에 의한 총차입금 및 자산가액의 합계액은 적수로 계산한다. 이 경우 제1항의 자산은 동일인에 대한 가지급금등과 가수금이 함께 있는 경우에는 이를 상계한 금액으로 하며, 제49조제1

항의 자산은 취득가액(제72조의 규정에 의한 자산의 취득가액으로 하되, 같은 조 제4항제3호의 시가초과액을 포함한다)으로 한다. 〈개정 2000. 12. 29., 2002. 12. 30., 2012. 2. 2.〉

④제2항의 규정에 의한 차입금에는 다음 각호의 금액을 제외한다. 〈개정 2000. 12. 29., 2005. 2. 19., 2006. 12. 30., 2008. 2. 22., 2010. 2. 18.〉

1. 제61조제2항 각호의 규정에 의한 금융회사 등이 차입한 다음 각목의 금액

가. 「공공자금관리기금법」에 따른 공공자금관리기금 또는 「한국은행법」에 의한 한국은행으로부터 차입한 금액

나. 국가 및 지방자치단체(지방자치단체조합을 포함한다)로부터 차입한 금액

다. 법령에 의하여 설치된 기금으로부터 차입한 금액

라. 「외국인투자촉진법」 또는 「외국환거래법」에 의한 외화차입금

마. 예금증서를 발행하거나 예금계좌를 통하여 일정한 이자지급 등의 대가를 조건으로 불특정 다수의 고객으로부터 받아 관리하고 운용하는 자금

2. 내국법인이 한국은행총재가 정한 규정에 따라 기업구매자금대출에 의하여 차입한 금액

제54조 삭제 〈2005. 2. 19.〉

제55조(지급이자 손금불산입의 적용순위) 지급이자의 손금불산입에 관하여 법 제28조제1항 각 호의 규정이 동시에 적용되는 경우의 지급이자 손금불산입은 다음 각호의 순서에 의한다. 〈개정 2005. 2. 19., 2006. 2. 9.〉

1. 법 제28조제1항제1호의 규정에 의한 채권자가 불분명한 사채의 이자

2. 법 제28조제1항제2호의 규정에 의한 지급받은 자가 불분명한 채권·증권의 이자·할인액 또는 차익

3. 삭제 〈2005. 2. 19.〉

4. 법 제28조제1항제3호의 규정에 의한 건설자금에 충당한 차입금의 이자

5. 삭제 〈2006. 2. 9.〉

6. 제53조제2항의 규정에 의하여 계산한 지급이자

제4관 준비금 및 충당금의 손금산입

제56조(고유목적사업준비금의 손금산입) ①법 제29조제1항 각 호 외의 부분에서 "대통령령으로 정하는 단체"란 다음 각 호의 어느 하나에 해당하는 단체를 말한다. 〈개정 2001. 12. 31., 2010. 2. 18., 2010. 12. 30., 2016. 8. 11., 2018. 2. 13., 2019. 2. 12.〉

1. 제39조제1항제1호에 해당하는 단체
2. 삭제 〈2001. 12. 31.〉
3. 법령에 의하여 설치된 기금
4. 「공동주택관리법」 제2조제1항제1호가목에 따른 공동주택의 입주자대표회의 · 임차인대표회의 또는 이와 유사한 관리기구

②다음 각 호의 어느 하나에 해당하는 이자소득금액은 법 제29조제1항제1호가목의 금액으로 본다. 〈개정 2007. 2. 28., 2008. 2. 22., 2019. 2. 12., 2020. 2. 11., 2024. 2. 29.〉

1. 금융보험업을 영위하는 비영리내국법인이 한국표준산업분류상 금융 및 보험업을 영위하는 법인의 계약기간이 3개월 이하인 금융상품(계약기간이 없는 요구불예금을 포함한다)에 자금을 예치함에 따라 발생하는 이자소득금액
2. 제3조제1항제5호나목에 따른 사업을 영위하는 자가 자금을 운용함에 따라 발생하는 이자소득금액
3. 「한국주택금융공사법」에 따른 주택금융신용보증기금이 동법 제43조의8제1항 및 제2항에 따른 보증료의 수입을 운용함에 따라 발생하는 이자소득금액

③ 법 제29조제1항제2호에 따른 수익사업에서 발생한 소득은 해당 사업연도의 수익사업에서 발생한 소득금액(고유목적사업준비금과 법 제24조제2항제1호에 따른 기부금을 손금에 산입하기 전의 소득금액에서 법 제66조제2항에 따른 경정으로 증가된 소득금액 중 제106조에 따라 해당 법인의 특수관계인에게 상여 및 기타소득으로 처분된 금액은 제외한다)에서 법 제29조제1항제1호에 따른 금액, 법 제13조제1항제1호에 따른 결손금(같은 항 각 호 외의 부분 단서에 따라 각 사업연도 소득의 100분의 80을 이월결손금 공제한도로 적용받는 법인은 공제한도 적용으로 인해 공제받지 못하고 이월된 결손금을 차감한 금액을 말한다) 및 법 제24조제2항제1호에 따른 기부금을 뺀 금액으로 한다. 〈개정 2019. 2. 12., 2020. 2. 11.,

2021. 2. 17., 2023. 2. 28.〉

④ 삭제 〈2004. 3. 22.〉

⑤법 제29조제1항 각 호 외의 부분에 따른 고유목적사업은 해당 비영리내국법인의 법령 또는 정관에 따른 설립목적을 직접 수행하는 사업으로서 제3조제1항에 따른 수익사업 외의 사업으로 한다. 〈개정 2019. 2. 12.〉

⑥법 제29조제1항부터 제5항까지의 규정을 적용할 때 다음 각 호의 금액은 고유목적사업에 지출 또는 사용한 금액으로 본다. 다만, 비영리내국법인이 유형자산 및 무형자산 취득 후 법령 또는 정관에 규정된 고유목적사업이나 보건업[보건업을 영위하는 비영리내국법인(이하 이 조에서 "의료법인"이라 한다)에 한정한다]에 3년 이상 자산을 직접 사용하지 아니하고 처분하는 경우에는 제1호 또는 제3호의 금액을 고유목적사업에 지출 또는 사용한 금액으로 보지 아니한다. 〈개정 2000. 12. 29., 2001. 12. 31., 2002. 12. 30., 2003. 12. 30., 2005. 2. 19., 2006. 2. 9., 2008. 2. 29., 2010. 12. 30., 2011. 3. 31., 2012. 2. 2., 2014. 2. 21., 2016. 1. 22., 2017. 2. 3., 2018. 2. 13., 2019. 2. 12., 2020. 8. 19., 2024. 2. 29.〉

1. 비영리내국법인이 해당 고유목적사업의 수행에 직접 소요되는 유형자산 및 무형자산 취득비용(제31조제2항에 따른 자본적 지출을 포함한다) 및 인건비 등 필요경비로 사용하는 금액

2. 특별법에 따라 설립된 법인(해당 법인에 설치되어 운영되는 기금 중 「국세기본법」 제13조에 따라 법인으로 보는 단체를 포함한다)으로서 건강보험·연금관리·공제사업 및 제3조제1항제8호에 따른 사업을 영위하는 비영리내국법인이 손금으로 계상한 고유목적사업준비금을 법령에 의하여 기금 또는 준비금으로 적립한 금액

3. 의료법인이 지출하는 다음 각 목의 어느 하나에 해당하는 금액

가. 의료기기 등 기획재정부령으로 정하는 자산을 취득하기 위하여 지출하는 금액

나. 「의료 해외진출 및 외국인환자 유치 지원에 관한 법률」 제2조제1호에 따른 의료 해외진출을 위하여 기획재정부령으로 정하는 용도로 지출하는 금액

다. 기획재정부령으로 정하는 연구개발사업을 위하여 지출하는 금액

4. 「농업협동조합법」에 따른 농업협동조합중앙회가 법 제29조제2항에 따라 계상한 고유목적사업준비금을 회원에게 무상으로 대여하는 금액

5. 「농업협동조합법」에 의한 농업협동조합중앙회가 「농업협동조합의 구조개선에 관한 법률」에 의한 상호금융예금자보호기금에 출연하는 금액

6. 「수산업협동조합법」에 의한 수산업협동조합중앙회가 「수산업협동조합의 부실예방 및 구조개선에 관한 법률」에 의한 상호금융예금자보호기금에 출연하는 금액

7. 「신용협동조합법」에 의한 신용협동조합중앙회가 동법에 의한 신용협동조합예금자보호기금에 출연하는 금액

8. 「새마을금고법」에 의한 새마을금고중앙회가 동법에 의한 예금자보호준비금에 출연하는 금액

9. 「산림조합법」에 의한 산림조합중앙회가 동법에 의한 상호금융예금자보호기금에 출연하는 금액

10. 「제주특별자치도 설치 및 국제자유도시 조성을 위한 특별법」 제166조에 따라 설립된 제주국제자유도시 개발센터가 같은 법 제170조제1항제1호, 같은 항 제2호라목·마목(관련 토지의 취득·비축을 포함한다) 및 같은 항 제3호의 업무에 지출하는 금액

⑦법 제29조제7항에서 "대통령령으로 정하는 바에 따라 계산한 이자상당액"이란 제1호의 금액에 제2호의 율을 곱하여 계산한 금액을 말한다. 〈개정 2002. 12. 30., 2010. 12. 30., 2019. 2. 12., 2022. 2. 15.〉

1. 당해 고유목적사업준비금의 잔액을 손금에 산입한 사업연도에 그 잔액을 손금에 산입함에 따라 발생한 법인세액의 차액

2. 손금에 산입한 사업연도의 다음 사업연도의 개시일부터 익금에 산입한 사업연도의 종료일까지의 기간에 대하여 1일 10만분의 22의 율

⑧법 제29조제8항에서 "대통령령으로 정하는 경우"란 해당 비영리 내국법인의 수익사업에서 발생한 소득에 대하여 법 또는 「조세특례제한법」에 따른 비과세·면제, 준비금의 손금산입, 소득공제 또는 세액감면(세액공제를 제외한다)을 적용받는 경우를 말한다. 다만, 고유목적사업준비금만을 적용받는 것으로 수정신고한 경우는 제외한다. 〈신설 2006. 2. 9., 2010. 12. 30., 2019. 2. 12.〉

⑨법 제29조제1항의 규정을 적용받고자 하는 비영리내국법인은 법 제60조의 규정에 의한 신고와 함께 기획재정부령이 정하는 고유목적사업준비금조정명세서를 납세지 관할세무서장에게 제출하여야 한다. 〈개정 2008. 2. 29.〉

⑩제6항제3호를 적용받으려는 의료법인은 손비로 계상한 고유목적사업준비금상당액을 기획재정부령으로 정하는 의료발전회계로 구분하여 경리하여야 한다. 〈신설 2000. 12. 29., 2008. 2. 29., 2019. 2. 12.〉

⑪ 해당 사업연도에 다음 각 호의 어느 하나에 해당하는 법인의 임원 및 직원이 지급받는 「소득세법」 제20조제1항 각 호의 소득의 금액의 합계액(이하 "총급여액"이라 하며, 해당 사업연도의 근로기간이 1년 미만인 경우에는 총급여액을 근로기간의 월수로 나눈 금액에 12를 곱하여 계산한 금액으로 한다. 이 경우 개월 수는 태양력에 따라 계산하되, 1개월 미만의 일수는 1개월로 한다)이 8천만원을 초과하는 경우 그 초과하는 금액은 제6항제1호에 따른 인건비로 보지 아니한다. 다만, 해당 법인이 해당 사업연도의 법 제60조에 따른 과세표준을 신고하기 전에 해당 임원 및 종업원의 인건비 지급규정에 대하여 주무관청으로부터 승인받은 경우에는 그러하지 아니하다. 〈신설 2012. 2. 2., 2019. 2. 12., 2025. 2. 28.〉

1. 법 제29조제1항제2호에 따라 수익사업에서 발생한 소득에 대하여 100분의 50을 곱한 금액을 초과하여 고유목적사업준비금으로 손금산입하는 비영리내국법인

2. 「조세특례제한법」 제74조제1항제2호 및 제8호에 해당하여 수익사업에서 발생한 소득에 대하여 100분의 50을 곱한 금액을 초과하여 고유목적사업준비금으로 손금산입하는 비영리내국법인

3. 다음 계산식에 따라 계산한 비율이 100분의 50을 초과하는 비영리내국법인

해당 사업연도 및 직전 5개 사업연도 동안 법 제29조제1항제2호에 따른 수익사업에서 발생한 소득 중 고유목적사업준비금으로 손금산입한 금액의 합계액
해당 사업연도 및 직전 5개 사업연도 동안 법 제29조제1항제2호에 따른 수익사업에서 발생한 소득의 합계액

⑫ 제11항 단서 또는 제13항에 따라 승인을 요청받은 주무관청은 해당 인건비 지급규정이 사회통념상 타당하다고 인정되는 경우 이를 승인하여야 한다. 〈신설 2012. 2. 2.〉

⑬ 제12항에 따라 인건비 지급규정을 승인받은 자는 승인받은 날부터 3년이 지날 때마다 다시 승인을 받아야 한다. 다만, 그 기간 내에 인건비 지급규정이 변경되는 경우에는 그 사유가 발생한 날이 속하는 사업연도의 법 제60조에 따른 과세표준 신고기한까지 다시 승인을 받아야 한다. 〈신설 2012. 2. 2.〉

⑭ 제12항에 따라 주무관청의 승인을 받은 법인은 법 제60조에 따른 신고를 할 때 인건비 지급규정 및 주무관청의 승인사실을 확인할 수 있는 서류를 납세지 관할세무서장에게 제출하여야 한다. 〈신설 2012. 2. 2.〉

제57조(책임준비금의 손금산입) ①법 제30조제1항에 따른 책임준비금은 다음 각 호의 금액을 합한 금액의 범위에서 해당 사업연도의 소득금액을 계산할 때 손금에 산입한다. 〈개정 1999. 12. 31., 2005. 2. 19., 2007. 2. 28., 2008. 2. 22., 2008. 2. 29., 2009. 2. 4., 2010. 6. 28., 2010. 12. 30., 2012. 2. 2., 2013. 2. 15., 2013. 3. 23., 2014. 11. 19., 2017. 7. 26., 2019. 2. 12., 2021. 1. 5., 2023. 2. 28., 2023. 9. 26.〉

1. 「수산업협동조합법」, 「무역보험법」, 「새마을금고법」, 「건설산업기본법」, 「중소기업협동조합법」 및 「신용협동조합법」에 따른 보험사업 또는 공제사업에 관한 약관에 따라 해당 사업연도종료일 현재 모든 보험계약이 해약된 경우 계약자 또는 수익자에게 지급하여야 할 환급액(해약공제액을 포함한다. 이하 이 조에서 "환급액"이라 한다)

2. 해당 사업연도종료일 현재 보험사고가 발생했으나 아직 지급해야 할 보험금이 확정되지 않은 경우 그 손해액을 고려하여 추정한

보험금 상당액(손해사정, 보험대위 및 구상권 행사 등에 소요될 것으로 예상되는 금액을 포함한다)

3. 보험계약자에게 배당하기 위하여 적립한 배당준비금으로서 「수산업협동조합법」에 따른 공제사업의 경우에는 해양수산부장관이, 「새마을금고법」에 따른 공제사업의 경우에는 행정안전부장관이, 「신용협동조합법」에 따른 공제사업의 경우에는 금융감독원장이 기획재정부장관과 협의하여 승인한 금액

② 제1항에 따라 손금에 산입한 금액 중 같은 항 제1호 및 제2호의 금액은 다음 사업연도의 소득금액을 계산할 때 익금에 산입하고, 같은 항 제3호의 금액은 보험계약자에게 배당한 때에 먼저 계상한 것부터 그 배당금과 순차로 상계하되 손금에 산입한 사업연도의 종료일 이후 3년이 되는 날까지 상계하고 남은 잔액이 있는 경우에는 그 3년이 되는 날이 속하는 사업연도의 소득금액을 계산할 때 익금에 산입한다. 〈신설 2009. 2. 4.〉

③ 법 제30조제2항에서 "3년이 되기 전에 해산 등 대통령령으로 정하는 사유"란 다음 각 호의 어느 하나에 해당하는 사유를 말한다. 〈신설 2009. 2. 4., 2010. 6. 8., 2010. 12. 30., 2019. 2. 12.〉

1. 해산. 다만, 합병 또는 분할에 따라 해산한 경우로서 보험사업을 영위하는 합병법인등이 그 잔액을 승계한 경우는 제외한다.

2. 보험사업의 허가 취소

④ 합병법인등이 제3항제1호 단서에 따라 승계한 금액은 피합병법인등이 손금에 산입한 사업연도에 합병법인등이 손금에 산입한 것으로 본다. 〈신설 2009. 2. 4., 2010. 6. 8., 2010. 12. 30., 2019. 2. 12.〉

⑤ 법 제30조제3항에 따른 이자상당액은 제56조제7항을 준용해 계산한 금액으로 한다. 〈신설 2019. 2. 12.〉

⑥법 제30조제1항을 적용받으려는 내국법인은 법 제60조에 따른 신고와 함께 기획재정부령으로 정하는 책임준비금명세서를 납세지 관할세무서장에게 제출하여야 한다. 〈개정 2008. 2. 29., 2009. 2. 4., 2010. 12. 30., 2019. 2. 12.〉

[제목개정 2019. 2. 12.]

제58조(비상위험준비금의 손금산입) ① 법 제31조제1항에 따른 비상위험준비금(이하 이 조에서 "비상위험준비금"이라 한다)은 해당 사

업연도의 보험종목(화재보험, 해상보험, 자동차보험, 특종보험, 보증보험, 해외수재 및 해외원보험을 말한다. 이하 이 조에서 같다)별 적립대상보험료의 합계액에 「보험업법 시행령」 제63조제4항에 따라 금융위원회가 정하는 보험종목별 적립기준율을 곱해 계산한 금액(이하 이 조에서 "보험종목별적립기준금액"이라 한다)의 범위에서 손금에 산입한다. 〈개정 2023. 2. 28.〉

② 제1항에 따라 손금에 산입하는 비상위험준비금의 누적액은 해당 사업연도의 보험종목별 적립대상보험료의 합계액의 100분의 50(자동차보험의 경우에는 100분의 40, 보증보험의 경우에는 100분의 150)을 한도로 한다. 〈개정 2023. 2. 28.〉

③ 법 제31조제2항에서 "대통령령으로 정하는 바에 따라 계산한 금액"이란 보험종목별적립기준금액을 합한 금액의 100분의 90을 말한다.

④ 제1항 및 제2항에 따라 손비로 계상한 비상위험준비금의 처리 및 적립대상보험료의 계산방법은 「보험업법 시행령」 제63조제4항에 따라 금융위원회가 정하여 고시하는 바에 따른다. 〈개정 2023. 2. 28.〉

⑤ 법 제31조제1항을 적용받으려는 내국법인은 법 제60조에 따른 신고와 함께 기획재정부령으로 정하는 비상위험준비금명세서를 납세지 관할 세무서장에게 제출해야 한다.

[본조신설 2019. 2. 12.]

제59조(해약환급금준비금의 손금산입) ① 법 제32조제1항에서 "대통령령으로 정하는 바에 따라 계산한 금액"이란 「보험업법 시행령」 제65조제2항제3호에 따라 해약환급금준비금에 관하여 금융위원회가 정하여 고시하는 방법으로 계산한 금액을 말한다.

② 법 제32조제1항에 따라 손비로 계상한 해약환급금준비금의 처리에 필요한 사항은 「보험업법 시행령」 제65조제2항제3호에 따라 금융위원회가 정하여 고시하는 바에 따른다.

③ 법 제32조제1항을 적용받으려는 보험회사는 법 제60조에 따른 과세표준 신고를 할 때 기획재정부령으로 정하는 해약환급금준비금 명세서를 납세지 관할 세무서장에게 제출해야 한다.

[본조신설 2023. 2. 28.]

제60조(퇴직급여충당금의 손금산입) ①법 제33조제1항에서 "대통령

령으로 정하는 바에 따라 계산한 금액"이란 퇴직급여의 지급대상이 되는 임원 또는 직원(확정기여형 퇴직연금등이 설정된 자는 제외한다. 이하 이 조에서 같다)에게 해당 사업연도에 지급한 총급여액(제44조제4항제2호에 따른 총급여액을 말한다)의 100분의 5에 상당하는 금액을 말한다. 〈개정 2006. 2. 9., 2009. 2. 4., 2011. 6. 3., 2019. 2. 12.〉

②제1항에 따라 손금에 산입하는 퇴직급여충당금의 누적액은 해당 사업연도종료일 현재 재직하는 임원 또는 직원의 전원이 퇴직할 경우에 퇴직급여로 지급되어야 할 금액의 추계액과 제44조의2제4항제1호의2 각 목의 금액을 더한 금액 중 큰 금액(제44조에 따라 손금에 산입하지 아니하는 금액은 제외한다)에 다음 각 호의 비율을 곱한 금액을 한도로 한다. 〈개정 2006. 2. 9., 2010. 12. 30., 2012. 2. 2., 2012. 4. 13., 2014. 2. 21., 2019. 2. 12.〉

1. 2010년 1월 1일부터 2010년 12월 31일까지의 기간 중에 개시하는 사업연도: 100분의 30

2. 2011년 1월 1일부터 2011년 12월 31일까지의 기간 중에 개시하는 사업연도: 100분의 25

3. 2012년 1월 1일부터 2012년 12월 31일까지의 기간 중에 개시하는 사업연도: 100분의 20

4. 2013년 1월 1일부터 2013년 12월 31일까지의 기간 중에 개시하는 사업연도: 100분의 15

5. 2014년 1월 1일부터 2014년 12월 31일까지의 기간 중에 개시하는 사업연도: 100분의 10

6. 2015년 1월 1일부터 2015년 12월 31일까지의 기간 중에 개시하는 사업연도: 100분의 5

7. 2016년 1월 1일 이후 개시하는 사업연도: 100분의 0

③ 제2항 각 호의 한도 내에서 손금에 산입한 퇴직급여충당금의 누적액에서 퇴직급여충당금을 손금에 산입한 사업연도의 다음 사업연도 중 임원 또는 직원에게 지급한 퇴직금을 뺀 금액이 제2항에 따른 추계액에 같은 항 각 호의 비율을 곱한 금액을 초과하는 경우 그 초과한 금액은 익금으로 환입하지 아니한다. 〈신설 2010. 12. 30., 2019. 2. 12.〉

④내국법인이 「국민연금법」에 의한 퇴직금전환금으로 계상한 금액

은 제2항의 규정에 불구하고 이를 손금에 산입하는 퇴직급여충당금의 누적액의 한도액에 가산한다. 〈개정 2005. 2. 19., 2010. 12. 30.〉

⑤법 제33조제1항의 규정을 적용받고자 하는 내국법인은 법 제60조의 규정에 의한 신고와 함께 기획재정부령이 정하는 퇴직급여충당금조정명세서를 납세지 관할세무서장에게 제출하여야 한다. 〈개정 2008. 2. 29., 2010. 12. 30.〉

제61조(대손충당금의 손금산입) ①법 제34조제1항에 따른 외상매출금·대여금 및 그 밖에 이에 준하는 채권은 다음 각 호의 구분에 따른 것으로 한다. 〈개정 2016. 2. 12., 2019. 2. 12.〉

1. 외상매출금 : 상품·제품의 판매가액의 미수액과 가공료·용역 등의 제공에 의한 사업수입금액의 미수액

2. 대여금 : 금전소비대차계약 등에 의하여 타인에게 대여한 금액

3. 그 밖에 이에 준하는 채권: 어음상의 채권·미수금, 그 밖에 기업회계기준에 따라 대손충당금 설정대상이 되는 채권(제88조제1항제1호에 따른 시가초과액에 상당하는 채권은 제외한다)

②법 제34조제1항에서 "대통령령으로 정하는 바에 따라 계산한 금액"이란 해당 사업연도종료일 현재의 제1항에 따른 외상매출금·대여금, 그 밖에 이에 준하는 채권의 장부가액의 합계액(이하 이 조에서 "채권잔액"이라 한다)의 100분의 1에 상당하는 금액과 채권잔액에 대손실적률을 곱하여 계산한 금액 중 큰 금액을 말한다. 다만, 다음 각 호의 어느 하나에 해당하는 금융회사 등 중 제1호부터 제4호까지, 제6호부터 제17호까지, 제17호의2 및 제24호의 금융회사 등의 경우에는 금융위원회(제24호의 경우에는 행정안전부를 말한다)가 기획재정부장관과 협의하여 정하는 대손충당금적립기준에 따라 적립하여야 하는 금액, 채권잔액의 100분의 1에 상당하는 금액 또는 채권잔액에 대손실적률을 곱하여 계산한 금액 중 큰 금액으로 한다. 〈개정 1999. 12. 31., 2000. 12. 29., 2001. 12. 31., 2002. 12. 5., 2002. 12. 30., 2003. 12. 30., 2004. 3. 22., 2005. 2. 19., 2006. 2. 9., 2007. 2. 28., 2008. 2. 29., 2009. 2. 4., 2010. 2. 18., 2010. 6. 28., 2010. 11. 15., 2011. 6. 3., 2012. 2. 2., 2013. 2. 15., 2014. 3. 24., 2016. 2. 12., 2016. 3. 11., 2016. 5. 31., 2016. 7. 6., 2017. 2. 3., 2020. 8. 11.,

2021. 2. 17., 2022. 2. 17., 2023. 2. 28., 2023. 12. 19.〉

1. 「은행법」에 의한 인가를 받아 설립된 은행

2. 「한국산업은행법」에 의한 한국산업은행

3. 「중소기업은행법」에 의한 중소기업은행

4. 「한국수출입은행법」에 의한 한국수출입은행

5. 삭제 〈2014. 12. 30.〉

6. 「농업협동조합법」에 따른 농업협동조합중앙회(같은 법 제134조제1항제4호의 사업에 한정한다) 및 농협은행

7. 「수산업협동조합법」에 따른 수산업협동조합중앙회(같은 법 제138조제1항제4호 및 제5호의 사업에 한정한다) 및 수협은행

8. 「자본시장과 금융투자업에 관한 법률」에 따른 투자매매업자 및 투자중개업자

9. 「자본시장과 금융투자업에 관한 법률」에 따른 종합금융회사

10. 「상호저축은행법」에 의한 상호저축은행중앙회(지급준비예탁금에 한한다) 및 상호저축은행

11. 보험회사

12. 「자본시장과 금융투자업에 관한 법률」에 따른 신탁업자

13. 「여신전문금융업법」에 따른 여신전문금융회사

14. 「산림조합법」에 따른 산림조합중앙회(같은 법 제108조제1항제3호, 제4호 및 제5호의 사업으로 한정한다)

15. 「한국주택금융공사법」에 따른 한국주택금융공사

16. 「자본시장과 금융투자업에 관한 법률」에 따른 자금중개회사

17. 「금융지주회사법」에 따른 금융지주회사

17의2. 「신용협동조합법」에 따른 신용협동조합중앙회(같은 법 제78조제1항제5호ㆍ제6호 및 제78조의2제1항의 사업에 한정한다)

18. 「신용보증기금법」에 따른 신용보증기금

19. 「기술보증기금법」에 따른 기술보증기금

20. 「농림수산업자 신용보증법」에 따른 농림수산업자신용보증기금

21. 「한국주택금융공사법」에 따른 주택금융신용보증기금

22. 「무역보험법」에 따른 한국무역보험공사

23. 「지역신용보증재단법」에 따른 신용보증재단

24. 「새마을금고법」에 따른 새마을금고중앙회(같은 법 제67조제1항제5호 및 제6호의 사업으로 한정한다)

25. 「벤처투자 촉진에 관한 법률」 제2조제10호에 따른 벤처투자회사

26. 「예금자보호법」에 따른 예금보험공사 및 정리금융회사

27. 「자산유동화에 관한 법률」에 따른 유동화전문회사

28. 「대부업 등의 등록 및 금융이용자 보호에 관한 법률」에 따라 대부업자로 등록한 법인

29. 「산업재해보상보험법」에 따른 근로복지공단(근로자 신용보증 지원사업에서 발생한 구상채권에 한정한다)

30. 「한국자산관리공사 설립 등에 관한 법률」에 따른 한국자산관리공사(부실채권정리기금을 포함한다)

31. 「농업협동조합의 구조개선에 관한 법률」에 따른 농업협동조합자산관리회사

32. 삭제 〈2009. 2. 4.〉

33. 삭제 〈2009. 2. 4.〉

34. 삭제 〈2009. 2. 4.〉

35. 삭제 〈2009. 2. 4.〉

36. 삭제 〈2009. 2. 4.〉

37. 삭제 〈2009. 2. 4.〉

38. 삭제 〈2009. 2. 4.〉

③제2항에 따른 대손실적률은 다음 산식에 따라 계산한 비율로 한다. 〈개정 2009. 2. 4.〉

$$\text{대손실적률} = \frac{\text{해당 사업연도의 법 제19조의2제1항에 따른 대손금}}{\text{직전 사업연도 종료일 현재의 채권가액}}$$

④ 법 제34조제1항에 따른 대손충당금의 손금산입 범위액을 계산할 때에는 제19조의2제5항에 따른 대손금과 관련하여 계상된 대손충당금은 제외한다. 〈신설 2010. 2. 18.〉

⑤법 제34조제1항의 규정을 적용받고자 하는 내국법인은 법 제60조의 규정에 의한 신고와 함께 기획재정부령이 정하는 대손충당금및대손금조정명세서를 납세지 관할세무서장에게 제출하여야 한다. 〈개정 2008. 2. 29., 2019. 2. 12.〉

제62조 삭제 〈2009. 2. 4.〉

제63조(구상채권상각충당금의 손금산입) ①법 제35조제1항에서 "대

통령령으로 정하는 법인"이란 다음 각 호의 어느 하나에 해당하는 법인을 말한다. 〈개정 2000. 12. 29., 2002. 12. 30., 2003. 11. 29., 2003. 12. 30., 2004. 3. 22., 2005. 2. 19., 2005. 3. 8., 2008. 2. 22., 2009. 2. 4., 2010. 2. 18., 2010. 12. 30., 2011. 1. 17., 2012. 2. 2., 2015. 6. 30., 2016. 2. 12., 2017. 2. 3., 2020. 12. 8.〉

1. 제61조제2항제18호부터 제23호까지 및 제29호의 법인
2. 삭제 〈2024. 2. 29.〉
3. 「사회기반시설에 대한 민간투자법」에 의한 산업기반신용보증기금
4. 「지역신용보증재단법」 제35조에 따른 신용보증재단중앙회

4의2. 「서민의 금융생활 지원에 관한 법률」 제3조에 따른 서민금융진흥원

5. 「엔지니어링산업 진흥법」에 따른 엔지니어링공제조합
6. 「소프트웨어 진흥법」에 의한 소프트웨어공제조합
7. 「방문판매 등에 관한 법률」에 의한 공제조합
8. 「한국주택금융공사법」에 의한 한국주택금융공사
9. 「건설산업기본법」에 따른 공제조합
10. 「전기공사공제조합법」에 따른 전기공사공제조합
11. 「산업발전법」에 따른 자본재공제조합
12. 「소방산업의 진흥에 관한 법률」에 따른 소방산업공제조합
13. 「정보통신공사업법」에 따른 정보통신공제조합
14. 「건축사법」에 따른 건축사공제조합
15. 「건설기술 진흥법」 제74조에 따른 공제조합
16. 「콘텐츠산업 진흥법」 제20조의2에 따른 콘텐츠공제조합

② 삭제 〈2024. 2. 29.〉

③법 제35조제1항 및 제2항에서 "대통령령으로 정하는 바에 따라 계산한 금액"이란 해당 사업연도종료일 현재의 신용보증사업과 관련된 신용보증잔액에 100분의 1과 구상채권발생률(직전 사업연도종료일 현재의 신용보증사업과 관련된 신용보증잔액 중 해당 사업연도에 발생한 구상채권의 비율을 말한다) 중 낮은 비율을 곱하여 계산한 금액을 말한다. 〈개정 2008. 2. 22., 2010. 12. 30., 2012. 2. 2.〉

④법 제35조제3항에서 "대통령령으로 정하는 대손금"이란 다음 각 호의 어느 하나에 해당하는 구상채권에서 발생한 대손금을 말한

다. 〈개정 2000. 12. 29., 2002. 12. 30., 2005. 2. 19., 2008. 2. 29., 2009. 2. 4., 2010. 12. 30., 2012. 2. 2., 2015. 6. 30., 2024. 2. 29.〉

1. 제19조의2제1항 각 호의 어느 하나에 해당하는 구상채권

2. 당해 법인의 설립에 관한 법률에 의한 운영위원회(농림수산업자신용보증기금의 경우에는 농림수산업자신용보증심의회, 신용보증재단의 경우에는 「지역신용보증재단법」 제35조에 따른 신용보증재단중앙회, 근로복지공단의 경우에는 이사회를 말한다)가 기획재정부장관과 협의하여 정한 기준에 해당한다고 인정한 구상채권

⑤법 제35조제1항의 규정을 적용받고자 하는 내국법인은 법 제60조의 규정에 의한 신고와 함께 기획재정부령이 정하는 구상채권상각충당금조정명세서를 납세지 관할세무서장에게 제출하여야 한다. 〈개정 2008. 2. 29.〉

제64조(국고보조금 등의 손금산입) ①법 제36조제1항에서 "대통령령으로 정하는 사업용자산"이란 사업용 유형자산 및 무형자산과 석유류를 말한다. 〈개정 2011. 6. 3., 2019. 2. 12.〉

②법 제36조제1항에 따라 손금에 산입하는 금액은 개별사업용자산별로 해당 사업용자산의 가액중 그 취득 또는 개량에 사용된 「보조금 관리에 관한 법률」, 「지방자치단체 보조금 관리에 관한 법률」 또는 제6항 각 호의 어느 하나에 해당하는 법률에 따른 보조금 등(이하 이 조에서 "국고보조금등"이라 한다)에 상당하는 금액으로 한다. 이 경우 사업용자산을 취득하거나 개량한 후 국고보조금등을 지급받았을 때에는 지급일이 속한 사업연도 이전 사업연도에 이미 손금에 산입한 감가상각비에 상당하는 금액은 손금에 산입하는 금액에서 제외한다. 〈개정 1999. 12. 31., 2001. 12. 31., 2005. 2. 19., 2012. 2. 2., 2014. 2. 21., 2021. 7. 13.〉

③제2항의 규정에 의하여 손금에 산입하는 금액은 당해 사업용자산별로 다음 각호의 구분에 따라 일시상각충당금 또는 압축기장충당금으로 계상하여야 한다.

1. 감가상각자산 : 일시상각충당금

2. 제1호외의 자산 : 압축기장충당금

④제3항에 따라 손비로 계상한 일시상각충당금과 압축기장충당금은 다음 각 호의 어느 하나에 해당하는 방법으로 익금에 산입한다.

〈개정 2019. 2. 12.〉

1. 일시상각충당금은 해당 사업용자산의 감가상각비(취득가액 중 해당 일시상각충당금에 상당하는 부분에 대한 것에 한한다)와 상계할 것. 다만, 해당 자산을 처분하는 경우에는 상계하고 남은 잔액을 그 처분한 날이 속하는 사업연도에 전액 익금에 산입한다.

2. 압축기장충당금은 당해 사업용자산을 처분하는 사업연도에 이를 전액 익금에 산입할 것

⑤제4항을 적용할 때 해당 사업용자산의 일부를 처분하는 경우의 익금산입액은 해당 사업용자산의 가액 중 일시상각충당금 또는 압축기장충당금이 차지하는 비율로 안분계산한 금액에 의한다. 〈개정 2019. 2. 12.〉

⑥법 제36조제1항에서 "대통령령으로 정하는 법률"이란 다음 각 호의 법률을 말한다. 〈신설 2001. 12. 31., 2002. 12. 30., 2005. 2. 19., 2005. 3. 8., 2006. 2. 9., 2011. 6. 3., 2020. 2. 11., 2024. 2. 29.〉

1. 「농어촌 전기공급사업 촉진법」
2. 「전기사업법」
3. 「사회기반시설에 대한 민간투자법」
4. 「한국철도공사법」
5. 「농어촌정비법」
6. 「도시 및 주거환경정비법」
7. 「산업재해보상보험법」
8. 「환경정책기본법」
9. 「산업기술혁신 촉진법」

⑦ 법 제36조제2항 후단에서 "대통령령으로 정하는 사유"란 다음 각호의 어느 하나에 해당하는 경우를 말한다. 〈신설 2008. 2. 22.〉

1. 공사의 허가 또는 인가 등이 지연되는 경우
2. 공사를 시행할 장소의 미확정 등으로 공사기간이 연장되는 경우
3. 용지의 보상 등에 관한 소송이 진행되는 경우
4. 그 밖에 제1호부터 제3호까지의 규정에 준하는 사유가 발생한 경우

⑧ 법 제36조제1항 및 제2항의 규정의 적용을 받고자 하는 내국

법인은 법 제60조의 규정에 의한 신고와 함께 기획재정부령이 정하는 국고보조금등상당액 손금산입조정명세서(국고보조금등사용계획서)를 납세지 관할세무서장에게 제출하여야 한다. 〈개정 1999. 12. 31., 2008. 2. 22., 2008. 2. 29.〉

[제목개정 1999. 12. 31.]

제65조(공사부담금의 손금산입) ①법 제37조제1항제5호에서 "대통령령으로 정하는 것"이란 다음 각호의 1에 해당하는 사업을 말한다. 〈개정 2001. 12. 31., 2005. 2. 19., 2009. 8. 21., 2011. 6. 3., 2020. 12. 8.〉

1. 「지능정보화 기본법」에 따른 초연결지능정보통신기반구축사업
2. 「수도법」에 의한 수도사업

②법 제37조제1항에 따라 손금에 산입하는 금액은 개별 사업용자산별로 해당 자산가액에 상당하는 금액(공사부담금을 제공받아 자산을 취득하는 경우에는 그 취득에 사용된 공사부담금에 상당하는 금액을 말한다)으로 한다. 이 경우 자산을 취득한 후 공사부담금을 지급받았을 때에는 지급일이 속한 사업연도 이전 사업연도에 이미 손금에 산입한 감가상각비에 상당하는 금액은 손금에 산입하는 금액에서 제외한다. 〈개정 2014. 2. 21., 2019. 2. 12.〉

③ 제2항에 따른 자산가액에 상당하는 금액의 손금산입 및 익금산입에 관해서는 제64조제3항부터 제5항까지 및 제7항을 준용한다. 〈개정 2019. 2. 12.〉

④ 삭제 〈2008. 2. 22.〉

⑤법 제37조제1항 및 제2항의 규정을 적용받고자 하는 내국법인은 법 제60조의 규정에 의한 신고와 함께 기획재정부령이 정하는 공사부담금상당액 손금산입조정명세서(공사부담금사용계획서)를 납세지 관할세무서장에게 제출하여야 한다. 〈개정 2008. 2. 29.〉

제66조(보험차익의 손금산입) ①법 제38조제1항에 따른 같은 종류의 자산은 멸실한 보험대상자산을 대체하여 취득한 유형자산으로서 그 용도나 목적이 멸실한 보험대상자산과 같은 것으로 한다. 〈개정 2019. 2. 12.〉

②법 제38조제1항에 따라 손금에 산입하는 금액은 개별보험대상자산별로 해당 자산의 가액 중 그 취득 또는 개량에 사용된 보험차익에 상당하는 금액으로 한다. 이 경우 해당 보험대상자산의 가액이

지급받은 보험금에 미달하는 경우에는 보험금중 보험차익외의 금액을 먼저 사용한 것으로 본다. 〈개정 2019. 2. 12.〉

③제64조제3항제1호·제4항제1호 및 제5항의 규정은 제2항의 규정에 의한 보험차익에 상당하는 금액의 손금산입 및 익금산입에 관하여 이를 준용한다.

④법 제38조제1항 및 제2항의 규정을 적용받고자 하는 내국법인은 법 제60조의 규정에 의한 신고와 함께 기획재정부령이 정하는 보험차익상당액 손금산입조정명세서(보험차익사용계획서)를 납세지 관할세무서장에게 제출하여야 한다. 〈개정 2008. 2. 29.〉

제67조 삭제 〈2001. 12. 31.〉

제5관 손익의 귀속시기 등

제68조(자산의 판매손익 등의 귀속사업연도) ①법 제40조제1항 및 제2항을 적용할 때 자산의 양도 등으로 인한 익금 및 손금의 귀속사업연도는 다음 각 호의 날이 속하는 사업연도로 한다. 〈개정 2007. 2. 28., 2012. 2. 2., 2017. 2. 3.〉

1. 상품(부동산을 제외한다)·제품 또는 기타의 생산품(이하 이 조에서 "상품 등"이라 한다)의 판매 : 그 상품 등을 인도한 날

2. 상품 등의 시용판매 : 상대방이 그 상품 등에 대한 구입의 의사를 표시한 날. 다만, 일정기간내에 반송하거나 거절의 의사를 표시하지 아니하면 특약 등에 의하여 그 판매가 확정되는 경우에는 그 기간의 만료일로 한다.

3. 상품 등외의 자산의 양도 : 그 대금을 청산한 날[「한국은행법」에 따른 한국은행이 취득하여 보유 중인 외화증권 등 외화표시자산을 양도하고 외화로 받은 대금(이하 이 호에서 "외화대금"이라 한다)으로서 원화로 전환하지 아니한 그 취득원금에 상당하는 금액의 환율변동분은 한국은행이 정하는 방식에 따라 해당 외화대금을 매각하여 원화로 전환한 날]. 다만, 대금을 청산하기 전에 소유권 등의 이전등기(등록을 포함한다)를 하거나 당해 자산을 인도하거나 상대방이 당해 자산을 사용수익하는 경우에는 그 이전등기일(등록일을 포함한다)·인도일 또는 사용수익일중 빠른 날로 한다.

4. 자산의 위탁매매 : 수탁자가 그 위탁자산을 매매한 날

5. 「자본시장과 금융투자업에 관한 법률」 제8조의2제4항제1호에 따

른 증권시장에서 같은 법 제393조제1항에 따른 증권시장업무규정에 따라 보통거래방식으로 한 유가증권의 매매: 매매계약을 체결한 날

②법인이 장기할부조건으로 자산을 판매하거나 양도한 경우로서 판매 또는 양도한 자산의 인도일(제1항제3호에 해당하는 자산은 같은 호 단서에 규정된 날을 말한다. 이하 이 조에서 같다)이 속하는 사업연도의 결산을 확정함에 있어서 해당 사업연도에 회수하였거나 회수할 금액과 이에 대응하는 비용을 각각 수익과 비용으로 계상한 경우에는 제1항제1호 및 제3호에도 불구하고 그 장기할부조건에 따라 각 사업연도에 회수하였거나 회수할 금액과 이에 대응하는 비용을 각각 해당사업연도의 익금과 손금에 산입한다. 다만, 중소기업인 법인이 장기할부조건으로 자산을 판매하거나 양도한 경우에는 그 장기할부조건에 따라 각 사업연도에 회수하였거나 회수할 금액과 이에 대응하는 비용을 각각 해당 사업연도의 익금과 손금에 산입할 수 있다. 〈개정 2010. 12. 30.〉

③ 제2항을 적용할 때 인도일 이전에 회수하였거나 회수할 금액은 인도일에 회수한 것으로 보며, 법인이 장기할부기간 중에 폐업한 경우에는 그 폐업일 현재 익금에 산입하지 아니한 금액과 이에 대응하는 비용을 폐업일이 속하는 사업연도의 익금과 손금에 각각 산입한다. 〈신설 2010. 12. 30.〉

④제2항에서 "장기할부조건"이라 함은 자산의 판매 또는 양도(국외거래에 있어서는 소유권이전 조건부 약정에 의한 자산의 임대를 포함한다)로서 판매금액 또는 수입금액을 월부·연부 기타의 지불방법에 따라 2회 이상으로 분할하여 수입하는 것중 당해 목적물의 인도일의 다음날부터 최종의 할부금의 지급기일까지의 기간이 1년 이상인 것을 말한다. 〈개정 2010. 12. 30.〉

⑤제1항의 규정을 적용함에 있어서 법인이 매출할인을 하는 경우 그 매출할인금액은 상대방과의 약정에 의한 지급기일(그 지급기일이 정하여 있지 아니한 경우에는 지급한 날)이 속하는 사업연도의 매출액에서 차감한다. 〈개정 2010. 12. 30.〉

⑥법인이 제4항에 따른 장기할부조건 등에 의하여 자산을 판매하거나 양도함으로써 발생한 채권에 대하여 기업회계기준이 정하는 바에 따라 현재가치로 평가하여 현재가치할인차금을 계상한 경우 해당 현재가치할인차금상당액은 해당 채권의 회수기간동안 기업회계기준

이 정하는 바에 따라 환입하였거나 환입할 금액을 각 사업연도의 익금에 산입한다. 〈개정 2010. 12. 30.〉

⑦「조세특례제한법」 제104조의31에 따른 프로젝트금융투자회사가 「택지개발촉진법」에 따른 택지개발사업 등 기획재정부령으로 정하는 토지개발사업을 하는 경우로서 해당 사업을 완료하기 전에 그 사업의 대상이 되는 토지의 일부를 양도하는 경우에는 제1항제3호에도 불구하고 그 양도 대금을 제69조제1항 각 호 외의 부분 본문에 따른 해당 사업의 작업진행률에 따라 각 사업연도의 익금에 산입할 수 있다. 〈신설 2024. 2. 29.〉

⑧제1항제1호의 규정에 의한 인도한 날의 범위에 관하여 필요한 사항은 기획재정부령으로 정한다. 〈개정 2008. 2. 29., 2010. 12. 30., 2024. 2. 29.〉

제69조(용역제공 등에 의한 손익의 귀속사업연도) ①법 제40조제1항 및 제2항을 적용함에 있어서 건설·제조 기타 용역(도급공사 및 예약매출을 포함하며, 이하 이 조에서 "건설등"이라 한다)의 제공으로 인한 익금과 손금은 그 목적물의 건설등의 착수일이 속하는 사업연도부터 그 목적물의 인도일(용역제공의 경우에는 그 제공을 완료한 날을 말한다. 이하 이 조에서 같다)이 속하는 사업연도까지 기획재정부령으로 정하는 바에 따라 그 목적물의 건설등을 완료한 정도(이하 이 조에서 "작업진행률"이라 한다)를 기준으로 하여 계산한 수익과 비용을 각각 해당 사업연도의 익금과 손금에 산입한다. 다만, 다음 각 호의 어느 하나에 해당하는 경우에는 그 목적물의 인도일이 속하는 사업연도의 익금과 손금에 산입할 수 있다. 〈개정 2010. 12. 30., 2012. 2. 2., 2013. 2. 15.〉

1. 중소기업인 법인이 수행하는 계약기간이 1년 미만인 건설등의 경우

2. 기업회계기준에 따라 그 목적물의 인도일이 속하는 사업연도의 수익과 비용으로 계상한 경우

② 제1항을 적용할 때 작업진행률을 계산할 수 없다고 인정되는 경우로서 기획재정부령으로 정하는 경우에는 그 목적물의 인도일이 속하는 사업연도의 익금과 손금에 각각 산입한다. 〈개정 2023. 2. 28.〉

③ 제1항을 적용할 때 작업진행률에 의한 익금 또는 손금이 공사

계약의 해약으로 인하여 확정된 금액과 차액이 발생된 경우에는 그 차액을 해약일이 속하는 사업연도의 익금 또는 손금에 산입한다. 〈신설 2012. 2. 2.〉

제70조(이자소득 등의 귀속사업연도) ①법 제40조제1항 및 제2항을 적용할 때 이자 등의 익금과 손금의 귀속사업연도는 다음 각 호의 구분에 따른다. 〈개정 2001. 12. 31., 2005. 2. 19., 2009. 2. 4., 2009. 12. 31., 2019. 2. 12., 2021. 2. 17., 2024. 2. 29.〉

1. 법인이 수입하는 이자 및 할인액: 「소득세법 시행령」 제45조에 따른 수입시기에 해당하는 날(한국표준산업분류상 금융 및 보험업을 영위하는 법인의 경우에는 실제로 수입된 날로 하되, 선수입이자 및 할인액은 제외한다)이 속하는 사업연도. 다만, 결산을 확정할 때 이미 경과한 기간에 대응하는 이자 및 할인액(법 제73조 및 제73조의2에 따라 원천징수되는 이자 및 할인액은 제외한다)을 해당 사업연도의 수익으로 계상한 경우에는 그 계상한 사업연도의 익금으로 한다.

2. 법인이 지급하는 이자 및 할인액: 「소득세법 시행령」 제45조에 따른 수입시기에 해당하는 날이 속하는 사업연도. 다만, 결산을 확정할 때 이미 경과한 기간에 대응하는 이자 및 할인액(차입일부터 이자지급일이 1년을 초과하는 특수관계인과의 거래에 따른 이자 및 할인액은 제외한다)을 해당 사업연도의 손비로 계상한 경우에는 그 계상한 사업연도의 손금으로 한다.

② 법 제40조제1항 및 제2항을 적용할 때 법인이 수입하는 배당금은 「소득세법 시행령」 제46조에 따른 수입시기에 해당하는 날이 속하는 사업연도의 익금에 산입한다. 다만, 제61조제2항 각 호의 금융회사 등이 금융채무등불이행자의 신용회복 지원과 채권의 공동추심을 위하여 공동으로 출자하여 설립한 「자산유동화에 관한 법률」에 따른 유동화전문회사로부터 수입하는 배당금은 실제로 지급받은 날이 속하는 사업연도의 익금에 산입한다. 〈개정 2010. 2. 18.〉

③법 제40조제1항 및 제2항을 적용할 때 한국표준산업분류상 금융 및 보험업을 영위하는 법인이 수입하는 보험료·부금·보증료 또는 수수료(이하 이 항에서 "보험료등"이라 한다)의 귀속사업연도는 그 보험료등이 실제로 수입된 날이 속하는 사업연도로 하되, 선수입보험료등은 제외한다. 다만, 결산을 확정함에 있어서 이미 경과한

기간에 대응하는 보험료상당액 등을 해당 사업연도의 수익으로 계상한 경우에는 그 계상한 사업연도의 익금으로 하고, 「자본시장과 금융투자업에 관한 법률」에 따른 투자매매업자 또는 투자중개업자가 정형화된 거래방식으로 같은 법 제4조에 따른 증권(이하 이 조에서 "증권"이라 한다)을 매매하는 경우 그 수수료의 귀속사업연도는 매매계약이 체결된 날이 속하는 사업연도로 한다. 〈개정 2001. 12. 31., 2005. 2. 19., 2009. 2. 4., 2010. 12. 30., 2024. 2. 29.〉

④투자회사등이 결산을 확정할 때 증권 등의 투자와 관련된 수익 중 이미 경과한 기간에 대응하는 이자 및 할인액과 배당소득을 해당 사업연도의 수익으로 계상한 경우에는 제1항 및 제2항의 규정에 불구하고 그 계상한 사업연도의 익금으로 한다. 〈신설 2001. 12. 31., 2003. 12. 30., 2005. 2. 19., 2009. 2. 4., 2009. 12. 31.〉

⑤「자본시장과 금융투자업에 관한 법률」에 따른 신탁업자가 운용하는 신탁재산(같은 법에 따른 투자신탁재산은 제외한다. 이하 제111조 및 제113조에서 같다)에 귀속되는 법 제73조제1항 각 호의 소득금액의 귀속사업연도는 제1항 및 제2항에도 불구하고 제111조제6항에 따른 원천징수일이 속하는 사업연도로 한다. 〈신설 2009. 2. 4., 2009. 12. 31.〉

⑥ 제1항 및 제3항에도 불구하고 다음 각 호의 항목은 보험감독회계기준에 따라 수익 또는 손비로 계상한 사업연도의 익금 또는 손금으로 한다. 〈신설 2023. 2. 28., 2024. 2. 29.〉

1. 보험회사가 보험계약과 관련하여 수입하거나 지급하는 이자·할인액 및 보험료등으로서 「보험업법」 제120조에 따른 책임준비금의 산출에 반영되는 항목

2. 「주택도시기금법」에 따른 주택도시보증공사가 신용보증계약과 관련하여 수입하거나 지급하는 이자·할인액 및 보험료등으로서 같은 법 시행령 제24조에 따른 책임준비금의 산출에 반영되는 항목

제71조(임대료 등 기타 손익의 귀속사업연도) ①법 제40조제1항 및 제2항의 규정을 적용함에 있어서 자산의 임대로 인한 익금과 손금의 귀속사업연도는 다음 각호의 날이 속하는 사업연도로 한다. 다만, 결산을 확정함에 있어서 이미 경과한 기간에 대응하는 임대료상당액과 이에 대응하는 비용을 당해 사업연도의 수익과 손비로 계상한 경우 및 임대료 지급기간이 1년을 초과하는 경우 이미 경과한

기간에 대응하는 임대료 상당액과 비용은 이를 각각 당해 사업연도의 익금과 손금으로 한다. 〈개정 2001. 12. 31.〉

1. 계약 등에 의하여 임대료의 지급일이 정하여진 경우에는 그 지급일

2. 계약 등에 의하여 임대료의 지급일이 정하여지지 아니한 경우에는 그 지급을 받은 날

②법 제40조제1항 및 제2항의 규정을 적용함에 있어서 「소득세법」 제162조 및 「부가가치세법」 제36조제4항을 적용받는 업종을 영위하는 법인이 금전등록기를 설치·사용하는 경우 그 수입하는 물품대금과 용역대가의 귀속사업연도는 그 금액이 실제로 수입된 사업연도로 할 수 있다. 〈개정 2005. 2. 19., 2013. 6. 28.〉

③법 제40조제1항 및 제2항의 규정을 적용함에 있어서 법인이 사채를 발행하는 경우에 상환할 사채금액의 합계액에서 사채발행가액(사채발행수수료와 사채발행을 위하여 직접 필수적으로 지출된 비용을 차감한 후의 가액을 말한다)의 합계액을 공제한 금액(이하 이 항에서 "사채할인발행차금"이라 한다)은 기업회계기준에 의한 사채할인발행차금의 상각방법에 따라 이를 손금에 산입한다. 〈신설 2001. 12. 31.〉

④ 법 제40조제1항 및 제2항을 적용할 때 「자산유동화에 관한 법률」 제13조에 따른 방법에 의하여 보유자산을 양도하는 경우 및 매출채권 또는 받을어음을 배서양도하는 경우에는 기업회계기준에 의한 손익인식방법에 따라 관련 손익의 귀속사업연도를 정한다. 〈신설 2010. 12. 30., 2012. 2. 2.〉

⑤ 법 제40조제1항 및 제2항을 적용할 때 법인이 제24조제1항제2호바목에 따른 개발비로 계상하였으나 해당 제품의 판매 또는 사용이 가능한 시점이 도래하기 전에 개발을 취소한 경우에는 다음 각 호의 요건을 모두 충족하는 날이 속하는 사업연도의 손금에 산입한다. 〈신설 2012. 2. 2., 2019. 2. 12.〉

1. 해당 개발로부터 상업적인 생산 또는 사용을 위한 해당 재료·장치·제품·공정·시스템 또는 용역을 개선한 결과를 식별할 수 없을 것

2. 해당 개발비를 전액 손비로 계상하였을 것

⑥ 법 제40조제1항 및 제2항을 적용할 때 계약의 목적물을 인도

하지 아니하고 목적물의 가액변동에 따른 차액을 금전으로 정산하는 파생상품의 거래로 인한 손익은 그 거래에서 정하는 대금결제일이 속하는 사업연도의 익금과 손금으로 한다. 〈신설 2012. 2. 2.〉

⑦법 제40조제1항 및 제2항을 적용할 때 법(제43조를 제외한다)·「조세특례제한법」 및 이 영에서 규정한 것외의 익금과 손금의 귀속사업연도에 관하여는 기획재정부령으로 정한다. 〈개정 2005. 2. 19., 2008. 2. 29., 2010. 12. 30., 2012. 2. 2.〉

제72조(자산의 취득가액 등) ① 법 제41조제1항제1호에서 "대통령령으로 정하는 금융자산"이란 기업회계기준에 따라 단기매매항목으로 분류된 금융자산 및 파생상품(이하 이 조에서 "단기금융자산등"이라 한다)을 말한다. 〈신설 2010. 12. 30.〉

②법 제41조제1항 및 제2항에 따른 자산의 취득가액은 다음 각 호의 금액으로 한다. 〈개정 2001. 12. 31., 2006. 2. 9., 2008. 2. 29., 2009. 2. 4., 2010. 2. 18., 2010. 6. 8., 2010. 12. 30., 2011. 3. 31., 2012. 2. 2., 2014. 2. 21., 2015. 2. 3., 2018. 2. 13., 2019. 2. 12., 2021. 2. 17., 2023. 2. 28., 2024. 2. 29.〉

1. 타인으로부터 매입한 자산: 매입가액에 취득세(농어촌특별세와 지방교육세를 포함한다), 등록면허세, 그 밖의 부대비용을 가산한 금액[법인이 토지와 그 토지에 정착된 건물 및 그 밖의 구축물 등(이하 이 호에서 "건물등"이라 한다)을 함께 취득하여 토지의 가액과 건물등의 가액의 구분이 불분명한 경우 법 제52조제2항에 따른 시가에 비례하여 안분계산한다]

1의2. 내국법인이 외국자회사를 인수하여 취득한 주식등으로서 그 주식등의 취득에 따라 내국법인이 외국자회사로부터 받은 법 제18조의4제1항에 따른 수입배당금액(이하 이 조에서 "수입배당금액"이라 한다)이 다음 각 목의 요건을 모두 갖춘 경우에 해당하는 주식등: 해당 주식등의 매입가액에서 다음 각 목의 요건을 모두 갖춘 수입배당금액을 뺀 금액

가. 내국법인이 외국자회사의 의결권 있는 발행주식총수 또는 출자총액의 100분의 10(「조세특례제한법」 제22조에 따른 해외자원개발사업을 하는 외국법인의 경우에는 100분의 5) 이상을 최초로 보유하게 된 날의 직전일 기준 이익잉여금을 재원(財源)으로 한 수입배당금액일 것

나. 법 제18조의4제1항에 따라 익금에 산입되지 않았을 것

2. 자기가 제조 · 생산 · 건설 기타 이에 준하는 방법에 의하여 취득한 자산 : 원재료비 · 노무비 · 운임 · 하역비 · 보험료 · 수수료 · 공과금(취득세와 등록세를 포함한다) · 설치비 기타 부대비용의 합계액

3. 합병 · 분할 또는 현물출자에 따라 취득한 자산의 경우 다음 각 목의 구분에 따른 금액

가. 적격합병 또는 적격분할의 경우: 제80조의4제1항 또는 제82조의4제1항에 따른 장부가액

나. 그 밖의 경우: 해당 자산의 시가

3의2. 물적분할에 따라 분할법인이 취득하는 주식등의 경우: 물적분할한 순자산의 시가

가. 삭제 〈2014. 2. 21.〉

나. 삭제 〈2014. 2. 21.〉

4. 현물출자에 따라 출자법인이 취득한 주식등의 경우 다음 각 목의 구분에 따른 금액

가. 출자법인(법 제47조의2제1항제3호에 따라 출자법인과 공동으로 출자한 자를 포함하며, 이하 "출자법인등"이라 한다)이 현물출자로 인하여 피출자법인을 새로 설립하면서 그 대가로 주식등만 취득하는 현물출자의 경우: 현물출자한 순자산의 시가

나. 그 밖의 경우: 해당 주식등의 시가

4의2. 채무의 출자전환에 따라 취득한 주식등: 취득 당시의 시가. 다만, 제15조제1항 각 호의 요건을 갖춘 채무의 출자전환으로 취득한 주식등은 출자전환된 채권(법 제19조의2제2항 각 호의 어느 하나에 해당하는 채권은 제외한다)의 장부가액으로 한다.

5. 합병 또는 분할(물적분할은 제외한다)에 따라 취득한 주식등: 종전의 장부가액에 법 제16조제1항제5호 또는 제6호의 금액 및 제11조제8호의 금액을 더한 금액에서 법 제16조제2항제1호에 따른 합병대가 또는 같은 항 제2호에 따른 분할대가 중 금전이나 그 밖의 재산가액의 합계액을 뺀 금액

5의2. 단기금융자산등: 매입가액

5의3. 「상속세 및 증여세법 시행령」 제12조에 따른 공익법인 등이 기부받은 자산: 특수관계인 외의 자로부터 기부받은 법 제24조제3항제1호에 따른 기부금에 해당하는 자산(제36조제1항에 따른 금

전 외의 자산만 해당한다)은 기부한 자의 기부 당시 장부가액[사업소득과 관련이 없는 자산(개인인 경우만 해당한다)의 경우에는 취득당시의 「소득세법 시행령」 제89조에 따른 취득가액을 말한다]. 다만, 「상속세 및 증여세법」에 따라 증여세 과세가액에 산입되지 않은 출연재산이 그 후에 과세요인이 발생하여 그 과세가액에 산입되지 않은 출연재산에 대하여 증여세의 전액이 부과되는 경우에는 기부당시의 시가로 한다.

6. 「온실가스 배출권의 할당 및 거래에 관한 법률」 제12조에 따라 정부로부터 무상으로 할당받은 배출권: 영(0)원

7. 「대기관리권역의 대기환경개선에 관한 특별법」 제17조에 따라 정부로부터 무상으로 할당받은 배출허용총량: 영(0)원

8. 그 밖의 방법으로 취득한 자산 : 취득당시의 시가

③제2항을 적용할 때 취득가액에는 다음 각 호의 금액을 포함하는 것으로 한다. 〈개정 2006. 2. 9., 2010. 12. 30., 2014. 2. 21., 2019. 2. 12.〉

1. 법 제15조제2항제1호의 규정에 의하여 익금에 산입한 금액

2. 법 제28조제1항제3호 및 같은 조 제2항에 따라 손금에 산입하지 아니한 금액

3. 유형자산의 취득과 함께 국·공채를 매입하는 경우 기업회계기준에 따라 그 국·공채의 매입가액과 현재가치의 차액을 해당 유형자산의 취득가액으로 계상한 금액

④제2항을 적용할 때 취득가액에는 다음 각 호의 금액을 포함하지 아니하는 것으로 한다. 〈개정 2002. 12. 30., 2008. 2. 29., 2010. 12. 30.〉

1. 자산을 제68조제4항에 따른 장기할부조건 등으로 취득하는 경우 발생한 채무를 기업회계기준이 정하는 바에 따라 현재가치로 평가하여 현재가치할인차금으로 계상한 경우의 당해 현재가치할인차금

2. 기획재정부령이 정하는 연지급수입에 있어서 취득가액과 구분하여 지급이자로 계상한 금액

3. 제88조제1항제1호 및 제8호나목의 규정에 의한 시가초과액

4. 삭제 〈2001. 12. 31.〉

⑤법인이 보유하는 자산에 대하여 다음 각 호의 어느 하나에 해당하는 사유가 발생한 경우의 취득가액은 다음과 같다. 〈개정

2009. 2. 4., 2010. 12. 30., 2014. 2. 21., 2019. 2. 12., 2024. 2. 29.〉

1. 법 제18조제8호에 따른 배당을 받은 경우에는 그 금액을 차감(내국법인이 보유한 주식의 장부가액을 한도로 한다)한 금액

1의2. 법 제42조제1항 각호 및 제3항의 규정에 의한 평가가 있는 경우에는 그 평가액

1의3. 법 제44조제3항제2호에 따른 합병으로서 합병법인으로부터 합병대가로 취득하는 주식등이 없는 경우에는 해당 피합병법인 주식등의 취득가액(주식등이 아닌 합병대가가 있는 경우에는 그 합병대가의 금액을 차감한 금액으로 한다)을 가산한 금액

2. 제31조제2항의 규정에 의한 자본적 지출이 있는 경우에는 그 금액을 가산한 금액

3. 합병 또는 분할합병(제2항제5호에 해당하는 경우는 제외한다)으로 받은 제11조제8호에 따른 이익이 있는 경우에는 그 이익을 가산한 금액

⑥제4항제1호에 따른 현재가치할인차금의 상각액 및 같은 항 제2호에 따른 지급이자에 대하여는 법 제18조의2제1항제2호, 제28조, 제73조, 제73조의2, 제98조, 제120조 및 제120조의2를 적용하지 아니한다. 〈개정 2003. 12. 30., 2010. 12. 30., 2014. 2. 21., 2019. 2. 12., 2023. 2. 28.〉

제73조(평가대상 자산 및 부채의 범위) 법 제42조제1항제2호에서 "재고자산(在庫資産) 등 대통령령으로 정하는 자산과 부채"란 다음 각 호의 것을 말한다. 〈개정 2001. 12. 31., 2003. 12. 30., 2005. 2. 19., 2006. 2. 9., 2007. 2. 28., 2008. 2. 22., 2008. 2. 29., 2009. 2. 4., 2010. 2. 18., 2010. 12. 30., 2011. 3. 31., 2012. 2. 2., 2021. 2. 17.〉

1. 다음 각목의 1에 해당하는 재고자산

가. 제품 및 상품(부동산매매업자가 매매를 목적으로 소유하는 부동산을 포함하며, 유가증권을 제외한다)

나. 반제품 및 재공품

다. 원재료

라. 저장품

2. 다음 각 목의 어느 하나에 해당하는 유가증권 등

가. 주식등

나. 채권

다. 「자본시장과 금융투자업에 관한 법률」 제9조제20항에 따른 집합투자재산

라.「보험업법」 제108조제1항제3호의 특별계정에 속하는 자산

3. 기업회계기준에 따른 화폐성 외화자산과 부채(이하 “화폐성외화자산·부채”라 한다)

4. 제61조제2항제1호부터 제7호까지의 금융회사 등이 보유하는 통화 관련 파생상품 중 기획재정부령으로 정하는 통화선도, 통화스왑 및 환변동보험(이하 이 조 및 제76조에서 “통화선도등”이라 한다)

5. 제61조제2항제1호부터 제7호까지의 금융회사 등 외의 법인이 화폐성외화자산·부채의 환위험을 회피하기 위하여 보유하는 통화선도등

6. 「특정 금융거래정보의 보고 및 이용 등에 관한 법률」 제2조제3호에 따른 가상자산(이하 “가상자산”이라 한다)

제74조(재고자산의 평가) ①제73조제1호의 규정에 의한 재고자산의 평가는 다음 각호의 1에 해당하는 방법(제1호의 경우에는 동호 각목의 1에 해당하는 방법을 말한다)중 법인이 납세지 관할세무서장에게 신고한 방법에 의한다.

1. 원가법 : 다음 각목의 1에 해당하는 방법에 의하여 산출한 취득가액을 그 자산의 평가액으로 하는 방법

가. 재고자산을 개별적으로 각각 그 취득한 가액에 따라 산출한 것을 그 자산의 평가액으로 하는 방법(이하 “개별법”이라 한다)

나. 먼저 입고된 것부터 출고되고 그 재고자산은 사업연도종료일부터 가장 가까운 날에 취득한 것이 재고로 되어 있는 것으로 하여 산출한 취득가액을 그 자산의 평가액으로 하는 방법(이하 “선입선출법”이라 한다)

다. 가장 가까운 날에 입고된 것부터 출고되고 그 재고자산은 사업연도종료일부터 가장 먼 날에 취득한 것이 재고로 되어 있는 것으로 하여 산출한 취득가액을 그 자산의 평가액으로 하는 방법(이하 “후입선출법”이라 한다)

라. 자산을 품종별·종목별로 당해 사업연도개시일 현재의 자산

에 대한 취득가액의 합계액과 당해 사업연도 중에 취득한 자산의 취득가액의 합계액의 총액을 그 자산의 총수량으로 나눈 평균단가에 따라 산출한 취득가액을 그 자산의 평가액으로 하는 방법(이하 "총평균법"이라 한다)

마. 자산을 취득할 때마다 장부시재금액을 장부시재수량으로 나누어 평균단가를 산출하고 그 평균단가에 의하여 산출한 취득가액을 그 자산의 평가액으로 하는 방법(이하 "이동평균법"이라 한다)

바. 재고자산을 품종별로 당해 사업연도종료일에 있어서 판매될 예정가격에서 판매예정차익금을 공제하여 산출한 취득가액을 그 자산의 평가액으로 하는 방법(이하 "매출가격환원법"이라 한다)

2. 저가법 : 재고자산을 제1호의 규정에 의한 원가법과 기업회계기준이 정하는 바에 따라 시가로 평가한 가액중 낮은 편의 가액을 평가액으로 하는 방법

②법인은 제1항에 따라 재고자산을 평가할 때 해당 자산을 제73조제1호 각목의 자산별로 구분하여 종류별·영업장별로 각각 다른 방법에 의하여 평가할 수 있다. 이 경우 수익과 비용을 영업의 종목(한국표준산업분류에 의한 중분류 또는 소분류에 의한다)별 또는 영업장별로 각각 구분하여 기장하고, 종목별·영업장별로 제조원가보고서와 포괄손익계산서(포괄손익계산서가 없는 경우에는 손익계산서를 말한다. 이하 같다)를 작성하여야 한다. 〈개정 2010. 12. 30.〉

③법인이 제1항의 규정에 의한 재고자산의 평가방법을 신고하고자 하는 때에는 다음 각호의 기한내에 기획재정부령이 정하는 재고자산 등 평가방법신고(변경신고)서를 납세지 관할세무서장에게 제출(국세정보통신망에 의한 제출을 포함한다)하여야 한다. 이 경우 저가법을 신고하는 경우에는 시가와 비교되는 원가법을 함께 신고하여야 한다. 〈개정 2004. 3. 17., 2008. 2. 29.〉

1. 신설법인과 새로 수익사업을 개시한 비영리내국법인은 당해 법인의 설립일 또는 수익사업개시일이 속하는 사업연도의 법인세과세표준의 신고기한

2. 제1호의 신고를 한 법인으로서 그 평가방법을 변경하고자 하는 법인은 변경할 평가방법을 적용하고자 하는 사업연도의 종료일 이전 3월이 되는 날

④법인이 다음 각 호의 어느 하나에 해당하는 경우에는 납세지

관할세무서장이 선입선출법(매매를 목적으로 소유하는 부동산의 경우에는 개별법으로 한다)에 의하여 재고자산을 평가한다. 다만, 제2호 또는 제3호에 해당하는 경우로서 신고한 평가방법에 의하여 평가한 가액이 선입선출법(매매를 목적으로 소유하는 부동산의 경우에는 개별법으로 한다)에 의하여 평가한 가액보다 큰 경우에는 신고한 평가방법에 의한다. 〈개정 2014. 2. 21.〉

1. 제3항제1호의 규정에 의한 기한내에 재고자산의 평가방법을 신고하지 아니한 경우
2. 신고한 평가방법외의 방법으로 평가한 경우
3. 제3항제2호의 규정에 의한 기한내에 재고자산의 평가방법변경신고를 하지 아니하고 그 방법을 변경한 경우

⑤법인이 재고자산의 평가방법을 제3항 각호의 규정에 의한 기한이 경과된 후에 신고한 경우에는 그 신고일이 속하는 사업연도까지는 제4항의 규정을 준용하고, 그 후의 사업연도에 있어서는 법인이 신고한 평가방법에 의한다.

⑥ 법인이 재고자산의 평가방법을 신고하지 아니하여 제4항에 따른 평가방법을 적용받는 경우에 그 평가방법을 변경하려면 변경할 평가방법을 적용하려는 사업연도의 종료일 전 3개월이 되는 날까지 변경신고를 하여야 한다. 〈신설 2013. 2. 15.〉

⑦제1항의 규정에 의하여 재고자산을 평가한 법인은 법 제60조의 규정에 의한 신고와 함께 기획재정부령이 정하는 재고자산평가조정명세서를 납세지 관할세무서장에게 제출하여야 한다. 〈개정 2008. 2. 29., 2013. 2. 15.〉

제75조(유가증권 등의 평가) ①제73조제2호가목 및 나목에 따른 유가증권의 평가는 다음 각 호의 방법중 법인이 납세지 관할세무서장에게 신고한 방법에 의한다. 〈개정 2001. 12. 31., 2003. 12. 30., 2005. 2. 19., 2009. 2. 4., 2010. 6. 8., 2011. 3. 31.〉

1. 개별법(채권의 경우에 한한다)
2. 총평균법
3. 이동평균법
4. 삭제 〈2009. 2. 4.〉

②제74조제3항 내지 제6항의 규정은 제73조제2호가목 및 나목에 따른 유가증권의 평가에 관하여 이를 준용한다. 이 경우 제74조제4항

중 "선입선출법"은 "총평균법"으로, 동조제6항중 "재고자산평가조정명세서"는 "유가증권평가조정명세서"로 본다. 〈개정 2011. 3. 31.〉

③ 투자회사등이 보유한 제73조제2호다목의 자산은 시가법에 따라 평가한다. 다만, 「자본시장과 금융투자업에 관한 법률」 제230조에 따른 환매금지형집합투자기구가 보유한 같은 법 시행령 제242조제2항에 따른 시장성 없는 자산은 제1항 각 호의 어느 하나에 해당하는 방법 또는 시가법 중 해당 환매금지형집합투자기구가 법 제60조에 따른 신고와 함께 납세지 관할 세무서장에게 신고한 방법에 따라 평가하되, 그 방법을 이후 사업연도에 계속 적용하여야 한다. 〈신설 2009. 2. 4., 2011. 3. 31.〉

④ 보험회사가 보유한 제73조제2호라목의 자산은 제1항 각 호의 어느 하나에 해당하는 방법 또는 시가법 중 해당 보험회사가 법 제60조에 따른 신고와 함께 납세지 관할세무서장에게 신고한 방법에 따라 평가하되, 그 방법을 이후 사업연도에도 계속 적용하여야 한다. 〈신설 2009. 2. 4., 2023. 2. 28.〉

[제목개정 2001. 12. 31.]

제76조(외화자산 및 부채의 평가) ① 제61조제2항제1호부터 제7호까지의 금융회사 등이 보유하는 화폐성외화자산·부채와 통화선도등은 다음 각 호의 방법에 따라 평가하여야 한다. 〈개정 2010. 12. 30., 2012. 2. 2.〉

1. 화폐성외화자산·부채: 사업연도 종료일 현재의 기획재정부령으로 정하는 매매기준율 또는 재정(裁定)된 매매기준율(이하 '매매기준율등"이라 한다)로 평가하는 방법"

2. 통화선도등: 다음 각 호의 어느 하나에 해당하는 방법 중 관할세무서장에게 신고한 방법에 따라 평가하는 방법. 다만, 최초로 나목의 방법을 신고하여 적용하기 이전 사업연도에는 가목의 방법을 적용하여야 한다.

가. 계약의 내용 중 외화자산 및 부채를 계약체결일의 매매기준율등으로 평가하는 방법

나. 계약의 내용 중 외화자산 및 부채를 사업연도 종료일 현재의 매매기준율등으로 평가하는 방법

② 제61조제2항제1호부터 제7호까지의 금융회사 등 외의 법인이 보유하는 화폐성외화자산·부채(보험회사의 책임준비금은 제외한다.

이하 이 조에서 같다)와 제73조제5호에 따라 화폐성외화자산·부채의 환위험을 회피하기 위하여 보유하는 통화선도등(이하 이 조에서 "환위험회피용통화선도등"이라 한다)은 다음 각 호의 어느 하나에 해당하는 방법 중 관할 세무서장에게 신고한 방법에 따라 평가하여야 한다. 다만, 최초로 제2호의 방법을 신고하여 적용하기 이전 사업연도의 경우에는 제1호의 방법을 적용하여야 한다. 〈개정 2010. 12. 30., 2012. 2. 2., 2023. 2. 28.〉

1. 화폐성외화자산·부채와 환위험회피용통화선도등의 계약 내용 중 외화자산 및 부채를 취득일 또는 발생일(통화선도등의 경우에는 계약체결일을 말한다) 현재의 매매기준율등으로 평가하는 방법

2. 화폐성외화자산·부채와 환위험회피용통화선도등의 계약 내용 중 외화자산 및 부채를 사업연도 종료일 현재의 매매기준율등으로 평가하는 방법

③ 법인이 제1항제2호 및 제2항에 따라 신고한 평가방법은 그 후의 사업연도에도 계속하여 적용하여야 한다. 다만, 제2항에 따라 신고한 평가방법을 적용한 사업연도를 포함하여 5개 사업연도가 지난 후에는 다른 방법으로 신고를 하여 변경된 평가방법을 적용할 수 있다. 〈신설 2008. 2. 22., 2010. 12. 30., 2014. 2. 21.〉

④ 제1항 및 제2항에 따른 화폐성외화자산·부채, 통화선도등 및 환위험회피용통화선도등을 평가함에 따라 발생하는 평가한 원화금액과 원화기장액의 차익 또는 차손은 해당 사업연도의 익금 또는 손금에 이를 산입한다. 이 경우 통화선도등 및 환위험회피용통화선도등의 계약 당시 원화기장액은 계약의 내용 중 외화자산 및 부채의 가액에 계약체결일의 매매기준율등을 곱한 금액을 말한다. 〈개정 2001. 12. 31., 2006. 2. 9., 2007. 2. 28., 2008. 2. 22., 2010. 2. 18., 2010. 12. 30., 2012. 2. 2.〉

⑤ 내국법인이 상환받거나 상환하는 외화채권·채무의 원화금액과 원화기장액의 차익 또는 차손은 당해 사업연도의 익금 또는 손금에 이를 산입한다. 다만, 「한국은행법」에 따른 한국은행의 외화채권·채무 중 외화로 상환받거나 상환하는 금액(이하 이 항에서 "외화금액"이라 한다)의 환율변동분은 한국은행이 정하는 방식에 따라 해당 외화금액을 매각하여 원화로 전환한 사업연도의 익금 또는 손금에 산입한다. 〈개정 2007. 2. 28., 2008. 2. 22.〉

⑥ 제1항제2호나목, 제2항제2호의 평가방법을 적용하려는 법인 또는 제3항 단서에 따라 평가방법을 변경하려는 법인은 최초로 제1항제2호나목, 제2항제2호의 평가방법을 적용하려는 사업연도 또는 제3항 단서에 따라 변경된 평가방법을 적용하려는 사업연도의 법 제60조에 따른 신고와 함께 기획재정부령으로 정하는 화폐성외화자산등평가방법신고서를 관할 세무서장에게 제출하여야 한다. 〈신설 2010. 12. 30., 2014. 2. 21.〉

⑦ 제1항 및 제2항에 따라 화폐성외화자산·부채, 통화선도등 및 환위험회피용통화선도등을 평가한 법인은 법 제60조의 규정에 의한 신고와 함께 기획재정부령으로 정하는 외화자산등평가차손익조정명세서를 관할 세무서장에게 제출하여야 한다. 〈개정 2001. 12. 31., 2006. 2. 9., 2007. 2. 28., 2008. 2. 22., 2008. 2. 29., 2010. 12. 30., 2012. 2. 2.〉

제77조(가상자산의 평가) 가상자산은 선입선출법에 따라 평가해야 한다.

[본조신설 2021. 2. 17.]

제78조(재고자산 등의 평가차손) ①법 제42조제3항제2호에서 "천재지변·화재 등 대통령령으로 정하는 사유"란 다음 각 호의 어느 하나에 해당하는 사유를 말한다. 〈개정 2011. 6. 3., 2019. 2. 12.〉

1. 천재지변 또는 화재

2. 법령에 의한 수용 등

3. 채굴예정량의 채진으로 인한 폐광(토지를 포함한 광업용 유형자산이 그 고유의 목적에 사용될 수 없는 경우를 포함한다)

②법 제42조제3항제3호 각 목 외의 부분에서 "대통령령으로 정하는 주식등"이란 다음 각 호의 구분에 따른 주식등을 말한다. 〈개정 2005. 2. 19., 2006. 2. 9., 2008. 2. 22., 2009. 2. 4., 2011. 6. 3., 2019. 2. 12., 2022. 8. 23., 2023. 2. 28., 2023. 12. 19.〉

1. 법 제42조제3항제3호가목부터 다목까지의 경우: 다음 각 목의 어느 하나에 해당하는 주식등

가. 「자본시장과 금융투자업에 관한 법률」에 따른 주권상장법인(이하 "주권상장법인"이라 한다)이 발행한 주식등

나. 「벤처투자 촉진에 관한 법률」에 따른 벤처투자회사 또는 「여신전문금융업법」에 따른 신기술사업금융업자가 보유하는 주식등

중 각각 창업자 또는 신기술사업자가 발행한 것

다. 주권상장법인이 아닌 법인 중 제2조제8항 각 호의 어느 하나의 관계에 있지 않은 법인이 발행한 주식등

2. 법 제42조제3항제3호라목의 경우: 주식등

3. 삭제 〈2019. 2. 12.〉

③법 제42조제3항 각 호 외의 부분에서 "대통령령으로 정하는 방법"이란 같은 항 각 호에 따른 자산의 장부가액을 해당 감액사유가 발생한 사업연도(법 제42조제3항제2호에 해당하는 경우에는 파손 또는 멸실이 확정된 사업연도를 포함한다)에 다음 각 호에 따른 평가액으로 감액하고, 그 감액한 금액을 해당 사업연도의 손비로 계상하는 방법을 말한다. 〈개정 2001. 12. 31., 2006. 2. 9., 2011. 6. 3., 2019. 2. 12.〉

1. 법 제42조제3항제1호의 재고자산의 경우에는 당해 재고자산을 사업연도종료일 현재 처분가능한 시가로 평가한 가액

2. 법 제42조제3항제2호의 유형자산의 경우에는 사업연도종료일 현재 시가로 평가한 가액

3. 법 제42조제3항제3호의 주식등의 경우에는 사업연도종료일 현재 시가(주식등의 발행법인별로 보유주식총액을 시가로 평가한 가액이 1천원 이하인 경우에는 1천원으로 한다)로 평가한 가액

4. 삭제 〈2023. 2. 28.〉

④ 제2항제1호다목에 따라 법인과 특수관계의 유무를 판단할 때 주식등의 발행법인의 발행주식총수 또는 출자총액의 100분의 5 이하를 소유하고 그 취득가액이 10억원 이하인 주주등에 해당하는 법인은 제50조제2항에도 불구하고 소액주주등으로 보아 특수관계인에 해당하는 지를 판단한다. 〈신설 2010. 2. 18., 2012. 2. 2., 2019. 2. 12.〉

제78조의2(한국채택국제회계기준 적용 내국법인에 대한 재고자산평가차익 익금불산입) ① 법 제42조의2제1항 각 호 외의 부분 전단에서 "대통령령으로 정하는 후입선출법"이란 제74조제1항제1호다목에 따른 후입선출법을 말한다. 〈개정 2019. 2. 12.〉

② 법 제42조의2제1항 각 호 외의 부분 전단에서 "대통령령으로 정하는 다른 재고자산평가방법"이란 제74조제1항 각 호에 따른 재고자산평가방법 중 후입선출법을 제외한 재고자산평가방법을 말한

다. 〈개정 2019. 2. 12.〉

③내국법인이 법 제42조의2제1항 각 호 외의 부분 후단에 따라 재고자산평가차익을 익금에 산입하는 경우에는 다음 계산식에 따라 계산한 금액을 해당 사업연도의 익금에 산입한다. 이 경우 개월 수는 태양력에 따라 계산하되 1월 미만의 일수는 1월로 하고, 사업연도 개시일이 속한 월을 계산에서 포함한 경우에는 사업연도 개시일부터 5년이 되는 날이 속한 월은 계산에서 제외한다. 〈개정 2019. 2. 12.〉

재고자산평가차익 × 해당 사업연도의 월수 ÷ 60월

④ 법 제42조의2제1항을 적용받으려는 내국법인은 한국채택국제회계기준을 최초로 적용하는 사업연도의 법 제60조에 따른 과세표준 신고를 할 때 기획재정부령으로 정하는 재고자산평가차익 익금불산입 신청서를 납세지 관할 세무서장에게 제출하여야 한다. 〈개정 2019. 2. 12.〉

[본조신설 2012. 2. 2.]

[제목개정 2019. 2. 12.]

제78조의3(한국채택국제회계기준 적용 보험회사에 대한 소득금액 계산의 특례) ① 법 제42조의3제1항에서 "대통령령으로 정하는 회계기준"이란 보험계약에 대한 한국채택국제회계기준으로서 「주식회사 등의 외부감사에 관한 법률 시행령」 제7조제1항에 따라 한국회계기준원이 제1117호로 제정하여 2023년 1월 1일부터 시행되는 회계처리기준(이하 "보험계약국제회계기준"이라 한다)을 말한다.

② 법 제42조의3제1항에서 "대통령령으로 정하는 계산식을 적용하여 산출한 금액"이란 보험계약국제회계기준을 최초로 적용하는 사업연도(이하 이 조에서 "최초적용사업연도"라 한다)의 직전 사업연도(이하 이 조에서 "직전사업연도"라 한다)에 손금에 산입한 책임준비금(「보험업법」에 따른 책임준비금을 말한다. 이하 이 조에서 같다)의 금액에서 제1호의 금액을 빼고 제2호의 금액을 더한 금액을 말한다.

1. 다음 각 목에 해당하는 금액의 합계액

가. 직전사업연도 당시의 보험감독회계기준에 따르면 자산에 해당하여 익금에 산입되었으나 최초적용사업연도 이후의 새로운 보험감독회계기준에 따르면 책임준비금 산출에 반영되는 항목으로 변경

된 것으로서 직전사업연도 종료일 현재 미상각신계약비(未償却新契約費) 등 기획재정부령으로 정하는 항목

나. 직전 사업연도 종료일 현재 「보험업법 시행령」 제63조제2항에 따른 재보험자산

2. 직전사업연도 당시의 보험감독회계기준에 따르면 기타 부채에 해당하여 손금에 산입되었으나 최초적용사업연도 이후 새로운 보험감독회계기준에 따르면 책임준비금 산출에 반영되는 항목으로 변경된 것으로서 직전사업연도 종료일 현재 보험미지급금 등 기획재정부령으로 정하는 항목에 해당하는 금액

③ 법 제42조의3제2항에서 "대통령령으로 정하는 계산식을 적용하여 산출한 금액"이란 최초적용사업연도 개시일 현재 책임준비금의 금액(할인율 변동에 따른 책임준비금 평가액의 변동분은 제외한다)에서 보험계약자산 및 재보험계약자산의 금액을 뺀 금액을 말한다.

④ 법 제42조의3제3항에서 "대통령령으로 정하는 계산식을 적용하여 산출한 금액"이란 제2항에 따라 산출된 금액에서 제3항에 따라 산출된 금액을 뺀 금액에 1을 곱한 금액을 말한다.

⑤ 보험회사가 법 제42조의3제3항 전단에 따른 전환이익(이하 이 조에서 "전환이익"이라 한다)을 같은 항 후단에 따라 익금에 산입하는 경우에는 다음 계산식에 따라 계산한 금액을 해당 사업연도의 익금에 산입한다. 이 경우 1월 미만의 일수는 1월로 하고, 사업연도 개시일이 속한 월을 계산에 포함한 경우에는 사업연도 개시일부터 3년이 되는 날이 속한 월은 계산에서 제외한다.

$$\text{전환이익} \times \frac{\text{해당 사업연도의 개월 수}}{36}$$

⑥ 법 제42조의3제3항을 적용받으려는 보험회사는 최초적용사업연도의 소득에 대해 법 제60조에 따른 과세표준 신고를 할 때 기획재정부령으로 정하는 전환이익 익금불산입신청서를 납세지 관할 세무서장에게 제출해야 한다.

[본조신설 2023. 2. 28.]

제79조(기업회계기준과 관행의 범위) 법 제43조에 따른 기업회계의 기준 또는 관행은 다음 각 호의 어느 하나에 해당하는 회계기준(해당 회계기준에 배치되지 아니하는 것으로서 일반적으로 공정·타당

하다고 인정되는 관행을 포함한다)으로 한다. 〈개정 2005. 2. 19., 2008. 2. 29., 2009. 2. 4., 2010. 12. 30., 2018. 2. 13., 2018. 10. 30., 2019. 2. 12.〉

1. 한국채택국제회계기준

1의2. 「주식회사 등의 외부감사에 관한 법률」 제5조제1항제2호 및 같은 조 제4항에 따라 한국회계기준원이 정한 회계처리기준

2. 증권선물위원회가 정한 업종별회계처리준칙

3. 「공공기관의 운영에 관한 법률」에 따라 제정된 공기업·준정부기관 회계규칙

4. 「상법 시행령」 제15조제3호에 따른 회계기준

5. 그 밖에 법령에 따라 제정된 회계처리기준으로서 기획재정부장관의 승인을 받은 것

제6관 합병 및 분할 등에 관한 특례

제80조(합병에 따른 양도손익의 계산) ① 법 제44조제1항제1호에 따른 양도가액은 다음 각 호의 금액으로 한다. 〈개정 2010. 12. 30., 2012. 2. 2., 2017. 2. 3.〉

1. 적격합병의 경우: 법 제44조제1항제2호에 따른 피합병법인의 합병등기일 현재의 순자산장부가액

2. 제1호 외의 경우: 다음 각 목의 금액을 모두 더한 금액

가. 합병으로 인하여 피합병법인의 주주등이 지급받는 합병법인 또는 합병법인의 모회사(합병등기일 현재 합병법인의 발행주식총수 또는 출자총액을 소유하고 있는 내국법인을 말한다. 이하 같다)의 주식등(이하 "합병교부주식등"이라 한다)의 가액 및 금전이나 그 밖의 재산가액의 합계액. 다만, 합병법인이 합병등기일 전 취득한 피합병법인의 주식등(신설합병 또는 3 이상의 법인이 합병하는 경우 피합병법인이 취득한 다른 피합병법인의 주식등을 포함한다. 이하 "합병포합(抱合)주식등"이라 한다)이 있는 경우에는 그 합병포합주식등에 대하여 합병교부주식등을 교부하지 아니하더라도 그 지분비율에 따라 합병교부주식등을 교부한 것으로 보아 합병교부주식등의 가액을 계산한다.

나. 합병법인이 납부하는 피합병법인의 법인세 및 그 법인세(감면세액을 포함한다)에 부과되는 국세와 「지방세법」 제88조제2항에

따른 법인지방소득세의 합계액

② 법 제44조제1항제2호에 따른 피합병법인의 순자산장부가액을 계산할 때 「국세기본법」에 따라 환급되는 법인세액이 있는 경우에는 이에 상당하는 금액을 피합병법인의 합병등기일 현재의 순자산장부가액에 더한다.

③ 제1항제1호를 적용받으려는 피합병법인은 법 제60조에 따른 과세표준 신고를 할 때 합병법인과 함께 기획재정부령으로 정하는 합병과세특례신청서를 납세지 관할 세무서장에게 제출하여야 한다. 이 경우 합병법인은 제80조의4제11항에 따른 자산조정계정에 관한 명세서를 피합병법인의 납세지 관할 세무서장에게 함께 제출하여야 한다. 〈개정 2010. 12. 30., 2018. 2. 13.〉

[전문개정 2010. 6. 8.]

제80조의2(적격합병의 요건 등) ① 법 제44조제2항 각 호 외의 부분 단서에서 "대통령령으로 정하는 부득이한 사유가 있는 경우"란 다음 각 호의 어느 하나에 해당하는 경우를 말한다. 〈개정 2010. 12. 30., 2011. 3. 31., 2012. 2. 2., 2014. 2. 21., 2014. 9. 26., 2017. 2. 3., 2018. 2. 13., 2019. 2. 12.〉

1. 법 제44조제2항제2호에 대한 부득이한 사유가 있는 것으로 보는 경우: 다음 각 목의 어느 하나에 해당하는 경우

가. 제5항에 따른 주주등(이하 이 조에서 "해당 주주등"이라 한다)이 합병으로 교부받은 전체 주식등의 2분의 1 미만을 처분한 경우. 이 경우 해당 주주등이 합병으로 교부받은 주식등을 서로 간에 처분하는 것은 해당 주주등이 그 주식등을 처분한 것으로 보지 않고, 해당 주주등이 합병법인 주식등을 처분하는 경우에는 합병법인이 선택한 주식등을 처분하는 것으로 본다.

나. 해당 주주등이 사망하거나 파산하여 주식등을 처분한 경우

다. 해당 주주등이 적격합병, 적격분할, 적격물적분할 또는 적격현물출자에 따라 주식등을 처분한 경우

라. 해당 주주등이 「조세특례제한법」 제38조·제38조의2 또는 제121조의30에 따라 주식등을 현물출자 또는 교환·이전하고 과세를 이연받으면서 주식등을 처분한 경우

마. 해당 주주등이 「채무자 회생 및 파산에 관한 법률」에 따른 회생절차에 따라 법원의 허가를 받아 주식등을 처분하는 경우

바. 해당 주주등이 「조세특례제한법 시행령」 제34조제6항제1호에 따른 기업개선계획의 이행을 위한 약정 또는 같은 항 제2호에 따른 기업개선계획의 이행을 위한 특별약정에 따라 주식등을 처분하는 경우

사. 해당 주주등이 법령상 의무를 이행하기 위하여 주식등을 처분하는 경우

2. 법 제44조제2항제3호에 대한 부득이한 사유가 있는 것으로 보는 경우: 다음 각 목의 어느 하나에 해당하는 경우

가. 합병법인이 파산함에 따라 승계받은 자산을 처분한 경우

나. 합병법인이 적격합병, 적격분할, 적격물적분할 또는 적격현물출자에 따라 사업을 폐지한 경우

다. 합병법인이 「조세특례제한법 시행령」 제34조제6항제1호에 따른 기업개선계획의 이행을 위한 약정 또는 같은 항 제2호에 따른 기업개선계획의 이행을 위한 특별약정에 따라 승계받은 자산을 처분한 경우

라. 합병법인이 「채무자 회생 및 파산에 관한 법률」에 따른 회생절차에 따라 법원의 허가를 받아 승계받은 자산을 처분한 경우

3. 법 제44조제2항제4호에 대한 부득이한 사유가 있는 것으로 보는 경우: 다음 각 목의 어느 하나에 해당하는 경우

가. 합병법인이 「채무자 회생 및 파산에 관한 법률」 제193조에 따른 회생계획을 이행 중인 경우

나. 합병법인이 파산함에 따라 근로자의 비율을 유지하지 못한 경우

다. 합병법인이 적격합병, 적격분할, 적격물적분할 또는 적격현물출자에 따라 근로자의 비율을 유지하지 못한 경우

라. 합병등기일 1개월 전 당시 피합병법인에 종사하는 「근로기준법」에 따라 근로계약을 체결한 내국인 근로자가 5명 미만인 경우

② 법 제44조제2항제1호 단서 및 같은 항 제3호 단서에서 "대통령령으로 정하는 법인"이란 각각 「자본시장과 금융투자업에 관한 법률 시행령」 제6조제4항제14호에 따른 법인으로서 같은 호 각 목의 요건을 모두 갖춘 법인(이하 이 조에서 "기업인수목적회사"라 한다)을 말한다. 〈신설 2010. 12. 30., 2022. 2. 15.〉

③ 법 제44조제2항제2호에 따른 피합병법인의 주주등이 받은 합

병대가의 총합계액은 제80조제1항제2호가목에 따른 금액으로 하고, 합병대가의 총합계액 중 주식등의 가액이 법 제44조제2항제2호의 비율 이상인지를 판정할 때 합병법인이 합병등기일 전 2년 내에 취득한 합병포합주식등이 있는 경우에는 다음 각 호의 금액을 금전으로 교부한 것으로 본다. 이 경우 신설합병 또는 3 이상의 법인이 합병하는 경우로서 피합병법인이 취득한 다른 피합병법인의 주식등이 있는 경우에는 그 다른 피합병법인의 주식등을 취득한 피합병법인을 합병법인으로 보아 다음 각 호를 적용하여 계산한 금액을 금전으로 교부한 것으로 한다. 〈개정 2010. 12. 30., 2012. 2. 2.〉

1. 합병법인이 합병등기일 현재 피합병법인의 제43조제7항에 따른 지배주주등이 아닌 경우: 합병법인이 합병등기일 전 2년 이내에 취득한 합병포합주식등이 피합병법인의 발행주식총수 또는 출자총액의 100분의 20을 초과하는 경우 그 초과하는 합병포합주식 등에 대하여 교부한 합병교부주식등(제80조제1항제2호가목 단서에 따라 합병교부주식등을 교부한 것으로 보는 경우 그 주식등을 포함한다)의 가액

2. 합병법인이 합병등기일 현재 피합병법인의 제43조제7항에 따른 지배주주등인 경우: 합병등기일 전 2년 이내에 취득한 합병포합주식등에 대하여 교부한 합병교부주식등(제80조제1항제2호가목 단서에 따라 합병교부주식등을 교부한 것으로 보는 경우 그 주식등을 포함한다)의 가액

④법 제44조제2항제2호에 따라 피합병법인의 주주등에 합병으로 인하여 받은 주식등을 배정할 때에는 해당 주주등에 다음 계산식에 따른 가액 이상의 주식등을 각각 배정하여야 한다. 〈개정 2010. 12. 30., 2012. 2. 2., 2025. 2. 28.〉

피합병법인의 주주등이 지급받은 제80조제1항제2호가목에 따른 합병교부주 총합계액 × 각 해당 주주등의 피합병법인에 대한 지분비율(피합병법인의 자기출자지분에 대해 합병교부주식등을 배정하지 않는 경우에는 피합병법 또는 자기출자지분을 제외하고 산정한 지분비율을 말한다)

⑤ 법 제44조제2항제2호에서 "대통령령으로 정하는 피합병법인의 주주등"이란 피합병법인의 제43조제3항에 따른 지배주주등 중 다음

각 호의 어느 하나에 해당하는 자를 제외한 주주등을 말한다. 〈개정 2010. 12. 30., 2014. 2. 21., 2022. 2. 15., 2023. 2. 28.〉

1. 제43조제8항제1호가목의 친족 중 4촌인 혈족

2. 합병등기일 현재 피합병법인에 대한 지분비율이 100분의 1 미만이면서 시가로 평가한 그 지분가액이 10억원 미만인 자

3. 기업인수목적회사와 합병하는 피합병법인의 지배주주등인 자

4. 피합병법인인 기업인수목적회사의 지배주주등인 자

⑥ 법 제44조제2항제4호에서 "대통령령으로 정하는 근로자"란 「근로기준법」에 따라 근로계약을 체결한 내국인 근로자를 말한다. 다만, 다음 각 호의 어느 하나에 해당하는 근로자는 제외한다. 〈신설 2018. 2. 13., 2019. 2. 12.〉

1. 제40조제1항 각 호의 어느 하나에 해당하는 임원

2. 합병등기일이 속하는 사업연도의 종료일 이전에 「고용상 연령차별금지 및 고령자고용촉진에 관한 법률」 제19조에 따른 정년이 도래하여 퇴직이 예정된 근로자

3. 합병등기일이 속하는 사업연도의 종료일 이전에 사망한 근로자 또는 질병·부상 등 기획재정부령으로 정하는 사유로 퇴직한 근로자

4. 「소득세법」 제14조제3항제2호에 따른 일용근로자

5. 근로계약기간이 6개월 미만인 근로자. 다만, 근로계약의 연속된 갱신으로 인하여 합병등기일 1개월 전 당시 그 근로계약의 총 기간이 1년 이상인 근로자는 제외한다.

6. 금고 이상의 형을 선고받는 등 기획재정부령으로 정하는 근로자의 중대한 귀책사유로 퇴직한 근로자

⑦ 합병법인이 합병등기일이 속하는 사업연도의 종료일 이전에 피합병법인으로부터 승계한 자산가액(유형자산, 무형자산 및 투자자산의 가액을 말한다. 이하 이 관 및 제156조제2항에서 같다)의 2분의 1 이상을 처분하거나 사업에 사용하지 아니하는 경우에는 법 제44조제2항제3호에 해당하지 아니하는 것으로 한다. 다만, 피합병법인이 보유하던 합병법인의 주식을 승계받아 자기주식을 소각하는 경우에는 해당 합병법인의 주식을 제외하고 피합병법인으로부터 승계받은 자산을 기준으로 사업을 계속하는지 여부를 판정하되, 승계받은 자산이 합병법인의 주식만 있는 경우에는 사업을 계속하는 것으로 본다. 〈개정 2010. 12. 30., 2018. 2. 13., 2019. 2. 12.〉

⑧ 제1항제1호가목 후단을 적용받으려는 법인은 납세지 관할 세무서장이 해당 법인이 선택한 주식 처분 순서를 확인하기 위해 필요한 자료를 요청하는 경우에는 그 자료를 제출해야 한다. 〈신설 2019. 2. 12.〉

[본조신설 2010. 6. 8.]

제80조의3(합병 시 양도가액과 순자산시가와의 차액 처리) ①합병법인은 법 제44조의2제2항에 따라 양도가액이 순자산시가에 미달하는 경우 그 차액(이하 “합병매수차익”이라 한다)을 익금에 산입할 때에는 합병등기일이 속하는 사업연도부터 합병등기일부터 5년이 되는 날이 속하는 사업연도까지 다음 산식에 따라 계산한 금액을 산입한다. 이 경우 월수는 역에 따라 계산하되 1월 미만의 일수는 1월로 하고, 이에 따라 합병등기일이 속한 월을 1월로 계산한 경우에는 합병등기일부터 5년이 되는 날이 속한 월은 계산에서 제외한다.

$$\text{합병매수차익} \times \frac{\text{해당 사업연도의 월수}}{\text{60월}}$$

② 법 제44조의2제3항에서 “대통령령으로 정하는 경우”란 합병법인이 피합병법인의 상호·거래관계, 그 밖의 영업상의 비밀 등에 대하여 사업상 가치가 있다고 보아 대가를 지급한 경우를 말한다.

③ 법 제44조의2제3항에 따라 양도가액이 순자산시가를 초과하는 경우 그 차액(이하 “합병매수차손”이라 한다)에 대한 손금산입액 계산, 산입방법 등에 관하여는 제1항을 준용한다.

[본조신설 2010. 6. 8.]

[제목개정 2019. 2. 12.]

제80조의4(적격합병 과세특례에 대한 사후관리) ① 합병법인은 법 제44조의3제1항에 따라 피합병법인의 자산을 장부가액으로 양도받은 경우 양도받은 자산 및 부채의 가액을 합병등기일 현재의 시가로 계상하되, 시가에서 피합병법인의 장부가액(제85조제1호에 해당하는 세무조정사항이 있는 경우에는 그 세무조정사항 중 익금불산입액은 더하고 손금불산입액은 뺀 가액으로 한다)을 뺀 금액이 0보다 큰 경우에는 그 차액을 익금에 산입하고 이에 상당하는 금액을 자산조정계정으로 손금에 산입하며, 0보다 작은 경우에는 시가와 장부가액의 차액을 손금에 산입하고 이에 상당하는 금액을 자산조정계정으로 익금에 산입한다. 이 경우 계상한 자산조정계정은 다음 각 호

의 구분에 따라 처리한다. 〈개정 2017. 2. 3.〉

1. 감가상각자산에 설정된 자산조정계정: 자산조정계정으로 손금에 산입한 경우에는 해당 자산의 감가상각비(해당 자산조정계정에 상당하는 부분에 대한 것만 해당한다)와 상계하고, 자산조정계정으로 익금에 산입한 경우에는 감가상각비에 가산. 이 경우 해당 자산을 처분하는 경우에는 상계 또는 더하고 남은 금액을 그 처분하는 사업연도에 전액 익금 또는 손금에 산입한다.

2. 제1호 외의 자산에 설정된 자산조정계정: 해당 자산을 처분하는 사업연도에 전액 익금 또는 손금에 산입. 다만, 자기주식을 소각하는 경우에는 익금 또는 손금에 산입하지 아니하고 소멸한다.

② 합병법인은 제1항에 따라 피합병법인의 자산을 장부가액으로 양도받은 경우 피합병법인이 합병 전에 적용받던 법 제59조에 따른 감면 또는 세액공제를 승계하여 감면 또는 세액공제의 적용을 받을 수 있다. 이 경우 법 또는 다른 법률에 해당 감면 또는 세액공제의 요건 등에 관한 규정이 있는 경우에는 합병법인이 그 요건 등을 모두 갖춘 경우에만 이를 적용한다. 〈신설 2010. 12. 30.〉

③ 법 제44조의3제3항 각 호 외의 부분 본문에서 "대통령령으로 정하는 기간"이란 합병등기일이 속하는 사업연도의 다음 사업연도의 개시일부터 2년(같은 항 제3호의 경우에는 3년)을 말한다. 〈개정 2010. 12. 30., 2012. 2. 2., 2018. 2. 13.〉

④ 합병법인이 법 제44조의3제3항 각 호의 어느 하나에 해당하는 경우에는 제1항에 따라 계상된 자산조정계정 잔액의 총합계액(총합계액이 0보다 큰 경우에 한정하며, 총합계액이 0보다 작은 경우에는 없는 것으로 본다)과 법 제44조의3제2항에 따라 피합병법인으로부터 승계받은 결손금 중 공제한 금액 전액을 익금에 산입한다. 이 경우 제1항에 따라 계상된 자산조정계정은 소멸하는 것으로 한다. 〈개정 2010. 12. 30.〉

⑤ 제4항에 따라 자산조정계정 잔액의 총합계액을 익금에 산입한 경우 합병매수차익 또는 합병매수차손에 상당하는 금액은 다음 각 호의 구분에 따라 처리한다. 〈개정 2010. 12. 30., 2025. 2. 28.〉

1. 합병 당시 합병법인이 피합병법인에 지급한 양도가액이 피합병법인의 합병등기일 현재의 순자산시가에 미달하는 경우: 합병매수차익에 상당하는 금액을 법 제44조의3제3항 각 호의 어느 하나에 해

당하는 사유가 발생한 날이 속하는 사업연도에 손금에 산입하고, 그 금액에 상당하는 금액을 합병등기일부터 5년이 되는 날까지 다음 각 목의 구분에 따라 분할하여 익금에 산입

가. 법 제44조의3제3항 각 호의 어느 하나의 사유가 발생한 날이 속하는 사업연도: 합병매수차익에 합병등기일부터 해당 사업연도 종료일까지의 월수를 60월로 나눈 비율을 곱한 금액(월수는 역에 따라 계산하되 1월 미만의 일수는 1월로 한다)을 익금에 산입

나. 가목의 사업연도 이후의 사업연도부터 합병등기일부터 5년이 되는 날이 속하는 사업연도: 합병매수차익에 해당 사업연도의 월수를 60월로 나눈 비율을 곱한 금액(합병등기일이 속하는 월의 일수가 1월 미만인 경우 합병등기일부터 5년이 되는 날이 속하는 월은 없는 것으로 한다)을 익금에 산입

2. 합병 당시 합병법인이 피합병법인에 지급한 양도가액이 피합병법인의 합병등기일 현재의 순자산시가를 초과하는 경우: 합병매수차손에 상당하는 금액을 법 제44조의3제3항 각 호의 어느 하나에 해당하는 사유가 발생한 날이 속하는 사업연도에 익금에 산입하되, 제80조의3제2항에 해당하는 경우에 한정하여 그 금액에 상당하는 금액을 합병등기일부터 5년이 되는 날까지 다음 각 목의 구분에 따라 분할하여 손금에 산입

가. 법 제44조의3제3항 각 호의 어느 하나의 사유가 발생한 날이 속하는 사업연도: 합병매수차손에 합병등기일부터 해당 사업연도 종료일까지의 월수를 60월로 나눈 비율을 곱한 금액(월수는 역에 따라 계산하되 1월 미만의 일수는 1월로 한다)을 손금에 산입

나. 가목의 사업연도 이후의 사업연도부터 합병등기일부터 5년이 되는 날이 속하는 사업연도: 합병매수차손에 해당 사업연도의 월수를 60월로 나눈 비율을 곱한 금액(합병등기일이 속하는 월의 일수가 1월 미만인 경우 합병등기일부터 5년이 되는 날이 속하는 월은 없는 것으로 한다)을 손금에 산입

⑥ 합병법인이 법 제44조의3제3항 각 호의 어느 하나에 해당하는 경우에는 합병법인의 소득금액 및 과세표준을 계산할 때 제85조제1호에 따라 승계한 세무조정사항 중 익금불산입액은 더하고 손금불산입액은 빼며, 피합병법인으로부터 승계하여 공제한 감면 또는 세액공제액 상당액을 해당 사유가 발생한 사업연도의 법인세에 더하여

납부하고, 해당 사유가 발생한 사업연도부터 적용하지 아니한다. 〈신설 2010. 12. 30., 2012. 2. 2.〉

⑦ 법 제44조의3제3항 각 호 외의 부분 단서에서 "대통령령으로 정하는 부득이한 사유가 있는 경우"란 다음 각 호의 어느 하나에 해당하는 경우를 말한다. 〈개정 2010. 12. 30., 2018. 2. 13.〉

1. 법 제44조의3제3항제1호에 대한 부득이한 사유가 있는 것으로 보는 경우: 합병법인이 제80조의2제1항제2호 각 목의 어느 하나에 해당하는 경우

2. 법 제44조의3제3항제2호에 대한 부득이한 사유가 있는 것으로 보는 경우: 제9항에 따른 주주등이 제80조의2제1항제1호 각 목의 어느 하나에 해당하는 경우

3. 법 제44조의3제3항제3호에 대한 부득이한 사유가 있는 것으로 보는 경우: 합병법인이 제80조의2제1항제3호가목부터 다목까지 중 어느 하나에 해당하는 경우

⑧ 합병법인이 제3항에 따른 기간 중 피합병법인으로부터 승계한 자산가액의 2분의 1 이상을 처분하거나 사업에 사용하지 아니하는 경우에는 피합병법인으로부터 승계받은 사업을 폐지한 것으로 본다. 다만, 피합병법인이 보유하던 합병법인의 주식을 승계받아 자기주식을 소각하는 경우에는 해당 합병법인의 주식을 제외하고 피합병법인으로부터 승계받은 자산을 기준으로 사업을 계속하는지 여부를 판정하되, 승계받은 자산이 합병법인의 주식만 있는 경우에는 사업을 계속하는 것으로 본다. 〈개정 2010. 12. 30., 2019. 2. 12.〉

⑨ 법 제44조의3제3항제2호에서 "대통령령으로 정하는 피합병법인의 주주등"이란 제80조의2제5항에 따른 주주등을 말한다. 〈개정 2010. 12. 30.〉

⑩ 법 제44조의3제3항제3호에서 "대통령령으로 정하는 근로자"란 「근로기준법」에 따라 근로계약을 체결한 내국인 근로자를 말한다. 〈신설 2018. 2. 13.〉

⑪ 제1항에 따라 자산조정계정을 계상한 합병법인은 법 제60조에 따른 신고와 함께 기획재정부령으로 정하는 자산조정계정에 관한 명세서를 납세지 관할 세무서장에게 제출하여야 한다. 〈개정 2010. 12. 30., 2018. 2. 13.〉

[본조신설 2010. 6. 8.]

제81조(합병에 따른 이월결손금 등의 승계) ① 법 제45조제1항에서 “대통령령으로 정하는 자산가액 비율”이란 합병등기일 현재 합병법인과 피합병법인의 사업용 자산가액 비율을 말한다. 이 경우 합병법인이 승계한 피합병법인의 사업용 자산가액은 승계결손금을 공제하는 각 사업연도의 종료일 현재 계속 보유(처분 후 대체하는 경우를 포함한다)·사용하는 자산에 한정하여 그 자산의 합병등기일 현재 가액에 따른다. 〈개정 2009. 2. 4., 2019. 2. 12.〉

② 법 제45조제2항에 따라 합병법인이 각 사업연도의 과세표준을 계산할 때 승계하여 공제하는 결손금은 합병등기일 현재의 피합병법인의 법 제13조제1항제1호에 따른 결손금(합병등기일을 사업연도의 개시일로 보아 계산한 금액을 말한다)으로 하되, 합병등기일이 속하는 사업연도의 다음 사업연도부터는 매년 순차적으로 1년이 지난 것으로 보아 계산한 금액(이하 이 조에서 “승계결손금의 범위액”이라 한다)으로 한다. 〈개정 2009. 2. 4., 2019. 2. 12.〉

③ 합병법인은 법 제44조의3제2항에 따라 피합병법인으로부터 승계받은 감면 또는 세액공제를 다음 각 호에 따라 적용받을 수 있다. 〈신설 2010. 12. 30.〉

1. 법 제59조제1항제1호에 따른 감면(일정기간에 걸쳐 감면되는 것으로 한정한다)의 경우에는 합병법인이 승계받은 사업에서 발생한 소득에 대하여 합병 당시의 잔존감면기간 내에 종료하는 각 사업연도분까지 그 감면을 적용

2. 법 제59조제1항제3호에 따른 세액공제(외국납부세액공제를 포함한다)로서 이월된 미공제액의 경우에는 합병법인이 다음 각 목의 구분에 따라 이월공제잔여기간 내에 종료하는 각 사업연도분까지 공제

가. 이월된 외국납부세액공제 미공제액: 승계받은 사업에서 발생한 국외원천소득을 해당 사업연도의 과세표준으로 나눈 금액에 해당 사업연도의 세액을 곱한 금액의 범위에서 공제

나. 「조세특례제한법」 제132조에 따른 법인세 최저한세액(이하 이 조에서 “법인세 최저한세액”이라 한다)에 미달하여 공제받지 못한 금액으로서 같은 법 제144조에 따라 이월된 미공제액: 승계받은 사업부문에 대하여 「조세특례제한법」 제132조를 적용하여 계산한 법인세 최저한세액의 범위에서 공제. 이 경우 공제하는 금액은 합병법인의 법인세 최저한세액을 초과할 수 없다.

다. 가목 및 나목 외에 납부할 세액이 없어 공제받지 못한 금액으로서 「조세특례제한법」 제144조에 따라 이월된 미공제액: 승계받은 사업부문에 대하여 계산한 법인세 산출세액의 범위에서 공제

④ 피합병법인의 사업을 승계한 합병법인의 결손금 공제, 익금산입, 법인세 가산 및 기부금한도초과액을 손금산입 할 때 사업의 계속 또는 폐지의 판정과 적용에 관하여는 제80조의2제7항 및 제80조의4제8항을 준용한다. 〈개정 2010. 6. 8., 2010. 12. 30., 2018. 2. 13., 2021. 2. 17.〉

⑤ 삭제 〈2009. 2. 4.〉

⑥ 삭제 〈2009. 2. 4.〉

[제목개정 2010. 12. 30.]

제82조(분할에 따른 양도손익의 계산) ① 법 제46조제1항제1호에 따른 양도가액은 다음 각 호의 금액으로 한다. 〈개정 2010. 12. 30., 2012. 2. 2., 2017. 2. 3., 2019. 2. 12.〉

1. 적격분할의 경우: 법 제46조제1항제2호에 따른 분할법인등(이하 "분할법인등"이라 한다)의 분할등기일 현재의 순자산장부가액

2. 제1호 외의 경우: 다음 각 목의 금액을 모두 더한 금액

가. 분할신설법인등이 분할로 인하여 분할법인의 주주에 지급한 분할신설법인등의 주식(분할합병의 경우에는 분할등기일 현재 분할합병의 상대방 법인의 발행주식총수 또는 출자총액을 소유하고 있는 내국법인의 주식을 포함한다. 이하 같다)의 가액 및 금전이나 그 밖의 재산가액의 합계액. 다만, 분할합병의 경우 분할합병의 상대방법인이 분할등기일 전 취득한 분할법인의 주식{신설분할합병 또는 3 이상의 법인이 분할합병하는 경우에는 분할등기일 전 분할법인이 취득한 다른 분할법인의 주식(분할합병으로 분할합병의 상대방법인이 승계하는 것에 한정한다), 분할등기일 전 분할합병의 상대방법인이 취득한 소멸한 분할합병의 상대방법인의 주식 또는 분할등기일 전 소멸한 분할합병의 상대방법인이 취득한 분할법인의 주식과 다른 소멸한 분할합병의 상대방법인의 주식을 포함한다. 이하 "분할합병포합주식"이라 한다}이 있는 경우에는 그 주식에 대하여 분할신설법인등의 주식(이하 "분할합병교부주식"이라 한다)을 교부하지 아니하더라도 그 지분비율에 따라 분할합병교부주식을 교부한 것으로 보아 분할합병의 상대방법인의 주식의 가액을 계산한다.

나. 분할신설법인등이 납부하는 분할법인의 법인세 및 그 법인세(감면세액을 포함한다)에 부과되는 국세와 「지방세법」 제88조제2항에 따른 법인지방소득세의 합계액

② 법 제46조제1항제2호에 따른 분할법인등의 순자산장부가액을 계산할 때 「국세기본법」에 따라 환급되는 법인세액이 있는 경우에는 이에 상당하는 금액을 분할법인등의 분할등기일 현재의 순자산장부가액에 더한다.

③ 제1항제1호를 적용받으려는 분할법인등은 법 제60조에 따른 과세표준 신고를 할 때 분할신설법인등과 함께 기획재정부령으로 정하는 분할과세특례신청서를 납세지 관할 세무서장에게 제출하여야 한다. 이 경우 분할신설법인등은 제82조의4제10항에 따른 자산조정계정에 관한 명세서를 분할법인등의 납세지 관할 세무서장에게 함께 제출하여야 한다. 〈개정 2010. 12. 30., 2018. 2. 13.〉

[전문개정 2010. 6. 8.]

제82조의2(적격분할의 요건 등) ① 법 제46조제2항 각 호 외의 부분 단서에서 "대통령령으로 정하는 부득이한 사유가 있는 경우"란 다음 각 호의 어느 하나에 해당하는 경우를 말한다. 〈개정 2016. 2. 12., 2018. 2. 13., 2021. 2. 17.〉

1. 법 제46조제2항제2호에 대한 부득이한 사유가 있는 것으로 보는 경우: 제8항에 따른 주주가 제80조의2제1항제1호 각 목의 어느 하나에 해당하는 경우

2. 법 제46조제2항제3호에 대한 부득이한 사유가 있는 것으로 보는 경우: 분할신설법인등이 제80조의2제1항제2호 각 목의 어느 하나에 해당하는 경우

3. 법 제46조제2항제4호에 대한 부득이한 사유가 있는 것으로 보는 경우: 분할신설법인등이 제80조의2제1항제3호가목부터 다목까지 중 어느 하나에 해당하거나 분할등기일 1개월 전 당시 분할하는 사업부문(분할법인으로부터 승계하는 부분을 말한다. 이하 이 조 및 제85조제1호에서 같다)에 종사하는 제82조의4제9항의 근로자가 5명 미만인 경우

② 법 제46조제3항에서 "부동산 임대업을 주업으로 하는 사업부문 등 대통령령으로 정하는 사업부문"이란 다음 각 호의 어느 하나에 해당하는 사업부문을 말한다. 〈신설 2014. 2. 21., 2019. 2.

12., 2021. 2. 17.〉

1. 기획재정부령으로 정하는 부동산 임대업을 주업으로 하는 사업부문

2. 분할법인으로부터 승계한 사업용 자산가액(기획재정부령으로 정하는 사업용 자산의 가액은 제외한다) 중 「소득세법」 제94조제1항제1호 및 제2호에 따른 자산이 100분의 80 이상인 사업부문

3. 삭제 〈2021. 2. 17.〉

③ 주식등과 그와 관련된 자산·부채만으로 구성된 사업부문의 분할은 분할하는 사업부문이 다음 각 호의 어느 하나에 해당하는 사업부문인 경우로 한정하여 법 제46조제2항제1호가목에 따라 분리하여 사업이 가능한 독립된 사업부문을 분할하는 것으로 본다. 〈신설 2014. 2. 21., 2021. 2. 17.〉

1. 분할법인이 분할등기일 전일 현재 보유한 모든 지배목적 보유 주식등(지배목적으로 보유하는 주식등으로서 기획재정부령으로 정하는 주식등을 말한다. 이하 이 조에서 같다)과 그와 관련된 자산·부채만으로 구성된 사업부문

2. 「독점규제 및 공정거래에 관한 법률」 및 「금융지주회사법」에 따른 지주회사(이하 이 조에서 "지주회사"라 한다)를 설립하는 사업부문(분할합병하는 경우로서 다음 각 목의 어느 하나에 해당하는 경우에는 지주회사를 설립할 수 있는 사업부문을 포함한다). 다만, 분할하는 사업부문이 지배주주등으로서 보유하는 주식등과 그와 관련된 자산·부채만을 승계하는 경우로 한정한다.

가. 분할합병의 상대방법인이 분할합병을 통하여 지주회사로 전환되는 경우

나. 분할합병의 상대방법인이 분할등기일 현재 지주회사인 경우

3. 제2호와 유사한 경우로서 기획재정부령으로 정하는 경우

④ 법 제46조제2항제1호나목 단서에서 "공동으로 사용하던 자산, 채무자의 변경이 불가능한 부채 등 분할하기 어려운 자산과 부채 등으로서 대통령령으로 정하는 것"이란 다음 각 호의 자산과 부채를 말한다. 〈개정 2012. 2. 2., 2014. 2. 21.〉

1. 자산

가. 변전시설·폐수처리시설·전력시설·용수시설·증기시설

나. 사무실·창고·식당·연수원·사택·사내교육시설

다. 물리적으로 분할이 불가능한 공동의 생산시설, 사업지원시설과 그 부속토지 및 자산

라. 가목부터 다목까지의 자산과 유사한 자산으로서 기획재정부령으로 정하는 자산

2. 부채

가. 지급어음

나. 차입조건상 차입자의 명의변경이 제한된 차입금

다. 분할로 인하여 약정상 차입자의 차입조건이 불리하게 변경되는 차입금

라. 분할하는 사업부문에 직접 사용되지 아니한 공동의 차입금

마. 가목부터 라목까지의 부채와 유사한 부채로서 기획재정부령으로 정하는 부채

3. 분할하는 사업부문이 승계하여야 하는 자산·부채로서 분할 당시 시가로 평가한 총자산가액 및 총부채가액의 각각 100분의 20 이하인 자산·부채. 이 경우 분할하는 사업부문이 승계하여야 하는 자산·부채, 총자산가액 및 총부채가액은 기획재정부령으로 정하는 바에 따라 계산하되, 주식등과 제1호의 자산 및 제2호의 부채는 제외한다.

⑤ 분할하는 사업부문이 주식등을 승계하는 경우에는 법 제46조제2항제1호나목에 따라 분할하는 사업부문의 자산·부채가 포괄적으로 승계된 것으로 보지 아니한다. 다만, 제3항 각 호에 따라 주식등을 승계하는 경우 또는 이와 유사한 경우로서 기획재정부령으로 정하는 경우에는 그러하지 아니하다. 〈신설 2014. 2. 21.〉

⑥ 법 제46조제2항제2호에 따른 분할대가의 총합계액은 제82조제1항제2호가목에 따른 금액으로 하고, 분할합병의 경우에는 법 제46조제2항제2호에 따라 분할대가의 총합계액 중 주식등의 가액이 법 제44조제2항제2호의 비율 이상인지를 판정할 때 분할합병의 상대방법인이 분할등기일 전 2년 내에 취득한 분할법인의 분할합병포합주식이 있는 경우에는 다음 각 호의 금액을 금전으로 교부한 것으로 본다. 이 경우 신설분할합병 또는 3 이상의 법인이 분할합병하는 경우로서 분할법인이 취득한 다른 분할법인의 주식이 있는 경우에는 그 다른 분할법인의 주식을 취득한 분할법인을 분할합병의 상대방법인으로 보아 다음 각 호를 적용하고, 소멸한 분할합병의 상대

방법인이 취득한 분할법인의 주식이 있는 경우에는 소멸한 분할합병의 상대방법인을 분할합병의 상대방법인으로 보아 다음 각 호를 적용하여 계산한 금액을 금전으로 교부한 것으로 본다. 〈개정 2012. 2. 2., 2014. 2. 21.〉

1. 분할합병의 상대방법인이 분할등기일 현재 분할법인의 제43조제7항에 따른 지배주주등이 아닌 경우: 분할합병의 상대방법인이 분할등기일 전 2년 이내에 취득한 분할합병포합주식이 분할법인등의 발행주식총수의 100분의 20을 초과하는 경우 그 초과하는 분할합병포합주식에 대하여 교부한 분할합병교부주식(제82조제1항제2호가목 단서에 따라 분할합병교부주식을 교부한 것으로 보는 경우 그 주식을 포함한다)의 가액

2. 분할합병의 상대방법인이 분할등기일 현재 분할법인의 제43조제7항에 따른 지배주주등인 경우: 분할등기일 전 2년 이내에 취득한 분할합병포합주식에 대하여 교부한 분할합병교부주식(제82조제1항제2호가목 단서에 따라 분할합병교부주식을 교부한 것으로 보는 경우 그 주식을 포함한다)의 가액

⑦법 제46조제2항제2호에 따라 분할법인등의 주주에 분할 또는 분할합병으로 인하여 받은 주식을 배정할 때에는 제8항에 따른 주주에 다음 산식에 따른 가액 이상의 주식을 각각 배정하여야 한다. 〈개정 2010. 12. 30., 2012. 2. 2., 2014. 2. 21., 2016. 2. 12., 2025. 2. 28.〉

분할법인등의 주주등이 지급받은 제82조제1항제2호가목에 따른 분할신설법인등의 주식의 가액의 총합계액 × 제8항에 따른 각 주주의 분할법인등에 대한 지분비율(분할법인등의 자기주식에 대해 분할신설법인등의 주식을 배정하지 않는 경우에는 분할법인등의 자기주식을 제외하고 산정한 지분비율을 말한다)

⑧ 법 제46조제2항제2호에서 "대통령령으로 정하는 분할법인등의 주주"란 분할법인등의 제43조제3항에 따른 지배주주등 중 다음 각 호의 어느 하나에 해당하는 자를 제외한 주주를 말한다. 〈개정 2014. 2. 21., 2023. 2. 28.〉

1. 제43조제8항제1호가목의 친족 중 4촌인 혈족

2. 분할등기일 현재 분할법인등에 대한 지분비율이 100분의 1 미만이면서 시가로 평가한 그 지분가액이 10억원 미만인 자

⑨ 법 제46조제2항제3호에 따른 분할신설법인등이 분할법인등으로부터 승계받은 사업의 계속 여부의 판정 등에 관하여는 제80조의

2제7항을 준용한다. 〈개정 2010. 12. 30., 2014. 2. 21., 2018. 2. 13.〉

⑩ 법 제46조제2항제4호에 따른 대통령령으로 정하는 근로자의 범위에 관하여는 제80조의2제6항을 준용하되, 다음 각 호의 어느 하나에 해당하는 근로자는 제외할 수 있다. 이 경우 "합병등기일"은 "분할등기일"로 본다. 〈신설 2018. 2. 13.〉

1. 분할 후 존속하는 사업부문과 분할하는 사업부문에 모두 종사하는 근로자

2. 분할하는 사업부문에 종사하는 것으로 볼 수 없는 기획재정부령으로 정하는 업무를 수행하는 근로자

[본조신설 2010. 6. 8.]

제82조의3(분할 시 양도가액과 순자산시가와의 차액 처리) ① 법 제46조의2제2항에 따라 양도가액이 순자산시가에 미달하는 경우 그 차액(이하 "분할매수차익"이라 한다)에 대한 익금산입액 계산, 산입방법 등에 관하여는 제80조의3제1항을 준용한다.

② 법 제46조의2제3항에서 "대통령령으로 정하는 경우"란 분할신설법인등이 분할법인등의 상호·거래관계, 그 밖의 영업상의 비밀 등에 대하여 사업상 가치가 있다고 보아 대가를 지급한 경우를 말한다.

③ 법 제46조의2제3항에 따라 양도가액이 순자산시가를 초과하는 경우 그 차액(이하 "분할매수차손"이라 한다)에 대한 손금산입액 계산, 산입방법 등에 관하여는 제80조의3제3항을 준용한다.

[본조신설 2010. 6. 8.]

[제목개정 2019. 2. 12.]

제82조의4(적격분할 과세특례에 대한 사후관리) ① 분할신설법인등은 법 제46조의3제1항에 따라 분할법인등의 자산을 장부가액으로 양도받은 경우 양도받은 자산 및 부채의 가액을 분할등기일 현재의 시가로 계상하되, 시가에서 분할법인등의 장부가액(제85조제1호에 해당하는 세무조정사항이 있는 경우에는 그 세무조정사항 중 익금불산입액은 더하고 손금불산입액은 뺀 가액으로 한다)을 뺀 금액이 0보다 큰 경우에는 그 차액을 익금에 산입하고 이에 상당하는 금액을 자산조정계정으로 손금에 산입하며, 0보다 작은 경우에는 시가와 장부가액의 차액을 손금에 산입하고 이에 상당하는 금액을 자산조정계정으로 익금에 산입한다. 이 경우 자산조정계정의 처리에 관하여는

제80조의4제1항을 준용한다. 〈개정 2014. 2. 21., 2017. 2. 3.〉

② 분할신설법인등은 제1항에 따라 분할법인등의 자산을 장부가액으로 양도받은 경우 분할법인등이 분할 전에 적용받던 법 제59조에 따른 감면 또는 세액공제를 승계하여 감면 또는 세액공제의 적용을 받을 수 있다. 이 경우 법 또는 다른 법률에 해당 감면 또는 세액공제의 요건 등에 관한 규정이 있는 경우에는 분할신설법인등이 그 요건 등을 갖춘 경우에만 이를 적용하며, 분할신설법인등은 다음 각 호의 구분에 따라 승계받은 사업에 속하는 감면 또는 세액공제에 한정하여 적용받을 수 있다. 〈신설 2010. 12. 30., 2019. 2. 12.〉

1. 이월된 감면·세액공제가 특정 사업·자산과 관련된 경우: 특정 사업·자산을 승계한 분할신설법인등이 공제

2. 제1호 외의 이월된 감면·세액공제의 경우: 분할법인등의 사업용 자산가액 중 분할신설법인등이 각각 승계한 사업용 자산가액 비율로 안분하여 분할신설법인등이 각각 공제

③ 법 제46조의3제3항 각 호 외의 부분 본문에서 "대통령령으로 정하는 기간"이란 분할등기일이 속하는 사업연도의 다음 사업연도 개시일부터 2년(같은 항 제3호의 경우에는 3년)을 말한다. 〈개정 2010. 12. 30., 2012. 2. 2., 2018. 2. 13.〉

④ 분할신설법인등이 법 제46조의3제3항 각 호의 어느 하나에 해당하는 경우 결손금 등의 익금산입 및 분할매수차익이나 분할매수차손 상당액의 손금 또는 익금 산입 등에 관하여는 제80조의4제4항 및 제5항을 준용한다. 〈개정 2010. 12. 30.〉

⑤ 분할신설법인등이 법 제46조의3제3항 각 호의 어느 하나에 해당하는 경우에는 분할신설법인등의 소득금액 및 과세표준을 계산할 때 제85조제1호에 따라 승계한 세무조정사항 중 익금불산입액은 더하고 손금불산입액은 빼며, 분할법인등으로부터 승계하여 공제한 감면 또는 세액공제액 상당액을 해당 사유가 발생한 사업연도의 법인세에 더하여 납부하고, 해당 사유가 발생한 사업연도부터 적용하지 아니한다. 〈신설 2010. 12. 30., 2012. 2. 2.〉

⑥ 법 제46조의3제3항 각 호 외의 부분 단서에서 "대통령령으로 정하는 부득이한 사유가 있는 경우"란 다음 각 호의 어느 하나에 해당하는 경우를 말한다. 〈개정 2010. 12. 30., 2018. 2. 13.〉

1. 법 제46조의3제3항제1호에 대한 부득이한 사유가 있는 것으

로 보는 경우: 분할신설법인등이 제80조의2제1항제2호 각 목의 어느 하나에 해당하는 경우

2. 법 제46조의3제3항제2호에 대한 부득이한 사유가 있는 것으로 보는 경우: 제8항에 따른 주주가 제80조의2제1항제1호 각 목의 어느 하나에 해당하는 경우

3. 법 제46조의3제3항제3호에 대한 부득이한 사유가 있는 것으로 보는 경우: 분할신설법인등이 제80조의2제1항제3호가목부터 다목까지의 규정 중 어느 하나에 해당하는 경우

⑦ 법 제46조의3제3항제1호에 따른 분할신설법인등이 분할법인등으로부터 승계받은 사업의 폐지 여부 판정 등에 관하여는 제80조의4제8항을 준용한다. 〈개정 2010. 12. 30.〉

⑧ 법 제46조의3제3항제2호에서 "대통령령으로 정하는 분할법인등의 주주"란 제82조의2제8항에 따른 주주를 말한다. 〈개정 2010. 12. 30., 2014. 2. 21.〉

⑨ 법 제46조의3제3항제3호 각 목 외의 부분에서 "대통령령으로 정하는 근로자"란 「근로기준법」에 따라 근로계약을 체결한 내국인 근로자를 말한다. 다만, 분할하는 사업부문에 종사하는 근로자의 경우에는 제82조의2제10항 각 호의 어느 하나에 해당하는 근로자를 제외할 수 있다. 〈신설 2018. 2. 13.〉

⑩ 제1항에 따라 자산조정계정을 계상한 분할신설법인등은 법 제60조에 따른 신고와 함께 기획재정부령으로 정하는 자산조정계정에 관한 명세서를 납세지 관할 세무서장에게 제출하여야 한다. 〈개정 2010. 12. 30., 2018. 2. 13.〉

[본조신설 2010. 6. 8.]

제83조(분할에 따른 이월결손금 등의 승계) ① 법 제46조의4제1항에서 "대통령령으로 정하는 자산가액 비율"이란 분할합병등기일 현재 분할법인(승계된 사업분만 해당한다)과 분할합병의 상대방법인(소멸하는 경우를 포함한다. 이하 이 조에서 같다)의 사업용 자산가액 비율을 말한다. 이 경우 분할신설법인등이 승계한 분할법인등의 사업용 자산가액은 승계결손금을 공제하는 각 사업연도의 종료일 현재 계속 보유(처분 후 대체 취득하는 경우를 포함한다)·사용하는 자산에 한정하여 그 자산의 분할합병등기일 현재 가액에 따른다. 〈개정 2019. 2. 12.〉

② 법 제46조의4제2항에 따라 분할신설법인등이 각 사업연도의 과세표준을 계산할 때 승계하여 공제하는 결손금은 분할등기일 현재 분할법인등의 법 제13조제1항제1호에 따른 결손금(분할등기일을 사업연도의 개시일로 보아 계산한 금액을 말한다) 중 분할신설법인등이 승계받은 사업에 속하는 결손금으로 하되, 분할등기일이 속하는 사업연도의 다음 사업연도부터는 매년 순차적으로 1년이 지난 것으로 보아 계산한 금액으로 한다. 〈개정 2019. 2. 12.〉

③ 제2항에 따른 승계받은 사업에 속하는 결손금은 분할등기일 현재 분할법인등의 결손금을 분할법인등의 사업용 자산가액 중 분할신설법인등이 각각 승계한 사업용 자산가액 비율로 안분계산한 금액으로 한다. 〈개정 2019. 2. 12.〉

④ 분할신설법인등이 법 제46조의3제2항에 따라 분할법인등으로부터 승계받은 감면 또는 세액공제를 적용하는 경우에는 제81조제3항을 준용한다. 〈신설 2010. 12. 30.〉

⑤ 법 제46조의4제7항에 따라 분할법인등으로부터 승계받은 사업에 속하는 같은 조 제6항에 따른 기부금한도초과액(이하 "기부금한도초과액"이라 한다)은 분할등기일 현재 분할법인등의 기부금한도초과액을 분할법인등의 사업용 자산가액 중 분할신설법인등이 각각 승계한 사업용 자산가액 비율로 안분계산한 금액으로 한다. 〈신설 2021. 2. 17.〉

⑥ 분할법인등의 사업을 승계한 분할신설법인등의 결손금 공제, 익금산입, 법인세 가산 및 기부금한도초과액을 손금산입 할 때 사업의 계속 또는 폐지의 판정과 적용에 관하여는 제80조의2제7항 및 제80조의4제8항을 준용한다. 〈개정 2010. 12. 30., 2018. 2. 13., 2021. 2. 17.〉

[전문개정 2010. 6. 8.]

[제목개정 2010. 12. 30.]

제83조의2(분할 후 존속하는 법인에 관한 소득금액계산의 특례) ① 법 제46조의5제1항제1호에 따른 양도가액은 다음 각 호의 금액으로 한다. 〈개정 2010. 12. 30., 2012. 2. 2., 2017. 2. 3.〉

1. 적격분할의 경우: 법 제46조의5제1항제2호에 따른 분할법인의 분할등기일 현재의 분할한 사업부문의 순자산장부가액

2. 제1호 외의 경우: 다음 각 목의 금액을 모두 더한 금액

가. 분할신설법인등이 분할로 인하여 분할법인의 주주에 지급한 분할신설법인등의 주식의 가액 및 금전이나 그 밖의 재산가액의 합계액. 다만, 분할합병의 경우 분할합병의 상대방법인이 분할합병포합주식이 있는 경우에는 그 주식에 대하여 분할합병교부주식을 교부하지 아니하더라도 그 지분비율에 따라 분할합병교부주식을 교부한 것으로 보아 분할합병의 상대방법인의 주식의 가액을 계산한다.

나. 분할신설법인등이 납부하는 분할법인의 법인세 및 그 법인세(감면세액을 포함한다)에 부과되는 국세와 「지방세법」 제88조제2항에 따른 법인지방소득세의 합계액

② 법 제46조의5제1항제2호에 따른 분할법인의 순자산장부가액을 계산할 때 「국세기본법」에 따라 환급되는 법인세액이 있는 경우에는 이에 상당하는 금액을 분할법인의 분할등기일 현재의 순자산장부가액에 더한다.

③ 제1항제1호를 적용받으려는 분할법인등은 법 제60조에 따른 과세표준 신고를 할 때 분할신설법인등과 함께 기획재정부령으로 정하는 분할과세특례신청서를 납세지 관할 세무서장에게 제출하여야 한다. 이 경우 분할신설법인등은 제82조의4제10항에 따른 자산조정계정에 관한 명세서를 분할법인등의 납세지 관할 세무서장에게 함께 제출하여야 한다. 〈개정 2010. 12. 30., 2018. 2. 13.〉

[전문개정 2010. 6. 8.]

제84조(물적분할로 인한 자산양도차익상당액의 손금산입) ① 법 제47조제1항에 따라 분할법인이 손금에 산입하는 금액은 분할신설법인으로부터 취득한 주식등(이하 이 조에서 "분할신설법인주식등"이라 한다)의 가액 중 물적분할로 인하여 발생한 자산의 양도차익에 상당하는 금액으로 한다. 〈개정 2012. 2. 2., 2013. 2. 15.〉

② 제1항에 따라 손금에 산입하는 금액은 분할신설법인주식등의 압축기장충당금으로 계상하여야 한다. 〈개정 2012. 2. 2., 2013. 2. 15.〉

③ 법 제47조제2항 각 호 외의 부분 본문에서 "대통령령으로 정하는 금액"이란 제1호와 제2호를 더한 비율에서 제1호와 제2호를 곱한 비율을 뺀 비율을 직전 사업연도 종료일(분할등기일이 속하는 사업연도의 경우에는 분할등기일을 말한다. 이하 이 조에서 같다) 현재 분할신설법인주식등의 압축기장충당금 잔액에 곱한 금액을 말

한다. 〈개정 2012. 2. 2., 2013. 2. 15.〉

1. 분할법인이 직전 사업연도 종료일 현재 보유하고 있는 법 제47조제1항에 따라 취득한 분할신설법인의 주식등의 장부가액에서 해당 사업연도에 같은 조 제2항제1호에 따라 처분한 분할신설법인의 주식등의 장부가액이 차지하는 비율

2. 분할신설법인이 직전 사업연도 종료일 현재 보유하고 있는 법 제47조제1항에 따라 분할법인으로부터 승계받은 제4항에 해당하는 자산(이하 이 조에서 "승계자산"이라 한다)의 양도차익(분할등기일 현재의 승계자산의 시가에서 분할등기일 전날 분할법인이 보유한 승계자산의 장부가액을 차감한 금액을 말한다)에서 해당 사업연도에 처분한 승계자산의 양도차익이 차지하는 비율

④ 법 제47조제2항제2호에서 "대통령령으로 정하는 자산"이란 감가상각자산(제24조제3항제1호의 자산을 포함한다), 토지 및 주식등을 말한다. 〈개정 2012. 2. 2.〉

⑤ 법 제47조제2항 각 호 외의 부분 단서에서 "분할신설법인이 적격합병되거나 적격분할하는 등 대통령령으로 정하는 부득이한 사유"란 다음 각 호의 어느 하나에 해당하는 경우를 말한다. 〈개정 2021. 2. 17.〉

1. 분할법인 또는 분할신설법인이 최초로 적격합병, 적격분할, 적격물적분할, 적격현물출자, 「조세특례제한법」 제38조에 따라 과세를 이연받은 주식의 포괄적 교환등 또는 같은 법 제38조의2에 따라 과세를 이연받은 주식의 현물출자(이하 이 조 및 제84조의2에서 "적격구조조정"이라 한다)로 주식등 및 자산을 처분하는 경우

2. 분할신설법인의 발행주식 또는 출자액 전부를 분할법인이 소유하고 있는 경우로서 다음 각 목의 어느 하나에 해당하는 경우

가. 분할법인이 분할신설법인을 적격합병(법 제46조의4제3항에 따른 적격분할합병을 포함한다. 이하 이 조에서 같다)하거나 분할신설법인에 적격합병되어 분할법인 또는 분할신설법인이 주식등 및 자산을 처분하는 경우

나. 분할법인 또는 분할신설법인이 적격합병, 적격분할, 적격물적분할 또는 적격현물출자로 주식등 및 자산을 처분하는 경우. 다만, 해당 적격합병, 적격분할, 적격물적분할 또는 적격현물출자에 따른 합병법인, 분할신설법인등 또는 피출자법인의 발행주식 또는 출

자액 전부를 당초의 분할법인이 직접 또는 기획재정부령으로 정하는 바에 따라 간접으로 소유하고 있는 경우로 한정한다.

3. 분할법인 또는 분할신설법인이 제82조의2제3항 각 호의 어느 하나에 해당하는 사업부문의 적격분할 또는 적격물적분할로 주식등 및 자산을 처분하는 경우

⑥ 분할법인이 제5항의 사유에 따라 법 제47조제2항 단서를 적용받는 경우 해당 분할법인이 보유한 분할신설법인주식등의 압축기장충당금은 다음 각 호의 구분에 따른 방법으로 대체한다. 〈개정 2017. 2. 3.〉

1. 분할신설법인주식등의 압축기장충당금 잔액에 제3항제2호의 비율[비율을 산정할 때 처분한 승계자산은 적격구조조정으로 분할신설법인으로부터 분할신설법인의 자산을 승계하는 법인(이하 이 조에서 "자산승계법인"이라 한다)에 처분한 승계자산에 해당하는 것을 말한다]을 곱한 금액을 분할법인 또는 분할신설법인이 새로 취득하는 자산승계법인의 주식등(이하 이 조에서 "자산승계법인주식등"이라 한다)의 압축기장충당금으로 할 것. 다만, 자산승계법인이 분할법인인 경우에는 분할신설법인주식등의 압축기장충당금 잔액을 분할법인이 승계하는 자산 중 최초 물적분할 당시 양도차익이 발생한 자산의 양도차익에 비례하여 안분계산한 후 그 금액을 해당 자산이 감가상각자산인 경우 그 자산의 일시상각충당금으로, 해당 자산이 감가상각자산이 아닌 경우 그 자산의 압축기장충당금으로 한다.

2. 분할신설법인주식등의 압축기장충당금 잔액에 제3항제1호의 비율[비율을 산정할 때 처분한 주식은 적격구조조정으로 분할법인으로부터 분할신설법인주식등을 승계하는 법인(이하 이 조에서 "주식승계법인"이라 한다)에 처분한 분할신설법인주식등에 해당하는 것을 말한다]을 곱한 금액을 주식승계법인이 승계한 분할신설법인주식등의 압축기장충당금으로 할 것

⑦ 제6항에 따라 새로 압축기장충당금을 설정한 분할법인, 분할신설법인 또는 주식승계법인은 다음 각 호의 어느 하나에 해당하는 사유가 발생하는 경우에는 그 사유가 발생한 날이 속하는 사업연도의 소득금액을 계산할 때 제3항을 준용하여 계산한 금액만큼을 익금에 산입하되, 제6항제1호 단서에 해당하는 경우에는 제64조제4항 각 호의 방법으로 익금에 산입한다. 다만, 제5항제2호 또는 제3호의

사유에 해당하는 경우는 제외한다. <신설 2013. 2. 15., 2016. 2. 12., 2017. 2. 3., 2021. 2. 17.>

1. 분할법인 또는 분할신설법인이 적격구조조정에 따라 새로 취득한 자산승계법인주식등을 처분하거나 주식승계법인이 적격구조조정에 따라 승계한 분할신설법인주식등을 처분하는 경우

2. 자산승계법인이 적격구조조정으로 분할신설법인으로부터 승계한 제4항에 해당하는 자산을 처분하거나 분할신설법인이 승계자산을 처분하는 경우. 이 경우 분할신설법인 및 자산승계법인은 그 자산의 처분 사실을 처분일부터 1개월 이내에 분할법인, 분할신설법인, 주식승계법인 또는 자산승계법인에 알려야 한다.

⑧ 분할법인, 분할신설법인 또는 주식승계법인이 제5항제2호 또는 제3호의 사유에 따라 제7항 각 호 외의 부분 단서를 적용받는 경우 해당 법인이 보유한 분할신설법인주식등 또는 자산승계법인주식등의 압축기장충당금의 대체 방법에 관하여는 제6항을 준용한다. <신설 2021. 2. 17.>

⑨ 제6항에 따라 새로 압축기장충당금을 설정한 분할법인, 분할신설법인 또는 주식승계법인은 제13항에 따른 기간 내에 다음 각 호의 어느 하나에 해당하는 사유가 발생하는 경우에는 압축기장충당금 잔액 전부를 그 사유가 발생한 날이 속하는 사업연도의 소득금액을 계산할 때 익금에 산입한다. <신설 2013. 2. 15., 2014. 2. 21., 2016. 2. 12., 2017. 2. 3., 2021. 2. 17.>

1. 자산승계법인이 분할신설법인으로부터 적격구조조정으로 승계받은 사업을 폐지하거나 분할신설법인이 분할법인으로부터 승계받은 사업을 폐지하는 경우

2. 분할법인 또는 분할신설법인이 보유한 자산승계법인주식등이 자산승계법인의 발행주식총수 또는 출자총액에서 차지하는 비율(이하 이 조에서 "자산승계법인지분비율"이라 한다)이 자산승계법인주식등 취득일의 자산승계법인지분비율의 100분의 50 미만이 되거나 주식승계법인이 보유한 분할신설법인주식등이 분할신설법인의 발행주식총수 또는 출자총액에서 차지하는 비율(이하 이 조에서 "분할신설법인지분비율"이라 한다)이 분할신설법인주식등 취득일의 분할신설법인지분비율의 100분의 50 미만이 되는 경우

⑩ 제8항에 따라 새로 압축기장충당금을 설정한 분할법인, 분할신

설법인 또는 주식승계법인은 제7항 각 호의 어느 하나에 해당하는 사유가 발생하는 경우에는 그 사유가 발생한 날이 속하는 사업연도의 소득금액을 계산할 때 제3항을 준용하여 계산한 금액만큼을 익금에 산입하되, 제6항제1호 단서에 해당하는 경우에는 제64조제4항 각 호의 방법으로 익금에 산입한다. 다만, 제5항제2호 또는 제3호의 사유에 해당하는 경우는 제외한다. 〈신설 2021. 2. 17.〉

⑪ 제8항에 따라 새로 압축기장충당금을 설정한 분할법인, 분할신설법인 또는 주식승계법인은 제13항에 따른 기간 내에 제9항 각 호의 어느 하나에 해당하는 사유가 발생하는 경우에는 압축기장충당금 잔액 전부를 그 사유가 발생한 날이 속하는 사업연도의 소득금액을 계산할 때 익금에 산입한다. 〈신설 2021. 2. 17.〉

⑫ 법 제47조제1항 단서 및 같은 조 제3항 각 호 외의 부분 단서에서 "대통령령으로 정하는 부득이한 사유가 있는 경우"란 다음 각 호의 어느 하나에 해당하는 경우를 말한다. 〈개정 2010. 12. 30., 2012. 2. 2., 2013. 2. 15., 2018. 2. 13., 2021. 2. 17.〉

1. 법 제46조제2항제2호 또는 제47조제3항제2호와 관련된 경우: 분할법인이 제80조의2제1항제1호 각 목의 어느 하나에 해당하는 경우

2. 법 제46조제2항제3호 또는 제47조제3항제1호와 관련된 경우: 분할신설법인등이 제80조의2제1항제2호 각 목의 어느 하나에 해당하는 경우

3. 법 제46조제2항제4호 또는 제47조제3항제3호와 관련된 경우: 다음 각 목의 어느 하나에 해당하는 경우

가. 법 제46조제2항제4호와 관련된 경우: 분할신설법인이 제80조의2제1항제3호가목부터 다목까지의 규정 중 어느 하나에 해당하거나 분할등기일 1개월 전 당시 분할하는 사업부문에 종사하는 제82조의4제9항의 근로자가 5명 미만인 경우

나. 법 제47조제3항제3호와 관련된 경우: 분할신설법인이 제80조의2제1항제3호가목부터 다목까지의 규정 중 어느 하나에 해당하는 경우

⑬ 법 제47조제3항 각 호 외의 부분 본문에서 "대통령령으로 정하는 기간"이란 분할등기일이 속하는 사업연도의 다음 사업연도 개시일부터 2년(같은 항 제3호의 경우에는 3년)을 말한다. 〈개정 2012. 2. 2., 2013. 2. 15., 2017. 2. 3., 2018. 2. 13., 2021.

2. 17.〉

⑭ 법 제47조제3항제3호에서 "대통령령으로 정하는 근로자"란 「근로기준법」에 따라 근로계약을 체결한 내국인 근로자를 말한다. 다만, 분할하는 사업부문에 종사하는 근로자의 경우에는 제82조의2제10항 각 호의 어느 하나에 해당하는 근로자를 제외할 수 있다. 〈신설 2018. 2. 13., 2021. 2. 17.〉

⑮ 분할신설법인은 분할법인이 제1항 및 제2항에 따라 압축기장충당금을 계상한 경우 분할법인이 분할 전에 적용받던 법 제59조에 따른 감면 또는 세액공제를 승계하여 감면 또는 세액공제의 적용을 받을 수 있다. 이 경우 법 또는 다른 법률에 해당 감면 또는 세액공제의 요건 등에 관한 규정이 있는 경우에는 분할신설법인이 그 요건 등을 갖춘 경우에만 이를 적용하며, 분할신설법인은 다음 각 호의 구분에 따라 승계받은 사업에 속하는 감면 또는 세액공제에 한정하여 적용받을 수 있다. 〈신설 2018. 2. 13., 2021. 2. 17.〉

1. 이월된 감면·세액공제가 특정 사업·자산과 관련된 경우: 특정 사업·자산을 승계한 분할신설법인이 공제

2. 제1호 외의 이월된 감면·세액공제의 경우: 분할법인의 사업용 고정자산가액 중 분할신설법인이 각각 승계한 사업용 고정자산가액 비율로 안분하여 분할신설법인이 각각 공제

⑯ 분할신설법인이 법 제47조제4항에 따라 분할법인으로부터 승계받은 감면 또는 세액공제를 적용하는 경우에는 제81조제3항을 준용한다. 〈신설 2018. 2. 13., 2021. 2. 17.〉

⑰ 분할신설법인 및 자산승계법인이 승계한 사업의 계속 또는 폐지의 판정과 적용에 관하여는 제80조의2제7항 및 제80조의4제8항을 준용한다. 〈개정 2010. 12. 30., 2013. 2. 15., 2017. 2. 3., 2018. 2. 13., 2021. 2. 17.〉

⑱ 법 제47조제1항을 적용받으려는 분할법인 또는 주식승계법인은 법 제60조에 따른 신고를 할 때 분할신설법인 또는 자산승계법인과 함께 기획재정부령으로 정하는 물적분할과세특례신청서 및 자산의 양도차익에 관한 명세서를 납세지 관할 세무서장에게 제출하여야 한다. 〈개정 2012. 2. 2., 2013. 2. 15., 2016. 2. 12., 2017. 2. 3., 2018. 2. 13., 2021. 2. 17.〉

⑲ 분할신설법인 또는 자산승계법인은 승계자산을 처분한 날이 속

하는 사업연도의 법 제60조에 따른 과세표준신고를 할 때 제18항에 따른 자산의 양도차익에 관한 명세서를 납세지 관할 세무서장에게 제출해야 한다. 〈신설 2025. 2. 28.〉

[전문개정 2010. 6. 8.]

제84조의2(현물출자로 인한 자산양도차익상당액의 손금산입) ① 법 제47조의2제1항에 따라 출자법인이 손금에 산입하는 금액은 피출자법인으로부터 취득한 주식등(이하 이 조에서 "피출자법인주식등"이라 한다)의 가액 중 현물출자로 인하여 발생한 자산의 양도차익에 상당하는 금액으로 한다. 〈개정 2012. 2. 2., 2013. 2. 15.〉

② 제1항에 따라 손금에 산입하는 금액은 피출자법인주식등의 압축기장충당금으로 계상하여야 한다. 〈개정 2012. 2. 2., 2013. 2. 15.〉

③ 법 제47조의2제2항 각 호 외의 부분 본문에서 "대통령령으로 정하는 금액"이란 제1호와 제2호를 더한 비율에서 제1호와 제2호를 곱한 비율을 뺀 비율을 직전 사업연도 종료일(현물출자일이 속하는 사업연도의 경우에는 현물출자일을 말한다. 이하 이 조에서 같다) 현재 피출자법인주식등의 압축기장충당금 잔액에 곱한 금액을 말한다. 〈개정 2012. 2. 2., 2013. 2. 15.〉

1. 출자법인이 직전 사업연도 종료일 현재 보유하고 있는 법 제47조의2제1항에 따라 취득한 피출자법인의 주식등의 장부가액에서 해당 사업연도에 같은 조 제2항제1호에 따라 처분한 피출자법인의 주식등의 장부가액이 차지하는 비율

2. 피출자법인이 직전 사업연도 종료일 현재 보유하고 있는 법 제47조의2제1항에 따라 출자법인등으로부터 승계받은 제4항에 해당하는 자산(이하 이 조에서 "승계자산"이라 한다)의 양도차익(현물출자일 현재 승계자산의 시가에서 현물출자일 전날 출자법인등이 보유한 승계자산의 장부가액을 차감한 금액을 말한다)에서 해당 사업연도에 처분한 승계자산의 양도차익이 차지하는 비율

④ 법 제47조의2제2항제2호에서 "대통령령으로 정하는 자산"이란 감가상각자산(제24조제3항제1호의 자산을 포함한다), 토지 및 주식등을 말한다. 〈개정 2012. 2. 2.〉

⑤ 법 제47조의2제2항 각 호 외의 부분 단서에서 "피출자법인이 적격합병되거나 적격분할하는 등 대통령령으로 정하는 부득이한 사

유”란 다음 각 호의 어느 하나에 해당하는 경우를 말한다. 〈개정 2021. 2. 17.〉

1. 출자법인 또는 피출자법인이 최초로 적격구조조정에 따라 주식등 및 자산을 처분하는 경우

2. 피출자법인의 발행주식 또는 출자액 전부를 출자법인이 소유하고 있는 경우로서 다음 각 목의 어느 하나에 해당하는 경우

가. 출자법인이 피출자법인을 적격합병(법 제46조의4제3항에 따른 적격분할합병을 포함한다. 이하 이 조에서 같다)하거나 피출자법인에 적격합병되어 출자법인 또는 피출자법인이 주식등 및 자산을 처분하는 경우

나. 출자법인 또는 피출자법인이 적격합병, 적격분할, 적격물적분할 또는 적격현물출자로 주식등 및 자산을 처분하는 경우. 다만, 해당 적격합병, 적격분할, 적격물적분할 또는 적격현물출자에 따른 합병법인, 분할신설법인등 또는 피출자법인의 발행주식 또는 출자액 전부를 당초의 출자법인이 직접 또는 기획재정부령으로 정하는 바에 따라 간접으로 소유하고 있는 경우로 한정한다.

3. 출자법인 또는 피출자법인이 제82조의2제3항 각 호의 어느 하나에 해당하는 사업부문의 적격분할 또는 적격물적분할로 주식등 및 자산을 처분하는 경우

⑥ 출자법인이 제5항에 따라 법 제47조의2제2항 단서를 적용받는 경우 해당 출자법인이 보유한 피출자법인주식등의 압축기장충당금은 다음 각 호의 방법으로 대체한다. 〈개정 2017. 2. 3.〉

1. 피출자법인주식등의 압축기장충당금 잔액에 제3항제2호의 비율[비율을 산정할 때 처분한 승계자산은 적격구조조정으로 피출자법인으로부터 피출자법인의 자산을 승계하는 법인(이하 이 조에서 “자산승계법인”이라 한다)에 처분한 승계자산에 해당하는 것을 말한다]을 곱한 금액을 출자법인 또는 피출자법인이 새로 취득하는 자산승계법인의 주식등(이하 이 조에서 “자산승계법인주식등”이라 한다)의 압축기장충당금으로 할 것. 다만, 자산승계법인이 출자법인인 경우에는 피출자법인주식등의 압축기장충당금 잔액을 출자법인이 승계하는 자산 중 최초 현물출자 당시 양도차익이 발생한 자산의 양도차익에 비례하여 안분계산한 후 그 금액을 해당 자산이 감가상각자산인 경우 그 자산의 일시상각충당금으로, 해당 자산이 감가상각자산

이 아닌 경우 그 자산의 압축기장충당금으로 한다.

2. 피출자법인주식등의 압축기장충당금 잔액에 제3항제1호의 비율[비율을 산정할 때 처분한 주식은 적격구조조정으로 출자법인으로부터 피출자법인주식등을 승계하는 법인(이하 이 조에서 "주식승계법인"이라 한다)에 처분한 피출자법인주식등에 해당하는 것을 말한다]을 곱한 금액을 주식승계법인이 승계한 피출자법인주식등의 압축기장충당금으로 할 것

⑦ 제6항에 따라 새로 압축기장충당금을 설정한 출자법인, 피출자법인 또는 주식승계법인은 다음 각 호의 어느 하나에 해당하는 사유가 발생하는 경우에는 그 사유가 발생한 날이 속하는 사업연도의 소득금액을 계산할 때 제3항을 준용하여 계산한 금액만큼을 익금에 산입하되, 제6항제1호 단서에 해당하는 경우에는 제64조제4항 각 호의 방법으로 익금에 산입한다. 다만, 제5항제2호 또는 제3호의 사유에 해당하는 경우는 제외한다. 〈신설 2013. 2. 15., 2015. 2. 3., 2017. 2. 3., 2021. 2. 17.〉

1. 출자법인 또는 피출자법인이 적격구조조정에 따라 새로 취득한 자산승계법인주식등을 처분하거나 주식승계법인이 적격구조조정에 따라 승계한 피출자법인주식등을 처분하는 경우

2. 자산승계법인이 적격구조조정으로 피출자법인으로부터 승계한 제4항에 해당하는 자산을 처분하거나 피출자법인이 승계자산을 처분하는 경우. 이 경우 피출자법인 및 자산승계법인은 그 자산의 처분 사실을 처분일부터 1개월 이내에 출자법인, 피출자법인, 주식승계법인 또는 자산승계법인에 알려야 한다.

⑧ 출자법인, 피출자법인 또는 주식승계법인이 제5항제2호 또는 제3호의 사유에 따라 제7항 각 호 외의 부분 단서를 적용받는 경우 해당 법인이 보유한 피출자법인주식등 또는 자산승계법인주식등의 압축기장충당금의 대체 방법에 관하여는 제6항을 준용한다. 〈신설 2021. 2. 17.〉

⑨ 제6항에 따라 새로 압축기장충당금을 설정한 출자법인, 피출자법인 또는 주식승계법인은 제13항에 따른 기간 내에 다음 각 호의 어느 하나에 해당하는 사유가 발생하는 경우에는 압축기장충당금 잔액 전부를 그 사유가 발생한 날이 속하는 사업연도의 소득금액을 계산할 때 익금에 산입한다. 〈신설 2013. 2. 15., 2015. 2. 3.,

2016. 2. 12., 2017. 2. 3., 2021. 2. 17.〉

1. 자산승계법인이 피출자법인으로부터 적격구조조정으로 승계받은 사업을 폐지하거나 피출자법인이 출자법인으로부터 승계받은 사업을 폐지하는 경우

2. 출자법인 또는 피출자법인이 보유한 자산승계법인주식등이 자산승계법인의 발행주식총수 또는 출자총액에서 차지하는 비율(이하 이 조에서 "자산승계법인지분비율"이라 한다)이 자산승계법인주식등 취득일의 자산승계법인지분비율의 100분의 50 미만이 되거나 주식승계법인이 보유한 피출자법인주식등이 피출자법인의 발행주식총수 또는 출자총액에서 차지하는 비율(이하 이 조에서 "피출자법인지분비율"이라 한다)이 피출자법인주식등 취득일의 피출자법인지분비율의 100분의 50 미만이 되는 경우

⑩ 제8항에 따라 새로 압축기장충당금을 설정한 출자법인, 피출자법인 또는 주식승계법인은 제7항 각 호의 어느 하나에 해당하는 사유가 발생하는 경우에는 그 사유가 발생한 날이 속하는 사업연도의 소득금액을 계산할 때 제3항을 준용하여 계산한 금액만큼을 익금에 산입하되, 제6항제1호 단서에 해당하는 경우에는 제64조제4항 각 호의 방법으로 익금에 산입한다. 다만, 제5항제2호 또는 제3호의 사유에 해당하는 경우는 제외한다. 〈신설 2021. 2. 17.〉

⑪ 제8항에 따라 새로 압축기장충당금을 설정한 출자법인, 피출자법인 또는 주식승계법인은 제13항에 따른 기간 내에 제9항 각 호의 어느 하나에 해당하는 사유가 발생하는 경우에는 압축기장충당금 잔액 전부를 그 사유가 발생한 날이 속하는 사업연도의 소득금액을 계산할 때 익금에 산입한다. 〈신설 2021. 2. 17.〉

⑫ 법 제47조의2제1항 각 호 외의 부분 단서 및 제3항 각 호 외의 부분 단서에서 "대통령령으로 정하는 부득이한 사유가 있는 경우"란 다음 각 호의 어느 하나에 해당하는 경우를 말한다. 〈개정 2011. 3. 31., 2012. 2. 2., 2013. 2. 15., 2015. 2. 3., 2021. 2. 17.〉

1. 법 제47조의2제1항제4호 또는 제3항제2호와 관련된 경우: 출자법인등이 제80조의2제1항제1호 각 목의 어느 하나에 해당하는 경우

2. 법 제47조의2제1항제2호 또는 제3항제1호와 관련된 경우: 피출자법인이 제80조의2제1항제2호 각 목의 어느 하나에 해당하는 경우

⑬ 법 제47조의2제3항 각 호 외의 부분 본문에서 “대통령령으로 정하는 기간”이란 현물출자일이 속하는 사업연도의 다음 사업연도 개시일부터 2년을 말한다. 〈개정 2012. 2. 2., 2013. 2. 15., 2015. 2. 3., 2017. 2. 3., 2021. 2. 17.〉

⑭ 피출자법인 및 자산승계법인이 승계한 사업의 계속 또는 폐지의 판정과 적용에 관하여는 제80조의2제7항 및 제80조의4제8항을 준용한다. 〈개정 2010. 12. 30., 2013. 2. 15., 2015. 2. 3., 2017. 2. 3., 2018. 2. 13., 2021. 2. 17.〉

⑮ 삭제 〈2018. 2. 13.〉

⑯ 삭제 〈2018. 2. 13.〉

⑰ 법 제47조의2제1항을 적용받으려는 출자법인 또는 주식승계법인은 법 제60조에 따른 신고를 할 때 피출자법인 또는 자산승계법인과 함께 기획재정부령으로 정하는 현물출자과세특례신청서 및 자산의 양도차익에 관한 명세서를 납세지 관할 세무서장에게 제출하여야 한다. 〈개정 2012. 2. 2., 2013. 2. 15., 2015. 2. 3., 2016. 2. 12., 2017. 2. 3., 2021. 2. 17.〉

⑱ 피출자법인 또는 자산승계법인은 승계자산을 처분한 날이 속하는 사업연도의 법 제60조에 따른 과세표준신고를 할 때 제17항에 따른 자산의 양도차익에 관한 명세서를 납세지 관할 세무서장에게 제출해야 한다. 〈신설 2025. 2. 28.〉

[전문개정 2010. 6. 8.]

제85조(합병 및 분할 시의 자산·부채의 승계) 내국법인이 합병 또는 분할하는 경우 법 또는 다른 법률에 다른 규정이 있는 경우 외에는 법 제44조의2제1항 후단, 제44조의3제2항, 제46조의2제1항 후단, 제46조의3제2항 또는 물적분할에 따라 피합병법인등의 각 사업연도의 소득금액 및 과세표준을 계산할 때 익금 또는 손금에 산입하거나 산입하지 아니한 금액(이하 이 조에서 “세무조정사항”이라 한다)의 승계는 다음 각 호의 구분에 따른다. 〈개정 2010. 12. 30., 2012. 2. 2., 2014. 2. 21., 2019. 2. 12.〉

1. 적격합병 또는 적격분할의 경우: 세무조정사항(분할의 경우에는 분할하는 사업부문의 세무조정사항에 한정한다)은 모두 합병법인등에 승계

2. 제1호 외의 경우: 법 제33조제3항·제4항 및 제34조제4항에

따라 퇴직급여충당금 또는 대손충당금을 합병법인등이 승계한 경우에는 그와 관련된 세무조정사항을 승계하고 그 밖의 세무조정사항은 모두 합병법인등에 미승계

[전문개정 2010. 6. 8.]

제85조의2(합병·분할에 따른 양도손익 등에 대한 납세의무) 법인이 합병 또는 분할로 인하여 소멸한 경우 합병법인등은 피합병법인등이 납부하지 아니한 각 사업연도의 소득에 대한 법인세(합병·분할에 따른 양도손익에 대한 법인세를 포함한다)를 납부할 책임을 진다.

[본조신설 2010. 6. 8.]

제86조(교환으로 인한 자산양도차익상당액의 손금산입) ①법 제50조제1항에서 "대통령령으로 정하는 사업"이란 「조세특례제한법 시행령」 제29조제3항 및 제60조제1항제1호부터 제3호까지의 규정에 해당하는 사업을 제외한 사업을 말한다. 〈개정 2001. 12. 31., 2004. 3. 22., 2005. 2. 19., 2008. 2. 22., 2010. 12. 30., 2022. 2. 15.〉

②법 제50조제1항에서 "대통령령으로 정하는 자산"이란 토지·건축물·「조세특례제한법」 제24조제1항제1호에 따른 공제대상 자산과 그 밖에 기획재정부령으로 정하는 자산을 말한다. 〈개정 2001. 8. 14., 2005. 2. 19., 2008. 2. 29., 2010. 2. 18., 2011. 6. 3., 2021. 2. 17.〉

③법 제50조제1항에서 "대통령령으로 정하는 여러 법인 간의 교환"이란 3 이상의 법인간에 하나의 교환계약에 의하여 각 법인이 자산을 교환하는 것을 말한다. 〈개정 2011. 6. 3.〉

④법 제50조제1항에 따라 손금에 산입하는 양도차익에 상당하는 금액은 제1호의 금액에서 제2호의 금액을 차감한 금액(그 금액이 해당 사업용 자산의 시가에서 장부가액을 차감한 금액을 초과하는 경우 그 초과한 금액을 제외한다)으로 한다. 〈개정 2001. 12. 31., 2019. 2. 12.〉

1. 교환취득자산의 가액

2. 현금으로 대가의 일부를 지급한 경우 그 금액 및 사업용 자산의 장부가액

⑤ 제4항에 따라 손금에 산입하는 양도차익에 상당하는 금액의 손금산입 및 익금산입에 관해서는 제64조제3항부터 제5항까지의 규

정을 준용한다. 〈개정 2019. 2. 12.〉

⑥법 제50조제1항의 규정을 적용받고자 하는 내국법인은 법 제60조의 규정에 의한 신고와 함께 기획재정부령이 정하는 자산교환명세서를 납세지 관할세무서장에게 제출하여야 한다. 〈개정 2008. 2. 29.〉

제86조의2(사업양수 시 이월결손금 공제 제한) ① 법 제50조의2에서 "대통령령으로 정하는 경우"란 다음 각 호의 기준에 모두 해당하는 경우를 말한다.

1. 양수자산이 사업양수일 현재 양도법인의 자산총액의 100분의 70 이상이고, 양도법인의 자산총액에서 부채총액을 뺀 금액의 100분의 90 이상인 경우

2. 사업의 양도·양수 계약일 현재 양도·양수인이 특수관계인인 법인인 경우

② 법 제50조의2에서 "대통령령으로 정하는 자산가액 비율"이란 사업양수일 현재 양수법인의 사업용 자산가액과 양수한 사업부문의 사업용 자산가액의 비율을 말한다. 이 경우 양수한 사업부문의 사업용 자산가액은 양수법인의 결손금을 공제하는 각 사업연도의 종료일 현재 계속 보유(처분 후 대체하는 경우를 포함한다)·사용하는 자산의 사업양수일 현재 가액으로 한다.

[본조신설 2022. 2. 15.]

[종전 제86조의2는 제86조의3으로 이동 〈2022. 2. 15.〉]

제6관의2 소득공제

제86조의3(유동화전문회사 등에 대한 소득공제) ① 법 제51조의2제1항 각 호 외의 부분에서 "대통령령으로 정하는 배당가능이익"이란 기업회계기준에 따라 작성한 재무제표상의 법인세비용 차감 후 당기순이익에 이월이익잉여금을 가산하거나 이월결손금을 공제하고, 「상법」 제458조에 따라 적립한 이익준비금을 차감한 금액(이하 이 항에서 "배당가능이익"이라 한다)을 말한다. 이 경우 다음 각 호의 어느 하나에 해당하는 금액은 배당가능이익에서 제외한다. 〈개정 2016. 2. 12., 2025. 2. 28.〉

1. 법 제18조제8호에 해당하는 배당

2. 당기순이익, 이월이익잉여금 및 이월결손금 중 다음 각 목의

어느 하나에 해당하는 자산의 평가손익

가. 제73조제2호가목부터 다목까지의 규정에 따른 자산의 평가손익. 다만, 제75조제3항에 따라 시가법으로 평가한 투자회사등의 제73조제2호다목에 따른 자산의 평가손익은 배당가능이익에 포함한다.

나. 「부동산투자회사법」에 따른 위탁관리 부동산투자회사 및 기업구조조정 부동산투자회사가 보유한 자산의 평가손익

②법 제51조의2제1항제6호에서 "대통령령으로 정하는 법인"이란 임대사업을 목적으로 「민간임대주택에 관한 특별법 시행령」 제4조제2항제3호다목의 투자회사의 규정에 따른 요건을 갖추어 설립된 법인을 말한다. 〈신설 2006. 2. 9., 2008. 6. 20., 2010. 12. 30., 2015. 12. 28., 2023. 9. 26.〉

③ 삭제 〈2021. 2. 17.〉

④ 삭제 〈2021. 2. 17.〉

⑤ 삭제 〈2021. 2. 17.〉

⑥ 삭제 〈2021. 2. 17.〉

⑦ 삭제 〈2021. 2. 17.〉

⑧ 삭제 〈2023. 2. 28.〉

⑨ 법 제51조의2제1항을 적용받으려는 법인은 법 제60조에 따른 과세표준신고와 함께 기획재정부령으로 정하는 소득공제신청서에 해당 배당소득에 대한 실질귀속자(해당 소득과 관련하여 법적 또는 경제적 위험을 부담하고 그 소득을 처분할 수 있는 권리를 가지는 등 그 소득에 대한 소유권을 실질적으로 보유하고 있는 자를 말한다. 이하 같다)별 명세를 첨부하여 납세지 관할세무서장에게 제출하여야 한다. 다만, 법 제51조의2제2항제1호 단서에 따라 같은 조 제1항을 적용받으려는 법인은 배당을 받은 동업기업(그 동업자들의 전부 또는 일부가 「조세특례제한법」 제100조의15제3항에 따른 상위 동업기업에 해당하는 경우에는 그 상위 동업기업을 포함한다)으로부터 「조세특례제한법」 제100조의23제1항에 따른 신고기한까지 제출받은 기획재정부령으로 정하는 동업기업과세특례적용 및 동업자과세여부 확인서를 첨부하여야 한다. 〈개정 2010. 2. 18., 2023. 2. 28., 2024. 2. 29.〉

⑩법 제51조의2제2항제2호에서 "대통령령으로 정하는 기준에 해

당하는 법인"이란 다음 각 호의 요건을 모두 갖춘 법인을 말한다. 〈신설 2006. 2. 9., 2010. 2. 18.〉

1. 사모방식으로 설립되었을 것

2. 개인 2인 이하 또는 개인 1인 및 그 친족(이하 이 호에서 "개인등"이라 한다)이 발행주식총수 또는 출자총액의 100분의 95 이상의 주식등을 소유할 것. 다만, 개인등에게 배당 및 잔여재산의 분배에 관한 청구권이 없는 경우를 제외한다.

[본조신설 1999. 12. 31.]

[제86조의2에서 이동 〈2022. 2. 15.〉]

제7관 소득금액계산의 특례

제87조 삭제 〈2019. 2. 12.〉

제88조(부당행위계산의 유형 등) ①법 제52조제1항에서 "조세의 부담을 부당하게 감소시킨 것으로 인정되는 경우"란 다음 각 호의 어느 하나에 해당하는 경우를 말한다. 〈개정 2005. 2. 19., 2006. 2. 9., 2007. 2. 28., 2008. 2. 22., 2008. 2. 29., 2009. 2. 4., 2010. 2. 18., 2010. 6. 8., 2011. 6. 3., 2012. 2. 2., 2016. 2. 12., 2018. 2. 13., 2019. 2. 12., 2020. 2. 11., 2021. 2. 17.〉

1. 자산을 시가보다 높은 가액으로 매입 또는 현물출자받았거나 그 자산을 과대상각한 경우

2. 무수익 자산을 매입 또는 현물출자받았거나 그 자산에 대한 비용을 부담한 경우

3. 자산을 무상 또는 시가보다 낮은 가액으로 양도 또는 현물출자한 경우. 다만, 제19조제19호의2 각 목 외의 부분에 해당하는 주식매수선택권등의 행사 또는 지급에 따라 주식을 양도하는 경우는 제외한다.

3의2. 특수관계인인 법인 간 합병(분할합병을 포함한다)·분할에 있어서 불공정한 비율로 합병·분할하여 합병·분할에 따른 양도손익을 감소시킨 경우. 다만, 「자본시장과 금융투자업에 관한 법률」 제165조의4에 따라 합병(분할합병을 포함한다)·분할하는 경우는 제외한다.

4. 불량자산을 차환하거나 불량채권을 양수한 경우

5. 출연금을 대신 부담한 경우

6. 금전, 그 밖의 자산 또는 용역을 무상 또는 시가보다 낮은 이율·요율이나 임대료로 대부하거나 제공한 경우. 다만, 다음 각 목의 어느 하나에 해당하는 경우는 제외한다.

가. 제19조제19호의2 각 목 외의 부분에 해당하는 주식매수선택권등의 행사 또는 지급에 따라 금전을 제공하는 경우

나. 주주등이나 출연자가 아닌 임원(소액주주등인 임원을 포함한다) 및 직원에게 사택(기획재정부령으로 정하는 임차사택을 포함한다)을 제공하는 경우

다. 법 제76조의8에 따른 연결납세방식을 적용받는 연결법인 간에 연결법인세액의 변동이 없는 등 기획재정부령으로 정하는 요건을 갖추어 용역을 제공하는 경우

7. 금전, 그 밖의 자산 또는 용역을 시가보다 높은 이율·요율이나 임차료로 차용하거나 제공받은 경우. 다만, 법 제76조의8에 따른 연결납세방식을 적용받는 연결법인 간에 연결법인세액의 변동이 없는 등 기획재정부령으로 정하는 요건을 갖추어 용역을 제공받은 경우는 제외한다.

7의2. 기획재정부령으로 정하는 파생상품에 근거한 권리를 행사하지 아니하거나 그 행사기간을 조정하는 등의 방법으로 이익을 분여하는 경우

8. 다음 각 목의 어느 하나에 해당하는 자본거래로 인하여 주주등(소액주주등은 제외한다. 이하 이 조에서 같다)인 법인이 특수관계인인 다른 주주등에게 이익을 분여한 경우

가. 특수관계인인 법인간의 합병(분할합병을 포함한다)에 있어서 주식등을 시가보다 높거나 낮게 평가하여 불공정한 비율로 합병한 경우. 다만, 「자본시장과 금융투자업에 관한 법률」 제165조의4에 따라 합병(분할합병을 포함한다)하는 경우는 제외한다.

나. 법인의 자본(출자액을 포함한다)을 증가시키는 거래에 있어서 신주(전환사채·신주인수권부사채 또는 교환사채 등을 포함한다. 이하 이 목에서 같다)를 배정·인수받을 수 있는 권리의 전부 또는 일부를 포기(그 포기한 신주가 「자본시장과 금융투자업에 관한 법률」 제9조제7항에 따른 모집방법으로 배정되는 경우를 제외한다)하거나 신주를 시가보다 높은 가액으로 인수하는 경우

다. 법인의 감자에 있어서 주주등의 소유주식등의 비율에 의하

지 아니하고 일부 주주등의 주식등을 소각하는 경우

8의2. 제8호 외의 경우로서 증자·감자, 합병(분할합병을 포함한다)·분할, 「상속세 및 증여세법」 제40조제1항에 따른 전환사채등에 의한 주식의 전환·인수·교환 등 자본거래를 통해 법인의 이익을 분여하였다고 인정되는 경우. 다만, 제19조제19호의2 각 목 외의 부분에 해당하는 주식매수선택권등 중 주식매수선택권의 행사에 따라 주식을 발행하는 경우는 제외한다.

9. 그 밖에 제1호부터 제3호까지, 제3호의2, 제4호부터 제7호까지, 제7호의2, 제8호 및 제8호의2에 준하는 행위 또는 계산 및 그 외에 법인의 이익을 분여하였다고 인정되는 경우

②제1항의 규정은 그 행위당시를 기준으로 하여 당해 법인과 특수관계인 간의 거래(특수관계인 외의 자를 통하여 이루어진 거래를 포함한다)에 대하여 이를 적용한다. 다만, 제1항제8호가목의 규정을 적용함에 있어서 특수관계인인 법인의 판정은 합병등기일이 속하는 사업연도의 직전 사업연도의 개시일(그 개시일이 서로 다른 법인이 합병한 경우에는 먼저 개시한 날을 말한다)부터 합병등기일까지의 기간에 의한다. 〈개정 2001. 12. 31., 2012. 2. 2.〉

③제1항제1호·제3호·제6호·제7호 및 제9호(제1항제1호·제3호·제6호 및 제7호에 준하는 행위 또는 계산에 한한다)는 시가와 거래가액의 차액이 3억원 이상이거나 시가의 100분의 5에 상당하는 금액 이상인 경우에 한하여 적용한다. 〈신설 2007. 2. 28.〉

④제3항은 주권상장법인이 발행한 주식을 거래한 경우에는 적용하지 않는다. 〈신설 2007. 2. 28., 2009. 2. 4., 2021. 2. 17.〉

제89조(시가의 범위 등) ①법 제52조제2항을 적용할 때 해당 거래와 유사한 상황에서 해당 법인이 특수관계인 외의 불특정다수인과 계속적으로 거래한 가격 또는 특수관계인이 아닌 제3자간에 일반적으로 거래된 가격이 있는 경우에는 그 가격에 따른다. 다만, 주권상장법인이 발행한 주식을 다음 각 호의 어느 하나에 해당하는 방법으로 거래한 경우 해당 주식의 시가는 그 거래일의 「자본시장과 금융투자업에 관한 법률」 제8조의2제2항에 따른 거래소(이하 "거래소"라 한다) 최종시세가액(거래소 휴장 중에 거래한 경우에는 그 거래일의 직전 최종시세가액)으로 하며, 기획재정부령으로 정하는 바에 따라 사실상 경영권의 이전이 수반되는 경우(해당 주식이 「상속세

및 증여세법 시행령」 제53조제8항 각 호의 어느 하나에 해당하는 주식인 경우는 제외한다)에는 그 가액의 100분의 20을 가산한다. 〈개정 2007. 2. 28., 2009. 2. 4., 2012. 2. 2., 2021. 2. 17., 2023. 2. 28.〉

1. 「자본시장과 금융투자업에 관한 법률」 제8조의2제4항제1호에 따른 증권시장 외에서 거래하는 방법

2. 대량매매 등 기획재정부령으로 정하는 방법

②법 제52조제2항을 적용할 때 시가가 불분명한 경우에는 다음 각 호를 차례로 적용하여 계산한 금액에 따른다. 〈개정 2002. 12. 30., 2003. 12. 30., 2005. 2. 19., 2010. 12. 30., 2013. 2. 15., 2014. 2. 21., 2016. 2. 12., 2016. 8. 31., 2017. 2. 3., 2018. 2. 13., 2019. 2. 12., 2021. 2. 17.〉

1. 「감정평가 및 감정평가사에 관한 법률」에 따른 감정평가법인등이 감정한 가액이 있는 경우 그 가액(감정한 가액이 2 이상인 경우에는 그 감정한 가액의 평균액). 다만, 주식등 및 가상자산은 제외한다.

2. 「상속세 및 증여세법」 제38조 · 제39조 · 제39조의2 · 제39조의3, 제61조부터 제66조까지의 규정을 준용하여 평가한 가액. 이 경우 「상속세 및 증여세법」 제63조제1항제1호나목 및 같은 법 시행령 제54조에 따라 비상장주식을 평가할 때 해당 비상장주식을 발행한 법인이 보유한 주식(주권상장법인이 발행한 주식으로 한정한다)의 평가금액은 평가기준일의 거래소 최종시세가액으로 하며, 「상속세 및 증여세법」 제63조제2항제1호 · 제2호 및 같은 법 시행령 제57조제1항 · 제2항을 준용할 때 "직전 6개월(증여세가 부과되는 주식등의 경우에는 3개월로 한다)"은 각각 "직전 6개월"로 본다.

③ 제88조제1항제6호 및 제7호에 따른 금전의 대여 또는 차용의 경우에는 제1항 및 제2항에도 불구하고 기획재정부령으로 정하는 가중평균차입이자율(이하 "가중평균차입이자율"이라 한다)을 시가로 한다. 다만, 다음 각 호의 경우에는 해당 각 호의 구분에 따라 기획재정부령으로 정하는 당좌대출이자율(이하 "당좌대출이자율"이라 한다)을 시가로 한다. 〈개정 2010. 12. 30., 2012. 2. 2., 2014. 2. 21.〉

1. 가중평균차입이자율의 적용이 불가능한 경우로서 기획재정부령

으로 정하는 사유가 있는 경우: 해당 대여금 또는 차입금에 한정하여 당좌대출이자율을 시가로 한다.

1의2. 대여기간이 5년을 초과하는 대여금이 있는 경우 등 기획재정부령으로 정하는 경우: 해당 대여금 또는 차입금에 한정하여 당좌대출이자율을 시가로 한다.

2. 해당 법인이 법 제60조에 따른 신고와 함께 기획재정부령으로 정하는 바에 따라 당좌대출이자율을 시가로 선택하는 경우: 당좌대출이자율을 시가로 하여 선택한 사업연도와 이후 2개 사업연도는 당좌대출이자율을 시가로 한다.

④제88조제1항제6호 및 제7호에 따른 자산(금전은 제외한다) 또는 용역을 제공할 때 제1항 및 제2항을 적용할 수 없는 경우에는 다음 각 호에 따라 계산한 금액을 시가로 한다. 〈개정 2000. 12. 29., 2001. 12. 31., 2012. 2. 2., 2021. 2. 17.〉

1. 유형 또는 무형의 자산을 제공하거나 제공받는 경우에는 당해 자산시가의 100분의 50에 상당하는 금액에서 그 자산의 제공과 관련하여 받은 전세금 또는 보증금을 차감한 금액에 정기예금이자율을 곱하여 산출한 금액

2. 건설 기타 용역을 제공하거나 제공받는 경우에는 당해 용역의 제공에 소요된 금액(직접비 및 간접비를 포함하며, 이하 이 호에서 "원가"라 한다)과 원가에 해당 사업연도 중 특수관계인 외의 자에게 제공한 유사한 용역제공거래 또는 특수관계인이 아닌 제3자간의 일반적인 용역제공거래를 할 때의 수익률(기업회계기준에 따라 계산한 매출액에서 원가를 차감한 금액을 원가로 나눈 율을 말한다)을 곱하여 계산한 금액을 합한 금액

⑤제88조의 규정에 의한 부당행위계산에 해당하는 경우에는 법 제52조제1항의 규정에 의하여 제1항 내지 제4항의 규정에 의한 시가와의 차액 등을 익금에 산입하여 당해 법인의 각 사업연도의 소득금액을 계산한다. 다만, 기획재정부령이 정하는 금전의 대여에 대하여는 이를 적용하지 아니한다. 〈개정 2008. 2. 29.〉

⑥제88조제1항제8호 및 제8호의2의 규정에 의하여 특수관계인에게 이익을 분여한 경우 제5항의 규정에 의하여 익금에 산입할 금액의 계산에 관하여는 그 유형에 따라 「상속세 및 증여세법」 제38조 · 제39조 · 제39조의2 · 제39조의3 · 제40조 · 제42조의2와 같은 법

시행령 제28조제3항부터 제7항까지, 제29조제2항, 제29조의2제1항·제2항, 제29조의3제1항, 제30조제5항 및 제32조의2의 규정을 준용한다. 이 경우 "대주주" 및 "특수관계인"은 이 영에 의한 "특수관계인"으로 보고, "이익" 및 "대통령령으로 정하는 이익"은 "특수관계인에게 분여한 이익"으로 본다. 〈개정 1999. 12. 31., 2002. 12. 30., 2005. 2. 19., 2006. 2. 9., 2007. 2. 28., 2008. 2. 22., 2011. 6. 3., 2012. 2. 2., 2016. 2. 12.〉

제90조(특수관계인간 거래명세서의 제출) ①각 사업연도에 특수관계인과 거래가 있는 법인은 법 제52조제3항에 따라 법 제60조에 따른 신고와 함께 기획재정부령으로 정하는 특수관계인간 거래명세서를 납세지 관할세무서장에게 제출해야 한다. 다만, 「국제조세조정에 관한 법률」 제16조에 따른 납세지 관할세무서장에게 그 내역을 제출한 국제거래의 내역은 제외할 수 있다. 〈개정 2005. 2. 19., 2008. 2. 29., 2009. 2. 4., 2012. 2. 2., 2021. 2. 17.〉

1. 삭제 〈2009. 2. 4.〉
2. 삭제 〈2009. 2. 4.〉

②납세지 관할세무서장 또는 관할지방국세청장은 제1항의 규정에 의하여 제출받은 명세서의 내역을 확인하기 위하여 필요한 때에는 법인에 대하여 그 거래에 적용한 시가의 산정 및 그 계산근거 기타 필요한 자료의 제출을 요구할 수 있다.

[제목개정 2012. 2. 2.]

제91조(외국법인 등과의 거래에 대한 소득금액계산의 특례) 법 제53조에 따른 소득금액조정의 신청 및 그 절차 등은 「국제조세조정에 관한 법률 시행령」 제21조를 준용한다. 〈개정 2005. 2. 19., 2021. 2. 17.〉

제91조의2(기능통화 도입기업의 과세표준계산방법 신청 및 변경) ①법 제53조의2제1항제2호 또는 제3호의 과세표준계산방법을 적용하려는 법인은 최초로 법 제53조의2제1항제2호 또는 제3호의 과세표준계산방법을 적용하려는 사업연도의 법 제60조에 따른 신고와 함께 납세지 관할세무서장에게 기획재정부령으로 정하는 과세표준계산방법신고서를 제출하여야 한다.

② 법 제53조의2제2항에서 "대통령령으로 정하는 사유"란 다음 각 호의 어느 하나에 해당하는 사유를 말한다.

1. 기능통화를 변경한 경우

2. 법 제53조의2제1항 각 호에 따른 과세표준 계산방법(이하 이 조 및 제91조의3에서 "과세표준계산방법"이라 한다)이 서로 다른 법인이 합병(분할합병을 포함한다)한 경우

3. 과세표준계산방법이 서로 다른 사업자의 사업을 인수한 경우

4. 연결납세방식을 최초로 적용받는 내국법인의 과세표준계산방법이 해당 연결집단의 과세표준계산방법과 다른 경우(해당 연결집단의 과세표준계산방법으로 변경하는 경우만 해당한다)

③ 법 제53조의2제1항제2호 또는 제3호의 과세표준계산방법을 적용하는 법인이 제2항 각 호의 어느 하나에 해당하는 사유가 발생하여 과세표준계산방법을 변경하려는 경우에는 변경된 과세표준계산방법을 적용하려는 사업연도 종료일까지 납세지 관할세무서장에게 기획재정부령으로 정하는 과세표준계산방법변경신청서를 제출하여야 한다.

④ 제3항에 따른 신청서를 접수한 관할세무서장은 사업연도 종료일부터 1개월 이내에 그 승인 여부를 결정하여 통지하여야 한다.

⑤ 법인이 제4항에 따른 승인을 받지 아니하고 과세표준계산방법을 변경한 경우 과세표준은 변경하기 전의 과세표준계산방법에 따라 계산한다.

[본조신설 2010. 12. 30.]

제91조의3(기능통화 도입기업의 과세표준계산방법 관련 세부 규정) ① 법 제53조의2제1항제1호의 과세표준계산방법을 적용하는 경우 손비로 계상한 경우에만 각 사업연도의 소득금액을 계산할 때 손금에 산입하는 항목은 원화 외의 통화를 기능통화로 채택하지 아니하였을 경우에 작성하여야 할 재무제표(이하 이 조 및 제91조의5에서 "원화재무제표"라 한다)의 금액을 기준으로 손금 계상액을 산정한다. 〈개정 2019. 2. 12.〉

② 법 제53조의2제1항제2호의 과세표준계산방법을 적용하는 경우 법 및 이 영에 따른 익금 및 손금, 법 제13조제1항제1호에 따른 결손금, 같은 항 제2호에 따른 비과세소득 및 같은 항 제3호에 따른 소득공제액은 기능통화로 표시하여 과세표준을 계산한 후 이를 원화로 환산하여야 한다. 〈개정 2019. 2. 12.〉

③ 법 제53조의2제1항제2호의 과세표준계산방법을 적용하는 법인은 다음 각 호의 경우 사업연도 종료일 현재의 매매기준율등 또는

제5항에 따른 평균환율 중 제91조의2제1항 또는 제3항에 따른 신고와 함께 납세지 관할세무서장에게 신고한 환율을 적용한다. 〈개정 2019. 2. 12., 2021. 2. 17., 2023. 2. 28.〉

1. 기능통화로 표시된 과세표준을 원화로 환산하는 경우

2. 법 제25조제4항 각 호에 따른 기업업무추진비 한도 금액을 기능통화로 환산하는 경우

3. 법 제57조 및 제57조의2, 「조세특례제한법」 제10조, 제24조, 제25조의6, 제94조 및 제104조의5의 적용을 받아 세액공제액을 기능통화로 계산한 후 원화로 환산하는 경우

④ 법 제53조의2제1항제2호 또는 제3호의 과세표준계산방법을 적용할 때 제73조제3호·제5호 및 제76조제1항·제2항에 따른 외화는 기능통화 외의 통화로 한다.

⑤ 법 제53조의2제1항제3호 및 제3항제2호에 따른 환율은 해당하는 날의 매매기준율등으로 하고, 사업연도 평균환율은 기획재정부령으로 정하는 해당 사업연도 평균환율(이하 이 조 및 제91조의5에서 "평균환율"이라 한다)로 한다.

⑥ 법 제53조의2제1항제3호에서 "대통령령으로 정하는 항목"이란 감가상각비, 퇴직급여충당금, 대손충당금, 구상채권상각충당금, 제68조제6항에 따른 현재가치할인차금상당액, 제69조제1항 본문에 따른 건설등의 제공으로 인한 손익, 제70조제1항제1호 단서 및 제2호 단서에 따른 이자 및 할인액, 제70조제3항 단서에 따른 보험료상당액등, 제70조제4항에 따른 이자 및 할인액과 배당소득, 제71조제1항 각 호 외의 부분 단서에 따른 임대료상당액과 이에 대응하는 비용, 제71조제3항에 따른 사채할인발행차금, 그 밖에 이와 유사한 항목으로서 기획재정부령으로 정하는 항목을 말한다.

⑦ 법 제53조의2제1항제3호의 과세표준계산방법을 적용하는 경우 감가상각비, 퇴직보험료(제44조의2제4항에 따른 확정기여형 퇴직연금등의 부담금을 말한다), 퇴직급여충당금, 대손충당금, 구상채권상각충당금, 그 밖에 이와 유사한 항목으로서 기획재정부령으로 정하는 항목에 대해서는 손금 계상액 및 손금산입한도를 각각 기능통화로 표시하여 손금산입액을 결정한다.

⑧ 법 제53조의2제3항에 따라 익금에 산입한 금액은 제64조제3항을 준용하여 일시상각충당금 또는 압축기장충당금으로 계상하여

손금에 산입하여야 하며, 손금에 산입한 금액은 제64조제4항 및 제5항을 준용하여 익금에 산입한다.

[본조신설 2010. 12. 30.]

제91조의4(해외사업장 과세표준계산방법 신청 및 변경) ① 법 제53조의3제2항에서 "대통령령으로 정하는 사유"란 다음 각 호의 어느 하나에 해당하는 사유를 말한다.

1. 법 제53조의3제1항 각 호에 따른 과세표준계산방법(이하 이 조 및 제91조의5에서 "과세표준계산방법"이라 한다)이 서로 다른 법인이 합병(분할합병을 포함한다)한 경우

2. 과세표준계산방법이 서로 다른 사업자의 사업을 인수하는 경우

② 법 제53조의3제1항제2호 또는 제3호의 과세표준계산방법의 신청에 관하여는 제91조의2제1항을 준용하며, 법 제53조의3제1항제2호 또는 제3호의 과세표준계산방법을 적용하는 법인의 과세표준계산방법의 변경에 관하여는 제91조의2제3항부터 제5항까지의 규정을 준용한다.

[본조신설 2010. 12. 30.]

제91조의5(해외사업장 과세표준계산방법 관련 세부 규정) ① 법 제53조의3제1항제1호의 과세표준계산방법을 적용하는 경우 손금으로 계상한 경우에만 각 사업연도의 소득금액을 계산할 때 손금에 산입하는 항목은 원화재무제표의 금액을 기준으로 손금 계상액을 산정한다.

② 법 제53조의3제1항제2호의 과세표준계산방법을 적용하는 경우에는 법 및 다른 법률에 따른 해외사업장의 익금 및 손금을 해외사업장의 기능통화로 표시하여 과세표준을 계산한 후 이를 원화로 환산하여야 하며, 원화로 환산한 해외사업장 과세표준을 본점의 과세표준과 합산한 금액에 대하여 법 제13조를 적용하여 법인의 과세표준을 계산한다.

③ 법 제53조의3제1항제2호의 과세표준계산방법을 적용하는 경우에는 기능통화로 표시된 해외사업장 과세표준을 사업연도종료일 현재의 매매기준율등 또는 평균환율 중 제91조의4제2항에 따른 신고와 함께 납세지 관할세무서장에게 신고한 환율을 적용하여 원화로 환산하여야 한다. 〈개정 2011. 3. 31.〉

④ 법 제53조의3제1항제2호의 과세표준계산방법을 적용하는 경우

에는 해외사업장에서 지출한 기부금, 기업업무추진비, 고유목적사업준비금, 책임준비금, 비상위험준비금, 퇴직급여, 퇴직보험료(제44조의2제4항에 따른 확정기여형 퇴직연금 등의 부담금을 말한다), 퇴직급여충당금, 대손충당금, 구상채권상각충당금, 그 밖에 법 및 이 영에 따라 손금산입한도가 있는 손금 항목은 이를 손금에 산입하지 아니한다. 〈개정 2011. 3. 31., 2023. 2. 28.〉

⑤ 제4항에 따라 손금에 산입하지 아니한 금액은 제3항에 따른 환율을 적용하여 원화로 환산한 후 본점의 해당 항목과 합산하여 본점의 소득금액을 계산할 때 해당 법인(본점과 해외사업장을 포함한다. 이하 이 조에서 같다)의 손금산입한도 내에서 손금에 산입한다. 이 경우 해당 법인의 손금산입한도를 계산할 때 해외사업장 재무제표는 제3항에 따른 환율을 적용하여 원화로 환산한다.

⑥ 법 제53조의3제1항제2호 및 제3호의 과세표준계산방법을 적용할 때 제73조제3호·제5호 및 제76조제1항·제2항에 따른 외화는 해외사업장의 기능통화 외의 통화로 한다.

⑦ 법 제53조의3제1항제3호에서 "사업연도종료일 현재의 환율"이란 사업연도 종료일 현재의 매매기준율등을 말하고, "대통령령으로 정하는 환율"이란 다음 각 호에 따른 환율을 말한다.

1. 제91조의3제6항에 해당하는 항목의 경우: 평균환율

2. 제1호 외의 경우: 해당 항목의 거래일 현재의 매매기준율등 또는 평균환율 중 제91조의4제2항에 따른 신고와 함께 납세지 관할세무서장에게 신고한 환율

[본조신설 2010. 12. 30.]

제2절 세액의 계산

제92조(월수의 계산) 법 제55조제2항 후단에 따른 월수는 태양력에 따라 계산하되, 1개월 미만의 일수는 1개월로 한다.

[전문개정 2019. 2. 12.]

제92조의2(토지등양도소득에 대한 과세특례) ① 삭제 〈2009. 6. 8.〉

②법 제55조의2제1항제2호 본문에서 "대통령령으로 정하는 주택"이란 국내에 소재하는 주택으로서 다음 각 호의 어느 하나에 해당하지 않는 주택을 말한다. 다만, 제1호, 제1호의2, 제1호의4 및 제1호의12에 해당하는 임대주택(법률 제17482호 민간임대주택에 관

한 특별법 일부개정법률 부칙 제5조제1항이 적용되는 주택으로 한정한다)으로서 「민간임대주택에 관한 특별법」 제6조제5항에 따라 임대의무기간이 종료한 날에 등록이 말소되는 경우에는 임대의무기간이 종료한 날에 제1호, 제1호의2, 제1호의4 및 제1호의12에서 정한 임대기간요건을 갖춘 것으로 본다. 〈신설 2003. 12. 30., 2005. 2. 19., 2005. 12. 31., 2006. 2. 9., 2008. 2. 22., 2008. 2. 29., 2008. 7. 24., 2008. 10. 7., 2009. 4. 21., 2009. 9. 29., 2009. 12. 31., 2010. 6. 8., 2010. 9. 20., 2011. 3. 31., 2011. 6. 3., 2011. 10. 14., 2014. 2. 21., 2015. 6. 30., 2015. 12. 28., 2016. 8. 11., 2018. 2. 13., 2018. 7. 16., 2019. 2. 12., 2020. 8. 7., 2020. 10. 7., 2022. 8. 2., 2025. 2. 28.〉

1. 해당 법인이 임대하는 「민간임대주택에 관한 특별법」 제2조제3호에 따른 민간매입임대주택 또는 「공공주택 특별법」 제2조제1호의3에 따른 공공매입임대주택으로서 다음 각 목의 요건을 모두 갖춘 주택. 다만, 「민간임대주택에 관한 특별법」 제2조제7호에 따른 임대사업자의 경우에는 2018년 3월 31일 이전에 같은 법 제5조에 따른 임대사업자 등록과 법 제111조에 따른 사업자등록(이하 이 조에서 "사업자등록등"이라 한다)을 한 주택으로 한정한다.

가. 삭제 〈2013. 2. 15.〉

나. 5년 이상 임대한 주택일 것

다. 「민간임대주택에 관한 특별법」 제5조에 따라 민간임대주택으로 등록하거나 「공공주택 특별법」 제2조제1호가목에 따른 공공임대주택으로 건설 또는 매입되어 임대를 개시한 날의 해당 주택 및 이에 딸린 토지의 기준시가(「소득세법」 제99조에 따른 기준시가를 말한다. 이하 이 항에서 같다)의 합계액이 6억원[「수도권정비계획법」 제2조제1호에 따른 수도권(이하 "수도권"이라 한다) 밖의 지역인 경우에는 3억원] 이하일 것

1의2. 해당 법인이 임대하는 「민간임대주택에 관한 특별법」 제2조제2호에 따른 민간건설임대주택 또는 「공공주택 특별법」 제2조제1호의2에 따른 공공건설임대주택으로서 다음 각 목의 요건을 모두 갖춘 주택이 2호 이상인 경우 그 주택. 다만, 「민간임대주택에 관한 특별법」 제2조제7호에 따른 임대사업자의 경우에는 2018년 3월 31일 이전에 사업자등록등을 한 주택으로 한정한다.

가. 대지면적이 298제곱미터 이하이고 주택의 연면적(「소득세법 시행령」 제154조제3항 본문에 따라 주택으로 보는 부분과 주거전용으로 사용되는 지하실부분의 면적을 포함하고, 공동주택의 경우에는 전용면적을 말한다)이 149제곱미터 이하일 것

나. 5년 이상 임대하는 것일 것

다. 「민간임대주택에 관한 특별법」 제5조에 따라 민간임대주택으로 등록하거나 「공공주택 특별법」 제2조제1호가목에 따른 공공임대주택으로 건설 또는 매입되어 임대를 개시한 날의 해당 주택 및 이에 딸린 토지의 기준시가의 합계액이 6억원 이하일 것

1의3. 「부동산투자회사법」 제2조제1호에 따른 부동산투자회사 또는 「간접투자자산 운용업법」 제27조제3호에 따른 부동산간접투자기구가 2008년 1월 1일부터 2008년 12월 31일까지 취득 및 임대하는 「민간임대주택에 관한 특별법」 제2조제3호에 따른 민간매입임대주택 또는 「공공주택 특별법」 제2조제1호의3에 따른 공공매입임대주택으로서 다음 각 목의 요건을 모두 갖춘 주택이 5호 이상인 경우 그 주택

가. 대지면적이 298제곱미터 이하이고 주택의 연면적(「소득세법 시행령」 제154조제3항 본문에 따라 주택으로 보는 부분과 주거전용으로 사용되는 지하실부분의 면적을 포함하고, 공동주택의 경우에는 전용면적을 말한다)이 149제곱미터 이하일 것

나. 10년 이상 임대하는 것일 것

다. 수도권 밖의 지역에 소재할 것

1의4. 「민간임대주택에 관한 특별법」 제2조제3호에 따른 민간매입임대주택 또는 「공공주택 특별법」 제2조제1호의3에 따른 공공매입임대주택[미분양주택(「주택법」 제54조에 따른 사업주체가 같은 조에 따라 공급하는 주택으로서 입주자모집공고에 따른 입주자의 계약일이 지난 주택단지에서 2008년 6월 10일까지 분양계약이 체결되지 아니하여 선착순의 방법으로 공급하는 주택을 말한다. 이하 이 호에서 같다)으로서 2008년 6월 11일부터 2009년 6월 30일까지 최초로 분양계약을 체결하고 계약금을 납부한 주택에 한정한다]으로서 다음 각 목의 요건을 모두 갖춘 주택. 이 경우 해당 주택을 양도하는 법인은 해당 주택을 양도하는 날이 속하는 사업연도 과세표준 신고 시 시장·군수 또는 구청장이 발행한 미분양주택 확인서 사본

및 미분양주택 매입 시의 매매계약서 사본을 납세지 관할세무서장에게 제출해야 한다.

가. 대지면적이 298제곱미터 이하이고 주택의 연면적(「소득세법 시행령」 제154조제3항 본문에 따라 주택으로 보는 부분과 주거전용으로 사용되는 지하실부분의 면적을 포함하고, 공동주택의 경우에는 전용면적을 말한다)이 149제곱미터 이하일 것

나. 5년 이상 임대하는 것일 것

다. 수도권 밖의 지역에 소재할 것

라. 가목부터 다목까지의 요건을 모두 갖춘 매입임대주택(이하 이 조에서 "미분양매입임대주택"이라 한다)이 같은 시(특별시 및 광역시를 포함한다) · 군에서 5호 이상일 것[제1호에 따른 매입임대주택이 5호 이상이거나 제1호의3에 따른 매입임대주택이 5호 이상인 경우에는 제1호 또는 제1호의3에 따른 매입임대주택과 미분양매입임대주택을 합산하여 5호 이상일 것]

마. 2020년 7월 11일 이후 종전의 「민간임대주택에 관한 특별법」(법률 제17482호 민간임대주택에 관한 특별법 일부개정법률에 따라 개정되기 전의 것을 말한다. 이하 같다) 제5조에 따른 임대사업자등록 신청(임대할 주택을 추가하기 위해 등록사항의 변경 신고를 한 경우를 포함한다)을 한 같은 법 제2조제5호에 따른 장기일반민간임대주택 중 아파트를 임대하는 민간매입임대주택 또는 같은 조 제6호에 따른 단기민간임대주택이 아닐 것

바. 종전의 「민간임대주택에 관한 특별법」 제5조에 따라 등록을 한 같은 법 제2조제6호에 따른 단기민간임대주택을 같은 법 제5조제3항에 따라 2020년 7월 11일 이후 장기일반민간임대주택등으로 변경 신고한 주택이 아닐 것

1의5. 다음 각 목의 요건을 모두 갖춘 「부동산투자회사법」 제2조제1호다목에 따른 기업구조조정부동산투자회사 또는 「자본시장과 금융투자업에 관한 법률」 제229조제2호에 따른 부동산집합투자기구(이하 이 항에서 "기업구조조정부동산투자회사등"이라 한다)가 2010년 2월 11일까지 직접 취득(2010년 2월 11일까지 매매계약을 체결하고 계약금을 납부한 경우를 포함한다)을 하는 미분양주택(「주택법」 제54조에 따른 사업주체가 같은 조에 따라 공급하는 주택으로서 입주자모집공고에 따른 입주자의 계약일이 지나 선착순의 방법으

로 공급하는 주택을 말한다. 이하 이 항에서 같다)

가. 취득하는 부동산이 모두 서울특별시 밖의 지역(「소득세법」 제104조의2에 따른 지정지역은 제외한다. 이하 이 조에서 같다)에 있는 미분양주택으로서 그 중 수도권 밖의 지역에 있는 주택수의 비율이 100분의 60 이상일 것

나. 존립기간이 5년 이내일 것

1의6. 제1호의5, 제1호의8 또는 제1호의10에 따라 기업구조조정부동산투자회사등이 미분양주택을 취득할 당시 매입약정을 체결한 자가 그 매입약정에 따라 미분양주택(제1호의8의 경우에는 수도권 밖의 지역에 있는 미분양주택만 해당한다)을 취득한 경우로서 그 취득일부터 3년 이내인 주택

1의7. 다음 각 목의 요건을 모두 갖춘 신탁계약에 따른 신탁재산으로 「자본시장과 금융투자업에 관한 법률」에 따른 신탁업자(이하 이 호에서 "신탁업자"라 한다)가 2010년 2월 11일까지 직접 취득(2010년 2월 11일까지 매매계약을 체결하고 계약금을 납부한 경우를 포함한다)을 하는 미분양주택

가. 주택의 시공자(이하 이 조에서 "시공자"라 한다)가 채권을 발행하여 조달한 금전을 신탁업자에게 신탁하고, 해당 시공자가 발행하는 채권을 「한국주택금융공사법」에 따른 한국주택금융공사의 신용보증을 받아 「자산유동화에 관한 법률」에 따라 유동화 할 것

나. 신탁업자가 신탁재산으로 취득하는 부동산은 모두 서울특별시 밖의 지역에 있는 미분양주택(「주택도시기금법」에 따른 주택도시보증공사가 분양보증을 하여 준공하는 주택만 해당한다)으로서 그 중 수도권 밖의 지역에 있는 주택수의 비율(신탁업자가 다수의 시공자로부터 금전을 신탁받은 경우에는 해당 신탁업자가 신탁재산으로 취득한 전체 미분양주택을 기준으로 한다)이 100분의 60 이상일 것

다. 신탁재산의 운용기간(신탁계약이 연장되는 경우 그 연장되는 기간을 포함한다)이 5년 이내일 것

1의8. 다음 각 목의 요건을 모두 갖춘 기업구조조정부동산투자회사등이 2011년 4월 30일까지 직접 취득(2011년 4월 30일까지 매매계약을 체결하고 계약금을 납부한 경우를 포함한다)하는 수도권 밖의 지역에 있는 미분양주택

가. 취득하는 부동산이 모두 서울특별시 밖의 지역에 있는

2010년 2월 11일 현재 미분양주택으로서 그 중 수도권 밖의 지역에 있는 주택수의 비율이 100분의 50 이상일 것

나. 존립기간이 5년 이내일 것

1의9. 다음 각 목의 요건을 모두 갖춘 신탁계약에 따른 신탁재산으로 「자본시장과 금융투자업에 관한 법률」에 따른 신탁업자(이하 이 호에서 "신탁업자"라 한다)가 2011년 4월 30일까지 직접 취득(2011년 4월 30일까지 매매계약을 체결하고 계약금을 납부한 경우를 포함한다)하는 수도권 밖의 지역에 있는 미분양주택

가. 시공자가 채권을 발행하여 조달한 금전을 신탁업자에게 신탁하고, 해당 시공자가 발행하는 채권을 「한국주택금융공사법」에 따른 한국주택금융공사의 신용보증을 받아 「자산유동화에 관한 법률」에 따라 유동화할 것

나. 신탁업자가 신탁재산으로 취득하는 부동산은 모두 서울특별시 밖의 지역에 있는 2010년 2월 11일 현재 미분양주택(「주택도시기금법」에 따른 주택도시보증공사가 분양보증을 하여 준공하는 주택만 해당한다)으로서 그 중 수도권 밖의 지역에 있는 주택수의 비율(신탁업자가 다수의 시공자로부터 금전을 신탁받은 경우에는 해당 신탁업자가 신탁재산으로 취득한 전체 미분양주택을 기준으로 한다)이 100분의 50 이상일 것

다. 신탁재산의 운용기간(신탁계약이 연장되는 경우 그 연장되는 기간을 포함한다)은 5년 이내일 것

1의10. 다음 각 목의 요건을 모두 갖춘 기업구조조정부동산투자회사등이 2014년 12월 31일까지 직접 취득(2014년 12월 31일까지 매매계약을 체결하고 계약금을 납부한 경우를 포함한다)하는 미분양주택

가. 취득하는 부동산이 모두 미분양주택일 것

나. 존립기간이 5년 이내일 것

1의11. 다음 각 목의 요건을 모두 갖춘 신탁계약에 따른 신탁재산으로 「자본시장과 금융투자업에 관한 법률」에 따른 신탁업자(이하 이 호에서 "신탁업자"라 한다)가 2012년 12월 31일까지 직접 취득(2012년 12월 31일까지 매매계약을 체결하고 계약금을 납부한 경우를 포함한다)하는 미분양주택(「주택도시기금법」에 따른 주택도시보증공사가 분양보증을 하여 준공하는 주택만 해당한다)

가. 시공자가 채권을 발행하여 조달한 금전을 신탁업자에게 신탁하고, 해당 시공자가 발행하는 채권을 「한국주택금융공사법」에 따른 한국주택금융공사의 신용보증을 받아 「자산유동화에 관한 법률」에 따라 유동화할 것

나. 신탁재산의 운용기간(신탁계약이 연장되는 경우 그 연장되는 기간을 포함한다)이 5년 이내일 것

1의12. 「민간임대주택에 관한 특별법」 제2조제3호에 따른 민간매입임대주택 중 같은 조 제4호에 따른 공공지원민간임대주택 또는 같은 조 제5호에 따른 장기일반민간임대주택(이하 이 조에서 "장기일반민간임대주택등"이라 한다)으로서 다음 각 목의 요건을 모두 갖춘 주택[「민간임대주택에 관한 특별법」 제2조제5호에 따른 장기일반민간임대주택의 경우에는 2020년 6월 17일 이전에 사업자등록등을 신청(임대할 주택을 추가하기 위해 등록사항의 변경 신고를 한 경우를 포함한다)한 주택으로 한정한다]. 다만, 종전의 「민간임대주택에 관한 특별법」 제5조에 따라 등록을 한 같은 법 제2조제6호에 따른 단기민간임대주택을 같은 법 제5조제3항에 따라 2020년 7월 11일 이후 장기일반민간임대주택등으로 변경 신고한 주택은 제외한다.

가. 10년 이상 임대한 주택일 것

나. 「민간임대주택에 관한 특별법」 제5조에 따라 민간임대주택으로 등록하여 해당 주택의 임대를 개시한 날의 해당 주택 및 이에 딸린 토지의 기준시가의 합계액이 6억원(수도권 밖의 지역인 경우에는 3억원) 이하일 것

1의13. 「민간임대주택에 관한 특별법」 제2조제2호에 따른 민간건설임대주택 중 장기일반민간임대주택등으로서 다음 각 목의 요건을 모두 갖춘 주택이 2호 이상인 경우 그 주택. 다만, 종전의 「민간임대주택에 관한 특별법」 제5조에 따라 등록을 한 같은 법 제2조제6호에 따른 단기민간임대주택을 같은 법 제5조제3항에 따라 2020년 7월 11일 이후 장기일반민간임대주택등으로 변경 신고한 주택은 제외한다.

가. 대지면적이 298제곱미터 이하이고 주택의 연면적(「소득세법 시행령」 제154조제3항 본문에 따라 주택으로 보는 부분과 주거전용으로 사용되는 지하실부분의 면적을 포함하고, 공동주택의 경우에는 전용면적을 말한다)이 149제곱미터 이하일 것

나. 10년 이상 임대하는 것일 것

다. 「민간임대주택에 관한 특별법」 제5조에 따라 민간임대주택으로 등록하여 해당 주택의 임대를 개시한 날의 해당 주택 및 이에 딸린 토지의 기준시가의 합계액이 9억원 이하일 것

라. 직전 임대차계약 대비 임대보증금 또는 임대료(이하 이 호에서 "임대료등"이라 한다)의 증가율이 100분의 5를 초과하는 임대차계약을 체결하지 않았을 것. 이 경우 임대료등을 증액하는 임대차계약을 체결하면서 임대보증금과 월임대료를 서로 전환하는 경우에는 「민간임대주택에 관한 특별법」 제44조제4항에서 정하는 기준에 따라 임대료등의 증가율을 계산한다.

마. 임대차계약을 체결한 후 또는 약정에 따라 임대료등의 증액이 있은 후 1년 이내에 임대료등을 증액하는 임대차계약을 체결하지 않았을 것

1의14. 제1호, 제1호의2, 제1호의4 및 제1호의12에 해당하는 임대주택(법률 제17482호 민간임대주택에 관한 특별법 일부개정법률 부칙 제5조제1항이 적용되는 주택으로 한정한다)으로서 「민간임대주택에 관한 특별법」 제6조제1항제11호에 따라 임대사업자의 임대의무기간 내 등록 말소 신청으로 등록이 말소된 경우(같은 법 제43조에 따른 임대의무기간의 2분의 1 이상을 임대한 경우에 한정한다)에는 해당 등록 말소 이후 1년 이내 양도하는 주택

1의15. 「민간임대주택에 관한 특별법」 제2조제2호에 따른 민간건설임대주택 중 같은 조 제6호의2에 따른 단기민간임대주택(이하 이 호에서 "단기민간임대주택"이라 한다)으로서 다음 각 목의 요건을 모두 갖춘 주택이 2호 이상인 경우 그 주택

가. 대지면적이 298제곱미터 이하이고 주택의 연면적(「소득세법 시행령」 제154조제3항 본문에 따라 주택으로 보는 부분과 주거전용으로 사용되는 지하실 부분의 면적을 포함하며, 공동주택의 경우에는 전용면적을 말한다)이 149제곱미터 이하일 것

나. 6년 이상 임대하는 것일 것

다. 「민간임대주택에 관한 특별법」 제5조에 따라 단기민간임대주택으로 등록하여 2호 이상의 주택의 임대를 개시한 날(2호 이상의 주택의 임대를 개시한 날 이후 임대를 개시한 주택의 경우에는 그 주택의 임대를 개시한 날)의 해당 주택 및 이에 딸린 토지의 기

준시가의 합계액이 6억원 이하일 것

라. 직전 임대차계약 대비 임대보증금 또는 임대료(이하 이 호에서 "임대료등"이라 한다)의 증가율이 100분의 5를 초과하지 않을 것. 이 경우 임대료등의 증액 청구는 임대차계약의 체결 또는 약정한 임대료등의 증액이 있은 후 1년 이내에는 하지 못하고, 임대사업자가 임대료등의 증액을 청구하면서 임대보증금과 월임대료를 서로 전환하는 경우에는 「민간임대주택에 관한 특별법」 제44조제4항에 따라 정한 기준을 준용한다.

2. 주주등이나 출연자가 아닌 임원 및 직원에게 제공하는 사택 및 그 밖에 무상으로 제공하는 법인 소유의 주택으로서 사택제공기간 또는 무상제공기간이 10년 이상인 주택

3. 저당권의 실행으로 인하여 취득하거나 채권변제를 대신하여 취득한 주택으로서 취득일부터 3년이 경과하지 아니한 주택

4. 그 밖에 부득이한 사유로 보유하고 있는 주택으로서 기획재정부령으로 정하는 주택

③법 제55조의2제4항제2호에서 "대통령령으로 정하는 경우"란 「소득세법 시행령」 제153조제1항의 규정에 의한 경우를 말한다. 이 경우 동항제3호 단서의 규정중 "농지소재지에 거주하면서 경작"은 "경작"으로 본다. 〈개정 2005. 2. 19., 2005. 12. 31., 2011. 6. 3.〉

④법 제55조의2제4항제3호에서 "대통령령으로 정하는 사유로 발생하는 소득"이란 다음 각 호의 어느 하나에 해당하는 소득을 말한다. 〈개정 2005. 2. 19., 2005. 12. 31., 2006. 2. 9., 2008. 2. 29., 2009. 9. 21., 2010. 6. 8., 2011. 6. 3., 2012. 2. 2., 2015. 2. 3., 2015. 12. 28., 2016. 2. 12., 2018. 7. 16., 2021. 2. 17., 2022. 8. 2., 2024. 11. 12.〉

1. 「도시개발법」 그 밖의 법률에 의한 환지처분으로 지목 또는 지번이 변경되거나 체비지로 충당됨으로써 발생하는 소득. 이 경우 환지처분 및 체비지는 「소득세법 시행령」 제152조의 규정에 의한 것으로 한다.

1의2. 「소득세법 시행령」 제152조제3항에 따른 교환으로 발생하는 소득

2. 적격분할ㆍ적격합병ㆍ적격물적분할ㆍ적격현물출자ㆍ조직변경

및 교환(법 제50조의 요건을 갖춘 것에 한한다)으로 인하여 발생하는 소득

3. 「한국토지주택공사법」에 따른 한국토지주택공사가 같은 법에 따른 개발사업으로 조성한 토지중 주택건설용지로 양도함으로써 발생하는 소득

4. 주택을 신축하여 판매(「민간임대주택에 관한 특별법」 제2조제2호에 따른 민간건설임대주택 또는 「공공주택 특별법」 제2조제1호의2에 따른 공공건설임대주택을 동법에 따라 분양하거나 다른 임대사업자에게 매각하는 경우를 포함한다)하는 법인이 그 주택 및 주택에 부수되는 토지로서 그 면적이 다음 각 목의 면적 중 넓은 면적 이내의 토지를 양도함으로써 발생하는 소득

가. 주택의 연면적(지하층의 면적, 지상층의 주차용으로 사용되는 면적 및 「주택건설기준 등에 관한 규정」 제2조제3호의 규정에 따른 주민공동시설의 면적을 제외한다)

나. 건물이 정착된 면적에 5배(「국토의 계획 및 이용에 관한 법률」 제6조의 규정에 따른 도시지역 밖의 토지의 경우에는 10배)를 곱하여 산정한 면적

5. 「민간임대주택에 관한 특별법」 제2조제7호에 따른 임대사업자로서 장기일반민간임대주택등을 300호 또는 300세대 이상 취득하였거나 취득하려는 자에게 토지를 양도하여 발생하는 소득

6. 「공공주택 특별법」 제2조제1호의3에 따른 공공매입임대주택(이하 이 호에서 "공공매입임대주택"이라 한다)을 건설할 자(같은 법 제4조에 따른 공공주택사업자와 공공매입임대주택을 건설하여 양도하기로 약정을 체결한 자로 한정한다)에게 2027년 12월 31일까지 주택 건설을 위한 토지를 양도하여 발생하는 소득

7. 그 밖에 공공목적을 위한 양도 등 기획재정부령이 정하는 사유로 인하여 발생하는 소득

⑤법 제55조의2제5항 단서에서 "대통령령으로 정하는 토지등"이란 다음 각호의 1에 해당하는 것을 말한다. 〈개정 2005. 12. 31., 2011. 6. 3.〉

1. 법률의 규정 또는 법원의 결정에 의하여 양도당시 취득에 관한 등기가 불가능한 토지등

2. 법 제55조의2제4항제2호의 규정에 의한 농지

⑥제68조는 법 제55조의2제1항에 따른 토지등양도소득의 귀속사업연도, 양도시기 및 취득시기에 관하여 이를 준용한다. 다만, 제68조제4항에 따른 장기할부조건에 의한 토지등의 양도의 경우에는 같은 조 제2항에도 불구하고 같은 조 제1항제3호에 따른다. 〈개정 2003. 12. 30., 2020. 2. 11.〉

⑦법 제55조의2제1항제1호의 규정을 적용함에 있어서 예약매출에 의하여 토지 등을 양도하는 경우에는 그 계약일에 토지등이 양도된 것으로 본다. 〈개정 2003. 12. 30.〉

⑧제7항에 따라 계약일에 토지등이 양도되는 것으로 보는 경우의 토지등양도소득은 제69조제2항에 따른 작업진행률을 기준으로 하여 계산한 수익과 비용중 법 제55조의2제1항제1호가목 및 나목에 해당하는 지정지역에 포함되는 기간에 상응하는 수익과 비용을 각각 해당사업연도의 익금과 손금으로 하여 계산한다. 다만, 제69조제2항에 따른 작업진행률을 계산할 수 없다고 인정되는 경우로서 기획재정부령으로 정하는 경우에는 계약금액 및 총공사예정비를 그 목적물의 착수일부터 인도일까지의 기간에 균등하게 배분한 금액중 법 제55조의2제1항제1호가목 및 나목에 해당하는 지정지역에 포함되는 기간에 상응하는 금액을 각각 해당사업연도의 익금과 손금으로 하여 계산한다. 〈개정 2003. 12. 30., 2008. 2. 29., 2009. 6. 8.〉

⑨ 법인이 각 사업연도에 법 제55조의2를 적용받는 2 이상의 토지등을 양도하는 경우에 토지등양도소득은 해당 사업연도에 양도한 자산별로 법 제55조의2제6항에 따라 계산한 금액을 합산한 금액으로 한다. 이 경우 양도한 자산 중 양도 당시의 장부가액이 양도금액을 초과하는 토지등이 있는 경우에는 그 초과하는 금액(이하 이 항에서 "양도차손"이라 한다)을 다음 각 호의 자산의 양도소득에서 순차로 차감하여 토지등양도소득을 계산한다. 〈개정 2009. 2. 4.〉

1. 양도차손이 발생한 자산과 같은 세율을 적용받는 자산의 양도소득

2. 양도차손이 발생한 자산과 다른 세율을 적용받는 자산의 양도소득

[본조신설 2001. 12. 31.]

제92조의3(비사업용 토지의 기간기준) 법 제55조의2제2항 각호 외의 부분에서 "대통령령으로 정하는 기간"이란 다음 각 호의 어느 하

나에 해당하는 기간을 말한다. 〈개정 2009. 2. 4., 2011. 6. 3., 2015. 2. 3.〉

1. 토지의 소유기간이 5년 이상인 경우에는 다음 각 목의 모두에 해당하는 기간

가. 양도일 직전 5년 중 2년을 초과하는 기간

나. 양도일 직전 3년 중 1년을 초과하는 기간

다. 토지의 소유기간의 100분의 40에 상당하는 기간을 초과하는 기간. 이 경우 기간의 계산은 일수로 한다.

2. 토지의 소유기간이 3년 이상이고 5년 미만인 경우에는 다음 각 목의 모두에 해당하는 기간

가. 토지의 소유기간에서 3년을 차감한 기간을 초과하는 기간

나. 양도일 직전 3년 중 1년을 초과하는 기간

다. 토지의 소유기간의 100분의 40에 상당하는 기간을 초과하는 기간. 이 경우 기간의 계산은 일수로 한다.

3. 토지의 소유기간이 3년 미만인 경우에는 다음 각 목의 모두에 해당하는 기간. 다만, 소유기간이 2년 미만이면 가목은 적용하지 아니한다.

가. 토지의 소유기간에서 2년을 차감한 기간을 초과하는 기간

나. 토지의 소유기간의 100분의 40에 상당하는 기간을 초과하는 기간. 이 경우 기간의 계산은 일수로 한다.

[본조신설 2005. 12. 31.]

제92조의4(토지지목의 판정) 법 제55조의2제2항의 규정을 적용함에 있어서 농지·임야·목장용지 및 그 밖의 토지의 판정은 이 영에 특별한 규정이 있는 경우를 제외하고는 사실상의 현황에 의한다. 다만, 사실상의 현황이 분명하지 아니한 경우에는 공부상의 등재현황에 의한다.

[본조신설 2005. 12. 31.]

제92조의5(농지의 범위 등) ①법 제55조의2제2항제1호에서 "농지"라 함은 전·답 및 과수원으로서 지적공부상의 지목에 관계없이 실제로 경작에 사용되는 토지를 말한다. 이 경우 농지의 경영에 직접 필요한 농막·퇴비사·양수장·지소(池沼)·농도·수로 등의 토지 부분을 포함한다.

②법 제55조의2제2항제1호가목의 규정을 적용함에 있어 주업은

다음 각 호의 기준에 따라 판정한다.

1. 2 이상의 서로 다른 사업을 영위하는 경우에는 주업은 사업별 사업수입금액이 큰 사업으로 한다.

2. 제1호의 규정에 불구하고 당해 법인이 농업에 직접 사용한 농지에서 생산한 농산물을 당해 법인이 제조·생산하는 제품의 원료로 사용하고 그 농업과 제조업 등을 구분하여 경리하는 경우에는 농업을 주업으로 하는 것으로 본다. 이 경우 당해 법인이 생산한 농산물 중 당해 법인이 제조하는 제품의 원재료로 사용하는 것의 비율(이하 이 항에서 "사용비율"이라 한다)이 100분의 50 미만인 경우에는 당해 농지의 면적 중 그 사용비율에 상당하는 면적의 2배 이내의 농지에 한하여 농업을 주업으로 하는 것으로 본다.

③법 제55조의2제2항제1호가목 단서에서 "대통령령으로 정하는 농지"란 다음 각 호의 어느 하나에 해당하는 농지를 말한다. 〈개정 2008. 2. 22., 2008. 2. 29., 2011. 6. 3., 2015. 2. 3.〉

1. 「농지법」 제6조제2항제2호·제6호·제10호가목 또는 다목에 해당하는 농지

2. 「농지법」 제6조제2항제7호에 따른 농지전용허가를 받거나 농지전용신고를 한 법인이 소유한 농지 또는 같은 법 제6조제2항제8호에 따른 농지전용협의를 완료한 농지로서 당해 전용목적으로 사용되는 토지

3. 「농지법」 제6조제2항제10호라목부터 바목까지의 규정에 따라 취득한 농지로서 당해 사업목적으로 사용되는 토지

4. 종중이 소유한 농지(2005년 12월 31일 이전에 취득한 것에 한한다)

5. 제사·종교·자선·학술·기예 그 밖의 공익사업을 목적으로 하는 「지방세법 시행령」 제22조에 따른 비영리사업자가 그 사업에 직접 사용하는 농지

6. 「농지법」 그 밖의 법률에 따라 소유할 수 있는 농지로서 기획재정부령이 정하는 농지

④법 제55조의2제2항제1호나목 본문에서 "대통령령으로 정하는 지역"이란 「국토의 계획 및 이용에 관한 법률」에 따른 녹지지역 및 개발제한구역을 말한다. 〈개정 2011. 6. 3.〉

⑤법 제55조의2제2항제1호나목 단서에서 "대통령령으로 정하는

기간"이란 3년을 말한다. 〈개정 2011. 6. 3., 2015. 2. 3.〉
[본조신설 2005. 12. 31.]

제92조의6(임야의 범위 등) ①법 제55조의2제2항제2호가목에서 "대통령령으로 정하는 것"이란 다음 각 호의 어느 하나에 해당하는 임야를 말한다. 〈개정 2007. 2. 28., 2008. 2. 29., 2008. 4. 3., 2008. 9. 22., 2009. 6. 9., 2010. 3. 9., 2011. 6. 3., 2024. 5. 7.〉

1. 「산림자원의 조성 및 관리에 관한 법률」에 따른 채종림·시험림과 「산림보호법」에 따른 산림보호구역
2. 사찰림 또는 동유림(洞有林)
3. 「자연공원법」에 따른 공원자연보존지구 및 공원자연환경지구 안의 임야
4. 「도시공원 및 녹지 등에 관한 법률」에 따른 도시공원 안의 임야
5. 「문화유산의 보존 및 활용에 관한 법률」에 따른 보호구역 또는 「자연유산의 보존 및 활용에 관한 법률」에 따른 보호구역 안의 임야
6. 「전통사찰의 보존 및 지원에 관한 법률」에 따라 전통사찰이 소유하고 있는 경내지
7. 「개발제한구역의 지정 및 관리에 관한 특별조치법」에 따른 개발제한구역 안의 임야
8. 「군사기지 및 군사시설 보호법」에 따른 군사기지 및 군사시설 보호구역 안의 임야
9. 「도로법」에 따른 접도구역 안의 임야
10. 「철도안전법」에 따른 철도보호지구 안의 임야
11. 「하천법」에 따른 홍수관리구역 안의 임야
12. 「수도법」에 따른 상수원보호구역 안의 임야
13. 그 밖에 공익상 필요 또는 산림의 보호육성을 위하여 필요한 임야로서 기획재정부령이 정하는 것

②법 제55조의2제2항제2호나목의 규정을 적용함에 있어 주업은 2 이상의 서로 다른 사업을 영위하는 경우에는 사업연도 종료일 현재 당해 법인의 총자산가액 중 당해 사업에 공여되는 자산의 가액이 큰 사업으로 한다.

③법 제55조의2제2항제2호나목에서 "대통령령으로 정하는 것"이란 「산지관리법」에 따른 산지 안의 임야로서 다음 각 호의 어느 하나에 해당하는 임야를 말한다. 다만, 「국토의 계획 및 이용에 관한

법률」에 따른 도시지역(동법 시행령 제30조의 규정에 따른 보전녹지지역을 제외한다. 이하 이 항에서 같다) 안의 임야로서 도시지역으로 편입된 날부터 3년이 경과한 임야를 제외한다. 〈개정 2007. 2. 28., 2011. 6. 3., 2015. 2. 3.〉

1. 「산림자원의 조성 및 관리에 관한 법률」에 따른 산림경영계획인가를 받아 시업(施業) 중인 임야

2. 「산림자원의 조성 및 관리에 관한 법률」에 따른 특수산림사업지구 안의 임야

④법 제55조의2제2항제2호다목에서 "대통령령으로 정하는 것"이란 다음 각 호의 어느 하나에 해당하는 것을 말한다. 〈개정 2007. 2. 28., 2008. 2. 29., 2011. 6. 3., 2015. 2. 3., 2015. 7. 20., 2021. 1. 5.〉

1. 「산림자원의 조성 및 관리에 관한 법률」에 따른 종ㆍ묘 생산업자가 산림용 종자 또는 산림용 묘목의 생산에 사용하는 임야

2. 「산림문화ㆍ휴양에 관한 법률」에 따른 자연휴양림을 조성 또는 관리ㆍ운영하는 사업에 사용되는 임야

3. 「수목원ㆍ정원의 조성 및 진흥에 관한 법률」에 따른 수목원을 조성 또는 관리ㆍ운영하는 사업에 사용되는 임야

4. 산림조합 및 산림계가 그 고유목적에 직접 사용하는 임야

5. 제사ㆍ종교ㆍ자선ㆍ학술ㆍ기예 그 밖의 공익사업을 목적으로 하는 「지방세법 시행령」 제22조에 따른 비영리사업자가 그 사업에 직접 사용하는 임야

6. 종중이 소유한 임야(2005년 12월 31일 이전에 취득한 것에 한한다)

7. 그 밖에 토지의 소유자, 소재지, 이용상황, 소유기간 및 면적 등을 고려하여 법인의 업무에 직접 관련이 있는 임야로서 기획재정부령으로 정하는 임야

[본조신설 2005. 12. 31.]

제92조의7(목장용지의 범위 등) ①법 제55조의2제2항제3호에서 "목장용지"라 함은 축산용으로 사용되는 축사와 부대시설의 토지, 초지 및 사료포(飼料圃)를 말한다.

②법 제55조의2제2항제3호 각 목외의 부분 단서에서 "대통령령으로 정하는 것"이란 다음 각 호의 어느 하나에 해당하는 것을 말한

다. 〈개정 2008. 2. 29., 2011. 6. 3., 2021. 1. 5.〉

1. 종중이 소유한 목장용지(2005년 12월 31일 이전에 취득한 것에 한한다)

2. 「초·중등교육법」과 「고등교육법」에 따른 학교 및 「축산법」에 따른 가축개량총괄기관과 가축개량기관이 시험·연구·실습지로 사용하는 목장용지

3. 제사·종교·자선·학술·기예 그 밖의 공익사업을 목적으로 하는 「지방세법」 제186조제1호 본문의 규정에 따른 비영리사업자가 그 사업에 직접 사용하는 목장용지

4. 그 밖에 토지의 소유자, 소재지, 이용상황, 소유기간 및 면적 등을 고려하여 법인의 업무와 직접 관련이 있는 목장용지로서 기획재정부령으로 정하는 것

③법 제55조의2제2항제3호가목의 규정을 적용함에 있어서 주업은 다음 각 호에 따라 판정한다.

1. 2 이상의 서로 다른 사업을 영위하는 경우에는 주업은 사업별 사업수입금액이 큰 사업으로 한다. 다만, 「농업협동조합법」에 의하여 설립된 농업협동조합과 농업협동조합중앙회는 이를 축산업을 주업으로 하는 법인으로 본다.

2. 제1호 본문의 규정에 불구하고 당해 법인이 축산업에 직접 사용한 목장용지에서 생산한 축산물을 당해 법인이 제조하는 제품의 원재료로 사용하고 그 축산업과 제조업 등을 구분하여 경리하는 경우에는 축산업을 주업으로 하는 것으로 본다. 이 경우 당해 법인이 생산한 축산물 중 당해 법인이 제조하는 제품의 원재료로 사용하는 것의 비율(이하 이 항에서 "사용비율"이라 한다)이 100분의 50 미만인 경우에는 당해 목장용지의 면적 중 그 사용비율에 상당하는 면적의 2배 이내의 목장용지에 한하여 축산업을 주업으로 하는 것으로 본다.

④법 제55조의2제2항제3호가목에서 "대통령령으로 정하는 축산용 토지의 기준면적"이란 별표 1의2에 규정된 가축별 기준면적과 가축두수를 적용하여 계산한 토지의 면적을 말한다. 〈개정 2010. 2. 18., 2011. 6. 3., 2024. 2. 29.〉

⑤ 법 제55조의2제2항제3호가목에서 "대통령령으로 정하는 지역"이란 「국토의 계획 및 이용에 관한 법률」에 따른 녹지지역 및 개발

제한구역을 말한다. 〈신설 2008. 2. 22., 2011. 6. 3.〉

⑥ 법 제55조의2제2항제3호가목에서 "대통령령으로 정하는 기간"이란 3년을 말한다. 〈개정 2008. 2. 22., 2011. 6. 3., 2015. 2. 3.〉

[본조신설 2005. 12. 31.]

제92조의8(사업에 사용되는 그 밖의 토지의 범위) ①법 제55조의2제2항제4호다목에서 "대통령령으로 정하는 것"이란 다음 각 호의 어느 하나에 해당하는 토지를 말한다. 〈개정 2008. 2. 29., 2009. 12. 14., 2010. 9. 20., 2011. 6. 3., 2015. 6. 1., 2016. 6. 21., 2021. 1. 5., 2023. 1. 10.〉

1. 운동장·경기장 등 체육시설용 토지로서 다음 각 목의 어느 하나에 해당하는 것

가. 선수전용 체육시설용 토지

(1) 「국민체육진흥법」에 따라 직장운동경기부를 설치한 법인이 선수전용으로 계속하여 제공하고 있는 체육시설용 토지로서 기획재정부령이 정하는 선수전용체육시설의 기준면적 이내의 토지. 다만, 직장운동경기부가 기획재정부령이 정하는 선수·지도자 등에 관한 요건에 해당하지 아니하는 경우에는 그러하지 아니하다.

(2) 운동경기업을 영위하는 법인이 선수훈련에 직접 사용하는 체육시설로서 기획재정부령이 정하는 기준면적 이내의 토지

나. 종업원 체육시설용 토지

종업원의 복지후생을 위하여 설치한 체육시설용 토지 중 기획재정부령이 정하는 종업원 체육시설의 기준면적 이내의 토지. 다만, 기획재정부령이 정하는 종업원 체육시설의 기준에 적합하지 아니하는 경우에는 그러하지 아니하다.

다. 「체육시설의 설치·이용에 관한 법률」에 따른 체육시설업을 영위하는 법인이 동법의 규정에 따른 적합한 시설 및 설비를 갖추고 당해 사업에 직접 사용하는 토지

라. 경기장운영업을 영위하는 법인이 당해 사업에 직접 사용하는 토지

2. 주차장용 토지로서 다음 각 목의 어느 하나에 해당하는 것

가. 「주차장법」에 따른 부설주차장(주택의 부설주차장을 제외한다. 이하 이 목에서 같다)으로서 동법에 따른 부설주차장 설치기준면적 이내의 토지. 다만, 제6호의 규정에 따른 휴양시설업용 토지

안의 부설주차장용 토지에 대하여는 제6호에서 정하는 바에 의한다.

나. 「지방세법 시행령」 제101조제3항제1호에 따른 사업자 외의 법인으로서 업무용자동차(승용자동차·이륜자동차 및 종업원의 통근용 승합자동차를 제외한다)를 필수적으로 보유하여야 하는 사업에 제공되는 업무용자동차의 주차장용 토지. 다만, 소유하는 업무용자동차의 차종별 대수에 「여객자동차 운수사업법」 또는 「화물자동차 운수사업법」에 규정된 차종별 대당 최저보유차고면적기준을 곱하여 계산한 면적을 합한 면적(이하 "최저차고기준면적"이라 한다)에 1.5를 곱하여 계산한 면적 이내의 토지에 한한다.

다. 주차장운영업용 토지

주차장운영업을 주업으로 하는 법인이 소유하고, 「주차장법」에 따른 노외주차장으로 사용하는 토지로서 토지의 가액에 대한 1년간의 수입금액의 비율이 기획재정부령이 정하는 율 이상인 토지

3. 「사회기반시설에 대한 민간투자법」에 따라 지정된 사업시행자가 동법에서 규정하는 민간투자사업의 시행으로 조성한 토지 및 그 밖의 법률에 의하여 사업시행자가 조성하는 토지로서 기획재정부령이 정하는 토지. 다만, 토지의 조성이 완료된 날부터 2년이 경과한 토지를 제외한다.

4. 「청소년활동진흥법」에 따른 청소년수련시설용 토지로서 동법에 따른 시설·설비기준을 갖춘 토지. 다만, 기획재정부령이 정하는 기준면적을 초과하는 토지를 제외한다.

5. 종업원 등의 예비군훈련을 실시하기 위하여 소유하는 토지로서 다음 각 목의 요건을 모두 갖춘 토지

가. 지목이 대지 또는 공장용지가 아닐 것

나. 「국토의 계획 및 이용에 관한 법률」에 따른 도시지역의 주거지역·상업지역 및 공업지역 안에 소재하지 아니할 것

다. 기획재정부령이 정하는 시설기준을 갖추고 기획재정부령이 정하는 기준면적 이내일 것

라. 수임 군부대의 장으로부터 예비군훈련의 실시를 위임받은 자가 소유할 것

6. 「관광진흥법」에 따른 전문휴양업·종합휴양업 등 기획재정부령이 정하는 휴양시설업용 토지로서 기획재정부령이 정하는 기준면적 이내의 토지

7. 하치장용 등의 토지

물품의 보관·관리를 위하여 별도로 설치·사용되는 하치장·야적장·적치장 등(「건축법」에 따른 건축허가를 받거나 신고를 하여야 하는 건축물로서 허가 또는 신고없이 건축한 창고용 건축물의 부속토지를 포함한다)으로서 당해 사업연도중 물품의 보관·관리에 사용된 최대면적의 100분의 120 이내의 토지

8. 골재채취장용 토지

「골재채취법」에 따라 시장·군수 또는 구청장(자치구의 구청장에 한한다)으로부터 골재채취의 허가를 받은 법인이 허가받은 바에 따라 골재채취에 사용하는 토지

9. 「폐기물관리법」에 따라 허가를 받아 폐기물처리업을 영위하는 법인이 당해 사업에 사용하는 토지

10. 광천지[광천지(청량음료제조업·온천장업 등에 사용되는 토지로서 지하에서 온수·약수 등이 용출되는 용출구 및 그 유지를 위한 부지를 말한다)]로서 토지의 가액에 대한 1년간의 수입금액의 비율이 기획재정부령이 정하는 율 이상인 토지

11. 「공간정보의 구축 및 관리 등에 관한 법률」에 따른 양어장 또는 지소(池沼)용 토지(내수면양식업·낚시터운영업 등에 사용되는 댐·저수지·소류지(小溜池) 및 자연적으로 형성된 호소와 이들의 유지를 위한 부지를 말한다)로서 다음 각 목의 어느 하나에 해당하는 토지

가. 「양식산업발전법」에 따라 허가를 받은 육상해수양식어업 또는 「수산종자산업육성법」에 따라 허가를 받은 수산종자생산업에 사용되는 토지

나. 「내수면어업법」에 따라 시장·군수 또는 구청장(자치구의 구청장을 말하며, 서울특별시의 한강의 경우에는 한강관리에 관한 업무를 관장하는 기관의 장을 말한다. 이하 이 목에서 같다)으로부터 면허 또는 허가를 받거나 시장·군수 또는 구청장에게 신고한 자가 당해 면허어업·허가어업 및 신고어업에 사용하는 토지

다. 가목 및 나목 외의 토지로서 토지의 가액에 대한 1년간의 수입금액의 비율이 기획재정부령이 정하는 율 이상인 토지

12. 블록·석물·토관제조업용 토지, 화훼판매시설업용 토지, 조경작물식재업용 토지, 자동차정비·중장비정비·중장비운전 또는 농

업에 관한 과정을 교습하는 학원용 토지 그 밖에 이와 유사한 토지로서 기획재정부령이 정하는 토지의 경우에는 토지의 가액에 대한 1년간의 수입금액의 비율이 기획재정부령이 정하는 율 이상인 토지

13. 그 밖에 제1호부터 제12호까지에서 규정한 토지와 유사한 토지 중 토지의 이용상황 및 관계 법령의 이행여부 등을 고려하여 사업과 직접 관련이 있다고 인정할 만한 토지로서 기획재정부령으로 정하는 토지

②제1항제2호다목 · 제10호 · 제11호다목 및 제12호의 규정을 적용함에 있어서 "토지의 가액에 대한 1년간의 수입금액의 비율(이하 이 항에서 "수입금액비율"이라 한다)"은 사업연도별로 계산하되, 다음 각 호의 비율 중 큰 것으로 한다. 이 경우 당해 토지에서 발생한 수입금액을 토지의 필지별로 구분할 수 있는 경우에는 필지별로 수입금액비율을 계산한다.

1. 당해 사업연도의 연간수입금액을 당해 사업연도의 토지가액으로 나눈 비율

2. (당해 사업연도의 연간수입금액+직전 사업연도의 연간수입금액)÷(당해 사업연도의 토지가액+직전 사업연도의 토지가액)

③제2항에서 "연간수입금액"이라 함은 다음 각 호에 규정한 방법에 따라 계산한 금액을 말한다. 〈개정 2013. 6. 28.〉

1. 당해 토지 및 건축물 · 시설물 등에 관련된 사업의 1사업연도의 수입금액으로 하되, 당해 토지 및 건축물 · 시설물 등에 대하여 전세 또는 임대계약을 체결하여 전세금 또는 보증금을 받는 경우에는 「부가가치세법 시행령」 제65조제1항에 규정된 산식을 준용하여 계산한 금액을 합산한다.

2. 1사업연도의 수입금액이 당해 토지 및 건축물 · 시설물 등(이하 이 호에서 "당해토지등"이라 한다)과 그 밖의 토지 및 건축물 · 시설물 등(이하 이 호에서 "기타토지등"이라 한다)에 공통으로 관련되고 있어 그 실지귀속을 구분할 수 없는 경우에는 당해토지등에 관련된 1사업연도의 수입금액은 다음 산식에 따라 계산한다.

당해토지등에 관련된 1사업연도의 수입금액=당해토지등과 기타토지등에 공통으로 관련된 1사업연도의 수입금액×(당해 사업연도의 당해 토지의 가액÷당해 사업연도의 당해 토지의 가액과 그 밖의 토지의 가액의 합계액)

3. 사업의 신규개시·폐업, 토지의 양도 또는 법령에 따른 토지의 사용금지 그 밖의 부득이한 사유로 인하여 1사업연도 중 당해 토지에서 사업을 영위한 기간이 1년 미만인 경우에는 당해 기간 중의 수입금액을 1년간으로 환산하여 연간수입금액을 계산한다.

④제2항 및 제3항에서 "당해 과세기간의 토지가액"이라 함은 당해 사업연도 종료일(사업연도 중에 양도한 경우에는 양도일)의 기준시가를 말한다.

⑤법 제55조의2제2항의 규정을 적용함에 있어서 연접하여 있는 다수 필지의 토지가 하나의 용도에 일괄하여 사용되고 그 총면적이 비사업용 토지 해당여부의 판정기준이 되는 면적(이하 이 항에서 "기준면적"이라 한다)을 초과하는 경우에는 다음 각 호의 구분에 따라 해당 호의 각 목의 순위에 따른 토지의 전부 또는 일부를 기준면적 초과부분으로 본다.

1. 토지 위에 건축물 및 시설물이 없는 경우

가. 취득시기가 늦은 토지

나. 취득시기가 동일한 경우에는 법인이 선택하는 토지

2. 토지 위에 건축물 또는 시설물이 있는 경우

가. 건축물의 바닥면적 또는 시설물의 수평투영면적을 제외한 토지 중 취득시기가 늦은 토지

나. 취득시기가 동일한 경우에는 법인이 선택하는 토지

⑥법 제55조의2제2항의 규정을 적용함에 있어서 토지 위에 하나 이상의 건축물(시설물 등을 포함한다. 이하 이 항에서 같다)이 있고, 그 건축물이 법인의 특정 사업에 사용되는 부분(다수의 건축물 중 특정 사업에 사용되는 일부 건축물을 포함한다. 이하 이 항에서 "특정용도분"이라 한다)과 그러하지 아니한 부분이 함께 있는 경우 건축물의 바닥면적 및 부속토지면적(이하 이 항에서 "부속토지면적등"이라 한다) 중 특정용도분의 부속토지면적등의 계산은 다음 산식에 의한다.

1. 하나의 건축물이 복합용도로 사용되는 경우

특정용도분의 부속토지면적등 = 건축물의 부속토지면적등 × 특정용도분의 연면적/건축물의 연면적

2. 동일경계 안에 용도가 다른 다수의 건축물이 있는 경우

특정용도분의 부속토지면적 = 다수의 건축물의 전체 부속토지면적

×특정용도분의 바닥면적/다수의 건축물의 전체 바닥면적

⑦법 제55조의2제2항의 규정을 적용함에 있어서 업종의 분류는 이 영에 특별한 규정이 있는 경우를 제외하고는 「통계법」 제17조의 규정에 따라 통계청장이 고시하는 한국표준산업분류에 따른다.

[본조신설 2005. 12. 31.]

제92조의9(주택부수토지의 범위) 법 제55조의2제2항제5호에서 "지역별로 대통령령으로 정하는 배율"이란 다음 각 호의 배율을 말한다. 〈개정 2011. 6. 3.〉

1. 도시지역 안의 토지 5배
2. 도시지역 밖의 토지 10배

[본조신설 2005. 12. 31.]

제92조의10(별장의 범위와 적용기준) 법 제55조의2제1항제2호 단서에서 "대통령령으로 정하는 범위 및 기준에 해당하는 농어촌주택(그 부속토지를 포함한다)"이란 다음 각 호의 요건을 모두 갖춘 주택과 그 부속토지를 말한다. 〈개정 2011. 6. 3., 2015. 2. 3.〉

1. 건물의 연면적이 150제곱미터 이내이고 그 건물의 부속토지의 면적이 660제곱미터 이내일 것
2. 건물과 그 부속토지의 가액이 기준시가 2억원 이하일 것
3. 「조세특례제한법」 제99조의4제1항제1호 각 목의 어느 하나에 해당하는 지역을 제외한 지역에 소재할 것

[본조신설 2005. 12. 31.]

제92조의11(부득이한 사유가 있어 비사업용 토지로 보지 않는 토지의 판정기준 등) ①법 제55조의2제3항에 따라 다음 각 호의 어느 하나에 해당하는 토지는 해당 각 호에서 규정한 기간동안 법 제55조의2제2항 각 호의 어느 하나에 해당하지 않은 토지로 보아 같은 항에 따른 비사업용 토지(이하 이 조에서 "비사업용 토지"라 한다)에 해당하는지를 판정한다. 〈개정 2008. 2. 29., 2009. 2. 4., 2021. 1. 5., 2024. 5. 7.〉

1. 토지를 취득한 후 법령에 따라 사용이 금지 또는 제한된 토지 : 사용이 금지 또는 제한된 기간
2. 토지를 취득한 후 「문화유산의 보존 및 활용에 관한 법률」 또는 「자연유산의 보존 및 활용에 관한 법률」에 따라 지정된 보호구역 안의 토지 : 보호구역으로 지정된 기간

3. 그 밖에 공익, 기업의 구조조정 또는 불가피한 사유로 인한 법령상 제한, 토지의 현황·취득사유 또는 이용상황 등을 고려하여 기획재정부령으로 정하는 부득이한 사유에 해당되는 토지: 기획재정부령으로 정하는 기간

②법 제55조의2제3항의 규정에 따라 다음 각 호의 어느 하나에 해당하는 토지에 대하여는 해당 각 호에서 규정한 날을 양도일로 보아 제92조의3의 규정을 적용하여 비사업용 토지에 해당하는지 여부를 판정한다. 〈개정 2008. 2. 29.〉

1. 「민사집행법」에 따른 경매에 따라 양도된 토지 : 최초의 경매기일

2. 「국세징수법」에 따른 공매에 따라 양도된 토지 : 공매일

3. 그 밖에 토지의 양도에 일정한 기간이 소요되는 경우 등 기획재정부령이 정하는 부득이한 사유에 해당되는 토지 : 기획재정부령이 정하는 날

③법 제55조의2제3항에 따라 다음 각 호의 어느 하나에 해당하는 토지는 비사업용 토지로 보지 않는다. 〈개정 2006. 2. 9., 2008. 2. 29., 2008. 10. 7., 2009. 2. 4., 2014. 2. 21., 2021. 1. 5., 2021. 5. 4.〉

1. 토지를 취득한 날부터 3년 이내에 법인의 합병 또는 분할로 인하여 양도되는 토지

2. 「공익사업을 위한 토지 등의 취득 및 보상에 관한 법률」 및 그 밖의 법률에 따라 협의매수 또는 수용되는 토지로서 다음 각 목의 어느 하나에 해당하는 토지

가. 사업인정고시일이 2006년 12월 31일 이전인 토지

나. 취득일이 사업인정고시일부터 5년 이전인 토지

3. 법 제55조의2제2항제1호나목에 해당하는 농지로서 종중이 소유한 농지(2005년 12월 31일 이전에 취득한 것에 한한다)

4. 「사립학교법」에 따른 학교법인이 기부(출연을 포함한다)받은 토지

5. 그 밖에 공익, 기업의 구조조정 또는 불가피한 사유로 인한 법령상 제한, 토지의 현황·취득사유 또는 이용상황 등을 고려하여 기획재정부령으로 정하는 부득이한 사유에 해당되는 토지

[본조신설 2005. 12. 31.]

[제목개정 2021. 1. 5.]

제93조 삭제 〈2019. 2. 12.〉

제94조(외국납부세액의 공제) ①법 제57조제1항 계산식 외의 부분에서 "대통령령으로 정하는 외국법인세액"이란 외국정부(지방자치단체를 포함한다. 이하 같다)에 납부하였거나 납부할 다음 각 호의 세액(가산세는 제외한다)을 말한다. 다만, 「국제조세조정에 관한 법률」 제12조제1항에 따라 내국법인의 소득이 감액조정된 금액 중 국외특수관계인에게 반환되지 않고 내국법인에게 유보되는 금액에 대하여 외국정부가 과세한 금액과 해당 세액이 조세조약에 따른 비과세·면제·제한세율에 관한 규정에 따라 계산한 세액을 초과하는 경우에는 그 초과하는 세액은 제외하되, 러시아연방 정부가 비우호국과의 조세조약 이행중단을 내용으로 하는 자국 법령에 근거하여 조세조약에 따른 비과세·면제·제한세율에 관한 규정에 따라 계산한 세액을 초과하여 과세한 세액은 포함한다. 〈개정 2005. 2. 19., 2009. 2. 4., 2011. 6. 3., 2012. 2. 2., 2019. 2. 12., 2021. 2. 17., 2022. 2. 15., 2024. 2. 29.〉

1. 초과이윤세 및 기타 법인의 소득 등을 과세표준으로 하여 과세된 세액

2. 법인의 소득 등을 과세표준으로 하여 과세된 세의 부가세액

3. 법인의 소득 등을 과세표준으로 하여 과세된 세와 동일한 세목에 해당하는 것으로서 소득외의 수익금액 기타 이에 준하는 것을 과세표준으로 하여 과세된 세액

② 법 제57조제1항이 적용되는 국외원천소득은 국외에서 발생한 소득으로서 내국법인의 각 사업연도 소득의 과세표준 계산에 관한 규정을 준용해 산출한 금액으로 하고, 같은 항에 따라 공제한도금액을 계산할 때의 국외원천소득은 그 국외원천소득에서 해당 사업연도의 과세표준을 계산할 때 손금에 산입된 금액(국외원천소득이 발생한 국가에서 과세할 때 손금에 산입된 금액은 제외한다)으로서 국외원천소득에 대응하는 다음 각 호의 비용(이하 이 조에서 "국외원천소득대응비용"이라 한다)을 뺀 금액으로 한다. 이 경우 내국법인이 연구개발 관련 비용 등 기획재정부령으로 정하는 비용에 대하여 기획재정부령으로 정하는 계산방법을 선택하여 계산하는 경우에는 그에 따라 계산한 금액을 국외원천소득대응비용으로 하고, 기획재정부

령으로 정하는 계산방법을 선택한 경우에는 그 선택한 계산방법을 적용받으려는 사업연도부터 5개 사업연도동안 연속하여 적용해야 한다. 〈개정 2019. 2. 12., 2020. 2. 11., 2021. 2. 17.〉

1. 직접비용: 해당 국외원천소득에 직접적으로 관련되어 대응되는 비용. 이 경우 해당 국외원천소득과 그 밖의 소득에 공통적으로 관련된 비용은 제외한다.

2. 배분비용: 해당 국외원천소득과 그 밖의 소득에 공통적으로 관련된 비용 중 기획재정부령으로 정하는 배분방법에 따라 계산한 국외원천소득 관련 비용

③ 법 제57조제1항에 따른 외국납부세액은 해당 국외원천소득이 과세표준에 산입되어 있는 사업연도의 산출세액에서 공제한다. 이 경우 법 제57조제1항을 적용받으려는 내국법인은 법 제60조에 따른 신고와 함께 기획재정부령으로 정하는 외국납부세액공제세액계산서를 납세지 관할세무서장에게 제출해야 한다. 〈개정 2009. 2. 4., 2021. 2. 17.〉

④내국법인은 외국정부의 국외원천소득에 대한 법인세의 결정·통지의 지연, 과세기간의 상이 등의 사유로 법 제60조에 따른 신고와 함께 외국납부세액공제세액계산서를 제출할 수 없는 경우에는 외국정부의 국외원천소득에 대한 법인세결정통지를 받은 날부터 3개월 이내에 외국납부세액공제세액계산서에 증빙서류를 첨부하여 제출할 수 있다. 〈개정 2015. 2. 3., 2017. 2. 3.〉

⑤제4항의 규정은 외국정부가 국외원천소득에 대하여 결정한 법인세액을 경정함으로써 외국납부세액에 변동이 생긴 경우에 관하여 이를 준용한다. 이 경우 환급세액이 발생하면 「국세기본법」 제51조에 따라 충당하거나 환급할 수 있다. 〈개정 2009. 2. 4.〉

⑥ 제2항을 적용할 때 각 사업연도의 과세표준계산 시 공제한 이월결손금·비과세소득 또는 소득공제액(이하 이 항에서 "공제액등"이라 한다)이 있는 경우의 국외원천소득은 제96조 각 호를 준용하여 계산한 공제액등을 뺀 금액으로 한다. 이 경우 제96조 각 호 중 "감면사업 또는 면제사업"은 "국외원천소득"으로 본다. 〈개정 2019. 2. 12.〉

⑦법 제57조제1항에 따른 공제한도금액을 계산할 때 국외사업장이 2 이상의 국가에 있는 경우에는 국가별로 구분하여 이를 계산한

다. 〈개정 2015. 2. 3., 2019. 2. 12., 2021. 2. 17.〉

⑧법 제57조제4항에서 "대통령령으로 정하는 바에 따라 계산한 금액"이란 다음의 계산식에 따라 계산한 금액을 말한다. 이 경우 외국자회사의 해당 사업연도 법인세액은 다음 각 호의 세액으로서 외국자회사가 외국납부세액으로 공제받았거나 공제받을 금액 또는 해당 수입배당금액이나 제3국(본점이나 주사무소 또는 사업의 실질적 관리장소 등을 둔 국가 외의 국가를 말한다) 지점 등 귀속소득에 대하여 외국자회사의 소재지국에서 국외소득 비과세·면제를 적용받았거나 적용받을 경우 해당 세액 중 100분의 50에 상당하는 금액을 포함하여 계산하고, 수입배당금액(외국자회사가 외국손회사로부터 지급받는 수입배당금액을 포함한다)은 이익이나 잉여금의 발생순서에 따라 먼저 발생된 금액부터 배당되거나 분배된 것으로 본다. 〈개정 2015. 2. 3.〉

$$\text{외국자회사의 해당 사업연도 법인세액} \times \frac{\text{수입배당금액}}{\text{외국자회사의 해당 사업연도 소득금액} - \text{외국자회사의 해당 사업연도 법인세액}}$$

1. 외국자회사가 외국손회사로부터 지급받는 수입배당금액에 대하여 외국손회사의 소재지국 법률에 따라 외국손회사의 소재지국에 납부한 세액

2. 외국자회사가 제3국의 지점 등에 귀속되는 소득에 대하여 그 제3국에 납부한 세액

⑨ 법 제57조제5항에서 "대통령령으로 정하는 요건을 갖춘 법인"이란 내국법인이 직접 외국자회사의 의결권 있는 발행주식총수 또는 출자총액의 100분의 10(「조세특례제한법」 제22조에 따른 해외자원개발사업을 하는 외국법인의 경우에는 100분의 5를 말한다) 이상을 해당 외국자회사의 배당기준일 현재 6개월 이상 계속하여 보유(내국법인이 적격합병, 적격분할, 적격물적분할, 적격현물출자에 따라 다른 내국법인이 보유하고 있던 외국자회사의 주식등을 승계받은 때에는 그 승계 전 다른 내국법인이 외국자회사의 주식등을 취득한 때부터 해당 주식등을 보유한 것으로 본다)하고 있는 법인을 말한다.

〈개정 2023. 2. 28.〉

⑩ 제8항에서 "외국손회사"란 다음 각 호의 요건을 모두 갖춘 법인을 말한다. 〈신설 2008. 2. 22., 2010. 2. 18., 2015. 2. 3., 2023. 2. 28.〉

1. 해당 외국자회사가 직접 외국손회사의 의결권 있는 발행주식총수 또는 출자총액의 100분의 10(「조세특례제한법」 제22조에 따른 해외자원개발사업을 경영하는 외국법인의 경우에는 100분의 5를 말한다) 이상을 해당 외국손회사의 배당기준일 현재 6개월 이상 계속하여 보유하고 있을 것

2. 내국법인이 외국손회사의 의결권 있는 발행주식총수 또는 출자총액의 100분의 10(「조세특례제한법」 제22조에 따른 해외자원개발사업을 경영하는 외국법인의 경우에는 100분의 5를 말한다) 이상을 법 제57조제5항에 따른 외국자회사를 통하여 간접 소유할 것. 이 경우 주식의 간접소유비율은 내국법인의 외국자회사에 대한 주식소유비율에 그 외국자회사의 외국손회사에 대한 주식소유비율을 곱하여 계산한다.

⑪ 삭제 〈2015. 2. 3.〉

⑫ 삭제 〈2015. 2. 3.〉

⑬ 법 제57조제6항에서 "대통령령으로 정하는 요건을 갖춘 경우"란 다음 각 호의 어느 하나에 해당하는 경우를 말한다. 〈신설 2010. 12. 30.〉

1. 외국법인의 소득이 그 본점 또는 주사무소가 있는 국가(이하 이 항에서 "거주지국"이라 한다)에서 발생한 경우: 거주지국의 세법에 따라 그 외국법인의 소득에 대하여 해당 외국법인이 아닌 그 주주 또는 출자자인 내국법인이 직접 납세의무를 부담하는 경우

2. 외국법인의 소득이 거주지국 이외의 국가(이하 이 항에서 "원천지국"이라 한다)에서 발생한 경우: 다음 각 목의 요건을 모두 갖춘 경우

가. 거주지국의 세법에 따라 그 외국법인의 소득에 대하여 해당 외국법인이 아닌 그 주주 또는 출자자인 내국법인이 직접 납세의무를 부담할 것

나. 원천지국의 세법에 따라 그 외국법인의 소득에 대하여 해당 외국법인이 아닌 그 주주 또는 출자자인 내국법인이 직접 납세의무

를 부담할 것

⑭법 제57조제6항에서 “대통령령으로 정하는 바에 따라 계산한 금액”이란 다음의 산식에 따라 계산한 금액을 말한다. 〈신설 2010. 12. 30.〉

$$\text{내국법인이 부담한 외국법인의 해당 사업연도 소득에 대한 법인세액} \times \frac{\text{수입배당금액}}{(\text{외국법인의 해당 사업연도 소득금액} \times \text{내국법인의 해당 사업연도 손익배분비율}) - \text{내국법인이 부담한 외국법인의 해당 사업연도 소득에 대한 법인세액}}$$

⑮ 법 제57조제1항에 따른 공제한도금액을 초과하는 외국법인세액 중 국외원천소득대응비용과 관련된 외국법인세액(제1호의 금액에서 제2호의 금액을 뺀 금액을 말한다)에 대해서는 법 제57조제2항 본문을 적용하지 않는다. 이 경우 해당 외국법인세액은 세액공제를 적용받지 못한 사업연도의 다음 사업연도 소득금액을 계산할 때 손금에 산입할 수 있다. 〈개정 2019. 2. 12., 2020. 2. 11., 2021. 2. 17., 2023. 2. 28.〉

1. 제2항 각 호 외의 부분 전단에 따라 산출한 법 제57조제1항이 적용되는 국외원천소득을 기준으로 계산한 공제한도금액

2. 법 제57조제1항에 따른 공제한도금액

⑯ 제8항부터 제10항까지의 규정 외에 외국자회사 또는 외국손회사의 공제세액계산절차 등에 관하여 기타 필요한 사항은 기획재정부령으로 정한다. 〈개정 2008. 2. 22., 2008. 2. 29., 2010. 12. 30., 2013. 2. 15., 2015. 2. 3.〉

제94조의2(간접투자회사 등으로부터 지급받은 소득에 대한 외국 납부세액공제 특례) ① 법 제57조의2제1항제1호 각 목의 어느 하나에 해당하는 것(이하 이 조 및 제111조에서 “간접투자회사등”이라 한다)이 같은 항 제2호에 따른 간접투자외국법인세액(이하 이 조 및 제111조에서 “간접투자외국법인세액”이라 한다)을 납부한 경우 간접투자회사등이 내국법인별로 지급한 소득에 대응하는 간접투자외국법인세액은 다음 각 호의 금액을 더한 금액으로 한다.

1. 간접투자회사등이 다른 간접투자회사등이 발행하는 증권을 취득하는 구조 외의 방식으로 투자한 경우: 다음 계산식에 따라 일(日)별로 계산한 금액의 합계액

내국법인의 일별 간접투자외국법인세액 = A × B
A: 간접투자회사등이 납부한 일별 좌당 또는 주당 외국법인세액(간접투자회사등이 납부한 총 외국법인세액을 간접투자회사등이 발행한 총 좌수 또는 총 주식수로 나눈 금액을 말한다)
B: 내국법인의 간접투자회사등에 대한 보유 좌수 또는 주식수(간접투자회사등이 외국법인세액을 납부할 당시 내국법인이 보유하고 있던 좌수 또는 주식수를 말한다)

2. 간접투자회사등이 다른 간접투자회사등이 발행하는 증권을 취득하는 구조로 투자한 경우: 다음 계산식에 따라 일별로 계산한 금액의 합계액

내국법인의 일별 간접투자외국법인세액 = A × B × C
A: 다른 간접투자회사등이 납부한 일별 좌당 또는 주당 외국법인세액(다른 간접투자회사등이 납부한 총 외국법인세액을 다른 간접투자회사등이 발행한 총 좌수 또는 총 주식수로 나눈 금액을 말한다)
B: 간접투자회사등의 다른 간접투자회사등에 대한 보유 좌수 또는 주식수(다른 간접투자회사등이 외국법인세액을 납부할 당시 간접투자회사등이 보유하고 있던 좌수 또는 주식수를 말한다)
C: 내국법인의 간접투자회사등에 대한 보유 좌수 또는 주식수의 비율(다른 간접투자회사등이 외국법인세액을 납부할 당시 내국법인이 보유하고 있던 좌수 또는 주식수를 간접투자회사등이 발행한 총 좌수 또는 총 주식수로 나눈 값을 말한다)

② 법 제57조의2제2항제1호 단서에서 “대통령령으로 정하는 바에 따라 계산한 금액”이란 「소득세법 시행령」 제117조의2제2항에 따라 계산한 금액을 말한다. 〈개정 2024. 12. 31., 2025. 2. 28.〉

③ 법 제57조의2제2항제2호에 따라 내국법인의 산출세액에서 공제하는 금액은 제1항에 따른 내국법인별 간접투자외국법인세액에 다음 각 호의 구분에 따른 계산식에 따라 계산한 율을 곱한 금액으로 한다.

1. 법 제73조제1항제2호에 따른 투자신탁이익의 경우

가. 법 제73조제1항에 따른 원천징수세율이 간접투자외국법인

세액에 적용된 외국 원천징수세율보다 작은 경우

$$\frac{\text{법 제73조제1항에 따른 원천징수세율}}{\text{간접투자외국법인세액에 적용된 외국 원천징수세율}} - \text{법 제55조제1항에 따른 법인세 과세표준에 대한 한계세율}$$

나. 법 제73조제1항에 따른 원천징수세율이 간접투자외국법인세액에 적용된 외국 원천징수세율보다 크거나 같은 경우

$$1 - \text{법 제55조제1항에 따른 법인세 과세표준에 대한 한계세율}$$

2. 간접투자회사등으로부터 지급받은 제1호 외의 소득의 경우

$$1 - \text{법 제55조제1항에 따른 법인세 과세표준에 대한 한계세율}$$

④ 제3항제1호를 적용할 때 외국 원천징수세율은 간접투자회사등이 제1항 각 호의 어느 하나에 해당하는 방식으로 투자한 투자대상별로 다음 계산식에 따라 계산한 율을 합산한 율로 한다. 〈개정 2025. 2. 28.〉

$$\frac{A}{B} \times C$$

A: 투자대상에서 발생한 소득에 대응하는 제1항 각 호의 구분에 따라 계산된 간접투자외국법인세액

B: 투자대상별 간접투자외국법인세액의 합계액

C: 투자대상별 외국 원천징수세율(간접투자회사등이 직전 사업연도 또는 회계기간에 납부한 외국납부세액 ÷ 해당 외국납부세액에 대응하는 국외원천소득의 금액). 이 경우 직전 사업연도 또는 회계기간의 외국납부세액 또는 국외원천소득의 금액을 알 수 없는 등의 사유로 외국 원천징수세율을 계산할 수 없으면 해당 외국 원천징수세율은 100분의 14로 한다.

⑤ 삭제 〈2025. 2. 28.〉

⑥ 간접투자회사등(간접투자회사등이 다른 간접투자회사등이 발행하는 증권을 취득하는 구조로 투자한 경우에는 그 다른 간접투자회사

사등을 포함한다)이 납부한 간접투자외국법인세액의 전부 또는 일부가 해당 사업연도 또는 회계기간 이후 환급된 경우 간접투자회사등은 그 환급금을 기획재정부령으로 정하는 바에 따라 납세지 관할 세무서장에게 납부해야 한다.

⑦ 제6항을 적용할 때 「자본시장과 금융투자업에 관한 법률」에 따른 투자신탁재산을 운용하는 집합투자업자는 그 투자신탁을 대리하는 것으로 본다.

⑧ 내국법인은 법 제57조의2제1항에 따른 외국납부세액의 공제를 받으려는 경우에는 법 제60조에 따른 과세표준신고와 함께 기획재정부령으로 정하는 간접투자회사등 외국납부세액공제 계산서를 관할 세무서장에게 제출해야 한다. 〈신설 2025. 2. 28.〉

[본조신설 2023. 2. 28.]

제95조(재해손실에 대한 세액공제) ①법 제58조제1항 각 호 외의 부분 전단에서 "대통령령으로 정하는 자산총액"이란 다음 각호의 자산의 합계액을 말한다. 〈개정 2011. 6. 3.〉

1. 사업용자산(토지를 제외한다)

2. 타인 소유의 자산으로서 그 상실로 인한 변상책임이 당해 법인에게 있는 것

②법 제58조제1항의 규정을 적용함에 있어서 자산상실비율은 재해발생일 현재 그 법인의 장부가액에 의하여 계산하되, 장부가 소실 또는 분실되어 장부가액을 알 수 없는 경우에는 납세지 관할세무서장이 조사하여 확인한 재해발생일 현재의 가액에 의하여 이를 계산한다.

③법 제58조제1항 각 호에 따른 법인세액에는 법 제75조의3과 「국세기본법」 제47조의2부터 제47조의5까지의 규정에 따른 가산세를 포함하는 것으로 한다. 〈개정 2007. 2. 28., 2008. 2. 22., 2019. 2. 12.〉

④ 삭제 〈2008. 2. 22.〉

⑤법 제58조제1항에 따라 재해손실세액공제를 받으려는 내국법인은 다음 각 호의 구분에 따른 기한까지 기획재정부령으로 정하는 재해손실세액공제신청서를 납세지 관할세무서장에게 제출해야 한다. 〈개정 2008. 2. 29., 2022. 2. 15.〉

1. 재해발생일 현재 과세표준신고기한이 지나지 않은 법인세의 경우에는 그 신고기한. 다만, 재해발생일부터 신고기한까지의 기간이

3개월 미만인 경우에는 재해발생일부터 3개월로 한다.

2. 재해발생일 현재 미납된 법인세와 납부해야 할 법인세의 경우에는 재해발생일부터 3개월

⑥납세지 관할세무서장은 법인이 법 제58조제1항에 따라 공제받을 법인세에 대하여 해당 세액공제가 확인될 때까지 「국세징수법」에 따라 그 법인세의 지정납부기한·독촉장에서 정하는 기한을 연장하거나 납부고지를 유예할 수 있다. 〈개정 2005. 2. 19., 2021. 2. 17.〉

제95조의2 삭제 〈2011. 3. 31.〉

제95조의3(사실과 다른 회계처리로 인한 경정에 따른 세액공제) ①법 제58조의3제1항제2호에서 "대통령령으로 정하는 경고·주의 등의 조치"란 다음 각 호의 어느 하나에 해당하는 것을 말한다. 〈개정 2018. 10. 30.〉

1. 「자본시장과 금융투자업에 관한 법률 시행령」 제175조 각 호에 따른 임원해임권고 등 조치

2. 「자본시장과 금융투자업에 관한 법률」 제429조제3항에 따른 과징금의 부과

3. 「자본시장과 금융투자업에 관한 법률」 제444조제13호 또는 제446조제28호에 따른 징역 또는 벌금형의 선고

4. 「주식회사 등의 외부감사에 관한 법률」 제29조제3항 및 제4항에 따른 감사인 또는 그에 소속된 공인회계사의 등록취소, 업무·직무의 정지건의 또는 특정 회사에 대한 감사업무의 제한

5. 「주식회사 등의 외부감사에 관한 법률」 제29조제1항에 따른 주주총회에 대한 임원의 해임권고 또는 유가증권의 발행제한

6. 「주식회사 등의 외부감사에 관한 법률」 제39조부터 제44조까지의 규정에 따른 징역 또는 벌금형의 선고

②법 제58조의3을 적용할 때 동일한 사업연도에 같은 조 제1항 본문에 따른 경정청구의 사유 외에 다른 경정청구의 사유가 있는 경우에는 다음의 산식에 따라 계산한 금액을 그 공제세액으로 한다.

과다납부한 세액 × (법 제58조의3제1항에 따른 사실과 다른 회계처리로 인하여 과다계상한 과세표준 ÷ 과다계상한 과세표준의 합계액)

[전문개정 2017. 2. 3.]

제96조(감면 및 세액공제액의 계산) 법 제59조제2항에 따라 감면 또는 면제세액을 계산할 때 각 사업연도의 과세표준계산 시 공제한 이월결손금·비과세소득 또는 소득공제액(이하 이 항에서 "공제액등"이라 한다)이 있는 경우 감면 또는 면제되는 소득은 다음 각 호의 금액을 공제한 금액으로 한다.

1. 공제액등이 감면사업 또는 면제사업에서 발생한 경우에는 공제액 전액

2. 공제액등이 감면사업 또는 면제사업에서 발생한 것인지가 불분명한 경우에는 소득금액에 비례하여 안분계산한 금액

[전문개정 2010. 12. 30.]

제3절 신고 및 납부

제97조(과세표준의 신고) ①법 제60조제1항에 따른 신고를 할 때 그 신고서에는 법 제112조에 따른 기장과 법 제14조부터 제54조까지의 규정에 따라 계산한 각 사업연도의 소득에 대한 법인세의 과세표준과 세액(법 제55조의2에 따른 토지등양도소득에 대한 법인세를 포함한다) 및 그 밖에 필요한 사항을 적어야 한다. 이 경우 「주식회사 등의 외부감사에 관한 법률」 제4조에 따른 외부감사 대상 법인이 「국세기본법」 제2조제19호에 따른 전자신고를 통하여 법인세 과세표준과 세액을 신고하는 때에는 그 신고서에 대표자가 서명날인하여 서면으로 납세지 관할세무서장에게 제출하여야 한다. 〈개정 2001. 12. 31., 2013. 2. 15., 2018. 10. 30., 2019. 2. 12.〉

②제1항의 규정에 의한 신고서는 기획재정부령이 정하는 법인세 과세표준 및 세액신고서로 한다. 〈개정 2008. 2. 29.〉

③ 기업회계기준에 따라 원화 외의 통화를 기능통화로 채택한 경우 법 제60조제2항제1호의 재무상태표, 포괄손익계산서 및 이익잉여금처분계산서(또는 결손금처리계산서) 및 제5항제1호에 따른 현금흐름표(이하 이 조에서 "재무제표"라 한다)는 기업회계기준을 준용하여 작성한 기능통화로 표시된 재무제표(이하 이 조에서 "기능통화재무제표"라 한다)를 말한다. 〈신설 2010. 12. 30., 2011. 3. 31.〉

④법 제60조제2항제2호의 규정에 의한 세무조정계산서는 기획재정부령이 정하는 법인세 과세표준 및 세액조정계산서로 한다. 〈개정 2008. 2. 29., 2010. 12. 30.〉

⑤ 법 제60조제2항제3호에서 "대통령령으로 정하는 서류"란 다음 각 호의 서류를 말한다. 다만, 「국세기본법」 제2조제19호에 따른 전자신고로 법 제60조제1항의 신고를 한 법인의 경우에는 부속서류 중 기획재정부령으로 정하는 서류를 제출하지 아니할 수 있다. 〈개정 2010. 6. 8., 2010. 12. 30., 2018. 10. 30.〉

1. 기획재정부령으로 정하는 바에 따라 작성한 세무조정계산서 부속서류 및 기업회계기준에 따라 작성한 현금흐름표(「주식회사 등의 외부감사에 관한 법률」 제4조에 따라 외부감사의 대상이 되는 법인만 해당한다)

1의2. 기업회계기준에 따라 원화 외의 통화를 기능통화로 채택한 경우 원화를 표시통화로 하여 기업회계기준에 따라 기능통화재무제표를 환산한 재무제표(이하 이 조에서 "표시통화재무제표"라 한다)

1의3. 기업회계기준에 따라 원화 외의 통화를 기능통화로 채택한 법인이 법 제53조의2제1항제1호의 과세표준계산방법을 적용하는 경우 원화 외의 기능통화를 채택하지 아니하고 계속하여 기업회계기준을 준용하여 원화로 재무제표를 작성할 경우에 작성하여야 할 재무제표(이하 이 조에서 "원화재무제표"라 한다)

2. 합병 또는 분할한 경우 다음 각 목의 서류(합병법인등만 해당한다)

가. 합병등기일 또는 분할등기일 현재의 피합병법인등의 재무상태표와 합병법인등이 그 합병 또는 분할로 승계한 자산 및 부채의 명세서

나. 합병법인등의 본점 등의 소재지, 대표자의 성명, 피합병법인등의 명칭, 합병등기일 또는 분할등기일, 그 밖에 필요한 사항이 기재된 서류

⑥제5항 단서에 따라 신고서에 첨부하지 아니한 서류가 신고내용의 분석 등에 필요하여 납세지 관할세무서장 또는 관할지방국세청장이 서면으로 그 제출을 요구하는 경우에는 이를 제출하여야 한다. 〈개정 2010. 2. 18., 2013. 2. 15.〉

⑦ 법 제60조제4항제2호에서 "대통령령으로 정하는 서류"란 합병법인등의 본점 등의 소재지, 대표자의 성명, 피합병법인등의 명칭, 합병등기일 또는 분할등기일, 그 밖에 필요한 사항이 기재된 서류를 말한다. 〈신설 2010. 6. 8.〉

⑧법 제60조제5항을 적용함에 있어서 합병 또는 분할로 인하여 소멸하는 법인의 최종사업연도의 과세표준과 세액을 신고함에 있어서는 같은 조 제2항제1호의 서류중 이익잉여금처분계산서(또는 결손금처리계산서)를 제출하지 아니한 경우에도 법에 의한 신고를 한 것으로 본다. 〈개정 2010. 2. 18., 2010. 6. 8.〉

⑨ 삭제 〈2016. 2. 12.〉

⑩ 삭제 〈2016. 2. 12.〉

⑪ 재무제표, 기능통화재무제표, 원화재무제표 및 표시통화재무제표의 제출은 「국세기본법」 제2조제19호에 따른 국세정보통신망을 이용하여 기획재정부령으로 정하는 표준재무상태표·표준손익계산서 및 표준손익계산서부속명세서(이하 이 조에서 "표준재무제표"라 한다)를 제출하는 것으로 갈음할 수 있다. 다만, 한국채택국제회계기준을 적용하는 법인은 표준재무제표를 제출해야 한다. 〈개정 2010. 12. 30., 2019. 2. 12., 2021. 1. 5.〉

⑫ 법 제60조제7항을 적용받으려는 내국법인은 같은 조 제1항에 따른 신고기한의 종료일 3일 전까지 기획재정부령으로 정하는 신고기한연장신청서를 납세지 관할세무서장에게 제출하여야 한다. 〈신설 2010. 2. 18., 2010. 6. 8., 2016. 2. 12.〉

⑬ 법 제60조제8항 전단에서 "대통령령으로 정하는 이자율"이란 「국세기본법 시행령」 제43조의3제2항 본문에 따른 이자율을 말한다. 〈신설 2010. 2. 18., 2010. 6. 8., 2015. 2. 3., 2020. 2. 11.〉

제97조의2(외부세무조정 대상법인) ①법 제60조제9항 각 호 외의 부분에서 "대통령령으로 정하는 내국법인"이란 다음 각 호의 어느 하나에 해당하는 법인(이하 "외부세무조정 대상법인"이라 한다)을 말한다. 다만, 「조세특례제한법」 제72조에 따른 당기순이익과세를 적용받는 법인은 제외한다. 〈개정 2018. 10. 30., 2019. 2. 12.〉

1. 직전 사업연도의 수입금액이 70억원 이상인 법인 및 「주식회사 등의 외부감사에 관한 법률」 제4조에 따라 외부의 감사인에게 회계감사를 받아야 하는 법인

2. 직전 사업연도의 수입금액이 3억원 이상인 법인으로서 법 제29조부터 제31조까지, 제45조 또는 「조세특례제한법」에 따른 조세특례(같은 법 제104조의8에 따른 조세특례는 제외한다)를 적용받는 법인

3. 직전 사업연도의 수입금액이 3억원 이상인 법인으로서 해당 사업연도 종료일 현재 법 및 「조세특례제한법」에 따른 준비금 잔액이 3억원 이상인 법인

4. 해당 사업연도 종료일부터 2년 이내에 설립된 법인으로서 해당 사업연도 수입금액이 3억원 이상인 법인

5. 직전 사업연도의 법인세 과세표준과 세액에 대하여 법 제66조제3항 단서에 따라 결정 또는 경정받은 법인

6. 해당 사업연도 종료일부터 소급하여 3년 이내에 합병 또는 분할한 합병법인, 분할법인, 분할신설법인 및 분할합병의 상대방 법인

7. 국외에 사업장을 가지고 있거나 법 제57조제5항에 따른 외국자회사를 가지고 있는 법인

② 외부세무조정 대상법인 외의 법인은 과세표준 등을 신고할 때 법 제60조제9항 각 호의 어느 하나에 해당하는 자(이하 "세무사등"이라 한다)가 정확한 세무조정을 위하여 작성한 세무조정계산서를 첨부할 수 있다.

③ 제1항제1호부터 제3호까지를 적용할 때에 해당 사업연도에 설립된 법인인 경우에는 해당 사업연도의 수입금액을 1년으로 환산한 금액을 직전 사업연도의 수입금액으로 본다.

[본조신설 2016. 2. 12.]

제97조의3(조정반) ① 법 제60조제9항에서 "대통령령으로 정하는 조정반(이하 이 조에서 "조정반"이라 한다)"이란 대표자를 선임하여 지방국세청장의 지정을 받은 다음 각 호의 자를 말한다. 이 경우 세무사등은 하나의 조정반에만 소속되어야 한다. 〈개정 2022. 2. 15.〉

1. 2명 이상의 세무사등

2. 세무법인

3. 회계법인

4. 「변호사법」에 따라 설립된 법무법인, 법무법인(유한) 또는 법무조합

② 제1항에 따른 조정반의 신청, 지정, 지정취소 및 유효기간 등 그 밖에 필요한 사항은 기획재정부령으로 정한다.

[본조신설 2016. 2. 12.]

제97조의4(성실신고확인서 등의 제출) ① 법 제60조의2제1항 각 호 외의 부분 본문에서 "세무사 등 대통령령으로 정하는 자"란 세무사

(「세무사법」 제20조의2에 따라 등록한 공인회계사를 포함한다. 이하 이 조에서 같다), 세무법인 또는 회계법인(이하 이 조에서 "세무사 등"이라 한다)을 말한다.

② 법 제60조의2제1항제1호에서 "부동산임대업을 주된 사업으로 하는 등 대통령령으로 정하는 요건에 해당하는 내국법인"이란 제42조제2항 각 호의 요건을 모두 갖춘 내국법인(법 제51조의2제1항 각 호의 어느 하나에 해당하는 내국법인 및 「조세특례제한법」 제104조의31제1항에 따른 내국법인은 제외한다)을 말한다. 〈개정 2019. 2. 12., 2020. 2. 11., 2021. 2. 17.〉

③ 법 제60조의2제1항제2호에서 "사업용자산을 현물출자하는 등 대통령령으로 정하는 방법"이란 사업용 유형자산 및 무형자산의 현물출자 및 사업의 양도·양수 등을 말한다. 〈개정 2019. 2. 12.〉

④ 법 제60조의2제1항제2호를 적용할 때 성실신고확인대상사업자는 해당 내국법인의 설립일이 속하는 연도 또는 직전 연도에 「소득세법」 제70조의2에 따른 성실신고확인대상사업자에 해당하는 경우로 한다.

⑤ 제1항부터 제4항까지에서 규정한 사항 외에 성실신고확인서의 제출 등에 필요한 사항은 기획재정부장관이 정한다. 〈개정 2019. 2. 12., 2022. 2. 15.〉

[본조신설 2018. 2. 13.]

[제목개정 2019. 2. 12.]

제98조(준비금 등에 대한 손금계상의 특례) ①법 제61조제1항에 따라 손금에 산입한 준비금은 해당 준비금을 익금에 산입할 때 그 적립금을 처분하여야 한다. 이 경우 해당 준비금을 익금에 산입하기 전에 그 적립금을 처분한 경우에는 같은 항에 따라 손비로 계상한 것으로 보지 아니한다. 〈개정 2019. 2. 12.〉

②내국법인이 이 영 또는 「조세특례제한법 시행령」에 따른 일시상각충당금 또는 압축기장충당금을 제97조제4항에 따른 세무조정계산서에 계상하고 이를 법인세 과세표준신고 시 손금에 산입한 경우 그 금액은 손비로 계상한 것으로 본다. 이 경우 각 자산별로 해당 자산의 일시상각충당금 또는 압축기장충당금과 감가상각비에 관한 명세서를 세무조정계산서에 첨부하여 제출하여야 한다. 〈개정 2005. 2. 19., 2014. 2. 21., 2019. 2. 12.〉

제99조(비영리내국법인의 이자소득에 대한 신고 특례) ①법 제62조제1항의 규정을 적용함에 있어서 비영리내국법인은 원천징수된 이자소득중 일부에 대하여도 과세표준신고를 하지 아니할 수 있다.

②법 제62조제1항의 규정에 의하여 과세표준신고를 하지 아니한 이자소득에 대하여는 수정신고, 기한 후 신고 또는 경정 등에 의하여 이를 과세표준에 포함시킬 수 없다. 〈개정 2010. 2. 18.〉

[제목개정 2019. 2. 12.]

제99조의2(비영리내국법인의 자산양도소득 신고 특례) ① 법 제62조의2제1항제1호에서 "대통령령으로 정하는 주식등"이란 「소득세법」 제94조제1항제4호나목(주식등으로 한정한다) · 다목 · 라목에 따른 자산을 말한다. 〈신설 2024. 12. 31.〉

②법 제62조의2제1항 각호의 규정에 의한 자산의 양도소득에 대한 과세특례는 동조제1항 각호의 규정에 의한 자산의 양도일이 속하는 각 사업연도 단위별로 이를 적용한다. 이 경우 각 사업연도 단위별로 이를 적용하지 아니한 때에는 당해 사업연도의 양도소득에 대하여는 법 제62조의2의 규정을 적용하지 아니한다.

③법 제62조의2제4항 단서에서 "대통령령으로 정하는 자산"이란 출연받은 날부터 3년 이내에 양도하는 자산을 말한다. 다만, 1년 이상 다음 각 호의 어느 하나에 해당하는 사업(보건업 외에 제3조제1항에 해당하는 수익사업은 제외한다)에 직접 사용한 자산을 제외한다. 〈개정 2011. 6. 3., 2018. 2. 13., 2019. 2. 12.〉

1. 법령에서 직접 사업을 정한 경우에는 그 법령에 규정된 사업

2. 행정관청으로부터 허가 · 인가 등을 받은 경우에는 그 허가 · 인가 등을 받은 사업

3. 제1호 및 제2호외의 경우에는 법인등기부상 목적사업으로 정하여진 사업

④「상속세 및 증여세법」에 의하여 상속세과세가액 또는 증여세과세가액에 산입되지 아니한 출연재산이 그 후에 과세요인이 발생하여 그 과세가액에 산입되지 아니한 상속세 또는 증여세의 전액 상당액이 부과되는 경우에는 제3항의 규정을 적용하지 아니한다. 〈개정 2005. 2. 19.〉

⑤비영리내국법인이 법 제62조의2제7항의 규정에 의하여 양도소득과세표준 예정신고 및 자진납부를 한 경우에도 법 제60조제1항의

규정에 의하여 과세표준의 신고를 할 수 있다. 이 경우 예정신고납부세액은 법 제64조의 규정에 의한 납부할 세액에서 이를 공제한다.

⑥법 제62조의2제7항의 규정에 의하여 양도소득과세표준 예정신고를 하는 경우에는 기획재정부령이 정하는 양도소득과세표준예정신고서를 제출하여야 한다. 〈개정 2008. 2. 29.〉

[본조신설 2001. 12. 31.]

[제목개정 2019. 2. 12.]

제100조(중간예납) ①법 제63조의2제1항제1호에 따른 중간예납세액을 납부하는 때에는 기획재정부령으로 정하는 법인세 중간예납신고납부계산서를 납세지 관할세무서장에게 제출하여야 한다. 〈개정 2008. 2. 29., 2019. 2. 12.〉

②법 제63조의2제1항제2호에 따른 중간예납세액을 납부하는 때에는 기획재정부령으로 정하는 법인세 중간예납신고납부계산서에 법 제60조제2항 각 호의 서류(이익잉여금처분계산서 또는 결손금처리계산서는 제외한다)를 첨부하여 납세지 관할세무서장에게 제출하여야 한다. 〈개정 2008. 2. 29., 2009. 2. 4., 2019. 2. 12.〉

③제1항 및 제2항의 규정에 의한 납부에 있어서는 제101조제1항 및 제2항의 규정을 준용한다.

④ 법 제63조의2제1항 각 호 외의 부분 단서에서 "업종별 매출액 등을 고려하여 대통령령으로 정하는 법인"이란 「조세특례제한법 시행령」 제2조제1항제1호의 요건을 갖춘 기업을 말한다. 〈신설 2025. 2. 28.〉

제101조(납부) ①법 제64조의 규정에 의하여 법인세를 자진납부하는 법인은 법 제60조의 규정에 의한 신고와 함께 납세지 관할세무서에 납부하거나 「국세징수법」에 의한 납부서에 의하여 한국은행(그 대리점을 포함한다) 또는 체신관서에 납부하여야 한다. 〈개정 2005. 2. 19.〉

②법 제64조제2항의 규정에 의하여 분납할 수 있는 세액은 다음 각호에 의한다.

1. 납부할 세액이 2천만원 이하인 경우에는 1천만원을 초과하는 금액

2. 납부할 세액이 2천만원을 초과하는 경우에는 그 세액의 100분의 50 이하의 금액

제102조 삭제 <2016. 2. 12.>

제4절 결정 · 경정 및 징수

제1관 과세표준의 결정 및 경정

제103조(결정 및 경정) ①납세지 관할 세무서장은 법 제66조에 따라 과세표준과 세액을 결정 또는 경정한다. 다만, 국세청장이 특히 중요하다고 인정하는 것에 대하여는 납세지 관할지방국세청장이 이를 결정 또는 경정할 수 있으며, 이 경우 납세지 관할세무서장은 해당 과세표준을 결정 또는 경정하기 위하여 필요한 서류를 납세지 관할지방국세청장에게 지체 없이 보내야 한다. <개정 2019. 2. 12.>

②법 제66조에 따른 결정 또는 경정은 법 제60조에 따른 신고서 및 그 첨부서류에 의하거나 비치기장된 장부 또는 그 밖의 증명서류에 의한 실지조사에 의함을 원칙으로 한다. <개정 2019. 2. 12.>

③법 제66조제1항에 따른 결정은 법 제60조에 따른 신고기한부터 1년 내에 완료해야 한다. 다만, 국세청장이 조사기간을 따로 정하거나 부득이한 사유로 인하여 국세청장의 승인을 받은 경우에는 그러하지 아니하다. <개정 2019. 2. 12.>

제103조의2 삭제 <2017. 2. 3.>

제104조(추계결정 및 경정) ①법 제66조제3항 단서에서 "대통령령으로 정하는 사유"란 다음 각 호의 어느 하나에 해당하는 경우를 말한다. <개정 2011. 6. 3., 2019. 2. 12.>

1. 소득금액을 계산할 때 필요한 장부 또는 증명서류가 없거나 중요한 부분이 미비 또는 허위인 경우
2. 기장의 내용이 시설규모, 종업원수, 원자재 · 상품 · 제품 또는 각종 요금의 시가 등에 비추어 허위임이 명백한 경우
3. 기장의 내용이 원자재사용량 · 전력사용량 기타 조업상황에 비추어 허위임이 명백한 경우

②법 제66조제3항 단서에 따른 추계결정 또는 경정을 하는 경우에는 다음 각 호의 어느 하나의 방법에 따른다. <개정 2001. 12. 31., 2003. 12. 30., 2005. 2. 19., 2009. 2. 4., 2013. 2. 15., 2014. 2. 21., 2019. 2. 12.>

1. 사업수입금액에서 다음 각목의 금액을 공제한 금액을 과세표준

으로 하여 그 세액을 결정 또는 경정하는 방법. 이 경우 공제할 금액이 사업수입금액을 초과하는 경우에는 그 초과금액은 없는 것으로 본다.

가. 매입비용(사업용 유형자산 및 무형자산의 매입비용을 제외한다. 이하 이 조에서 같다)과 사업용 유형자산 및 무형자산에 대한 임차료로서 증명서류에 의하여 지출하였거나 지출할 금액

나. 대표자 및 임원 또는 직원의 급여와 임금 및 퇴직급여로서 증명서류에 의하여 지급하였거나 지급할 금액

다. 사업수입금액에 「소득세법 시행령」 제145조의 규정에 의한 기준경비율(이하 "기준경비율"이라 한다)을 곱하여 계산한 금액

2. 기준경비율이 결정되지 아니하였거나 천재지변 등으로 장부나 그 밖의 증명서류가 멸실된 때에는 기장이 가장 정확하다고 인정되는 동일업종의 다른 법인의 소득금액을 고려하여 그 과세표준을 결정 또는 경정하는 방법. 다만, 동일업종의 다른 법인이 없는 경우로서 과세표준신고 후에 장부나 그 밖의 증명서류가 멸실된 때에는 법 제60조에 따른 신고서 및 그 첨부서류에 의하고 과세표준신고 전에 장부나 그 밖의 증명서류가 멸실된 때에는 직전 사업연도의 소득률에 의하여 과세표준을 결정 또는 경정한다.

3. 「조세특례제한법」 제7조제1항제2호가목에 따른 소기업이 폐업한 때(조세탈루혐의가 있다고 인정되는 경우로서 기획재정부령으로 정하는 사유가 있는 경우는 제외한다)에는 다음 각 목에 따라 계산한 금액 중 적은 금액을 과세표준으로 하여 결정 또는 경정하는 방법

가. 수입금액에서 수입금액에 「소득세법 시행령」 제145조에 따른 단순경비율을 곱한 금액을 뺀 금액

나. 수입금액에 직전 사업연도의 소득률을 곱하여 계산한 금액

다. 제1호의 방법에 따라 계산한 금액

③법 제66조제3항 단서에 따른 추계결정 또는 경정을 하는 경우에는 제2항에 따라 계산한 금액에 다음 각 호의 금액을 더한 금액을 과세표준으로 하여 그 세액을 결정 또는 경정한다. 〈개정 2012. 2. 2., 2019. 2. 12.〉

1. 제11조(제1호는 제외한다)의 수익(비영리법인의 경우에는 법 제4조제3항에 따른 수익사업에서 생기는 수익으로 한정하며, 이하

이 호에서 “사업외수익”이라 한다)의 금액에서 다음 각 목의 금액을 차감한 금액

가. 사업외수익에 직접 대응되고 증명서류나 객관적인 자료에 의하여 확인되는 원가상당액

나. 사업외수익에 해당 사업연도 중에 지출한 손비 중 환입된 금액이 포함된 경우에는 그 금액

다. 부동산을 임대하는 법인의 수입이자가 사업외수익에 포함된 경우에는 부동산임대에 의한 전세금 또는 임대보증금에 대한 수입이자 상당액

2. 특수관계인과의 거래에서 제88조 및 제89조에 따라 익금에 산입하는 금액

3. 법 제34조 또는 「조세특례제한법」에 따라 익금에 산입하여야 할 준비금 또는 충당금이 있는 법인의 경우 그 익금에 산입하여야 할 준비금 또는 충당금

제105조(추계결정·경정 시의 사업수입금액계산) ①내국법인의 각 사업연도의 사업수입금액을 장부나 그 밖의 증명서류에 의하여 계산할 수 없는 경우 그 사업수입금액의 계산은 다음 각 호의 방법에 따른다. 〈개정 2019. 2. 12., 2021. 1. 5.〉

1. 기장이 정당하다고 인정되어 기장에 의하여 조사결정한 동일업종의 업황이 유사한 다른 법인의 사업수입금액을 참작하여 계산하는 방법

2. 국세청장이 사업의 종류·지역 등을 고려하여 사업과 관련된 인적·물적시설(종업원·객실·사업장·차량·수도·전기 등)의 수량 또는 가액과 매출액의 관계를 정한 영업효율이 있는 경우에는 이를 적용하여 계산하는 방법

3. 국세청장이 업종별로 투입원재료에 대하여 조사한 생산수율이 있는 경우에는 이를 적용하여 계산한 생산량에 당해 사업연도 중에 매출된 수량의 시가를 적용하여 계산하는 방법

4. 국세청장이 사업의 종류별·지역별로 정한 다음 각목의 1에 해당하는 기준에 의하여 계산하는 방법

가. 생산에 투입되는 원·부재료 중에서 일부 또는 전체의 수량과 생산량과의 관계를 정한 원단위투입량

나. 인건비·임차료·재료비·수도광열비 기타 영업비용 중에서 일부 또는 전체의 비용과 매출액과의 관계를 정한 비용관계비율

다. 일정기간동안의 평균재고금액과 매출액 또는 매출원가와의 관계를 정한 상품회전율

라. 일정기간동안의 매출액과 매출총이익의 비율을 정한 매매총이익률

마. 일정기간동안의 매출액과 부가가치액의 비율을 정한 부가가치율

5. 추계결정·경정 대상법인에 대하여 제2호 내지 제4호의 비율을 산정할 수 있는 경우에는 이를 적용하여 계산하는 방법

6. 주로 최종소비자를 대상으로 거래하는 업종에 대하여는 국세청장이 정하는 입회조사기준에 의하여 계산하는 방법

②제1항에 따라 수입금액을 추계결정 또는 경정한 경우에도 법인이 비치한 장부나 그 밖의 증명서류에 의하여 소득금액을 계산할 수 있는 경우에는 해당 사업연도의 과세표준과 세액은 실지조사에 의하여 결정 또는 경정하여야 한다. 〈개정 2019. 2. 12.〉

[제목개정 2019. 2. 12.]

제106조(소득처분) ①법 제67조에 따라 익금에 산입한 금액은 다음 각 호의 구분에 따라 처분한다. 비영리내국법인과 비영리외국법인에 대해서도 또한 같다. 〈개정 2001. 12. 31., 2002. 12. 30., 2005. 2. 19., 2006. 2. 9., 2007. 2. 28., 2008. 2. 22., 2009. 2. 4., 2012. 2. 2., 2013. 2. 15., 2016. 2. 12., 2019. 2. 12., 2020. 2. 11., 2021. 2. 17.〉

1. 익금에 산입한 금액(법 제27조의2제2항에 따라 손금에 산입하지 아니한 금액을 포함한다)이 사외에 유출된 것이 분명한 경우에는 그 귀속자에 따라 다음 각 목에 따라 배당, 이익처분에 의한 상여, 기타소득, 기타 사외유출로 할 것. 다만, 귀속이 불분명한 경우에는 대표자(소액주주등이 아닌 주주등인 임원 및 그와 제43조제8항에 따른 특수관계에 있는 자가 소유하는 주식등을 합하여 해당 법인의 발행주식총수 또는 출자총액의 100분의 30 이상을 소유하고 있는 경우의 그 임원이 법인의 경영을 사실상 지배하고 있는 경우에는 그 자를 대표자로 하고, 대표자가 2명 이상인 경우에는 사실상의 대표자로 한다. 이하 이 조에서 같다)에게 귀속된 것으로 본다.

가. 귀속자가 주주등(임원 또는 직원인 주주등을 제외한다)인 경우에는 그 귀속자에 대한 배당

나. 귀속자가 임원 또는 직원인 경우에는 그 귀속자에 대한 상여

다. 귀속자가 법인이거나 사업을 영위하는 개인인 경우에는 기타 사외유출. 다만, 그 분여된 이익이 내국법인 또는 외국법인의 국내사업장의 각 사업연도의 소득이나 거주자 또는 「소득세법」 제120조에 따른 비거주자의 국내사업장의 사업소득을 구성하는 경우에 한한다.

라. 귀속자가 가목 내지 다목외의 자인 경우에는 그 귀속자에 대한 기타소득

2. 익금에 산입한 금액이 사외에 유출되지 아니한 경우에는 사내유보로 할 것

3. 제1호에도 불구하고 다음 각 목의 금액은 기타 사외유출로 할 것

가. 법 제24조에 따라 법 제24조제2항제1호에 따른 기부금 또는 같은 조 제3항제1호에 따른 기부금의 손금산입한도액을 초과하여 익금에 산입한 금액

나. 법 제25조 및 「조세특례제한법」 제136조에 따라 익금에 산입한 금액

다. 법 제27조의2제3항(같은 항 제2호에 따른 금액에 한정한다) 및 제4항에 따라 익금에 산입한 금액

라. 법 제28조제1항제1호 및 제2호의 규정에 의하여 익금에 산입한 이자·할인액 또는 차익에 대한 원천징수세액에 상당하는 금액

마. 법 제28조제1항제4호의 규정에 의하여 익금에 산입한 금액

바. 삭제 〈2006. 2. 9.〉

사. 「조세특례제한법」 제138조의 규정에 의하여 익금에 산입한 금액

아. 제1호 각 목 외의 부분 단서 및 제2항에 따라 익금에 산입한 금액이 대표자에게 귀속된 것으로 보아 처분한 경우 당해 법인이 그 처분에 따른 소득세 등을 대납하고 이를 손비로 계상하거나 그 대표자와의 특수관계가 소멸될 때까지 회수하지 아니함에 따라 익금에 산입한 금액

자. 제88조제1항제8호·제8호의2 및 제9호(같은 호 제8호 및 제8호의2에 준하는 행위 또는 계산에 한정한다)에 따라 익금에 산

입한 금액으로서 귀속자에게 「상속세 및 증여세법」에 의하여 증여세가 과세되는 금액

차. 외국법인의 국내사업장의 각 사업연도의 소득에 대한 법인세의 과세표준을 신고하거나 결정 또는 경정함에 있어서 익금에 산입한 금액이 그 외국법인 등에 귀속되는 소득과 「국제조세조정에 관한 법률」 제6조, 제7조, 제9조, 제12조 및 제15조에 따라 익금에 산입된 금액이 국외특수관계인으로부터 반환되지 않은 소득

②제104조제2항에 따라 결정된 과세표준과 법인의 재무상태표상의 당기순이익과의 차액(법인세상당액을 공제하지 않은 금액을 말한다)은 대표자에 대한 이익처분에 의한 상여로 한다. 다만, 법 제68조 단서에 해당하는 경우에는 이를 기타 사외유출로 한다. 〈개정 2021. 1. 5.〉

③제2항의 경우 법인이 결손신고를 한 때에는 그 결손은 없는 것으로 본다.

④내국법인이 「국세기본법」 제45조의 수정신고기한내에 매출누락, 가공경비 등 부당하게 사외유출된 금액을 회수하고 세무조정으로 익금에 산입하여 신고하는 경우의 소득처분은 사내유보로 한다. 다만, 다음 각 호의 어느 하나에 해당되는 경우로서 경정이 있을 것을 미리 알고 사외유출된 금액을 익금산입하는 경우에는 그러하지 아니하다. 〈신설 2005. 2. 19., 2010. 2. 18., 2013. 2. 15.〉

1. 세무조사의 통지를 받은 경우
2. 세무조사가 착수된 것을 알게 된 경우
3. 세무공무원이 과세자료의 수집 또는 민원 등을 처리하기 위하여 현지출장이나 확인업무에 착수한 경우
4. 납세지 관할세무서장으로부터 과세자료 해명 통지를 받은 경우
5. 수사기관의 수사 또는 재판 과정에서 사외유출 사실이 확인된 경우
6. 그 밖에 제1호부터 제5호까지의 규정에 따른 사항과 유사한 경우로서 경정이 있을 것을 미리 안 것으로 인정되는 경우

제107조(추계에 의한 과세표준계산의 특례) 법 제68조 단서에서 "대통령령으로 정하는 바에 따라 추계하는 경우"란 제104조제2항제2호의 규정에 의하여 추계결정 또는 경정하는 경우를 말한다. 〈개정 2011. 6. 3.〉

제108조(수시부과결정) ①법 제69조제1항 전단에서 “대통령령으로 정하는 사유”란 다음 각 호의 어느 하나에 해당하는 경우를 말한다. 〈개정 2008. 2. 22.〉

1. 신고를 하지 아니하고 본점등을 이전한 경우

2. 사업부진 기타의 사유로 인하여 휴업 또는 폐업상태에 있는 경우

3. 기타 조세를 포탈할 우려가 있다고 인정되는 상당한 이유가 있는 경우

②납세지 관할세무서장 또는 관할지방국세청장이 제1항 각 호의 사유가 발생한 법인에 대하여 법 제69조제1항에 따른 수시부과를 하는 경우에는 제103조제2항 및 제104조제2항과 법 제55조제2항을 준용하여 그 과세표준 및 세액을 결정한다. 이 경우 법 제75조 및 제75조의2부터 제75조의9까지의 규정은 적용하지 않는다. 〈개정 2019. 2. 12.〉

③납세지 관할세무서장은 법인이 주한 국제연합군 또는 외국기관으로부터 사업수입금액을 외국환은행을 통하여 외환증서 또는 원화로 영수할 때에는 법 제69조의 규정에 의하여 그 영수할 금액에 대한 과세표준을 결정할 수 있다.

④제3항의 규정에 의하여 수시부과를 하는 경우에는 제104조제2항의 규정을 준용하여 계산한 금액에 법 제55조의 규정에 의한 세율을 곱하여 산출한 금액을 그 세액으로 한다. 〈개정 2001. 12. 31.〉

⑤제2항에 따라 제104조제2항을 준용하는 경우 제1항제2호에 해당하는 경우로서 납세지 관할세무서장 또는 관할지방국세청장이 조사결과 명백한 탈루혐의가 없다고 인정하는 경우에는 제104조제2항제2호 본문에 따른 방법에 의하여 그 과세표준 및 세액을 결정하되, 동일업종의 다른 법인이 없는 경우에는 같은 호 단서에 따른 방법에 의하여 그 과세표준과 세액을 결정할 수 있다. 〈신설 1999. 12. 31., 2019. 2. 12.〉

제109조(과세표준과 세액의 통지) ①납세지 관할세무서장이 법 제70조에 따라 과세표준과 그 세액을 통지하는 경우에는 납부고지서에 그 과세표준과 세액의 계산명세를 첨부하여 고지해야 하며, 각 사업연도의 과세표준이 되는 금액이 없거나 납부할 세액이 없는 경

우에는 그 결정된 내용을 통지해야 한다. 이 경우 제103조제1항 단서에 따라 과세표준이 결정된 것은 납세지 관할지방국세청장이 조사·결정하였다는 뜻을 덧붙여 적어야 한다. 〈개정 2021. 2. 17.〉

②납세지 관할세무서장은 제104조제2항의 규정에 의하여 법인의 과세표준이 결정된 때에는 그 기준이 된 수입금액을 제1항의 규정에 의한 계산명세에 기재하여 통지하여야 한다.

③제1항의 규정을 적용함에 있어서 관리책임자의 신고가 없는 외국법인 또는 소재지가 분명하지 아니한 내국법인에 대하여 과세표준을 결정한 때에는 이를 공시송달하여야 한다.

제2관 세액의 징수 및 환급 등

제110조(결손금 소급공제에 의한 환급세액의 계산) ①법 제72조제1항 각 호 외의 부분에서 "대통령령으로 정하는 직전 사업연도의 법인세액"이란 직전 사업연도의 법인세 산출세액(법 제55조의2에 따른 토지등양도소득에 대한 법인세를 제외한다. 이하 이 조에서 같다)에서 직전 사업연도의 소득에 대한 법인세로서 공제 또는 감면된 법인세액(이하 "감면세액"이라 한다)을 차감한 금액(이하 이 조에서 "직전 사업연도의 법인세액"이라 한다)을 말한다. 〈개정 2001. 12. 31., 2009. 2. 4., 2011. 6. 3., 2019. 2. 12.〉

②법 제72조제2항에 따라 환급을 받으려는 법인은 법 제60조에 따른 신고기한 내에 기획재정부령으로 정하는 소급공제법인세액환급신청서를 납세지 관할세무서장에게 제출(국세정보통신망에 의한 제출을 포함한다)하여야 한다. 〈개정 2004. 3. 17., 2008. 2. 29., 2019. 2. 12.〉

③법 제72조제5항의 규정에 의하여 결손금이 감소됨에 따라 징수하는 법인세액의 계산은 다음 산식에 의한다. 다만, 법 제14조제2항의 결손금중 그 일부 금액만을 소급공제받은 경우에는 소급공제받지 아니한 결손금이 먼저 감소된 것으로 본다. 〈개정 2019. 2. 12.〉

$$[\text{법 제72조제3항의 규정에 의한 환급세액(이하 이 조에서 "당초 환급세액"이라 한다)}] \times \frac{\text{감소된 결손금액으로서 소급공제받지 아니한 결손금을 초과하는 금액}}{\text{소급공제 결손금액}}$$

④법 제72조제5항 각 호 외의 부분에서 "대통령령으로 정하는 바

에 따라 계산한 이자상당액"이란 제1호의 금액에 제2호의 율을 곱하여 계산한 금액을 말한다. 〈개정 2002. 12. 30., 2009. 2. 4., 2012. 2. 2., 2013. 2. 15., 2019. 2. 12., 2020. 2. 11., 2022. 2. 15.〉

1. 법 제72조제5항에 따른 환급세액

2. 당초 환급세액의 통지일의 다음날부터 법 제72조제5항에 따라 징수하는 법인세액의 고지일까지의 기간에 대하여 1일 10만분의 22의 율. 다만, 납세자가 법인세액을 과다하게 환급받은 데 정당한 사유가 있는 때에는 「국세기본법 시행령」 제43조의3제2항 본문에 따른 이자율을 적용한다.

⑤법 제72조제6항에 따라 당초 환급세액을 경정할 때 소급공제 결손금액이 과세표준금액을 초과하는 경우 그 초과 결손금액은 소급공제 결손금액으로 보지 아니한다. 〈개정 2019. 2. 12.〉

제110조의2 삭제 〈2017. 2. 3.〉

제111조(내국법인의 이자소득 등에 대한 원천징수) ① 법 제73조제1항 각 호 외의 부분에서 "대통령령으로 정하는 금융회사 등의 대통령령으로 정하는 소득"이란 다음 각 호의 법인에 지급하는 소득을 말하며, 법 제73조의2제1항 전단에 따른 원천징수대상채권등(「주식·사채 등의 전자등록에 관한 법률」 제59조 각 호 외의 부분 전단에 따른 단기사채등 중 같은 법 제2조제1호나목에 해당하는 것으로서 만기 1개월 이내의 것은 제외한다)의 이자등(법 제73조의2제1항 전단에 따른 이자등을 말한다. 이하 이 조, 제113조 및 제138조의3에서 같다)을 「자본시장과 금융투자업에 관한 법률」에 따른 투자회사 및 제16호의 자본확충목적회사가 아닌 법인에 지급하는 경우는 제외한다. 〈개정 2002. 12. 30., 2003. 12. 30., 2005. 2. 19., 2005. 12. 30., 2008. 2. 22., 2008. 2. 29., 2009. 2. 4., 2009. 6. 8., 2009. 12. 31., 2010. 2. 18., 2015. 10. 23., 2019. 2. 12., 2019. 7. 1., 2020. 2. 11., 2021. 2. 17., 2022. 2. 15.〉

1. 제61조제2항제1호부터 제28호까지의 법인

2. 「한국은행법」에 의한 한국은행

3. 「자본시장과 금융투자업에 관한 법률」에 따른 집합투자업자

4. 「자본시장과 금융투자업에 관한 법률」에 따른 투자회사, 투자목적회사, 투자유한회사 및 투자합자회사[같은 법 제9조제19항제1호

에 따른 기관전용 사모집합투자기구(법률 제18128호 자본시장과 금융투자업에 관한 법률 일부개정법률 부칙 제8조제1항부터 제4항까지에 따라 기관전용 사모집합투자기구, 기업재무안정 사모집합투자기구 및 창업·벤처전문 사모집합투자기구로 보아 존속하는 종전의 경영참여형 사모집합투자기구를 포함한다. 이하 제161조제1항에서 같다)는 제외한다]

5. 「농업협동조합법」에 의한 조합

6. 「수산업협동조합법」에 따른 조합

7. 「산림조합법」에 따른 조합

8. 「신용협동조합법」에 따른 조합 및 신용협동조합중앙회

9. 「새마을금고법」에 따른 금고

10. 「자본시장과 금융투자업에 관한 법률」에 따른 증권금융회사

11. 거래소(위약손해공동기금으로 한정한다)

12. 「자본시장과 금융투자업에 관한 법률」에 따른 한국예탁결제원

13. 「한국투자공사법」에 따른 한국투자공사

14. 「국가재정법」의 적용을 받는 기금(법인 또는 법인으로 보는 단체에 한정한다)

15. 법률에 따라 자금대부사업을 주된 목적으로 하는 법인 또는 기금(다른 사업과 구분 경리되는 것에 한정한다)

16. 「조세특례제한법」 제104조의3제1항에 따른 자본확충목적회사

17. 「산업재해보상보험법」 제10조에 따른 근로복지공단(「근로자퇴직급여 보장법」에 따른 중소기업퇴직연금기금으로 한정한다)

18. 그 밖에 기획재정부령으로 정하는 금융보험업을 영위하는 법인

② 법 제73조제2항제2호에 따라 내국법인의 원천징수세액에서 차감하는 금액은 제94조의2제1항에 따른 내국법인별 간접투자외국법인세액에 다음 각 호의 계산식에 따라 계산한 율을 곱한 금액으로 한다. 〈신설 2023. 2. 28.〉

1. 법 제73조제1항에 따른 원천징수세율이 간접투자외국법인세액에 적용된 외국 원천징수세율(제94조의2제4항에 따라 계산한 율을 말한다. 이하 이 항에서 같다)보다 작은 경우

$$\frac{\text{법 제73조제1항에 따른 원천징수세율}}{\text{간접투자외국법인세액에 적용된 외국 원천징수세율}} - \text{법 제73조제1항에 따른 원천징수세율}$$

2. 법 제73조제1항에 따른 원천징수세율이 간접투자외국법인세액에 적용된 외국 원천징수세율보다 크거나 같은 경우

$$1 - \text{법 제73조제1항에 따른 원천징수세율}$$

③ 삭제 〈2025. 2. 28.〉

④법 제73조제4항에서 "법인세가 부과되지 아니하거나 면제되는 소득 등 대통령령으로 정하는 소득"이란 다음 각 호의 소득을 말한다. 〈개정 1999. 12. 31., 2000. 3. 28., 2000. 12. 29., 2001. 12. 31., 2003. 11. 29., 2003. 12. 30., 2005. 2. 19., 2007. 2. 28., 2008. 2. 22., 2008. 2. 29., 2009. 2. 4., 2009. 9. 21., 2009. 12. 31., 2015. 6. 30., 2019. 2. 12., 2019. 6. 25., 2023. 2. 28., 2024. 2. 29.〉

1. 법인세가 부과되지 아니하거나 면제되는 소득

2. 삭제 〈2009. 2. 4.〉

3. 신고한 과세표준에 이미 산입된 미지급 소득

4. 법령 또는 정관에 의하여 비영리법인이 회원 또는 조합원에게 대부한 융자금과 비영리법인이 당해 비영리법인의 연합회 또는 중앙회에 예탁한 예탁금에 대한 이자수입

5. 법률에 따라 설립된 기금을 관리·운용하는 법인으로서 기획재정부령으로 정하는 법인(이하 이 호에서 "기금운용법인"이라 한다)과 법률에 따라 공제사업을 영위하는 법인으로서 기획재정부령으로 정하는 법인 중 건강보험·연금관리 및 공제사업을 영위하는 비영리내국법인(기금운용법인의 경우에는 해당 기금사업에 한정한다)이 「국채법」에 따라 등록하거나 「주식·사채 등의 전자등록에 관한 법률」에 따라 전자등록한 다음 각 목의 국공채 등을 발행일부터 이자지급일 또는 상환일까지 계속하여 등록·보유함으로써 발생한 이자 및 할인액

가. 국가 또는 지방자치단체가 발행한 채권 또는 증권
나. 「한국은행 통화안정증권법」에 의하여 한국은행이 발행한 통화안정증권
다. 기획재정부령이 정하는 채권 또는 증권
6. 다음 각 목의 어느 하나에 해당하는 조합의 조합원인 법인(한국표준산업분류상 금융 및 보험업을 영위하는 법인을 제외한다)이 해당 조합의 규약에 따라 조합원 공동으로 예탁한 자금에 대한 이자수입
가. 상장유가증권에 대한 투자를 통한 증권시장의 안정을 목적으로 설립된 조합으로서 기획재정부령으로 정하는 조합
나. 채권시장의 안정을 목적으로 설립된 조합으로서 기획재정부령이 정하는 조합
7. 「한국토지주택공사법」에 따른 한국토지주택공사가 「주택도시기금법」 제6조제2항에 따라 주택도시기금에 예탁한 자금(「국민연금법」에 의한 국민연금 및 「우체국예금·보험에 관한 법률」에 의한 우체국예금으로부터 사채발행을 통하여 조성한 자금을 예탁한 것으로서 이자소득 지급당시 국민연금 및 우체국예금이 그 사채를 계속 보유하고 있는 경우에 한한다)에 대한 이자수입
⑤법 제73조 및 제73조의2를 적용할 때 다음 각 호의 어느 하나에 해당하는 경우에는 해당 채권등의 이자등을 지급받는 것으로 본다. 〈신설 2000. 12. 29., 2009. 12. 31., 2013. 2. 15., 2019. 2. 12., 2020. 2. 11.〉
1. 전환사채를 주식으로 전환하거나 교환사채를 주식으로 교환하는 경우
2. 신주인수권부사채의 신주인수권을 행사(신주 발행대금을 해당 신주인수권부사채로 납입하는 경우만 해당한다)하는 경우
⑥법 제73조 및 제73조의2를 적용할 때 이자소득금액의 지급시기는 「소득세법 시행령」 제190조 각 호에 따른 날로 한다. 다만, 제61조제2항제1호부터 제7호까지 및 제10호의 법인이 「소득세법 시행령」 제190조제1호에 따른 조건의 어음을 발행하여 매출하는 경우에는 해당 어음을 할인매출하는 날에 이자등을 지급하는 것으로 보아 원천징수하고, 「자본시장과 금융투자업에 관한 법률」에 따른 신탁업자가 운용하는 신탁재산에 귀속되는 소득금액은 「소득세법」

제155조의2에 따른 특정일에 지급하는 것으로 보아 원천징수한다. 〈신설 2000. 12. 29., 2005. 2. 19., 2009. 2. 4., 2009. 12. 31., 2010. 2. 18., 2019. 2. 12.〉

⑦ 법 제73조 및 제73조의2를 적용할 때 「자본시장과 금융투자업에 관한 법률」에 따른 신탁업자가 신탁재산을 직접 운용하거나 보관·관리하는 경우 해당 신탁업자와 법 제73조제1항 각 호의 소득금액을 신탁재산에 지급하는 자 간에 대리 또는 위임관계가 있는 것으로 본다. 〈신설 2009. 2. 4., 2009. 12. 31., 2019. 2. 12.〉

⑧ 법 제73조 및 제73조의2를 적용할 때 「자본시장과 금융투자업에 관한 법률」 제294조에 따른 한국예탁결제원에 예탁된 증권등[같은 조 제1항에 따른 증권등(이 조 제7항이 적용되는 신탁재산은 제외한다)을 말하며, 이하 이 항에서 "증권등"이라 한다]에서 발생하는 이자소득 등에 대해서는 다음 각 호의 구분에 따른 자와 해당 증권등을 발행한 자 간에 원천징수의무의 대리 또는 위임의 관계가 있는 것으로 본다. 〈신설 2019. 2. 12.〉

1. 「자본시장과 금융투자업에 관한 법률」 제309조에 따라 한국예탁결제원에 계좌를 개설한 자(이하 이 항에서 "예탁자"라 한다)가 소유하고 있는 증권등의 경우: 한국예탁결제원

2. 「자본시장과 금융투자업에 관한 법률」 제309조에 따라 예탁자가 투자자로부터 예탁받은 증권등의 경우: 예탁자

[제목개정 2019. 2. 12.]

제112조 삭제 〈2009. 2. 4.〉

제113조(내국법인의 채권등 보유기간 이자상당액에 대한 원천징수) ①법 제73조 및 제73조의2를 적용할 때 채권등의 이자등(채권등의 이자등을 지급받기 전에 매도하는 경우에는 채권등을 매도하는 경우의 이자등을 말한다)에 대한 원천징수대상소득은 내국법인이 채권등(「자본시장과 금융투자업에 관한 법률」에 따른 신탁업자가 운용하는 신탁재산에 귀속되는 채권등을 포함한다)을 취득하여 보유한 기간에 발생한 소득으로 한다. 〈개정 2005. 2. 19., 2009. 2. 4., 2019. 2. 12.〉

②제1항의 규정을 적용함에 있어서 채권등을 취득하여 보유한 기간에 발생한 소득은 채권등의 액면가액 등에 제1호 각목의 기간과 제2호 각목의 이자율 등을 적용하여 계산한 금액(이하 이 조, 제

114조의2 및 제138조의3에서 "보유기간이자상당액"이라 한다)으로 한다. 〈개정 2000. 5. 16., 2000. 12. 29., 2001. 12. 31., 2005. 2. 19., 2005. 12. 30., 2006. 2. 9., 2008. 2. 29., 2010. 2. 18., 2013. 2. 15.〉

1. 채권등을 보유한 기간

가. 채권등의 이자소득금액을 지급받기 전에 매도하는 경우에는 당해 채권등을 취득한 날 또는 직전 이자소득금액의 계산기간종료일의 다음날부터 매도하는 날(매도하기 위하여 알선·중개 또는 위탁하는 경우에는 실제로 매도하는 날)까지의 기간. 다만, 취득한 날 또는 직전 이자소득금액의 계산기간종료일부터 매도하는 날 전일까지로 기간을 계산하는 약정이 있는 경우에는 그 기간으로 한다.

나. 채권등의 이자소득금액을 지급받는 경우에는 당해 채권등을 취득한 날 또는 직전 이자소득금액의 계산기간종료일의 다음날부터 이자소득금액의 계산기간종료일까지의 기간. 다만, 취득한 날 또는 직전 이자소득금액의 계산기간종료일부터 매도하는 날 전일까지로 기간을 계산하는 약정이 있는 경우에는 그 기간으로 한다.

2. 적용이자율

가. 당해 채권등의 이자계산기간에 대하여 약정된 이자계산방식에 의한 이자율에 발행시의 할인율을 가산하고 할증률을 차감한 이자율. 다만, 공개시장에서 발행하는「소득세법 시행령」제22조의2제1항 및 제2항의 채권의 경우에는 발행시의 할인율과 할증률을 가감하지 아니한다.

나. 만기상환일에 각 이자계산기간에 대한 보장이율을 추가로 지급하는 조건이 있는 전환사채·교환사채 또는 신주인수권부사채의 경우에는 가목의 이자율에 당해 추가지급이율을 가산한 이자율. 다만, 전환사채 또는 교환사채를 주식으로 전환청구 또는 교환청구한 경우로서 이자지급의 약정이 있는 경우에는 전환청구일 또는 교환청구일부터는 기획재정부령이 정하는 바에 따라 당해 약정이자율로 한다.

③제1항 및 제2항의 규정을 적용함에 있어서 채권등의 매도에는 법인의 고유재산에서 취득하여 보유하는 채권등을 법인이 관리하는 재산으로 유상이체하는 경우와 관리하는 재산간에 유상이체하는 경우 및 관리하는 재산에서 고유재산으로 유상이체하는 경우를 포함한다. 다만, 기획재정부령이 정하는 경우에는 그러하지 아니하다. 〈개

정 2000. 12. 29., 2008. 2. 29.〉

④ 법 제73조의2제2항에서 “법인세가 부과되지 아니하거나 면제되는 소득 등 대통령령으로 정하는 소득”이란 다음 각 호의 어느 하나에 해당하는 소득을 말한다. 〈신설 2019. 2. 12., 2019. 6. 25., 2023. 2. 28.〉

1. 제111조제4항 각 호의 어느 하나에 해당하는 소득
2. 「자본시장과 금융투자업에 관한 법률」에 따른 투자회사 및 이 영 제111조제1항제16호의 자본확충목적회사의 원천징수대상채권등(법 제73조의2제1항에 전단에 따른 원천징수대상채권등을 말한다. 이하 같다)에 대한 보유기간이자상당액
3. 제2호 외의 제111조제1항에 따른 금융회사등의 「주식·사채 등의 전자등록에 관한 법률」 제59조에 따른 단기사채등 중 같은 법 제2조제1호나목에 해당하는 것으로서 만기 1개월 이내의 것에 대한 보유기간이자상당액

⑤제1항을 적용할 때 「자본시장과 금융투자업에 관한 법률」에 따른 집합투자증권 중 「소득세법 시행령」 제26조의2제4항의 증권을 취득한 법인이 투자신탁의 이익계산기간 중도에 매도(「자본시장과 금융투자업에 관한 법률」에 따른 집합투자업자가 취득하여 매도하는 증권의 경우를 포함한다)한 경우의 보유기간이자상당액은 제2항의 규정에 불구하고 「소득세법 시행령」 제26조의2제4항부터 제9항까지의 규정에 의하여 계산한다. 〈개정 2000. 12. 29., 2003. 12. 30., 2005. 2. 19., 2007. 2. 28., 2008. 2. 22., 2009. 2. 4., 2010. 2. 18., 2010. 12. 30., 2024. 12. 31.〉

⑥법인이 「소득세법 시행령」 제190조제1호에 규정하는 날에 원천징수하는 채권등(이하 “선이자지급방식의 채권등”이라 한다)을 취득한 후 사업연도가 종료되어 원천징수된 세액을 전액 공제하여 법인세를 신고하였으나 그 후의 사업연도중 해당 채권등의 만기상환일이 도래하기 전에 이를 매도함으로써 해당 사업연도전에 공제한 원천징수세액이 제2항을 준용하여 계산한 보유기간이자상당액에 대한 세액을 초과하는 경우에는 그 초과하는 금액을 해당 채권등을 매도한 날이 속하는 사업연도의 법인세에 가산하여 납부하여야 한다. 〈개정 2000. 12. 29., 2005. 2. 19., 2009. 2. 4.〉

⑦법인이 취득일이 서로 다른 동일종목의 채권등을 매도하는 경우

제2항제1호의 기간계산방법은 제74조제1항제1호가목 내지 다목을 준용하는 방법 또는 기획재정부령이 정하는 방법중 하나를 선택하여 적용할 수 있으며, 당해 법인은 이를 다음 각호의 1의 기한내에 납세지 관할세무서장에게 신고하여 계속적으로 적용하여야 한다. 이 경우 법인이 보유기간의 계산방법을 신고하지 아니하거나 신고한 방법과 상이한 방법을 적용하여 계산한 경우에는 제74조제1항제1호나목의 방법을 준용하여 보유기간을 계산한다. 〈개정 2000. 12. 29., 2008. 2. 29.〉

1. 보유기간이자상당액에 대한 원천징수세액납부일
2. 보유기간이자상당액에 대한 법인세 과세표준신고일

⑧ 제1항부터 제7항까지의 규정을 적용할 때 채권등의 보유기간 확인에 관하여는 「소득세법 시행령」 제102조제8항을 준용한다. 〈개정 2010. 2. 18.〉

⑨ 법 제73조의2에 따른 원천징수대상채권등의 이자등에는 법 제73조제7항에 따라 금융회사 등이 원천징수를 대리하거나 위임받은 어음 또는 채무증서를 그 어음 또는 채무증서를 발행한 법인으로부터 인수·매입하여 매출(제113조제3항에 따른 매도의 경우를 포함한다)하는 경우에 그 금융회사 등에 귀속되는 이자등은 포함하지 않는다. 다만, 「소득세법 시행령」 제190조제1호에 따른 방법으로 매출하는 어음 외의 어음의 경우에는 그 금융회사 등에 귀속되는 이자등을 포함한다. 〈신설 2019. 2. 12., 2023. 2. 28.〉

⑩「자본시장과 금융투자업에 관한 법률」에 따른 신탁업자는 해당 신탁재산에 귀속되는 채권등의 보유기간이자상당액에 해당하는 원천징수세액에 대한 확인서를 작성하여 「소득세법」 제155조의2에 따른 특정일이 속하는 달의 다음달 말일까지 납세지 관할세무서장에게 제출하여야 한다. 〈개정 2005. 2. 19., 2005. 12. 30., 2008. 2. 22., 2009. 2. 4.〉

1. 삭제 〈2009. 2. 4.〉
2. 삭제 〈2009. 2. 4.〉
3. 삭제 〈2008. 2. 22.〉

⑪법인이 선이자지급방식의 채권등(채권등의 매출시 세금을 원천징수한 채권등에 한정한다. 이하 이 항에서 같다)을 이자계산기간 중에 매도하는 경우 해당 법인(금융회사 등이 해당 채권등의 매도를

중개하는 경우에는 해당 금융회사 등을 말한다)은 중도 매도일에 해당 채권등을 새로이 매출한 것으로 보아 이자등을 계산하여 세액을 원천징수하여야 한다. 〈신설 2001. 12. 31., 2009. 2. 4., 2010. 2. 18.〉

⑫ 법 제73조의2제3항제1호에서 "대통령령으로 정하는 금융회사 등"이란 제61조제2항 각 호의 법인을 말한다. 〈개정 2019. 2. 12.〉

⑬제3항의 규정에 의하여 채권등의 매도로 보는 경우 관리하는 재산의 보유기간이자상당액에 대한 원천징수에 관하여는 당해 재산을 관리하는 법인이 채권등을 매도하는 것으로 본다. 〈신설 2005. 2. 19.〉

⑭ 삭제 〈2019. 2. 12.〉

[제목개정 2019. 2. 12.]

제114조 삭제 〈2005. 2. 19.〉

제114조의2(환매조건부채권매매거래 등의 원천징수 및 환급 등) ① 법 제73조의2제1항 전단에서 "환매조건부 채권매매 등 대통령령으로 정하는 경우"란 다음 각 호의 어느 하나에 해당하거나 각 호가 혼합되는 거래를 말한다. 〈개정 2011. 3. 31., 2016. 2. 12., 2019. 2. 12., 2021. 2. 17.〉

1. 「금융실명거래 및 비밀보장에 관한 법률」 제2조제1호 각 목의 어느 하나에 해당하는 금융회사 등과 이 영 제111조제1항 각 호의 어느 하나에 해당하는 법인이 일정기간 후에 일정가격으로 환매수 또는 환매도할 것을 조건으로 하여 채권등을 매도 또는 매수하는 거래(해당 거래가 연속되는 경우를 포함한다)로서 그 거래에 해당하는 사실이 「자본시장과 금융투자업에 관한 법률」 제294조에 따른 한국예탁결제원의 계좌 또는 같은 법 제373조에 따른 거래소의 거래원장(전자적 형태의 거래원장을 포함한다)을 통하여 확인되는 거래

2. 「금융실명거래 및 비밀보장에 관한 법률」 제2조제1호 각 목의 어느 하나에 해당하는 금융회사 등과 이 영 제111조제1항 각 호의 어느 하나에 해당하는 법인이 일정기간 후에 같은 종류로서 같은 양의 채권을 반환받는 조건으로 채권을 대여하는 거래(해당 거래가 연속되는 경우를 포함한다)로서 그 거래에 해당하는 사실이 채권대차거래중개기관(「자본시장과 금융투자업에 관한 법률」에 따른 한국예탁결제원, 증권금융회사, 투자매매업자 또는 투자중개업자를 말한

다)이 작성한 거래 원장(전자적 형태의 원장을 포함한다)을 통하여 확인되는 거래

② 제1항에 따른 거래의 경우 채권등을 매도 또는 대여한 날부터 환매수 또는 반환받은 날까지의 기간 동안 그 채권등으로부터 발생하는 이자소득에 상당하는 금액은 매도자 또는 대여자(해당 거래가 연속되는 경우 또는 제1항 각 호의 거래가 혼합되는 경우에는 최초 매도자 또는 대여자를 말한다)에게 귀속되는 것으로 보아 법 제73조의2를 적용한다. 〈개정 2013. 2. 15., 2016. 2. 12., 2019. 2. 12.〉

③ 제1항에 따른 거래를 통하여 매수자 또는 차입자(이하 이 조에서 "매수자등"이라 한다)가 매입 또는 차입한 채권등이 제3자에게 매도 또는 대여되는 경우에는 매수자등(제111조제1항 각 호의 어느 하나에 해당하는 법인은 제외한다)에게 보유기간이자상당액에 대한 세액을 법 제73조의2 및 제98조의3, 「소득세법」 제133조의2 및 제156조의3에 따라 원천징수하여야 하며, 매수자등은 원천징수당한 세액을 제4항에 따라 환급받을 수 있다. 〈개정 2019. 2. 12.〉

④ 제3항에 따라 원천징수된 세액을 환급받으려는 매수자등은 제3자에게 매도 또는 대여한 채권등이 제1항에 따른 거래를 통하여 매입 또는 차입한 것임을 입증할 수 있는 기획재정부령으로 정하는 서류를 첨부하여 원천징수된 세액의 납부일이 속하는 달의 다음 달 10일까지 매수자등의 납세지 관할 세무서장에게 환급신청서를 제출하여야 하며, 환급신청을 받은 관할 세무서장은 거래사실 및 환급신청내용을 확인한 후 즉시 환급하여야 한다.

[전문개정 2010. 6. 8.]

제115조(원천징수세액의 납부) ①법 제73조 및 제73조의2에 따른 원천징수의무자는 원천징수한 법인세를 「국세징수법」에 따라 원천징수의무자의 납세지 관할세무서 등에 납부하여야 하며, 기획재정부령으로 정하는 원천징수이행상황신고서를 원천징수의무자의 납세지 관할세무서장에게 제출(국세정보통신망에 의한 제출을 포함한다)하여야 한다. 〈개정 2004. 3. 17., 2005. 2. 19., 2008. 2. 29., 2012. 2. 2., 2019. 2. 12.〉

②법 제73조제9항에서 "대통령령으로 정하는 원천징수의무자"란 직전연도(신규로 사업을 개시한 사업자의 경우 신청일이 속하는 반기를 말한다. 이하 이 조에서 같다)의 상시고용인원이 20인 이하인

원천징수의무자(금융보험업을 영위하는 법인을 제외한다)로서 원천징수 관할세무서장으로부터 법 제73조제1항 각호에 규정하는 원천징수세액을 반기별로 납부할 수 있도록 승인을 얻거나 국세청장이 정하는 바에 따라 지정을 받은 자를 말한다. 〈개정 2003. 12. 30., 2010. 2. 18., 2011. 6. 3., 2015. 2. 3., 2023. 2. 28.〉

③제2항의 규정에 의한 직전연도의 상시고용인원수는 직전연도의 1월부터 12월까지의 매월말일 현재 상시고용인원의 평균인원수로 한다.

④제2항의 규정에 의하여 승인을 얻고자 하는 법인은 원천징수한 법인세를 반기별로 납부하고자 하는 반기의 직전월의 1일부터 말일까지 원천징수 관할세무서장에게 신청하여야 한다.

⑤제4항의 규정에 의한 신청을 받은 원천징수 관할세무서장은 당해 원천징수의무자의 원천징수세액 신고·납부의 성실도 등을 참작하여 승인여부를 결정한 후 신청일이 속하는 반기의 다음달 말일까지 이를 통지하여야 한다.

⑥법 제73조제9항에 따라 원천징수한 법인세의 반기별 납부에 관하여 기타 필요한 사항은 국세청장이 정한다. 〈개정 2023. 2. 28.〉

제116조(원천징수의무의 승계) ①법인이 해산한 경우에 법 제73조 및 제73조의2에 따라 원천징수하여야 할 법인세를 징수하지 아니하였거나 징수한 법인세를 납부하지 아니하고 잔여재산을 분배한 때에는 청산인과 잔여재산의 분배를 받은 자가 각각 그 분배한 재산의 가액과 분배받은 재산의 가액을 한도로 그 법인세를 연대하여 납부할 책임을 진다. 〈개정 2019. 2. 12.〉

②법인이 합병 또는 분할로 인하여 소멸한 경우 합병법인등은 피합병법인등이 법 제73조 및 제73조의2에 따라 원천징수하여야 할 법인세를 징수하지 아니하였거나 징수한 법인세를 납부하지 아니한 것에 대하여 납부할 책임을 진다. 〈개정 2019. 2. 12.〉

제117조(원천징수영수증의 교부) ①법 제74조제1항에 따른 원천징수영수증의 교부에 관하여는 「소득세법」 제133조를 준용한다. 〈개정 2005. 2. 19., 2021. 2. 17.〉

②제1항의 규정은 선이자지급방식의 채권등에 대한 이자소득을 지급하는 법인이 원천징수한 법인세액에 대한 원천징수영수증의 교부에 대하여도 이를 적용한다.

제118조 삭제 〈2007. 2. 28.〉
제119조 삭제 〈2012. 2. 2.〉
제120조(가산세의 적용) ① 법 제75조의2제1항제3호에서 "대통령령으로 정하는 불분명한 경우"란 다음 각 호의 어느 하나에 해당하는 경우를 말한다. 다만, 내국법인이 주식등의 실제소유자를 알 수 없는 경우 등 정당한 사유가 있는 경우는 제외한다. 〈신설 2012. 2. 2., 2019. 2. 12.〉

1. 제출된 주주등의 명세서에 법 제109조제1항에 따라 제출된 주주등의 명세서의 제152조제2항제1호 및 제2호의 기재사항(이하 이 항에서 "필요적 기재사항"이라 한다)의 전부 또는 일부를 기재하지 아니하였거나 잘못 기재하여 주주등의 명세를 확인할 수 없는 경우
2. 제출된 주주등의 명세서의 필요적 기재사항이 주식등의 실제소유자에 대한 사항과 다르게 기재되어 주주등의 명세를 확인할 수 없는 경우

②법 제75조의2제2항제3호에서 "대통령령으로 정하는 불분명한 경우"란 다음 각 호의 어느 하나에 해당하는 경우를 말한다. 다만, 내국법인이 주식등의 실제소유자를 알 수 없는 경우 등 정당한 사유가 있는 경우는 제외한다. 〈개정 2009. 2. 4., 2010. 2. 18., 2012. 2. 2., 2019. 2. 12.〉

1. 제출된 변동상황명세서에 제161조제6항제1호부터 제3호까지의 기재사항(이하 이 항에서 "필요적 기재사항"이라 한다)의 전부 또는 일부를 기재하지 아니하였거나 잘못 기재하여 주식등의 변동상황을 확인할 수 없는 경우
2. 제출된 변동상황명세서의 필요적 기재사항이 주식등의 실제소유자에 대한 사항과 다르게 기재되어 주식등의 변동사항을 확인할 수 없는 경우

③법 제75조의5제1항 및 제75조의8제1항 각 호 외의 부분에서 "대통령령으로 정하는 법인"이란 다음 각 호의 어느 하나에 해당하는 법인을 말한다. 〈개정 2000. 12. 29., 2011. 6. 3., 2012. 2. 2., 2019. 2. 12.〉

1. 국가 및 지방자치단체
2. 비영리법인(제3조제1항의 수익사업과 관련된 부분은 제외한다)

④법 제75조의5제1항에서 "대통령령으로 정하는 사업자"란 제

158조제1항 각 호의 사업자를 말한다. 〈개정 2011. 6. 3., 2019. 2. 12.〉

⑤ 법 제75조의6제2항제1호에서 “대통령령으로 정하는 업종”이란 「소득세법 시행령」 별표 3의2에 따른 소비자상대업종을 말한다. 〈신설 2009. 2. 4., 2019. 2. 12.〉

⑥ 법 제75조의6제2항제1호에서 “대통령령으로 정하는 수입금액”이란 법 제121조에 따른 계산서 발급분 또는 「부가가치세법」 제32조에 따른 세금계산서 발급분을 말한다. 〈신설 2019. 2. 12.〉

⑦ 법 제75조의6제2항제1호에서 “대통령령으로 정하는 바에 따라 계산한 비율”이란 가맹하지 아니한 사업연도의 일수에서 법 제117조의2제1항에 따른 요건에 해당하는 날부터 3개월이 지난 날의 다음날부터 가맹한 날의 전일까지의 일수(그 기간이 2 이상의 사업연도에 걸쳐 있는 경우 각 사업연도 별로 적용한다)가 차지하는 비율을 말한다. 〈신설 2009. 2. 4., 2019. 2. 12.〉

⑧ 법 제75조의6제2항제3호에서 “「국민건강보험법」에 따른 보험급여의 대상인 경우 등 대통령령으로 정하는 경우”란 다음 각 호의 어느 하나에 해당하는 경우를 말한다. 〈신설 2019. 2. 12.〉

1. 「국민건강보험법」에 따른 보험급여
2. 「의료급여법」에 따른 의료급여
3. 「긴급복지지원법」에 따른 의료지원비
4. 「응급의료에 관한 법률」에 따른 대지급금
5. 「자동차손해배상 보장법」에 따른 보험금 및 공제금(같은 법 제2조제6호의 「여객자동차 운수사업법」 및 「화물자동차 운수사업법」에 따른 공제사업자의 공제금에 한정한다)

⑨ 법 제75조의7제1항제2호 각 목 외의 부분에서 “대통령령으로 정하는 불분명한 경우”란 다음 각 호의 구분에 따른 경우를 말한다. 〈개정 2013. 2. 15., 2015. 2. 3., 2019. 2. 12., 2021. 5. 4.〉

1. 지급명세서의 경우: 다음 각 목의 어느 하나에 해당하는 경우

가. 제출된 지급명세서에 지급자 또는 소득자의 주소, 성명, 고유번호(주민등록번호로 갈음하는 경우에는 주민등록번호)나 사업자등록번호, 소득의 종류, 소득귀속연도 또는 지급액을 적지 않았거나 잘못 적어 지급사실을 확인할 수 없는 경우

나. 제출된 지급명세서 및 이자·배당소득 지급명세서에 유가증

권표준코드를 적지 않았거나 잘못 적어 유가증권의 발행자를 확인할 수 없는 경우

다. 내국법인인 금융회사 등으로부터 제출된 이자·배당소득 지급명세서에 해당 금융회사 등이 과세구분을 적지 않았거나 잘못 적은 경우

라. 「소득세법 시행령」 제202조의2제1항에 따른 이연퇴직소득세를 적지 않았거나 잘못 적은 경우

2. 간이지급명세서의 경우: 제출된 간이지급명세서에 지급자 또는 소득자의 주소·성명·납세번호(주민등록번호로 갈음하는 경우에는 주민등록번호)나 사업자등록번호, 소득의 종류, 소득의 귀속연도 또는 지급액을 적지 않았거나 잘못 적어 지급사실을 확인할 수 없는 경우

3. 삭제 〈2019. 2. 12.〉

4. 삭제 〈2019. 2. 12.〉

⑩ 제9항을 적용할 때 다음 각 호의 어느 하나에 해당하는 경우는 불분명한 경우로 보지 아니한다. 〈신설 2013. 2. 15., 2019. 2. 12.〉

1. 지급일 현재 사업자등록증의 발급을 받은 자 또는 고유번호를 부여받은 자에게 지급한 경우

2. 제1호 외의 지급으로서 지급후에 그 지급받은 자가 소재불명으로 확인된 경우

⑪ 법 제75조의7제4항에서 "대통령령으로 정하는 비율"이란 100분의 5를 말한다. 〈신설 2021. 5. 4., 2023. 2. 28.〉

⑫법 제120조에 따른 법인이 합병·분할 또는 해산함으로써 법 제84조·제85조 또는 제87조에 따라 과세표준을 신고·결정 또는 경정한 경우 법 제75조의7에 따른 지급금액은 합병등기일·분할등기일 또는 해산등기일까지 제출하여야 하는 금액으로 한다. 〈개정 2013. 2. 15., 2019. 2. 12., 2021. 5. 4.〉

⑬법 제75조의8제1항제1호에서 "대통령령으로 정하는 적어야 할 사항의 전부 또는 일부를 적지 아니하거나 사실과 다르게 적은 경우"란 거래처별 사업자등록번호 또는 공급가액을 적지 아니하거나 사실과 다르게 적은 경우를 말한다. 다만, 제출된 매입처별세금계산서합계표에 적어야 할 사항을 착오로 사실과 다르게 적은 경우로서 발급받

은 세금계산서에 의하여 거래사실이 확인되는 경우를 제외한다. 〈신설 2007. 2. 28., 2011. 6. 3., 2019. 2. 12., 2021. 5. 4.〉

⑭법 제75조의8제1항제2호에서 "대통령령으로 정하는 적어야 할 사항"이란 「소득세법 시행령」 제211조제1항제1호부터 제4호까지의 기재사항(이하 이 항에서 "필요적 기재사항"이라 한다)을 말한다. 다만, 발급한 계산서의 필요적 기재사항 중 일부가 착오로 사실과 다르게 기재되었으나 해당 계산서의 그 밖의 기재사항으로 보아 거래사실이 확인되는 경우에는 법 제75조의8제1항제2호에 따른 사실과 다르게 기재된 계산서로 보지 아니한다. 〈개정 2005. 2. 19., 2011. 6. 3., 2019. 2. 12., 2021. 5. 4.〉

⑮법 제75조의8제1항제3호에서 "대통령령으로 정하는 적어야 할 사항"이란 거래처별 사업자등록번호 및 공급가액을 말한다. 다만, 제출된 매출·매입처별계산서합계표의 기재사항이 착오로 사실과 다르게 기재된 경우로서 발급하거나 발급받은 계산서에 의하여 거래사실이 확인되는 경우에는 법 제75조의8제1항제3호에 따른 사실과 다르게 기재된 매출·매입처별계산서합계표로 보지 아니한다. 〈개정 2011. 6. 3., 2019. 2. 12., 2021. 5. 4.〉

⑯ 법 제75조의9제1항제2호에서 "대통령령으로 정하는 불분명한 경우"란 배당 가능한 유보소득금액을 산출할 때 적어야 하는 금액의 전부 또는 일부를 적지 아니하거나 잘못 적어 배당 가능한 유보소득금액을 잘못 계산한 경우를 말한다. 〈신설 2014. 2. 21., 2019. 2. 12., 2021. 5. 4.〉

제2장의2 법인과세 신탁재산의 각 사업연도의 소득에 대한 법인세 과세특례 〈신설 2021. 2. 17.〉

제1절 통칙 〈신설 2021. 2. 17.〉

제120조의2(법인과세신탁재산의 사업연도의 개시일) 법 제5조제2항에 따라 내국법인으로 보는 신탁재산(이하 "법인과세신탁재산"이라 한다)의 최초 사업연도의 개시일은 「신탁법」 제3조에 따라 그 신탁이 설정된 날로 한다.

[본조신설 2021. 2. 17.]

제120조의3(법인과세신탁재산의 납세지의 지정) 관할 지방국세청장이나 국세청장은 법 제75조의12제4항에 따른 법인과세신탁재산의

납세지가 그 법인과세 신탁재산의 납세지로 적당하지 않다고 인정되는 경우로서 다음 각 호의 어느 하나에 해당하는 경우에는 그 납세지를 지정할 수 있다.

1. 법 제75조의10에 따른 법인과세 수탁자(이하 "법인과세수탁자"라 한다)의 본점 등의 소재지가 등기된 주소와 동일하지 않은 경우

2. 법인과세수탁자의 본점 등의 소재지가 자산 또는 사업장과 분리되어 있어 조세포탈의 우려가 있다고 인정되는 경우

[본조신설 2021. 2. 17.]

제2절 과세표준과 그 계산 〈신설 2021. 2. 17.〉

제120조의4(법인과세 신탁재산에 대한 소득공제) ① 법 제75조의14 제1항에 따라 공제하는 배당금액이 해당 배당을 결의한 잉여금 처분의 대상이 되는 사업연도의 소득금액을 초과하는 경우 그 초과금액은 없는 것으로 본다.

② 법 제75조의14제1항을 적용받으려는 법인과세수탁자는 법 제60조에 따른 과세표준신고와 함께 기획재정부령으로 정하는 소득공제신청서(이하 이 조에서 "소득공제신청서"라 한다)를 납세지 관할 세무서장에게 제출하여 소득공제 신청을 해야 한다.

③ 법 제75조의14제2항 단서에 따라 같은 조 제1항을 적용받으려는 법인과세수탁자는 제2항에 따른 소득공제신청서에 배당을 받은 동업기업(그 동업자들의 전부 또는 일부가 「조세특례제한법」 제100조의15제3항에 따른 상위 동업기업에 해당하는 경우에는 그 상위 동업기업을 포함한다)으로부터 제출받은(「조세특례제한법」 제100조의23제1항에 따른 신고기한까지 제출받은 것을 말한다) 기획재정부령으로 정하는 동업기업과세특례적용 및 동업자과세여부 확인서를 첨부하여 소득공제를 신청해야 한다. 〈개정 2024. 2. 29.〉

[본조신설 2021. 2. 17.]

제3절 신고·납부 및 징수 〈신설 2021. 2. 17.〉

제120조의5(법인과세 신탁재산의 원천징수) ① 법 제75조의18제1항에서 "대통령령으로 정하는 소득"이란 다음 각 호의 소득을 말한다.

1. 「소득세법」 제16조제1항에 따른 이자소득의 금액(금융보험업

을 하는 법인의 수입금액을 포함한다). 다만, 법 제73조의2제1항 전단에 따른 원천징수대상채권등(「주식ㆍ사채 등의 전자등록에 관한 법률」 제59조 각 호 외의 부분 전단에 따른 단기사채등 중 같은 법 제2조제1호나목에 해당하는 것으로서 만기 1개월 이내의 것은 제외한다)의 이자등(법 제73조의2제1항 전단에 따른 이자등을 말한다)을 「자본시장과 금융투자업에 관한 법률」에 따른 투자회사 또는 「조세특례제한법」 제104조의3제1항에 따른 자본확충목적회사가 아닌 법인에 지급하는 경우는 제외한다.

2. 「소득세법」 제17조제1항제5호에 따른 집합투자기구로부터의 이익 중 투자신탁의 이익의 금액

② 법 제75조의18제1항에서 "대통령령으로 정하는 금융회사 등"이란 제111조제1항 각 호의 법인을 말한다.

[본조신설 2021. 2. 17.]

제120조의6 삭제 〈2010. 12. 30.〉

제120조의7 삭제 〈2010. 12. 30.〉

제120조의8 삭제 〈2010. 12. 30.〉

제120조의9 삭제 〈2010. 12. 30.〉

제120조의10 삭제 〈2010. 12. 30.〉

제120조의11 삭제 〈2010. 12. 30.〉

제2장의3 각 연결사업연도의 소득에 대한 법인세 〈신설 2009. 2. 4.〉

제1절 통칙

제120조의12(연결납세방식의 적용제외 법인 등) ① 법 제76조의8제1항 전단 중 "비영리법인 등 대통령령으로 정하는 법인"이란 다음 각 호의 어느 하나에 해당하는 법인을 말한다. 〈개정 2010. 2. 18., 2012. 2. 2., 2017. 2. 3., 2021. 2. 17., 2023. 2. 28., 2024. 2. 29.〉

1. 비영리내국법인

2. 해산으로 청산 중인 법인

3. 법 제51조의2제1항 각 호의 어느 하나에 해당하는 법인이거나 「조세특례제한법」 제104조의31제1항에 따른 법인

4. 다른 내국법인(비영리내국법인은 제외한다)으로부터 법 제2조

제10호의2에 따른 연결지배를 받는 법인
5. 삭제 〈2010. 12. 30.〉
6. 「조세특례제한법」 제100조의15에 따라 동업기업과세특례를 적용하는 동업기업
7. 「조세특례제한법」 제104조의10제2항의 과세표준계산특례를 적용하는 법인
② 법 제76조의8제1항 전단에서 "청산 중인 법인 등 대통령령으로 정하는 법인"이란 제1항제2호, 제3호, 제6호 및 제7호의 법인을 말한다. 〈개정 2012. 2. 2.〉
③ 법 제76조의8제3항에서 "대통령령으로 정하는 요건을 갖춘 내국법인"이란 다음 각 호의 요건을 모두 갖춘 내국법인으로서 기획재정부령으로 정하는 내국법인 중 제1호에 따른 사업연도가 연결사업연도와 일치하지 아니하는 법인을 말한다. 〈신설 2010. 2. 18., 2018. 10. 30.〉
1. 사업연도가 법령 등에 규정되어 있어 임의로 변경하는 것이 불가능할 것
2. 법령 등에 따라 연결사업연도말에 분기별 또는 반기별 재무제표를 작성하여 「주식회사 등의 외부감사에 관한 법률」 제2조제7호에 따른 감사인의 감사의견을 받을 것
④ 삭제 〈2023. 2. 28.〉
⑤ 법 제76조의8제6항제1호의 사유가 발생한 경우 피합병법인의 연결자법인은 다음 각 호에 따라 연결납세방식을 적용할 수 있다. 〈신설 2010. 12. 30., 2013. 2. 15., 2018. 10. 30.〉
1. 합병등기일이 속하는 피합병법인의 연결사업연도 개시일부터 합병등기일까지의 기간: 피합병법인을 연결모법인으로 하여 해당 기간을 1 연결사업연도로 의제하여 연결납세방식을 적용. 이 경우 피합병법인과 그 연결자법인은 해당 기간에 대한 재무제표 및 이에 관한 「주식회사 등의 외부감사에 관한 법률」 제2조제7호에 따른 감사인의 감사의견을 피합병법인 납세지 관할세무서장을 경유하여 관할지방국세청장에게 제출하여야 한다.
2. 합병등기일 다음 날부터 합병법인의 연결사업연도 종료일까지의 기간: 합병법인을 연결모법인으로 하여 해당 기간을 1 연결사업연도로 의제하여 연결납세방식을 적용. 이 경우 합병법인이 합병으

로 새로 설립된 법인이 아닌 경우에는 기존의 연결자법인은 종전대로 연결납세방식을 적용하며, 피합병법인의 연결자법인은 1 연결사업연도로 의제된 기간을 통산하여 연결납세방식을 적용한다.

3. 제2호에 따라 연결납세방식을 적용받으려는 합병법인은 합병등기일부터 1개월 내에 기획재정부령으로 정하는 연결법인 변경신고서(새로 설립된 합병법인인 경우에는 연결납세방식 적용신청서)를 납세지 관할세무서장을 경유하여 관할지방국세청장에게 제출하여야 한다.

⑥ 법 제76조의8제6항제2호의 사유가 발생한 경우 주식의 포괄적 교환·이전(이하 이 항에서 "교환등"이라 한다)을 통해 다른 법인(이하 이 항에서 "변경연결모법인"이라 한다)의 연결가능자법인이 된 연결모법인(이하 이 항에서 "종전연결모법인"이라 한다)의 연결자법인은 다음 각 호에 따라 연결납세방식을 적용할 수 있다. 〈신설 2010. 12. 30., 2013. 2. 15., 2018. 10. 30., 2023. 2. 28.〉

1. 교환등을 한 날이 속하는 종전연결모법인의 연결사업연도 개시일부터 교환등을 한 날까지의 기간: 종전연결모법인을 연결모법인으로 하여 해당 기간을 1 연결사업연도로 의제하여 연결납세방식을 적용. 이 경우 종전연결모법인과 그 연결자법인은 해당 기간에 대한 재무제표 및 이에 관한 「주식회사 등의 외부감사에 관한 법률」 제2조제7호에 따른 감사인의 감사의견을 종전연결모법인 납세지 관할세무서장을 경유하여 관할지방국세청장에게 제출하여야 한다.

2. 교환등을 한 날의 다음 날부터 변경연결모법인의 연결사업연도 종료일까지의 기간: 변경연결모법인을 연결모법인으로 하여 해당 기간을 1 연결사업연도로 의제하여 연결납세방식을 적용. 이 경우 주식의 포괄적 교환을 한 변경연결모법인의 경우에는 기존의 연결자법인은 종전대로 연결납세방식을 적용하며, 종전연결모법인과 그 연결자법인은 1 연결사업연도로 의제된 기간을 통산하여 연결납세방식을 적용한다.

3. 제2호에 따라 연결납세방식을 적용받으려는 변경연결모법인은 교환등을 한 날부터 1개월 내에 기획재정부령으로 정하는 연결법인 변경신고서(주식의 포괄적 이전을 통해 새로 설립된 변경연결모법인의 경우에는 연결납세방식 적용신청서)를 납세지 관할세무서장을 경유하여 관할지방국세청장에게 제출하여야 한다.

⑦ 법 제76조의8제6항제3호의 사유가 발생한 경우 분할로 인하여 분할신설법인의 연결가능자법인으로 된 분할법인의 연결자법인은 다음 각 호에 따라 연결납세방식을 적용할 수 있다. 〈신설 2010. 12. 30., 2013. 2. 15., 2018. 10. 30., 2023. 2. 28.〉

1. 분할등기일이 속하는 분할법인의 연결사업연도 개시일부터 분할등기일까지의 기간: 분할법인을 연결모법인으로 하여 해당 기간을 1 연결사업연도로 의제하여 연결납세방식을 적용. 이 경우 분할법인이 분할 후 소멸하지 않는 경우에는 기존의 연결자법인은 종전대로 연결납세방식을 적용하며, 분할신설법인의 연결자법인으로 되는 분할법인의 연결자법인은 1연결사업연도로 의제된 기간을 통산하여 연결납세방식을 적용한다.

2. 분할등기일 다음 날부터 분할신설법인의 연결사업연도 종료일까지의 기간: 분할신설법인을 연결모법인으로 하여 해당 기간을 1 연결사업연도로 의제하여 연결납세방식을 적용. 이 경우 연결납세방식을 적용받으려는 분할신설법인은 분할등기일부터 1개월 내에 기획재정부령으로 정하는 연결납세방식 적용신청서를 납세지 관할세무서장을 경유하여 관할지방국세청장에게 제출하여야 한다.

3. 제1호의 경우로서 분할법인이 분할 후 소멸하는 경우에는 분할법인과 그 연결자법인은 해당 기간에 대한 재무제표 및 이에 관한 「주식회사 등의 외부감사에 관한 법률」 제2조제7호에 따른 감사인의 감사의견을 분할법인 납세지 관할세무서장을 경유하여 관할지방국세청장에게 제출하여야 한다.

[본조신설 2009. 2. 4.]

제120조의13(연결납세방식의 적용 신청 등) ① 연결납세방식을 적용받으려는 내국법인과 해당 내국법인의 법 제76조의8제1항의 연결가능자법인(이하 이 조에서 "연결대상법인등"이라 한다)은 최초의 연결사업연도 개시일부터 10일 이내에 기획재정부령으로 정하는 연결납세방식 적용 신청서를 해당 내국법인의 납세지 관할세무서장을 경유하여 관할지방국세청장에게 제출하여야 한다. 〈개정 2013. 2. 15., 2014. 2. 21., 2023. 2. 28.〉

② 제1항에 따라 연결납세방식 적용 신청서를 제출하는 연결대상법인등은 연결사업연도를 함께 신고하여야 한다. 이 경우 연결사업연도와 사업연도가 다른 연결대상법인등은 법 제7조제1항에 따라

사업연도의 변경을 신고한 것으로 본다.

③ 제1항의 신청을 받은 관할지방국세청장은 최초의 연결사업연도 개시일부터 2개월이 되는 날까지 승인 여부를 서면으로 통지하여야 하며, 그 날까지 통지하지 아니한 경우에는 승인한 것으로 본다. 〈개정 2013. 2. 15., 2014. 2. 21.〉

[본조신설 2009. 2. 4.]

제120조의14(연결납세방식의 취소 등) ① 연결모법인의 납세지 관할지방국세청장이 법 제76조의9제1항에 따라 연결납세방식의 적용 승인을 취소하는 때에는 그 사유를 연결모법인에게 서면으로 통지하여야 한다. 〈개정 2013. 2. 15.〉

② 법 제76조의9제2항 각호 외의 부분 단서에서 "대통령령으로 정하는 부득이한 사유가 있는 경우"란 법 제76조의9제1항제6호의 사유로 연결납세방식의 적용 승인이 취소된 연결집단이 취소된 날부터 1개월 이내에 새로운 모법인(법 제76조의9제1항제6호의 다른 내국법인을 말한다)을 기준으로 연결납세방식의 적용 신청서를 제출하여 승인받은 경우를 말한다. 〈신설 2016. 2. 12.〉

③ 법 제76조의9제4항에서 "대통령령으로 정하는 금액"이란 법 제76조의13제1항제1호의 금액 중 해당 법인에서 발생한 결손금으로서 각 연결사업연도의 과세표준을 계산할 때 공제되지 아니한 금액을 말한다. 〈개정 2016. 2. 12., 2024. 2. 29.〉

[본조신설 2009. 2. 4.]

제120조의15(연결납세방식의 포기 신고) 법 제76조의10제1항에 따라 연결납세방식의 적용을 포기하려는 때에는 연결모법인이 기획재정부령으로 정하는 연결납세방식 포기 신고서를 납세지 관할세무서장을 경유하여 관할지방국세청장에게 제출하여야 한다. 〈개정 2013. 2. 15.〉

[본조신설 2009. 2. 4.]

제120조의16(연결법인의 변경신고 등) ① 법 제76조의11제3항 또는 제76조의12제4항에 따라 연결모법인이 연결자법인의 변경 사실을 신고하는 때에는 기획재정부령으로 정하는 연결법인 변경신고서를 납세지 관할세무서장을 경유하여 관할지방국세청장에게 제출하여야 한다. 〈개정 2013. 2. 15., 2016. 2. 12., 2024. 2. 29.〉

② 법 제76조의12제2항 각 호 외의 부분 단서에서 "대통령령으로

정하는 부득이한 사유가 있는 경우"란 연결자법인이 파산함에 따라 해산하는 경우 또는 연결자법인이 다른 연결법인에 흡수합병되어 해산하는 경우를 말한다. 〈신설 2016. 2. 12.〉

[본조신설 2009. 2. 4.]

[제목개정 2016. 2. 12.]

제2절 과세표준과 그 계산 〈신설 2009. 2. 4.〉

제120조의17(과세표준) ① 법 제76조의13제1항 각 호 외의 부분 단서에서 "대통령령으로 정하는 연결법인"이란 제10조제1항 각 호의 어느 하나에 해당하는 법인을 말한다. 〈신설 2016. 2. 12.〉

② 법 제76조의13제1항제1호를 적용할 때에는 먼저 발생한 사업연도의 결손금부터 공제한다. 〈개정 2016. 2. 12.〉

③ 법 제76조의12제3항에 따라 연결납세방식을 적용하지 아니하는 법인의 제120조의14제3항에 따른 결손금 상당액은 법 제76조의13제1항제1호의 결손금에서 차감한다. 〈개정 2016. 2. 12., 2024. 2. 29.〉

④ 법 제76조의13제3항제1호에서 "대통령령으로 정하는 소득금액"이란 다음 계산식에 따라 계산한 금액(이하 이 장에서 "연결소득 개별귀속액"이라 한다)을 말한다. 〈개정 2024. 2. 29.〉

$$\text{법 제76조의14제1항에 따른 각 연결사업연도의 소득금액} \times \frac{\text{해당 법인의 법 제76조의14제1항 제1호부터 제4호까지의 규정에 따른 금액 (0보다 큰 경우로 한정한다)}}{\text{연결집단의 법 제76조의14제1항 제1호부터 제4호까지의 규정에 따른 금액 (0보다 큰 경우로 한정한다)의 합계액}}$$

⑤법 제76조의14제1항에 따른 각 연결사업연도의 소득금액이 0보다 작은 경우 해당 금액의 각 연결법인별 배분액은 다음 산식에 따라 계산한 금액으로 한다. 〈개정 2016. 2. 12.〉

법 제76조의 14제1항에 따른 각 연결사업연도의 결손금	×	해당법인의 법 제76조의14제1항제1호부터 제4호까지의 규정에 따라 계산한 금액 (0보다 작은 경우에 한정한다) / 각 연결법인의 법 제76조의14제1항제1호부터 제4호까지의 규정에 따라 계산한 금액 (0보다 작은 경우에 한정한다)의 합계액

⑥ 제3항 및 제120조의14제3항을 적용할 때 같은 사업연도에 2 이상의 연결법인에서 발생한 결손금이 있는 경우에는 연결사업연도의 과세표준을 계산할 때 해당 연결법인에서 발생한 결손금부터 연결소득개별귀속액을 한도로 먼저 공제하고 해당 연결법인에서 발생하지 아니한 2 이상의 다른 연결법인의 결손금은 해당 결손금의 크기에 비례하여 각각 공제된 것으로 본다. 〈개정 2016. 2. 12.〉

[본조신설 2009. 2. 4.]

제120조의18(연결법인 간 자산양도손익의 이연 등) ① 법 제76조의14제1항제3호라목에서 "유형자산 및 무형자산 등 대통령령으로 정하는 자산"이란 다음 각 호의 자산(이하 이 장에서 "양도손익이연자산"이라 한다)을 말한다. 다만, 제1호가목부터 다목까지의 자산으로서 거래 건별 장부가액이 1억원 이하인 자산은 양도손익이연자산에서 제외할 수 있다. 〈개정 2019. 2. 12., 2024. 2. 29.〉

1. 양도시점에 국내에 소재하는 다음 각 목의 자산

가. 제24조제1항제1호의 유형자산(건축물은 제외한다)

나. 제24조제1항제2호의 무형자산

다. 매출채권, 대여금ㆍ미수금 등 채권

라. 「자본시장과 금융투자업에 관한 법률」 제3조제1항에 따른 금융투자상품

마. 토지와 건축물

2. 다른 연결법인에 전액 양도하는 외국법인의 주식등

② 법 제76조의14제1항제3호를 적용할 때 양도손익이연자산을 다른 연결법인(이하 이 조에서 "양수법인"이라 한다)에 양도함에 따라 발생한 연결법인(이하 이 조에서 "양도법인"이라 한다)의 양도소득 또는 양도손실은 익금 또는 손금에 산입하지 아니하고, 양수법인에게 다음 각 호의 어느 하나의 사유가 발생한 날이 속하는 사업연도에 다음 각 호의 산식에 따라 계산한 금액을 양도법인의 익금 또는 손금에 산입한다. 다만, 해당 양도손익이연자산의 양도에 대하여 법 제52조제1항이 적용되는 경우에는 그러하지 아니하다. 〈개정

2022. 2. 15.〉

1. 양도손익이연자산을 감가상각하는 경우

$$\text{양도소득 또는 양도손실} \times \frac{\text{감가상각액}}{\text{양수법인의 장부가액}}$$

2. 양도손익이연자산을 양도(다른 연결법인에 양도하는 경우는 제외한다)하는 경우

$$\text{양도소득 또는 양도손실} \times \text{양도손익이연자산의 양도비율}$$

3. 양도손익이연자산에 대손이 발생하거나 멸실된 경우

$$\text{양도소득 또는 양도손실} \times \frac{\text{대손금액 또는 멸실금액}}{\text{양수법인의 장부가액}}$$

4. 양도한 채권의 지급기일이 도래하는 경우

$$\text{양도법인의 양도가액} - \text{양도법인의 장부가액}$$

5. 양도손익이연자산을 「상법」 제343조에 따라 소각하는 경우

$$\text{양도소득 또는 양도손실} \times \frac{\text{소각자산의 장부가액}}{\text{양수법인의 장부가액}}$$

③제2항제1호에 따라 익금 또는 손금에 산입하는 금액은 같은 호에 따른 산식 대신 다음 산식을 적용하여 계산할 수 있다. 이 경우 월수는 역에 따라 계산하되 1개월 미만의 일수는 1개월로 한다.

$$\text{양도소득 또는 양도손실} \times \frac{\text{해당 사업연도의 월수}}{\text{양도손익이연자산의 내용연수 중 경과하지 아니한 기간의 월수}}$$

④ 양도법인 또는 양수법인이 연결납세방식을 적용받지 아니하게 된 경우 제2항에 따라 양도법인이 양도손익이연자산을 양도할 때 익금 또는 손금에 산입하지 아니한 금액 중 같은 항 각 호에 따라 익금 또는 손금에 산입하고 남은 금액은 연결납세방식을 적용받지 아니하게 된 날이 속하는 사업연도에 양도법인의 익금 또는 손금에 산입한다. 〈개정 2012. 2. 2.〉

⑤ 양도법인 또는 양수법인을 다른 연결법인이 합병하는 경우 합병법인을 양도법인 또는 양수법인으로 보아 제2항을 적용한다.

⑥ 양도법인이 분할하는 경우 제2항에 따라 익금 또는 손금에 산입하지 아니한 금액은 분할법인 또는 분할신설법인(분할합병의 상대방 법인을 포함한다. 이하 이 조에서 같다)이 분할등기일 현재 순자

산가액을 기준으로 안분하여 각각 승계하고, 양수법인이 분할하는 경우로서 분할신설법인이 양도손익이연자산을 승계하는 경우에는 분할신설법인이 해당 자산을 양수한 것으로 보아 제2항을 적용한다.

⑦ 연결법인으로부터 양수한 유가증권과 연결법인 외의 법인으로부터 양수한 같은 종류의 유가증권을 보유한 양수법인이 유가증권을 양도한 경우의 소득금액 계산 등 양도손익의 이연에 관하여 필요한 사항은 기획재정부령으로 정한다.

⑧ 연결법인이 법 제34조제1항에 따라 손금에 산입하지 아니하는 금액(이하 이 항에서 "손금불산입액"이라 한다)이 있는 경우에는 당초 손비로 계상한 채권별 대손충당금의 크기에 비례하여 손금불산입액을 배분하고 다른 연결법인에 대한 채권에 대하여 계상한 대손충당금 상당액에서 배분된 손금불산입액을 뺀 금액을 법 제76조의14제1항제3호에 따라 손금에 산입하지 아니한다. 〈신설 2012. 2. 2., 2019. 2. 12.〉

[본조신설 2009. 2. 4.]

[제목개정 2012. 2. 2.]

제120조의19(연결법인의 수입배당금액의 익금불산입) ① 법 제76조의14제1항제4호에 따라 연결집단을 하나의 내국법인으로 보아 법 제18조의2를 준용하여 계산한 익금에 산입하지 아니하는 금액은 수입배당금액을 지급한 내국법인에 출자한 각 연결법인의 출자비율의 합계액 중 해당 연결법인의 출자비율이 차지하는 비율에 따라 해당 연결법인에 배분하여 익금에 산입하지 아니한다. 〈개정 2012. 2. 2., 2023. 2. 28.〉

② 제1항을 적용할 때 법 제18조의2제1항제1호에 따른 출자비율은 각 연결법인이 수입배당금액을 지급한 내국법인에 출자한 비율을 더하여 계산하고, 같은 항 제2호의 차입금 및 차입금의 이자는 각 연결법인의 차입금 및 차입금의 이자를 더하여 계산하되, 연결법인 간 차입금 및 차입금의 이자(해당 차입거래에 대하여 법 제52조제1항이 적용되는 경우는 제외한다)를 뺀 금액으로 한다. 〈개정 2012. 2. 2., 2019. 2. 12., 2023. 2. 28.〉

③ 제1항을 적용할 때 제17조의2제3항의 계산식에서 재무상태표상의 자산총액은 각 연결법인의 재무상태표상의 자산총액의 합계액(연결법인에 대한 대여금·매출채권 및 연결법인의 주식 등 기획재

정부령으로 정하는 자산을 제거한 후의 금액을 말한다)으로 한다. 〈개정 2012. 2. 2., 2013. 2. 15., 2019. 2. 12., 2023. 2. 28.〉

[본조신설 2009. 2. 4.]

제120조의20(연결법인의 기부금의 손금불산입) ①법 제76조의14제1항제4호에 따라 연결집단을 하나의 내국법인으로 보아 법 제24조를 준용하여 계산한 손금에 산입하지 않는 금액 중 각 연결법인별 배분액은 다음 각 호의 금액의 합계액으로 한다. 〈개정 2010. 12. 30., 2012. 2. 2., 2019. 2. 12., 2021. 2. 17.〉

1. 법 제24조제2항제1호에 따른 기부금과 같은 조 제3항제1호에 따른 기부금 외의 기부금으로서 해당 연결법인이 지출한 기부금

2. 법 제24조제2항제1호에 따른 기부금과 같은 조 제3항제1호에 따른 기부금에 대하여 각각 다음 산식에 따라 계산한 금액

$$\text{연결집단을 하나의 내국법인으로 보아 계산한 해당 기부금의 손금불산입액} \times \frac{\text{해당 연결법인의 해당 기부금 지출액}}{\text{각 연결법인의 해당 기부금 지출액의 합계액}}$$

②법 제76조의14제1항제4호에 따라 손금에 산입하지 않은 법 제24조제3항제1호에 따른 기부금 및 같은 조 제2항제1호에 따른 기부금의 손금산입한도액 초과금액을 법 제24조제5항에 따라 이월하여 손금에 산입하는 경우 먼저 발생한 사업연도의 손금산입한도액 초과금액부터 손금에 산입하며, 그 이월하여 손금에 산입하는 금액 중 각 연결법인별 배분액은 다음 계산식에 따른 금액으로 한다. 〈신설 2012. 2. 2., 2019. 2. 12., 2020. 2. 11., 2021. 2. 17.〉

$$\text{연결집단을 하나의 내국법인으로 보아 계산한 기부금 한도초과 이월액 중 손금산입액} \times \frac{\text{해당 연결법인의 해당 기부금의 손금산입한도 초과금액}}{\text{각 연결법인의 해당 기부금의 손금산입한도 초과금액의 합계액}}$$

[본조신설 2009. 2. 4.]

제120조의21(연결법인의 기업업무추진비의 손금불산입) ① 법 제76조의14제1항제4호에 따라 연결집단을 하나의 내국법인으로 보아 법

제25조를 준용하여 계산한 손금에 산입하지 아니하는 금액 중 각 연결법인별 배분액은 다음 각 호의 금액의 합계액으로 한다. 〈개정 2019. 2. 12., 2023. 2. 28.〉

1. 법 제25조제4항에 따라 손금에 산입하지 아니하는 금액 중 다음 산식에 따라 계산한 금액

$$\text{연결집단을 하나의 내국법인으로 보아 계산한 기업업무추진비의 손금불산입액} \times \frac{\text{해당 연결법인의 기업업무추진비 지출액}}{\text{각 연결법인의 기업업무추진비 지출액의 합계액}}$$

2. 법 제25조제2항에 따라 손금에 산입하지 아니하는 금액 중 해당 연결법인이 지출한 금액

② 제1항을 적용할 때 법 제25조제4항제2호의 수입금액은 각 연결법인의 수입금액의 합계액에서 연결법인 간 양도손익이연자산의 양도에 따른 수입금액을 뺀 금액으로 한다. 〈개정 2019. 2. 12.〉

[본조신설 2009. 2. 4.]

[제목개정 2023. 2. 28.]

제3절 세액의 계산 〈신설 2009. 2. 4.〉

제120조의22(연결법인의 산출세액의 계산) ① 법 제76조의15제2항에서 "대통령령으로 정하는 금액"이란 해당 사업연도에 연결납세방식을 적용하지 아니하고 「조세특례제한법」 제100조의32에 따라 계산한 미환류소득을 말한다. 〈신설 2015. 2. 3., 2019. 2. 12.〉

② 법 제76조의15제4항에 따른 연결법인별 산출세액은 제1호의 금액에 제2호의 비율을 곱하여 계산한 금액으로 한다. 이 경우 연결법인에 법 제55조의2에 따른 토지등양도소득에 대한 법인세액 및 「조세특례제한법」 제100조의32에 따른 투자·상생협력 촉진을 위한 과세특례를 적용하여 계산한 법인세액이 있는 경우에는 이를 가산한다. 〈개정 2015. 2. 3., 2025. 2. 28.〉

1. 해당 연결법인의 연결소득개별귀속액에서 법 제76조의13제1항에 따라 각 연결사업연도의 과세표준 계산 시 공제된 결손금(해당 연결법인의 연결소득개별귀속액에서 공제된 금액을 말한다)과 해당

연결법인의 비과세소득 및 소득공제액을 뺀 금액(이하 이 장에서 "과세표준 개별귀속액"이라 한다)

2. 법 제76조의13제1항에 따른 연결사업연도의 소득에 대한 과세표준에 대한 법 제76조의15제1항의 연결산출세액(법 제55조의2에 따른 토지등양도소득에 대한 법인세액 및 「조세특례제한법」 제100조의32에 따른 투자·상생협력 촉진을 위한 과세특례를 적용하여 계산한 법인세액은 제외한다)의 비율(이하 이 장에서 "연결세율"이라 한다)

③ 제2항에 따라 각 연결법인의 과세표준 개별귀속액을 계산할 때 2 이상의 연결법인의 연결소득개별귀속액에서 다른 연결법인의 결손금을 공제하는 경우에는 각 연결소득개별귀속액(해당 법인에서 발생한 결손금을 뺀 금액을 말한다)의 크기에 비례하여 공제한다. 〈개정 2015. 2. 3., 2023. 2. 28.〉

④ 제2항에도 불구하고 다음 각 호의 구분에 따른 연결법인이 있는 경우 그 연결법인에 대한 연결법인별 산출세액은 해당 호에서 정하는 금액으로 한다. 이 경우 해당 연결법인에 법 제55조의2에 따른 토지등양도소득에 대한 법인세가 있는 경우에는 이를 가산한다. 〈신설 2024. 2. 29.〉

1. 법 제76조의19제5항제1호 각 목의 어느 하나에 해당하는 연결법인: 다음 계산식에 따라 계산한 금액

$$A \times (B \div C)$$

A: 각 연결법인별 조정 과세표준 상당액[법 제76조의14제1항에 따라 계산한 각 연결법인별 소득에서 법 제76조의13제1항에 따라 각 연결사업연도의 과세표준 계산 시 공제한 결손금(해당 법인에서 발생한 결손금으로서 해당 법인의 소득에서 공제한 금액으로 한정한다), 비과세소득 및 소득공제액을 차감한 금액을 말한다]

B: 조정 연결산출세액(각 연결법인별 조정 과세표준 상당액의 합계액에 법 제55조제1항에 따른 세율을 적용하여 계산한 금액을 말한다)

C: 조정 과세표준 상당액(각 연결법인별 조정 과세표준 상당액의 합계액을 말한다)

2. 법 제76조의19제5항제2호 각 목의 어느 하나에 해당하는 연결법인: 다음 계산식에 따라 계산한 금액

$$D \times (E \div F)$$

D: 결손금 조정세액(법 제76조의15제1항에 따른 연결산출세액에서 제1호의 계산식 B에 해당하는 금액을 차감한 금액을 말한다)

E: 각 연결법인별 결손금 공제액(법 제76조의14제1항에 따라 다른 연결법인의 소득금액에 합쳐진 결손금과 법 제76조의13제1항제1호에 따라 다른 연결법인의 연결소득개별귀속액에서 공제된 결손금의 합계액을 말한다)

F: 총 결손금 공제액(각 연결법인별 결손금 공제액을 모두 더한 금액을 말한다)

3. 법 제76조의19제5항제1호 각 목의 어느 하나와 같은 항 제2호 각 목의 어느 하나에 모두 해당하는 연결법인: 제1호의 금액과 제2호의 금액을 더하여 계산한 금액

⑤ 제4항에도 불구하고 다음 각 호의 어느 하나에 해당하는 경우에는 연결법인별 연결산출세액을 제2항에 따라 계산한 금액으로 할 수 있다. 〈신설 2024. 2. 29., 2025. 2. 28.〉

1. 연결모법인이 모든 연결자법인을 완전지배[내국법인이 다른 내국법인의 발행주식총수(주식회사가 아닌 법인인 경우에는 출자총액을 말하며, 의결권 없는 주식등을 포함한다)의 전부(「근로복지기본법」 제2조제4호에 따른 우리사주조합을 통하여 근로자가 취득한 주식 등 기획재정부령으로 정하는 주식으로서 발행주식총수의 100분의 5 이내의 주식은 제외한다)를 보유하는 경우를 말하며, 내국법인과 그 내국법인의 완전지배를 받는 법인이 보유한 다른 내국법인의 주식등의 합계가 그 다른 내국법인의 발행주식총수의 전부인 경우를 포함한다]하는 경우

2. 연결사업연도 종료일 현재 연결자법인의 발행주식총수 또는 출자총액(연결법인이 보유하지 않은 주식 또는 출자지분으로 한정한다)의 100분의 90 이상의 동의를 법 제76조의17제1항에 따른 신고기한 내에 받은 경우

[본조신설 2009. 2. 4.]

제120조의23(연결법인의 감면세액) ① 법 제76조의16제1항 및 제2항을 적용할 때 각 연결법인의 감면 또는 면제되는 세액은 감면 또는 면제되는 소득에 연결세율을 곱한 금액(감면의 경우에는 그 금액에 해당 감면율을 곱하여 산출한 금액)으로 한다. 이 경우 감면 또

는 면제되는 소득은 과세표준 개별귀속액을 한도로 하되 그 계산에 관하여는 제96조를 준용한다. 〈개정 2012. 2. 2., 2014. 2. 21.〉

②법 제76조의16제1항 및 제2항의 적용에 따라 「조세특례제한법」 제132조제1항에 따른 법인세 최저한세액에 미달하여 세액공제 또는 세액감면 등을 하지 아니하는 세액 중 연결법인별 배분액은 다음 계산식에 따른 금액으로 한다. 이 경우 「조세특례제한법」 제132조제1항제1호 및 제2호에 따른 손금산입 및 소득공제 등에 따라 감소된 세액을 포함하여 계산하며, 감소된 세액은 손금산입 및 소득공제등의 금액에 연결세율을 곱하여 계산한 금액으로 한다. 〈신설 2016. 2. 12., 2019. 2. 12.〉

$$\text{연결집단을 하나의 내국법인으로 보아 계산한 법인세 최저한세액에 미달하는 세액} \times \frac{\text{해당 연결법인의 「조세특례제한법」 제132조제1항 각 호의 어느 하나에 규정된 공제·감면 세액 등}}{\text{각 연결법인의 「조세특례제한법」 제132조제1항 각 호의 어느 하나에 규정된 공제·감면 세액 등의 합계액}}$$

[본조신설 2009. 2. 4.]

제4절 신고 및 납부 〈신설 2009. 2. 4.〉

제120조의24(연결세액의 신고) ① 법 제76조의17제1항에 따른 신고는 기획재정부령으로 정하는 각 연결사업연도의 소득에 대한 법인세과세표준 및 세액신고서로 한다.

② 법 제76조의17제1항 단서를 적용받으려는 연결모법인은 같은 항 본문에 따른 신고기한의 종료일 3일 전까지 기획재정부령으로 정하는 신고기한연장신청서를 납세지관할세무서장에게 제출하여야 한다. 〈신설 2010. 2. 18., 2016. 2. 12.〉

③ 법 제76조의17제2항제1호의 연결소득금액 조정명세서는 기획재정부령으로 정하는 연결소득금액 조정명세서를 말한다. 〈개정 2010. 2. 18.〉

④ 법 제76조의17제2항제3호에서 “연결법인 간 출자 현황 및 거래명세 등 대통령령으로 정하는 서류”란 기획재정부령으로 정하는 연결법인 간 출자현황신고서 및 연결법인 간 거래명세서를 말한다. 〈개정 2010. 2. 18., 2011. 6. 3.〉

[본조신설 2009. 2. 4.]

제120조의25(연결중간예납) ① 법 제76조의18제4항에 따른 연결법인별 중간예납세액은 직전 연결사업연도에 확정된 연결법인별 산출세액(가산세를 포함하며, 법 제55조의2의 토지등양도소득에 대한 법인세는 제외한다)에서 다음 각 호의 금액을 뺀 금액을 직전 사업연도의 개월수로 나눈 금액에 6을 곱하여 계산한 금액으로 한다.

1. 직전 연결사업연도에 해당 연결법인의 감면된 법인세액
2. 직전 연결사업연도에 해당 연결법인이 법인세로서 납부한 원천징수세액

② 연결모법인이 법 제76조의18제1항제2호에 따라 연결중간예납세액을 계산하는 경우 연결법인별 중간예납세액은 제1항에도 불구하고 해당 중간예납기간을 1사업연도로 보아 제120조의22에 따라 계산한 연결법인별 산출세액에서 다음 각 호의 금액을 뺀 금액으로 한다. 〈개정 2019. 2. 12.〉

1. 해당 중간예납기간에 해당 연결법인의 감면된 법인세액
2. 해당 중간예납기간에 해당 연결법인이 법인세로서 납부한 원천징수세액

③ 법 제76조의18제1항 각 호 외의 부분 단서에서 "업종별 매출액 등을 고려하여 대통령령으로 정하는 법인"이란 「조세특례제한법 시행령」 제2조제1항제1호의 요건을 갖춘 기업을 말한다. 〈신설 2025. 2. 28.〉

[본조신설 2009. 2. 4.]

제120조의26(연결법인세액의 정산) ① 법 제76조의19제5항제1호 각 목 외의 부분에서 "대통령령으로 정하는 바에 따라 계산한 정산금"이란 제120조의22제4항제1호의 계산식에 따라 계산한 금액을 말한다.

② 법 제76조의19제5항제2호 각 목 외의 부분에서 "대통령령으로 정하는 바에 따라 계산한 정산금"이란 제120조의22제4항제2호의 계산식에 따라 계산한 금액을 말한다.

③ 제1항 및 제2항에도 불구하고 제120조의22제5항 각 호의 어느 하나에 해당하는 경우에는 정산금을 "0"으로 할 수 있다.

[본조신설 2024. 2. 29.]

[종전 제120조의26은 제121조로 이동 〈2024. 2. 29.〉]

제3장 내국법인의 청산소득에 대한 법인세

제1절 과세표준과 그 계산

제121조(법인의 조직변경의 범위) 법 제78조제3호에서 "대통령령으로 정하는 경우"란 다음 각 호에 해당하는 경우를 말한다. 〈개정 2015. 2. 3., 2017. 2. 3.〉

1. 「변호사법」에 따라 법무법인이 법무법인(유한)으로 조직변경하는 경우
2. 「관세사법」에 따라 관세사법인이 관세법인으로 조직변경하는 경우
3. 「변리사법」에 따라 특허법인이 특허법인(유한)으로 조직변경하는 경우
4. 「협동조합 기본법」 제60조의2제1항에 따라 법인등이 협동조합으로 조직변경하는 경우
5. 「지방공기업법」 제80조에 따라 지방공사가 지방공단으로 조직변경하거나 지방공단이 지방공사로 조직변경하는 경우

[전문개정 2014. 2. 21.]

[제120조의26에서 이동, 종전 제121조는 제122조로 이동 〈2024. 2. 29.〉]

제122조(해산에 의한 청산소득금액의 계산) ①법 제79조제1항의 규정에 의한 잔여재산의 가액은 자산총액에서 부채총액을 공제한 금액으로 한다.

②제1항에서 "자산총액"이라 함은 해산등기일 현재의 자산의 합계액으로 하되, 추심할 채권과 환가처분할 자산에 대하여는 다음 각호에 의한다.

1. 추심할 채권과 환가처분할 자산은 추심 또는 환가처분한 날 현재의 금액
2. 추심 또는 환가처분전에 분배한 경우에는 그 분배한 날 현재의 시가에 의하여 평가한 금액

③법 제79조제4항 본문에서 "대통령령으로 정하는 이월결손금"이란 제16조제1항에 따른 이월결손금을 말한다. 다만, 자기자본의 총액에서 이미 상계되었거나 상계된 것으로 보는 이월결손금을 제외한다. 〈신설 2001. 12. 31., 2006. 2. 9., 2011. 6. 3., 2019. 2. 12.〉

[제121조에서 이동 〈2024. 2. 29.〉]

제123조 삭제 <2010. 6. 8.>

제2절 신고 및 납부

제124조(확정신고) ①법 제84조제1항의 규정에 의하여 신고하는 경우에는 법 제79조에 따라 계산한 청산소득의 금액을 기재한 기획재정부령이 정하는 청산소득에 대한 법인세과세표준 및 세액신고서에 법 제84조제2항 각호의 규정에 의한 서류를 첨부하여 납세지 관할 세무서장에게 제출하여야 한다. <개정 2008. 2. 29., 2010. 6. 8.>

②법 제84조제2항제2호에서 "대통령령으로 정하는 서류"란 다음 각 호의 어느 하나에 해당하는 사항이 기재된 서류를 말한다. <개정 2010. 6. 8., 2011. 6. 3.>

1. 해산(합병 또는 분할에 의한 해산을 제외한다)의 경우에는 해산한 법인의 본점 등의 소재지, 청산인의 성명 및 주소 또는 거소, 잔여재산가액의 확정일 및 분배예정일 기타 필요한 사항

2. 삭제 <2010. 6. 8.>

③법 제84조제1항제1호에서 "대통령령으로 정하는 잔여재산가액 확정일"이란 다음 각호의 날을 말한다. <개정 2011. 6. 3.>

1. 해산등기일 현재의 잔여재산의 추심 또는 환가처분을 완료한 날

2. 해산등기일 현재의 잔여재산을 그대로 분배하는 경우에는 그 분배를 완료한 날

제125조(중간신고) ①법 제85조제1항의 규정에 의하여 신고하는 경우에는 법 제86조제3항 및 제4항의 규정에 의하여 계산한 청산소득의 금액을 기재한 기획재정부령이 정하는 청산소득에 대한 법인세과세표준 및 세액신고서에 법 제85조제2항의 규정에 의한 서류를 첨부하여 납세지 관할 세무서장에게 제출하여야 한다. <개정 2008. 2. 29.>

②법 제85조제2항에서 "대통령령으로 정하는 서류"란 제124조제2항제1호에 규정하는 사항이 기재된 서류를 말한다. <개정 2011. 6. 3.>

제126조(납부 등) ①법 제86조의 규정에 의하여 청산소득에 대한 법인세를 납부하는 경우에는 법 제84조 또는 법 제85조의 규정에 의한 신고와 함께 납세지 관할 세무서 등에 납부하여야 한다. 이 경

우 제101조제1항의 규정을 준용한다.

②법 제86조제4항에서 "대통령령으로 정하는 잔여재산가액 예정액"이란 해산등기일부터 1년이 되는 날 현재의 자산을 시가에 의하여 평가한 금액의 합계액에서 부채총액을 공제한 금액을 말한다. 〈개정 2011. 6. 3.〉

제127조 삭제 〈2012. 2. 2.〉

제4장 외국법인의 각 사업연도의 소득에 대한 법인세

제1절 과세표준과 그 계산

제128조(과세표준의 계산) 법 제91조제1항에 따라 외국법인의 각 사업연도의 소득에 대한 법인세의 과세표준을 계산할 때 같은 항 제1호에 따른 결손금의 공제에 관하여는 제10조제3항을 준용한다 〈개정 2016. 2. 12., 2019. 2. 12.〉

제129조(국내원천소득금액의 계산) ①법 제92조에 따라 외국법인의 각 사업연도의 국내원천소득의 총합계액을 계산할 때 익금과 손금의 계산은 법과 이 영에서 달리 정하는 것을 제외하고는 다음 각 호에 따른다. 〈개정 2001. 12. 31., 2009. 2. 4., 2010. 2. 18., 2012. 2. 2., 2014. 2. 21., 2019. 2. 12., 2020. 2. 11., 2021. 2. 17.〉

1. 법 제14조의 규정에 의한 손금은 법 제93조의 규정에 의한 국내원천소득과 관련되는 수입금액·자산가액과 국내원천소득에 합리적으로 배분되는 것에 한한다.

2. 법 제33조에 따른 퇴직급여충당금을 계상하는 경우에는 해당 외국법인의 임원 또는 직원 중 해당 외국법인이 국내에서 영위하는 사업을 위하여 국내에서 채용하고 법 제94조에 따른 국내사업장(이하 "국내사업장"이라 한다)에서 상시 근무하거나 법 제93조제3호에 따른 국내원천 부동산소득의 발생지에서 상시 근무하는 임원 또는 직원에 대한 것에 한정한다.

3. 법 제21조제1호·제3호·제4호 및 제5호에 따른 법인세·법인지방소득세·벌금·과료·과태료·가산금·강제징수비·공과금 등은 외국의 법령에 따라 부과된 것을 포함한다.

4. 제24조제1항제1호의 유형자산 및 같은 항 제2호가목부터 라목까지의 규정에 따른 무형자산은 해당 외국법인의 유형자산 및 무형자산 중 국내사업장에 귀속되는 사업용자산에 한정한다.

5. 제68조제4항에 따른 장기할부기간 중에 국내사업장을 가지지 아니하게 된 때에는 회수되지 아니한 판매 또는 양도금액과 이에 대응하는 비용은 국내사업장을 가지지 아니하게 된 날이 속하는 사업연도의 익금과 손금에 각각 산입한다.

6. 제24조제1항제2호바목 및 사목에 따른 무형자산은 해당 외국법인의 무형자산 중 해당 외국법인이 국내에서 영위하는 사업에 귀속되거나 국내사업장에 귀속되는 자산과 관련되는 것에 한정한다.

7. 기획재정부령으로 정하는 외국법인 국내지점의 임직원에게 부여된 기획재정부령으로 정하는 주식매수선택권등이 행사되거나 지급된 경우로서 국내지점이 외국법인에 그 행사 또는 지급비용으로 보전하는 금액 중 국내 근로제공으로 발생하는 소득에 해당하는 금액은 손금에 산입한다.

②국내사업장에서 발생된 판매비 및 일반관리비 기타의 경비중 국내원천소득의 발생과 관련되지 아니하는 것으로서 기획재정부령이 정하는 것은 법 제14조에 규정하는 손금에 산입하지 아니한다. 〈개정 2008. 2. 29.〉

③법 제92조제2항제1호 단서에서 "대통령령으로 정하는 바에 따라 확인된 해당 유가증권의 취득가액 및 양도비용"이란 제132조제8항에 따른 유가증권의 양도자 또는 그 대리인이 원천징수의무자에게 원천징수를 하는 날까지 제출하는 출자금 또는 주금납입영수증·양도증서·대금지급영수증, 그 밖에 출자 또는 취득 및 양도에 소요된 금액을 증명하는 자료에 의하여 그 유가증권의 취득가액 및 양도비용이 확인된 다음 각 호의 금액을 말한다. 〈개정 2000. 12. 29., 2008. 2. 22., 2010. 12. 30., 2021. 2. 17., 2022. 2. 15.〉

1. 당해 유가증권의 취득 또는 양도에 실제로 직접 소요된 금액(그 취득 또는 양도에 따라 직접 소요된 조세·공과금 또는 중개수수료를 포함한다). 다만, 당해 유가증권이 출자증권 또는 주식으로서 그 출자증권 또는 주식에 법인의 잉여금의 전부 또는 일부를 출자 또는 자본의 금액에 전입함으로써 취득한 것이 포함되어 있는 경우에는 제14조제2항의 규정을 준용하여 계산한 금액으로 한다.

2. 수증자, 그 밖에 이에 준하는 자가 양도한 유가증권의 취득가액은 해당 양도자산이 당초의 증여자, 그 밖에 이에 준하는 자를 해당 유가증권의 양도자로 보고 제1호에 따라 계산한 금액. 다만, 해

당 유가증권이 법 제93조제10호다목에 따라 과세된 경우에는 해당 유가증권의 수증당시의 시가

3. 제88조제1항제8호 각 목의 어느 하나 또는 같은 항 제8호의2에 해당하는 자본거래로 인하여 취득한 유가증권의 취득가액은 제1호에 따라 계산한 금액에 제132조제14항의 금액을 더한 금액

④ 삭제 〈2022. 2. 15.〉

⑤ 삭제 〈2022. 2. 15.〉

제129조(국내원천소득금액의 계산) ①법 제92조에 따라 외국법인의 각 사업연도의 국내원천소득의 총합계액을 계산할 때 익금과 손금의 계산은 법과 이 영에서 달리 정하는 것을 제외하고는 다음 각 호에 따른다. 〈개정 2001. 12. 31., 2009. 2. 4., 2010. 2. 18., 2012. 2. 2., 2014. 2. 21., 2019. 2. 12., 2020. 2. 11., 2021. 2. 17.〉

1. 법 제14조의 규정에 의한 손금은 법 제93조의 규정에 의한 국내원천소득과 관련되는 수입금액·자산가액과 국내원천소득에 합리적으로 배분되는 것에 한한다.

2. 법 제33조에 따른 퇴직급여충당금을 계상하는 경우에는 해당 외국법인의 임원 또는 직원 중 해당 외국법인이 국내에서 영위하는 사업을 위하여 국내에서 채용하고 법 제94조에 따른 국내사업장(이하 "국내사업장"이라 한다)에서 상시 근무하거나 법 제93조제3호에 따른 국내원천 부동산소득의 발생지에서 상시 근무하는 임원 또는 직원에 대한 것에 한정한다.

3. 법 제21조제1호·제3호·제4호 및 제5호에 따른 법인세·법인지방소득세·벌금·과료·과태료·가산금·강제징수비·공과금 등은 외국의 법령에 따라 부과된 것을 포함한다.

4. 제24조제1항제1호의 유형자산 및 같은 항 제2호가목부터 라목까지의 규정에 따른 무형자산은 해당 외국법인의 유형자산 및 무형자산 중 국내사업장에 귀속되는 사업용자산에 한정한다.

5. 제68조제4항에 따른 장기할부기간 중에 국내사업장을 가지지 아니하게 된 때에는 회수되지 아니한 판매 또는 양도금액과 이에 대응하는 비용은 국내사업장을 가지지 아니하게 된 날이 속하는 사업연도의 익금과 손금에 각각 산입한다.

6. 제24조제1항제2호바목 및 사목에 따른 무형자산은 해당 외국법인의 무형자산 중 해당 외국법인이 국내에서 영위하는 사업에 귀

속되거나 국내사업장에 귀속되는 자산과 관련되는 것에 한정한다.

7. 기획재정부령으로 정하는 외국법인 국내지점의 임직원에게 부여된 기획재정부령으로 정하는 주식매수선택권등이 행사되거나 지급된 경우로서 국내지점이 외국법인에 그 행사 또는 지급비용으로 보전하는 금액 중 국내 근로제공으로 발생하는 소득에 해당하는 금액은 손금에 산입한다.

②국내사업장에서 발생된 판매비 및 일반관리비 기타의 경비중 국내원천소득의 발생과 관련되지 아니하는 것으로서 기획재정부령이 정하는 것은 법 제14조에 규정하는 손금에 산입하지 아니한다. 〈개정 2008. 2. 29.〉

③법 제92조제2항제1호가목에서 "대통령령으로 정하는 바에 따라 확인된 해당 유가증권의 취득가액 및 양도비용"이란 제132조제8항에 따른 유가증권의 양도자 또는 그 대리인이 원천징수의무자에게 원천징수를 하는 날까지 제출하는 출자금 또는 주금납입영수증·양도증서·대금지급영수증, 그 밖에 출자 또는 취득 및 양도에 소요된 금액을 증명하는 자료에 의하여 그 유가증권의 취득가액 및 양도비용이 확인된 다음 각 호의 금액을 말한다. 〈개정 2000. 12. 29., 2008. 2. 22., 2010. 12. 30., 2021. 2. 17., 2022. 2. 15., 2022. 3. 8.〉

1. 당해 유가증권의 취득 또는 양도에 실제로 직접 소요된 금액(그 취득 또는 양도에 따라 직접 소요된 조세·공과금 또는 중개수수료를 포함한다). 다만, 당해 유가증권이 출자증권 또는 주식으로서 그 출자증권 또는 주식에 법인의 잉여금의 전부 또는 일부를 출자 또는 자본의 금액에 전입함으로써 취득한 것이 포함되어 있는 경우에는 제14조제2항의 규정을 준용하여 계산한 금액으로 한다.

2. 수증자, 그 밖에 이에 준하는 자가 양도한 유가증권의 취득가액은 해당 양도자산이 당초의 증여자, 그 밖에 이에 준하는 자를 해당 유가증권의 양도자로 보고 제1호에 따라 계산한 금액. 다만, 해당 유가증권이 법 제93조제10호다목에 따라 과세된 경우에는 해당 유가증권의 수증당시의 시가

3. 제88조제1항제8호 각 목의 어느 하나 또는 같은 항 제8호의2에 해당하는 자본거래로 인하여 취득한 유가증권의 취득가액은 제1호에 따라 계산한 금액에 제132조제14항의 금액을 더한 금액

④ 법 제92조제2항제1호나목에서 "대통령령으로 정하는 금액"이란 외국법인이 가상자산을 인출하는 시점에 그 가상자산을 보관·관리하는 「특정 금융거래정보의 보고 및 이용 등에 관한 법률」 제2조제1호하목에 따른 가상자산사업자나 이와 유사한 사업자(이하 "가상자산사업자등"이라 한다)가 표시한 그 가상자산 1개의 가액에 인출한 가상자산의 수량을 곱한 금액을 말한다. 〈신설 2022. 3. 8.〉

⑤ 법 제92조제2항제1호나목에서 "대통령령으로 정하는 취득가액등"이란 「소득세법」 제37조제1항제3호, 같은 조 제5항 및 같은 법 시행령 제88조제2항부터 제4항까지의 규정에 따른 가상자산의 필요경비 계산 규정을 준용하여 계산하되, 평가방법은 「가상자산 이용자 보호 등에 관한 법률」 제7조제1항제3호에 따른 이용자의 가상자산 주소별로 이동평균법을 적용하여 계산한 금액을 말한다. 다만, 외국법인이 가상자산사업자등에게 가상자산을 직접 입고한 경우 입고한 가상자산의 취득가액은 입고시점에 해당 가상자산사업자등이 표시한 그 가상자산 1개의 가액에 입고한 가상자산의 수량을 곱한 금액으로 한다. 〈신설 2022. 3. 8., 2025. 2. 28.〉

⑥ 제4항 및 제5항에 따른 수입금액과 취득가액 등을 산출할 때 가상자산의 가치가 금액으로 표시되지 않는 경우에는 「소득세법 시행령」 제88조제3항 및 제4항을 준용하여 해당 금액을 산출한다. 이 경우 "교환거래"는 "가상자산의 입고 또는 인출"로 본다. 〈신설 2022. 3. 8.〉

[시행일: 2027. 1. 1.] 제129조

제129조의2(국내사업장이 없는 외국법인 등의 양도소득금액의 계산) ①법 제92조제3항제1호 단서에서 "대통령령으로 정하는 토지등"이란 출연받은 날부터 3년 이내에 양도하는 토지등을 말한다. 다만, 1년 이상 다음 각 호의 어느 하나에 해당하는 사업(보건업 외에 제3조제1항에 따른 수익사업은 제외한다)에 직접 사용한 토지등을 제외한다. 〈개정 2010. 12. 30., 2018. 2. 13., 2019. 2. 12.〉

1. 법령에서 직접 사업을 정한 경우에는 그 법령에 규정된 사업

2. 행정관청으로부터 허가·인가 등을 받은 경우에는 그 허가·인가 등을 받은 사업

②「상속세 및 증여세법」에 의하여 상속세과세가액 또는 증여세과세가액에 산입되지 아니한 출연재산이 그 후에 과세요인이 발생하여

그 과세가액에 산입되지 아니한 상속세 또는 증여세의 전액 상당액이 부과되는 경우에는 제1항의 규정을 적용하지 아니한다. 〈개정 2005. 2. 19.〉

③법 제92조제3항제1호를 적용할 때 수증자 그 밖에 이에 준하는 자가 양도한 자산의 취득가액은 당초 증여자 그 밖에 이에 준하는 자를 당해 양도자산의 양도자로 보아 계산한 금액으로 한다. 다만, 해당 자산이 법 제93조제10호다목에 따라 과세된 경우에는 해당 자산의 수증당시 시가로 계산한 금액으로 한다. 〈개정 2010. 12. 30.〉

④법 제92조제3항제2호의 규정을 적용함에 있어 토지등을 양도하기 위하여 직접 지출한 비용은 「소득세법 시행령」 제163조제5항의 규정을 준용하여 계산한 금액으로 한다. 〈개정 2005. 2. 19.〉

⑤법 제92조제4항의 규정을 적용함에 있어 취득가액의 실지거래가액은 「소득세법 시행령」 제163조제1항 및 제3항을 준용하여 계산한 금액으로 한다. 〈개정 2005. 2. 19.〉

⑥법 제91조제2항의 규정에 의한 외국법인이 각 사업연도에 법 제93조제7호의 자산을 2회 이상 양도한 경우에 있어서 법 제92조제3항에 의한 양도소득금액의 계산은 당해 사업연도에 양도한 자산별로 법 제92조제3항에 의하여 계산한 소득금액을 합산한 금액으로 한다. 이 경우 양도한 자산중 법 제92조제3항제1호 및 제2호의 합계액이 당해 자산의 양도가액을 초과하는 자산이 있는 때에는 그 초과하는 금액을 차감하여 양도소득금액을 계산한다.

[본조신설 2001. 12. 31.]

제129조의3(외국법인 본·지점 간의 자금거래에 따른 이자의 손익계산) ① 외국법인 국내지점의 자본금 계정상의 금액이 다음 각 호에 따라 산정한 금액(이하 이 조에서 "자본금 추산액"이라 한다)에 미달하는 경우에는 외국법인의 본점 또는 해외지점으로부터 공급받은 총자금 중 그 미달하는 금액에 상당하는 금액에 대한 지급이자(이하 이 조에서 "간주자본 지급이자"라 한다)를 손금에 산입하지 않는다. 이 경우 국내지점은 다음 각 호의 어느 하나의 금액을 선택하여 적용할 수 있다. 〈개정 2021. 1. 5.〉

1. 국내지점의 총자산액에 외국법인의 본·지점 전체의 해당 사업연도 말 현재 재무상태표상의 총자산액에서 자기자본금이 차지하는 비율을 곱하여 산정한 금액

2. 국내지점의 기능, 소유자산, 부담한 위험 등을 반영하여 기획재정부령으로 정하는 방법으로 산정한 금액

② 자본금 추산액을 산정할 때 본·지점 간 회계처리 방법에 차이가 있으면 본점의 회계처리 방법을 사용할 수 있다. 이 경우 국내지점은 본점의 회계처리 방법으로 조정한 자료를 보관·비치하여야 한다.

③ 「국제조세조정에 관한 법률」 제22조에 따라 손금에 산입되지 않는 지급이자(이하 이 항에서 "과소자본 지급이자"라 한다)와 간주자본 지급이자가 동시에 발생한 경우에는 다음 각 호에 따른다. 〈개정 2021. 2. 17.〉

1. 간주자본 지급이자가 과소자본 지급이자보다 적은 경우에는 손금에 산입하지 아니하는 간주자본 지급이자는 없는 것으로 본다.

2. 간주자본 지급이자가 과소자본 지급이자보다 많은 경우에는 간주자본 지급이자에서 과소자본 지급이자를 뺀 금액만을 손금에 산입하지 아니한다.

④ 제1항의 적용대상 국내지점 등 그 밖의 필요한 사항은 기획재정부령으로 정한다.

[본조신설 2009. 2. 4.]

제130조(국내사업장과 본점 등의 거래에 대한 국내원천소득금액의 계산) ① 외국법인의 국내사업장의 각 사업연도의 소득금액을 결정함에 있어서 국내사업장과 국외의 본점 및 다른 지점(이하 이 조에서 "본점등"이라 한다)간 거래(이하 "내부거래"라 한다)에 따른 국내원천소득금액의 계산은 법 및 이 영에서 달리 정하는 것을 제외하고는 제131조제1항의 정상가격(이하 이 조에서 "정상가격"이라 한다)에 의하여 계산한 금액으로 한다. 〈신설 2013. 2. 15.〉

② 제1항을 적용할 때 내부거래에 따른 비용은 정상가격의 범위에서 국내사업장에 귀속되는 소득과 필수적 또는 합리적으로 관련된 비용에 한정하여 손금에 산입하고, 자금거래에 따른 이자(제129조의3에 따른 이자는 제외한다) 등 기획재정부령으로 정하는 비용은 이를 손금에 산입하지 않는다. 다만, 자금거래에 따른 이자에 대해 조세조약에 따라 손금에 산입할 수 있는 경우에는 그렇지 않다. 〈개정 2020. 2. 11.〉

③ 외국법인의 국내사업장의 각 사업연도의 소득금액을 결정함에 있어서 본점등의 경비중 공통경비로서 그 국내사업장의 국내원천소

득의 발생과 합리적으로 관련된 것은 국내사업장에 배분하여 손금에 산입한다. 〈개정 2013. 2. 15.〉

④ 제1항 및 제2항에 따라 외국법인이 내부거래에 따른 국내원천소득금액을 계산할 때에는 내부거래 명세서, 경비배분계산서 등 기획재정부령으로 정하는 서류를 사업연도 종료일이 속하는 달의 말일부터 6개월 이내 납세지 관할 세무서장에게 제출해야 하고, 그 계산에 관한 증명서류를 보관·비치해야 한다. 〈신설 2020. 2. 11., 2022. 2. 15.〉

⑤ 제1항부터 제4항까지의 규정을 적용할 때 내부거래에 따른 국내원천소득금액과 자본의 계산 절차 및 방법, 국내사업장에 배분되는 경비의 범위·배분방식, 업종별 경비배분방법 및 경비배분 시 외화의 원화환산방법, 그 밖에 필요한 사항은 기획재정부령으로 정한다. 〈신설 2013. 2. 15., 2020. 2. 11.〉

[제목개정 2013. 2. 15.]

제131조(정상가격의 범위 등) ①법 제92조제2항제2호 본문에서 "대통령령으로 정하는 정상가격"이란 「국제조세조정에 관한 법률」 제8조 및 같은 법 시행령 제5조부터 제16조까지의 규정에 따른 방법을 준용하여 계산한 가액을 말한다. 〈개정 2005. 2. 19., 2010. 12. 30., 2021. 2. 17.〉

②법 제92조제2항제2호가목에서 "대통령령으로 정하는 특수관계"란 다음 각 호의 어느 하나의 관계를 말한다. 〈개정 2005. 2. 19., 2006. 2. 9., 2010. 12. 30.〉

1. 일방이 타방의 의결권 있는 주식의 100분의 50 이상을 직접 또는 간접으로 소유하고 있는 관계

2. 제3자가 일방 또는 타방의 의결권 있는 주식의 100분의 50 이상 직접 또는 간접으로 각각 소유하고 있는 경우 그 일방과 타방간의 관계

③제1항에 따른 정상가격을 산출할 수 없는 경우에 한하여 「소득세법」 제99조제1항제3호부터 제6호까지의 규정과 「상속세 및 증여세법」 제63조제3항을 준용하여 평가한 가액을 정상가격으로 한다. 〈개정 2001. 8. 14., 2005. 2. 19., 2014. 2. 21.〉

④제2항제1호 또는 제2호에서 주식의 간접소유비율의 계산에 관하여는 「국제조세조정에 관한 법률 시행령」 제2조제3항을 준용한다.

〈신설 2006. 2. 9., 2021. 2. 17.〉

⑤ 법 제92조제2항제2호나목에서 “대통령령으로 정하는 경우”란 정상가격과 거래가격의 차액이 3억원 이상이거나 정상가격의 100분의 5에 상당하는 금액 이상인 경우를 말한다. 〈신설 2012. 2. 2.〉

제131조의2(외국법인의 장외 유가증권거래에 관한 자료제출) 법 제92조제2항제2호가목에 해당하는 유가증권의 양도가 「자본시장과 금융투자업에 관한 법률」 제9조제13항에 따른 증권시장(이하 “증권시장”이라 한다)을 통하지 아니하고 이루어진 경우에는 해당 유가증권의 양도로 발생하는 소득의 지급자가 기획재정부령으로 정하는 국외특수관계인간주식양도가액검토서를 법 제98조제1항에 따른 원천징수세액 납부기한까지 제출하여야 한다. 〈개정 2001. 8. 14., 2005. 2. 19., 2008. 2. 29., 2009. 2. 4., 2010. 12. 30., 2012. 2. 2.〉

[본조신설 2000. 12. 29.]

제131조의3 삭제 〈2024. 12. 31.〉

제132조(국내원천소득의 범위) ①법 제93조제4호에서 “대통령령으로 정하는 용구”란 운반구·공구·기구 및 비품을 말한다. 〈신설 2003. 12. 30., 2011. 6. 3.〉

②법 제93조제5호 본문에서 “대통령령으로 정하는 소득”이란 「소득세법」 제19조에 따른 사업 중 국내에서 영위하는 사업에서 발생하는 다음 각 호의 소득을 말한다. 〈개정 2000. 12. 29., 2003. 12. 30., 2005. 2. 19., 2008. 2. 29., 2011. 6. 3., 2019. 2. 12.〉

1. 외국법인이 국외에서 양도받은 재고자산을 국외에서 제조·가공·육성 기타 가치를 증대시키기 위한 행위(이하 이 조에서 “제조등”이라 한다)를 하지 아니하고 이를 국내에서 양도하는 경우(당해 재고자산에 대하여 국내에서 제조 등을 한 후 양도하는 경우를 포함한다)에는 그 국내에서의 양도에 의하여 발생하는 모든 소득

2. 외국법인이 국외에서 제조등을 행한 재고자산을 국내에서 양도하는 경우(당해 재고자산에 대하여 국내에서 제조등을 한 후 양도하는 경우를 포함한다)에는 그 양도에 의하여 발생하는 소득중 국외에서 제조등을 행한 타인으로부터 통상의 거래조건에 따라 당해 자산을 취득하였다고 가정할 때에 이를 양도하는 경우(국내에서 행한 제조등을 한 후 양도하는 경우를 포함한다) 그 양도에 의하여 발생하는 소득

3. 외국법인이 국내에서 제조등을 행한 재고자산을 국외에서 양도하는 경우(당해 재고자산에 대하여 국외에서 제조등을 한 후 양도하는 경우를 포함한다)에는 그 양도에 의하여 발생하는 소득중 국내에서 제조한 당해 재고자산을 국외의 타인에게 통상의 거래조건에 따라 양도하였다고 가정할 때에 그 국내에서 행한 제조등에 의하여 발생하는 소득

4. 외국법인이 국외에서 건설·설치·조립 기타 작업에 관하여 계약을 체결하거나 필요한 인원이나 자재를 조달하여 국내에서 작업을 시행하는 경우에는 당해 작업에 의하여 발생하는 모든 소득

5. 외국법인이 국내 및 국외에 걸쳐 손해보험 또는 생명보험사업을 영위하는 경우에는 당해 사업에 의하여 발생하는 소득중 국내에 있는 당해 사업에 관한 영업소 또는 보험계약의 체결을 대리하는 자를 통하여 체결한 보험계약에 의하여 발생하는 소득

6. 출판사업 또는 방송사업을 영위하는 외국법인이 국내 및 국외에 걸쳐 타인을 위하여 광고에 관한 사업을 행하는 경우에는 당해 광고에 관한 사업에 의하여 발생하는 소득중 국내에서 행하는 광고에 의하여 발생한 소득

7. 외국법인이 국내 및 국외에 걸쳐 선박에 의한 국제운송업을 영위하는 경우에는 국내에서 승선한 여객이나 선적한 화물에 관련하여 발생하는 수입금액을 기준으로 하여 판정한 그 법인의 국내업무에서 발생하는 소득

8. 외국법인이 국내 및 국외에 걸쳐 항공기에 의한 국제운송업을 영위하는 경우에는 국내에서 탑승한 여객이나 적재한 화물과 관련하여 발생하는 수입금액과 경비, 국내업무용 유형·무형자산의 가액이나 그 밖에 그 국내업무가 해당 운송업에 대한 소득의 발생에 기여한 정도 등을 고려하여 기획재정부령으로 정하는 방법에 따라 계산한 그 법인의 국내업무에서 발생하는 소득

9. 외국법인이 국내 및 국외에 걸쳐 제1호 내지 제8호외의 사업을 영위하는 경우에는 당해 사업에서 발생하는 소득중 당해 사업에 관련된 업무를 국내업무와 국외업무로 구분하여 이들 업무를 각각 다른 독립사업자가 행하고 또한 이들 독립사업자간에 통상의 거래조건에 의한 거래가격에 따라 거래가 이루어졌다고 가정할 경우 그 국내업무와 관련하여 발생하는 소득 또는 그 국내업무에 관한 수입

금액과 경비, 소득 등을 측정하는데 합리적이라고 판단되는 요인을 고려하여 판정한 그 국내업무와 관련하여 발생하는 소득

10. 외국법인이 발행한 주식 또는 출자증권으로서 유가증권시장 등에 상장 또는 등록된 것에 투자하거나 기타 이와 유사한 행위를 함으로써 발생하는 소득

11. 외국법인이 산업상·상업상 또는 과학상의 기계·설비·장치·운반구·공구·기구 및 비품을 양도함으로 인하여 발생하는 소득

③제2항에도 불구하고 국외에서 발생하는 소득으로서 국내사업장에 귀속되는 것은 법 제93조제5호에 따른 국내원천 사업소득에 포함되는 것으로 한다. 〈개정 2003. 12. 30., 2008. 2. 29., 2019. 2. 12., 2020. 2. 11.〉

1. 삭제 〈2020. 2. 11.〉
2. 삭제 〈2020. 2. 11.〉
3. 삭제 〈2020. 2. 11.〉
4. 삭제 〈2020. 2. 11.〉

④외국법인이 국내에서 영위하는 사업을 위해 국외에서 광고, 선전, 정보의 수집과 제공, 시장조사, 그 밖에 그 사업수행상 예비적 또는 보조적인 성격을 가진 행위를 하는 경우 또는 국외에서 영위하는 사업을 위해 국내에서 이들 행위를 하는 경우에는 해당 행위에서는 소득이 발생하지 않는 것으로 본다. 〈개정 2020. 2. 11.〉

⑤제2항제1호 내지 제3호에서 규정하는 재고자산이 다음 각호의 1에 해당하는 경우에는 국내에서 당해 재고자산의 양도가 이루어지는 것으로 하여 동항의 규정을 적용한다. 〈개정 2003. 12. 30.〉

1. 당해 재고자산이 양수자에게 인도되기 직전에 국내에 있거나 또는 양도자인 당해 외국법인의 국내사업장에서 행하는 사업을 통하여 관리되고 있는 경우

2. 당해 재고자산의 양도에 관한 계약이 국내에서 체결된 경우

3. 당해 재고자산의 양도에 관한 계약을 체결하기 위하여 주문을 받거나 협의 등을 하는 행위중 중요한 부분이 국내에서 이루어지는 경우

⑥법 제93조제6호 전단에서 "대통령령으로 정하는 인적용역"이란 다음 각 호의 어느 하나에 해당하는 용역을 말하고, "국외에서 제공하는 인적용역 중 대통령령으로 정하는 인적용역"이란 제4호에 해당

하는 용역을 말한다. 〈개정 2006. 2. 9., 2011. 6. 3., 2017. 2. 3., 2019. 2. 12.〉

1. 영화·연극의 배우, 음악가 기타 공중연예인이 제공하는 용역

2. 직업운동가가 제공하는 용역

3. 변호사·공인회계사·건축사·측량사·변리사 기타 자유직업자가 제공하는 용역

4. 과학기술·경영관리 기타 분야에 관한 전문적 지식 또는 특별한 기능을 가진 자가 당해 지식 또는 기능을 활용하여 제공하는 용역

⑦법 제93조제6호 후단에서 "대통령령으로 정하는 비용"이란 인적용역을 제공받는 자가 인적 용역의 제공과 관련하여 항공회사·숙박업자 또는 음식업자에게 실제로 지급(인적용역을 제공하는 자를 통해 지급하는 경우를 포함한다)한 사실이 확인되는 항공료·숙박비 또는 식사대를 말한다. 〈신설 2006. 2. 9., 2011. 6. 3., 2020. 2. 11.〉

⑧법 제93조제9호 각 목 외의 부분에서 "대통령령으로 정하는 소득"이란 다음 각 호의 소득을 말한다. 〈개정 1999. 12. 31., 2000. 12. 29., 2001. 8. 14., 2005. 2. 19., 2009. 2. 4., 2010. 2. 18., 2010. 12. 30., 2012. 2. 2.〉

1. 국내사업장을 가지고 있는 외국법인이 주식 또는 출자증권을 양도함으로써 발생하는 소득

2. 국내사업장을 가지고 있지 아니한 외국법인이 해당 주식 또는 출자증권을 양도함으로써 발생하는 소득. 다만, 증권시장을 통하여 주식 또는 출자증권을 양도(「자본시장과 금융투자업에 관한 법률」 제78조에 따른 중개에 따라 주식을 양도하는 경우를 포함한다)함으로써 발생하는 소득으로서 해당 양도법인 및 그 특수관계인이 해당 주식 또는 출자증권의 양도일이 속하는 연도와 그 직전 5년의 기간 중 계속하여 그 주식 또는 출자증권을 발행한 법인의 발행주식총수 또는 출자총액(외국법인이 발행한 주식 또는 출자증권의 경우에는 증권시장에 상장된 주식총수 또는 출자총액)의 100분의 25 미만을 소유한 경우를 제외한다.

3. 국내사업장을 가지고 있는 외국법인이 주식 또는 출자증권외의 유가증권을 양도함으로써 발생하는 소득. 다만, 당해 유가증권의 양도시에 법 제93조제1호의 규정에 의하여 과세되는 소득을 제외한다.

4. 국내사업장을 가지고 있지 아니한 외국법인이 내국법인 또는 거

주자나 비거주자·외국법인의 국내사업장에 주식 또는 출자증권외의 유가증권을 양도함으로써 발생하는 소득. 다만, 당해 유가증권의 양도시에 법 제93조제1호의 규정에 의하여 과세되는 소득을 제외한다.

⑨국내사업장이 없는 외국법인이 다음 각 호의 어느 하나에 해당하는 파생상품의 거래를 통하여 취득한 소득은 국내원천소득으로 보지 아니한다. 〈개정 1999. 12. 31., 2005. 2. 19., 2009. 2. 4., 2019. 2. 12.〉

1. 「자본시장과 금융투자업에 관한 법률」 제5조제2항에 따른 장내파생상품

2. 「자본시장과 금융투자업에 관한 법률」 제5조제3항에 따른 장외파생상품으로서 같은 법 시행령 제186조의2에 따른 위험회피목적의 거래인 것

⑩법 제93조제10호나목에서 "대통령령으로 정하는 소득"이란 재산권에 관한 계약의 위약 또는 해약으로 인하여 지급받는 손해배상으로서 그 명목여하에 불구하고 본래의 계약내용이 되는 지급자체에 대한 손해를 넘어 배상받는 금전 또는 기타 물품의 가액을 말한다. 〈개정 2000. 12. 29., 2010. 12. 30.〉

⑪법 제93조제7호나목2) 후단에 따른 다른 법인의 부동산 과다보유 법인의 판정은 다음의 계산식에 따라 계산한 다른 법인의 부동산 보유비율이 100분의 50 이상에 해당하는지 여부에 따른다. 〈신설 2016. 2. 12.〉

$$\frac{\text{다른 법인이 보유하고 있는 「소득세법」 제94조제1항제1호 및 제2호의 자산가액}}{\text{다른 법인의 총 자산가액}}$$

⑫법 제93조제7호나목에 따른 자산총액 및 자산가액은 「소득세법 시행령」 제158조제4항 및 제5항을 준용하여 계산한다. 이 경우 "양도일"은 "양도일이 속하는 사업연도 개시일"로 본다. 〈개정 2003. 12. 30., 2005. 2. 19., 2007. 2. 28., 2009. 2. 4., 2020. 2. 11.〉

⑬법 제93조제10호자목에서 "대통령령으로 정하는 특수관계인"이란 다음 각 호의 어느 하나에 해당하는 관계에 있는 외국법인을 말한다. 〈개정 2006. 2. 9., 2010. 12. 30., 2012. 2. 2., 2021. 2. 17.〉

1. 거주자 또는 내국법인과 「국제조세조정에 관한 법률 시행령」 제2조제2항에 따른 특수관계

2. 비거주자 또는 외국법인과 제131조제2항제1호 또는 제2호의 규정에 따른 특수관계

⑭법 제93조제10호자목에서 "대통령령으로 정하는 자본거래로 인하여 그 가치가 증가함으로써 발생하는 소득"이란 제88조제1항제8호 각 목의 어느 하나 또는 같은 항 제8호의2에 해당하는 거래로 인하여 주주등인 외국법인이 제13항 각 호에 따른 특수관계에 있는 다른 주주등으로부터 이익을 분여받아 발생한 소득을 말한다. 〈개정 2006. 2. 9., 2009. 2. 4., 2010. 12. 30.〉

⑮국내사업장이 없는 외국법인이 「자본시장과 금융투자업에 관한 법률」에 따라 국내사업장이 없는 비거주자·외국법인과 유가증권(채권등을 제외한다. 이하 이 항에서 같다) 대차거래를 하여 유가증권 차입자로부터 지급받는 배당 등의 보상금상당액은 국내원천소득으로 보지 아니한다. 〈신설 2005. 2. 19., 2009. 2. 4.〉

⑯ 제8항제2호 단서를 적용하는 경우 외국법인이 투자기구(법인의 거주지국에서 조세목적상 주식 또는 출자지분의 양도로 발생하는 소득에 대하여 법인이 아닌 그 주주 또는 출자자가 직접 납세의무를 부담하는 경우를 말한다. 이하 같다)를 통하여 내국법인 또는 외국법인(증권시장에 상장된 외국법인만 해당한다)의 주식(이하 이 항에서 "주식"이라 한다)을 취득하거나 출자(이하 "투자"라 한다)한 경우 그 주식 소유비율 또는 출자비율(이하 "투자비율"이라 한다)은 다음 각 호에 따라 계산한다. 〈개정 2010. 12. 30., 2020. 2. 11.〉

1. 외국법인이 투자기구를 통한 투자(이하 "간접투자"라 한다)만 한 경우: 투자기구의 투자비율. 이 경우 2 이상의 투자기구를 통하여 투자한 경우 그 투자기구들의 투자비율을 각각 합하여 산출한다.

2. 외국법인이 간접투자와 투자기구를 통하지 않는 직접 투자(이하 이 호에서 "직접투자"라 한다)를 동시에 한 경우: 다음 각 목에 따라 계산한 비율 중 큰 비율

가. 외국법인의 직접투자와 간접투자에 의한 투자비율을 각각 합한 비율. 이 경우 외국법인이 간접투자한 비율은 해당 외국법인이 투자기구에 투자한 비율과 투자기구의 투자비율을 곱하여 산출한다.

나. 투자기구의 투자비율. 이 경우 2 이상의 투자기구를 통하여 투자한 경우 그 투자기구들의 투자비율을 각각 합하여 산출한다.

⑰ 삭제 〈2022. 2. 15.〉

제132조(국내원천소득의 범위) ①법 제93조제4호에서 "대통령령으로 정하는 용구"란 운반구·공구·기구 및 비품을 말한다. 〈신설 2003. 12. 30., 2011. 6. 3.〉

②법 제93조제5호 본문에서 "대통령령으로 정하는 소득"이란 「소득세법」 제19조에 따른 사업 중 국내에서 영위하는 사업에서 발생하는 다음 각 호의 소득을 말한다. 〈개정 2000. 12. 29., 2003. 12. 30., 2005. 2. 19., 2008. 2. 29., 2011. 6. 3., 2019. 2. 12.〉

1. 외국법인이 국외에서 양도받은 재고자산을 국외에서 제조·가공·육성 기타 가치를 증대시키기 위한 행위(이하 이 조에서 "제조등"이라 한다)를 하지 아니하고 이를 국내에서 양도하는 경우(당해 재고자산에 대하여 국내에서 제조 등을 한 후 양도하는 경우를 포함한다)에는 그 국내에서의 양도에 의하여 발생하는 모든 소득

2. 외국법인이 국외에서 제조등을 행한 재고자산을 국내에서 양도하는 경우(당해 재고자산에 대하여 국내에서 제조등을 한 후 양도하는 경우를 포함한다)에는 그 양도에 의하여 발생하는 소득중 국외에서 제조등을 행한 타인으로부터 통상의 거래조건에 따라 당해 자산을 취득하였다고 가정할 때에 이를 양도하는 경우(국내에서 행한 제조등을 한 후 양도하는 경우를 포함한다) 그 양도에 의하여 발생하는 소득

3. 외국법인이 국내에서 제조등을 행한 재고자산을 국외에서 양도하는 경우(당해 재고자산에 대하여 국외에서 제조등을 한 후 양도하는 경우를 포함한다)에는 그 양도에 의하여 발생하는 소득중 국내에서 제조한 당해 재고자산을 국외의 타인에게 통상의 거래조건에 따라 양도하였다고 가정할 때에 그 국내에서 행한 제조등에 의하여 발생하는 소득

4. 외국법인이 국외에서 건설·설치·조립 기타 작업에 관하여 계약을 체결하거나 필요한 인원이나 자재를 조달하여 국내에서 작업을 시행하는 경우에는 당해 작업에 의하여 발생하는 모든 소득

5. 외국법인이 국내 및 국외에 걸쳐 손해보험 또는 생명보험사업을 영위하는 경우에는 당해 사업에 의하여 발생하는 소득중 국내에 있는 당해 사업에 관한 영업소 또는 보험계약의 체결을 대리하는 자를 통하여 체결한 보험계약에 의하여 발생하는 소득

6. 출판사업 또는 방송사업을 영위하는 외국법인이 국내 및 국외에 걸쳐 타인을 위하여 광고에 관한 사업을 행하는 경우에는 당해 광고에 관한 사업에 의하여 발생하는 소득중 국내에서 행하는 광고에 의하여 발생한 소득

7. 외국법인이 국내 및 국외에 걸쳐 선박에 의한 국제운송업을 영위하는 경우에는 국내에서 승선한 여객이나 선적한 화물에 관련하여 발생하는 수입금액을 기준으로 하여 판정한 그 법인의 국내업무에서 발생하는 소득

8. 외국법인이 국내 및 국외에 걸쳐 항공기에 의한 국제운송업을 영위하는 경우에는 국내에서 탑승한 여객이나 적재한 화물과 관련하여 발생하는 수입금액과 경비, 국내업무용 유형·무형자산의 가액이나 그 밖에 그 국내업무가 해당 운송업에 대한 소득의 발생에 기여한 정도 등을 고려하여 기획재정부령으로 정하는 방법에 따라 계산한 그 법인의 국내업무에서 발생하는 소득

9. 외국법인이 국내 및 국외에 걸쳐 제1호 내지 제8호외의 사업을 영위하는 경우에는 당해 사업에서 발생하는 소득중 당해 사업에 관련된 업무를 국내업무와 국외업무로 구분하여 이들 업무를 각각 다른 독립사업자가 행하고 또한 이들 독립사업자간에 통상의 거래조건에 의한 거래가격에 따라 거래가 이루어졌다고 가정할 경우 그 국내업무와 관련하여 발생하는 소득 또는 그 국내업무에 관한 수입금액과 경비, 소득 등을 측정하는데 합리적이라고 판단되는 요인을 고려하여 판정한 그 국내업무와 관련하여 발생하는 소득

10. 외국법인이 발행한 주식 또는 출자증권으로서 유가증권시장 등에 상장 또는 등록된 것에 투자하거나 기타 이와 유사한 행위를 함으로써 발생하는 소득

11. 외국법인이 산업상·상업상 또는 과학상의 기계·설비·장치·운반구·공구·기구 및 비품을 양도함으로 인하여 발생하는 소득

③제2항에도 불구하고 국외에서 발생하는 소득으로서 국내사업장에 귀속되는 것은 법 제93조제5호에 따른 국내원천 사업소득에 포함되는 것으로 한다. 〈개정 2003. 12. 30., 2008. 2. 29., 2019. 2. 12., 2020. 2. 11.〉

1. 삭제 〈2020. 2. 11.〉

2. 삭제 〈2020. 2. 11.〉

3. 삭제 〈2020. 2. 11.〉
4. 삭제 〈2020. 2. 11.〉

④외국법인이 국내에서 영위하는 사업을 위해 국외에서 광고, 선전, 정보의 수집과 제공, 시장조사, 그 밖에 그 사업수행상 예비적 또는 보조적인 성격을 가진 행위를 하는 경우 또는 국외에서 영위하는 사업을 위해 국내에서 이들 행위를 하는 경우에는 해당 행위에서는 소득이 발생하지 않는 것으로 본다. 〈개정 2020. 2. 11.〉

⑤제2항제1호 내지 제3호에서 규정하는 재고자산이 다음 각호의 1에 해당하는 경우에는 국내에서 당해 재고자산의 양도가 이루어지는 것으로 하여 동항의 규정을 적용한다. 〈개정 2003. 12. 30.〉

1. 당해 재고자산이 양수자에게 인도되기 직전에 국내에 있거나 또는 양도자인 당해 외국법인의 국내사업장에서 행하는 사업을 통하여 관리되고 있는 경우
2. 당해 재고자산의 양도에 관한 계약이 국내에서 체결된 경우
3. 당해 재고자산의 양도에 관한 계약을 체결하기 위하여 주문을 받거나 협의 등을 하는 행위중 중요한 부분이 국내에서 이루어지는 경우

⑥법 제93조제6호 전단에서 "대통령령으로 정하는 인적용역"이란 다음 각 호의 어느 하나에 해당하는 용역을 말하고, "국외에서 제공하는 인적용역 중 대통령령으로 정하는 인적용역"이란 제4호에 해당하는 용역을 말한다. 〈개정 2006. 2. 9., 2011. 6. 3., 2017. 2. 3., 2019. 2. 12.〉

1. 영화·연극의 배우, 음악가 기타 공중연예인이 제공하는 용역
2. 직업운동가가 제공하는 용역
3. 변호사·공인회계사·건축사·측량사·변리사 기타 자유직업자가 제공하는 용역
4. 과학기술·경영관리 기타 분야에 관한 전문적 지식 또는 특별한 기능을 가진 자가 당해 지식 또는 기능을 활용하여 제공하는 용역

⑦법 제93조제6호 후단에서 "대통령령으로 정하는 비용"이란 인적용역을 제공받는 자가 인적 용역의 제공과 관련하여 항공회사·숙박업자 또는 음식업자에게 실제로 지급(인적용역을 제공하는 자를 통해 지급하는 경우를 포함한다)한 사실이 확인되는 항공료·숙박비 또는 식사대를 말한다. 〈신설 2006. 2. 9., 2011. 6. 3., 2020. 2. 11.〉

⑧법 제93조제9호 각 목 외의 부분에서 "대통령령으로 정하는 소득"이란 다음 각 호의 소득을 말한다. 〈개정 1999. 12. 31., 2000. 12. 29., 2001. 8. 14., 2005. 2. 19., 2009. 2. 4., 2010. 2. 18., 2010. 12. 30., 2012. 2. 2.〉

1. 국내사업장을 가지고 있는 외국법인이 주식 또는 출자증권을 양도함으로써 발생하는 소득

2. 국내사업장을 가지고 있지 아니한 외국법인이 해당 주식 또는 출자증권을 양도함으로써 발생하는 소득. 다만, 증권시장을 통하여 주식 또는 출자증권을 양도(「자본시장과 금융투자업에 관한 법률」 제78조에 따른 중개에 따라 주식을 양도하는 경우를 포함한다)함으로써 발생하는 소득으로서 해당 양도법인 및 그 특수관계인이 해당 주식 또는 출자증권의 양도일이 속하는 연도와 그 직전 5년의 기간 중 계속하여 그 주식 또는 출자증권을 발행한 법인의 발행주식총수 또는 출자총액(외국법인이 발행한 주식 또는 출자증권의 경우에는 증권시장에 상장된 주식총수 또는 출자총액)의 100분의 25 미만을 소유한 경우를 제외한다.

3. 국내사업장을 가지고 있는 외국법인이 주식 또는 출자증권외의 유가증권을 양도함으로써 발생하는 소득. 다만, 당해 유가증권의 양도시에 법 제93조제1호의 규정에 의하여 과세되는 소득을 제외한다.

4. 국내사업장을 가지고 있지 아니한 외국법인이 내국법인 또는 거주자나 비거주자·외국법인의 국내사업장에 주식 또는 출자증권외의 유가증권을 양도함으로써 발생하는 소득. 다만, 당해 유가증권의 양도시에 법 제93조제1호의 규정에 의하여 과세되는 소득을 제외한다.

⑨국내사업장이 없는 외국법인이 다음 각 호의 어느 하나에 해당하는 파생상품의 거래를 통하여 취득한 소득은 국내원천소득으로 보지 아니한다. 〈개정 1999. 12. 31., 2005. 2. 19., 2009. 2. 4., 2019. 2. 12.〉

1. 「자본시장과 금융투자업에 관한 법률」 제5조제2항에 따른 장내파생상품

2. 「자본시장과 금융투자업에 관한 법률」 제5조제3항에 따른 장외파생상품으로서 같은 법 시행령 제186조의2에 따른 위험회피목적의 거래인 것

⑩법 제93조제10호나목에서 "대통령령으로 정하는 소득"이란 재

산권에 관한 계약의 위약 또는 해약으로 인하여 지급받는 손해배상으로서 그 명목여하에 불구하고 본래의 계약내용이 되는 지급자체에 대한 손해를 넘어 배상받는 금전 또는 기타 물품의 가액을 말한다. 〈개정 2000. 12. 29., 2010. 12. 30.〉

⑪법 제93조제7호나목2) 후단에 따른 다른 법인의 부동산 과다보유 법인의 판정은 다음의 계산식에 따라 계산한 다른 법인의 부동산 보유비율이 100분의 50 이상에 해당하는지 여부에 따른다. 〈신설 2016. 2. 12.〉

$$\frac{\text{다른 법인이 보유하고 있는 「소득세법」 제94조제1항제1호 및 제2호의 자산가액}}{\text{다른 법인의 총 자산가액}}$$

⑫법 제93조제7호나목에 따른 자산총액 및 자산가액은 「소득세법 시행령」 제158조제4항 및 제5항을 준용하여 계산한다. 이 경우 "양도일"은 "양도일이 속하는 사업연도 개시일"로 본다. 〈개정 2003. 12. 30., 2005. 2. 19., 2007. 2. 28., 2009. 2. 4., 2020. 2. 11.〉

⑬법 제93조제10호자목에서 "대통령령으로 정하는 특수관계인"이란 다음 각 호의 어느 하나에 해당하는 관계에 있는 외국법인을 말한다. 〈개정 2006. 2. 9., 2010. 12. 30., 2012. 2. 2., 2021. 2. 17.〉

1. 거주자 또는 내국법인과 「국제조세조정에 관한 법률 시행령」 제2조제2항에 따른 특수관계

2. 비거주자 또는 외국법인과 제131조제2항제1호 또는 제2호의 규정에 따른 특수관계

⑭법 제93조제10호자목에서 "대통령령으로 정하는 자본거래로 인하여 그 가치가 증가함으로써 발생하는 소득"이란 제88조제1항제8호 각 목의 어느 하나 또는 같은 항 제8호의2에 해당하는 거래로 인하여 주주등인 외국법인이 제13항 각 호에 따른 특수관계에 있는 다른 주주등으로부터 이익을 분여받아 발생한 소득을 말한다. 〈개정 2006. 2. 9., 2009. 2. 4., 2010. 12. 30.〉

⑮국내사업장이 없는 외국법인이 「자본시장과 금융투자업에 관한 법률」에 따라 국내사업장이 없는 비거주자ㆍ외국법인과 유가증권(채권등을 제외한다. 이하 이 항에서 같다) 대차거래를 하여 유가증권 차입자로부터 지급받는 배당 등의 보상금상당액은 국내원천소득으로 보지 아니한다. 〈신설 2005. 2. 19., 2009. 2. 4.〉

⑯ 제8항제2호 단서를 적용하는 경우 외국법인이 투자기구(법인의 거주지국에서 조세목적상 주식 또는 출자지분의 양도로 발생하는 소득에 대하여 법인이 아닌 그 주주 또는 출자자가 직접 납세의무를 부담하는 경우를 말한다. 이하 같다)를 통하여 내국법인 또는 외국법인(증권시장에 상장된 외국법인만 해당한다)의 주식(이하 이 항에서 "주식"이라 한다)을 취득하거나 출자(이하 "투자"라 한다)한 경우 그 주식 소유비율 또는 출자비율(이하 "투자비율"이라 한다)은 다음 각 호에 따라 계산한다. 〈개정 2010. 12. 30., 2020. 2. 11.〉

1. 외국법인이 투자기구를 통한 투자(이하 "간접투자"라 한다)만 한 경우: 투자기구의 투자비율. 이 경우 2 이상의 투자기구를 통하여 투자한 경우 그 투자기구들의 투자비율을 각각 합하여 산출한다.

2. 외국법인이 간접투자와 투자기구를 통하지 않는 직접 투자(이하 이 호에서 "직접투자"라 한다)를 동시에 한 경우: 다음 각 목에 따라 계산한 비율 중 큰 비율

가. 외국법인의 직접투자와 간접투자에 의한 투자비율을 각각 합한 비율. 이 경우 외국법인이 간접투자한 비율은 해당 외국법인이 투자기구에 투자한 비율과 투자기구의 투자비율을 곱하여 산출한다.

나. 투자기구의 투자비율. 이 경우 2 이상의 투자기구를 통하여 투자한 경우 그 투자기구들의 투자비율을 각각 합하여 산출한다.

⑰ 법 제93조제10호카목에서 "대통령령으로 정하는 바에 따라 계산한 금액"이란 가상자산을 인출하는 시점에 해당 가상자산을 양도한 것으로 보아 법 제92조제2항제1호나목에 따라 계산한 가상자산 소득금액을 말한다. 〈신설 2022. 3. 8.〉

[시행일: 2027. 1. 1.] 제132조

제132조의2(적격외국금융회사등의 승인 요건 등) ① 법 제93조의3 제2항 전단에 따른 적격외국금융회사등(이하 "적격외국금융회사등"이라 한다)으로 국세청장의 승인을 받으려는 외국금융회사 등은 우리나라와 조세조약이 체결된 국가에 본점 또는 주사무소가 있는 외국법인으로서 「자본시장과 금융투자업에 관한 법률」 제294조에 따른 한국예탁결제원과 유사한 업무를 수행한다고 금융감독원장이 인정하는 법인이어야 한다. 〈개정 2024. 12. 31.〉

② 적격외국금융회사등으로 승인을 받으려는 외국금융회사 등은 「자본시장과 금융투자업에 관한 법률」 제294조에 따른 한국예탁결

제원을 거쳐 국세청장에게 기획재정부령으로 정하는 적격외국금융회사등 승인 신청서를 제출해야 한다.

③ 제2항에 따라 신청서를 제출받은 국세청장은 신청인이 제1항에 해당하는 법인인 경우 적격외국금융회사등으로 승인해야 한다. 이 경우 국세청장은 신청인이 제1항에 해당하는 법인인지에 관하여 「자본시장과 금융투자업에 관한 법률」 제294조에 따른 한국예탁결제원에 자문할 수 있다. 〈개정 2024. 12. 31.〉

④ 국세청장은 적격외국금융회사등이 다음 각 호의 어느 하나에 해당하는 경우에는 적격외국금융회사등의 승인을 취소할 수 있다. 〈개정 2024. 12. 31.〉

1. 신청 서류를 허위로 기재하는 등 거짓이나 부정한 방법으로 승인을 받은 경우

2. 체납세액이 있고 그 징수가 현저히 곤란하다고 인정되는 경우

3. 제132조의3제1항 각 호의 의무를 이행하지 않는 등 적격외국금융회사등의 업무를 수행하도록 하는 것이 적절하지 않다고 인정되는 경우

4. 적격외국금융회사등이 국세청장에게 적격외국금융회사등 승인의 취소를 요청하는 경우

[본조신설 2022. 12. 31.]

제132조의3(적격외국금융회사등의 준수사항 등) ① 적격외국금융회사등은 다음 각 호의 의무를 이행해야 한다. 〈개정 2024. 12. 31., 2025. 2. 28.〉

1. 해당 적격외국금융회사등을 통해 법 제93조의3제1항제1호에 따른 국채등(이하 이 조 및 제132조의4에서 "국채등"이라 한다)을 취득·보유·양도하는 외국법인(법 제93조의3제3항에 따라 실질귀속자로 보는 국외투자기구를 포함한다. 이하 이 조 및 제132조의4에서 같다)의 상호, 거주지국(외국법인의 본점 또는 주사무소가 있는 국가를 말한다. 이하 이 조 및 제132조의4에서 같다) 및 소재지 등(이하 이 조에서 "상호등"이라 한다)에 관한 자료를 보관·비치할 것. 다만, 외국법인이 해당 국가 외의 국가에서 발행된 증권의 보관 업무를 수행하는 법인인 외국금융회사 등(이하 이 조 및 제132조의4에서 "중간수탁외국금융회사등"이라 한다)을 거쳐 적격외국금융회사등을 통해 국채등을 취득·보유·양도하는 경우에는 해당 중간수

탁외국금융회사등에게 해당 외국법인의 상호등에 관한 자료의 제출을 요구할 수 있다.

2. 삭제 〈2025. 2. 28.〉

3. 삭제 〈2025. 2. 28.〉

4. 국세청장 또는 소득지급자(법 제93조의3제1항 각 호의 소득을 지급하는 자를 말하며, 이하 제132조의4에서 "소득지급자"라 한다)가 제1호에 따른 자료의 제출을 요구하는 경우에는 요구받은 날부터 30일(같은 호 단서에 해당하는 경우에는 60일) 이내에 그 자료를 제출할 것

5. 국세청장이 적격외국금융회사등의 승인을 할 때 조건을 정한 경우에는 그 조건을 준수할 것

② 삭제 〈2025. 2. 28.〉

[본조신설 2022. 12. 31.]

[제목개정 2024. 12. 31.]

제132조의4(외국법인의 국채등 이자·양도소득에 대한 비과세 적용 신청) ① 법 제93조의3제4항에 따른 외국법인(같은 조 제3항에 따라 실질귀속자로 보는 국외투자기구를 포함한다. 이하 이 조에서 같다)의 비과세 적용 신청은 다음 각 호의 구분에 따른 절차에 따른다. 이 경우 해당 신청에 따라 비과세 적용을 받은 후 국채등으로 발생한 다른 이자·양도소득에 대해 비과세 적용을 받으려고 할 때 당초의 신청 내용에 변경사항이 없으면 다음 각 호의 구분에 따른 절차를 다시 거치지 않을 수 있다. 〈개정 2025. 2. 28.〉

1. 적격외국금융회사등을 통하지 않고 취득·보유·양도하는 국채등에 대한 법 제93조의3제1항 각 호의 소득이 외국법인에게 지급되는 경우: 다음 각 목의 순서에 따른 절차

가. 외국법인은 기획재정부령으로 정하는 외국법인 비과세신청서(이하 이 조에서 "외국법인비과세신청서"라 한다)를 소득지급자에게 제출

나. 소득지급자는 가목에 따라 제출받은 외국법인비과세신청서를 해당 소득을 지급한 날이 속하는 달의 다음 달 9일까지 납세지 관할 세무서장에게 제출

2. 적격외국금융회사등을 통해(중간수탁외국금융회사등을 거치는 경우를 포함한다) 취득·보유·양도하는 국채등에 대한 법 제93조의

3제1항 각 호의 소득이 외국법인에게 지급되는 경우: 다음 각 목의 순서에 따른 절차

가. 적격외국금융회사등은 기획재정부령으로 정하는 적격외국금융회사등 비과세신청서(이하 이 조에서 "적격외국금융회사등비과세신청서"라 한다)를 작성하여 소득지급자에게 제출

나. 소득지급자는 가목에 따라 제출받은 적격외국금융회사등비과세신청서를 해당 소득을 지급한 날이 속하는 달의 다음 달 9일까지 납세지 관할 세무서장에게 제출

② 삭제 〈2025. 2. 28.〉

③ 삭제 〈2025. 2. 28.〉

④ 외국법인과 적격외국금융회사등은 그 대리인(「국세기본법」 제82조에 따른 납세관리인을 포함한다)을 통해 제1항에 따른 신청을 할 수 있다. 〈개정 2025. 2. 28.〉

⑤ 「소득세법 시행령」 제24조에 따른 금융회사 등이 외국법인의 국채등을 인수·매매·중개 또는 대리하는 경우에는 해당 금융회사등과 외국법인 간에 대리 또는 위임의 관계가 있는 것으로 보아 제1항 및 제4항을 적용한다. 〈개정 2025. 2. 28.〉

⑥ 법 제98조제7항 본문에 따라 국채등의 양도에 관하여 「자본시장과 금융투자업에 관한 법률」에 따른 투자매매업자 또는 투자중개업자가 원천징수를 하는 경우에는 해당 투자매매업자 또는 투자중개업자와 외국법인 간에 대리 또는 위임의 관계가 있는 것으로 보아 제1항 및 제4항을 적용한다. 〈개정 2025. 2. 28.〉

⑦ 제5항 또는 제6항이 적용되지 않는 경우로서 국내에 소득지급자의 주소, 거소, 본점, 주사무소, 사업의 실질적 관리장소 또는 국내사업장(「소득세법」 제120조에 따른 국내사업장을 포함한다)이 없는 경우에는 제1항에도 불구하고 외국법인 또는 적격외국금융회사등은 다음 각 호의 구분에 따른 신청서를 납세지 관할 세무서장에게 직접 제출할 수 있다. 〈개정 2025. 2. 28.〉

1. 삭제 〈2025. 2. 28.〉
2. 외국법인의 경우: 제1항제1호가목에 따라 소득지급자에게 제출해야 하는 외국법인비과세신청서
3. 적격외국금융회사등의 경우: 제1항제2호가목에 따라 소득지급자에게 제출해야 하는 적격외국금융회사등비과세신청서

[본조신설 2022. 12. 31.]

제132조의5(내국법인의 국채등 소득에 대한 신고·납부) ① 법 제93조의3제4항제2호에서 "대통령령으로 정하는 요건을 갖춘 국외투자기구"란 투자설명서 작성 또는 이와 유사한 방식으로 국외에서 50명 이상의 일반 투자자에게 증권 취득의 청약을 권유한 국외투자기구를 말한다.

② 법 제93조의3제4항 각 호의 어느 하나에 해당하는 국외투자기구에 투자한 내국법인은 같은 조 제1항 각 호의 소득에 대해 법 제60조·제64조 및 「소득세법」 제17조에 따라 신고·납부해야 한다.

[전문개정 2023. 2. 28.]

제133조(외국법인의 대리인 등의 범위) ①법 제94조제3항 각 호 외의 부분에서 "대통령령으로 정하는 자"란 다음 각 호의 어느 하나에 해당하는 자를 말한다. 〈개정 2011. 6. 3., 2019. 2. 12.〉

1. 외국법인의 자산을 상시 보관하고 관례적으로 이를 배달 또는 인도하는 자

2. 중개인·일반위탁매매인 기타 독립적 지위의 대리인으로서 주로 특정 외국법인만을 위하여 계약체결 등 사업에 관한 중요한 부분의 행위를 하는 자(이들이 자기사업의 정상적인 과정에서 활동하는 경우를 포함한다)

3. 보험사업(재보험사업을 제외한다)을 영위하는 외국법인을 위하여 보험료를 징수하거나 국내소재 피보험물에 대한 보험을 인수하는 자

②제1항의 외국법인에는 해당 외국법인의 과점주주, 해당 외국법인이 과점주주인 다른 법인, 그 밖에 해당 외국법인의 특수관계인을 포함한다. 〈개정 2012. 2. 2.〉

③ 법 제94조제5항제1호 각 목 외의 부분에서 "대통령령으로 정하는 특수관계"란 제131조제2항 각 호의 어느 하나에 해당하는 관계를 말한다. 〈신설 2019. 2. 12.〉

[제목개정 2019. 2. 12.]

제133조의2(연락사무소 현황 제출) ① 법 제94조의2제1항에서 "업무연락, 시장조사 등 대통령령으로 정하는 비영업적 기능"이란 업무연락, 시장조사, 정보수집 등 외국 법인의 사업수행상 예비적 또는 보조적 성격을 가진 활동을 말한다. 〈개정 2023. 2. 28.〉

② 법 제94조의2제1항에서 "대통령령으로 정하는 현황 자료"란

다음 각 호의 사항이 포함된 자료로서 매년 12월 31일을 기준으로 작성된 것을 말한다. 〈개정 2023. 2. 28.〉

1. 법 제94조의2제1항에 따른 외국법인연락사무소의 명칭, 고유번호 등 일반현황

2. 연락사무소를 설치한 외국법인의 명칭, 소재지와 국내에서의 거래·투자 등에 관한 사항

3. 연락사무소의 임차 현황, 직원 현황 등 연락사무소의 운영에 관한 사항

4. 연락사무소가 「소득세법」 제163조에 따른 계산서 또는 「부가가치세법」 제32조에 따른 세금계산서를 발급받은 경우 각각의 합계액

③ 외국법인은 제2항의 현황 자료를 기획재정부령으로 정하는 서식에 따라 작성하여 외국법인연락사무소 소재지 관할 세무서장에게 제출해야 한다.

[본조신설 2022. 2. 15.]

제2절 세액의 계산

제134조(국내사업장의 과세대상소득금액의 계산) ①법 제96조제2항제3호에서 "해당 국내사업장이 사업을 위하여 재투자할 것으로 인정되는 금액 등 대통령령으로 정하는 금액"이란 다음 각 호의 금액 모두를 말하며, 해당 사업연도개시일 현재의 자본금상당액이 해당 사업연도종료일 현재의 자본금상당액을 초과하는 경우에는 그 초과하는 금액(이하 "자본금상당액감소액"이라 한다)을 해당 사업연도의 소득금액에 합산한다. 이 경우 합산되는 금액은 직전 사업연도종료일 현재의 미과세누적유보소득(음수가 아닌 경우만 해당한다)을 초과하지 못한다. 〈개정 2010. 12. 30., 2011. 3. 31.〉

1. 해당 사업연도 종료일 현재의 자본금상당액이 해당 사업연도 개시일 현재의 자본금상당액을 초과하는 금액(이하 "자본금상당액증가액"이라 한다)

2. 미과세누적유보소득(음수인 경우만 해당한다)에서 음의 부호를 뗀 금액. 다만, 그 금액은 국내사업장의 각 사업연도의 소득금액에서 법 제96조제2항제1호, 제2호, 제4호 및 자본금상당액증가액을 뺀 금액을 한도로 한다.

②제1항에서 "자본금상당액"이란 해당 사업연도 종료일 현재 재무

상태표상의 자산의 합계액에서 부채(충당금을 포함하며, 미지급법인세를 제외한다)의 합계액을 공제한 금액을 말한다. 〈개정 2005. 2. 19., 2021. 1. 5.〉

③제1항에서 "미과세누적유보소득"이란 각 사업연도의 소득금액 중 법 제96조에 따라 과세되지 아니한 부분으로서 제1호의 금액에서 제2호의 금액을 차감한 금액을 말한다. 〈개정 2011. 3. 31., 2014. 2. 21.〉

1. 해당 사업연도의 직전 사업연도까지의 각 사업연도 소득금액의 합계액에서 해당 사업연도의 직전 사업연도까지의 각 사업연도 결손금 합계액과 해당 사업연도의 직전 사업연도까지의 각 사업연도의 소득에 대한 법인세 및 법인지방소득세의 합계액을 차감한 금액

2. 해당 사업연도의 직전 사업연도까지의 각 사업연도의 법 제96조에 따른 과세대상소득금액의 합계액

④제1항의 규정은 당해 사업연도에 결손금이 발생한 경우 법 제96조제1항의 과세대상소득금액의 계산에 관하여 이를 준용한다. 다만, 당해 사업연도에 있어서 자본금상당액감소액이 결손금을 초과하는 경우에는 제3항의 미과세누적유보소득을 한도로 그 초과금액을 과세대상소득금액으로 한다.

⑤법 제96조제1항 본문에서 "대통령령으로 정하는 송금액"이란 각 사업연도소득중 실제로 송금된 이윤(각 사업연도에 실제로 송금된 이윤이 법 제96조제2항의 직전 사업연도 과세대상소득금액을 초과할 경우 그 초과분중 직전 사업연도까지의 제3항의 규정에 의한 미과세누적유보소득을 한도로 한다)을 말한다. 〈신설 2001. 12. 31., 2011. 6. 3.〉

⑥외국법인이 국내사업장을 가지지 아니하게 된 경우로서 법 제8조제5항에 따른 사업연도(이하 이 조에서 "의제사업연도"라 한다)의 과세대상소득금액을 제1항 내지 제4항에 따라 계산하는 때에는 의제사업연도 종료일 현재의 자본금 상당액은 "0"으로 본다. 〈신설 2007. 2. 28., 2012. 2. 2.〉

⑦외국법인이 국내사업장을 가지지 아니하게 된 경우로서 의제사업연도의 과세대상소득금액을 제5항에 따라 계산하는 때에는 의제사업연도 종료일까지 미송금한 이윤 상당액은 의제사업연도 종료일에 전액 송금한 것으로 본다. 〈신설 2007. 2. 28.〉

제135조(외국법인의 재해손실세액공제) 외국법인에 대하여 법 제58조의 규정에 의한 재해손실에 대한 세액공제를 적용함에 있어서 제95조제1항 각호의 자산은 그 법인이 국내에 가지고 있는 자산으로 한다.

제3절 신고 · 납부 · 결정 · 경정 및 징수

제136조(외국법인의 신고) ①법 제97조제1항에 따라 각 사업연도의 소득에 대한 법인세의 과세표준을 신고하여야 할 외국법인으로서 본점등의 결산이 확정되지 아니하거나 기타 부득이한 사유로 인하여 법 제60조에 따른 신고서를 제출할 수 없는 외국법인은 해당 사업연도종료일부터 60일 이내에 사유서를 갖추어 납세지 관할세무서장에게 신고기한연장 승인신청을 할 수 있다. 〈개정 2009. 2. 4.〉

②납세지 관할세무서장은 제1항의 규정에 의한 신청을 받은 때에는 그 날부터 7일 이내에 그 승인여부를 결정하여야 한다.

③납세지 관할세무서장은 제2항의 규정에 의한 승인여부를 결정한 때에는 지체없이 당해 외국법인에게 이를 통지하여야 한다.

④법 제97조제3항에서 "대통령령으로 정하는 이율"이란 「국세기본법 시행령」 제43조의3제2항 본문에 따른 이자율을 말한다. 〈개정 2011. 6. 3., 2019. 2. 12., 2020. 2. 11.〉

제136조의2 삭제 〈2005. 2. 19.〉

제137조(외국법인에 대한 원천징수) ① 법 제98조에 따라 원천징수를 하는 경우 배당소득의 지급시기에 관하여는 「소득세법」 제131조제2항 및 같은 법 시행령 제191조(제4호는 제외한다)를 준용하고, 기타소득의 지급시기에 관하여는 「소득세법」 제145조의2 및 같은 법 시행령 제202조제3항을 준용한다. 〈개정 2012. 2. 2.〉

②제1항에 불구하고 법 제51조의2제1항 각 호에 해당하는 내국법인 또는 「조세특례제한법」 제104조의31제1항에 따른 내국법인이 이익 또는 잉여금의 처분에 의한 배당소득을 그 처분을 결정한 날부터 3개월이 되는 날까지 지급하지 않은 때에는 그 3개월이 되는 날에 배당소득을 지급한 것으로 본다. 〈신설 2007. 2. 28., 2020. 2. 11., 2021. 2. 17.〉

③ 법 제98조에 따라 징수한 원천징수세액의 납부에 관해서는 제115조부터 제117조까지 및 「소득세법 시행령」 제185조를 준용한

다. 〈개정 2019. 2. 12., 2021. 2. 17., 2022. 2. 15.〉

④법 제98조에 따라 원천징수를 할 때 법 제93조제1호나목에 따른 국내원천 이자소득의 지급시기는 그 소득을 지급하는 외국법인 또는 비거주자의 해당 사업연도 또는 과세기간의 소득에 대한 과세표준의 신고기한의 종료일(법 제97조제2항에 따라 신고기한을 연장한 경우에는 그 연장한 기한의 종료일을 말한다)로 한다. 〈개정 2019. 2. 12.〉

⑤법 제98조의 규정에 의하여 원천징수를 함에 있어서 원천징수의무자가 국내에 주소, 거소, 본점, 주사무소, 사업의 실질적 관리장소 또는 국내사업장(「소득세법」 제120조의 규정에 의한 국내사업장을 포함한다)이 없는 경우에는 「국세기본법」 제82조의 규정에 의한 납세관리인을 정하여 관할세무서장에게 신고하여야 한다. 〈신설 2002. 12. 30., 2005. 2. 19., 2006. 2. 9.〉

⑥법 제98조제14항에서 "대통령령으로 정하는 시기"란 다음 각 호의 어느 하나에 해당하는 날을 말한다. 〈신설 2003. 12. 30., 2010. 12. 30.〉

1. 제88조제1항제8호가목의 경우:법인이 합병으로 인하여 소멸한 경우에는 그 합병등기를 한 날, 법인이 분할 또는 분할합병으로 인하여 소멸 또는 존속하는 경우에는 그 분할등기 또는 분할합병등기를 한 날

2. 제88조제1항제8호나목 및 다목의 경우:증자 또는 감자의 결정을 한 날

⑦주식등을 발행한 내국법인은 법 제93조제10호자목에 따른 국내원천 기타소득을 제6항에 따른 시기에 각각 원천징수하여야 한다. 〈신설 2003. 12. 30., 2007. 2. 28., 2010. 12. 30., 2019. 2. 12.〉

⑧ 법 제98조제1항제4호 단서에서 "대통령령으로 정하는 인적용역"이란 제132조제6항제4호에 해당하는 용역을 말한다. 〈신설 2017. 2. 3., 2019. 2. 12.〉

⑨ 법 제98조제1항제5호에 따라 원천징수하는 금액을 계산할 때 양도자가 법 제97조제1항에 따라 법인세를 신고·납부한 후 양수자가 「법인세법」 제98조제1항에 따라 원천징수하는 경우에는 해당 양도자가 신고·납부한 세액을 뺀 금액으로 한다. 〈신설 2009. 2. 4., 2010. 12. 30., 2019. 2. 12.〉

⑩ 삭제 〈2022. 2. 15.〉

⑪ 법 제98조제1항제8호 본문에서 "대통령령으로 정하는 금액"이란 취득당시의 시가를 말한다. 〈신설 2013. 2. 15., 2019. 2. 12., 2020. 2. 11., 2021. 2. 17., 2022. 2. 15.〉

⑫ 삭제 〈2022. 2. 15.〉

⑬ 삭제 〈2022. 2. 15.〉

⑭ 삭제 〈2022. 2. 15.〉

제137조(외국법인에 대한 원천징수) ① 법 제98조에 따라 원천징수를 하는 경우 배당소득의 지급시기에 관하여는 「소득세법」 제131조제2항 및 같은 법 시행령 제191조(제4호는 제외한다)를 준용하고, 기타소득의 지급시기에 관하여는 「소득세법」 제145조의2 및 같은 법 시행령 제202조제3항을 준용한다. 〈개정 2012. 2. 2.〉

②제1항에 불구하고 법 제51조의2제1항 각 호에 해당하는 내국법인 또는 「조세특례제한법」 제104조의31제1항에 따른 내국법인이 이익 또는 잉여금의 처분에 의한 배당소득을 그 처분을 결정한 날부터 3개월이 되는 날까지 지급하지 않은 때에는 그 3개월이 되는 날에 배당소득을 지급한 것으로 본다. 〈신설 2007. 2. 28., 2020. 2. 11., 2021. 2. 17.〉

③ 법 제98조에 따라 징수한 원천징수세액의 납부 및 원천징수영수증의 발급에 관하여는 제115조부터 제117조까지 및 「소득세법 시행령」 제185조를 준용한다. 〈개정 2019. 2. 12., 2021. 2. 17., 2022. 2. 15., 2022. 3. 8.〉

④법 제98조에 따라 원천징수를 할 때 법 제93조제1호나목에 따른 국내원천 이자소득의 지급시기는 그 소득을 지급하는 외국법인 또는 비거주자의 해당 사업연도 또는 과세기간의 소득에 대한 과세표준의 신고기한의 종료일(법 제97조제2항에 따라 신고기한을 연장한 경우에는 그 연장한 기한의 종료일을 말한다)로 한다. 〈개정 2019. 2. 12.〉

⑤법 제98조의 규정에 의하여 원천징수를 함에 있어서 원천징수의무자가 국내에 주소, 거소, 본점, 주사무소, 사업의 실질적 관리장소 또는 국내사업장(「소득세법」 제120조의 규정에 의한 국내사업장을 포함한다)이 없는 경우에는 「국세기본법」 제82조의 규정에 의한 납세관리인을 정하여 관할세무서장에게 신고하여야 한다. 〈신설

2002. 12. 30., 2005. 2. 19., 2006. 2. 9.〉

⑥법 제98조제14항에서 "대통령령으로 정하는 시기"란 다음 각 호의 어느 하나에 해당하는 날을 말한다. 〈신설 2003. 12. 30., 2010. 12. 30.〉

1. 제88조제1항제8호가목의 경우:법인이 합병으로 인하여 소멸한 경우에는 그 합병등기를 한 날, 법인이 분할 또는 분할합병으로 인하여 소멸 또는 존속하는 경우에는 그 분할등기 또는 분할합병등기를 한 날

2. 제88조제1항제8호나목 및 다목의 경우:증자 또는 감자의 결정을 한 날

⑦주식등을 발행한 내국법인은 법 제93조제10호자목에 따른 국내원천 기타소득을 제6항에 따른 시기에 각각 원천징수하여야 한다. 〈신설 2003. 12. 30., 2007. 2. 28., 2010. 12. 30., 2019. 2. 12.〉

⑧ 법 제98조제1항제4호 단서에서 "대통령령으로 정하는 인적용역"이란 제132조제6항제4호에 해당하는 용역을 말한다. 〈신설 2017. 2. 3., 2019. 2. 12.〉

⑨ 법 제98조제1항제5호에 따라 원천징수하는 금액을 계산할 때 양도자가 법 제97조제1항에 따라 법인세를 신고·납부한 후 양수자가 「법인세법」 제98조제1항에 따라 원천징수하는 경우에는 해당 양도자가 신고·납부한 세액을 뺀 금액으로 한다. 〈신설 2009. 2. 4., 2010. 12. 30., 2019. 2. 12.〉

⑩ 법 제98조제1항제8호나목 단서에서 "대통령령으로 정하는 금액"이란 다음 계산식에 따른 원천징수액에 상당하는 가상자산의 금액을 말한다. 〈신설 2022. 3. 8.〉

$$\text{원천징수액에 상당하는 가상자산} = \frac{\text{법 제98조제1항제8호나목1) 또는 2)에 따라 계산한 금액}}{\text{가상자산을 교환·인출하는 시점에 그 가상자산을 보관·관리하는 가상자산사업자등이 표시한 가상자산 1개의 가액}}$$

비고: 이 계산식 분모를 적용할 때 가상자산의 가치가 금액으로 표시되지 않는 가상자산을 교환·인출할 때의 가액은 「소득세법 시행령」 제88조제3항 및 제4항을 준용하여 산출한다.

⑪ 법 제98조제1항제8호다목에서 "대통령령으로 정하는 금액"이란 취득당시의 시가를 말한다. 〈신설 2013. 2. 15., 2019. 2. 12., 2020. 2. 11., 2021. 2. 17., 2022. 2. 15., 2022. 3. 8.〉

⑫ 법 제98조제16항에 따라 가상자산사업자등은 보관·관리하는 가상자산의 각 인출시점에 다음의 계산식에 따른 인별로 납부해야 할 금액을 월단위로 합산하여 납세지 관할 세무서, 한국은행 또는 체신관서에 납부해야 한다. 〈신설 2022. 3. 8.〉

$$\text{인별로 납부해야 할 금액} = (A - D) \times \frac{B}{C}$$

A: 가상자산사업자등이 법 제98조제1항제8호나목에 따라 원천징수한 금액(가상자산을 교환·인출함에 따라 원천징수를 하는 경우에는 가상자산 단위로 표시한 제10항에 따른 금액으로서 교환 또는 인출 즉시 현금으로 매각한 금액을 말한다)의 인별누적액

B: 가상자산 또는 현금의 인별인출액. 이 경우 가상자산의 인출액은 제129조제4항에 따른 금액을 말한다.

C: 가상자산사업자등이 보관·관리하는 인별자산총액

D: 직전 인출시점으로 계산한 인별로 납부해야 할 금액의 누적액

⑬ 제12항의 계산식을 적용할 때 외국법인이 가상자산거래로 손실이 발생한 경우 가상자산사업자등은 다음의 계산식에 따라 해당 손실분을 반영하여 법 제98조제1항제8호나목에 따라 원천징수한 금액의 인별누적액(제12항의 계산식 중 "A"값을 말하며, 이하 이 항에서 "원천징수누적액"이라 한다)을 차감 조정한다. 〈신설 2022. 3. 8.〉

손실발생 시 기준 원천징수누적액	=	손실발생 직전 거래 시 기준 원천징수누적액 - (손실금액의 100분의 20에 해당하는 금액과 Z 중 적은 금액)

Z: 손실발생 직전 거래 시 기준 원천징수누적액 - 손실발생 직전 인출 시점으로 계산한 인별로 납부해야 할 금액의 누적액

⑭ 가상자산사업자등은 제13항에 따라 차감한 금액에 상당하는 금액을 손실이 발생한 외국법인에 지급해야 한다. 〈신설 2022. 3. 8.〉

⑮ 법 제98조제17항에 따라 가상자산사업자등은 납세자별로 같은 조 제16항에 따른 원천징수를 최초로 이행하기 전에 가상자산을 양도·대여·인출하는 자로부터 원천징수 대상 여부 확인에 필요한 증명자료를 받아 해당 납세자가 원천징수 대상에 해당하는지를 확인해야 한다. 〈개정 2025. 2. 28.〉

⑯ 가상자산사업자등은 제15항에 따라 원천징수 대상 여부를 확인한 때부터 3년마다 원천징수 대상의 변동 여부를 확인해야 한다. 〈신설 2022. 3. 8.〉

[시행일: 2027. 1. 1.] 제137조

제137조의2 삭제 〈2023. 2. 28.〉

제138조(투자중개업자 등의 원천징수) 법 제98조제1항제7호 단서를 적용할 때 취득가액이 서로 다른 동일종목의 유가증권(채권의 경우에는 액면가액, 발행일 및 만기일, 이자율 등 발행조건이 같은 동일 종목의 채권을 말한다)을 보유한 외국법인이 해당 유가증권을 양도한 경우에 양도가액에서 공제할 취득가액은 이동평균법에 준하여 계산한다. 〈개정 2009. 2. 4., 2010. 12. 30., 2019. 2. 12.〉

[제목개정 2009. 2. 4.]

제138조의2(외국법인의 유가증권 양도소득 등에 대한 신고·납부 등의 특례) ①외국법인은 법 제98조의2의 규정에 의하여 양도당시 조세조약에서 정한 과세기준을 충족하지 아니하여 주식 또는 출자증권의 양도소득중 원천징수되지 아니한 소득의 원천징수세액상당액을 당해 유가증권을 발행한 내국법인의 소재지를 관할하는 세무서장에게 신고·납부하여야 한다.

②제1항의 규정에 의하여 주식 또는 출자증권의 양도소득중 원천징수되지 아니한 소득의 원천징수세액상당액을 신고·납부하고자 하는 외국법인은 동일한 사업연도에 양도한 당해 법인의 양도주식총액과 원천징수되지 아니한 양도주식총액을 구분하여 기획재정부령이 정하는 외국법인유가증권양도소득정산신고서를 제출하여야 한다. 〈개정 2008. 2. 29.〉

③ 법 제98조의2제3항 본문에서 "대통령령으로 정하는 경우"란 다음 각 호의 유가증권을 양도하는 경우를 말한다. 〈신설 2008. 2. 22., 2011. 6. 3.〉

1. 「조세특례제한법 시행령」 제18조제4항제1호 및 제2호에 따라 과세되는 주식등 유가증권

2. 외국에서 거래되는 원화표시 유가증권(외국유가증권시장 외에서 거래되는 것을 말한다)

④ 법 제98조의2제3항에 따라 신고·납부하려는 외국법인은 해당 주식등 유가증권을 발행한 내국법인의 소재지를 관할하는 세무서장에게 기획재정부령으로 정하는 외국법인유가증권양도소득신고서를 작성하여 신고·납부하여야 한다. 〈신설 2008. 2. 22., 2008. 2. 29.〉

⑤ 법 제98조의2제4항에 따라 신고·납부하려는 외국법인은 해당

자산의 소재지(유가증권인 경우에는 유가증권을 발행한 내국법인의 소재지를 말한다)를 관할하는 세무서장에게 기획재정부령으로 정하는 외국법인증여소득신고서를 작성하여 신고·납부하여야 한다. 〈신설 2012. 2. 2.〉

[본조신설 2000. 12. 29.]

[제목개정 2012. 2. 2.]

제138조의3(외국법인의 채권등의 이자등에 대한 원천징수 특례) ① 법 제98조제1항을 적용받는 외국법인(이하 이 조에서 "외국법인"이라 한다)에 대하여 원천징수대상채권등의 이자등을 지급하는 자 또는 원천징수대상채권등의 이자등을 지급받기 전에 외국법인으로부터 원천징수대상채권등을 매수하는 자는 그 지급금액에 대하여 법·「조세특례제한법」 또는 조세조약에 의한 세율(이하 이 조에서 "적용세율"이라 한다)을 적용하는 경우에 그 지급금액에 다음 각 호의 세율을 적용하여 계산한 금액을 원천징수하여야 한다. 이 경우 제1호의 세율이 법 제73조의2제1항 전단에 따른 세율보다 높은 경우로서 해당 외국법인이 원천징수대상채권등의 보유기간을 입증하지 못하는 경우에는 지급금액 전액을 해당 외국법인의 보유기간이자상당액으로 보며, 제1호에 따른 적용세율이 법 제73조의2제1항 전단에 따른 세율보다 낮은 경우로서 해당 외국법인이 원천징수대상채권등의 보유기간을 입증하지 못하는 경우에는 해당 외국법인의 보유기간이자상당액은 이를 없는 것으로 본다. 〈개정 2005. 2. 19., 2006. 2. 9., 2010. 12. 30., 2012. 2. 2., 2019. 2. 12.〉

1. 지급금액 중 당해 외국법인의 보유기간이자상당액에 대하여는 당해 외국법인에 대한 적용세율

2. 지급금액 중 제1호의 보유기간이자상당액을 차감한 금액에 대하여는 법 제73조의2제1항 전단에 따른 세율

② 법 제98조의3제1항에서 "환매조건부 채권매매 거래 등 대통령령으로 정하는 경우"란 다음 각 호의 어느 하나에 해당하거나 각 호가 혼합되는 거래를 말한다. 〈개정 2010. 6. 8., 2011. 6. 3., 2016. 2. 12.〉

1. 외국법인이 일정기간 후에 일정가격으로 환매수 또는 환매도할 것을 조건으로 하여 채권등을 매도 또는 매수하는 거래(해당 거래가 연속되는 경우를 포함한다)로서 그 거래에 해당하는 사실이 「자본시

장과 금융투자업에 관한 법률」 제294조에 따른 한국예탁결제원의 계좌를 통하여 확인되는 거래

2. 외국법인이 일정기간 후에 같은 종류로서 같은 양의 채권을 반환받는 조건으로 채권을 대여하는 거래(해당 거래가 연속되는 경우를 포함한다)로서 그 거래에 해당하는 사실이 채권대차거래중개기관(「자본시장과 금융투자업에 관한 법률」에 따른 한국예탁결제원, 증권금융회사, 투자매매업자 또는 투자중개업자를 말한다)이 작성한 거래 원장(전자적 형태의 원장을 포함한다)을 통하여 확인되는 거래

③ 제2항에 따른 거래의 경우 채권등을 매도 또는 대여한 날부터 환매수 또는 반환받은 날까지의 기간 동안 그 채권등으로부터 발생하는 이자소득 또는 배당소득에 상당하는 금액은 매도자 또는 대여자(해당 거래가 연속되는 경우 또는 제2항 각 호의 거래가 혼합되는 경우에는 최초 매도자 또는 대여자를 말한다)에게 귀속되는 것으로 보아 법 제98조의3을 적용한다. 〈개정 2010. 6. 8., 2016. 2. 12.〉

④ 제2항에 따른 거래를 통하여 매수자 또는 차입자(이하 이 조에서 "매수자등"이라 한다)가 매입 또는 차입한 채권등이 제3자에게 매도 또는 대여되는 경우에는 매수자등(제111조제1항 각 호의 어느 하나에 해당하는 법인은 제외한다)에게 보유기간이자상당액에 대한 세액을 법 제73조의2 및 제98조의3, 「소득세법」 제133조의2 및 제156조의3에 따라 원천징수하여야 하며, 매수자등은 원천징수당한 세액을 제5항에 따라 환급받을 수 있다. 〈개정 2010. 6. 8., 2019. 2. 12.〉

⑤ 제4항에 따라 원천징수된 세액을 환급받으려는 매수자등은 제3자에게 매도 또는 대여한 채권등이 제2항에 따른 거래를 통하여 매입 또는 차입한 것임을 입증할 수 있는 기획재정부령으로 정하는 서류를 첨부하여 원천징수된 세액의 납부일이 속하는 달의 다음 달 10일까지 매수자등의 납세지 관할세무서장에게 환급신청서를 제출하여야 하며, 환급신청을 받은 관할세무서장은 거래사실 및 환급신청내용을 확인한 후 즉시 환급하여야 한다. 〈개정 2010. 6. 8.〉

⑥제111조제6항은 외국법인의 채권등의 이자등에 대한 지급시기에 관하여 이를 준용하고, 제113조의 규정은 채권등의 보유기간계산, 보유기간이자상당액의 계산방법 및 보유기간 입증방법에 관하여 이를 준용하며, 제137조제2항의 규정은 원천징수세액납부에 관하여

이를 준용한다. 〈개정 2009. 12. 31.〉

⑦ 삭제 〈2005. 2. 19.〉

[본조신설 2000. 12. 29.]

제138조의4(외국법인에 대한 조세조약상 비과세 또는 면제 적용 신청) ① 법 제98조의4제1항에 따라 비과세 또는 면제를 적용받으려는 국내원천소득의 실질귀속자는 기획재정부령으로 정하는 비과세·면제신청서 및 국내원천소득의 실질귀속자임을 증명하는 서류(이하 이 조에서 "신청서등"이라 한다)를 소득지급자에게 제출하고 해당 소득지급자는 소득을 지급하는 날이 속하는 달의 다음 달 9일까지 소득지급자의 납세지 관할세무서장에게 제출하여야 한다. 이 경우 법 제98조의4제1항 후단에 해당하는 국외투자기구의 경우에는 기획재정부령으로 정하는 실질귀속자 특례 국외투자기구 신고서(이하 이 조, 제138조의7 및 제138조의8에서 "실질귀속자 특례 국외투자기구 신고서"라 한다)를 함께 제출해야 한다. 〈개정 2009. 6. 8., 2010. 2. 18., 2010. 12. 30., 2014. 2. 21., 2017. 2. 3., 2019. 2. 12., 2020. 2. 11., 2023. 2. 28.〉

② 제1항에 따른 국내원천소득의 실질귀속자임을 증명하는 서류는 다음 각 호의 구분에 따른 서류로 한다. 다만, 국내원천소득이 국외투자기구(법 제98조의4제1항 후단에 해당하는 국외투자기구를 포함한다)를 통하여 지급되는 경우와 국내원천소득의 실질귀속자가 조세조약의 상대방국가(이하 "체약상대국"이라 한다)의 정부기관 중 기획재정부령으로 정하는 기관인 경우에는 비과세 또는 면제를 받으려는 세액의 액수에 관계없이 제2호에 따른 서류로 한다. 〈개정 2023. 2. 28., 2025. 2. 28.〉

1. 법 제98조의4제1항에 따라 비과세 또는 면제를 적용받으려는 세액이 10억원 이상인 경우(같은 조에 따라 비과세 또는 면제를 적용받으려는 국내원천소득의 지급일이 속하는 달의 말일부터 과거 1년 이내에 비과세 또는 면제를 적용받은 세액의 합계액이 10억원 이상인 경우를 포함한다): 다음 각 목의 서류. 이 경우 나목부터 라목까지의 서류는 한글번역본과 함께 제출해야 하며, 국세청장이 인정하는 경우에는 영문으로 작성된 서류만을 제출할 수 있다.

가. 해당 외국법인 거주지국의 권한 있는 당국이 발급하는 거주자증명서

나. 해당 외국법인의 이사회 구성원의 성명 및 주소와 주주등의 인적사항 및 지분 현황. 다만, 주주등이 100명을 초과하는 경우에는 국가별 주주등의 수 및 총투자금액 명세로 갈음한다.

다. 최근 3년(설립 후 3년이 경과하지 않은 외국법인의 경우에는 해당 법인의 설립일부터 신청서등의 제출일 전날까지의 기간을 말한다) 동안 체약상대국의 세무당국에 제출한 재무제표(부속서류를 포함한다), 세무신고서 또는 감사보고서

라. 법 제93조제8호 각 목의 어느 하나에 해당하는 권리·자산 또는 정보(이하 이 목에서 "권리등"이라 한다)의 사용허여(使用許與) 계약서 등 해당 권리등의 등록지 및 소유권자·실시권자 등을 확인할 수 있는 서류(비과세 또는 면제를 적용받으려는 국내원천소득이 법 제93조제8호에 따른 국내원천 사용료소득인 경우만 해당한다)

2. 제1호 외의 경우: 해당 외국법인의 거주지국의 권한 있는 당국이 발급하는 거주자증명서

③외국법인은 그 대리인(「국세기본법」 제82조의 규정에 의한 납세관리인을 포함한다) 등으로 하여금 제1항의 규정에 의한 비과세 또는 면제신청을 하게 할 수 있다. 〈개정 2005. 2. 19.〉

④법 제98조의3의 규정에 의하여 금융회사 등이 외국법인의 채권등을 인수·매매·중개 또는 대리하는 경우에는 당해 금융회사 등과 외국법인간에 대리 또는 위임의 관계가 있는 것으로 보아 제1항의 규정을 적용한다. 〈개정 2012. 2. 2.〉

⑤법 제98조제7항에 따라 유가증권 양도에 관하여 투자매매업자, 투자중개업자 또는 주식발행법인이 원천징수하는 경우에는 해당 투자매매업자, 투자중개업자 또는 주식발행법인과 외국법인간에 대리 또는 위임의 관계가 있는 것으로 보아 제1항의 규정을 적용한다. 〈개정 2012. 2. 2.〉

⑥제4항 및 제5항이 적용되지 아니하는 경우로서 소득지급자가 국내에 주소, 거소, 본점, 주사무소, 사업의 실질적 관리장소 또는 국내사업장(「소득세법」 제120조에 규정된 국내사업장을 포함한다)이 없는 경우에는 제1항에도 불구하고 소득지급자에게 제출하지 아니하고 국내원천소득의 실질귀속자가 납세지 관할세무서장에게 직접 신청서등을 제출할 수 있다. 〈개정 2002. 12. 30., 2005. 2. 19., 2006. 2. 9., 2014. 2. 21., 2023. 2. 28.〉

⑦법 제93조에 따른 국내원천소득으로서 다음 각 호의 어느 하나에 해당하는 소득에 대하여는 제1항에도 불구하고 신청서등을 제출하지 아니할 수 있다. 〈개정 2005. 2. 19., 2008. 2. 29., 2009. 2. 4., 2009. 6. 8., 2010. 12. 30., 2023. 2. 28.〉

1. 법 및 「조세특례제한법」에 따라 법인세가 과세되지 아니하거나 면제되는 국내원천소득

2. 삭제 〈2009. 2. 4.〉

3. 그 밖에 기획재정부령이 정하는 국내원천소득

⑧ 삭제 〈2019. 2. 12.〉

⑨ 제1항을 적용할 때 국내원천소득이 국외투자기구를 통하여 지급되는 경우에는 해당 국외투자기구가 실질귀속자로부터 신청서등을 제출받아 실질귀속자 명세를 포함하여 작성한 기획재정부령으로 정하는 국외투자기구 신고서(이하 이 조, 제138조의7 및 제138조의8에서 "국외투자기구 신고서"라 한다)와 제출받은 신청서등을 소득지급자에게 제출하고 해당 소득지급자는 소득을 지급하는 날이 속하는 달의 다음 달 9일까지 소득지급자의 납세지 관할 세무서장에게 제출해야 한다. 다만, 제138조의7제3항 단서에 따른 국외공모집합투자기구(이하 이 조에서 "국외공모집합투자기구"라 한다)로서 다음 각 호의 서류를 제출한 경우에는 그렇지 않다. 〈신설 2014. 2. 21., 2019. 2. 12., 2020. 2. 11., 2023. 2. 28.〉

1. 제138조의7제3항 각 호의 사항을 확인할 수 있는 서류

2. 해당 국외투자기구의 국가별 실질귀속자의 수 및 총투자금액 명세가 포함된 국외투자기구 신고서

3. 국외공모집합투자기구의 명의로 작성한 비과세 · 면제신청서

⑩ 제9항을 적용할 때 국외투자기구(이하 이 조에서 "1차 국외투자기구"라 한다)에 다른 국외투자기구(이하 이 조에서 "2차 국외투자기구"라 한다)가 투자하고 있는 경우 1차 국외투자기구는 2차 국외투자기구로부터 실질귀속자별 신청서등을 제출받아 그 명세(해당 2차 국외투자기구가 국외공모집합투자기구인 경우에는 이를 확인할 수 있는 서류와 해당 국외투자기구의 국가별 실질귀속자의 수 및 총투자금액 명세를 말한다)가 포함된 국외투자기구 신고서와 제출받은 신청서등을 제출하여야 한다. 이 경우 다수의 국외투자기구가 연속적으로 투자관계에 있는 경우에는 투자를 받는 직전 국외투자기구

를 1차 국외투자기구로, 투자하는 국외투자기구를 2차 국외투자기구로 본다. 〈신설 2014. 2. 21., 2023. 2. 28.〉

⑪ 제1항과 제9항을 적용할 때 제138조의7제5항 각 호의 어느 하나에 해당하는 경우에는 이를 실질귀속자로 본다. 〈신설 2014. 2. 21.〉

⑫ 제1항 또는 제9항을 적용할 때 신청서등, 실질귀속자 특례 국외투자기구 신고서 또는 국외투자기구 신고서는 제출한 날부터 3년 이내에는 다시 제출하지 않을 수 있다. 다만, 그 내용에 변동이 있는 경우에는 변동사유가 발생한 날 이후 소득을 최초로 지급하는 날이 속하는 달의 다음 달 9일까지 그 변동 내용을 제1항 또는 제9항에 따라 제출해야 한다. 〈신설 2014. 2. 21., 2020. 2. 11., 2023. 2. 28.〉

⑬ 법 제98조의4제3항에서 "신청서등 또는 국외투자기구 신고서를 제출받지 못하거나 제출된 서류를 통해서는 실질귀속자를 파악할 수 없는 등 대통령령으로 정하는 사유"란 다음 각 호의 어느 하나에 해당하는 사유를 말한다. 이 경우 제2호 또는 제3호는 그 사유가 발생한 부분으로 한정하고, 국외공모집합투자기구에 대해서는 제3호의 사유를 제외한다. 〈신설 2014. 2. 21., 2020. 2. 11., 2023. 2. 28.〉

1. 신청서등, 실질귀속자 특례 국외투자기구 신고서 또는 국외투자기구 신고서를 제출받지 못한 경우
2. 제출된 신청서등, 실질귀속자 특례 국외투자기구 신고서 또는 국외투자기구 신고서에 적힌 내용의 보완 요구에 따르지 않는 경우
3. 제출된 신청서등, 실질귀속자 특례 국외투자기구 신고서 또는 국외투자기구 신고서를 통해서는 실질귀속자를 파악할 수 없는 경우

⑭ 소득지급자와 국외투자기구는 신청서등, 실질귀속자 특례 국외투자기구 신고서, 국외투자기구 신고서 등 관련 자료를 제1항에 따른 기한의 다음 날부터 5년간 보관해야 한다. 이 경우 소득지급자의 납세지 관할 세무서장이 제출을 요구하는 경우에는 그 자료를 제출해야 한다. 〈신설 2014. 2. 21., 2020. 2. 11., 2023. 2. 28.〉

⑮ 법 제98조의4제5항에 따라 경정을 청구하려는 자는 소득지급자의 납세지 관할 세무서장에게 기획재정부령으로 정하는 비과세·면제 적용을 위한 경정청구서에 다음 각 호의 서류를 첨부하여 경

정을 청구해야 한다. 이 경우 해당 서류는 한글번역본과 함께 제출하여야 하되, 국세청장이 인정하는 경우에는 영문으로 작성된 서류만을 제출할 수 있다. 〈신설 2014. 2. 21., 2019. 2. 12., 2020. 2. 11., 2023. 2. 28.〉

1. 신청서등

2. 삭제 〈2023. 2. 28.〉

3. 실질귀속자 특례 국외투자기구 신고서(제1항 후단에 따라 실질귀속자 특례 국외투자기구 신고서를 제출해야 하는 경우에 한정한다) 또는 국외투자기구 신고서(제9항에 따라 국외투자기구 신고서를 제출해야 하는 경우에 한정한다)

⑯ 제15항에 따른 경정청구 절차에 관하여는 제138조의6제2항부터 제4항까지의 규정을 준용한다. 〈신설 2014. 2. 21.〉

[본조신설 2001. 12. 31.]

[제목개정 2014. 2. 21.]

제138조의5(조세조약상의 비과세ㆍ면제 또는 제한세율 적용을 위한 사전승인 절차) ①법 제98조의5제1항 단서에 따른 사전승인을 받으려는 자는 기획재정부령으로 정하는 원천징수특례사전승인신청서에 다음 각 호의 서류를 첨부하여 국세청장에게 신청하여야 한다. 다만, 제2항에 따라 사전승인을 받은 후 계약내용 등의 변경으로 당초 신고한 내용과 달라진 경우에는 사전승인 신청을 다시 하여야 한다. 〈개정 2008. 2. 22., 2008. 2. 29., 2009. 2. 4., 2012. 2. 2., 2025. 2. 28.〉

1. 체약상대국에서 발급하는 거주자증명서

2. 법인 또는 단체의 설립신고서 및 정관 사본

3. 이사회의 구성원의 성명 및 주소

4. 주주등의 인적사항 및 지분현황

5. 법인 또는 단체의 종업원 수 및 각 종업원별 업무분장

6. 해당 국내원천소득을 얻기 위한 투자와 관련된 경제적 또는 영업상 동기에 대한 설명서

7. 해당 국내원천소득을 얻기 위한 투자자금 조달방법

8. 해당 국내원천소득 수령 후의 처분명세서 또는 그 계획서

9. 최근 3년(설립 후 3년이 경과하지 아니한 법인의 경우에는 설립일부터 신청일까지의 기간) 동안 체약상대국의 세무당국에 제출한

재무제표(부속서류를 포함한다), 세무신고서 또는 감사보고서

10. 제2항제3호에 해당하는 경우 체약상대국 유가증권시장에의 상장등록 사항 및 그 시장에서 정규적인 거래가 이루어지고 있음을 확인할 수 있는 서류

11. 제2항제5호에 해당하는 경우 연금·기금의 수혜대상자를 확인할 수 있는 서류

12. 제2항제7호에 해당하는 경우 체약상대국의 금융당국이 규율하고 있음을 확인할 수 있는 서류와 동호의 규정에 따른 투자회사등의 투자자의 그 주식 또는 지분보유 현황을 확인할 수 있는 서류

②제1항에 따라 사전승인의 신청을 받은 국세청장은 법 제93조제1호·제2호·제8호 또는 제9호에 따른 소득을 직접 또는 간접적으로 수취할 법인(이하 이 조에서 "소득수취법인"이라 한다)이 해당 국내원천소득과 관련하여 다음 각 호의 어느 하나에 해당하는 경우 사전승인할 수 있다. 〈개정 2008. 2. 29., 2010. 12. 30., 2012. 2. 2., 2017. 2. 3.〉

1. 소득수취법인이 해당 국내원천소득의 실질귀속자에 해당하고 해당 체약상대국의 법인인 경우

2. 소득수취법인이 기획재정부령이 정하는 조세조약 체약상대국의 정부기관 등(이하 이 조에서 "정부기관등"이라 한다)에 해당하는 경우

3. 소득수취법인의 발행주식이 체약상대국의 법령에 의하여 인정되는 유가증권시장에 상장된 법인(이하 이 조에서 "상장법인"이라 한다)의 주식으로서 기획재정부령이 정하는 정규적인 거래가 이루어지는 경우

4. 소득수취법인의 발행주식총수(지분을 포함한다)의 100분의 50 이상이 체약상대국의 개인·정부기관등 또는 상장법인에 의하여 직접 또는 간접으로 소유되는 법인인 경우

5. 소득수취법인이 체약상대국의 연금·기금 또는 그와 유사한 단체인 경우에는 동 연금·기금 또는 단체로부터 수혜를 받는 자의 100분의 50 이상이 체약상대국의 거주자인 경우

6. 소득수취법인의 최근 3년 동안의 수입금액(3년 이내에 설립된 법인은 설립이후 현재까지의 수입금액) 중 주식·채권의 보유나 양도 또는 무형자산의 사용이나 양도로부터 발생하는 최근 3년 동안

의 수입금액(3년 이내에 설립한 법인은 설립이후 현재까지 수입금액)의 비율이 100분의 10 이하인 법인인 경우

7. 소득수취법인이 제138조의7제3항제1호 및 제2호의 요건을 갖춘 경우

8. 소득수취법인이 당해 소득에 대하여 부담할 세액이 법 제98조의 규정에 따른 세율을 적용하여 계산한 세액과 해당국과의 조세조약에 따라 과세될 세액과의 차익의 100분의 50 이상이 되는 경우

③제1항의 규정에 따라 사전승인의 신청을 받은 국세청장은 사전승인신청의 내용에 대하여 보정할 필요가 있다고 인정되는 때에는 30일 이내의 기간을 정하여 보정할 것을 요구할 수 있다. 이 경우 보정기간은 제5항의 규정에 따른 기간에 산입하지 아니한다.

④제3항의 규정에 따른 보정요구는 다음 각 호의 사항을 기재한 문서로 하여야 한다.

1. 보정할 사항
2. 보정을 요구하는 이유
3. 보정할 기간
4. 그 밖에 필요한 사항

⑤국세청장은 제1항의 규정에 따라 신청을 받은 날부터 3월 이내에 승인여부를 통보하여야 한다.

⑥국세청장은 제출된 서류가 허위로 기재된 것임이 확인되는 경우 사전승인을 취소하여야 한다.

⑦제2항제4호에서 주식의 간접소유비율의 계산에 관하여는 「국제조세조정에 관한 법률 시행령」 제2조제3항을 준용한다. 〈개정 2021. 2. 17.〉

⑧ 제1항을 적용할 때 원천징수특례사전승인 신청서에 첨부하는 서류는 한글번역본과 함께 제출하여야 한다. 다만, 국세청장이 인정하는 경우에는 영문으로 작성된 서류만을 제출할 수 있다. 〈신설 2009. 2. 4.〉

[본조신설 2006. 2. 9.]

제138조의6(조세조약상의 비과세·면제 또는 제한세율 적용을 위한 경정청구 절차) ①법 제98조의5제2항에 따라 경정을 청구하려는 자는 원천징수의무자의 납세지 관할 세무서장에게 기획재정부령으로 정하는 원천징수특례적용을 위한 경정청구서에 제138조의5제1항제

1호부터 제9호까지의 서류를 첨부하여 경정을 청구하여야 한다. 이 경우 증명서류는 한글번역본과 함께 제출하여야 하며 국세청장이 인정하는 경우에는 영문으로 작성된 서류만을 제출할 수 있다. 〈개정 2008. 2. 29., 2019. 2. 12.〉

② 세무서장은 제1항에 따라 경정청구를 한 법 제93조제1호·제2호·제8호 또는 제9호에 따른 소득을 수취한 자가 해당 국내원천소득의 실질귀속자에 해당하는 경우에는 경정하여야 한다. 〈개정 2008. 2. 22., 2017. 2. 3.〉

③제1항의 경정청구를 받은 세무서장은 경정청구의 내용에 대하여 보정할 필요가 있다고 인정되는 때에는 30일 이내의 기간을 정하여 보정할 것을 요구할 수 있다. 이 경우 보정기간은 법 제98조의5제3항의 규정에 따른 기간에 산입하지 아니한다.

④제3항의 규정에 따른 보정요구는 다음 각 호의 사항을 기재한 문서로 하여야 한다.

1. 보정할 사항
2. 보정을 요구하는 이유
3. 보정할 기간
4. 그 밖에 필요한 사항

[본조신설 2006. 2. 9.]

제138조의7(외국법인에 대한 조세조약상 제한세율 적용을 위한 원천징수절차 특례) ① 법 제98조의6제1항에 따라 제한세율을 적용받으려는 국내원천소득의 실질귀속자는 기획재정부령으로 정하는 국내원천소득 제한세율 적용신청서(이하 이 조에서 “제한세율 적용신청서”라 한다)를 해당 국내원천소득을 지급받기 전까지 원천징수의무자에게 제출해야 한다. 이 경우 법 제98조의6제1항 후단에 해당하는 국외투자기구의 경우에는 실질귀속자 특례 국외투자기구 신고서를 함께 제출해야 하며, 「자본시장과 금융투자업에 관한 법률」 제296조제5호에 따른 외국예탁결제기관이 같은 법 제294조에 따른 한국예탁결제원에 개설한 계좌를 통하여 지급받는 국내원천소득의 경우에는 제한세율 적용신청서를 제출하지 않을 수 있다. 〈개정 2019. 2. 12., 2020. 2. 11.〉

② 삭제 〈2019. 2. 12.〉

③ 제1항을 적용할 때 국내원천소득이 국외투자기구를 통하여 지

급되는 경우에는 해당 국외투자기구가 실질귀속자로부터 제한세율 적용신청서를 제출받아 국외투자기구 신고서에 실질귀속자 명세를 첨부하여 국내원천소득을 지급받기 전까지 원천징수의무자에게 제출하여야 한다. 다만, 다음 각 호의 요건을 모두 갖춘 국외투자기구(이하 이 조에서 "국외공모집합투자기구"라 한다)로서 각 호의 사항을 확인할 수 있는 서류와 해당 국외투자기구의 국가별 실질귀속자의 수 및 총투자금액 명세를 국외투자기구 신고서에 첨부하여 제출한 경우에는 그러하지 아니하다. 〈개정 2019. 2. 12.〉

1. 「자본시장과 금융투자업에 관한 법률」에 따른 집합투자기구와 유사한 국외투자기구로서, 체약상대국의 법률에 따라 등록하거나 승인을 받은 국외투자기구

2. 증권을 사모로 발행하지 아니하고 직전 회계기간 종료일(신규로 설립된 국외투자기구인 경우에는 국외투자기구 신고서 제출일을 말한다) 현재 투자자가 100명(투자자가 다른 국외투자기구인 경우에는 그 국외투자기구를 1명으로 본다) 이상일 것

3. 조세조약에서 조약상 혜택의 적용을 배제하도록 규정된 국외투자기구에 해당되지 아니할 것

④ 국외투자기구(이하 이 조에서 "1차 국외투자기구"라 한다)에 다른 국외투자기구(이하 이 조에서 "2차 국외투자기구"라 한다)가 투자하고 있는 경우 1차 국외투자기구는 2차 국외투자기구로부터 실질귀속자 명세(해당 2차 국외투자기구가 국외공모집합투자기구인 경우에는 이를 확인할 수 있는 서류와 해당 국외투자기구의 국가별 실질귀속자의 수 및 총투자금액 명세를 말한다)를 첨부한 국외투자기구 신고서를 제출받아 이를 함께 제출하여야 한다. 이 경우 다수의 국외투자기구가 연속적으로 투자관계에 있는 경우에는 투자를 받는 직전 국외투자기구를 1차 국외투자기구로, 투자하는 국외투자기구를 2차 국외투자기구로 본다.

⑤ 제1항 및 제3항을 적용할 때 다음 각 호의 어느 하나에 해당하는 경우에는 이를 실질귀속자로 본다.

1. 「국민연금법」, 「공무원연금법」, 「군인연금법」, 「사립학교교직원연금법」 및 「근로자퇴직급여 보장법」 등에 준하는 체약상대국의 법률에 따라 외국에서 설립된 연금

2. 체약상대국의 법률에 따라 외국에서 설립된 비영리단체로서 수

익을 구성원에게 분배하지 아니하는 기금

3. 삭제 〈2019. 2. 12.〉

⑥ 제1항 또는 제3항에 따라 제출된 제한세율 적용신청서, 실질귀속자 특례 국외투자기구 신고서 또는 국외투자기구 신고서는 제출된 날부터 3년 이내에는 다시 제출하지 않을 수 있다. 다만, 그 내용에 변동이 있는 경우에는 변동사유가 발생한 날 이후 최초로 국내원천소득을 지급받기 전까지 그 변동 내용을 제1항 또는 제3항에 따라 제출해야 한다. 〈개정 2014. 2. 21., 2020. 2. 11.〉

⑦ 법 제98조의6제3항에서 "대통령령으로 정하는 사유"란 다음 각 호의 어느 하나의 사유를 말한다. 이 경우 제2호 또는 제3호는 그 사유가 발생한 부분으로 한정하고, 국외공모집합투자기구에 대해서는 제3호의 사유는 제외한다. 〈개정 2014. 2. 21., 2020. 2. 11.〉

1. 제한세율 적용신청서, 실질귀속자 특례 국외투자기구 신고서 또는 국외투자기구 신고서를 제출받지 못한 경우

2. 제출된 제한세율 적용신청서, 실질귀속자 특례 국외투자기구 신고서 또는 국외투자기구 신고서에 기재된 내용의 보완 요구에 따르지 않은 경우

3. 제출된 제한세율 적용신청서, 실질귀속자 특례 국외투자기구 신고서 또는 국외투자기구 신고서를 통해서는 실질귀속자를 파악할 수 없는 경우

⑧ 원천징수의무자 및 국외투자기구는 제한세율 적용신청서, 실질귀속자 특례 국외투자기구 신고서, 국외투자기구 신고서 등 관련 자료를 법 제98조제1항에 따른 원천징수세액의 납부기한 다음날부터 5년간 보관해야 하고, 원천징수의무자의 납세지 관할 세무서장이 그 제출을 요구하는 경우에는 이를 제출해야 한다. 〈개정 2020. 2. 11.〉

[본조신설 2012. 2. 2.]

제138조의8(외국법인에 대한 조세조약상 제한세율 적용을 위한 경정청구 절차) ① 법 제98조의6제4항에 따라 경정을 청구하려는 자는 원천징수의무자의 납세지 관할세무서장에게 기획재정부령으로 정하는 제한세율 적용을 위한 경정청구서에 국내원천소득의 실질귀속자임을 입증할 수 있는 다음 각 호의 서류를 첨부하여 경정을 청구

해야 한다. 이 경우 증명서류는 한글번역본과 함께 제출해야 하되, 국세청장이 인정하는 경우에는 영문으로 작성된 서류만을 제출할 수 있다. 〈개정 2019. 2. 12., 2020. 2. 11.〉

1. 제138조의7제1항에 따른 제한세율 적용신청서

2. 해당 실질귀속자 거주지국의 권한 있는 당국이 발급하는 거주자증명서

3. 실질귀속자 특례 국외투자기구 신고서(제138조의7제1항 후단에 따라 실질귀속자 특례 국외투자기구 신고서를 제출해야 하는 경우에 한정한다) 또는 국외투자기구 신고서(같은 조 제3항에 따라 국외투자기구 신고서를 제출해야 하는 경우에 한정한다)

② 제1항에 따른 경정청구 절차에 관하여는 제138조의6제2항부터 제4항까지의 규정을 준용한다.

[본조신설 2012. 2. 2.]

제139조(외국법인의 인적용역소득에 대한 신고·납부 특례) 법 제99조에 따라 법 제93조제6호에 따른 국내원천 인적용역소득에 대한 법인세를 신고·납부하려는 외국법인은 기획재정부령으로 정하는 외국법인인적용역소득신고서에 그 소득과 관련된 비용을 입증하는 서류를 첨부하여 제출하여야 한다. 〈개정 2019. 2. 12.〉

[본조신설 2009. 2. 4.]

제5장 삭제 〈2001. 12. 31.〉

제1절 삭제 〈2001. 12. 31.〉

제140조 삭제 〈2001. 12. 31.〉

제141조 삭제 〈2001. 12. 31.〉

제142조 삭제 〈2001. 12. 31.〉

제2절 삭제 〈2001. 12. 31.〉

제143조 삭제 〈2001. 12. 31.〉

제3절 삭제 〈2001. 12. 31.〉

제144조 삭제 〈2001. 12. 31.〉

제144조의2 삭제 〈2001. 12. 31.〉

제145조 삭제 〈2001. 12. 31.〉

제146조 삭제 〈2001. 12. 31.〉

제4절 삭제 〈2001. 12. 31.〉

제147조 삭제 〈2001. 12. 31.〉

제148조 삭제 〈2001. 12. 31.〉

제149조 삭제 〈2001. 12. 31.〉

제150조 삭제 〈2001. 12. 31.〉

제151조 삭제 〈2001. 12. 31.〉

제6장 보칙

제152조(법인의 설립 또는 설치신고) ①법 제109조제1항에 따라 법인의 대표자는 기획재정부령으로 정하는 법인설립신고서에 다음 각 호의 서류를 첨부하여 납세지 관할세무서장에게 제출하여야 한다. 〈개정 2008. 2. 29., 2012. 2. 2., 2013. 2. 15., 2013. 6. 28.〉

1. 제2항에 따른 주주등의 명세서

2. 「부가가치세법 시행령」 제11조제3항의 표 및 같은 조 제4항의 서류

② 법 제109조제1항 각 호 외의 부분 전단에서 "대통령령으로 정하는 주주등의 명세서"란 주식등의 실제소유자를 기준으로 다음 각 호의 내용을 적은 서류로서 기획재정부령으로 정하는 주주등의 명세서를 말한다. 〈개정 2012. 2. 2.〉

1. 주주등의 성명 또는 법인명, 주민등록번호·사업자등록번호 또는 고유번호

2. 주주등별 주식등의 보유현황

③법 제109조제2항의 규정에 의하여 외국법인의 관리책임자는 제4항 각호의 서류를 첨부하여 납세지 관할세무서장에게 설치신고를 하여야 한다.

④법 제109조제2항 각 호 외의 부분 전단에서 "대통령령으로 정하는 서류"란 다음 각호의 서류를 말한다. 〈개정 2011. 6. 3.〉

1. 본점등의 등기에 관한 서류

2. 정관

3. 삭제 〈2010. 11. 2.〉

⑤ 제3항에 따라 신고서를 제출받은 납세지 관할세무서장은 「전

자정부법」 제36조제1항에 따른 행정정보의 공동이용을 통하여 지점의 법인 등기사항증명서를 확인하여야 한다. 다만, 신고인이 국내사업장의 사업영위 내용을 입증하는 다른 서류를 제출하는 경우에는 그러하지 아니하다. 〈신설 2010. 11. 2.〉

제153조(관리책임자의 신고) ①외국법인이 관리책임자를 변경한 때에는 그 성명과 주소 또는 거소를 지체없이 납세지 관할세무서장에게 신고하여야 한다.

②제1항의 규정에 의한 관리책임자는 당해 외국법인의 납세지 관할세무서의 관할구역인에 주소 또는 6월 이상 거소를 둔 사이어야 한다.

③제1항의 규정에 의한 관리책임자가 그 주소 또는 거소를 변경한 때에는 그 사항을 지체없이 납세지 관할세무서장에게 신고하여야 한다.

제154조(사업자등록) ①법 제111조제1항의 규정에 의하여 등록을 하고자 하는 법인은 사업장마다 당해 사업의 개시일부터 20일내에 사업자등록신청서를 납세지 관할 세무서장에게 제출하여야 한다.

②「부가가치세법 시행령」 제11조부터 제16조까지의 규정은 제1항의 등록에 관하여 이를 준용한다. 〈개정 2005. 2. 19., 2013. 6. 28.〉

③국세청장은 사업자등록번호를 교부하지 아니하는 법인에 대하여는 고유번호를 부여하여야 한다.

제155조(복식부기에 의한 기장) 법 제112조에 규정하는 복식부기에 의한 기장은 법인의 재산과 자본의 변동을 빠짐없이 이중기록하여 계산하는 정규의 부기형식에 의하여 기장하는 것으로 한다.

제155조의2(기부금영수증 발급명세의 작성·보관의무 등) ① 법 제75조의4제2항에서 "대통령령으로 정하는 전자적 방법"이란 국세청장이 구축한 전자기부금영수증 발급 시스템을 이용하는 방법을 말한다. 〈신설 2021. 2. 17.〉

② 국세청장은 납세관리상 필요한 범위에서 전자기부금영수증 발급 신청, 발급 방법 등에 필요한 세부적인 사항을 정할 수 있다. 〈신설 2021. 2. 17.〉

③ 법 제112조의2제1항에서 "대통령령으로 정하는 기부자별 발급명세"란 다음 각 호의 내용이 모두 포함된 것을 말한다. 〈개정 2008. 2. 22., 2014. 2. 21., 2021. 2. 17.〉

1. 기부자의 성명, 주민등록번호 및 주소(기부자가 법인인 경우에

는 상호, 사업자등록번호와 본점등의 소재지)

2. 기부금액

3. 기부금 기부일자

4. 기부금영수증 발급일자

5. 그 밖에 기획재정부령이 정하는 사항

④ 법 제112조의2제4항에서 "대통령령으로 정하는 금액"이란 3억원을 말한다. 〈신설 2025. 2. 28.〉

[본조신설 2006. 2. 9.]

[제목개정 2008. 2. 22.]

제156조(구분경리) ①법 제113조제1항부터 제5항까지의 규정에 해당하는 법인은 구분하여야 할 사업 또는 재산별로 자산·부채 및 손익을 법인의 장부상 각각 독립된 계정과목에 의하여 기획재정부령으로 정하는 바에 따라 구분경리하여야 한다. 〈개정 2008. 2. 29., 2009. 2. 4.〉

② 법 제113조제3항 각 호 외의 부분 단서 및 같은 조 제4항 각 호 외의 부분 단서에 따른 중소기업의 판정은 합병 또는 분할합병 전의 현황에 따르고, 동일사업을 영위하는 법인(분할법인의 경우 승계된 사업분에 한정한다)의 판정은 실질적으로 동일한 사업을 영위하는 것으로서 기획재정부령으로 정하는 경우 외에는 한국표준산업분류에 따른 세분류에 따른다. 이 경우 합병법인 또는 피합병법인이나 분할법인(승계된 사업분에 한정한다) 또는 분할합병의 상대방법인이 2 이상의 세분류에 해당하는 사업을 영위하는 경우에는 사업용자산가액 중 동일사업에 사용하는 사업용 자산가액의 비율이 각각 100분의 70을 초과하는 경우에만 동일사업을 영위하는 것으로 본다. 〈신설 2009. 2. 4., 2015. 2. 3., 2017. 2. 3., 2019. 2. 12.〉

제157조 삭제 〈2009. 2. 4.〉

제158조(지출증명서류의 수취 및 보관) ①법 제116조제2항 각 호 외의 부분 본문에서 "대통령령으로 정하는 사업자"란 다음 각 호의 어느 하나에 해당하는 사업자를 말한다. 〈개정 2000. 12. 29., 2001. 12. 31., 2005. 2. 19., 2006. 2. 9., 2007. 2. 28., 2011. 6. 3., 2013. 2. 15., 2013. 6. 28., 2019. 2. 12.〉

1. 법인. 다만, 다음 각 목의 어느 하나에 해당하는 법인은 제외한다.

가. 비영리법인(제3조제1항의 수익사업과 관련된 부분은 제외한다)

나. 국가 및 지방자치단체

다. 금융보험업을 영위하는 법인(「소득세법 시행령」 제208조의2제1항제3호의 규정에 의한 금융·보험용역을 제공하는 경우에 한한다)

라. 국내사업장이 없는 외국법인

2. 「부가가치세법」 제3조에 따른 사업자. 다만, 읍·면지역에 소재하는 「부가가치세법」 제61조에 따른 간이과세자로서 「여신전문금융업법」에 의한 신용카드가맹점(이하 "신용카드가맹점"이라 한다) 또는 「조세특례제한법」 제126조의3에 따른 현금영수증가맹점(이하 "현금영수증가맹점"이라 한다)이 아닌 사업자를 제외한다.

3. 「소득세법」 제1조의2제1항제5호에 따른 사업자 및 같은 법 제119조제3호 및 제5호에 따른 소득이 있는 비거주자. 다만, 같은 법 제120조에 따른 국내사업장이 없는 비거주자를 제외한다.

②법 제116조제2항 각 호 외의 부분 단서에서 "대통령령으로 정하는 경우"란 다음 각 호의 어느 하나에 해당하는 경우를 말한다. 〈개정 2003. 12. 30., 2005. 2. 19., 2006. 2. 9., 2007. 2. 28., 2008. 2. 29., 2009. 2. 4., 2011. 6. 3., 2017. 2. 3.〉

1. 공급받은 재화 또는 용역의 건당 거래금액(부가가치세를 포함한다)이 3만원 이하인 경우

가. 삭제 〈2009. 2. 4.〉

나. 삭제 〈2009. 2. 4.〉

다. 삭제 〈2009. 2. 4.〉

2. 농·어민(한국표준산업분류에 의한 농업중 작물재배업·축산업·복합농업, 임업 또는 어업에 종사하는 자를 말하며, 법인을 제외한다)으로부터 재화 또는 용역을 직접 공급받은 경우

3. 「소득세법」 제127조제1항제3호에 규정된 원천징수대상 사업소득자로부터 용역을 공급받은 경우(원천징수한 것에 한한다)

4. 제164조제8항제1호에 따른 용역을 공급받는 경우

5. 기타 기획재정부령이 정하는 경우

③ 법 제116조제2항제1호에서 "대통령령으로 정하는 것"이란 다음 각 호의 어느 하나에 해당하는 것(이하 이 조에서 "직불카드등"이라 한다)을 말한다. 〈개정 2019. 2. 12.〉

1. 「여신전문금융업법」에 따른 직불카드
2. 외국에서 발행된 신용카드
3. 「조세특례제한법」 제126조의2제1항제4호에 따른 기명식선불카드, 직불전자지급수단, 기명식선불전자지급수단 또는 기명식전자화폐

④다음 각호의 1에 해당하는 증빙을 보관하고 있는 경우에는 법 제116조제2항제1호에 규정된 신용카드매출전표를 수취하여 보관하고 있는 것으로 본다. 〈신설 2002. 12. 30., 2003. 12. 30., 2005. 2. 19.〉

1. 「여신전문금융업법」에 의한 신용카드업자로부터 교부받은 신용카드 및 직불카드등의 월별이용대금명세서
2. 「여신전문금융업법」에 의한 신용카드업자로부터 전송받아 전사적자원관리시스템에 보관하고 있는 신용카드 및 직불카드등의 거래정보(「국세기본법 시행령」 제65조의7의 규정에 의한 요건을 충족하는 경우에 한한다)

⑤ 법인이 다음 각 호의 어느 하나에 해당하는 지출증명서류를 받은 경우에는 법 제116조제1항에 따라 지출증명서류를 보관한 것으로 보아 이를 별도로 보관하지 아니할 수 있다. 〈신설 2013. 2. 15., 2013. 6. 28., 2020. 2. 11.〉

1. 「조세특례제한법」 제126조의3제4항에 따른 현금영수증
2. 법 제116조제2항제1호에 따른 신용카드 매출전표
3. 「부가가치세법」 제32조제3항 및 제5항에 따라 국세청장에게 전송된 전자세금계산서
4. 「소득세법」 제163조제8항에 따라 국세청장에게 전송된 전자계산서

⑥ 직전 사업연도의 수입금액이 30억원(사업연도가 1년 미만인 법인의 경우 30억원에 해당 사업연도의 월수를 곱하고 12로 나누어 산출한 금액) 이상으로서 법 제116조에 따라 지출증명서류를 수취하여 보관한 법인은 기획재정부령으로 정하는 지출증명서류 합계표를 작성하여 보관해야 한다. 〈신설 2016. 2. 12., 2021. 2. 17.〉

[제목개정 2019. 2. 12.]

제159조(신용카드가맹점의 가입 등) ① 법 제117조제1항에서 "대통령령으로 정하는 요건에 해당하는 법인"이란 「소득세법 시행령」 별

표 3의2에 따른 소비자상대업종을 영위하는 법인을 말한다. 〈개정 2008. 2. 22.〉

② 법 제117조제2항 단서에서 "대통령령으로 정하는 사업자"란 다음 각 호의 사업자를 말한다. 〈개정 2025. 2. 28.〉

1. 「관광진흥법」 제3조제1항제1호에 따른 여행업을 영위하는 사업자
2. 「유통산업발전법」에 따른 대규모점포를 운영하는 사업자
3. 「체육시설의 설치·이용에 관한 법률」 제3조에 따른 체육시설을 운영하는 사업자

③ 법 제117조제2항 단서에서 "대통령령으로 정하는 방법"이란 「조세특례제한법」 제5조의2제1호의 전사적기업자원관리설비 또는 「유통산업발전법」 제2조제12호의 판매시점정보관리시스템설비를 설치·운영하는 방법을 말한다. 〈신설 2009. 2. 4., 2010. 12. 30., 2014. 2. 21.〉

④신용카드가맹점으로부터 신용카드에 의한 거래가 거부되거나 사실과 다르게 신용카드매출전표를 발급받은 자가 법 제117조제3항에 따라 신고하려는 때에는 다음 각 호의 사항이 포함된 신고서에 관련 사실을 증명할 수 있는 서류 또는 자료를 첨부하여 그 거래가 거부되거나 사실과 다르게 발급받은 날부터 1개월 이내에 국세청장·지방국세청장 또는 세무서장에게 제출하여야 한다. 다만, 증명서류나 자료는 가능한 경우에만 첨부한다. 〈신설 2007. 2. 28., 2009. 2. 4., 2010. 2. 18., 2019. 2. 12.〉

1. 신고자 성명
2. 신용카드가맹점 명칭
3. 신용카드에 의한 거래가 거부되거나 사실과 다르게 발급받은 일시·거래내용 및 금액

⑤납세지 관할세무서장은 법 제117조제4항 후단에 따라 해당 사업연도의 신고금액을 해당 신용카드가맹점에 통보하는 경우 그 사업연도 종료 후 2개월 이내에 통보하여야 한다. 〈신설 2007. 2. 28., 2009. 2. 4.〉

⑥국세청장은 납세관리상 필요한 범위안에서 신용카드가맹점 가입대상법인의 지정절차, 신용카드에 의한 거래거부 등에 관한 신고·통보절차 등에 필요한 세부적인 사항을 정할 수 있다. 〈개정 2005.

2. 19., 2007. 2. 28., 2008. 2. 22., 2009. 2. 4.〉

제159조의2(현금영수증가맹점의 가입 등) ① 법 제117조의2제1항에서 "대통령령으로 정하는 요건에 해당하는 법인"이란 제159조제1항에 따른 법인을 말한다. 다만, 국가, 지방자치단체 및 현금영수증가맹점으로 가입하기 곤란한 경우로서 기획재정부령으로 정하는 법인은 제외한다. 〈개정 2008. 2. 22., 2008. 2. 29., 2009. 2. 4.〉

② 법 제117조의2제3항 단서에서 "대통령령으로 정하는 사유"란 항공운송업을 영위하는 법인이 항공기에서 재화를 판매하는 경우를 말한다. 〈신설 2009. 2. 4., 2012. 2. 2.〉

③ 법 제117조의2제3항 단서에서 "대통령령으로 정하는 사업자"란 제159조제2항에 따른 사업자를 말한다. 〈신설 2012. 2. 2.〉

④ 법 제117조의2제3항 단서에서 "대통령령으로 정하는 방법"이란 제159조제3항에 따른 방법을 말한다. 〈신설 2012. 2. 2.〉

⑤ 법 제117조의2제4항 본문에서 "대통령령으로 정하는 업종을 경영하는 내국법인"이란 「소득세법 시행령」 별표 3의3에 따른 업종을 경영하는 내국법인을 말한다. 〈신설 2010. 2. 18., 2011. 6. 3., 2012. 2. 2.〉

⑥현금영수증의 발급대상금액은 건당 1원 이상의 거래금액으로 한다. 〈개정 2008. 2. 22.〉

⑦ 현금영수증가맹점 또는 법 제117조의2제4항에 따라 현금영수증을 발급해야 하는 내국법인으로부터 현금영수증 발급이 거부되거나 사실과 다른 현금영수증을 발급받은 자가 법 제117조의2제5항에 따라 그 거래내용을 신고하려는 때에는 다음 각 호의 사항이 포함된 신고서에 관련 사실을 증명할 수 있는 서류 또는 자료를 첨부하여 현금영수증 발급이 거부되거나 사실과 다르게 발급받은 날부터 5년 이내에 국세청장·지방국세청장 또는 세무서장에게 제출하여야 한다. 〈개정 2012. 2. 2., 2024. 2. 29.〉

1. 신고자 성명

2. 현금영수증가맹점 또는 법 제117조의2제4항에 따라 현금영수증을 발급해야 하는 내국법인의 상호

3. 현금영수증 발급이 거부되거나 사실과 다르게 발급받은 일자·거래내용 및 금액

⑧ 법 제117조의2제4항 본문 또는 같은 조 제7항에 따라 현금영

수증을 발급하는 경우에는 재화 또는 용역을 공급하고 그 대금을 현금으로 받은 날부터 5일 이내에 무기명으로 발급할 수 있다. 〈개정 2012. 2. 2.〉

⑨ 납세지 관할 세무서장은 법 제117조의2제6항 후단에 따라 해당 사업연도의 신고금액을 다음 각 호의 구분에 따른 기한까지 해당 현금영수증가맹점에 통보하여야 한다. 〈신설 2012. 2. 2.〉

1. 해당 사업연도 중에 신고를 받은 경우: 그 사업연도 종료 후 2개월 이내

2. 해당 사업연도가 지난 후에 신고를 받은 경우: 신고일 이후 2개월 이내

⑩ 현금영수증가맹점 가입대상법인의 가입, 탈퇴, 발급거부 등에 관한 신고·통보 절차, 소비자가 현금영수증의 발급을 원하지 아니할 경우 무기명으로 발급하는 방법 등에 관하여 필요한 세부적인 사항은 납세관리상 필요한 범위에서 국세청장이 정한다. 〈개정 2010. 2. 18., 2012. 2. 2.〉

[본조신설 2007. 2. 28.]

제160조(주주명부 등의 작성·비치) 법 제118조에서 "대통령령으로 정하는 사항이 적힌 주주명부나 사원명부"란 「상법」 제352조의 규정에 의한 주주명부 또는 동법 제566조의 규정에 의한 사원명부로서 다음 각호의 구분에 의한 주주 또는 사원의 인적 사항이 기재된 것을 말한다. 〈개정 2005. 2. 19., 2011. 6. 3.〉

1. 개인의 경우에는 성명·주소 및 주민등록번호(재외국민의 경우에는 여권번호 또는 「재외국민등록법」상의 등록번호)

2. 법인(법인으로 보는 단체를 포함한다)의 경우에는 법인명·본점등의 소재지 및 사업자등록번호(제154조제3항에 규정하는 고유번호를 포함한다)

3. 법인이 아닌 단체의 경우에는 당해 단체를 대표하는 자의 성명·주소 및 주민등록번호. 다만, 「부가가치세법」에 의하여 고유번호를 부여받은 단체의 경우에는 그 단체명·소재지 및 고유번호

4. 외국인 및 외국단체의 경우에는 「출입국관리법」에 의한 등록외국인기록표 또는 외국단체등록대장에 기재된 성명·단체명·체류지 및 등록번호. 다만, 외국인등록증이 발급되지 아니한 자의 경우에는 여권 또는 신분증에 기재된 성명 및 번호

제161조(주식등변동상황명세서의 제출) ①법 제119조제1항에서 "대통령령으로 정하는 조합법인 등"이란 다음 각 호의 어느 하나에 해당하는 법인을 말한다. 〈개정 2005. 2. 19., 2008. 2. 22., 2008. 2. 29., 2009. 2. 4., 2011. 6. 3., 2012. 2. 2., 2015. 10. 23., 2019. 2. 12., 2021. 2. 17., 2022. 2. 15.〉

1. 제2조제1항 각 호의 법인(그 중앙회 및 연합회는 제외한다)

2. 「자본시장과 금융투자업에 관한 법률」에 따른 투자회사, 투자유한회사, 투자합자회사(같은 법 제9조제19항제1호에 따른 기관전용사모집합투자기구는 제외한다)

3. 기업구조조정투자회사등 「자본시장과 금융투자업에 관한 법률」 제6조제5항 각 호의 어느 하나에 해당하는 경우의 법인

4. 해당 법인의 주주등이 기획재정부령으로 정하는 공공기관 또는 기관투자자와 주권상장법인의 소액주주로 구성된 법인

5. 「도시 및 주거환경정비법」 제38조에 따른 정비사업조합

6. 그 밖에 기획재정부령이 정하는 법인

② 법 제119조제2항제1호에서 "대통령령으로 정하는 법인"이란 해당 사업연도 중 주식의 명의개서 또는 변경을 취급하는 자를 통하여 1회 이상 주주명부를 작성하는 법인을 말한다. 〈개정 2008. 2. 22.〉

③ 법 제119조제2항제1호에서 "지배주주(그 특수관계인을 포함한다)"란 지배주주등을 말한다. 〈개정 2008. 2. 22., 2012. 2. 2.〉

④ 제1항제4호 및 법 제119조제2항제2호에서 "소액주주"란 소액주주등으로서 다음 각 호의 어느 하나에 해당하는 주주등을 말한다. 〈개정 2008. 2. 22., 2008. 2. 29., 2009. 2. 4.〉

1. 유가증권시장상장법인의 경우 보유하고 있는 주식의 액면금액의 합계액이 3억원에 미달하고 그 주식의 시가(기획재정부령으로 정하는 시가를 말한다)의 합계액이 100억원 미만인 주주

2. 코스닥시장상장법인의 경우 보유하고 있는 주식의 액면금액의 합계액이 3억원에 미달하고 그 주식의 시가(기획재정부령으로 정하는 시가를 말한다)의 합계액이 100억원 미만인 주주. 다만, 코스닥시장상장 전에 주식을 취득한 경우에는 해당 주식의 액면금액의 합계액이 500만원 이하인 주주와 중소기업의 주식을 코스닥시장을 통하여 양도한 주주

3. 제1호 및 제2호 외의 법인의 경우 보유하고 있는 주식의 액면금액 또는 출자총액의 합계액이 500만원 이하인 주주등

⑤ 제3항 및 제4항에 따른 지배주주등 또는 소액주주등과 액면금액·시가 또는 출자총액은 해당 법인의 사업연도개시일과 사업연도 종료일 현재의 현황에 의한다. 이 경우 어느 한 날이라도 지배주주등에 해당하면 제3항에 따른 지배주주등으로 보고, 어느 한 날이라도 소액주주등에 해당하지 아니하면 제4항에 따른 소액주주등으로 보지 아니한다. 〈신설 2008. 2. 22.〉

⑥ 법 제119조의 규정에 의한 주식등변동상황명세서는 기획재정부령으로 정하며, 동 명세서에는 주식등의 실제소유자를 기준으로 다음 각 호의 내용을 적어야 한다. 〈개정 2001. 12. 31., 2003. 12. 30., 2008. 2. 22., 2008. 2. 29., 2012. 2. 2.〉

1. 주주등의 성명 또는 법인명, 주민등록번호·사업자등록번호 또는 고유번호

2. 주주등별 주식등의 보유현황

3. 사업연도 중의 주식등의 변동사항

4. 삭제 〈2005. 2. 19.〉

⑦ 제6항제3호에서 주식등의 변동은 매매·증자·감자·상속·증여 및 출자 등에 의하여 주주등·지분비율·보유주식액면총액 및 보유출자총액 등이 변동되는 경우를 말한다. 〈개정 2008. 2. 22.〉

제162조(지급명세서의 제출) 내국법인에 「소득세법」 제127조제1항제1호 또는 제2호의 소득을 지급하는 자는 이 영에 다른 규정이 있는 경우를 제외하고는 「소득세법」 제164조와 같은 법 시행령 제213조 및 같은 법 시행령 제214조의 규정을 준용하여 지급명세서를 납세지 관할세무서장에게 제출하여야 한다. 다만, 다음 각 호의 소득에 대하여는 지급명세서를 제출하지 아니할 수 있다. 〈개정 2008. 2. 22., 2012. 2. 2., 2013. 2. 15., 2019. 2. 12., 2019. 7. 1.〉

1. 제111조제1항 각 호의 금융회사 등에 지급하는 이자소득(같은 항에 따라 원천징수대상이 되는 경우는 제외한다)

2. 「자본시장과 금융투자업에 관한 법률」에 따른 한국예탁결제원이 증권회사 등 예탁자에게 지급하는 법 제16조제1항에 따른 소득

[제목개정 2008. 2. 22.]

제162조의2(외국법인의 국내원천소득 등에 대한 지급명세서 제출의무 특례) ①법 제93조에 따른 국내원천소득을 외국법인에게 지급하는 자는 법 제120조의2제1항에 따라 납세지 관할세무서장에게 기획재정부령으로 정하는 지급명세서(이하 이 조에서 "지급명세서"라 한다)를 제출하여야 한다. 다만, 다음 각 호의 어느 하나에 해당하는 소득에 대하여는 그러하지 아니하다. 〈개정 2001. 12. 31., 2005. 2. 19., 2006. 2. 9., 2008. 2. 22., 2008. 2. 29., 2009. 2. 4., 2010. 2. 18., 2010. 12. 30., 2013. 2. 15., 2014. 2. 21., 2019. 2. 12.〉

1. 법 및 「조세특례제한법」에 따라 법인세가 과세되지 아니하거나 면제되는 국내원천소득. 다만, 다음 각 목의 어느 하나에 해당하는 국내원천소득은 제외한다.

가. 「조세특례제한법」 제21조제1항에 따른 국내원천소득

나. 「조세특례제한법」 제21조의2제1항에 따른 국내원천소득

다. 「조세특례제한법」(법률 제12173호 조세특례제한법 일부개정법률로 개정되기 전의 것을 말한다) 제121조의2제3항에 따른 국내원천소득

2. 법 제93조제1호 · 제2호 · 제4호 · 제8호 · 제9호 및 제10호(같은 호 사목의 소득을 제외한다)의 국내원천소득으로서 국내사업장과 실질적으로 관련되거나 그 국내사업장에 귀속되는 소득(법 제73조, 제73조의2 또는 제98조의3에 따라 원천징수되는 소득은 제외한다)

3. 법 제93조제3호에 따른 국내원천 부동산소득

4. 법 제93조제5호에 따른 국내원천 사업소득 및 같은 조 제6호에 따른 국내원천 인적용역소득(법 제98조에 따라 원천징수되는 소득은 제외한다)

5. 법 제93조제10호사목에 따른 국내원천 기타소득

6. 법 제98조의4의 규정에 의하여 비과세 또는 면제신청을 한 국내원천소득

7. 원천징수세액이 1천원 미만인 소득(법 제93조제7호에 따른 국내원천 부동산등양도소득 및 같은 조 제9호에 따른 국내원천 유가증권양도소득은 제외한다)

8. 그 밖에 지급명세서를 제출할 실효성이 없다고 인정되는 소득으로서 기획재정부령이 정하는 소득

② 삭제 〈2002. 12. 30.〉

③제138조의3 또는 법 제98조제7항에 따라 법인세를 원천징수하는 경우에는 해당 원천징수의무자가 그 지급금액에 대한 지급명세서를 제출해야 한다. 〈신설 2001. 12. 31., 2008. 2. 22., 2010. 12. 30., 2021. 2. 17., 2022. 2. 15.〉

④법 제93조제1호ㆍ제2호 및 제9호의 소득에 대하여 제출하는 지급명세서는 따로 기획재정부령으로 정할 수 있다. 〈신설 2001. 12. 31., 2008. 2. 22., 2008. 2. 29., 2010. 12. 30.〉

⑤「소득세법 시행령」 제215조 및 제216조의 규정은 외국법인의 국내원천소득 등에 대한 지급명세서의 제출에 관하여 이를 준용한다. 〈신설 2001. 12. 31., 2005. 2. 19., 2008. 2. 22.〉

[본조신설 2000. 12. 29.]

[제목개정 2008. 2. 22.]

제162조의2(외국법인의 국내원천소득 등에 대한 지급명세서 제출의무 특례) ①법 제93조에 따른 국내원천소득을 외국법인에게 지급하는 자는 법 제120조의2제1항에 따라 납세지 관할세무서장에게 기획재정부령으로 정하는 지급명세서(이하 이 조에서 "지급명세서"라 한다)를 제출하여야 한다. 다만, 다음 각 호의 어느 하나에 해당하는 소득에 대하여는 그러하지 아니하다. 〈개정 2001. 12. 31., 2005. 2. 19., 2006. 2. 9., 2008. 2. 22., 2008. 2. 29., 2009. 2. 4., 2010. 2. 18., 2010. 12. 30., 2013. 2. 15., 2014. 2. 21., 2019. 2. 12., 2025. 2. 28.〉

1. 법 및 「조세특례제한법」에 따라 법인세가 과세되지 아니하거나 면제되는 국내원천소득. 다만, 다음 각 목의 어느 하나에 해당하는 국내원천소득은 제외한다.

가. 「조세특례제한법」 제21조제1항에 따른 국내원천소득

나. 「조세특례제한법」 제21조의2제1항에 따른 국내원천소득

다. 「조세특례제한법」(법률 제12173호 조세특례제한법 일부개정법률로 개정되기 전의 것을 말한다) 제121조의2제3항에 따른 국내원천소득

2. 법 제93조제1호ㆍ제2호ㆍ제4호ㆍ제8호ㆍ제9호 및 제10호(같은 호 사목의 소득을 제외한다)의 국내원천소득으로서 국내사업장과 실질적으로 관련되거나 그 국내사업장에 귀속되는 소득(법 제73조,

제73조의2 또는 제98조의3에 따라 원천징수되는 소득은 제외한다)

3. 법 제93조제3호에 따른 국내원천 부동산소득

4. 법 제93조제5호에 따른 국내원천 사업소득(법 제98조에 따라 원천징수되는 소득은 제외한다)

5. 법 제93조제10호사목에 따른 국내원천 기타소득

6. 법 제98조의4의 규정에 의하여 비과세 또는 면제신청을 한 국내원천소득

7. 원천징수세액이 1천원 미만인 소득(법 제93조제7호에 따른 국내원천 부동산등양도소득 및 같은 조 제9호에 따른 국내원천 유가증권양도소득은 제외한다)

8. 그 밖에 지급명세서를 제출할 실효성이 없다고 인정되는 소득으로서 기획재정부령이 정하는 소득

② 삭제 〈2002. 12. 30.〉

③제138조의3 또는 법 제98조제7항에 따라 법인세를 원천징수하는 경우에는 해당 원천징수의무자가 그 지급금액에 대한 지급명세서를 제출해야 한다. 〈신설 2001. 12. 31., 2008. 2. 22., 2010. 12. 30., 2021. 2. 17., 2022. 2. 15.〉

④법 제93조제1호·제2호 및 제9호의 소득에 대하여 제출하는 지급명세서는 따로 기획재정부령으로 정할 수 있다. 〈신설 2001. 12. 31., 2008. 2. 22., 2008. 2. 29., 2010. 12. 30.〉

⑤「소득세법 시행령」 제215조 및 제216조의 규정은 외국법인의 국내원천소득 등에 대한 지급명세서의 제출에 관하여 이를 준용한다. 〈신설 2001. 12. 31., 2005. 2. 19., 2008. 2. 22.〉

[본조신설 2000. 12. 29.]

[제목개정 2008. 2. 22.]

[시행일: 2026. 1. 1.] 제162조의2제1항

제163조(지급명세서 등의 제출특례) ① 삭제 〈2001. 12. 31.〉

②천재지변 등이 발생한 경우 법 제119조 및 제120조에 따른 주식등변동상황명세서 및 지급명세서의 제출은 다음 각 호에 따라 그 의무를 면제하거나 그 기한을 연장할 수 있다. 〈개정 2008. 2. 22., 2019. 2. 12.〉

1. 천재지변 등으로 장부나 그 밖의 증명서류가 멸실된 때에는 그 사유가 발생한 월의 전월 이후분은 해당 사업이 원상회복한 월

이 속하는 전월분까지 그 보고서의 제출의무를 면제

2. 권한 있는 기관에 장부나 그 밖의 증명서류가 압수 또는 영치된 경우 그 사유가 발생한 당월분과 직전월분에 대하여는 보고서의 제출이 가능한 상태로 된 날이 속하는 월의 다음달 말일까지 제출기한을 연장

③제2항의 규정에 의한 면제 또는 연장을 받고자 하는 법인은 법 제121조에 규정하는 보고서 제출기한내에 납세지 관할세무서장에게 그 승인을 신청하여야 한다.

[제목개정 2008. 2. 22.]

제163조의2(매입처별세금계산서합계표의 제출 등) ①법 제120조의3 제1항 본문에서 "대통령령으로 정하는 기한"이란 매년 2월 10일을 말한다. 〈개정 2011. 6. 3., 2012. 2. 2.〉

②법 제120조의3에 따른 매입처별세금계산서합계표의 제출 등에 관해서는 「부가가치세법 시행령」 제97조 및 제98조를 준용한다. 〈개정 2013. 6. 28.〉

[본조신설 2007. 2. 28.]

제163조의3(가상자산 거래내역 등의 제출) 「가상자산 이용자 보호 등에 관한 법률」에 따른 가상자산사업자는 법 제120조의4제1항에 따라 기획재정부령으로 정하는 가상자산거래명세서 및 가상자산거래집계표를 납세지 관할 세무서장, 지방국세청장 또는 국세청장에게 제출해야 한다. 〈개정 2025. 2. 28.〉

[본조신설 2023. 2. 28.]

[제목개정 2025. 2. 28.]

제164조(계산서의 작성·교부 등) ①「소득세법 시행령」 제211조 내지 제212조의2의 규정은 법 제121조의 규정에 의한 계산서등의 작성·교부에 관하여 이를 준용한다. 〈개정 2001. 12. 31., 2002. 12. 30., 2005. 2. 19.〉

②법 제121조제1항 후단에서 "대통령령으로 정하는 전자적 방법"이란 「부가가치세법 시행령」 제68조제5항에 따른 방법으로 발급하는 것을 말하며, 법 제121조제2항 단서에서 "대통령령으로 정하는 바에 따라 계산서등을 발급하는 경우"란 위탁자 또는 본인의 명의로 「소득세법 시행령」 제212조제2항의 규정에 의하여 계산서등을 교부하는 경우를 말한다. 〈개정 2005. 2. 19., 2011. 6. 3., 2015. 2.

3., 2018. 2. 13.〉

③법 제121조제4항에서 "대통령령으로 정하는 경우"란 토지 및 건축물과 그 각각의 분양권을 공급하는 경우를 말한다. 〈신설 2001. 12. 31., 2011. 6. 3., 2023. 2. 28.〉

④법 제121조제5항 본문에서 "대통령령으로 정하는 기한"이란 매년 2월 10일을 말한다. 〈개정 2001. 12. 31., 2011. 6. 3., 2012. 2. 2.〉

⑤ 법 제121조제7항에서 "대통령령으로 정하는 기한"이란 전자계산서 발급일의 다음 날을 말하고, "대통령령으로 정하는 전자계산서 발급명세"란 「소득세법 시행령」 제211조제1항 각 호의 사항을 적은 것을 말한다. 〈신설 2015. 2. 3.〉

⑥법인은 기획재정부령이 정하는 매출·매입처별계산서합계표를 제4항에 규정한 기한(외국법인의 경우에는 매년 2월 19일)까지 납세지 관할 세무서장에게 제출하여야 한다. 〈개정 2001. 12. 31., 2006. 2. 9., 2008. 2. 29., 2015. 2. 3.〉

⑦「소득세법 시행령」 제212조의 규정은 이 영에 다른 규정이 있는 경우를 제외하고는 제5항의 규정에 의한 매출·매입처별계산서합계표의 제출에 관하여 이를 준용한다. 〈개정 2001. 12. 31., 2005. 2. 19., 2015. 2. 3.〉

⑧「조세특례제한법」 제106조제1항제6호에 따른 재화 또는 용역 중 다음 각 호의 어느 하나에 해당하는 것을 공급하는 경우에는 「소득세법 시행령」 제211조제2항을 준용한다. 〈신설 2005. 2. 19., 2008. 2. 29., 2015. 2. 3., 2021. 1. 5.〉

1. 「항만공사법」에 의한 항만공사가 공급하는 동법 시행령 제13조제1항제1호나목의 규정에 의한 화물료 징수용역

2. 그 밖에 거래금액 및 거래건수 등을 고려하여 기획재정부령으로 정하는 재화 또는 용역

⑨ 「여신전문금융업법」 제3조제2항에 따라 자산을 시설대여하는 자(이하 이 항에서 "리스회사"라 한다)가 리스이용자와 리스계약을 체결한 경우로서 리스회사가 리스이용자와 특수관계가 없는 제3자로부터 잔존가치의 보증을 받은 때에는 계산서의 공급가액을 리스회사와 리스이용자의 리스계약에 따라 작성한다. 〈신설 2021. 2. 17.〉

제164조의2(매입자발행계산서의 발급 대상 및 방법 등) 법 제121조

의2제1항에 따른 매입자발행계산서의 발급 대상 및 방법 등에 관하여는 「소득세법 시행령」 제212조의4를 준용한다. 이 경우 "신청인"은 "신청법인"으로, "과세기간"은 "사업연도"로 본다.

[본조신설 2023. 2. 28.]

제164조의3 삭제 〈2019. 2. 12.〉

제164조의4 삭제 〈2019. 2. 12.〉

제164조의5 삭제 〈2021. 2. 17.〉

제164조의6(등록전산정보자료의 요청) 법 제122조의2 전단에서 "대통령령으로 정하는 지배주주등"이란 제43조제7항에 따른 지배주주등을 말한다.

[본조신설 2019. 2. 12.]

제165조(질문 · 조사) ①법인세에 관한 사무에 종사하는 공무원이 법 제122조의 규정에 의하여 법인세에 관한 조사를 위하여 장부 · 서류 기타의 물건을 조사할 때에는 기획재정부령이 정하는 조사원증을 제시하여야 한다. 〈개정 2008. 2. 29.〉

②법인세에 관한 사무에 종사하는 공무원은 법 제122조의 규정에 의하여 그 직무수행상 필요한 경우에는 부가가치세 면세거래분에 대한 수입금액의 조사결정에 필요한 자료의 제출을 요구할 수 있다.

제7장 벌칙 〈신설 2019. 2. 12.〉

제166조 삭제 〈2021. 2. 17.〉

제167조(과태료의 부과기준) ① 법 제124조에 따른 과태료의 부과기준은 별표 2와 같다. 〈개정 2021. 2. 17.〉

② 납세지 관할 세무서장은 위반 정도, 위반 횟수, 위반행위의 동기 및 그 결과 등을 고려해 별표 2에 따른 과태료 금액의 2분의 1의 범위에서 그 금액을 줄이거나 늘릴 수 있다. 다만, 과태료 금액을 늘리는 경우에는 법 제124조에 따른 과태료 금액의 상한을 넘을 수 없다. 〈개정 2021. 2. 17.〉

[본조신설 2019. 2. 12.]

부칙 〈제15970호, 1998. 12. 31.〉

제1조 (시행일) 이 영은 1999년 1월 1일부터 시행한다. 다만, 제5조, 제9조, 제12조 내지 제15조, 제72조, 제82조 내지 제85조, 제

88조, 제96조, 제97조, 제116조, 제120조, 제123조, 제124조의 개정규정(분할에 관한 부분에 한한다) 및 제36조제2항, 제56조제1항 및 제62조제1항제5호·제14호의 개정규정과 부칙 제13조제1항의 규정은 공포한 날부터, 제54조 및 제120조제2항 내지 제4항의 개정규정은 2000년 1월 1일부터 시행한다.

제2조 (일반적 적용례) 이 영은 이 영 시행후 최초로 개시하는 사업연도분부터 적용한다. 다만, 청산소득에 관한 법인세에 관한 개정규정은 이 영 시행후 최초로 해산 또는 합병하거나 이 영 시행일이 속하는 사업연도에 분할하는 분부터 적용하고, 특별부가세에 관한 개정규정은 이 영 시행후 최초로 양도하는 분부터 적용한다.

제3조 (합병 및 분할에 관한 특례에 관한 적용례) 제5조, 제9조제3항, 제15조제2항 및 제3항, 제24조제4항, 제72조제1항제3호 및 제4호, 제80조 내지 제85조, 제88조제1항제8호 가목, 제96조제2항 내지 제4항, 제97조제6항, 제116조제2항 및 제120조제7항의 개정규정은 이 영 시행후 최초로 합병하거나 이 영 시행일이 속하는 사업연도에 분할하는 분부터 적용한다.

제4조 (부당행위계산부인 등에 관한 적용례) ①제11조제9호, 제87조 내지 제89조, 제106조제1항제3호 자목의 개정규정은 이 영 시행후 최초로 거래하는 분부터 적용한다.

②제90조의 개정규정은 이 영 시행후 최초로 개시하는 사업연도에 거래하는 분부터 적용한다.

③제131조의 개정규정은 이 영 시행후 최초로 양도하는 분부터 적용한다.

제5조 (의제배당에 관한 적용례) 제12조 내지 제14조의 개정규정은 이 영 시행후 최초로 주식의 소각등 또는 자본등에 전입하거나 해산하는 분부터 적용한다. 다만, 합병 또는 분할에 관한 개정부분은 이 영 시행후 최초로 합병하거나 이 영 시행일이 속하는 사업연도에 분할하는 분부터 적용한다.

제6조 (감가상각비 손금산입에 관한 적용례) ①제24조 내지 제34조의 개정규정은 이 영 시행후 최초로 개시하는 사업연도에 감가상각하는 분부터 적용한다.

②제24조제5항의 개정규정은 이 영 시행후 최초로 개시하는 사업연도에 시설대여하는 분부터 적용한다.

제7조 (손금계산에 관한 적용례) ①제36조제2항 및 제56조제1항의 개정규정은 이 영 시행일이 속하는 사업연도에 지출하거나 손금산입하는 분부터 적용한다.

②제44조제2항제2호 및 제4호의 개정규정은 이 영 시행후 최초로 지급하는 분부터 적용한다.

③제54조의 개정규정은 2000년 1월 1일이후 최초로 개시하는 사업연도 분부터 적용한다.

④제56조(제1항을 제외한다) 내지 제67조(제58조 및 제62조제1항제5호 · 제14호를 제외한다)의 개정규정은 이 영 시행후 최초로 개시하는 사업연도에 손금산입하는 분부터 적용한다.

⑤제58조 및 제62조제1항제5호 · 제14호의 개정규정은 이 영 시행일이 속하는 사업연도에 손금산입하는 분부터 적용한다.

제8조 (손익의 귀속사업연도 등에 관한 적용례) ①제68조 · 제69조 및 제71조의 개정규정은 이 영 시행후 최초로 개시하는 사업연도에 자산 등의 판매 · 양도 · 임대 · 용역제공 등을 개시하는 분부터 적용한다.

②제70조의 개정규정은 이 영 시행후 최초로 개시하는 사업연도에 수입하거나 지급하는 분부터 적용한다.

③제72조의 개정규정은 이 영 시행후 최초로 취득하는 분부터 적용한다.

④제73조 내지 제76조 및 제78조의 개정규정은 이 영 시행후 최초로 개시하는 사업연도에 평가하는 분부터 적용한다.

⑤제77조의 개정규정은 이 영 시행후 최초로 개시하는 사업연도에 지출 및 발생되거나 기부하는 분부터 적용한다.

제9조 (결정 등에 관한 적용례) ①제105조의 개정규정은 이 영 시행후 최초로 결정 또는 경정하는 분부터 적용한다.

②제110조제5항의 개정규정은 이 영 시행후 최초로 공제받은 환급세액에 대하여 징수하는 분부터 적용한다.

제10조 (원천징수에 관한 적용례) ①제111조제1항제7호 및 동조제2항제1호(제61조제2항제18호 및 제22호의 개정규정이 적용되는 부분에 한한다) 및 제115조의 개정규정은 이 영 시행후 최초로 지급하는 분부터 적용한다.

②제116조제1항의 개정규정은 이 영 시행후 최초로 해산하는 분부터 적용한다.

제11조 (가산세 등에 관한 적용례) ①제118조 및 제119조제1항의 개정규정은 이 영 시행후 최초로 개시하는 사업연도에 대한 법인세를 징수하는 분부터 적용한다.

②제120조제1항 및 제157조의 개정규정은 이 영 시행후 최초로 개시하는 사업연도에 대한 제출분부터 적용한다.

③제120조제2항(계산서에 관한 부분을 제외한다) 내지 제4항의 개정규정은 2000년 1월 1일이후 최초로 재화 또는 용역을 공급받는 분부터 적용하고, 제158조의 개정규정은 이 영 시행후 최초로 재화 또는 용역을 공급받는 분부터 적용한다.

④부칙 제18조제1항의 개정규정중 국제조세조정에관한법률시행령 제41조의 개정규정은 이 영 시행후 최초로 상호합의를 개시하는 것으로서 이 영 시행후 최초로 개시하는 사업연도 분부터 적용한다.

제12조 (감가상각비 손금산입에 관한 특례) ①이 영 시행후 최초로 개시하는 사업연도의 개시일 현재 감가상각자산을 소유하고 있는 법인은 제26조제1항 및 제3항의 개정규정에 따라 그 자산에 대하여 적용할 동조제1항의 개정규정에 의한 감가상각방법을 당해 사업연도의 법인세 과세표준의 신고기한까지 납세지 관할세무서장에게 신고하여야 한다.

②제1항의 규정에 의하여 감가상각방법을 신고하여야 할 법인이 이를 신고하지 아니한 경우 그 감가상각자산의 감가상각방법은 제26조제4항 각호의 개정규정에 의한 감가상각방법으로 한다.

③이 영 시행후 최초로 개시하는 사업연도의 개시일 현재 감가상각자산을 소유하고 있는 법인은 제28조제1항 · 제3항 및 제29조제1항 · 제2항의 개정규정에 따라 제28조제1항제2호의 개정규정에 해당하는 자산에 대하여 적용할 내용연수를 당해 사업연도의 법인세 과세표준의 신고기한까지 납세지 관할세무서장에게 신고하여야 하며, 제29조제1항의 개정규정에 의한 승인을 얻고자 하는 경우에는 당해 사업연도의 종료일이전 3월이 되는 날까지 납세지 관할지방국세청장에게 신청하여야 한다. 이 경우 제28조제1항제1호의 개정규정에 해당하는 자산은 동 개정규정의 내용연수에 의한다.

④제3항의 규정에 의하여 내용연수를 신고하여야 할 법인이 이를 신고하지 아니한 경우 그 감가상각자산의 내용연수는 제28조제1항제2호의 개정규정에 의한 기준내용연수로 한다.

⑤이 영 시행후 최초로 개시하는 사업연도의 개시일 현재 소유하고 있는 감가상각자산에 대하여 제24조 내지 제34조의 개정규정을 적용함에 있어서 당해 자산의 취득가액은 그 개시일 현재의 취득가액으로 한다.

⑥이 영 시행후 최초로 개시하는 사업연도의 개시일 현재 소유하고 있는 감가상각자산에 대하여 제24조 내지 제34조의 개정규정을 적용함에 있어서 그 개시일 현재의 개별자산별 감가상각누계액은 다음 각호에 의한다.

1. 1994년 12월 31일이전에 취득한 자산의 경우 그 개시일 현재 계상되어 있는 개별자산별 감가상각충당금

2. 1995년 1월 1일이후에 취득한 자산의 경우 그 개시일 현재 개별자산을 양도한 것으로 보아 종전의 제63조의 규정을 준용하여 계산한 개별자산별 감가상각누계액. 다만, 개별자산별로 감가상각비조정명세서를 작성·보관하고 있는 경우에는 당해 개별자산의 감가상각누계액으로 할 수 있다.

⑦이 영 시행후 최초로 개시하는 사업연도의 개시일 현재 소유하고 있는 감가상각자산에 대하여 제24조 내지 제34조의 개정규정을 적용함에 있어서 그 개시일 현재의 개별자산별 상각부인액(손금추인이 되지 아니한 금액)은 다음 각호에 의한다.

1. 1994년 12월 31일이전에 취득한 자산의 경우 대통령령 제14468호 법인세법시행령중개정령의 시행전 법인세법시행령 제54조 각호별(동조제3호의 경우에는 각 자산별) 상각부인액에 개별자산의 상각부인액이 개별자산의 상각부인액합계액에서 차지하는 비율을 곱하여 계산한 금액

2. 1995년 1월 1일이후에 취득한 자산의 경우 그 개시일 현재 개별자산을 양도한 것으로 보아 종전의 제63조의 규정을 준용하여 계산한 개별자산별 상각부인액. 다만, 개별자산별로 감가상각비조정명세서를 작성·보관하고 있는 경우에는 동일내용연수별 상각부인액에 동일내용연수내의 개별자산의 상각부인액이 동일내용연수내의 개별자산의 상각부인액합계액에서 차지하는 비율을 곱하여 계산한 금액으로 할 수 있다.

⑧이 영 시행후 최초로 개시하는 사업연도의 개시일현재 소유하고 있는 감가상각자산에 대하여 제24조 내지 제34조의 개정규정을 적용

용함에 있어서 그 자산중 종전의 제55조의2의 규정을 적용받은 자산에 대하여는 그 개시일 현재 제30조의 개정규정을 적용받은 것으로 본다.

⑨이 영 시행후 최초로 개시하는 사업연도의 개시일 현재 종전의 제48조제3항의 규정을 적용받고 있는 자산에 대하여 당해 자산의 시설대여기간이 종료될 때까지는 종전의 규정에 의한다.

⑩이 영 시행후 최초로 개시하는 사업연도의 개시일 현재 대통령령 제14468호 법인세법시행령중개정령의 시행전의 법인세법시행령 제51조의 규정의 적용대상이 되는 자산에 대하여 당해 자산에 대한 감가상각이 종료될 때까지는 종전의 규정에 의한다.

⑪이 영 시행후 최초로 개시하는 사업연도의 개시일 현재 종전의 제84조의 규정에 의하여 각 사업연도에 손금에 산입한 특별감가상각비로서 익금에 산입하지 아니한 금액의 처리에 대하여는 종전의 규정에 의한다.

⑫이 영 시행후 최초로 개시하는 사업연도의 개시일 현재 법률 제4806호 조세감면규제법중개정법률 부칙 제11조의 적용대상이 되는 자산의 특별감가상각비의 손금산입등에 대하여는 종전의 제84조 및 제30조의 개정규정에 의한다.

제13조 (대손금 등의 손금산입에 관한 특례) ①정부업무를 위탁받아 수행하는 법인이 1998년 12월 31일이전에 파산선고를 받은 법인에 대하여 보유하고 있는 채권의 경우에는 제62조의 개정규정에 불구하고 동 채권에서 배당추산액을 공제한 금액을 당해 파산선고일이 속하는 사업연도의 대손금으로 손금에 산입할 수 있다.

②제47조제1항의 개정규정을 적용함에 있어서 1999년 12월 31일이 속하는 사업연도에 있어서는 제47조제1항의 개정규정중 "100분의 10"은 이를 "100분의 20"으로 한다.

③제88조제1항제6호의 개정규정을 적용함에 있어서 이 영 시행일 현재 종전의 제46조제2항제7호 단서의 규정에 의한 대부자금이 있는 경우 그 자금에 대하여 2001년 12월 31일까지는 제88조제1항 제6호의 개정규정에 의한 금전의 대부로 보지 아니한다.

④이 영 시행일 현재 제87조제1항의 개정규정에 의한 특수관계가 없는 법인의 주식을 주채권은행의 승인을 얻어 합병을 목적으로 취득한 경우로서 1999년 12월 31일이전에 당해 법인을 합병한 경우

에는 제88조제2항 단서의 개정규정에 불구하고 특수관계가 없는 법인간의 합병으로 보아 법 제45조제1항제1호의 규정을 적용한다.
제14조(계산서 미교부에 관한 가산세의 특례) 법 제76조제9항에 따른 가산세를 적용할 때 「농수산물 유통 및 가격안정에 관한 법률」 제2조에 따른 중도매인(이하 "중도매인"이라 한다)에 대해서는 2001년 12월 31일 이전에 종료하는 사업연도까지는 제120조제2항에 따른 법인으로 보고, 중도매인이 2002년 1월 1일부터 2002년 12월 31일까지의 기간 중에 종료하는 사업연도부터 2026년 1월 1일부터 2026년 12월 31일까지의 기간 중에 종료하는 사업연도까지는 각 사업연도별로 계산서를 발급하고 관할세무서장에게 매출처별 계산서 합계표를 제출한 금액이 다음 각 호의 어느 하나에 해당하는 비율(이하 이 조에서 "계산서 발급비율"이라 한다) 이상인 경우 해당 사업연도에는 제120조제2항에 따른 법인으로 보되, 이 경우 중도매인이 각 사업연도별로 계산서 발급비율이 다음 각 호의 어느 하나에 해당하는 비율에 미달하는 경우에는 각 사업연도별로 총매출액에 다음 각 호의 어느 하나에 해당하는 비율을 적용하여 계산한 금액과 매출처별 계산서 합계표를 제출한 금액과의 차액을 공급가액으로 보아 가산세를 부과한다. 〈개정 2020. 2. 11., 2024. 2. 29.〉
1. 「농수산물 유통 및 가격안정에 관한 법률」에 따른 서울특별시 소재 중앙도매시장의 중도매인

사업연도	비율
2002년 1월 1일부터 2002년 12월 31일까지의 기간 중에 종료하는 사업연도	100분의 10
2003년 1월 1일부터 2003년 12월 31일까지의 기간 중에 종료하는 사업연도	100분의 20
2004년 1월 1일부터 2004년 12월 31일까지의 기간 중에 종료하는 사업연도	100분의 40
2005년 1월 1일부터 2005년 12월 31일까지의 기간 중에 종료하는 사업연도	100분의 40
2006년 1월 1일부터 2006년 12월 31일까지의 기간 중에 종료하는 사업연도	100분의 40
2007년 1월 1일부터 2007년 12월 31일까지의 기간 중에 종료하는 사업연도	100분의 45
2008년 1월 1일부터 2008년 12월 31일까지의 기간 중에 종료하는 사업연도	100분의 50
2009년 1월 1일부터 2009년 12월 31일까지의 기간 중에 종료하는 사업연도	100분의 55
2010년 1월 1일부터 2010년 12월 31일까지의 기간 중에 종료하는 사업연도	100분의 60

2011년 1월 1일부터 2011년 12월 31일까지의 기간 중에 종료하는 사업연도	100분의 65
2012년 1월 1일부터 2012년 12월 31일까지의 기간 중에 종료하는 사업연도	100분의 70
2013년 1월 1일부터 2016년 12월 31일까지의 기간 중에 종료하는 사업연도	100분의 75
2017년 1월 1일부터 2018년 12월 31일까지의 기간 중에 종료하는 사업연도	100분의 80
2019년 1월 1일부터 2019년 12월 31일까지의 기간 중에 종료하는 사업연도	100분의 85
2020년 1월 1일부터 2021년 12월 31일까지의 기간 중에 종료하는 사업연도	100분의 90
2022년 1월 1일부터 2023년 12월 31일까지의 기간 중에 종료하는 사업연도	100분의 95
2024년 1월 1일부터 2026년 12월 31일까지의 기간 중에 종료하는 사업연도	100분의 95

2. 제1호 외의 중도매인

사업연도	비율
2002년 1월 1일부터 2002년 12월 31일까지의 기간 중에 종료하는 사업연도	100분의 10
2003년 1월 1일부터 2003년 12월 31일까지의 기간 중에 종료하는 사업연도	100분의 20
2004년 1월 1일부터 2004년 12월 31일까지의 기간 중에 종료하는 사업연도	100분의 40
2005년 1월 1일부터 2005년 12월 31일까지의 기간 중에 종료하는 사업연도	100분의 20
2006년 1월 1일부터 2006년 12월 31일까지의 기간 중에 종료하는 사업연도	100분의 20
2007년 1월 1일부터 2007년 12월 31일까지의 기간 중에 종료하는 사업연도	100분의 25
2008년 1월 1일부터 2008년 12월 31일까지의 기간 중에 종료하는 사업연도	100분의 30
2009년 1월 1일부터 2009년 12월 31일까지의 기간 중에 종료하는 사업연도	100분의 35
2010년 1월 1일부터 2010년 12월 31일까지의 기간 중에 종료하는 사업연도	100분의 40
2011년 1월 1일부터 2011년 12월 31일까지의 기간 중에 종료하는 사업연도	100분의 45
2012년 1월 1일부터 2012년 12월 31일까지의 기간 중에 종료하는 사업연도	100분의 50
2013년 1월 1일부터 2016년 12월 31일까지의 기간 중에 종료하는 사업연도	100분의 55
2017년 1월 1일부터 2018년 12월 31일까지의 기간 중에 종료하는 사업연도	100분의 60
2019년 1월 1일부터 2019년 12월 31일까지의 기간 중에 종료하는 사업연도	100분의 65
2020년 1월 1일부터 2021년 12월 31일까지의 기간 중에 종료하는 사업연도	100분의 70
2022년 1월 1일부터 2023년 12월 31일까지의 기간 중에 종료하는 사업연도	100분의 75
2024년 1월 1일부터 2025년 12월 31일까지의 기간 중에 종료하는 사업연도	100분의 80

[전문개정 2018. 2. 13.]

제15조 (일반적 경과조치) 이 영 시행전에 종전의 규정에 의하여 과세하였거나 과세하여야 할 법인세에 관하여는 종전의 규정에 의한다.

제16조 (공과금 등의 손금산입에 관한 경과조치) ①제23조의 개정규정을 적용함에 있어서 대통령령 제15564호 법인세법시행령중개정령의 시행전의 법인세법시행령 제25조제1항 각호(제2호를 제외한다)에 규정된 공과금중 제23조의 개정규정에 해당하는 공과금은 2001년 12월 31일이전에 종료하는 사업연도까지는 이를 제23조의 개정규정에 해당하는 공과금으로 보지 아니한다.

②제42조제3항의 개정규정을 적용함에 있어서 금융기관등이 1999년 12월 31일이 속하는 사업연도까지 종전의 제44조제3항의 규정에 의하여 지출한 경비는 종전의 규정에 의한다.

제17조 (손익의 귀속사업연도 등에 관한 경과조치) ①이 영 시행후 최초로 개시하는 사업연도의 개시일전에 자산 등의 판매·양도·임대·용역제공 등을 개시한 것에 대한 손익의 귀속사업연도에 관하여는 종전의 제36조 및 제37조의2의 규정에 의한다.

②이 영 시행당시 종전의 제38조의2제1항 및 제7항의 규정에 의한 환율조정계정의 잔액 및 재평가적립금과 상계처리한 금액에 대하여는 종전의 규정에 의한다.

③이 영 시행당시 종전의 제38조의 규정에 의한 이연자산의 미상각잔액에 대하여는 종전의 규정에 의한다.

④이 영 시행당시 종전의 제43조의2제9항제8호 및 제14호의 규정을 적용받는 주식에 대하여는 종전의 규정을 적용한다. 〈신설 1999. 12. 31.〉

제18조 (다른 법령의 개정) ①국제조세조정에관한법률시행령중 다음과 같이 개정한다.

제7조제2항제1호중 "법인세법 제26조제1항"을 "법인세법 제60조제1항"으로 하고, 제18조제1항중 "법인세법 제15조제1항제4호"를 "법인세법 제18조제2호"로 하며, 제25조제3항중 "법인세법시행령 제39조"를 "법인세법시행령 제93조제4항"으로 하고, 제25조제5항 및 제6항중 "법인세법 제32조제5항"을 각각 "법인세법 제67조"로

하며, 제27조제1항 본문 · 제28조 및 제28조의2중 "법인세법 제26조제1항"을 각각 "법인세법 제60조제1항"으로 하고, 제36조의2제1항중 "법인세법 제19조 각호"를 "법인세법 제16조제1항 각호"로 하며, 제36조의2제2항중 "법인세법 제15조제1항제4호"를 "법인세법 제18조제2호"로 하고, 제41조중 "법인세법시행령 제113조의3"을 "법인세법시행령 제119조제1항"으로 한다.

②자산재평가법시행령중 다음과 같이 개정한다.

제4조의2제1호중 "법인세법 제1조제1항제1호"를 "법인세법 제3조제2항제1호"로, 동조제2호중 "법인세법 제1조제1항제7호"를 "법인세법 제3조제2항제6호"로 한다.

③특별소비세법시행령중 다음과 같이 개정한다.

제2조중 "법인세법시행령 제46조의2"를 "법인세법시행령 제87조제2항"으로 한다.

④교육세법시행령중 다음과 같이 개정한다.

제5조중 "법인세법 제12조제1항"을 "법인세법 제30조제1항"으로 한다.

⑤교통세법시행령중 다음과 같이 개정한다.

제2조중 "법인세법시행령 제46조의2"를 "법인세법시행령 제87조제2항"으로 한다.

⑥증권거래세법시행령중 다음과 같이 개정한다.

제1조중 "법인세법시행령 제46조"를 "법인세법시행령 제87조제1항"으로 하고, 제1조의3중 "법인세법시행령 제7조"를 "법인세법시행령 제8조"로 한다.

제19조 (다른 법령과의 관계) 이 영 시행당시 다른 법령에서 종전의 법인세법시행령을 인용한 경우 이 영중 그에 해당하는 규정이 있는 때에는 종전의 규정에 갈음하여 이 영의 해당 규정을 인용한 것으로 본다.

부칙 〈제16658호, 1999. 12. 31.〉

제1조 (시행일) 이 영은 2000년 1월 1일부터 시행한다. 다만, 제49조 · 제62조제1항 · 제77조 및 대통령령 제15970호 법인세법시행령 부칙 제17조의 개정규정은 공포한 날부터 시행하고, 제1조제2호 · 제6호, 제57조제1항제1호, 제58조제1항, 제61조제2항제8호 및 제

111조제2항제9호·제11호의 개정규정은 2000년 7월 1일부터 시행하며, 제2조제1항제2호 및 제41조의 개정규정은 2001년 1월 1일부터 시행하고, 제162조의 개정규정은 2002년 1월 1일부터 시행한다. 〈개정 2000. 12. 29.〉

제2조 (일반적 적용례) 이 영은 이 영 시행후 최초로 개시하는 사업연도 분부터 적용한다. 다만, 제49조·제62조제1항·제77조 및 대통령령 제15970호 법인세법시행령 부칙 제17조의 개정규정은 이 영 공포일이 속하는 사업연도 분부터 적용한다.

제3조 (익금불산입액의 계산 등에 관한 적용례) ①제20조의 개정규정은 이 영 시행후 최초로 성과배분상여금을 지급하는 분부터 적용한다.

②제81조 및 제89조의 개정규정은 이 영 시행후 최초로 합병하는 분부터 적용한다.

③제108조의 개정규정은 이 영 시행후 최초로 수시부과하는 분부터 적용한다.

④제122조 및 제123조의 개정규정은 이 영 시행후 최초로 청산소득에 대한 법인세의 과세표준을 신고하는 분부터 적용한다.

⑤제132조제7항의 개정규정은 이 영 시행후 최초로 양도하는 분부터, 동조제8항의 개정규정은 이 영 시행후 최초로 발생하는 소득분부터 적용한다.

⑥제161조의 개정규정은 이 영 시행후 최초로 제출하는 분부터 적용한다.

제4조 (비영리외국법인의 기술용역사업소득 등에 관한 적용례) ①제2조제1항제2호의 개정규정은 2001년 1월 1일이후 최초로 발생하는 소득분부터 적용한다.

②제162조의 개정규정은 2002년 1월 1일부터 발생하는 소득분부터 적용한다.

[전문개정 2000. 12. 29.]

제5조 (접대비의 손금불산입에 관한 적용례) 제41조제6항의 개정규정은 2001년 1월 1일 이후 최초로 개시되는 사업연도에 지출하는 분부터 적용한다.

부칙 〈제16703호, 2000. 2. 7.〉

①(시행일) 이 영은 공포한 날부터 시행한다.

②(적용례) 제45조제1항제4호 다목의 개정규정은 이 영 시행후 최초로 신고하는 분부터 적용한다.

부칙 <제16762호, 2000. 3. 28.> (우체국보험특별회계법시행령)

제1조 (시행일) 이 영은 공포한 날부터 시행한다.

제2조 (다른 법령의 개정) ①내지 ③생략

④법인세법시행령중 다음과 같이 개정한다.

제111조제1항제7호중 "체신예금·보험에관한법률에 의한 체신예금"을 "우체국예금·보험에관한법률에 의한 우체국예금"으로, "체신예금"을 "우체국예금"으로 한다.

⑤내지 ⑯생략

부칙 <제16810호, 2000. 5. 16.>

①(시행일) 이 영은 공포한 날부터 시행한다.

②(적용례) 제113조제2항제2호 가목 단서의 개정규정은 이 영 시행후 최초로 공개시장에서 발행하는 국채의 이자소득분부터 적용한다.

부칙 <제17033호, 2000. 12. 29.>

제1조 (시행일) 이 영은 2001년 1월 1일부터 시행한다. 다만, 제29조의2·제53조제4항·제61조제2항·제62조제1항·제63조제1항 및 제3항제2호·제82조제3항제2호·제85조제1항제3호 및 제2항제3호·제86조제4항·제138조의2의 개정규정은 공포한 날부터, 제112조제1항·제113조 및 제114조·제131조의2·제136조의2·제138조의3의 개정규정은 2001년 7월 1일부터, 제54조제3항 및 제4항의 개정규정은 2002년 1월 1일부터, 제162조의2의 개정규정은 2002년 7월 1일부터 각각 시행한다. <개정 2001. 12. 31.>

제2조 (일반적 적용례) 이 영은 이 영 시행후 최초로 개시하는 사업연도분부터 적용한다.

제3조 (재산가액의 평가 등에 관한 적용례) 제14조제1항제1호의 개정규정은 이 영 시행후 최초로 합병하거나 분할하는 분부터 적용한다.

제4조 (이월결손금에 관한 적용례) 제18조제1항의 개정규정은 이

영 시행후 최초로 법원으로부터 확인받은 결손금분부터 적용한다.

제5조 (중고자산 등의 내용연수 등에 관한 적용례) 제29조의2의 개정규정은 이 영 시행일이 속하는 사업연도에 중고자산을 취득하거나 합병 또는 분할하는 분 및 1999년 1월 1일 이후 최초로 개시하는 사업연도에 재평가한 분부터 적용한다. 다만, 재평가자산에 대하여는 이 영 시행일이 속하는 사업연도의 법인세 과세표준 신고시 내용연수변경신고서를 제출하는 경우에 한하여 동 개정규정을 적용한다.

제6조 (업무무관자산에 대한 지급이자의 손금불산입에 관한 적용례) 제53조제4항의 개정규정은 이 영 시행일이 속하는 사업연도에 차입하는 분부터 적용한다.

제7조 (대손충당금의 손금산입 등에 관한 적용례) 제61조제2항 · 제62조제1항 · 제63조제1항 및 제3항제2호의 개정규정은 이 영 시행일이 속하는 사업연도에 손금산입하는 분부터 적용한다.

제8조 (분할평가차익상당액의 손금산입 등에 관한 적용례) 제82조제3항제2호 단서, 제85조제1항제3호 단서 및 제2항제3호 단서의 개정규정은 이 영 시행일이 속하는 사업연도에 합병하거나 분할하는 분부터 적용한다.

제9조 (교환으로 인한 자산양도차익상당액의 손금산입에 관한 적용례) 제86조제4항의 개정규정은 이 영 시행일이 속하는 사업연도에 자산을 교환하는 분부터 적용한다.

제10조 (소득처분에 관한 적용례) 제106조제4항의 개정규정은 이 법 시행후 최초로 개시하는 사업연도에 수정신고하는 분부터 적용한다.

제11조 (의제원천징수세액공제액 등에 관한 적용례) 제112조제1항 · 제113조 · 제114조 · 제136조의2 및 제138조의3의 개정규정은 2001년 7월 1일 이후 최초로 채권등을 매도하거나 이자등을 지급받는 분부터 적용한다. 다만, 2001년 7월 1일전에 발행한 채권등으로서 이자등의 계산기간이 2001년 7월 1일전과 2001년 7월 1일 이후의 기간에 걸치는 경우 2001년 7월 1일 이후 당해 채권등의 이자등의 최초 지급일까지는 종전의 제112조제1항 · 제113조 및 제114조의 규정을 적용한다.

제12조 (외국법인의 국내원천소득에 대한 적용례) ①제129조제3항, 제131조의2, 제132조제7항 및 제10항의 개정규정은 이 영 시행후 최초로 양도하는 분부터 적용하다.

②제132조제1항 및 제9항의 개정규정은 이 영 시행후 최초로 발생하는 소득분부터 적용한다.
제13조 (외국법인의 유가증권양도소득 신고 등의 특례에 관한 적용례) 제138조의2의 개정규정은 이 영 공포일 이후 최초로 조세조약에서 정한 과세기준을 충족하는 분부터 적용한다.
제14조 (외국법인의 국내원천소득 등에 대한 지급조서 제출에 관한 적용례) 제162조의2의 개정규정은 2002년 7월 1일 이후 최초로 지급하는 분부터 적용한다. 〈개정 2001. 12. 31.〉
제15조 (단체퇴직보험료등의 익금산입에 관한 경과조치) 이 영 시행전에 종전의 제45조제3항의 규정에 의하여 손금에 산입한 단체퇴직보험료등의 익금산입에 관하여는 종전의 규정에 의한다.

부칙 〈제17338호, 2001. 8. 14.〉
제1조 (시행일) 이 영은 공포한 날부터 시행한다.
제2조 (의제원천징수세액 공제등에 관한 적용례) ①제112조제3항의 개정규정은 2001년 7월 1일 이후 최초로 채권등이 발행되거나 채권등의 이자계산기간이 시작되는 분부터 적용한다.
②제113조제4항의 개정규정은 이 영 시행후 최초로 법 제73조제8항의 규정에 의하여 공제받는 분부터 적용한다.
③제113조제10항의 개정규정은 2001년 7월 1일 이후 최초로 채권등이 발행되거나 채권등의 이자계산기간이 시작되는 분중 이 영 시행후 최초로 매도하는 분부터 적용한다.
제3조 (외국법인의 전자장외거래에 관한 적용례) 제132조제7항제2호 단서의 개정규정은 이 영 시행후 최초로 양도하는 분부터 적용한다.
제4조 (외국법인의 채권등의 이자등에 대한 원천징수특례에 관한 적용례) 제138조의3제5항의 개정규정은 이 영 시행후 최초로 환급신청하는 분부터 적용한다.
제5조 (특별부가세에 관한 적용례) 제144조의2의 개정규정은 이 영 시행후 최초로 결정하거나 경정하는 분(2001년 1월 1일 이후 양도된 분에 한한다)부터 적용한다.

부칙 〈제17457호, 2001. 12. 31.〉
제1조 (시행일) 이 영은 2002년 1월 1일부터 시행한다. 다만, 제14

조제1항제1호 · 제56조제6항제4호 · 제57조제2항 · 제61조제2항 · 제62조제5항 · 제70조제4항 · 제72조제1항제3호 · 제73조제2호 및 제5호 · 제75조제1항 · 제76조 · 제85조 · 제86조의2 · 대통령령 제15970호 법인세법시행령개정령 부칙 제14조의 개정규정은 공포한 날부터 시행하고, 제138조의4 및 제162조의2의 개정규정은 2002년 7월 1일부터 시행한다.

제2조 (일반적 적용례) 이 영은 이 영 시행후 최초로 개시하는 사업연도분부터 적용한다.

제3조 (납세지의 변경신고에 관한 적용례) 제9조제3항의 개정규정은 이 영 시행후 최초로 합병 또는 분할하는 분부터 적용한다.

제4조 (재산가액의 평가 등에 관한 적용례) 제14조제1항제1호의 개정규정은 이 영 공포일이 속하는 사업연도에 주식등을 취득하는 분부터 적용한다.

제5조 (지주회사의 수입배당금액의 익금불산입에 관한 적용례) 제17조의2제3항 단서의 개정규정은 이 영 시행후 최초로 배당받는 분부터 적용한다.

제6조 (고유목적사업준비금의 손금산입에 관한 적용례) 제56조제6항제4호의 개정규정은 이 영 공포일이 속하는 사업연도에 대여하는 분부터 적용한다.

제7조 (책임준비금등의 손금산입에 관한 적용례) 제57조제2항의 개정규정은 이 영 공포일이 속하는 사업연도에 손금산입하는 분부터 적용한다.

제8조 (대손충당금의 손금산입에 관한 적용례) 제61조제2항의 개정규정은 이 영 공포일이 속하는 사업연도에 손금산입하는 분부터 적용한다.

제9조 (대손금의 범위에 관한 적용례) 제62조제5항의 개정규정은 이 영 공포일이 속하는 사업연도에 채권을 재조정하는 분부터 적용한다.

제10조 (보험료 등의 귀속사업연도에 관한 적용례) ①제70조제3항의 개정규정은 이 영 시행후 최초로 유가증권을 매매하는 분부터 적용한다.

②제70조제4항의 개정규정은 이 영 공포일이 속하는 사업연도에 수익으로 계상하는 분부터 적용한다.

제11조 (자산의 취득가액에 관한 적용례) 제72조제1항제3호의 개정규정은 이 영 공포일이 속하는 사업연도에 합병·분할하는 분부터 적용한다.
제12조 (유가증권 등의 평가 등에 관한 적용례) 제73조제2호 및 제5호·제75조제1항 및 제76조의 개정규정은 이 영 공포일이 속하는 사업연도에 평가하는 분부터 적용한다.
제13조 (물적분할로 인한 자산양도차익상당액의 손금산입에 관한 적용례) 제83조의 개정규정은 이 영 시행후 최초로 분할하거나 합병하는 분부터 적용한다.
제14조 (합병·분할시 자산·부채의 승계 등에 관한 적용례) 제85조의 개정규정은 이 영 공포일이 속하는 사업연도에 합병하거나 분할하는 분부터 적용한다.
제15조 (유동화전문회사 등에 대한 소득공제에 관한 적용례) 제86조의2의 개정규정은 이 영 공포일이 속하는 사업연도분부터 적용한다.
제16조 (토지등양도소득에 대한 과세특례 등에 관한 적용례) 제92조의2·제97조제1항·제99조의2·제102조제4항 및 제110조제1항의 개정규정은 이 영 시행후 최초로 양도하는 분부터 적용한다.
제17조 (소득처분에 관한 적용례) 제106조제4항의 개정규정은 이 영 시행후 최초로 수정신고하는 분부터 적용한다.
제18조 (원천징수 대상소득의 범위에 관한 적용례) ①제111조제2항의 개정규정은 이 영 시행후 최초로 이자소득을 지급하는 분부터 적용한다.

②제111조제6항의 개정규정은 이 영 시행후 최초로 발행한 채권의 이자소득을 지급하는 분부터 적용한다.
제19조 (의제원천징수세액공제 등에 관한 적용례) ①제113조제2항의 개정규정은 이 영 시행후 최초로 채권을 발행하는 분부터 적용한다.

②제113조제11항의 개정규정은 이 영 시행후 최초로 채권을 중도매도하는 분부터 적용한다.
제20조 (합병에 의한 청산소득금액의 계산에 관한 적용례) 제122조제1항의 개정규정은 이 영 시행후 최초로 합병하는 분부터 적용한다.

제21조 (국내사업장이 없는 외국법인등의 토지등양도소득금액의 계산에 관한 적용례) 제129조의2의 개정규정은 이 영 시행후 최초로 양도하는 분부터 적용한다.
제22조 (국내원천소득의 범위에 관한 적용례) 제132조제10항의 개정규정은 이 영 시행후 최초로 주식등을 양도하는 분부터 적용한다.
제23조 (외국법인의 채권등에 대한 원천징수에 관한 적용례) 제138조의3제3항의 개정규정은 이 영 시행후 최초로 이자등을 지급하거나 채권등을 매도하는 분부터 적용한다.
제24조 (주식등변동상황명세서의 제출 등에 관한 적용례) ①제161조제5항의 개정규정은 이 영 시행후 최초로 제출하는 주식등변동상황명세서부터 적용한다.
②제164조의 개정규정은 이 영 시행후 최초로 재화 또는 용역을 공급하거나 수입하는 분부터 적용한다.
제25조 (외국법인의 국내원천소득 등에 대한 지급조서 제출에 관한 적용례) 제162조의2의 개정규정은 2002년 7월 1일 이후 최초로 지급하는 분부터 적용한다.
제26조 (계산서 미교부 등에 대한 가산세에 관한 적용례) 대통령령 제15970호 법인세법시행령개정령 부칙 제14조의 개정규정은 이 영 공포일이 속하는 사업연도분부터 적용한다.
제27조 (접대비의 수입금액계산기준 등에 관한 특례) 제40조제1항제1호의 개정규정을 적용함에 있어서 2003년 12월 31일 이전에 개시하는 사업연도의 경우에는 동호의 개정규정에 불구하고 다음 각호의 산식에 의하여 계산한 매출액으로 한다.
1. 2002년 1월 1일 이후 2002년 12월 31일 이전에 개시하는 사업연도 : 매출액 + 증권거래법 제2조제8항제2호 내지 제7호의 규정에 의한 영업과 관련한 수입수수료의 19배에 상당하는 금액
2. 2003년 1월 1일 이후 2003년 12월 31일 이전에 개시하는 사업연도 : 매출액 + 증권거래법 제2조제8항제2호 내지 제7호의 규정에 의한 영업과 관련한 수입수수료의 14배에 상당하는 금액
제28조 (이연자산 가액의 손금산입에 관한 경과조치) 이 영 시행전에 발생한 창업비·개업비·연구개발비·사채발행비 및 사용수익기부자산가액의 손금산입에 관하여는 제24조의 개정규정 및 제26조의 개정규정에 불구하고 종전의 제77조의 규정에 의한다.

제29조 (교환으로 인한 자산양도차익상당액의 손금산입에 관한 경과조치) 법 제50조의 규정에 의하여 교환으로 발생한 사업용고정자산의 양도차익상당액을 손금에 산입하는 금액을 계산함에 있어서 당해 자산이 종전의 제67조제1항의 규정에 의하여 재평가상당액을 손금에 산입한 토지인 경우에는 제86조제4항의 개정규정에 불구하고 종전의 규정에 의한다.
제30조 (다른 법령의 개정) 개발이익환수에관한법률시행령중 다음과 같이 개정한다.
제11조 전단 및 후단중 "양도소득세 또는 특별부가세"를 각각 "양도소득세"로 한다.

부칙 〈제17791호, 2002. 12. 5.〉 (기술신용보증기금법시행령)
제1조 (시행일) 이 영은 공포한 날부터 시행한다.
제2조 (다른 법령의 개정) ①내지 ⑨생략
⑩법인세법시행령중 다음과 같이 개정한다.
제61조제2항제14호중 "신기술사업금융지원에관한법률"을 "기술신용보증기금법"으로 한다.
⑪내지 ㊱생략
제3조 생략

부칙 〈제17826호, 2002. 12. 30.〉
제1조 (시행일) 이 영은 2003년 1월 1일부터 시행한다. 다만, 제19조제5호의2 · 제24조제1항제2호 바목 및 아목 · 제26조(제1항제5호의 개정규정을 제외한다) · 제28조 · 제63조 · 제89조제3항 및 제158조제4항의 개정규정은 공포한 날부터 시행한다.
제2조 (일반적 적용례) 이 영은 이 영 시행후 최초로 개시하는 사업연도 분부터 적용한다.
제3조 (손비의 범위에 관한 적용례) 제19조제5호의2의 개정규정은 이 영 시행일이 속하는 사업연도에 발생한 감가상각비 상당액을 손금산입하는 분부터 적용한다.
제4조 (개발비 감가상각에 관한 적용례) 제24조제1항제2호 바목 · 제26조제1항제6호 · 제4항제4호 및 제28조제1항제2호의 개정규정은

이 영 시행일이 속하는 사업연도에 발생한 개발비부터 적용한다.

제5조 (주파수이용권 등의 감가상각에 관한 적용례) 제24조제1항제2호 아목 · 제26조제1항제8호 · 제4항제5호 및 제28조제1항제2호의 개정규정은 이 영 시행일이 속하는 사업연도에 감가상각하는 분부터 적용한다.

제6조 (고유목적사업준비금 잔액의 익금산입시 가산세율에 관한 적용례) 제56조제7항제2호의 개정규정은 이 영 시행후 최초로 법정신고기한이 도래하는 분부터 적용한다.

제7조 (구상채권상각충당금의 손금산입에 관한 적용례) 제63조의 개정규정은 이 영 시행일이 속하는 사업연도 분부터 적용한다.

제8조 (국고보조금의 손금산입에 관한 적용례) 제64조제6항제3호의 개정규정은 이 영 시행후 최초로 지급받는 분부터 적용한다.

제9조 (자산의 취득가액에 관한 적용례) 제72조제3항제3호의 개정규정은 이 영 시행후 최초로 취득한 분부터 적용한다.

제10조 (시가의 범위 등에 관한 적용례) 제89조제3항의 개정규정은 이 영 시행일이 속하는 사업연도에 대여하는 분부터 적용한다.

제11조 (소득처분에 관한 적용례) 제106조제1항제3호의 개정규정은 이 영 시행후 최초로 신고 · 결정 또는 경정하는 분부터 적용한다.

제12조 (결손금 조정에 따른 환급세액의 가산세율에 관한 적용례) 제110조제5항제2호의 개정규정은 이 영 시행후 최초로 법정신고기한이 도래하는 분부터 적용한다.

제13조 (원천징수 대상소득의 범위에 관한 적용례) 제111조제2항의 개정규정은 이 영 시행후 최초로 내국법인에게 지급하는 분부터 적용한다.

제14조 (미납부가산세율에 관한 적용례) 제119조제1항의 개정규정은 이 영 시행후 최초로 법정신고기한이 도래하는 분부터 적용한다.

제15조 (지출증빙 등에 관한 적용례) 제158조제4항의 개정규정은 이 영 시행일이 속하는 사업연도분부터 적용한다.

제16조 (창업비의 손금산입에 대한 경과조치) 이 영 시행후 최초로 개시하는 사업연도의 개시일 전에 발생한 창업비의 손금산입에 관하여는 제24조제1항제2호 마목 · 제26조제1항제5호 및 제26조제4항제4호의 개정규정에 불구하고 종전의 규정에 의한다.

제17조 (미납부가산세 등에 관한 경과조치) 이 영 시행일 전에 법정

신고기한이 경과한 분에 대한 제56조제7항제2호 또는 제110조제5항제2호의 규정에 의한 이자상당액 또는 제119조제1항의 규정에 의한 미납부가산세는 종전의 규정에 의하여 계산한다.

부칙 〈제18146호, 2003. 11. 29.〉 (주택법시행령)

제1조 (시행일) 이 영은 2003년 11월 30일부터 시행한다. 〈단서생략〉

제2조 내지 제14조 생략

제15조 (다른 법령의 개정) ①내지 ⑲생략

⑳법인세법시행령중 다음과 같이 개정한다.

제63조제1항제2호중 "주택건설촉진법"을 "주택법"으로 한다.

제111조제1항제7호중 "주택건설촉진법 제10조의2제3항"을 "주택법 제61조제2항"으로 한다.

㉑내지 〈54〉생략

부칙 〈제18174호, 2003. 12. 30.〉

제1조 (시행일) 이 영은 2004년 1월 1일부터 시행한다. 다만, 제2조제1항제8호 · 제56조제6항 · 제86조의2제1항 · 제97조제4항 및 제9항의 개정규정은 공포한 날부터 시행하고, 제14조 · 제17조 · 제40조 · 제70조 · 제73조 · 제75조 · 제86조의2 · 제111조 · 제112조 및 제113조의 개정규정중 간접투자자산운용업법과 관련한 내용은 2004년 1월 5일부터 시행하며, 제36조제4항의 개정규정은 2005년 1월 1일부터 시행한다.

제2조 (일반적 적용례) 이 영은 이 영 시행후 개시하는 사업연도분부터 적용한다.

제3조 (신용협동조합예금자보호기금을 통한 예금보험제도 운영사업 등에 대한 수익사업 제외에 관한 적용례) 제2조제1항제8호의 개정규정은 이 영 시행일이 속하는 사업연도분부터 적용한다.

제4조 (채무의 출자전환시 주식발행액면초과액의 범위에 관한 적용례) 제15조제1항의 개정규정은 이 영 시행후 채무를 출자전환하는 분부터 적용한다.

제5조 (지주회사의 수입배당금액이 익금불산입되는 자회사의 범위에 관한 적용례) 제17조의2제2항제1호의 개정규정은 이 영 시행후 배

당하는 분부터 적용한다.
제6조 (이월결손금이 인정되는 화의인가 및 경영정상화계획에 관한 적용례) 제18조제1항제2호의 개정규정은 이 영 시행후 법원이 확인하거나 채권금융기관협의회가 의결한 결손금분부터 적용한다.
제7조 (기부금영수증의 보관에 관한 적용례) 제36조제4항의 개정규정은 2005년 1월 1일 이후 지출하는 분부터 적용한다.
제8조 (손금산입이 인정되는 고유목적사업준비금의 범위에 관한 적용례) 제56조제6항의 개정규정은 이 영 시행일이 속하는 사업연도분부터 적용한다.
제9조 (합병시 이월결손금 승계가 배제되는 요건에 관한 적용례) 제81조제4항제1호의 개정규정은 이 영 시행후 합병하는 분부터 적용한다.
제10조 (소득공제가 인정되는 유동화전문회사 등에 대한 배당가능이익의 범위에 관한 적용례) 제86조의2제1항의 개정규정은 이 영 시행일이 속하는 사업연도분부터 적용한다.
제11조 (토지등양도소득에 관한 적용례) 제92조의2의 개정규정은 이 법 시행후 양도하는 분부터 적용한다.
제12조 (사실과 다른 회계처리에 기인한 경정에 따른 세액공제의 방법 등에 관한 적용례) 제95조의3 및 제110조의2의 개정규정은 이 영 시행후 사실과 다른 회계처리를 하여 제103조의2의 개정규정에 의한 경고 또는 주의 등의 조치를 받는 분부터 적용한다.
제13조 (과세표준의 신고시 현금흐름표 제출에 관한 적용례) 제97조제4항 및 제9항의 개정규정은 이 영 시행일이 속하는 사업연도분부터 적용한다.
제14조 (추계결정방법의 적용례) 제104조제2항의 개정규정은 이 영 시행후 추계결정 및 경정하는 분부터 적용한다.
제15조 (외국법인의 국내원천소득 범위에 관한 적용례) 제132조제1항의 개정규정은 이 영 시행후 임대하는 분부터 적용한다.

부칙 〈제18312호, 2004. 3. 17.〉 (전자적민원처리를위한가석방자관리규정등중개정령)
이 영은 공포한 날부터 시행한다.

부칙 〈제18324호, 2004. 3. 22.〉

①(시행일) 이 영은 공포한 날부터 시행한다. 단, 제56조제4항의 개정규정은 2005년 1월 1일부터 시행한다.

②(일반적 적용례) 이 영은 이 영 시행일이 속하는 사업연도분부터 적용한다.

③(고유목적사업준비금의 손금산입에 관한 적용례) 제56조제4항의 개정규정은 이 영 시행후 개시하는 사업연도분부터 적용한다.

④(유동화전문회사 등에 대한 소득공제에 관한 적용례) 제86조의2의 개정규정은 이 영 시행후 개시하는 사업연도분부터 적용한다.

⑤(원천징수세액에서 일정한 이자소득세액을 차감하는 채권의 범위에 관한 적용례) 제111조제6항제3호의 개정규정은 이 영 시행일이 속하는 사업연도에 발행하는 분부터 적용한다.

부칙 〈제18706호, 2005. 2. 19.〉

제1조 (시행일) 이 영은 공포한 날부터 시행한다. 다만, 제111조 내지 제114조·제114조의2·제136조의2 및 제138조의3의 개정규정은 2005년 7월 1일부터 시행한다.

제2조 (일반적 적용례) 이 영은 2005년 1월 1일 이후 개시하는 사업연도분부터 적용한다.

제3조 (수익사업의 범위에 관한 적용례) 제2조제1항제9호의 개정규정은 이 영 시행후 과세표준 및 세액을 신고하거나 결정 또는 경정하는 분부터 적용한다.

제4조 (손비의 범위에 관한 적용례) 제19조의 개정규정은 이 영 시행후 취득하는 분부터 적용한다.

제5조 (국고보조금 등의 손금산입에 관한 적용례) 제64조제6항제4호의 개정규정은 이 영 시행후 지급받는 분부터 적용한다.

제6조 (시가의 범위 등에 관한 적용례) 제89조의 개정규정은 이 영 시행후 거래하는 분부터 적용한다.

제7조 (소득처분에 관한 적용례) 제106조제4항의 개정규정은 이 영 시행후 수정신고하는 분부터 적용한다.

제8조 (원천징수에 관한 적용례) 제111조 내지 제114조, 제136조의2 및 제138조의3의 개정규정은 2005년 7월 1일 이후 원천징수하는 분부터 적용한다.

제9조 (환매조건부채권매매거래 등의 원천징수 및 환급 등에 관한

적용례) 제114조의2의 개정규정은 2005년 7월 1일 이후 환매조건부채권매매거래 등에 의하여 매도하는 분부터 적용한다.

제10조 (미납부가산세율 등에 관한 적용례) 제119조제1항의 개정규정은 2005년 1월 1일 이후 이자소득금액 및 투자신탁수익의 분배금을 지급하는 분부터 적용한다.

제11조 (유가증권대차거래 보상금상당액에 관한 적용례) 제132조제14항의 개정규정은 이 영 시행후 지급받는 보상금상당액부터 적용한다.

제12조 (지출증빙서류의 수취 · 보관과 계산서의 작성 · 교부 등에 관한 적용례) 제158조제2항제4호 및 제164조제7항의 개정규정은 2005년 1월 1일 이후 개시하는 사업연도에 제출하는 매출 · 매입처별계산서합계표상의 거래기간에 거래된 분부터 적용한다.

제13조 (주식등변동상황명세서 제출관련 적용례) 제161조의 개정규정은 이 영 시행후 주식등변동상황명세서를 제출하는 분부터 적용한다.

제14조 (계산서미교부에 대한 가산세의 특례) 법 제76조제9항에 따른 가산세를 적용할 때 「농수산물 유통 및 가격안정에 관한 법률」 제2조에 따른 시장도매인에 대하여 2004년 1월 1일부터 2004년 12월 31일까지의 기간 중에 종료하는 사업연도부터 2026년 1월 1일부터 2026년 12월 31일까지의 기간 중에 종료하는 사업연도까지는 각 사업연도별로 계산서를 발급하고 관할세무서장에게 매출처별계산서합계표를 제출한 금액이 총매출액에서 차지하는 비율(이하 이 조에서 "계산서 발급비율"이라 한다)이 다음의 비율 이상인 경우 해당 사업연도에는 제120조제2항에 따른 법인으로 보되, 이 경우 시장도매인이 각 사업연도별로 계산서 발급비율이 다음 비율에 미달하는 경우에는 각 사업연도별로 총매출액에서 다음 비율을 적용하여 계산한 금액과 매출처별계산서합계표를 제출한 금액과의 차액을 공급가액으로 보아 가산세를 부과한다. 〈개정 2007. 2. 28., 2011. 3. 31., 2013. 2. 15., 2017. 2. 3., 2020. 2. 11., 2024. 2. 29.〉

사업연도	비율
2004년 1월 1일부터 2005년 12월 31일까지의 기간 중에 종료하는 사업연도	100분의 40
2006년 1월 1일부터 2006년 12월 31일까지의 기간 중에 종료하는 사업연도	100분의 40

2007년 1월 1일부터 2007년 12월 31일까지의 기간 중에 종료하는 사업연도	100분의 45
2008년 1월 1일부터 2008년 12월 31일까지의 기간 중에 종료하는 사업연도	100분의 50
2009년 1월 1일부터 2009년 12월 31일까지의 기간 중에 종료하는 사업연도	100분의 55
2010년 1월 1일부터 2010년 12월 31일까지의 기간 중에 종료하는 사업연도	100분의 60
2011년 1월 1일부터 2011년 12월 31일까지의 기간 중에 종료하는 사업연도	100분의 65
2012년 1월 1일부터 2012년 12월 31일까지의 기간 중에 종료하는 사업연도	100분의 70
2013년 1월 1일부터 2016년 12월 31일까지의 기간 중에 종료하는 사업연도	100분의 75
2017년 1월 1일부터 2018년 12월 31일까지의 기간 중에 종료하는 사업연도	100분의 80
2019년 1월 1일부터 2019년 12월 31일까지의 기간 중에 종료하는 사업연도	100분의 85
2020년 1월 1일부터 2021년 12월 31일까지의 기간 중에 종료하는 사업연도	100분의 90
2022년 1월 1일부터 2023년 12월 31일까지의 기간 중에 종료하는 사업연도	100분의 95
2024년 1월 1일부터 2026년 12월 31일까지의 기간 중에 종료하는 사업연도	100분의 95

제15조 (채권등의 보유기간이자상당액계산에 관한 경과조치) ① 2005년 6월 30일 이전에 채권등을 취득한 법인(제111조제2항 각호의 어느 하나에 해당하는 법인을 포함한다)에게 2005년 7월 1일 이후 최초로 당해 채권등에 대한 이자소득을 지급하는 경우 및 동 채권등을 최초로 매도하는 경우의 원천징수대상소득을 계산함에 있어서는 제113조제2항제1호의 규정에 불구하고 당해 채권등의 발행일 또는 직전이자계산기간 종료일의 다음날부터 이자계산기간의 종료일 또는 중도매도일까지의 기간에 대하여 이자상당액을 계산한다. 이 경우 제113조제7항의 규정에 의한 기간계산방법(제74조제1항제1호 가목 내지 다목을 준용하는 방법을 제외한다)을 적용하는 때에는 2005년 6월 30일 이전에 취득한 채권등과 2005년 7월 1일 이후에 취득한 채권등을 구분하여 적용하고 2005년 6월 30일 이전에 취득한 채권등을 먼저 매도한 것으로 본다.

②제111조제2항 각호의 어느 하나에 해당하는 법인이 보유한 채권등에 대하여 제1항의 규정을 적용하는 경우에는 제111조제2항의 개정규정에 불구하고 종전의 규정에 의한다.

③제1항의 규정에 의한 원천징수세액 중 공제액 등의 계산 및 처리에 대하여는 종전 제113조의 규정을 적용한다.

제16조 (다른 법령의 개정) 국제조세조정에관한법률시행령 일부를 다음과 같이 개정한다.

제25조제3항을 다음과 같이 한다.

③제1항에서 "국외지배주주의 내국법인 출자금액"이라 함은 다음 각호의 금액중 큰 금액에 당해 내국법인의 당해 사업연도 종료일 현재 납입자본총액에서 국외지배주주가 납입한 자본금이 차지하는 비율을 곱하여 산출한 금액을 말한다. 다만, 국내사업장의 경우에는 각 사업연도 종료일 현재 그 국내사업장의 대차대조표상의 자산총액에서 부채총액을 공제한 금액을 말한다.

1. 당해 사업연도 종료일 현재 대차대조표상의 자산의 합계액에서 부채(충당금을 포함하며, 미지급법인세를 제외한다)의 합계액을 공제한 금액

2. 당해 사업연도 종료일 현재의 납입자본금(자본금에 주식발행액면초과액 및 감자차익을 가산하고 주식할인발행차금 및 감자차손을 차감한 금액으로 한다)

부칙 〈제18736호, 2005. 3. 8.〉 (사회기반시설에 대한 민간투자법 시행령)

제1조 (시행일) 이 영은 공포한 날부터 시행한다.

제2조 및 제3조 생략

제4조 (다른 법령의 개정) ①내지 ⑨생략

⑩법인세법 시행령 일부를 다음과 같이 개정한다.

제54조제2항중 "사회간접자본시설"을 "사회기반시설"으로 한다.

제63조제1항제3호 및 제64조제6항제3호중 "사회간접자본시설에대한민간투자법"을 각각 "「사회기반시설에 대한 민간투자법」"으로 한다.

⑪내지 ㉗생략

제5조 생략

부칙 〈제18903호, 2005. 6. 30.〉 (디자인보호법 시행령)

제1조 (시행일) 이 영은 2005년 7월 1일부터 시행한다.

제2조 (다른 법령의 개정) ①내지 ⑧생략

⑨법인세법 시행령 일부를 다음과 같이 개정한다.

제24조제1항제2호 가목중 "의장권"을 "디자인권"으로 한다.
⑩내지 ⑳생략

부칙 〈제18945호, 2005. 7. 15.〉
①(시행일) 이 영은 공포한 날부터 시행한다.
②(투자회사에 대한 소득공제요건에 관한 적용례) 제86조의2제2항 및 동조제3항제1호의 개정규정은 이 영 시행후 지급하는 배당금액부터 적용한다.

부칙 〈제19010호, 2005. 8. 19.〉 (근로자퇴직급여 보장법 시행령)
제1조 (시행일) 이 영은 2005년 12월 1일부터 시행한다.
제2조 생략
제3조 (다른 법령의 개정) ①및 ②생략
③법인세법 시행령 일부를 다음과 같이 개정한다.
제44조제2항제3호중 "「근로기준법」 제34조제3항"을 "「근로자퇴직급여 보장법」 제8조제2항"으로 한다.
④내지 ⑨생략

부칙 〈제19214호, 2005. 12. 30.〉
①(시행일) 이 영은 2006년 1월 1일부터 시행한다.
②(원천징수 대상소득의 범위 등에 관한 적용례) 제111조 내지 제113조 및 제114조의2의 개정규정은 이 영 시행 후 최초로 채권등의 이자등을 지급하거나 채권등을 매매하는 분부터 적용한다.
③(이자소득 등의 귀속사업연도에 관한 특례) 제70조제1항제1호 단서의 규정을 적용함에 있어 금융보험업을 영위하는 법인이 2005년 12월 31일 현재 보유하는 채권등 중 2006년 1월 1일부터 원천징수되는 그 이자등에 대하여 2005년 12월 31일 종료하는 사업연도의 결산 확정시 이미 경과한 기간에 대응하는 이자등을 당해 사업연도의 수익으로 계상한 경우 당해 이자등은 법 제73조의 규정에 따라 원천징수되는 이자등으로 볼 수 있다. 〈신설 2006. 2. 9.〉

부칙 〈제19255호, 2005. 12. 31.〉

①(시행일) 이 영은 2006년 1월 1일부터 시행한다. 다만, 제92조의3내지 제92조의11의 개정규정은 2007년 1월 1일부터 시행한다.

②(일반적 적용례) 이 영은 이 영 시행 후 최초로 양도하는 분부터 적용한다.

③(장기임대주택의 범위에 관한 적용례) 제92조의2제2항제1호의2의 개정규정은 이 영 시행 후 최초로 사용승인 또는 사용검사를 받는 주택부터 적용한다.

부칙 〈제19328호, 2006. 2. 9.〉

제1조 (시행일) 이 영은 공포한 날부터 시행한다. 다만, 제138조의5 및 제138조의6의 개정규정은 2006년 7월 1일부터 시행하고, 제92조의11의 개정규정은 2007년 1월 1일부터 시행한다.

제2조 (일반적 적용례) 이 영은 2006년 1월 1일 이후 최초로 개시하는 사업연도분부터 적용한다.

제3조 (원천징수의무자의 납세지에 관한 적용례) 제7조제1항제3호의 개정규정은 이 영 시행 후 최초로 납부하는 분부터 적용한다.

제4조 (지주회사 등의 수입배당금액의 익금불산입액에 관한 적용례) 제17조의2제9항 및 제17조의3제1항 후단의 개정규정은 이 영 시행 후 최초로 배당받는 분부터 적용한다.

제5조 (손비의 범위에 관한 적용례) 제19조제15호의 개정규정은 이 영 시행 후 최초로 지출하는 분부터 적용한다.

제6조 (내용연수의 특례 및 변경에 관한 적용례) 제29조제2항 및 제3항의 개정규정은 이 영 시행 후 최초로 신청하는 분부터 적용한다.

제7조 (기부금의 가액 등에 관한 적용례) 제37조제1항의 개정규정은 이 영 시행 후 최초로 지출하는 분부터 적용한다.

제8조 (기부금의 손금산입 범위 등에 관한 적용례 및 적용특례) ① 제38조제3항 및 제4항의 개정규정은 2006년 1월 1일 이후 최초로 개시하는 사업연도에 지출하는 분부터 적용한다.

②제38조제3항의 개정규정을 적용함에 있어 2006년 1월 1일 이후 개시하는 사업연도부터 그 사업연도의 개시일 이후 3년 이내에 종료하는 사업연도까지는 동조동항의 개정규정에 불구하고 법인이 「조세특례제한법」 제73조 또는 법 제24조의 규정에 따른 기부금을 지출한 경우 다음 각 호의 구분에 의한 금액의 범위 안에서 당해

기부금을 순차적으로 손금에 산입한다.

1. 법 제24조제2항 각 호의 규정에 따른 기부금(이하 이 항에서 "법정기부금"이라 한다)의 경우 다음 산식에 따라 계산한 금액

[당해 사업연도 소득금액(기부금을 손금산입하기 전의 소득금액을 말한다. 이하 이 항에서 같다) - 이월결손금(법 제13조제1호의 규정에 따른 결손금의 합계액을 말한다. 이하 이 항에서 같다)] × 100분의 75

2. 「조세특례제한법」 제73조의 규정에 따른 기부금의 경우 다음 산식에 따라 계산한 금액

(당해 사업연도 소득금액 - 이월결손금 - 법정기부금) × 100분의 50

3. 법 제24조제1항의 규정에 따른 지정기부금의 경우 다음 산식에 따라 계산한 금액

(당해 사업연도 소득금액 - 이월결손금 - 법정기부금 - 「조세특례제한법」 제73조의 규정에 따른 기부금) × 100분의 5

③제2항의 규정을 적용함에 있어 법률 제7839호 조세특례제한법 일부개정법률 부칙 제18조제2항의 규정을 적용받는 기부금은 제2항 제1호 및 제2호의 규정에 불구하고 2006년 12월 31일까지는 이를 법정기부금으로 본다.

제9조 (접대비의 신용카드 등의 사용에 관한 적용례) 제41조제1항의 개정규정은 이 영 시행 후 최초로 지출하는 분부터 적용한다.

제10조 (퇴직보험료 등의 손금불산입에 관한 적용례) 제44조의2의 개정규정은 이 영 시행 후 최초로 신고하는 사업연도분부터 적용한다.

제11조 (고유목적사업준비금의 손금산입에 관한 적용례) 제56조의 개정규정은 2006년 1월 1일 이후 최초로 개시하는 사업연도에 손금산입하는 분부터 적용한다.

제12조 (비상위험준비금 등의 손금산입에 관한 적용례) 제57조제2항 및 제3항의 개정규정은 이 영 시행일이 속하는 사업연도에 손금산입하는 분부터 적용한다.

제13조 (퇴직급여충당금의 손금산입에 관한 적용례 및 적용특례) ① 제60조제1항 및 제2항의 개정규정은 이 영 시행 후 최초로 개시하는 사업연도에 손금산입하는 분부터 적용한다.

②제60조제2항의 개정규정을 적용함에 있어 이 영 시행 후 최초로 개시하는 사업연도부터 그 사업연도의 개시일 이후 2년 이내에 종료하는 사업연도까지 손금산입하는 분에 대하여는 동조동항의 개정규정에 불구하고 동조동항에서 규정하고 있는 "100분의 30"을 "100분의 35"로 본다.

제14조 (대손금의 범위에 관한 적용례) ①제62조제1항제5호의 개정규정은 이 영 시행 후 최초로 「채무자 회생 및 파산에 관한 법률」에 따라 회생계획인가의 결정 또는 법원의 면책결정을 받는 분부터 적용한다.

②제62조제1항제7호의 개정규정은 이 영 시행 후 최초로 신고하는 사업연도분부터 적용한다.

제15조 (국고보조금 등의 손금산입에 관한 적용례) 제64조의 개정규정은 이 영 시행 후 최초로 취득 또는 개량하는 분부터 적용한다.

제16조 (배당소득 등의 귀속사업연도에 관한 적용례) 제70조의 개정규정은 이 영 시행 후 최초로 신고하는 사업연도분부터 적용한다.

제17조 (자산의 취득가액 등에 관한 적용례) ①제72조제1항의 개정규정은 이 영 시행 후 최초로 출자전환하는 분부터 적용한다.

②제72조제2항의 개정규정은 이 영 시행 후 최초로 취득하는 분부터 적용한다.

제18조 (화폐성 외화자산 및 부채의 평가에 관한 적용례) 제73조 및 제76조의 개정규정은 이 영 시행 후 최초로 통화스왑계약을 체결하는 분부터 적용한다.

제19조 (주식등의 평가차손에 관한 적용례) 제78조제2항 및 제3항의 개정규정은 이 영 시행 후 최초로 평가하는 분부터 적용한다.

제20조 (합병평가차익상당액의 손금산입에 관한 적용례) 제80조제1항·제2항 및 제4항의 개정규정은 이 영 시행 후 최초로 합병하는 분부터 적용한다.

제21조 (합병에 따른 이월결손금의 승계에 관한 적용례) 제81조제5항(종전의 제4항)의 개정규정은 이 영 시행 후 최초로 합병하는 분부터 적용한다.

제22조 (분할평가차익상당액의 손금산입에 관한 적용례) 제82조제1항 및 제2항의 개정규정은 이 영 시행 후 최초로 분할하는 분부터 적용한다.

제23조 (유동화전문회사 등에 대한 소득공제에 관한 적용례) ①제86조의2제3항(종전의 제2항)제1호 가목의 개정규정은 이 영 시행 후 최초로 설립하는 분부터 적용한다.

②제86조의2제9항의 개정규정은 2006년 1월 1일 이후 개시하는 사업연도의 이익(이월이익잉여금을 포함한다)을 최초로 배당하는 분부터 적용한다.

제24조 (부당행위계산의 유형 등에 관한 적용례) 제88조제1항제8호 및 제89조제6항의 개정규정은 이 영 시행 후 최초로 합병하거나 자본을 증가시키는 분부터 적용한다.

제25조 (토지등 양도소득에 대한 과세특례에 관한 적용례) 제92조의2제2항제3호 및 제4항제4호의 개정규정은 이 영 시행 후 최초로 양도하는 분부터 적용한다.

제26조 (부득이한 사유가 있어 비사업용 토지로 보지 아니하는 토지의 판정기준 등에 관한 적용례) 제92조의11제3항제3호의 개정규정은 이 영 시행 후 최초로 양도하는 분부터 적용한다.

제27조 (간접투자회사 등의 외국납부세액공제 특례에 관한 적용례) 제94조의2의 개정규정은 이 영 시행 후 발생하는 소득분부터 적용한다.

제28조 (사실과 다른 회계처리에 기인한 경정에 따른 환급세액의 계산에 관한 적용례) 제110조의2의 개정규정은 이 영 시행 후 최초로 합병 또는 분할하는 분부터 적용한다.

제29조 (채권등의 이자등에 대한 원천징수특례에 관한 적용례) 제113조제2항 및 제138조의3의 개정규정은 이 영 시행 후 최초로 원천징수하는 분부터 적용한다.

제30조 (과소신고금액의 계산 등에 관한 적용례) 제118조제4항의 개정규정은 이 영 시행 후 익금에 산입하는 분부터 적용한다.

제31조 (해산에 따른 청산소득금액의 계산에 관한 적용례) 제121조제3항 단서의 개정규정은 이 영 시행 후 최초로 해산하는 분부터 적용한다.

제32조 (정상가격의 범위 등) 제131조제2항 및 제4항의 개정규정은 이 영 시행 후 최초로 거래하는 분부터 적용한다.

제33조 (국내원천소득의 범위에 관한 적용례) 제132조제7항의 개정규정은 2006년 1월 1일 이후 최초로 발생하는 소득분부터 적용한다.

제34조 (외국법인의 원천징수절차 특례에 관한 적용례) 제138조의5 및 제138조의6의 개정규정은 2006년 7월 1일 이후 최초로 원천징수하는 분부터 적용한다.
제35조 (지출증빙서류의 수취 및 보관에 관한 적용례) 제158조제1항제3호의 개정규정은 이 영 시행 후 최초로 거래하는 분부터 적용한다.
제36조 (외국법인의 국내원천소득 등에 대한 지급조서 제출의무 특례에 관한 적용례) 제162조의2제1항의 개정규정은 이 영 시행 후 최초로 발생하는 양도소득에 대한 지급조서를 제출하는 분부터 적용한다.
제37조 (계산서의 작성 · 교부등에 관한 적용례) 제164조제5항의 개정규정은 이 영 시행 후 최초로 제출기한이 도래하는 분부터 적용한다.
제38조 (계산서미교부 등에 대한 가산세의 특례에 관한 적용례) 대통령령 제15970호 법인세법시행령중개정령 부칙 제14조의 개정규정은 이 영 시행일 이후 최초로 신고하는 사업연도분부터 적용한다.
제39조 (회생계획인가의 결정 등에 관한 경과조치) ①2006년 3월 31일 이전에 받은 「회사정리법」에 따른 정리계획인가의 결정, 「화의법」에 따른 화의인가의 결정, 「파산법」에 따른 강제화의인가의 결정은 제15조제4항 · 제18조제1항 및 제62조제1항제5호의 개정규정에 따른 「채무자 회생 및 파산에 관한 법률」에 따른 회생계획인가의 결정으로 본다.

②2006년 3월 31일 이전에 받은 「개인채무자 회생법」에 따른 법원의 면책결정은 제62조제1항제5호의 개정규정에 따른 「채무자 회생 및 파산에 관한 법률」에 따른 법원의 면책결정으로 본다.

부칙 〈제19422호, 2006. 3. 29.〉 (채무자 회생 및 파산에 관한 법률 시행령)

제1조 (시행일) 이 영은 2006년 4월 1일부터 시행한다.
제2조 (다른 법령의 개정) ①내지 ⑪생략

⑫법인세법 시행령 일부를 다음과 같이 개정한다.

제18조제1항제2호 가목중 "「회사정리법」에 의한 정리계획인가"를 "「채무자 회생 및 파산에 관한 법률」에 의한 회생계획인가"로 하고, 동호 나목을 삭제한다.

제62조제1항제5호중 "「회사정리법」에 의한 정리계획인가 또는 「화의법」에 의한 화의인가"를 "「채무자 회생 및 파산에 관한 법률」

에 의한 회생계획인가"로 한다.
⑬내지 ㉖생략

부칙 〈제19494호, 2006. 5. 30.〉 (대·중소기업 상생협력 촉진에 관한 법률 시행령)
제1조 (시행일) 이 영은 2006년 6월 4일부터 시행한다.
제2조 내지 제4조 생략
제5조 (다른 법령의 개정) ①및 ②생략
③법인세법 시행령 일부를 다음과 같이 개정한다.
제50조제1호 단서중 "「중소기업의 사업영역보호 및 기업간 협력증진에 관한 법률」 제9조"를 "「대·중소기업 상생협력 촉진에 관한 법률」 제35조"로 한다.
제61조제4항제4호를 다음과 같이 한다.
4. 「대·중소기업 상생협력 촉진에 관한 법률」에 따른 위탁기업이 수탁기업협의회의 구성원인 수탁기업에 대하여 행한 채무보증
④내지 ⑩생략
제6조 생략

부칙 〈제19815호, 2006. 12. 30.〉 (공공자금관리기금법 시행령)
제1조 (시행일) 이 영은 2007년 1월 1일부터 시행한다.
제2조 및 제3조 생략
제4조 (다른 법령의 개정) ①생략
②법인세법 시행령 일부를 다음과 같이 개정한다.
제53조제4항제1호가목중 "「재정융자특별회계법」에 의한 재정융자특별회계"를 "「공공자금관리기금법」에 따른 공공자금관리기금"으로 한다.
③생략
제5조 생략

부칙 〈제19891호, 2007. 2. 28.〉
제1조 (시행일) 이 영은 공포한 날부터 시행한다.
제2조 (일반적 적용례) 이 영은 2007년 1월 1일 이후 최초로 개시

하는 사업연도분부터 적용한다.

제3조 (원천징수의무자의 납세지에 관한 적용례) 제7조제1항제3호의 개정규정은 이 영 시행 후 최초로 원천징수하는 분부터 적용한다.

제4조 (수익의 범위에 관한 적용례 등) ①제11조제10호의 개정규정은 이 영 시행 후 최초로 개시하는 사업연도분부터 적용한다.

②이 영 시행 전에 기업회계기준에 따라 계상된 구상이익은 제11조제10호의 개정규정에 불구하고 해당 사업연도의 수익에 포함하지 아니한다.

제5조 (지주회사의 수입배당금액의 익금불산입에 관한 적용례) 제17조의2제4항 및 제5항제4호 단서의 개정규정은 이 영 시행 후 최초로 배당받는 분부터 적용한다.

제6조 (손비의 범위에 관한 적용례 등) ①제19조제18호의 개정규정은 이 영 시행 후 최초로 개시하는 사업연도분부터 적용한다.

②이 영 시행 전에 기업회계기준에 따라 계상된 구상손실은 제19조제18호의 개정규정에 불구하고 해당 사업연도의 손비에 포함하지 아니한다.

제7조 (감가상각자산의 범위에 관한 적용례) 제24조제5항의 개정규정은 이 영 시행 후 최초로 시설을 대여하는 분부터 적용한다.

제8조 (지정기부금의 범위 등에 관한 적용례) ①제36조제1항제1호사목의 개정규정은 이 영 시행 후 최초로 지정하는 분부터 적용한다.

②제36조제6항의 개정규정은 이 영 시행 후 최초로 해당 사유가 발생하는 분부터 적용한다.

제9조 (접대비의 범위에 관한 적용례) 제42조제4항 및 제5항의 개정규정은 이 영 시행 후 최초로 지출하는 분부터 적용한다.

제10조 (공동경비의 손금불산입에 관한 적용례) 제48조제1항제2호 및 제3호의 개정규정은 이 영 시행 후 최초로 지출하는 분부터 적용한다.

제11조 (대손충당금의 손금산입에 관한 적용례) 제61조제2항 단서의 개정규정은 이 영 시행 후 최초로 계상하는 분부터 적용한다.

제12조 (대손금의 범위에 관한 적용례) ①제62조제1항제15호의 개정규정은 이 영 시행 후 최초로 채권을 포기하는 분부터 적용한다.

②제62조제4항의 개정규정은 이 영 시행 후 최초로 합병하거나

분할하는 분부터 적용한다.
제13조 (자산의 판매손익 등의 귀속사업연도에 관한 적용례) 제68조제1항제3호 본문의 개정규정은 이 영 시행 후 최초로 외화대금을 매각하는 분부터 적용한다.
제14조 (평가대상 자산 및 부채의 범위에 관한 적용례) 제73조제4호 및 제5호의 개정규정은 이 영 시행 후 최초로 평가하는 분부터 적용한다.
제15조 (외화자산 및 부채의 평가에 관한 적용례) 제76조제3항 단서의 개정규정은 이 영 시행 후 최초로 외화금액을 매각하는 분부터 적용한다.
제16조 (유동화전문회사 등에 대한 소득공제에 관한 적용례) 제86조의2제3항의 개정규정은 이 영 시행 후 최초로 배당하는 분부터 적용한다.
제17조 (부당행위계산부인의 유형 등에 관한 적용례) 제88조제1항제7호의2 · 제3항 및 제4항의 개정규정은 이 영 시행 후 최초로 거래하는 분부터 적용한다.
제18조 (시가의 범위 등에 관한 적용례) ①제89조제1항의 개정규정은 이 영 시행 후 최초로 거래하는 분부터 적용한다.
②제89조제3항의 개정규정은 이 영 시행 후 최초로 대여 또는 차용하는 분부터 적용한다.
제19조 (소득처분에 관한 적용례) 제106조제1항제3호자목의 개정규정은 이 영 시행후 최초로 처분하는 분부터 적용한다.
제20조 (가산세의 적용에 관한 적용례) 제120조제6항 각 호 외의 부분 본문의 개정규정은 이 영 시행 후 최초로 제출하는 분부터 적용한다.
제21조 (국내원천소득의 범위에 관한 적용례) 제132조제16항의 개정규정은 이 영 시행 후 최초로 양도하는 분부터 적용한다.
제22조 (외국법인에 대한 원천징수에 관한 적용례) 제137조제2항의 개정규정은 이 영 시행 후 최초로 이익 또는 잉여금을 처분하는 분부터 적용한다.
제23조 (책임준비금 등의 손금산입에 관한 적용특례) 제57조제1항제2호 단서의 개정규정을 적용하는 경우 인보험에 대하여 사업연도 종료일 현재 이미 발생되었으나 보험사업을 영위하는 내국법인에 아

직 보고되지 아니한 사고에 대하여 지급하여야 할 보험금의 추정액(이하 이 조에서 "미보고발생손해액"이라 한다)에 대하여는 제57조제1항제2호 단서의 개정규정에 불구하고 이 영 시행 후 최초로 계상하는 사업연도분의 경우에는 해당 사업연도의 미보고발생손해액의 100분의 30을, 그 다음 사업연도분의 경우에는 해당 사업연도의 미보고발생손해액의 100분의 60에 상당하는 금액을 각각 제57조제1항제2호에 따라 추정한 보험금으로 한다.

제24조 (계산서미교부에 대한 가산세의 적용특례) 대통령령 제18706호 법인세법 시행령 일부개정령 부칙 제14조의 개정규정은 이 영 시행 후 최초로 신고하는 사업연도분부터 적용한다.

제25조 (지정기부금단체등에 관한 경과조치) 이 영 시행 당시 「민법」 제32조에 따라 주무관청의 허가를 받아 설립된 비영리법인 중 재정경제부장관이 지정기부금단체로 지정하여 고시한 법인은 제36조제1항제1호사목의 개정규정에 따라 지정기부금단체등으로 지정된 법인으로 본다.

부칙 〈제20619호, 2008. 2. 22.〉

제1조 (시행일) 이 영은 공포한 날부터 시행한다. 다만, 제111조제2항 · 제3항, 제112조제2항 · 제5항, 제113조제10항 및 제114조의2제3항의 개정규정은 2008년 6월 1일부터 시행하고, 제159조의2제6항의 개정규정은 2008년 7월 1일부터 시행한다.

제2조 (일반적 적용례) 이 영은 법률 제8831호 법인세법 일부개정법률 시행 이후 개시하는 사업연도분부터 적용한다.

제3조 (원천징수의무자의 납세지에 관한 적용례) 제7조제1항제3호의 개정규정은 이 영 시행 후 최초로 원천징수하는 분부터 적용한다.

제4조 (수익의 범위에 관한 적용례) 제11조제10호의 개정규정은 이 영 시행 후 최초로 구상이익으로 계상하는 분부터 적용한다.

제5조 (지주회사의 수입배당금 익금불산입에 관한 적용례) 제17조의2제2항제1호의 개정규정은 이 영 시행 후 최초로 배당받는 분부터 적용한다.

제6조 (손비의 범위에 관한 적용례) 제19조제18호의 개정규정은 이 영 시행 후 최초로 구상손실로 계상하는 분부터 적용한다.

제7조 (지정기부금단체 지정 등에 관한 적용례) 제36조제1항제1호

사목(1)·(3) 및 (4)의 개정규정은 이 영 시행 후 지정기부금단체로 지정하는 단체부터 적용한다.

제8조 (평가대상 자산·부채의 범위에 관한 적용례) 제73조제3호부터 제5호까지의 개정규정은 이 영 시행 후 최초로 평가하는 분부터 적용한다.

제9조 (외화자산·부채의 평가에 관한 적용례) 제76조의 개정규정은 이 영 시행 후 최초로 통화선도 및 통화스왑의 평가방법을 신고하는 분부터 적용한다.

제10조 (주식등의 평가에 관한 적용례) 제78조제2항의 개정규정은 이 영 시행 후 최초로 평가하는 분부터 적용한다.

제11조 (유동화전문회사 등에 대한 소득공제에 관한 적용례) 제86조의2 제1항의 개정규정은 이 영 시행 후 최초로 배당하는 분부터 적용한다.

제12조 (외국납부세액의 공제에 관한 적용례) 제94조의 개정규정은 이 영 시행 후 최초로 내국법인이 지급받는 수입배당금액분부터 적용한다.

제13조 (원천징수에 관한 적용례) 제111조제2항·제3항, 제112조제2항·제5항, 제113조제10항 및 제114조의2제3항의 개정규정은 2008년 6월 1일 이후 채권 등에 대한 이자 등을 최초로 지급하거나 채권 등을 매도하는 분부터 적용한다.

제14조 (미납부가산세율에 관한 적용례) 제119조의 개정규정은 이 영 시행 후 최초로 미납부 가산세를 납부하는 분부터 적용한다.

제15조 (조세조약상 비과세·면세 또는 제한세율 적용을 위한 경정청구의 절차에 관한 적용례) 제138조의6의 개정규정은 이 영 시행 후 최초로 경정청구하는 분부터 적용한다.

제16조 (신용카드가맹점 가입 등에 관한 적용례) 제159조의 개정규정은 이 영 시행 후 최초로 신용카드가맹점으로 가입하도록 지도하는 분부터 적용한다.

제17조 (현금영수증가맹점 가입 등에 관한 적용례) ①제159조의2제1항부터 제5항까지의 개정규정은 이 영 시행 후 최초로 현금영수증가맹점으로 가입하는 분부터 적용한다.

② 제159조의2제6항의 개정규정은 2008년 7월 1일 이후 최초로 현금영수증을 발급하는 분부터 적용한다.

제18조 (주식변동상황명세서의 제출에 관한 적용례) 제161조의 개정규정은 이 영 시행 후 최초로 신고하는 분부터 적용한다.

제19조 (구상채권상각충당금의 손금산입에 관한 특례) 제63조제2항의 개정규정에도 불구하고 2008년 1월 1일부터 2008년 12월 31일까지의 기간 중에 개시하는 사업연도부터 2011년 1월 1일부터 2011년 12월 31일까지의 기간 중에 개시하는 사업연도까지의 구상채권발생률은 다음에 따른다.

2008년 1월 1일부터 2008년 12월 31일까지의 기간 중에 개시하는 사업연도	1천분의 8과 구상채권발생률 중 큰 비율
2009년 1월 1일부터 2009년 12월 31일까지의 기간 중에 개시하는 사업연도	1천분의 6과 구상채권발생률 중 큰 비율
2010년 1월 1일부터 2010년 12월 31일까지의 기간 중에 개시하는 사업연도	1천분의 4와 구상채권발생률 중 큰 비율
2011년 1월 1일부터 2011년 12월 31일까지의 기간 중에 개시하는 사업연도	1천분의 2와 구상채권발생률 중 큰 비율

제20조 (이자소득 등의 귀속사업연도에 관한 특례) ① 제70조제1항제1호 단서의 규정을 적용하는 경우 제111조제2항 각 호의 어느 하나에 해당하는 법인이 2008년 6월 1일 이전에 종료하는 사업연도에 결산을 확정할 때에 이미 경과한 기간에 대응하는 이자 등으로서 해당 사업연도의 수익으로 계상한 채권 등의 이자 등에 대하여는 제111조제2항의 개정규정에도 불구하고 「소득세법 시행령」 제45조에 따른 수입시기에 해당하는 날이 속하는 사업연도의 익금으로 한다.

② 제111조제2항 각 호의 어느 하나에 해당하는 법인이 2008년 6월 1일 이후 최초로 종료하는 사업연도의 결산을 확정하는 경우 이미 경과한 기간에 대응하는 채권 등의 이자 등을 해당 사업연도의 수익으로 계상할 때에는 제70조제1항제1호에도 불구하고 그 계상한 금액의 100분의 50은 해당 사업연도의 익금으로 하고, 나머지 금액은 그 다음 사업연도의 익금으로 할 수 있다.

제21조 (외화자산·부채의 평가에 관한 특례) 제76조제2항에 따라

최초로 신고하는 날이 속하는 사업연도의 직전 사업연도(이하 이 조에서 "직전 사업연도"라 한다) 개시일 이전에 계약을 체결한 통화선도, 통화스왑에 대하여 제76조제2항제1호의 평가방법을 최초로 적용할 때 같은 조 제4항의 원화기장액은 직전 사업연도 개시일 전일의 기준환율 또는 재정환율로 계산한 금액을 말한다.

제22조 (지주회사의 수입배당금 익금불산입에 관한 경과조치) ① 제17조의2제5항제1호·제2호의 개정규정에도 불구하고 2008년 1월 1일부터 2008년 12월 31일까지 받는 수입배당금액에 대하여는 종전의 규정에 따르되, 종전의 제17조의2제5항제3호 중 "100분의 60"은 "100분의 80"으로 본다.

② 제17조의2제6항제1호의 개정규정에도 불구하고 2008년 1월 1일부터 2008년 12월 31일까지 받는 수입배당금액에 대하여는 종전의 규정에 따르되, 종전의 제17조의2제6항제1호 전단 중 "100분의 60"은 "100분의 80"으로 본다.

제23조 (금융기관 원천징수에 관한 경과조치) 제111조제2항 각 호의 어느 하나에 해당하는 법인이 2005년 6월 30일 이전에 취득한 채권 등을 2008년 6월 1일 이후 최초로 매도하거나 이자 등을 지급받는 경우(2005년 7월 1일부터 2008년 5월 31일까지의 기간 중 이자를 지급받지 아니한 경우에 한한다)에는 제111조제2항·제3항, 제112조제2항·제5항, 제113조제10항 및 제114조의2제3항의 개정규정에도 불구하고 대통령령 제18706호 법인세법 시행령 일부개정령 부칙 제15조에 따른다.

제24조 (현금영수증가맹점 가입 등에 관한 경과조치) 제159조의2제1항 의 개정규정에 따라 현금영수증가맹점 가입요건에 해당하게 된 법인의 경우에는 이 영 시행 후 3개월 이내에 현금영수증가맹점으로 가입하여야 한다.

부칙 〈제20720호, 2008. 2. 29.〉 (기획재정부와 그 소속기관 직제)

제1조(시행일) 이 영은 공포한 날부터 시행한다. 다만, 부칙 제8조에 따라 개정되는 대통령령 중 이 영의 시행 전에 공포되었으나 시행일이 도래하지 아니한 대통령령을 개정한 부분은 각각 해당 대통령령의 시행일부터 시행한다.

제2조 부터 제7조까지 생략

제8조(다른 법령의 개정) ① 부터 ㉟ 까지 생략

㊱ 법인세법 시행령 일부를 다음과 같이 개정한다.

제2조제1항제11호 · 제13호, 제4조, 제6조제4항 후단, 제9조제1항, 제11조제1호 단서, 제17조의2제8항제4호 · 제5호, 같은 조 제9항, 제17조의3제6항, 제22조제1항제3호, 제24조제5항, 제26조제3항 각 호 외의 부분, 제27조제2항, 제28조제1항제1호 · 제2호, 같은 조 제3항 각 호 외의 부분, 제29조제1항제2호, 같은 조 제2항 전단, 제29조의2제2항 각 호 외의 부분, 제33조, 제34조, 제36조제1항제1호아목, 같은 항 제2호다목, 같은 조 제4항, 같은 조 제5항제1호, 같은 조 제6항, 제38조제5항, 제44조제3항제2호, 제44조의2제2항 · 제4항, 제48조제1항제2호가목 단서, 같은 조 제2항, 제49조제1항제1호 각 목 외의 부분 단서, 같은 호 가목 · 나목, 같은 항 제2호나목, 같은 조 제2항, 제53조제1항 단서, 제56조제6항제3호, 같은 조 제9항 · 제10항, 제57조제4항 · 제5항, 제58조제2항, 제60조제4항, 제61조제7항, 제62조제6항, 제63조제5항, 제64조제8항, 제65조제5항, 제66조제4항, 제68조제6항, 제69조제2항, 제71조제4항, 제72조제1항제3호 단서, 같은 조 제3항제2호, 제73조제4호, 제74조제3항 각 호 외의 부분 전단, 같은 조 제6항, 제76조제6항, 제80조제7항, 제82조제3항제2호 단서, 같은 조 제6항, 제83조제7항, 제85조제1항제3호라목, 같은 조 제2항제3호 라목, 같은 조 제4항, 제86조제2항 · 제6항, 제86조의2제5항제5호 각 목 외의 부분, 같은 조 제7항 · 제9항, 제88조제1항제7호의2, 제89조제3항, 같은 조 제5항 단서, 제90조제1항 각 호 외의 부분 본문, 제92조의2제1항 각 호 외의 부분, 같은 조 제2항제4호, 같은 조 제4항제5호, 같은 조 제8항 단서, 제92조의5제3항제6호, 제92조의6제1항제13호, 같은 조 제4항제7호, 제92조의7제2항제4호, 제92조의8제1항제1호가목 (1) · (2) · 나목, 같은 항 제2호다목, 같은 항 제3호 본문, 같은 항 제4호 단서, 같은 항 제5호다목 · 제6호 · 제10호 · 제11호다목 · 제12호 · 제13호, 제92조의11제1항제3호 · 제2항제3호 · 제3항제4호, 제94조제2항 · 제3항 · 제12항, 제94조의2제5항 각 호 외의 부분 전단, 같은 조 제7항 · 제8항, 제95조제5항 각 호 외의 부분, 제97조제2항 · 제3항 · 제4항 · 제9항, 제99조의2제6항, 제100조제1항 · 제2

항, 제102조제4항, 제110조제3항, 제111조제1항제5호다목 · 제6호나목, 같은 조 제2항제13호, 제112조제6항, 제113조제2항제2호나목 단서, 같은 조 제3항 단서, 같은 조 제7항 각 호 외의 부분 전단, 제114조의2제1항 각 호 외의 부분, 같은 항 제2호, 같은 조 제4항, 제115조제1항, 제120조의4제1항, 제124조제1항, 제125조제1항, 제129조제2항, 제130조제2항, 제131조의2, 제132조제2항제8호 · 제3항제4호, 제138조의2제2항 · 제4항, 제138조의4제1항 전단 및 제7항제3호, 제138조의5제1항 각 호 외의 부분 전단, 같은 조 제2항제2호 · 제3호, 제138조의6제1항 전단, 제152조제1항 · 제2항제3호, 제155조의2제5호, 제156조, 제157조제1항 각 호 외의 부분, 같은 항 제5호, 제158조제2항제5호, 제159조의2제1항 각 호 외의 부분 단서, 제161조제1항제4호 · 제5호, 같은 조 제4항제1호 · 제2호, 같은 조 제6항 각 호 외의 부분, 제162조의2제1항 각 호 외의 부분 본문, 같은 항 제8호, 같은 조 제4항, 제164조제5항 · 제7항제2호, 제165조제1항 중 "재정경제부령"을 각각 "기획재정부령"으로 한다.

제17조의2제8항제6호 본문, 제36조제1항제1호 사목 본문, 같은 조 제5항 각 호 외의 부분, 같은 항 제2호, 제62조제1항제12호가목 · 제14호, 제63조제3항제2호, 제79조제4호, 제102조제6항 중 "재정경제부장관"을 각각 "기획재정부장관"으로 한다.

제19조제13호 중 "보건복지부장관"을 "보건복지가족부장관"으로 한다.

제57조제1항제1호 중 "농림부장관"을 "농림수산식품부장관"으로, "해양수산부장관"을 "농림수산식품부장관"으로, "행정자치부장관"을 "행정안전부장관"으로, "산업자원부장관"을 "지식경제부장관"으로 하고, 같은 조 제2항 중 "금융감독위원회"를 "금융위원회"로 한다.

제58조제1항 중 "재정경제부장관"을 각각 "기획재정부장관"으로, "「농업협동조합법」에 의한 공제사업의 경우에는 농림부장관이,「수산업협동조합법」에 의한 공제사업의 경우에는 해양수산부장관이"를 "「농업협동조합법」에 따른 공제사업 및 「수산업협동조합법」에 따른 공제사업의 경우에는 농림수산식품부장관이"로 하며, "행정자치부장관"을 "행정안전부장관"으로 한다.

제61조제2항 각 호 외의 부분 단서 중 "금융감독위원회"를 "금융

위원회”로, “재정경제부장관”을 “기획재정부장관”으로 하고, 같은 항 제37호 중 “금융감독위원회”를 “금융위원회”로, “재정경제부령”을 “기획재정부령”으로 한다.

㊲ 부터 〈68〉 까지 생략

부칙 〈제20763호, 2008. 4. 3.〉 (하천법 시행령)

제1조 (시행일) 이 영은 2008년 4월 7일부터 시행한다.

제2조 생략

제3조 (다른 법령의 개정) ① 부터 ⑥ 까지 생략

⑦ 법인세법 시행령 일부를 다음과 같이 개정한다.

제92조의6제1항제11호를 다음과 같이 한다.

11. 「하천법」에 따른 홍수관리구역 안의 임야

⑧ 부터 ⑳ 까지 생략

제4조 생략

부칙 〈제20799호, 2008. 6. 5.〉 (평생교육법 시행령)

제1조(시행일) 이 영은 공포한 날로부터 시행한다.

제2조(다른 법령의 개정) ① 및 ② 생략

③ 법인세법 시행령 일부를 다음과 같이 개정한다.

제2조제1항제3호 중 “원격대학”을 “원격대학 형태의 평생교육시설”로 한다.

④ 및 ⑤ 생략

부칙 〈제20849호, 2008. 6. 20.〉 (임대주택법 시행령)

제1조(시행일) 이 영은 2008년 6월 22일부터 시행한다.

제2조 부터 제9조까지 생략

제10조(다른 법령의 개정) ① 및 ② 생략

③ 법인세법 시행령 일부를 다음과 같이 개정한다.

제86조의2제2항 중 “「임대주택법 시행령」 제9조의2제4항제4호”를 “「임대주택법 시행령」 제14조제4항제4호”로 한다.

제11조 생략

부칙 〈제20930호, 2008. 7. 24.〉

제1조(시행일) 이 영은 공포한 날부터 시행한다.
제2조(토지등 양도소득에 대한 과세특례에 관한 적용례) 제92조의2의 개정규정은 이 영 시행 후 최초로 양도하는 분부터 적용한다.

부칙 〈제21025호, 2008. 9. 22.〉 (군사기지 및 군사시설 보호법 시행령)
제1조(시행일) 이 영은 공포한 날부터 시행한다.
제2조 및 제3조 생략
제4조(다른 법령의 개정) ① 부터 ⑪ 까지 생략
⑫ 법인세법 시행령 일부를 다음과 같이 개정한다.
제92조의6제1항제8호를 다음과 같이 한다.
8. 「군사기지 및 군사시설 보호법」에 따른 군사기지 및 군사시설 보호구역 안의 임야
⑬ 부터 ㉖ 까지 생략

부칙 〈제21063호, 2008. 10. 7.〉
제1조(시행일) 이 영은 공포한 날부터 시행한다.
제2조(적용례) 이 영은 이 영 시행 후 최초로 양도하는 분부터 적용한다.

부칙 〈제21302호, 2009. 2. 4.〉
제1조(시행일) 이 영은 공포한 날부터 시행한다. 다만, 제7조제1항제3호 전단 및 제2장의3(제120조의12부터 제120조의25까지)의 개정규정은 2010년 1월 1일부터 시행한다.
제2조(일반적 적용례) 이 영은 법률 제9267호 법인세법 일부개정법률 시행 후 개시하는 사업연도 분부터 적용한다.
제3조(수익사업에 관한 적용례) 제2조제1항제13호의 개정규정은 이 영 시행 후 최초로 과세표준을 신고하거나 경정·결정하는 분부터 적용한다.
제4조(결손금 공제에 관한 적용례) 제10조제4항의 개정규정은 이 영 시행 후 최초로 배분받는 결손금부터 적용한다.
제5조(소액광고선전비 등 지출에 관한 적용례) 제19조제1호의2 및 제18호의 개정규정은 법률 제9267호 법인세법 일부개정법률 시행

후 지출하는 분부터 적용한다.

제6조(주식매수선택권 행사에 따른 보전비용의 손금산입에 관한 적용례) 제19조제19호 및 제129조제1항제7호의 개정규정은 이 영 시행 후 최초로 행사비용을 보전하는 분부터 적용한다.

제7조(대손이 인정되는 채무보증의 범위에 관한 적용례) 제19조의2제6항제5호의 개정규정은 이 영 시행 후 보증하거나 보증계약을 연장하는 분부터 적용한다.

제8조(주식매수선택권에 관한 적용례) 제20조제1항제3호 및 제88조제1항제3호·제6호가목 및 제8호의2의 개정규정은 법률 제9267호 법인세법 일부개정법률 시행 후 최초로 부여받는 주식매수선택권부터 적용하고, 같은 법 시행 전에 부여받은 주식매수선택권에 대하여는 종전의 「조세특례제한법」(법률 제9272호로 개정되기 전의 것을 말한다) 제15조를 적용한다. 〈개정 2009. 4. 21.〉

제9조(접대비 지출증빙에 관한 적용례) 제41조제1항제1호 및 같은 조 제5항의 개정규정은 법률 제9267호 법인세법 일부개정법률 시행 후 지출하는 분부터 적용한다.

제10조(퇴직급여의 손금불산입에 관한 적용례) 제44조제3항 및 제4항의 개정규정은 이 영 시행 후 최초로 지급하는 분부터 적용한다.

제11조(특정금전신탁에서 발생한 소득금액의 수입시기 및 원천징수에 관한 적용례) ① 제70조제5항 및 제111조제5항·제6항의 개정규정은 법률 제9267호 법인세법 일부개정법률 시행 후 발생하는 소득분부터 적용한다.

② 제113조제1항 및 제10항의 개정규정은 법률 제9267호 법인세법 일부개정법률 시행 후 최초로 채권 등을 양도하는 분부터 적용한다.

제12조(투자회사등의 집합투자재산의 평가에 관한 적용례) 제73조제2호다목, 제75조제3항 및 제86조의2제1항의 개정규정은 이 영 시행 후 평가하는 분부터 적용한다.

제13조(보험회사 특별계정 자산의 평가손익에 관한 적용례) 제73조제2호라목 및 제75조제4항의 개정규정은 이 영 시행일이 속하는 사업연도에 평가하는 분부터 적용한다.

제14조(손금에 산입하는 합병평가차익의 범위에 관한 적용례) 제80조의 개정규정은 이 영 시행 후 최초로 합병하는 분부터 적용한다.

제15조(손금에 산입하는 분할평가차익의 범위에 관한 적용례) 제82조의 개정규정은 이 영 시행 후 최초로 분할하는 분부터 적용한다.
제16조(시가의 범위에 관한 적용례) 제89조제3항의 개정규정은 이 영 시행 후 최초로 신고하는 사업연도분부터 적용한다.
제17조(부득이한 사유가 있어 비사업용 토지로 보지 아니하는 토지의 판정기준 등에 관한 적용례) 제92조의11제3항제2호의 개정규정은 이 영 시행 후 최초로 신고하는 분부터 적용한다.
제18조(외국납부세액 공제에 관한 적용례) 제94조제8항 및 제11항의 개정규정은 이 영 시행 후 최초로 배당받는 분부터 적용한다.
제19조(소득처분에 관한 적용례) ① 제106조제1항제3호자목의 개정규정은 이 영 시행 후 최초로 행위·계산하는 분부터 적용한다.
② 제106조제1항제3호차목의 개정규정은 이 영 시행 후 결정·경정하는 분부터 적용한다.
제20조(수입금액증가세액공제 적용방식에 관한 적용례) 제120조의10제3호의 개정규정은 이 영 시행 후 최초로 신고하는 분부터 적용한다.
제21조(성실납세방식의 법인세 신고에 관한 적용례) 제120조의11의 개정규정은 이 영 시행 후 최초로 신고하는 분부터 적용한다.
제22조(외국법인 본·지점간의 자금거래에 따른 이자의 손익계산에 관한 적용례) 제129조의3의 개정규정은 이 영 시행 후 신고하는 분부터 적용한다.
제23조(국내원천소득의 범위에 관한 적용례) 제132조제14항의 개정규정은 이 영 시행 후 이익을 분여받아 발생하는 소득분부터 적용한다.
제24조(외국법인의 법인세 신고기한연장승인신청에 관한 적용례) 제136조제1항의 개정규정은 이 영 시행 후 최초로 연장신청하는 분부터 적용한다.
제25조(외국법인에 대한 원천징수세액의 납부에 관한 적용례) ① 제137조제1항의 개정규정은 이 영 시행 후 배당받는 분부터 적용한다.
② 제137조제8항의 개정규정은 이 영 시행 후 양도하는 분부터 적용한다.
제26조(조세조약상의 비과세·면제 또는 제한세율 적용을 위한 사전승인 절차에 관환 적용례) 제138조의5제1항 및 제8항의 개정규정은 이 영 시행 후 사전승인 신청하는 분부터 적용한다.
제27조(외국법인의 인적용역소득에 대한 신고·납부특례에 관한 적

용례) 제139조의 개정규정은 법률 제9267호 법인세법 일부개정법률 시행 후 발생하는 소득분부터 적용한다.
제28조(지출증빙보관의무에 대한 적용례) 제158조제2항의 개정규정은 법률 제9267호 법인세법 일부개정법률 시행 후 지출하는 분부터 적용한다.
제29조(수익사업에 대한 적용특례) 제2조제1항제13호를 적용할 때 「태권도 진흥 및 태권도공원 조성 등에 관한 법률」 제8746호 부칙 제3조제1항에 따른 재단법인 국기원은 같은 항에 따라 문화체육관광부장관의 인가를 받기 전까지는 같은 법에 따른 국기원으로 본다.
제30조(보험회사 특별계정의 평가방법 신고에 대한 특례) 제75조제4항의 개정규정을 적용할 때 이 영 시행 전에 「보험업법」 제108조제1항제3호의 특별계정을 운용하고 있는 보험회사는 해당 특별계정에 귀속되는 자산의 평가방법에 대하여 이 영 시행일이 속하는 사업연도의 법인세 과세표준 신고와 함께 평가방법을 신고하여야 한다. 신고하지 아니하면 시가법을 신고한 것으로 본다.
제31조(연결납세방식의 적용에 대한 특례) ① 제120조의13의 개정규정을 적용할 때 2010년 1월 1일 이후 최초로 개시하는 사업연도부터 연결납세방식을 적용받으려는 연결대상법인등은 해당 사업연도 개시 후 1개월 이내에 연결납세방식을 신청할 수 있다 〈개정 2010. 2. 18.〉

② 국세청장은 제1항의 신청을 받은 경우 신청을 받은 날부터 3개월 이내에 승인 여부를 서면으로 통지하여야 하며, 통지하지 아니한 경우에는 승인한 것으로 본다.
제32조(수익거래에 대한 부당행위 계산부인 적용시 소득처분에 대한 경과조치) 제106조제1항제3호자목의 개정규정을 적용할 때 이 영 시행 전의 행위·계산분에 대하여 이 영 시행 후 최초로 처분하는 경우에는 행위·계산시점의 소득처분 규정에 따른다.

부칙 〈제21431호, 2009. 4. 21.〉
제1조(시행일) 이 영은 공포한 날부터 시행한다.
제2조(적용례) 이 영은 이 영 시행 후 최초로 양도하는 분부터 적용한다.

부칙 〈제21526호, 2009. 6. 8.〉

제1조(시행일) 이 영은 공포한 날부터 시행한다.

제2조(적용례) 제112조제2항제16호의 개정규정은 이 영 시행 후 최초로 지급하는 이자분부터 적용한다.

부칙 〈제21528호, 2009. 6. 9.〉 (전통사찰의 보존 및 지원에 관한 법률 시행령)

제1조(시행일) 이 영은 공포한 날부터 시행한다.

제2조(다른 법령의 개정) ① 부터 ③ 까지 생략

④ 법인세법 시행령 일부를 다음과 같이 개정한다.

제92조의6제1항제6호 중 "「전통사찰보존법」"을 "「전통사찰의 보존 및 지원에 관한 법률」"로 한다.

⑤ 부터 ⑧ 까지 생략

제3조 생략

부칙 〈제21566호, 2009. 6. 26.〉 (한국광물자원공사법 시행령)

제1조(시행일) 이 영은 공포한 날부터 시행한다.

제2조(다른 법령의 개정) ① 부터 ③ 까지 생략

④ 법인세법 시행령 일부를 다음과 같이 개정한다.

제27조제6항 각 호 외의 부분 후단 중 "「대한광업진흥공사법」에 의한 대한광업진흥공사"를 "「한국광물자원공사법」에 따른 한국광물자원공사"로 한다.

⑤ 부터 ⑪ 까지 생략

제3조 생략

부칙 〈제21698호, 2009. 8. 21.〉 (국가정보화 기본법 시행령)

제1조(시행일) 이 영은 2009년 8월 23일부터 시행한다.

제2조 생략

제3조(다른 법령의 개정) ① 부터 ⑤ 까지 생략

⑥ 법인세법 시행령 일부를 다음과 같이 개정한다.

제65조제1항제1호 중 "「정보화촉진 기본법」에 의한"을 "「국가정

보화 기본법」에 따른"으로 한다.
⑦ 부터 ⑲ 까지 생략
제4조 생략

부칙 〈제21744호, 2009. 9. 21.〉 (한국토지주택공사법 시행령)
제1조(시행일) 이 영은 2009년 10월 1일부터 시행한다.
제2조 및 제3조 생략
제4조(다른 법령의 개정) ① 부터 ㉕ 까지 생략
㉖ 법인세법 시행령 일부를 다음과 같이 개정한다.
제92조의2제4항제3호 중 "「한국토지공사법」에 의한 한국토지공사가 동법에 의한 토지개발사업으로 조성한 토지"를 "「한국토지주택공사법」에 따른 한국토지주택공사가 같은 법에 따른 개발사업으로 조성한 토지"로 한다.
제111조제1항제7호 중 "「대한주택공사법」에 의한 대한주택공사"를 "「한국토지주택공사법」에 따른 한국토지주택공사"로 한다.
㉗ 부터 〈54〉 까지 생략
제5조 생략

부칙 〈제21748호, 2009. 9. 29.〉
제1조(시행일) 이 영은 공포한 날부터 시행한다.
제2조(일반적 적용례) 이 영은 이 영 시행 후 최초로 양도하는 분부터 적용한다.
제3조(기업구조조정부동산투자회사 등의 미분양주택 취득에 관한 적용례) 제92조의2제2항제1호의5가목의 개정규정은 이 영 시행 후 최초로 인가·등록받은 기업구조조정부동산투자회사 및 부동산집합투자기구가 취득하는 분부터 적용한다.

부칙 〈제21881호, 2009. 12. 14.〉 (측량·수로조사 및 지적에 관한 법률 시행령)
제1조(시행일) 이 영은 공포한 날부터 시행한다. 〈단서 생략〉
제2조 부터 제5조까지 생략
제6조(다른 법령의 개정) ① 부터 ⑲ 까지 생략
⑳ 법인세법 시행령 일부를 다음과 같이 개정한다.

제92조의8제1항제11호 각 목 외의 부분 중 "「지적법」"을 "「측량·수로조사 및 지적에 관한 법률」"로 한다.

㉑ 부터 ㊱ 까지 생략

제7조 생략

부칙 〈제21935호, 2009. 12. 31.〉

이 영은 공포한 날부터 시행한다.

부칙 〈제21972호, 2009. 12. 31.〉

제1조(시행일) 이 영은 2010년 1월 1일부터 시행한다.

제2조(일반적 적용례) 이 영은 이 영 시행 후 최초로 발생하는 소득부터 적용한다.

제3조(금융회사 원천징수에 관한 경과조치) 제111조제2항 각 호의 어느 하나에 해당하는 법인이 2005년 6월 30일 이전에 취득한 채권등을 2010년 1월 1일 이후 최초로 매도하거나 이자등을 지급받는 경우(2005년 7월 1일부터 2009년 12월 31일까지의 기간 중 이자등을 지급받지 아니한 경우만 해당한다)에는 제111조의 개정규정에도 불구하고 대통령령 제18706호 법인세법시행령 일부개정령 부칙 제15조에 따른다.

부칙 〈제22035호, 2010. 2. 18.〉

제1조(시행일) 이 영은 공포한 날부터 시행한다. 다만, 제159조의2제3항 및 제8항의 개정규정은 2010년 4월 1일부터 시행하고, 제162조의2제1항제1호의 개정규정은 2010년 7월 1일부터 시행한다.

제2조(일반적 적용례) 이 영은 법률 제9898호 법인세법 일부개정법률 시행 후 개시하는 사업연도 분부터 적용한다.

제3조(구조조정기금의 수익사업 범위에 관한 적용례) 제2조제1항제8호라목의 개정규정은 이 영 시행 후 최초로 신고하는 사업연도 분부터 적용한다.

제4조(주식기준보상의 손금산입 등에 관한 적용례) 제19조제19호, 제20조제1항제3호, 제88조제1항제3호 단서, 같은 항 제6호 가목, 같은 항 제8호의2 단서, 제120조의12제4항제3호 및 제129조제1항제7호의 개정규정 중 주식기준보상에 관한 부분은 이 영 시행 후

최초로 신고하는 사업연도 분부터 적용한다.

제5조(지정기부금단체에 관한 적용례) 제36조제1항제1호사목 및 같은 조 제5항·제6항의 개정규정은 이 영 시행 후 최초로 지정기부금단체로 지정되는 단체부터 적용한다.

제6조(사회복지지설에 대한 기부금에 관한 적용례) 제36조제1항제4호의 개정규정은 이 영 시행일이 속하는 사업연도에 기부하는 것부터 적용한다.

제7조(퇴직급여의 손금불산입에 관한 적용례) ① 제44조제2항제5호의 개정규정은 이 영 시행 후 최초로 중간정산하여 지급하는 퇴직급여부터 적용한다.

② 제44조제6항의 개정규정은 이 영 시행 후 최초로 지급하는 퇴직급여부터 적용한다.

제8조(퇴직보험료 등의 손금불산입에 관한 적용례) ① 제44조의2제3항(과학기술인공제회에 관한 부분은 제외한다) 및 제4항의 개정규정은 이 영 시행 후 최초로 퇴직하는 분부터 적용한다.

② 제44조의2제3항(과학기술인공제회에 관한 부분만 해당한다)의 개정규정은 이 영 시행 후 최초로 신고하는 사업연도 분부터 적용한다.

제9조(공동경비의 손금불산입에 관한 적용례) 제48조제1항제2호가목의 개정규정은 이 영 시행일이 속하는 사업연도 분부터 적용한다.

제10조(대손충당금의 손금산입에 관한 적용례) 제61조제2항 및 제4항의 개정규정은 이 영 시행 후 최초로 신고하는 사업연도 분부터 적용한다.

제11조(소방산업공제조합의 구상채권상각충당금 손금산입에 관한 적용례) 제63조제1항제12호의 개정규정은 이 영 시행 후 최초로 신고하는 사업연도 분부터 적용한다.

제12조(비상장법인 주식등의 평가차손에 관한 적용례) 제78조제4항의 개정규정은 이 영 시행 후 최초로 평가하는 경우부터 적용한다.

제13조(유동화전문회사 등에 대한 소득공제에 관한 적용례) ① 제86조의2제4항제1호가목의 개정규정은 이 영 시행 후 최초로 설립하는 해당 투자회사부터 적용한다.

② 제86조의2제9항의 개정규정은 이 영 시행 후 최초로 신고하는 사업연도 분부터 적용한다.

제14조(외국납부세액의 공제에 관한 적용례) 제94조제8항 및 제10항의 개정규정은 이 영 시행 후 최초로 배당이나 분배를 받는 분부터 적용한다.
제15조(과세표준의 신고에 관한 적용례) 제97조제4항·제5항 및 제10항의 개정규정은 이 영 시행 후 최초로 신고하는 사업연도 분부터 적용한다.
제16조(사외유출된 금액의 익금산입에 관한 적용례) 제106조제4항 단서의 개정규정은 이 영 시행일이 속하는 사업연도에 익금산입하는 분부터 적용한다.
제17조(원천징수에 관한 적용례) ① 제111조제2항제1호의 개정규정은 이 영 시행 후 최초로 발생하는 소득부터 적용한다.
② 제111조제3항제1호의 개정규정은 이 영 시행 후 최초로 지급받는 이자부터 적용한다.
제18조(채권등의 보유기간이자상당액에 대한 원천징수 등에 관한 적용례) 제113조제2항제1호 및 제8항의 개정규정은 이 영 시행 후 최초로 지급하는 이자부터 적용한다.
제19조(공모집합투자기구의 요건 등에 관한 적용례) 제132조의3의 개정규정은 이 영 시행 후 최초로 원천징수하는 소득부터 적용한다.
제20조(외국법인의 채권등의 이자등에 대한 원천징수특례에 관한 적용례) 제138조의3제4항 및 제5항의 개정규정은 이 영 시행 후 최초로 제3자에게 매도하는 분부터 적용한다.
제21조(신용카드가맹점의 가입 등에 관한 적용례) 제159조제4항의 개정규정은 이 영 시행 후 재화 또는 용역을 공급받는 분부터 적용한다.
제22조(현금영수증 발급의무에 관한 적용례) 제159조의2제3항 및 제8항의 개정규정은 부칙 제1조 단서에 따른 제159조의2제3항 및 제8항의 개정규정의 시행 후 최초로 재화 또는 용역을 공급하는 분부터 적용한다.
제23조(외국법인의 국내원천소득 등에 대한 지급명세서 제출의무 특례에 관한 적용례) 제162조의2제1항제1호의 개정규정은 부칙 제1조 단서에 따른 제162조의2제1항제1호의 개정규정의 시행 후 최초로 지급하는 국내원천소득부터 적용한다.
제24조(종전의 지정기부금단체에 관한 특례) 이 영 시행 당시 종전

의 규정에 따라 지정기부금단체로 지정된 법인이 지정기간 종료 후 최초로 재지정을 신청하는 경우에는 이 영 시행일의 다음 날부터 지정기간 종료일까지의 기간 동안 제36조제1항제1호사목의 요건에 대한 이행실적을 주무관청에 제출하여야 하며, 주무관청은 이행실적을 점검하여 그 결과를 기획재정부장관에 알려야 한다.

부칙 〈제22073호, 2010. 3. 9.〉 (산림보호법 시행령)
제1조(시행일) 이 영은 2010년 3월 10일부터 시행한다.
제2조(다른 법령의 개정) ① 부터 ③ 까지 생략
④ 법인세법 시행령 일부를 다음과 같이 개정한다.
제92조의6제1항제1호를 다음과 같이 한다.
1. 「산림자원의 조성 및 관리에 관한 법률」에 따른 채종림·시험림과 「산림보호법」에 따른 산림보호구역
⑤ 부터 ⑬ 까지 생략
제3조 생략

부칙 〈제22075호, 2010. 3. 15.〉 (보건복지부와 그 소속기관 직제)
제1조(시행일) 이 영은 2010년 3월 19일부터 시행한다. 〈단서 생략〉
제2조(다른 법령의 개정) ① 부터 〈68〉 까지 생략
〈69〉 법인세법 시행령 일부를 다음과 같이 개정한다.
제19조제13호 중 "보건복지가족부장관"을 "보건복지부장관"으로 한다.
〈70〉 부터 〈187〉 까지 생략

부칙 〈제22184호, 2010. 6. 8.〉
제1조(시행일) 이 영은 2010년 7월 1일부터 시행한다. 다만, 제92조의2제2항제1호의6·제1호의8·제1호의9, 제114조의2 및 제138조의3의 개정규정은 공포한 날부터 시행한다.
제2조(일반적 적용례) 이 영은 이 영 시행 후 최초로 합병, 분할, 현물출자 또는 양도하는 분부터 적용한다.
제3조(지방 미분양주택에 관한 적용례) 제92조의2제2항제1호의6·

제1호의8 · 제1호의9의 개정규정은 부칙 제1조 단서에 따른 같은 개정규정의 시행 후 최초로 양도하는 미분양주택부터 적용한다.
제4조(채권대차거래에 관한 적용례) 제114조의2 및 제138조의3의 개정규정은 부칙 제1조 단서에 따른 같은 개정규정의 시행 후 최초로 매도 · 대여하는 채권등부터 적용한다.
제5조(「지방세법」 시행에 따른 경과조치) 제80조제1항제2호나목, 제82조제1항제2호나목 및 제83조의2제1항제2호나목의 개정규정 중 "「지방세법」 제85조제4호에 따른 법인세분"은 2010년 12월 31일까지는 "「지방세법」 제176조의8제4호에 따른 법인세분"으로 본다.
제6조(주식교부비율 판정 시 합병 · 분할 전 취득한 피합병법인등의 주식등에 관한 특례) 합병대가의 총합계액 또는 분할대가의 전액을 산정함에 있어서 이 영 시행 전 합병법인등이 취득한 피합병법인등의 주식등에 대해서는 제80조의2제2항 또는 제82조의2제3항의 개정규정에도 불구하고 해당 주식등을 금전으로 교부한 것으로 보지 아니한다.

부칙 〈제22220호, 2010. 6. 28.〉 (무역보험법 시행령)
제1조(시행일) 이 영은 2010년 7월 6일부터 시행한다.
제2조(다른 법령의 개정) ① 및 ② 생략
③ 법인세법 시행령 일부를 다음과 같이 개정한다.
제57조제1항제1호 중 "「수출보험법」에 의한 수출보험사업"을 "「무역보험법」에 따른 무역보험사업"으로 한다.
제61조제2항제22호를 다음과 같이 한다.
22. 「무역보험법」에 따른 한국무역보험공사
④ 부터 ⑭ 까지 생략
제3조 생략

부칙 〈제22282호, 2010. 7. 21.〉 (국가를 당사자로 하는 계약에 관한 법률 시행령)
제1조(시행일) 이 영은 공포 후 3개월이 경과한 날부터 시행한다. · · · 〈생략〉 · · · 부칙 제9조제4항의 개정규정은 2011년 1월 1일부터 시행하며, · · · 〈생략〉 · · · 시행한다.
제2조 부터 제8조까지 생략

제9조(다른 법령의 개정) ① 부터 ③ 까지 생략
④ 법인세법 시행령 일부를 다음과 같이 개정한다.
제19조의2제6항제5호를 삭제한다.
⑤ 생략

부칙 〈제22356호, 2010. 8. 25.〉 (근로자직업능력 개발법 시행령)
제1조(시행일) 이 영은 2010년 9월 1일부터 시행한다.
제2조 생략
제3조(다른 법령의 개정) ① 부터 ④ 까지 생략
⑤ 법인세법 시행령 일부를 다음과 같이 개정한다.
제36조제1항제1호나목 및 제2호가목 중 "「기능대학법」"을 각각 "「근로자직업능력 개발법」"으로 한다.
⑥ 부터 ⑮ 까지 생략
제4조 생략

부칙 〈제22390호, 2010. 9. 20.〉
제1조(시행일) 이 영은 공포한 날부터 시행한다.
제2조(적용례) 제92조의2제2항제1호의 개정규정은 이 영 시행 후 최초로 양도하는 주택부터 적용한다.

부칙 〈제22395호, 2010. 9. 20.〉 (지방세법 시행령)
제1조(시행일) 이 영은 2011년 1월 1일부터 시행한다.
제2조 부터 제7조까지 생략
제8조(다른 법령의 개정) ①부터 ⑭까지 생략
⑮ 법인세법 시행령 일부를 다음과 같이 개정한다.
제92조의8제1항제2호나목 본문 중 "「지방세법 시행령」 제131조의2제3항제2호의 규정"을 "「지방세법 시행령」 제101조제3항제1호"로 한다.
⑯부터 ㉟까지 생략
제9조 생략

부칙 〈제22467호, 2010. 11. 2.〉 (행정정보의 공동이용 및

문서감축을 위한 경제교육지원법 시행령 등 일부개정령)
이 영은 공포한 날부터 시행한다.

부칙 〈제22493호, 2010. 11. 15.〉 (은행법 시행령)
제1조(시행일) 이 영은 2010년 11월 18일부터 시행한다.
제2조 및 제3조 생략
제4조(다른 법령의 개정) ①부터 ㊾까지 생략
㊿ 법인세법 시행령 일부를 다음과 같이 개정한다.
제61조제2항제1호 중 "금융기관"을 "은행"으로 한다.
〈51〉부터 〈115〉까지 생략
제5조 생략

부칙 〈제22516호, 2010. 12. 7.〉 (근로복지기본법 시행령)
제1조(시행일) 이 영은 2010년 12월 9일부터 시행한다.
제2조 부터 제6조까지 생략
제7조(다른 법령의 개정) ①부터 ③까지 생략
④ 법인세법 시행령 일부를 다음과 같이 개정한다.
제19조제16호 중 "「근로자복지기본법」" 을 "「근로복지기본법」"으로 한다.
제120조의12제4항 각 호 외의 부분 중 "「근로자복지기본법」"을 "「근로복지기본법」"으로 한다.
⑤부터 ⑩까지 생략
제8조 생략

부칙 〈제22577호, 2010. 12. 30.〉
제1조(시행일) 이 영은 2011년 1월 1일부터 시행한다. 다만, 제17조의2제5항제3호, 제17조의3제3항제4호, 제24조(제1항제2호사목 및 제5항은 제외한다), 제25조제1항, 제26조제2항제2호, 제26조의2, 제26조의3, 제27조제1항제5호, 제28조제1항제2호, 제29조제1항, 제30조, 제31조(제6항은 제외한다), 제33조, 제52조, 제68조, 제69조, 제71조, 제72조, 제74조, 제76조(종전의 제7항을 삭제하는 부분만 해당한다), 제79조, 제91조의2부터 제91조의5까지, 제94조제9항 및 제97조의 개정규정은 공포한 날부터 시행하며, 제111조제

3항 및 제138조의3제1항의 개정규정은 2011년 4월 1일부터 시행하고, 제24조제1항제2호사목, 제36조의2, 제37조제1항, 제38조제3항·제5항, 제56조제3항 및 제120조의20의 개정규정은 2011년 7월 1일부터 시행한다.

제2조(일반적 적용례) 이 영은 이 영 시행 후 최초로 개시하는 사업연도 분부터 적용한다. 다만, 부칙 제1조 단서에 따라 공포한 날부터 시행하는 개정규정은 이 영 공포일이 속하는 사업연도 분부터 적용한다.

제3조(수익사업의 범위에 관한 적용례) 제2조제1항제4호마목 및 같은 항 제14호의 개정규정은 이 영 시행 후 과세표준 및 세액을 신고하거나 결정 또는 경정하는 분부터 적용한다.

제4조(감가상각자산의 범위에 관한 적용례) 제24조제5항의 개정규정은 이 영 시행 후 최초로 개시하는 사업연도에 대여하거나 대여받는 자산부터 적용한다.

제5조(해외지정기부금단체등에 관한 적용례) 제36조제1항제5호, 제9항, 제10항 및 제11항의 개정규정은 이 영 시행 후 최초로 지출하는 기부금부터 적용한다.

제6조(퇴직보험·신탁의 보험료·부금의 손금불산입에 관한 적용례) 제44조의2(제4항제1호의2는 제외한다)의 개정규정은 이 영 시행 후 최초로 지출하는 보험료 또는 부금부터 적용한다.

제7조(노동조합 전임자에 대한 위법한 급여의 손금불산입에 관한 적용례) 제50조제1항제5호의 개정규정은 이 영 시행 후 최초로 발생하는 급여에 대하여 지급하는 분부터 적용한다.

제8조(정보통신공제조합의 구상채권상각충당금 손금산입에 관한 적용례) 제63조제1항제13호의 개정규정은 이 영 시행 후 최초로 신고하는 사업연도 분부터 적용한다.

제9조(외화자산 및 부채의 평가에 관한 적용례) 제76조(종전의 제7항을 삭제하는 부분만 해당한다)의 개정규정은 이 영 시행 당시 국제회계기준을 적용하는 법인의 경우에는 이 영 공포일이 속하는 사업연도 분부터 적용하고, 그 밖의 법인의 경우에는 2011년 1월 1일 이후 최초로 개시하는 사업연도 분부터 적용한다.

제10조(합병·분할시 피합병법인등의 지배주주등에 대한 주식교부비율에 관한 적용례) 제80조의2제4항 및 제82조의2제4항의 개정규정

은 이 영 시행 후 최초로 합병 또는 분할하는 분부터 적용한다.

제11조(특수관계자 간 금전대차 시 적용하는 시가 기준에 관한 적용례) 제89조제3항의 개정규정은 이 영 시행 후 최초로 신고하는 사업연도 분부터 적용한다.

제12조(감가상각방법의 변경에 관한 특례) 제27조제1항제5호의 개정규정에 따라 이 영 공포일이 속하는 사업연도부터 감가상각방법을 변경하려는 경우에는 제27조제2항에도 불구하고 이 영 공포일이 속하는 사업연도 종료일 이후 1개월이 되는 날까지 감가상각방법변경신청서를 납세지관할세무서장에게 제출할 수 있다. 이 경우 신청서를 접수한 납세지관할세무서장은 제27조제3항에도 불구하고 신청서의 접수일로부터 1개월 이내에 승인 여부를 결정하여 통지하여야 한다.

제13조(내용연수의 특례 및 변경에 관한 특례) 제29조제1항의 개정규정에 따라 이 영 공포일이 속하는 사업연도부터 내용연수범위와 달리 내용연수를 적용하거나 적용하던 내용연수를 변경하려는 경우에는 같은 조 제2항에도 불구하고 이 영 시행일이 속하는 사업연도의 종료일 이후 1개월이 되는 날까지 같은 항에 따른 내용연수승인(변경승인)신청서를 납세지관할세무서장에게 제출할 수 있다. 이 경우 신청서를 접수한 납세지관할세무서장은 신청서의 접수일부터 1개월 이내에 승인 여부를 결정하여 통지하여야 한다.

제14조(법정기부금단체 지정에 대한 특례) ① 부칙 제1조 단서에 따른 제36조의2의 개정규정의 시행 후 최초로 법 제24조제2항제4호 자목, 같은 항 제2항제6호·제7호에 따라 제36조의2제2항부터 제4항까지의 규정에 따른 학교, 법인 또는 기관을 기획재정부령으로 정하는 경우에는 제36조의2제5항의 개정규정에도 불구하고 주무관청은 제36조의2제2항부터 제4항까지의 규정에 따른 학교, 법인 또는 기관의 신청을 받아 기획재정부장관이 정하는 날까지 기획재정부장관에게 추천을 하고, 기획재정부장관은 2011년 7월 31일까지 기획재정부령으로 정한다.

② 제1항에 따라 최초로 기획재정부령으로 정하는 학교, 법인 또는 기관에 지출하는 기부금에 대해서는 제36조의2제6항의 개정규정에도 불구하고 같은 항 시행일 이후 지출하는 기부금에 한정하여 제1항에 따라 기획재정부령으로 정한 날이 속하는 사업연도 및 다음 5개 사업연도 동안 법정기부금으로 하여 손금에 산입한다.

제15조(책임준비금 등의 손금산입에 관한 특례) 이 영 시행 전에 손금에 산입한 비상위험준비금으로서 이 영 시행 이후 국제회계기준을 최초로 적용하는 사업연도에 국제회계기준에 따라 환입되어 익금에 산입한 금액(이하 이 조에서 "비상위험준비금기적립액"이라 한다)을 법 제30조제2항에 따라 비상위험준비금의 적립금으로 적립한 경우 제57조제3항의 개정규정에도 불구하고 전액을 손금에 산입한다. 이 경우 해당 사업연도에 비상위험준비금기적립액 외에 법 제30조제2항에 따라 추가로 적립한 금액에 대해서는 제57조제3항의 개정규정을 적용한다.

제16조(외화자산·부채의 평가에 관한 특례) ① 제76조제1항제2호 각 호 외의 부분 단서 및 같은 조 제6항의 개정규정(이하 이 조에서 "개정규정"이라 한다)을 적용할 때 종전의 제76조제2항제1호(이 영에 따라 개정되기 전의 것을 말한다)의 평가방법을 신고한 경우에는 개정규정에도 불구하고 최초로 제76조제1항제2호가목의 개정규정에 따른 평가방법을 신고하여 적용하기 이전 사업연도까지는 제76조제1항제2호나목의 개정규정에 따른 평가방법을 적용하여야 하며, 제76조제1항제2호가목의 개정규정에 따른 평가방법을 적용하려는 경우에는 제76조제6항의 개정규정에 따라 신고하여야 한다.

② 제76조제1항제2호나목 및 같은 조 제2항제2호의 개정규정에 따른 평가방법을 최초로 신고하는 날이 속하는 사업연도의 직전 사업연도(이하 이 조에서 "직전 사업연도"라 한다) 개시일 이전에 취득한(통화선도·통화스왑의 경우 계약을 체결하는 것을 말한다) 화폐성외화자산·부채 및 통화선도·통화스왑에 대하여 제76조제1항제2호나목 및 같은 조 제2항제2호의 평가방법을 최초로 적용할 때 같은 조 제4항의 원화기장액은 직전 사업연도 개시일 전일의 제76조제1항제1호에 따른 매매기준율등으로 평가한 금액으로 한다.

제17조(특례기부금의 폐지에 관한 경과조치) 부칙 제1조 단서에 따른 제24조제1항제2호사목, 제37조제1항, 제38조제3항·제5항, 제56조제3항 및 제120조의20의 개정규정의 시행일 전에 지출한 「조세특례제한법」 제73조에 따른 특례기부금에 대해서는 같은 규정의 개정규정에도 불구하고 종전의 규정에 따른다.

제18조(지정기부금단체등으로 지정되어 있는 기존 비영리외국법인 또는 국제기구에 관한 경과조치) 이 영 시행 당시 제36조제1항제1

호사목 또는 아목에 따라 지정기부금단체등으로 지정된 비영리외국법인(단체를 포함한다) 또는 국제기구는 제36조제1항제5호, 제9항, 제10항 및 제11항의 개정규정에도 불구하고 2011년 12월 31일까지 지정기부금단체등으로 보며, 2012년 1월 1일 이후에는 제36조제1항제5호, 제9항, 제10항 및 제11항의 개정규정에 따라 해외지정기부금단체등으로 지정을 받는 경우에만 지정일이 속하는 사업연도와 그 다음 5개 사업연도 동안 해외지정기부금단체등으로 인정된다.

제19조(퇴직보험·신탁의 보험료·부금의 손금산입 제외에 따른 경과조치 등) ① 제44조의2의 개정규정에도 불구하고 종전의 규정에 따라 손금에 산입한 퇴직보험·신탁의 보험료·부금은 익금으로 환입하지 아니한다.

② 제44조의2의 개정규정에도 불구하고 종전의 규정에 따라 손금에 산입한 퇴직보험 보험료 또는 퇴직신탁 부금의 적립금을 운용함에 따라 발생하는 수익은 손금에 산입할 수 있다.

제20조(성실중소법인의 연결납세방식 적용 제외에 관한 경과조치) 이 영 시행 전에 종전의 법 제76조의2제2항에 따라 성실중소법인으로 승인받은 법인의 경우에는 2013년 12월 31일이 속하는 사업연도까지는 제120조의12제1항5호의 개정규정에도 불구하고 연결납세방식을 적용하지 아니한다.

제21조(다른 법령의 개정) ① 은행법 시행령 일부를 다음과 같이 개정한다.

제1조의4제2항제1호 단서 중 "「법인세법」 제51조의2제1항제6호"를 "「법인세법」 제51조의2제1항제9호"로 한다.

② 금융지주회사법 시행령 일부를 다음과 같이 개정한다.

제2조제3항제4호 중 "「법인세법」 제51조의2제1항제6호"를 "「법인세법」 제51조의2제1항제9호"로 한다.

제3조제2항제1호 단서 중 "「법인세법」 제51조의2제1항제6호"를 "「법인세법」 제51조의2제1항제9호"로 한다.

부칙 〈제22626호, 2011. 1. 17.〉 (엔지니어링산업 진흥법 시행령)

제1조(시행일) 이 영은 공포한 날부터 시행한다.

제2조 부터 제4조까지 생략

제5조(다른 법령의 개정) ①부터 ⑪까지 생략
⑫ 법인세법 시행령 일부를 다음과 같이 개정한다.
제63조제1항제5호 중 "「엔지니어링기술 진흥법」에 의한"을 "「엔지니어링산업 진흥법」에 따른"으로 한다.
⑬부터 ㊴까지 생략
제6조 생략

부칙 〈제22687호, 2011. 3. 2.〉 (향토예비군 설치법 시행령)
제1조(시행일) 이 영은 공포한 날부터 시행한다.
제2조 생략
제3조(다른 법령의 개정) ①부터 ③까지 생략
④ 법인세법 시행령 일부를 다음과 같이 개정한다.
제38조제2항 중 "「향토예비군설치법」"을 "「향토예비군 설치법」"으로 한다.
⑤부터 ⑦까지 생략
제4조 생략

부칙 〈제22812호, 2011. 3. 31.〉
제1조(시행일) 이 영은 공포한 날부터 시행한다. 다만, 제36조의2제2항부터 제12항까지의 개정규정은 2011년 7월 1일부터 시행한다.
제2조(중고자산 등의 상각범위액에 관한 적용례) 제29조의2제2항제1호 및 제2호의 개정규정은 2011년 1월 1일 이후 최초로 개시하는 사업연도 분부터 적용한다.
제3조(지정기부금의 범위 등에 관한 적용례) ① 제36조제1항제1호 및 제5호의 개정규정은 이 영 시행 후 최초로 지정하는 지정기부금단체등 또는 해외지정기부금단체등에 지출하는 기부금부터 적용한다.
② 제36조제1항제4호차목의 개정규정은 이 영 시행일이 속하는 사업연도에 기부하는 기부금부터 적용한다.
제4조(법정기부금단체의 요건 등에 관한 적용례) 제36조의2제2항부터 제4항까지 및 제7항부터 제12항까지의 개정규정은 부칙 제1조 단서에 따른 같은 항 시행일 이후 최초로 정하는 법정기부금단체부터 적용한다.
제5조(기부금의 가액 등에 관한 적용례) 제37조제1항 단서 및 제72

조제2항제5호의3의 개정규정은 이 영 시행 후 최초로 제공하거나 기부받는 자산부터 적용한다.
제6조(고유목적사업준비금의 손금산입에 관한 적용례) 제56조제6항제10호의 개정규정은 이 영 시행일이 속하는 사업연도에 최초로 신고하는 분부터 적용한다.
제7조(유가증권 등의 평가에 관한 적용례) 제75조제3항 단서의 개정규정은 이 영 시행일이 속하는 사업연도 분부터 적용한다.
제8조(적격합병의 요건 등에 관한 적용례) 제80조의2제1항제1호바목의 개정규정은 이 영 시행일이 속하는 사업연도에 합병, 분할, 현물출자, 양도 또는 주식을 포괄적으로 교환·이전하는 분부터 적용한다.
제9조(유동화전문회사 등에 대한 소득공제에 관한 적용례) 제86조의2제1항 후단의 개정규정은 이 영 시행일이 속하는 사업연도 분부터 적용한다.
제10조(토지 등 양도소득에 대한 과세특례에 관한 적용례) 제92조의2제2항제1호의 개정규정은 이 영 시행 후 최초로 양도하는 주택부터 적용한다.
제11조(국내사업장의 과세대상 소득금액의 계산에 관한 적용례) 제134조제1항의 개정규정은 이 영 시행일이 속하는 사업연도에 최초로 신고하는 분부터 적용한다.
제12조(계산서미교부에 대한 가산세의 특례에 관한 적용례) 대통령령 제18706호 법인세법시행령 일부개정령 부칙 제14조의 개정규정은 이 영 시행 후 최초로 신고하는 사업연도 분부터 적용한다.
제13조(법정기부금단체의 요건 등에 관한 특례) ① 제36조의2제5항의 개정규정에도 불구하고 2011년에는 주무관청의 추천 기한과 기획재정부령으로 정하는 기한은 다음의 구분에 따른다.

구 분	주무관청의 추천 기한	기획재정부령으로 정하는 기한
제1차	2011년 3월 31일	2011년 7월 31일
제2차	2011년 7월 31일	2011년 9월 30일

② 제36조의2제5항의 개정규정에 따라 2011년에 기획재정부령으

로 정한 학교등에 지출하는 기부금은 제36조의2제6항의 개정규정에도 불구하고 부칙 제1조 단서에 따른 같은 항의 시행일 이후 지출하는 기부금에 한정하여 기획재정부령으로 정한 날이 속하는 연도와 다음 5개 연도 동안 법정기부금으로 손금에 산입한다.
제14조(시행예정 조문의 개정에 따른 경과조치) 2011년 6월 30일까지는 제37조제1항 단서의 개정규정 중 "같은 조 제2항 각 호에 따른 법정기부금"은 "같은 조 제2항 각 호에 따른 법정기부금 및 「조세특례제한법」 제73조제1항 각 호에 따른 기부금"으로 본다.
[본조신설 2011. 6. 3.]
제15조(토지 등 양도소득에 대한 과세특례를 적용받는 임대주택의 임대기간에 관한 경과조치) ① 이 영 시행 전에 종전의 제92조의2제2항제1호(이하 "종전의 규정"이라 한다)에 따라 임대기간 요건을 제외한 다른 요건(이하 "임대기간 외의 요건"이라 한다)을 모두 충족한 주택의 경우에는 제92조의2제2항제1호의 개정규정(이하 "개정규정"이라 한다)에도 불구하고 종전의 규정에 따른 임대기간 요건을 충족하는 날과 개정규정에 따른 임대기간(이 영 시행일 이후 최초로 임대한 날부터 계산한다) 요건을 충족한 날 중 빠른 날에 임대기간 요건을 충족한 것으로 본다.
② 이 영 시행 전에 종전의 규정에 따른 임대기간 외의 요건을 충족하지 못한 주택의 경우에는 이 영 시행일 이후 개정규정에 따른 임대기간 외의 요건을 모두 충족한 후 최초로 임대한 날부터 주택의 임대기간을 계산한다.
[제14조에서 이동 〈2011. 6. 3.〉]

부칙 〈제22951호, 2011. 6. 3.〉
제1조(시행일) 이 영은 공포한 날부터 시행한다.
제2조(미분양주택의 양도소득에 대한 과세특례에 관한 적용례) 제92조의2제2항제1호의6, 제1호의10 및 제1호의11의 개정규정은 이 영 시행 후 최초로 취득하여 양도하는 주택부터 적용한다.

부칙 〈제23220호, 2011. 10. 14.〉
제1조(시행일) 이 영은 공포한 날부터 시행한다.
제2조(토지 등 양도소득에 대한 과세특례에 관한 적용례) ① 제92조

의2제2항제1호의 개정규정 중 임대주택의 호수에 관한 개정부분은 이 영 시행 후 최초로 양도하는 주택부터 적용한다.

② 제92조의2제2항제1호(같은 호 다목의 개정부분만 해당한다) 및 같은 항 제1호의2다목의 개정규정은 이 영 시행 후 「임대주택법」 제6조에 따라 임대주택으로 등록하는 주택부터 적용한다.

부칙 〈제23356호, 2011. 12. 8.〉 (영유아보육법 시행령)

제1조(시행일) 이 영은 2011년 12월 8일부터 시행한다. 〈단서 생략〉

제2조(다른 법령의 개정) ①부터 ㉒까지 생략

㉓ 법인세법 시행령 일부를 다음과 같이 개정한다.

제2조제1항제4호아목 중 "보육시설"을 "어린이집"으로 한다.

제45조제1항제6호 중 "직장보육시설"을 "직장어린이집"으로 한다.

㉔부터 〈54〉까지 생략

부칙 〈제23527호, 2012. 1. 25.〉 (산업교육진흥 및 산학연협력촉진에 관한 법률 시행령)

제1조(시행일) 이 영은 2012년 1월 26일부터 시행한다. 〈단서 생략〉

제2조 생략

제3조(다른 법령의 개정) ①부터 ⑤까지 생략

⑥ 법인세법 시행령 일부를 다음과 같이 개정한다.

제19조제15호나목 중 "「산업교육진흥 및 산학협력촉진에 관한 법률」"을 "「산업교육진흥 및 산학연협력촉진에 관한 법률」"로 한다.

⑦부터 ⑭까지 생략

제4조 생략

부칙 〈제23589호, 2012. 2. 2.〉

제1조(시행일) 이 영은 공포한 날부터 시행한다. 다만, 제57조제1항제1호 및 제3호, 제61조제2항제6호의 개정규정은 2012년 3월 2일부터 시행하고, 제20조제2항, 제80조제1항제2호가목(합병법인의 모회사에 관한 부분만 해당한다) 및 제80조의2(합병법인의 모회사에 관한 부분만 해당한다)의 개정규정은 2012년 4월 15일부터 시행하

며, 제138조의5제2항제7호, 제138조의7 및 제138조의8의 개정규정은 2012년 7월 1일부터 시행한다.

제2조(일반적 적용례) 이 영은 2012년 1월 1일 이후 최초로 개시하는 사업연도 분부터 적용한다.

제3조(수익사업의 범위에 관한 적용례) 제2조제1항제3호의 개정규정은 이 영 시행 후 과세표준 및 세액을 신고하거나 결정 또는 경정하는 분부터 적용한다.

제4조(자본전입시 과세되지 아니하는 잉여금의 범위 등에 관한 적용례) 제12조의 개정규정은 합병·분할에 따라 승계한 잉여금을 이 영 시행 후 최초로 자본에 전입하는 분부터 적용한다.

제5조(지주회사의 수입배당금액 익금불산입에 관한 적용례) 제17조의2제6항의 개정규정은 2012년 1월 1일 이후 최초로 물적분할하는 분부터 적용한다.

제6조(소액광고선전비 지출에 관한 적용례) 제19조제18호의 개정규정은 2012년 1월 1일 이후 최초로 지출하는 분부터 적용한다.

제7조(감가상각자산의 범위 등에 관한 적용례) 제24조제1항제2호자목, 같은 조 제2항 및 제26조제1항제8호의 개정규정은 이 영 시행 후 최초로 신고하는 분부터 적용한다.

제8조(지정기부금단체의 범위 등에 관한 적용례) ① 제36조제1항제1호나목, 같은 항 제2호가목 및 제4호의 개정규정은 2012년 1월 1일 이후 지출하는 분부터 적용한다.

② 제36조제1항제1호사목(4) 및 (6)의 개정규정은 이 영 시행 후 최초로 지정 또는 재지정하는 분부터 적용한다.

③ 제36조제7항제4호의 개정규정은 이 영 시행 후 최초로 「기부금품의 모집 및 사용에 관한 법률」을 위반한 분부터 적용한다.

제9조(법정기부금단체의 지정 등에 관한 적용례) ① 제36조의2제8항제3호의 개정규정은 이 영 시행 이후 최초로 지정 또는 재지정하는 분부터 적용한다.

② 제36조의2제11항제4호의 개정규정은 이 영 시행 후 최초로 「기부금품의 모집 및 사용에 관한 법률」을 위반한 분부터 적용한다.

제10조(특수관계에 있는 자의 범위에 관한 적용례) 제43조제8항제1호가목·라목 및 마목의 개정규정은 이 영 시행 후 최초로 지급하는 분부터 적용한다.

제11조(책임준비금의 손금산입에 관한 적용례) 제57조제1항제2호의 개정규정은 이 영 시행 후 최초로 신고하는 분부터 적용한다.
제12조(퇴직급여충당금의 손금산입에 관한 적용례) 제60조제2항의 개정규정은 이 영 시행 후 최초로 신고하는 분부터 적용한다.
제13조(구상채권상각충당금의 손금산입에 관한 적용례) 제63조제1항 및 제3항의 개정규정은 이 영 시행 후 최초로 신고하는 분부터 적용한다.
제14조(손익귀속시기에 관한 적용례) ① 제69조제1항, 제71조제4항 및 제5항의 개정규정은 이 영 시행 후 최초로 신고하는 분부터 적용한다.
② 제71조제6항의 개정규정은 이 영 시행 후 최초로 계약을 체결하는 분부터 적용한다.
제15조(자산의 취득가액에 관한 적용례) 제72조제2항제3호, 제3호의2 및 제4호의 개정규정은 2012년 1월 1일 이후 최초로 신고하는 분부터 적용한다.
제16조(적격합병의 요건 등에 관한 적용례) ① 제80조의2제1항의 개정규정은 이 영 시행 후 최초로 신고하는 분부터 적용한다.
② 제80조의2제3항 및 제4항의 개정규정은 이 영 시행 후 최초로 합병하는 분부터 적용한다.
제17조(적격합병·분할 과세특례에 대한 사후관리에 관한 적용례) 제80조의4제3항, 제82조의4제3항, 제84조제6항 및 제84조의2제6항의 개정규정은 2012년 1월 1일 이후 최초로 합병, 분할, 물적분할 또는 현물출자하는 분부터 적용한다.
제18조(적격분할의 요건에 관한 적용례) 제82조의2제3항 및 제4항의 개정규정은 이 영 시행 후 최초로 분할하는 분부터 적용한다.
제19조(물적분할로 인한 자산양도차익상당액의 손금산입에 관한 적용례) ① 법률 제11128호 법인세법 일부개정법률 부칙 제11조제2항에 따라 제84조(제6항은 제외한다)의 개정규정을 적용하는 경우 분할신설법인은 이 영 시행 후 법 제60조제1항에 따른 과세표준을 최초로 신고 할 때 해당 사업연도 개시일에 분할법인으로부터 자산 및 부채를 시가로 승계받은 것으로 보아 해당 사업연도 개시일의 자산조정계정 금액을 해당 자산 및 부채의 금액에 더하거나 뺀다.
② 제1항을 적용하는 분할법인과 분할신설법인은 법 제60조제1항

에 따른 신고를 할 때 해당 사업연도 개시일의 자산조정계정 금액을 기준으로 양도차익을 계산한 물적분할과세특례신고서 및 자산의 양도차익에 관한 명세서를 작성하여 납세지 관할세무서장에게 제출하여야 한다.

제20조(현물출자로 인한 자산양도차익상당액의 손금산입에 관한 적용례) ① 법률 제11128호 법인세법 일부개정법률 부칙 제12조제2항에 따라 제84조의2(제6항은 제외한다)의 개정규정을 적용하는 경우 피출자법인은 이 영 시행 후 법 제60조에 따른 과세표준을 최초로 신고 할 때 해당 사업연도 개시일에 출자법인으로부터 자산 및 부채를 시가로 승계받은 것으로 보아 해당 사업연도 개시일의 자산조정계정 금액을 해당 자산 및 부채의 금액에 더하거나 뺀다.

② 제1항을 적용하는 출자법인과 피출자법인은 법 제60조에 따른 신고를 할 때 해당 사업연도 개시일의 자산조정계정 금액을 기준으로 양도차익을 계산한 현물출자과세특례신고서 및 자산의 양도차익에 관한 명세서를 작성하여 납세지 관할세무서장에게 제출하여야 한다.

제21조(특수관계인의 범위에 관한 적용례) 제87조제1항제4호 · 제5호 · 제6호 · 제8호의 개정규정은 이 영 시행 후 최초로 거래하는 분부터 적용한다.

제22조(시가의 범위에 관한 적용례) 제89조제3항제1호의2의 개정규정은 이 영 시행 후 최초로 신고하는 분부터 적용한다.

제23조(결손금 소급공제에 의한 환급세액의 계산에 관한 적용례) 제110조제5항제2호의 개정규정은 이 영 시행 후 최초로 이자상당액을 징수하는 분부터 적용한다.

제24조(가산세의 적용에 관한 적용례) 제120조제6항의 개정규정은 이 영 시행 후 최초로 지급명세서를 제출하는 분부터 적용한다.

제25조(연결납세방식의 적용제외 법인에 관한 적용례) 제120조의12 제1항제4호의 개정규정은 이 영 시행 후 최초로 연결납세를 신청하는 분부터 적용한다.

제26조(연결법인 간 자산양도손익의 이연 등에 관한 적용례) 제120조의18의 개정규정은 이 영 시행 후 최초로 신고하는 분부터 적용한다.

제27조(연결법인의 기부금의 손금불산입에 관한 적용례) 제120조의20제2항의 개정규정은 이 영 시행 후 최초로 신고하는 분부터 적용한다.

제28조(조세조약상의 비과세 · 면제 또는 제한세율 적용을 위한 사전 승인 절차에 대한 적용례) 제138조의5제2항제7호의 개정규정은 2012년 7월 1일 이후 신청하는 분부터 적용한다.
제29조(현금영수증의 발급 의무에 관한 적용례) 제159조의2의 개정규정은 이 영 시행 후 거래하는 분부터 적용한다.
제30조(계산서 등의 제출에 관한 적용례) 제163조의2제1항 및 제164조제4항의 개정규정은 이 영 시행 후 최초로 매입처별 세금계산서합계표 또는 매출·매입처별 계산서합계표를 제출하는 분부터 적용한다.
제31조(국제회계기준 적용 내국법인에 대한 재고자산평가방법 변경신고서 제출에 관한 특례) 법률 제11128호 법인세법 일부개정법률 제42조의2의 시행일이 속하는 사업연도에 국제회계기준을 최초로 적용하여 법 제42조의2제1항의 적용을 받으려는 내국법인이 이 영 시행 후 최초로 신고하는 사업연도의 과세표준 신고기한까지 제74조제3항에 따라 재고자산 등 평가방법변경신고서를 제출하는 경우 같은 항 제2호에도 불구하고 해당 사업연도의 재고자산 평가방법을 변경신고한 것으로 본다.

부칙 〈제23724호, 2012. 4. 13.〉
이 영은 2012년 4월 15일부터 시행한다. 다만, 제44조의2제3항 본문, 같은 조 제4항제1호의2 및 제60조제2항 각 호 외의 부분의 개정규정은 2012년 7월 26일부터 시행한다.

부칙 〈제24017호, 2012. 8. 3.〉 (입양특례법 시행령)
제1조(시행일) 이 영은 2012년 8월 5일부터 시행한다.
제2조 부터 제4조까지 생략
제5조(다른 법령의 개정) ①부터 ③까지 생략
④ 법인세법 시행령 일부를 다음과 같이 개정한다.
제2조제1항제4호타목 중 "「입양촉진 및 절차에 관한 특례법」 제10조제1항"을 "「입양특례법」 제20조제1항"으로 한다.
⑤ 및 ⑥ 생략
제6조 생략

부칙 〈제24018호, 2012. 8. 3.〉 (아동복지법 시행령)

제1조(시행일) 이 영은 2012년 8월 5일부터 시행한다.

제2조 부터 제5조까지 생략

제6조(다른 법령의 개정) ①부터 ⑥까지 생략

⑦ 법인세법 시행령 일부를 다음과 같이 개정한다.

제2조제1항제4호다목 및 제36조제1항제4호가목을 각각 다음과 같이 한다.

다. 「아동복지법」 제52조제1항에 따른 아동복지시설

가. 「아동복지빕」 세52조제1항에 따른 아동복지시설

⑧부터 ⑬까지 생략

제7조 생략

부칙 〈제24357호, 2013. 2. 15.〉

제1조(시행일) 이 영은 공포한 날부터 시행한다. 다만, 제130조의 개정규정은 2014년 1월 1일부터 시행하고, 제158조제5항제4호의 개정규정은 2013년 4월 1일부터 시행한다.

제2조(일반적 적용례) 이 영은 2013년 1월 1일 이후 개시하는 사업연도분부터 적용한다.

제3조(수익사업의 범위에 관한 적용례) 제2조제1항의 개정규정은 이 영 시행 후 과세표준 및 세액을 결정하는 분부터 적용한다.

제4조(원천징수의무자의 납세지에 관한 적용례) 제7조제1항의 개정규정은 이 영 시행 후 원천징수세액의 일괄납부를 신고하는 경우부터 적용한다.

제5조(지정기부금의 범위 등에 관한 적용례) ① 제36조제1항제1호사목의 개정규정은 이 영 시행 후 지정기부금단체등을 지정하는 분부터 적용한다.

② 제36조제1항제4호의 개정규정은 이 영 시행 후 지출하는 분부터 적용한다.

③ 제36조제1항제6호의 개정규정은 이 영 시행 후 지정기부금단체로 정하는 국제기구에 지출하는 분부터 적용한다.

제6조(복리후생비의 손금불산입에 관한 적용례) 제45조제1항의 개정규정은 이 영 시행 후 과세표준 및 세액을 신고하는 사업연도분부터 적용한다.

第7조(책임준비금 등의 손금산입에 관한 적용례) 제57조제1항의 개정규정은 이 영 시행 후 과세표준 및 세액을 신고하는 사업연도분부터 적용한다.
第8조(물적분할로 인한 자산양도차익상당액의 손금산입에 관한 적용례) 제84조의 개정규정은 이 영 시행 후 분할신설법인이 다른 분할신설법인과 적격합병하거나 적격분할하는 분부터 적용한다.
第9조(현물출자로 인한 자산양도차익상당액의 손금산입에 관한 적용례) 제84조의2의 개정규정은 이 영 시행 후 피출자법인이 적격분할하는 분부터 적용한다.
第10조(시가의 범위 등에 관한 적용례) 제89조제2항의 개정규정은 이 영 시행 후 주식이 거래되는 분부터 적용한다.
第11조(토지등양도소득에 대한 과세특례에 관한 적용례) 제92조의2제2항제1호가목의 개정규정은 이 영 시행 후 양도하는 분부터 적용한다.
第12조(외국납부세액의 공제에 관한 적용례) 제94조제8항의 개정규정은 이 영 시행 후 지급받는 배당분부터 적용한다.
第13조(과세표준의 신고에 관한 적용례) 제97조제1항의 개정규정은 이 영 시행 후 과세표준을 신고하는 분부터 적용한다.
第14조(원천징수대상채권 등의 범위 등에 관한 적용례) 제111조제3항의 개정규정은 이 영 시행 후 발행되는 전자단기사채분부터 적용한다.
第15조(가산세의 적용에 관한 적용례) 제120조제6항의 개정규정은 2013년 1월 1일 이후 발생하는 소득분부터 적용한다.
第16조(연결납세방식의 적용 등에 관한 적용례) ① 제120조의12의 개정규정은 2013년 1월 1일 이후 합병이나 분할 또는 주식의 포괄적 교환·이전을 하는 분부터 적용한다.
② 제120조의13의 개정규정은 2013년 1월 1일 이후 연결납세방식의 적용을 신청하는 분부터 적용한다.
第17조(국내원천소득금액의 계산에 관한 적용례) 제130조의 개정규정은 2014년 1월 1일 이후 개시하는 사업연도분부터 적용한다.
第18조(법인의 설립 또는 설치신고에 관한 적용례) 제152조제1항의 개정규정은 이 영 시행 후 법인의 설립 또는 설치 신고를 하는 경우부터 적용한다.
第19조(지출증빙서류의 수취 및 보관에 관한 적용례) 제158조제5항의 개정규정은 이 영 시행 후 지출증명서류를 받는 분부터 적용한다.

제20조(지급명세서의 제출에 관한 적용례) 제162조제2호의 개정규정은 이 영 시행 후 제출하는 분부터 적용한다.
제21조(계산서미발급에 대한 가산세의 특례에 관한 적용례) ① 대통령령 제15970호 법인세법시행령개정령(대통령령 제17457호 법인세법시행령중개정령, 대통령령 제19328호 법인세법 시행령 일부개정령 및 대통령령 제22577호 법인세법 시행령 일부개정령에 따라 개정된 내용을 포함한다) 부칙 제14조의 개정규정은 2013년 1월 1일 이후 개시하는 사업연도분부터 적용한다.
② 대통령령 제18706호 법인세법시행령 일부개정령(대통령령 제19891호 법인세법 시행령 일부개정령 및 대통령령 제22812호 법인세법 시행령 일부개정령에 따라 개정된 내용을 포함한다) 부칙 제14조의 개정규정은 2013년 1월 1일 이후 개시하는 사업연도분부터 적용한다.
제22조(외국법인의 판정기준에 관한 경과조치) ① 이 영 시행 전에 종전의 「법인세법」 제109조에 따른 외국법인의 국내사업장 설치신고 및 같은 법 제111조에 따른 사업자등록을 한 외국단체가 이 영 시행 후 제1조제2항의 개정규정에 따른 외국법인에 해당되지 아니하는 경우에는 「소득세법」에 따른 사업자등록을 다시 하여야 한다.
② 이 영 시행 전에 「소득세법」에 따른 사업자등록을 한 외국단체가 이 영 시행 후 제1조제2항의 개정규정에 따른 외국법인에 해당되는 경우에는 「법인세법」 제109조에 따른 외국법인의 국내사업장 설치신고 및 같은 법 제111조에 따른 사업자등록을 다시 하여야 한다.

부칙 〈제24441호, 2013. 3. 23.〉 (기획재정부와 그 소속기관 직제)
제1조(시행일) 이 영은 공포한 날부터 시행한다.
제2조 부터 제4조까지 생략
제5조(다른 법률의 개정) ①부터 ㉓까지 생략
㉔ 법인세법 시행령 일부를 다음과 같이 개정한다.
제57조제1항제1호 본문 중 "농림수산식품부장관"을 "해양수산부장관"으로, "지식경제부장관"을 "산업통상자원부장관"으로, "행정안전부장관"을 "안전행정부장관"으로, "국토해양부장관"을 "국토교통부

장관"으로 하고, 같은 항 제3호 중 "농림수산식품부장관"을 "해양수산부장관"으로, "행정안전부장관"을 "안전행정부장관"으로 한다.

㉕부터 ㊸까지 생략

부칙 〈제24575호, 2013. 6. 11.〉

제1조(시행일) 이 영은 공포한 날부터 시행한다.

제2조(미술품 취득가액의 손금산입한도 인상에 관한 적용례) 제19조제17호의 개정규정은 이 영 시행 후 취득하는 것부터 적용한다.

부칙 〈제24638호, 2013. 6. 28.〉 (부가가치세법 시행령)

제1조(시행일) 이 영은 2013년 7월 1일부터 시행한다. 〈단서 생략〉

제2조 부터 제15조까지 생략

제16조(다른 법령의 개정) ①부터 ⑭까지 생략

⑮ 법인세법 시행령 일부를 다음과 같이 개정한다.

제2조제1항제7호 중 "「부가가치세법」 제12조제1항제17호"를 "「부가가치세법」 제26조제1항제18호"로 한다.

제7조제1항제3호 전단 중 "「부가가치세법」 제5조제2항 및 제3항"을 "「부가가치세법」 제8조제3항 및 제4항"으로 한다.

제19조제8호 중 "「부가가치세법」 제17조의2"를 "「부가가치세법」 제45조"로 한다.

제22조제1항제1호 중 "「부가가치세법」 제17조제2항제4호"를 "「부가가치세법」 제39조제1항제5호"로 하고, 같은 항 제2호 중 "「부가가치세법」 제17조제2항제5호"를 "「부가가치세법」 제39조제1항제6호"로 하며, 같은 조 제2항 중 "「부가가치세법」 제17조제3항"을 "「부가가치세법」 제42조"로 한다.

제71조제2항 중 "「부가가치세법」 제32조의3제4항의 규정"을 "「부가가치세법」 제36조제4항"으로 한다.

제92조의8제3항제1호 중 "「부가가치세법 시행령」 제49조의2제1항"을 "「부가가치세법 시행령」 제65조제1항"으로 한다.

제152조제1항제2호 중 "「부가가치세법 시행령」 제7조제2항 각 호"를 "「부가가치세법 시행령」 제11조제3항의 표 및 같은 조 제4항"으로 한다.

제154조제2항 중 "「부가가치세법 시행령」 제7조 내지 제13조"를

“「부가가치세법 시행령」 제11조부터 제16조까지”로 한다.

제158조제1항제2호 본문 중 “「부가가치세법」 제2조의 규정에 의한”을 “「부가가치세법」 제3조에 따른”으로 하고, 같은 호 단서 중 “「부가가치세법」 제25조의 규정에 의한”을 “「부가가치세법」 제61조에 따른”으로 하며, 같은 조 제5항제3호 중 “「부가가치세법」 제16조제3항 및 제4항”을 “「부가가치세법」 제32조제3항 및 제5항”으로 한다.

제163조의2제2항 중 “「부가가치세법 시행령」 제66조 및 제66조의2”를 “「부가가치세법 시행령」 제97조 및 제98조”로 한다.

⑯부터 ㊲까지 생략

제17조 생략

부칙 〈제24824호, 2013. 11. 5.〉

제1조(시행일) 이 영은 공포한 날부터 시행한다.

제2조(중소기업이 투자한 설비투자자산의 내용연수 특례에 관한 적용례) 제27조제6항 및 제28조제3항부터 제7항까지의 개정규정은 이 영 시행일이 속하는 사업연도분부터 적용한다.

부칙 〈제25194호, 2014. 2. 21.〉

제1조(시행일) 이 영은 공포한 날부터 시행한다. 다만, 제19조제20호의 개정규정은 2014년 7월 22일부터 시행한다.

제2조(일반적 적용례) 이 영은 2014년 1월 1일 이후 개시하는 사업연도분부터 적용한다.

제3조(무액면주식의 가액에 관한 적용례) 제14조제4항의 개정규정은 이 영 시행 후 무액면주식을 발행하는 분부터 적용한다.

제4조(기준감가상각비의 계산에 관한 적용례) 제26조의2제1항, 같은 조 제2항제1호가목 및 제26조의3의 개정규정은 2014년 1월 1일 이후 감가상각자산을 취득하는 분부터 적용한다.

제5조(내용연수 변경 신청에 관한 적용례) 제29조제1항제1호의 개정규정은 이 영 시행 후 내용연수 변경의 승인을 신청하는 분부터 적용한다.

제6조(지정기부금의 범위 등에 관한 적용례) ① 제36조(제5항제3호의 개정규정은 제외한다)의 개정규정은 이 영 시행 후 지정하거나

재지정하는 지정기부금단체부터 적용한다. 다만, 제36조제7항(주무관청이 점검결과를 국세청장에게 통보하는 절차에 관한 사항으로 한정한다), 같은 조 제8항(국세청장이 지정 취소를 요청하는 절차에 관한 사항으로 한정한다), 같은 조 제9항 · 제10항(국세청장이 지정 취소 또는 재지정 거부를 요청하는 절차에 관한 사항으로 한정한다) 및 같은 조 제11항 · 제12항의 개정규정은 2014년 1월 1일 이후 점검대상이 되는 지정기부금단체(대통령령 제22035호 법인세법 시행령 일부개정령 부칙 제24조에 따라 점검대상이 되는 단체를 포함한다)부터 적용한다.

② 제36조제5항제3호의 개정규정은 2014년 1월 1일 이후 기부금을 모금하거나 활용하는 분부터 적용한다.

제7조(법정기부금단체의 요건 등에 관한 적용례) ① 제36조의2제3항부터 제5항까지의 개정규정은 이 영 시행 후 지정하거나 재지정하는 법정기부금단체부터 적용한다.

② 제36조의2제6항의 개정규정은 이 영 시행 후 지정하거나 재지정하는 분부터 적용한다.

③ 제36조의2제8항의 개정규정은 2014년 1월 1일 이후 기부금을 모금하거나 활용하는 분부터 적용한다.

④ 제36조의2제10항부터 제15항까지의 개정규정은 2014년 1월 1일 이후 점검대상이 되는 법정기부금단체부터 적용한다.

제8조(의료법인의 고유목적사업준비금의 손금산입에 관한 적용례) 제56조제6항제3호의 개정규정은 이 영 시행 후 고유목적사업준비금을 지출하는 분부터 적용한다.

제9조(지배주주의 범위 등에 관한 적용례) 제80조의2제5항제1호 및 제82조의2제8항제1호의 개정규정은 이 영 시행 후 합병하거나 분할하는 분부터 적용한다.

제10조(적격분할 요건으로서 독립된 사업부문의 판단기준 등에 관한 적용례) 제82조의2제2항부터 제5항까지의 개정규정은 이 영 시행 후 분할하는 분부터 적용한다. 다만, 이 영 시행 후 분할한 경우에도 부칙 제22조에 따라 종전의 규정에 따르는 경우는 제외한다.

제11조(물적분할 시 적격분할한 법인의 주식처분 관련 사후관리 요건에 관한 적용례) 제84조제8항제2호의 개정규정은 이 영 시행 당시 재신설법인의 발행주식총수 또는 출자총액의 100분의 50 이상의

주식등을 보유하고 있는 분할법인이 이 영 시행 후 재신설법인의 발행주식총수 또는 출자총액의 100분의 50 미만으로 주식등을 보유하게 되는 경우부터 적용한다.

제12조(물적분할 시 세무조정사항 승계에 관한 적용례) 제85조의 개정규정은 이 영 시행 후 물적분할하는 분부터 적용한다.

제13조(부당행위계산 부인 시 자산 등의 시가 평가에 관한 적용례) 제89조제2항제2호의 개정규정은 이 영 시행 후 자산 등을 평가하는 분부터 적용한다.

제14조(부당행위계산 부인의 기준이 되는 이자율의 적용에 관한 적용례) 제89조제3항제1호의 개정규정은 이 영 시행 후 금전을 대여하거나 차용하는 분부터 적용한다.

제15조(비사업용 토지에서 제외되는 토지 범위 등에 관한 적용례) 제92조의2제2항제1호의10 및 제92조의11제3항제2호의 개정규정은 이 영 시행 후 양도하는 분부터 적용한다.

제16조(폐업한 소기업의 추계결정 및 경정 방법에 관한 적용례) 제104조제2항제3호다목의 개정규정은 이 영 시행 후 추계결정 또는 경정을 하는 분부터 적용한다.

제17조(연결납세방식의 적용 신청 등에 관한 적용례) 제120조의13제1항 및 제3항의 개정규정은 이 영 시행 후 신청하는 분부터 적용한다.

제18조(법인의 조직변경의 범위에 관한 적용례) 제120조의26의 개정규정은 2014년 1월 31일 이후 조직변경을 하는 분부터 적용한다.

제19조(기부금영수증 발급명세의 작성 등에 관한 적용례) 제155조의2의 개정규정은 이 영 시행 후 기부받는 분부터 적용한다.

제20조(연결납세방식의 적용 신청 등에 관한 특례) 이 영 시행 당시 법 제76조의8에 따른 연결납세방식의 적용을 신청하려는 사업연도가 개시되었으나 법 제60조에 따른 신고기한이 도래하지 아니한 연결대상법인등은 제120조의13제1항의 개정규정에도 불구하고 이 영 시행 후 15일 이내에 연결납세방식의 적용을 신청할 수 있다. 이 경우 관할 지방국세청장은 제120조의13제3항의 개정규정에도 불구하고 이 영 시행 후 1개월이 되는 날까지 승인 여부를 통지하여야 한다.

제21조(기부금단체에 대한 점검결과의 통보에 관한 경과조치) 2014년 1월 1일부터 2014년 2월 28일까지 종전의 규정에 따라 주무관청이 기획재정부장관에게 기부금단체에 대한 점검결과를 통보한 경우에는 제36조제7항 또는 제36조의2제10항의 개정규정에 따라 국세청장에게 통보한 것으로 본다.
제22조(적격분할 요건으로서 독립된 사업부문의 판단기준 등에 관한 경과조치) 이 영 시행 당시 「상법」 제530조의3제1항에 따라 분할에 관한 주주총회의 승인(「상법」 제530조의11제2항에서 준용하는 같은 법 제527조의2제1항에 따라 회사의 주주총회의 승인을 이사회의 승인으로 갈음한 경우에는 이사회의 승인을 말한다)을 받은 법인으로서 이 영 시행 후 분할한 경우에도 그 승인일부터 2개월이 되는 날까지 분할한 경우에는 제82조의2제2항부터 제5항까지의 개정규정에도 불구하고 종전의 규정에 따른다.
제23조(물적분할 시 적격분할한 법인의 주식처분 관련 사후관리 요건에 관한 경과조치) 이 영 시행 당시 분할법인이 재신설법인의 발행주식총수 또는 출자총액의 100분의 50 미만으로 주식등을 보유하고 있는 경우에는 제84조제8항제2호의 개정규정에도 불구하고 종전의 제84조제8항제2호에 따른다.

부칙 〈제25279호, 2014. 3. 24.〉 (금융회사부실자산 등의 효율적 처리 및 한국자산관리공사의 설립에 관한 법률 시행령)
제1조(시행일) 이 영은 공포한 날부터 시행한다.
제2조(다른 법령의 개정) ①부터 ⑱까지 생략
⑲ 법인세법 시행령 일부를 다음과 같이 개정한다.
제2조제1항제8호라목, 제40조제1항제4호의2 및 제61조제2항제30호 중 "「금융기관부실자산 등의 효율적 처리 및 한국자산관리공사의 설립에 관한 법률」"을 각각 "「금융회사부실자산 등의 효율적 처리 및 한국자산관리공사의 설립에 관한 법률」"로 한다.
⑳부터 ㉞까지 생략
제3조 생략

부칙 〈제25640호, 2014. 9. 26.〉
제1조(시행일) 이 영은 2014년 10월 1일부터 시행한다.

제2조(손금으로 산입되는 성과급 등의 범위에 관한 적용례) 제20조제1항제3호나목의 개정규정은 이 영 시행 이후 주식을 발행하는 분부터 적용한다.
제3조(중소기업의 설비투자자산 감가상각의 내용연수와 상각률 특례에 관한 적용례 등) ① 제28조제6항의 개정규정은 이 영 시행 이후 「조세특례제한법 시행령」 제2조에 따른 중소기업이 설비투자자산을 취득하는 분부터 적용한다.
② 「조세특례제한법 시행령」 제2조에 따른 중소기업이 2013년 9월 1일부터 2014년 3월 31일까지 취득한 설비투자자산에 대해서는 제28조제6항의 개정규정에도 불구하고 종전의 규정에 따른다.
제4조(적격합병의 요건 등에 관한 적용례) 제80조의2제1항제1호바목의 개정규정은 이 영 시행 이후 주식등을 처분하는 분부터 적용한다.

부칙 〈제25751호, 2014. 11. 19.〉 (행정자치부와 그 소속기관 직제)
제1조(시행일) 이 영은 공포한 날부터 시행한다. 다만, 부칙 제5조에 따라 개정되는 대통령령 중 이 영 시행 전에 공포되었으나 시행일이 도래하지 아니한 대통령령을 개정한 부분은 각각 해당 대통령령의 시행일부터 시행한다.
제2조 부터 제4조까지 생략
제5조(다른 법령의 개정) ①부터 ⑪까지 생략
⑫ 법인세법 시행령 일부를 다음과 같이 개정한다.
제57조제1항제1호 본문 및 같은 항 제3호 중 “안전행정부장관”을 각각 “행정자치부장관”으로 한다.
⑬부터 〈418〉까지 생략

부칙 〈제25945호, 2014. 12. 30.〉 (한국산업은행법 시행령)
제1조(시행일) 이 영은 법률 제12663호 한국산업은행법 전부개정법률 부칙 제4조제6항에 따른 합병의 등기를 한 날부터 시행한다.
제2조 및 제3조 생략
제4조(다른 법령의 개정) ①부터 ⑮까지 생략
⑯ 법인세법 시행령 일부를 다음과 같이 개정한다.

제61조제2항제5호를 삭제한다.
⑰부터 ㊲까지 생략
제5조 생략

부칙 〈제26068호, 2015. 2. 3.〉
제1조(시행일) 이 영은 공포한 날부터 시행한다. 다만, 제164조의 개정 규정은 2015년 7월 1일부터 시행하고, 제44조제2항제4호의 개정규정은 2016년 1월 1일부터 시행한다.
제2조(일반적 적용례) 이 영은 2015년 1월 1일 이후 개시하는 사업연도 분부터 적용한다.
제3조(학자금 등의 손비의 범위에 관한 적용례) 제19조제21호의 개정규정은 이 영 시행일이 속하는 사업연도에 지급하는 분부터 적용한다.
제4조(폐기물매립시설의 상각범위액의 계산 등에 관한 적용례) 제26조제1항제3호, 같은 조 제2항제3호 및 제27조제6항의 개정규정은 이 영 시행 이후 폐기물매립시설을 취득하는 분부터 적용한다.
제5조(임원의 연봉제 전환에 대한 퇴직급여의 손금불산입에 관한 적용례) 제44조제2항제4호의 개정규정은 2016년 1월 1일 이후 퇴직급여를 정산하여 지급하는 경우부터 적용한다.
제6조(배출권에 대한 자산의 취득가액 등에 관한 적용례) 제72조제2항제6호의 개정규정은 이 영 시행 전에 「온실가스 배출권의 할당 및 거래에 관한 법률」 제12조에 따라 무상으로 할당받은 배출권에 대해서도 적용한다.
제7조(현물출자로 인한 자산양도차익상당액의 손금산입에 관한 적용례) 제84조의2의 개정규정은 이 영 시행 이후 합병하는 분부터 적용한다.
제8조(토지 등 양도소득 과세대상에서 제외되는 토지교환 요건의 신설에 관한 적용례) 제92조의2제4항제1호의2의 개정규정은 2015년 1월 1일 이후 교환하는 분부터 적용한다.
제9조(비사업용 토지에서 제외되는 토지 범위 등에 관한 적용례) 제92조의3제1호다목 · 제2호다목 · 제3호나목, 제92조의5제5항, 제92조의6제3항 단서, 제92조의7제6항 및 제92조의10제2호의 개정규정은 이 영 시행 이후 양도하는 분부터 적용한다.

제10조(외국납부세액공제에 관한 적용례) ① 제94조제4항의 개정규정은 2015년 1월 1일 이후 제출하는 분부터 적용하되, 2014년 12월 31일 이전에 외국정부로부터 결정통지를 받은 경우로서 2014년 12월 31일 현재 그 결정통지를 받은 날부터 45일이 경과하지 아니한 경우에 대해서도 적용한다.

② 제94조제8항 · 제11항 및 제12항의 개정규정은 이 영 시행 이후 내국법인이 지급받는 수입배당금액분부터 적용한다.

제11조(과세표준의 신고에 관한 적용례) 제97조제13항의 개정규정은 이 영 시행일이 속하는 사업연도 분부터 적용한다.

제12조(원천징수세액의 반기별 납부 특례에 관한 적용례) 제115조제2항의 개정규정은 이 영 시행 이후 신청하는 분부터 적용한다.

제13조(협동조합으로의 조직변경의 범위에 관한 적용례) 제120조의26제4호의 개정규정은 이 영 시행 이후 결정 또는 경정하는 분부터 적용한다.

제14조(구분경리 적용 여부를 위한 동일사업 판정에 관한 적용례) 제156조제2항의 개정규정은 이 영 시행 이후 과세표준을 신고하는 분부터 적용한다.

제15조(외국납부세액공제에 관한 특례) ① 이 영 시행 전에 종전의 규정에 따라 국가별로 구분하지 아니하고 일괄하여 계산하는 방법을 적용함으로써 외국정부에 납부하였거나 납부할 외국법인세액이 공제한도를 초과하여 2015년 1월 1일 이후 개시하는 사업연도의 직전 사업연도까지 법 제57조제2항에 따라 공제되지 아니하고 남아있는 금액에 대해서는 2015년 1월 1일 이후 최초로 개시하는 사업연도에 대한 과세표준 및 세액 계산 시 다음 각 호 중 어느 하나를 선택하여 그 비율에 따라 국가별로 안분하고 제94조제7항의 개정규정을 적용한다.

1. 2015년 1월 1일 이후 최초로 개시하는 사업연도의 국가별 국외원천소득의 합계에서 각 국가별 국외원천소득이 차지하는 비율. 이 경우 어느 국가의 국외원천소득이 영(0)이거나 음수인 경우에는 그 국가의 국외원천소득은 영(0)으로 한다.

2. 2015년 1월 1일 이후 최초로 개시하는 사업연도의 국가별 외국법인세액의 합계에서 각 국가별 외국법인세액이 차지하는 비율. 이 경우 어느 국가의 외국법인세액이 영(0)이거나 음수인 경우에는

그 국가의 외국법인세액은 영(0)으로 한다.

② 제1항을 적용하는 경우 같은 항 제1호 후단 및 같은 항 제2호 후단에 따라 국외원천소득과 외국법인세액이 모두 영(0)이거나 음수인 경우로서 국가별로 안분할 수 없는 경우에는 법 제57조제2항에 따라 공제되지 아니하고 남아있는 금액에 대해서는 제1항 각 호의 비율 중 어느 하나의 비율이 발생하는 최초의 사업연도에 그 비율에 따라 국가별로 안분하고 제94조제7항의 개정규정을 적용한다.

부칙 〈제26302호, 2015. 6. 1.〉 (공간정보의 구축 및 관리 등에 관한 법률 시행령)

제1조(시행일) 이 영은 2015년 6월 4일부터 시행한다.

제2조(다른 법령의 개정) ①부터 ㉖까지 생략

㉗ 법인세법 시행령 일부를 다음과 같이 개정한다.

제92조의8제1항제11호 각 목 외의 부분 중 "「측량 · 수로조사 및 지적에 관한 법률」"을 "「공간정보의 구축 및 관리 등에 관한 법률」"로 한다.

㉘부터 〈54〉까지 생략

제3조 생략

부칙 〈제26369호, 2015. 6. 30.〉 (주택도시기금법 시행령)

제1조(시행일) 이 영은 2015년 7월 1일부터 시행한다.

제2조 생략

제3조(다른 법령의 개정) ①부터 ⑪까지 생략

⑫ 법인세법 시행령 일부를 다음과 같이 개정한다.

제63조제1항제2호를 다음과 같이 한다.

2. 「주택도시기금법」에 따른 주택도시보증공사

제63조제4항제2호 중 "대한주택보증주식회사"를 "주택도시보증공사"로 한다.

제92조의2제2항제1호의7나목, 같은 항 제1호의9나목 및 같은 항 제1호의11 각 목 외의 부분 중 "「주택법」에 따른 대한주택보증주식회사"를 각각 "「주택도시기금법」에 따른 주택도시보증공사"로 한다.

제111조제1항제7호 중 "「주택법」 제61조제2항의 규정에 의하여 국민주택기금"을 "「주택도시기금법」 제6조제2항에 따라 주택도시기

금"으로 한다.
⑬부터 ㉜까지 생략
제4조 생략

부칙 〈제26416호, 2015. 7. 20.〉 (수목원·정원의 조성 및 진흥에 관한 법률 시행령)
제1조(시행일) 이 영은 2015년 7월 21일부터 시행한다.
제2조(다른 법령의 개정) ① 및 ② 생략
③ 법인세법 시행령 일부를 다음과 같이 개정한다.
제92조의6제4항제3호 중 "「수목원조성 및 진흥에 관한 법률」"을 "「수목원·정원의 조성 및 진흥에 관한 법률」"로 한다.
④부터 ⑬까지 생략
제3조 생략

부칙 〈제26600호, 2015. 10. 23.〉 (자본시장과 금융투자업에 관한 법률 시행령)
제1조(시행일) 이 영은 2015년 10월 25일부터 시행한다. 〈단서 생략〉
제2조 부터 제8조까지 생략
제9조(다른 법령의 개정) ①부터 ④까지 생략
⑤ 법인세법 시행령 일부를 다음과 같이 개정한다.
제111조제2항제4호 중 "같은 법 제9조제18항제7호의 사모투자전문회사"를 "같은 법 제9조제19항제1호에 따른 경영참여형 사모집합투자기구"로 한다.
제161조제1항제2호 중 "같은 법 제9조제18항제7호의 사모투자전문회사"를 "같은 법 제9조제19항제1호에 따른 경영참여형 사모집합투자기구"로 한다.
⑥부터 ⑱까지 생략

부칙 〈제26763호, 2015. 12. 28.〉 (민간임대주택에 관한 특별법 시행령)
제1조(시행일) 이 영은 2015년 12월 29일부터 시행한다.
제2조 부터 제8조까지 생략

제9조(다른 법령의 개정) ①부터 ⑨까지 생략

⑩ 법인세법 시행령 일부를 다음과 같이 개정한다.

제86조의2제2항 중 "「임대주택법 시행령」 제14조제4항제4호"를 "「민간임대주택에 관한 특별법 시행령」 제4조제1항제3호다목의 투자회사"로 한다.

제92조의2제2항제1호 각 목 외의 부분 중 "「임대주택법」 제2조제3호에 따른 매입임대주택"을 "「민간임대주택에 관한 특별법」 제2조제3호에 따른 민간매입임대주택 또는 「공공주택 특별법」 제2조제1호의3에 따른 공공매입임대주택"으로 하고, 같은 호 다목 중 "「임대주택법」 제6조에 따라 임대주택으로 등록하여"를 "「민간임대주택에 관한 특별법」 제5조에 따라 민간임대주택으로 등록하거나 「공공주택 특별법」 제2조제1호가목에 따른 공공임대주택으로 건설 또는 매입되어"로 하며, 같은 항 제1호의2 각 목 외의 부분 중 "「임대주택법」 제2조제2호에 따른 건설임대주택"을 "「민간임대주택에 관한 특별법」 제2조제2호에 따른 민간건설임대주택 또는 「공공주택 특별법」 제2조제1호의2에 따른 공공건설임대주택"으로 하고, 같은 호 다목 중 "「임대주택법」 제6조에 따라 임대주택으로 등록하여"를 "「민간임대주택에 관한 특별법」 제5조에 따라 민간임대주택으로 등록하거나 「공공주택 특별법」 제2조제1호가목에 따른 공공임대주택으로 건설 또는 매입되어"로 하며, 같은 항 제1호의3 각 목 외의 부분 및 같은 항 제1호의4 각 목 외의 부분 중 "「임대주택법」 제2조제3호에 따른 매입임대주택"을 각각 "「민간임대주택에 관한 특별법」 제2조제3호에 따른 민간매입임대주택 또는 「공공주택 특별법」 제2조제1호의3에 따른 공공매입임대주택"으로 하고, 같은 조 제4항제4호 각 목 외의 부분 중 "「임대주택법」에 따른 건설임대주택"을 "「민간임대주택에 관한 특별법」 제2조제2호에 따른 민간건설임대주택 또는 「공공주택 특별법」 제2조제1호의2에 따른 공공건설임대주택"으로 한다.

⑪부터 ㉖까지 생략

제10조 생략

부칙 〈제26922호, 2016. 1. 22.〉 (제주특별자치도 설치 및 국제자유도시 조성을 위한 특별법 시행령)

제1조(시행일) 이 영은 2016년 1월 25일부터 시행한다.
제2조 및 제3조 생략
제4조(다른 법령의 개정) ①부터 ⑲까지 생략
⑳ 법인세법 시행령 일부를 다음과 같이 개정한다.
제56조제6항제10호 중 "「제주특별자치도 설치 및 국제자유도시 조성을 위한 특별법」 제261조에 따라 설립된 제주국제자유도시개발센터"를 "「제주특별자치도 설치 및 국제자유도시 조성을 위한 특별법」 제166조에 따라 설립된 제주국제자유도시 개발센터"로, "같은 법 제265조제1항제1호"를 "같은 법 세170조제1항제1호"로 한다.
㉑부터 ㊻까지 생략
제5조 및 제6조 생략

부칙 〈제26981호, 2016. 2. 12.〉
제1조(시행일) 이 영은 공포한 날부터 시행한다. 다만, 제50조의2제6항의 개정규정은 2016년 4월 1일부터 시행하고, 제158조제6항의 개정규정은 2017년 1월 1일부터 시행한다.
제2조(일반적 적용례) 이 영은 2016년 1월 1일 이후 개시하는 사업연도분부터 적용한다.
제3조(재산가액의 평가 등에 관한 적용례) 제14조의 개정규정은 이 영 시행 이후 완전 지배관계인 외국법인 간 합병하는 분부터 적용한다.
제4조(기준감가상각비의 계산에 관한 적용례) 제26조의3제2항제3호 나목의 개정규정은 이 영 시행 이후 과세표준을 신고하는 분부터 적용한다.
제5조(내용연수 특례에 대한 적용례) 제28조제6항의 개정규정은 2016년 1월 1일 이후 「조세특례제한법 시행령」 제2조에 따른 중소기업이 설비투자 자산을 취득하는 분부터 적용한다.
제6조(퇴직보험료 등의 손금불산입에 관한 적용례) 제44조의2제4항 제1호 및 제1호의2의 개정규정은 이 영 시행 이후 과세표준을 신고하는 분부터 적용한다.
제7조(대손충당금 손금산입에 관한 적용례) 제61조제2항제17호의2의 개정규정은 이 영 시행 이후 과세표준을 신고하는 분부터 적용한다.

제8조(물적분할로 인한 자산양도차익상당액의 손금산입에 관한 적용례) 제84조의 개정규정은 이 영 시행 이후 분할하는 분부터 적용한다.
제9조(유동화전문회사 등에 대한 소득공제에 관한 적용례) 제86조의2제1항의 개정규정은 이 영 시행 이후 경정·결정하는 분부터 적용한다.
제10조(토지등 양도소득의 과세특례에 관한 적용례) 제92조의2제4항제5호의 개정규정은 이 영 시행 이후 양도하는 분부터 적용한다.
제11조(기업의 미환류소득 계산방법에 관한 적용례) 제93조제9항의 개정규정은 이 영 시행 이후 과세표준을 신고하는 분부터 적용한다.
제12조(환매조건부채권매매거래 등의 원천징수 및 환급 등과 외국법인의 채권 등의 이자 등에 대한 원천징수특례에 관한 적용례) 제114조의2제1항·제2항 및 제138조의3제2항·제3항의 개정규정은 이 영 시행 이후 채권 등으로부터 발생하는 이자소득에 대하여 원천징수하는 분부터 적용한다.
제13조(지출증명서류 합계표에 관한 적용례) 제158조제6항의 개정규정은 2017년 1월 1일 이후 개시하는 사업연도 분부터 적용한다.
제14조(업무용승용차 보험가입에 관한 특례) 2016년 4월 1일 이후 기존에 가입했던 자동차 보험의 만기가 도래하여 제50조의2제4항제1호에 따른 업무전용자동차보험에 가입한 경우 또는 2016년 4월 1일 이전에 가입했던 자동차 보험의 만기가 도래하기 전에 업무용승용차를 처분하거나 임차계약이 종료된 경우에는 2016년 1월 1일부터 가입한 것으로 본다.
제15조(업무용승용차 업무사용비율에 관한 특례) ① 제50조의2제4항제1호의 업무사용비율을 계산할 때 2016년 1월 1일부터 2016년 3월 31일까지에 해당하는 업무사용비율은 2016년 4월 1일부터 해당 사업연도 종료일까지 계산되는 업무사용비율과 동일한 것으로 본다. 다만, 법인이 별도의 기록을 통하여 업무용 사용을 입증하는 경우 이를 합산하여 업무사용비율을 계산할 수 있다.
② 제1항에도 불구하고 2016년 3월 31일 이전에 업무용승용차를 처분하거나 임차계약이 종료된 경우 해당 업무용승용차에 대한 2016년 1월 1일부터의 업무사용비율은 100분의 100으로 본다.
제16조(퇴직보험료 등의 손금불산입에 관한 경과조치) 이 영 시행 당시 종전의 제44조의2제4항제1호 및 제1호의2에 따라 퇴직보험료

등을 신고한 경우에는 제44조의2제4항제1호 및 제1호의2의 개정규정에도 불구하고 종전의 규정에 따른다.
제17조(물적분할로 인한 자산양도차익상당액의 손금산입에 관한 경과조치) 이 영 시행 전에 물적분할로 분할된 분할법인이 적격분할을 한 경우에는 제84조의 개정규정에도 불구하고 종전의 규정에 따른다.
제18조(토지등 양도소득의 과세특례에 관한 경과조치) 이 영 시행 전에 기업형임대사업자에게 토지를 양도하여 발생한 소득에 대해서는 제92조의2제4항제5호의 개정규정에도 불구하고 종전의 규정에 따른다.
제19조(환매조건부채권매매거래 등의 원천징수 및 환급등과 외국법인의 채권 등의 이자 등에 대한 원천징수특례에 관한 경과조치) 이 영 시행 전에 채권 등으로부터 발생한 이자소득에 대해서는 제114조의2제1항·제2항 및 제138조의3제2항·제3항의 개정규정에도 불구하고 종전의 규정에 따른다.

부칙 〈제27037호, 2016. 3. 11.〉 (예금자보호법 시행령)
제1조(시행일) 이 영은 공포한 날부터 시행한다.
제2조(다른 법령의 개정) ①부터 ⑤까지 생략
⑥ 법인세법 시행령 일부를 다음과 같이 개정한다.
제61조제2항제26호 중 "정리금융기관"을 "정리금융회사"로 한다.
⑦부터 ⑰까지 생략

부칙 〈제27115호, 2016. 4. 29.〉 (기업구조조정 촉진법 시행령)
제1조(시행일) 이 영은 공포한 날부터 시행한다.
제2조 및 제3조 생략
제4조(다른 법령의 개정) ①부터 ⑤까지 생략
⑥ 법인세법 시행령 일부를 다음과 같이 개정한다.
제10조제1항제2호 중 "「기업구조조정 촉진법」 제8조제1항"을 "「기업구조조정 촉진법」 제14조제1항"으로, "경영정상화계획"을 각각 "기업개선계획"으로 한다.
제15조제4항제2호 중 "경영정상화계획"을 "기업개선계획"으로 한다.
제18조제1항제2호다목 중 "경영정상화계획"을 "기업개선계획"으

로, "채권금융기관협의회"를 "금융채권자협의회"로 한다.
⑦부터 ⑯까지 생략
제5조 생략

부칙 〈제27205호, 2016. 5. 31.〉 (기술보증기금법 시행령)
제1조(시행일) 이 영은 2016년 9월 30일부터 시행한다. 〈단서 생략〉
제2조(다른 법령의 개정) ①부터 ⑰까지 생략
⑱ 법인세법 시행령 일부를 다음과 같이 개정한다.
제61조제2항제19호를 다음과 같이 한다.
19. 「기술보증기금법」에 따른 기술보증기금
⑲부터 〈59〉까지 생략
제3조 생략

부칙 〈제27245호, 2016. 6. 21.〉 (수산종자산업육성법 시행령)
제1조(시행일) 이 영은 2016년 6월 23일부터 시행한다.
제2조 생략
제3조(다른 법령의 개정) ①부터 ⑤까지 생략
⑥ 법인세법 시행령 일부를 다음과 같이 개정한다.
제92조의8제1항제11호가목을 다음과 같이 한다.
가. 「수산업법」에 따라 허가를 받은 육상해수양식어업 또는 「수산종자산업육성법」에 따라 허가를 받은 수산종자생산업에 사용되는 토지
⑦부터 ⑮까지 생략
제4조 생략

부칙 〈제27322호, 2016. 7. 6.〉 (대부업 등의 등록 및 금융이용자 보호에 관한 법률 시행령)
제1조(시행일) 이 영은 2016년 7월 25일부터 시행한다.
제2조 및 제3조 생략
제4조(다른 법령의 개정) ① 법인세법 시행령 일부를 다음과 같이 개정한다.

제61조제2항제28호를 다음과 같이 한다.

28. 「대부업 등의 등록 및 금융이용자 보호에 관한 법률」에 따라 대부업자로 등록한 법인

②부터 ⑤까지 생략

부칙 〈제27444호, 2016. 8. 11.〉 (주택법 시행령)

제1조(시행일) 이 영은 2016년 8월 12일부터 시행한다.

제2조 부터 제6조까지 생략

제7조(다른 법령의 개정) ①부터 ㉘까지 생략

㉙ 법인세법 시행령 일부를 다음과 같이 개정한다.

제92조의2제2항제1호의4 각 목 외의 부분 전단 및 같은 항 제1호의5 각 목 외의 부분 중 "「주택법」 제38조"를 각각 "「주택법」 제54조"로 한다.

㉚부터 〈75〉까지 생략

제8조 생략

부칙 〈제27445호, 2016. 8. 11.〉 (공동주택관리법 시행령)

제1조(시행일) 이 영은 2016년 8월 12일부터 시행한다.

제2조 부터 제20조까지 생략

제21조(다른 법령의 개정) ①부터 ⑧까지 생략

⑨ 법인세법 시행령 일부를 다음과 같이 개정한다.

제56조제1항제4호 중 "「주택법」 제2조제2호"를 "「공동주택관리법」 제2조제1항제1호가목"으로 한다.

⑩부터 ⑯까지 생략

제22조 생략

부칙 〈제27472호, 2016. 8. 31.〉 (감정평가 및 감정평가사에 관한 법률 시행령)

제1조(시행일) 이 영은 2016년 9월 1일부터 시행한다.

제2조 부터 제5조까지 생략

제6조(다른 법령의 개정) ①부터 ㊼까지 생략

㊽ 법인세법 시행령 일부를 다음과 같이 개정한다.

제89조제2항제1호 본문 중 "「부동산가격공시 및 감정평가에 관한

법률」”을 “「감정평가 및 감정평가사에 관한 법률」”로 한다.
㊾부터 〈92〉까지 생략
제7조 생략

부칙 〈제27619호, 2016. 11. 29.〉 (예비군법 시행령)
제1조(시행일) 이 영은 공포한 날부터 시행한다. 〈단서 생략〉
제2조 생략
제3조(다른 법령의 개정) ①부터 ⑩까지 생략
⑪ 법인세법 시행령 일부를 다음과 같이 개정한다.
제38조제2항 중 “「향토예비군 설치법」”을 “「예비군법」”으로, “향토예비군”을 “예비군”으로 한다.
⑫부터 ⑰까지 생략
제4조 생략

부칙 〈제27828호, 2017. 2. 3.〉
제1조(시행일) 이 영은 공포한 날부터 시행한다. 다만, 제19조제13호의2의 개정규정은 2017년 2월 4일부터 시행한다.
제2조(일반적 적용례) 이 영은 2017년 1월 1일 이후 개시하는 사업연도분부터 적용한다.
제3조(수익사업의 범위에 관한 적용례) 제2조제2항의 개정규정은 이 영 시행 이후 과세표준을 신고하는 분부터 적용한다.
제4조(결손금공제에 관한 적용례) 제10조제1항제5호의 개정규정은 이 영 시행 이후 과세표준을 신고하는 분부터 적용한다.
제5조(재산가액의 평가 등에 관한 적용례) 제14조제1항제1호의2가목의 개정규정은 이 영 시행 이후 합병하는 분부터 적용한다.
제6조(주식발행액면초과액 등에 관한 적용례) 제15조제4항제4호의 개정규정은 이 영 시행 이후 과세표준을 신고하는 분부터 적용한다.
제7조(손비의 범위에 관한 적용례) 제19조제13호의2의 개정규정은 2017년 2월 4일 이후 기증하는 분부터 적용한다.
제8조(대손금의 손금불산입에 관한 적용례) 제19조의2제6항제5호의 개정규정은 이 영 시행 이후 대손금으로 손금에 산입하는 분부터 적용한다.
제9조(업무용승용차의 업무용 사용금액 계산에 관한 적용례) 제50조

의2 제8항 및 제9항의 개정규정은 이 영 시행 이후 과세표준을 신고하는 분부터 적용한다.
제10조(고유목적사업준비금의 손금산입에 관한 적용례) 제56조제6항제3호의 개정규정은 이 영 시행 이후 고유목적사업준비금으로 지출하는 분부터 적용한다.
제11조(보증보험의 비상위험준비금 손금산입 한도 상향조정에 관한 적용례) 제57조제8항의 개정규정은 이 영 시행 이후 과세표준을 신고하는 분부터 적용한다.
제12조(대손충당금 손금산입에 관한 적용례) 제61조제2항제7호의 개정규정은 이 영 시행 이후 과세표준을 신고하는 분부터 적용한다.
제13조(구상채권상각충당금의 손금산입에 관한 적용례) 제63조제1항제4호의2의 개정규정은 이 영 시행 이후 과세표준을 신고하는 분부터 적용한다.
제14조(적격합병의 요건 등에 관한 적용례) 제80조의2제1항제1호라목의 개정규정은 이 영 시행 이후 과세표준을 신고하는 분부터 적용한다.
제15조(물적분할 또는 현물출자로 인한 자산양도차익상당액의 손금산입 등에 관한 적용례) 제84조 및 제84조의2의 개정규정은 이 영 시행 이후 제84조제5항 및 제84조의2제5항의 개정규정에 따른 적격구조조정을 하는 분부터 적용한다.
제16조(기업의 미환류소득에 대한 법인세에 관한 적용례) ① 제93조제4항제2호바목, 사목, 자목 및 차목의 개정규정은 이 영 시행 이후 과세표준을 신고하는 분부터 적용한다.
② 제93조제6항 본문, 같은 항 제3호 및 같은 조 제19항의 개정규정은 이 영 시행일이 속하는 사업연도 분부터 적용한다.
③ 제93조제15항제2호의 개정규정은 이 영 시행일이 속하는 사업연도 개시 전에 법 제56조제2항제2호의 방법을 선택하여 신고한 경우에도 적용한다.
제17조(외국납부세액공제세액계산서 제출에 관한 적용례) 제94조제4항의 개정규정은 2017년 1월 1일 이후 제출하는 분부터 적용하되, 2016년 12월 31일 이전에 외국정부로부터 결정통지를 받은 경우로서 2016년 12월 31일 현재 그 결정통지를 받은 날부터 2개월이 경과하지 아니한 경우에 대해서도 적용한다.

제18조(청산소득이 비과세되는 조직변경의 사유 추가에 관한 적용례) 제120조의26제5호의 개정규정은 이 영 시행 이후 조직을 변경하는 분부터 적용한다.
제19조(구분경리에 관한 적용례) 제156조제2항의 개정규정은 이 영 시행 전에 합병 또는 분할한 경우에도 적용한다.

부칙 〈제27972호, 2017. 3. 29.〉 (공항시설법 시행령)
제1조(시행일) 이 영은 2017년 3월 30일부터 시행한다.
제2조 부터 제8조까지 생략
제9조(다른 법령의 개정) ①부터 ㉑까지 생략
㉒ 법인세법 시행령 일부를 다음과 같이 개정한다.
제24조제1항제2호아목 및 제26조제1항제8호 중 "「항공법」 제105조의2"를 각각 "「공항시설법」 제26조"로 한다.
㉓부터 ㊺까지 생략
제10조 생략

부칙 〈제28074호, 2017. 5. 29.〉 (정신건강증진 및 정신질환자 복지서비스 지원에 관한 법률 시행령)
제1조(시행일) 이 영은 2017년 5월 30일부터 시행한다.
제2조 생략
제3조(다른 법령의 개정) ①부터 ⑤까지 생략
⑥ 법인세법 시행령 일부를 다음과 같이 개정한다.
제2조제1항제4호차목을 다음과 같이 한다.
차. 「정신건강증진 및 정신질환자 복지서비스 지원에 관한 법률」 제3조제6호 및 제7호에 따른 정신요양시설 및 정신재활시설
제36조제1항제4호마목을 다음과 같이 한다.
마. 「정신건강증진 및 정신질환자 복지서비스 지원에 관한 법률」 제3조제6호 및 제7호에 따른 정신요양시설 및 정신재활시설
⑦부터 ㉔까지 생략
제4조 생략

부칙 〈제28211호, 2017. 7. 26.〉 (행정안전부와 그 소속기관 직제)

제1조(시행일) 이 영은 공포한 날부터 시행한다. 다만, 부칙 제8조에 따라 개정되는 대통령령 중 이 영 시행 전에 공포되었으나 시행일이 도래하지 아니한 대통령령을 개정한 부분은 각각 해당 대통령령의 시행일부터 시행한다.
제2조 부터 제7조까지 생략
제8조(다른 법령의 개정) ①부터 ⑲까지 생략

⑳ 법인세법 시행령 일부를 다음과 같이 개정한다.

제19조의2제1항제13호 및 제57조제1항제1호 본문 중 "중소기업청장"을 각각 "중소벤처기업부장관"으로 한다.

제57조제1항제1호 본문 및 같은 항 제3호 중 "행정자치부장관"을 각각 "행정안전부장관"으로 한다.

㉑부터 〈388〉까지 생략

부칙 〈제28640호, 2018. 2. 13.〉

제1조(시행일) 이 영은 공포한 날부터 시행한다. 다만, 다음 각 호의 개정규정은 각 호의 구분에 따른 날부터 시행한다.

1. 제92조의2제2항제1호의12 및 제1호의13의 개정규정: 2018년 4월 1일
2. 제23조제1항제1호아목의 개정규정: 2018년 4월 19일
3. 제23조제1항제1호다목의 개정규정: 2018년 5월 1일
4. 제36조제5항제6호부터 제8호까지, 같은 조 제6항, 같은 조 제8항제1호 및 제36조의2제11항제1호의 개정규정: 2019년 1월 1일

제2조(일반적 적용례) 이 영은 2018년 1월 1일 이후 개시하는 사업연도분부터 적용한다.
제3조(수익사업의 범위에 관한 적용례) ① 제2조제1항제4호바목의 개정규정은 이 영 시행 이후 과세표준을 신고하는 분부터 적용한다.

② 제2조제2항의 개정규정은 이 영 시행 이후 고정자산을 고유목적사업에 전입하는 분부터 적용한다.

제4조(재산가액의 평가 등에 관한 적용례) 제14조제1항제1호의2가목의 개정규정은 이 영 시행 이후 합병하는 분부터 적용한다.
제5조(대손금의 손금불산입에 관한 적용례) 제19조의2제6항제5호의 개정규정은 이 영 시행 이후 대손금으로 손금에 산입하는 분부터 적용한다.

제6조(감가상각의 의제에 관한 적용례) 제30조제2항의 개정규정은 이 영 시행일이 속하는 사업연도에 대하여 결정 또는 경정하는 분부터 적용한다.

제7조(지정기부금의 범위 등에 관한 적용례 등) ① 제36조제1항제1호바목, 같은 항 제2호다목 및 같은 항 제6호의 개정규정은 이 영 시행 이후 지정기부금단체 등을 지정 또는 재지정하는 경우부터 적용한다.

② 이 영 시행 전에 지출한 종전의 제36조제1항제3호에 따른 회비분에 대해서는 제36조제1항제3호의 개정규정에도 불구하고 종전의 규정에 따른다.

③ 제36조제5항제6호부터 제8호까지, 같은 조 제6항 및 같은 조 제8항제1호의 개정규정은 2019년 1월 1일 이후 개시하는 사업연도 분부터 적용한다.

제8조(법정기부금단체의 요건 등에 관한 적용례) ① 제36조의2제4항제3호 및 같은 조 제8항제1호의 개정규정은 이 영 시행 이후 공개하는 분부터 적용한다.

② 제36조의2제11항제1호의 개정규정은 2019년 1월 1일 이후 개시하는 사업연도 분부터 적용한다.

제9조(업무용승용차의 손금인정 한도액 계산 등에 관한 적용례) 제50조의2제4항, 같은 조 제7항제1호, 같은 조 제9항 및 제10항의 개정규정은 이 영 시행 이후 과세표준을 신고하는 분부터 적용한다.

제10조(고유목적사업준비금의 손금산입에 관한 적용례) ① 제56조제1항제4호의 개정규정은 이 영 시행 이후 과세표준을 신고하는 분부터 적용한다.

② 제56조제6항의 개정규정은 이 영 시행 이후 고정자산을 취득하는 분부터 적용한다.

제11조(적격합병의 요건 등에 관한 적용례) 제80조의2제1항제2호다목의 개정규정은 이 영 시행 이후 기업개선계획의 이행을 위한 약정 등에 따라 자산을 처분하는 분부터 적용한다.

제12조(감정기관의 범위 확대에 관한 적용례) 제89조제2항제1호의 개정규정은 이 영 시행 이후 감정하는 분부터 적용한다.

제13조(토지등양도소득의 과세특례에 관한 적용례) 제92조의2제2항제1호 단서, 같은 항 제1호의2 단서, 같은 항 제1호의12 및 제1호의

13의 개정규정은 2018년 4월 1일 이후 양도하는 분부터 적용한다.
제14조(성실신고 확인대상이 되는 내국법인의 요건에 관한 적용례) 제97조의4제3항의 개정규정은 이 영 시행 이후 법인으로 전환하는 분부터 적용한다.
제15조(계산서 미교부에 대한 가산세의 특례에 관한 적용례) 대통령령 제15970호 법인세법시행령개정령 부칙(대통령령 제17457호 법인세법시행령중개정령, 대통령령 제19328호 법인세법 시행령 일부개정령, 대통령령 제22577호 법인세법 시행령 일부개정령 및 대통령령 제24357호 법인세법 시행령 일부개정령에 따라 개정된 내용을 포함한다) 제14조의 개정규정은 2017년 1월 1일 이후 개시하는 사업연도분부터 적용한다.
제16조(지정기부금의 범위 등에 관한 경과조치) ① 이 영 시행 전에 종전의 제36조제1항제1호다목 및 라목에 따라 정부로부터 허가 또는 인가를 받은 학술연구단체, 장학단체, 기술진흥단체와 문화·예술단체(「문화예술진흥법」에 따라 지정을 받은 문화·예술법인 및 전문예술단체를 포함한다) 및 환경보호운동단체에 지출하는 기부금에 대해서는 제36조제1항의 개정규정에도 불구하고 2020년 12월 31일까지는 지정기부금으로 본다.
② 이 영 시행 전에 종전의 제36조제1항제1호아목에 따른 지정기부금단체에 지출하는 기부금에 대해서는 제36조제1항의 개정규정에도 불구하고 2020년 12월 31일까지는 지정기부금으로 본다.

부칙 〈제29045호, 2018. 7. 16.〉 (민간임대주택에 관한 특별법 시행령)

제1조(시행일) 이 영은 2018년 7월 17일부터 시행한다.
제2조(다른 법령의 개정) ① 생략
② 법인세법 시행령 일부를 다음과 같이 개정한다.
제92조의2제2항제1호의12 각 목 외의 부분 중 “같은 조 제4호에 따른 기업형임대주택 또는 같은 조 제5호에 따른 준공공임대주택(이하 이 조에서 "준공공임대주택등"이라 한다)”을 “같은 조 제4호에 따른 공공지원민간임대주택 또는 같은 조 제5호에 따른 장기일반민간임대주택(이하 이 조에서 "장기일반민간임대주택등"이라 한다)”으로 하고, 같은 항 제1호의13 각 목 외의 부분 중 “준공공임대주택등”

을 "장기일반민간임대주택등"으로 하며, 같은 조 제4항제5호 중 "「민간임대주택에 관한 특별법」 제2조제8호에 따른 기업형임대사업자"를 "「민간임대주택에 관한 특별법」 제2조제7호에 따른 임대사업자로서 장기일반민간임대주택등을 300호 또는 300세대 이상 취득하였거나 취득하려는 자"로 한다.

③부터 ⑧까지 생략

부칙 〈제29067호, 2018. 7. 31.〉

제1조(시행일) 이 영은 공포한 날부터 시행한다.

제2조(지주회사의 수입배당금액의 익금불산입에 관한 적용례) 제17조의2제2항제2호의 개정규정은 2017년 7월 1일 이후 수입배당금액을 받은 분에 대하여 적용한다.

부칙 〈제29269호, 2018. 10. 30.〉 (주식회사 등의 외부감사에 관한 법률 시행령)

제1조(시행일) 이 영은 2018년 11월 1일부터 시행한다.

제2조 부터 제9조까지 생략

제10조(다른 법령의 개정) ①부터 ⑰까지 생략

⑱ 법인세법 시행령 일부를 다음과 같이 개정한다.

제26조의2제1항 중 "「주식회사의 외부감사에 관한 법률」 제13조제1항제1호"를 "「주식회사 등의 외부감사에 관한 법률」 제5조제1항제1호"로 한다.

대통령령 제28640호 법인세법 시행령 일부개정령 제36조제5항제8호 본문의 개정규정 중 "「주식회사의 외부감사에 관한 법률」 제3조"를 "「주식회사 등의 외부감사에 관한 법률」 제2조제7호"로 한다.

제36조의2제4항제2호 중 "「주식회사의 외부감사에 관한 법률」 제3조"를 "「주식회사 등의 외부감사에 관한 법률」 제2조제7호"로 한다.

제79조제1호의2 중 "「주식회사의 외부감사에 관한 법률」 제13조제1항제2호 및 같은 조 제4항"을 "「주식회사 등의 외부감사에 관한 법률」 제5조제1항제2호 및 같은 조 제4항"으로 한다.

제95조의3제1항제4호 중 "「주식회사의 외부감사에 관한 법률」 제16조제1항"을 "「주식회사 등의 외부감사에 관한 법률」 제29조제3항

및 제4항"으로 하고, 같은 항 제5호 중 "「주식회사의 외부감사에 관한 법률」 제16조제2항"을 "「주식회사 등의 외부감사에 관한 법률」 제29조제1항"으로 하며, 같은 항 제6호 중 "「주식회사의 외부감사에 관한 법률」 제20조"를 "「주식회사 등의 외부감사에 관한 법률」 제39조부터 제44조까지의 규정"으로 한다.

제97조제1항 후단 및 같은 조 제5항제1호 중 "「주식회사의 외부감사에 관한 법률」 제2조"를 각각 "「주식회사 등의 외부감사에 관한 법률」 제4조"로 한다.

제97조의2제1항제1호 중 "「주식회사의 외부감사에 관한 법률」 제2조"를 "「주식회사 등의 외부감사에 관한 법률」 제4조"로 한다.

제120조의12제3항제2호, 같은 조 제5항제1호 후단, 같은 조 제6항제1호 후단 및 같은 조 제7항제3호 중 "「주식회사의 외부감사에 관한 법률」 제3조"를 각각 "「주식회사 등의 외부감사에 관한 법률」 제2조제7호"로 한다.

⑲부터 〈51〉까지 생략

제11조 생략

부칙 〈제29529호, 2019. 2. 12.〉

제1조(시행일) 이 영은 공포한 날부터 시행한다. 다만, 제2조제2항제3호, 제138조의4, 제138조의7, 제138조의8제1항제3호, 제164조의3(법 제121조의3제2항 관련 부분만 해당한다), 제164조의4제1항 · 제2항(법 제121조의3제2항 관련 부분만 해당한다), 제166조제1항 · 제2항(법 제123조제2항 관련 부분만 해당한다), 제167조제1항 · 제2항(법 제123조제2항 관련 부분만 해당한다) 및 별표 2의 개정규정은 2020년 1월 1일부터 시행한다.

제2조(일반적 적용례) 이 영은 2019년 1월 1일 이후 개시하는 사업연도분부터 적용한다.

제3조(수익사업의 범위에 관한 적용례) 제3조제1항제3호라목의 개정규정은 이 영 시행 이후 과세표준을 신고하는 분부터 적용한다.

제4조(자본전입 시 과세되지 아니하는 잉여금의 범위 등에 관한 적용례 등) ① 제12조제1항 및 제2항의 개정규정은 합병 · 분할에 따라 승계한 잉여금을 이 영 시행 이후 자본으로 전입하는 분부터 적용한다.

② 합병·분할에 따라 승계한 잉여금 중 이 영 시행 전에 자본으로 전입하고 이 영 시행 당시 남은 잉여금에 대해서는 제12조제1항·제2항의 개정규정 및 이 조 제1항에도 불구하고 종전의 규정에 따른다.

제5조(수입배당금 익금불산입에 관한 적용례) 제17조의2제3항 및 제17조의3제5항의 개정규정은 이 영 시행 이후 배당받는 분부터 적용한다.

제6조(손비의 범위에 관한 적용례) ① 제19조제17호의 개정규정은 이 영 시행 이후 미술품을 취득하는 분부터 적용한다.

② 제19조제20호의 개정규정은 이 영 시행 이후 기여금을 납입하는 분부터 적용한다.

제7조(대손금의 손금불산입에 관한 적용례) 제19조의2제1항제10호의 개정규정은 이 영 시행 이후 재판상 화해 등이 확정되는 분부터 적용한다.

제8조(중고자산 등의 상각범위액에 관한 적용례 등) ① 제29조의2의 개정규정은 이 영 시행 이후 물적분할 또는 현물출자하는 분부터 적용한다.

② 이 영 시행 전에 물적분할 또는 현물출자하여 이 영 시행 당시 종전의 제24조부터 제26조까지, 제26조의2, 제26조의3 및 제27조부터 제29조까지의 규정에 따라 감가상각하는 분에 대해서는 제29조의2의 개정규정에도 불구하고 종전의 규정에 따른다.

제9조(접대비의 신용카드등의 사용에 관한 적용례) 제41조제3항제3호의 개정규정은 이 영 시행 이후 접대비를 지출하는 분부터 적용한다.

제10조(적격합병의 요건 등에 관한 적용례) 제80조의2제1항제1호 및 같은 조 제8항의 개정규정은 이 영 시행 이후 주식등을 처분하는 분부터 적용한다.

제11조(감정평가사의 감정 가액 요건에 관한 적용례) 제89조제2항제1호의 개정규정은 이 영 시행 이후 감정평가하는 분부터 적용한다.

제12조(지출증명서류에 관한 적용례) 제158조제3항의 개정규정은 이 영 시행 이후 재화나 용역을 공급받는 분부터 적용한다.

제13조(과태료 부과기준에 관한 특례) 별표 2에도 불구하고 2019년

12월 31일까지는 별표 2의2에 따른다.

제14조(외국법인의 판정기준에 관한 경과조치) 부칙 제1조 단서에 따른 시행일 전에 법 제109조에 따른 외국법인의 국내사업장 설치신고 및 법 제111조에 따른 사업자등록을 한 외국단체가 부칙 제1조 단서에 따른 시행일 이후 제2조제2항제3호의 개정규정에 따라 외국법인에 해당하지 않는 경우에는 「소득세법」 제168조에 따른 사업자등록을 다시 해야 한다.

제15조(대손금의 손금불산입에 관한 경과조치) 이 영 시행 전에 외국환거래에 관한 법령에 따라 한국은행총재 또는 외국환은행의 장으로부터 채권회수의무를 면제받은 채권에 대해서는 제19조의2제1항제7호의 개정규정에도 불구하고 종전의 규정에 따른다.

제16조(중소기업 설비투자자산 가속상각에 관한 경과조치) 중소기업이 2014년 10월 1일부터 2016년 6월 30일까지 취득한 설비투자자산에 대해서는 제28조제6항 및 제7항의 개정규정에도 불구하고 종전의 규정에 따른다.

제17조(비영리내국법인의 고유목적사업준비금 잔액의 익금산입 시 이자상당액 이자율 등 인하에 관한 경과조치) 이 영 시행 전에 납부기한이 지났거나 환급받은 경우로서 이 영 시행 이후 납부 또는 부과하는 경우 그 납부기한 또는 환급받은 날의 다음 날부터 이 영 시행일 전일까지의 기간에 대한 이자율은 제56조제7항제2호, 제110조제4항제2호 및 제136조제4항의 개정규정에도 불구하고 종전의 규정에 따른다.

제18조(다른 법령의 개정) ① 「교육세법 시행령」 일부를 다음과 같이 개정한다.

제5조제1호 중 "「법인세법」 제30조제1항"을 "「법인세법」 제30조제1항 및 제31조제1항"으로 한다.

② 「교통·에너지·환경세법 시행령」 일부를 다음과 같이 개정한다.

제2조제4호나목 중 "「법인세법 시행령」 제87조제1항 각호의 1의 관계"를 "「법인세법 시행령」 제2조제5항 각 호의 어느 하나에 해당하는 관계"로 한다.

③ 「물류정책기본법 시행령」 일부를 다음과 같이 개정한다.

제2조 중 "「법인세법 시행령」 제87조제1항"을 "「법인세법 시행

령」 제2조제5항"으로 한다.

④ 「지방세법 시행령」 일부를 다음과 같이 개정한다.

제18조제4항 단서 중 "「법인세법」 제52조제1항"을 "「법인세법」 제2조제12호"로 한다.

제86조제1항 중 "「법인세법 시행령」 제1조제1항"을 "「법인세법 시행령」 제2조제1항"으로 하고, 같은 조 제2항 중 "「법인세법 시행령」 제1조제2항"을 "「법인세법 시행령」 제2조제2항"으로 한다.

제100조의19제4항 단서 및 같은 조 제5항 본문 중 "「법인세법」 제73조"를 각각 "「법인세법」 제73조 및 제73조의2"로 한다.

제100조의27제1항 본문 중 "「법인세법 시행령」 제7조제1항제2호"를 "「법인세법 시행령」 제7조제6항제2호"로 한다.

제100조의37제1호 중 "「법인세법」 제29조제5항 및 제30조제4항"을 "「법인세법」 제29조제7항 및 제30조제3항"으로 한다.

제107조 중 "「법인세법」 제3조제3항"을 "「법인세법」 제4조제3항"으로 한다.

⑤ 「지방세특례제한법 시행령」 일부를 다음과 같이 개정한다.

제10조제1항 각 호 외의 부분 중 "「법인세법」 제1조제1호 및 제3호"를 "「법인세법」 제2조제1호 및 제3호"로 한다.

부칙 〈제29892호, 2019. 6. 25.〉 (주식ㆍ사채 등의 전자등록에 관한 법률 시행령)

제1조(시행일) 이 영은 2019년 9월 16일부터 시행한다. 〈단서 생략〉

제2조 부터 제8조까지 생략

제9조(다른 법령의 개정) ①부터 ⑦까지 생략

⑧ 법인세법 시행령 일부를 다음과 같이 개정한다.

제111조제2항제5호 각 목 외의 부분 중 "「국채법」 또는 「공사채등록법」에 따라 등록한"을 "「국채법」에 따라 등록하거나 「주식ㆍ사채 등의 전자등록에 관한 법률」에 따라 전자등록한"으로 한다.

제113조제4항제3호 중 "「전자단기사채등의 발행 및 유통에 관한 법률」에 따라 발행되는 만기 1개월 이내의 전자단기사채"를 "「주식ㆍ사채 등의 전자등록에 관한 법률」 제59조에 따른 단기사채등 중 같은 법 제2조제1호나목에 해당하는 것으로서 만기 1개월 이내의

것"으로 한다.

⑨부터 ⑰까지 생략

제10조 생략

부칙 〈제29933호, 2019. 7. 1.〉

제1조(시행일) 이 영은 공포한 날부터 시행한다.

제2조(손금산입이 가능한 대손금에 관한 적용례) 제19조의2제1항제5호의2 및 같은 조 제3항제1호의 개정규정은 이 영 시행 이후 면책으로 확정되는 채권부터 적용한다.

제3조(내국법인의 이자소득 등에 대한 원천징수 등에 관한 적용례) 제111조제1항의 개정규정은 2019년 1월 1일 이후 개시하는 사업연도 분부터 적용한다.

제4조(지급명세서의 제출에 관한 적용례) 제162조제1호의 개정규정은 2019년 1월 1일 이후 개시하는 사업연도 분부터 적용한다.

제5조(내국법인의 이자소득 등에 대한 원천징수 등에 관한 특례) 제111조제1항의 개정규정 중 "「주식·사채 등의 전자등록에 관한 법률」 제59조에 따른 단기사채등 중 같은 법 제2조제1호나목에 해당하는 것으로서 만기 1개월 이내의 것"은 법률 제14096호 주식·사채 등의 전자등록에 관한 법률의 시행일 전까지는 "「전자단기사채등의 발행 및 유통에 관한 법률」에 따라 발행되는 만기 1개월 이내의 전자단기사채"로 본다.

부칙 〈제30396호, 2020. 2. 11.〉

제1조(시행일) 이 영은 공포한 날부터 시행한다. 다만, 제39조제1항, 제5항제5호의2, 제6항, 제7항, 제9항부터 제14항까지 및 제94조제2항 각 호 외의 부분 후단(연구개발비용과 관련된 개정사항에 한정한다)의 개정규정은 2021년 1월 1일부터 시행한다.

제2조(일반적 적용례) 이 영은 2020년 1월 1일 이후 개시하는 사업연도분부터 적용한다.

제3조(지정기부금의 범위 등에 관한 적용례) ① 제39조제1항의 개정규정은 2021년 1월 1일 이후 지정기부금단체등을 지정하는 경우부터 적용한다.

② 제39조제5항제5호의2, 제6항, 제7항, 제9항부터 제12항까지

의 개정규정은 2021년 1월 1일 이후 개시하는 사업연도분부터 적용한다.

③ 제39조제13항의 개정규정은 2021년 1월 1일 이후 지정기부금단체등으로 지정하거나 취소하는 경우 또는 지정기부금단체등이 제39조제8항 각 호의 어느 하나에 해당하는 사실을 적발하는 경우부터 적용한다.

제4조(업무용승용차 관련비용 등의 손금불산입 특례에 관한 적용례) ① 제50조의2제11항제1호 및 같은 항 제2호 본문의 개정규정은 이 영 시행 이후 과세표준을 신고하는 분부터 적용한다.

② 제50조의2제11항제2호 단서 및 같은 조 제13항의 개정규정은 업무용승용차를 처분하거나 임차계약을 종료한 날부터 이 영 시행 이후 10년이 경과하게 되는 분부터 적용한다.

제5조(고유목적사업준비금의 손금산입에 관한 적용례) 제56조제2항제1호의 개정규정은 이 영 시행 이후 과세표준을 신고하는 분부터 적용한다.

제6조(국고보조금 등의 손금산입에 관한 적용례) 제64조제6항의 개정규정은 2020년 1월 1일 이후 사업용자산을 취득하거나 개량하는 분부터 적용한다.

제7조(부당행위계산의 유형 등에 관한 적용례) 제88조제1항제6호나목의 개정규정은 이 영 시행 이후 과세표준을 신고하는 분부터 적용한다.

제8조(외국납부세액의 공제에 관한 적용례) 제94조제2항 각 호 외의 부분 후단(연구개발비용과 관련된 개정사항에 한정한다)의 개정규정은 2021년 1월 1일 이후 개시하는 사업연도분부터 적용한다.

제9조(성실신고확인서 등의 제출에 관한 적용례) 제97조의4제2항의 개정규정은 이 영 시행 이후 과세표준을 신고하는 분부터 적용한다.

제10조(연결법인의 기부금의 손금불산입에 관한 적용례) 제120조의20제2항의 개정규정은 이 영 시행 이후 과세표준을 신고하는 분부터 적용한다.

제11조(외국법인의 국내원천 인적용역소득에 관한 적용례) 제132조제7항의 개정규정은 이 영 시행 이후 지급하는 소득분부터 적용한다.

제12조(즉시상각의 의제에 관한 경과조치) 2020년 1월 1일 전에 개시한 사업연도분에 대해서는 제31조제6항제2호의 개정규정에도

불구하고 종전의 규정에 따른다.
제13조(지정기부금 등의 범위 등에 관한 경과조치) ① 2021년 1월 1일 전에 지정된 지정기부금단체등의 경우에는 제39조제1항제1호 각 목 외의 부분의 개정규정에도 불구하고 종전의 규정에 따른다. 이 경우 지정기부금단체등은 종전의 규정에 따라 지정받은 기간이 끝날 때까지는 제39조제1항바목3)의 개정규정에 따른 지정요건을 갖춘 것으로 본다.
② 2021년 1월 1일 전에 종전의 제39조제13항에 따라 재지정받지 못한 지정기부금단체등의 경우에는 제39조제1항제1호바목5)의 개정규정에도 불구하고 종전의 규정에 따른다.
제14조(외국법인의 법인세 신고기한 연장에 따른 가산이자율에 관한 경과조치) 이 영 시행 전에 신고기한의 연장승인을 받은 경우에는 제136조제4항의 개정규정에도 불구하고 종전의 규정에 따른다.

부칙 〈제30586호, 2020. 3. 31.〉 (소재 · 부품 · 장비산업 경쟁력강화를 위한 특별조치법 시행령)
제1조(시행일) 이 영은 2020년 4월 1일부터 시행한다. 〈단서 생략〉
제2조 부터 제8조까지 생략
제9조(다른 법령의 개정) ①부터 ③까지 생략
④ 법인세법 시행령 일부를 다음과 같이 개정한다.
제19조제19호의2 각 목 외의 부분 본문 중 "「소재 · 부품전문기업등의 육성에 관한 특별조치법」 제15조"를 "「소재 · 부품 · 장비산업 경쟁력강화를 위한 특별조치법」 제56조"로 한다.
⑤부터 ⑧까지 생략
제10조 생략

부칙 〈제30876호, 2020. 7. 28.〉 (항만법 시행령)
제1조(시행일) 이 영은 2020년 7월 30일부터 시행한다.
제2조 부터 제13조까지 생략
제14조(다른 법령의 개정) ①부터 ⑥까지 생략
⑦ 법인세법 시행령 일부를 다음과 같이 개정한다.
제24조제1항제2호자목 중 "「항만법」 제16조"를 "「항만법」 제24조"로 한다.

제26조제1항제8호 중 “「항만법」 제16조”를 “「항만법」 제24조”로 한다.

⑧부터 ㉛까지 생략

제15조 생략

부칙 〈제30892호, 2020. 8. 4.〉 (개인정보 보호법 시행령)

제1조(시행일) 이 영은 2020년 8월 5일부터 시행한다. 〈단서 생략〉

제2조 부터 제5조까지 생략

제6조(다른 법령의 개정) ① 법인세법 시행령 일부를 다음과 같이 개정한다.

제23조제1항제1호사목을 삭제한다.

②부터 ⑤까지 생략

제7조 생략

부칙 〈제30920호, 2020. 8. 7.〉

제1조(시행일) 이 영은 공포한 날부터 시행한다.

제2조(토지등양도소득에 대한 과세특례에 관한 적용례) 제92조의2제2항제1호의12의 개정규정은 이 영 시행 이후 양도하는 분부터 적용한다.

부칙 〈제30934호, 2020. 8. 11.〉 (벤처투자 촉진에 관한 법률 시행령)

제1조(시행일) 이 영은 2020년 8월 12일부터 시행한다.

제2조 및 제3조 생략

제4조(다른 법령의 개정) ①부터 ⑧까지 생략

⑨ 법인세법 시행령 일부를 다음과 같이 개정한다.

제19조의2제1항제13호 및 제61조제2항제25호 중 “「중소기업창업 지원법」에 따른 중소기업창업투자회사”를 각각 “「벤처투자 촉진에 관한 법률」 제2조제10호에 따른 중소기업창업투자회사”로 한다.

⑩부터 ㉗까지 생략

제5조 생략

부칙 〈제30954호, 2020. 8. 19.〉 (수산업협동조합의 부실예

방 및 구조개선에 관한 법률 시행령)
제1조(시행일) 이 영은 2020년 8월 19일부터 시행한다.
제2조(다른 법령의 개정) ① 법인세법 시행령 일부를 다음과 같이 개정한다.
제56조제6항제6호 중 "「수산업협동조합의 구조개선에 관한 법률」"을 "「수산업협동조합의 부실예방 및 구조개선에 관한 법률」"로 한다.
② 및 ③ 생략

부칙 〈제30977호, 2020. 8. 26.〉 (양식산업발전법 시행령)
제1조(시행일) 이 영은 2020년 8월 28일부터 시행한다.
제2조 및 제3조 생략
제4조(다른 법령의 개정) ①부터 ⑬까지 생략
⑭ 법인세법 시행령 일부를 다음과 같이 개정한다.
제24조제1항제2호나목 중 "어업권"을 "어업권, 양식업권"으로 한다.
⑮부터 ㊲까지 생략
제5조 생략

부칙 〈제31084호, 2020. 10. 7.〉
제1조(시행일) 이 영은 공포한 날부터 시행한다.
제2조(일반적 적용례) 이 영은 이 영 시행 이후 양도하는 분부터 적용한다.
제3조(토지등양도소득에 대한 과세특례에 관한 적용례) ① 제92조의2제2항 각 호 외의 부분 단서 및 같은 항 제1호의14의 개정규정은 2020년 8월 18일 이후부터 이 영 시행 전까지 등록이 말소된 후 해당 주택을 양도한 분에 대해서도 적용한다.
② 제92조의2제2항제1호의12가목 및 같은 항 제1호의13나목의 개정규정은 2020년 8월 18일 이후부터 이 영 시행 전까지 「민간임대주택에 관한 특별법」 제5조에 따라 등록 신청(임대할 주택을 추가하기 위해 등록사항의 변경 신고를 한 경우를 포함한다)한 민간임대주택에 대해서도 적용한다.
제4조(토지등양도소득에 대한 과세특례에 관한 경과조치) 2020년 8

월 18일 전에 「민간임대주택에 관한 특별법」 제5조에 따라 등록 신청(임대할 주택을 추가하기 위해 등록사항의 변경 신고를 한 경우를 포함한다)한 민간임대주택의 경우에는 제92조의2제2항제1호의12가목 및 같은 항 제1호의13나목의 개정규정에도 불구하고 종전의 규정에 따른다.

부칙 〈제31220호, 2020. 12. 8.〉 (지능정보화 기본법 시행령)

제1조(시행일) 이 영은 2020년 12월 10일부터 시행한다.

제2조 부터 제4조까지 생략

제5조(다른 법령의 개정) ①부터 ⑧까지 생략

⑨ 법인세법 시행령 일부를 다음과 같이 개정한다.

제65조제1항제1호를 다음과 같이 한다.

1. 「지능정보화 기본법」에 따른 초연결지능정보통신기반구축사업

⑩부터 ㉑까지 생략

제6조 생략

부칙 〈제31221호, 2020. 12. 8.〉 (소프트웨어 진흥법 시행령)

제1조(시행일) 이 영은 2020년 12월 10일부터 시행한다.

제2조 부터 제7조까지 생략

제8조(다른 법령의 개정) ①부터 ⑤까지 생략

⑥ 법인세법 시행령 일부를 다음과 같이 개정한다.

제63조제1항제6호 중 "「소프트웨어산업 진흥법」"을 "「소프트웨어 진흥법」"으로 한다.

⑦부터 ⑳까지 생략

제9조 생략

부칙 〈제31380호, 2021. 1. 5.〉 (어려운 법령용어 정비를 위한 473개 법령의 일부개정에 관한 대통령령)

이 영은 공포한 날부터 시행한다. 〈단서 생략〉

부칙 〈제31443호, 2021. 2. 17.〉

제1조(시행일) 이 영은 공포한 날부터 시행한다. 다만, 다음 각 호의 개정규정은 각 호에서 정한 날부터 시행한다. 〈개정 2022. 12. 31.〉

1. 제155조의2의 개정규정: 2021년 7월 1일
2. 제73조제6호, 제77조, 제89조제2항제1호 단서, 제129조제3항부터 제5항까지, 제132조제17항, 제137조제3항, 제10항부터 제14항까지 및 제162조의2제3항의 개정규정: 2022년 1월 1일
3. 제131조의3의 개정규정: 2025년 1월 1일

제2조(일반적 적용례) 이 영은 2021년 1월 1일 이후 개시하는 사업연도분부터 적용한다.

제3조(수익사업의 범위에 관한 적용례) 제3조제1항제4호거목 및 같은 항 제15호의 개정규정은 2021년 1월 1일 이후 발생하는 수입분부터 적용한다.

제4조(결손금공제에 관한 적용례) 제10조제1항제3호의 개정규정은 이 영 시행 이후 과세표준을 신고하는 분부터 적용한다.

제5조(손비의 범위에 관한 적용례) 제19조제18호 및 제22호의 개정규정은 2021년 1월 1일 이후 지출하는 분부터 적용한다.

제6조(대손금의 손금불산입에 관한 적용례) 제19조의2제1항제7호의 개정규정은 이 영 시행 이후 한국무역보험공사로부터 회수불능이 확인되는 경우부터 적용한다.

제7조(한국학교 등의 요건에 관한 적용례) ① 제38조제8항제1호 본문의 개정규정은 2021년 1월 1일 당시 사업연도 종료일부터 3개월이 지나지 않은 학교등에 대해서도 적용한다.

② 제38조제8항제1호 단서의 개정규정은 2021년 1월 1일 이후 공시하는 경우부터 적용한다.

③ 제38조제11항제1호 및 제2호의 개정규정은 2021년 1월 1일 이후 제38조제4항제2호부터 제4호까지의 규정에 따른 요건을 위반하는 경우부터 적용한다.

제8조(공익성을 고려하여 정하는 기부금의 범위 등에 관한 적용례) ① 제39조제1항제1호바목1)가) 단서 및 같은 조 제5항제2호가목 단서의 개정규정은 2021년 1월 1일 이후 지정·고시하는 법인부터 적용한다.

② 제39조제1항제4호타목의 개정규정은 2021년 1월 1일 이후 기부하는 분부터 적용한다.

③ 제39조제5항제3호 각 목 외의 부분 단서의 개정규정은 2021년 1월 1일 이후 공시하는 경우부터 적용한다.

④ 제39조제5항제3호 각 목 외의 부분 본문의 개정규정은 2021년 1월 1일 당시 사업연도 종료일부터 3개월이 지나지 않은 공익법인등부터 적용한다.

⑤ 제39조제5항제7호 본문의 개정규정은 2021년 1월 1일 당시 사업연도 종료일부터 4개월이 지나지 않은 공익법인등부터 적용한다.

⑥ 제39조제8항제1호 및 제2호의 개정규정은 2021년 1월 1일 이후 제39조제5항제6호부터 제8호까지의 규정에 따른 요건을 위반하는 경우부터 적용한다.

제9조(접대비의 신용카드등의 사용에 관한 적용례) 제41조제1항제2호의 개정규정은 2021년 1월 1일 이후 접대비로 지출하는 분부터 적용한다.

제10조(가상자산의 평가 등에 관한 적용례) 제73조제6호, 제77조 및 제89조제2항제1호 단서의 개정규정은 2022년 1월 1일 이후 거래하는 분부터 적용한다.

제11조(합병·분할 등에 대한 적용례) ① 제81조제4항, 제82조의2제3항제2호, 제83조제5항·제6항, 제84조제5항·제7항(제2호는 제외한다)·제8항·제10항·제11항 및 제84조의2제5항·제7항(제2호는 제외한다)·제8항·제10항·제11항의 개정규정은 2021년 1월 1일 이후 합병, 분할, 물적분할 또는 현물출자하는 법인부터 적용한다.

② 제84조제7항제2호 후단 및 제84조의2제7항제2호 후단의 개정규정은 2021년 1월 1일 이후 자산을 처분하는 경우부터 적용한다.

제12조(부당행위계산의 유형 등에 관한 적용례) 제88조제1항제6호다목, 같은 항 제7호 단서 및 같은 조 제4항의 개정규정은 이 영 시행 이후 거래하는 분부터 적용한다.

제13조(시가의 범위 등에 관한 적용례) 제89조제1항의 개정규정은 이 영 시행 이후 거래하는 분부터 적용한다.

제14조(토지등 양도소득의 과세특례에 관한 적용례) 제92조의2제4

항제6호의 개정규정은 이 영 시행 이후 양도하는 경우부터 적용한다.
제15조(계산서의 작성·교부 등에 관한 적용례) 제164조제9항의 개정규정은 이 영 시행 이후 계약을 체결하는 경우부터 적용한다.
제16조(손비의 범위에 관한 경과조치) 2021년 1월 1일 전에 지출한 분에 대해서는 제19조제18호의 개정규정에도 불구하고 종전의 규정에 따른다.
제17조(한국학교 등의 요건에 관한 경과조치) 2021년 1월 1일 전에 사업연도 종료일부터 3개월이 지난 학교등의 경우에는 제38조제8항제1호 본문의 개정규정에도 불구하고 종전의 규정에 따른다.
제18조(공익성을 고려하여 정하는 기부금의 범위 등에 관한 경과조치) 2021년 1월 1일 전에 사업연도 종료일부터 3개월이 지난 공익법인등의 경우에는 제39조제5항제3호 각 목 외의 부분 본문의 개정규정에도 불구하고 종전의 규정에 따른다.
제19조(접대비의 신용카드등의 사용에 관한 경과조치) 2021년 1월 1일 전에 접대비로 지출한 분에 대해서는 제41조제1항제2호의 개정규정에도 불구하고 종전의 규정에 따른다.
제20조(유동화전문회사 등에 대한 소득공제에 관한 경과조치) 2021년 1월 1일 전에 개시한 사업연도 분에 대해서는 제86조의2제3항부터 제7항까지의 개정규정에도 불구하고 종전의 규정에 따른다.
제21조(지출증명서류의 수취 및 보관에 관한 경과조치) 2021년 1월 1일 전에 개시한 사업연도 분에 대해서는 제158조제6항의 개정규정에도 불구하고 종전의 규정에 따른다.

부칙 〈제31660호, 2021. 5. 4.〉
제1조(시행일) 이 영은 2021년 7월 1일부터 시행한다. 다만, 제92조의11제3항의 개정규정은 공포한 날부터 시행한다.
제2조(부득이한 사유가 있어 비사업용 토지로 보지 않는 토지의 판정기준 등에 관한 적용례) 제92조의11제3항제2호나목의 개정규정은 부칙 제1조 단서의 시행일 이후 사업인정고시되는 사업에 따라 협의매수 또는 수용되는 토지부터 적용한다.
제3조(지급명세서 등 제출 불성실 가산세에 관한 적용례) 제120조제9항제2호의 개정규정은 이 영 시행 이후 지급하는 소득에 대한

지급명세서 또는 간이지급명세서를 제출하는 경우부터 적용한다.

부칙 〈제31883호, 2021. 7. 13.〉 (지방자치단체 보조금 관리에 관한 법률 시행령)

제1조(시행일) 이 영은 2021년 7월 13일부터 시행한다.

제2조 및 제3조 생략

제4조(다른 법령의 개정) ① 법인세법 시행령 일부를 다음과 같이 개정한다.

제64조제2항 전단 중 "「지방재정법」"을 "「지방자치단체 보조금 관리에 관한 법률」"로 한다.

②부터 ④까지 생략

제5조 생략

부칙 〈제31961호, 2021. 8. 31.〉 (한국광해광업공단법 시행령)

제1조(시행일) 이 영은 2021년 9월 10일부터 시행한다.

제2조 및 제3조 생략

제4조(다른 법령의 개정) ①부터 ⑧까지 생략

⑨ 법인세법 시행령 일부를 다음과 같이 개정한다.

제27조제6항 각 호 외의 부분 후단 중 "「한국광물자원공사법」에 따른 한국광물자원공사"를 "「한국광해광업공단법」에 따른 한국광해광업공단"으로 한다.

⑩부터 ㉙까지 생략

제5조 생략

부칙 〈제32274호, 2021. 12. 28.〉 (독점규제 및 공정거래에 관한 법률 시행령)

제1조(시행일) 이 영은 2021년 12월 30일부터 시행한다.

제2조 부터 제12조까지 생략

제13조(다른 법령의 개정) ①부터 ㉟까지 생략

㊱ 법인세법 시행령 일부를 다음과 같이 개정한다.

제19조의2제6항 각 호 외의 부분 중 "「독점규제 및 공정거래에 관한 법률」 제10조의2"를 "「독점규제 및 공정거래에 관한 법률」 제

24조”로 하고, 같은 항 제1호 중 “「독점규제 및 공정거래에 관한 법률」 제10조의2제1항”을 “「독점규제 및 공정거래에 관한 법률」 제24조”로 한다.

㊲부터 〈68〉까지 생략

제14조 생략

부칙 〈제32418호, 2022. 2. 15.〉

제1조(시행일) 이 영은 공포한 날부터 시행한다. 다만, 다음 각 호의 개정규정은 해당 호에서 정한 날부터 시행한다. 〈개정 2022. 12. 31.〉

1. 제3조제1항제5호다목, 제44조의2제3항 본문 및 제111조제1항제17호의 개정규정: 2022년 4월 14일

2. 제94조의2 및 제99조의2제1항의 개정규정: 2025년 1월 1일

제2조(일반적 적용례) 이 영은 2022년 1월 1일 이후 개시하는 사업연도부터 적용한다.

제3조(우리사주매수선택권의 손비 인정에 관한 적용례) 제19조제19호의2의 개정규정은 이 영 시행 전에 부여받은 우리사주매수선택권을 이 영 시행 이후 행사하는 경우에도 적용한다.

제4조(적격합병의 요건에 관한 적용례) 제80조의2제5항제4호의 개정규정은 2022년 1월 1일 이후 합병하는 경우부터 적용한다.

제5조(재해손실에 대한 세액공제에 관한 적용례) 제95조제5항의 개정규정은 이 영 시행 전에 재해가 발생한 경우로서 이 영 시행 당시 재해발생일부터 3개월이 지나지 않은 경우에도 적용한다.

제6조(외국법인의 국내사업장 내부거래 자료 제출 기한에 관한 적용례) 제130조제4항의 개정규정은 이 영 시행 전에 개시한 사업연도에 대해 자료 제출의무가 발생한 경우로서 이 영 시행 당시 종전의 규정에 따른 제출기한이 지나지 않은 경우에도 적용한다.

제7조(기관전용 집합투자기구에 관한 적용례) 제161조제1항제2호의 개정규정은 이 영 시행 이후 2021년 12월 31일이 속하는 사업연도에 대한 과세표준을 신고하는 경우부터 적용한다.

제8조(비영리내국법인의 고유목적사업준비금 잔액의 익금 산입 시 이자상당액 이자율 등 인하에 따른 경과조치) ① 이 영 시행 전에 손금에 산입한 고유목적사업준비금의 익금 산입에 따라 이 영 시행 이후 법 제29조제7항에 따라 법인세에 대하여 이자상당액을 납부하

는 경우 이 영 시행일 전일까지의 기간분에 대한 이자상당액의 계산에 적용되는 율은 제56조제7항제2호의 개정규정에도 불구하고 종전의 규정에 따르고, 이 영 시행 이후의 기간분에 대한 이자상당액의 계산에 적용되는 율은 제56조제7항제2호의 개정규정에 따른다.

② 이 영 시행 전에 환급받은 법인세액에 대하여 이 영 시행 이후 법 제72조제5항에 따라 이자상당액을 더한 금액을 징수하는 경우 이 영 시행일 전일까지의 기간분에 대한 이자상당액의 계산에 적용되는 율은 제110조제4항제2호 본문의 개정규정에도 불구하고 종전의 규정에 따르고, 이 영 시행 이후의 기간분에 대한 이자상당액의 계산에 적용되는 율은 제110조제4항제2호 본문의 개정규정에 따른다.

제9조(성실신고확인자 선임 신고에 관한 경과조치) 2020년 12월 31일이 속하는 사업연도에 대한 성실신고확인자 선임 신고에 관하여는 제97조의4제5항의 개정규정에도 불구하고 종전의 규정에 따른다.

부칙 〈제32447호, 2022. 2. 17.〉 (국민 평생 직업능력 개발법 시행령)

제1조(시행일) 이 영은 2022년 2월 18일부터 시행한다.

제2조(다른 법령의 개정) ①부터 ㉙까지 생략

㉚ 법인세법 시행령 일부를 다음과 같이 개정한다.

제39조제1항제1호다목 및 같은 항 제2호가목 중 "「근로자직업능력 개발법」"을 각각 "「국민 평생 직업능력 개발법」"으로 한다.

㉛부터 〈72〉까지 생략

제3조 생략

부칙 〈제32449호, 2022. 2. 17.〉 (한국자산관리공사 설립 등에 관한 법률 시행령)

제1조(시행일) 이 영은 2022년 2월 18일부터 시행한다.

제2조(다른 법령의 개정) ①부터 ㉘까지 생략

㉙ 법인세법 시행령 일부를 다음과 같이 개정한다.

제3조제1항제8호라목 중 "「금융회사부실자산 등의 효율적 처리 및 한국자산관리공사의 설립에 관한 법률」"을 "「한국자산관리공사

설립 등에 관한 법률」 제43조의2"로 한다.

제42조제1항제5호 중 "「금융회사부실자산 등의 효율적 처리 및 한국자산관리공사의 설립에 관한 법률」"을 "「한국자산관리공사 설립 등에 관한 법률」"로 한다.

제61조제2항제30호 중 "「금융회사부실자산 등의 효율적 처리 및 한국자산관리공사의 설립에 관한 법률」"을 "「한국자산관리공사 설립 등에 관한 법률」"로 한다.

㉚부터 〈55〉까지 생략

제3조 생략

부칙 〈제32829호, 2022. 8. 2.〉

제1조(시행일) 이 영은 공포한 날부터 시행한다.

제2조(장기일반민간임대주택등의 양도소득에 대한 과세특례 요건에 관한 적용례) 제92조의2제2항제1호의13라목 및 마목의 개정규정은 이 영 시행 이후 임대차계약을 체결하거나 갱신하는 경우부터 적용한다.

제3조(양도소득에 대한 과세특례가 적용되는 장기일반민간임대주택등의 기준시가 변경에 따른 경과조치) 이 영 시행 전에 장기일반민간임대주택등을 양도한 경우의 과세특례 요건인 기준시가에 관하여는 제92조의2제2항제1호의13다목의 개정규정에도 불구하고 종전의 규정에 따른다.

부칙 〈제32881호, 2022. 8. 23.〉 (벤처투자 촉진에 관한 법률 시행령)

제1조(시행일) 이 영은 공포한 날부터 시행한다.

제2조 및 제3조 생략

제4조(다른 법령의 개정) ①부터 ⑦까지 생략

⑧ 법인세법 시행령 일부를 다음과 같이 개정한다.

제78조제2항제1호나목 중 "「중소기업 창업지원법」"을 "「벤처투자 촉진에 관한 법률」"로 한다.

⑨부터 ⑫까지 생략

부칙 〈제32965호, 2022. 10. 27.〉

제1조(시행일) 이 영은 공포한 날부터 시행한다.
제2조(외국법인의 국채 및 통화안정증권 이자·양도소득에 대한 탄력세율에 관한 적용례) 제137조의2의 개정규정은 2022년 10월 17일부터 2022년 12월 31일까지 이자를 지급받거나 국채 및 통화안정증권을 양도하는 경우에 적용한다.

부칙 〈제33210호, 2022. 12. 31.〉
이 영은 2023년 1월 1일부터 시행한다.

부칙 〈제33225호, 2023. 1. 10.〉 (수산업법 시행령)
제1조(시행일) 이 영은 2023년 1월 12일부터 시행한다.
제2조 부터 제9조까지 생략
제10조(다른 법령의 개정) ①부터 ⑯까지 생략
⑰ 법인세법 시행령 일부를 다음과 같이 개정한다.
제92조의8제1항제11호가목 중 "「수산업법」"을 "「양식산업발전법」"으로 한다.
⑱부터 ㊽까지 생략
제11조 생략

부칙 〈제33265호, 2023. 2. 28.〉
제1조(시행일) 이 영은 공포한 날부터 시행한다. 다만, 다음 각 호의 개정규정은 해당 호에서 정한 날부터 시행한다.
1. 제2조제5항부터 제8항까지, 제3조의2제1항제1호, 제11조제9호, 제19조제16호, 제40조부터 제42조까지, 제43조제8항, 제44조제6항, 제48조제1항제2호가목, 제78조제2항제1호다목, 제91조의3제3항제2호, 제91조의5제4항, 제120조제11항, 제120조의12, 제120조의13제1항, 제120조의17제4항 및 제120조의21의 개정규정: 2024년 1월 1일
2. 제80조의2제5항제1호 및 제82조의2제8항제1호의 개정규정: 2023년 3월 1일
3. 대통령령 제32418호 법인세법 시행령 일부개정령 제94조의2의 개정규정, 제111조제2항부터 제4항까지, 제113조제4항·제9항, 제115조제2항·제6항의 개정규정 및 대통령령 제31443호 법인세법

시행령 일부개정령 제131조의3제1항의 개정규정: 2025년 1월 1일

4. 제164조의2의 개정규정: 2023년 7월 1일

제2조(수익사업의 범위에 관한 적용례) 제3조제1항제9호의 개정규정은 2023년 1월 1일 이후 개시하는 사업연도부터 적용한다.

제3조(자기주식 양도금액의 산정에 관한 적용례) 제11조제2호의2 후단의 개정규정은 이 영 시행 이후 주식을 양도하는 경우부터 적용한다.

제4조(수익의 범위 등 보험회사 과세에 대한 적용례) 제11조제10호, 제19조제23호, 제70조제6항 및 제76조제2항의 개정규정은 2023년 1월 1일 이후 개시하는 사업연도부터 적용한다. 다만, 2022년 12월 31일이 속하는 사업연도에 법 제42조의3제1항에 따른 보험계약국제회계기준을 적용하고 법 제32조의 해약환급금준비금을 적립한 보험회사에 대해서는 2023년 1월 1일 이후 과세표준을 신고하는 경우부터 적용한다.

제5조(채무보증 구상채권 대손금의 손금 산입에 관한 적용례) 제19조의2제6항제6호 및 제7호의 개정규정은 이 영 시행 전의 채무보증으로 발생한 구상채권으로서 이 영 시행 이후 해당 채권을 회수할 수 없게 되는 경우에도 적용한다.

제6조(공익법인등의 의무이행 여부 보고에 관한 적용례) 제39조제6항의 개정규정은 이 영 시행 전에 보고 의무가 발생한 경우에도 적용한다.

제7조(손익의 귀속사업연도에 관한 적용례) 제69조제2항의 개정규정은 2023년 1월 1일 이후 개시하는 사업연도부터 적용한다.

제8조(유동화전문회사 등에 대한 소득공제 신청 시 첨부서류에 관한 적용례) 제86조의3제9항 본문의 개정규정은 이 영 시행 이후 소득공제를 신청하는 경우부터 적용한다.

제9조(외국자회사 등의 요건 변경에 관한 적용례 등) ① 제94조제9항(배당기준일에 관한 부분으로 한정한다) 및 제10항의 개정규정은 2023년 1월 1일 이후 배당받는 경우부터 적용한다.

② 2023년 1월 1일 전에 받은 배당과 관련한 외국자회사의 요건(배당기준일에 관한 부분으로 한정한다) 및 외국손회사의 요건에 관하여는 제94조제9항 및 제10항의 개정규정에도 불구하고 종전의 규정에 따른다.

제10조(외국법인세액의 손금 산입에 관한 적용례 등) ① 제94조제15항의 개정규정은 2023년 1월 1일 이후 발생한 국외원천소득에 대한 외국법인세액부터 적용한다.

② 2023년 1월 1일 전에 발생한 국외원천소득에 대한 외국법인세액의 손금 산입에 관하여는 제94조제15항의 개정규정에도 불구하고 종전의 규정에 따른다.

제11조(연결소득개별귀속액의 계산에 관한 적용례) 제120조의17제4항의 개정규정은 2024년 1월 1일 이후 개시하는 사업연도부터 적용한다.

제12조(국외공모투자기구에 준하는 국외투자기구의 요건에 관한 적용례) 제132조의5제1항의 개정규정은 2023년 1월 1일 이후 이자를 지급하거나 국채등을 양도하는 경우부터 적용한다.

제13조(신탁소득에 대한 법인세 과세에 관한 경과조치) 이 영 시행 전에 신탁재산에 귀속된 소득에 대해서는 제3조의2제2항의 개정규정에도 불구하고 종전의 규정에 따른다.

부칙 〈제33621호, 2023. 7. 7.〉 (지방자치분권 및 지역균형발전에 관한 특별법 시행령)

제1조(시행일) 이 영은 2023년 7월 10일부터 시행한다.

제2조 부터 제11조까지 생략

제12조(다른 법령의 개정) ①부터 ⑮까지 생략

⑯ 법인세법 시행령 일부를 다음과 같이 개정한다.

제3조제2항 전단 중 "「국가균형발전 특별법」 제18조"를 "「지방자치분권 및 지역균형발전에 관한 특별법」 제25조"로 한다.

⑰부터 ㊴까지 생략

제13조 및 제14조 생략

부칙 〈제33734호, 2023. 9. 26.〉

이 영은 공포한 날부터 시행한다.

부칙 〈제33764호, 2023. 9. 26.〉 (민간임대주택에 관한 특별법 시행령)

제1조(시행일) 이 영은 2023년 9월 29일부터 시행한다.

제2조(다른 법령의 개정) ① 법인세법 시행령 일부를 다음과 같이 개정한다.

제86조의3제2항 중 "「민간임대주택에 관한 특별법 시행령」 제4조제1항제3호다목"을 "「민간임대주택에 관한 특별법 시행령」 제4조제2항제3호다목"으로 한다.

② 및 ③ 생략

부칙 〈제33899호, 2023. 12. 5.〉 (소재·부품·장비산업 경쟁력 강화 및 공급망 안정화를 위한 특별조치법 시행령)

제1조(시행일) 이 영은 2023년 12월 14일부터 시행한다.

제2조(다른 법령의 개정) ①부터 ⑥까지 생략

⑦ 법인세법 시행령 일부를 다음과 같이 개정한다.

제19조제19호의2 각 목 외의 부분 본문 중 "「소재·부품·장비산업 경쟁력강화를 위한 특별조치법」"을 "「소재·부품·장비산업 경쟁력 강화 및 공급망 안정화를 위한 특별조치법」"으로 한다.

⑧부터 ⑭까지 생략

부칙 〈제34011호, 2023. 12. 19.〉 (벤처투자 촉진에 관한 법률 시행령)

제1조(시행일) 이 영은 2023년 12월 21일부터 시행한다.

제2조(다른 법령의 개정) ①부터 ⑥까지 생략

⑦ 법인세법 시행령 일부를 다음과 같이 개정한다.

제19조의2제1항제13호, 제61조제2항제25호 및 제78조제2항제1호나목 중 "중소기업창업투자회사"를 각각 "벤처투자회사"로 한다.

⑧부터 ㉑까지 생략

제3조 생략

부칙 〈제34266호, 2024. 2. 29.〉

제1조(시행일) 이 영은 공포한 날부터 시행한다. 다만, 제3조제1항제5호의 개정규정은 2024년 7월 1일부터 시행한다.

제2조(이월결손금 공제한도 확대에 관한 적용례) 제10조제1항제7호의 개정규정은 2024년 1월 1일 이후 개시하는 사업연도의 과세표준을 신고하는 경우부터 적용한다.

제3조(주택도시보증공사의 책임준비금 등에 관한 적용례) 제11조제10호의2, 제19조제23호의2 및 제70조제3항·제6항의 개정규정은 이 영 시행 이후 과세표준을 신고하는 경우부터 적용한다.
제4조(자본전입 시 과세되는 잉여금의 범위 확대에 관한 적용례) 제12조제1항제5호의 개정규정은 이 영 시행 이후 자본에 전입하는 경우부터 적용한다.
제5조(손비로 인정되는 인건비의 범위 확대에 관한 적용례) 제19조제3호의 개정규정은 이 영 시행일이 속하는 사업연도부터 적용한다.
제6조(징벌적 목적 손해배상금의 범위 확대에 관한 적용례 등) ① 제23조제1항 및 별표 1의 개정규정은 이 영 시행 이후 지급하는 손해배상금부터 적용한다.
② 이 영 시행 전에 지급한 손해배상금의 손금불산입 범위에 관하여는 제23조제2항의 개정규정에도 불구하고 종전의 규정에 따른다.
제7조(업무용승용차 관련비용의 손금불산입에 관한 적용례) 제50조의2제4항 각 호 외의 부분 단서의 개정규정은 2024년 1월 1일 이후 업무용승용차 관련비용을 지출하는 경우부터 적용한다.
제8조(국고보조금 등의 손금산입 범위 확대에 관한 적용례) 제64조제6항제9호의 개정규정은 2024년 1월 1일 이후 개시하는 사업연도부터 적용한다.
제9조(개발사업의 익금 귀속사업연도 조정에 관한 적용례) 제68조제7항의 개정규정은 이 영 시행 이후 토지를 양도하는 경우부터 적용한다.
제10조(외국납부세액공제의 범위 확대에 관한 적용례) 제94조제1항 각 호 외의 부분 단서의 개정규정은 2023년 8월 8일 이후 납부했거나 납부할 외국법인세액부터 적용한다.
제11조(연결소득개별귀속액의 계산식에 관한 적용례) 제120조의17제4항의 개정규정은 2024년 1월 1일 이후 개시하는 사업연도부터 적용한다.
제12조(양도손익이연자산의 범위 확대에 관한 적용례) 제120조의18제1항제2호의 개정규정은 이 영 시행 이후 외국법인의 주식등을 양도하는 경우부터 적용한다.
제13조(연결법인별 산출세액의 계산에 관한 적용례) 제120조의22제4항 및 제5항의 개정규정은 2024년 1월 1일 이후 개시하는 사업연

도부터 적용한다.
제14조(주택도시보증공사의 대위변제 금액 등에 관한 특례) ① 2022년 12월 31일이 속하는 사업연도의 종료일 현재 종전의 제19조의2제7항에 따라 손금불산입된 대위변제 금액의 적립금은 제19조의2제7항의 개정규정에도 불구하고 2023년 1월 1일이 속하는 사업연도와 그 다음 4개 사업연도에 균등하게 나누어 손금에 산입한다.

② 2022년 12월 31일이 속하는 사업연도의 종료일 현재 법 제35조제1항 및 제2항에 따라 손금산입한 구상채권상각충당금의 적립금은 제63조제1항제2호, 같은 조 세2항 및 같은 조 제4항제2호의 개정규정에도 불구하고 2023년 1월 1일이 속하는 사업연도와 그 다음 4개 사업연도에 균등하게 나누어 익금에 산입한다.

③ 2023년 1월 1일이 속하는 사업연도의 개시일 현재 주택도시보증공사가 보험감독회계기준에 따라 계상한 책임준비금에서 2022년 12월 31일이 속하는 사업연도에 손금산입한 미경과보험료적립금을 뺀 금액에 기획재정부령으로 정하는 계산식을 적용하여 산출한 금액은 제70조제3항 및 제6항의 개정규정에도 불구하고 2023년 1월 1일이 속하는 사업연도와 그 다음 4개 사업연도에 균등하게 나누어 손금에 산입한다.

부칙 〈제34488호, 2024. 5. 7.〉 (문화유산의 보존 및 활용에 관한 법률 시행령)

제1조(시행일) 이 영은 2024년 5월 17일부터 시행한다.
제2조 및 제3조 생략
제4조(다른 법령의 개정) ①부터 ⑮까지 생략

⑯ 법인세법 시행령 일부를 다음과 같이 개정한다.

제92조의6제1항제5호를 다음과 같이 한다.

5. 「문화유산의 보존 및 활용에 관한 법률」에 따른 보호구역 또는 「자연유산의 보존 및 활용에 관한 법률」에 따른 보호구역 안의 임야

제92조의11제1항제2호 중 "「문화재보호법」"을 "「문화유산의 보존 및 활용에 관한 법률」 또는 「자연유산의 보존 및 활용에 관한 법률」"로 한다.

⑰부터 〈53〉까지 생략

제5조 생략

부칙 <제34657호, 2024. 7. 2.> (벤처기업육성에 관한 특별법 시행령)

제1조(시행일) 이 영은 2024년 7월 10일부터 시행한다. <단서 생략>

제2조(다른 법령의 개정) ①부터 ⑬까지 생략

⑭ 법인세법 시행령 일부를 다음과 같이 개정한다.

제19조제19호의2 각 목 외의 부분 본문 중 "「벤처기업육성에 관한 특별조치법」"을 "「벤처기업육성에 관한 특별법」"으로 한다.

⑮부터 <55>까지 생략

제3조 생략

부칙 <제34728호, 2024. 7. 23.> (기부금품의 모집·사용 및 기부문화 활성화에 관한 법률 시행령)

제1조(시행일) 이 영은 2024년 7월 31일부터 시행한다.

제2조(다른 법령의 개정) ①부터 ③까지 생략

④ 법인세법 시행령 일부를 다음과 같이 개정한다.

제38조제11항제4호 및 제39조제8항제4호 중 "「기부금품의 모집 및 사용에 관한 법률」"을 각각 "「기부금품의 모집·사용 및 기부문화 활성화에 관한 법률」"로 한다.

⑤부터 ⑬까지 생략

제3조 생략

부칙 <제34991호, 2024. 11. 12.>

이 영은 공포한 날부터 시행한다.

부칙 <제35122호, 2024. 12. 31.>

제1조(시행일) 이 영은 2025년 1월 1일부터 시행한다.

제2조(적격외국금융회사등의 승인에 관한 경과조치) 이 영 시행 전에 종전의 제132조의2제1항 및 제3항에 따라 적격외국금융회사등으로 승인받은 외국금융회사 등은 제132조의2제1항 및 제3항의 개정규정에 따라 승인받은 것으로 본다.

부칙 〈제35350호, 2025. 2. 28.〉

제1조(시행일) 이 영은 공포한 날부터 시행한다. 다만, 다음 각 호의 개정규정은 해당 호에서 정하는 날부터 시행한다.

1. 제92조의2제2항제1호의15의 개정규정: 2025년 6월 4일
2. 대통령령 제32517호 법인세법 시행령 일부개정령 제129조제5항 및 제137조제15항의 개정규정: 2027년 1월 1일
3. 제162조의2제1항 및 별표 2의 개정규정: 2026년 1월 1일

제2조(수익사업의 범위에 관한 적용례) 제3조제2항의 개정규정은 이 영 시행 이후 유형자산 및 무형자산을 처분하는 경우부터 적용한다.

제3조(수익 등의 범위에 관한 적용례) 제11조제1호 본문 및 제19조제3호의3의 개정규정은 2025년 1월 1일 이후 재화를 판매하거나 용역을 제공하는 경우부터 적용한다.

제4조(외국법인 등의 수입배당금액 익금불산입에 관한 적용례) 제18조제2항 각 호 외의 부분 단서의 개정규정은 이 영 시행 이후 과세표준을 신고하는 경우부터 적용한다.

제5조(손비로 인정되는 주식매수선택권의 범위에 관한 적용례) 제19조제19호의2의 개정규정은 이 영 시행 이후 주식매수선택권을 행사하는 경우부터 적용한다.

제6조(감가상각자산의 범위 등에 관한 적용례) 제24조제1항제2호, 제26조제1항·제4항 및 제28조제1항제2호의 개정규정은 이 영 시행일이 속하는 사업연도에 감가상각하는 경우부터 적용한다.

제7조(일반기부금의 범위에 관한 적용례) 제39조제1항제1호라목의 개정규정은 이 영 시행 이후 과세표준을 신고하는 경우부터 적용한다.

제8조(공동경비의 손금불산입에 관한 적용례) ① 제48조제1항의 개정규정은 이 영 시행 이후 과세표준을 신고하는 경우부터 적용한다.

② 제48조제2항의 개정규정은 이 영 시행일이 속하는 사업연도에 공동경비를 지출하는 경우부터 적용한다.

제9조(고유목적사업준비금의 손금산입에 관한 적용례) 제56조제11항제3호의 개정규정은 이 영 시행일이 속하는 사업연도에 인건비를 지출하는 경우부터 적용한다.

제10조(물적분할 및 현물출자로 인한 자산양도차익상당액의 손금산입에 관한 적용례) 제84조제19항 및 제84조의2제18항의 개정규정

은 이 영 시행 이후 과세표준을 신고하는 경우부터 적용한다.
제11조(유동화전문회사 등의 소득공제 대상 배당이익에 관한 적용례) 제86조의3제1항제2호의 개정규정은 이 영 시행 이후 과세표준을 신고하는 경우부터 적용한다.
제12조(양도소득 과세특례 대상 주택의 범위에 관한 적용례) 제92조의2제2항제1호의15의 개정규정은 2025년 6월 4일 이후 민간임대주택으로 등록한 단기민간임대주택을 양도하는 경우부터 적용한다.
제13조(간접투자회사등으로부터 지급받은 소득에 대한 외국 납부세액공제 특례에 관한 적용례 등) ① 제94조의2제2항 · 제4항 · 제5항 및 제111조제3항의 개정규정은 이 영 시행 이후 간접투자회사등으로부터 지급받는 소득에 대해 간접투자외국법인세액을 공제하거나 원천징수하는 경우부터 적용한다.
② 이 영 시행 전에 발생한 소득에 대한 해당 사업연도의 과세표준을 신고하는 경우 외국 납부세액공제에 관하여는 제94조의2제2항 · 제4항 및 제5항의 개정규정에도 불구하고 종전의 규정에 따른다.
제14조(연결법인의 산출세액의 계산에 관한 적용례) 제120조의22제5항제2호의 개정규정은 이 영 시행 이후 과세표준을 신고하는 경우부터 적용한다.
제15조(외국법인의 국채 등 이자 · 양도소득에 대한 비과세 적용 신청에 관한 적용례) 제132조의4의 개정규정은 이 영 시행 이후 비과세 적용 신청을 하는 경우부터 적용한다.
제16조(외국법인에 대한 조세조약상 비과세 또는 면제 적용 신청에 관한 적용례) 제138조의4제2항제1호의 개정규정은 이 영 시행 이후 비과세 또는 면제 적용 신청을 위한 신청서등을 제출하는 경우부터 적용한다.
제17조(신용카드가맹점의 매출전표 발급에 관한 적용례) 제159조제2항의 개정규정은 이 영 시행일이 속하는 사업연도에 재화나 용역을 공급하는 경우부터 적용한다.
제18조(외국법인의 국내원천 인적용역소득에 대한 지급명세서 제출의무 에 관한 경과조치) 2026년 1월 1일 전에 발생한 국내원천 인적용역소득에 대한 지급명세서 제출의무에 관하여는 제162조의2제1항제4호의 개정규정에도 불구하고 종전의 규정에 따른다.

법인세법 시행규칙

[시행 2025. 7. 4.] [기획재정부령 제1133호, 2025. 7. 4., 일부개정]

제18조의2(한국학교 등의 요건 등)
제18조의3(공익법인등의 범위)
제19조(학교등의 요건 충족여부등 보고기한 등)
제19조의2(공익법인등의 의무이행 여부등 보고기한 등)
제20조(기업업무추진비의 손금불산입)
제21조삭 제
제22조(현실적인 퇴직의 범위등)
제23조(퇴직연금등의 범위)
제24조(지급보험료등의 범위)
제25조(매출액과 총자산가액의 범위등)
제26조(업무와 관련이 없는 부동산 등의 범위)
제27조(업무와 관련없는 비용등의 손금불산입)
제27조의2(업무용승용차 관련비용 등의 손금불산입 특례)
제28조(가지급금등에서 제외되는 금액의 범위)
제29조삭 제
제29조의2(의료기기 등의 범위)
제30조삭 제
제31조(퇴직급여충당금의 계산등)
제32조(대손충당금의 계상)
제33조(자산의 판매손익 등의 귀속사업연도)
제34조(작업진행률의 계산등)
제35조(리스료등의 귀속사업연도)
제36조(기타 손익의 귀속사업연도)
제37조(자산의 취득가액)
제37조의2(통화 관련 파생상품)
제38조(재고자산의 평가)
제39조(유가증권 등의 평가)
제39조의2(외화자산 및 부채의 평가기준이 되는 매매기준율)
제39조의3(한국채택국제회계기준 적용 보험회사에 대한 소득금액 계산의 특례)
제40조(구상무역에 있어서의 매매가액)
제40조의2(고용승계의 예외가 되는 근로자의 범위)
제41조(독립된 사업부문 및 포괄승계의 판단기준 등)
제41조의2삭 제
제41조의3삭 제
제42조(간접소유비율의 계산)

제42조의2삭 제
제42조의3(임차사택의 범위)
제42조의4(파생상품)
제42조의5(연결법인 간의 용역거래)
제42조의6(주권상장법인이 발행한 주식의 시가)
제43조(가중평균차입이자율의 계산방법 등)
제43조의2삭 제
제44조(인정이자 계산의 특례)
제44조의2(사업연도 평균환율 계산방법)
제45조(산출세액 계산방법)
제45조의2(토지등 양도소득에 대한 과세특례)
제46조(사업에 사용되는 그 밖의 토지의 범위)
제46조의2(부득이한 사유가 있어 비사업용 토지로 보지 아니하는 토지의 판정기준 등)
제46조의3삭 제
제47조(외국납부세액공제)
제48조(외국납부세액 공제시의 환율적용)
제48조의2(간접투자외국법인세액 환급금의 납부)
제49조(재해손실에 대한 세액공제)
제50조(감면 또는 세액공제액의 계산)
제50조의2삭 제
제50조의3(조정반의 지정 절차 등)
제51조(중간예납세액의 계산)
제52조삭 제
제53조(추계결정방법 등)
제54조(대표자 상여처분방법)
제55조(수시부과시의 산출세액 계산)
제56조(원천징수대상 이자소득금액의 계산)
제56조의2(기금운용법인 등)
제57조(만기보유시 원천징수 제외대상 채권 등의 범위)
제58조(증권시장 안정을 위하여 설립된 조합의 범위)
제59조(보유기간 이자상당액의 계산등)
제59조의2삭 제
제60조삭 제
제60조의2(연결법인간 사업연도 불일치가 허용되는 법인)
제60조의3(연결법인의 소득금액 계산)

제60조의4(연결법인의 수입배당금액의 익금불산입)
제60조의5(완전지배의 판단 시 제외되는 주식의 범위)
제3장 내국법인의 청산소득에 대한 법인세
제61조(해산에 의한 청산소득금액의 계산)
제4장 외국법인의 각 사업연도 소득에 대한 법인세
제62조(외국항행소득의 범위)
제62조의2(외국법인에 지급한 주식매수선택권등 행사 · 지급비용의 손금산입)
제63조(국내원천소득금액의 계산)
제63조의2(외국법인 본 · 지점 간의 자금거래에 따른 이자의 손익 계산)
제64조(국내사업장과 본점 등의 거래에 대한 국내원천소득금액의 계산)
제65조(국내원천소득과 국외원천소득의 구분기준)
제66조(항공기에 의한 국제운송업의 국내원천소득의 계산)
제66조의2삭 제
제67조(건설공사현장 등의 존속기간 계산방법)
제68조(원천징수의 범위)
제68조의2삭 제
제68조의3(조세조약 체약상대국의 정부기관 등)
제68조의4(유가증권시장에서의 정규적인 거래)
제5장 삭제 〈2002. 3. 30.〉
제69조삭 제
제70조삭 제
제71조삭 제
제72조삭 제
제73조삭 제
제73조의2삭 제
제6장 보칙
제74조삭 제
제75조(구분경리의 범위)
제75조의2(동일사업 영위 법인)
제76조(비영리법인의 구분경리)
제77조(합병법인 및 분할신설법인등의 구분경리)
제78조삭 제
제79조(지출증명서류의 수취 특례)

**개정 예정 법률 밑줄 별도 표시.

법인세법 시행규칙

[시행 2025. 7. 4.] [기획재정부령 제1133호, 2025. 7. 4., 일부개정]

제1장 총칙

제1조(목적) 이 규칙은 「법인세법」 및 같은 법 시행령에서 위임된 사항과 그 시행에 필요한 사항을 규정함을 목적으로 한다.

[본조신설 2019. 3. 20.]

[종전 제1조는 제2조로 이동 〈2019. 3. 20.〉]

제2조(수익사업의 범위) 「법인세법 시행령」(이하 "영"이라 한다) 제3조제1항 각 호 외의 부분에 따른 사업에는 그 사업 활동이 각 사업연도의 전 기간 동안 계속하는 사업 외에 상당 기간 동안 계속하거나 정기적 또는 부정기적으로 수차례에 걸쳐 하는 사업을 포함한다. 〈개정 2005. 2. 28., 2008. 3. 31., 2019. 3. 20.〉

[제1조에서 이동, 종전 제2조는 제2조의2로 이동 〈2019. 3. 20.〉]

제2조의2(소액신용대출사업의 요건) ① 영 제3조제1항제11호에서 "기획재정부령으로 정하는 자"란 다음 각 호의 어느 하나에 해당하는 자(이하 이 조에서 "금융소외계층"이라 한다)를 말한다. 〈개정 2010. 3. 31., 2019. 3. 20., 2025. 3. 21.〉

1. 「국민기초생활 보장법」 제2조에 따른 수급권자 및 차상위 계층
2. 「조세특례제한법」 제100조의3에 따른 근로장려금 신청자격 요건에 해당하는 자
3. 「신용정보의 이용 및 보호에 관한 법률」 제25조제2항제1호에 따른 종합신용정보집중기관(이하 이 조에서 "종합신용정보집중기관"이라 한다)에 연체·부도의 신용정보가 등록된 자
4. 종합신용정보집중기관에 신용정보가 등록되어 있지 아니한 자

5. 「신용정보의 이용 및 보호에 관한 법률」 제2조제5호가목에 따른 개인신용평가회사(같은 법 제5조제1항 단서에 따른 전문개인신용평가업 허가만 받은 자는 제외한다)가 산정한 개인신용평점(이하 이 조에서 "개인신용평점"이라 한다)이 하위 50퍼센트에 해당하는 자 중에서 금융위원회가 기획재정부장관과 협의하여 고시하는 지원대상자

② 영 제3조제1항제11호에서 "기획재정부령으로 정하는 요건"이란 다음 각 호의 요건을 말한다. 다만, 「서민의 금융생활 지원에 관한 법률」 제3조에 따른 서민금융진흥원이 수행하는 저소득층 또는 금융채무 불이행자에 대한 100만원 이하의 소액신용대출사업의 경우에는 제4호의 요건을 적용하지 않는다. 〈개정 2010. 3. 31., 2019. 3. 20., 2023. 3. 20., 2024. 11. 11., 2025. 3. 21.〉

1. 사업을 영위하는 비영리법인과 영 제2조제8항 각 호의 어느 하나의 관계에 있지 아니한 금융소외계층에 대출할 것

2. 담보나 보증을 설정하지 아니할 것. 다만, 금융소외계층이 지원받은 대출금으로 취득한 재산에 대하여 담보를 설정하거나 사업을 영위하는 비영리법인의 부담으로 보증보험에 가입하는 경우는 제외한다.

3. 1인에 대한 총대출금액이 1억원을 넘지 아니하는 범위에서 금융위원회가 기획재정부장관과 협의하여 고시하는 대출상한금액 이하일 것

4. 대출금리는 개인신용평점이 가장 낮은 금융소외계층에 대하여 적용되는 이자율이 「대부업 등의 등록 및 금융이용자 보호에 관한 법률 시행령」 제9조제1항에 따른 이자율의 40퍼센트를 넘지 아니하는 범위에서 금융위원회가 기획재정부장관과 협의하여 고시하는 기준금리 이하일 것

5. 대출사업에서 발생한 소득을 전액 고유목적사업에 활용할 것

[본조신설 2008. 3. 31.]

[제2조에서 이동, 종전 제2조의2는 제2조의3으로 이동 〈2019. 3. 20.〉]

제2조의3(법인의 본점등에서의 원천징수세액 일괄납부신고) 영 제7조제6항제2호나목 단서에 따라 법인의 본점등에서의 원천징수세액의 일괄납부 신고를 하려는 법인은 원천징수세액을 일괄납부하려는 달의 말일부터 1개월 전까지 원천징수세액 본점일괄납부신고서를 본점 관할세무서장에게 제출하여야 한다. 〈개정 2019. 3. 20.〉

[전문개정 2013. 2. 23.]
[제2조의2에서 이동 〈2019. 3. 20.〉]
제3조(납세지의 변경신고) 납세지가 변경된 법인이 「법인세법」(이하 "법"이라 한다) 제11조제1항의 규정에 의한 신고기한을 경과하여 변경신고를 한 경우에는 변경신고를 한 날부터 그 변경된 납세지를 당해법인의 납세지로 한다. 〈개정 2001. 3. 28., 2005. 2. 28.〉

제2장 내국법인의 각 사업연도의 소득에 대한 법인세

제4조(결손금 공제) ①법 제13조제1항제1호 및 영 제10조를 적용할 때 비영리법인의 경우에는 법 제4조제3항에 따른 수익사업에서 생긴 소득과 결손금을 그 대상으로 한다. 〈개정 2005. 2. 28., 2008. 3. 31., 2019. 3. 20.〉
②각 사업연도의 소득에 대한 법인세의 과세표준을 계산할 때 법 제13조제1항제1호에 따라 공제할 결손금에는 법인세의 과세표준과 세액을 추계결정 또는 경정함에 따라 법 제68조에 따라 공제되지 아니한 이월결손금을 포함한다. 〈개정 2003. 3. 26., 2019. 3. 20.〉
③ 영 제10조제1항제3호에서 "기획재정부령으로 정하는 기관"이란 「한국해양진흥공사법」에 따른 한국해양진흥공사를 말한다. 〈신설 2021. 3. 16.〉
제5조 삭제 〈2019. 3. 20.〉
제6조(정기예금이자율) 영 제11조제1호 단서에서 "기획재정부령으로 정하는 이자율"이란 연간 1천분의 31을 말한다. 〈개정 2010. 3. 31., 2011. 2. 28., 2012. 2. 28., 2013. 2. 23., 2014. 3. 14., 2015. 3. 13., 2016. 3. 7., 2017. 3. 10., 2018. 3. 21., 2019. 3. 20., 2020. 3. 13., 2021. 3. 16., 2023. 3. 20., 2024. 3. 22., 2025. 3. 21.〉
[전문개정 2009. 3. 30.]
제6조의2(가지급금의 익금산입 배제 사유) 영 제11조제9호 각 목 외의 부분 단서에서 "채권·채무에 대한 쟁송으로 회수가 불가능한 경우 등 기획재정부령으로 정하는 정당한 사유"란 다음 각 호의 어느 하나에 해당하는 경우를 말한다. 〈개정 2012. 2. 28., 2019. 3. 20.〉

1. 채권 · 채무에 대한 쟁송으로 회수가 불가능한 경우

2. 특수관계인이 회수할 채권에 상당하는 재산을 담보로 제공하였거나 특수관계인의 소유재산에 대한 강제집행으로 채권을 확보하고 있는 경우

3. 해당 채권과 상계할 수 있는 채무를 보유하고 있는 경우

4. 그 밖에 제1호부터 제3호까지와 비슷한 사유로서 회수하지 아니하는 것이 정당하다고 인정되는 경우

[본조신설 2010. 3. 31.]

제7조(합병대가 또는 분할대가의 계산) 법 제16조제2항제1호 및 제2호에 따른 합병대가와 분할대가에는 영 제80조제1항제2호가목 단서, 같은 호 나목, 영 제82조제1항제2호가목 단서, 같은 호 나목, 영 제83조의2제1항제2호가목 단서 및 같은 호 나목의 금액이 포함되지 않는다. 〈개정 2019. 3. 20.〉

[전문개정 2010. 6. 30.]

제8조(자본잉여금의 범위) 영 제12조제1항제3호나목 및 제4호나목 전단에서 "기획재정부령으로 정하는 자본잉여금"이란 「상법」 제459조제1항에 따른 자본거래로 인한 잉여금과 「자산재평가법」에 따른 재평가적립금을 말한다. 〈개정 2012. 4. 19., 2019. 3. 20.〉

[본조신설 2012. 2. 28.]

제9조 삭제 〈2009. 3. 30.〉

제10조(판매부대비용 및 회비의 범위) ① 영 제19조제1호의2에서 "판매와 관련된 부대비용"이란 기업회계기준(영 제79조 각 호에 따른 회계기준을 말한다. 이하 같다)에 따라 계상한 판매 관련 부대비용을 말한다. 〈개정 2018. 3. 21.〉

② 영 제19조제11호에 따른 조합 또는 협회에 지급한 회비는 조합 또는 협회가 법령 또는 정관이 정하는 바에 따른 정상적인 회비징수 방식에 의하여 경상경비 충당 등을 목적으로 조합원 또는 회원에게 부과하는 회비로 한다. 〈신설 2018. 3. 21.〉

[전문개정 2009. 3. 30.]

[제목개정 2018. 3. 21.]

제10조의2(해외모법인에 지급한 주식매수선택권등 행사 · 지급비용의 손금산입) ① 영 제19조제19호 각 목 외의 부분에서 "기획재정부령으로 정하는 것"이란 임직원이 지급받는 상여금으로서 다음 각 호의

요건을 모두 갖춘 것을 말한다. 〈신설 2010. 3. 31.〉

1. 주식 또는 주식가치에 상당하는 금전으로 지급하는 것일 것

2. 사전에 작성된 주식기준보상 운영기준 등에 따라 지급하는 것일 것

3. 임원이 지급받는 경우 정관·주주총회·사원총회 또는 이사회의 결의로 결정된 급여지급기준에 따른 금액을 초과하지 아니할 것

4. 영 제43조제7항에 따른 지배주주등(이하 이 항에서 "지배주주등"이라 한다)인 임직원이 지급받는 경우 정당한 사유 없이 같은 직위에 있는 지배주주등 외의 임직원에게 지급하는 금액을 초과하지 아니할 것

② 영 제19조제19호나목에서 "기획재정부령으로 정하는 해외모법인"이란 다음 각 호의 요건을 모두 갖춘 법인을 말한다. 〈개정 2010. 3. 31.〉

1. 외국법인으로서 발행주식이 「자본시장과 금융투자업에 관한 법률」에 따른 증권시장 또는 이와 유사한 시장으로서 증권의 거래를 위하여 외국에 개설된 시장에 상장된 법인

2. 외국법인으로서 영 제19조제19호 각 목 외의 부분에 따른 주식매수선택권등(이하 "주식매수선택권등"이라 한다)의 행사 또는 지급비용을 보전하는 내국법인(「자본시장과 금융투자업에 관한 법률」에 따른 상장법인은 제외한다)의 의결권 있는 주식의 100분의 90 이상을 직접 또는 간접으로 소유한 법인. 이 경우 주식의 간접소유비율은 다음 산식에 따라 계산하되[해당 내국법인의 주주인 법인(이하 이 호에서 "주주법인"이라 한다)이 둘 이상인 경우에는 각 주주법인별로 계산한 비율을 합산한다], 해당 외국법인과 주주법인 사이에 하나 이상의 법인이 개재되어 있고, 이들 법인이 주식소유관계를 통하여 연결되어 있는 경우에도 또한 같다.

해당 외국법인이 소유하고 있는 주주법인의 의결권 있는 주식 수가 그 주주법인의 의결권 있는 총 주식 수에서 차지하는 비율	×	주주법인이 소유하고 있는 해당 내국법인의 의결권 있는 주식 수가 그 내국법인의 의결권 있는 총 주식 수에서 차지하는 비율

③ 영 제19조제19호나목에서 "주식매수선택권등으로서 기획재정

부령으로 정하는 것"이란 다음 각 호의 요건을 모두 갖춘 것을 말한다. 〈개정 2010. 3. 31.〉

1. 「상법」에 따른 주식매수선택권과 유사한 것으로서 해외모법인의 주식을 미리 정한 가액(이하 이 조에서 "행사가액"이라 한다)으로 인수 또는 매수(행사가액과 주식의 실질가액과의 차액을 현금 또는 해당 해외모법인의 주식으로 보상하는 경우를 포함한다)할 수 있는 권리일 것(주식매수선택권만 해당한다)

2. 해외모법인이 발행주식총수의 100분의 10의 범위에서 부여하거나 지급한 것일 것

3. 해외모법인과 해당 법인 간에 해당 주식매수선택권등의 행사 또는 지급비용의 보전에 관하여 사전에 서면으로 약정하였을 것

[본조신설 2009. 3. 30.]

[제목개정 2010. 3. 31.]

제10조의3(유족에게 지급하는 학자금 등 손금산입) 영 제19조제21호에서 "기획재정부령으로 정하는 요건"이란 임원 또는 직원의 사망 전에 정관이나, 주주총회·사원총회 또는 이사회의 결의에 의하여 결정되어 임원 또는 직원에게 공통적으로 적용되는 지급기준에 따라 지급되는 것을 말한다. 〈개정 2019. 3. 20.〉

[본조신설 2015. 3. 13.]

[종전 제10조의3은 제10조의4로 이동 〈2015. 3. 13.〉]

제10조의4(회수불능 사유 및 회수불능 확정채권의 범위) ① 영 제19조의2제1항제7호에서 "기획재정부령으로 정하는 사유"란 다음 각 호의 어느 하나에 해당하는 경우를 말한다. 〈신설 2021. 3. 16., 2023. 3. 20.〉

1. 채무자의 파산·행방불명 또는 이에 준하는 불가항력으로 채권회수가 불가능함을 현지의 거래은행·상공회의소·공공기관 또는 해외채권추심기관(「무역보험법」 제37조에 따른 한국무역보험공사와 같은 법 제53조제3항에 따른 대외채권 추심 업무 수행에 관한 협약을 체결한 외국의 기관을 말한다. 이하 이 항에서 같다)이 확인하는 경우

2. 거래당사자 간에 분쟁이 발생하여 중재기관·법원 또는 보험기관 등이 채권금액을 감면하기로 결정하거나 채권금액을 그 소요경비로 하기로 확정한 경우(채권금액의 일부를 감액하거나 일부를 소요

경비로 하는 경우에는 그 감액되거나 소요경비로 하는 부분으로 한정한다)

3. 채무자의 인수거절·지급거절에 따라 채권금액의 회수가 불가능하거나 불가피하게 거래당사자 간의 합의에 따라 채권금액을 감면하기로 한 경우로서 이를 현지의 거래은행·검사기관·공증기관·공공기관 또는 해외채권추심기관이 확인하는 경우(채권금액의 일부를 감액한 경우에는 그 감액된 부분으로 한정한다)

② 영 제19조의2제1항제10호에서 "기획재정부령으로 정하는 것에 따라 회수불능으로 확정된 채권"이란 다음 각 호의 어느 하나에 해당하는 것에 따라 회수불능으로 확정된 채권을 말한다. 〈개정 2020. 3. 13., 2021. 3. 16.〉

1. 「민사소송법」에 따른 화해
2. 「민사소송법」에 따른 화해권고결정
3. 「민사조정법」 제30조에 따른 결정
4. 「민사조정법」에 따른 조정

[본조신설 2019. 3. 20.]

[제목개정 2021. 3. 16.]

제10조의5(건설사업과 직접 관련된 특수관계자의 범위) 영 제19조의2제6항제5호 단서에서 "기획재정부령으로 정하는 자"란 다음 각 호의 어느 하나에 해당하는 자를 말한다. 〈개정 2021. 3. 16.〉

1. 「사회기반시설에 대한 민간투자법」 제2조제7호에 따른 사업시행자

2. 「국유재산법」 제13조제2항제1호 또는 「공유재산 및 물품 관리법」 제7조제2항제1호에 따라 기부한 행정재산을 운영하는 내국법인

3. 법 제51조의2제1항제1호·제2호·제4호·제6호에 해당하는 내국법인 또는 이와 유사한 투자회사로서 「조세특례제한법」 제104조의31제1항 각 호에 해당하는 내국법인

[본조신설 2017. 3. 10.]

제11조(부가가치세 매입세액의 손금산입) 영 제22조제1항제3호의 규정에 의하여 손금에 산입할 수 있는 매입세액은 다음 각호의 것으로 한다. 〈개정 2005. 2. 28., 2013. 6. 28.〉

1. 「부가가치세법」 제36조제1항부터 제3항까지의 규정에 의한 영수증을 교부받은 거래분에 포함된 매입세액으로서 매입세액공제대상

이 아닌 금액
2. 부동산 임차인이 부담한 전세금 및 임차보증금에 대한 매입세액

제12조(감가상각자산의 범위) ①영 제24조제1항제2호가목에 따른 영업권에는 다음 각 호의 금액이 포함되는 것으로 한다. 〈개정 2015. 10. 30., 2021. 10. 28.〉

1. 사업의 양도·양수과정에서 양도·양수자산과는 별도로 양도사업에 관한 허가·인가 등 법률상의 지위, 사업상 편리한 지리적 여건, 영업상의 비법, 신용·명성·거래처 등 영업상의 이점 등을 고려하여 적절한 평가방법에 따라 유상으로 취득한 금액
2. 설립인가, 특정사업의 면허, 사업의 개시등과 관련하여 부담한 기금·입회금등으로서 반환청구를 할 수 없는 금액과 기부금등

② 영 제24조제2항제1호에서 "기획재정부령으로 정하는 요건"이란 다음 각 호의 요건을 말한다. 〈신설 2011. 2. 28., 2012. 2. 28., 2019. 3. 20.〉

1. 법령 또는 계약에 따른 권리로부터 발생하는 무형자산으로서 법령 또는 계약에 따른 사용 기간이 무한하거나, 무한하지 아니하더라도 취득가액의 100분의 10 미만의 비용으로 그 사용 기간을 갱신할 수 있을 것
2. 「주식회사 등의 외부감사에 관한 법률」 제5조제1항제1호에 따른 회계처리기준(이하 "한국채택국제회계기준"이라 한다)에 따라 내용연수가 비한정인 무형자산으로 분류될 것
3. 결산을 확정할 때 해당 무형자산에 대한 감가상각비를 계상하지 아니할 것

③영 제24조제3항제1호에 따라 감가상각자산에 해당되는 유휴설비에는 다음 각호의 기계 및 장치등이 포함되지 아니하는 것으로 한다. 〈개정 2011. 2. 28.〉

1. 사용중 철거하여 사업에 사용하지 아니하는 기계 및 장치등
2. 취득후 사용하지 아니하고 보관중인 기계 및 장치등

④영 제24조제3항제2호에 따라 감가상각자산에서 제외되는 건설중인 자산에는 설치중인 자산 또는 그 성능을 시험하기 위한 시운전기간에 있는 자산을 포함한다. 다만, 건설중인 자산의 일부가 완성되어 당해부분이 사업에 사용되는 경우 그 부분은 이를 감가상각

자산에 해당하는 것으로 한다. 〈개정 2011. 2. 28.〉

제13조(감가상각자산의 구분 등) ① 영 제26조의2제1항에서 “기획재정부령으로 정하는 감가상각자산 구분”이란 다음 각 호에 따른 자산 구분을 말한다. 〈개정 2019. 3. 20.〉

1. 제15조제1항에 따른 자산으로서 별표 2에 따라 동일한 내용연수를 적용받는 자산
2. 영 제24조제1항제2호가목부터 라목까지에 따른 무형자산으로서 별표 3에 따라 동일한 내용연수를 적용받는 자산
3. 별표 5에 해당하는 자산으로서 같은 표에 따라 동일한 기준내용연수를 적용받는 자산
4. 별표 6에 따른 기준내용연수를 적용받는 자산

② 영 제26조의2제1항에서 “기획재정부령으로 정하는 업종구분”이란 별표 6의 중분류에 따른 업종구분을 말한다.

③ 영 제26조의2제2항 각 호를 적용할 때 기준연도에 동종자산에 대하여 감가상각비를 손금으로 계상할 때 정액법과 정률법을 모두 적용한 경우[영 제26조의2제6항제1호에 해당하는 경우로서 같은 조 제2항제1호가목에 따른 결산상각방법(이하 이 조 및 제14조에서 “결산상각방법”이라 한다)이 법인 간 다른 경우를 포함한다] 개별자산의 감가상각비 한도 및 동종자산의 감가상각비 한도는 다음 각 호의 어느 하나에 해당하는 방법을 선택하여 계산한다. 이 경우 선택한 방법은 그 이후의 사업연도에도 계속하여 적용한다.

1. 다음 각 목에 따른 방법

가. 개별자산의 감가상각비 한도: 다음 산식에 따라 계산한 금액

(감가상각자산의 취득가액 × 결산상각방법이 정액법인 감가상각자산의 취득가액 비중 × 정액법 기준상각률) + (감가상각자산의 미상각잔액 × 결산상각방법이 정률법인 감가상각자산의 취득가액 비중 × 정률법 기준상각률)

나. 동종자산의 감가상각비 한도 : 다음 산식에 따라 계산한 금액

(동종자산의 취득가액 합계 × 결산상각방법이 정액법인 감가상각자산의 취득가액 비중 × 정액법 기준상각률) + (동종자산의 미상각잔액 합계 × 결산상각방법이 정률법인 감가상각자산의 취득가액 비중 × 정률법 기준상각률)

2. 결산상각방법이 정액법인 감가상각자산과 정률법인 감가상각자산 중 취득가액 비중이 더 큰 감가상각자산의 결산상각방법을 기준연도의 결산상각방법으로 보고 영 제26조의2제2항에 따라 개별자산의 감가상각비 한도 및 동종자산의 감가상각비 한도를 계산하는 방법

④ 제3항을 적용할 때 정액법 기준상각률 및 정률법 기준상각률은 해당 사업연도에 결산상각방법이 정액법인 자산 및 정률법인 자산에 대하여 영 제26조의2제4항에 따라 각각 계산한 기준상각률을 말한다.

⑤ 영 제26조의2제2항 각 호 및 같은 조 제4항 각 호를 적용할 때 사업연도 중에 취득한 감가상각자산 및 사업연도 중에 처분한 감가상각자산의 취득가액 및 미상각잔액은 각각 그 취득가액 및 미상각잔액에 해당 감가상각자산을 사업에 사용한 월수를 사업연도의 월수로 나눈 금액을 곱하여 계산한다. 이 경우 월수는 역에 따라 계산하되, 1월 미만의 일수는 1월로 한다.

[전문개정 2011. 2. 28.]

제13조의2(기준내용연수) 법 제23조제2항제2호 및 영 제26조의3제2항제1호에서 "기획재정부령으로 정하는 기준내용연수"란 영 제28조제1항제1호의 감가상각자산의 경우에는 별표 2 및 별표 3에 따른 내용연수를, 영 제28조제1항제2호의 감가상각자산의 경우에는 별표 5 및 별표 6에 따른 기준내용연수를 말한다. 〈개정 2014. 3. 14.〉

[본조신설 2011. 2. 28.]

제14조(감가상각방법의 변경) 영 제27조제1항제5호에서 "기획재정부령으로 정하는 회계정책의 변경"이란 다음 각 호의 어느 하나에 해당하는 경우를 말한다. 〈개정 2012. 2. 28., 2019. 3. 20.〉

1. 한국채택국제회계기준을 최초로 적용한 사업연도에 결산상각방법을 변경하는 경우

2. 한국채택국제회계기준을 최초로 적용한 사업연도에 지배기업의 연결재무제표 작성 대상에 포함되는 종속기업이 지배기업과 회계정책을 일치시키기 위하여 결산상각방법을 지배기업과 동일하게 변경하는 경우

[본조신설 2011. 2. 28.]

제15조(내용연수와 상각률) ①영 제28조제1항제1호에서 "기획재정

부령으로 정하는 시험연구용자산"이란 별표 2에 규정된 자산을 말한다. 〈개정 2008. 3. 31., 2019. 3. 20.〉

②영 제28조제1항제1호에서 "기획재정부령으로 정하는 내용연수"란 별표 2 및 별표 3에 규정된 내용연수를 말하고, 같은 호에서 "기획재정부령으로 정하는 상각방법별 상각률"이란 별표4에 규정된 상각률을 말한다. 〈개정 2008. 3. 31., 2019. 3. 20.〉

③영 제28조제1항제2호에서 "기획재정부령으로 정하는 내용연수범위"란 별표 5 및 별표 6에 규정된 내용연수범위를 말한다. 〈개정 2008. 3. 31., 2011. 2. 28.〉

제16조(가동률) 영 제29조제1항제2호에서 "기획재정부령이 정하는 가동률"이라 함은 다음 각호의 비율중에서 당해법인이 선택한 비율을 말한다. 〈개정 2003. 3. 26., 2008. 3. 31.〉

1.

$$\frac{\text{당해 사업연도 실제생산량}}{\text{연간 생산가능량}} \times 100$$

2.

$$\frac{\text{연간 작업시간}}{\text{연간 작업가능시간}} \times 100$$

제17조(수익적 지출의 범위) 다음 각호의 지출은 영 제31조제2항의 규정에 의한 자본적 지출에 해당하지 아니하는 것으로 한다.

1. 건물 또는 벽의 도장
2. 파손된 유리나 기와의 대체
3. 기계의 소모된 부속품 또는 벨트의 대체
4. 자동차 타이어의 대체
5. 재해를 입은 자산에 대한 외장의 복구·도장 및 유리의 삽입
6. 기타 조업가능한 상태의 유지등 제1호 내지 제5호와 유사한 것

제18조(기부금의 지출시기) 영 제36조제2항 및 제3항을 적용할 때 법인이 기부금의 지출을 위하여 어음을 발행(배서를 포함한다)한 경우에는 그 어음이 실제로 결제된 날에 지출한 것으로 보며, 수표를 발행한 경우에는 당해수표를 교부한 날에 지출한 것으로 본다. 〈개

정 2019. 3. 20.〉

[제19조에서 이동, 종전 제18조는 제18조의3으로 이동 〈2019. 3. 20.〉]

제18조의2(한국학교 등의 요건 등) ① 영 제38조제4항제5호에 따른 총 지출금액 및 배분지출액은 다음 각 호에 따라 계산한 금액으로 한다. 〈개정 2012. 2. 28., 2019. 3. 20.〉

1. 총 지출금액: 발생주의에 기초한 결산 기준 포괄손익계산서(포괄손익계산서가 없는 경우에는 손익계산서를 말한다. 이하 이 조에서 같다)의 차변에 계상된 금액의 합계액에서 현재·미래의 현금흐름과 무관한 비용을 뺀 금액

2. 배분지출액: 가목의 금액에서 나목과 다목의 금액을 뺀 금액

가. 제1호에 따른 총 지출금액 중 개인에게 직접 지원한 금액과 다른 비영리법인·단체의 고유목적사업을 위한 재원으로 지출한 금액의 합계액

나. 해당 법인이 출연하여 설립한 법인 또는 단체에 지출한 금액

다. 개인에게 직접 지원한 금액이 가목의 금액에서 나목의 금액을 뺀 금액의 100분의 30을 초과하는 경우 그 초과하는 금액

② 삭제 〈2018. 3. 21.〉

③ 영 제38조제6항에서 "기획재정부령으로 정하는 서류"란 다음 각 호의 구분에 따른 서류를 말한다. 〈개정 2012. 2. 28., 2013. 3. 23., 2018. 3. 21., 2019. 3. 20., 2021. 3. 16.〉

1. 법 제24조제2항제1호라목9)에 따른 한국학교의 경우: 다음 각 목의 서류

가. 별지 제63호의2서식의 공익법인등 추천서

나. 삭제 〈2018. 3. 21.〉

다. 「재외국민 교육지원 등에 관한 법률」 제5조제1항 및 제4항에 따른 교육부장관의 설립승인서 및 운영승인서

라. 최근 3년간(설립일부터 신청일 직전 사업연도 종료일까지의 기간이 3년 미만인 경우에는 해당 학교가 설립한 사업연도부터 신청일 직전 사업연도 종료일까지의 기간을 말한다. 이하 이 항에서 같다)의 결산서 및 해당 사업연도 예산서

마. 기부금을 통한 사업계획서

2. 법 제24조제2항제1호바목에 따른 법인의 경우: 다음 각 목의

서류

가. 별지 제63호의2서식의 공익법인등 추천서

나. 법인설립허가서

다. 삭제 〈2021. 3. 16.〉

라. 정관

마. 기부금을 통한 사업계획서

바. 최근 3년간의 결산서 및 해당 사업연도 예산서

사. 별지 제63호의8서식의 총 지출금액 계산서

아. 최근 3년간의 결산서에 대한 회계감사 보고서

자. 「상속세 및 증여세법 시행령」 제43조의2제10항에 따른 전용계좌개설 신고 사실에 대하여 관할 세무서장이 발급하는 사실증명

3. 삭제 〈2018. 3. 21.〉

④ 영 제38조제6항에 따라 주무관청으로부터 추천 서류를 제출받은 기획재정부장관은 「전자정부법」 제36조제1항에 따른 행정정보의 공동이용을 통하여 추천 대상인 법인의 등기사항증명서를 확인해야 한다. 〈신설 2021. 3. 16.〉

⑤ 영 제38조제11항제1호에서 "기획재정부령으로 정하는 금액"이란 사업연도별로 1천만원을 말한다. 〈신설 2011. 7. 29., 2012. 2. 28., 2019. 3. 20.〉

⑥ 주무관청은 학교등의 명칭이 변경된 경우로서 해당 학교등이 지정요건을 계속 충족하고 있는 경우에는 지체 없이 그 학교등의 정관을 첨부하여 기획재정부장관에게 그 사실을 알려야 한다. 이 경우 기획재정부장관은 「전자정부법」 제36조제1항에 따른 행정정보의 공동이용을 통하여 그 학교등의 법인 등기사항증명서를 확인해야 한다. 〈신설 2011. 7. 29., 2011. 9. 30., 2013. 2. 23., 2018. 3. 21., 2021. 3. 16.〉

[본조신설 2011. 2. 28.]

[제목개정 2021. 3. 16.]

[제18조의3에서 이동, 종전 제18조의2는 제19조로 이동 〈2019. 3. 20.〉]

제18조의3(공익법인등의 범위) ① 영 제39조제1항제1호바목에 따른 지정은 매분기별로 한다.

② 영 제39조제1항제1호바목에 따라 추천을 받으려는 법인은 별

지 제63호의5서식의 공익법인등 추천신청서에 다음 각 호의 서류를 첨부하여 해당 분기 마지막 달의 전전달 10일까지 국세청장(주사무소 및 본점소재지 관할 세무서장을 포함한다. 이하 이 조 및 제19조에서 같다)에게 제출해야 한다. 〈개정 2021. 3. 16., 2023. 3. 20.〉

1. 법인 등의 설립 또는 등록에 관한 다음 각 목의 서류

가. 「민법」 제32조에 따라 주무관청의 허가를 받아 설립된 비영리법인, 「공공기관의 운영에 관한 법률」 제4조에 따른 공공기관(같은 법 제5조제4항제1호에 따른 공기업은 제외한다) 또는 법률에 따라 직접 설립 또는 등록된 기관의 경우: 법인설립허가서

나. 「협동조합 기본법」 제85조에 따라 설립된 사회적협동조합(이하 이 조에서 "사회적협동조합"이라 한다)의 경우: 사회적협동조합 설립인가증

다. 비영리외국법인의 경우: 외국의 정부가 발행한 해당 법인의 설립에 관한 사항을 증명할 수 있는 서류

2. 정관

3. 최근 3년간의 결산서 및 해당 사업연도 예산서. 다만, 제출일 현재 법인 등의 설립기간이 3년이 경과하지 않은 경우에는 다음 각 목의 서류

가. 제출 가능한 사업연도의 결산서

나. 해당 사업연도 예산서

다. 국세청장에 추천을 신청하는 날이 속하는 달의 직전 월까지의 월별 수입·지출 내역서

4. 지정일이 속하는 사업연도부터 3년(영 제39조제1항제1호 각 목 외의 부분 단서에 따른 지정기간이 6년인 경우에는 5년으로 한다)이 경과하는 날이 속하는 사업연도까지의 기부금 모집을 통한 사업계획서

5. 법인 대표자의 별지 제63호의6서식의 공익법인등 의무이행준수 서약서(영 제39조제1항제1호 각 목 외의 부분 단서에 따른 지정기간이 3년인 경우에 한정한다)

6. 기부금모금 및 지출을 통한 공익활동보고서(영 제39조제1항제1호 각 목 외의 부분 단서에 따른 지정기간이 6년인 경우에 한정한다)

③ 제2항에 따라 공익법인등 추천신청서 및 같은 항 각 호의 서

류(이하 "추천신청서류"라 한다)를 제출받은 국세청장은 「전자정부법」 제36조제1항에 따른 행정정보의 공동이용을 통하여 추천 대상인 법인의 등기사항증명서를 확인해야 하며, 제2항에 따라 제출받은 추천신청서류를 검토한 후 지정요건을 충족하는 기관에 대해서는 해당 분기 마지막 달의 직전 달 10일까지 추천기관의 법인명, 대표자, 사업내용 등을 기재한 별지 제63호의2서식의 공익법인등 추천서에 추천신청서류를 첨부하여 기획재정부장관에게 제출해야 한다. 〈개정 2021. 3. 16., 2023. 3. 20.〉

④ 영 제39조제1항제1호바목에 따라 기획재정부장관이 지정한 기관(이하 이 조에서 "공익법인등"이라 한다)이 같은 호 각 목 외의 부분 단서에 따른 지정기간이 경과한 후 다시 공익법인등으로 지정받기 위해서는 같은 호 바목 및 이 조 제2항에 따라 국세청장에게 추천신청서류를 제출하고 제3항에 따른 국세청장의 추천을 받아 기획재정부장관이 새로 지정해야 한다. 〈개정 2021. 3. 16., 2022. 3. 18.〉

⑤ 영 제39조제8항제1호에서 "기획재정부령으로 정하는 금액"이란 사업연도별 1천만원을 말한다.

⑥ 공익법인등은 명칭이 변경된 경우로서 지정요건을 계속 충족하고 있는 경우 별지 제63호의5서식의 공익법인등 명칭변경신청서에 해당 공익법인등의 정관과 제2항제1호다목의 서류(비영리외국법인인 경우로 한정한다)를 첨부하여 국세청장에게 제출해야 한다. 이 경우 국세청장은 「전자정부법」 제36조제1항에 따른 행정정보의 공동이용을 통하여 그 공익법인등의 법인 등기사항증명서를 확인해야 한다. 〈개정 2023. 3. 20.〉

⑦ 제6항에 따라 자료를 제출받은 국세청장은 해당 분기 마지막 달의 직전 달 10일까지 기획재정부장관에게 명칭이 변경된 공익법인등의 명단을 통보하고, 기획재정부장관은 해당 공익법인등의 명칭이 변경된 사실을 관보에 공고해야 한다. 〈신설 2021. 3. 16.〉

[전문개정 2020. 3. 13.]

[제목개정 2021. 3. 16.]

제19조(학교등의 요건 충족여부등 보고기한 등) ① 영 제38조제3항 또는 제4항에 따른 학교 또는 법인(이하 이 조에서 "학교등"이라 한다)은 영 제38조제9항에 따른 요건 충족여부등(이하 이 조에서 "요

건충족여부등"이라 한다)을 사업연도 종료일부터 4개월 이내에 주무관청에 보고해야 한다. 〈개정 2020. 3. 13., 2021. 3. 16.〉

② 학교등의 주무관청(이하 이 조에서 "주무관청"이라 한다)은 제1항의 보고기한까지 요건충족여부등을 보고하지 않은 학교등에 대해서는 제1항의 보고기한으로부터 2개월 이내에 요건충족여부등을 보고하도록 지체 없이 요구해야 한다. 〈개정 2011. 7. 29., 2014. 3. 14., 2018. 3. 21., 2020. 3. 13., 2021. 3. 16.〉

③ 주무관청은 제1항 및 제2항에 따라 요건충족여부등을 보고받은 경우에는 그 점검결과를, 보고받지 못한 경우에는 그 미보고 사실을 제1항의 보고기한으로부터 3개월 이내에 국세청장에게 통보해야 한다. 〈개정 2011. 7. 29., 2014. 3. 14., 2018. 3. 21., 2020. 3. 13., 2021. 3. 16.〉

④ 제1항 및 제3항에 따라 학교등 및 주무관청이 제출하는 서식은 다음 각 호의 서식에 따른다. 〈신설 2012. 2. 28., 2018. 3. 21., 2019. 3. 20., 2020. 3. 13., 2021. 3. 16.〉

1. 영 제38조제3항에 따른 학교: 별지 제63호의12서식

2. 영 제38조제4항에 따른 법인(이하 "전문모금기관"이라 한다): 별지 제63호의11서식

3. 삭제 〈2018. 3. 21.〉

⑤ 영 제38조제8항제1호에서 "기획재정부령으로 정하는 기부금 모금액 및 활용실적 명세서"란 별지 제63호의7서식을 말한다. 〈신설 2014. 3. 14., 2019. 3. 20., 2020. 3. 13.〉

⑥ 국세청장은 영 제38조제11항 및 제13항에 따라 학교등의 지정을 취소하거나 다시 지정하지 않으려는 경우에는 다음 각 호의 구분에 따라 해당 기한까지 기획재정부장관에게 이를 요청해야 한다. 〈신설 2017. 3. 10., 2019. 3. 20., 2020. 3. 13.〉

1. 영 제38조제11항에 해당하는 경우: 11월 30일

2. 영 제38조제13항에 해당하는 경우: 해당 사유를 알게 된 날부터 5개월이 되는 날

⑦ 국세청장은 제6항에 따라 지정을 취소하거나 재지정하지 않을 것을 기획재정부장관에게 요청할 때에는 다음 각 호의 사항을 적은 문서로 해야 한다. 이 경우 제3항에 따라 주무관청으로부터 통보받은 점검결과 등의 관련 자료를 첨부해야 한다. 〈신설 2014. 3.

14., 2017. 3. 10., 2020. 3. 13.〉

1. 지정 취소 또는 재지정 거부 대상 학교등 명칭
2. 주무관청
3. 지정 취소 또는 재지정 거부 사유
4. 그 밖에 지정 취소나 재지정 거부에 필요한 사항

[본조신설 2010. 3. 31.]

[제목개정 2020. 3. 13.]

[제18조의2에서 이동, 종전 제19조는 제18조로 이동 〈2019. 3. 20.〉]

제19조의2(공익법인등의 의무이행 여부등 보고기한 등) ① 영 제39조제6항에 따른 공익법인등은 같은 조 제5항에 따른 의무이행 여부(이하 이 조에서 "의무이행여부"라 한다)를 사업연도 종료일부터 4개월 이내에 국세청장에게 보고해야 한다. 〈개정 2021. 3. 16., 2023. 3. 20.〉

② 국세청장은 제1항의 보고기한까지 의무이행여부를 보고하지 않은 공익법인등에 대해서는 제1항의 보고기한으로부터 2개월 이내에 의무이행여부를 보고하도록 지체 없이 요구해야 한다. 〈개정 2021. 3. 16.〉

③ 제1항에 따라 공익법인등이 보고하는 서식은 별지 제63호의10서식에 따른다. 〈개정 2021. 3. 16.〉

④ 영 제39조제5항제3호나목 후단에서 "기획재정부령으로 정하는 기부금 모금액 및 활용실적 명세서"란 별지 제63호의7서식을 말한다. 〈개정 2023. 3. 20.〉

⑤ 국세청장은 영 제39조제8항 및 제9항에 따라 공익법인등의 지정을 취소하는 경우에는 다음 각 호의 구분에 따라 해당 기한까지 기획재정부장관에게 이를 요청해야 한다. 〈개정 2021. 3. 16.〉

1. 영 제39조제8항에 해당하는 경우: 11월 30일
2. 영 제39조제9항에 해당하는 경우: 해당 사유를 알게 된 날부터 5개월이 되는 날

⑥ 국세청장은 제5항에 따라 지정을 취소할 것을 기획재정부장관에게 요청할 때에는 다음 각 호의 사항을 적은 문서로 해야 한다. 〈개정 2021. 3. 16.〉

1. 지정 취소대상 공익법인등의 명칭

2. 주무관청

3. 지정 취소사유

4. 그 밖에 지정 취소에 필요한 사항

[본조신설 2020. 3. 13.]

[제목개정 2021. 3. 16.]

제20조(기업업무추진비의 손금불산입) ①법 제25조제4항제2호를 적용할 때 같은 호 단서에 해당하는 수입금액(이하 이 항에서 "기타 수입금액"이라 한다)이 있는 경우 그 기타 수입금액에 대하여 법 제25조제4항제2호의 표에 따른 비율(이하 이 항에서 "적용률"이라 한다)을 곱하여 산출한 금액의 계산은 제1호의 금액에서 제2호의 금액을 차감하는 방법에 따른다. 〈개정 2005. 2. 28., 2006. 3. 14., 2019. 3. 20.〉

1. 해당 법인의 수입금액에 적용률을 곱하여 산출한 금액

2. 해당 법인의 수입금액 중 기타 수입금액 외의 수입금액에 적용률을 곱하여 산출한 금액

②법 제25조제2항 본문에 따라 손금에 산입하지 않는 기업업무추진비 지출액에는 법인이 직접 생산한 제품등으로 제공한 것을 제외한다. 〈개정 2002. 3. 30., 2023. 3. 20.〉

[제목개정 2023. 3. 20.]

제21조 삭제 〈2002. 3. 30.〉

제22조(현실적인 퇴직의 범위등) ① 삭제 〈2009. 3. 30.〉

②영 제44조제1항을 적용할 때 현실적으로 퇴직하지 아니한 임원 또는 직원에게 지급한 퇴직급여는 해당 임원 또는 직원이 현실적으로 퇴직할 때까지 이를 영 제53조제1항에 해당하는 것으로 본다. 〈개정 2006. 3. 14., 2019. 3. 20.〉

③ 영 제44조제2항제5호에서 "정관 또는 정관에서 위임된 퇴직급여지급규정에 따라 장기요양 등 기획재정부령으로 정하는 사유"란 다음 각 호의 어느 하나에 해당하는 경우를 말한다. 〈신설 2010. 3. 31.〉

1. 중간정산일 현재 1년 이상 주택을 소유하지 아니한 세대의 세대주인 임원이 주택을 구입하려는 경우(중간정산일부터 3개월 내에 해당 주택을 취득하는 경우만 해당한다)

2. 임원(임원의 배우자 및 「소득세법」 제50조제1항제3호에 따른

생계를 같이 하는 부양가족을 포함한다)이 3개월 이상의 질병 치료 또는 요양을 필요로 하는 경우

3. 천재 · 지변, 그 밖에 이에 준하는 재해를 입은 경우

④ 영 제44조제3항에 따라 법인이 임원 또는 직원에게 해당 법인(임원 또는 직원이 전입하는 때에 퇴직급여 상당액을 인수하지 아니한 법인을 말한다. 이하 이 항에서 같다)과 특수관계인인 법인에 근무한 기간을 합산하여 퇴직급여를 지급하는 경우에는 퇴직급여 전액 중 해당 법인이 지급할 퇴직급여의 금액(각 법인으로부터의 전출 또는 각 법인으로의 전입을 각각 퇴직 및 신규채용으로 보아 계산한 금액을 말한다)을 임원 또는 직원이 해당 법인에서 퇴직하는 때에 각 법인의 손금에 산입한다. 〈신설 2009. 3. 30., 2010. 3. 31., 2012. 2. 28., 2019. 3. 20.〉

⑤영 제44조제4항제2호에서 "기획재정부령으로 정하는 방법에 의하여 계산한 근속연수"란 역년에 의하여 계산한 근속연수를 말한다. 이 경우 1년미만의 기간은 월수로 계산하되, 1개월 미만의 기간은 이를 산입하지 아니한다. 〈개정 2008. 3. 31., 2009. 3. 30., 2010. 3. 31.〉

제23조(퇴직연금등의 범위) 영 제44조의2제2항에서 "기획재정부령으로 정하는 것"이란 다음 각 호의 어느 하나에 해당하는 기관이 취급하는 퇴직연금을 말한다. 〈개정 2001. 3. 28., 2004. 3. 5., 2005. 2. 28., 2006. 3. 14., 2008. 3. 31., 2009. 3. 30., 2011. 2. 28.〉

1. 「보험업법」에 따른 보험회사

2. 「자본시장과 금융투자업에 관한 법률」에 따른 신탁업자 · 집합투자업자 · 투자매매업자 또는 투자중개업자

3. 「은행법」에 따른 은행

4. 「산업재해보상보험법」 제10조에 따른 근로복지공단

5. 삭제 〈2011. 2. 28.〉

[제목개정 2011. 2. 28.]

제24조(지급보험료등의 범위) ①영 제44조의2제2항부터 제4항까지를 적용할 때 법인이 임원 또는 직원에 대하여 확정기여형 퇴직연금등을 설정하면서 설정 전의 근무기간분에 대한 부담금을 지출한 경우 그 지출금액은 제31조제2항에 따라 퇴직급여충당금의 누적액

에서 차감된 퇴직급여충당금에서 먼저 지출한 것으로 본다. 〈신설 2006. 3. 14., 2010. 3. 31., 2019. 3. 20.〉

②영 제44조의2제4항제2호에서 "직전 사업연도종료일까지 지급한 부담금"이란 직전 사업연도종료일까지 납입한 부담금의 누계액에서 해당 사업연도 종료일까지 퇴직연금등의 해약이나 임원 또는 직원의 퇴직으로 인하여 수령한 해약금 및 퇴직급여와 확정기여형 퇴직연금등으로 전환된 금액을 차감한 금액을 말한다. 〈개정 2001. 3. 28., 2006. 3. 14., 2010. 3. 31., 2011. 2. 28., 2015. 10. 30., 2019. 3. 20.〉

제25조(매출액과 총자산가액의 범위등) ① 영 제48조제1항제2호가목에 따른 매출액 및 총자산가액은 기업회계기준에 따른 매출액(「자본시장과 금융투자업에 관한 법률」에 따른 집합투자업자, 투자매매업자 또는 투자중개업자의 경우에는 영 제42조제1항제1호 및 제2호에 따라 산정한 금액으로 할 수 있다. 이하 이 조에서 같다) 및 총자산가액으로 한다. 〈개정 2016. 3. 7., 2019. 3. 20.〉

②영 제48조제1항제2호가목 단서에서 "기획재정부령으로 정하는 손비"와 "기획재정부령으로 정하는 기준"이란 다음 각 호의 구분에 따른 손비와 기준을 말한다. 〈신설 2001. 3. 28., 2002. 3. 30., 2007. 3. 30., 2008. 3. 31., 2012. 2. 28., 2019. 3. 20., 2025. 3. 21.〉

1. 공동행사비 등 참석인원의 수에 비례하여 지출되는 손비 : 참석인원비율

2. 공동구매비 등 구매금액에 비례하여 지출되는 손비 : 구매금액비율

3. 공동광고선전비

가. 국외 공동광고선전비 : 수출금액(대행수출금액은 제외하며, 특정 제품에 대한 광고선전의 경우에는 해당 제품의 수출금액을 말한다)

나. 국내 공동광고선전비 : 기업회계기준에 따른 매출액 중 국내의 매출액(특정 제품에 대한 광고선전의 경우에는 해당 제품의 매출액을 말하며, 주로 최종 소비자용 재화나 용역을 공급하는 법인의 경우에는 그 매출액의 2배에 상당하는 금액 이하로 할 수 있다)

4. 공동연구개발비: 기업회계기준에 따른 매출액 중 공동연구개발

과 관련된 사업(한국표준산업분류에 따른 세분류상 사업을 말한다)에서 발생한 매출액

5. 유형자산(토지 및 건축물은 제외한다)의 공동사용료

가. 고정비: 해당 유형자산의 소유지분

나. 고정비 외의 비용: 해당 유형자산의 사용비율

6. 무형자산의 공동사용료: 해당 사업연도 개시일의 기업회계기준에 따른 자본의 총합계액

③ 삭제 〈2008. 3. 31.〉

④영 제48조제1항의 규정을 적용함에 있어서 다음 각호의 1에 해당하는 법인의 경우에는 공동 광고선전비를 분담하지 아니하는 것으로 할 수 있다. 〈개정 2005. 2. 28., 2007. 3. 30.〉

1. 당해 공동 광고선전에 관련되는 자의 직전 사업연도의 매출액 총액에서 당해 법인의 매출액이 차지하는 비율이 100분의 1에 미달하는 법인

2. 당해 법인의 직전 사업연도의 매출액에서 당해 법인의 광고선전비(공동 광고선전비를 제외한다)가 차지하는 비율이 1천분의 1에 미달하는 법인

3. 직전 사업연도 종료일 현재 청산절차가 개시되었거나 「독점규제 및 공정거래에 관한 법률」에 의한 기업집단에서의 분리절차가 개시되는 등 공동광고의 효과가 미치지 아니한다고 인정되는 법인

[제목개정 2016. 3. 7.]

제26조(업무와 관련이 없는 부동산 등의 범위) ①영 제49조제1항제1호 가목 단서에서 "기획재정부령이 정하는 기간"이란 다음 각 호의 어느 하나에 해당하는 기간(이하 이 조에서 "유예기간"이라 한다)을 말한다. 〈개정 2001. 3. 28., 2005. 2. 28., 2006. 3. 14., 2008. 3. 31., 2009. 3. 30.〉

1. 건축물 또는 시설물 신축용 토지 : 취득일부터 5년(「산업집적활성화 및 공장설립에 관한 법률」 제2조제1호의 규정에 의한 공장용 부지로서 「산업집적활성화 및 공장설립에 관한 법률」 또는 「중소기업 창업지원법」에 의하여 승인을 얻은 사업계획서상의 공장건설계획기간이 5년을 초과하는 경우에는 당해 공장건설계획기간)

2. 부동산매매업[한국표준산업분류에 따른 부동산 개발 및 공급업(묘지분양업을 포함한다) 및 건물 건설업(자영건설업에 한한다)을 말

한다. 이하 이 조에서 같다]을 주업으로 하는 법인이 취득한 매매용 부동산 : 취득일부터 5년

3. 제1호 및 제2호 외의 부동산 : 취득일부터 2년

②영 제49조제1항제1호가목 및 나목에서 "법인의 업무"란 다음 각 호의 업무를 말한다. 〈개정 2009. 3. 30.〉

1. 법령에서 업무를 정한 경우에는 그 법령에 규정된 업무

2. 각 사업연도 종료일 현재의 법인등기부상의 목적사업(행정관청의 인가·허가등을 요하는 사업의 경우에는 그 인가·허가등을 받은 경우에 한한다)으로 정하여진 업무

③영 제49조제1항제1호의 규정을 적용함에 있어서 다음 각호의 1에 해당하는 경우에는 당해부동산을 업무에 직접 사용한 것으로 본다. 〈개정 2001. 3. 28., 2003. 3. 26.〉

1. 토지를 취득하여 업무용으로 사용하기 위하여 건설에 착공한 경우(착공일이 불분명한 경우에는 착공신고서 제출일을 기준으로 한다). 다만, 천재지변·민원의 발생 기타 정당한 사유없이 건설을 중단한 경우에는 중단한 기간동안 업무에 사용하지 아니한 것으로 본다.

2. 제1항제2호의 규정에 의한 매매용부동산을 유예기간내에 양도하는 경우

④영 제49조제1항제1호의 규정을 적용함에 있어서 건축물이 없는 토지를 임대하는 경우(공장·건축물의 부속토지 등 법인의 업무에 직접 사용하던 토지를 임대하는 경우를 제외한다) 당해토지는 업무에 직접 사용하지 아니하는 부동산으로 본다. 다만, 당해 토지를 임대하던 중 당해 법인이 건설에 착공하거나 그 임차인이 당해 법인의 동의를 얻어 건설에 착공한 경우 당해 토지는 그 착공일(착공일이 불분명한 경우에는 착공신고서 제출일을 말한다)부터 업무에 직접 사용하는 부동산으로 본다. 〈개정 2000. 12. 30., 2002. 3. 30.〉

⑤영 제49조제1항제1호 각 목 외의 부분 단서에서 "기획재정부령이 정하는 부득이한 사유가 있는 부동산"이란 다음 각 호의 어느 하나에 해당하는 부동산을 말한다. 〈개정 2000. 3. 9., 2000. 12. 30., 2001. 3. 28., 2002. 3. 30., 2003. 3. 26., 2003. 12. 15., 2005. 2. 28., 2006. 3. 14., 2007. 12. 5., 2008. 3. 31., 2009.

3. 30., 2012. 2. 28., 2013. 2. 23., 2013. 3. 23., 2016. 3. 7., 2019. 3. 20.>

1. 삭제 <2001. 3. 28.>

2. 해당 부동산의 취득 후 다음 각 목의 어느 하나에 해당하는 사유가 발생한 부동산(다목 및 라목의 경우 제1항제2호의 매매용부동산을 제외한다)

가. 법령에 의하여 사용이 금지 또는 제한된 부동산(사용이 금지 또는 제한된 기간에 한한다)

나. 「문화재보호법」에 의하여 지정된 보호구역안의 부동산(지정된 기간에 한한다)

다. 유예기간이 경과되기 전에 법령에 따라 해당 사업과 관련된 인가·허가(건축허가를 포함한다. 이하 이 호에서 같다)·면허 등을 신청한 법인이 「건축법」 제18조 및 행정지도에 의하여 건축허가가 제한됨에 따라 건축을 할 수 없게 된 토지(건축허가가 제한된 기간에 한정한다)

라. 유예기간이 경과되기 전에 법령에 의하여 당해사업과 관련된 인가·허가·면허 등을 받았으나 건축자재의 수급조절을 위한 행정지도에 의하여 착공이 제한된 토지(착공이 제한된 기간에 한한다)

3. 법률 제6538호 조세특례제한법중개정법률로 개정되기 전의 「조세특례제한법」 제78조제1항 각 호 또는 같은 법 제81조제1항에 규정된 자가 보유하는 같은 법 제78조제1항 각 호 또는 같은 법 제81조제1항에 규정된 부동산

4. 「광업법」에 의하여 산업통상자원부장관의 인가를 받아 휴광중인 광업용 부동산

5. 사업장(임시 작업장을 제외한다)의 진입도로로서 「사도법」에 의한 사도 또는 불특정다수인이 이용하는 도로

6. 「건축법」에 의하여 건축허가를 받을 당시에 공공공지로 제공한 토지(당해 건축물의 착공일부터 공공공지로의 제공이 끝나는 날까지의 기간에 한한다)

7. 「대덕연구개발특구 등의 육성에 관한 법률」 제34조의 특구관리계획에 의하여 원형지로 지정된 토지(원형지로 지정된 기간에 한한다)

8. 「농업협동조합의 구조개선에 관한 법률」에 의한 농업협동조합

자산관리회사가 같은 법 제30조에 따라 「농업협동조합법」에 의한 조합, 농업협동조합중앙회, 농협은행, 농협생명보험 또는 농협손해보험으로부터 취득한 부동산

9. 「농업협동조합법」에 의한 조합, 농업협동조합중앙회, 농협은행, 농협생명보험 또는 농협손해보험이 「농업협동조합의 구조개선에 관한 법률」에 의한 농업협동조합자산관리회사에 매각을 위임한 부동산

10. 「민사집행법」에 의하여 경매가 진행중인 부동산과 「국세징수법」에 의하여 공매가 진행중인 부동산으로서 최초의 경매기일 또는 공매일부터 5년이 경과되지 아니한 부동산

11. 저당권의 실행 기타 채권을 변제받기 위하여 취득한 부동산 및 청산절차에 따라 잔여재산의 분배로 인하여 취득한 부동산으로서 취득일부터 5년이 경과되지 아니한 부동산

12. 「금융기관부실자산 등의 효율적 처리 및 한국자산관리공사의 설립에 관한 법률」에 의하여 설립된 한국자산관리공사(이하 이 조에서 "한국자산관리공사"라 한다)에 매각을 위임한 부동산으로서 3회 이상 유찰된 부동산

13. 영 제61조제2항 각 호의 어느 하나에 해당하는 금융회사 등이 저당권의 실행 또는 그 밖에 채권을 변제받기 위하여 취득한 자산으로서 다음 각 목의 어느 하나에 해당하는 부동산

가. 한국자산관리공사에 매각을 위임한 부동산

나. 부동산의 소유권에 관한 소송이 계속중인 부동산

14. 당해부동산을 취득한 후 소유권에 관한 소송이 계속중인 부동산으로서 법원에 의하여 사용이 금지된 부동산과 그 부동산의 소유권에 관한 확정판결일부터 5년이 경과되지 아니한 부동산

15. 「도시개발법」에 의한 도시개발구역안의 토지로서 환지방식에 의하여 시행되는 도시개발사업이 구획단위로 사실상 완료되어 건축이 가능한 날부터 5년이 경과되지 아니한 토지

16. 건축물이 멸실·철거되거나 무너진 경우에는 당해건축물이 멸실·철거되거나 무너진 날부터 5년이 경과되지 아니한 토지

17. 법인이 사업의 일부 또는 전부를 휴업·폐업 또는 이전함에 따라 업무에 직접 사용하지 아니하게 된 부동산으로서 그 휴업·폐업 또는 이전일부터 5년이 경과되지 아니한 부동산

18. 다음 각목의 1에 해당하는 법인이 신축한 건물로서 사용검사

일부터 5년이 경과되지 아니한 건물과 그 부속토지

가. 주택신축판매업[한국표준산업분류에 의한 주거용 건물공급업 및 주거용 건물건설업(자영건설업에 한한다)을 말한다]을 영위하는 법인

나. 「산업집적활성화 및 공장설립에 관한 법률」에 의한 아파트형공장의 설치자

다. 건설업을 영위하는 법인

19. 「주택법」에 따라 주택건설사업자로 등록한 법인이 보유하는 토지 중 같은 법에 따라 승인을 얻은 주택건설사업계획서에 기재된 사업부지에 인접한 토지로서 해당 계획서상의 주택 및 대지 등에 대한 사용검사일부터 5년이 경과되지 아니한 토지

20. 「염관리법」 제16조의 규정에 의하여 허가의 효력이 상실된 염전으로서 허가의 효력이 상실된 날부터 5년이 경과되지 아니한 염전

21. 「공유수면매립법」에 의하여 매립의 면허를 받은 법인이 매립공사를 하여 취득한 매립지로서 당해 매립지의 소유권을 취득한 날부터 5년이 경과되지 아니한 매립지

22. 행정청이 아닌 도시개발사업의 시행자가 「도시개발법」에 의한 도시개발사업의 실시 계획인가를 받아 분양을 조건으로 조성하고 있는 토지 및 조성이 완료된 후 분양되지 아니하거나 분양후 「산업집적활성화 및 공장설립에 관한 법률」제41조의 규정에 의하여 환수 또는 환매한 토지로서 최초의 인가일부터 5년이 경과되지 아니한 토지

23. 다음 각 목의 어느 하나에 해당하는 기관이 「금융산업의 구조개선에 관한 법률」 제10조에 따른 적기시정조치 또는 같은 법 제14조제2항에 따른 계약이전의 결정에 따라 같은 법 제2조제3호에 따른 부실금융기관으로부터 취득한 부동산

가. 「예금자보호법」 제3조의 규정에 의한 예금보험공사

나. 「예금자보호법」 제36조의3의 규정에 의한 정리금융기관

다. 「금융산업의 구조개선에 관한 법률」 제2조제1호의 규정에 의한 금융기관

24. 「자산유동화에 관한 법률」에 따른 유동화전문회사가 같은 법 제3조에 따른 자산유동화계획에 따라 자산보유자로부터 취득한 부

동산

25. 유예기간내에 법인의 합병 또는 분할로 인하여 양도되는 부동산

26. 공장의 가동에 따른 소음·분진·악취 등에 의하여 생활환경의 오염피해가 발생되는 지역안의 토지로서 당해 토지소유자의 요구에 따라 취득한 공장용 부속토지의 인접토지

27. 전국을 보급지역으로 하는 일간신문을 포함한 3개 이상의 일간신문에 다음 각목의 조건으로 매각을 3일 이상 공고하고, 공고일(공고일이 서로 다른 경우에는 최초의 공고일을 말한다)부터 1년이 경과하지 아니하였거나 1년 이내에 매각계약을 체결한 부동산

가. 매각예정가격이 법 제52조의 규정에 의한 시가 이하일 것

나. 매각대금의 100분의 70 이상을 매각계약 체결일부터 6월 이후에 결제할 것

28. 제27호의 규정에 의한 부동산으로서 동호 각목의 요건을 갖추어 매년 매각을 재공고하고, 재공고일부터 1년이 경과되지 아니하였거나 1년 이내에 매각계약을 체결한 부동산(직전 매각공고시의 매각예정가격에서 동금액의 100분의 10을 차감한 금액 이하로 매각을 재공고한 경우에 한한다)

29. 「주택법」 제16조 및 같은 법 시행령 제18조제5호에 따라 사업계획승인권자로부터 공사착수기간의 연장승인을 받아 연장된 공사착수기간 중에 있는 부동산으로서 최초의 공사착수기간 연장승인일부터 5년이 경과되지 아니한 부동산(공사착수가 연장된 기간에 한정한다)

30. 당해 부동산의 취득후 제2호부터 제29호까지의 사유외에 도시계획의 변경 등 정당한 사유로 인하여 업무에 사용하지 아니하는 부동산

31. 「송·변전설비 주변지역의 보상 및 지원에 관한 법률」 제5조에 따른 주택매수의 청구에 따라 사업자가 취득하여 보유하는 주택 및 그 대지

⑥영 제49조제1항제1호의 규정을 적용함에 있어서 부동산의 취득시기는 「소득세법 시행령」 제162조의 규정을 준용하되, 동조제1항제3호의 규정에 의한 장기할부조건에 의한 취득의 경우에는 당해 부동산을 사용 또는 수익할 수 있는 날로 한다. 〈개정 2005. 2. 28.〉

⑦영 제49조제1항제1호나목 단서에서 "기획재정부령이 정하는 부동산매매업을 주업으로 영위하는 법인"이란 제1항제2호의 법인을 말한다. 이 경우 부동산매매업과 다른 사업을 겸영하는 경우에는 해당 사업연도와 그 직전 2사업연도의 부동산매매업 매출액의 합계액(해당 법인이 토목건설업을 겸영하는 경우에는 토목건설업 매출액을 합한 금액을 말한다)이 이들 3사업연도의 총수입금액의 합계액의 100분의 50을 초과하는 경우에 한하여 부동산매매업을 주업으로 하는 법인으로 본다. 〈개정 2001. 3. 28., 2008. 3. 31., 2009. 3. 30.〉

⑧제1항의 규정에 의한 부동산의 유예기간을 적용함에 있어서 제5항제2호 각목의 사유가 발생한 경우 그 기간계산은 다음 각호에 의한다. 〈개정 2001. 3. 28., 2005. 2. 28.〉

1. 제5항제2호 가목 또는 나목의 규정에 해당하는 경우에는 각각 해당 법령에 의한 사용의 금지·제한이 해제된 날 또는 「문화재보호법」에 의한 보호구역지정이 해제된 날부터 기산할 것

2. 제5항제2호 다목 또는 라목의 규정에 해당하는 경우에는 건축허가 또는 착공이 제한된 기간을 가산한 기간을 유예기간으로 할 것

⑨영 제49조제1항제1호 각목의 1에 해당하는 부동산에 대하여 업무와 관련이 없는 것으로 보는 기간은 다음 각호에 의한다. 〈개정 2001. 3. 28.〉

1. 영 제49조제1항제1호 가목에 해당하는 부동산 : 당해 부동산을 업무에 직접 사용하지 아니한 기간중 유예기간과 겹치는 기간을 제외한 기간. 다만, 당해 부동산을 취득한 후 계속하여 업무에 사용하지 아니하고 양도하는 경우에는 취득일(유예기간이 경과되기 전에 제5항제2호 가목 및 나목에 해당하는 사유가 발생한 경우에는 제8항제1호의 규정에 의한 기간계산의 기산일)부터 양도일까지의 기간

2. 영 제49조제1항제1호 나목에 해당하는 부동산 : 취득일(제5항제2호 가목 및 나목에 해당하는 경우에는 제8항제1호의 규정에 의한 기간계산의 기산일)부터 양도일까지의 기간

⑩영 제49조제1항제1호 각 목의 어느 하나에 해당하는 부동산이 다음 각 호에 따라 수용되거나 이를 양도하는 경우에는 제9항에도 불구하고 해당 부동산을 업무에 직접 사용하지 아니한 기간 중 유예기간과 겹치는 기간을 제외한 기간을 해당 부동산에 대하여 업무와 관련이 없는 것으로 보는 기간으로 한다. 〈신설 2004. 3. 5.,

2005. 2. 28., 2014. 3. 14.〉

1. 「공익사업을 위한 토지 등의 취득 및 보상에 관한 법률」 및 그 밖의 법률에 의하여 수용(협의매수를 포함한다)되는 경우

2. 「산업집적활성화 및 공장설립에 관한 법률」 제2조제14호에 따른 산업단지 안의 토지를 같은 법 제39조에 따라 양도하는 경우

⑪영 제49조제1항제2호나목 단서에서 "기획재정부령이 정하는 부득이한 사유가 있는 자동차·선박 및 항공기"라 함은 저당권의 실행 기타 채권을 변제받기 위하여 취득한 자동차·선박 및 항공기로서 취득일부터 3년이 경과되지 아니한 것을 말한다. 〈신설 2000. 3. 9., 2004. 3. 5., 2008. 3. 31.〉

제27조(업무와 관련없는 비용등의 손금불산입) 영 제49조제1항제1호 각목의 1에 해당하는 부동산이 있는 법인은 법 제27조제1호 및 법 제28조제1항제4호 가목의 규정에 의하여 그 양도한 날이 속하는 사업연도 이전에 종료한 각 사업연도(이하 이 조에서 "종전 사업연도"라 한다)의 업무와 관련없는 비용 및 지급이자를 손금에 산입하지 아니하는 경우 다음 각호의 방법중 하나를 선택하여 계산한 세액을 그 양도한 날이 속하는 사업연도의 법인세에 가산하여 납부하여야 한다. 〈개정 2001. 3. 28.〉

1. 종전 사업연도의 각 사업연도의 소득금액 및 과세표준등을 다시 계산함에 따라 산출되는 결정세액에서 종전 사업연도의 결정세액을 차감한 세액(가산세를 제외한다)

2. 종전 사업연도의 과세표준과 손금에 산입하지 아니하는 지급이자등을 합한 금액에 법 제55조의 규정에 의한 세율을 적용하여 산출한 세액에서 종전 사업연도의 산출세액을 차감한 세액(가산세를 제외한다)

제27조의2(업무용승용차 관련비용 등의 손금불산입 특례) ① 영 제50조의2제1항제2호에서 "기획재정부령으로 정하는 승용자동차"란 한국표준산업분류표 중 장례식장 및 장의관련 서비스업을 영위하는 법인이 소유하거나 임차한 운구용 승용차를 말한다.

② 영 제50조의2제4항 각 호 외의 부분 단서에서 "기획재정부령으로 정하는 자동차등록번호판"이란 「자동차관리법 시행규칙」 제6조제3항에 따라 국토교통부장관이 정하여 고시하는 기준에 해당하는 법인의 업무용승용차에 부착하는 번호판을 말한다. 〈신설 2024. 3. 22.〉

③ 영 제50조의2제4항제1호다목에서 “기획재정부령으로 정하는 사람”이란 해당 법인의 운전자 채용을 위한 면접에 응시한 지원자를 말한다. 〈신설 2018. 3. 21., 2024. 3. 22.〉

④ 영 제50조의2제5항에서 “기획재정부령으로 정하는 운행기록 등”이란 국세청장이 기획재정부장관과 협의하여 고시하는 운행기록 방법을 말한다. 〈개정 2018. 3. 21., 2024. 3. 22.〉

⑤ 영 제50조의2제8항 각 호 외의 부분에서 “기획재정부령으로 정하는 임차 승용차”란 제6항제2호에 해당하는 임차한 승용차로서 임차계약기간이 30일 이내인 승용차(해당 사업연도에 임차계약기간의 합계일이 30일을 초과하는 승용차는 제외한다)를 말한다. 〈신설 2017. 3. 10., 2018. 3. 21., 2024. 3. 22.〉

⑥ 영 제50조의2제12항에서 “기획재정부령으로 정하는 금액”이란 다음 각 호의 구분에 따른 금액을 말한다. 〈개정 2017. 3. 10., 2018. 3. 21., 2024. 3. 22.〉

1. 「여신전문금융업법」 제3조제2항에 따라 등록한 시설대여업자로부터 임차한 승용차: 임차료에서 해당 임차료에 포함되어 있는 보험료, 자동차세 및 수선유지비를 차감한 금액. 다만, 수선유지비를 별도로 구분하기 어려운 경우에는 임차료(보험료와 자동차세를 차감한 금액을 말한다)의 100분의 7을 수선유지비로 할 수 있다.

2. 제1호에 따른 시설대여업자 외의 자동차대여사업자로부터 임차한 승용차: 임차료의 100분의 70에 해당하는 금액

⑦ 영 제50조의2제5항에 따른 업무용 사용거리란 제조ㆍ판매시설 등 해당 법인의 사업장 방문, 거래처ㆍ대리점 방문, 회의 참석, 판촉 활동, 출ㆍ퇴근 등 직무와 관련된 업무수행을 위하여 주행한 거리를 말한다. 〈개정 2017. 3. 10., 2018. 3. 21., 2024. 3. 22.〉

⑧ 내국법인이 해산(합병ㆍ분할 또는 분할합병에 따른 해산을 포함한다)한 경우에는 법 제27조의2제3항제2호 및 같은 조 제4항에 따라 이월된 금액 중 남은 금액을 해산등기일(합병ㆍ분할 또는 분할합병에 따라 해산한 경우에는 합병등기일 또는 분할등기일을 말한다)이 속하는 사업연도에 모두 손금에 산입한다. 〈개정 2017. 3. 10., 2018. 3. 21., 2024. 3. 22.〉

[본조신설 2016. 3. 7.]

제28조(가지급금등에서 제외되는 금액의 범위) ①영 제53조제1항

단서에서 “기획재정부령이 정하는 금액”이라 함은 제44조 각 호의 어느 하나에 해당하는 금액을 말한다. 〈개정 2006. 3. 14., 2008. 3. 31.〉

1. 삭제 〈2006. 3. 14.〉
2. 삭제 〈2003. 3. 26.〉
3. 삭제 〈2003. 3. 26.〉
4. 삭제 〈2006. 3. 14.〉

②동일인에 대한 가지급금등과 가수금의 발생시에 각각 상환기간 및 이자율등에 관한 약정이 있어 이를 상계할 수 없는 경우에는 영 제53조제3항 후단의 규정에 의한 상계를 하지 아니한다.

제29조 삭제 〈2005. 2. 28.〉

제29조의2(의료기기 등의 범위) ①영 제56조제6항제3호가목에서 “의료기기 등 기획재정부령으로 정하는 자산”이란 다음 각 호의 자산을 말한다. 〈개정 2005. 2. 28., 2007. 3. 30., 2008. 3. 31., 2014. 3. 14., 2017. 3. 10., 2019. 3. 20., 2023. 3. 20.〉

1. 병원 건물 및 부속토지
2. 「의료기기법」에 따른 의료기기
3. 「보건의료기본법」에 따른 보건의료정보의 관리를 위한 정보시스템 설비
4. 산부인과 병원·의원 또는 조산원을 운영하는 의료법인이 취득하는 「모자보건법」 제2조제10호에 따른 산후조리원 건물 및 부속토지

② 영 제56조제6항제3호나목에서 “기획재정부령으로 정하는 용도”란 해외에서 사용하기 위하여 다음 각 호의 어느 하나에 해당하는 경우를 말한다. 〈신설 2017. 3. 10.〉

1. 제1항제1호에 따른 병원 건물 및 부속토지를 임차하거나 인테리어 하는 경우
2. 제1항제2호에 따른 의료기기 또는 같은 항 제3호에 따른 정보시스템 설비를 임차하는 경우

③ 영 제56조제6항제3호다목에서 “기획재정부령으로 정하는 연구개발사업”이란 「조세특례제한법 시행령」 별표 6 제1호가목에 따른 자체연구개발사업과 같은 호 나목에 따른 위탁 및 공동연구개발사업을 말한다. 〈신설 2014. 3. 14., 2017. 3. 10.〉

④영 제56조제10항에서 “기획재정부령으로 정하는 의료발전회계”

란 고유목적사업준비금의 적립 및 지출에 관하여 다른 회계와 구분하여 독립적으로 경리하는 회계를 말한다. 〈개정 2006. 3. 14., 2008. 3. 31., 2014. 3. 14., 2017. 3. 10., 2019. 3. 20.〉

[본조신설 2001. 3. 28.]

제30조 삭제 〈2023. 3. 20.〉

제31조(퇴직급여충당금의 계산등) ①영 제60조제2항 각 호 외의 부분에서 "퇴직급여로 지급되어야 할 금액의 추계액"이라 함은 정관 기타 퇴직급여지급에 관한 규정에 의하여 계산한 금액을 말한다. 다만, 퇴직급여지급에 관한 규정 등이 없는 법인의 경우에는 「근로자퇴직급여 보장법」이 정하는 바에 따라 계산한 금액으로 한다. 〈개정 2005. 2. 28., 2006. 3. 14., 2011. 2. 28.〉

②영 제60조제2항을 적용할 때 확정기여형 퇴직연금등이 설정된 임원 또는 직원에 대하여 그 설정 전에 계상된 퇴직급여충당금(제1호의 금액에 제2호의 비율을 곱하여 계산한 금액을 말한다)을 퇴직급여충당금의 누적액에서 차감한다. 〈신설 2006. 3. 14., 2019. 3. 20.〉

1. 직전 사업연도 종료일 현재 퇴직급여충당금의 누적액

2. 직전 사업연도 종료일 현재 재직한 임원 또는 직원의 전원이 퇴직한 경우에 퇴직급여로 지급되었어야 할 금액의 추계액 중 해당 사업연도에 확정기여형 퇴직연금등이 설정된 자가 직전 사업연도 종료일 현재 퇴직한 경우에 퇴직급여로 지급되었어야 할 금액의 추계액이 차지하는 비율

③법 제33조제4항에서 "사업을 내국법인에게 포괄적으로 양도하는 경우"라 함은 사업장별로 당해사업에 관한 모든 권리(미수금에 관한 것을 제외한다)와 의무(미지급금에 관한 것을 제외한다)를 포괄적으로 양도하는 경우로 하되, 당해사업과 직접 관련이 없는 영 제49조제1항 각호의 자산을 제외하고 양도하는 경우를 포함한다. 〈개정 2006. 3. 14.〉

제32조(대손충당금의 계상) ①영 제61조의 규정을 적용함에 있어서 법인이 당해사업연도의 대손충당금 손금산입 범위액에서 익금에 산입하여야 할 대손충당금을 차감한 잔액만을 대손충당금으로 계상한 경우 차감한 금액은 이를 각각 익금 또는 손금에 산입한 것으로 본다.

②법인이 동일인에 대하여 매출채권과 매입채무를 가지고 있는 경우에는 당해매입채무를 상계하지 아니하고 대손충당금을 계상할 수 있다. 다만, 당사자간의 약정에 의하여 상계하기로 한 경우에는 그러하지 아니하다.

③ 삭제 〈2009. 3. 30.〉

第33조(자산의 판매손익 등의 귀속사업연도) ① 영 제68조제1항제1호의 규정에 의한 상품등을 인도한 날의 판정을 함에 있어서 다음 각호의 경우에는 당해 호에 규정된 날로 한다. 〈개정 2024. 3. 22.〉

1. 납품계약 또는 수탁가공계약에 의하여 물품을 납품하거나 가공하는 경우에는 당해물품을 계약상 인도하여야 할 장소에 보관한 날. 다만, 계약에 따라 검사를 거쳐 인수 및 인도가 확정되는 물품의 경우에는 당해검사가 완료된 날로 한다.

2. 물품을 수출하는 경우에는 수출물품을 계약상 인도하여야 할 장소에 보관한 날

② 영 제68조제7항에서 "「택지개발촉진법」에 따른 택지개발사업 등 기획재정부령으로 정하는 토지개발사업"이란 다음 각 호의 어느 하나에 해당하는 사업을 말한다. 〈신설 2024. 3. 22.〉

1. 「도시개발법」에 따른 도시개발사업

2. 「산업입지 및 개발에 관한 법률」에 따른 산업단지개발사업

3. 「택지개발촉진법」에 따른 택지개발사업

4. 「혁신도시 조성 및 발전에 관한 특별법」에 따른 혁신도시개발사업

[제목개정 2024. 3. 22.]

第34조(작업진행률의 계산등) ①영 제69조제1항 본문에서 "건설등을 완료한 정도"란 다음 각 호의 구분에 따른 비율을 말한다. 〈개정 2007. 3. 30., 2011. 2. 28.〉

1. 건설의 경우 : 다음 산식을 적용하여 계산한 비율. 다만, 건설의 수익실현이 건설의 작업시간·작업일수 또는 기성공사의 면적이나 물량 등(이하 이 조에서 "작업시간등"이라 한다)과 비례관계가 있고, 전체 작업시간등에서 이미 투입되었거나 완성된 부분이 차지하는 비율을 객관적으로 산정할 수 있는 건설의 경우에는 그 비율로 할 수 있다.

$$\text{작업진행률} = \frac{\text{해당 사업연도말까지 발생한 총공사비누적액}}{\text{총공사예정비}}$$

2. 제1호 외의 경우 : 제1호를 준용하여 계산한 비율

②제1항에 따른 총공사예정비는 기업회계기준을 적용하여 계약 당시에 추정한 공사원가에 해당 사업연도말까지의 변동상황을 반영하여 합리적으로 추정한 공사원가로 한다. 〈신설 2007. 3. 30.〉

③영 제69조제1항 본문에 따라 각 사업연도의 익금과 손금에 산입하는 금액의 계산은 다음 각호의 산식에 의한다. 〈개정 2007. 3. 30., 2011. 2. 28.〉

1. 익금

$$\text{계약금액} \times \text{작업진행률} - \text{직전 사업연도말까지 익금에 산입한 금액}$$

2. 손금

당해사업연도에 발생된 총비용

④영 제69조제2항제1호에서 "기획재정부령으로 정하는 경우"란 법인이 비치·기장한 장부가 없거나 비치·기장한 장부의 내용이 충분하지 아니하여 당해사업연도 종료일까지 실제로 소요된 총공사비누적액 또는 작업시간등을 확인할 수 없는 경우를 말한다. 〈개정 2007. 3. 30., 2008. 3. 31. , 2011. 2. 28.〉

제35조(리스료등의 귀속사업연도) ①리스이용자가 리스로 인하여 수입하거나 지급하는 리스료(리스개설직접원가를 제외한다)의 익금과 손금의 귀속사업연도는 기업회계기준으로 정하는 바에 따른다. 다만, 한국채택국제회계기준을 적용하는 법인의 영 제24조제5항에 따른 금융리스 외의 리스자산에 대한 리스료의 경우에는 리스기간에 걸쳐 정액기준으로 손금에 산입한다. 〈개정 2007. 3. 30., 2013. 2. 23., 2020. 3. 13.〉

②법인이 아닌 조합등으로부터 받는 분배이익금의 귀속사업연도는 당해조합등의 결산기간이 종료하는 날이 속하는 사업연도로 한다.

③「징발재산정리에 관한 특별조치법」에 의하여 징발된 재산을 국가에 매도하고 그 대금을 징발보상증권으로 받는 경우 그 손익은

상환조건에 따라 각 사업연도에 상환받았거나 상환받을 금액과 그 상환비율에 상당하는 매도재산의 원가를 각각 해당 사업연도의 익금과 손금에 산입한다. 이 경우 징발보상증권을 국가로부터 전부 상환받기 전에 양도한 경우 양도한 징발보상증권에 상당하는 금액에 대하여는 그 양도한 때에 상환받은 것으로 본다. 〈개정 2005. 2. 28.〉

第36조(기타 손익의 귀속사업연도) 영 제71조제7항을 적용할 때 이 규칙에서 별도로 규정한 것외의 익금과 손금의 귀속사업연도는 그 익금과 손금이 확정된 날이 속하는 사업연도로 한다. 〈개정 2002. 3. 30., 2011. 2. 28., 2012. 2. 28.〉

第37조(자산의 취득가액) ① 삭제 〈2010. 6. 30.〉

②영 제72조제3항 및 제5항에 따라 취득가액에 포함하거나 가산하는 금액에는 영 제11조제8호의 금액중 영 제88조제1항제8호 나목 및 다목에 따라 분여받은 이익을 포함한다. 〈개정 2011. 2. 28., 2019. 3. 20.〉

③영 제72조제4항제2호에서 “기획재정부령이 정하는 연지급수입”이라 함은 다음 각 호의 수입을 말한다. 〈개정 2005. 2. 28., 2006. 3. 14., 2007. 3. 30., 2008. 3. 31., 2011. 2. 28.〉

1. 은행이 신용을 공여하는 기한부 신용장방식 또는 공급자가 신용을 공여하는 수출자신용방식에 의한 수입방법에 의하여 그 선적서류나 물품의 영수일부터 일정기간이 경과한 후에 당해물품의 수입대금 전액을 지급하는 방법에 의한 수입

2. 수출자가 발행한 기한부 환어음을 수입자가 인수하면 선적서류나 물품이 수입자에게 인도되도록 하고 그 선적서류나 물품의 인도일부터 일정기간이 지난 후에 수입자가 해당 물품의 수입대금 전액을 지급하는 방법에 의한 수입

3. 정유회사, 원유·액화천연가스 또는 액화석유가스 수입업자가 원유·액화천연가스 또는 액화석유가스의 일람불방식·수출자신용방식 또는 사후송금방식에 의한 수입대금결제를 위하여 「외국환거래법」에 의한 연지급수입기간이내에 단지외화자금을 차입하는 방법에 의한 수입

4. 그 밖에 제1호 내지 제3호와 유사한 연지급수입

第37조의2(통화 관련 파생상품) 영 제73조제4호에서 “기획재정부령

으로 정하는 통화선도, 통화스왑 및 환변동보험"이란 다음 각 호의 거래를 말한다. 〈개정 2012. 2. 28.〉

1. 통화선도 : 원화와 외국통화 또는 서로 다른 외국통화의 매매계약을 체결함에 있어 장래의 약정기일에 약정환율에 따라 인수·도하기로 하는 거래

2. 통화스왑 : 약정된 시기에 약정된 환율로 서로 다른 표시통화간의 채권채무를 상호 교환하기로 하는 거래

3. 환변동보험: 「무역보험법」 제3조에 따라 한국무역보험공사가 운영하는 환변동위험을 회피하기 위한 선물환 방식의 보험계약(당사자 어느 한쪽의 의사표시에 의하여 기초자산이나 기초자산의 가격·이자율·지표·단위 또는 이를 기초로 하는 지수 등에 의하여 산출된 금전, 그 밖의 재산적 가치가 있는 것을 수수하는 거래를 성립시킬 수 있는 권리를 부여하는 것을 약정하는 계약과 결합된 보험계약은 제외한다)

[전문개정 2008. 3. 31.]

제38조(재고자산의 평가) 영 제74조제1항의 규정에 의한 재고자산의 평가를 월별·분기별 또는 반기별로 행하는 경우에는 전월·전분기 또는 전반기와 동일한 평가방법에 의하여야 한다.

제39조(유가증권 등의 평가) 보험회사가 영 제75조제4항에 따라 영 제73조제2호라목의 자산에 대한 평가방법을 신고하는 때에는 특별계정평가방법신고서를 제출하여야 한다.

[본조신설 2009. 3. 30.]

제39조의2(외화자산 및 부채의 평가기준이 되는 매매기준율) 영 제76조제1항제1호에서 "기획재정부령으로 정하는 매매기준율 또는 재정(裁定)된 매매기준율"이란 「외국환거래규정」에 따른 매매기준율 또는 재정(裁定)된 매매기준율을 말한다. 〈개정 2011. 2. 28.〉

[본조신설 2010. 3. 31.]

제39조의3(한국채택국제회계기준 적용 보험회사에 대한 소득금액 계산의 특례) ① 영 제78조의3제2항제1호가목에서 "미상각신계약비(未償却新契約費) 등 기획재정부령으로 정하는 항목"이란 다음 각 호의 항목을 말한다.

1. 미상각신계약비

2. 보험약관대출금(관련 미수수익을 포함한다)

3. 보험미수금
4. 미수금
② 영 제78조의3제2항제2호에서 "보험미지급금 등 기획재정부령으로 정하는 항목"이란 다음 각 호의 항목을 말한다.
1. 보험미지급금
2. 선수보험료
3. 가수보험료
4. 미지급비용
[본조신설 2023. 3. 20.]

제40조(구상무역에 있어서의 매매가액) ①구상무역방법에 의하여 수출한 물품의 판매금액의 계산은 다음 각호에 의한다.
1. 선수출 후수입의 경우에는 그 수출과 연계하여 수입할 물품의 외화표시가액을 수출한 물품의 선박 또는 비행기에의 적재를 완료한 날 현재의 당해거래와 관련된 거래은행의 대고객외국환매입률에 의하여 계산한 금액
2. 선수입 후수출의 경우에는 수입한 물품의 외화표시가액을 통관절차가 완료된 날 현재의 당해거래와 관련된 거래은행의 대고객외국환매입률에 의하여 계산한 금액
②제1항의 규정에 의하여 수입한 물품의 취득가액은 수출하였거나 수출할 물품의 판매금액과 당해수입물품의 수입에 소요된 부대비용의 합계액에 상당하는 금액으로 한다.
③수출 또는 수입한 물품과 연계하여 수입 또는 수출하는 물품의 일부가 사업연도를 달리하여 이행되는 경우에 각 사업연도에서 이행된 분에 대한 수입물품의 취득가액 또는 수출물품의 판매가액은 제1항 및 제2항의 규정에 의하여 그 이행된 분의 비율에 따라 각각 이를 안분계산한다.

제40조의2(고용승계의 예외가 되는 근로자의 범위) ① 영 제80조의2제6항제3호에서 "기획재정부령으로 정하는 사유"란 「고용보험법 시행규칙」 별표 2 제9호에 해당하는 사유로 퇴직한 근로자를 말한다.
② 영 제80조의2제6항제6호에서 "기획재정부령으로 정하는 근로자의 중대한 귀책사유로 퇴직한 근로자"란 「고용보험법」 제58조제1호에 해당하는 근로자를 말한다.

[본조신설 2018. 3. 21.]

제41조(독립된 사업부문 및 포괄승계의 판단기준 등) ① 영 제82조의2제2항제1호에서 “기획재정부령으로 정하는 부동산 임대업을 주업으로 하는 사업부문”이란 분할하는 사업부문(분할법인으로부터 승계하는 부문을 말한다. 이하 이 조에서 같다)이 승계하는 자산총액 중 부동산 임대업에 사용된 자산가액이 100분의 50 이상인 사업부문을 말한다. 이 경우 하나의 분할신설법인등(법 제46조제1항 전단에 따른 분할신설법인등을 말한다. 이하 같다) 또는 피출자법인이 여러 사업부문을 승계하였을 때에는 분할신설법인등 또는 피출자법인이 승계한 모든 사업부문의 자산가액을 더하여 계산한다. 〈개정 2016. 3. 7., 2018. 3. 21.〉

1. 삭제 〈2018. 3. 21.〉
2. 삭제 〈2018. 3. 21.〉

② 영 제82조의2제2항제2호에서 “기획재정부령으로 정하는 사업용 자산”이란 분할일 현재 3년 이상 계속하여 사업을 경영한 사업부문이 직접 사용한 자산(부동산 임대업에 사용되는 자산은 제외한다)으로서 「소득세법」 제94조제1항제1호 및 제2호에 해당하는 자산을 말한다. 〈개정 2016. 3. 7., 2018. 3. 21., 2019. 3. 20.〉

1. 삭제 〈2018. 3. 21.〉
2. 삭제 〈2018. 3. 21.〉

③ 영 제82조의2제3항제1호에서 “지배목적으로 보유하는 주식등으로서 기획재정부령으로 정하는 주식등”이란 분할법인이 영 제43조제7항에 따른 지배주주등(이하 “지배주주등”이라 한다)으로서 3년 이상 보유한 주식 또는 출자지분(이하 “주식등”이라 한다)을 말한다. 다만, 분할 후 분할법인이 존속하는 경우에는 해당 주식등에서 제8항제1호, 제2호 및 제4호에 해당하는 주식등(해당 각 호의 “분할하는 사업부문”을 “분할존속법인”으로 볼 때의 주식등을 말한다)은 제외할 수 있다. 〈개정 2016. 3. 7., 2018. 3. 21., 2019. 3. 20.〉

1. 삭제 〈2018. 3. 21.〉
2. 삭제 〈2018. 3. 21.〉

④ 영 제82조의2제3항제3호에서 “제2호와 유사한 경우로서 기획재정부령으로 정하는 경우”란 분할하는 사업부문이 다음 각 호의 요건을 모두 갖춘 내국법인을 설립하는 경우를 말한다. 다만, 분할하

는 사업부문이 지배주주등으로서 보유하는 주식등과 그와 관련된 자산·부채만을 승계하는 경우로 한정한다. 〈신설 2017. 3. 10., 2018. 3. 21.〉

1. 해당 내국법인은 외국법인이 발행한 주식등 외의 다른 주식등을 보유하지 아니할 것

2. 해당 내국법인이 보유한 외국법인 주식등 가액의 합계액이 해당 내국법인 자산총액의 100분의 50 이상일 것. 이 경우 외국법인 주식등 가액의 합계액 및 내국법인 자산총액은 분할등기일 현재 재무상태표상의 금액을 기준으로 계산한다.

3. 분할등기일이 속하는 사업연도의 다음 사업연도 개시일부터 2년 이내에 「자본시장과 금융투자업에 관한 법률 시행령」 제176조의9제1항에 따른 유가증권시장 또는 대통령령 제24697호 자본시장과 금융투자업에 관한 법률 시행령 일부개정령 부칙 8조에 따른 코스닥시장에 해당 내국법인의 주권을 상장할 것

⑤ 제4항을 적용할 때 분할등기일이 속하는 사업연도의 종료일까지 해당 내국법인의 주권이 상장되지 아니한 경우에는 분할등기일이 속하는 사업연도의 과세표준 신고기한 종료일까지 해당 내국법인의 주권 상장계획을 확인할 수 있는 서류를 납세지 관할 세무서장에게 제출하여야 제4항제3호의 요건을 충족한 것으로 보며, 제4항제3호에 따른 기간 이내에 주권이 상장된 경우에는 주권 상장을 확인할 수 있는 서류를 주권을 상장한 날이 속하는 사업연도의 과세표준 신고기한 종료일까지 납세지 관할 세무서장에게 제출하여야 한다. 〈신설 2017. 3. 10., 2018. 3. 21.〉

⑥ 영 제82조의2제4항제1호라목에서 "기획재정부령으로 정하는 자산"이란 공동으로 사용하는 상표권을 말한다. 〈개정 2017. 3. 10.〉

⑦ 영 제82조의2제4항제3호를 적용할 때 분할하는 사업부문과 존속하는 사업부문이 공동으로 사용하는 자산·부채의 경우에는 각 사업부문별 사용비율(사용비율이 분명하지 아니한 경우에는 각 사업부문에만 속하는 자산·부채의 가액과 사용비율로 안분한 공동사용자산·부채의 가액을 더한 총액의 비율을 말한다)로 안분하여 총자산가액 및 총부채가액을 계산한다. 이 경우 하나의 분할신설법인등이 여러 사업부문을 승계하였을 때에는 분할신설법인등이 승계한 모

든 사업부문의 자산·부채 가액을 더하여 계산한다. 〈개정 2017. 3. 10.〉

⑧ 영 제82조의2제5항 단서에서 "기획재정부령으로 정하는 경우"란 다음 각 호의 어느 하나에 해당하는 주식등을 승계하는 경우를 말한다. 〈개정 2017. 3. 10., 2018. 3. 21., 2025. 3. 21.〉

1. 분할하는 사업부문이 분할등기일 전일 현재 법령상 의무로 보유하거나 인허가를 받기 위하여 보유한 주식등

2. 다음 각 목의 어느 하나에 해당하는 법인의 주식등. 이 경우 매출 또는 매입 비율은 분할등기일이 속하는 사업연도의 직전 3개 사업연도별 매출 또는 매입 비율을 평균하여 계산한다.

가. 분할하는 사업부문이 100분의 30 이상을 매출하거나 매입하는 법인

나. 분할하는 사업부문에 100분의 30 이상을 매출하거나 매입하는 법인

다. 분할법인이 발행주식총수 또는 출자총액을 보유(이하 이 조에서 "완전지배"라 한다)하고 있는 법인으로서 다음의 어느 하나에 해당하는 법인. 이 경우 그 보유비율은 법 제2조제10호의2 각 목에서 정하는 바에 따라 계산하되, 같은 호 라목에 따른 "내국법인"은 "법인"으로 본다.

1) 분할하는 사업부문이 100분의 20 이상을 매출하거나 매입하는 법인

2) 분할하는 사업부문에 100분의 20 이상을 매출하거나 매입하는 법인

3) 1) 또는 2)에 해당하는 법인이 100분의 20 이상을 매출하거나 매입하는 법인

4) 1) 또는 2)에 해당하는 법인에 100분의 20 이상을 매출하거나 매입하는 법인

5) 3) 또는 4)에 해당하는 법인이 매출하거나 매입하는 법인으로서 다음 계산식에 따라 계산한 매출 또는 매입 비율이 100분의 20 이상인 법인

3) 또는 4)에 해당하는 법인과의 매입 또는 매출 비율	×	3) 또는 4)에 해당하는 법인의 1) 또는 2)에 해당하는 법인과의 매출 또는 매입 비율

6) 3) 또는 4)에 해당하는 법인에 매출하거나 매입하는 법인으로서 5)의 계산식에 따라 계산한 매출 또는 매입 비율이 100분의 20 이상인 법인

3. 분할존속법인이 「독점규제 및 공정거래에 관한 법률」 및 「금융지주회사법」에 따른 지주회사로 전환하는 경우로서 분할하는 사업부문이 분할등기일 전일 현재 사업과 관련하여 보유하는 다음 각 목의 어느 하나에 해당하는 주식등

가. 분할하는 사업부문이 지배주주등으로서 보유하는 주식등

나. 분할하는 사업부문이 법 제57조제5항에 따른 외국자회사의 주식등을 보유하는 경우로서 해당 외국자회사의 주식등을 보유한 내국법인 및 거주자인 주주 또는 출자자 중에서 가장 많이 보유한 경우의 해당 분할하는 사업부문이 보유한 주식등

4. 분할하는 사업부문과 한국표준산업분류에 따른 세분류(이하 이 조에서 "세분류"라 한다)상 동일사업을 영위하는 법인의 주식등

5. 분할법인이 완전지배하고 있는 법인으로서 다음 각 목의 요건을 모두 갖춘 법인의 주식등

가. 제2호 또는 제4호에 해당하는 법인을 완전지배하고 있을 것

나. 제2호 또는 제4호에 해당하는 법인의 주식등과 그와 관련된 자산·부채만을 보유하고 있을 것

⑨ 제8항제4호를 적용할 때 다음 각 호의 어느 하나에 해당하는 경우에는 동일사업을 영위하는 것으로 본다. 〈신설 2018. 3. 21., 2019. 3. 20.〉

1. 분할하는 사업부문 또는 승계하는 주식등의 발행법인의 사업용 자산가액 중 세분류상 동일사업에 사용하는 사업용 자산가액의 비율이 각각 100분의 70을 초과하는 경우

2. 분할하는 사업부문 또는 승계하는 주식등의 발행법인의 매출액 중 세분류상 동일사업에서 발생하는 매출액의 비율이 각각 100분의 70을 초과하는 경우

⑩ 영 제82조의2제10항제2호에서 "기획재정부령으로 정하는 업

무"란 인사, 재무, 회계, 경영관리 업무 또는 이와 유사한 업무를 말한다. 〈신설 2018. 3. 21.〉

[본조신설 2014. 3. 14.]

제41조의2 삭제 〈2012. 2. 28.〉

제41조의3 삭제 〈2012. 2. 28.〉

제42조(간접소유비율의 계산) ① 영 제84조제5항제2호나목 단서에서 "기획재정부령으로 정하는 바에 따라 간접으로 소유하고 있는 경우"란 당초의 분할법인이 해당 적격합병, 적격분할, 적격물적분할 또는 적격현물출자에 따른 합병법인, 분할신설법인등 또는 피출자법인(이하 이 조에서 "적격구조조정법인"이라 한다)의 주주인 법인(이하 이 조에서 "주주법인"이라 한다)을 통해 적격구조조정법인을 소유하는 것을 말하며, 적격구조조정법인에 대한 당초의 분할법인의 간접소유비율은 다음의 계산식에 따라 계산한다.

A × B
A: 주주법인에 대한 당초의 분할법인의 주식소유비율
B: 적격구조조정법인에 대한 주주법인의 주식소유비율

② 제1항의 간접소유비율 계산방법을 적용할 때 주주법인이 둘 이상인 경우에는 제1항에 따라 각 주주법인별로 계산한 비율을 합계한 비율을 적격구조조정법인에 대한 당초의 분할법인의 간접소유비율로 한다.

③ 주주법인과 당초의 분할법인 사이에 하나 이상의 법인이 끼어 있고, 이들 법인이 주식소유관계를 통하여 연결되어 있는 경우 간접소유비율에 관하여는 제1호 및 제2호의 계산방법을 준용한다.

④ 영 제84조의2제5항제2호나목 단서에서 "기획재정부령으로 정하는 바에 따라 간접으로 소유하고 있는 경우"란 당초의 출자법인이 주주법인을 통해 적격구조조정법인을 소유하는 것을 말하며, 적격구조조정법인에 대한 당초의 분할법인의 간접소유비율은 제1항부터 제3항까지의 규정을 준용하여 계산한다. 이 경우 "당초의 분할법인"은 "당초의 출자법인"으로 본다.

[본조신설 2021. 3. 16.]

제42조의2 삭제 〈2021. 3. 16.〉

제42조의3(임차사택의 범위) 영 제88조제1항제6호나목에서 "기획재정부령으로 정하는 임차사택"이란 법인이 직접 임차하여 임원 또는 직원(이하 이 조에서 "직원등"이라 한다)에게 무상으로 제공하는 주택으로서 다음 각 호의 경우를 제외하고는 임차기간 동안 직원등이 거주하고 있는 주택을 말한다. 〈개정 2019. 3. 20.〉

1. 입주한 직원등이 전근·퇴직 또는 이사한 후에 해당 법인의 직원등 중에서 입주 희망자가 없는 경우

2. 해당 임차사택의 계약 잔여기간이 1년 이하인 경우로서 주택임대인이 주택 임대차계약의 갱신을 거부하는 경우

[본조신설 2009. 3. 30.]

[종전 제42조의3은 제42조의4로 이동 〈2009. 3. 30.〉]

제42조의4(파생상품) 영 제88조제1항제7호의2에서 "기획재정부령으로 정하는 파생상품"이라 함은 기업회계기준에 따른 선도거래, 선물, 스왑, 옵션, 그 밖에 이와 유사한 거래 또는 계약을 말한다. 〈개정 2008. 3. 31.〉

[본조신설 2007. 3. 30.]

[제42조의3에서 이동 〈2009. 3. 30.〉]

제42조의5(연결법인 간의 용역거래) 영 제88조제1항제6호다목 및 같은 항 제7호 단서에서 "법 제76조의8에 따른 연결납세방식을 적용받는 연결법인 간에 연결법인세액의 변동이 없는 등 기획재정부령으로 정하는 요건"이란 다음 각 호의 요건을 말한다.

1. 용역의 거래가격에 따른 법 제76조의8에 따른 연결납세방식을 적용받는 연결법인 간에 연결법인세액의 변동이 없을 것. 이 경우 다음 각 목의 어느 하나에 해당하는 사유로 연결법인세액의 변동이 있는 경우는 변동이 없는 것으로 본다.

가. 법 제76조의14제1항제4호에 따른 연결 조정항목의 연결법인별 배분

나. 법인세 외의 세목의 손금산입

다. 그 밖에 가목 및 나목과 유사한 것으로서 그 영향이 경미하다고 기획재정부장관이 인정하는 사유

2. 해당 용역의 착수일 등 용역을 제공하기 시작한 날이 속하는 사업연도부터 그 용역의 제공을 완료한 날이 속하는 사업연도까지 법 제76조의8에 따른 연결납세방식을 적용하는 연결법인 간의 거래

일 것

[본조신설 2021. 3. 16.]

제42조의6(주권상장법인이 발행한 주식의 시가) ① 영 제89조제1항 각 호 외의 부분 단서에서 “기획재정부령으로 정하는 바에 따라 사실상 경영권의 이전이 수반되는 경우”란 다음 각 호의 어느 하나에 해당하는 경우를 말한다. 다만, 영 제10조제1항제1호부터 제3호까지 및 제6호의 어느 하나에 해당하는 법인이 해당 호에 따른 회생계획, 기업개선계획, 경영정상화계획 또는 사업재편계획을 이행하기 위하여 주식을 거래하는 경우는 제외한다. 〈개정 2022. 3. 18.〉

1. 「상속세 및 증여세법」 제63조제3항에 따른 최대주주 또는 최대출자자가 변경되는 경우

2. 「상속세 및 증여세법」 제63조제3항에 따른 최대주주등 간의 거래에서 주식등의 보유비율이 100분의 1 이상 변동되는 경우

② 영 제89조제1항제2호에서 “대량매매 등 기획재정부령으로 정하는 방법”이란 「자본시장과 금융투자업에 관한 법률」 제393조에 따른 거래소의 증권시장업무규정에서 일정 수량 또는 금액 이상의 요건을 충족하는 경우에 한정하여 매매가 성립하는 거래방법을 말한다.

[본조신설 2021. 3. 16.]

제43조(가중평균차입이자율의 계산방법 등) ① 영 제89조제3항 각 호 외의 부분 본문에서 “기획재정부령으로 정하는 가중평균차입이자율”이란 자금을 대여한 법인의 대여시점 현재 각각의 차입금 잔액(특수관계인으로부터의 차입금은 제외한다)에 차입 당시의 각각의 이자율을 곱한 금액의 합계액을 해당 차입금 잔액의 총액으로 나눈 비율을 말한다. 이 경우 산출된 비율 또는 대여금리가 해당 대여시점 현재 자금을 차입한 법인의 각각의 차입금 잔액(특수관계인으로부터의 차입금은 제외한다)에 차입 당시의 각각의 이자율을 곱한 금액의 합계액을 해당 차입금 잔액의 총액으로 나눈 비율보다 높은 때에는 해당 사업연도의 가중평균차입이자율이 없는 것으로 본다. 〈개정 2011. 2. 28., 2012. 2. 28., 2013. 2. 23.〉

② 영 제89조제3항 각 호 외의 부분 단서에서 “기획재정부령으로 정하는 당좌대출이자율”이란 연간 1,000분의 46을 말한다. 〈개정 2011. 2. 28., 2012. 2. 28., 2016. 3. 7.〉

③ 영 제89조제3항제1호에서 “기획재정부령으로 정하는 사유”란

다음 각 호의 어느 하나에 해당하는 경우를 말한다. 〈개정 2011. 2. 28., 2012. 2. 28.〉

1. 특수관계인이 아닌 자로부터 차입한 금액이 없는 경우

2. 차입금 전액이 채권자가 불분명한 사채 또는 매입자가 불분명한 채권·증권의 발행으로 조달된 경우

3. 제1항 후단에 따라 가중평균차입이자율이 없는 것으로 보는 경우

4. 삭제 〈2012. 2. 28.〉

④ 영 제89조제3항제1호의2에서 "기획재정부령으로 정하는 경우"란 대여한 날(계약을 갱신한 경우에는 그 갱신일을 말한다)부터 해당 사업연도 종료일(해당 사업연도에 상환하는 경우는 상환일을 말한다)까지의 기간이 5년을 초과하는 대여금이 있는 경우를 말한다. 〈신설 2012. 2. 28.〉

⑤ 영 제89조제3항제2호에 따라 법인이 이자율을 선택하는 경우에는 제82조제1항제19호에 따른 별지 제19호서식의 가지급금 등의 인정이자조정명세서(갑)를 작성하여 제출하여야 한다. 〈개정 2011. 2. 28., 2012. 2. 28.〉

⑥ 제1항을 적용할 때에 변동금리로 차입한 경우에는 차입 당시의 이자율로 차입금을 상환하고 변동된 이자율로 그 금액을 다시 차입한 것으로 보며, 차입금이 채권자가 불분명한 사채 또는 매입자가 불분명한 채권(債券)·증권의 발행으로 조달된 차입금에 해당하는 경우에는 해당 차입금의 잔액은 가중평균차입이자율 계산을 위한 잔액에 포함하지 아니한다. 〈개정 2011. 2. 28., 2012. 2. 28.〉

[전문개정 2009. 3. 30.]

제43조의2 삭제 〈2007. 3. 30.〉

제44조(인정이자 계산의 특례) 영 제89조제5항 단서에서 "기획재정부령이 정하는 금전의 대여"란 다음 각 호의 어느 하나에 해당하는 것을 말한다. 〈개정 2001. 3. 28., 2003. 3. 26., 2005. 2. 28., 2006. 3. 14., 2008. 3. 31., 2011. 2. 28., 2012. 2. 28., 2019. 3. 20., 2020. 3. 13., 2021. 3. 16., 2024. 3. 22.〉

1. 「소득세법」 제132조제1항 및 같은 법 제135조제3항에 따라 지급한 것으로 보는 배당소득 및 상여금(이하 이 조에서 "미지급소득"이라 한다)에 대한 소득세(개인지방소득세와 미지급소득으로 인한 중간

예납세액상당액을 포함하며, 다음 계산식에 따라 계산한 금액을 한도로 한다)를 법인이 납부하고 이를 가지급금등으로 계상한 금액(해당 소득을 실제 지급할 때까지의 기간에 상당하는 금액으로 한정한다)

$$\text{미지급소득에 대한 소득세액} = \text{종합소득 총결정세액} \times \frac{\text{미지급소득}}{\text{종합소득금액}}$$

2. 국외에 자본을 투자한 내국법인이 해당 국외투자법인에 종사하거나 종사할 자의 여비·급료 기타 비용을 대신하여 부담하고 이를 가지급금등으로 계상한 금액(그 금액을 실지로 환부받을 때까지의 기간에 상당하는 금액에 한한다)

3. 법인이 「근로복지기본법」 제2조제4호에 따른 우리사주조합(이하 "우리사주조합"이라 한다) 또는 그 조합원에게 해당 우리사주조합이 설립된 회사의 주식취득(조합원간에 주식을 매매하는 경우와 조합원이 취득한 주식을 교환하거나 현물출자함으로써 「독점규제 및 공정거래에 관한 법률」에 의한 지주회사 또는 「금융지주회사법」에 의한 금융지주회사의 주식을 취득하는 경우를 포함한다)에 소요되는 자금을 대여한 금액(상환할 때까지의 기간에 상당하는 금액에 한한다)

4. 「국민연금법」에 의하여 근로자가 지급받은 것으로 보는 퇴직금전환금(당해 근로자가 퇴직할 때까지의 기간에 상당하는 금액에 한한다)

5. 영 제106조제1항제1호 단서의 규정에 의하여 대표자에게 상여처분한 금액에 대한 소득세를 법인이 납부하고 이를 가지급금으로 계상한 금액(특수관계가 소멸될 때까지의 기간에 상당하는 금액에 한한다)

6. 직원에 대한 월정급여액의 범위에서의 일시적인 급료의 가불금

7. 직원에 대한 경조사비 또는 학자금(자녀의 학자금을 포함한다)의 대여액

7의2. 「조세특례제한법 시행령」 제2조에 따른 중소기업에 근무하는 직원(지배주주등인 직원은 제외한다)에 대한 주택구입 또는 전세자금의 대여액

8. 「금융기관부실자산 등의 효율적 처리 및 한국자산관리공사의 설립에 관한 법률」에 의한 한국자산관리공사가 출자총액의 전액을 출자하여 설립한 법인에 대여한 금액

제44조의2(사업연도 평균환율 계산방법) 영 제91조의3제5항에서 "기획재정부령으로 정하는 해당 사업연도 평균환율"이란 해당 사업연도 매일의 「외국환거래규정」에 따른 매매기준율 또는 재정(裁定)된 매매기준율의 합계액을 해당 사업연도의 일수로 나눈 금액을 말한다.

[본조신설 2011. 2. 28.]

제45조(산출세액 계산방법) 법 제55조제2항의 규정에 의한 산출세액의 계산은 다음 산식에 의한다.

$$\text{산출세액} = \left(\begin{array}{c}\text{법 제13조의 규정을}\\\text{적용하여 계산한 금액}\end{array} \times \frac{12}{\text{사업연도의 월수}}\right) \times \text{세율} \times \frac{\text{사업연도의 월수}}{12}$$

제45조의2(토지등 양도소득에 대한 과세특례) ① 영 제92조의2제2항제4호에서 "기획재정부령으로 정하는 주택"이란 「주택도시기금법」에 따른 주택도시보증공사가 같은 법 시행령 제22조제1항제1호에 따라 매입한 주택을 말한다. 〈개정 2020. 3. 13.〉

② 영 제92조의2제8항 단서에서 "기획재정부령으로 정하는 경우"란 제34조제4항에 해당하는 경우를 말한다. 〈개정 2019. 3. 20.〉

[전문개정 2009. 3. 30.]

제46조(사업에 사용되는 그 밖의 토지의 범위) ①영 제92조의8제1항제1호 가목(1) 본문에서 "기획재정부령이 정하는 선수전용 체육시설의 기준면적"이라 함은 별표 7의 기준면적을 말한다. 〈개정 2008. 3. 31.〉

②영 제92조의8제1항제1호 가목(1) 단서에서 "기획재정부령이 정하는 선수·지도자 등에 관한 요건"이라 함은 다음 각 호의 모든 요건을 말한다. 〈개정 2008. 3. 31.〉

1. 선수는 대한체육회에 가맹된 경기단체에 등록되어 있는 자일 것
2. 경기종목별 선수의 수는 당해 종목의 경기정원 이상일 것
3. 경기종목별로 경기지도자가 1인 이상일 것

③영 제92조의8제1항제1호 가목(2)에서 "기획재정부령이 정하는 기

준면적"이라 함은 별표 8의 기준면적을 말한다. 〈개정 2008. 3. 31.〉

④영 제92조의8제1항제1호 나목 본문에서 "기획재정부령이 정하는 종업원 체육시설의 기준면적"이라 함은 별표 9의 기준면적을 말한다. 〈개정 2008. 3. 31.〉

⑤영 제92조의8제1항제1호 나목 단서에서 "기획재정부령이 정하는 종업원체육시설의 기준"이라 함은 다음 각 호의 기준을 말한다. 〈개정 2008. 3. 31.〉

1. 운동장과 코트는 축구·배구·테니스 경기를 할 수 있는 시설을 갖출 것

2. 실내체육시설은 영구적인 시설물이어야 하고, 탁구대를 2면 이상 둘 수 있는 규모일 것

⑥영 제92조의8제1항제2호 다목에서 "기획재정부령이 정하는 율"이라 함은 100분의 3을 말한다. 〈개정 2008. 3. 31.〉

⑦영 제92조의8제1항제3호 본문에서 "기획재정부령이 정하는 토지"란 다음 각 호의 어느 하나에 해당하는 토지를 말한다. 〈개정 2008. 3. 31., 2016. 3. 7., 2020. 3. 13.〉

1. 「경제자유구역의 지정 및 운영에 관한 법률」에 따른 개발사업시행자가 경제자유구역개발계획에 따라 경제자유구역 안에서 조성한 토지

2. 「관광진흥법」에 따른 사업시행자가 관광단지 안에서 조성한 토지

3. 「기업도시개발 특별법」에 따라 지정된 개발사업시행자가 개발구역 안에서 조성한 토지

4. 「유통단지개발 촉진법」에 따른 유통단지개발사업시행자가 당해 유통단지 안에서 조성한 토지

5. 「중소기업진흥에 관한 법률」에 따라 단지조성사업의 실시계획이 승인된 지역의 사업시행자가 조성한 토지

6. 「지역균형개발 및 지방중소기업 육성에 관한 법률」에 따라 지정된 개발촉진지구 안의 사업시행자가 조성한 토지

7. 「한국컨테이너부두공단법」에 따라 설립된 한국컨테이너부두공단이 조성한 토지

8. 「친수구역 활용에 관한 특별법」에 따라 지정된 사업시행자가 친수구역 안에서 조성한 토지

⑧영 제92조의8제1항제4호 단서에서 "기획재정부령이 정하는 기준면적"이라 함은 수용정원에 200제곱미터를 곱한 면적을 말한다. 〈개정 2008. 3. 31.〉

⑨영 제92조의8제1항제5호 다목의 규정에 따른 시설기준은 별표 10제1호와 같다.

⑩영 제92조의8제1항제5호 다목의 규정에 따른 기준면적은 별표 10제2호와 같다.

⑪영 제92조의8제1항제6호에서 "기획재정부령이 정하는 휴양시설업용 토지"라 함은 「관광진흥법」에 따른 전문휴양업·종합휴양업 그 밖의 이와 유사한 시설을 갖추고 타인의 휴양이나 여가선용을 위하여 이를 이용하게 하는 사업용 토지(「관광진흥법」에 따른 전문휴양업·종합휴양업 그 밖에 이와 유사한 휴양시설업의 일부로 운영되는 스키장업 또는 수영장업용 토지를 포함하며, 온천장용 토지를 제외한다)를 말한다. 〈개정 2008. 3. 31.〉

⑫영 제92조의8제1항제6호에서 "기획재정부령이 정하는 기준면적"이란 다음 각 호의 기준면적을 합한 면적을 말한다. 〈개정 2008. 3. 31., 2009. 3. 30., 2011. 7. 29.〉

1. 옥외 동물방목장 및 옥외 식물원이 있는 경우 그에 사용되는 토지의 면적

2. 부설주차장이 있는 경우 「주차장법」에 따른 부설주차장 설치기준면적의 2배 이내의 부설주차장용 토지의 면적. 다만, 「도시교통정비 촉진법」에 따라 교통영향분석·개선대책이 수립된 주차장의 경우에는 같은 법 제16조제4항에 따라 해당 사업자에게 통보된 주차장용 토지면적으로 한다.

3. 「지방세법 시행령」 제101조제1항제2호에 따른 건축물이 있는 경우 재산세 종합합산과세대상 토지 중 건축물의 바닥면적(건물 외의 시설물인 경우에는 그 수평투영면적을 말한다)에 동조제2항의 규정에 따른 용도지역별 배율을 곱하여 산정한 면적 범위 안의 건축물 부속토지의 면적

⑬영 제92조의8제1항제10호 및 제11호 다목에서 "기획재정부령이 정하는 율"이라 함은 100분의 4를 말한다. 〈개정 2008. 3. 31.〉

⑭영 제92조의8제1항제12호에서 "기획재정부령이 정하는 토지"라

함은 블록·석물·토관·벽돌·콘크리트제품·옹기·철근·비철금속·플라스틱파이프·골재·조경작물·화훼·분재·농산물·수산물·축산물의 도매업 및 소매업용(농산물·수산물 및 축산물의 경우에는 「유통산업발전법」에 따른 시장과 그 밖에 이와 유사한 장소에서 운영하는 경우에 한한다) 토지를 말한다. 〈개정 2008. 3. 31.〉

⑮영 제92조의8제1항제12호에서 “기획재정부령이 정하는 율”이라 함은 다음 각 호의 규정에 따른 율을 말한다. 〈개정 2007. 3. 30., 2008. 3. 31.〉

1. 블록·석물 및 토관제조업용 토지

100분의 20

2. 조경작물식재업용 토지 및 화훼판매시설업용 토지

100분의 7

3. 자동차정비·중장비정비·중장비운전에 관한 과정을 교습하는 학원용 토지

100분의 10

4. 농업에 관한 과정을 교습하는 학원용 토지

100분의 7

5. 제14항의 규정에 따른 토지

100분의 10

[본조신설 2005. 12. 31.]

제46조의2(부득이한 사유가 있어 비사업용 토지로 보지 아니하는 토지의 판정기준 등) ①영 제92조의11제1항제3호에 따라 다음 각 호의 어느 하나에 해당하는 토지는 해당 각 호에서 규정한 기간동안 법 제55조의2제2항 각 호의 어느 하나에 해당하지 아니하는 토지로 보아 같은 항에 따른 비사업용 토지에 해당하는지 여부를 판정한다. 다만, 부동산매매업(한국표준산업분류에 따른 건물건설업 및 부동산공급업을 말한다)을 영위하는 자가 취득한 매매용부동산에 대하여는 제1호 및 제2호를 적용하지 아니한다. 〈개정 2009. 3. 30., 2011. 2. 28., 2019. 3. 20.〉

1. 토지를 취득한 후 법령에 따라 해당 사업과 관련된 인가·허가(건축허가를 포함한다. 이하 같다)·면허 등을 신청한 자가 「건축법」 제18조 및 행정지도에 따라 건축허가가 제한됨에 따라 건축을 할 수 없게 된 토지 : 건축허가가 제한된 기간

2. 토지를 취득한 후 법령에 따라 당해 사업과 관련된 인가·허가·면허 등을 받았으나 건축자재의 수급조절을 위한 행정지도에 따라 착공이 제한된 토지 : 착공이 제한된 기간

3. 사업장(임시 작업장을 제외한다)의 진입도로로서 「사도법」에 따른 사도 또는 불특정다수인이 이용하는 도로 : 사도 또는 도로로 이용되는 기간

4. 「건축법」에 따라 건축허가를 받을 당시에 공공공지(公共空地)로 제공한 토지 : 당해 건축물의 착공일부터 공공공지로의 제공이 끝나는 날까지의 기간

5. 지상에 건축물이 정착되어 있지 아니한 토지를 취득하여 사업용으로 사용하기 위하여 건설에 착공(착공일이 불분명한 경우에는 착공신고서 제출일을 기준으로 한다)한 토지 : 당해 토지의 취득일부터 2년 및 착공일 이후 건설이 진행 중인 기간(천재지변, 민원의 발생 그 밖의 정당한 사유로 인하여 건설을 중단한 경우에는 중단한 기간을 포함한다)

6. 저당권의 실행 그 밖에 채권을 변제받기 위하여 취득한 토지 및 청산절차에 따라 잔여재산의 분배로 인하여 취득한 토지 : 취득일부터 2년

7. 당해 토지를 취득한 후 소유권에 관한 소송이 계속(係屬) 중인 토지 : 법원에 소송이 계속되거나 법원에 의하여 사용이 금지된 기간

8. 「도시개발법」에 따른 도시개발구역 안의 토지로서 환지방식에 따라 시행되는 도시개발사업이 구획단위로 사실상 완료되어 건축이 가능한 토지 : 건축이 가능한 날부터 2년

9. 건축물이 멸실·철거되거나 무너진 토지 : 당해 건축물이 멸실·철거되거나 무너진 날부터 2년

10. 법인이 2년 이상 사업에 사용한 토지로서 사업의 일부 또는 전부를 휴업·폐업 또는 이전함에 따라 사업에 직접 사용하지 아니하게 된 토지 : 휴업·폐업 또는 이전일부터 2년

11. 다음 각 목의 어느 하나에 해당하는 기관이 「금융산업의 구조개선에 관한 법률」 제10조의 규정에 따른 적기시정조치 또는 같은 법 제14조제2항의 규정에 따른 계약이전의 결정에 따라 같은 법 제2조제2호에 따른 부실금융기관으로부터 취득한 토지 : 취득일부터 2년

가. 「예금자보호법」 제3조의 규정에 따른 예금보험공사

나. 「예금자보호법」 제36조의3의 규정에 따른 정리금융기관

다. 「금융산업의 구조개선에 관한 법률」 제2조제1호의 규정에 따른 금융기관

12. 「자산유동화에 관한 법률」에 따른 유동화전문회사가 같은 법 제3조의 규정에 따른 자산유동화계획에 따라 자산보유자로부터 취득한 토지 : 취득일부터 3년

13. 당해 토지를 취득한 후 제1호 내지 제12호의 사유 외에 도시계획의 변경 등 정당한 사유로 인하여 사업에 사용하지 아니하는 토지 : 당해 사유가 발생한 기간

②영 제92조의11제2항제3호의 규정에 따라 다음 각 호의 어느 하나에 해당하는 토지에 대하여는 해당 각 호에서 규정한 날을 양도일로 보아 영 제92조의3의 규정을 적용하여 비사업용 토지에 해당하는지 여부를 판정한다. 〈개정 2012. 2. 28.〉

1. 「농업협동조합법」에 따른 조합, 농업협동조합중앙회, 농협은행, 농협생명보험 또는 농협손해보험이 「농업협동조합의 구조개선에 관한 법률」에 따른 농업협동조합자산관리회사에 매각을 위임한 토지 : 매각을 위임한 날

2. 「금융기관부실자산 등의 효율적 처리 및 한국자산관리공사의 설립에 관한 법률」에 따라 설립된 한국자산관리공사에 매각을 위임한 토지 : 매각을 위임한 날

3. 전국을 보급지역으로 하는 일간신문을 포함한 3개 이상의 일간신문에 다음 각 목의 조건으로 매각을 3일 이상 공고하고, 공고일(공고일이 서로 다른 경우에는 최초의 공고일)부터 1년 이내에 매각계약을 체결한 토지 : 최초의 공고일

가. 매각예정가격이 법 제52조의 규정에 따른 시가 이하일 것

나. 매각대금의 100분의 70이상을 매각계약 체결일부터 6월 이후에 결제할 것

4. 제3호의 규정에 따른 토지로서 동호 각 목의 요건을 갖추어 매년 매각을 재공고(직전 매각공고시의 매각예정가격에서 동 금액의 100분의 10을 차감한 금액 이하로 매각을 재공고한 경우에 한한다)하고, 재공고일부터 1년 이내에 매각계약을 체결한 토지 : 최초의 공고일

③ 영 제92조의11제3항제5호에서 "기획재정부령으로 정하는 부득

이한 사유에 해당되는 토지"란 다음 각 호의 어느 하나에 해당하는 토지를 말한다. 〈개정 2009. 3. 30., 2011. 2. 28., 2013. 3. 23., 2014. 11. 19., 2015. 3. 13., 2020. 3. 13.〉

1. 「기업구조조정 촉진법」에 따른 부실징후기업과 채권금융기관협의회가 같은 법 제10조에 따라 해당 부실징후기업의 경영정상화계획 이행을 위한 약정을 체결하고 그 부실징후기업이 해당 약정에 따라 양도하는 토지(2008년 12월 31일 이전에 취득한 것에 한정한다. 이하 이 항에서 같다)

2. 채권은행 간 거래기업의 신용위험평가 및 기업구조조정방안 등에 대한 협의와 거래기업에 대한 채권은행 공동관리절차를 규정한 「채권은행협의회 운영협약」에 따른 관리대상기업과 채권은행자율협의회가 같은 협약 제19조에 따라 해당 관리대상기업의 경영정상화계획 이행을 위한 특별약정을 체결하고 그 관리대상기업이 해당 약정에 따라 양도하는 토지

3. 「금융산업의 구조개선에 관한 법률」에 따른 금융기관이 같은 법 제10조제1항에 따라 금융위원회로부터 적기시정조치를 받고 그 이행계획 등에 따라 양도하는 토지

4. 「신용협동조합법」에 따른 신용협동조합중앙회가 같은 법 제83조의3제2항에 따라 금융위원회로부터 경영개선상태의 개선을 위한 조치를 이행하도록 명령받고 그 명령에 따라 양도하는 토지

5. 「신용협동조합법」에 따른 신용협동조합이 같은 법 제86조제1항에 따라 금융위원회로부터 경영관리를 받거나, 같은 법 제89조제4항에 따라 신용협동조합중앙회장으로부터 재무상태의 개선을 위한 조치를 하도록 요청받고 그에 따라 양도하는 토지

6. 「농업협동조합의 구조개선에 관한 법률」에 따른 조합이 같은 법 제4조제1항에 따라 농림축산식품부장관으로부터 적기시정조치를 받고 그 이행계획 등에 따라 양도하는 토지

7. 「수산업협동조합의 구조개선에 관한 법률」에 따른 조합이 같은 법 제4조제1항에 따라 해양수산부장관으로부터 적기시정조치를 받고 그 이행계획 등에 따라 양도하는 토지

8. 「산림조합의 구조개선에 관한 법률」에 따른 조합이 같은 법 제4조제1항에 따라 산림청장으로부터 적기시정조치를 받고 그 이행계획 등에 따라 양도하는 토지

9. 삭제 〈2020. 3. 13.〉

10. 「새마을금고법」에 따른 새마을금고 또는 중앙회가 같은 법 제77조제3항 또는 제80조제1항에 따라 행정안전부장관으로부터 경영상태 개선을 위한 조치 이행 명령 또는 경영지도를 받거나, 같은 법 제79조제6항에 따라 중앙회장으로부터 경영개선 요구 또는 합병 권고 등 조치를 받고 그에 따라 양도하는 토지

11. 「산업집적활성화 및 공장설립에 관한 법률」 제39조에 따라 산업시설구역의 산업용지를 소유하고 있는 입주기업체가 산업용지를 같은 법 제2조에 따른 관리기관(같은 법 제39조제2항 각 호의 유관기관을 포함한다)에 양도하는 토지

12. 「과학기술분야 정부출연연구기관 등의 설립 · 운영 및 육성에 관한 법률」에 따라 설립된 한국원자력연구원이 소유한 시험농장용 토지

13. 공장의 가동에 따른 소음 · 분진 · 악취 등으로 생활환경의 오염피해가 발생되는 지역의 토지로서 해당 토지소유자의 요구에 따라 취득한 공장용 부속토지의 인접토지

14. 「채무자의 회생 및 파산에 관한 법률」 제242조에 따른 회생계획인가 결정에 따라 회생계획의 수행을 위하여 양도하는 토지

[본조신설 2005. 12. 31.]

제46조의3 삭제 〈2019. 3. 20.〉

제47조(외국납부세액공제) ① 영 제94조제2항 각 호 외의 부분 후단에서 "연구개발 비용 등 기획재정부령으로 정하는 비용"이란 영 제19조에 따른 손비로서 「조세특례제한법」 제2조제1항제11호의 연구개발 활동에 따라 발생한 비용(연구개발 업무를 위탁하거나 공동연구개발을 수행하는데 드는 비용을 포함하며, 이하 이 조에서 "연구개발비"라 한다)을 말한다. 〈신설 2020. 3. 13., 2021. 3. 16.〉

② 영 제94조제2항 각 호 외의 부분 후단에서 "기획재정부령으로 정하는 계산방법"이란 다음 각 호의 방법을 말한다. 다만, 제2호에 따라 계산한 금액이 제1호에 따라 계산한 금액의 100분의 50 미만인 경우에는 제1호에 따라 계산한 금액의 100분의 50을 영 제94조제2항에 따른 국외원천소득 대응 비용으로 한다. 〈신설 2020. 3. 13., 2021. 3. 16.〉

1. 매출액 방법: 해당 사업연도에 내국법인의 전체 연구개발비 중

국내에서 수행되는 연구개발 활동에 소요되는 비용이 차지하는 비율(이하 이 항에서 "연구개발비용비율"이라 한다)의 구분에 따른 다음의 계산식에 따라 국외원천소득 대응 비용을 계산하는 방법

구분	계산식
가. 연구개발비용비율이 50퍼센트 이상인 경우	$A \times \frac{50}{100} \times \frac{C}{B+C+D}$
나. 연구개발비용비율이 50퍼센트 미만인 경우	$(A \times \frac{50}{100} \times \frac{C}{C+D})$ + $(A \times \frac{50}{100} \times \frac{C}{B+C+D})$

비고: 위의 계산식에서 기호의 의미는 다음과 같다.

A: 연구개발비

B: 기업회계기준에 따른 내국법인의 전체 매출액[내국법인의 법 제93조제8호가목 및 나목에 해당하는 권리ㆍ자산 또는 정보(이하 이 조에서 "권리등"이라 한다)를 사용하거나 양수하여 내국법인에게 그 권리등의 사용대가 또는 양수대가(이하 이 항에서 "사용료소득"이라 한다)를 지급하는 외국법인으로서 내국법인이 의결권이 있는 발행 주식총수 또는 출자총액의 50퍼센트 이상을 직접 또는 간접으로 보유하고 있는 외국법인(이하 이 항에서 "외국자회사"라 한다)의 해당 내국법인에 대한 매출액과 내국법인의 국외 소재 사업장(이하 이 항에서 "국외사업장"이라 한다)에서 발생한 매출액은 해당 내국법인의 전체 매출액에서 뺀다]

C: 해당 국가에서 내국법인에게 사용료소득을 지급하는 모든 비거주자 또는 외국법인의 해당 사용료소득에 대응하는 매출액(내국법인이 해당 매출액을 확인하기 어려운 경우에는 사용료소득을 기준으로 내국법인이 합리적으로 계산한 금액으로 갈음할 수 있다)의 합계액(내국법인의 국외사업장의 매출액을 포함한다). 다만, 외국자회사의 경우 그 소재지국에서 재무제표 작성 시에 일반적으로 인정되는 회계원칙에 따라 산출한 외국자회사의 전체 매출액(해당 외국자회사에 대한 내국법인의 매출액이 있는 경우 이를 외국자회사의 전체 매출액에서 뺀다)에 내국법인의 해당 사업연도 종료일 현재 외국자회사에 대한 지분비율을 곱한 금액으로 한다.

D: 해당 국가 외의 국가에서 C에 따라 산출한 금액을 모두 합한 금액

2. 매출총이익 방법: 해당 사업연도에 내국법인의 연구개발비용비율의 구분에 따른 다음의 계산식에 따라 국외원천소득 대응 비용을 계산하는 방법

구분	계산식
가. 연구개발비용비율이 50퍼센트 이상인 경우	$A \times \frac{75}{100} \times \frac{F}{E+F+G}$
나. 연구개발비용비율이 50퍼센트 미만인 경우	$(A \times \frac{25}{100} \times \frac{F}{F+G})$ + $(A \times \frac{75}{100} \times \frac{F}{E+F+G})$

비고: 위의 계산식에서 기호의 의미는 다음과 같다.

A: 연구개발비

E: 기업회계기준에 따른 내국법인의 매출총이익(국외사업장의 매출총이익과 비거주자 또는 외국법인으로부터 지급받은 사용료소득은 제외한다)

F: 해당 국가에 소재하는 비거주자 또는 외국법인으로부터 내국법인이 지급받은 사용료소득과 내국법인의 해당 국가에 소재하는 국외사업장의 매출총이익 합계액

G: 해당 국가 외의 국가에 소재하는 비거주자 또는 외국법인으로부터 내국법인이 지급받은 사용료소득과 내국법인의 해당 국가 외의 국가에 소재하는 국외사업장의 매출총이익 합계액

③ 영 제94조제2항제2호에서 "기획재정부령으로 정하는 배분방법"이란 다음 각 호의 계산 방법을 말한다. 〈개정 2020. 3. 13.〉

1. 국외원천소득과 그 밖의 소득의 업종이 동일한 경우의 공통손금은 국외원천소득과 그 밖의 소득별로 수입금액 또는 매출액에 비례하여 안분계산

2. 국외원천소득과 그 밖의 소득의 업종이 다른 경우의 공통손금은 국외원천소득과 그 밖의 소득별로 개별 손금액에 비례하여 안분계산

[전문개정 2019. 3. 20.]

제48조(외국납부세액 공제시의 환율적용) ①외국납부세액의 원화환산은 외국세액을 납부한 때의 「외국환거래법」에 의한 기준환율 또는 재정환율에 의한다. 〈개정 2005. 2. 28.〉

②당해사업연도중에 확정된 외국납부세액이 분납 또는 납기미도래로 인하여 미납된 경우 동 미납세액에 대한 원화환산은 그 사업연도종료일 현재의 「외국환거래법」에 의한 기준환율 또는 재정환율에 의하며 사업연도종료일이후에 확정된 외국납부세액을 납부하는 경우 미납된 분납세액에 대하여는 확정일 이후 최초로 납부하는 날의 기준환율 또는 재정환율에 의하여 환산할 수 있다. 〈개정 2005. 2.

28.〉

③ 국내에서 공제받은 외국납부세액을 외국에서 환급받아 국내에서 추가로 세액을 납부하는 경우의 원화환산은 제1항에 따른 외국세액을 납부한 때 또는 제2항에 따른 그 사업연도종료일 현재나 확정일 이후 최초로 납부하는 날의 「외국환거래법」에 따른 기준환율 또는 재정환율에 따른다. 다만, 환급받은 세액의 납부일이 분명하지 아니한 경우에는 해당 사업연도 동안 해당 국가에 납부한 외국납부세액의 제1항 또는 제2항에 따라 환산한 원화 합계액을 해당 과세기간 동안 해당 국가에 납부한 외국납부세액의 합계액으로 나누어 계산한 환율에 따른다. 〈신설 2014. 3. 14.〉

제48조의2(간접투자외국법인세액 환급금의 납부) 영 제94조의2제1항에 따른 간접투자회사등(이하 "간접투자회사등"이라 한다)이 납부한 같은 항에 따른 간접투자외국법인세액의 전부 또는 일부가 해당 사업연도 또는 회계기간 이후 환급된 경우 간접투자회사등은 같은 조 제6항에 따라 해당 환급금을 그 환급받은 날이 속하는 분기의 마지막 달의 다음 달 말일까지 납세지 관할 세무서장에게 납부해야 한다. 이 경우 별지 제64호의6서식에 따른 간접투자회사등의 외국납부세액 환급금 납부계산서에 해당 환급금에 관한 입증서류를 첨부하여 납세지 관할 세무서장에게 제출해야 한다.

[본조신설 2023. 3. 20.]

제49조(재해손실에 대한 세액공제) ①법 제58조에 따라 법인세에서 공제할 세액의 계산은 다음 계산식에 따른다. 〈개정 2007. 3. 30., 2019. 3. 20.〉

$$\left(\text{법 제55조에 따른 산출세액} + \text{법 제75조의3과 「국세기본법」 제47조의2부터 제47조의5까지에 따른 가산세액} - \text{다른 법률에 따른 공제 및 감면세액}\right) \times \frac{\text{재해로 인하여 상실된 자산의 가액}}{\text{상실전 자산총액}}$$

②법인이 재해로 인하여 수탁받은 자산을 상실하고 그 자산가액의 상당액을 보상하여 주는 경우에는 이를 재해로 인하여 상실된 자산의 가액 및 상실전의 자산총액에 포함하되, 예금·받을어음·외상매출금 등은 당해채권추심에 관한 증서가 멸실된 경우에도 이를 상실된 자산의 가액에 포함하지 아니한다. 이 경우 그 재해자산이 보험에 가입되어 있어 보험금을 수령하는 때에도 그 재해로 인하여 상실

된 자산의 가액을 계산함에 있어서 동 보험금을 차감하지 아니한다.

③법인이 동일한 사업연도중에 2회이상 재해를 입은 경우 재해상실비율의 계산은 다음 산식에 의한다. 이 경우 자산은 영 제95조1항 각호의 자산에 한한다.

$$\text{재해상실비율} = \frac{\text{재해로 인하여 상실된 자산가액의 합계액}}{\text{최초 재해발생전 자산총액} + \text{최종 재해발생전까지의 증가된 자산총액}}$$

제50조(감면 또는 세액공제액의 계산) 법 제59조의 규정을 적용함에 있어서 법인이 법 또는 다른 법률에 의하여 제출한 법인세의 감면 또는 세액공제신청서에 기재된 소득금액과 법 제66조의 규정에 의하여 납세지 관할세무서장 또는 관할지방국세청장이 결정 또는 경정한 소득금액이 동일하지 아니한 경우 감면 또는 세액공제의 기초가 될 소득금액은 납세지 관할세무서장 또는 관할지방국세청장이 결정 또는 경정한 금액에 의한다. 다만, 「조세특례제한법」 제128조제2항 및 동조제3항의 규정이 적용되는 경우에는 그러하지 아니하다. 〈개정 2005. 2. 28.〉

제50조의2 삭제 〈2016. 3. 7.〉

제50조의3(조정반의 지정 절차 등) ① 영 제97조의3제1항에 따른 조정반(이하 이 조에서 "조정반"이라 한다) 지정을 받으려는 자는 별지 제63호의13서식에 따른 조정반 지정 신청서를 작성하여 매년 11월 30일까지 대표자의 사무소 소재지 관할 지방국세청장에게 조정반 지정 신청을 하여야 한다. 다만, 법 제60조제9항 각 호의 어느 하나에 해당하는 자(이하 "세무사등"이라 한다)로서 매년 12월 1일 이후 개업한 자 또는 매년 12월 1일 이후 설립된 세무법인, 회계법인, 법무법인, 법무법인(유한) 또는 법무조합(이하 "세무법인등"이라 한다)은 각각 세무사등의 개업신고일(구성원이 2명 이상인 경우에는 최근 개업한 조정반 구성원의 개업신고일을 말한다) 또는 법인설립등기일(법무조합의 경우에는 「변호사법」 제58조의19제2항에 따른 관보 고시일을 말한다)부터 1개월 이내에 신청할 수 있다. 〈개정 2022. 3. 18.〉

② 제1항의 신청을 받은 지방국세청장은 신청을 받은 연도의 12

월 31일(제1항 단서에 따라 신청을 받은 경우 신청을 받은 날이 속하는 달의 다음 달 말일)까지 지정 여부를 결정하여 신청인에게 통지하고, 그 사실을 관보 또는 인터넷 홈페이지에 공고하여야 한다.

③ 지방국세청장은 조정반이 다음 각 호의 어느 하나에 해당하는 경우에는 조정반 지정을 취소할 수 있다. 〈개정 2022. 3. 18.〉

1. 조정반에 소속된 세무사등이 1명이 된 경우
2. 세무조정계산서를 거짓으로 작성한 경우
3. 부정한 방법으로 지정을 받은 경우
4. 조정반 지정일부터 1년 이내에 조정반의 구성원(세무법인등의 경우에는 실제 세무조정계산서 작성에 참여한 세무사등을 말한다. 이하 이 호에서 같다) 또는 구성원의 배우자가 대표이사 또는 과점주주였던 법인의 세무조정을 한 경우

④ 조정반 지정의 유효기간은 1년으로 한다.

⑤ 조정반의 구성원(세무법인등의 구성원은 제외한다)이나 대표자가 변경된 경우에는 그 사유가 발생한 날부터 14일 이내에 별지 제63호의13서식에 따른 조정반 변경지정 신청서를 작성하여 대표자의 사무소 소재지 관할 지방국세청장에게 조정반 변경지정 신청을 하여야 한다. 〈개정 2022. 3. 18.〉

⑥ 제5항에 따라 조정반 변경지정 신청을 받은 지방국세청장은 신청을 받은 날부터 7일 이내에 변경지정 여부를 결정하여 신청인에게 통지하여야 한다.

⑦ 지방국세청장은 제1항에 따른 지정 신청 또는 제5항에 따른 변경지정 신청을 한 자가 「소득세법 시행규칙」 제65조의3제2항 각 호의 어느 하나에 해당하는 경우에는 조정반 지정 또는 조정반 변경지정을 하지 아니하여야 한다.

⑧ 지방국세청장은 제2항에 따라 조정반을 지정하거나 제6항에 따라 조정반을 변경 지정하려는 경우에는 신청인에게 별지 제63호의14 서식에 따른 조정반 지정서 또는 조정반 변경지정서를 발급하여야 한다.

⑨ 「소득세법 시행규칙」 제65조의3제2항 및 제6항에 따라 조정반 지정 또는 변경지정을 받은 자는 제2항 및 제6항에 따라 지정 또는 변경지정을 받은 것으로 본다.

[전문개정 2016. 3. 7.]

제51조(중간예납세액의 계산) ①법인이 법 제63조의2제1항에 따라 중간예납세액을 계산할 때 사업연도의 변경으로 인하여 직전 사업연도가 1년미만인 경우에는 그 기간을 직전 사업연도로 본다. 〈개정 2019. 3. 20.〉

②직전 사업연도의 법인세 산출세액은 있으나 중간예납세액·원천징수세액 및 수시부과세액이 산출세액을 초과함으로써 납부한 세액이 없는 경우에는 법 제63조의2제2항제2호가목에 따른 직전 사업연도의 법인세액이 없는 경우로 보지 아니한다. 〈개정 2019. 3. 20.〉

③결손등으로 인하여 직전 사업연도의 법인세 산출세액이 없이 가산세로서 확정된 세액이 있는 법인의 경우에는 법 제63조의2제1항제2호에 따라 해당 중간예납세액을 계산하여 납부하여야 한다. 〈개정 2012. 2. 28., 2019. 3. 20.〉

④「조세특례제한법」 제72조제1항의 규정에 의한 조합법인등(당기순이익 과세를 포기한 법인을 제외한다)이 직전 사업연도의 법인세액이 없거나 당해중간예납기간 종료일까지 법인세액이 확정되지 아니한 경우에는 당해중간예납기간을 1사업연도로 보아 계산한 당기순이익을 과세표준으로 중간예납세액을 계산하여 납부하여야 한다. 〈개정 2005. 2. 28.〉

⑤ 법 제63조의2제1항제2호의 계산식을 적용할 때 해당 내국법인이 「조세특례제한법」에 따라 세액감면 등의 특례를 적용받는 중소기업에 해당하는지를 판단할 필요가 있는 경우 같은 법 시행령 제2조제1호에 따른 업종별 매출액은 해당 중간예납기간의 매출액을 연간 매출액으로 환산한 금액으로 한다. 〈신설 2022. 3. 18.〉

⑥법 제63조의2제1항제2호에 따른 중간예납기간에 대한 법인세 산출세액의 계산에 관해서는 제45조를 준용한다. 〈개정 2012. 2. 28., 2019. 3. 20., 2022. 3. 18.〉

제52조 삭제 〈2019. 3. 20.〉

제53조(추계결정방법 등) ① 영 제104조제2항을 적용할 때에 기준경비율이 있는 업종과 기준경비율이 없는 업종을 겸영하는 법인의 경우 기준경비율이 있는 업종에 대하여는 같은 항 제1호에 따르고 기준경비율이 없는 업종에 대하여는 같은 항 제2호에 따른다.

② 영 제104조제2항제3호에서 "기획재정부령으로 정하는 사유"란 다음 각 호의 어느 하나에 해당하는 것을 말한다.

1. 무자료거래, 위장·가공 거래 등 거래내용이 사실과 다른 혐의가 있는 경우

2. 구체적인 탈세 제보가 있는 경우

3. 거래상대방이 「조세범처벌법」에 따른 범칙행위를 하여 조사를 받고, 조사과정에서 해당 법인과의 거래내용이 파악된 경우

4. 법인의 사업내용, 대표자의 재산상황 등을 고려할 때 명백한 탈루혐의가 있다고 인정되는 경우

[전문개정 2009. 3. 30.]

제54조(대표자 상여처분방법) 영 제106조제1항제1호 단서의 규정을 적용함에 있어서 사업연도중에 대표자가 변경된 경우 대표자 각인에게 귀속된 것이 분명한 금액은 이를 대표자 각인에게 구분하여 처분하고 귀속이 분명하지 아니한 경우에는 재직기간의 일수에 따라 구분계산하여 이를 대표자 각인에게 상여로 처분한다. 〈개정 2003. 3. 26.〉

제55조(수시부과시의 산출세액 계산) 제45조의 규정은 영 제108조제2항의 규정에 의한 수시부과시의 산출세액 계산에 관하여 이를 준용한다.

제56조(원천징수대상 이자소득금액의 계산) 법 제73조 및 제73조의2를 적용할 때 차입금과 이자의 변제에 관한 특별한 약정이 없이 차입금과 그 차입금에 대한 이자에 해당하는 금액의 일부만을 변제한 경우에는 이자를 먼저 변제한 것으로 본다. 다만, 비영업대금의 이익의 경우에는 「소득세법 시행령」 제51조제7항의 규정을 준용한다. 〈개정 2005. 2. 28., 2019. 3. 20.〉

제56조의2(기금운용법인 등) ① 영 제111조제4항제5호 각 목 외의 부분에서 "기금을 관리·운용하는 법인으로서 기획재정부령으로 정하는 법인"이란 다음 각 호의 법인을 말한다. 〈개정 2019. 3. 20., 2023. 3. 20.〉

1. 「공무원연금법」에 따른 공무원연금관리공단
2. 「사립학교교직원 연금법」에 따른 사립학교교직원연금관리공단
3. 「국민체육진흥법」에 따른 서울올림픽기념국민체육진흥공단
4. 「신용보증기금법」에 따른 신용보증기금
5. 「기술보증기금법」에 따른 기술보증기금
6. 「무역보험법」에 따른 한국무역보험공사

7. 「중소기업협동조합법」에 따른 중소기업중앙회

8. 「농림수산업자신용보증법」에 따른 농림수산업자신용보증기금을 관리·운용하는 농업협동조합중앙회

9. 「한국주택금융공사법」에 따른 한국주택금융공사

10. 「문화예술진흥법」에 따른 한국문화예술위원회

② 영 제111조제4항제5호 각 목 외의 부분에서 "공제사업을 영위하는 법인으로서 기획재정부령으로 정하는 법인"이란 다음 각 호의 어느 하나에 해당하는 법인을 말한다. 〈개정 2016. 3. 7., 2018. 3. 21., 2019. 3. 20., 2023. 3. 20., 2024. 3. 22.〉

1.「한국교직원공제회법」에 따른 한국교직원공제회

2.「군인공제회법」에 따른 군인공제회

3. 「신용협동조합법」에 따른 신용협동조합중앙회(공제사업에 한정한다)

4. 「건설산업기본법」에 따라 설립된 건설공제조합 및 전문건설공제조합

5. 「전기공사공제조합법」에 따른 전기공사공제조합

6. 「정보통신공사업법」에 따른 정보통신공제조합

7. 「대한지방행정공제회법」에 따른 대한지방행정공제회

8. 「새마을금고법」에 따른 새마을금고중앙회(공제사업에 한정한다)

9. 「과학기술인공제회법」에 따른 과학기술인공제회

10. 「소방산업의 진흥에 관한 법률」 제23조제1항에 따른 소방산업공제조합

11. 「건축사법」 제38조의3제1항에 따른 건축사공제조합

[본조신설 2009. 3. 30.]

제57조(만기보유시 원천징수 제외대상 채권 등의 범위) 영 제111조제4항제5호다목에서 "기획재정부령이 정하는 채권 또는 증권"이라 함은 다음 각 호의 것을 말한다. 〈개정 2004. 2. 28., 2005. 2. 28., 2008. 3. 31., 2019. 3. 20., 2023. 3. 20.〉

1. 「한국산업은행법」에 의하여 한국산업은행이 발행하는 산업금융채권

2. 「중소기업은행법」에 의하여 중소기업은행이 발행하는 중소기업금융채권

3. 「한국수출입은행법」에 의하여 한국수출입은행이 발행하는 수출

입금융채권

4. 「은행법」에 의한 국민은행이 발행하는 국민은행채권(1998년 12월 31일 「은행법」에 의한 국민은행과 「장기신용은행법」에 의한 장기신용은행이 합병되기 전의 장기신용은행이 발행한 장기신용채권의 상환을 위하여 발행하는 채권에 한한다)

5. 「주택저당채권 유동화회사법」에 의하여 주택저당채권유동화회사가 발행하는 주택저당증권 및 주택저당채권담보부채권

6. 「한국주택금융공사법」에 따라 설립된 한국주택금융공사가 발행하는 주택저당채권담보부채권ㆍ주택저당증권ㆍ학자금대출증권 및 사채

[본조신설 2002. 3. 30.]

제58조(증권시장 안정을 위하여 설립된 조합의 범위) ① 영 제111조제4항제6호가목에서 "기획재정부령으로 정하는 조합"이란 증권시장의 안정을 위하여 조합원이 공동으로 출자하여 주권상장법인의 주식을 취득하는 조합으로서 기획재정부장관이 정하는 조합을 말한다. 〈개정 2019. 3. 20., 2023. 3. 20.〉

② 삭제 〈2019. 3. 20.〉

[전문개정 2009. 3. 30.]

[제목개정 2019. 3. 20.]

제59조(보유기간 이자상당액의 계산등) ① 영 제113조제2항제2호나목 단서에 다른 이자율의 적용에 관하여는 「소득세법 시행규칙」 제88조의2를 준용한다. 〈개정 2011. 2. 28.〉

② 영 제113조제3항 단서에서 "기획재정부령이 정하는 경우"란 「자본시장과 금융투자업에 관한 법률 시행령」 제103조제1호에 따른 특정금전신탁이 중도해지되거나 그 신탁계약기간이 종료됨에 따라 해당 특정금전신탁에서 운용하던 채권 등을 위탁자에게 유상이체하는 경우를 말한다. 〈개정 2009. 3. 30.〉

③영 제113조제7항 각호외의 부분 전단에서 "기획재정부령이 정하는 방법"이라 함은 다음 각호의 1에 해당하는 방법을 말한다. 이 경우 보유기간의 계산은 소수점 이하 두자리까지만 할 수 있다. 〈개정 2001. 3. 28., 2008. 3. 31.〉

1. 채권등을 매도할 때마다 그 매도일 현재의 보유채권등 및 매도채권등의 취득일별 채권등의 수에 당해채권 등의 취득일부터 매도일까지의 보유기간을 곱하여 계산한 기간의 합계를 채권등의 총수로

나누어 계산하는 방법. 이 경우 직전 매도일 현재의 보유채권등에 대하여는 직전 매도시에 계산한 평균 보유기간에 직전 매도일부터 당해매도일까지의 기간을 합한 기간을 취득일부터 매도일까지의 보유기간으로 한다.

2. 가목의 기간에서 나목의 평균경과기간을 차감한 기간을 보유기간으로 하는 방법

가. 채권등의 발행일(발행일 이전에 매출하는 경우에는 매출일)부터 매도일까지의 보유기간

나. 채권등의 매도일 직전에 취득한 채권등의 취득수에 발행일(발행일이전에 매출하는 경우에는 매출일)부터 취득일까지의 기간(이하 이 목에서 "경과기간"이라 한다)을 곱한 기간과 당해채권등의 취득직전에 보유한 채권등의 경과기간을 평균한 기간에 보유채권수를 곱한 기간의 합계를 채권등의 수로 나누어 계산한 평균경과기간

3. 채권등을 취득할 때마다 계산한 평균보유기간에 매도일까지의 기간을 합하는 방법

제59조의2 삭제 〈2010. 6. 30.〉

제60조 삭제 〈2019. 3. 20.〉

제60조의2(연결법인간 사업연도 불일치가 허용되는 법인) 영 제120조의12제3항 각 호 외의 부분에서 "기획재정부령으로 정하는 내국법인"이란 다음 각 호의 어느 하나에 해당하는 법인을 말한다.

1. 「자본시장과 금융투자업에 관한 법률」에 따른 금융투자업(신탁업은 제외한다)을 영위하는 법인

2. 「보험업법」에 따른 보험회사

3. 「상호저축은행법」에 따른 상호저축은행

[본조신설 2010. 3. 31.]

[종전 제60조의2는 제60조의3으로 이동 〈2010. 3. 31.〉]

제60조의3(연결법인의 소득금액 계산) ① 연결법인이 영 제120조의18제1항에 따른 양도손익이연자산(이하 "양도손익이연자산"이라 한다)의 양도손익을 같은 조 제2항제2호에 따라 익금과 손금에 산입할 때에 양수법인이 연결법인으로부터 매입한 자산과 연결법인 외의 자로부터 매입한 자산이 함께 있는 경우에는 연결법인으로부터 매입한 자산을 먼저 양도한 것으로 본다.

② 연결법인이 채권에 대해 현재가치할인차금을 계상한 경우 채권

의 양도가액은 채권의 총 매출가액 중 양도법인이 보유한 기간에 해당하는 이자수익을 제외한 금액으로 한다.

[본조신설 2009. 3. 30.]

[제60조의2에서 이동 〈2010. 3. 31.〉]

제60조의4(연결법인의 수입배당금액의 익금불산입) 영 제120조의19 제3항에서 "기획재정부령으로 정하는 자산"이란 다음 각 호의 어느 하나에 해당하는 자산을 말한다.

1. 연결법인간 대여금, 매출채권, 미수금 등의 채권
2. 연결법인이 발행한 주식

[본조신설 2013. 2. 23.]

제60조의5(완전지배의 판단 시 제외되는 주식의 범위) 영 제120조의22제5항제1호에서 "우리사주조합을 통하여 근로자가 취득한 주식 등 기획재정부령으로 정하는 주식"이란 다음 각 호의 어느 하나에 해당하는 주식을 말한다.

1. 우리사주조합이 보유한 주식
2. 우리사주조합을 통하여 근로자가 취득한 주식
3. 영 제19조제19호의2 각 목 외의 부분 본문에 해당하는 주식매수선택권의 행사에 따라 발행되거나 양도된 주식(주식매수선택권을 행사한 자가 제3자에게 양도한 주식을 포함한다)

[본조신설 2024. 3. 22.]

제3장 내국법인의 청산소득에 대한 법인세

제61조(해산에 의한 청산소득금액의 계산) 법인이 해산등기일 현재의 자산을 청산기간중에 처분한 금액(환가를 위한 재고자산의 처분액을 포함한다)은 이를 청산소득에 포함한다. 다만, 청산기간중에 해산전의 사업을 계속하여 영위하는 경우 당해사업에서 발생한 사업수입이나 임대수입, 공·사채 및 예금의 이자수입등은 그러하지 아니하다.

제4장 외국법인의 각 사업연도 소득에 대한 법인세

제62조(외국항행소득의 범위) 법 제91조제1항제3호의 규정에 의한 외국항행소득은 다음 각호의 1에 해당하는 소득으로 한다.

1. 외국항행을 목적으로 하는 정상적인 업무에서 발생하는 소득

2. 자기소유 선박을 외국항행을 조건으로 정기용선계약(나용선인 경우를 제외한다)을 체결하고 동계약에 의하여 자기소유선박이 외국항행을 함으로써 지급받는 용선료 수입

제62조의2(외국법인에 지급한 주식매수선택권등 행사·지급비용의 손금산입) ① 영 제129조제1항제7호에서 "기획재정부령으로 정하는 외국법인"이란 다음 각 호의 어느 하나에 해당하는 외국법인을 말한다. 〈개정 2009. 6. 8.〉

1. 「자본시장과 금융투자업에 관한 법률」에 따른 증권시장 또는 이와 유사한 시장으로서 증권의 거래를 위하여 외국에 개설된 시장(이하 이 조에서 "국내·외증권시장"이라 한다)에 상장된 외국법인

2. 국내·외증권시장에 상장되지 아니한 외국법인(이하 이 조에서 "외국법인 자회사"라 한다)의 의결권 있는 주식의 100분의 90 이상을 직접 또는 간접으로 소유한 외국법인이 국내·외증권시장에 상장된 경우에는 그 상장된 외국법인(이하 이 조에서 "외국법인 모회사"라 한다)의 외국법인 자회사. 이 경우 주식의 간접소유비율은 다음 산식에 따라 계산하되[외국법인 자회사의 주주인 법인(이하 이 호에서 "주주법인"이라 한다)이 둘 이상인 경우에는 각 주주법인별로 계산한 비율을 합산한다], 해당 외국법인 모회사와 주주법인 사이에 하나 이상의 법인이 개재되어 있고 이들 법인이 주식소유관계를 통하여 연결되어 있는 경우에도 또한 같다.

외국법인 모회사가 소유하고 있는 주주법인의 의결권 있는 주식 수가 그 주주법인의 의결권 있는 총 주식 수에서 차지하는 비율	×	주주법인이 소유하고 있는 외국법인 자회사의 의결권 있는 주식 수가 그 외국법인 자회사의 의결권 있는 총 주식 수에서 차지하는 비율

② 영 제129조제1항제7호에서 "기획재정부령으로 정하는 주식매수선택권등"이란 다음 각 호의 요건을 모두 갖춘 것을 말한다. 〈개정 2010. 3. 31.〉

1. 「상법」에 따른 주식매수선택권과 유사한 것으로서 제1항에 따른 외국법인 또는 외국법인 모회사의 주식을 미리 정한 가액(이하 이 조에서 "행사가액"이라 한다)으로 인수 또는 매수(행사가액과 주

식의 실질가액과의 차액을 현금 또는 외국법인이나 외국법인 모회사의 주식으로 보상하는 경우를 포함한다)할 수 있는 권리일 것(주식매수선택권만 해당한다)

2. 외국법인 또는 외국법인 모회사가 발행주식총수의 100분의 10의 범위에서 부여하거나 지급한 것일 것

3. 외국법인 또는 외국법인 모회사와 국내지점 간에 주식매수선택권등의 행사 또는 지급비용의 보전에 관하여 사전에 서면으로 약정하였을 것

[본조신설 2009. 3. 30.]

[제목개정 2010. 3. 31.]

제63조(국내원천소득금액의 계산) 영 제129조제2항에서 "기획재정부령이 정하는 것"이라 함은 다음 각 호의 어느 하나에 해당하는 것을 말한다. 〈개정 2008. 3. 31., 2013. 2. 23.〉

1. 국내사업장이 약정 등에 따른 대가를 받지 아니하고 본점등을 위하여 재고자산을 구입하거나 보관함으로써 발생한 경비

2. 기타 국내원천소득의 발생과 합리적으로 관련되지 아니하는 경비

제63조의2(외국법인 본·지점 간의 자금거래에 따른 이자의 손익계산) ① 영 제129조의3제1항제2호에서 "기획재정부령으로 정하는 방법"이란 국제결제은행이 정하는 기준에 따라 국내지점의 위험가중자산에 외국법인 본·지점의 자기자본(영 제129조의3제1항제1호의 자기자본금을 말한다)이 위험가중자산에서 차지하는 비율을 곱하여 산정한 방법을 말한다. 이 경우 외국법인 본·지점이 국제결제은행이 정하는 기준을 다른 방법으로 적용하고 있는 경우에는 본점의 적용방법으로 조정할 수 있다. 〈개정 2009. 6. 8.〉

② 영 제129조의3제1항의 적용대상 국내지점은 외국은행 국내지점으로 한다.

[본조신설 2009. 3. 30.]

제64조(국내사업장과 본점 등의 거래에 대한 국내원천소득금액의 계산) ① 영 제130조제2항 본문에서 "기획재정부령으로 정하는 비용"이란 다음 각 호의 금액을 말한다. 〈신설 2013. 2. 23., 2020. 3. 13.〉

1. 자금거래에서 발생한 이자비용(제63조의2제2항에 따른 외국은행 국내지점의 이자비용은 제외한다)

2. 보증거래에서 발생한 수수료 등 비용

② 영 제130조제1항 및 제2항에 따라 외국법인의 국내사업장과 국외의 본점 및 다른 지점간 거래(이하 이 조에서 "내부거래"라 한다)에 따른 국내원천소득금액을 계산하는 때 적용하는 정상가격은 외국법인의 국내사업장이 수행하는 기능[외국법인 국내사업장의 종업원 등이 자산의 소유 및 위험의 부담과 관련하여 중요하게 수행하는 기능(이하 이 조에서 "중요한 인적 기능"이라 한다)을 포함한다], 부담하는 위험 및 사용하는 자산 등의 사실을 고려하여 계산한 금액으로 한다. 〈신설 2013. 2. 23., 2020. 3. 13.〉

③ 제2항을 적용할 때 국내사업장의 기능 및 사실의 분석은 다음 각 호를 따른다. 〈신설 2020. 3. 13.〉

1. 국내사업장이 속한 본점과 독립된 기업들 간 거래로부터 발생하는 권리 및 의무를 국내사업장에 적절하게 배분
2. 자산의 경제적 소유권의 배분과 관련된 중요한 인적 기능을 확인하여 국내사업장에 자산의 경제적 소유권을 배분
3. 위험의 부담과 관련된 중요한 인적 기능을 확인하여 국내사업장에 위험을 배분
4. 국내사업장의 자산 및 위험배분에 기초한 자본의 배분
5. 국내사업장에 관한 중요한 인적 기능 외의 기능을 확인
6. 국내사업장과 본점 및 다른 지점 간 거래의 성격에 대한 인식 및 결정

④ 영 제130조제4항에서 "내부거래 명세서, 경비배분계산서 등 기획재정부령으로 정하는 서류"란 다음 각 호의 어느 하나에 해당하는 서류를 말한다. 〈개정 2020. 3. 13., 2021. 3. 16.〉

1. 내부거래에 관한 명세서. 이 경우 내부거래에 관한 명세서는 「국제조세조정에 관한 법률 시행규칙」 제27조제1항에 따른 별지 제16호서식(갑)을 준용한다.
2. 「국제조세조정에 관한 법률 시행규칙」 제27조제3항제1호에 따른 별지 제18호서식의 용역거래에 대한 정상가격 산출방법 신고서
3. 「국제조세조정에 관한 법률 시행규칙」 제27조제3항제2호에 따른 별지 제19호서식의 무형자산에 대한 정상가격 산출방법 신고서
4. 「국제조세조정에 관한 법률 시행규칙」 제27조제3항제3호에 따른 별지 제20호서식의 정상가격 산출방법 신고서

⑤영 제130조제3항에 따라 외국법인의 국내사업장에 본점 및 그

국내사업장을 관할하는 관련지점 등의 공통경비를 배분함에 있어 다음 각 호의 어느 하나에 해당하는 본점 등의 경비는 국내사업장에 배분하지 아니한다. 〈개정 2013. 2. 23., 2020. 3. 13.〉

1. 본점등에서 수행하는 업무중 회계감사, 각종 재무제표의 작성 또는 주식발행등 본점만의 고유업무를 수행함으로써 발생하는 경비

2. 본점등의 특정부서나 특정지점만을 위하여 지출한 경비

3. 다른 법인에 대한 투자와 관련되어 발생하는 경비

4. 기타 국내원천소득의 발생과 합리적으로 관련되지 아니하는 경비

⑥영 제130조제3항에 따라 외국법인의 국내사업장에 본점 및 그 국내사업장을 관할하는 관련지점 등의 공통경비를 배분함에 있어서는 배분의 대상이 되는 경비를 경비항목별 기준에 따라 배분하는 항목별 배분방법에 의하거나 배분의 대상이 되는 경비를 국내사업장의 수입금액이 본점 및 그 국내사업장을 관할하는 관련지점 등의 총수입금액에서 차지하는 비율에 따라 배분하는 일괄배분방법에 의할 수 있다. 〈개정 2013. 2. 23., 2020. 3. 13.〉

⑦제6항에 따라 공통경비를 배분하는 경우 외화의 원화환산은 당해 사업연도의 「외국환거래법」에 의한 기준환율 또는 재정환율의 평균을 적용한다. 〈개정 2005. 2. 28., 2013. 2. 23., 2020. 3. 13.〉

⑧제5항부터 제7항까지의 규정을 적용할 때 구체적인 계산방법, 첨부서류의 제출 기타 필요한 사항은 국세청장이 정한다. 〈개정 2013. 2. 23., 2020. 3. 13.〉

[제목개정 2013. 2. 23.]

제65조(국내원천소득과 국외원천소득의 구분기준) ①영 제132조제2항제2호·제3호 및 제9호에서 "통상의 거래조건"이란 해당 법인이 재고자산 등을 「국제조세조정에 관한 법률」 제8조 및 같은 법 시행령 제5조부터 제16조까지의 규정에 따른 방법을 준용하여 계산한 시가에 의하여 거래하는 것을 말한다. 〈개정 2005. 2. 28., 2006. 3. 14., 2019. 3. 20., 2021. 3. 16.〉

②제1항에 따라 해당 법인이 국내원천소득을 계산한 경우에는 「국제조세조정에 관한 법률 시행규칙」 제27조제1항에 따른 별지 제16호서식의 국제거래명세서, 같은 조 제3항제1호에 따른 별지 제18호서식의 용역거래에 대한 정상가격 산출방법 신고서, 같은 항 제2

호에 따른 별지 제19호서식의 무형자산에 대한 정상가격 산출방법 신고서, 같은 항 제3호에 따른 별지 제20호서식의 정상가격 산출방법 신고서를 법 제60조제1항에 따른 신고기한 내에 납세지 관할세무서장에게 제출해야 한다. 〈신설 2003. 3. 26., 2005. 2. 28., 2006. 12. 15., 2011. 3. 18., 2013. 2. 23., 2021. 3. 16.〉

제66조(항공기에 의한 국제운송업의 국내원천소득의 계산) 영 제132조제2항제8호에서 "기획재정부령으로 정하는 방법"이란 다음 계산식에 따른 방법을 말한다. 〈개정 2008. 3. 31., 2019. 3. 20.〉

$$\text{해당 법인의 국내원천소득의 금액} = \text{해당 법인의 국제노선에서 생기는 이익} \times \left\{\left[\frac{\text{국내 총수입 금액}}{\text{국제노선 총수입 금액}} + \frac{\text{국내 유형자산 및 무형자산의 장부가액} + \left(\text{국제노선에 취항하는 항공기의 장부가액} \times \frac{\text{국내에서의 출항회수}}{\text{국제노선 출항회수}}\right)}{\text{국제노선에 관련한 총 유형자산 및 무형자산의 장부가액}} + \frac{\text{국내의 급여액} + \left(\text{국제노선에 취항하는 항공기 승무원의 급여액} \times \frac{\text{국내에서의 출항회수}}{\text{국제노선 출항회수}}\right)}{\text{국제노선에 관련한 총급여액}}\right] \times \frac{1}{3}\right\}$$

제66조의2 삭제 〈2025. 3. 21.〉

제67조(건설공사현장 등의 존속기간 계산방법) 법 제94조제2항에 따른 국내사업장 해당 여부를 판정할 때에 외국법인이 국내에서 건축, 건설, 조립 또는 설치공사나 이들 공사와 관련한 감리, 감독, 기술용역의 활동(이하 이 조에서 "건설공사 등"이라 한다)을 수행하는 경우 그 건설공사 등의 존속기간은 다음 각 호의 방법으로 계산한다.

1. 건설공사 현장의 존속기간은 외국법인이 국내에서 건설공사의 작업에 착수한 날부터 해당 작업을 완료하거나 영구적으로 포기한 날까지의 기간으로 한다. 이 경우 건설공사의 작업에 착수한 날은 해당 공사를 위한 설계사무소를 설치하는 등 준비작업을 한 날로 한다.

2. 날씨가 고르지 못한 등 계절적 요인이나 자재 또는 노동력 부족 등으로 공사의 진행이 일시적으로 중단되는 경우의 건설공사의 존속기간은 그 일시적으로 중단된 기간을 합하여 계산한다.

3. 건설공사 등의 도급을 받은 외국법인이 그 공사의 전부 또는 일부를 다른 법인에게 하도급한 경우 도급을 받은 외국법인의 건설공사 현장의 존속기간은 해당 외국법인이 수행한 작업기간과 외국법인으로부터 하도급 받은 다른 법인이 수행한 작업기간을 합하여 계산한다.

[본조신설 2009. 3. 30.]

제68조(원천징수의 범위) ①법 제51조의 규정에 의한 비과세소득과

다른 법률에 의하여 법인세가 전액 면제되는 소득에 대하여는 법 제98조의 규정에 의한 원천징수를 하지 아니한다.

② 삭제 〈2013. 2. 23.〉

제68조의2 삭제 〈2010. 6. 30.〉

제68조의3(조세조약 체약상대국의 정부기관 등) ① 영 제138조의4제2항 각 호 외의 부분 단서에서 "기획재정부령으로 정하는 기관"이란 다음 각 호의 기관을 말한다. 〈개정 2025. 3. 21.〉

1. 체약상대국의 정부
2. 체약상대국의 지방자치단체
3. 「한국은행법」에 따라 설립된 한국은행과 유사한 은행으로서 체약상대국의 중앙은행
4. 체약상대국의 공공기관으로서 다음 각 목의 어느 하나에 해당하는 기관

가. 「초·중등교육법」 및 「고등교육법」에 준하는 법률에 따라 설립된 학교 또는 이와 유사한 단체

나. 「지방공기업법」에 준하는 법률에 따라 설립된 지방공사, 지방공단 또는 이와 유사한 단체

다. 「공공기관의 운영에 관한 법률」에 준하는 법률의 적용을 받는 공공기관 또는 이와 유사한 단체

② 영 제138조의5제2항제2호에서 "기획재정부령이 정하는 조세조약 체약상대국의 정부기관 등"이란 제1항제1호·제2호 또는 제4호에 해당하는 기관을 말한다.

[전문개정 2023. 3. 20.]

제68조의4(유가증권시장에서의 정규적인 거래) 영 제138조의5제2항제3호에서 "기획재정부령이 정하는 정규적인 거래"라 함은 다음 각 호의 모든 요건을 충족하는 거래를 말한다. 〈개정 2008. 3. 31.〉

1. 사업연도 중 해당법인의 주식거래가 이루어진 일수가 60일 이상일 것
2. 제1호의 사업연도 중 거래가 이루어진 주식의 총수가 해당법인의 발행주식총수의 100분의 10이상일 것

[본조신설 2006. 3. 14.]

[제68조의3에서 이동 〈2010. 3. 31.〉]

제5장 삭제 〈2002. 3. 30.〉

제69조 삭제 〈2000. 3. 9.〉

제70조 삭제 〈2001. 3. 28.〉

제71조 삭제 〈2002. 3. 30.〉

제72조 삭제 〈2001. 3. 28.〉

제73조 삭제 〈2002. 3. 30.〉

제73조의2 삭제 〈2002. 3. 30.〉

제6장 보칙

제74조 삭제 〈2012. 2. 28.〉

제75조(구분경리의 범위) ①영 제156조의 규정에 의한 구분경리를 할 때에는 구분하여야 할 사업 또는 재산별로 자산·부채 및 손익을 각각 독립된 계정과목에 의하여 구분기장하여야 한다. 다만, 각 사업 또는 재산별로 구분할 수 없는 공통되는 익금과 손금은 그러하지 아니하다.

②법률에 의하여 법인세가 감면되는 사업과 기타의 사업을 겸영하는 법인은 제1항과 제76조제6항 및 제7항의 규정을 준용하여 구분경리하여야 한다. 이 경우 제76조제6항제2호 및 제3호의 규정에 의한 업종의 구분은 한국표준산업분류에 의한 소분류에 의하되, 소분류에 해당업종이 없는 경우에는 중분류에 의한다.

제75조의2(동일사업 영위 법인) 영 제156조제2항에서 "실질적으로 동일한 사업을 영위하는 것으로서 기획재정부령으로 정하는 경우"란 한국산업은행법(2014. 5. 21. 법률 제12663호로 개정된 것을 말한다) 부칙 제3조에 따른 한국산업은행, 산은금융지주주식회사 및 「한국정책금융공사법」에 따른 한국정책금융공사가 각각 영위하던 사업을 말한다.

[본조신설 2015. 3. 13.]

제76조(비영리법인의 구분경리) ①비영리법인이 법 제113조제1항의 규정에 의하여 구분경리하는 경우 수익사업과 기타의 사업에 공통되는 자산과 부채는 이를 수익사업에 속하는 것으로 한다.

②비영리법인이 구분경리를 하는 경우에는 수익사업의 자산의 합계액에서 부채(충당금을 포함한다)의 합계액을 공제한 금액을 수익사업의 자본금으로 한다.

③비영리법인이 기타의 사업에 속하는 자산을 수익사업에 지출 또는 전입한 경우 그 자산가액은 자본의 원입으로 경리한다. 이 경우 자산가액은 시가에 의한다.

④비영리법인이 수익사업에 속하는 자산을 기타의 사업에 지출한 경우 그 자산가액중 수익사업의 소득금액(잉여금을 포함한다)을 초과하는 금액은 자본원입액의 반환으로 한다. 이 경우 「조세특례제한법」 제74조제1항제1호의 규정을 적용받는 법인이 수익사업회계에 속하는 자산을 비영리사업회계에 전입한 경우에는 이를 비영리사업에 지출한 것으로 한다. 〈개정 2005. 2. 28.〉

⑤비영리법인의 경우 법 제112조의 규정에 의한 장부의 기장은 제1항 내지 제4항의 규정에 의한다.

⑥비영리법인이 법 제113조제1항의 규정에 의하여 수익사업과 기타의 사업의 손익을 구분경리하는 경우 공통되는 익금과 손금은 다음 각호의 규정에 의하여 구분계산하여야 한다. 다만, 공통익금 또는 손금의 구분계산에 있어서 개별손금(공통손금외의 손금의 합계액을 말한다. 이하 이 조에서 같다)이 없는 경우나 기타의 사유로 다음 각호의 규정을 적용할 수 없거나 적용하는 것이 불합리한 경우에는 공통익금의 수입항목 또는 공통손금의 비용항목에 따라 국세청장이 정하는 작업시간·사용시간·사용면적등의 기준에 의하여 안분계산한다.

1. 수익사업과 기타의 사업의 공통익금은 수익사업과 기타의 사업의 수입금액 또는 매출액에 비례하여 안분계산

2. 수익사업과 기타의 사업의 업종이 동일한 경우의 공통손금은 수익사업과 기타의 사업의 수입금액 또는 매출액에 비례하여 안분계산

3. 수익사업과 기타의 사업의 업종이 다른 경우의 공통손금은 수익사업과 기타의 사업의 개별 손금액에 비례하여 안분계산

⑦제6항의 규정에 의한 공통되는 익금은 과세표준이 되는 것에 한하며, 공통되는 손금은 익금에 대응하는 것에 한한다.

제77조(합병법인 및 분할신설법인등의 구분경리) ①법 제113조제3항에 따라 합병법인이 피합병법인으로부터 승계받은 사업과 그 밖의 사업을 구분경리함에 있어서 자산·부채 및 손익의 구분계산은 다음 각 호에 따른다. 〈개정 2014. 3. 14., 2019. 3. 20.〉

1. 유형자산 및 무형자산과 부채는 용도에 따라 각 사업별로 구분하되, 용도가 분명하지 아니한 차입금은 총수입금액에서 각 사업의 당해 사업연도의 수입금액이 차지하는 비율에 따라 안분계산

2. 현금·예금등 당좌자산 및 투자자산은 자금의 원천에 따라 각 사업별로 구분하되, 그 구분이 분명하지 아니한 경우에는 총수입금액에서 각 사업의 당해 사업연도의 수입금액이 차지하는 비율에 따라 안분계산

3. 제1호 및 제2호외의 자산 및 잉여금 등은 용도·발생원천 또는 기업회계기준에 따라 계산

4. 각 사업에 속하는 익금과 손금은 각 각 독립된 계정과목에 의하여 구분하여 기록하되, 각 사업에 공통되는 익금과 손금은 제76조제6항 및 제7항을 준용하여 구분계산. 다만, 합병등기일 전부터 소유하던 유형자산 및 무형자산의 양도손익은 합병등기일 전에 유형자산 및 무형자산을 소유하던 사업부문에 속하는 익금과 손금으로 본다.

②합병법인은 제1항에도 불구하고 다음 각 호의 방법으로 구분경리할 수 있다. 이 경우 합병법인은 피합병법인의 이월결손금을 공제받고자 하는 사업연도가 종료할 때(연결모법인의 경우에는 합병 후 5년간을 말한다)까지 계속 적용하여야 한다. 〈개정 2009. 3. 30., 2014. 3. 14., 2019. 3. 20.〉

1. 피합병법인으로부터 승계받은 사업장과 기타의 사업장별로 자산·부채 및 손익을 각각 독립된 회계처리에 의하여 구분계산. 이 경우 피합병법인으로부터 승계받은 사업장의 자산·부채 및 손익은 이를 피합병법인으로부터 승계받은 사업에 속하는 것으로 한다.

2. 본점등에서 발생한 익금과 손금등 각 사업장에 공통되는 익금과 손금은 제76조제6항 및 제7항을 준용하여 안분계산. 다만, 합병등기일 전부터 소유하던 유형자산 및 무형자산의 양도손익은 합병등기일 전에 유형자산 및 무형자산을 소유하던 사업부문에 속하는 익금과 손금으로 본다.

3. 제1호 및 제2호의 규정을 적용함에 있어서 합병등기일이후 새로이 사업장을 설치하거나 기존 사업장을 통합한 경우에는 그 주된 사업내용에 따라 피합병법인으로부터 승계받은 사업장, 기타의 사업장 또는 공통사업장으로 구분. 이 경우 주된 사업내용을 판정하기

곤란한 경우에는 다음 각목에 의한다.

가. 새로이 사업장을 설치한 경우에는 합병법인의 사업장으로 보아 구분경리

나. 기존 사업장을 통합한 경우에는 통합한 날이 속하는 사업연도의 직전 사업연도의 각 사업장별 수입금액(수입금액이 없는 사업장이 있는 경우에는 각 사업장별 자산총액을 말한다)이 많은 법인의 사업장으로 보아 구분경리

③ 법 제113조제4항에 따라 분할신설법인등이 분할법인등으로부터 승계받은 사업과 그 밖의 사업을 구분경리하는 경우에는 제1항 및 제2항을 준용한다. 〈개정 2009. 3. 30.〉

④ 법 제113조제5항에 따라 연결모법인이 피합병법인(분할법인을 포함한다)으로부터 승계받은 사업과 그 밖의 사업에 속하는 것을 구분경리하는 경우에는 제1항 및 제2항을 준용한다. 〈신설 2009. 3. 30.〉

제78조 삭제 〈2009. 3. 30.〉

제79조(지출증명서류의 수취 특례) 영 제158조제2항제5호에서 "기타 기획재정부령이 정하는 경우"란 각 호의 어느 하나에 해당하는 경우를 말한다. 〈개정 2000. 3. 9., 2001. 3. 28., 2002. 3. 30., 2003. 3. 26., 2004. 3. 5., 2005. 2. 28., 2007. 3. 30., 2008. 3. 31., 2009. 3. 30., 2011. 2. 28., 2012. 2. 28., 2013. 6. 28., 2019. 3. 20.〉

1. 「부가가치세법」 제10조의 규정에 의하여 재화의 공급으로 보지 아니하는 사업의 양도에 의하여 재화를 공급받은 경우

2. 「부가가치세법」 제26조제1항제8호에 따른 방송용역을 제공받은 경우

3. 「전기통신사업법」에 따른 전기통신사업자로부터 전기통신용역을 공급받은 경우. 다만, 「전자상거래 등에서의 소비자보호에 관한 법률」에 따른 통신판매업자가 「전기통신사업법」에 따른 부가통신사업자로부터 같은 법 제4조제4항에 따른 부가통신역무를 제공받는 경우를 제외한다.

4. 국외에서 재화 또는 용역을 공급받은 경우(세관장이 세금계산서 또는 계산서를 교부한 경우를 제외한다)

5. 공매·경매 또는 수용에 의하여 재화를 공급받은 경우

6. 토지 또는 주택을 구입하거나 주택의 임대업을 영위하는 자(법

인을 제외한다)로부터 주택임대용역을 공급받은 경우

7. 택시운송용역을 제공받은 경우

8. 건물(토지를 함께 공급받은 경우에는 당해토지를 포함하며, 주택을 제외한다)을 구입하는 경우로서 거래내용이 확인되는 매매계약서사본을 법 제60조의 규정에 의한 법인세과세표준신고서에 첨부하여 납세지 관할세무서장에게 제출하는 경우

9. 「소득세법 시행령」 제208조의2제1항제3호의 규정에 의한 금융 · 보험용역을 제공받은 경우

9의2. 삭제 〈2020. 3. 13.〉

9의3. 항공기의 항행용역을 제공받은 경우

9의4. 부동산임대용역을 제공받은 경우로서 「부가가치세법 시행령」 제65조제1항을 적용받는 전세금 또는 임대보증금에 대한 부가가치세액을 임차인이 부담하는 경우

9의5. 재화공급계약 · 용역제공계약 등에 의하여 확정된 대가의 지급지연으로 인하여 연체이자를 지급하는 경우

9의6. 「한국철도공사법」에 의한 한국철도공사로부터 철도의 여객운송용역을 공급받는 경우

10. 다음 각 목의 어느 하나에 해당하는 경우로서 공급받은 재화 또는 용역의 거래금액을 「금융실명거래 및 비밀보장에 관한 법률」에 의한 금융기관을 통하여 지급한 경우로서 법 제60조에 따른 법인세과세표준신고서에 송금사실을 기재한 경비 등의 송금명세서를 첨부하여 납세지 관할세무서장에게 제출하는 경우

가. 「부가가치세법」 제61조를 적용받는 사업자로부터 부동산임대용역을 제공받은 경우

나. 임가공용역을 제공받은 경우(법인과의 거래를 제외한다)

다. 운수업을 영위하는 자(「부가가치세법」 제61조를 적용받는 사업자에 한한다)가 제공하는 운송용역을 공급받은 경우(제7호의 규정을 적용받는 경우를 제외한다)

라. 「부가가치세법」 제61조를 적용받는 사업자로부터 「조세특례제한법 시행령」 제110조제4항 각 호에 따른 재활용폐자원 등이나 「자원의 절약과 재활용촉진에 관한 법률」 제2조제2호에 따른 재활용가능자원(같은 법 시행규칙 별표 1 제1호부터 제9호까지의 규정에 열거된 것에 한한다)을 공급받은 경우

마. 「항공법」에 의한 상업서류 송달용역을 제공받는 경우

바. 「공인중개사의 업무 및 부동산 거래신고에 관한 법률」에 따른 중개업자에게 수수료를 지급하는 경우

사. 「복권 및 복권기금법」에 의한 복권사업자가 복권을 판매하는 자에게 수수료를 지급하는 경우

아. 「전자상거래 등에서의 소비자보호에 관한 법률」 제2조제2호 본문에 따른 통신판매에 따라 재화 또는 용역을 공급받은 경우

자. 그 밖에 국세청장이 정하여 고시하는 경우

11. 「유료도로법」에 따른 유료도로를 이용하고 통행료를 지급하는 경우

[제목개정 2021. 3. 16.]

제79조의2(현금영수증가맹점 가입제외대상 법인의 범위) 영 제159조의2제1항 단서에서 "기획재정부령으로 정하는 법인"이란 다음 각 호의 법인을 말한다. 〈개정 2008. 3. 31., 2012. 2. 28.〉

1. 국가 및 지방자치단체

2. 항공운송업을 영위하는 법인(외국을 항행하는 항공기 안에서 영위하는 소매업만 해당한다)

3. 법 제117조의2제3항 단서에 따라 사실과 다르게 발급한 것으로 보지 아니하는 사업자를 통하여 현금영수증을 발급하는 법인

[본조신설 2007. 12. 5.]

[종전 제79조의2는 제79조의3으로 이동 〈2007. 12. 5.〉]

제79조의3(주식등변동상황명세서의 제출) ① 영 제161조제1항제4호에서 "기획재정부령으로 정하는 공공기관 또는 기관투자자"란 다음 각 호의 공공기관 등을 말한다. 〈개정 2009. 3. 30.〉

1. 「공공기관의 운영에 관한 법률」에 따른 공공기관으로서 별표 11의 공공기관

2. 영 제61조제2항제1호부터 제11호까지, 제21호 및 제28호의 금융기관

3. 「자본시장과 금융투자업에 관한 법률」에 따른 집합투자업자 또는 증권금융회사

4. 제56조의2제1항 각 호의 법인

5. 제56조의2제2항 각 호의 법인

② 영 제161조제4항제1호 및 제2호에서 "기획재정부령으로 정하

는 시가"란 「소득세법 시행령」 제157조제6항에 따른 최종시세가액 또는 평가액을 말한다.

[전문개정 2008. 3. 31.]

제80조(지급명세서 제출여부 등의 확인) 납세지 관할세무서장 또는 관할지방국세청장은 법 제66조의 규정에 의하여 법인세의 과세표준을 결정 또는 경정하는 경우에는 법 제120조의 규정에 의한 지급명세서의 제출여부 및 그 기재사항이 분명한지의 여부를 확인하여야 한다. 〈개정 2008. 3. 31.〉

제80조의2(외국법인의 국내원천소득 등에 대한 지급명세서 제출의 면제) 영 제162조의2제1항제8호에서 "기획재정부령이 정하는 소득"이라 함은 다음 각호의 1에 해당하는 소득을 말한다. 〈개정 2008. 3. 31.〉

1. 예금 등의 잔액이 30만원 미만으로서 1년간 거래가 없는 계좌에서 발생하는 이자소득 또는 배당소득

2. 계좌별로 1년간 발생한 이자소득 또는 배당소득이 3만원 미만인 경우의 당해 소득

[본조신설 2002. 3. 30.]

제81조 삭제 〈2008. 3. 31.〉

제82조(서식) ①법인세 및 법인세에 부가되는 농어촌특별세의 신고 및 납부에 관한 서식은 다음 각 호와 같다. 이 경우 영 제97조제5항제1호에 따른 세무조정계산서 부속서류는 제4호, 제5호, 제6호, 제6호의2, 제7호부터 제13호까지, 제15호 및 제16호, 제16호의2, 제17호부터 제29호까지, 제32호부터 제35호까지, 제37호부터 제40호까지, 제40호의2, 제41호부터 제44호까지, 제44호의2 및 제44호의3, 제45호부터 제50호까지, 제50호의2, 제50호의4, 제52호부터 제56호까지의 서류 중 해당 법인과 관련된 서류로 한다. 〈개정 2000. 3. 9., 2001. 3. 28., 2002. 3. 30., 2003. 3. 26., 2004. 3. 5., 2005. 2. 28., 2006. 3. 14., 2008. 3. 31., 2009. 3. 30., 2010. 3. 31., 2010. 6. 30., 2011. 2. 28., 2012. 2. 28., 2013. 2. 23., 2014. 3. 14., 2015. 3. 13., 2016. 3. 7., 2017. 3. 10., 2019. 3. 20., 2021. 3. 16., 2021. 10. 28., 2022. 3. 18., 2023. 3. 20., 2024. 3. 22.〉

1. 영 제97조제2항의 규정에 의한 별지 제1호서식의 법인세 과세

표준 및 세액신고서

2. 「농어촌특별세법」 제7조의 규정에 의한 별지 제2호서식의 농어촌특별세 과세표준 및 세액신고서

3. 영 제97조제4항에 따른 별지 제3호서식의 법인세 과세표준 및 세액조정계산서

3의2. 영 제97조제11항에 따른 별지 제3호의2서식(1)부터 별지 제3호의2서식(4)까지의 표준재무상태표

3의3. 영 제97조제11항에 따른 별지 제3호의3서식(1) 및 별지 제3호의3서식(2)의 표준손익계산서, 별지 제3호의3서식(3)의 부속명세서와 별지 제3호의3서식(4)의 이익잉여금처분(결손금처리)계산서

4. 별지 제4호서식의 최저한세조정계산서

5. 별지 제5호서식의 특별비용조정명세서

6. 별지 제6호서식의 비과세소득명세서

6의2. 별지 제6호의2서식에 의한 익금불산입조정명세서

7. 별지 제7호서식의 소득공제조정명세서

8. 별지 제8호서식의 공제감면세액 및 추가납부세액합계표(갑)(을)

9. 별지 제9호서식의 가산세액계산서

10. 별지 제10호서식의 원천납부세액명세서(갑)(을)

11. 삭제 〈2022. 3. 18.〉

12. 별지 제12호서식의 농어촌특별세 과세표준 및 세액조정계산서

13. 별지 제13호서식의 농어촌특별세과세대상감면세액합계표

14. 삭제 〈2002. 3. 30.〉

15. 별지 제15호서식의 소득금액조정합계표

16. 별지 제16호서식의 수입금액조정명세서

16의2. 영 제17조의2제6항에 따른 별지 제16호의2서식의 수입배당금액명세서

16의3. 영 제18조제4항에 따른 별지 제16호의3서식의 외국자회사 수입배당금액 명세서

17. 별지 제17호서식의 조정후수입금액명세서

18. 별지 제18호서식의 임대보증금등의 간주익금조정명세서

19. 별지 제19호서식의 가지급금등의 인정이자조정명세서(갑)(을)

20. 영 제33조의 규정에 의한 별지 제20호서식의 감가상각비조

정명세서

21. 별지 제21호서식의 기부금조정명세서

22. 영 제37조제4항에 따른 별지 제22호서식의 기부금명세서

23. 별지 제23호서식의 기업업무추진비 조정명세서(갑)(을)

24. 영 제41조제2항제2호 또는 이 규칙 제79조제10호에 따른 별지 제24호서식의 경비등의 송금명세서

25. 별지 제25호서식의 건설자금이자조정명세서

26. 별지 제26호서식의 업무무관부동산등에 관련한 차입금이자조정명세서(갑)(을)

27. 영 제56조제9항의 규정에 의한 별지 제27호서식의 고유목적사업준비금조정명세서(갑)(을)

28. 영 제57조제6항, 제58조제5항 및 제59조제3항에 따른 별지 제28호서식의 책임준비금(비상위험준비금, 해약환급금준비금) 명세서

29. 영 제50조의2제14항에 따른 별지 제29호서식의 업무용승용차 관련비용 명세서

30. 삭제 〈2001. 3. 28.〉

31. 삭제 〈2011. 2. 28.〉

32. 영 제60조제5항에 따른 별지 제32호서식의 퇴직급여충당금조정명세서

33. 영 제44조의2제5항에 따른 별지 제33호서식의 퇴직연금부담금 조정명세서

34. 영 제19조의2제8항 및 영 제61조제5항에 따른 별지 제34호서식의 대손충당금 및 대손금조정명세서 또는 이를 준용하여 작성한 영 제63조제5항에 따른 구상채권상각충당금조정명세서

35. 영 제64조제8항, 영 제65조제5항 및 영 제66조제4항의 규정에 의한 다음 각목의 조정명세서 또는 사용계획서

가. 별지 제35호서식의 국고보조금등·공사부담금·보험차익상당액 손금산입조정명세서 및 별지 제35호의2서식의 보조금 등 수취명세서

나. 별지 제36호서식의 국고보조금등사용계획서 또는 공사부담금사용계획서

다. 별지 제37호서식의 보험차익사용계획서

36. 삭제 〈2002. 3. 30.〉

37. 영 제74조제6항 및 영 제75조제2항의 규정에 의한 별지 제39호서식의 재고자산평가조정명세서 또는 유가증권평가조정명세서

38. 영 제76조제7항에 따른 별지 제40호서식의 화폐성외화자산 등 평가차손익조정명세서(갑)(을)

39. 영 제78조의2제4항에 따른 별지 제41호서식의 재고자산평가차익 익금불산입신청서

39의2. 영 제78조의3제6항에 따른 별지 제41호의2서식의 전환이익 익금불산입신청서

40. 영 제80조제3항 전단에 따른 별지 제42호서식의 합병과세특례신청서

40의2. 영 제82조제3항 전단 및 제83조의2제3항 전단에 따른 별지 제42호의2서식의 분할과세특례신청서

41. 영 제84조제12항에 따른 별지 제43호서식의 물적분할과세특례신청서

41의2. 삭제 〈2010. 6. 30.〉

42. 별지 제44호서식의 자산교환에 따른 양도차익의 손금산입조정명세서

43. 별지 제45호서식의 국제선박양도차익의 손금산입조정명세서

44. 영 제84조의2제16항에 따른 별지 제43호의2서식의 현물출자과세특례신청서

44의2. 영 제80조제3항 후단, 제80조의4제10항, 제82조제3항 후단, 제82조의4제9항, 제83조의2제3항 후단에 따른 별지 제46호서식(갑)의 자산조정계정 명세서(갑) 및 별지 제46호서식(을)의 자산조정계정명세서(을)

44의3. 영 제84조제12항 및 제84조의2제16항에 따른 별지 제46호의2서식의 자산의 양도차익에 관한 명세서(갑)(을)

45. 별지 제47호서식의 주요계정명세서(갑)(을)

46. 별지 제48호서식의 소득구분계산서

47. 별지 제49호서식의 지점유보소득금액계산서(법 제96조의 규정에 의한 과세대상이 되는 외국법인에 한한다)

48. 별지 제50호서식의 자본금과 적립금조정명세서(갑)(을)(병)

49. 별지 제51호서식의 중소기업 등 기준검토표

50. 영 제90조제1항의 규정에 의한 별지 제52호서식의 특수관계인간 거래명세서(갑)(을)
50의2. 영(대통령령 제29529호로 개정되기 전의 것을 말한다) 제93조제3항에 따른 별지 제52호의2서식의 미환류소득에 대한 법인세 신고서
50의3. 삭제 〈2019. 3. 20.〉
50의4. 영 제95조의3에 따른 별지 제52호의4서식의 사실과 다른 회계처리로 인하여 과다납부한 금액의 세액공제명세서
51. 삭제 〈2009. 3. 30.〉
52. 영 제161조제6항에 따른 별지 제54호서식의 주식등변동상황명세서
53. 별지 제55호서식의 소득자료(인정상여 · 인정배당 · 기타소득)명세서
54. 별지 제56호서식의 이자소득만 있는 비영리법인의 법인세 · 농어촌특별세 과세표준(조정계산)및 세액신고서
55. 별지 제57호서식의 비영리법인의 수익사업수입명세서(법 제112조 단서의 규정에 의한 비영리내국법인외의 비영리내국법인에 한한다)
56. 법 제60조제2항제1호의 규정에 의한 재무상태표 · 포괄손익계산서 및 이익잉여금처분계산서(또는 결손금처리계산서)의 부속서류
56의2. 영 제99조의2제6항의 규정에 의한 별지 제57호의2서식의 비영리내국법인의 양도소득과세표준예정신고서
57. 영 제100조제1항 및 같은 조 제2항에 따른 별지 제58호서식의 법인세 중간예납신고납부계산서
58. 영 제124조제1항 및 영 제125조제1항의 규정에 의한 별지 제59호서식의 청산소득에 대한 법인세과세표준 및 세액신고서
59. 삭제 〈2012. 2. 28.〉
60. 삭제 〈2021. 3. 16.〉
61. 삭제 〈2021. 3. 16.〉
②법 제62조제1항의 규정에 의한 이자소득만 있는 비영리내국법인의 과세표준신고는 제1항의 규정에 불구하고 다음 각호의 서식에 의한다. 〈개정 2005. 2. 28.〉
1. 별지 제56호서식의 이자소득만 있는 비영리법인의 법인세 · 농

어촌특별세 과세표준(조정계산)및 세액신고서

2. 제1항제10호 내지 제13호의 서류

3. 별지 제27호서식의 고유목적사업준비금조정명세서(갑)(을)

③ 영 제97조제5항 각 호 외의 부분 단서에서 "기획재정부령으로 정하는 서류"란 제1항제6호, 제6호의2, 제8호(별지 제8호서식 부표 2 및 별지 제8호서식 부표 5의5로 한정한다), 제11호, 제18호, 제19호[별지 제19호서식(을)에 한정한다], 제20호[별지 제20호서식(1), 별지 제20호서식(2) 및 별지 제20호서식(3)으로 한정한다], 제23호, 제25호, 제26호[별지 제26호서식(을)으로 한정한다], 제28호, 제32호, 제33호, 제35호(별지 제36호서식 및 별지 제37호서식으로 한정한다), 제37호, 제38호, 제43호 및 제56호의 서류 중 해당 법인과 관련된 서류를 말한다. 다만, 다음 각 호의 어느 하나에 해당하는 법인에 대하여는 제56호 외의 서류로 한다. 〈신설 2009. 3. 30., 2010. 6. 30., 2011. 2. 28., 2014. 3. 14., 2019. 3. 20.〉

1. 「주식회사 등의 외부감사에 관한 법률」 제2조제7호에 따라 외부의 감사인에 의한 회계감사를 받아야 하는 법인

2. 주식회사가 아닌 법인 중 직전 사업연도의 자산총액이 100억원 이상인 법인(비영리법인은 수익사업부문에 한정하여 판정한다)

3. 해당 사업연도 수입금액이 30억원 이상인 법인

④ 영 제97조제12항 및 제120조의24제2항에 따른 신고기한연장신청서는 별지 제65호의2서식과 같다. 〈신설 2010. 3. 31., 2010. 6. 30.〉

⑤ 법 제76조의17제1항 본문에 따른 연결과세표준 등의 신고에 관한 서식은 다음 각 호와 같다. 이 경우 법 제76조의17제2항제2호에 따른 세무조정계산서 부속서류는 제4호부터 제22호까지 및 제1항 각 호 외의 부분 후단에 따른 서류 중 각 연결법인과 관련된 서류로 한다. 〈개정 2011. 2. 28., 2013. 2. 23., 2023. 3. 20.〉

1. 영 제120조의24제1항에 따른 별지 제76호의5서식의 각 연결사업연도의 소득에 대한 법인세 과세표준 및 세액신고서

2. 법 제76조의17제2항제2호에 따른 별지 제76호의6서식의 연결집단 법인세 과세표준 및 세액조정계산서

3. 영 제120조의24제3항에 따른 별지 제76호의7서식의 연결소득금액 조정명세서

4. 별지 제76호의8서식의 연결법인간 이연대상 자산양도소득 조정명세서

5. 별지 제76호의9서식의 연결법인간 이연대상 자산양도손실 조정명세서

6. 별지 제76호의10서식의 연결법인 채권에 대한 대손충당금상당액 조정명세서

7. 별지 제76호의11서식의 피합병법인으로부터 양도받은 자산 및 연결취득자법인의 자산 처분손실 조정명세서

8. 별지 제76호의12서식의 연결법인 이월결손금 등 명세서

9. 영 제120조의24제4항에 따른 별지 제76호의13서식의 연결법인 간 출자현황 신고서 및 연결법인간 거래명세서

10. 별지 제76호의14서식의 연결법인 수입배당금액 조정명세서(갑)(을)

11. 별지 제76호의15서식의 연결법인 기업업무추진비 조정명세서(갑)(을)

12. 별지 제76호의16서식의 연결법인 기부금 조정명세서(갑)(을)

13. 별지 제76호의17서식의 연결법인 가산세액 계산서(갑)(을)

14. 별지 제76호의18서식의 연결법인 중소기업 등 기준검토표(연결집단용)

15. 별지 제76호의19서식의 연결법인 농어촌특별세 과세표준 및 세액신고서

16. 별지 제76호의20서식의 연결법인 농어촌특별세 과세표준 및 세액조정계산서(연결집단)

17. 별지 제76호의21서식의 연결법인 농어촌특별세 과세표준 및 세액조정계산서(연결법인별)

18. 별지 제76호의22서식의 연결(모·자)법인별 기본사항 및 법인세 신고서

19. 별지 제76호의23서식의 연결법인별 법인세 과세표준 및 세액조정계산서

20. 별지 제76호의24서식의 연결법인 최저한세조정계산서

21. 별지 제76호의25서식의 연결법인 소득구분계산서

22. 별지 제76호의26서식의 연결법인 법인세 중간예납 신고납부계산서

⑥ 삭제 〈2011. 2. 28.〉

⑦제1항 및 제2항에 따른 서식외의 신청·신고등에 관련한 서식은 다음 각 호와 같다. 〈개정 2000. 3. 9., 2001. 3. 28., 2002. 3. 30., 2004. 3. 5., 2004. 3. 29., 2005. 2. 28., 2006. 1. 24., 2006. 3. 14., 2006. 8. 11., 2008. 3. 31., 2009. 3. 30., 2010. 3. 31., 2011. 2. 28., 2012. 2. 28., 2013. 2. 23., 2014. 3. 14., 2015. 3. 13., 2016. 3. 7., 2018. 3. 21., 2019. 3. 20., 2020. 3. 13., 2021. 3. 16., 2022. 3. 18., 2023. 3. 20.〉

1. 영 제5조에 따른 별지 제61호서식의 사업연도변경신고서

2. 영 제7조제4항 및 영 제9조제1항에 따른 별지 제62호서식의 납세지신고서 또는 납세지변경신고서

2의2. 제2조의3제1항에 따른 별지 제62호의2서식의 원천징수세액 본점일괄납부신고서

3. 영 제26조제3항, 영 제27조제2항, 영 제28조제3항, 영 제29조제2항 및 영 제29조의2제5항에 따른 별지 제63호서식의 감가상각방법신고서, 감가상각방법변경신청서, 내용연수신고서, 내용연수승인신청서, 내용연수변경승인신청서 및 내용연수변경신고서

3의2. 제18조의2제3항제1호가목·제2호가목 및 제18조의3제3항에 따른 별지 제63호의2서식의 공익법인등 추천서

3의3. 영 제39조제4항에 따른 별지 제63호의3서식의 기부금영수증

3의4. 영 제76조제6항 또는 이 규칙 제39조에 따른 별지 제63호의4호서식의 화폐성외화자산등 평가방법 신고서 또는 특별계정평가방법신고서

3의5. 제18조의3제2항 각 호 외의 부분에 따른 별지 제63호의5서식의 공익법인등 추천·명칭변경 신청서

3의6. 제18조의3제2항제5호에 따른 별지 제63호의6서식의 공익법인등 의무이행준수 서약서

3의7. 영 제38조제8항제1호 및 제39조제5항제3호 후단에 따른 별지 제63호의7서식의 연간 기부금 모금액 및 활용실적 명세서

3의8. 제18조의2제3항제2호사목에 따른 별지 제63호의8서식의 총 지출금액 계산서

3의9. 삭제 〈2018. 3. 21.〉

3의10. 영 제39조제6항에 따른 별지 제63호의10서식의 공익법인등 의무이행 여부 보고서

3의11. 영 제38조제9항 및 제10항에 따른 별지 제63호의11서식의 전문모금기관 요건 충족여부등 점검결과 보고서

3의12. 영 제38조제9항 및 제10항에 따른 별지 제63호의12서식의 해외 한국학교 요건 충족여부등 점검결과 보고서

3의13. 제50조의3제10항에 따른 별지 제63호의13서식의 조정반 지정 또는 변경지정 신청서

3의14. 제50조의3제11항에 따른 별지 제63호의14서식의 조정반 지정 또는 변경지정서

3의15. 삭제 〈2022. 3. 18.〉

3의16. 법 제60조의2제1항에 따른 별지 제63호의16(1)서식의 성실신고확인서, 별지 제63호의16(2)서식의 성실신고 확인결과 주요항목 명세서, 별지 제63호의16(3)서식의 성실신고 확인결과 특이사항 기술서 및 별지 제63호의16(4)서식의 성실신고 확인결과 사업자 확인사항

4. 영 제74조제3항 및 영 제113조제7항에 따른 별지 제64호서식의 재고자산등 평가방법신고(변경신고)서 또는 채권 등의 보유기간 계산방법신고서

4의2. 삭제 〈2021. 3. 16.〉

4의3. 영 제86조의3제9항 단서 및 영 제120조의4제3항에 따른 별지 제71호의8서식의 동업기업 과세특례적용 및 동업자 과세여부 확인서

4의4. 삭제 〈2022. 3. 18.〉

4의5. 삭제 〈2022. 3. 18.〉

4의6. 영 제91조의2제1항 및 같은 조 제3항 또는 제91조의4제2항에 따른 별지 제64호의5서식의 기능통화 과세표준계산방법 신고(변경신청)서 또는 해외사업장 과세표준계산방법 신고(변경신청)서

4의7. 영 제94조의2제6항 및 이 규칙 제48조의2에 따른 별지 제64호의6서식의 간접투자회사등의 외국납부세액 환급금 납부계산서

5. 영 제95조제5항의 규정에 의한 별지 제65호서식의 재해손실세액공제신청서

6. 삭제 〈2019. 3. 20.〉

7. 영 제110조제2항에 따른 별지 제68호서식의 소급공제법인세액환급신청서

7의2. 삭제 〈2005. 2. 28.〉

7의3. 영 제113조제10항의 규정에 의한 별지 제68호의3서식의 신탁재산에 대한 원천징수세액 확인서

7의4. 영 제114조의2제4항 및 제138조의3제5항에 따른 별지 제68호의4서식의 환매조건부채권매매거래확인서

7의5. 영 114조의2제4항 및 제138조의3제5항에 따른 별지 제68호의5서식의 대차거래채권 확인서

7의6. 영 114조의2제4항 및 제138조의3제5항에 따른 별지 제68호의6서식의 대차거래채권매매거래 원천세액환급신청서

8. 삭제 〈2009. 3. 30.〉

9. 영 제86조제6항의 규정에 의한 별지 제70호서식의 자산교환명세서

9의2. 영 제86조의3제9항 및 영 제120조의4제2항에 따른 별지 제71호의2서식의 소득공제신청서

9의3. 영 제114조의2제4항 및 제138조의3제5항에 따른 별지 제71호의3서식의 환매조건부채권매매거래 원천세액환급신청서

9의4. 영 제131조의2의 규정에 의한 별지 제71호의4서식의 국외특수관계인간 주식양도가액검토서

9의5. 영 제133조의2제3항에 따른 별지 제71호의5서식의 외국법인연락사무소 현황 명세서

9의6. 영 제138조의2제2항에 따른 별지 제71호의6서식의 외국법인유가증권양도소득정산신고서

9의7. 영 제138조의2제4항에 따른 제71호의7서식의 외국법인유가증권양도소득신고서

10. 영 제138조의2제5항에 따른 별지 제72호서식의 외국법인증여소득신고서

10의2. 영 제138조의7제1항에 따른 별지 제72호의2서식의 국내원천소득 제한세율 적용신청서(외국법인용)

10의3. 영 제138조의4제9항에 따른 국외투자기구 신고서는 「소득세법 시행규칙」 별지 제29호의13서식의 국외투자기구 신고서

10의4. 영 제138조의8제1항에 따른 별지 제72호의3서식의 제한

세율 적용을 위한 경정청구서

10의5. 영 제138조의4제15항에 따른 별지 제72호의4서식의 비과세·면제 적용을 위한 경정청구서

10의6. 영 제138조의4제1항 후단에 따른 별지 제72호의5서식의 실질귀속자 특례 국외투자기구 신고서

11. 법 제109조제2항, 영 제152조제1항 및 영 제154조제1항에 따른 별지 제73호서식의 법인설립신고·사업자등록신청서 및 국내사업장설치신고서

11의2. 법 제109조의2에 따른 별지 제73호의2서식의 법인과세 신탁재산의 수탁자 변경신고서

12. 영 제152조제2항에 따른 별지 제74호서식의 주주등의 명세서

13. 법 제109조제3항의 규정에 의한 별지 제75호서식의 법인명·소재지 및 대표자 변경신고서

13의2. 법 제112조의2제1항에 따른 별지 제75호의2서식의 기부자별 발급명세서

13의3. 법 제112조의2제3항에 따른 별지 제75호의3서식의 기부금 영수증 발급합계표

14. 영 제165조제1항의 규정에 의한 별지 제76호서식의 조사원증

15. 영 제120조의13제1항에 따른 별지 제76호의2서식의 연결납세방식적용신청서

15의2. 영 제120조의15에 따른 별지 제76호의3서식의 연결납세방식포기신고서

15의3. 영 제120조의16에 따른 별지 제76호의4서식의 연결법인 변경신고서

16. 영 제158조제6항에 따른 별지 제77호서식의 지출증명서류 합계표

17. 영 제163조의3에 따른 별지 제81호서식의 가상자산거래명세서 및 별지 제82호서식의 가상자산거래집계표

⑧영 제94조제3항의 규정에 의한 외국납부세액공제세액계산서는 별지 제8호서식 부표 5를 준용한다. 〈개정 2009. 3. 30., 2010. 3. 31.〉

⑨ 영 제94조의2제8항에 따른 간접외국투자회사등 외국납부세액 공제 계산서는 별지 제8호서식(부표 5의6 및 부표 5의7로 한정한다)과 같다. 〈신설 2025. 3. 21.〉

⑩영 제115조제1항의 규정에 의한 원천징수이행상황신고서는 「소득세법 시행규칙」 제100조제20호에 규정된 별지 제21호서식을 준용한다. 〈개정 2005. 2. 28., 2009. 3. 30., 2010. 3. 31., 2025. 3. 21.〉

⑪ 법 제93조의3 및 제98조의4에 따른 외국법인에 대한 비과세·면제에 관한 서식은 다음 각 호와 같다. 〈개정 2022. 12. 31., 2025. 3. 21.〉

1. 영 제132조의2제2항 및 제3항에 따른 적격외국금융회사등 승인 신청서 및 승인서: 「소득세법 시행규칙」 제100조제18호의6에 따른 별지 제19호의12서식 준용

2. 영 제132조의4제1항제1호가목에 따른 외국법인 비과세신청서: 별지 제72호의6서식

3. 영 제132조의4제1항제2호가목에 따른 적격외국금융회사등 비과세신청서: 「소득세법 시행규칙」 제100조제18호의7나목에 따른 별지 제19호의13서식(2) 준용

4. 영 제138조의4제1항 및 제2항에 따른 비과세·면제 신청서: 「소득세법 시행규칙」 제100조제29호의3에 따른 별지 제29호의2서식(1), 별지 제29호의2서식(2), 별지 제29호의2서식(3), 별지 제29호의2서식(4) 및 별지 제29호의2서식(5) 준용

⑫영 제138조의5제1항에 따른 원천징수특례사전승인신청서는 「소득세법 시행규칙」 제100조제29호의5에 따른 별지 제29호의4서식을 준용한다. 〈신설 2006. 3. 14., 2009. 3. 30., 2010. 3. 31., 2025. 3. 21.〉

⑬영 제138조의6제1항에 따른 원천징수특례 적용을 위한 경정청구서는 「소득세법 시행규칙」 제100조제29호의7에 따른 별지 제29호의6서식을 준용한다. 〈신설 2006. 3. 14., 2009. 3. 30., 2010. 3. 31., 2025. 3. 21.〉

⑭영 제138조의5제4항 및 영 제138조의6제4항에 따른 보정요구는 별지 제79호서식에 의한다. 〈신설 2006. 3. 14., 2009. 3. 30., 2010. 3. 31., 2025. 3. 21.〉

⑮ 영 제139조에 따른 외국법인인적용역소득신고서는 별지 제80호서식과 같다. 〈신설 2009. 3. 30., 2010. 3. 31., 2025. 3. 21.〉

⑯영 제153조제1항 및 동조제3항의 규정에 의한 관리책임자의 선정 및 변경신고서는 「국세기본법 시행규칙」 제33조에 규정된 별지 제43호서식을 준용한다. 〈개정 2005. 2. 28., 2006. 3. 14., 2009. 3. 30., 2010. 3. 31., 2025. 3. 21.〉

⑰ 법 제110조에 따른 비영리법인의 수익사업개시신고서는 별지 제75호의4서식과 같다. 〈신설 2010. 3. 31., 2025. 3. 21.〉

⑱영 제162조의2제1항에 따른 이자·배당소득 원천징수영수증 및 이자·배당소득 지급명세서는 「소득세법 시행규칙」 제100조제32호의 별지 제23호서식(1)을, 사업·선박 등 임대·인적용역·사용료 및 기타소득 지급명세서는 같은 법 시행규칙 제100조제32호의 별지 제23호서식(5)를, 유가증권양도소득 원천징수영수증 및 유가증권양도소득 지급명세서는 같은 법 시행규칙 제100조제32호의 별지 제24호서식(7)을, 양도소득 원천징수영수증 및 지급명세서는 같은 법 시행규칙 제100조제32호의 별지 제24호서식(8)을 각각 준용한다. 〈개정 2006. 3. 14., 2008. 3. 31., 2009. 3. 30., 2010. 3. 31., 2019. 3. 20., 2025. 3. 21.〉

⑲영 제162조의2제4항의 규정에 의한 지급명세서는 「소득세법 시행규칙」 제100조제32호의2에 규정된 별지 제30호서식(1) 및 별지 제30호서식(2)를 준용한다. 〈신설 2002. 3. 30., 2002. 4. 13., 2005. 2. 28., 2006. 3. 14., 2009. 3. 30., 2025. 3. 21.〉

⑳영 제164조제6항에 따른 매출·매입처별계산서합계표는 「소득세법 시행규칙」 제100조제31호에 따른 별지 제29호서식을 준용한다. 〈개정 2002. 3. 30., 2005. 2. 28., 2006. 3. 14., 2009. 3. 30., 2016. 3. 7., 2025. 3. 21.〉

㉑제1항부터 제17항까지에 따른 서식중 국세청장이 정하는 서식은 국세청장이 정하는 바에 따라 전산처리된 테이프 또는 디스켓으로 제출할 수 있다. 〈개정 2009. 3. 30., 2010. 3. 31., 2025. 3. 21.〉

부칙 〈제86호, 1999. 5. 24.〉

제1조 (시행일) 이 규칙은 공포한 날부터 시행한다. 다만, 제29조의 개정규정은 2000년 1월 1일부터 시행한다.

제2조 (일반적 적용례) 이 규칙은 1999년 1월 1일 이후 최초로 개시하는 사업연도분부터 적용한다. 다만, 특별부가세에 관한 개정규정은 대통령령 제15970호 법인세법시행령개정령 시행후 최초로 양도하는 분부터 적용한다.

제3조 (신고 · 납부등에 관한 적용례) ①제2조 및 제3조의 개정규정은 이 규칙 시행후 최초로 신고하는 분부터 적용한다.

②제51조의 개정규정은 이 규칙 시행후 최초로 납부하는 분부터 적용한다.

③제53조의 개정규정은 이 규칙 시행후 최초로 결정 또는 경정하는 분부터 적용한다.

제4조 (감가상각비의 손금산입에 관한 적용례) 제13조의 개정규정은 1999년 1월 1일이후 최초로 개시하는 사업연도에 시설대여하는 분부터 적용한다.

제5조 (기부금등의 손금산입에 관한 적용례) ①제18조 및 제19조의 개정규정은 이 규칙 시행후 최초로 지출하는 분부터 적용한다. 다만, 제18조제2항제12호의 개정규정은 2001년 12월 31일까지 지출하는 분까지 적용한다.

②제20조 및 제21조의 개정규정은 1999년 1월 1일이후 최초로 개시하는 사업연도에 지출하는 분부터 적용한다.

제6조 (손익의 귀속사업연도에 관한 적용례) 제34조 내지 제36조의 개정규정은 1999년 1월 1일이후 최초로 개시하는 사업연도에 용역의 제공 · 리스 기타 거래를 개시하는 분부터 적용한다.

제7조 (국내지급 위약금등의 범위에 관한 적용례) 제67조의 개정규정은 이 규칙 시행후 최초로 지급하는 분부터 적용한다.

제8조 (원천징수에 관한 적용례) ①제56조 및 제57조의 개정규정은 이 규칙 시행후 최초로 이자소득을 지급하는 분부터 적용한다.

②제68조제2항의 개정규정은 이 규칙 시행후 최초로 지급하는 분부터 적용한다.

제9조 (지출증빙 수취특례에 관한 적용례) 제79조의 개정규정은 1999년 1월 1일 이후 최초로 거래하는 분부터 적용한다.

제10조 (서식에 관한 적용례) 제82조의 서식에 관한 개정규정은 이 규칙 시행후 최초로 제출하는 분부터 적용한다. 다만, 제82조제1항 내지 제8항의 개정규정에 의한 서식(분할에 관한 서식을 제외한다)

중 각 사업연도소득에 대한 법인세의 신고 및 납부와 관련한 서식은 1999년 1월 1일 이후 최초로 개시하는 사업연도에 대한 법인세를 신고 및 납부하는 분부터 적용한다.
제11조 (가지급금등의 범위에 관한 특례) 대통령령 제15970호 법인세법시행령개정령 부칙 제13조제3항의 규정에 의하여 2001년 12월 31일까지 금전의 대부로 보지 아니하는 대부자금에 대하여는 제28조의 개정규정을 적용함에 있어서 이를 가지급금등으로 보지 아니한다.
제12조 (일반적 경과조치) 이 규칙 시행전에 종전의 규정에 의하여 과세하였거나 과세하여야 할 법인세에 관하여는 종전의 규정에 의한다.
제13조 (정기예금이자율등에 관한 경과조치) ①제6조의 개정규정을 적용함에 있어서 국세청장이 이자율을 정하기 전까지는 100분의 9를 적용한다.
②제43조제1항의 개정규정을 적용함에 있어서 이 규칙 시행일 현재 종전의 제20조의 규정에 의하여 국세청장이 정한 이자율은 제43조제1항의 개정규정에 의하여 정한 이자율로 본다.
제14조 (공익성기부금의 범위등에 관한 경과조치) ①총리령 제557호 법인세법시행규칙중개정령의 시행전의 법인세법시행규칙 제17조제5호 · 제7호 · 제13호 · 제17호 · 제19호 · 제22호 · 제32호 · 제36호 · 제39호 · 제40호 · 제45호 및 제46호에 규정된 단체 및 기부금의 용도에 대하여는 제18조제1항제32호의 개정규정에 의하여 재정경제부장관이 지정한 단체 및 기부금의 용도로 본다.
②총리령 제609호 법인세법시행규칙중개정령의 시행전의 법인세법시행규칙 제17조제7호 및 제33호에 규정된 단체중 한일친선협회 · 한일협력위원회 · 환경보전범국민운동추진협의회 및 환경운동연합에 대하여는 제18조제1항제3호 및 제21호의 개정규정에 의하여 재정경제부장관이 지정하는 날까지는 종전의 규정을 적용한다.
제15조 (업무와 관련없는 부동산이 판정유예기간등에 관한 경과조치) ①1999년 1월 1일이후 최초로 개시하는 사업연도의 개시일 현재 종전의 제18조제2항 본문, 동조제4항제12호 및 동조제5항제1호의3 · 제2호 · 제5호 · 제11호 가목 · 제11호의2의 규정에 의한 기간이 경과된 부동산에 대하여는 그 기간에 관한 종전의 규정을 적용

한다.

②이 규칙 시행전에 염관리법 제6조의 규정에 의하여 폐지신고를 한 염전에 대하여는 종전의 제18조제5항제3호의2의 규정을 적용한다.

③법률 제5584호 조세감면규제법중개정법률로 개정되기 전의 조세감면규제법 제39조제1항의 규정에 의하여 합리화대상기업으로 지정된 기업이 동조제2항의 규정에 의한 합리화기준에 따라 처분하도록 되어 있는 부동산으로서 1999년 1월 1일 현재 동 합리화기준상의 처분기한이 경과되지 아니한 부동산에 대하여는 종전의 제18조제5항제8호의 규정을 적용한다.

제16조 (서식에 관한 경과조치) 법률 제5581호로 개정되기 전의 법인세법 또는 대통령령 제15970호로 개정되기 전의 법인세법시행령의 시행전의 법인세법 및 법인세법시행령에 의하여 법인세과세표준을 계산하거나 신고·납부하는 경우에는 종전의 각 서식에 의한다.

제17조 (다른 법령의 개정) ①국제조세조정에관한법률시행규칙중 다음과 같이 개정한다.

제8조제2항중 "법인세법시행규칙 제15조의3 각호"를 "법인세법시행규칙 제80조 각호"로 한다.

②자산재평가법시행규칙중 다음과 같이 개정한다.

제2조중 "법인세법시행규칙 별표 1 및 별표 3"을 "법인세법시행규칙 별표 2 및 별표 5"로 한다.

제18조 (다른 법령과의 관계) 이 규칙 시행당시 다른 법령에서 종전의 법인세법시행규칙을 인용한 경우 이 규칙중 그에 해당하는 규정이 있는 때에는 이 규칙의 해당 규정을 인용한 것으로 본다.

부칙 〈제127호, 2000. 3. 9.〉

제1조 (시행일) 이 규칙은 공포한 날부터 시행한다.

제2조 (일반적 적용례) 이 규칙은 2000년 1월 1일 이후 최초로 개시하는 사업연도분부터 적용한다.

제3조 (지정기부금에 관한 적용례) 제18조의 개정규정은 이 규칙 시행후 최초로 지출하는 분부터 적용한다.

제4조 (주택저당채권유동화회사에 지급하는 이자소득에 관한 적용례) 제57조의 개정규정은 이 규칙 시행후 최초로 지급하는 분부터 적용한다.

제5조 (지출증빙서류의 수취 특례에 관한 적용례) 제79조제9호의2 내지 제9호의5의 개정규정은 2000년 1월 1일 이후 최초로 용역을 제공받는 분부터 적용한다.
제6조 (내용연수에 관한 적용례) 별표 5의 개정규정은 이 규칙 시행 후 최초로 신고하는 분부터 적용한다.
제7조 (서식에 관한 적용례) 서식에 관한 개정규정은 이 규칙 시행 후 최초로 신고·신청 또는 제출하는 분부터 적용한다.
제8조 (서식에 관한 경과조치) 1999년 12월 31일 이전에 종료하는 사업연도분까지의 주식등변동상황명세서의 작성은 별지 제54호서식(갑) 및 별지 제54호서식(을)의 개정서식에 불구하고 종전의 서식에 의한다.

부칙 〈제173호, 2000. 12. 30.〉

①(시행일) 이 규칙은 공포한 날부터 시행한다.

②(건축물이 없는 토지에 관한 적용례) 제26조제4항 단서의 개정규정은 이 규칙 공포일이 속하는 사업연도에 건설에 착공하는 분부터 적용한다.

③(업무와 관련이 없는 부동산의 유예기간 연장에 따른 경과조치) 이 규칙 공포일이 속하는 사업연도 개시일 현재 종전의 제26조제1항제5호·제6호와 동조제5항제10호·제11호 및 제14호 내지 제21호의 규정에 의한 기간이 경과된 부동산에 대하여는 종전의 규정에 의한다.

부칙 〈제183호, 2001. 3. 28.〉

제1조 (시행일) 이 규칙은 공포한 날부터 시행한다. 다만, 제58조·제59조제2항 및 제3항의 개정규정은 2001년 7월 1일부터, 제79조제3호의 개정규정은 2001년 9월 1일부터 시행한다.
제2조 (일반적 적용례) 이 규칙은 2001년 1월 1일 이후 최초로 개시하는 사업연도분부터 적용한다.
제3조 (업무와 관련없는 부동산의 범위에 관한 적용례) 제26조제5항제25호 및 제27호의 개정규정은 2001년 1월 1일 이후 최초로 양도되거나 매각을 공고하는 분부터 적용한다.
제4조 (지출증빙서류의 수취특례에 관한 적용례) 제79조제3호의 개

정규정은 2001년 9월 1일 이후 전기통신용역을 공급받는 분부터 적용한다.
제5조 (서식에 관한 적용례) 서식에 관한 개정규정은 이 규칙 시행 후 최초로 신고·신청 또는 제출하는 분부터 적용한다.
제6조 (업무와 관련없는 부동산의 유예기간 연장에 따른 경과조치) 이 규칙 공포일이 속하는 사업연도의 개시일 현재 종전의 제26조제1항제7호의 규정을 적용받는 부동산으로서 동조동항동호의 규정에 의한 기간이 경과된 부동산에 대하여는 종전의 규정에 의한다.

부칙 〈제231호, 2001. 12. 22.〉
①(시행일) 이 규칙은 공포한 날부터 시행한다.
②(법인세 감면세액의 계산에 관한 적용례) 별지 제8호서식 부표4의 개정규정은 이 규칙 시행일이 속하는 사업연도분부터 적용한다.

부칙 〈제254호, 2002. 3. 30.〉
제1조 (시행일) 이 규칙은 공포한 날부터 시행한다. 다만, 제80조의2 및 제82조제6항·제8항·제9항의 개정규정은 2002년 7월 1일부터 시행한다.
제2조 (일반적 적용례) 이 규칙은 2002년 1월 1일 이후 최초로 개시하는 사업연도분부터 적용한다.
제3조 (비업무용 토지의 예외 인정에 관한 적용례) 제26조제4항의 개정규정은 이 규칙 시행후 최초로 임대하는 분부터 적용한다.
제4조 (지급조서 제출의 면제에 관한 적용례) 제80조의2의 개정규정은 2002년 7월 1일 이후 최초로 소득을 지급하는 분부터 적용한다.
제5조 (서식에 관한 적용례) ①서식에 관한 개정규정은 이 규칙 시행후 최초로 신고·신청 또는 제출하는 분부터 적용한다.
②제82조제6항·제8항 및 제9항의 개정규정은 2002년 7월 1일 이후 최초로 소득을 지급하는 분부터 적용한다.
제6조 (기준내용연수 변경에 관한 경과조치) 별표 5 및 별표 6의 개정규정에 의하여 변경된 기준내용연수를 적용하고자 하는 법인은 변경할 기준내용연수를 적용하고자 하는 최초 사업연도의 법인세과세표준 신고기한까지 별지 제63호서식의 내용연수변경신고서를 첨

부하여 납세지 관할세무서장에게 신고하여야 한다.

제7조 (기업발전적립금 등으로 보전된 이월결손금에 관한 경과조치) 이 규칙 시행 당시 기업발전적립금 또는 재평가적립금으로 보전 또는 충당된 이월결손금에 대하여는 종전 제4조제2항제2호의 규정에 의한다.

제8조 (기지정받은 지정기부금단체에 관한 경과조치) 이 규칙 시행 전에 종전 제18조제1항제32호의 규정에 의하여 재정경제부장관이 지정한 법인은 제18조제1항제39호 및 동조제4항·제5항의 개정규정에 의하여 2005년 12월 31일까지 지정기부금단체등으로 지정받은 것으로 본다.

제9조 (업무와 관련이 없는 부동산으로 보지 아니하는 부동산에 관한 경과조치) 이 규칙 시행전에 종전 제26조제5항제9호의 규정에 의하여 취득한 부동산에 대하여는 종전의 규정에 의한다.

제10조 (이연자산가액의 승계에 관한 경과조치) 합병·분할시 이 규칙 시행전에 손금에 산입하지 아니한 이연자산의 가액의 승계에 관하여는 종전 제42조제1호의 규정에 의한다.

부칙 〈제259호, 2002. 4. 13.〉 (소득세법시행규칙)

제1조 (시행일) 이 규칙은 공포한 날부터 시행한다. 〈단서 생략〉

제2조 내지 제7조 생략

제8조 (법인세법시행규칙의 개정) 법인세법시행규칙중 다음과 같이 개정한다.

제82조제6항중 "소득세법시행규칙 제100조제41호에 규정된 별지 제90호서식(1) 및 별지 제90호서식(2)"를 "소득세법시행규칙 제100조제29호의2에 규정된 별지 제29호의2서식(1) 및 별지 제29호의2서식(2)"로 하고, 동조제8항중 "소득세법시행규칙 제100조제42호"를 "소득세법시행규칙 제100조제32호"로 하며, 동조제9항중 "소득세법시행규칙 제100조제43호"를 "소득세법시행규칙 제100조제32호의2"로 한다.

부칙 〈제281호, 2002. 10. 28.〉

이 규칙은 공포한 날부터 시행한다.

부칙 〈제307호, 2003. 3. 26.〉

제1조 (시행일) 이 규칙은 공포한 날부터 시행한다.

제2조 (일반적 적용례) 이 규칙은 2003년 1월 1일 이후 개시하는 사업연도 분부터 적용한다.

제3조 (결손금 공제 및 지정기부금단체등의 범위에 관한 적용례) 제4조제2항 및 제18조제1항 · 제2항의 개정규정은 이 규칙 시행후 법인세를 신고하는 분부터 적용한다.

제4조 (가중평균차입이자율에 관한 적용례) 제43조의2의 개정규정은 이 규칙 시행후 법인세를 신고하는 분부터 적용한다.

제5조 (결손금 공제에 관한 경과조치) 이 규칙 시행 당시 법률 제6762호로 개정되기전의 조세특례제한법 제145조의 규정에 의하여 적립된 기업합리화적립금으로 이월결손금을 보전하는 경우는 제4조제2항의 개정규정에 불구하고 종전의 규정에 의한다.

제6조 (기준내용연수 변경에 관한 경과조치) 별표 6의 개정규정에 의하여 변경된 기준내용연수를 적용받고자 하는 법인은 동 기준내용연수를 적용받고자 하는 사업연도의 법인세과세표준 신고기한까지 별지 제63호서식의 내용연수변경신고서를 첨부하여 납세지 관할세무서장에게 신고하여야 한다.

부칙 〈제382호, 2003. 12. 15.〉 (주택법시행규칙)

제1조 (시행일) 이 규칙은 공포한 날부터 시행한다.

제2조 내지 제7조 생략

제8조 (다른 법령의 개정) ①내지 ⑧생략

⑨법인세법시행규칙중 다음과 같이 개정한다.

제26조제5항제19호 및 제29조제1항중 "주택건설촉진법"을 각각 "주택법"으로 한다.

⑩내지 ⑲생략

부칙 〈제352호, 2004. 2. 28.〉 (한국주택금융공사법시행규칙)

제1조 (시행일) 이 규칙은 2004년 3월 1일부터 시행한다.

제2조 생략

제3조 (다른 법령의 개정) ①법인세법시행규칙중 다음과 같이 개정

한다.

제57조에 제6호를 다음과 같이 신설한다.

6. 한국주택금융공사법에 따라 설립된 한국주택금융공사가 발행하는 주택저당채권담보부채권 · 주택저당증권 · 학자금대출증권 및 사채

별표 1제1호의 9.를 다음과 같이 한다.

9. 한국주택금융공사법에 의한 주택금융신용보증기금을 관리 · 운용하는 한국주택금융공사

②내지 ⑤생략

제4조 생략

부칙 〈제356호, 2004. 3. 5.〉

제1조 (시행일) 이 규칙은 공포한 날부터 시행한다. 다만, 제79조제10호 사목의 개정규정은 2004년 4월 1일부터 시행하고, 제18조제1항제41호의 개정규정은 2004년 5월 30일부터 시행하며, 제82조제3항제3호의3의 개정규정은 2005년 1월 1일부터 시행한다.

제2조 (일반적 적용례) 이 규칙은 2004년 1월 1일 이후 개시하는 사업연도 분부터 적용한다.

제3조 (지정기부금 및 지정기부금단체 등의 범위에 관한 적용례) 제18조제1항제40호 · 제42호 및 제2항의 개정규정은 이 규칙 시행후 지출하는 분부터 적용하고, 제18조제1항제41호의 개정규정은 2004년 5월 30일 이후 지출하는 분부터 적용한다.

제4조 (업무와 관련없는 자산의 취득 · 관리비용 손금불산입 기간에 관한 적용례) 제26조제10항의 개정규정은 이 규칙 시행후 수용 또는 양도하는 분부터 적용한다.

제5조 (당좌대출이자율에 관한 적용례) 제43조제1항의 개정규정은 동항의 규정에 의하여 국세청장이 당좌대출이자율을 정한 이후에 대여 또는 차용하는 분부터 적용한다.

제6조 (복권사업자가 지급하는 수수료에 대한 지출증빙서류 수취 특례에 관한 적용례) 제79조제10호 사목의 개정규정은 2004년 4월 1일 이후 지급하는 분부터 적용한다.

제7조 (서식에 대한 적용례) ①서식에 관한 개정규정은 이 규칙 시행후 신고 · 신청 또는 제출하는 분부터 적용한다.

②제82조제3항제3호의3의 기부금영수증은 2005년 1월 1일 이후

지출하는 분부터 적용한다.
제8조 (기준내용연수변경에 관한 경과조치) 별표 5의 개정규정에 의하여 변경된 기준내용연수를 적용받고자 하는 법인은 동기준내용연수를 적용받고자 하는 사업연도의 법인세과세표준 신고기한까지 별지 제63호서식의 내용연수변경신고서를 첨부하여 납세지관할세무서장에게 신고하여야 한다.

부칙 〈제370호, 2004. 3. 29.〉
이 규칙은 공포한 날부터 시행한다.

부칙 〈제420호, 2005. 2. 28.〉
제1조 (시행일) 이 규칙은 공포한 날부터 시행한다. 다만, 제58조, 제82조제3항제7호의2 내지 제7호의4 · 제8호 · 제9호의3 및 제9호의6의 개정규정은 2005년 7월 1일부터 시행한다.
제2조 (일반적 적용례) 이 규칙은 2005년 1월 1일 이후 개시하는 사업연도분부터 적용한다.
제3조 (지정기부금에 관한 적용례) 제18조의 개정규정은 이 규칙 시행후 지출하는 지정기부금부터 적용한다.
제4조 (인정이자 계산의 특례에 관한 적용례) 제44조의 개정규정은 이 규칙 시행후 법인세를 신고하는 분부터 적용한다.
제5조 (원천징수에 관한 적용례) 제58조의 개정규정은 2005년 7월 1일 이후 원천징수하는 분부터 적용한다.
제6조 (지출증빙서류의 수취 특례에 관한 적용례) 제79조의 개정규정은 이 규칙 시행후 용역을 공급받는 분부터 적용한다.
제7조 (서식에 관한 적용례) ①서식에 관한 개정규정은 이 규칙 시행후 신고 · 신청 또는 제출하는 분부터 적용한다.
②제82조제1항제27호 및 제2항제3호의 개정규정은 2005년 1월 1일 이후 개시하는 사업연도에 지출하는 분부터 적용한다.
③제82조제3항제7호의2 내지 제7호의4 · 제8호 · 제9호의3 및 제9호의6의 개정규정은 2005년 7월 1일 이후 원천징수하는 분부터 적용한다.
④별지 제10호서식(갑) 및 별지 제10호서식(을)의 개정서식은 2005년 7월 1일 이후 원천징수하는 분부터 적용한다.

부칙 〈제467호, 2005. 11. 30.〉

①(시행일) 이 규칙은 공포한 날부터 시행한다.

②(지정기부금에 관한 적용례) 제18조의 개정규정은 이 규칙 시행 후 지출하는 기부금부터 적용한다.

부칙 〈제477호, 2005. 12. 31.〉

①(시행일) 이 규칙은 공포한 날부터 시행한다.

②(일반적 적용례) 이 규칙은 이 규칙 시행 후 최초로 양도하는 분부터 적용한다.

부칙 〈제479호, 2006. 1. 24.〉

①(시행일) 이 규칙은 공포한 날부터 시행한다.

②(서식에 관한 적용례) 별지 제10호서식(을), 별지 제68호의3서식 및 별지 제69호서식의 개정서식은 2006년 1월 1일 이후 채권등의 이자등을 원천징수하는 분부터 적용한다.

부칙 〈제497호, 2006. 3. 14.〉

제1조 (시행일) 이 규칙은 공포한 날부터 시행한다.

제2조 (일반적 적용례) 이 규칙은 2006년 1월 1일 이후 최초로 개시하는 사업연도분부터 적용한다.

제3조 (지정기부금대상단체 등의 범위에 관한 적용례) 제18조제1항 및 제2항의 개정규정은 이 규칙 시행 후 최초로 지출하는 분부터 적용한다.

제4조 (퇴직보험 등의 범위에 관한 적용례) 제23조 · 제24조 및 제31조의 개정규정은 이 규칙 시행후 최초로 신고하는 사업연도분부터 적용한다.

제5조 (인정이자 계산의 특례에 관한 적용례) 제28조제1항 및 제44조제7호의 개정규정은 이 규칙 시행 후 최초로 대여하는 분부터 적용한다.

제6조 (자산의 취득가액에 관한 적용례) 제37조제3항제2호의 개정규정은 이 규칙 시행 후 최초로 수입신고하는 분부터 적용한다.

제7조 (건축물 등의 기준내용연수 및 내용연수범위표에 관한 적용례) 별표 5 제2호 단서의 개정규정은 이 규칙 시행 후 최초로 취득

하는 분부터 적용한다.
제8조 (서식에 관한 적용례) 서식에 관한 개정규정은 이 규칙 시행 후 최초로 신고 또는 신청하는 분부터 적용한다.

부칙 〈제512호, 2006. 7. 5.〉 (행정정보의 공동이용 및 문서감축을 위한 국가를 당사자로 하는 계약에 관한 법률 시행규칙 등 일부개정령)
이 규칙은 공포한 날부터 시행한다.

부칙 〈제520호, 2006. 8. 11.〉
①(시행일) 이 규칙은 공포한 날부터 시행한다.
②(지정기부금대상단체 등의 범위에 관한 적용례) 제18조제1항제9호 및 동항제52호 내지 제54호의 개정규정은 이 규칙 시행 후 최초로 지출하는 분부터 적용한다.
③(채권대차거래의 범위 등에 관한 적용례) 제59조의2의 개정규정은 이 규칙 시행 후 최초로 원천징수하는 분부터 적용한다.
④(업종별자산의 기준내용연수 및 내용연수범위에 관한 적용례) 별표 6의 개정규정은 이 규칙 시행 후 최초로 취득하는 분부터 적용한다.

부칙 〈제356호, 2006. 8. 16.〉 (대·중소기업 상생협력 촉진에 관한 법률 시행규칙)
제1조 (시행일) 이 규칙은 공포한 날부터 시행한다.
제2조 부터 제4조까지 생략
제5조 (다른 법령의 개정) 법인세법 시행규칙 일부를 다음과 같이 개정한다.
제18조제1항제46호 중 "「중소기업의 사업영역보호 및 기업간 협력증진에 관한 법률」에 따른 대·중소기업협력재단"을 "「대·중소기업 상생협력 촉진에 관한 법률」에 따른 대·중소기업협력재단"으로 한다.
제6조 생략

부칙 〈제533호, 2006. 12. 15.〉 (국제조세조정에 관한 법률 시행규칙)

①(시행일) 이 규칙은 공포한 날부터 시행한다.
②생략
③(다른 법령의 개정) 법인세법 시행규칙 일부를 다음과 같이 개정한다.

第65조제2항중 "제2조제1항의 규정에 의한 별지 제1호서식의 정상가격산출방법신고서"를 "제2조제1항제1호에 따른 별지 제1호서식의 무형자산에 대한 정상가격산출방법신고서, 동항제2호에 따른 별지 제1호의2서식의 용역거래에 대한 정상가격산출방법신고서, 동항제3호에 따른 별지 제1호의3서식의 정상가격산출방법신고서"로 한다.

부칙 〈제547호, 2007. 3. 30.〉

제1조 (시행일) 이 규칙은 공포한 날부터 시행한다. 다만, 제18조제2항제25호 및 제79조제3호 단서의 개정규정은 2007년 7월 1일부터 시행하고, 제79조제11호의 개정규정은 2008년 1월 1일부터 시행한다.
제2조 (일반적 적용례) 이 규칙은 2007년 1월 1일 이후 최초로 개시하는 사업연도분부터 적용한다.
제3조 (금융리스의 범위에 관한 적용례) 제13조의 개정규정은 2007년 1월 1일 이후의 리스기간에 대하여 리스료를 지급받는 리스자산분부터 적용한다.
제4조 (지정기부금단체등의 범위에 관한 적용례) ①제18조제1항제55호 내지 제57조, 동조제2항제6호 및 제25호 내지 제27호의 개정규정은 이 규칙 시행 후 최초로 지출하는 기부금부터 적용한다.
제5조 (의료기기 등의 범위에 관한 적용례) 제29조의2제1항제2호 및 제3호의 개정규정은 이 규칙 시행 후 최초로 지출하는 분부터 적용한다.
제6조 (작업진행률의 계산 등에 관한 적용례) 제34조제1항·제2항 및 제4항의 개정규정은 이 규칙 시행 후 최초로 건설·제조 기타 용역을 제공하는 분부터 적용한다.
제7조 (자산의 취득가액에 관한 적용례) 제37조제3항제1호·제2호 및 제4호의 개정규정은 이 규칙 시행 후 최초로 수입하는 분부터 적용한다.

제8조 (지출증빙서류 수취의 특례에 관한 적용례) ①제79조제3호 단서의 개정규정은 2007년 7월 1일 이후 최초로 지급하는 분부터 적용한다.

②제79조제11호의 개정규정은 2008년 1월 1일 이후 최초로 지급하는 분부터 적용한다.

제9조 (서식에 관한 적용례) ①서식에 관한 개정규정은 이 규칙 시행 후 최초로 신고 또는 신청하는 분부터 적용한다.

②별지 제27호서식(갑)의 개정서식은 2007년 1월 1일 이후 최초로 개시하는 사업연도분부터 적용한다.

부칙 〈제573호, 2007. 7. 31.〉

제1조 (시행일) 이 규칙은 공포한 날부터 시행한다.

제2조 (서식에 관한 적용례) 서식에 관한 개정규정은 이 규칙 시행 후 최초로 신고·신청 또는 제출하는 분부터 적용한다.

부칙 〈제589호, 2007. 12. 5.〉

제1조 (시행일) 이 규칙은 공포한 날부터 시행한다.

제2조 (지정기부금의 범위에 관한 적용례) 제18조제2항의 개정규정은 이 규칙 시행일이 속하는 사업연도에 기부하는 분부터 적용한다.

부칙 〈제10호, 2008. 3. 31.〉

제1조 (시행일) 이 규칙은 공포한 날부터 시행한다.

제2조 (일반적 적용례) 이 규칙은 법률 제8831호 법인세법 일부 개정법률 시행 이후 개시하는 사업연도분부터 적용한다.

제3조 (지정기부금 단체 등의 범위에 관한 적용례) 제18조제1항의 개정규정은 이 규칙 시행일이 속하는 사업연도에 기부하는 분부터 적용한다.

제4조 (서식에 관한 적용례) 서식에 관한 개정규정은 이 규칙 시행 후 최초로 신고 또는 신청하는 분부터 적용한다.

부칙 〈제66호, 2009. 3. 30.〉

제1조(시행일) 이 규칙은 공포한 날부터 시행한다. 다만, 제60조의2의 개정규정은 2010년 1월 1일부터 시행한다.

제2조(일반적 적용례) 이 규칙은 법률 제9267호 법인세법 일부개정법률 시행 후 개시하는 사업연도분부터 적용한다.
제3조(지정기부금단체 등의 범위에 관한 적용례) 제18조제1항의 개정규정은 이 규칙 시행일이 속하는 사업연도에 기부하는 분부터 적용한다.
제4조(토지매매업법인 판정에 관한 적용례) 제26조제7항의 개정규정은 이 규칙 시행일이 속하는 사업연도에 양도하는 분부터 적용한다.
제5조(조세조약 체약상대국의 정부기관 등에 관한 적용례) 제68조의2제3호의 개정규정은 이 규칙 시행 후 원천징수특례사전승인신청서를 제출하는 분부터 적용한다.
제6조(서식에 관한 적용례) 서식에 관한 개정규정은 이 규칙 시행 후 최초로 신고 또는 신청하는 분부터 적용한다.

부칙 〈제84호, 2009. 6. 8.〉
제1조(시행일) 이 규칙은 공포한 날부터 시행한다.
제2조(적용례) 제62조의2제1항제2호 및 제63조의2제1항의 개정규정은 대통령령 제21302호 법인세법 시행령 일부개정령 시행 후 신고분부터 적용한다.

부칙 〈제99호, 2009. 9. 2.〉
제1조(시행일) 이 규칙은 공포한 날부터 시행한다.
제2조(적용례) 서식에 관한 개정규정은 이 규칙 시행 후 최초로 제출하는 분부터 적용한다.

부칙 〈제41호, 2009. 9. 25.〉 (도서관법 시행규칙)
제1조(시행일) 이 규칙은 2009년 9월 26일부터 시행한다.
제2조 생략
제3조(다른 법령의 개정) 법인세법 시행규칙 일부를 다음과 같이 개정한다.
제18조제1항제17호 중 “문고”를 “작은도서관”으로 한다.

부칙 〈제138호, 2010. 3. 31.〉
제1조(시행일) 이 규칙은 공포한 날부터 시행한다.

제2조(지정기부금단체 등의 범위에 관한 적용례) 제18조제2항제6호의 개정규정은 이 규칙 시행일이 속하는 사업연도에 지출하는 기부금부터 적용한다.

부칙 〈제139호, 2010. 3. 31.〉

제1조(시행일) 이 규칙은 공포한 날부터 시행한다.
제2조(일반적 적용례) 이 규칙은 법률 제9898호 법인세법 일부개정법률 시행 후 개시하는 사업연도 분부터 적용한다.
제3조(지정기부금단체등에 관한 적용례) ① 제18조제1항 및 제2항의 개정규정은 이 규칙 시행 후 최초로 신고하는 분부터 적용한다.
② 제18조제8항의 개정규정은 이 규칙 시행 후 최초로 명칭이 변경되는 지정기부금단체등부터 적용한다.
제4조(채권대차거래의 범위 등에 관한 적용례) 제68조의2의 개정규정은 이 규칙 시행 후 최초로 거래하는 분부터 적용한다.
제5조(서식에 관한 적용례) 서식에 관한 개정규정은 이 규칙 시행 후 최초로 신고 또는 신청하는 분부터 적용한다.
제6조(정기예금이자율에 관한 특례) 2009년 1월 1일 이후 최초로 개시하는 1 사업연도의 정기예금이자율은 제6조의 개정규정에도 불구하고 연간 1,000분의 34를 적용한다.

부칙 〈제159호, 2010. 6. 30.〉

이 규칙은 2010년 7월 1일부터 시행한다.

부칙 〈제187호, 2011. 2. 28.〉

제1조(시행일) 이 규칙은 공포한 날부터 시행한다. 다만, 제18조의3, 별표 12 제9호(「조세특례제한법 시행령」 제16조제1항제2호의2 각 목의 어느 하나에 해당하는 법인 관련 부분만 해당한다) 및 별표 13 제32호의 개정규정은 2011년 7월 1일부터 시행한다.
제2조(주무관청의 법정기부금단체 추천 기한) 영 부칙 제14조제1항에 따른 기획재정부장관이 정하는 날은 2011년 3월 31일로 한다.
제3조(정기예금이자율에 관한 적용례) 제6조의 개정규정은 2011년 1월 1일 이후 최초로 개시하는 사업연도분부터 적용한다.
제4조(퇴직연금등의 범위에 관한 적용례) 제23조제4호의 개정규정은

이 규칙 시행 이후 최초로 신고하는 분부터 적용한다.
제5조(인정이자 계산 특례에 대한 적용례) 제44조제3호의 개정규정은 이 규칙 시행 후 최초로 신고하는 분부터 적용한다.
제6조(축사의 기준내용연수 변경에 관한 적용례 등) 별표 5의 개정규정은 2011년 1월 1일 이후 최초로 개시하는 사업연도분부터 적용한다.
제7조(지정기부금에 관한 적용례) 별표 12 제9호(한국개발연구원 및 대외경제정책연구원 관련 부분만 해당한다), 제77호부터 제79호까지 및 별표 13 제26호의 개정규정은 이 규칙 시행 후 최초로 지출하는 기부금부터 적용하고, 별표 12 제9호(「조세특례제한법 시행령」 제16조제1항제2호의2 각 목의 어느 하나에 해당하는 법인 관련 부분만 해당한다) 및 별표 13 제32호의 개정규정은 2011년 7월 1일 이후 최초로 지출하는 기부금부터 적용한다.
제8조(서식에 관한 적용례) 서식에 관한 개정규정은 이 규칙 시행 후 최초로 신고 또는 신청하는 분부터 적용한다.

부칙 〈제189호, 2011. 3. 18.〉 (국제조세조정에 관한 법률 시행규칙)
제1조(시행일) 이 규칙은 공포한 날부터 시행한다.
제2조 부터 제4조까지 생략
제5조(다른 법령의 개정) 「법인세법 시행규칙」 제65조제2항 중 "「국제조세조정에 관한 법률 시행규칙」 제2조제1항제1호"를 "「국제조세조정에 관한 법률 시행규칙」 제2조의3제1항제1호"로 한다.

부칙 〈제226호, 2011. 7. 29.〉
제1조(시행일) 이 규칙은 공포한 날부터 시행한다. 다만, 별표 6의4 및 별표 6의5의 개정규정은 2011년 7월 1일부터 적용한다.
제2조(다른 법령의 개정) 상속세 및 증여세법 시행규칙 일부를 다음과 같이 개정한다.
제3조제4호 중 "같은 법 시행규칙 별표 13 제32호"를 "같은 법 시행규칙 별표 6의3 제32호"로 한다.

부칙 〈제237호, 2011. 9. 30.〉

제1조(시행일) 이 규칙은 공포한 날부터 시행한다. 다만, 별표 6의4 및 별표 6의6의 개정규정은 2011년 7월 1일부터 적용한다.
제2조(지정기부금단체등의 범위에 관한 적용례) 별표 6의2의 개정규정은 이 규칙 시행 후 최초로 지출하는 기부금부터 적용한다.

부칙 〈제266호, 2012. 2. 28.〉
제1조(시행일) 이 규칙은 공포한 날부터 시행한다. 다만, 제26조제5항제8호·제9호 및 제46조의2제2항제1호의 개정규정은 2012년 3월 2일부터 시행한다.
제2조(일반적 적용례) 이 규칙은 2012년 1월 1일 이후 최초로 개시하는 사업연도 분부터 적용한다.
제3조(법인의 본점등에서의 원천징수세액 일괄납부등에 관한 적용례) 제2조의2제1항의 개정규정은 이 규칙 시행 후 최초로 원천징수세액 본점일괄납부승인신청서를 제출하는 분부터 적용한다.
제4조(무형자산의 공동사용료의 안분기준에 관한 적용례) 제25조제2항제4호의 개정규정은 이 규칙 시행 후 최초로 지출하는 분부터 적용한다.
제5조(지정기부금단체등의 범위에 관한 적용례) ① 별표 6의2 및 별표 6의3의 개정규정은 이 규칙 시행 후 최초로 지출하는 분부터 적용한다.
② 별표 6의4의 개정규정은 2012년 1월 1일 이후 지출하는 분부터 적용한다.
제6조(서식에 관한 적용례) 서식에 관한 개정규정은 이 규칙 시행 후 최초로 신고 또는 신청하는 분부터 적용한다. 다만, 별지 제73호서식 및 제75호의4서식의 개정서식은 2012년 4월 1일 이후 최초로 신고 또는 신청하는 분부터 적용한다.

부칙 〈제283호, 2012. 4. 19.〉
이 규칙은 공포한 날부터 시행한다.

부칙 〈제298호, 2012. 10. 2.〉
이 규칙은 공포한 날부터 시행한다.

부칙 〈제325호, 2013. 2. 23.〉

제1조(시행일) 이 규칙은 공포한 날부터 시행한다. 다만, 제18조제5항 각 호 외의 부분 본문 및 같은 조 제9항의 개정규정은 2013년 4월 1일부터 시행하고, 제63조, 제64조 및 별표 6의 개정규정은 2014년 1월 1일부터 시행한다.

제2조(일반적 적용례) 이 규칙은 2013년 1월 1일 이후 개시하는 사업연도분부터 적용한다.

제3조(지정기부금단체 등의 추천 등에 관한 적용례) ① 제18조제5항 각 호 외의 부분 본문 및 같은 조 제9항의 개정규정은 2013년 4월 1일 이후 제출하는 분부터 적용한다.

② 제18조제5항 각 호의 개정규정은 이 규칙 시행 후 제출하는 분부터 적용한다.

제4조(업무와 관련이 없는 부동산 등의 범위에 관한 적용례) ① 제26조제5항제29호의 개정규정은 이 규칙 시행 후 「주택법」에 따라 사업계획승인권자로부터 공사착수기간의 연장을 승인받는 분부터 적용한다.

② 제1항에도 불구하고 이 규칙 시행 전에 「주택법」에 따라 사업계획승인권자로부터 공사착수기간의 연장을 승인받아 이 규칙 시행 당시 연장된 공사착수기간 중에 있는 부동산에 대해서는 이 규칙 시행일을 최초의 공사착수기간 연장승인일로 보아 제26조제5항제29호의 개정규정을 적용한다.

제5조(국내원천소득금액의 계산에 관한 적용례) 제63조 및 제64조의 개정규정은 2014년 1월 1일 이후 개시하는 사업연도분부터 적용한다.

제6조(업종별 감가상각 기준내용연수에 관한 적용례) 별표 6의 개정규정은 2014년 1월 1일 이후 자산을 취득하는 분부터 적용한다.

제7조(지정기부금단체등의 범위에 관한 적용례) 별표 6의2의 개정규정은 이 규칙 시행 후 지출하는 분부터 적용한다.

제8조(서식에 관한 적용례) 서식에 관한 개정규정은 이 규칙 시행 후 신고 또는 신청하는 분부터 적용한다.

부칙 〈제342호, 2013. 3. 23.〉 (기획재정부와 그 소속기관 직제 시행규칙)

제1조(시행일) 이 규칙은 공포한 날부터 시행한다.
제2조 및 제3조 생략
제4조(다른 규칙의 개정) ①부터 ⑧까지 생략
⑨ 법인세법 시행규칙 일부를 다음과 같이 개정한다.
제18조의3제3항제1호다목 중 "교육과학기술부장관"을 "교육부장관"으로 한다.
제26조제5항제4호 중 "지식경제부장관"을 "산업통상자원부장관"으로 한다.
제46조의2제3항제6호 중 "농림수산식품부장관"을 "농림축산식품부장관"으로 하고, 같은 항 제7호 중 "농림수산식품부장관"을 "해양수산부장관"으로 하며, 같은 항 제9호 및 제10호 중 "행정안전부장관"을 각각 "안전행정부장관"으로 한다.
⑩부터 ⑮까지 생략

부칙 〈제355호, 2013. 6. 28.〉 (부가가치세법 시행규칙)
제1조(시행일) 이 규칙은 2013년 7월 1일부터 시행한다.
제2조 부터 제9조까지 생략
제10조(다른 법령의 개정) ①부터 ⑤까지 생략
⑥ 법인세법 시행규칙 일부를 다음과 같이 개정한다.
제11조제1호 중 "「부가가치세법」 제32조제1항"을 "「부가가치세법」 제36조제1항부터 제3항까지"로 한다.
제79조제1호 중 "「부가가치세법」 제6조"를 "「부가가치세법」 제10조"로 하고, 같은 조 제2호 중 "「부가가치세법」 제12조제1항제8호"를 "「부가가치세법」 제26조제1항제8호"로 하며, 같은 조 제9호의4 중 "「부가가치세법 시행령」 제49조의2제1항의 규정"을 "「부가가치세법 시행령」 제65조제1항"으로 하고, 같은 조 제10호가목 중 "「부가가치세법」 제25조의 규정을"을 "「부가가치세법」 제61조를"로 하며, 같은 조 제10호다목 중 "「부가가치세법」 제25조의 규정을"을 "「부가가치세법」 제61조를"로 하고, 같은 조 제10호라목 중 "「부가가치세법」 제25조의 규정을"을 "「부가가치세법」 제61조를"로 한다.
별지 제17호서식 뒤쪽의 작성요령란 제1호라목 중 "「부가가치세법」 제11조제1항"을 "「부가가치세법」 제21조부터 제23조까지의 규정"으로 한다.

별지 제24호서식 뒤쪽의 작성방법란 제1호나목의 표의 구분①의 내용란, 같은 목의 표의 구분③의 내용란 및 같은 목의 표의 구분④의 내용란 중 "「부가가치세법」 제25조의 규정을"을 각각 "「부가가치세법」 제61조를"로 한다.

⑦부터 ⑨까지 생략

제11조 생략

부칙 〈제362호, 2013. 9. 30.〉

제1조(시행일) 이 규칙은 공포한 날부터 시행한다.

제2조(지정기부금단체등의 범위에 관한 적용례) 별표 6의2의 개정규정은 이 규칙 시행 후 지출하는 기부금부터 적용한다.

부칙 〈제409호, 2014. 3. 14.〉

제1조(시행일) 이 규칙은 공포한 날부터 시행한다. 다만, 별지 제73호서식의 개정규정은 2015년 1월 1일부터 시행한다.

제2조(일반적 적용례) 이 규칙은 2014년 1월 1일 이후 개시하는 사업연도분부터 적용한다.

제3조(기부금단체의 보고기한 등에 관한 적용례) 제18조의2제1항제3호, 같은 조 제2항(같은 조 제1항제3호에 관한 사항으로 한정한다) 및 제3항(같은 조 제1항제3호에 관한 사항으로 한정한다)의 개정규정은 2014년 1월 1일 이후 주무관청에 보고하는 기부금단체부터 적용한다.

제4조(기부금단체 지정 취소 등에 관한 적용례) 제18조의2제6항의 개정규정은 이 규칙 시행 후 지정 취소나 재지정 거부를 요청하는 분부터 적용한다.

제5조(의료법인의 고유목적사업준비금에 관한 적용례) 제29조의2제2항의 개정규정은 2014년 2월 21일 이후 고유목적사업준비금을 지출하는 분부터 적용한다.

제6조(독립된 사업부문 및 포괄승계의 판단기준에 관한 적용례) 제41조의 개정규정은 이 규칙 시행 후 분할하는 분부터 적용한다.

제7조(전자신고를 할 때 제출하지 아니하는 서류에 관한 적용례) 제82조제3항의 개정규정은 이 규칙 시행 후 전자신고하는 것부터 적용한다.

제8조(지정기부금단체 등의 범위에 관한 적용례) 별표 6의2, 별표 6의4 및 별표 6의7 제36호부터 제38호까지의 개정규정은 2014년 1월 1일 이후 지출하는 분부터 적용한다.
제9조(서식에 관한 적용례) 서식에 관한 개정규정은 이 규칙 시행 후 신고하거나 신청하는 분부터 적용한다. 다만, 별지 제73호서식의 개정규정은 2015년 1월 1일 이후 신청하는 분부터 적용한다.
제10조(법정기부금단체의 범위에 관한 경과조치) 이 규칙 시행 전에 2011대구세계육상선수권대회조직위원회와 2012세계자연보전총회조직위원회에 지출한 기부금에 대해서는 별표 6의7 제18호 및 제19호의 개정규정에도 불구하고 종전의 별표 6의7 제18호 및 제19호에 따른다.

부칙 〈제429호, 2014. 7. 22.〉 (협동조합 기본법 시행규칙)
제1조(시행일) 이 규칙은 2014년 7월 22일부터 시행한다. 〈단서 생략〉
제2조 부터 제4조까지 생략
제5조(다른 법령의 개정) 법인세법 시행규칙 일부를 다음과 같이 개정한다.
별지 제63호의10서식 제2호가목의 ⑦ 의무란 중 "「협동조합기본법」 제93조제1항제1호 또는 제2호"를 "「협동조합 기본법」 제93조제1항제1호부터 제3호까지의 규정"으로 한다.
제6조 생략

부칙 〈제439호, 2014. 10. 31.〉
이 규칙은 공포한 날부터 시행한다.

부칙 〈제444호, 2014. 11. 19.〉 (기획재정부와 그 소속기관 직제 시행규칙)
제1조(시행일) 이 규칙은 공포한 날부터 시행한다.
제2조(다른 규칙의 개정) ①부터 ③까지 생략
④ 법인세법 시행규칙 일부를 다음과 같이 개정한다.
제46조의2제3항제9호 및 같은 항 제10호 중 "안전행정부장관"을 각각 "행정자치부장관"으로 한다.

⑤부터 ⑨까지 생략

부칙 〈제480호, 2015. 3. 13.〉

제1조(시행일) 이 규칙은 공포한 날부터 시행한다.

제2조(일반적 적용례) 이 규칙은 2015년 1월 1일 이후 개시하는 사업연도분부터 적용한다.

제3조(비사업용 토지의 판정기준에 관한 적용례) 제46조의2제3항제14호의 개정규정은 이 규칙 시행 이후 양도하는 분부터 적용한다.

제4조(특허권 내용연수 단축에 관한 적용례) 별표 3의 개정규정(특허권에 한정한다)은 이 규칙 시행 이후 특허권을 취득하는 분부터 적용한다.

제5조(지정기부금단체 등의 범위에 관한 적용례) 별표 6의2 제90호부터 제92호까지의 개정규정, 별표 6의7 제40호 및 제41호의 개정규정은 2015년 1월 1일 이후 지출하는 분부터 적용한다.

제6조(서식에 관한 적용례) 서식에 관한 개정규정은 이 규칙 시행 이후 신고 또는 신청하는 분부터 적용한다. 다만, 별지 제8호서식 부표4는 이 규칙 시행일이 속하는 사업연도분부터 적용한다.

부칙 〈제507호, 2015. 10. 30.〉

이 규칙은 공포한 날부터 시행한다.

부칙 〈제544호, 2016. 3. 7.〉

제1조(시행일) 이 규칙은 공포한 날부터 시행한다.

제2조(일반적 적용례) 이 규칙은 2016년 1월 1일 이후 개시하는 사업연도분부터 적용한다.

제3조 (업무와 관련이 없는 부동산 등의 범위에 관한 적용례) 제26조제5항제31호의 개정규정은 이 규칙 시행 이후 신고하는 분부터 적용한다.

제4조(당좌대출이자율에 관한 적용례) 제43조제2항의 개정규정은 이 규칙 시행 이후 발생하는 분부터 적용한다.

제5조(사업에 사용되는 그 밖의 토지의 범위에 관한 적용례) 제46조제7항제8호의 개정규정은 이 규칙 시행 이후 양도하는 분부터 적용한다.

제6조(기업의 미환류소득에 대한 법인세 계산에 관한 적용례) 제46

조의3제3항 및 제10항의 개정규정은 이 규칙 시행 이후 신고하는 분부터 적용한다.

제7조(기금운용법인 등에 관한 적용례) 제56조의2제2항제10호의 개정규정은 이 규칙 시행 이후 지급하는 분부터 적용한다.

제8조(지정기부금단체 등의 범위에 관한 적용례) 별표 6의2 제93호부터 제97호까지 및 별표 6의7 제45호부터 제48호까지의 개정규정은 2016년 1월 1일 이후 해당 법인이 기부금단체에 기부금을 지출하는 분부터 적용한다.

제9조(서식에 관한 적용례) 서식에 관한 개정규정은 이 규칙 시행 이후 신고 또는 신청하는 분부터 적용한다. 다만, 별지 제8호서식 부표4는 이 규칙 시행일이 속하는 사업연도분부터 적용한다.

제10조(조정반 지정 절차 등에 관한 특례) ① 이 규칙 시행일이 속하는 사업연도의 직전 사업연도에 대하여 법 제60조제9항에 따른 세무조정계산서를 작성하려는 자는 제50조의3제1항의 개정규정에도 불구하고 2016년 3월 11일까지 조정반 지정신청을 할 수 있다. 이 경우 지방국세청장은 제50조의3제2항의 개정규정에도 불구하고 2016년 3월 21일까지 신청인에게 지정 여부를 통지하고, 그 사실을 관보 또는 인터넷 홈페이지에 공개하여야 한다.

② 2016년 3월 21일 이전에 법 제60조제1항에 따라 과세표준과 세액을 신고하는 법인의 세무조정계산서를 작성한 영 제97조의3제1항 각 호의 어느 하나에 해당하는 자는 조정반에 소속된 자로 본다.

제11조(당좌대출이자율에 관한 경과조치) 이 규칙 시행 전에 종전의 당좌대출이자율에 따라 이자를 수수하기로 약정을 체결한 경우로서 약정기간이 있는 대여금에 대해서는 제43조제2항의 개정규정에도 불구하고 해당 약정기간 만료일까지는 종전의 규정에 따른다.

부칙 〈제575호, 2016. 11. 2.〉

제1조(시행일) 이 규칙은 공포한 날부터 시행한다.

제2조(지정기부금단체 등의 범위에 관한 적용례) 별표 6의2 제98호의 개정규정은 2016년 9월 23일 이후 내국법인이 서민금융진흥원에 기부금을 지출한 경우부터 적용하고, 같은 표 제99호의 개정규정은 2016년 4월 18일 이후 내국법인이 한국산림복지진흥원에 기부금을 지출한 경우부터 적용한다.

부칙 〈제597호, 2017. 3. 10.〉

제1조(시행일) 이 규칙은 공포한 날부터 시행한다. 다만, 제18조제5항제1호 및 제2호가목, 제4호 단서 및 제5호, 같은 조 제9항의 개정규정은 2017년 4월 1일부터 시행한다.

제2조(일반적 적용례) 이 규칙은 2017년 1월 1일 이후 개시하는 사업연도분부터 적용한다.

제3조(지정기부금단체 등의 추천서류에 관한 적용례) 제18조제5항제1호 및 제2호가목, 제4호 단서 및 제5호, 같은 조 제9항의 개정규정은 2017년 4월 1일 이후 주무관청의 장이 기획재정부장관에게 서류를 제출하는 경우부터 적용한다.

제4조(기부금단체 지정 취소 등에 관한 적용례) 제18조의2제6항 및 제7항의 개정규정은 이 규칙 시행 후 지정 취소나 재지정 거부를 요청하는 분부터 적용한다.

제5조(독립된 사업부문 및 포괄승계의 판단기준 등에 관한 적용례) ① 제41조제4항 및 제5항의 개정규정은 이 규칙 시행 이후 분할 또는 현물출자하는 경우부터 적용한다.② 제41조제8항제2호 및 제4호의 개정규정은 이 규칙 시행 이후 분할하는 경우부터 적용한다.

제6조(서식에 관한 적용례) 서식에 관한 개정규정은 이 규칙 시행 이후 신고 또는 신청하는 분부터 적용한다.

부칙 〈제620호, 2017. 4. 28.〉

이 규칙은 공포한 날부터 시행한다.

부칙 〈제639호, 2017. 10. 31.〉

제1조(시행일) 이 규칙은 공포한 날부터 시행한다.

제2조(지정기부금단체등 및 지정기부금의 범위에 관한 적용례) 별표 6의2 및 별표 6의3의 개정규정은 2017년 1월 1일 이후 내국법인이 지정기부금단체등에 기부금을 지출한 분부터 적용한다.

부칙 〈제671호, 2018. 3. 21.〉

제1조(시행일) 이 규칙은 공포한 날부터 시행한다.

제2조(일반적 적용례) 이 규칙은 2018년 1월 1일 이후 개시하는 사업연도분부터 적용한다.

제3조(판매부대비용 및 회비의 범위에 관한 적용례) 제10조제2항의 개정규정은 이 규칙 시행 이후 지출하는 분부터 적용한다.
제4조(지정기부금단체등의 범위에 관한 적용례) 제18조제5항 및 제9항의 개정규정(지정기부금 단체 추천 서류의 제출 기한에 관한 사항으로 한정한다)은 이 규칙 시행 이후 주무관청의 장이 기획재정부장관에게 서류를 제출하는 경우부터 적용한다.
제5조(기부금단체의 의무이행 여부 등 보고기한 등에 관한 적용례) 제18조의2제1항부터 제3항까지의 개정규정은 2019년 1월 1일 이후 개시하는 사업연도 분에 대하여 보고하는 경우부터 적용한다.
제6조(법정기부금단체의 요건 등에 관한 적용례) 제18조의3제3항제1호다목, 같은 항 제2호바목 및 아목의 개정규정은 이 규칙 시행 이후 주무관청의 장이 기획재정부장관에게 서류를 제출하는 경우부터 적용한다.
제7조(분할시 승계가능한 주식의 범위 확대에 관한 적용례) 제41조제8항제4호 후단 및 같은 조 제9항의 개정규정은 이 규칙 시행 이후 분할하는 분부터 적용한다.
제8조(기금운용법인 등에 관한 적용례) 제56조의2제2항제11호의 개정규정은 이 규칙 시행 이후 지급하는 분부터 적용한다.
제9조(서식에 관한 적용례) 서식에 관한 개정규정은 이 규칙 시행 이후 신고 또는 신청하는 분부터 적용한다.

부칙 〈제730호, 2019. 3. 20.〉

제1조(시행일) 이 규칙은 공포한 날부터 시행한다. 다만, 제82조제7항제10호의3, 별지 제72호의2서식, 별지 제72호의5서식(갑) 부표 외의 부분, 별지 제72호의5서식(갑) 부표 및 별지 제72호의5서식(을)의 개정규정은 2020년 1월 1일부터 시행한다.
제2조(일반적 적용례) 이 규칙은 2019년 1월 1일 이후 개시하는 사업연도분부터 적용한다.
제3조(독립된 사업부문 및 포괄승계의 판단기준 등에 관한 적용례) 제41조제3항의 개정규정은 이 규칙 시행 이후 분할하는 분부터 적용한다.
제4조(서식에 관한 적용례) 서식에 관한 개정규정은 이 규칙 시행 이후 신고 또는 신청하는 분부터 적용한다.

제5조(서식개정에 관한 경과조치) 서식의 개정에 따라 신고 등을 할 수 없는 경우에는 종전의 서식에 따른다.

부칙 〈제774호, 2020. 3. 13.〉

제1조(시행일) 이 규칙은 공포한 날부터 시행한다. 다만, 제18조의3, 제19조, 제19조의2, 제47조제1항·제2항, 별지 제63호의5 및 별지 제63호의6서식은 2021년 1월 1일부터 시행한다.

제2조(일반적 적용례) 이 규칙은 2020년 1월 1일 이후 개시하는 사업연도분부터 적용한다.

제3조(회수불능 확정채권의 범위에 관한 적용례) 제10조의4제4호의 개정규정은 이 규칙 시행 이후 조정이 성립되는 분부터 적용한다.

제4조(리스료등의 귀속사업연도에 관한 적용례) 제35조제1항 단서의 개정규정은 이 규칙 시행 이후 과세표준을 신고하는 분부터 적용한다.

제5조(서식에 관한 적용례) 서식에 관한 개정규정은 이 규칙 시행 이후 신고, 신청, 보고 또는 통보하는 분부터 적용한다.

제6조(정기예금이자율에 관한 경과조치) 2020년 1월 1일 전에 개시한 사업연도분에 대해서는 제6조의 개정규정에도 불구하고 종전의 규정에 따른다.

제7조(서식에 관한 경과조치) 서식의 개정에 따라 신고 등을 할 수 없는 경우에는 종전의 서식에 따른다.

부칙 〈제792호, 2020. 4. 21.〉

제1조(시행일) 이 규칙은 공포한 날부터 시행한다.

제2조(서식에 관한 적용례) 서식에 관한 개정규정은 이 규칙 시행 이후 제출하는 분부터 적용한다.

제3조(서식 개정에 관한 경과조치) 서식의 개정에 따라 감면 등의 신고 등을 할 수 없는 경우에는 종전의 서식에 따른다.

부칙 〈제844호, 2021. 3. 16.〉

제1조(시행일) 이 규칙은 공포한 날부터 시행한다.

제2조(일반적 적용례) 이 규칙은 2021년 1월 1일 이후 개시하는 사업연도분부터 적용한다.

제3조(공익법인등에 대한 적용례) ① 제18조의3제2항제7호의 개정규정은 이 규칙 시행 이후 법인이 추천을 요청하는 경우부터 적용한다.

② 제19조제1항 및 제19조의2제1항의 개정규정은 2021년 1월 1일 당시 사업연도 종료일부터 3개월이 지나지 않은 공익법인등부터 적용한다.

제4조(서식에 관한 적용례) 서식에 관한 개정규정은 이 규칙 시행 이후 신고, 신청, 제출 또는 보고하는 분부터 적용한다.

제5조(정기예금이자율에 관한 경과조치) 2021년 1월 1일 전에 개시한 사업연도분에 대해서는 제6조의 개정규정에도 불구하고 종전의 규정에 따른다.

제6조(서식에 관한 경과조치) 서식의 개정에 따라 신고 등을 할 수 없는 경우에는 종전의 서식에 따른다.

부칙 〈제867호, 2021. 10. 28.〉 (어려운 법령용어 정비를 위한 개별소비세법 시행규칙 등 23개 기획재정부령 일부개정령)

이 규칙은 공포한 날부터 시행한다.

부칙 〈제896호, 2022. 3. 18.〉

제1조(시행일) 이 규칙은 공포한 날부터 시행한다. 다만, 제82조제1항제11호, 같은 조 제7항제4호의4 · 제4호의5, 별지 제11호서식, 별지 제64호의3서식 및 별지 제64호의4서식의 개정규정은 2025년 1월 1일부터 시행한다. 〈개정 2022. 12. 31.〉

제2조(주권상장법인이 발행한 주식의 시가에 관한 적용례) 제42조의6제1항 단서의 개정규정은 이 규칙 시행 이후 과세표준 및 세액을 신고하는 경우부터 적용한다.

제3조(서식에 관한 적용례 등) 서식에 관한 개정규정은 이 규칙 시행 이후 신고, 신청, 제출 또는 보고하는 경우부터 적용하되, 종전의 법 또는 영에 따른 감면 등의 신고 등을 할 수 없는 경우에는 종전의 서식에 따른다.

제4조(조정반 지정 절차에 관한 특례) ① 이 규칙 시행 전에 설립된 법무법인, 법무법인(유한) 또는 법무조합은 제50조의3제1항의 개정규정에도 불구하고 이 규칙 시행일부터 1개월 이내에 대표자의 사무

소 소재지 관할 지방국세청장에게 조정반 지정 신청을 할 수 있다.

② 제1항에 따른 신청을 받은 지방국세청장은 제50조의3제2항에도 불구하고 신청을 받은 날이 속하는 달의 다음 달 말일까지 지정 여부를 결정하여 신청인에게 통지하고, 그 사실을 관보 또는 인터넷 홈페이지에 공고해야 한다.

부칙 〈제954호, 2022. 12. 31.〉

이 규칙은 2023년 1월 1일부터 시행한다.

부칙 〈제965호, 2023. 3. 20.〉

제1조(시행일) 이 규칙은 공포한 날부터 시행한다. 다만, 다음 각 호의 개정규정은 해당 호에서 정한 날부터 시행한다.

1. 제2조의2제2항제1호, 제20조의 제목, 같은 조 제2항, 제82조제1항제23호, 같은 조 제5항제11호, 별지 제3호의3서식(1)부터 별지 제3호의3서식(3)까지, 별지 제23호서식(갑), 별지 제23호서식(을), 별지 제63호의16서식(2), 별지 제63호의16서식(3), 별지 제76호의15서식(갑) 및 별지 제76호의15서식(을)의 개정규정: 2024년 1월 1일

2. 제48조의2, 제56조의2제1항 각 호 외의 부분, 같은 조 제2항, 제57조, 제58조, 제82조제7항제4호의7 및 별지 제64호의6서식의 개정규정: 2025년 1월 1일

제2조(회수불능 사유에 관한 적용례) 제10조의4제1항제1호 및 제3호의 개정규정은 이 규칙 시행 전에 발생한 채권으로서 이 규칙 시행 이후 채권의 회수불능을 확인하는 경우에도 적용한다.

제3조(의료법인의 고유목적사업 지출에 관한 적용례) 제29조의2제1항제4호의 개정규정은 이 규칙 시행 이후 산후조리원 건물 및 부속토지를 취득하기 위해 지출하는 경우부터 적용한다.

제4조(서식에 관한 적용례 등) 서식에 관한 개정규정은 이 규칙 시행 이후 신고, 신청, 제출 또는 보고하는 경우부터 적용하되, 개정서식으로는 종전의 법 또는 영에 따른 신고 등을 할 수 없는 경우에는 종전의 서식에 따른다.

제5조(정기예금이자율 변경에 관한 경과조치) 2023년 1월 1일 전에 개시한 사업연도의 사업수입금액 계산에 적용하는 정기예금이자율에

관하여는 제6조의 개정규정에도 불구하고 종전의 규정에 따른다.

부칙 〈제1003호, 2023. 7. 3.〉

이 규칙은 공포한 날부터 시행한다.

부칙 〈제1041호, 2024. 3. 22.〉

제1조(시행일) 이 규칙은 공포한 날부터 시행한다. 다만, 별표 5의 개정규정은 2024년 4월 1일부터 시행하고, 별표 6의 개정규정은 2024년 7월 1일부터 시행한다.

제2조(서식에 관한 적용례 등) 서식에 관한 개정규정은 이 규칙 시행 이후 신고, 신청, 제출 또는 보고하는 경우부터 적용하되, 개정서식으로는 종전의 법 또는 영에 따른 신고 등을 할 수 없는 경우에는 종전의 서식에 따른다.

제3조(정기예금이자율의 변경에 관한 경과조치) 2024년 1월 1일 전에 개시한 사업연도의 사업수입금액 계산에 적용하는 정기예금이자율에 관하여는 제6조의 개정규정에도 불구하고 종전의 규정에 따른다.

제4조(주택도시보증공사 전환손실 금액의 계산) 대통령령 제34266호 법인세법 시행령 일부개정령 부칙 제14조제3항에서 "기획재정부령으로 정하는 계산식을 적용하여 산출한 금액"이란 제1호의 금액에서 제2호의 금액을 더하고 제3호의 금액을 뺀 금액을 말한다.

1. 2023년 1월 1일이 속하는 사업연도(이하 이 조에서 "최초적용사업연도"라 한다) 개시일 현재 주택도시보증공사가 보험감독회계기준에 따라 계상한 책임준비금(할인율 변동에 따른 책임준비금 평가액의 변동분은 제외한다)에서 2022년 12월 31일이 속하는 사업연도(이하 이 조에서 "직전사업연도"라 한다)에 손금산입한 미경과보험료적립금을 뺀 금액

2. 다음 각 목의 금액의 합계액

가. 직전사업연도 당시의 보험감독회계기준에 따르면 자산에 해당하여 익금에 산입되었으나 최초적용사업연도 이후 새로운 보험감독회계기준에 따르면 책임준비금 산출에 반영되는 항목으로 변경된 것으로서 직전사업연도 종료일 현재 다음에 해당하는 금액의 합계액

1) 미상각신계약비

2) 보험약관대출금(관련 미수수익을 포함한다)
3) 보험미수금
4) 미수금

나. 직전사업연도 종료일 현재 「보험업법 시행령」 제63조제2항에 따른 재보험자산

3. 다음 각 목의 금액의 합계액

가. 직전사업연도 당시의 보험감독회계기준에 따르면 기타 부채에 해당하여 손금에 산입되었으나 최초적용사업연도 이후 새로운 보험감독회계기준에 따르면 책임준비금 산출에 반영되는 항목으로 변경된 것으로서 직전사업연도 종료일 현재 다음에 해당하는 금액의 합계액

1) 보험미지급금
2) 선수보험료
3) 가수보험료
4) 미지급비용

나. 최초적용사업연도 개시일 현재 보험계약자산 및 재보험계약자산의 합계액

부칙 〈제1085호, 2024. 11. 11.〉

제1조(시행일) 이 규칙은 공포한 날부터 시행한다.

제2조(소액신용대출사업의 요건에 관한 적용례) 제2조의2제2항의 개정규정은 이 규칙 시행일이 속하는 사업연도에 수입이 발생하는 분부터 적용한다.

부칙 〈제1112호, 2025. 3. 21.〉

제1조(시행일) 이 규칙은 공포한 날부터 시행한다.

제2조(공동연구개발비의 안분기준에 관한 적용례) 제25조제2항제4호의 개정규정은 이 규칙 시행 이후 과세표준을 신고하는 경우부터 적용한다.

제3조(분할 시 승계 가능한 주식등의 범위 확대에 관한 적용례) 제41조제8항의 개정규정은 이 규칙 시행 이후 분할하는 경우부터 적용한다.

제4조(서식에 관한 적용례 등) 서식에 관한 개정규정은 이 규칙 시

행 이후 신고, 신청, 제출 또는 보고하는 경우부터 적용하되, 개정 서식으로는 종전의 법 또는 영에 따른 신고 등을 할 수 없는 경우에는 종전의 서식에 따른다.
제5조(정기예금이자율의 변경에 관한 경과조치) 2025년 1월 1일 전에 개시한 사업연도의 사업수입금액 계산에 적용하는 정기예금이자율에 관하여는 제6조의 개정규정에도 불구하고 종전의 규정에 따른다.
제6조(시험연구용자산의 내용연수 단축에 관한 경과조치) 이 규칙 시행 전에 취득한 시험연구용 기계장치의 내용연수에 관하여는 별표 2의 개정규정에도 불구하고 종전의 규정에 따른다.

부칙 〈제1133호, 2025. 7. 4.〉
제1조(시행일) 이 규칙은 공포한 날부터 시행한다.
제2조(서식에 관한 적용례 등) 서식에 관한 개정규정은 이 규칙 시행 이후 신고, 신청, 제출 또는 보고하는 경우부터 적용하되, 개정 서식으로는 종전의 법 또는 영에 따른 신고 등을 할 수 없는 경우에는 종전의 서식에 따른다.

별표 / 서식
[별표 1] 삭제 〈2009.3.30〉
[별표 2] 시험연구용자산의 내용연수표(제15조제1항 및 제2항 관련)
[별표 3] 무형자산의 내용연수표(제15조제2항 관련)
[별표 4] 감가상각자산의상각률표[제15조제2항관련]
[별표 5] 건축물 등의 기준내용연수 및 내용연수범위(제15조제3항 관련)
[별표 6] 업종별 자산의 기준내용연수 및 내용연수범위(제15조제3항 관련)
[별표 6의2] 삭제 〈2018. 3. 21.〉
[별표 6의3] 삭제 〈2018. 3. 21.〉
[별표 6의4] 삭제 〈2018. 3. 21.〉
[별표 6의5] 삭제 〈2018. 3. 21.〉
[별표 6의6] 삭제 〈2018. 3. 21.〉

[별표 6의7] 삭제 〈2018. 3. 21.〉

[별표 7] 직장운동경기부선수전용체육시설의기준면적[제46조제1항관련]

[별표 8] 운동경기업선수전용체육시설의기준면적[제46조제3항관련]

[별표 9] 종업원체육시설의기준면적[제46조제4항관련]

[별표 10] 예비군훈련장용토지및시설기준[제46조제9항및제10항관련]

[별표 11] 공공기관의 범위(제79조의3제1항제1호 관련)

[별표 12] [별표 12는 별표 6의2로 이동 〈2011.7.29〉]

[별표 13] [별표 13는 별표 6의3로 이동 〈2011.7.29〉]

[별지 제1호서식] 법인세 과세표준 및 세액신고서

[별지 제2호서식] 농어촌특별세 과세표준 및 세액신고서

[별지 제3호서식] 법인세 과세표준 및 세액조정계산서, 선박표준이익 산출명세서, 토지등 양도소득에 대한 법인세 산출명세서

[별지 제3호의2서식] 표준재무상태표(일반법인용), 합계표준재무상태표(일반법인용), 표준재무상태표(금융 · 보험 · 증권업 법인용), 합계표준재무상태표(금융 · 보험 · 증권업 법인용)

[별지 제3호의3서식] 표준손익계산서(일반법인용), 표준손익계산서(금융 · 보험 · 증권업 법인용), 부속명세서, 이익잉여금처분(결손금처리)계산서

[별지 제4호서식] 최저한세조정계산서

[별지 제5호서식] 특별비용조정명세서

[별지 제6호서식] 비과세소득명세서

[별지 제6호의2서식] 익금불산입 조정명세서

[별지 제7호서식] 소득공제조정명세서

[별지 제8호서식] 공제감면세액 및 추가납부세액합계표(갑, 을), 공제감면세액계산서, 세액공제조정명세서, 국가별 외국납부세액공제명세서, 소득종류별 외국납부세액 명세서, 간접외국납부세액공제 명세서, 외국 Hybrid 사업체를 통한 국외투자 관련 외국납부세액공제명세서, 간접투자회사등 외국납부세액공제 세액계산서, 간접투자회사등 외국납부세액 명세서, 추가납부세액계산서, 기술도입대가에 대한 조세면제명세, 이월과세로 양수한 자산 명세서

[별지 제9호서식] 가산세액계산서

[별지 제10호서식] 원천납부세액명세서(갑, 을)
[별지 제11호서식] 삭제 〈2022. 3. 18.〉
[별지 제12호서식] 농어촌특별세과세표준 및 세액조정계산서
[별지 제13호서식] 농어촌특별세 과세대상 감면세액 합계표
[별지 제14호서식] 삭제 〈2002.3.30〉
[별지 제15호서식] 소득금액조정합계표, 과목별 소득금액조정명세서
[별지 제16호서식] 수입금액조정명세서
[별지 제16호의2서식] 수입배당금액명세서
[별지 제16호의3서식] 외국자회사 수입배당금액 명세서
[별지 제17호서식] 조정후수입금액명세서
[별지 제18호서식] 임대보증금등의 간주익금조정명세서
[별지 제19호서식] 가지급금 등의 인정이자 조정명세서(갑), 가지급금 등의 인정이자 조정명세서(을)
[별지 제20호서식] 유형자산감가상각비(정률법), 유형·무형자산감가상각비(정액법), 감가상각비신고조정명세서, 감가상각비조정명세서합계표
[별지 제21호서식] 기부금조정명세서
[별지 제22호서식] 기부금명세서
[별지 제23호서식] 기업업무추진비 조정명세서(갑, 을)
[별지 제24호서식] 경비등의 송금명세서
[별지 제25호서식] 건설자금이자조정명세서
[별지 제26호서식] 업무무관부동산등에관련한차입금이자조정명세서
[별지 제27호서식] 고유목적사업준비금 조정명세서(갑, 을)
[별지 제28호서식] (책임준비금, 비상위험준비금, 해약환급금준비금)명세서
[별지 제29호서식] 업무용승용차 관련비용 명세서
[별지 제30호서식] 삭제 〈2001.3.28〉
[별지 제31호서식] 삭제 〈2009.3.30〉
[별지 제32호서식] 퇴직급여충당금 조정명세서
[별지 제33호서식] 퇴직연금부담금 조정명세서
[별지 제34호서식] 대손충당금 및 대손금조정명세서
[별지 제35호서식] (국고보조금등, 공사부담금, 보험차익) 상당액손금산입조정명세서

[별지 제35호의2서식] 보조금등수취명세서
[별지 제36호서식] (국고보조금등, 공사부담금)사용계획서
[별지 제37호서식] 보험차익 사용계획서
[별지 제38호서식] 삭제 〈2002.3.30〉
[별지 제39호서식] [재고자산][유가증권]평가조정명세서
[별지 제40호서식] 외화자산 등평가차손익조정명세서(갑), 외화자산 등 평가차손익조정명세서(을)
[별지 제41호서식] 재고자산평가차익 익금불산입신청서
[별지 제41호의2서식] 전환이익 익금불산입신청서
[별지 제42호서식] 합병과세특례 신청서
[별지 제42호의2서식] 분할과세특례 신청서
[별지 제43호서식] 물적분할과세특례 신청서
[별지 제43호의2서식] 현물출자과세특례 신청서
[별지 제44호서식] 자산교환에 따른 양도차익의 손금산입조정명세서
[별지 제45호서식] 국제선박양도차익의 손금산입조정명세서
[별지 제46호서식] 자산조정계정명세서(갑), 자산조정계정명세서(을)
[별지 제46호의2서식] 자산의 양도차익에 관한 명세서(갑), 자산의 양도차익에 관한 명세서(을)
[별지 제47호서식] 주요계정명세서(갑), 주요계정명세서(을)
[별지 제48호서식] 소득구분계산서
[별지 제49호서식] 지점유보소득금액계산서
[별지 제50호서식] 자본금과 적립금조정명세서(갑, 을, 병)
[별지 제51호서식] 중소기업 등 기준검토표
[별지 제52호서식] 특수관계인간 거래명세서(갑)(매출 및 매입거래 등), 특수관계인간 거래명세서(을)(자본거래)
[별지 제52호의2서식] 미환류소득에 대한 법인세 신고서
[별지 제52호의3서식] 삭제 〈2019. 3. 20.〉
[별지 제52호의4서식] 사실과 다른 회계처리로 인하여 과다납부한 금액의 세액공제명세서
[별지 제53호서식] 삭제 〈2009.3.30〉
[별지 제54호서식] 주식등변동상황명세서, 주식 · 출자지분 양도 등 명세서
[별지 제55호서식] 소득자료 (인정상여, 인정배당, 기타소득) 명세

서, 소득처분(임시유보, 이전소득배당, 출자의증가)명세서

[별지 제56호서식] 법인세 · 농어촌특별세 과세표준(조정계산) 및 세액신고서(이자소득만 있는 비영리법인 신고용),가산세액계산서(이자소득만 있는 비영리법인 신고용)

[별지 제57호서식] 비영리법인의 수익사업수입명세서(배당 · 주식처분익 및 유형자산 처분익만 있는 비영리법인신고용)

[별지 제57호의2서식] 비영리내국법인의 양도소득과세표준예정신고서, 양도소득금액 계산명세서, 주식 양도소득금액 계산명세서

[별지 제58호서식] 법인세 중간예납 신고납부계산서

[별지 제58호의2서식] 삭제 〈2019. 3. 20.〉

[별지 제58호의3서식] 삭제 〈2019. 3. 20.〉

[별지 제58호의4서식] 삭제 〈2019. 3. 20.〉

[별지 제58호의5서식] 삭제 〈2019. 3. 20.〉

[별지 제58호의6서식] 삭제 〈2019. 3. 20.〉

[별지 제58호의7서식] 삭제 〈2019. 3. 20.〉

[별지 제58호의8서식] 삭제 〈2019. 3. 20.〉

[별지 제59호서식] 청산소득에 대한 법인세과세표준 및 세액신고서, 청산소득금액계산명세서, 가산세액계산서(청산소득에 대한 과세표준 및 세액 신고용)

[별지 제60호서식] 종전 별지 제60호서식은 별지 제57호의2서식으로 이동〈2002.3.30〉

[별지 제61호서식] 사업연도 변경신고서

[별지 제62호서식] 납세지(변경)신고서

[별지 제62호의2서식] 원천징수세액 본점일괄납부신고서

[별지 제63호서식] 감가상각방법신고서, 내용연수신고서, 내용연수변경승인신청서, 감가상각방법변경신청서, 내용연수승인신청서, 내용연수변경신고서

[별지 제63호의2서식] 공익법인등 추천서

[별지 제63호의3서식] 기부금영수증

[별지 제63호의4서식] (화폐성외화자산등, 특별계정) 평가방법 신고서

[별지 제63호의5서식] 공익법인등(추천, 명칭변경)신청서

[별지 제63호의6서식] 공익법인등 의무이행준수 서약서

[별지 제63호의7서식] 연간 기부금 모금액 및 활용실적 명세서

[별지 제63호의8서식] 총 지출금액 계산서
[별지 제63호의9서식] 삭제 〈2018. 3. 21.〉
[별지 제63호의10서식] 공익법인등 의무이행 여부 보고서, 의무이행 여부 보고서 일괄제출 총괄표
[별지 제63호의11서식] 전문모금기관 요건 충족여부등 점검결과 보고서
[별지 제63호의12서식] 해외 한국학교 요건 충족여부등 점검결과 보고서
[별지 제63호의13서식] 조정반 (지정, 변경지정) 신청서
[별지 제63호의14서식] 조정반 (지정서, 변경지정서)
[별지 제63호의15서식] 삭제 〈2022. 3. 18.〉
[별지 제63호의16서식] 성실신고확인서, 성실신고 확인결과 주요항목 명세서, 성실신고 확인결과 특이사항 기술서, 성실신고 확인결과 사업자 확인사항
[별지 제64호서식] 재고자산 등 평가방법신고(변경신고)서, 채권등의 보유기간계산방법신고서
[별지 제64호의2서식] 삭제 〈2021. 3. 16.〉
[별지 제64호의3서식] 삭제 〈2022. 3. 18.〉
[별지 제64호의4서식] 삭제 〈2022. 3. 18.〉
[별지 제64호의5서식] (기능통화, 해외사업장) 과세표준계산방법 신고(변경신청)서
[별지 제64호의6서식] 간접투자회사등의 외국납부세액 환급금 납부계산서
[별지 제65호서식] 재해손실세액공제신청서
[별지 제65호의2서식] 신고기한 연장신청서
[별지 제66호서식] 삭제 〈2019. 3. 20.〉
[별지 제67호서식] 삭제 〈2019. 3. 20.〉
[별지 제68호서식] 소급공제법인세액환급신청서
[별지 제68호의2서식] 삭제 〈2005.2.28〉
[별지 제68호의3서식] 신탁재산에 대한 원천징수세액확인서
[별지 제68호의4서식] 환매조건부채권매매거래 확인서
[별지 제68호의5서식] 대차거래채권 확인서
[별지 제68호의6서식] 대차거래채권매매거래 원천세액환급신청서

[별지 제69호서식] 삭제 〈2009.3.30〉
[별지 제70호서식] 자산교환명세서
[별지 제71호서식] 삭제 〈2002.3.30〉
[별지 제71호의2서식] 소득공제신청서, 실질귀속자별 명세
[별지 제71호의3서식] 환매조건부채권매매거래 원천세액환급신청서
[별지 제71호의4서식] 국외특수관계인간 주식양도가액검토서
[별지 제71호의5서식] 외국법인 연락사무소 현황 명세서
[별지 제71호의6서식] 외국법인유가증권양도소득정산신고서
[별지 제71호의7서식] 외국법인 유가증권양도소득 신고서
[별지 제71호의8서식] 동업기업 과세특례적용 및 동업자 과세여부 확인서
[별지 제72호서식] 외국법인증여소득신고서
[별지 제72호의2서식] 국내원천소득 제한세율 적용신청서(외국법인용)
[별지 제72호의3서식] 제한세율 적용을 위한 경정청구서
[별지 제72호의4서식] 조세조약상 비과세 · 면제 적용을 위한 경정청구서
[별지 제72호의5서식] 실질귀속자 특례 국외투자기구 신고서
[별지 제72호의6서식] 국채 및 통화안정증권(이자소득, 양도소득)에 대한 비과세 신청서(외국법인용)
[별지 제72호의7서식] 삭제 〈2025. 3. 21.〉
[별지 제73호서식] 법인설립신고 및 사업자등록신청서, 국내사업장 설치신고서(외국법인)
[별지 제73호의2서식] 법인과세 신탁재산의 수탁자 변경신고서
[별지 제74호서식] 주주등의 명세서
[별지 제75호서식] 법인명 · 소재지 및 대표자변경신고서
[별지 제75호의2서식] 기부자별 발급명세서
[별지 제75호의3서식] 기부금영수증 발급합계표
[별지 제75호의4서식] 비영리법인의 수익사업 개시신고서(사업자등록증 발급 신청서)
[별지 제76호서식] 조사원증
[별지 제76호의2서식] 연결납세방식적용신청서, 연결모법인의 주요주주 상황, 연결자법인의 주주상황 등
[별지 제76호의3서식] 연결납세방식포기신고서

[별지 제76호의4서식] 연결법인변경신고서

[별지 제76호의5서식] 각 연결사업연도의 소득에 대한 법인세 과세표준 및 세액신고서

[별지 제76호의6서식] 연결집단 법인세 과세표준 및 세액조정계산서

[별지 제76호의7서식] 연결소득금액 조정명세서

[별지 제76호의8서식] 연결법인간 이연대상 자산양도소득 조정명세서

[별지 제76호의9서식] 연결법인간 이연대상 자산양도손실 조정명세서

[별지 제76호의10서식] 연결법인 채권에 대한 대손충당금상당액 조정명세서

[별지 제76호의11서식] 피합병법인으로부터 양도받은 자산 및 연결취득자법인의 자산 처분손실 조정명세서

[별지 제76호의12서식] 연결법인 이월결손금 등 명세서

[별지 제76호의13서식] 연결법인간 출자현황 신고서 및 연결법인간 거래명세서

[별지 제76호의14서식] 연결법인 수입배당금액 조정명세서(갑), 연결법인 수입배당금액 조정명세서(을)

[별지 제76호의15서식] 연결법인 기업업무추진비 조정명세서(갑, 을)

[별지 제76호의16서식] 연결법인 기부금 조정명세서(갑, 을)

[별지 제76호의17서식] 연결법인 가산세액 계산서(갑, 을)

[별지 제76호의18서식] 연결법인 중소기업 등 기준검토표(연결집단용)

[별지 제76호의19서식] 연결법인 농어촌특별세 과세표준 및 세액신고서

[별지 제76호의20서식] 연결법인 농어촌특별세 과세표준 및 세액조정계산서(연결집단)

[별지 제76호의21서식] 연결법인 농어촌특별세 과세표준 및 세액조정계산서(연결법인별)

[별지 제76호의22서식] 연결(모 · 자)법인별 기본사항 및 법인세 신고서

[별지 제76호의23서식] 연결법인별 법인세 과세표준 및 세액조정계산서

[별지 제76호의24서식] (연결법인, 연결집단)최저한세 조정계산서

[별지 제76호의25서식] 연결법인 소득구분계산서

[별지 제76호의26서식] 연결법인 법인세 중간예납 신고납부계산서

[별지 제77호서식] 지출증명서류 합계표(일반법인, 금융 · 보험 · 증권업 법인)

[별지 제78호서식] 삭제 〈2010.3.31〉

[별지 제79호서식] 보정요구서

[별지 제80호서식] 국내사업장이 없는 외국법인의 인적용역소득 신고서

[별지 제81호서식] 가상자산거래명세서(가상자산사업자 제출용-분기별)

[별지 제82호서식] 가상자산거래집계표(가상자산사업자 제출용-연간)

[별지 제82호의2서식] 삭제 〈2021. 3. 16.〉

[별지 제83호서식] 삭제 〈2021. 3. 16.〉

[별지 제84호서식] 삭제 〈2021. 3. 16.〉

[별지 제85호서식] 삭제 〈2021. 3. 16.〉

대한민국 법령 시리즈 18

법인세법

법 령 / 시 행 령 / 시 행 규 칙

2025년 8월 21일 인쇄 정가 77,000원
2025년 8월 31일 발행

편 저 편집부
디 자 인 송영미
발 행 인 조준형
발 행 처 해광출판사

http://www.hgbookpub.com
E-mail : munbookcokr@naver.com
주 소 부산광역시 중구 해관로 41-1 (중앙동2가)
전화번호 (051) 253-0001 팩스 (051) 245-1187

등 록 제 2012-000005호

해광출판사에서는 여러분의 소중한 원고와 함께 할 기회를 기다리고 있습니다. 책으로 엮을 원고나 아이디어가 있으신 분들은 이메일 munbookcokr@naver.com로 책에 대한 간단한 개요와 원고 전체 또는 일부를 연락처와 함께 보내주십시오.

ISBN 979-11-6881-868-2

※ 법령 출처 : 법제처 국가법령정보센터
※ 본 도서는 〈공공데이터 제공 및 이용 활성화에 관한 법률〉을 근거로 출판되었습니다.

해광출판사 대한민국 법령 시리즈

001. 선원법
002. 어선법
003. 선박직원법
004. 해사안전기본법
005. 해양환경관리법
006. 선박의 입항 및 출항등에 관한 법률
007. 학교안전사고예방 및 보상에 관한 법률
008. 종합부동산세법
009. 방위사업법
010. 행정규제기본법
011. 식품산업진흥법
012. 위험물안전관리법
013. 화재의 예방 및 안전관리에 관한 법률
014. 도시가스사업법
015. 실내공기질관리법
016. 지방세법
017. 소득세법
018. 법인세법
019. 도선법
020. 선박안전법
021. 선박법
022. 수산업법
023. 고압가스안전관리법
024. 국민연금법
025. 공동주택관리법
026. 화학물질관리법
027. 어선원 및 어선 재해보상보험법
028. 장기등 이식에 관한 법률
029. 자연재해대책법
030. 공유재산 및 물품 관리법
031. 산업입지 및 개발에 관한 법률
032. 부정경쟁방지 및 영업비밀보호에 관한 법률
033. 금융지주회사법
034. 온실가스 배출권의 할당 및 거래에 관한 법률
035. 건축사법
036. 산림문화휴양에 관한 법률
037. 전기사업법
038. 사립학교법
039. 고등교육법
040. 액화석유가스의 안전관리 및 사업법
041. 선박투자회사법
042. 수산자원관리법
043. 위험물선박운송및저장규칙
044. 선박평형수관리법
045. 주택임대차보호법
046. 상가건물임대차보호법
047. 지방공기업법
048. 승강기안전관리법
049. 수목원·정원의 조성 및 진흥에 관한 법률
050. 민법
051. 치료감호 등에 관한 법률
052. 대부업 등의 등록 및 금융이용자 보호에 관한 법률
053. 사료관리법
054. 무형문화재 보전 및 진흥에 관한 법률
055. 총포·도검·화약류 등의 안전관리에 관한 법률
056. 경찰관직무집행법
057. 시설물의 안전 및 유지관리에 관한 특별법
058. 수산생물질병 관리법
059. 소비자기본법
060. 국제선박등록법
061. 정보통신망 이용촉진 및 정보보호 등에 관한 법률
062. 해운법
063. 농수산물 품질관리법
064. 수산업협동조합법
065. 해외건설촉진법
066. 수상레저안전법
067. 공무원재해보상법
068. 수상에서의 수색·구조 등에 관한 법률
069. 어촌어항법
070. 항만법
071. 항만운송사업법
072. 해양경비법
073. 해양사고의 조사 및 심판에 관한 법률
074. 외국인근로자의 고용 등에 관한 법률
075. 중소기업기본법
076. 자유무역지역의 지정 및 운영에 관한 법률
077. 대기환경보전법
078. 소음진동관리법
079. 폐기물관리법
080. 하수도법
081. 물환경보전법
082. 토양환경보전법
083. 환경정책기본법
084. 산업재해보상보험법
085. 관세법
086. 노동조합 및 노동관계조정법
087. 근로기준법
088. 군인연금법
089. 먹는물관리법
090. 기술보증기금법
091. 관광진흥법
092. 감염병의 예방 및 관리에 관한 법률
093. 사법경찰관리의 직무를 수행할 자와 그 직무범위에 관한 법률
094. 수의사법
095. 가정폭력방지 및 피해자보호 등에 관한 법률
096. 환경영향평가법
097. 체육시설의 설치 · 이용에 관한 법률
098. 장사 등에 관한 법률
099. 상호저축은행법
100. 은행법
101. 보호관찰 등에 관한 법률
102. 형법
103. 자동차관리법
104. 형사소송법
105. 전자금융거래법
106. 마약류 불법거래 방지에 관한 특례법
107. 도로법
108. 주세법
109. 변리사법
110. 하천법
111. 중소기업진흥에 관한 법률
112. 발달장애인 권리보장 및 지원에 관한 법률
113. 주택법
114. 장애인복지법
115. 농어업경영체 육성 및 지원에 관한 법률
116. 공인중개사법
117. 건강기능식품에 관한 법률
118. 예비군법
119. 개발제한구역의 지정 및 관리에 관한 특별조치법
120. 국유재산법
121. 주차장법
122. 환경기술 및 환경산업 지원법
123. 대기관리권역의 대기환경개선에 관한 특별법
124. 악취방지법
125. 미세먼지 저감 및 관리에 관한 특별법
126. 가축분뇨의 관리 및 이용에 관한 법률
127. 물의 재이용 촉진 및 지원에 관한 법률
128. 물관리기본법
129. 물관리기술 발전 및 물산업 진흥에 관한 법률
130. 자원의 절약과 재활용촉진에 관한 법률
131. 전기 · 전자제품 및 자동차의 자원순환에 관한 법률
132. 건설폐기물의 재활용촉진에 관한 법률
133. 수도권매립지관리공사의 설립 및 운영 등에 관한 법률
134. 폐기물의 국가 간 이동 및 그 처리에 관한 법률
135. 폐기물처리시설 설치촉진 및 주변지역지원 등에 관한 법률
136. 자원순환기본법
137. 잔류성오염물질 관리법
138. 환경분쟁 조정법

해광출판사 대한민국 법령 시리즈

139. 화학물질의 등록 및 평가 등에 관한 법률
140. 환경오염시설의 통합관리에 관한 법률
141. 환경오염피해 배상책임 및 구제에 관한 법률
142. 중소기업제품 구매촉진 및 판로지원에 관한 법률
143. 환경개선비용 부담법
144. 환경분야 시험·검사 등에 관한 법률
145. 환경친화적 산업구조로의 전환촉진에 관한 법률
146. 환경친화적 자동차의 개발 및 보급 촉진에 관한 법률
147. 환경범죄 등의 단속 및 가중처벌에 관한 법률
148. 생명윤리 및 안전에 관한 법률
149. 장애인차별금지 및 권리구제 등에 관한 법률
150. 부동산투자회사법
151. 정치자금법
152. 과학기술기본법
153. 대리점거래의 공정화에 관한 법률
154. 상속세 및 증여세법
155. 학원의 설립 · 운영 및 과외교습에 관한 법률
156. 해양심층수의 개발 및 관리에 관한 법률
157. 전기용품 및 생활용품 안전관리법
158. 사회기반시설에 대한 민간투자법
159. 공직선거법
160. 정당법
161. 유류오염손해배상 보장법
162. 부정청탁 및 금품등 수수의 금지에 관한 법률
163. 항로표지법
164. 어장관리법
165. 민방위기본법
166. 공직자윤리법
167. 선거관리위원회법
168. 유선 및 도선 사업법
169. 전기공사업법
170. 사회복지사업법
171. 택지개발촉진법
172. 국가공무원법
173. 민간임대주택에 관한 특별법
174. 어음법·수표법
175. 민사집행법
176. 상법
177. 문화예술진흥법
178. 중소기업협동조합법
179. 농업협동조합법
180. 도로교통법
181. 의료사고 피해구제 및 의료분쟁 조정 등에 관한 법률
182. 산림보호법
183. 소년법
184. 동물보호법
185. 건축물관리법
186. 도시개발법
187. 화물자동차 운수사업법
188. 도시 및 주거환경정비법
189. 의료법
190. 국회법
191. 응급의료에 관한 법률
192. 출입국관리법
193. 노인복지법
194. 산림자원의 조성 및 관리에 관한 법률
195. 청소년 보호법
196. 초 · 중등교육법
197. 혁신도시 조성 및 발전에 관한 특별법
198. 경제자유구역의 지정 및 운영에 관한 특별법
199. 공공기관의 운영에 관한 법률
200. 대한민국헌법
201. 국민기초생활 보장법
202. 저작권법
203. 가사소송법
204. 국가유공자 등 예우 및 지원에 관한 법률
205. 국민체육진흥법
206. 전통주 등의 산업진흥에 관한 법률
207. 재난 및 안전관리 기본법
208. 정보통신공사업법
209. 주식회사 등의 외부감사에 관한 법률
210. 공익사업을 위한 토지 등의 취득 및 보상에 관한 법률
211. 개인정보 보호법
212. 국세기본법
213. 에너지이용 합리화법
214. 감정평가 및 감정평가사에 관한 법률
215. 국가인권위원회법
216. 가맹사업거래의 공정화에 관한 법률
217. 보건의료기본법
218. 산업안전보건법
219. 법무사법
220. 교육공무원법
221. 특허법
222. 민사소송법
223. 아동복지법
224. 전파법
225. 하도급거래 공정화에 관한 법률
226. 기초연금법
227. 사립학교교직원 연금법
228. 직업안정법
229. 장애아동 복지지원법
230. 부동산등기법
231. 자동차손해배상 보장법
232. 철도안전법
233. 항공안전법
234. 전자상거래 등에서의 소비자보호에 관한 법률
235. 독점규제 및 공정거래에 관한 법률
236. 상표법
237. 채무자 회생 및 파산에 관한 법률
238. 공무원연금법
239. 축산법
240. 근로복지기본법
241. 민원 처리에 관한 법률
242. 약사법
243. 방문판매 등에 관한 법률
244. 건축기본법
245. 지방세기본법
246. 지방세징수법
247. 지방자치법
248. 도시교통정비 촉진법
249. 공공주택 특별법
250. 국세징수법
251. 공인노무사법
252. 중대재해 처벌 등에 관한 법률
253. 외무공무원법
254. 소방시설공사업법
255. 검역법
256. 공중위생관리법
257. 할부거래에 관한 법률
258. 인터넷 멀티미디어 방송사업법
259. 전기통신사업법
260. 제품안전기본법
261. 철도사업법
262. 어린이제품 안전 특별법
263. 영유아보육법
264. 원자력안전법
265. 보험업법
266. 경비업법
267. 교통안전법
268. 세무사법
269. 관세사법
270. 공인회계사법
271. 지방공무원법
272. 고용정책 기본법
273. 국가경찰과 자치경찰의 조직 및 운영에 관한 법률
274. 협동조합 기본법
275. 재해구호법
276. 환경보건법

해광출판사 대한민국 법령 시리즈

277. 자살예방 및 생명존중문화 조성을 위한 법률
278. 소방산업의 진흥에 관한 법률
279. 소방기본법
280. 비송사건절차법
281. 자연환경보전법
282. 변호사법
283. 기업구조조정투자회사법
284. 전기통신기본법
285. 에너지법
286. 해양생태계의 보전 및 관리에 관한 법률
287. 사회보장기본법
288. 통신비밀보호법
289. 공증인법
290. 물류시설의 개발 및 운영에 관한 법률
291. 청소년활동 진흥법
292. 형의 집행 및 수용자의 처우에 관한 법률
293. 도시공원 및 녹지 등에 관한 법률
294. 태권도 진흥 및 태권도공원 조성 등에 관한 법률
295. 녹색건축물 조성 지원법
296. 우편법
297. 예금자보호법
298. 건설산업기본법
299. 금융회사의 지배구조에 관한 법률
300. 장애인활동 지원에 관한 법률
301. 언론중재 및 피해구제 등에 관한 법률
302. 국가재정법
303. 농지법
304. 게임산업진흥에 관한 법률
305. 정신건강증진 및 정신질환자 복지서비스 지원에 관한 법률
306. 디자인보호법
307. 의료기사 등에 관한 법률
308. 스마트도시 조성 및 산업진흥 등에 관한 법률
309. 내수면어업법
310. 한국주택금융공사법
311. 의료기기법
312. 유통산업발전법
313. 전통시장 및 상점가 육성을 위한 특별법
314. 여신전문금융업법
315. 해외자원개발 사업법
316. 산업교육진흥 및 산학연협력촉진에 관한 법률
317. 빈집 및 소규모주택 정비에 관한 특례법
318. 기업도시개발 특별법
319. 전력기술관리법
320. 국토기본법
321. 지하수법
322. 식품위생법
323. 광업법
324. 호스피스·완화의료 및 임종과정에 있는 환자의 연명의료결정 에 관한 법률
325. 주식·사채 등의 전자등록에 관한 법률
326. 표시·광고의 공정화에 관한 법률
327. 골재채취법
328. 국민건강증진법
329. 새마을금고법
330. 여객자동차 운수사업법
331. 마리나항만의 조성 및 관리 등에 관한 법률
332. 한부모가족지원법
333. 국가를 당사자로 하는 계약에 관한 법률
334. 지방자치단체를 당사자로 하는 계약에 관한 법률
335. 축산물 위생관리법
336. 병역법
337. 음악산업진흥에 관한 법률
338. 국가균형발전 특별법
339. 첨단재생의료 및 첨단바이오의약품 안전 및 지원에 관한 법률
340. 공간정보의 구축 및 관리 등에 관한 법률
341. 공유수면 관리 및 매립에 관한 법률
342. 농수산물 유통 및 가격안정에 관한 법률
343. 아시아문화중심도시 조성에 관한 특별법
344. 신탁법
345. 자연공원법
346. 생활화학제품 및 살생물제의 안전관리에 관한 법률
347. 군인사법
348. 국제조세조정에 관한 법률
349. 낙동강수계 물관리 및 주민지원 등에 관한 법률
350. 주민등록법
351. 집합건물의 소유 및 관리에 관한 법률
352. 집단에너지사업법
353. 산림조합법
354. 반도체집적회로의 배치설계에 관한 법률
355. 자본시장과 금융투자업에 관한 법률
356. 담보부사채신탁법
357. 근로자퇴직급여 보장법
358. 국제과학비즈니스벨트 조성 및 지원에 관한 특별법
359. 수도법
360. 식품 등의 표시·광고에 관한 법률
361. 약관의 규제에 관한 법률
362. 인삼산업법
363. 종자산업법
364. 항공사업법
365. 건설기계관리법
366. 군형법
367. 궤도운송법
368. 기술의 이전 및 사업화 촉진에 관한 법률
369. 농수산물의 원산지 표시 등에 관한 법률
370. 담배사업법
371. 석유 및 석유대체연료 사업법
372. 가축전염병 예방법
373. 농어촌정비법
374. 식물신품종 보호법
375. 항공보안법
376. 중소기업창업 지원법
377. 군사법원법
378. 우주개발 진흥법
379. 해저광물자원 개발법
380. 산림복지 진흥에 관한 법률
381. 지능형 로봇 개발 및 보급 촉진법
382. 헌법재판소법
383. 옥외광고물 등의 관리와 옥외광고산업 진흥에 관한 법률
384. 혈액관리법
385. 국제항해선박 등에 대한 해적행위 피해예방에 관한 법률
386. 유료도로법
387. 독립유공자예우에 관한 법률
388. 신에너지 및 재생에너지 개발·이용·보급 촉진법
389. 신용정보의 이용 및 보호에 관한 법률
390. 출판문화산업 진흥법
391. 공항시설법
392. 국민 평생 직업능력 개발법
393. 아동·청소년의 성보호에 관한 법률
394. 방송법
395. 신용보증기금법
396. 화장품법
397. 청소년 기본법
398. 인터넷주소자원에 관한 법률
399. 양곡관리법
400. 도로명주소법
401. 전자문서 및 전자거래 기본법
402. 산업기술의 유출방지 및 보호에 관한 법률
403. 국가기술자격법
404. 양식산업발전법
405. 산업기술혁신 촉진법
406. 새만금사업 추진 및 지원에 관한 특별법
407. 전자정부법
408. 지역 개발 및 지원에 관한 법률
409. 한국농어촌공사 및 농지관리기금법
410. 계량에 관한 법률
411. 기업활동 규제완화에 관한 특별조치법
412. 군에서의 형의 집행 및 군수용자의 처우에 관한 법률

해광출판사 대한민국 법령 시리즈

413. 규제자유특구 및 지역특화발전특구에 관한 규제특례법
414. 금융위원회의 설치 등에 관한 법률
415. 남녀고용평등과 일·가정 양립 지원에 관한 법률
416. 농어업인 삶의 질 향상 및 농어촌지역 개발촉진에 관한 특별법
417. 댐건설·관리 및 주변지역지원 등에 관한 법률
418. 국가유산수리 등에 관한 법률
419. 법원조직법
420. 보훈보상대상자 지원에 관한 법률
421. 부패방지 및 국민권익위원회의 설치와 운영에 관한 법률
422. 과학기술분야 정부출연연구기관 등의 설립·운영 및 육성에 관한 법률
423. 연구개발특구의 육성에 관한 특별법
424. 친환경농어업 육성 및 유기식품 등의 관리·지원에 관한 법률
425. 연안관리법
426. 영화 및 비디오물의 진흥에 관한 법률
427. 신용협동조합법
428. 방송통신발전 기본법
429. 범죄피해자 보호법
430. 가축 및 축산물 이력관리에 관한 법률
431. 국가표준기본법
432. 국가통합교통체계효율화법
433. 범죄인 인도법
434. 국가과학기술 경쟁력 강화를 위한 이공계지원 특별법
435. 국제경기대회 지원법
436. 금융혁신지원 특별법
437. 수자원의 조사·계획 및 관리에 관한 법률
438. 축산자조금의 조성 및 운용에 관한 법률
439. 소방시설 설치 및 관리에 관한 법률
440. 양성평등기본법
441. 축산계열화사업에 관한 법률
442. 수입식품안전관리 특별법
443. 대외무역법
444. 국가연구개발사업 등의 성과평가 및 성과관리에 관한 법률
445. 무역보험법
446. 기술사법
447. 광산안전법
448. 농약관리법
449. 농업·농촌 및 식품산업 기본법
450. 문화산업진흥 기본법
451. 부담금관리 기본법
452. 야생생물 보호 및 관리에 관한 법률
453. 한국은행법
454. 별정우체국법
455. 원양산업발전법
456. 콘텐츠산업 진흥법
457. 한국수출입은행법
458. 외국인투자 촉진법
459. 물류정책기본법
460. 전자서명법
461. 산업발전법
462. 산업표준화법
463. 소프트웨어 진흥법
464. 토지이용규제 기본법
465. 해수욕장의 이용 및 관리에 관한 법률
466. 정보통신 진흥 및 융합 활성화 등에 관한 특별법
467. 정보통신산업 진흥법
468. 지진·화산재해대책법
469. 소금산업진흥법
470. 위치정보의 보호 및 이용 등에 관한 법률
471. 외국법자문사법
472. 이러닝(전자학습)산업 발전 및 이러닝 활용 촉진에 관한 법률
473. 암관리법
474. 실용신안법
475. 가족관계의 등록 등에 관한 법률
476. 무인도서의 보전 및 관리에 관한 법률
477. 감사원법
478. 정보보호산업의 진흥에 관한 법률
479. 결혼중개업의 관리에 관한 법률
480. 공익신고자 보호법
481. 박물관 및 미술관 진흥법
482. 낚시 관리 및 육성법
483. 동산·채권 등의 담보에 관한 법률
484. 임금채권보장법
485. 국민투표법
486. 농림수산업자 신용보증법
487. 국가채권 관리법
488. 중소기업은행법
489. 식품안전기본법
490. 외국환거래법
491. 발명진흥법
492. 건설기술 진흥법
493. 기후위기 대응을 위한 탄소중립·녹색성장 기본법
494. 인체조직안전 및 관리 등에 관한 법률
495. 엔지니어링산업 진흥법
496. 신문 등의 진흥에 관한 법률
497. 식물방역법
498. 석탄산업법
499. 산업융합 촉진법
500. 비료관리법
501. 임업 및 산촌 진흥촉진에 관한 법률
502. 복권 및 복권기금법
503. 대규모유통업에서의 거래 공정화에 관한 법률
504. 뉴스통신 진흥에 관한 법률
505. 지능정보화 기본법
506. 자격기본법
507. 중소기업 기술혁신 촉진법
508. 국가공간정보 기본법
509. 농어업재해대책법
510. 방송광고판매대행 등에 관한 법률
511. 지식재산 기본법
512. 초고층 및 지하연계 복합건축물 재난관리에 관한 특별법
513. 해양 조사와 해양정보 활용에 관한 법률
514. 공간정보산업 진흥법
515. 공공기관의 정보공개에 관한 법률
516. 행정기본법
517. 해상교통안전법
518. 농어업재해보험법
519. 문화유산의 보존 및 활용에 관한 법률
520. 자연유산의 보존 및 활용에 관한 법률
521. 국토의 계획 및 이용에 관한 법률
522. 건축법
523. 국민건강보험법
524. 계엄법
525. 환경친화적 선박의 개발 및 보급 촉진에 관한 법률
526. 해양폐기물 및 해양오염퇴적물 관리법
527. 연안사고 예방에 관한 법률
528. 전기안전관리법
529. 의약품 등의 안전에 관한 규칙
530. 공공보건의료에 관한 법률
531. 군보건의료에 관한 법률
532. 농어촌 등 보건의료를 위한 특별조치법
533. 보호소년 등의 처우에 관한 법률
534. 국가를 당사자로 하는 소송에 관한 법률
535. 간호법
536. 국립묘지의 설치 및 운영에 관한 법률
537. 주류 면허 등에 관한 법률
538. 부가가치세법

*** 해광출판사의 법령 시리즈는 계속 발행 됩니다.**
**** 각 도서의 개정판은 인쇄일을 기준으로 제작 되었습니다.**